ISBN 978-0-259-21950-7
PIBN 10682720

This book is a reproduction of an important historical work. Forgotten Books uses
state-of-the-art technology to digitally reconstruct the work, preserving the original format
whilst repairing imperfections present in the aged copy. In rare cases, an imperfection in
the original, such as a blemish or missing page, may be replicated in our edition. We do,
however, repair the vast majority of imperfections successfully; any imperfections that
remain are intentionally left to preserve the state of such historical works.

E. Chatelain

Monsieur Émile CHATELAIN

En hommage et en souvenir

Bibliothèque publique et universitaire, GENÈVE (Suisse).

Universitäts-Bibliothek, GIESSEN (Allemagne).

Universitäts-Bibliothek, GOTTINGEN (Allemagne).

Bibliothek des Herzoglichen Hauses, GOTHA (Allemagne).

K. K. Universitäts-Bibliothek, GRAZ (Autriche).

Bibliothèque de l'Université de GRENOBLE.

Universiteits-Bibliotheek, GRONINGUE (Pays-Bas).

K. Universitäts-Bibliothek, HALLE a. Saale (Allemagne).

Universitäts-Bibliothek, HEIDELBERG (Allemagne).

Universitäts-Bibliothek, IÉNA (Allemagne).

Cornell University Library, ITHACA (New-York) U.S.A.

Grossherzogliche Hof-und Landesbibliothek, KARLSRUHE (Allemagne).

Philologisches Institut der Universität, KIEL (Allemagne).

Kœnigliche und Universitäts-Bibliothek, KOENIGSBERG (Allemagne).

Bibliothèque cantonale et universitaire, LAUSANNE (Suisse).

Philologisches Institut der Universität, LEIPZIG (Allemagne).

Universitäts-Bibliothek, LEIPZIG (Allemagne).

Bibliotheek der Rijks-Universiteits, LEYDE (Pays-Bas).

Bibliothèque de la Faculté de Philosophie et Lettres de l'Université, LIÈGE (Belgique).

Bibliothèque de l'Université, LILLE.

British Museum. Department of Printed Books. LONDRES (Angleterre).

Bibliothèque de l'Université catholique, LOUVAIN (Belgique).

Kungl. Universitets Biblioteket, LUND (Suède).

Bibliothèque de la Ville, LYON.

Bibliothèque de l'Université, LYON.

Bibliotheca nacional, MADRID (Espagne).

Real Bibliotheca, MADRID (Espagne).

John Rylands Library, MANCHESTER (Angleterre).

Reference Library, MANCHESTER (Angleterre).

Universitäts Bibliothek, MARBOURG (Allemagne).

Bibliothèque de l'abbaye de MAREDSOUS (Belgique).

Stadt Bibliothek, MAYENCE (Allemagne).

Biblioteca Ambrosiana, MILAN (Italie).

Biblioteca Nazionale Braidense, MILAN (Italie).

R. Biblioteca Estense, MODÈNE (Italie).

Staatsbibliothek, MUNICH (Allemagne).

K. Universitäts Bibliothek, MÜNSTER i. W. (Allemagne).

Bibliothèque de l'Université, NANCY.

Biblioteca Universitaria, NAPLES (Italie).

Yale University Library, NEW-HAVEN (Connecticut). U.S.A.

Bodleian Library, OXFORD (Angleterre).

Bibliothèque du Collège de France, PARIS.

Bibliothèque J. Doucet, PARIS.

Bibliothèque de l'École des Chartes, PARIS.
Bibliothèque de l'École normale supérieure, PARIS.
Bibliothèque de la Faculté de Médecine, PARIS.
Bibliothèque de la Fondation Thiers, PARIS.
Bibliothèque de l'Institut de France, PARIS.
Bibliothèque de l'Institut catholique, PARIS.
Biblioteca Palatina, PARME (*Italie*).
Biblioteca Universitaria, PAVIE (*Italie*).
Bibliothèque du Lycée « Bratianu », PITESTI (*Roumanie*).
Bibliothèque de l'Université, POITIERS.
Universitäts Bibliothek, PRAGUE (*Bohême*).
University Library, PRINCETON (*New-Jersey*) U.S.A.
Bibliothèque de la Ville, REIMS.
Bibliothèque de l'Université, RENNES.
R. Biblioteca Casanatense, ROME (*Italie*).
American School of Classical Studies, ROME (*Italie*).
British School, ROME (*Italie*).
K. Preussisches Historisches Institut, ROME (*Italie*).
Biblioteca Vaticana, ROME (*Italie*).
Bibliothèque Impériale publique, SAINT-PÉTERSBOURG (*Russie*).
Bibliothèque de l'Université Impériale, SAINT-PÉTERSBOURG (*Russie*).
University Library, SHEFFIELD (*Angleterre*).
Bibliothèque de l'abbaye de SOLESMES, QUARR ABBEY, RYDE (*Ile de Wight*).
Kungl. Biblioteket, STOCKHOLM (*Suède*).
K. Universitäts-und-Landes-Bibliothek, STRASBOURG (*Allemagne*).
University Library, TORONTO (*Canada*).
Bibliothèque de l'Université, TOULOUSE.
Universitäts-Bibliothek, TÜBINGEN (*Allemagne*).
Biblioteca Nazionale e Universitaria, TURIN (*Italie*).
Kungl. Universitets-Bibliteket, UPSAL (*Suède*).
Universiteits-Bibliothek, UTRECHT (*Pays-Bas*).
Bibliothèque de VENDÔME.
K. Universitäts-Bibliothek, WURZBOURG (*Allemagne*).
Biblioteca Nazionale di San Marco, VENISE (*Italie*).
Bibliothèque cantonale et de l'Université, ZURICH (*Suisse*).

ACHER (Jean), licencié en droit, Paris.

AMIEL (Léon-Rodolphe), homme de lettres, Paris.

† Arbois DE Jubainville (H. d'), membre de l'Institut, Paris.

ARCONATI VISCONTI (Marquise), Paris.

ASHER (A.), Libraire-éditeur, Berlin (2 exemplaires).

AUDOLLENT (Auguste), professeur à la Faculté des Lettres, Clermont-Ferrand.

BABUT (E. Ch.), professeur-adjoint à la Faculté des Lettres, Montpellier.

BALZANI (Comte Ugo), membre de la R. Accademia dei Lincei, Rome.

BARANTE (Baron de), membre de la Société des Bibliophiles, Paris.

BARRAU-DIHIGO (Louis), sous-bibliothécaire à la Bibliothèque de l'Université, Sorbonne, Paris.

BARRETT (Francis Thomson), City librarian, Glascow.

BARTH (Auguste), membre de l'Institut, Paris.

BAUDRIER (Julien), Lyon.

BAYET (Charles,) directeur de l'Enseignement Supérieur, Paris.

BEAUCHESNE (Marquis de), licencié ès-lettres, Paris.

BEAULIEUX (Charles), bibliothécaire à la Bibliothèque de l'Université, Sorbonne, Paris.

BÉDIER (Joseph), professeur au Collège de France, Paris.

BELLANGER (L.), professeur au lycée, Auch.

BÉMONT (Charles), directeur-adjoint à l'Ecole pratique des Hautes Etudes, Paris.

BENEYTON (Abbé Joseph), élève de l'Ecole pratique des Hautes Etudes, Paris.

BÉRARD (Victor), directeur à l'Ecole pratique des Hautes Etudes, Paris.

BERGER (Elie), membre de l'Institut, professeur à l'Ecole des Chartes, *membre du Comité des « Mélanges Chatelain »*.

BERNARD (Maurice), sous-bibliothécaire à la Bibliothèque de l'Université, Sorbonne, Paris.

BERNÈS (Henri), professeur au Lycée Lakanal, Sceaux.

Dom BESSE, directeur de la « *Revue Mabillon.* »

BETHENCOURT (Cardozo de), bibliothécaire à la Bibliothèque de l'Académie Royale des Sciences, Lisbonne.

BÉTHUNE (Baron François de), Louvain.

BLANCHET (Adrien), bibliothécaire honoraire à la Bibliothèque Nationale, Paris.

BOINET (Amédée), sous-bibliothécaire à la Bibliothèque Sainte Geneviève, Paris.

BOISCHEVALIER (Mademoiselle Marguerite de), Paris.

BONDOIS (Mademoiselle Marguerite), élève-diplômée de l'Ecole pratique des Hautes Etudes, Paris.

BONELLI (Guiseppe), ufficiale dell archivio di Stato, Venise.

BONNEROT (Jean), attaché à la Bibliothèque de l'Université, Sorbonne, Paris. *Secrétaire du Comité des « Mélanges Chatelain »*.

BONNET (Max), professeur à la Faculté des Lettres, Montpellier.

BORNECQUE (Henri), professeur à la Faculté des Lettres, Lille.

BOSC (Edouard), Marseille.

BOUCHÉ-LECLERCQ (A.), membre de l'Institut, professeur à la Faculté des Lettres, Paris.

BOURDON (Pierre), ancien membre de l'Ecole française de Rome, Paris.

BRÉAL (Michel), membre de l'Institut, Paris.

BRESLAUER (Martin), libraire-éditeur, Berlin.

BRÉTON (G.), de la librairie Hachette, Paris.

BRITSCH (Amédée), sous-bibliothécaire à la Bibliothèque de l'Université, Sorbonne, Paris.

BROCKHAUS et PEHRSSON, libraire-éditeur, Paris (*2 exemplaires*).

BROWN (P. Hume), professeur à l'Université, Edimbourg.

BRUNEAU (Charles), professeur agrégé de l'Université, Paris.

BRUNOT (Ferdinand), professeur à la Faculté des Lettres, Paris.

BULTINGAIRE (Léon), ancien attaché à la Bibliothèque de l'Université, Sorbonne, Paris.

BURGER (C. P.), bibliothécaire de l'Université, Amsterdam.

BURNAM (John Miller), professeur à l'Université, Cincinnati (Ohio) U. S. A.

CABRIÈRES (Monseigneur Marie-Anatole de), évêque de Montpellier.

GAGNAT (René), membre de l'Institut, professeur au Collège de France, Paris.

CAILLET (Louis), archiviste-paléographe, Lyon.

CALMETTE (Joseph), professeur à la Faculté des Lettres, Dijon.

CANET (Louis), agrégé de l'Université, Paris.

CARTAULT (Aug.), professeur à la Faculté des Lettres, Paris.

CARTELLIERI (Alexander), professeur à l'Université, Iéna.

CAVAIGNAC (E.), ancien membre de l'Ecole d'Athènes, Versailles.

CHAMPION (Edouard), libraire-éditeur, Paris.

CHAMPION (Honoré), libraire-éditeur, Paris.

CHAMPION (Pierre), archiviste-paléographe, Paris.

CHAPOT (Victor), sous-bibliothécaire à la Bibliothèque Sainte Geneviève, Paris.

Chanoine Ulysse CHEVALIER, correspondant de l'Institut, Romans (Drôme).

CITOLEUX (Marc), professeur au Lycée, Rennes.

CLARK (A.-C.), professeur à l'Université, Oxford.

CLERMONT (Philibert de), attaché à la Bibliothèque de l'Université, Sorbonne, Paris.

CLERVAL (Al.), professeur à l'Institut catholique, Paris.

COCHIN (Claude), ancien membre de l'Ecole française de Rome, Paris.

COHEN (Gustave), licencié ès-lettres, docteur en droit, Paris.

COLLIGNON (Max.), membre de l'Institut, professeur à la Faculté des Lettres, Paris.

COMPARETTI (D.), membre de la R. Accademia dei Lincei, Rome.

COUDERC (Camille), conservateur-adjoint à la Bibliothèque Nationale, Paris.

COÜET (Jules), bibliothécaire-archiviste de la Comédie-Française, Paris.

COULON (Rémi), professeur de paléographie, Rome.

COURBAUD (EDMOND), professeur-adjoint à la Faculté des lettres, PARIS.

CROISET (ALFRED), membre de l'Institut, doyen de la Faculté des Lettres, PARIS.

CUMONT (FRANZ), professeur à l'Université, GAND.

CUQ (EDOUARD), professeur à la Faculté de Droit, PARIS.

DARANTIERE (MAURICE), imprimeur, DIJON.

DÉCHELETTE (JOSEPH), conservateur du Musée, ROANNE.

DEJOB (CHARLES), professeur-honoraire à la Faculté des Lettres, PARIS.

DELABORDE (Comte FRANÇOIS), professeur à l'Ecole des Chartes, *membre du Comité des « Mélanges Chatelain »*, PARIS.

DELAPORTE (LOUIS), diplômé de l'Ecole pratique des Hautes Etudes, CLAMART (Seine).

DELARUELLE (LOUIS), professeur à l'Université, TOULOUSE.

DELAVILLE LE ROULX (JOSEPH), archiviste-paléographe, PARIS.

DELISLE (LÉOPOLD), administrateur honoraire de la Bibliothèque Nationale, membre de l'Institut, *président du Comité des « Mélanges Chatelain »*.

DEMAISON (LOUIS), archiviste de la Ville, REIMS.

DESROUSSEAUX (A.-M.), directeur-adjoint à l'Ecole pratique des Hautes Etudes, PARIS.

ESTOURNELLES DE CONSTANT (ARNAUD d'), élève de l'Ecole pratique des Hautes Études, PARIS.

DIANU (J. N.), diplômé de l'Ecole pratique des Hautes Études, professeur, BUCAREST.

DIELS (HERMANN), professeur à l'Université, BERLIN.

DIGARD (GEORGES), professeur à l'Institut catholique, PARIS.

DOREZ (LÉON), bibliothécaire à la Bibliothèque Nationale, *membre du Comité des « Mélanges Chatelain. »*

DORVEAUX (PAUL), docteur en médecine, bibliothécaire à l'Ecole supérieure de Pharmacie, PARIS.

DOTTIN (G.), professeur à la Faculté des Lettres, RENNES.

DURAND (RENÉ), chargé de cours à la Faculté des Lettres, PARIS.

DURRIEU (Comte PAUL), membre de l'Institut, conservateur honoraire des Musées nationaux, *membre du Comité des « Mélanges Chatelain ». (2 exemplaires).*

DUSSAUD (RENÉ), professeur suppléant au Collège de France, PARIS.

ECONOMOS (Madame), PARIS.

EHRLE, F., S. J. préfet de la Bibliothèque du Vatican, correspondant de l'Institut *membre du Comité des « Mélanges Chatelain »* ROME.

ERNOUT (ALFRED), docteur ès lettres, professeur au Lycée, TROYES.

ESPÉRANDIEU (Commandant EMILE), correspondant de l'Institut, CLAMART (Seine).

FAGNIEZ (GUSTAVE), membre de l'Institut, Paris.

FÄH (AD.), bibliothécaire, Stiftsbibliothek, SAINT-GALL.

FAWTIER (ROBERT), agrégé d'histoire, PARIS.

FEDERICI (VINCENZO), direttore del Gabinetto Paleografico, ROME.

FONTAINE (ANDRÉ), conservateur des Collections de la Faculté des Lettres, PARIS.

FOURNIER (PAUL), doyen de la Faculté de droit, GRENOBLE.

FRÉVILLE DE LORME (ROBERT DE), archiviste-paléographe, PARIS.

GAFFIOT (FÉLIX), professeur au Lycée, CLERMONT-FERRAND.

GAIDOZ (HENRI), directeur d'études à l'Ecole pratique des Hautes Études, PARIS.

GAMBER (J.), libraire, PARIS. (2 exemplaires).

GARDTHAUSEN (V.), professeur à l'Université, LEIPZIG.

GASC-DESFOSSÉS (ALFRED), professeur au Lycée, EVREUX.

GAUTHEY (JACQUES CHRISTOPHE), abbé de Sainte-Marie-Magdeleine, LENNO (Italie).

GEROLD ET Cᵒ, libraire, VIENNE (Autriche).

GIFFARD (ANDRÉ), agrégé d'histoire du droit, PARIS.

GILLIÉRON (JULES), directeur adjoint à l'Ecole pratique des Hautes Études, PARIS.

GILSON (Docteur), médecin en chef de l'hôpital d'Angoulême, membre de l'association pour
l'encouragement des Études grecques, ANGOULÊME.

GIRARD (PAUL), membre de l'Institut, professeur à la Faculté des Lettres, PARIS.

GIRARD (PAUL-FRÉDÉRIC), professeur à la Faculté de Droit, PARIS.

GLOTZ (Gustave), chargé de cours à la Faculté des Lettres, PARIS.

GOELZER (HENRI), professeur à la Faculté des Lettres, PARIS.

GOETZ (GEORG), professeur à l'Université, IÉNA.

GOMPERZ (TH.), ex-professeur de l'Université, VIENNE (Autriche).

GRABMAN (MARTIN), professeur, Bischöfliches Lyceum, EICHTALL (Bavière).

GRAND (DANIEL), archiviste-paléographe, VERSAILLES.

GRENIER (ALBERT), maître de conférences à la Faculté des Lettres, NANCY.

GUIDI (IGNACE), correspondant de l'Institut, professeur à l'Université, ROME.

GUIEYSSE (PAUL), député, directeur-adjoint à l'Ecole pratique des Hautes Études, PARIS.

HALE (WILLIAM G.), professeur à l'Université, CHICAGO, U.S.A.

HALÉVY (JOSEPH), directeur d'études à l'École pratique des Hautes Études, PARIS.

HAMEL (AUGUSTIN), professeur au Lycée Montaigne, PARIS.

HANOTAUX (GABRIEL), de l'Académie française, PARIS.

HARRASSOWITZ (OTTO), libraire, LEIPZIG.

HAULER (EDMOND), professeur à l'Université, VIENNE (Autriche).

HAUSSOULLIER (BERNARD), membre de l'Institut, directeur d'études à l'Ecole pratique des
Hautes Études, membre du Comité des « Mélanges Chatelain », PARIS.

HAUVETTE (HENRI), chargé de cours à la Faculté des Lettres, PARIS.

HAVET (LOUIS), membre de l'Institut, directeur à l'Ecole pratique des Hautes Études. PARIS.

HAVETTE (RENÉ), sténographe agréé près le Tribunal de la Seine, PARIS.

HEERDEGEN (F.), professeur à l'Université, ERLANGEN (Bavière).

HEIBERG, (J. L.), professeur à l'Université, COPENHAGUE.

HEINZE (RICHARD), professeur à l'Université, LEIPZIG.

HENRY (R. M.), professeur, Queen's College, BELFAST (Irlande).

HERMANN (A.), libraire-éditeur, PARIS.

HOEPLI (ULRICO), libraire-éditeur, MILAN.

HOLDER (ALFRED), conservateur de la Bibliothèque de la Cour et du Grand-Duché de Bade,
correspondant de l'Institut, membre du Comité des « Mélanges Chatelain ».

HOLZINGER (CHARLES), professeur à l'Université allemande, PRAGUE.

JACOB (ALFRED), directeur d'études à l'Ecole pratique des Hautes Etudes, PARIS.

JACOB (EMIL), bibliothécaire de la Bibliothèque royale, BERLIN.

JAMES (MONTAGU RHODES), Litt. D., F. B. A, F. S. A, président de King's College,
Cambridge. (3 Exemplaires).

JOB (L.), professeur au Lycée, NANCY.

JORET (CHARLES), membre de l'Institut, PARIS.

JULLIAN (CAMILLE), membre de l'Institut, professeur au Collège de France, PARIS.

JUSSELIN (MAURICE), archiviste départemental, CHARTRES.

KELLER (OTTO), Kais. österreichischer Hofrat i. T., STUTTGART.

KLINCKSIECK (CHARLES), libraire, PARIS.

KOHLER (CHARLES), administrateur de la Bibliothèque Sainte Geneviève, PARIS.

KREBS (ADRIEN), préfet des études littéraires à l'Ecole Alsacienne, PARIS.

† KRUMBACHER (KARL), professeur à l'Université, MUNICH.

KRUSCH (BRUNO), Archivrath, Staatsarchivar, OSNABRUCK (Prusse).

LABANDE (L. H.), conservateur des archives du Palais, MONACO.

LABORDE (Comte ALEXANDRE de), secrétaire de la Société des Bibliophiles françois, PARIS.

LACOMBE (PAUL), bibliothécaire honoraire à la Bibliothèque Nationale, PARIS.

LAFAYE (GEORGES), professeur-adjoint à la Faculté des Lettres, PARIS.

LAFONT (Mademoiselle RENÉE), élève de l'Ecole pratique des Hautes Etudes, PARIS.

LANDRY (ADOLPHE), maître de conférences à l'Ecole pratique des Hautes Etudes, PARIS.

LANSON (GUSTAVE), professeur à la Faculté des Lettres, PARIS.

LA RONCIÈRE (CHARLES DE), conservateur adjoint à la Bibliothèque Nationale, PARIS.

LAUDE (JULES), bibliothécaire de la Ville et de l'Université, CLERMONT-FERRAND.

LAUER (PHILIPPE), bibliothécaire à la Bibliothèque Nationale, PARIS.

LAZZARRINI (VITTORIO), professeur à l'Université, PADOUE.

LEBÈGUE (HENRI), chef des travaux paléographiques à l'École pratique des Hautes Études, PARIS.

LE COULTRE (JULES), professeur à l'Académie, NEUCHATEL.

LECOURT (MARCEL), diplômé d'études supérieures des langues classiques, *secrétaire du Comité des « Mélanges Chatelain, »* PARIS.

LECOURT-LARMÉE (Madame ELIZABETH), élève de l'École pratique des Hautes Études, PARIS.

LEFRANC (ABEL), professeur au Collège de France, PARIS.

LEGENDRE (PAUL), professeur agrégé au Lycée Michelet, *membre du Comité des « Mélanges Chatelain »*, Paris.

LEHOT (L.), conservateur honoraire de la Bibliothèque de l'Université, PARIS.

LEJAY (PAUL), professeur à l'Institut catholique, PARIS.

LELONG (EUGÈNE), chargé de cours à l'École des Chartes, PARIS.

LEMOINE (JEAN), bibliothécaire du Ministère de la guerre, PARIS.

LEMONNIER (HENRY), professeur à la Faculté des Lettres, PARIS.

LE VAYER (PAUL), inspecteur des Travaux historiques, conservateur honoraire de la Bibliothèque de la ville de Paris, BALLON (Sarthe).

LÉVI (SYLVAIN), professeur au Collège de France, PARIS.

LÉVY (EDMOND MAURICE), sous-bibliothécaire à la Bibliothèque de l'Université, Sorbonne, PARIS.

LÉVY BRUHL, professeur à la Faculté des Lettres, PARIS.

LIARD (LOUIS), membre de l'Institut, Vice-Recteur de l'Académie de Paris.

LIKHATSCHEFF (Nicolas), Vice-Directeur de la Bibliothèque Impériale, SAINT-PÉTERSBOURG.

LINDSAY (W. M.), professeur à l'Université, SAINT-ANDREWS (Écosse).

LITTLE (A. G.), lecteur à l'Université, MANCHESTER.

LONGNON (AUGUSTE), membre de l'Institut, professeur au Collège de France, PARIS.

LONGUET (D. A.), graveur éditeur, PARIS.

LOT (FERDINAND), directeur-adjoint à l'École pratique des Hautes Études, PARIS.

LOUBAT (DUC DE), membre de l'Institut, PARIS.

LUMBROSO (Baron ALBERT), directeur de la « Revue Napoléonienne », ROME.

LUNDSTRÖM (WILH.), professeur à l'Université, GÖTEBORG (Suède).

MACÉ (ALCIDE), professeur à la Faculté des Lettres, RENNES.

MACLER (FRÉDÉRIC), chargé de cours à l'École des Langues Orientales, PARIS.

MACON (GUSTAVE), conservateur du Musée Condé, CHANTILLY.

MADAN (FALCONER), professeur à l'Université, OXFORD.

MAIRE (ALBERT), bibliothécaire à la Bibliothèque de l'Université, Sorbonne, PARIS.

MANDACH (CONRAD DE), docteur de l'Université, PARIS.

MAREUSE (EDGAR), secrétaire du Comité des Inscriptions Parisiennes, PARIS.

MARINIS (T. DE), libraire, FLORENCE.

MAROUZEAU (JULES), agrégé des lettres, diplômé de l'École pratique des Hautes Études, PARIS.

MARTHA (JULES), professeur à la Faculté des Lettres, PARIS.

MARTIN (HENRY), administrateur de la Bibliothèque de l'Arsenal, *membre du Comité des « Mélanges Chatelain »*, PARIS.

MAURICE (JULES), membre résident des Antiquaires de France, PARIS.

MAZEROLLE (F.), archiviste de la Monnaie, PARIS.

MÉDAN (PIERRE), professeur au Lycée, AGEN.

MEIER (P. GABRIEL), bibliothécaire en chef du Monastère, EINSIEDELN (Suisse).

MEILLET (ANTOINE), professeur au Collège de France, PARIS.

MENTZ (ARTHUR), directeur de l' « Archiv für Stenographie », KŒNIGSBERG.

MERCATI (GIOVANNI), scriptor à la Bibliothèque du Vatican, ROME.

MICHEL (CHARLES), correspondant de l'Institut, professeur à l'Université, LIÈGE.

MISPOULET (J.-B.), secrétaire-rédacteur de la Chambre des Députés, PARIS.

DOM A. MOCQUEREAU, moine de l'abbaye de Solesmes.

MONACI (ERNESTO), professeur à l'Université, ROME.

MONCEAUX (PAUL), professeur au Collège de France, PARIS.

MONOD (GABRIEL), membre de l'Institut, professeur au Collège de France, PARIS.

MOREL-FATIO (ALFRED), directeur-adjoint à l'École pratique des Hautes Études, PARIS.

MORTET (VICTOR), bibliothécaire à la Bibliothèque de l'Université, Sorbonne, PARIS.

NEGROPONTES (Madame SOPHIE), PARIS.

NEGROPONTES (Mademoiselle HÉLÈNE), PARIS.

NEGROPONTES (ULYSSE), PARIS.

NERVO (Baron DE), PARIS.

NIJHOFF (MARTINUS), libraire-éditeur, LA HAYE (*2 exemplaires*).

NOLHAC (PIERRE DE), conservateur du Musée National de Versailles, directeur à l'École pratique des Hautes Études, *membre du Comité des « Mélanges Chatelain »*, VERSAILLES.

NOUGARET (FERNAND), professeur au Collège, PERPIGNAN.

NOVATI (FRANCESCO), recteur de l'Académie Royale, MILAN.

OLSCHKI (Commandeur LEO S.), directeur de la Revue « La Bibliofilia », FLORENCE.

OMONT (HENRI), membre de l'Institut, conservateur du département des manuscrits à la Bibliothèque Nationale, PARIS.

OTTENTHAL (EMIL VON), professeur à l'Université, VIENNE (Antriebe).

PAQUIER (ABBÉ J.), docteur ès-lettres, PARIS.

PARKER (& SON), libraire, OXFORD (2 exemplaires).

PASSY (PAUL), directeur-adjoint à l'École pratique des Hautes Études, PARIS.

PAUL (EMILE et fils) et GUILLEMIN, libraires de la Bibliothèque Nationale, PARIS.

PÉLISSIER (LÉON-G.), professeur à l'Université, MONTPELLIER.

PEREIRA (GABRIEL), inspecteur des Bibliothèques Nationales et des Archives, LISBONNE.

PERROT (GEORGES), secrétaire perpétuel de l'Académie des Inscriptions et Belles-Lettres, PARIS.

PIAGET (ARTHUR), recteur de l'Université, NEUCHATEL.

PICARD (A.), libraire, PARIS (3 exemplaires).

PICHON (RENÉ), professeur au Lycée Henri IV, PARIS.

PICOT (ÉMILE), membre de l'Institut, PARIS.

PIPER (P.), bibliothécaire en chef de la Bibliothèque, ALTONA-SUR-ELBE.

PLATON (G.), sous-bibliothécaire à la Bibliothèque de l'Université, BORDEAUX.

PLATTARD (JEAN), docteur ès-lettres, PARIS.

PLÉSENT (CH.), professeur au Lycée Louis-Le-Grand, PARIS.

PLÉSSIS (FRÉDÉRIC), professeur-adjoint à la Faculté des Lettres. PARIS.

POINSSOT (CHARLES), licencié ès-lettres, PARIS.

POLACK (CAMILLE), agrégé de grammaire, professeur au Lycée, CHAMBÉRY.

POTTIER (EDMOND), membre de l'Institut, PARIS.

POUPARDIN (RENÉ), secrétaire de l'École des Chartes, PARIS.

PROTAT (frères), imprimeurs, MACON.

PROU (MAURICE), membre de l'Institut, professeur à l'École des Chartes, membre du Comité des « Mélanges Chatelain », PARIS.

PSICHARI (JEAN), directeur à l'École pratique des Hautes Études, PARIS.

PUECH (A.), professeur de la Faculté des Lettres, PARIS.

RATTI (A.), professeur à l'Institut Royal, MILAN.

RAYNAUD (GASTON), bibliothécaire honoraire à la Bibliothèque Nationale, PARIS.

REINACH (THÉODORE), membre de l'Institut, PARIS.

REUSS (RODOLPHE), correspondant de l'Institut, directeur adjoint à l'École pratique de Hautes Études, VERSAILLES.

REVILLOUT (EUGÈNE), professeur à l'Institut catholique, conservateur honoraire des Musées Nationaux, PARIS.

REY (AUGUSTE), PARIS.

RIQUIER (JEAN), attaché à la Bibliothèque de l'Université, Sorbonne, PARIS.

BOERSCH (ALPHONSE), professeur à l'Université, GAND.

ROGER (MAURICE), docteur ès lettres, professeur au Lycée Carnot, PARIS.

ROQUES (MARIO), directeur-adjoint à l'École pratique des Hautes Études, professeur à l'École des Langues Orientales, PARIS.

ROSENTHAL (JACQUES), libraire antiquaire, MUNICH.

ROUSSELOT (ABBÉ P.), professeur à l'Institut catholique, PARIS.

ROY (JULES), directeur-adjoint à l'École pratique des Hautes Études, PARIS.

BÜHL (FRANZ), docteur en philosophie, professeur à l'Université, KOENIGSBERG.

SAINÉAN (LAZARE), professeur, PARIS.

SALMON, professeur à l'Université, LONDRES.

SCHEIL (V.), membre de l'Institut, directeur à l'École pratique des Hautes Études, PARIS.

SCHIAPARELLI (Luigi), professeur, R. Istituto di studi superiori, FLORENCE.

SCHIRMER (H.), maître de conférences à la Faculté des Lettres, PARIS.

SCHLUMBERGER (GUSTAVE), membre de l'Institut, PARIS.

SCHULZ (ALBERT), libraire, PARIS.

SCHWENKE (PAUL), Directeur de la Bibliothèque Royale, BERLIN.

SERRUYS (D.), directeur adjoint à l'Ecole pratique des Hautes Etudes, PARIS.

SEYMOUR DE RICCI, PARIS.

SIMON (FRANCIS), imprimeur, juge au Tribunal de Commerce, RENNES.

SOURY (JULES), directeur à l'Ecole pratique des Hautes Etudes, PARIS.

SPAGNOLO (ANTONIO), bibliotecario della Capitolare, VÉRONE.

STAINIER (LOUIS), administrateur-inspecteur de la Bibliothèque Royale de Belgique, *Bruxelles.*

STECHERT et Cᵒ (G.-E.), libraires, PARIS (*2 exemplaires*).

STEFFENS (FRANZ), professeur à l'Université, *Membre du Comité des « Mélanges Chatelain »,*
FRIBOURG (Suisse).

STEIN (HENRI), sous-chef de section aux Archives Nationales, PARIS.

STENERSEN (L.-B.), professeur à l'Université, CHRISTIANIA.

STUREL (RENÉ), professeur au Lycée, SAINT-ÉTIENNE.

TEMPIER (D.), archiviste des Côtes-du-Nord, SAINT-BRIEUC.

TERRACHER (A.), lecteur de l'Université, UPSAL.

THÉDENAT (HENRI), membre de l'Institut, PARIS.

THÉVENIN, directeur à l'Ecole pratique des Hautes Etudes, PARIS.

THOMAS (ANTOINE), manbre de l'Institut, professeur à la Faculté des Lètres, PARIS.

THOMAS (EMILE), professeur à l'Université, LILLE.

THOMAS (PAUL), professeur à l'Université, GAND.

TWEMLOW (J.-A.), professeur à l'Université, LIVERPOOL.

URBAIN (Abbé G.), docteur ès lettres, PARIS.

VAHLEN (Johannes), professeur à l'Université, BERLIN.

VALOIS (NOËL), membre de l'Institut, PARIS.

VAN DEN GHEYN (JOSEPH), conservateur en chef de la Bibliothèque Royale, BRUXELLES.

VIOLLET (PAUL), membre de l'Institut, bibliothécaire de la Bibliothèque de l'École de
Droit, PARIS.

VITELLI (GIROLAMO), professeur, R. Istituto di studi superiori, FLORENCE.

VOGÜÉ (Marquis DE), membre de l'Académie des Inscriptions et Belles-Lettres et de l'Académie française, Paris.

WALTERS (C. HAMSTEAD), professeur au King's College, LONDRES.

† WEIL (HENRI), membre de l'Institut, PARIS.

WELTER (H.), libraire, PARIS.

WESSELY (CHARLES), bibliothécaire à la Bibliothèque Impériale, VIENNE (Antriebe).

WEYMAN (CARL), professeur à l'Université, MUNICH.

WICKERSHEIMER (ERNEST), docteur en médecine, sous-bibliothécaire à la Bibliothèque de l'Université, Sorbonne, PARIS.

WÜNSCH (RICHARD), professeur à l'Université, KŒNIGSBERG.

ZEILLER (JACQUES), professeur à l'Université, FRIBOURG (Suisse).

ZERETELI (GRÉGOIRE), professeur à l'Université, DORPAT (Juriew) Russie.

Les articles ont été imprimés dans l'ordre même de leur réception.

Si attentive qu'ait été la révision page à page des épreuves, on s'excuse par avance des fautes qui ont pu encore s'y insinuer.

Le Comte PAUL DURRIEU

INGOBERT

UN GRAND CALLIGRAPHE DU IX' SIÈCLE

On sait de quel vif éclat l'art de la calligraphie et de la décoration des manuscrits a brillé sous les Carolingiens, depuis le règne de Charlemagne jusque vers la fin du IX' siècle. Durant cette époque, et en particulier au temps de Charles le Chauve, on exécuta, en divers pays du territoire soumis à la monarchie franque, des livres de très grand luxe, dont quelques uns comptent, et compteront toujours, parmi ce qui a jamais été créé de plus beau dans le genre.

Nous ne possédons pas seulement, parvenues jusqu'à nous, des œuvres vraiment merveilleuses des calligraphes Carolingiens. Nous avons aussi la bonne fortune de connaître les noms de plusieurs d'entre eux. Nous devons cette connaissance à des renseignements fournis par les volumes eux-mêmes et qui y sont généralement donnés dans des pièces de vers, ou prétendus vers, rattachant le souvenir de l'exécution du manuscrit à tel ou tel prince ou grand personnage.

Sous Charlemagne ont fleuri Godelscalc (vers 781) auteur du fameux *Evangéliaire de Charlenagie*, aujourd'hui à la Bibliothèque Nationale de Paris (Nouv. acquis. latines 1203), et Dagulf qui a exécuté entre 772 et 795 le *Psautier* donné par Charlemagne au pape Adrien Ier et conservé à la Bibliothèque Impériale de Vienne (n° 652). Au IX' siècle appartiennent Adalbald, l'honneur de l'école calligraphique de Tours ; Amalric, qui paraît avoir aussi vécu à Tours [1]; Amand, Sigwald et Arénaire, tous trois travaillant également dans la région tourangelle, auteurs en collaboration de la splendide *Bible* offerte à Charles le Chauve par le comte Vivien (Bibl. Nat., ms. latin 1); Liuthard, qui a signé seul le *Psautier de Charles le Chauve* de la

---

[1] Sur Adalbald et Amalric, voir : L. Delisle. *Mémoires sur l'Ecole calligraphique de Tours*, (Paris, 1885, in-4°; Extrait des *Mémoires de l'Académie des Inscriptions*, t. XXXI, 1), p 41-42 ; et Samuel Berger, *Histoire de la Vulgate*, (Paris 1893, in-8°) p. 241-247 et 222.

Bibliothèque Nationale (Ms. latin 1152) et qui s'est associé avec son frère Beringar pour mener à bonne fin le *Livre d'évangiles en lettres d'or* du même empereur, ou *Evangiles de Saint-Emmeran*, joyau sans prix de la Bibliothèque Royale de Munich (Cod. lat. Monacensis 14000); enfin Ingobert.

Le nom de ce dernier nous est révélé par une célèbre *Bible* latine qui est conservée au monastère bénédictin annexé à la Basilique de Saint-Paul-Hors-les-Murs près Rome. Cette Bible que l'on a quelquefois appelée aussi la Bible de saint Calliste (1) se trouve, semble-t-il, à Saint-Paul-Hors-les-Murs au moins depuis le xi° siècle. Une main de cette époque y a copié, sur une page blanche, la formule du serment que Robert Guiscard prêta à Grégoire VII et il ne serait peut-être pas téméraire de penser que c'est sur le volume même que ce serment fut prêté.

La Bible de Saint-Paul a excité l'admiration de tous les érudits qui ont jadis pu voir le manuscrit lui-même. Montfaucon déclare que le volume ne le cède à aucun autre en beauté et en élégance et qu'il révèle une magnificence vraiment impériale. Seroux d'Agincourt reconnaît en lui « de toutes les productions de ce genre, la plus admirable, soit par la beauté des caractères, soit par la richesse de l'ensemble ». Et, parmi les modernes, pour ne citer qu'un des connaisseurs les plus hautement qualifiés pour se prononcer en pareille matière, notre illustre confrère M. Léopold Delisle a signalé la Bible en question comme étant un « livre qui a droit d'occuper une des premières places dans la série des chefs-d'œuvre de la peinture et de la calligraphie française au temps de Charles le Chauve » (2).

Cette indication chronologique du « temps de Charles le Chauve », donnée comme date approximative du volume par M. Delisle, a été suggérée par une des grandes peintures qui ornent le manuscrit de Saint-Paul-Hors-les-Murs. La peinture en question se trouve aujourd'hui placée au début du livre, mais elle a été transposée (3) et jadis elle terminait le volume, suivant une disposition dont il existe un autre exemple (4). Elle montre un souverain Carolingien assis sur son trône, dans l'appareil de la majesté, sous la protection de deux anges et de quatre Vertus, et ayant debout devant lui deux écuyers et deux femmes, dont une reine ou princesse. Une pièce de quatorze vers (5), écrite au bas de la page en capitales d'or sur fond teinté

---

(1) Cette appellation se rattache au couvent de Saint-Calliste, à Rome, où les religieux de Saint-Paul-Hors-les-Murs éprouvés par les fièvres paludéennes venaient se reposer et où la Bible a été déposée pendant longtemps.

(2) L. Delisle, *L'Evangéliaire de Saint-Vaast-d'Arras* (Paris, 1888, in-4°) p. 17.

(3) Le fait a été reconnu, sur le manuscrit même, par M. Léopold Delisle. Disons, à propos des modifications subies par le volume que celui-ci a reçu, en 1646, une nouvelle reliure, somptueusement garnie d'orfèvrerie, mais lourde et de mauvais goût, qui lui sert encore de couverture.

(4) Dans la Bible du comte Vivien, ms. latin 1 de la Bibl. Nationale, où une peinture représentant la remise du volume à Charles le Chauve a été placée, en signe de dédicace, à la fin du manuscrit.

(5) Toutes les pièces de vers insérées dans la Bible de Saint-Paul-Hors-les-Murs ont été publiées

pourpre, indique que nous avons sous les yeux un roi portant le prénom de Charles et que la reine debout à sa gauche est son épouse :

> Rex cœli, dominus solita pietate redundans,
> Hunc Karolum regem dilexit herilem.
> . . . .
> Nobilis ad levam conjux de more venustat,
> Qua insignis proles in regnum rite paretur (1),

Quelques auteurs ont cru qu'il s'agissait de Charlemagne ou de Charles le Gros. Mais la plupart des érudits ont incliné pour Charles le Chauve et cette opinion me parait avoir été définitivement mise hors de doute par mon si savant et si regretté ami le pasteur Samuel Berger. Samuel Berger a montré en outre que la reine était la première épouse de Charles le Chauve, Hermentrude, ce qui place l'exécution de la peinture, et par suite celle du volume dont elle fait partie intégrante, entre les années 842 et 869 (2).

Une autre pièce de vers, beaucoup plus développée que la précédente et placée, dès l'origine, en tête du volume sous le titre de « Prologus totius libri », nomme encore le roi Charles, en indiquant que celui-ci a offert le manuscrit : « à toi, Christ ! et aux tiens », c'est-à-dire évidemment à une église ou à un monastère :

> Haec namque invenies (3) praesenti pascua (4) libro,
> Quem tibi, quemque tuis rex Karolus, ore serenus,
> Offert, Christe ! tuusque cliens et corde fidelis.

L'espace dont je dispose ici ne me permet pas d'entrer dans une description détaillée de la Bible de Saint-Paul-Hors-les-Murs.

Je dirai seulement que cette Bible forme un énorme volume de format grand in-

par L. Traube dans les *Monumenta Germàniæ historica*, tome III des *Poetae latini AEvi Carolini*, p. 257-264.

(1) Cette image a été plusieurs fois reproduite. Sa photographie par Parker se trouve insérée dans l'ouvrage de Westwood dont nous parlerons plus loin. Elle avait été auparavant gravée dans Alemanni, *De Lateranensibus parietinis*, p. 123 de l'édition de 1625 ; Mabillon, *Museum Italicum* (Paris, 1724, in-4°) tome I, p. 224 ; Montfaucon, *Les Monumens de la Monarchie françoise*, t. I, planche XXVII ; Seroux d'Agincourt, *Histoire de l'art par les monuments*, tome V, *peintures*, planche XL ; etc.

(2) Samuel Berger, *Histoire de la Vulgate*, p. 292.

(3) Tandis que le second et le troisième des vers cités ici s'adressent au Christ, le premier vise un futur lecteur quelconque du volume (*Hac, lector, mensa fruere*, est-il dit un peu plus haut), et la pensée de l'auteur du prologue est de comparer la Bible à une table ou à des paturages, qui offrent à celui qui lit les textes sacrés une précieuse nourriture intellectuelle.

(4) La lecture: *pascua* est certaine. C'est à tort que Mabillon (*Iter Italicum*) et Montfaucon (*Monumens de la Monarchie françoise*) ont imprimé : *pagina*.

folio, comprenant 334 feuillets (1) hauts en moyenne de 450 millimètres et larges de 345, et que ce qui caractérise spécialement le volume c'est la splendeur tout à fait exceptionnelle de sa décoration.

Cette décoration comprend surtout, sans parler de titres admirablement calligraphiés en capitales romaines et de magnifiques grandes initiales ornées insérées dans le texte, deux éléments très remarquables. Ce sont d'une part des peintures proprement dites, couvrant toute la surface des pages ; d'autre part des grands frontispices, également à pleine page, renfermant les *Incipit* des principales parties de l'Ancien et du Nouveau Testament.

Ces grands frontispices d'*Incipit* sont au nombre de trente-sept dans le manuscrit. Entourés d'un riche encadrement rectangulaire aux motifs sans cesse variés, ils montrent chacun une initiale gigantesque, qui parfois occupe la totalité de la hauteur du cadre, toute brodée de listels d'or, d'entrelacs et de fleurons, et se combinant avec d'autres lettres, moins monumentales mais toujours d'une suprême élégance de formes, dont la disposition révèle autant de fertilité d'invention que de sûreté de goût. Une notable partie de ces frontispices sont en outre rendus plus splendides encore par l'emploi de fonds de pourpre. L'ensemble de ces pages décoratives constitue, quand on se trouve en face de l'original, une éblouissante vision, dont toute reproduction en noir, gravure ou photographie, ne saurait aucunement exprimer le merveilleux éclat.

Quant aux peintures proprement dites, elles consistent en des vrais tableaux, d'environ 40 centimètres de hauteur ; le volume n'en renferme aujourd'hui pas moins de vingt-quatre, et il en a même compté originairement vingt-cinq, l'une d'elles ayant été enlevée du livre au cours des siècles (2). C'est là une richesse d'illustrations tout à fait exceptionnelle. On peut le constater en établissant un rapprochement entre la Bible de Saint-Paul et les quatre autres Bibles Carolingiennes les plus magnifiquement ornées qui nous soient parvenues, je veux dire les deux *Bibles de Charles le Chauve*, Mss. latins 1 et 2 de la Bibliothèque Nationale, la *Bible dite d'Alcuin* ou de *Grandval*, du Musée Britannique (Addit. Ms. 10546), et la *Bible de Bamberg*. En effet la Bible ms. latin 1 de la Bibliothèque Nationale comporte seulement 8 tableaux à pleine page ; la Bible du Musée Britannique n'en a déjà plus que 4 ; la Bible de Bamberg, que 2 ; enfin il n'y a pas d'images réelles, mais seulement des ornements décoratifs dans la Bible ms. latin 2 de la Bibliothèque Nationale. On voit donc que la Bible de

(1) Ceci non compris un feuillet au début, portant un titre de l'année 1646, et un autre feuillet à la fin, sur lequel on a recopié au xvi⁰ siècle les vers relatifs à l'image du roi Charles.

(2) Je dois cette indication à la complaisance affectueuse de M. Léopold Delisle, qui a bien voulu mettre à ma disposition, pour compléter mes observations personnelles, de très précieuses notes qu'il a prises jadis en face du manuscrit. Je ne saurais trop vivement lui exprimer mes remerciements à cet égard.

Saint-Paul-Hors-les-Murs contient plus de peintures à elle seule que toutes les autres Bibles Carolingiennes mises ensemble.

Une de ces peintures de la Bible de Saint-Paul-Hors-les-Murs est le portrait du souverain Carolingien dont il a été question plus haut. Les 23 autres (primitivement 24) reproduisent des sujets historiques ou allégoriques empruntés au texte contenu dans le manuscrit (1).

Après avoir cherché, par ces quelques brèves indications, à faire ressortir l'extraordinaire somptuosité de la Bible qui nous occupe, j'arrive à cet Ingobert qui a attaché son souvenir au manuscrit. Ingobert s'est nommé dans le « Prologus totius libri » que j'ai déjà mentionné. Immédiatement à la suite des vers qui relatent l'hommage du livre « au Christ et aux siens » par le roi Charles, on trouve cette phrase :

> Ejus (2) ad imperium devoti pectoris artus [*sic*],
> Ingobertus eram referens et scriba fidelis,
> Graphidas Ausonios æquans superansve tenore
> Mentis.

Il y a dans ce passage plus qu'une simple signature ; on y démêle en quelque sorte un côté psychologique ; la personnalité de l'artiste s'y affirme dans les éloges qu'il se donne à lui même. Ce trait mérite de retenir l'attention. Pour certains critiques, nous aurions là seulement le témoignage de « l'aplomb superbe » d'un scribe trop vaniteux (3) ; j'estime que c'est bien vite trancher la question, et qu'il y a peut-être d'autres hypothèses à formuler.

Les termes amphigouriques, dont il est fait usage dans les susdits vers, en rendent

---

(1) Voici, brièvement résumée, la liste des sujets traités dans le total des 25 peintures qui ornaient la Bible de Saint-Paul, et qui, sauf une, sont toutes encore dans le manuscrit : I. Scènes de la vie de saint Jérôme, traducteur de la Bible. — II. Histoire d'Adam et d'Eve. — III. Scènes de la vie de Moïse. — IV. Promulgation de la Loi. — V. L'Arche d'alliance et le Sacrifice de Moïse. — VI. Le prophète Balaam ; punition de Coré, Dathan et Abirou. — VII. Bénédiction des Hébreux par Moïse ; mort de Moïse. — VIII. Scènes de la vie de Josué ; passage du Jourdain et prise de Jéricho. — [IX. Scènes de la vie de Job. Cette image, comme l'a remarqué M. Delisle, se trouvait sur le verso d'un feuillet numéroté 73, qui a disparu du volume. Quelques traces de la peinture se sont reportées en contre-épreuve sur le recto du fol. 74 qui faisait face originairement au tableau enlevé du manuscrit]. — X. Scènes de la vie de Samuel et de la vie de Saül. — XI. Douleur de David à la nouvelle de la mort de Saül. — XII. Vision d'Isaïe. — XIII. Le Roi-Psalmiste entouré de ses acolytes. — XIV. Sacre et jugement de Salomon. — XV. Scènes de l'histoire de Judith. — XVI. Scènes de l'histoire des Macchabées. — XVII. Le Christ de gloire. — XVIII, XIX, XX et XXI. Images, occupant chacune une page entière, des quatre évangélistes, saint Mathieu, saint Marc, saint Luc et saint Jean. — XXII. L'Ascension et la Pentecôte. — XXIII. Scènes de l'histoire de l'apôtre saint Paul. — XXIV. Visions de l'Apocalypse. — XXV. (Placée jadis à la fin du volume et aujourd'hui reportée en tête). Portrait du roi Charles assis sur son trône, accompagné de figures accessoires.

(2) Ceci s'applique au « Rex Karolus ».

(3) *Histoire de l'Art* dirigée par André Michel, tome I, ι, p. 372.

l'interprétation assez délicate. Que faut-il entendre par ces « Graphidas Ausonios » qu'Ingobert se vante d'égaler ou même de surpasser « tenore mentis » ? Le mot *Ausonios* implique évidemment l'idée de l'*Italie*; et de ceci on peut tirer cette première conclusion que, si Ingobert se flatte d'être au moins égal aux « Graphidas » de l'Italie, c'est que lui-même n'était pas italien et qu'il appartenait aux provinces de la monarchie franque sises au nord des Alpes.

Mais ces calligraphes italiens, quels sont-ils? Faut-il entendre des contemporains et rivaux d'Ingobert? La chose ne me paraît guère admissible. En effet, au IXᵉ siècle, les manuscrits les plus riches ont été faits, non pas en Italie, mais dans les pays compris dans les limites de la Gaule antique. Tours, Reims, Corbie, et ces régions du nord de la France et de la Belgique actuelle où florissait l'Ecole que M. Delisle a nommée l'Ecole franco-saxonne, voilà quels étaient les grands centres de production pour les livres de haut luxe. J'oserai donc proposer une autre interprétation.

Il est incontestable que, pendant la période Carolingienne, les manuscrits illustrés remontant à l'Antiquité romaine ont été l'objet d'une attention particulière. Cette attention se trahit par de nombreux exemples d'imitations indéniables. Parfois on a exécuté de véritables répliques de manuscrits antiques, contenant des images ou des dessins qui paraissent être des copies fidèles d'originaux disparus ensuite. C'est le cas, entre autres applications du principe, pour l'*Aratus* de Leyde, et pour certains exemplaires de *Térence*, conservés à Rome et à Paris. Ou bien, quand on n'est pas en face d'une reproduction intégrale de l'ensemble d'un volume, on rencontre tout au moins, dans les peintures de certains livres datant de l'ère Carolingienne, des costumes, des attitudes de personnages, des accessoires significatifs, des formes architecturales employées comme éléments décoratifs, qui attestent de la manière la plus évidente l'influence très accentuée de l'art romain, c'est-à-dire de l'art qu'on pouvait qualifier, en style poétique, d'art de l'« Ausonie ». Cette tendance était très répandue à l'époque où fut exécutée la Bible de Saint-Paul-Hors-les-Murs ; on la trouve suivie en divers centres d'ateliers de calligraphie, à Reims par exemple, comme à Tours. Etant donné ces conditions, j'estime qu'il ne serait pas trop téméraire de penser qu'Ingobert, en se mettant en parallèle avec les « Graphidas Ausonios », vise les ouvriers du livre ayant travaillé dans l'Antiquité romaine, ou ceux qui étaient inféodés plus ou moins aux doctrines de cette Antiquité romaine, remises alors à la mode.

Si l'on admet notre interprétation, Ingobert nous apparaîtra en quelque sorte comme un « moderne » se posant en antagoniste des « anciens ».

Et sous quel rapport Ingobert se vante-t-il d'égaler tout au moins ces « Ausoniens », que nous croyons être les tenants de l'art romain? C'est par le côté intellectuel, par la valeur de son intelligence, « tenore mentis ». Ceci s'applique-t-il uniquement au texte transcrit dans le volume? Ce texte est celui de la Vulgate avec les préfaces de saint Jérôme ; il suit autant que possible la bonne leçon, mais il ne présente rien d'exceptionnel et, même en tenant compte des pièces de vers, telles que le « Prologus totius libri », qui sont spéciales à l'exemplaire, il ne paraît pas que la partie de pure copie ait demandé un effort d'esprit dont il y eût lieu pour le copiste de tant s'enorgueillir. Pour justifier l'estime qu'Ingobert réclame pour son œuvre, il faut qu'un autre facteur intervienne ; et cet autre facteur ne peut être que ce qui touche à la décoration et à l'illustration du volume.

Ceci correspond d'ailleurs aux conclusions que je crois pouvoir tirer d'une étude générale de tous les manuscrits de luxe exécutés à l'époque carolingienne. Pour une période moins ancienne du moyen âge, du xiiᵉ au xvᵉ siècle environ, la démarcation semble faite, du moins en principe (1), entre l'écrivain qui se borne à transcrire le texte des livres et ceux qui sont chargés soit d'enluminer, c'est-à-dire de décorer le livre, soit de l'historier, autrement dit d'y mettre des miniatures. Copie du texte et ornementation sont deux genres de travail séparés qui, dans certains cas, n'ont été achevés qu'à de longs intervalles, l'un par rapport à l'autre. Au contraire, aux temps des Carolingiens, il y a union intime entre le décor et la disposition de la copie pour les volumes de très grand luxe. Un sentiment d'art très étudié se devine jusque dans la coupure des paragraphes, dans la distribution des blancs ménagés pour recevoir des titres ou des *Incipit* monumentaux, dans la répartition des lettrines ornementées couvrant parfois de larges espaces réservés à dessein. Ce que l'on pourrait appeler la « mise en page » des volumes révèle constamment l'intervention d'un esprit directeur, qui joue en quelque sorte le rôle de l'architecte dans l'élaboration d'un plan d'ensemble. Ce directeur, j'oserais presque dire ce « maître de l'œuvre », qui invente des combinaisons dignes de ravir à jamais les bibliophiles les plus difficiles, quel pouvait-il être, sinon le *calligraphe*, un de ces calligraphes dont les noms se lisent, comme une signature d'artiste, sur les plus beaux produits de la librairie carolingienne ? Les documents mêmes nous donnent raison. Adalbald, un des coryphées de l'école calligraphique de Tours, se montre à nous dans plusieurs de ses souscriptions comme le scribe qui a écrit le volume ; mais il a pris aussi parfois le titre d' « artifex » (2). Notre Ingobert lui-même se pare d'un double qualificatif :

Ingobertus eram referens et scriba fidelis

Le mot *referens* est très vague et il serait téméraire de trop chercher à en préciser le sens ; il indique néanmoins qu'Ingobert, dans l'exécution de la Bible de Saint-Paul, n'a pas joué que le simple rôle de copiste du texte.

Ce dont on peut lui faire honneur avec le plus de vraisemblance, c'est ce qui touche encore à la calligraphie, autrement dit l'agencement des grands titres en capi-

---

(1) Il ne faut pas oublier, en effet, qu'en France, au xivᵉ et au xvᵉ siècle, bien des ouvriers du livre sont désignés comme ayant été à la fois copistes, ou libraires, et enlumineurs.

(2) « Hic liber Adalbaldi artificis », lit-on sur le nᵒ 405 du fond des Nouvelles acquisitions latines de la Bibliothèque Nationale. Cf. Samuel Berger, *Histoire de la Vulgate*, p. 244-245.

tales, l'invention des superbes initiales ornées et surtout des admirables frontispices
d'*Incipit* à pleines pages. Comme je l'ai dit plus haut, toute cette partie ornementale,
dans la Bible de Saint-Paul, est d'une suprême beauté et celui qui a su en concevoir
l'idée générale « tenore mentis », alors même qu'il ne l'aurait pas entièrement exécutée
de sa main, mérite d'être rangé parmi les plus grands maîtres décorateurs du
ixᵉ siècle franc.

   Faudrait-il aller plus loin et faire aussi intervenir les peintures proprement dites?
Un écrivain d'art allemand justement estimé, H. Janitschek, n'a pas hésité à voir
dans Ingobert non seulement l'écrivain mais le peintre — « der Schreiber und
Maler (1) » — de la Bible de Saint-Paul. Je n'oserais pas être aussi affirmatif, et il se
pourrait qu'il y ait eu, pour l'exécution des images, l'intervention d'un spécialiste (2)
autre que le chef calligraphe. Toutefois une chose est certaine, c'est que chaque
grande peinture du manuscrit est accompagnée de pièces dé vers tracées sur des
bandes de pourpre au dos des images (3) et que, d'autre part, ces vers qui expliquent
et commentent les scènes figurées dans les tableaux sont en étroits rapports, à la
fois par le style de leur rédaction et par la manière dont ils sont écrits sur le
volume, avec le « Prologus totius libri ». Or, dans ce « Prologus », nous l'avons vu,
c'est Ingobert qui se met ou est mis en avant, parlant à la première personne :
« eram referens ». Je crois donc qu'on peut estimer qu'Ingobert, même en se refusant
à admettre qu'il ait manié lui-même le pinceau de miniaturiste, a tout au moins donné
les sujets et suggéré la composition des tableaux.

   Les peintures de la Bible de Saint-Paul ont été, dans ces dernières années, sévèrement appréciées par les critiques qui s'en sont occupés. H. Janitschek, le premier,
les a jugées d'une manière défavorable, et son opinion a été ensuite reproduite
presque comme article de foi. On a bien dû reconnaître que l'illustration était riche,
mais, a-t-on ajouté, « d'un art grossier, lourd et disgracieux et qui sent la décadence » ;
on a reproché aux cycles des peintures l'excès du mouvement et le nombre exagéré
des personnages ; tant et si bien que, dans les plus récents ouvrages consacrés à l'art
carolingien, les illustrations de notre Bible ne sont guère mentionnées que comme
des œuvres inférieures auxquelles on n'attache qu'une importance relative (4).

---

   (1) Janitschek, *Geschichte der Deutschen Malerei* (Berlin, 1890, in-4ᵉ) p. 44.
   (2) Je ne touche pas une question très délicate à résoudre, celle de savoir si l'exécution des
peintures de la Bible de Saint-Paul ne trahirait pas deux, ou même plusieurs mains d'artistes.
   (3) En sus des vers inscrits au dos des feuillets qui portent les peintures, il y a parfois sur les
tableaux mêmes de courtes inscriptions qui précisent les détails des sujets ou en nomment les
personnages.
   (4) Janitschek, dans la grande publication collective intitulée : *Die Trierer Ada-Handschrift*
(Leipzig, 1889, in-folio) pp. 99-101 ; Samuel Berger, *Histoire de la Vulgate*, pp. 292-293 ; Paul
Leprieur, *L'art de l'époque mérovingienne et carolingienne*, dans l'*Histoire de l'art* dirigée par André
Michel, tome I, ι, p. 333 et 372.

Ayant eu la bonne fortune de pouvoir examiner et étudier longuement les peintures sur l'original même, mon impression a été très différente de ces appréciations peu flatteuses. Sans doute le trait est rude ; le modelé laisse à désirer ; les carnations, d'un ton général trop pâle, manquent de vigueur. Ajoutons encore que la perspective est absolument enfantine, reposant sur des données conventionnelles. Mais il y a lieu de tenir compte de la date d'exécution. Pour toutes les miniatures de l'époque carolingienne, nous aurions des critiques analogues à formuler ; toujours le rendu de la figure humaine y est plus ou moins grossier ; toujours la succession des différents plans est indiquée d'une manière arbitraire et souvent plus que naïve.

Il faut prendre les images de la Bible de Saint-Paul pour ce qu'elles sont, c'est-à-dire pour des œuvres du milieu du ixᵉ siècle, et ne pas vouloir y chercher l'expression des règles d'esthétique qui ne s'épanouiront qu'à des époques plus récentes. Cette concession faite, je déclare que les tableaux de la Bible de Saint-Paul m'ont paru être des œuvres d'un suprême intérêt, dont plusieurs au moins dénotent chez leur auteur un vrai tempérament d'artiste.

Et si je diffère d'opinion avec mes prédécesseurs les plus récents, ce n'est pas seulement à cause d'une raison de sentiment, c'est parce qu'il est intervenu dans la question, j'en ai la certitude, un fait tout matériel et qui explique bien des choses.

Les Bénédictins de Saint-Paul-Hors-les-Murs, qui ont la garde du précieux manuscrit, le communiquent libéralement aux travailleurs sérieux. Je ne saurais trop dire avec quelle parfaite bonne grâce Dom Gregorio Palmieri, à qui je m'étais adressé, m'a donné toute facilité pour étudier le volume. Mais il n'en reste pas moins qu'il y a un certain effort personnel à faire pour aller voir le manuscrit dans la banlieue de Rome. D'un autre côté, il existe, sans parler de très méchantes gravures données par Seroux d'Agincourt (1), des photographies de Parker, reproduisant les images de la Bible et quelques-uns de ses frontispices, photographies qui se trouvent réunies dans un livre de Westwood, paru en 1876 (2). Ces photographies de Parker, aisées à consulter grâce à la publication de Westwood, ont joué un rôle prépondérant dans la formation de l'opinion. Janitschek, il est vrai, s'est rendu à Saint-Paul-Hors-les-Murs, mais, de son propre aveu, il n'y a pas consacré plus de deux heures à l'examen d'un manuscrit dont la multiplicité des images exige une longue attention, et il a dû compléter ses notes après coup (3). Quant aux auteurs qui ont répété et même accentué les appréciations sévères du savant allemand, *aucun n'a été à Saint-Paul*, je m'en suis assuré sur les lieux ; ils ont raisonné uniquement d'après les photographies de Parker. Or, ces photographies sont de véritables trahisons à l'égard des originaux. Exécutées

---

(1) *Histoire de l'art par les monuments*, tome V (1823), *peintures*, planches XL à XLV.

(2) S. O. Westwood, *The bible of the monastery of Saint Paul*, (Oxford, 1876, in-4º, avec 38 photographies de Parker).

(3) *Die Trierer Ada-Handschrift*, p. 101, note 2.

sur une échelle beaucoup trop réduite, elles ne donnent aucunement l'idée vraie
des peintures elles-mêmes. Cette confusion, cette exagération du nombre des personnages, que l'on a reprochées aux compositions, ce sont les proportions diminuées des
clichés qui en ont fait naître la trompeuse apparence. Dans le manuscrit, et en grandeur réelle, l'aspect se modifie. Les feuillets de parchemin sur lesquels le peintre
était appelé à travailler lui offraient un très ample champ (1) ; ayant un vaste cadre
à remplir, l'artiste a pu aisément y grouper plusieurs scènes, et animer celles-ci de
figures multipliées, sans que pour cela les lignes générales cessent de rester claires.

En réalité, pour celui qui ne se borne pas à examiner des reproductions, altérant
gravement le caractère des originaux, mais qui va voir ces originaux de ses yeux,
les grandes images de la Bible de Saint-Paul constituent une série de suprême
importance pour l'histoire de la peinture carolingienne. La variété et le pittoresque
des scènes en rehaussent encore le mérite. Ici, ce sont de larges ordonnances qui
atteignent une noblesse de style vraiment impressionnante, telles que les pages représentant la *Douleur de David à la nouvelle de la mort de Saül* (2) ou le *Jugement de Salomon* (3) ; là, des épisodes de batailles, un peu touffus peut-être, mais rendus d'une
manière pleine de fougue et de vie avec leurs charges de cavalerie et leurs chocs de
masses d'infanterie (4).

Dans une partie des peintures, on constate un caractère de franchise, une liberté
d'exécution qui semblent indiquer que nous sommes en présence de créations originales. Mais il est surtout une particularité sur laquelle j'attirerai spécialement
l'attention. En thèse générale, l'auteur des tableaux de la Bible de Saint-Paul paraît
s'être inspiré de ce que la réalité pouvait effectivement offrir à son observation
à l'époque où il vivait. Costumes des personnages, détails d'armement, formes des
accessoires, maintes et maintes choses nous reportent sans cesse à ces temps du
ixᵉ siècle où la Bible fut exécutée. Un rapprochement très suggestif peut être fait à
cet égard. Certains sujets des tableaux sont communs à la Bible de Saint-Paul et à
la fameuse Bible offerte à Charles le Chauve par le comte Vivien, production capitale
de l'École calligraphique de Tours conservée à la Bibliothèque Nationale de Paris
sous le nᵒ 1 du fonds latin. C'est le cas pour les peintures représentant : *saint
Jérôme travaillant à établir le texte de la Bible ; la création, le péché et la punition
d'Adam et d'Eve ; David en roi-psalmiste*, entouré de ses acolytes qui l'aident à
chanter les psaumes, enfin *l'histoire de l'apôtre saint Paul* (5). Or, dans la Bible du

---

(1) Je rappelle que ces feuillets mesurent en moyenne 45 centimètres de haut.
(2) Reproduite *en grande réduction*, sur la planche jointe à cet article. — cf. Westwood, *The
bible of the monastery of Saint-Paul*, planche XVIII.
(3) Westwood, planche XX.
(4) Westwood, planches XVI, XVII et XXVIII.
(5) Pour la Bible de Saint-Paul, voir Westwood, planches II, V, XXIII, XXXVIII. Cf. dans le
ms. latin 1 de la Bibliothèque Nationale, les folios 3 verso, 10 verso, 215 verso et 386 verso.

DOULEUR DE DAVID APPRENANT LA MORT DE SAÜL

comte Vivien, le rendu des sujets marque une imitation très nette de modèles antiques ; le Roi-Psalmiste, on l'a plusieurs fois signalé, apparaît comme un Apollon, le corps presque nu, avec une chlamyde rattachée par une agrafe sur l'épaule droite (1) ; saint Paul renversé sur le chemin de Damas (2) nous offre la fidèle image d'un officier des armées romaines, tel qu'on en voit sur les bas-reliefs antiques. Dans la Bible de Saint-Paul, ce sentiment n'existe pas, ou tout au moins est infiniment atténué ; le Psalmiste est vêtu en souverain Carolingien (3) ; saint Paul est habillé comme les écuyers de Charles le Chauve (4). En un mot, dans le manuscrit fait à Tours, on sent la préoccupation de l'art des *anciens*, de l'art que la Gaule avait reçu originairement de l'Italie ou « Ausonie » et dont des types pouvaient se trouver dans les manuscrits illustrés dus aux « Graphidæ Ausonii ». Le peintre de la Bible de Saint-Paul est au contraire, si l'on me passe l'expression qui se présente de nouveau à ma pensée, un « *moderne* », en tant que ce mot *moderne* s'applique à son époque du ix⁰ siècle.

Assurément, il faut se garder de vouloir trop forcer les rapprochements ; néanmoins n'est-il pas curieux de constater cette indépendance des peintures de notre Bible vis-à-vis des modèles des « Graphidæ Ausonii » et de lire, en même temps, à la suite du nom d'Ingobert, cet éloge spécial que se donne le calligraphe et que nous avons commenté plus haut :

> « Graphidas Ausonios æquans superansve tenore
> « Mentis. »

Il nous resterait bien des points à aborder, si nous voulions faire une étude complète du manuscrit conservé à Saint-Paul-Hors-les-Murs. Notre Ingobert, par exemple, dans quelle partie de la France carolingienne a-t-il vécu et travaillé ? Où a été exécuté le splendide volume qui mérite de sauver sa mémoire de l'oubli ? Pour exposer les données de ce problème et indiquer mes idées personnelles sur sa solution possible, il me faudrait de trop nombreuses pages. Ne pouvant pas donner des développements excessifs à ce travail, que je suis heureux d'offrir en hommage à un ami bien cher dont je m'honore grandement d'être depuis longtemps le confrère par l'Ecole française de Rome, je me bornerai, non pas à traiter, mais à effleurer encore très brièvement une seule question.

Le nom d'Ingobert a été porté à l'époque carolingienne par plusieurs personnages cités dans des documents contemporains. L'un de ceux-ci ne serait-il pas le grand calligraphe à qui nous devons la Bible de Saint-Paul ?

---

(1) Ms. latin 1, fol. 215 verso.
(2) Ms. latin 1, fol. 386 verso.
(3) Cf. Westwood, planche XXIII.
(4) Cf. Westwood, planche XXXVIII.

Un auteur italien, A. di Noce, archevêque de Rossano, a cru qu'il s'agissait d'un certain comte Ingobert qui fut mêlé à l'histoire de Louis le Débonnaire. Cette opinion a été réfutée par Mabillon (1). Samuel Berger a mis en avant un Ingobertus qui joua un rôle, en 826, dans la translation des reliques de saint Sébastien de Rome à Soissons (2). Deux autres personnages du même nom sont encore mentionnés au ix° siècle comme ayant été, l'un moine de Saint-Faron à Meaux (3), l'autre religieux de l'abbaye de Saint-Germain-des-Prés à Paris.

Une liste, qui a été publiée par M. A. Longnon (4), indique que ce dernier se trouvait à l'abbaye de Saint-Germain-des-Prés du temps de l'abbé Ebroin, c'est-à-dire de 842-847. Ceci coïnciderait avec l'âge de la Bible, que nous placerions, avons-nous dit plus haut en parlant de l'image du roi Charles, entre 842 et 869 (5).

En l'absence de documents décisifs, toute affirmation trop précise serait ici téméraire. Mais, en somme, rien ne s'opposerait à ce que l'Ingobert de la Bible de Saint-Paul fût le même que l'Ingobert religieux de Saint-Germain-des-Prés sous Charles le Chauve. Si jamais cette supposition venait à être étayée d'un argument péremptoire, il en résulterait qu'Ingobert aurait des attaches avec cette région de Paris, dans laquelle l'industrie de la confection des beaux livres devait, quatre ou cinq siècles plus tard, sous les rois de la troisième race, se développer d'une manière très brillante et longtemps durable.

(1) *Iter Italicum* dans le *Museum Italicum*, tome I. p. 68-70.

(2) S. Berger, *Histoire de la Vulgate*, p. 292. Cf. *Acta Sanctorum*, 20 janvier, p. 282.

(3) Il est nommé dans le *Liber confraternitatum* de Reichenau, édition des *Monumenta Germaniæ histor.* p. 237, col. V, ligne 35.

(4) A. Longnon, *Notice sur le plus ancien obituaire de Saint-Germain-des-Prés*, dans le volume de *Notices et documents publiés par la Société de l'Histoire de France à l'occasion du 50° anniversaire de sa fondation* (Paris, 1884, in-8°), p. 54, n° 78.

(5) Je complète la présente étude en indiquant que M. Léopold Delisle, dans sa notice sur *L'Évangéliaire de Saint-Vaast d'Arras* (citée plus haut, p. 12, note 2), a donné un fac-similé en grandeur réelle d'une des pages de texte de la Bible de Saint-Paul-Hors-les-Murs.

PIERRE DE NOLHAC

UNE LETTRE INÉDITE DE MABILLON A CIAMPINI

Mabillon a parlé souvent du savant romain et des services qu'il a reçus de lui. Ciampini est nommé maintes fois dans l'*Iter italicum* et dans la correspondance fameuse des voyageurs bénédictins, qui trouvèrent en lui un cicérone fort dévoué pour leurs promenades à travers la campagne romaine, aussi bien que pour leurs explorations de bibliothèques. Un jour de septembre 1685, par exemple, il les mena à Grotta-Ferrata, et Dom Michel Germain raconte le voyage : « Ç'avait été le bon M. Ciampini qui nous avait fait cette grâce. Après avoir fait nos dévotions, il nous a régalés dans sa vigne, proche de ce monastère. Il y avait quatorze personnes à table... » Mabillon donne, en son latin, le même récit (1). On n'a qu'une seule lettre de lui à Ciampini, écrite de Paris le 21 octobre 1686 (2); elle est pleine d'interrogations érudites, et mentionne à la fois le travail du prélat sur les nouveaux télescopes (3) et la publication des *Dissertationes ecclesiasticæ* de Dupin, livre « fort mal reçu des honnêtes gens ». Il ne paraît pas sans intérêt de publier une seconde lettre un peu antérieure, et qui contient les remerciements que Mabillon devait à Ciampini et aux amis du même cercle, comme Fabretti et Schelstrate, préfet de la Bibliothèque Apostolique (4), pour tant de témoignages de bonne grâce. Elle se trouve à la Vaticane, *Vat. lat.* 9064, ff. 153 et 154. Dom Mabillon avait quitté Rome, le 5 février 1686, avec son confrère, Dom Michel Germain, après un séjour de près de seize mois.

(1) *Natali beatissimæ Virginis illustrissimus Ciampinus nos cum multis amicis suis et patre Cupleto Soc. Jesu, qui nuper e Sina Romam aduenerat, in uillam suam prope Tusculum deduxit et honorifice excepit* (*Museum ital.*, I, 87)

(2) Recueil Valéry, I, 335.

(3) « On nous mande ici que vous avez trouvé l'invention d'une nouvelle lunette d'approche. Que ne suis-je à Rome pour en faire l'expérience, et pour vous renouveler mes très humbles respects et mes reconnoissances. »

(4) Cf. *Museum ital.* I, 62, 73, 74, 78, 86, 97, 130, 136, 153.

A Monseigneur Ciampini

MONSEIGNEUR,

Je vois bien que la bonté que vous avez euë pour nous pendant le séjour que nous avons fait à Rome, ne se termine pas aux biens-faits dont vous nous y avez comblés puisqu'elle vous porte encore à nous en donner des marques jusqu'à Florence. Nous en avons eu des asseurances ce matin par un sçavant religieux de Citeaux, qui a pris la peine de venir chez nous à votre recommandation, et nous a dit que vous aviez pris la peine de luy ecrire en notre faveur. Je vous avouë, Monseigneur, que cette derniere marque de votre bonté a notre egard nous est extremement chere, puisqu'elle nous donne une asseurance que vous pensez encore à nous en notre absence. J'espère que vous nous ferez la grace de nous continuer cette faveur à l'avenir, et nous vous protestons, dom Michel et moy, que nous n'oublierons jamais les obligations que nous vous avons. Nous vous prions en même temps d'avoir pour agreables les très humbles remerciemens que nous vous en faisons et nous vous prions de nous permettre de joindre icy Mr Fabretti et Mr Schelestrate, dont nous conserverons eternellement le souvenir, aussy bien que des faveurs que avons receuës de leur part. Comme je scay que vous les considerez, Monseigneur, et que vous les voyez souvent, j'ay crû que vous ne trouveriez pas mauvais que je me servisse de cette occasion pour leur témoigner nos reconnoissances, en attendant que nous ayons le temps de le faire plus particulierement. Mais permettez-nous encore, s'il vous platt, de vous renouveller les sinceres protestations et les offres de nos services et d'estre persuadé que je seray toute ma vie, aussy bien que dom Michel Germain,

Monseigneur,

Votre tres humble et tres obeissant serviteur,

FR. JEAN MABILLON MB

A Florence, ce 15 mars 1686.

AMTLICHE CITATE

IN DEN BESCHLÜSSEN DES RÖMISCHEN SENATES

Der ursprünglich kleine römische Staat war allmählich grösser geworden. Die Regierung des Staates, dessen Bürger und Einwohner unter sehr verschiedenen Rechtsverhältnissen lebten, und die Leitung der auswärtigen Politik, namentlich mit den buntscheckigen Staaten des Orients wurde immer complicirter; und der Senat war es, der alle die Angelegenheiten zu entscheiden batte. Er bildete die höchste Instanz nicht nur für römische Bürger und Provinzialen sondern auch für die verbündeten Staaten, die sich einem Senatsbeschlusse fügen mussten; und die Entscheidung der Rechtsfragen, namentlich der hellenischen und orientalischen Städte war keines Wegs leicht; denn es waren wichtige und oft sehr verwickelte Prozesse, die vor diesem Forum in letzter Instanz entschieden wurden. Wer über den Parteien stehen wollte, musste, um sich keine Blösse zu geben, die Geschichte und die Vorentscheidungen jeder Streitfrage genau kennen. Sorgfältige Untersuchung, genaue Protokolle, umfangreiche Akten, und eine wohl überlegte Schlussredaction wurde nothwendig; die Verhandlungen und Beschlüsse des Senates mussten also eine mehr bureaukratische Form annehmen, die man früher geglaubt batte entbehren zu können.

Der Præsident des Senates batte durch eine von ihm ernannte Commission von Senatoren für die Redaction der S.C. nach einem feststehenden Schema (1) zu sorgen und übergab schliesslich die Beschlüsse und die Protokolle dem Vorsteher des Archivs. Für das Archiv wiederum war eine sorgfältige Aufstellung nothwendig, damit man in spæteren Fällen die früheren Entscheidungen und Beschlüsse auffinden und verwenden konnte, und bei der grossen Masse von Urkunden der verschiedensten Art war es für die Archivbeamten kaum möglich, das Gesuchte zu finden, wenn sie

(1) s. Mommsen, Röm. St. R. 3,1008.

nicht ein genaues Registerbuch führten, mit Hinweisen auf den Ort, wo das Einzelne
zu suchen sei (1).

Man kann der Senatsregierung der römischen Republik alle möglichen Vorwürfe
machen, aber sicherlich nicht den, dass sie zu bureaukratisch war ; im Gegentheil
eher könnte man sagen, dass sie wenigstens ursprünglich nicht bureaukratisch genug
gewesen sei, während andere Staaten des Alterthumes in das entgegengesetzte
Extrem verfielen ; ich meine in erster Linie Aegypten ; wo die bureaukratischen Formen des Archivwesens schon seit langer Zeit heimisch und durchgeführt waren bis
in ihre letzten Consequenzen (2).

Alle Eingänge der Canzlei und wohl auch die Entscheidungen der Regierung
wurden sorgfältig aufgehoben ; die einzelnen auf Papyrus geschriebenen Akten-
stücke wurden aneinander geklebt zu Rollen, die oft einen sehr bedeutenden Umfang
gehabt haben müssen (3).

Wessely sagt mit Recht : (4) " Die Anordnung in den Amtsbüchern ermöglichte
ein racues Aufschlagen, schnelle Orientirung in zweifelhaften Fällen und genaues
Citiren ".

Er gibt dort S. 148 einige Beispiele von amtlichen Citaten :

$$\text{κόλλ(ημα) ϱνβ' τόμ(ου) α' = pag. 152 vol. I und}$$
$$\text{»   οζ'   »   β' = pag. 77   »   II.}$$

Inzwischen sind noch manche ähnliche Fälle bekannt geworden, ich verweise z.
B. auf κόλ(λημα) $\overline{μ}$ ἕως $\overline{μ}$ $\overline{γ}$. (5).

(1) Vgl. Mommsen, Senatusconsulti concepiti in iscritto. — Sull'archivio in cui essi erano
custoditi : Annali d. Inst. 30, 188. — —, R. St. Recht 3, Lpz. 1888. S. 1004 : Aufzeichn. u. Auf-
bewahr. des Senatsbeschl. und Senatsprotokolle.
Hübner, E., De senatus populique rom. actis : Jahrbb. f. class. Philol. 1857-60. Suppl. 3, 557
(m. Litteraturang.) — Willems, Le sénat 2,207 n. — Pick, De senatus consultis rom. I. Brln. 1884
p. 7. Quo modo S.C. perscripta et servata sint. vgl. p. 19. — Stein A., Die Protokolle d. röm.
Senates. Prag 1904. m. Litterat. S. 6 A. 4. Humbert G. Acta senatus : Daremberg & Saglio, Dictionnaire s. v. — Kubitscheck, Acta bei Pauly-Wissowa RE. 1 S. 287.
(2) Vgl. Mitteis, Die Technik der bücherlichen Eintragungen : Arch. f. Papyr. 1,1900. Eger O.,
zum ægypt. Grundbuchwesen in röm. Zeit. Leipzig 1909.
(3) κο^λ manchmal ohne Zahl, die dann wohl spaeter hinzugefügt werden sollte vgl. BGU. 4. S.
167 ff. N° 1101 m. Anm. ; Oxyrhynchus Papyri 1 p. 73 n. 13.
Um das Citiren zu erleichtern waren die κολλήματα durchgezählt und numeriert. L. Borchardt,
Ztschr. f. aeg. Spr. 27. S. 120 faud in einem berliner Papyr x mehrmals das Zeichen Α (20).
" Zwischen diesen beiden Fabrikzeichen befinden sich grade 19 Klebungen d. h. 20 Blatt. " Wenn
man in den Bureaus die Klebungen zählte, wird die Zahl wohl häufiger hinzugefügt sein.
(4) Amtsbücher und ihre Citirung : Mitth. a. d. Samml. d. Papyr. Erzherz. Rainer 4,1888,146.
—, Stud. z. Palæogr. 2,28.
(5) vgl. Philolog. 53 S. 107. E. Köpke, de hypomnematis graecis.

BGU. 1, 274 p. 270. Ἐκ βιβλιοθ(ήκης) δημοσίων λόγ(ων) κολ(λήματος) σῆ.
und 3 N° 959 : Ἐκ διαστρω(μάτων) Σοκνοπ(αίου) Νήσου.
στοιχ(είου)ε̄ κολ(λήματος)ιζ'.

Die letzte Stelle zeigt, dass solche διαστρώματα alphabetisch angelegt waren (1).
Wir finden also bei den aegyptischen Bureaubeamten Citate, die an Genauigkeit
nichts zu wünschen übrig lassen; ganz anders als bei den Gelehrten des Alterthumes (2), die sich meistens mit dem Namen des Autors und vielleicht noch mit der
Zahl des Buches begnügen. Die Zahl der Zeilen w. z. B. bei Diogenes laërt. 7,33
κατὰ τοὺς διακοσίους στίχους wird ganz selten hinzugefügt, wenn wir von den sticho-
metrischen Angaben absehen (3).

Der Verschiedenheit der antiken Handschriften unter einander, die übrigens nur
selten durchgezählt waren, ist so gross, dass in der That für den Gelehrten ein
genaueres Citiren nicht wohl möglich war.

Denn der Gelehrte citiert den *Schriftsteller* und seine Abschriften, der Bureau-
beamte das Original d. h. ein *Schriftstück*, oder eine Urkunde; und sein Citat
pflegt also auf die Natur des Beschreibstoffes Rücksicht zu nehmen. Auch in Rom
wurde, wie in Aegypten, bei genauen amtlicher Citaten der Beschreibstoff der Urkunde zu Grunde gelegt. Aber die natürliche Verschiedenheit beider Länder bedingte
anderer Seits auch den Unterschied. Aegypten besass den Papyrus und das Privilegium der Papyrusfabrication. Der Export dieses kostbaren Beschreibstoffes brachte
dem Lande allerdings reichen Gewinn, wurde aber doch gelegentlich von den Be-
hörden verboten. Ausserdem war die Papyrusrolle gebrechlich und vergänglich und
eignete sich schlecht für Urkunden, denen man eine möglichst grosse Dauer sichern
wollte. Als daher in Rom Archive angelegt wurden, musste man einheimische
Beschreibstoffe wählen und blieb dabei der alten Sitte treu, auf Holz zu schreiben:
die Originale der öffentlich aufgestellten Staatsverträge waren in Erz ausgeführt, (4)
die Urkunden des Archivs dagegen in Holz. Den Beschlüssen und Protokollen des
Senates fehlte — das ist besonders wichtig — die monumentale Ausführung der

(1) Ueber διαστρώματα vgl. Mitteis, Arch. f. Papyr. 1, 1901 S. 199.
(2) Ueber Citiren von Büchern vgl. Birt, Buchwesen S. 157,175. Jörs, Citiergesetz bei Pauly-
Wissowa u. d. W. gehört natürlich nicht hierher.
(3) Die neueren Untersuchungen über Stichometrie haben festgestellt, dass es eine sog. " partielle" Stichometrie gab. In manchen Hss. nicht nur von Dichtern, sondern auch von Prosaikern
wurden die Zeilen gezählt und jede hundertste bezeichnet. Diese Zahlen wurden sogar in Abschriften beibehalten, auf die sie nicht mehr passten. Aber darauf konnte man ein Citiergesetz
nicht gründen; nicht alle Hss. stammten von demselben Normalexemplar, und bei den meisten
fehlten die Zahlen überhaupt.
(4) Das SC. de Bacchanalibus C.I.L. I p. 43 soll allerdings eingeschnitten werden in tabolam
ahencam; aber es soll auch öffentlich aufgestellt werden, ubei facilumed gnoscier potisit. Das
ist aber eine Ausnahme.

öffentlichen Urkunden, namentlich auch das ungewöhnlich grosse Format und die grosse Schrift der Gesetze und Verträge (s. u. S. 5). Ursprünglich mag die Senats-canzlei ganze Bretter verwendet haben, später dagegen nur kleinere Tafeln, die in verschiedener Weise (s. u.) verbunden waren, aber als eine Einheit betrachtet wurden. Mommsen (Ges. Schriften 5,340) bespricht den Begriff des codex (s. u. S. 4) der " ganz der eigentlichen Bedeutung entsprechend nichts ist, als ein zu Brettchen zerschnittenes Holzstück ".

Dass diese Urkunden, wie die öffentlich aufgestellten Tafeln in Holz *eingeschnitten* waren (s. o.) ist nicht wahrscheinlich ; meistens praeparierte man die Schreibfläche entweder durch einen Kreide- (1) oder Wachsüberzug (2) auf dem dann mit dem Pinsel oder stilus geschrieben wurde ; und es lässt sich wohl nicht bezweifeln, dass die Schrift auf Wachstafeln am dauerhaftesten was. Papyrusrollen (3) hat man für die Aufzeichnungen der Akten des römischer Senates niemals benutzt, sondern nur Holztafeln, mit oder ohne Ueberzug. Nach Seneca de brevitate vitae 13 : plurium tabularum contextus caudex apud antiquos vocabatur, unde publicae codices dicuntur (4) konnte man also das Beschlussbuch als codex bezeichnen ; der gewöhn-liebe Ausdruck ist aber tabulae oder commentarius (5), griechisch δέλτος (6).

" Die offizielle Zusammenstellung der Senatsbeschlüsse (hat) schon früh die Form von Jahrbänden angenommen " (7).

Die Anordnung war also eine chronologische nach Jahren, Monaten und Tagen Cicero ad Att. 13.33,3 reperiet ex eo libro, in quo sunt SC'ᵗᵃ Cn. Cornelio, L. Mummio consulibus (a. 608/146).

(1) Das *Album* senatorium braucht kaum erwähnt zu werden. Für die Griechen verweise ich auf Dittenberger Sylloge ¹ 306 ⁴⁴ πίνακας λελευκωμένους und 439 ⁶² πινακίωι λελευκωμένωι.

(2) Wachstafeln s. CIL. III p. 921 u. IV Suppl. p. 274 Tabulae ceratae Pompeis repertae. ed. Zangemeister; und de Petra, Tavole cerate. Neapel 1876. Notizie d. scavi 1887 p. 418. Hermes 23,157 Hesse, Serapeum 21,352. Hesseling, Journ. of hellen. stud. 13,293 — 314 < m. Fcsm. >

(3) Krüger P., Ueber d. Verwend. von Papyrus u. Pergament f. d. jurist. Literat. der Römer: Ztschr. d. Savignystift. f. Rechtsgesch. 8 S. 76. (Rom. Abth.)

(4) Gromatici veteres ex rec. Lachmanni 1 p. 200 has conternationes — — quidam tabulas appellaverunt, quoniam codicibus excipiebantur et a prima cera primam tabulam appellaverunt... quod in aeris libris sic inscribimus TABULA PRIMA, DDXXXV, etc.

(5) J.G VII 413 = Dittenberger Syll. ³ 331 z. 31. ὃ καὶ εἰς τὴν τῶν ὑπομνημάτων δέλτον κατεχω-ρίσαμεν (πραγμάτων συμβεβουλευμένων δέλτοι).

E. de Ruggiero, Dizion. epigrafico s. v. commentarii. Commentarii... rappresentano, siccome protocolli e registri, il movimento giornaliero di ogni sorta di negozi trattati nell' officio stesso.

Essi quindi potevano anche contenere degli *acta*, se questi servivano a documentare o chiarare il negozio o il fatto.

A. Stein, Die Protokolle d. röm. Senates Prag 1904 S. 12 unterscheidet das Beschlussbuch von den Senatsprotokollen, von denen es vielmehr einen Teil bildet. Vgl. Hirschfeld, Verwalt. Beamt.¹ 325 A. v. Premerstein b. Pauly-Wisowa u. d. W. commentarii.

(6) δέλτος... bald für das Blatt, bald für das Buch. Mommsen, Ges. Schr. 5.506.

(7) Mommsen, R. St. R. 3,1012.

Tac. ann. 15,74. Reperio in commentariis senatus, Cerialem Anicium... dixisse etc. Scr. h. Aug. vita Severi Alex. 56. ex actis senatus die VII kalendas Octobres. C.I.L. VIII 15497 (a. 225) [sicuti eum fecis]se actis ordinis continetur diei V kal. Ianuari[a]rum Fusci et Dextri cos.

Dass ein auf einzelnen Brettern geschriebenes Protokoll der Senatsverhandlungen mit dem Wortlaut der Senatsbeschlüsse viel Platz wegnahm, ist selbstverständlich. Schon aus diesem Grunde darf man kaum voraussetzen, dass die commentarii senatus, ausser in der ältesten Zeit in derselben Weise niedergeschrieben seien, wie die uns erhaltenen Originale römischer Gesetze, die auf grossen Bronzetafeln einge-graben sind in Zeilen, die von einem Ende der Schreibfläche bis zum anderen reich-ten. Mommsen meint allerdings :

Nicht bloss die Wachstafeln und Militärdiplome, sondern auch die älteren Gesetzes-urkunden und Senatsbeschlüsse zeigen, dass hier nach altem Brauch immer über die ganze Tafel geschrieben wurde (1).

Allein Wachstafeln und Militärdiplome haben auch eine viel geringere Grösse, als die mächtigen Bronzetafeln der Gesetze. Namentlich die Wachstafel (2) darf keine allzu grosse Dimensionen haben, denn die dünne Wachs-fläche, die im Laufe der Jahrhunderte eintrocknet, bekommt leicht Sprünge und blättert ab. Desshalb theilt man wohl die Tafel durch einen Holzrand der Länge nach in zwei Hälften (3).

Diese Form scheint jedoch der römische Senat nicht ange-wendet zu haben, denn sonst müsste neben der pagina noch die Columne (4) citiert werden, was niemals geschieht. Bei Testamenten von Privatpersonen war dies dagegen die gewöhnliche Form. Daher befahl Nero, dass die zweigetheilte Vorderseite des Testamentes (duae primae cerae) nur die Namen der Zeugen enthalten durfte (5) ohne die Unterschrift ; denn das Testament wurde natürlich geschlossen und versiegelt. Die Unterschrift der Zeugen konnte dann also nur gefälscht werden, wenn der Verschluss beseitigt war (6).

(1) Mommsen, Ges. Schr. 5,339 A. 2.
(2) Vgl. cera und cerarius im Thesaurus ling. lat. s. v.
(3) S. m. Gr. Paleogr. S. 19.
(4) Morcelli, de stilo inscr. latin. 2 p. 317 (ed. Patav.) protestirt gegen den Ausdruck Columne : Ceras apello, quas quidam mendose Columnas dicunt. vgl. Mommsen. Hermes 2,116 A2.
Allein eine solche Wachstafel mit oder ohne Holzrand in der Mitte kann man mit demselben Rechte als eine Einheit, wie als eine Zweiheit auffasen, und in dem ersten Falle, wie bei einer Hs von Seite und Columnen reden.
(5) Sueton Nero 17. cautum, ut testamentis primae duae cerae, testatorum modo nomine in-scripto vacuae signaturis ostenderentur.
(6) Auch für den Verschluss der Urkunden hatte Nero genaue Bestimmungen erlassen. Sueton Nero 17.

Wenn sonst noch Wachstafeln erwähnt werden bei Testamenten oder Rechnungs-
büchern aus der früheren Zeit, so lässt sich über Zweitheilung und Format nichts
Bestimmtes sagen. Cicero Verr. II, 1,36,92. Deinde in codicis extrema cera nomen
infimum in litura fecit. — Sueton Divus Iulius 83. (Caesar) in ima cera Gaium Octa-
vium... adoptavit.

Dass im Archiv des römischen Senates nicht grosse Bretter und kleinere Wachstafeln neben einander verwendet wurden, ist von Vorn herein, wahrscheinlich,
schon der Einheitlichkeit wegen und der Raumersparniss. Wir machen uns am

Besten eine Vorstellung davon mit
Hülfe der Zeichnungen in der Notitia
Dignitatum ed. Seeck p. 43 u. 161, wo
bei den magistri scriniorum die Wachs-
und Holztafeln mit den Papyrusvollen
gewissermaassen als die Symbole des
Amtes hinzugefügt werden; p. 161.
sieht man oben in perspectivischer
Ansicht ein langes sechsgetheiltes Rech-
teck, dessen ungrade Abtheilungen (1.
3. 5) dieselbe Inschrift zeigen, während
die graden (2.4.6) eine andere haben (1).

Das sind sechs einzelne Holz- (resp.
Wachs-) tafeln, durch Scharniere oder
Lederstreifen verbunden zu einer Art
von Leporello-Album, wenn man hier
ein so profanes Bild gebrauchen darf. Zusammengeklappt nehmen sie nur die Fläche
einer einzigen Tafel ein. In der That sehen wir p. 160 beim primicerius notariorum
die entsprechenden Tafeln zusammen geklappt mit derselben Inschrift von 1. 3. 5:
Fl. | intali | comord | p. r. |

Das schient also die einfachste Art gewesen zu sein, wie für Archivzwecke die
Holztafel in kleinere Täfelchen zerlegt und wieder zusammen gefasst wurde; daneben gab es aber noch verschiedene andere. Von den neugefundenen Wachstafeln mit
den Fabeln des Babrius sagt Crusius (Philolog. 53,230): "Sie bildeten alle sieben ein
Heft und wurden durch eine dicke Schnur, die durch 4 paarweise geordnete Löcher
am Rande lief, zusammengehalten. Abgesehen von der ersten Seite, die als Schutz
diente, sind die Tafeln beschrieben." Diese Art der Verbindung wäre natürlich
auch bei den Akten des Senates möglich, aber doch für den Gebrauch nicht grade
bequem; die oben beschriebene Art scheint die gewöhnliche gewesen zu sein. Nach
dieser Art, die soweit ich sehe, bisjetzt noch nicht beachtet ist, wurde also z. B. die

_____

(1) Ueber den Sinn der beiden Inschriften s. Not. Dign. ed. Böcking 1 p, 269 u. 528.

zweite Tafel am äusseren und inneren Rande durch Scharniere mit der ersten und dritten verbunden ; sechs Tafeln (Hexaptychon) sind also fünfmal gefaltet : ∧∧∧

Daneben gab es aber noch eine dritte Art der Verbindung : nur an der inneren Seite der Tafeln, die sich um ein Scharnier oder um einen Stab drehten : ∧ (s. das Diptychon auf der Tafel S. 6). Diese Verbindungsart scheint jünger zu sein und von der älteren den Namen erhalten zu haben, der eigentlich nicht mehr passte, denn das Diptychon z. B. ist nicht zweimal, sondern nur einmal gefaltet, bei einem Triptychon etc. kann von "Falten" überhaupt nicht mehr die Rede sein. Ausserdem liess diese jüngere Art der Verbindung sich nur in beschränktem Umfange durchführen bei 2, 3 vielleicht auch 4 Tafeln ; aber bei 7 oder 10 Tafeln musste man zu der älteren Art zurückkhren. Die in der Notitia Dignitatum abgebildeten geschlossenen Polyptycha denke ich mir alle in dieser Weise verbunden. Diptycha und Triptycha, die im täglichem Leben allgemein gebraucht wurden, reichten aus für die gewöhnlichen Briefe und Notizen, aber nicht für die Protokolle und Acten des Senates, die mehr Platz in Anspruch nahmen (1).

In der Canzlei des Senates verwendete man also, wie in der kaiserlichen Polyptycha. Auf fünffacher Wachstafel pflegte der Kaiser seinen Getreuen Beförderung und neue Ehren anzukündigen : Quinquiplici cera (= imperatoris codicillis) cum datur auctus honos (2).

Espérandieu (3) gibt ein Grabrelief aus Bourges mit dem Bilde eines Polyptychon, das ausser dem Vorderdeckel aus 9 (also im Ganzen aus 10) Wachstafeln besteht.

Um derartige Gruppen von Holztafeln zusammen zu fassen, war an ihrem Deckel resp. dessen Ueberzug von Zeug oder Leder (4) ein Riemen befestigt, der nach dem Gebrauch herumgeschlungen wurde, und ein halbmondförmiger Handgriff zum Anfassen ; daher der mehrfach erwähnte codex ansatus (5).

Man wird wohl kaum irren, wenn man annimmt, dass die erste Art, die wir oben ein Leporello-Album nannten, meistens zunächst bloss einseitig beschrieben war ; die zweite Art (Diptychon, etc.) dagegen auf beiden Seiten. Beide entsprechen einer tabula, die Zahl ihrer Seiten den κηρώματα, cerae.

---

(1) Polyptycha s. Ps. Lucian Amores 44, p. 447. Cagnat, *L'armée romaine d'Afrique*, p. 132. v. Premerstein, Beitr. z. alt. Gesch. 3, 1903. 34 A. 6. — Veget. 2, 19 setzt die bürgerliche Buchführung der militärischen entgegen, und erwähnt bei der ersteren die polyptycha.

(2) Martial, epigr. 14, 4, 2. m. d. Anm. von Friedländer.

(3) *Bas-reliefs de la Gaule romaine*, 2, p. 326. Nᵒ 1443.

(4) Die Abbildungen der Notitia Dignitatum zeigen mehrfach einen Ueberzug von Zeug oder Leder (camisia bei mittelalterlichen Hss.). Dass man aber schon in der früheren Zeit die Holztafeln in ähnlicher Weise zu schützen suchte, ist durchaus wahrscheinlich ; wenn Cicero auch nur in in übertragener Weise von einer vagina redet : Cic. in Catilin. 1, 2, 4. Habemus enim huiusmodi senatusconsultum, verum tamen in tabulis, tamquam in vagina reconditum.

(5) Ueber cod. ansatus vgl. Mommsen R. St. R. 3, 1012 A. — c. ansatus aufgehängt über einem Altar s. Espérandieu, *Bas-reliefs de la Gaule romaine*, 2, p. 320, Nᵒ 1430.

Wenn auf diese Art das grosse Holzbrett in eine Anzahl von kleineren Brettern zerlegt wurde, so war dadurch die Möglichkeit, eines genauen Citierens gegeben; weil man kleinere leicht zu übersehende Theile genau bezeichnen konnte.

Auch auf anderen Gebieten haben die Römer in ähnlicher Weise durch immer genauer spezialisirte Angaben, einen bestimmten Ort zu bezeichnen verstanden; wenn sie z. B. auf einem Marmorblock nicht nur den Stollen der Marmorbrüche, sondern auch in dem Stollen die Nummer des Ortes vermerkten zugleich mit Hinweis auf das Betriebsjournal, wo der Block eingetragen war.

Wilmanns Exempla 2778 (m. Ergänzungen von Mommsen) a. 206 n. Chr.

Epictetus Augus[ti lib.] probator pro[bavit l]oc. IIII b(racchio) sec (undo) com(mentariorum) l(oco)... (sub cura?) Aur. Demetrii... [caesu]ra Epity[nchiani] vec[tura] Aur(elii) T... (1).

In ähnlicher Weise suchte man auch bei Schriftstücken immer mehr zu spezialisiren. Auf der Holztafel konnte man sogar die Sinnesabschnitte des Textes bezeichnen z. B. bei den Gesetzen der zwölf Tafeln (δωδεκάδελτος νόμος) durch die Zahl von Tafel und Gesetz. Dafür berief man sich früher auf Festus s. v. reus p. 273: in secunda tabula secunda lege. Allein Schoell hat gezeigt, dass secunda lege wahrscheinlich als Glossem zu streichen ist: Itaque aut putaverim " secunda lege " glossema esse ad secunda tabula additum aut " secunda " corruptum esse ex numero XII (1).

Beim genauen Citiren wurde ausserdem auch wohl noch die Zahl der Zeilen hinzugefügt: Sic tamen ut limis rapias quid prima secundo.

        Gera velit versu (3).

Soweit ging man jedoch nicht bei amtlichen Citaten; man begnügte sich vielmehr mit folgendem Schema:

        Eponyme Consuln des Jahres
           Monat
            Tag
              tabula
                cera
                  locus (kaput).

(1) Bruzza, *Ann. d. Inst.* 42. 1870, p. 106. Tav. d'agg. G. No 2: loc(o) prim(o) b(racchio) secundo. Nach Bruzza a. a. O. p. 11 bezeichnet locus il compartimento, donde il masso era uscito e che la B, che vi segue, accompagnata da numero non però maggiore del tre, determinasse specialmente la parte del locus, dove il masso era stato reciso. — O. Hirschfeld, Verwaltungsbeamte Brln. 1905. S. 143 Bergwerke S. 163. A 4. — Dubois Ch. *Études sur l'administration et l'exploitation des carrières dans le monde antique.* Paris 1908, p. 173 und p. XLV.

(2) R. Schöll, *Legis XII tabul. reliquiae* p. 68. Mommsen, Ges. Schr. 3, 341 A 2. vertheidigt die alte Lesart gegen Schoell.

In ähnlicher Weise wird bei den Solonischen Gesetzen der ἄξων citirt: C. J. A. I. 61. πρῶτος ἄξων und Plutarch Solon 23 ἐν τῷ ἑκκαιδεκάτῳ τῶν ἀξόνων, aber daneben auch die zahl des Gesetzes c. 19 ὁ δὲ τρισκαιδέκατος ἄξων τοῦ Σόλωνος τὸν ὄγδοον ἔχει τῶν νόμων.

(3) Horat. satir. 2, 3, 53.

Ohne behaupten zu wollen, dass dieses Schema, das sich nicht bei den Griechen, sondern nur bei den Römern findet, das im Alterthume einzig mögliche gewesen sei, muss man doch anerkennen, dass es zweckmässig war und dem Beamten das Nachschlagen erleichterte.

Das älteste amliche Citat eines römischen Senatsbeschlusses, das wir kennen, stammt aus d. J. 681/73 :

J. G. VII. 413. Dittenberger, Sylloge 1² N° 334, p. 542 (Oropos) Mommsen, Ges. Schr. 5,560 : D. Rechtsstreit zw. Oropos u. d. röm. Steuerpächtern. Viereck, Sermo graecus p. 39.

Ἐν τῶι συμβουλίωι παρῆσαν οἳ αὐτοὶ οἳ ἐμ πραγμάτων συμβεβουλευμένων δέλτωι πρώτηι, κηρώματι τεσσαρεσκαιδεκάτωι.

Dittenberger bemerkt dazu : singularum tabularum in complures ceras (κηρώματα) divisio obscura est.

In der That ist hier aber gar keine Schwierigkeit vorhanden ; tab. I cera XIV bezieht sich also auf ein Polyptychon von 7 Tafel, die auf beiden Seiten beschrieben waren.

Dann folgt Iosephus ant. j. 14, 10, 10 (710/44) Δόγμα συγκλήτου ἐκ τῶν ταμείου ἀντιγεγραμμένον ἐκ τῶν δέλτων τῶν δημοσίων τῶν ταμιευτικῶν Κοίντῳ Ρουτιλίῳ, Κοίντῳ Κορνηλίῳ ταμίαις κατὰ πόλιν, δέλτῳ δευτέρᾳ καὶ ἐκ τῶν πρώτων πρώτῃ — — (Sitzung im T. der Concordia ; folgen die Namen der Zeugen) ἔδοξεν, ἀνενεγκεῖν τε ταῦτα εἰς δέλτους καὶ πρὸς τοὺς κατὰ πόλιν ταμίας ὅπως φροντίσωσιν καὶ αὐτοὶ εἰς δέλτους ἀναεθεῖναι διπτύχους.

Mommsen berichtigt zunächst das Missverständnis am Schluss : si nasconde un errore di traduzione e le duplices tabellae non hanno da intendersi di un dittico, ma di due exemplari (1).

In diesen S. C. haben wir allerdings ein amtliches Citat, in dem aber die Angabe der cera bei der zweiten Tafel fehlt : tab. II, u. I. cera I. Auffallend bleibt also nur, dass erst tab. II und dann erst tab. I erwähnt wird, doch das lässt sich dadurch erklären, dass t. II die Hauptsache war. Wahrscheinlich bezog sich die ganze tab. II auf denselben Gegenstand, ebenso wie t. I, die im Aufang die Einleitung und das Allgemeine enthielt.

Ferner haben wir das S. C. von Aphrodisias nach Viereck v. J. 719/35 (cf. Addenda et Corrigenda). Lebas-Waddington III N° 1627 : ἐπι.... ου Λευκίου υἱοῦ ὑπάτων ἐκ τῶν ἀν[αγεγραμμένων κεφαλαίῳ Lebas-Wadd.; ἐν πραγμάτων συμβεβουλευμένων κηρώμασι Viereck, S. gr. p. 40] π]έμπτῳ, ἕκτῳ, ἑβδόμῳ, ὀγδόῳ, ἐνάτῳ τα[μιευτικῶν δέλτων ταμι]ῶν κατὰ πόλιν δέλτῳ πρώτῃ (2).

Endlich hat man auch noch das S C. de nundinis saltus Beguensis hierher ziehen wollen :

(1) Mommsen, Annali d. Inst. 1858, 199. n.

(2) Früher ergänzte man κιφαλαίῳ statt κηρώμασι, was aber schOn von Viereck mit vollen Recht geändert wurde.

Ephem. epigr. 2.273 = C. L. I. VIII 270.

Descriptum et recognitum ex libro sententiarum in senatu dic[ta]rum k(apite)
septimo (?) T. Juni Nigri, C. Pomponi Camerini co(n)s(ulatu.) a. 138 n. Chr.

Allein hier ist k(apite) nicht in cera zu verändern ; septimo steht überhaupt nicht
da ; es ist vielmehr zu lesen : Kani Juni Nigrini (1).

Diese Inschrift scheidet hier also ganz aus.

Endlich müssen wir noch auf eine Urkunde eingehen, die uns allerdings nicht den
Wortlaut eines S. C. bietet, aber von grosser Wichtigkeit ist für das Archiv des
Senates und seine Originalurkunden. Es ist den Schiedsspruch eines senatorischen
Statthalters, des Proconsuls L. Helvius Agrippa von Sardinien v. J. 69 n. Chr. über
die Grenzen zweier Gemeinden auf Sardinien.

C. I. L.X 7852. Wilmanns, Exempla 872ª ; Dessau 5947 ; Hübner Ex. scr. epigr.
801. Imp. Othone Caesare Aug. cos. XV k. Aprilis descriptum et recognitum ex
codice ansato L. Helvi Agrippae procons(ulis), quem protulit Cn. Egnatius Fuscus,
scriba quaestorius, in quo scriptum fuit it, quod infra scriptum est tabula V Ɔ
VIII et VIIII et X.

wo man früher ebenfalls schwankte, ob Ɔ capitibus oder ceris aufzulösen sei (2).

" Als Agrippa — die Provinz verlässt, liefert er mit den übrigen während seiner
Statthalterschaft erwachsenen Acten auch unser Decret an das öffentliche Aerarium
ab, welches in dem codex ansatus des Agrippa die Abschnitte 8. 9. 10. der fünften
Tafel einnahm — — es wird von dem Decret des Agrippa in Rom am 18. Maerz
69 n. Chr. eine Abschrift genommen — — diese Abschrift muss nach Sardinien
gelangt sein (3). "

Dieser Schiedsspruch ist desshalb für uns von besonderer Wichtigkeit, weil er uns
eine wörtliche Abschrift aus dem Archiv. des Senates bietet mit genauen Citaten,
die einen Rückschluss auf das Original erlauben. Nach den einleitenden Worten
(1-5) folgt die Abschrift : 1, das Decret oles Proconsuls L. Helvius Agrippa (5-20). —
2, die Entscheidung des Caecilius Simplex (21-35). 3, in consilio fuerunt; folgen die
Namen M. Iulius Romulus — — M. Stertinius Rufus ; 1 Name wird im Original einer
Zeile entsprochen haben (35-40) ; den Beschluss bilden die Namen der Zeugen, die
in dem Original natürlich fehlten.

Diese drei Abschnitte der erhaltenen Urkunde entsprechen natürlich den drei
Abschnitten des Originals : 1 = tab. V cera VIII ; 2 = V Ɔ VIIII ; 3 = V Ɔ X.

Wenn wir also die Buchstaben unserer Urkunde auszählen, so können wir einen
Schluss ziehen auf die Grösse und die Eintheilung der tabula V des Originals. Abge-

---

(1) s. Bormann, Jahreshefte d. Oe. Arch. Inst. 3, 13 vgl. C. I L. VIII S. 11451.

(2) Ɔ = capitibus Mommsen, Ges. Schr. 5,326 und Dessau.
  = ceris   »   , Hermes 20,280.

(3) Mommsen, Ges. Schr. 5,330.

sehen von den nicht beschriebenen Stellen, hat rund gerechnet der erste Abschnitt
(Ͻ VIII) in einer Zeile ungefähr 69-70 Buchstaben, im Ganzen also ca 630 Buchstaben; der folgende (Ͻ VIIII) mit einer Zeile von 70 Buchstaben im Ganzen ca 700
Buchstaben. Die Namensliste des letzten Abschnittes (Ͻ X) mag ungefähr den glei-
chen Raum, wie die vorhergehenden ausgefüllt haben. Alle drei zusammen, entsprechen in den Ausgaben bei Mommsen und Wilmanns ungefähr einer Octavseite eines
gedruckten Buches. Für die verlorenen Abschnitte des Originals (cera I-VII) müssen
wir also mindestens noch 2-3 Octavseiten rechnen. Wenn wir also annehemen — was
nicht sicher ist —, dass cera X die letzte der tabula V gewesen ist, so muss die Tafel
immerhin gross, oder — was wahrscheinlicher ist — die Schrift klein gewesen sein.

Aber auch dann war der Umfang der tabula V, die mindestens drei Octavseiten
eines gedruckten Buches entsprach, grösser als wir vielleicht erwarteten.

Mommsen findet nun ausserdem noch Schwierigkeiten in der Unterabtheilung der
tabula.

"Eine tabula kann wohl mehrere paginae enthalten... aber wie die fünfte tabula eines
codex aus 10 cerae bestehen kann, verstehe ich nicht " (1) und Memelsdorff, de
archiv. imperat. 1895, p. 44 begnügt sich, die Mommsensche Ansicht zu umschreiben.
— Aber auch hier liegt ein Grund des Anstosses nicht vor; gemeint ist die fünfte
Tabula des betreffenden Jahres, die aus einem Pentaptychon bestand, das auf zwei
Seiten beschrieben war. Dass dem ereignissreichen Vierkaiserjar am 18. März
(XV k. Aprilis) bereits fünf Tabulae beschrieben waren, scheint durchaus nicht
wunderbar.

Mit einem Worte sei schlieslich hier noch der codex ansatus erwähnt, wie wir,
ihn in den Zeichnungen der Notitia Dignitatum mehrfach abgebildet sehen. s. o.

(1) Mommsen, Ges. Schr. 5,507.

LOUIS HAVET

LA LACUNE DES CAPTIFS

Nonius p. 220 : « *Pilleus* generis masculini. Plautus Captiuis : *pilleum quem habuit diripuit eumque ad caelum tolit* ». On s'accorde à corriger *diripuit* (var. *dirripuit*) en *deripuit*. Je cite le verbe final sous la forme *tolit*, qui est celle de E ; c'est évidemment la leçon ancienne, en dépit de la généalogie des mss., et le *tollit* que les autres mss. substituent n'est qu'un arrangement grossier du barbarisme ; ou peut-être une méprise sur une surcharge, si un ", corrigeant *tolit* en *tulit*, a été indûment lu *ll* ; un *to\u207flit* de l'archétype ne serait pas invraisemblable. Quoi qu'il en soit de l'origine de *tollit*, la seule leçon utile est passée sous silence dans le Nonius de Lindsay ; rien ne montre mieux comment une confiance aveugle dans la « classification » est dangereuse pour la méthode. Cf. mes observations sur les leçons utiles du seul J de Plaute, *Revue de philol.* 1904 p. 173.

Tolit coordonné à un parfait -*ripuit*, c'est à n'en pas douter *tulit*. Et comme, jusqu'à preuve contraire, une citation poétique faite par un grammairien doit être présumée commencer avec un vers (principe trop souvent méconnu des critiques), il est probable que le fragment conservé par Nonius est un trochaïque septénaire *Pilleum...tulit*.

Dans ce trochaïque présumé, il y a un mot suspect, c'est *eum*. Si le *pilleus* est à la fois l'objet que le personnage tire de dessus sa tête et l'objet qu'il élève vers le ciel, les deux mouvements n'en font qu'un, et par conséquent les deux verbes doivent avoir un seul et même régime. Oiseux, ou plutôt barbare, au point de vue du poète, *eum* est inutile au point de vue du citateur ; et en effet le genre masculin, qui est la raison d'être de la citation, reste suffisamment marqué par *quem*.

La suspicion qui atteint *eum* tend à confirmer l'hypothèse du septénaire trochaïque. Si en effet *eum* était authentique, le second hémistiche serait faux (ce qui a conduit Bothe à conjecturer à la fin <*sus*>*tulit*). Si *eum* doit être corrigé, il sera possible de rétablir le mètre en même temps qu'on donnera satisfaction à la latinité. La correction à chercher est soumise à deux conditions. D'une part, elle devra fournir un pied trochaïque, c'est-à-dire soit un trochée ou sa monnaie, soit un spondée ou sa monnaie; d'autre part elle devra être en harmonie avec les circonstances dramatiques que comporte la donnée des Captifs.

Le *pilleus*, on le sait, symbolise le passage de l'esclavage à la liberté. Il est donc aisé d'identifier le personnage coiffé d'un *pilleus*; c'est Philopolème, fils aîné d'Hégion, fait prisonnier à la guerre par les Éléens, et devenu chez eux esclave du médecin Ménarque. Au cours de la pièce, Philopolème redevient libre et rentre dans sa patrie; au vers 922, il apparaît sur la scène à côté de son père. C'est donc lui qui peut enlever son *pilleus*, soit par démonstration d'allégresse, soit pour se faire reconnaître de loin aux personnes qui guetteraient son arrivée; c'est ainsi que nous agitons un mouchoir en signe de bonjour ou d'adieu. A Paris, j'ai vu des personnes qui se croisaient en voiture découverte se congratuler de loin au moyen du journal qui contenait la bonne nouvelle.

Philopolème donc ôtait son *pilleus*, mais est-ce le *pilleus* qu'il élevait vers le ciel? Rien ne l'indique plus, une fois qu'on a mis *eum* en suspicion; cela d'ailleurs n'est guère probable. Chez nous, « lever les bras *au ciel* » est une locution plaisante, hyperbolique par moquerie, et qui ne peut contribuer à authentiquer une tournure latine employée avec sérieux. Dans Névius, Amulius lève bien *ad caelum* les mains ou la main (*hir* ?) mais il s'agit d'un geste rituel, et là le ciel est le séjour des dieux. On présumera le même sens dans le vers tragique *Tetulit senilis... ad caelum manus*. Dans un autre fragment tragique, la gloire élève Télamon *ad caelum*; dans Attius Triton, qui bouleverse les profondeurs avec son trident, dresse *ad caelum* une masse rocheuse. Un nuage de poussière peut monter *ad caelum* (Enn. ap. Non. 217) quand se meut une armée ou un troupeau, mais non quand un individu ôte son bonnet. La seule chose que l'individu puisse porter au ciel, c'est sa voix. Ennius : *Clamor ad caelum uoluendus per aethera uagit*. Ennius encore : *Tollitur* in caelum *clamor exortus utrisque* (l. *-imque*). Et si Philopolème libéré, abordant au port, salue quelque personne amie d'un geste joyeux, il est naturel qu'il joigne au geste le cri. Donc c'est la désignation d'un cri que cache le *eum* corrompu.

Comme cette désignation de cri doit former un pied trochaïque, le problème est maintenant assez étroitement déterminé. Je corrige sans hésiter EVM en EVAX. *Euax* est une interjection rare (cinq exemples, tous dans Plaute), exposée par conséquent à être méconnue et altérée. L' M de EVM a été faite de deux couples de traits obliques. Pour la confusion de A (= *a*) avec une « moitié d'M », cf. *Rev. de philol.* 1904, p. 69. Pour la confusion entre X d'une part, A ou une moitié d'M d'autre part, les exemples ne manquent pas : *scrupex* R, Virg., A. 6,238; *Anauris* R 10,545; *mixta ea utroque* Donat, Ad. praef. 1,2; Plaute, Amph. 783 *easolue* E (*eam solue* les autres mss. ; la « classification » empêche Leo et Lindsay de mentionner la leçon utile) ; Men. 823 *exaigrasti* pour *emigr-* ; T. Live 34,37,3 *cum* [ex] ea *quae imperarentur exposuisset*. Dans Plaute, Trin. 23, [*non mala*] *noxia, non mala* s'explique comme arrangement d'un NOALA = NOXIA. Cas. 517 *curam exime*, à lire avec Bücheler *cur amem me* (XI = M). Juvénal 7,237 : *Figite ut maiores* pour EXIGITEVTMORES ; l'*a* d'excédent de *maiores* est sans doute un fourvoiement de l'X restituée en marge (d'abord omise, EIGITE? plutôt lue R, ERIGITE, et exponctuée). — L'origine de la faute *eum* n'a donc rien de mystérieux. Quant à la correction *euax*, elle convient à la situation. « Exultantem significat », dit déjà Diomède de l'interjection *euax*, et Richter, après examen des cinq exemples connus, la traduit par *juchhe*. Le vers de Plaute était donc bien un trochaïque septénaire :

> Pilleum quem habuit deripuit, euaxque ad caelum tulit.

Philopolème, prisonnier de guerre libéré, porte le *pilleus* comme eût fait un affranchi de naissance servile. Un tel spectacle devait paraître naturel aux contemporains de Plaute. En 201 (T. Live 30,45,5), Quintus Térentius Culleo suivit le triomphe de Scipion coiffé du *pilleus*.

II

Où placer dans les Captifs le vers ainsi reconstitué ? Schoell soupçonne qu'il n'était nulle part dans les Captifs, et que la citation de Nonius donne un titre de comédie inexact ; il songe à la Carbonaria. L'hypothèse est étrange ; les esclaves de comédie sont volontiers affranchis au dénouement, pour avoir servi les jeunes maîtres amoureux ; mais ici il ne s'agit pas d'un dénouement, puisque l'attitude d'un esclave libéré est racontée au parfait. Les Captifs, la seule de nos vingt-six comédies latines où il ne soit pas question d'amours ou d'amourettes, est aussi la seule où une libération d'esclave joue un rôle dans l'intrigue. Elle est la seule où un captif devienne libre au cours de l'action (quand une femme est affranchie par un leno, elle est en réalité achetée par son amant ; la considération de l'amour passe alors avant celle de la liberté ; il n'est jamais dit, d'ailleurs, qu'une affranchie arbore le *pilleus* à la façon d'un homme) (1). Si donc Nonius n'avait pas nommé les Captifs, c'est à cette pièce que le vers par lui cité devrait être attribué conjecturalement. A supposer qu'une pièce perdue eût roulé sur un sujet analogue, par quel

---

(1) L'homme a une raison de porter un bonnet, c'est qu'il est *raso capite caluus* (Amph. 462).

étrange hasard le copiste eût-il remplacé le nom de cette pièce précisément par celui des Captifs ? Je ne puis comprendre que Schoell et d'autres après lui aient douté d'un témoignage à la fois si positif et si plausible. Il eût été moins bizarre de soupçonner l'existence de quelque « récension » spéciale des Captifs (on sait que pour cette pièce nous avons deux rédactions du dénouement). Mais il n'y a pas à faire d'hypothèses ; il n'y a qu'à accepter le témoignage et à le suivre dans ses con- séquences nécessaires.

Le vers provenant très certainement des Captifs, on peut affirmer qu'il était pro- noncé par le parasite dans le scène IV ii, laquelle est justement en trochaïques. Le parasite en effet arrive du port exprès pour annoncer à Hégion une excellente nou- velle, tout ce qu'il souhaite (le retour de son fils aîné Philopolème, esclave en Elide) et même plus (la capture de l'esclave fugitif qui a jadis enlevé son fils cadet en bas âge). Après diverses bouffonneries, en partie ajoutées après coup, le parasite somme Hégion d'allumer un grand feu, de faire laver la vaisselle, d'envoyer acheter des victuailles, de lui offrir, à lui parasite, un sacrifice d'actions de grâces. Enfin il en vient au fait (vers 872). Je t'apporte une joie, lui dit-il. *Ton fils, je viens de le voir* au port, bien portant, dans le canot public. Avec lui était le jeune Éléen, et aussi ton esclave Stalagme, celui qui en fuyant de chez toi a enlevé jadis ton petit enfant. Tu te moques de moi, dit Hégion. Et le parasite : par la sainte Satiété, je te dis que je l'ai vu. Mon fils ? Ton fils. Et mon captif l'Éléen ? Oui. Et Stalagme ? Oui. Et le parasite appuie des *Oui* de jurons qui sont des calembours gréco-latins. Hégion se fâche de ce badinage ; *c'est*, répond le parasite, *que tu ne veux pas me croire quand je parle sérieusement.*

Il est singulier, dans ce dialogue où Hégion met en doute la véracité du parasite, que celui-ci n'ajoute rien à son résumé initial, d'ailleurs si précis (j'ai vu ton fils bien portant, et l'Éléen, et Stalagme). Il ne cite aucun de ces détails particuliers qui donnent l'impression du réel. Il ne dit ni : J'ai parlé à ton fils, ni : Ton fils m'a parlé ; Hégion, non plus, ne lui demande rien de tel.

On remarquera que le parasite ne connaît pas réellement le jeune Éléen dont il parle sans explications (*illum adulescentulum Aleum*, 874). Hégion avait acheté ce captif la veille (111). Le parasite l'a aperçu enchaîné avec un camarade (113), mais n'a rien appris de personnel sur l'un ou sur l'autre. Il a quitté Hégion pour se mettre en quête d'un bon dîner (179, 184), et par conséquent il n'a point assisté aux con- versations entre les deux captifs et leur acquéreur. Revenant bredouille du forum, il a passé devant la maison d'Hégion, et traversé alors toute la scène pour aller cher- cher meilleure fortune au port (496) ; il n'a pas profité de l'occasion pour parler soit à Hégion (qui d'ailleurs se trouve être sorti avec le captif Éléen), soit à quelqu'un de la *familia*. C'est du port qu'il revient maintenant ; là il n'a pu rien apprendre. Est-il croyable qu'il converse longuement avec Hégion sans lui laisser voir comment il est au courant ? Et quand Hégion doute de sa parole, ne devrait-il pas lui dire :

La preuve que je n'invente pas, c'est que je puis te dire l'histoire du jeune Éléen qui ramène ton fils ?

Sur Stalagme aussi le parasite devrait s'expliquer. Stalagme est parti il y a dix-neuf ans (980); le parasite est-il assez âgé pour l'avoir connu avant sa fuite? Est-il sûr de le reconnaître après un si long intervalle, simplement pour l'avoir aperçu chargé de chaînes dans un canot? Ne s'est-il pas demandé par quel miracle Stalagme est retrouvé en même temps que Philopolème est libéré? Noter que cette coïncidence n'est expliquée nulle part aux spectateurs ; elle est d'autant plus merveilleuse que Stalagme est inconnu du jeune Éléen (985). Pour Hégion, l'annonce d'un retour inattendu de Stalagme doit être un sujet d'étonnement et de défiance ; ce pourra être un sujet de confiance, si le parasite expose par le menu comment il est renseigné.

Aucune parole, pourtant, n'est échangée au sujet de Stalagme, non plus qu'au sujet du jeune Éléen. Sans qu'on devine pourquoi, Hégion incline enfin à se fier aux affirmations du parasite : Dis-moi, est-ce de bonne foi que tu m'as parlé ? Oui, de bonne foi. Dieux immortels ! je renais à la vie, si tu dis la vérité. Eh quoi, doute-ras-tu encore, quand je te fais un serment solennel (*sancte quom ego iurem tibi* ; cf. 877) ? enfin, Hégion, si mon serment ne te suffit pas, va voir au port. C'est ce que je vais faire. — En somme, la scène a longuement piétiné sur place ; soudain on la voit aboutir sans motif. Donc il y manque quelque chose. Donc c'est bien là (au surplus, ce ne peut-être nulle part ailleurs) qu'il convient d'insérer le vers cité par Nonius. Il fait partie d'un groupe de vers perdus, soit qu'un copiste ait sauté quelques lignes par distraction, soit plutôt qu'un feuillet ait été perdu. A supposer qu'il s'agisse du ms. mutilé, à 19 lignes la page, qui semble expliquer les lacunes de l'Asinaria (*Rev. de philol.* 1905 p. 101 note), Nonius aurait sauvé pour nous 1 vers sur 38.

La place exacte de la lacune me semble pouvoir être précisée. La lacune est forcé-ment postérieure aux vers 873-875, où le parasite annonce en trois points la bonne nouvelle, et aux vers 879-881, où Hégion se fait répéter les trois points, dans le même ordre, comme n'ayant rien appris de plus. Elle est donc postérieure aux vers 882-886, qu'une étroite logique lie soit entre eux, soit avec le groupe précédent 879-881. Elle doit être antérieure au vers 890, où commence le dénouement particulier de la scène, c'est-à-dire où Hégion se décide à croire le parasite (et, bientôt, à aller au devant de son fils).

Entre les deux points limites ainsi déterminés, il y a un groupe indivisible de trois vers, 887-889. La lacune doit être située ou juste devant ou juste après, c'est-à-dire avant ou après les *italiques* de l'extrait ci-dessous :

Abi in malam rem ; ludis me. — Ita me amabit sancta Saturitas,
<H>egio, quae (*mss.* itaque) suo me semper condecoret cognomine,
Vt ego uidi <eum>. — Meum gnatum ? — Tuum gnatum et genium meum. —

880 Et captiuom illum Alidensem ? — Ma ton Apollo. — Et seruolum
Meum Stalagmum, meum qui gnatum sur[ri]puit ? — Nae tan Coram. —
Tam cito... (*mss.* Iam diu) — N⟨a⟩e tam Pr⟨a⟩enestem. — uenit ? — N⟨a⟩e tan Signeam. —
Certon ? — N⟨a⟩e ton (*mss.* tam, tan) Frusinonem. — Vide sis... — N⟨a⟩e ton Alatrium. —
Quid tu per barbaricas urbes iuras? — Quia enim item asper ⟨a⟩e
885 Sunt, ut tuum uictum autumabas esse. — V⟨a⟩e aetati tuae ! —
Quippe quando mihi n[ih]il credis, quod ego dico sedulo.
Sed Stalagmus quoias (mss. -*us*) *erat tunc natione* (mss. -*nis*), *cum hinc abeit* (mss. *abiit*) ?
Siculus (mss. -*ius*). — *Em* (mss. *et*) *nunc Siculus* (mss. -*ius*) *non est; Boius est, Boiam terit.*
Liberorum qu⟨a⟩erundorum causa, credo, ea (mss. *ei credo*) *uxor datast.* —
890 Dic, bonan fide tu m[ih]i ist⟨a⟩ec uerba dixisti ? — Bona. —
Di immortales, iterum gnatus uideor, si uera autumas. —
Ain tu ? dubium habebis etiam, sanct[a]e quom ego iurem tibi ?
Postremo, Hegio, si paruom (*mss.* -*am*) iuri iurandost fide (*mss.* -*em*),
Vise ad portum. — Facere certumst (*mss.* -*unst*, -*um est*). — ...

Les vers 887-889 suivaient-ils ou précédaient-ils la lacune ? Remarquons d'abord qu'ils peuvent ne pas appartenir à la rédaction primitive des Captifs. Le calembour sur *boia* « carcan » ne provient certainement pas de l'original grec ; il a d'ailleurs pour raison d'être un désir de faire entrer dans la pièce, par raison d'« actualité » à coup sûr, le nom des Gaulois *Boii*, et l'occasion est probablement le triomphe de Nasica sur les Boii en 191 (T. Live 36,40,11). Les trois vers peuvent avoir été insérés après coup soit par Plaute lui-même, soit par un autre que Plaute..

Même dans l'hypothèse de l'insertion après coup, la critique doit supposer à l'enchaînement des idées au moins un minimum de logique. On aura ce minimum si on situe la lacune avant les trois vers. Ayant eu le temps de bien renseigner Hégion sur un bonheur définitif, j'entends la libération de Philopolème et le retour de celui-ci avec le jeune Éléen, le parasite a pu, à loisir aussi, l'entretenir d'une espérance inopinée, aussi douce qu'elle est encore incertaine. On a retrouvé, a-t-il pu dire au vieillard, et on t'amène enchaîné, ton voleur d'enfant ; ne va-t-il pas te devenir possible, sur ses indications, de retrouver l'enfant volé lui-même ? Là-dessus Hégion a dû demander force explications, et, en réponse, le parasite a dû multiplier soit les détails s'il en connaît (c'est improbable, puisque rien dans la pièce n'annonce ou ne rappelle comment Stalagme est reconnu et capturé), soit au moins des assurances formelles, fondées sur des paroles précises de Philopolème ou de son compagnon. C'est sur Stalagme qu'a dû porter la majeure partie du dialogue perdu. C'est Stalagme qui importe au point de vue de l'action, car le retour de Stalagme va rendre possible le dénouement. On comprend qu'après un tel dialogue, l'auteur, ou peut-être un interpolateur dramatique, prenne ce même Stalagme pour sujet d'une calembredaine d'actualité. Tout l'essentiel étant dit, la plaisanterie ne risque plus d'empêcher de le bien entendre. A la rigueur elle pourrait avoir son utilité, puisqu'une fois de plus elle insiste sur le personnage de Stalagme, désormais lié à l'action.

Supposons au contraire que les trois vers viennent avant la lacune. Une plaisanterie visant Stalagme ne sera plus amenée. Au point de vue dramatique, elle ne pourra plus être que froide et nuisible. J'ajoute que, fût-elle du plus irréfléchi des interpolateurs dramatiques, elle attesterait une maladresse invraisemblable. Au moment où, après un abus de drôleries, le parasite revient enfin au ton sérieux (886 : *Quippe quando mi nil credis quod ego dico sedulo*), et où par conséquent le vieillard va prendre en lui un commencement de confiance, il est absurde de compromettre le mouvement de la scène et l'émotion du public par une bouffonnerie si hors de saison.

La lacune des Captifs doit donc être placée après le vers 886. L'étendue en est sans doute, ainsi qu'on l'a vu, de trente et quelques septénaires trochaïques, où il était question de Stalagme à la fin. Les vers du début parlaient de Philopolème ; un de ces vers du début est celui que cite Nonius.

A. MEILLET

LE GROUPE -VV-

M. Solmsen, étudiant dans ses *Studien zur lat. Lautgeschichte*, p. 37 et suiv., le groupe - *uu* - en latin, a montré que jusque vers la fin de l'époque républicaine la graphie usuelle a été *uiuos, mortuos, uolnus, fruontur*, etc. La seule question qui se pose est de savoir si cette graphie répond à la prononciation. M. Niedermann, *Mélanges F. de Saussure*, p. 58 et suiv., le conteste : c'est une manière orthographique bien établie pour l'époque républicaine que d'éviter d'écrire deux *u* de suite; ainsi on notait *iuenis*, et non *iuuenis*; Varron donne comme exemple de *v* initial devant *u* le mot *uulnus*; de son temps la graphie *uolnus*, qui devait être abandonnée quelques dizaines d'années après, ne répondait donc pas à la prononciation. Mais il n'y a aucun moyen de déterminer comment on prononçait à l'époque de Plaute. Ni M. Niedermann, qui croit à *wulnus*, ni M. Solmsen, qui croit à *wolnus* (*Deutsche Literaturzeitung*, 1908, col. 2058 et suiv.) ne peuvent apporter de fait décisif en un sens ou dans l'autre ; M. Brugmann admet l'opinion de M. Solmsen, sans ajouter d'argument nouveau (*Das Wesen d. laut. Dissimilation*, p. 162 et suiv.; dans *Abh. d. ph. hist. K. d. sächs. Ges. d. W.*, XXVII). Le cas voisin, mais beaucoup plus trouble encore, de *abicio, abiecio* n'ajoute rien aux preuves qu'on peut invoquer.

Le seul fait de différenciation qui soit tout à fait clair et ne prête à aucun doute est celui de *i* suivi de *o* à l'intérieur du mot, ainsi dans *filiolus*. Partout ailleurs qu'après *i*, un *o* ainsi placé passe à *u*, type *catulus*. Le mot *filiolus* subsiste dans les langues romanes: v. fr. *filieus*, it. *figliuolo*. Il y a donc au moins un cas où la différenciation est certaine et où l'*o* s'est maintenu à toute époque d'après les témoignages concordants de la graphie et des langues néo-latines.

M. Niedermann, *l. c.*, p. 65, n., se refuse à rapprocher le cas de *filiolus* de celui de *mortuos, uiuos, fruontur*. Il constate qu'en fin de mot, *filios* a été très anciennement remplacé par *filius*; mais ceci pourrait s'expliquer par analogie ; du jour où la loi de différenciation a cessé d'agir, la finale -*us* du nominatif singulier des thèmes en *o* a été généralisée; les comparatifs neutres tels que *amplius* ont cependant

chance d'être phonétiques; mais il ne faut pas oublier que le traitement des voyelles
finales de mots est en latin essentiellement différent de celui des voyelles intérieures,
et l'on ne peut jamais conclure d'un cas à l'autre, même au point de vue strictement phonétique.

Entre le cas de *filiolus* et ceux de *fruontur*, *uolnus*, il y a naturellement des différences : l'*o* de *filiolus* s'est toujours maintenu parce que en syllabe ouverte les voyelles
brèves ne sont plus altérées en latin classique; les mots empruntés au grec à l'époque
classique gardent leur *o*, ainsi *obolus*. Au contraire la diphtongue *ol* a dû passer encore à *ul* à toute époque, car *l* a toujours été vélaire en cette position en latin et a
tendu à faire passer à *u* un *o* précédent faisant partie de la même syllabe; de là le passage de *wolnus* à *wulnus*, passage qui peut avoir eu lieu après une période où *wolnus*
se serait conservé tandis que *ol* devant consonne passait par ailleurs à *ul*. Quant au cas
de *fruontur* devenant *fruuntur*, il pourrait s'expliquer par l'analogie du type *leguntur*,
s'il n'est pas phonétique. De même le -*us* final de *mortuus*, *uiuus* peut être analogique, comme celui de *filius*.

En tenant compte de toutes les différences, les points suivants demeurent acquis :

1° Il y a un cas sûr de différenciation, où une voyelle fermée précédente a empêché le passage de *o* à *u*, celui de *filiolus*.

2° Le cas de *filiolus* garantit l'authenticité de celui de *societas*, où la graphie *ie*
est constante à toutes les époques et doit répondre aussi à la réalité. Si *societas* est
ainsi réel, on n'a plus de raison de contester la réalité de *con-iecio*, car la situation
phonétique est la même; *con-iicio* (avec le premier *i* consonne) peut être analogique
de *con-ficio*.

3° Puisque *societas* est réel, les graphies *uolnus*, *fruontur*, *mortuos*, *uiuos* ont
chance de répondre aussi à une réalité, à une date ancienne. Mais des circonstances
particulières, les unes phonétiques, les autres morphologiques ont déterminé le passage de *o* à *u* dans tous ces cas dès avant la fin de la période républicaine; et la
prononciation *u*, attestée dès le 1er siècle av. J.-C., est peut-être bien antérieure,
sans qu'on ait le moyen de la dater ; car, suivant la remarque de M. Niedermann,
on a longtemps évité d'écrire *uu*, et la notation *uo* de l'ancienne prononciation a pu
être maintenue durant un temps plus ou moins long dans la graphie pour éviter un
uu qui existait déjà dans la prononciation.

MAURICE JUSSELIN

LA

GARDE ET L'USAGE DU SCEAU
DANS LES CHANCELLERIES CAROLINGIENNES
D'APRÈS LES NOTES TIRONIENNES

A l'époque mérovingienne (1), l'anneau royal (*anolus*) est gardé par les référendaires (2). Le sceau, plaqué en bas et à droite du parchemin sur une incision cruciale, n'a pas encore toute la valeur d'un signe de validation. Sa présence n'est pas annoncée dans les formules finales du texte ; de plus, les référendaires qui disposent de l'anneau royal n'ont pas l'obligation de s'en servir à l'exclusion de tout autre

---

(1) Ces quelques pages représentent un chapitre d'un travail d'ensemble en préparation sur l'expédition des diplômes dans les chancelleries carolingiennes d'après les notes tironiennes.

(2) « Syggo quoque referendarius, qui anolum regis Sygiberti tenuerat et ab Chilperico regi provocatus erat, ut servitium, quod tempore fratri suo habuerat, obtineret, ad Childebertum regem, Sigiberti filium, relicto Chilperico, transivit, resque ejus quas in Suessioneco habuerat, Ansoaldus obtinuit », Grégoire de Tours, *Historia Francorum*, livre V, § III, édition H. Omont (*Collection de Textes pour servir à l'étude et à l'enseignement de l'histoire*), Paris, Picard, 1886, in-8 ; p. 150, 5. — « E quibus beatus Audoenus, qui et Dado dictus est, referendarius fuit regis Dagoberti, filiusque praecellentissimi viri Autharii. Qui referendarius ideo est dictus, quod ad eum universae publicae deferrentur conscriptiones, ipseque eas annulo regis sive sigillo ab eo sibi commisso muniret seu confirmaret [anno 653] », Aimoin, *De gestis Francorum*, § 41, dans le *Recueil des historiens des Gaules et de la France*, t. III (Paris, 1741, in fol.), p. 138, D. — « Junior quoque venerabilis Audoenus cognomento Dado praefato regi (Dagoberto) prae cunctis aulicis amabilis, atque referendarius est constitutus, gestans ejus annulum quo signabantur publice totius regni potiora signa vel edicta », *Vita S. Agili abbatis Resbacensis* dans les *Acta Sanctorum ordinis S. Benedicti* de d'Achery et Mabillon, saeculum II (Paris, 1669, in-fol.), p. 321. — « Non multo post anulo ex manu regis accepto, referendarii officium adeptus est [v. 709] », *Vita Sancti Boniti episcopi Aruernensis, ibid* ; seculum III, pars 1 (Paris, 1672), p. 90.

pour impressionner la cire, puisque quelques-uns d'entre eux ont scellé avec l'anneau du maire du palais (1).

Dans les diplômes de Charlemagne, les notes ne nous apprennent rien sur la façon dont l'on procédait au scellement des actes, mais nous rencontrons dans les diplômes de Louis le Débonnaire plusieurs mentions concernant cette question.

Dès l'année 821, la souscription : *Hil-do-i-nus et Ma-t-fri-dus am-bas-ci-a-verunt et magister* sigillari *jussit* (2) nous montre que le chancelier ne scelle pas lui-même. Un diplôme du 10 novembre 827 (3) est beaucoup plus précis sur ce point. A la fin du texte nous lisons : *Hil-du-inus am-bas-ci-a-vit,* mention qui est répétée sur la première ligne à droite de la ruche. La souscription en lettres ordinaires est formulée « Meginarius notarius ad vicem Fridugisi recognovi et subscripsi », mais, dans la ruche (fig. A) nous lisons seulement : *Me-gi-na-rius notarius ad-vicem.* C'est volontairement sans doute que le notaire Meginarius n'a pas ajouté en deuxième ligne: *Fri-du-gi-si recognovi et subscripsi,* car ce n'est pas le chancelier Fridugisus (4) qui lui a donné l'ordre d'apposer la souscription royale et de préparer l'emplacement du sceau. C'est Durandus, chef des notaires, qui a donné cet ordre et n'a pas laissé au notaire Meginarius le soin d'apposer le sceau mais a accompli lui-même cet acte important. Nous lisons en effet à la droite de la ruche la souscription suivante disposée en deux lignes (fig. 1) et dont la plus grande partie était jadis cachée par le sceau aujourd'hui perdu : *Magister Dur-an-dus firmare jussit et ipse sigillavit* (5). En l'absence du chancelier Fridugisus, Durandus garde donc la matrice du sceau et s'en sert après avoir donné des ordres comme s'il était lui-même chancelier, si bien que Meginarius lui attribue le titre de *magister* qui, dans les notes, était jusqu'alors réservée au chancelier et qui témoigne de la prééminence dont jouit Durandus sur les autres notaires moins anciens (6) et moins expérimentés que lui. Ce qui prouve

(1) Les notes tironiennes nous apprennent que le diplôme de Childebert III du 13 déc. 710 (Arch. nat., K 3, n° 15, fac-similé dans Lauer et Samaran, *Les diplômes originaux des Mérovingiens,* Paris, 1908, in-fol., pl. 31, texte p. 22) a été scellé : *Per anolo Grimoaldo majore domus.* Dans un diplôme du même roi du 14 déc. 710 (Arch. nat., K 3, n° 16, fac-similé, *ibid.,* pl. 32, texte p. 23), il est fait allusion à un diplôme expédié de la même façon : « Inluster vir Sigofridus (l'édit. porte Pigofridus), auditur ipsius viro Grimoaldo, testemoniavit, quod...... tale judicio, ipsius viro Sigofrido mano firmato, vel de anolo ipsius Grimoaldo majorem domus nostri, sigellatum, ipse agentes acepissent ».

(2) 821, 15 fév. Orig. à St Gall. Mühlbacher, n° 735 (711). Cf. Tangl. *Die Tironischen Noten in den Urkunden der Karolinger,* dans l'*Archiv für Urkundenforschung,* Leipzig, 1907, in-8°, p. 122.

(3) 827, 10 nov. Ratification par Louis le Débonnaire et Lothaire d'un échange de terres conclu entre Hilduin, abbé de St-Denis et archichapelain et un nommé Fulcricus. (Arch. nat., K 9, n° 4. Mühlbacher, n° 844 (818). Tardif, n° 119.)

(4) Fridugisus fut chancelier de 819 (17 août) à 832 (28 mars).

(5) Ces notes sont extrèmement difficiles à lire parce que le parchemin est très usé, aussi les avons-nous dessinées, pl. fig. 1. M. Tangl (*op. cit.,* p. 118) a vu seulement *Magister Dur...fir mare jussit.*

(6) Durandus fut notaire à la chancellerie de 814 à 832. Cf. Bresslau, *Handbuch der Urkundenlehre,* p. 187,

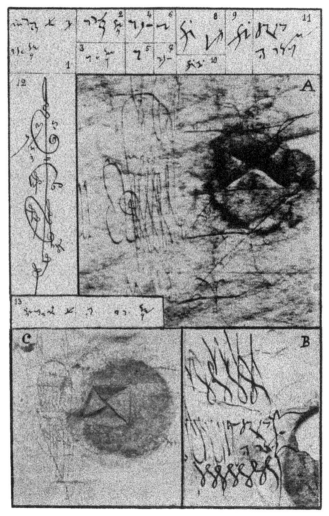

HONORE CHAMPION, Edit.   D. A. LONGUET, Imp.

NOTES TIRONIENNES DES DIPLOMES

bien que Durandus est spécialement chargé de la garde de la matrice du sceau, c'est qu'il en fait usage alors même que le chancelier donne lui-même les ordres. Un diplôme du 14 octobre 829 (1), en faveur de Suniefredus, porte en effet dans la ruche les mentions suivantes dont la principale a été mal lue : *Me·gi-na-rius notarius ad vicem F-re-du-gi-si recognovi et subscripsi. Ber-nar-dus impetravit. Magister ita f[ieri] et firmare jussit et Dur-an-dus sigillavit* (fig. 2) (2). Si le chancelier donne encore des ordres, il lui arrive bien souvent de ne s'intéresser que de très loin au travail de la chancellerie. Le chef des notaires, gardien de la matrice du sceau, est toujours là pour le remplacer. Dès le 4 octobre 832, le nom de Durandus n'apparaît plus dans les actes et c'est Hirminmaris, le plus ancien des notaires après lui, qui le remplace. Une mention en notes l'appelle *magister* dès le 8 juin 833 (3); le soin de sceller lui incombe et la matrice du sceau lui est confiée comme à Durandus.

Les souscriptions suivantes en offrent la preuve :

839, 23 janvier (4). — *Glorius notarius ad-vicem Hu-gonis recognovi et subscripsi, jussus ab Hir-mi-in-ma-ro et* (5) *ipse sigillavit. Magister am-bas-ci-a·vit.*

839, 20 juin (6). — *Daniel notarius atque subdiaconus ad-vicem Hugonis reco-*

(1) Orig. aux archives départementales de l'Aude. Mühlbacher, n° 872 (843). Photographie réduite dans Verguet, *Diplômes carlovingiens conservés aux archives départementales de l'Aude* (Carcassone, 1863, in-fol. oblong), n° 2. Fac-similé de la ruche dans Tangl., *op. cit.*, fig. 16, p. 121.

(2) M. Tangl, *op. cit*, p. 121, a proposé la lecture fautive : *et dictavit sermone ejus* là où il faut lire, *et Dur-an-dus sigillavit*. Cf. la note *sigillavit* dans les autres ruches de Meginarius : 817, 10 nov. (Cf. ci-dessus fig. A et 1) et 840, 12 mai, dans la formule *et ego sigillavi* (fig. 3, Tangl, *op. cit.*, fig. 13, p. 133).

(3) *Magister Hirminmaris dictavit et mihi firmare jussit.* 833, 8 juin. Orig. à Münster. Mühlbacher, n° 923 (894). Fac-similé dans les *Kaiserurkunden*, Lieferung III, Taf. 5, texte, p. 43-44. Cf. M. Jusselin, *Notes tironiennes dans les diplômes*, dans le *Moyen Age*, 1904, p. 485 (8), § IV.

(4) Arch. nat., K 9, n° 10. Mühlbacher, n° 986 (955). Fac-similé de la ruche dans Tangl, *op. cit.*, fig. 20, p. 129.

(5) Je préfère cette lecture, à la transcription *vel* proposée par Tangl. *op. cit.*, p. 130. En effet, l'arrondissement du premier jambage est un mouvement naturel de la plume que l'on constate dans un autre diplôme du 23 avril 839 (fac-similé dans Tangl, *op. cit.*, fig. 21, p. 131) pour le même mot *et* (fig. 5). Le petit délié qui se dégage en bas du second jambage et se dirige vers la droite est de même nature; il suffit pour s'en convaincre d'examiner la forme que présente la note *et* dans les diplômes du 18 juin 833 (fig. 6); fac-similé de la ruche dans Tangl, *op. cit.*, (fig. 18, p. 125), du 17 fév. 844, Lothaire Ier (fig. 7); fac-similé dans Tangl, *op. cit.* (fig. 26, p. 140). M. Tangl vient de proposer, pour ces dernières notes, la nouvelle lecture : Hugo ipse sigillavit, magister ambasciavit (*Forschungen zu karolinger Diplomen*, I. *Tironiana und Konzeptfrage*, dans l'*Archiv für Urkundenforschung*, II, 2, 1909, p. 169), par comparaison avec un signe renfermé dans la ruche d'un diplôme de 834 (Mühlbacher, 963) conservé à Dijon, et auquel il attribue le sens de Hugo. L'excellente photographie que j'ai sous les yeux montre que les deux signes ne sont pas semblables et l'explication du signe du diplôme de Dijon n'est pas encore faite d'une façon précise. Avant de généraliser, il faudrait le traduire exactement et la lecture Hugo est paléographiquement insuffisante. J'ajoute que dans notre diplôme de 839 la lecture Hugo me paraîtrait contraire à la diplomatique.

(6) Orig. à Carlsruhe. Mühlbacher, n° 994 (963). Fac-similé de la ruche dans Tangl, *op. cit.* (fig. 22, p. 132).

gnovi et subscripsi. Hir[*minma*]*ris magister fieri jussit qui et sigillavit. Ad-a-la-ardus se-nis-ca-l-cus am-bas-ci-a-vit.*

839, 8 juillet (1). — *Glorius notarius ad-vicem Hu-gonis recognovi et subscripsi, jussus ab Hir-mi-in-ma-ro qui ipse sigillavit. A-da* (2) *-la-ardus am-bas-ci-a-vit.*

Le nom du chef des notaires Hirminmaris n'apparaît plus dans les diplômes après le 8 juillet 839 et nous constatons que le dépositaire du sceau est alors Meginarius le plus ancien des notaires (3). Le règne va se terminer, aussi n'aura-t-il pas le temps d'user largement du pouvoir dont jouissaient ses prédécesseurs, mais un diplôme écrit par lui le 12 mai 840, quelques semaines avant la mort de l'empereur (20 juin 840), nous prouve que si les évènements ne procurèrent pas aux autres notaires l'occasion de l'appeler *magister*, il agit de telle façon que nous pouvons être certain qu'il le fut. Nous lisons en effet dans la ruche de ce diplôme donné à Ketzicha pour le fidèle Helis et entièrement écrit par Meginarius (4) : *Me-gi-na-rius notarius atque diaconus ad-vicem Hugonis recognovi et subscripsi. Eliseus* (pour *Helis*) *impetravit et ego sigillavi* (fig. 8 et 13). Cette souscription est intéressante en raison de la difficulté que présentait la lecture du signe (fig. 8) qui précède la note *impetravit*. En 1905, nous avions proposé la lecture *Scaha* (5) *-fes* (6), reconnaissant dans ce signe deux notes exprimant un nom propre (7). Depuis, M. Tangl, auquel cette lecture de 1905 a échappé, a fait de vains efforts pour déchiffrer ces signes et expliquer leur forme anormale (8) et M. Ruess n'a pas été plus heureux en donnant la préférence à la lecture *scriptum* ou *scriptumque* (9). C'est à M. W. Erben qu'appartient l'honneur d'avoir résolu cette difficulté en proposant la lecture *Eliseus* (10). Il s'agissait d'expri-

(1) Orig. à Münster. Mühlbacher, n° 997 (960). Fac-similé dans les *Kaiserurkunden*, Lieferung III, tab. 8.

(2) Et non *Ad-a*, comme l'imprime Tangl, *op. cit.*, p. 132.

(3) Meginarius fut notaire à la chancellerie de Louis le Débonnaire de 816 (26 janv.) à la fin du règne, puis il passa à la chancellerie de Charles le Chauve.

(4) Orig. au British Museum, Harley Charter, 111-A-1. Mühlbacher, n° 1006 (975). Fac-similé dans *Fac-similes of ancient charters in the British Museum* [by Edvard A. Bond], part. IV (1878, in-fol.), pl. XLVII. Reproduction du fac-similé de la ruche dans Tangl, *op. cit.*, fig. 23, p. 133.

(5) Cf. Schmitz, *Commentarii notarum tironianarum*, tab. XVIII, n° 94.

(6) Cf. *Ibidem*, tab. XVI, n° 101.

(7) Cf. M. Jusselin, *Notes tironiennes dans les diplômes*, dans la *Bibliothèque de l'Ecole des Chartes*, t. LXVI, 1905, p. 386-387, § IX.

(8) « Ich Wenigstens habe, dit-il, um dieser einen Note willen viele Stunden mit dem Lexikon bei Kopp und den Commentarii von Schmitz ohne jeden Erfolg mich abgemüht...Entweder übernahm der Notar Meginarius einen Namen oder Titel aus einem Reichhaltigeren Notenverzeichnis, das wir nicht mehr besitzen, oder er versuchte es auf eigne Faust, ein solches Zeichen sich neu zu bilden », *Die tironischen Noten in den Urkunden der Karolinger*, p. 134.

(9) *Archiv für Stenographie*, 1908 (Berlin, Gerdes und Hödel, in-8°), p. 61, dans le compte-rendu du travail de M. Tangl.

(10) *Zu den tironischen Noten der Karolingerdiplome* dans les *Mitteilungen des Instituts für österreichische Geschichtsforschung*, t. XXIX, 1908, p. 161-162.

mer le nom du fidèle Helis écrit en toutes lettres dans le texte du diplôme expédié en sa faveur. Au lieu d'employer des signes syllabiques, Meginarius a remarqué l'analogie qui existait entre le nom Helis et celui du prophète Elie et pour traduire Helis en notes tironiennes s'est servi de la note qui dans son lexique tironien désignait *Eliseus*, le prophète, mais cette note (fig. 8) n'est pas absolument semblable à celle que présentent les lexiques parvenus jusqu'à nous (1). Il est très intéressant de faire remarquer que la même note est aussi employée pour désigner un nom de personne dans le célèbre manuscrit latin 2718 qui renferme au folio 125 (2), après une lettre de Charlemagne à Alcuin et avant un diplôme, la mention suivante: *Ili veniant... basilicae et de-ca-nus et praepositus et Ge* (3)*-r-al-dus filius Gis-la-rii et Gis-le-fre* (4)*-dus presbyter et Eliseus* (5) *presbyter* (fig. 10) *et alii ex fratribus quoscunque elegistis et sex ma-tr-i-cu-la-rii.*

Les usages observés à la chancellerie de Louis le Débonnaire se retrouvent dans les chancelleries de ses fils. Dans les diplômes de Charles le Chauve, nous ne rencontrons pas le mot *magister* désignant le chef des notaires, cependant Meginarius, devenu effectivement chef des notaires à la fin du règne de Louis le Débonnaire a certainement joui à la chancellerie de Charles le Chauve des prérogatives attachées à cette fonction et dont la principale était la garde et l'usage du sceau. Une mention en note jusqu'ici inédite change cette présomption en certitude en nous prouvant qu'après Meginarius, Jonas, notaire à la chancellerie dès les premières années du règne de Charles le Chauve, a joui du droit d'ordonner à un autre notaire de préparer le diplôme et a scellé lui-même, continuant ainsi la tradition créée par Durandus, Hirminmaris et Meginarius sous Louis le Débonnaire. Dans une confirmation de Charles le Chauve d'un échange conclu entre Louis, abbé de Saint-Denis, chancelier, et Herradus, dont l'original mutilé ne porte plus de date mais semble avoir été écrit vers 861 (6), nous lisons dans la ruche après la souscription formulée : « Ragemfridus notarius ad vicem Hludouuici recognovit et subscripsit », la mention : *Jo-nas fieri jussit et sigillavit.* (Fig. B et 11.)

Aucune mention intéressante concernant l'usage du sceau ne se rencontre dans les diplômes de Louis le Germanique. C'est à la chancellerie du fils aîné de Louis le Débonnaire, Lothaire I, héritier de l'empire, que nous retrouvons les traces les plus évidentes de l'existence d'un *magister*, chef des notaires et dépositaire du sceau (7).

---

(1) Cf. Schmitz, *Commentarii notarum tironianarum*, 121, 72.
(2) Fac-similé dans Schmitz, *Monumenta tachygraphica codicis Parisiensis latini* 2718 (Hannovre, 1882, in-4°).
(3) Schmitz, *ibid.*, texte 7, p. 35, ligne 40, transcrit à tort *Gi*.
(4) *Ibid.*, *fri* pour *fre*.
(5) Schmitz a deviné et transcrit *Sifridus*, par comparaison avec la note *frater*.
(6) Arch. nat., K 13, n° 5. Indiqué par Tardif, *Monuments historiques, Cartons des Rois*, n° 186.
(7) Cf. Maurice Jusselin. *L'Invocation monogrammatique dans quelques diplômes de Lothaire Ier et de Lothaire II, dans le Moyen Age*, 2° série, t. XI, 1907, p. 318-322.

Nous ne devons pas nous étonner d'ailleurs si les usages se transmettent de chancellerie à chancellerie. Nous avons vu Meginarius diriger la chancellerie de Charles le
Chauve après avoir été le principal notaire dans les dernières années de Louis le
Débonnaire. De même Glorius, qui souscrivit au moins autant de diplômes de Louis
le Débonnaire que Meginarius, entra à la chancellerie de Lotaire I⁰ʳ.

Les mentions écrites en notes par Glorius et par un autre notaire nommé Hrodmundus (1) nous montrent que le chancelier prend de moins en moins part aux travaux intérieurs de la chancellerie, se contente de donner des ordres et renonce au
droit de sceller lui-même. Nous lisons en effet dans un diplôme du 21 janvier 843 (2):
Glorius notarius ad-vicem Hugonis (3) (pour *Agilmari*) *recognovi et subscripsi jubente
magistro A-gi-l-ma-ro, Remigius sigillavit*; et dans un diplôme du 17 février 844 (4):
[Dans l'invocation monogrammatique qui précède la souscription du notaire:]
Remigius habebat signum. Ro-d-mundus. [Dans la ruche:] *Ro-d-mundus notarius
ad-vicem Hil-du-i-ni recognovi et subscripsi. Remigius magister firmare jussit qui
et ipse sigillavit.* Les notes placées par Hrodmundus dans l'invocation monogrammatique ne nous laissent donc plus aucun doute: Remigius (5), chef des notaires
(*magister*), était dépositaire de la matrice du sceau (*habebat signum*) (6). Un curieux
diplôme du 21 octobre 846 (7), portant dans une ruche très obscure (8) la mention

---

(1) Agit comme notaire à la chancellerie de Lotaire Iᵉʳ du 17 fév. 843 au 9 juillet 855 puis à
celle de Lotaire II du 9 nov. 855 au 17 janv. 866. Cf Bresslau, *Handbuch der Urkundenlehre*,
I, 1889, p. 293-294.

(2) 843, 21 janv. Orig. à Chur. Mühlbacher, nº 1096 (1062). Cf. *Tangl, op. cit.*, p. 141,

(3) Glorius a par habitude, placé le nom de celui qui était chancelier de Louis le Débonnaire
lorsqu'il était lui-même notaire à la chancellerie du prince.

(4) 844, 17 février. Orig. à la Bibl. nat., ms. lat. 8837, pièce 9, fol. 36 Vº. Mühlbacher, nº 1114
(1080). Fac-similé de la ruche dans Tangl, *op. cit.*, fig. 26, p. 140. Cf. Jusselin. *L'Invocation monogrammatique.....* dans le *Moyen Age*, 1907, p. 319. M. Tangl, *op. cit.*, n'a pas remarqué l'invocation.

(5) Remigius dressa des actes à la chancellerie de Lotaire Iᵉʳ depuis le 4 décembre 840. Cf.
Bresslau, *op. cip.*, p. 293.

(6) M. Tangl (*Forschungen zur Karolinger Diplomen*, I, *Tironiana, und Konzeptfrage*, dans
l'*Archiv für Urkundenfordchung*, II, 2, 1909, p. 176) pense que *signum habebat* veut dire seulement
que Remigius avait le « Signierungsrecht », parce que le mot *signum* avec le sens de *sceau* ne
se rencontre pas dans les diplômes de Charlemagne et de Louis le Débonnaire et ne se trouve
que plus tard avec ce sens. Pourquoi ne pas admettre que nous avons ici le premier exemple de
ce sens, vu la signification que prend le mot *signum* par rapport à l'ensemble de ces souscriptions?

(7) 846, 21 oct, Orig. aux archives départementales de la Haute-Marne, à Chaumont, G. 1 nº 5.
Mühlbacher, nº 1127 (1093). Cf. Th. von Sickel, *Diplome des 8., 9. und 10 Jahrhunderts*, dans les
Forschungen zur deutschen Geschichte, IX (Göttingen, 1869, in-8º), nº 4, p. 409; et Roscrot *Diplômes
originaux des archives de la Haute-Marne*, Auxerre, 1894, in-8º (Extrait du *Bulletin de la Société
des sciences historiques et naturelles de l'Yonne*, 1893, 2ᵉ semestre), nº 3, p. 9 (511).

(8) Faute de posséder une bonne reproduction de cette ruche, M. Tangl n'a pu lire les notes
importantes qu'elle contient. Nous les avons reproduites fig. 13 à l'aide d'une photographie, d'un
calque pris à Chaumont et d'une photographie agrandie.

suivante (fig. C et 13) : *Ro-d-mundus notarius ad-vicem Hil-du-i-ni recognovi et subscripsi.* *Daniel* (1), *jubente magistro, firmare jussit qui et sigillavit,* nous montre que Remigius n'a pas usé seul du droit de sceller, mais ce diplôme de 846 nous apparaît comme une exception qui pourrait être expliquée par une absence momentanée de Remigius dont le rôle important est de nouveau affirmé dans un diplôme du 1er juillet 850 (2) qui porte la mention suivante : [Dans l'invocation monogrammatique :] *Remigius habebat signum. — Ro-d-mundus* (fig. 12) [Dans la ruche :] *Ro-d-mundus notarius ad-vicem Hildu-i-ni* [*recognovi et subscripsi*]. *Remigius magister fieri et* [*firmare jussit*].

Remigius est cité pour la dernière fois dans un diplôme de Lotaire Ier, le 8 septembre 851. Peu après, l'empereur céda à son fils Louis II cet excellent notaire capable de bien diriger la chancellerie d'un roi d'Italie. Remigius acquit d'ailleurs au service de Louis II plus d'honneurs et de droits qu'aucun des chefs des notaires ses prédécesseurs, puisque, du vivant du chancelier Dructemirus, le notaire Adalbertus souscrivait « ad vicem Remigii » (3) ; aussi n'est-on pas étonné d'apprendre que Remigius devint lui-même chancelier en 861.

En résumé, le droit d'apposer le sceau, c'est-à-dire le droit d'accomplir l'acte le plus important parmi ceux qui donnent au diplôme son caractère d'authenticité, n'est plus jalousement gardé par le chancelier dès le second quart du IXme siècle (vers 825). Le plus ancien notaire devient alors dépositaire du sceau, en fait usage et prend le titre de *magister* qui fut d'abord réservé au chancelier. Durant un demi-siècle environ les *magistri* Durandus, Hirminmaris, Meginarius sous Louis le Débonnaire, le même Meginarius et Jonas sous Charles le Chauve, Remigius sous Lothaire Ier et Lothaire II se transmettent cette tradition et l'affirment à leur profit pendant que les notaires inférieurs satisfont leur ambition en s'arrogeant des titres pompeux comme celui de « cancellarius » qui était auparavant le qualificatif du chancelier seul.

(1) Daniel est sans doute l'ancien notaire de Louis le Débonnaire qui porte ce nom.

(2) 850, 1er juillet, Orig. à Marburg. Mühlbacher, n° 1143 (1109). Fac-similé dans les *Kaiserurkunden*, Lieferung VII, tab. IV. Cf. Jusselin, *op. cit.,* p. 319.

(3) 851, 5, octobre. Orig. à Parme. Mühlbacher, n° 1183 (1148). Fac-similé dans les *Diplomi imperiali e reali delle cancellarie d'Italia, pubblicati a facsimile dalla R. Societa romana di Storia patria,* Roma, 1892, in-fol., tab. VIII. La souscription est : Adalbertus cancellarius ad vicem Remigii scripsi et s.

A. CARTAULT

ENCORE LES CAUSES

DE LA

RÉLÉGATION D'OVIDE

Les causes de la rélégation d'Ovide étaient connues du public romain; le poète le dit formellement (1); il est du reste bien évident que les amis qu'il charge dans les *Tristes* et dans les *Pontiques* d'intervenir en sa faveur savaient au juste à quoi s'en tenir sur son cas; la façon dont il s'adresse à eux ne laisse là-dessus aucun doute et, s'ils n'avaient été instruits du fond des choses, ils n'auraient pu plaider sa cause efficacement. Mais, sur l'un des griefs qui lui étaient reprochés, Ovide a gardé un silence systématique et obstiné; il en résulte que le mystère ne saurait être éclairci avec une entière certitude. Toutefois, sans révéler exactement le secret compromettant, Ovide tourne si souvent autour de l'aveu qu'il retient, il fait tant de demi-confidences qu'il n'est peut-être pas impossible d'entrevoir la vérité. La méthode consiste à réunir et à peser toutes ces allusions voilées et à formuler l'hypothèse qui les explique toutes de la façon la plus naturelle et n'en néglige aucune. On arrive ainsi à la solution du problème qui a le plus de chances d'être la vraie.

Sur la nature du châtiment qui l'a frappé, Ovide a fait la lumière complète; il a été banni, et ce bannissement il le désigne souvent par des termes uniquement poétiques et qui n'ont pas de valeur juridique, *profugus* (2), *fuga* (3). Le plus souvent il s'appelle lui-même *exul* (4) et sa peine *exilium* (5); or, lorsqu'on examine les pas-

---

(1) *Trist.* IV, 10, 99 Causa meae cunctis nimium quoque nota ruinae, *Ex P.* I, 7, 40 Sic facinus nemo nescit abesse mihi.

(2) *Trist.* III, 11, 35; V, 2, 62, 7, 30, *Ex P.* I, 8, 50, 10, 1; II, 5, 58, 9, 6, 37; III, 3, 1, 6, 40; IV, 12, 41.

(3) *Trist.* I, 1, 56, 3, 36, 5, 42; III, 8, 42; IV, 1, 50, 10, 90; V, 12, 46, *Ex P.* I, 2, 130, (9, 42, cum fugerem); IV, 13, 42.

(4) *Trist.* I, 1, 3. 2, 37, 74, 5, 66; III, 1, 1, 3, 36, 66 (4, 43 exulat), 13, 3; IV, 1, 3, 3, 49. 10, 74; V, 9, 6, *Ex P.* I, 1, 22, 65, 2, 111, 8, 7; II, 6, 3, 7, 67.

(5) *Trist.* II, 185, 577; III, 11, 36, 14, 30; IV, 1, 45, 4, 51; V, 10, 40, *Ibis* 12, *Ex P.* I, 2, 106, 3, 43, 5, 4; II, 5, 8, 7. 63, 8, 72, 9, 66; III, 1, 10, 38, 3, 23, 39, 7, 34; IV, 4, 50.

sages où ces mots figurent, on s'aperçoit qu'il s'en sert, non pas seulement par commodité métrique et parce qu'ils se plient aisément aux lois du vers, mais pour attirer sur lui la pitié, pour se représenter comme le plus malheureux des hommes, comme celui qui a touché le fond même de l'infortune; on sait en effet qu'après la peine capitale, l'exil qui effaçait le citoyen romain de la cité était le châtiment le plus terrible qu'on pût lui infliger. Dans d'autres circonstances, il prend soin de nous avertir que ces mots sont inexacts et il proteste quand on les lui applique (1); il fut simplement relégué, *relegatus* (2), ce qui n'était pas la même chose : le séjour de Rome et de l'Italie lui était interdit; on lui assignait pour résidence perpétuelle la petite ville de Tomi à l'embouchure du Danube ; mais il conservait sa fortune et ses droits civiques ; quant à ses ouvrages, ils étaient exclus des bibliothèques publiques (3).

Il a été relégué par Auguste parce qu'il avait provoqué sa colère, *ira* (4). C'est le mot qu'il a choisi, comme exprimant de la façon la plus juste les sentiments de l'empereur à son égard, et il s'y est tenu ; il l'a répété à satiété et en a rempli les *Tristes* et les *Pontiques* ; ce n'est que sporadiquement qu'il se sert des mots ressentiment, *dolor* (5), haîne, *odium* (6); l'empereur est irrité contre lui, *iratus* (7) et il lui est hostile, *infestus* (8); il a été gravement blessé par Ovide, *laesus* (9), offensé, *offensus* (10); il a subi des offenses, *offensae* (11); il porte en son cœur des plaies saignantes, *uulnera* (12); naturellement tout cela ne nous instruit pas sur la nature de l'acte qui avait inspiré à l'empereur une colère si violente et qui l'avait bouleversé si profondément ; mais ce qu'il convient d'en retenir, c'est qu'il avait été atteint directement dans sa personne, qu'il avait reçu un de ces coups qu'on ne pardonne pas. Et en effet il vengea lui-même son injure (13); il ne fit point intervenir le sénat; il ne déféra point la conduite d'Ovide aux tribunaux; il se borna à publier l'édit par lequel

---

(1) *Trist.* V, 11, 9 Fallitur iste tamea, quo iudice nominor exul, 29, At tu fortunam, cuius uocor exul ab ore, Nomine mendaci parce grauare meam.

(2) *Trist.* I, 7, 8; II, 125 sqq.; IV, 9, 11 sqq., 10, 93 sqq.; V, 2, 61, 4, 21 sq., 11, 15 sqq., *Ibis.* 11, *Ex. P.* I, 7, 42; II, 2, 7; IV, 15, 2.

(3) *Ex P.* I, 1, 5 sq.

(4) *Trist.* I, 1, 33, 94, 103, 2, 3, 61, 85, 5, 78, 84, 10, 42; II, 21, 28, 124, 127, 557; III, 2, 28, 5, 31, 6, 23, 8, 19, 39, 11, 17 et 18, 62, 72, 13, 11 ; IV, 8, 50, 10, 98; V, 1, 41, 2, 55, 60, 4, 17, 11, 8, 12, 14, *Ex P.* I, 1, 49, 2, 89, 98, 4, 29, 44, 6, 44, 8, 69, 9, 23, 28, 10, 20, 43; II, 1, 47, 2, 19, 122, 5, 11, 7, 55, 79, 8, 76, 9, 77; III, 3, 63, 76, 83, 6, 7, 7, 39, 9, 27; IV, 9, 52.

(5) *Ex P.* II, 3, 63; III, 3, 73.

(6) *Trist.* III, 8, 41.

(7) *Trist.* I, 2, 12; II, 81; IV, 1, 46, *Ex P.* II, 2, 111, 8, 21; III, 1, 98.

(8) *Trist.* I, 4, 26, *Ex P.* I, 2, 96.

(9) *Trist.* I, 5, 84; II, 123; III, 6, 23; IV, 10, 98, *Ex P.* I, 4, 44; II, 2, 22.

(10) *Trist.* I, 10, 42; V, 7, 8, 10 52, 11, 11, *Ex P.* I, 10, 42; II, 3, 62.

(11) *Trist.* II, 134; III, 8, 40.

(12) *Trist.* II, 209.

(13) *Trist.* II, 131 Vltus es offensas, ut decet, ipse tuas; cf. tout le passage v. 125-138.

il envoyait Ovide à Tomi et cet édit était conçu en termes sévères et outrageants
pour le poète, à qui il faisait sentir ainsi la violence de son mécontentement (1).

Le châtiment lui-même paraît avoir été choisi et dosé avec cette perspicacité
froide, cette cruauté raffinée qui étaient particulières à Auguste; il voulut faire souffrir sa victime; Ovide était un de ces esprits sociables et mondains, qui ne pouvait
vivre qu'à Rome, au milieu du luxe et de la corruption élégante où il se complaisait;
on l'euvoya presque chez des barbares; habitué au doux climat, aux aspects riants,
à la lumière brillante de l'Italie, il fut banni dans un pays glacé, dont le ciel était toujours sombre, le sol pauvre et nu; ayant toujours eu horreur des armes, il se vit
transporté dans une bourgade qu'assaillaient sans cesse les Gètes et les Sarmates et il
dut concourir à sa défense; poète à la mode, dont la verve avait besoin des applau-
dissements d'un auditoire sympathique, il n'eut plus à fréquenter que des gens qui
ne parlaient même pas le latin; on ne pouvait trouver un lieu de déportation qui lui
fût plus odieux et où il se sentît plus mal (2); dans son désespoir, il a prétendu que,
si l'empereur avait connu cette contrée maudite, il ne l'y aurait pas exilé (3); il est
permis de croire au contraire qu'Auguste savait parfaitement ce qu'il faisait et qu'il
satisfaisait ainsi une vengeance personnelle caressée avec amour; il la savoura longuement, puisqu'il se refusa toujours non seulement à rappeler Ovide, mais à le trans-
férer sous des cieux plus cléments.

Ce qui est important à noter, c'est qu'Ovide a toujours reconnu qu'il avait été
justement frappé; il ne se borne pas à courber la tête; il proclame qu'il a mérité sa
peine et c'est un aveu qui revient sans cesse sous sa plume, dans des termes à peu
près identiques (4); une fois il insinue timidement que, s'il a bien mérité d'être banni
de Rome, il n'a pas mérité de vivre dans un pays si abominable, mais c'est pour
retirer immédiatement cette hardiesse en avouant qu'il s'en est tiré à bon compte (5);

---

(1) *Trist.* II, 133 Tristibus inuectus uerbis..., 135 edictum... immite minaxque, *Ex P.* II, 7, 56,
Addita sunt poenis aspera uerba meis.

(2) *Trist.* I, 2, 90 Supplicii pars est in regione mei.

(3) *Trist.* I, 2, 89 Ira uiri mitis non me misisset in istam, Si satis haec illi nota fuisset humus.

(4) *Trist.* I, 1, 26 Causa.. non bona, 2, 95, Et iubet et merui; II, 29, Illa quidem iusta est nec
me meruisse negabo; III, 1, 51, poenarum, quas se meruisse fatetur; IV, 4, 43, iure damus poenas,
8, 37, illum demens in me saeuire coegi; V, 5, 63, poenam fateor meruisse; *Ex P.* I, 1, 62, Estque
pati poenam quam meruisse minus, 2, 97, Tunc quoque nil fecit, nisi quod facere ipse coegi,
5, 70, sic merui, 6, 45, quamuis est... meritis indebita nostris, Magna tamen spes est in bonitate
dei, 7, 69, Et mala Nasonem, quoniam meruisse uidetur, Si non ferre doles, at meruisse dole;
II, 2, 46, Nulla meo...nomine causa bona est, 56, Non est confessi causa tuenda rei, 111, Iratum
merito mihi numen, 121, Victa tamen uitio est huius clementia nostro, 3, 62, offensus qui mihi
iure fuit, 8, 76, Iustaque quamuis est, sit minor ira dei; III, 1, 147, Nec factum defende meum :
mala causa silenda est, 3, 76, Non grauior merito uindicis ira fuit, 6, 9 Huic ego, quam patior,
nil possem demere poenae, Si iudex meriti cogerer esse mei; IV, 9, 39, Non ita caelitibus uisum
est et forsitan aequis; Nam quid me poenae causa negata iuuet ?

(5) *Trist.* V, 10, 49 sqq.

une autre fois, il ne formule son aveu qu'avec un certain scepticisme (1). A première vue on serait tenté de ne considérer ce *meâ culpâ* perpétuel que comme une adresse de la victime pour amadouer son bourreau ; mais Ovide va plus loin ; il déclare à chaque instant qu'Auguste s'est montré clément à son égard, qu'il a dans la répression témoigné d'une humanité et d'une douceur exemplaires, qu'il aurait pu confisquer ses biens, le condamner à mort ; il le remercie avec effusion de lui avoir conservé la vie ; il se proclame son obligé (2). Ce ne sont point là des phrases en l'air ; il fallait donc qu'Ovide eût commis quelque acte qui pouvait légitimement être puni de mort et voici pour nous que le mystère commence. Pourquoi l'empereur si directement offensé et qui s'est vengé avec une cruauté si ingénieuse et si persistante n'a-t-il pas été jusqu'au bout de sa colère et n'a-t-il pas supprimé le coupable ? Cela ne peut évidemment s'expliquer que par les circonstances mêmes de la cause et la nature de l'acte.

On pourrait croire au premier abord que la colère de l'empereur provint tout simplement de la publication de l'*Ars amatoria* : Ovide en effet déclare que ce qui l'a perdu, c'est son talent poétique et sa production littéraire (3) ; il se plaint des Muses qui lui ont nui et auxquelles il reproche d'avoir causé ses malheurs (4) ; il maudit ses ouvrages et en particulier son *Ars*, qu'il rend responsables de ce qui est arrivé (5) ; il en considère les *libelli* comme des Oedipes et des Telegonus, c'est-à-dire

---

(1) *Ex P.* I, 1, 49, uel merui uel sensi principis iram.

(2) *Trist.* I, 1, 20 Id quoque, quod uiuam, munus habere dei, 2, 61, Quamque dedit uitam mitissima Caesaris ira ; II, 127, Vita data est citraque necem tua constitit ira ; III, 3, 36 mihi uita data est, 8, 41, est odio ciuiliter usus ; IV, 8, 40 Nec tamen errori uita negata meo est, V, 2, 55 Ira quidem moderata tua est uitamque dedisti, 60, Sed tua peccato lenior ira meo est, 4, 19 Saepe refert, sit quanta dei clementia, cuius Se quoque in exemplis adnumerare solet, 22, Denique quod uiuat munus habere dei, 9, 13, Ille dedit uitam, 10, 51 sq., ipsam quoque perdere uitam Dignus eram, 11, 15 sq., Nec uitam nec opes nec ius mihi ciuis ademit, Quae merui uitio perdere cuncta meo ; *Ibis* 23 sq. ; *Ex P.* I, 2, 12 sq., cum me poena dignum grauiore fuisse Confitear, 98, Paene etiam merito parcior ira meo est, 107, Quamque dedere mihi praesentia numina uitam, 7, 45, Quaque ego permisi, quaque est res passa, pepercit ; II, 2, 64, 9, 77, habuit moderatam uindicis iram ; III, 6, 7, Quanta sit in media clementia Caesaris ira, Ex me, si nescis, certior esse potes ; IV, 5, 31 sq. uitam... quam... a miti Caesare... habet, 14, 3 sq. Caesaribus uitam... debere...Me sciat.

(3) *Trist.* I, 1, 56, ingenio sic fuga parta meo ; II, 2, Ingenio perii qui miser ipse meo, 316, Paenitet ingenii iudiciique mei ; III, 3, 74, Ingenio perii Naso poeta meo ; *Ex P.* II, 7, 48, Infelix perii dotibus ipse meis ; III, 5, 4, Laesas ab ingenio Naso poeta suo ; IV, 14, 17, Plectar et incauto semper ab ingenio.

(4) *Trist.* I, 7, 21, eram Musas, ut crimina nostra, perosus ; II, 21, Musa... mouit... iram, 495, Denique nec uideo de tot scribentibus unum, Quem sua perdiderit Musa : repertus ego ; III, 7, 9, ad Musas, quamuis nocuere, reuerti ; IV, 1, 29, Non equidem uellem, quoniam nocitura fuerunt, Pieridum sacris imposuisse manum, *Ex P.* III, 5, 21, nisi me mea Musa fugasset ; IV, 2, 45 sq., Pieridas... Non bene de nobis quae meruere deae.

(5) *Trist.* I, 1, 68, poenas iam dedit illud opus, 9, 57, Vtque tibi prosunt artes, facunde, seuerae, Dissimiles illis sic nocuere mihi ; II, 10, Acceptum refero uersibus esse nocens, 61, libros, crimina

comme les meurtriers de leur père (1); une fois même, il semble faire retomber uniquement sur la Muse tout le poids du coup qui l'a frappé (2); mais on s'aperçoit vite que, dans son dépit, il exagère ses méfaits, car ailleurs il se contente d'accuser ses vers d'être la cause principale de son exil (3), et même, ce qui paraît correspondre exactement à la réalité des faits, d'être simplement le principe, la raison première, mais non totale de sa disgrâce (4); enfin il avoue très nettement qu'indépendamment de l'*Ars* incriminée, on lui a reproché autre chose et que cette autre chose était autrement grave que l'ouvrage qu'il a tant regretté d'avoir écrit (5); comme il l'a dit positivement, l'accusation à laquelle il a succombé portait sur une double base, d'abord l'ouvrage licencieux qu'était l'*Ars*, ensuite le fait inconnu pour nous (6).

Avant d'essayer de déterminer la nature de ce fait, il est bon d'examiner la défense qu'a présentée Ovide de son *Ars amatoria*; il y a là quelques considérations, qui nous achemineront vers la solution du problème. De ce qu'il est si souvent revenu sur le tort que lui avait causé l'ouvrage, de ce qu'il lui a consacré, outre des passages isolés, un plaidoyer de 578 vers, qui remplit à lui seul tout le 2ᵉ livre des *Tristes*, il résulte que l'*Ars* ne fut pas simplement un prétexte que saisit l'empereur pour atteindre un autre délit, qu'elle a été en réalité une pièce importante dans le dossier du coupable et qu'elle a influé sérieusement sur la sentence. D'autre part, Ovide, qui est fort adroit dans sa défense, s'étonne à juste titre que le livre, qui a été publié vers l'an 2 ou 1 avant J.-C., n'ait attiré les foudres de l'empereur qu'une dizaine

---

nostra, 87, Ergo hominum quaesitum odium mihi carmine, 361, composai teneros non solus amores, Composito poenas solus amore dedi, 494, tristis nostros poena secuta iocos, 544, Scripta... nunc nocuere; III, 1, 8, damnat et odit opus, 65 sqq., 2, 5 sq.; 7, 27, me laesere libelli, 14, 6, Artibus, artifici quae nocuere suo; IV, 1, 30, carmine laesus, 35 nocuere libelli; V, 1, 20, cur umquam Musa iocata mea est? Sed dedimus poenas, 7, 31 quae me laesisse recordor, Carmina deuoueo Pieridasque meas, 12, 48, do poenas Artibus ipse meis, 67, utinam, quae nil metuentem tale magistrum Perdidit, in cineres Ars mea uersa foret!, *Ibis* 6, artificis periit cum caput Arte sua, *Ex P.* I, 2, 135... libellos, Exceptis domino qui nocuere suo, 4, 41, Cupidinis artes, Quas a me uellem non didicisset Amor, 5, 28, atque utinam non nocuisset opus!, II, 2, 105, Ingenii certe, quo nos male sensimas usos, Artibus exceptis, saepe probator eras, 10, 12, nulla factus es Arte nocens, 15, Naso parum prudens, artem dum tradit amandi, Doctrinae pretium triste magister habet; III, 3, 23, en s'adressant à Amor, O puer, exilii decepto causa magistro, 37 sqq., stulto carmine.. Artibus... Pro quibus exilium misero mihi reddita merces, 46, Discipulo perii solus ab ipse meo.

(1) *Trist.* I, 1, 114, Oedipodas facito Telegonosque uoces.

(2) *Trist.* II, 121, Corruit haec igitur Musis accepta sub uno Sed non exiguo crimine lapsa domus.

(3) *Trist.* V, 12, 45, Pace, nouem, uestra liceat dixisse, sorores : Vos estis nostrae maxima causa fugae.

(4) *Ex P.* IV, 2, 32, Principium nostri res sit ut illa mali, 13, 41, nocuerunt carmina quondam, Primaque tam miserae causa fuere fugae.

(5) *Ex P.* II, 9, 75, Ecquid praeterea peccarim, quaerere noli; III, 3, 72, Scis aliud, quod te laeserit, esse, magis.

(6) *Trist.* II, 207, Perdiderint cum me duo crimina, carmen et error.

d'années après son apparition ; s'il était délictueux, c'était au moment même où il a paru qu'il eût été opportun et équitable de frapper l'auteur. Il y aurait là une inconséquence qui serait tout à fait surprenante, si cette répression tardive ne s'expliquait point par un fait nouveau ; c'est ce fait nouveau qui a décidé Auguste à sévir contre un ouvrage, qu'il avait d'abord laissé passer tout en le désapprouvant, parce qu'il s'est établi dans son esprit un rapport étroit entre le livre et l'acte coupable d'Ovide et qu'il a vu dans l'acte la conséquence naturelle du livre. C'est ce dont l'intéressé s'est parfaitement rendu compte, lorsqu'il a écrit : supprimez mon œuvre littéraire et vous supprimerez ce qu'on reproche à ma vie (1).

Enfin Ovide nous apprend l'interprétation du poème qui l'a rendu punissable aux yeux de l'empereur : celui-ci l'a considéré comme un cours public d'adultère (2). La chose est surprenante ; car, si l'*Ars* est une sorte de codification du libertinage, il ne s'agit que de ce que les anciens, avec leur morale large, appelaient le libertinage permis, celui qui s'exerçait hors de la famille, dans le monde du plaisir ; sans doute le livre était d'une lecture peu édifiante pour les matrones et pouvait leur ouvrir des perspectives sur la vie galante ; mais il ne leur était pas destiné et elles n'y trouvaient pas d'incitation à tromper leurs maris ; il s'adressait aux professionnelles de l'amour. C'est ce qu'Ovide a fait ressortir avec beaucoup de bon sens (3) et, sans prendre au sérieux les témoignages qu'il se donne de la pureté de sa vie, tout en reconnaissant qu'il s'est largement amusé, on peut l'en croire lorsqu'il affirme qu'il a respecté le foyer conjugal (4) ; c'était un débauché, mais qui fuyait les terrains défendus et semés de pièges. L'appréciation d'Auguste l'a beaucoup étonné ; il ne peut se l'expliquer que par la conviction que l'empereur en réalité n'a point lu l'*Ars* (5) et, comme l'esprit chez lui ne perd jamais ses droits, il le félicite d'avoir son temps trop pris par les affaires importantes pour s'abaisser à des sujets aussi frivoles. L'invention est ingénieuse, mais peu vraisemblable ; en réalité Auguste n'a pas dû condamner l'*Ars amatoria* sans la connaître et, si elle a pris à ses yeux une signification inattendue, c'est que c'était bien dans une affaire d'adultère qu'Ovide s'est trouvé compromis.

De cela et de ce que l'acte d'Ovide avait atteint l'empereur comme une offense personnelle résulte la vraisemblance de l'opinion courante, qui met la rélégation du poète en rapport étroit avec les désordres de la seconde Julie. On sait que la petite-fille d'Auguste se compromit avec D. Silanus et qu'à la suite du scandale qui en résulta elle fut en l'an 8 apr. J.-C. reléguée dans l'île de Trimerus (6) ; or c'est jus-

---

(1) *Trist.* II, 9. Deme mihi studium, uitae quoque crimina demes.

(2) *Trist.* II, 211, Altera pars superest, qua turpi crimine factus Arguor obsceni doctor adulterii, *Ex P.* III, 3, 57, Quid tamen hoc prodest, uetiti si lege seuera Credor adulterii composuisse notas.

(3) *Trist.* II, 211 sqq., 303 sqq., *Ex P.* III, 3, 49 sqq.

(4) *Trist.* II, 345 sqq.

(5) *Trist.* II, 213 sqq

(6) *Prosopographia imp. rom...* Pars II, p. 223, n° 421 et p. 245, n° 546.

tement en cette année qu'Ovide subit lui aussi la rélégation; les amours de Julie sont
qualifiés par les historiens d'adultérins (1), bien qu'en réalité elle fût veuve à ce
moment.

Quel rôle a bien pu jouer Ovide dans cette déplorable affaire? On remarquera
qu'il a été puni plus sévèrement que les deux principaux intéressés : Julie a bien été
reléguée comme lui, mais elle obtint la permission de revenir et elle ne fut condamnée à un exil perpétuel qu'à la suite de nouveaux scandales ; quant à Silanus, il fut
simplement exclu de l'amitié du prince; il comprit bien que c'était une invite à
s'éloigner ; mais il alla où il voulut et il était libre de rentrer à Rome, quand il
jugerait qu'il pouvait le faire sans danger ; Ovide, lui, fut confiné à Tomi et il y
resta jusqu'à la fin de ses jours. Auguste le considéra donc comme plus coupable
que les deux protagonistes. Ceci exclut qu'il ait été simplement un de ceux que Julie
honora de ses faveurs; on peut du reste en donner immédiatement la preuve : les
termes d'affection qu'il prodigue à sa femme ne sont pas absolument convaincants;
c'est d'elle qu'il attendait les démarches décisives en vue de son rappel et il tient à la
ménager ; mais quand il lui dit qu'elle eût été digne d'avoir un mari moins malheureux, mais qu'elle n'en pouvait trouver un meilleur (2), c'est qu'elle savait bien qu'il
ne l'avait pas trahie avec Julie, et, quand il la plaint d'avoir à souffrir l'insulte de ceux
qui l'appellent la femme de l'exilé, c'est évidemment qu'elle n'avait pas à lui reprocher quelque chose de plus grave (3).

Pour tenter de percer le mystère, nous n'avons d'autre ressource que de serrer de
près les termes circonspects et enveloppés qu'emploie Ovide, toutes les fois qu'il fait
allusion à l'acte coupable qu'il ne veut pas révéler, de peur, dit-il, de faire saigner la
blessure de l'empereur, en réalité sans doute parce qu'il craint que ce ne soit mala-
droit et que cela n'aggrave son cas (4). Cet acte il l'appelle *culpa* (5), *peccatum* (6);
mais il s'empresse d'ajouter que cette faute n'est pas un crime, *scelus* (7), un forfait,

(1) Tac. *Ann.* III, 24, IV, 71, Plin. *N. H.* VII, 149.
(2) *Trist.* I, 6, 4, Digna minus misero, non meliore uiro.
(3) *Trist.* IV, 3, 49 sqq.
(4) *Trist.* I, 5, 51, Pars etiam quaedam mecum moriatur oportet Meque uelim possit dissimu-
lante tegi ; II, 208, Alterius facti culpa silenda mihi : Nam non sum *tanti*, renouem ut tua uulnera, Caesar, Quem nimio plus est indoluisse semel ; IV, 10, 99, Causa meae cunctis nimium
quoque nota ruinae Non est indicio testificanda meo, *Ex P.* I, 6, 21, nec tutum peccati quae
sit origo Scribere ; II, 2, 59, Vulneris id genus est, quod cum sanabile non sit, Non contrectari
tutius esse puto, 9, 75, Ecquid praeterea peccarim quaerere noli, Vt lateat sola culpa sub Arte
mea ; III, 3, 73, neque enim debet dolor ipse referri.
(5) *Trist.* II, 208; III, 5, 51; V, 8, 24, 11, 10, *Ex P.* I, 1, 61, 64; II, 2, 13, 3, 46, 86, 6, 7, 9, 76;
III, 3, 74 ; IV, 6, 13.
(6) *Trist.* III, 5, 50, 6, 33 sq.; V, 2, 60; *Ex P.* I, 1, 66, 6, 21; II, 2, 107, 6, 5, 9, 75; III, 5, 21.
Il applique également du reste les deux mots *culpa* et *peccatum* à la composition de l'*Ars amatoria*.
(7) *Trist.* I, 3, 38, pro culpa ne scelus esse putet : IV, 1, 24 Et culpam in facto, non scelus esse
meo, 4, 37, Hanc quoque qua perii culpam scelus esse negabis ; V, 4, 18 Conscius in culpa non

facinus (1); ceci ne nous renseigne, bien entendu, que sur le degré et non sur la nature de la culpabilité et nous pose même une énigme irritante : si Ovide n'avait à se reprocher qu'une simple faute et non un crime, comment a-t-il pu redouter une condamnation à mort et convenir qu'elle aurait été légitime ?

Mais voici qui est plus significatif et par suite plus intéressant : cette faute ne lui a rien rapporté (2); il ne s'est pas montré vénal. Ensuite ce n'est pas un acte isolé qui l'a perdu; il y a eu tout un enchaînement de faits, qui ont abouti au désastre, une sorte d'engrenage dans lequel il a été pris et qui l'a conduit à l'issue fatale (3). Enfin, s'il a offensé l'empereur, il n'avait nullement l'intention de le faire; on a surpris sa bonne foi, — or erreur n'est pas crime—. L'origine de tout le mal c'est une erreur, *error*, qui a eu pour lui des conséquences funestes, mais qui atténue singulièrement sa culpabilité; il a eu tort d'agir comme il l'a fait; mais il n'a pas su exactement ce qu'il faisait; il s'est fourvoyé et il convient de lui en tenir compte (4). Il a souvent insisté là-dessus en répétant le mot *error*, qui lui paraissait le plus propre à désigner la chose (5); il la traite aussi de sottise, *stultitia* (6) (et lui-même de sot, *stultus* (7)), une fois de folie furieuse, *furor* (8), une autre de naïveté, *simplicitas* (9).

---

scelus esse sua; *Ex P.* II, 2, 15 Est mea culpa grauis, sed quae me perdere solum Ausa sit et nullum maius adorta nefas.

(1) *Trist.* I, 2, 98 A culpa facinus scitis abesse mea; V, 2, 17, si facinus nullum commisimus; *Ex P.* I, 6, 25 Quidquid id est, ut non facinus, sic culpa uocanda est. Omnis an in magnos culpa deos scelus est ?, *Trist.* IV, 4, 43, abfuit Omne Peccato facinus consiliumque meo; V, 11, 17, peccato facinus non affuit illi.

(2) *Trist.* III, 6, 33 Nil igitur referam, nisi me peccasse, sed illo Praemia peccato nulla petita mihi.

(3) *Trist.* III, 6, 27 Nec breue.. quo sint mea, dicere, casu Lumina funesti conscia facta mali ; IV, 4, 38 Si tauti series sit tibi nota mali; *Ex P.* I, 6, 21 Nec breue... peccati quae sit origo Scribere; II, 3, 63¦Vt tamen audita est nostrae tibi cladis origo, Diceris erratis ingemuisse meis.

(4) *Trist.* III, 5, 52 partem nostri criminis error habet, 6, 25 sq., si nullum scelus est in pectore nostro Principiumque mei criminis error habet; IV, 4, 39, prius obfuit error; *Ex P.* II, 2, 57 Num tamen excuses erroris Origine factum, An nihil expedit tale mouere, uide, 3, 65 sqq., 91, mea crimina primi Erroris uenia posse latere uides.

(5) *Trist.* I, 2, 99 Si me meus abstulit error, 338, quis me deceperit error; II, 109, Illa... die, qua me malus abstulit error; III, 1, 51, poenarum, quas se meruisse fatetur, Non facinus causam, sed suus error habet, 11, 33, Omnia uera puta mea crimina, nil sit in illis Quod magis errorem quam scelus esse putes; IV, 1, 23, quis me deceperit error, 8, 40 Nec tamen errori uilta negata meo est, 10, 90 Errorem... non scelus... ; *Ex P.* II, 2, 63, quasi me nullus deceperit error, Verba fac; III, 3, 75 Tu licet erroris sub imagine crimen obumbres ; IV, 8, 20 Errorem misero detrahe, labe carent.

(6) *Trist.* III, 6, 35 Stultitiamque meum crimen debere uocari ; *Ex P.* I, 7, 44 Stultitiam dici crimina posse mea.

(7) *Trist.* I, 2, 100 Stultaque mens nobis non scelerata fuit; *Ex P.* I, 6, 18, pectora nostra... Quae, non mendaci si quicquam credis amico, Stulta magis dici, quam scelerata, decet.

(8) *Ex P.* II, 3, 46 Et mea non minimum culpa furoris habet.

(9) *Trist.* I, 5, 42, hanc merui simplicitate fugam.

Ainsi au début il a été trompé, sot, naïf. Ensuite il a assisté, sans l'avoir cherché, à une scène qu'il n'aurait pas dû voir, il a été mis au courant d'une faute qu'il n'aurait pas dû connaître ; la façon dont il s'exprime là-dessus montre clairement qu'il s'agit d'une orgie ; ses yeux ont été témoins de débauches, qui ne peuvent être que celles de Julie (1). Il paraît attacher à ce fait une grande importance, et il est certain qu'il en eut beaucoup, mais sans doute par suite de circonstances exceptionnelles ; car enfin Ovide n'a joué là que le rôle d'un comparse et si Auguste avait voulu poursuivre tous les témoins de l'inconduite de sa petite fille, il aurait eu fort à faire.

C'est à ce moment qu'Ovide s'aperçut qu'il se trouvait dans un mauvais cas ; il semble toutefois qu'il aurait pu se tirer d'affaire ; un bon conseil aurait pu le sauver (2) ; il fallait prendre un parti énergique ; il hésita, il fut timide et ne sut point conjurer le péril (3). Sa timidité vint s'ajouter à l'erreur initiale pour le perdre (4).

Alors ses camarades le trahirent ; des domestiques parlèrent (5) ; un scandale éclata ; il eut pour Ovide les pires conséquences.

Essayons maintenant de deviner ce qui a bien pu se passer : bien que fort au-dessus du qu'en dira-t-on ?, Julie devait chercher à ne pas s'afficher publiquement, et Silanus savait à quels dangers il s'exposait, s'il était découvert. Peut-être des amis communs vinrent-ils demander à Ovide de prêter une de ses maisons, un pavillon de ses *horti* à un jeune galant pour y recevoir la dame de son cœur. On ne lui dit point de qui il s'agissait ; Ovide, qui considérait ce genre d'aventures avec une indulgence toute paternelle et qui n'y attachait pas d'importance, s'empressa de rendre le service demandé ; un homme austère se fût comporté autrement ; mais il avait la conscience large et les mœurs faciles. Au bout de quelque temps ses obligés crurent devoir lui témoigner leur reconnaissance en l'invitant à une fête dont le principal ornement n'était point la décence : il reconnut la petite fille de l'empereur. Il fut sans doute atterré et comprit quelles énormes responsabilités il avait encourues. Mais que faire ? Congédier ses hôtes compromettants ? Ce n'était guère civil. Aller tout raconter à l'empereur et confesser son imprudence ? Outre que la démarche était

---

(1) *Trist.* II, 103 Cur aliquid uidi? Cur noxia lumina feci? Cur imprudenti cognita culpa mihi? Inscius Actaeon uidit sine ueste Dianam : Praeda fuit canibus non minus ille suis ; III, 5, 49 Inscia quod crimen uiderant lumina, plector Peccatumque oculos est habuisse meum, 6, 27 Nec breue nec tutum, quo sint mea, dicere, casu Lumina funesti conscia facta mali.

(2) *Trist.* III, 6, 1 sqq. il se repent de ne s'être pas confié à un de ses amis intimes pour qui d'ordinaire il n'avait rien de caché et il ajoute, v. 13, Id quoque si scisses, saluo fruerere sodali Consilioque forem sospes, amice, tuo, *ibid.* v. 17 Siue malum potui tamen hoc uitare cauendo ; *Ex P.* II, 6, 10, Vt fera uitarem saxa monendus eram.

(3) *Ex P.* II, 2, 17 Nil nisi non sapiens possum timidusque uocari : Haec duo sunt animi nomina uera mei.

(4) *Trist.* IV, 4, 39 Aut timor aut error nobis, prius obfuit error.

(5) *Trist.* IV, 10, 101 Quid referam comitumque nefas famulosque nocentes ?

scabreuse et qu'on ne savait point comment la prendrait l'empereur, elle eût été du dernier des goujats. Il n'osa rien faire et laissa les évènements suivre leur cours en espérant qu'on ne saurait rien; mais il y eut des indiscrétions et le scandale éclata. On conçoit quel dut être l'état d'esprit d'Auguste, quand il sut la chose par le menu. Ovide, ayant favorisé les désordres de sa petite-fille, lui en apparut comme l'instigateur; entre sa conduite actuelle et l'*Ars amatoria,* si profondément immorale, il s'établit dans l'esprit de l'empereur une connexité toute naturelle qui se formula ainsi : l'auteur a été jadis un professeur public d'adultère; il donne maintenant des leçons particulières à domicile; de la théorie il a passé à la pratique; c'était un cas de lèse-majesté. Rien que la mort n'était capable d'expier le forfait. On comprend qu'Ovide ait pu craindre une sentence capitale; elle eût été justifiée par les faits, et les faits étaient là, indéniables.

Il présenta sa défense; il prétend qu'il réussit à persuader à l'empereur que, si les apparences étaient contre lui, il était moins coupable qu'il n'en avait l'air, puisqu'au début il ne s'était pas douté qu'il s'agissait d'une personne de la famille impériale (1). L'assertion n'est pas tout à fait exacte; ses protestations, étant donnés surtout ses antécédents, étaient peu vraisemblables. Il semble bien pourtant qu'il parvint à faire naître dans l'esprit de l'empereur ce doute, qui est favorable à l'accusé, et c'est pourquoi Auguste lui laissa la vie et se contenta de le reléguer, mais dans des conditions qui devaient être particulièrement pénibles. Ce doute, malgré les efforts d'Ovide, de sa femme et de ses amis, ne se transforma jamais en conviction; il eut beau répéter qu'il n'avait été qu'imprudent, qu'il avait péché sans mauvaise intention et qu'il n'avait su la vérité que trop tard et par hasard, l'empereur demeura inflexible; Ovide prend sans doute ses espérances pour des réalités, quand il affirme qu'à la fin de sa vie Auguste commençait à regarder d'un œil moins sévère une faute inconsciente (2). Quant à Tibère, il avait trop souffert de l'impudicité de la première Julie, sa femme, pour s'intéresser à quelqu'un qui avait été mêlé d'une façon quelconque aux scandales de la seconde.

L'explication que je propose n'est qu'une hypothèse; elle me paraît avoir le mérite de rendre compte, sans rien de forcé ni d'arbitraire, de toutes les demi-confidences d'Ovide; vu l'état de notre information, il me semble qu'on ne peut rien exiger de plus.

---

(1) *Trist.* IV, 4, 43 Ergo, ut iure damus poenas, sic afuit Omne Peccato facinus consiliumque meo; Idque deus sentit; pro quo nec lumen ademptum, Nec mihi detractas possidet alter opes; *Ex P.* I, 2, 95 Sed neque, cur morerer, quicquam mihi comperit actum... 7, 41, Quod nisi delicti pars excusabilis esset, Parua relegari poena futura fuit; Ipse sed hoc uidit, qui peruidet omnia, Caesar, Stultitiam dici crimina posse mea, Quaque ego permisi, quaque est res passa, pepercit Vsus et est modice fulminis igne sui.

(2) *Ex P.* IV, 6, 15 Coeperat Augustus deceptae ignoscere culpae.

ALFRED JACOB

LA

MINUSCULE GRECQUE PENCHÉE

ET L'AGE DU *PARISINUS* GREC 1741

L'écriture calligraphique commence par être verticale, mais quiconque veut écrire rapidement est amené à incliner son écriture vers la droite ; l'inclinaison de l'écriture est donc indice de hâte et de rapidité dans l'exécution, parfois de négligence. Cependant on voit dans l'onciale aussi bien que dans la minuscule de fort belles écritures penchées, très soignées et élégantes, qui prouvent qu'à côté de la calligraphie verticale, a vécu et s'est développée une calligraphie plus aisée, qui fut peut-être moins prisée, mais qui n'en tient pas moins une place fort honorable dans l'histoire de l'écriture. Ce genre de minuscule est usité pour les chaînes, pour les scholies qui accompagnent et encadrent un texte en écriture verticale et quelquefois en écriture penchée, mais un peu plus forte et dans laquelle ne sont pas admises ou sont admises plus rarement certaines formes de lettres qui sont d'usage courant dans les chaînes et les scholies. On trouve aussi des textes entièrement écrits en une minuscule inclinée, parfois très belle, comme l'Hérodote de Florence (1).

A ne considérer que les manuscrits datés, la minuscule penchée apparaît vers le milieu du x⁰ siècle dans le *Parisinus* grec 668, de l'an 954 ; mais, si ce manuscrit est le premier monument daté, nous avons des modèles antérieurs qui nous montrent des écritures de ce genre usitées au vıɪɪᵉ siècle (2). C'est donc vraisemblablement un pur hasard que nous ne puissions citer un manuscrit en minuscule penchée avant 954 et peut-être en est-il, parmi ceux que nous possédons, qui pourraient être regardés comme antérieurs à cette date.

Ce qui distingue l'écriture penchée c'est son tracé en général beaucoup moins

---

(1) *Laurent.* plut. 70, 3 ; cf. Palaeogr. Society, II, pl. 84.

(2) Gardthausen, *Beiträge zur griech. Palaeographie* dans *Berichte der Königl. Sächsisch. Gesellschaft der Wissensch.* 1877, cf. Palaeogr. Soc. II, pl. 126 ; Thompson, *Handbook of greek and latin palaeography*, p. 160.

Ἀριστείδου περὶ τοῦ πολιτικοῦ λόγου

Πρὸ ἄλλων ἐστὶ περὶ τῶν ἰδεῶν καὶ ἀρετῶν ἐξ ὧν συνίσταται ὁ πολιτικὸς λόγος. καὶ δι' ὧν διοικεῖσθαι· καὶ πολλοῦ ἄξιος προσθήσει εἰς μέρος καθ' ἕκαστον ἐστὶ [illegible]· πάντα ταχὺ ἐν ὅλῳ ὁ λόγος. καὶ [illegible] αὐτὸς ἐν ἑαυτῷ. αἱ τοιαῦται καὶ τοσαῦται· σεμνότης. βαρύτης. περιβολή. ἀξιοπιστία. σφοδρότης. ἔμφασις. δεινότης. ἐπιμέλεια. γλυκύτης. σαφήνεια καὶ καθαρότης. κόλασις. βραχύτης. καὶ συντομία.

Περὶ σεμνότητος

Ἡ μὲν οὖν σεμνότης καθόλου καὶ συνίσταται τριχῆ· κατ' ἔννοιαν μέν· κατὰ σχῆμα· καὶ κατὰ ἀπαγγελίαν. ἔννοιαν μὲν δὴ λέγω, τὰ ἐννοήματα. ἐν οἷς εὑρίσκεται τὰ πράγματα. σχήματα δὲ τὸν τρόπον τοῦ λόγου. ἐν ᾧ ἐκφέρομεν τὰ νοήματα. κύριον ὄν· κύριον δὲ τὸν λόγον φαίνεσθαι ποιεῖ. καὶ ταῦτα τὰ σχήματα δύναμιν ἔχοντα ἐν τοῖς λόγοις καὶ ὅλην τὰ ἐπιτηδεύματα καὶ κύρια μέγα παρ' αὐτὰ ἔχοντα. ἀπαγγελίαν δὲ λέγω αὐτὴν τὴν λέξιν· δι' ἧς ἀπαγγέλλεται τὰ ἐννοήματα. κατὰ διάνοιαν μὲν οὖν σεμνοὶ οἱ λόγοι. εἰς τὸν προτιμημένον ἐννοημάτων· προτιμημένα δὲ εἰσὶν ἐπὶ λόγοις. ὅταν περὶ ἐνδόξοις πράγμασι χρῆται. καὶ περὶ ἐνδόξων τι λέγηται. καὶ ὅσα ἀρχαῖα καὶ παλαιά. ἔνδοξα δέ ἐστι. πρῶτα μὲν τὰ περὶ θεῶν. οἷον ὅταν [illegible] τὰς ἐννοίας θεῶν εὑρίσκειν. τύχην χρηστότητα. οἷον. [illegible] πολλὰ ἄν τις ἴδοι διοικοῦσαν τὴν παρ' ἀνθρώπων εὔνοιαν. [illegible] καὶ τῶν ἀνθρώπων δέ. ὅταν [illegible] προτιμημένα ᾖ. τὸ τιμᾶν γονέας. προγόνους. [illegible] καταστήσαντας τὰ νόμιμα. καὶ [illegible] τὰ αὐτὰ παραινεῖ. καὶ ὅλως ταῦτα τοῖς οὖσι προτιμημένα. καὶ ταῦτα ἀμφότερα μετέχει. οἷον· ἐλευθερία· σωφροσύνη· δικαιοσύνη. ὅταν λέγῃ. ὅσον καὶ καρτερεῖ τὴν ἐλευθερίαν ἐλευθερίας [illegible] αὐτὴν [illegible]. καὶ [illegible] μυρία ἄν τις ἔχοι τοιαῦτα λέγειν. καὶ δικαίας πάσης τοῖς ἐν τοῖς ἀνθρώποις θεωρίας [illegible]. καὶ τὰ τοιαῦτα ἀμφότερα μετέχει. ὅταν περὶ βίου καὶ θανάτου διεξέρχηται. οἷον· πέρας μὲν γὰρ ἅπασιν ἀνθρώποις τοῦ βίου θάνατος. [illegible] καὶ βίος διαιρῶν καὶ διορίζων. οἷον· οὐ γὰρ γένος ἐστὶ φιλίας καὶ πολεμίων. [illegible] οἷς ὁ μάλιστα κέχρηται Δημοσθένης τοῖς πολιτικοῖς λόγοις. [illegible] καὶ [illegible] τὴν φύσιν τῶν ἐννοημάτων. καὶ καθάπαξ ἀπο-

morcelé que celui de l'écriture droite. Toutes les lettres assurément n'y sont pas
faites d'un seul trait de plume, mais elle en offre un plus grand nombre. Du reste
des tracés simplifiés se rencontrent sous la plume de certains calligraphes qui
paraissent n'avoir pratiqué que la minuscule verticale, comme le notaire d'Aréthas,
Baanès (a. 914) (1) et le copiste du *Marciano-Venetus* 538 (a. 905) (2) ; ces scribes,
qui avaient la main très légère, ont souvent fait d'un seul trait des lettres que le
copiste du *Parisinus* 1470 (a. 890) (3), et celui du codex Σ de Démosthènes (4) tra-
çaient en plusieurs fois. Dans ces deux manuscrits que nous venons de citer, on peut
voir que certaines lettres comme l'α, le κ, le μ sont faites en trois traits de plume,
l'ε en quatre, l'η et le σ en deux.

La plupart des tracés un peu compliqués sont simplifiés dans les écritures penchées ; de plus, tandis que dans la minuscule droite représentée par l'Évangéliaire
d'Uspensky (a. 835) (5), le Saint-Basile de Moscou (a. 880) (6), l'Euclide d'Oxford
(a. 888) (7), le *Parisinus* 1470 (a. 890), le *Clarkianus* de Platon (a. 895) (8), les
lettres, bien que liées entre elles et réunies par groupes de trois, quatre, cinq et
même davantage, sont tracées indépendamment les unes des autres (9), dans la
minuscule penchée nombre de lettres sont tracées deux à deux et souvent, dans celles
qui conservent le *ductus* morcelé, le dernier élément d'une lettre sert à former la
suivante en totalité ou en partie.

Mais si en inclinant les traits et en simplifiant le tracé on a rendu l'écriture plus
rapide et plus aisée, l'a-t-on en même temps rendue plus facile à lire ? A ce point de
vue, bien que l'écriture ait gagné en largeur (10), le progrès fut minime. La minuscule
ancienne droite et régulière, cette minuscule dont Charles Graux disait (11) qu'elle
avait une « raideur anguleuse » et qu'elle semblait « gravée dans la page », était
d'une lisibilité inférieure à celle de l'onciale (12). Dans cette dernière écriture, dix-sept

(1) Voyez Omont, *Fac-similés des manuscrits grecs datés de la Biblioth. nat.*, pl. II.
(2) Wattenbach et v. Velsen, *Exempla codicum graecor. litteris minusculis scriptor.* pl. 4.
(3) Omont, *Op. cit.*, pl. 1.
(4) *Parisinus* 2934, cf. Omont, *Fac-similés des plus anciens manuscrits grecs en onciale et en minuscule
de la Biblioth. nat.*, pl. 29.
(5) Wattenbach et v. Velsen, *Op. cit.*, pl. 1.
(6) Sabas, *Specimina palaeographica codicum græcor. et slavonicor. bibliothecae mosquensis synodalis*,
pl. 5.
(7) Wattenbach et v. Velsen, pl. 2 ; Palaeogr. Soc. I, pl. 65-66.
(8) Wattenbach et v. Velsen, pl. 3 ; Pal. Soc. I, 81.
(9) Il faut faire exception pour quelques combinaisons de caractères, par exemple, dans le
groupe δε, le dernier élément du δ se prolonge souvent pour faire la partie inférieure de l'ε ;
dans le groupe ευ, l'élément médian de l'ε disparaît absorbé par l'υ.
(10) Le Dr Javal a démontré que la lisibilité des caractères dépend beaucoup plus de leur largeur que de leur hauteur, cf. *Physiologie de la lecture et de l'écriture*, p. 219.
(11) Article du *Journal des savants*, 1881.
(12) Javal *(Op. cit.*, p. 197-198) a aussi démontré que dans la lecture le point de fixation se

lettres se reconnaissent facilement, à première vue, par leur partie supérieure (1) ;
dans la minuscule droite, quatorze caractères seulement sont dans ce cas ; ce sont :
α, δ, ε, η, ϑ, ι, κ, ο, π, σ, τ, φ, ψ, ω, un, le λ, quand il est suffisamment incliné et dépasse
un peu le niveau supérieur des autres lettres, se peut quelquefois reconnaître ou
plutôt deviner, mais la plupart du temps il force, comme les neuf autres, l'œil à se
déplacer de haut en bas (2). En couvrant la portion inférieure des lignes empruntées
au *Parisinus* 1741 (fol. 63vo et 246vo) et agrandies par la photographie (pl. I et II),
on pourra se convaincre qu'au point de vue de la lisibilité le progrès était à peu près
nul ; c'est donc sous l'influence de la loi du moindre effort que s'est formée cette calligraphie. Seule l'introduction des formes onciales ΒΓΛΝ pouvait donner à la minuscule droite ou penchée, une lisibilité plus grande. Le z et le Ξ ne purent guère produire le même résultat qu'à la condition d'être exhaussés au-dessus du niveau des
lettres voisines (3) ; le μ et l'υ restèrent toujours des formes mauvaises et le ϒ minuscule, devenu plus tard ν, ne valut pas mieux (4).

Mais l'introduction des formes onciales ne se fit que peu à peu. On peut voir
sur les fac-similés du *Parisinus* 1470 et du *Clarkianus* de Platon qu'elle avait commencée dès la fin du ixe siècle : Voici celles que nous offre le premier monument
daté de la minuscule penchée : Δ, Γ peu fréquents, Z, K, λ, Ѫ croisés (5), N peu
fréquent, Ξ, Π, C. De plus les mots écrits au moyen du procédé abréviatif par contraction comme χυ, κυ, ουνοισ, φιλανοισ etc. ne sont pas accentués. Remarquons maintenant qu'un psautier de Milan (*Ambrosianus* B 106 sup.), écrit en minuscule
penchée, aux environs de 967, admet dans le texte, outre les formes énumérées
ci-dessus, E, Ḣ (rare), ω et dans la chaîne le Δ ; dans l'écriture de ce psautier, le
double Ѫ est aussi croisé (6). Les abréviations σηϙ, ϑυ etc. ne portent pas d'accent,

----

déplace suivant une ligne droite horizontale située entre le sommet et le centre des lettres courtes
comme a, e, o.

(1) Cf. *Le tracé de la plus ancienne écriture onciale* dans *Annuaire de l'École pratique des Hautes
Études*, 1906, p. 10.

(2) Le ρ, dans l'écriture du *Parisinus* 1470, peut presque toujours être reconnu par sa partie
supérieure, parce que sa boucle est petite ; mais, dans la plupart des écritures, cette lettre, si
l'on en couvrait le bas, risquerait de se confondre avec o.

(3) On pouvait exhausser, comme on le fit du reste, le ζ et le ξ minuscules, mais ces deux
caractères avaient l'inconvénient, assez grand pour une écriture rapide, de se terminer à gauche,
c'est-à-dire dans une direction opposée à la course de l'écriture, c'est ce qui explique leur remplacement par les formes onciales, modifiées d'ailleurs.

(4) Si la forme onciale N ne remplaça pas définitivement la forme minuscule c'est que la nécessité de la faire en trois traits pour ne pas la défigurer, étaient un inconvénient pour une écriture
rapide. Le π onciale n'offrait aucun avantage pour la lisibilité ; c'est là loi du moindre effort qui
l'a fait adopter, d'ailleurs la forme minuscule a résisté longtemps.

(5) On a noté le Ѫ ainsi croisé pour la première fois en 933, dans un *Bodleianus*, cf. Palaeogr.
Soc. pl. I, pl. 82.

(6) Cf. Wattenbach, *Scripturae graecae specimina*, pl. 18.

non plus que les syllabes écrites au moyen de signes abréviatifs ɩ ɩ̄ (τῆς, τοῖς) αὐτ̄ (αὐτόν) ; il faut faire exception pour le signe ⟋ (ην) qui est quelquefois accentué.

Si maintenant nous examinons un manuscrit un peu plus tardif, le *Parisinus* supplément grec 469 A (an 986) (1), d'une écriture assez hâtive, un peu lourde et sans élégance, nous y trouvons en plus le B qui d'ailleurs est rare ; on y peut relever un certain nombre de syllabes représentées par des signes abréviatifs accentués ɩ̃, τ̆, ɩ̀ ; mais θσ̄ χῡ χωι restent sans accent. C'est seulement dans le second quart du xiᵉ siècle que l'on peut noter les premiers exemples de θῡ ᾱνον accentués, à côté de χσ̄ sans accent, dans un codex *Baroccianus* 196, de l'an 1402 (2). Mais les syllabes représentées par des abréviations tachygraphiques reçoivent l'accent un peu plus tôt ; nous avons vu plus haut τ̆ vers 967, on le retrouve en 972 (3) avec ɩ̃ (τῆς) τ̆ (τὰς) τ̀ (τοῖς).

Les manuscrits du xiᵉ siècle que nous avons examinés offrent la forme A plus fréquemment et le M, avec des altérations sur lesquelles il n'y a pas lieu d'insister ici. Ce que nous avons à retenir c'est que le nombre et la proportion des formes onciales augmentent à mesure que l'on s'avance dans le temps, que les signes abréviatifs ne commencent à recevoir l'accent que vers 967 et que les accents commencent seulement à paraître sur les mots abrégés au moyen du procédé par contraction vers le milieu du xiᵉ siècle. Si donc nous trouvons dans des écritures penchées ou verticales moins de formes onciales que dans celles que nous venons de passer en revue, une plus grande proportion de signes abréviatifs et de mots contractés sans accent et le double λλ non croisé, nous serons fondés à admettre que ces écritures sont antérieures à la seconde moitié du xᵉ siècle.

Rappelons encore qu'au ixᵉ siècle et dans les trois premiers quarts du xᵉ le signe ⟋ sert pour représenter ειν, ην et ιν indifféremment. On lit en 835 dans l'Evangéliaire d'Uspensky γινώσκ̄, en 932 λαμϐᾷ (4) ; nous avons cité τ̆ d'après l'*Ambrosianus* B 106 sup., ce même manuscrit nous offre ταπείνωσ̄ et c'est vers 994 seulement que Zereteli a noté pour la première fois ⟋̈ pour signifier ιν (5).

Si maintenant nous comparons avec les manuscrits dont nous venons de parler le *Parisinus* grec 1741, nous verrons qu'il est très vraisemblablement antérieur à la date du xiᵉ siècle que lui a assignée Sevin (6).

La description détaillée de ce manuscrit a été faite avec la plus grande précision par M. H. Omont (7), qui en a rétabli avec sûreté l'ordre primitif. Nous pensons,

---

(1) Omont, *Fac-similés des manuscrits. gr. datés*, pl. VIII¹.

(2) Palaeogr. Soc. II, pl. 29. Cf. le *Paris.* 1499 (an 1055-1056), Omon*t, Op. cit.*, pl. XXIII.

(3) Cf. Brit Mus. add. ms., 18231, Pal. Soc. II, pl. 28, le ms. est en minuscule verticale, mais le processus est le même pour l'écriture penchée.

(4) Ceci a été relevé par Zereteli, *Abréviations dans les manuscrits grecs* (en russe), pl. 3.

(5) Zereteli, *Op. cit.*, pl. 6.

(6) C'est Sevin qui a ajouté 11 s. à la note manuscrite de Ducange, collée en tête du manuscrit.

(7) *La Poétique d'Aristote, manuscrit 1741 fonds grec de la Bibliothèque nationale*, voy. p. XIII.

d'accord avec lui, que les différences d'écritures qu'on y remarque n'impliquent pas toujours des différences de mains (1). Il y a eu surtout changement d'encres et de plumes ; mais si l'on peut admettre que les feuillets 1-37, 40-119, 120-199 sont d'une seule et même main à laquelle, malgré la différence de corps, on peut attribuer aussi les feuillets 246-293, l'écriture du cahier Z, qui ne se compose que des deux feuillets 38 et 39, montre une facture et des habitudes un peu différentes. L'écriture penchée qui couvre le recto du fol. 200 me paraît représenter la manière soignée de la main qui a écrit, fort négligemment, les feuillets 299-301. En somme on peut reconnaître dans ce manuscrit quatre mains : 1° celle à qui l'on doit les feuillets 1-37, 40-119, 246-293 et 120-199 (2) ; 2° celle des feuillets 38-39 ; 3° celle qui a écrit le feuillet 200 recto et les feuillets 299-301 ; 4° la main qui a tracé l'écriture verticale des feuillets 200 v°-245 et 294-298.

Toutes ces écritures sont d'une facture franchement ancienne et, pour ne parler que de celle de la première main, je ne m'explique pas pourquoi on n'a pas osé la revendiquer pour le x° siècle. M. Omont l'a fait timidement, « la date peut être fixée, dit-il, au x° ou au xi° siècle (3) ». Cependant on voit dans cette écriture toutes les formes minuscules encore tout à fait dominantes et, parmi les formes onciales, on ne rencontre un peu fréquemment que Α, Γ, Ζ, Κ, λ, λλ (non croisés ou à peine croisés) (4), Ν, Ξ, Η (encore manque-t-il complètement à certaines pages) C. Le Β et l'Η ne se voient qu'après la ponctuation forte ; l'Ϲ et le C lunaires, respectivement devant π et υ seulement (5). Les mots abrégés au moyen du procédé par contraction sont demeurés sans accent : π̄η̄ρ̄ (fol. 26), π̄ε̄ρ̄ (fol. 28), μ̄η̄ρ̄ (fol. 27) ἀνων (fol. 29) ; de même les syllabes représentées par des signes tachygraphiques ᷓ, ᷓ, ᷓ, ᷓ, ᷓ, ᷓ, αισχᷤ (fol. 186) ; ἀπλ᷎ (fol. 108) ; ἀκριβ᷎ (fol. 109) ; ᷓ (ὅτι), ᷓ (ἐστί) et ᷓ (εἰσί). Le signe ᷓ est employé pour ην, ειν et ιν ; ᷓ est fréquent, on dit λέγᷓ (fol. 108), πάλ᷎ (fol. 113), λέξ᷎ (fol. 115 v°). Tout ceci, la facture générale des caractères, le tracé de l'ε en deux éléments et celui des ligatures ει et ευ permettent, ce me semble, de conclure que ce manuscrit a été exécuté probablement vers le milieu du x° siècle.

(1) M. Omont (p. VIII) trouve qu'on y peut remarquer sept ou huit écritures ; je ne saurais aller jusque là.

(2) Tel est l'ordre dans lequel ils étaient distribués primitivement, cf. *La poétique d'Aristote*, préface de H. Omont, p. XI-XIII.

(3) *La poétique d'Aristote* etc., préface, p. VIII.

(4) Voy. le fac-similé du fol. 72, pl. III.

(5) Ceci se voit dès 914 ; cf. Omont, *Fac-similés des manuscrits grecs datés de la B. N.*, pl. II.

HENRI WEIL

HORATIANA

Horace était le livre de chevet de Louis Quicherat, votre grand-oncle, cher confrère ; quel que fût son besoin de sommeil, on n'avait, pour le tenir éveillé qu'à lui proposer d'expliquer une ode d'Horace. Je soumets au neveu de Louis Quicherat quelques remarques sur deux passages d'Horace relatifs aux lyriques grecs. J'ai sous les yeux le commentaire de Kiessling (1890) et celui de F. Plessis et P. Lejay (1903).

Épodes XIV. 12... *Anacreonta Teium, qui persaepe cava testudine flevit amorem non elaboratum ad pedem.*

Horace ne veut certainement pas dire que la versification d'Anacréon est négligée : les vers de ce poète sont harmonieux, coulants, et ne prêtent à aucune critique. Kiessling dit que le mètre des épodes présente plus de difficultés que les glyconiques et les anacréontiques, qui admettent l'anaclase. Mais alors ne faudrait-il pas *non elaborandum* ? Quoi qu'il en soit, est-il bien sûr que l'anacréontique présente au poète moins de difficulté que les mètres épodiques ? Les fragments d'Anacréon offrent d'ailleurs une très grande variété de mètres. Dans une ode choriambique (Ἀναπέτομαι....) tous les vers commençaient par quatre brèves. Pour ce qui est des glyconiques, faisons observer qu'Anacréon les commence toujours (et nous en avons un grand nombre) par deux longues, tandis que les poètes de Lesbos ainsi que les Tragiques en usent beaucoup plus librement. Il est curieux qu'Horace, à la différence de Catulle, mais d'accord avec Anacréon, se soit imposé la règle du spondée initial.

Voici comme j'entends les mots *non elaboratum ad pedem* : en lisant les vers coulants d'Anacréon, on se persuade, à tort ou à raison, que le poète les a écrits sans effort, et d'inspiration.

***

Épîtres I, 19, 28-9,

> *Temperat Archilochi Musam pede mascula Sappho.*
> *Temperat Alcaeus, sed rebus et ordine dispar.*

8

D'après Kiessling, Sapho en adaptant les mètres d'Archiloque à ses couplets, montra un sentiment, une intelligence de l'art qui est d'un homme plutôt que d'une femme. Mais ce serait une étrange manière d'exprimer la perfection de l'art chez une femme ; l'épithète ne serait de mise que si ses vers se distinguaient par une énergie toute virile. Or, les vers de Sapho ont une délicatesse, un charme bien féminins ; s'ils étaient venus à nous sans nom d'auteur, on eût pu deviner qu'ils étaient d'une femme. Qu'on relise le joli fragment où Sapho engage une jeune fille à se présenter devant les images des dieux la tête couronnée de fleurs : Les Immortels détournent la vue de celles qui les approchent sans couronnes fleuries (ἀστεφανώτοισι δ'ἀπυστρέφον-ται) ; un auteur ancien dit que Sapho était amoureuse de la rose. Pour elle, le don de la poésie, des chants, c'est la faveur de cueillir les roses de Piérie (τῶν ἐκ Πιερίας βρόδων). Il serait superflu d'alléguer d'autres exemples pour faire sentir cette touche féminine. Je reviens donc, à mon grand regret, à l'interprétation de *mascula* que les commentateurs modernes se sont vainement efforcés d'éviter. On demandera peut-être pourquoi Horace s'est servi d'une épithète si désobligeante. C'est qu'il retrouvait dans presque toutes les odes de Sapho l'expression claire ou voilée de cette même passion. Pour caractériser la poésie de Sapho il écrit ailleurs (odes II, 13, 24-5) : *que-rentem Sappho puellis de popularibus*. Il interprète ici ce qu'il dit d'un seul mot dans notre passage. Disons en terminant qu'à Lesbos l'opinion ne réprouvait les aberra-tions de l'amour ni chez les hommes, ni chez les femmes : on les avouait ingénu-ment, sans y voir aucun mal.

PAUL LEJAY

LES

RECENSIONS ANTIQUES D'HORACE

M. Vollmer a de nouveau soulevé la question des recensions antiques subies par
le texte d'Horace. Il distingue deux grandes classes de mss. La seconde comprend
les deux archétypes *F L*, représentant respectivement chacun deux mss., *p*
δ R et le *Blandinius uetustissimus* (1). Tous les autres mss. sont rangés dans la première classe (2).

A l'intérieur de la seconde classe, un groupe se distingue nettement, *F L*, auxquels
se rattachent souvent *p* δ et un ms. négligé par M. Vollmer, *u* (B. N. 7973,
ixᵉ-xᵉ siècle). C'est ce groupe qu'il représente par Φ. Or, il n'admet pas que la seconde
classe présente des traces de recension. Il considère, au contraire, Φ comme une recension d'époque carolingienne (3).

Que la répartition des mss. en deux classes ne doive pas son origine à une recension
qui aurait créé un archétype recensé à côté d'un archétype non recensé, c'est ce qui
est incontestable. Les archétypes I et II se distinguent et s'opposent par les fautes
communes aux dérivés de chacun d'eux. Mais les innovations qui servent aujourd'hui
de base à notre classification peuvent avoir une double origine. En d'autres termes, les
archétypes I et II étant déjà distincts par leurs fautes, à ces fautes a pu s'ajouter et
s'est ajouté de fait un certain nombre d'innovations dues à des reviseurs plus ou moins
savants. On verra, par ce qui suit, que, dès l'antiquité, quelques-unes des leçons
propres à la seconde classe ne peuvent s'expliquer que par une revision. Et c'est

(1) *F* = φ (B. N. 7974, xᵉ s.) et ψ (B. N. 7971, xᵉ) ; *L* = λ (B. N. 7972, ixᵉ-xᵉ) et *l* (Leyde F. 28,
ixᵉ) ; *p* = B. N. 10310, ixᵉ-xᵉ ; δ = Londres Harl. 2725, ixᵉ ; *R* = Vat. Reg. 1703, ixᵉ Un ms. appa-
renté à ce groupe est *O* = Oxford, Queens C., P 2, xᵉ s. — Dans ce qui suit, je laisse de côté, en
général, V, le *Blandinius*, parce qu'il est trop mal connu.

(2) *A* (B. N. 7900 A, xᵉ), *B* (Berne 363, ix), C (Munich 14685, ixᵉ), *D* (Strasbourg c vii 7, xᵉ),
E (Munich 14685, 1ʳᵉ partie, xiiᵉ), *a* (Milan, O 136 sup., ixᵉ), *b* (Berne 21, xᵉ), γ (B. N. 7975,
ixᵉ-xᵉ), etc. Voy. la liste dans notre petite édition, p. xlix.

(3) Vollmer, *Die Ueberlieferungsgeschichte des Horaz*, dans le *Philologus*, 1905, Supplementband x,
nᵒ 2, p. 261-323 ; et édition dans la *Bibliotheca teubneriana*, Leipzig, 1907.

tout-à-fait le même cas pour le groupe Φ de M. Vollmer. Ce groupe est constitué par des fautes communes soit à *F L*, soit à *F p* (*u*) δ, soit à *F L p* δ, soit à *F L p u* δ. Les trois mss. *p u* δ sont des témoins plus mélangés de variantes de la première famille que *F L*. D'autre part, *L*, isolément λ ou *l*, ou tous deux, ont été aussi dans les *Odes* fortement contaminés avec la première famille. Mais en dehors de ces fautes caractéristiques, Φ a subi une recension, M. Vollmer le reconnaît. Mais il la fait descendre à tort à l'époque carolingienne. Le but de ce travail est de montrer : 1° Que la seconde famille toute entière telle que la conçoit M. Vollmer, c'est-à-dire *F L R*, accompagnés accessoirement de quelqu'un des mss. *p u* δ, porte des traces d'une revision antique ; 2° Que la recension Φ remonte, dans son ensemble, à l'antiquité. J'ajouterai quelques observations sur les traces de recension relevées dans la première famille.

Pour ne pas donner à ce travail une étendue démesurée, je tirerai mes preuves surtout du premier livre des *Satires*. C'est une des parties d'Horace où le ms. mixte R paraît se rattacher le plus étroitement à la seconde famille, conformément aux vues de M. Vollmer. Il manque à partir de II, 1, 17. Pour *F L,* porteront mes observations sur les deux livres.

Un premier lot de variantes significatives est formé par les noms propres.

I, 2, 121 *Philodamus* FLR Porph., *Philodemus* mss. (1).

Le poète dont il est question s'appelle Φιλόδημος. *Philodamus* n'a aucune raison, mais ne peut s'expliquer que par une recension antique. Seul un demi-savant de l'antiquité a pu s'aviser de cette forme.

I, 4, 65 : *Sulgius* FLR (traces de cette graphie dans O u), *Sulcius* mss.

M. Schulze rapporte ces formes à une série *Sulca, Sulcus, Sulcanius*. La confusion de C et de G est facile. Mais *Sulgius* est attesté épigraphiquement (2). Le recenseur a introduit une forme qu'il connaissait.

I, 4, 70 *Sulgii* FL, *Sulgi* b, *fulgi* O : *Sulci* mss., y compris R.

Ce cas nous montre comment *R* peut s'écarter de son archétype. C'est le groupe *FL* qui a le mieux conservé, dans les *Satires*, la tradition originelle.

---

(1) Sauf avis contraire, les textes discutés dans cette partie sont tirés des *Satires*. — Voici un cas parallèle. II, 1,79 : *diffingere* et *diffindere* mss. ; *diffidere* FL Porph.

(2) SCHULZE, *Zur lat. Eigennamen*, p. 372.

I, 4, 110 *Baius* DEVa s γ, *Barus* FLOR b g, *Barrus* u.

Baius est le nom d'une *gens* connue. *Barus* est rare : surnom d'affranchi (*CIL.*, III, 5265), *Baros* (sic) *scurra* (Sénèque, *Controu.*, I, 7, 18). Le hasard peut produire dans les noms propres des fautes de texte qui correspondent à des noms réels. Mais le hasard ne se répète pas. Aux trois exemples que nous avons ici, il faudra ajouter les quatre que vont nous fournir *FL.* Car ces quatre exemples remontent aussi à l'antiquité et ont la même origine. On devrait admirer le hasard qui a produit *Philodamus*.

D'autres altérations ont pour but de donner à la structure grammaticale une apparence plus facile ou plus logique.

I, 1, 55 : Magno de flumine *mallem* | quam ex hoc fonticulo tantundem sumere.
mallem D E O a b g s γ, *malle* B, *malim* F L R d p u δ.

L'hypothèse est contraire à la réalité; le grand fleuve n'est pas à portée. Il faut donc *mallem*, expression du regret, non *malim*, expression du souhait. Les scoliastes raisonnent d'après *malim*. La confusion paléographique de E et de I dans l'écriture capitale est ordinaire. Mais il y a plus que cela, car on aurait seulement *mallim*. La forme *malim* a dû être, sinon introduite, du moins fixée dans le texte par un recenseur qui n'a pas senti la nuance. De nombreux éditeurs modernes l'ont imité.

I, 1, 78 : Horum | semper ego *optarem* pauperrimus esse bonorum.
Optarem BDEO a b g s γ, *optarim* FLR d p u δ.

Horum bonorum désigne ironiquement les soucis de l'avare et de l'homme riche, crainte des voleurs, de l'incendie, des esclaves infidèles. « A ta place, dit Horace, je souhaiterais être très pauvre de pareilles richesses ». *Optarem*, parce que le poète se met à la place de l'avare et formule le souhait qu'il devrait faire et ne fait pas (cf. *horum*). *Optarim* n'aurait, en la situation, aucun sens. Il est certain qu'Horace souhaite ce genre de pauvreté. Ce ne serait pas *optarim*, mais *opto* qui serait logique. Le recenseur n'a pas senti l'ironie. La faute paléographique serait plus simple que dans le cas de *malim*. Mais le rapprochement de ces deux passages conduit à y voir autre chose que de simples fautes. Le maître d'école irlandais qui a fourni l'archétype de *B* a été plus loin et a bravement remplacé *bonorum* par *malorum*, qui peut être déjà glosait le texte authentique. M. Vollmer, après bien d'autres, goûte *optarim*.

Dans le cas suivant, le recenseur a voulu embellir le texte par une conjecture.

I, 4, 25 : Quem uis media *elige* turba.
Elige DEO a b g s γ, *erue* FLR u.

« On aura beau choisir un homme avec le plus grand soin dans la foule : il sera toujours sujet à quelque défaut et justiciable de la satire ». Il n'y a ni confusion ni embarras, comme le supposerait *erue*. Cette leçon *erue* est l'œuvre d'un professeur qui a médité. Le mot paraissait plus naturel avec *turba*. Mais le contexte montre qu'il ne s'agit pas de tirer au hasard quelqu'un par le bras. Il s'agit de faire un choix réfléchi pour bien tomber. La leçon *erue* plaît à M. Cartault et à M. Vollmer.

Un autre embellissement, qui fait fureur en ce moment, se place un peu plus loin. Horace rapporte les propos que tiennent les méchants sur son compte. Ils l'accusent d'avoir une langue de vipère. Ils disent (I, 1, 34) :

```
    ، Faenum habet in cornu, longe fuge : dummodo risum
35  Excutiat sibi, non hic cuiquam parcet amico
    Et quodcumque semel chartis inleuerit, omnis
    Gestiet a furno redeuntis scire lacuque
    Et pueros et anus.
```

35. *Non hic* DEO a b s γ, *non non* FLR, *non huic* u, *non non hic* g.

M. Meiser (1), puis M. Sudhaus (2) ont proposé d'admettre le texte de *FL* et de ponctuer ainsi le v. 35 : « Excutiat, *sibi non, non* cuiquam parcet amico. » Le mauvais plaisant ne s'épargne pas lui-même. Ce trait a été noté par Aristote, *Eth. Nicom.*, 1128 A 33 : « Ὁ δὲ βωμολόχος ἥττων ἐστὶ τοῦ γελοίου καὶ οὔτε ἑαυτοῦ οὔτε τῶν ἄλλων ἀπεχόμενος, εἰ γέλωτα ποιήσει. » Raison de plus pour l'admettre dans Horace, qui, comme chacun sait, était incapable de le trouver lui-même et n'a jamais fait autre chose que copier les Grecs. M. Vollmer, qui a oublié de faire cette correction dans son édition, exprime ses remords dans sa préface (3). Il reste à savoir si le détail, d'ailleurs finement observé, convient à la situation.

Les ennemis d'Horace disent : « Fuyez ce poète comme un taureau furieux ». Pourquoi ? « C'est un plaisant méchant ». Et alors, d'après le texte de la première classe de mss., ils décomposent la méchanceté d'Horace en deux phases : 1° Il s'amuse de ses plaisanteries lui-même en son particulier, *dummodo risum excutiat sibi ;* 2° il va ensuite les colporter à tout venant, *omnis gestiet a furno redeuntis scire*, etc. Cette analyse est, au moins, aussi déliée que celle du texte de *FLR* et d'Aristote. Horace est un gourmet de la médisance et de la satire : il en savoure d'abord la volupté dans le secret. Quelle perversité ! Il a la satire dans le sang. Ne songez ni à le fléchir ni à le corriger : fuyez-le ! Voilà ce que les philologues, gens placides et ingénus, ont toujours eu de la peine à comprendre. Avant d'avoir trouvé

(1) *Blätter für das Gymnasial-Schulwesen*, 1906, 251.
(2) *Hermes*, XLIiI [1908], 313.
(3) P. vii, n. 1.

la lumière dans Aristote, ils s'étaient emparés d'une conjecture de Rutgers, *excutiat tibi*, qui était une sottise. Mais qu'ils écoutent encore les adversaires du poète : « Laedere gaudes, et hoc studio prauus facis » (v. 78-79). Horace satisfait un goût inné en attaquant le prochain. Le texte de la première classe met en opposition les deux parties de la phrase ; cette opposition disparaît avec la correction. En revanche, *sibi non parcet* introduit une idée étrangère au sujet et affaiblit singulièrement les mauvais propos prêtés aux mécontents. Ce détail convient parfaitement dans une analyse théorique, comme celle d'Aristote. Il n'est pas à sa place dans une attaque personnelle. Il pourrait presque servir d'excuse à Horace.

La leçon de la seconde famille a contre elle aussi ses avantages apparents. Elle établit une symétrie nouvelle dans l'expression. L'opposition, dont nous venons de parler, existe plutôt dans la pensée que dans les termes de l'autre leçon. Mais précisément Horace se plaît à ces phrases qui ont l'apparence du laisser aller et obligent à une reprise comme *quodcumque semel chartis inleuerit*. La leçon de *FLR* satisfait mieux aussi la métrique courante. Le vers : « Excutiat sibi, non hic cuiquam parcet amico », n'est pas très bien coupé. Mais de tels vers ne sont pas rares dans Horace (1).

On objectera que si le texte de *FLR* n'est pas celui d'Horace, il est bien ingénieux pour une altération. Supposons que ce texte soit authentique et que *excutiat sibi, non hic* soit la correction : cette correction ne serait pas moins ingénieuse. Nous sommes en présence de deux textes possibles. Nous repoussons celui de la seconde famille parce que cette classe de mss. est suspecte d'innovations réfléchies plus que la première. Nous choisissons celui de la première parce qu'il cadre mieux avec le contexte. Mais l'autre leçon est l'œuvre d'un correcteur conscient, non le produit d'une distraction et d'un hasard.

Les innovations qu'introduit une recension tendent constamment à se glisser dans les autres familles de mss. Il suffit que le possesseur d'un ms. non altéré collationne ou même consulte accidentellement un ms. de la recension. Il découvre l'innovation. A première vue, elle satisfait généralement. Le reste paraît plus clair. Voilà faite la correction. Une copie nouvelle consolidera le changement en faisant disparaître le texte primitif. Les altérations de la tradition gagnent comme une contagion les mss. restés indemnes. Les mss. d'Horace ont subi, plus que d'autres, ce genre de dommage. On peut assigner, je pense, à l'influence de la recension *FL* les variantes suivantes.

I, 2,78 *matronas sectarier* E s δ, *matronas sectari* Rb, *sectari matronas* BDFLO
    a g u γ (avec des différences orthographiques négligeables).

On a d'abord glosé ou remplacé la forme rare. C'est l'état représenté par *R*. Puis,

(1) Voy. WALTZ, *Variations de la langue et de la métrique d'Horace*, p. 220.

le vers étant faux, la recension *FL* a corrigé par une interversion qui a passé partiellement dans l'autre famille (*D*).

I, 6, 83 : *seruauit* DEO a b g s u γ, *seruabit* R, *seruabat* FL.

Ce passage montre comment procède le recenseur de *FL*. L'archétype avait *seruabit* conservé par *R*; *seruabat* est une correction qui adapte la forme au temps passé.

A ces deux exemples, on peut voir la marche suivie par les altérations. Le groupe *FLR* a ses fautes particulières et ses corrections. Puis, l'archétype spécial à *FL* subit une seconde revision ; elle tâche à redresser des fautes comme *seruabit* ou un vers incorrect et introduit de nouvelles innovations. C'est cette recension de *FL* que nous allons étudier maintenant.

II

Comme pour *FLR*, nous commencerons par les noms propres.

Un premier cas est celui du nom de Varius. Il se rencontre onze fois dans Horace. Dans trois passages, le groupe *FL* le présente correctement (*Od.*, I, 6, 1 ; *Sat.*, II, 8, 21 et 63). Partout ailleurs, il a *Varus* :

Sat. I, 5, 40	F L O b s u
— — — 93	F L O s u
— — 6, 55	F L O b s u
— — 9, 23	F L O s u
— — 10, 44	F L b u
— — — 81	F L b u
Epit., II, 1,247	F L V d e g p
A. p., 55	F L b s t u

Cette substitution n'est pas un accident. Il faut y voir la main d'un reviseur qui croit savoir ce qu'il fait ; car dans la même satire, il n'oublie pas ou de laisser le nom intact partout (II, 8) ou de l'altérer partout (I, 5 et 10). Sur ce point, il y a désaccord avec *R* qui garde *Varius*.

Nous trouvons encore, dans les *Satires*, les exemples suivants :

I, 2, 12 *Fufidius* D E O R b s γ Porphyrion ; *Fusidius* F L d p u δ Acron, *Futidius* B V g.

Fusidius pourrait être une faute commise au moyen âge, par confusion de *f* et de *s*. Une fois le texte altéré, la faute aura passé dans les mss. d'Acron. Cependant *Fusidius* existe (1). On ne voit pas d'où l'aurait tiré un recenseur travaillant au ix* siècle. On comprend, au contraire, la substitution à la fin de l'antiquité.

(1) W. Schulze, *Zur lat. Eigennamen*, p. 171.

I, 2, 27 *Gorgonius* φ L u, *Gargonius* mss ;
I, 4, 92 *Gorgonius* F L s u, *Gargonius* mss.

La forme *Gorgonius* est l'œuvre d'un demi-savant, *Gargonius* étant attesté d'autre part (1). Dans le premier passage, l'archétype de ψ, comme il arrive quelquefois, a été collationné sur les mss. de l'autre famille. Mais la constance du ms. *u* et le deuxième passage prouvent que l'archétype du groupe avait *Gorgonius*.

II, 2, 99 *Trausius* D V u γ λ, *Transius* E, *Trauius* F l Porphyrion, *Tranius* Acron.

Les deux mss. dérivés de *L* divergent ici ; comme parfois, λ a été contaminé par la première classe. *Transius* est évidemment une faute isolée de *E* dont l'archétype avait *Trausius*. Les trois autres formes existent dans les inscriptions (2). Le fait que *Trauius* se trouve dans Porphyrion, à côté de *Tranius* dans Acron, montre à la fois l'antiquité de ces variantes et leur origine. Elles sont œuvres de grammairiens. Le recenseur a introduit une forme voisine qu'il connaissait.

Dans *F L*, comme dans *F L R*, certaines altérations visent à améliorer la structure grammaticale.

I, 1, 59 : Qui tantuli eget quantost opus.
tantuli D E R a d p s γ δ, *tantilli* O, *tantol* B, *tanto* g, *tantulo* F L b u.

Les variantes *tantol* et *tanto* supposent un vulgarisme : *tantol-i, -o*. Le génitif est conforme à l'usage particulier d'Horace, qui construit *egere* avec le génitif. Mais, chez d'autres écrivains, on trouve l'ablatif (3). De plus, *tantulo* est ordinaire après les verbes de prix. Enfin *quanto* suit. Il en fallait moins pour suggérer au reviseur *tantulo*.

Sat., I, 2, 51 : *Munifico* esse licet.
munifico B D E R V a b g s u γ, *munificum* F L O d p δ.

La correction substitue la construction récente à l'ancienne (4). C'est ainsi que, I, 4, 39, *dederim quibus esse poetis*, a été altéré en *d. q. e. poetas* dans tous les mss. sauf *R*. Nous avons la même altération :

Épît., I, 16, 61 : Da mihi fallere, da *iusto sanctoque* uideri.
iusto sanctoque A E R V a p, *iustum sanctumque* F L O b e g s γ.

---

(1) W. Schulze, *Zur lat. Eigennamen*, 171.
(2) Pour *Trauius* et *Trausius*, voy. Schulze, p. 243. *Tranius*, *C I L.*, VIII, 8166. Il y a aussi une gens *Traia*.
(3) Riemann, *Synt. lat.*, § 55 d.
(4) Riemann, *Synt. lat.*, § 244 e.

Jean de Salisbury, au xii⁰ siècle, ne connaît pas d'autre texte que *iustum sanctumque*.

> *Sat.*, I, 4, 15 : *Detur* nobis locus, hora, | custodes.
> *detur* DER a b g s γ, *dentur* FLO u.

L'accord du sujet avec le plus proche est exigé par l'asyndète. Le pluriel est une correction de maître d'école.

J'ai cité les altérations précédentes pour montrer le caractère de la recension. Ces corrections grammaticales étaient à la portée d'un reviseur carolingien. Il n'en est pas de même de la « simplification » suivante :

> I, 6, 75 : *octonos* referentes Idibus *aeris.*
> *octonos... aeris* DER a γ, *octonis... aera* FLO b s u.

Horace parle des enfants qui vont à l'école moyennant redevance. Les deux textes sont théoriquement possibles. Le second suppose huit mois d'école. Martial (X, 62) parle des vacances en juillet et de la rentrée des classes aux ides d'octobre. Les mois d'école se comptaient à partir de là jusqu'aux ides de juin. Juvénal (10, 16) mentionne la redevance scolaire d'un as. Cependant *octonos aeris* (c'est-à-dire *octonos nummos acris*), huit as, est une formule archaïque et difficile. Le recenseur a rendu le texte plus coulant et plus banal. Il fallait vivre dans le milieu antique pour le faire à coup sûr et de manière vraisemblable.

L'allongement d'une finale brève à la césure était une difficulté. Le reviseur l'a fait disparaître de différentes manières.

> I, 7, 7 : Confidens *tumidus*, adeo sermonis amari.
> *tumidus* DEVR a g u γ, *tumidusque* FL b̄ s.
> II, 3, 174 : Extimui ne nos agerēt *insania* discors.
> *insania* DE a g γ, *uesania* FLO b s.

Le mot *uesania* est rare avant le temps des écrivains ecclésiastiques. Il y a un exemple dans Valère Maxime (1). Puis on cite Pline l'Ancien, XXXV, 129 : « Vlixes simulata uesania » ; mais les mss. donnent, sans variante, *insania*. Le mot apparaît dans la Vulgate (*Esther*, 16, 5 ; *II⁰ Petri*, 2, 16). Le verbe *uesanio* est représenté par le participe *uesaniente*, dans Catulle, 25, 13. Pour trouver des formes personnelles, il faut descendre à Cassiodore, *Hist. trip.*, IX, 30 (*P. L.*, LXIX, 1146 B), à Gélase, *Tract.*, III, 32, au diacre Rusticus (vi⁰ siècle), *Contra Acephalos* (*P. L.*, LXVII, 1237).

Tandis que *uesanus* n'est pas rare, les dérivés *uesania* et *uesanio* sont suspects d'origine tardive et ecclésiastique.

---

(1) D'après Paucker, *Vorarbeiten zur lat. Sprachgeschichte*, II, p. 16 ; je ne l'ai pas retrouvé.

Une autre correction métrique peut être comparée aux précédentes dans *Épît.* II, 2, 120 : « *Vehemens* et liquidus puroque simillimus amni ». On écrivait toujours *uehemens, prehendo.* C'était au lecteur à adapter la prononciation nécessaire. Mais au moyen âge, ce *uehemens* qu'il fallait prononcer *uemens* embarrassait. Dans deux mss., *D* et *s*, on a transposé (*et uehemens liquidus* D, *et liquidus uehemens* s). Dans ce cas, la tradition antique est interrompue. La correction se fait par un procédé identique, mais séparément dans chaque ms. Les corrections métriques de *FL* sont homogènes et font disparaître un accident rare même pour l'antiquité.

Les variations d'orthographe sont généralement peu concluantes. Elles témoignent de l'époque du ms. et de l'école du copiste plutôt que de la tradition de l'archétype. Cependant voici un cas où une graphie divergente paraît remonter à l'ancêtre de la famille de mss. et à l'antiquité.

I, 4, 125 fraglet F L, flagret mss.

On considère *fraglo* comme un africanisme (1). C'est, en tout cas, une mode du IIe et du IIIe siècle de l'ère chrétienne. Cette graphie peut servir à fixer une des époques où l'on a pratiqué la recension du texte.

On pourrait facilement allonger ces listes. Dans les passages suivants, des nuances de sens ont été méconnues ou des changements ont été suggérés par un rapprochement hasardeux.

I, 1, 88 at F L O b g s u δ (an B D E R γ scoliastes ; ad d, ac γ, ut a).
I, 1, 91 campum F L O d g δ (campo B D E R V a b p s u γ).

I, 2, 36 *Cupennius* F L (*Cupiennius* mss) : *Cuppenius* n'est pas inconnu ; voy. Schulze, p. 157.

Je cite ces trois passages à titre d'échantillon. L'évidence de la recension est moins claire. Je crois qu'il vaut mieux se contenter d'un petit nombre d'exemples certains que d'allonger des listes où ils sont mêlés à d'autres plus contestables.

Un des traits caractéristiques de la recension *F L* est l'addition de huit vers au commencement de la dixième satire du premier livre. Ils se trouvent aussi dans le ms. *b*, à la fin de la neuvième. Dans le texte qu'on va lire, j'écarte toutes les corrections.

> *Lucili, quam sis mendosus, teste Catone*
> *Defensore tuo peruincam, qui male factos*
> *Emendare parat uersus, hoc lenius ille*
> *Quo melior uir est, longe subtilior illo*
> *Qui multum puer et loris et funibus udis*
> *Exoratus, ut esset opem qui ferre poetis*

---

(1) Wölfflin, *Archiv für lat. Lexikographie*, t. IV, p. 9 ; t. VI, p. 4.

Antiquis posset contra fastidia nostra,
Grammaticorum equitum doctissimus. Vt redeam illuc,
Nempe (1) incomposito dixi pede currere uersus

Il n'est pas inutile d'essayer une traduction du morceau. « Lucilius, à quel point
tu es rempli de fautes, c'est ce dont je te convaincrai par le témoignage de Caton,
ton défenseur, qui se prépare à corriger les maladresses de tes vers, Caton qui
mettra d'autant plus de modération qu'il est plus brave homme, Caton de beaucoup
plus pénétrant que cet autre maître que tant de fois dans son enfance les lanières et
les fouets humides ont sollicité de devenir l'auxiliaire des poètes antiques contre nos
dédains, le plus docte des grammairiens chevaliers. Pour revenir à mon ancien propos,
à savoir que les vers de Lucilius courent d'un pas déréglé, qui est si sottement entiché
de Lucilius pour ne pas l'avouer ? »

Suétone, dans son ouvrage sur les grammairiens, raconte qu'à l'imitation de Cratès
de Malles, des grammairiens romains ont fait des explications publiques de poètes
récents, C. Octavius Lampadio, de Naevius, Q. Vargunteius, des Annales d'Ennius,
Laelius Archelaüs et Vettius Philocomus, des satires de Lucilius : « Laelius Arche-
laus Vettiusque Philocomus Lucili saturas familiaris sui [? familiaribus suis
van Heusden] quas legisse se apud Archelaum Pompeius Lenaeus, apud Philocomum
Valerius Gato praedicant » (*De grammaticis*, 2, p. 101, 7 Reifferscheid). Pompeius
Lenaeus a donc expliqué Lucilius au cours de Laelius Archelaüs, Valerius Gato au
cours de Vettius Philocomus. Valerius Gato est un témoin, non le commentateur
même. Mais l'interpolateur d'Horace en fait expressément à la fois le défenseur et le
correcteur de Lucilius.

M. Vollmer suppose que l'interpolateur est Héric d'Auxerre (mort vers 880).
L'interpolateur allonge *uir* au temps faible du v. 4 : c'est le traitement des monosyllabes dans l'œuvre poétique d'Héric. Mais M. Vollmer dit lui-même que cet allongement est pratiqué depuis le vᵉ siècle. Héric connaît bien et imite Horace; il a glosé
aussi Juvénal, que l'interpolateur paraît imiter aux vers 5-6. Mais bien d'autres, du
IIᵉ au VIIIᵉ siècle, ont lu Horace et Juvénal. Enfin le fragment de Suétone était conservé à Fulda, Héric a pu le connaître. En somme toute cette argumentation prouve
qu'Héric peut avoir écrit les vers interpolés. Rien de plus.

P. Valerius Gato était considéré comme le chef de l'école de Catulle et de Calvus.
Il passait pour l'arbitre des réputations : « Latina Siren, | qui solus legit ac facit
poetas ». Lucilius ne devait plaire à cette génération que par certains côtés, le

_____

(1) Ici commence le texte véritable d'Horace. Mais pour comprendre l'interpolation, il est nécessaire de ponctuer comme j'ai fait.

Lucili, quis tam Lucili fautor inepte est
Vt non hoc fateatur ?

mélange de grec et de latin, le ton personnel et les confidences, les attaques dirigées nommément contre des adversaires. En ce sens, Valerius Gato pouvait se faire son défenseur. Il devait, au contraire, avoir bien à reprendre dans le détail de l'expression chez ce poète abondant, spontané et négligent. M. Vollmer imagine que Héric aura tiré toute sa science du fragment de Fulda et ne l'a point compris. La confusion entre Valerius Gato, simple historien, et Valerius Gato, commentateur et critique de Lucilius, est, tout de même, un peu forte. La phrase de Suétone est parfaitement claire. D'autre part, où Valerius Gato a-t-il cité Vettius Philocomus? Cette mention est toute naturelle dans un autre commentaire sur Lucilius. Le renseignement de l'interpolateur n'a en soi rien de contradictoire. Les notes sur Lucilius peuvent être un de ces opuscules grammaticaux, *grammaticos libellos*, désignés par Suétone dans sa notice (*Gram.*, 11). D'après la même notice, il vécut très vieux (*uixit ad extremam seneclam*); il pouvait être encore vivant même dans les dernières années d'Horace, étant né vers 654/100. Enfin, si les vers de l'interpolateur sont médiocres, ils sont assez piquants. Il était spirituel d'appeler en témoignage Valerius Cato, le doctrinaire des νεώτεροι, au début d'une satire où le doctrinaire des classiques attaquait l'école de Catulle et de Calvus. Il fallait pour cela posséder sur les rivalités littéraires du temps de César et d'Auguste des notions plus complètes que celles d'un Héric d'Auxerre.

L'autre grammairien mentionné et mis en opposition à Valerius Gato serait Orbilius. Suétone encore nous apprend qu'Orbilius fut fait chevalier (*Gram.*, 9). M. Marx, dans son édition de Lucilius, croit qu'il est question de Vettius Philocomus, maître de Caton. Si on tient pour Orbilius, on supposera qu'il a subi dans son enfance le traitement qu'il infligea dans la suite à ses élèves. L'interpolateur a pu se souvenir du *plagosum Orbilium* d'Horace (*Épît.*, II, 1, 70), en donnant à l'adjectif le sens passif qu'il a du moins dans la langue d'Apulée (*Met.*, VIII, 5 et IX, 12, p. 167, 1 et 197, 16 Van der Vliet). En tout cas, il s'agit d'un défenseur des poètes anciens contre les dédains des modernes. L'auteur en question a donc pris une position différente de celle de Valerius Gato. La discussion sur les vieux poètes n'est pas encore ouverte au temps de la dixième satire. Sans doute, l'œuvre de ce deuxième grammairien se place plus tard. Cette nécessité exclut Vettius Philocomus, mais non pas peut-être Orbilius ; car, dit aussi Suétone, il mourut presque centenaire. La philologie prolonge l'existence.

On peut même aller plus loin. C'est le philologue moderne qui dispose des maigres renseignements dérobés au temps. L'interpolateur ne se contente pas, comme nous, d'exploiter un fragment de Suétone. Nous venons de voir l'invraisemblance d'une erreur sur le rôle de Valerius Gato. Le texte de Suétone n'est pas moins formel au sujet d'Orbilius. Si l'on pouvait être tenté, à l'époque d'Apulée, de faire un contresens sur *plagosum Orbilium*, c'était à condition de n'avoir pas lu Suétone : « Fuit autem naturae acerbae... in discipulos, ut et Horatius significat *plagosum* eum appel-

lans et Domitius Marsus scribens : « Si quos Orbilius ferula scuticaque cecidit ».
La conclusion s'impose. Ce n'est pas de notre fragment de Suétone que s'est inspiré l'interpolateur. Il puisait à d'autres sources, taries pour nous. Le style est entor-
tillé. La connaissance de la langue peut être défectueuse. Mais l'auteur est encore
un ancien, non un savant carolingien. La recension *FL* remonte donc plus haut que
le ixe et même que le vie siècle.

Une autre conclusion s'impose également. C'est qu'il n'y a probablement pas de
recension *FL* distincte d'une recension *FLR*. Le ms. *R* est un ms. mixte. Il a subi
fortement l'influence de la première classe, surtout dans les *Odes*. On doit le distinguer du groupe *FL* ; mais ce n'est pas parce qu'il représente une subdivision
particulière, c'est parce qu'il est mélangé. La seconde classe a été dans l'antiquité
l'objet d'une revision méthodique dont *FL* le plus souvent sont les meilleurs et les
plus fidèles dérivés.

III

On peut se demander si la première classe a été à l'abri des recensions, c'est-à-dire
des corrections réfléchies. Un travail intéressant de M. Beck nous met sur la voie
d'en indiquer un exemple (1).

Od., I, 8, 1-2, « Lydia dic per omnis | *te* deos oro » ; tel est le texte des mss.
F L u. A cette leçon s'oppose : « *hoc* deos *uere* » de *A B D E R a*. Une leçon intermédiaire, issue d'une contamination : « *hoc* deos oro » se trouve dans *p γ δ*. Les mss.
p δ se rattachent le plus souvent à la famille *F L u*. Dans ce passage, il est bien évident que « hoc deos oro » est un débris de « te deos oro », que *oro* était le texte de
l'archétype de *p γ δ*, que *hoc* y a été substitué gauchement à *te* par un reviseur qui
n'a pas remarqué qu'il ne faisait qu'une partie de la correction. On doit donc rattacher l'archétype de *p γ δ* à la famille *F L u*, ce qui donne déjà une base plus large à
cette leçon. Ce passage est discuté par les métriciens, Caesius Bassus, du ier siècle,
ou du moins ce que Keil a cru être de Caesius Bassus à travers un témoin très postérieur (*Gr. lat.*, VI, 270); Atilius Fortunatianus, et Marius Victorinus (*ib.*, p. 300
et 87). Ces deux derniers dépendent de Caesius Bassus ou de ce qui passe pour tel.
Or, tous trois commencent par citer le texte de *F Lu*. Puis, ils remarquent qu'Horace
a changé le mètre de la tradition d'Alcée (2). Au lieu d'avoir au commencement un
choriambe, — ∪ ∪ —, il a un trochée suivi d'un spondée, — ∪ — —, et pour mieux
montrer ce que devrait être le vers, ils imaginent un texte : *hoc dea uere*. Ce texte
est purement hypothétique; il n'a qu'une valeur pédagogique, puisque *dea* est

---

(1) J. W. Beck, *Horazstudien*, La Haye, 1907; p. 8 et suiv.
(2) Voy. Christ, dans les *Sitzungsberichte* de Munich, 1893, p. 128.

impossible pour le sens comme pour la grammaire. C'est une simple illustration du commentaire métrique. M. Beck a très bien mis ce caractère de l'exemple en lumière. Il a ajouté que Marius Victorinus et Fortunatianus glosent le vers d'Horace en employant l'un *precor* (*ib.*, p. 144), l'autre *quaeso* (p. 301), ce qui suppose nécessairement *oro*, non *uere*, dans le texte d'Horace. Il se contente d'écarter le témoignage des métriciens comme n'étant pas plus pour l'une des leçons que pour l'autre. J'irai plus loin que lui.

Caesius Bassus, ou, quel que soit le métricien qui est la source des autres, illustre sa pensée par un exemple forgé : « hoc dea uere ». Cela est très grave, car ce n'est ni plus ni moins que l'origine de la leçon des mss. *A B D E R a*. Un recenseur savant ou un scoliaste d'Horace a cru que cette phrase était donnée comme le texte. Ne comprenant pas la nature de la remarque métrique et uniquement préoccupé de collationner le texte, il a introduit, ce qui était possible de cette soi-disant leçon : *hoc deos uere*. Il a laissé *dea*, le seul mot qui importait dans le raisonnement du métricien, mais qui ne pouvait cadrer avec *per omnis*. Nous avons là un exemple d'interpolation savante... et inintelligente.

Il y a plus. Le texte actuel de Caesius Bassus est ainsi conçu : « At Horatius primum choriambum durissimum fecit pro iambo spondeum infulciendo : [sic : *hoc deos uere Sybarim.*] Nam si secutus esset Alcaeum sic ordinasset : *Hoc dea uere* ». Les mots mis entre crochets se dénoncent comme une glose interlinéaire passée dans le texte. M. Beck l'a bien vu et a mis, le premier, des crochets. Mais cette glose contient le refacimento des mss. *A B D E R a*, qu'ignore l'auteur non interpolé. Cela suppose que l'on a collationné cet auteur avec un texte du type *A B D E R a*.

Il y a donc eu deux collations successives : d'Horace sur Caesius Bassus, et cette collation a engendré *hoc deos uere* ; de Caesius Bassus sur Horace, et cette collation a introduit *hoc deos uere* dans Caesius Bassus.

Il ne paraît pas, cependant, que la première classe ait subi une revision continue et systématique comme la seconde. Voici un autre passage où il y a eu, sans doute, correction réfléchie. On va voir qu'elle vaut, pour l'originalité et l'intelligence, celle que nous venons d'étudier.

> Sat., I, 5, 59-60 : Quid faceres, cum | sic mutilus *minitaris* ?
> *minitaris* C F L O R a g u, *miniteris* D E b s γ

Minitaris est à l'indicatif parce qu'il y a simultanéité (1) ; *miniteris* est une correction de maître d'école.

Mais la question de savoir si la première classe de mss. a fait l'objet d'une recension se pose encore autrement.

(1) Voy. MADVIG, 3ᵉ éd. du *De finibus*, p. 27 ; et cf. CIC , *Ver.*, Iᵉ action, 28.

Quand, à propos du texte d'Horace, on parle de recension antique, on pense tout de suite à celle que signa Vettius Agorius Basilius Mavortius, le consul de 527. Il est impossible de n'en pas dire un mot. La souscription se trouve sur quatre manuscrits de notre liste, *A* λ *l g*. Elle se trouvait donc dans l'archétype *L*. On peut négliger le ms. *g* comme trop récent. Il reste une difficulté. *A* n'est pas de la même famille que *L*. Keller, qui attribue une certaine importance à la recension de Mavortius, dit : « Mauortianorum est codex λ' (*L*) quatenus non ad tertium ordinem pertinet (1) ». Sa troisième classe est celle de *FL*. Il est à mi-chemin de la vérité. L'archétype *L* a subi dans les *Odes* et les *Epodes* l'influence persistante de la première classe (2). Un certain nombre de fautes communes établit, même pour les *Odes*, l'existence d'une famille *FL p u δ*, la seconde famille. A ce groupe s'opposent les autres mss., parmi lesquels on doit compter *A*, c'est-à-dire la première famille. Mais dans un grand nombre de passages des *Odes*, *L* s'écarte de sa famille et présente des variantes de l'autre. Un ms. de la première famille a donc exercé son influence sur *L*. La souscription de Mavortius est un de ces emprunts. Par suite, c'est plus spécialement à un ms. semblable à *A* que se rattachent les leçons divergentes de *L*. Ainsi *L* n'est pas un représentant authentique de la recension mavortienne. Rien n'est plus facile que d'ajouter d'un ms. sur un autre une souscription à la fin d'un livre. J'ai démontré qu'il en était ainsi pour quelques mss. de Lucain (3). Nous en avons un exemple sûr dans un ms. d'Horace même. Le *Reginensis* d'Oxford, *O*, a, de seconde main, la souscription de Mavortius. Supposons qu'il ait disparu en laissant une copie *Y*, *Y* compterait aujourd'hui comme ms. mavortien.

Mavortius n'est plus qu'un nom. Car le ms. *A* seul peut prétendre à représenter son œuvre, et le ms. *A* compte seulement aujourd'hui comme représentant de sa classe. Il n'a pas de leçons indépendantes. Il est en rapport étroit avec *a* et *B*, qui n'ont pas la souscription. M. Holder a rempli une page et demie des *Epilegomena* des leçons « mavortiennes » (4). Même parmi celles qui lui paraissent spécieuses, il y a des fautes certaines : elles ne prouvent rien de plus que la parenté des mss. qui les ont ensemble : *comae* (*Od.*, II, 11, 24), *qua* (IV, 3, 10), *peribit* (IV, 9, 52). Dans la nouvelle édition des *Carmina*, il est devenu discret, sauf sur la ponctuation. Il donne un specimen de la ponctuation du ms. *l* (*Od.* III, 10) et y voit l'œuvre de Mavortius. C'est jouer de malheur. Cette ponctuation est due probablement aux écoles carolingiennes. On la trouve dans les manuscrits des auteurs les plus divers. Récemment

---

(1) *Carmina*, 2ª éd. p. xxvii.

(2) J'appelle ainsi la première et la seconde classe de Keller, à l'intérieur desquelles on doit distinguer divers groupes. Ce n'est pas le lieu de discuter ces rapports compliqués.

(3) *Revue de philologie*, XVIII [1894], p. 58. La souscription de Julius Celsus a été rajoutée en marge du Thuaneus de César (B. N. 5764) ; elle est devenue le titre, par une méprise, dans un dérivé du ms. de Fleury, le ms. de Moissac (B. N. 5056).

(4) *Epileg.*, p. 786 suiv.

M. Ziegler la « découvrait » dans Firmicus Maternus comme un débris inestimable de l'antiquité (1). Le ms. de Firmicus n'est pas plus un témoin d'une tradition ancienne que cent autres. A défaut des mss., il suffit de parcourir un recueil tel que la *Paléographie des classiques* de M. Chatelain pour être édifié. Ce n'est pas un des moindres services de cette œuvre monumentale que d'avoir rendu accessibles à tous les habitudes et les méthodes des copistes.

La recension du texte d'Horace, c'est-à-dire l'altération consciente de la tradition d'après des conjectures ou des vues plus ou moins justes, a été pratiquée de bonne heure.

I, 2, 27 et 4, 92 : *Rufillus* mss. d'Horace ; *Buccillus* Sénèque, *Epist.*, 86, 13 (trois fois).

Les deux noms existent. *Rufillus* est d'un type assez récent. Mais on trouve un Balbillus préfet d'Egypte sous Néron en 55 (Tac., *Ann.*, XIII, 22), un Varillus dans Juvénal, un Curtillus dans Horace lui-même (*Sat.*, II, 8, 55). Des gentilices comme Quintilius supposent des surnoms comme Quintillus (2). *Buccillus* est fort rare. Dès le temps de Sénèque, il existait donc des exemplaires qui portaient *Buccillus*. La tradition à laquelle remontent tous nos mss. avait Rufillus.

Le vers est répété, I, 4, 92, avec la même forme. S'il s'était produit un accident, il ne se serait pas produit deux fois ; il faudrait admettre au moins une intervention pour généraliser la faute. D'ailleurs, les deux noms ne sont pas échangeables paléographiquement. L'un des deux est une insertion réfléchie. Nous n'avons plus aucun moyen de déterminer lequel (3).

Ce mémoire a ressassé d'anciens problèmes. Je ne sais s'il les a résolus. Il serait utile déjà s'il les avait mieux posés. Il montre la complexité des rapports existant entre les mss. d'Horace. Cette complexité rend difficile et lent l'accès des conclusions définitives. Elle a son utilité pour le philologue. Nous sommes tentés trop souvent d'opérer avec les mss. comme avec des quantités algébriques et de résoudre par une équation le problème de l'établissement du texte. L'étude des mss. d'Horace nous aide à nous replacer devant la réalité. Le texte consigné dans chacun de ces mss. a son histoire. Avant de se fixer dans la copie que nous possédons, il a passé par bien des mains. Des lecteurs d'époque, de culture, de caractère, d'âge différents ont essayé de le pénétrer et ont été tentés de noter ce qu'ils entrevoyaient. Quelques-uns l'ont

---

(1) Voy. *Revue critique*, 1909, II, p. 123.
(2) L'hypothèse compliquée à laquelle recourt M. Vollmer, p. 266, n'a pas de base.
(3) Schulze, p. 461.

comparé avec d'autres textes, pires ou meilleurs. Des maîtres ont voulu le rendre plus clair à leurs élèves, ou, à une date plus ancienne, l'ont mis d'accord avec leurs renseignements et leur érudition. On l'a commenté. On l'a glosé. C'est merveille que sur un certain nombre de points nous restions en mesure de distinguer la tradition et l'innovation.

GEORGES LAFAYE

LUCILIUS, *ITER SICULUM*

Sat. III, vers 98-109, Marx

Parmi les fragments de la satire fameuse, où Lucilius racontait son voyage en Sicile, nous avons conservé plusieurs vers qui ne peuvent pas, à proprement parler, avoir fait partie du récit ; les verbes y sont à la seconde personne du singulier (98 *caperes*, 99 *partisses*) et même au futur (100 *degrumabis*, 103 et 107 *videbis*). M. Marx suppose que ces vers proviennent d'un dialogue préliminaire, dans lequel le poète, avant de partir, se serait entretenu avec un ami sur le meilleur trajet à suivre. Valait-il mieux prendre la route de terre entre Capoue et Reggio, ou s'embarquer à Pouzzoles et débarquer à Messine ? L'ami, mieux au courant que Lucilius, le dissuadait de passer par terre, en lui énumérant les distances, les étapes et les inconvénients de ce parcours :

107   bis quina octogena uidebis
         commoda te, Capua quinquaginta atque *CC*.

         praeterea omne iter est hoc labosum atque lutosum.

Mais ce serait le poète qui dirait à son ami à propos du voyage en préparation :

99   uiamque
         degrumabis, uti castris mensor facit clim.

Et ce serait encore lui qui, une fois son voyage terminé, exprimerait le regret que son ami ait renoncé à l'accompagner :

98   tu partem laudis caperes, tu gaudia mecum partisses.

Le discours serait donc placé tantôt dans la bouche de Lucilius, tantôt dans celle de son interlocuteur et il serait question de ce même voyage de Sicile, accompli par l'auteur, tantôt au futur et tantôt au passé. On l'admettrait à la rigueur, si dans cette hypothèse on pouvait interpréter d'une manière satisfaisante le vers 98 ; mais Lucilius s'est rendu en Sicile vers l'an 119 ; comment à cette date un pareil voyage aurait-il pu passer pour glorieux (1), surtout si, comme il est vraisemblable, le poète n'avait pas d'autre but que d'aller visiter un de ses domaines ? Aussi M. Marx est-il bien obligé de supposer que c'est là une plaisanterie, comme on peut s'attendre à en trouver chez un poëte satirique habitué à l'hyperbole, qui raconte sur le ton du badinage une aventure des plus communes.

Pour M. Cichorius (2) Lucilius aurait seul et partout la parole ; mais le livre III se serait composé au moins de deux satires, et non d'une ; la première, d'un caractère narratif, aurait été précédée d'une sorte d'introduction, d'où proviendrait le vers 98 ; la seconde aurait été un *propempticon*, c'est-à-dire un de ces poèmes dans lesquels on disait adieu à un ami prêt à se mettre en route, en lui souhaitant un bon voyage et en lui donnant, si on le pouvait, des renseignements utiles sur les pays qu'il allait voir ; l'ami de Lucilius avait été empêché de l'accompagner en Sicile ; puis, à quelque temps de là, il avait repris son projet ; Lucilius lui indique comment il devra le mettre à exécution. Ce système soulève aussi une difficulté : Lucilius n'a point suivi la route de terre ; il s'est embarqué à Pouzzoles et, après quelques escales le long de la côte, il a débarqué à Mylae, près de Messine ; pourquoi indiquerait-il à son ami avec tant de précision (vers 107-109 et aussi très probablement 99-100) les différentes étapes de la Via Popilia, sur laquelle il n'a pas voyagé, et que vaudrait son conseil ?

Le vers 98 conduit à une autre solution qui semblera peut-être plus satisfaisante. Pendant les années 140-138 Scipion Émilien avait été chargé par le sénat d'une mission en Orient, qui eut, au point de vue politique, une très grande importance et fut généralement considérée comme un de ses principaux titres à la reconnaissance du peuple romain ; il visita successivement l'Égypte, la Syrie, l'Asie mineure et la Grèce, faisant dans toutes les villes où il s'arrêta une enquête sur l'état des affaires publiques, recueillant les doléances et les vœux des populations, partout accueilli par les démonstrations de la joie la plus vive, obligé même de se défendre contre l'empressement servile de ses hôtes. Il avait emmené avec lui Sp. Mummius, L. Métellus Calvus et le philosophe Panétius. M. Marx pense que Lucilius avait parlé de ce voyage fameux dans le livre XIV (vers 464) (3) ; M. Cichorius (4) ne partage pas son opinion. Quoi qu'il en soit, il est bien tentant de rapporter au voyage de Scipion le vers 98, et par conséquent de supposer qu'il était placé par le poëte dans la bouche de

---

(1) Cicéron dit des commerçants romains qui faisaient des affaires avec la Sicile : « Habent *propinquam*, fidelem, fructuosamque provinciam, *quo facile excurrant*, ubi libenter negotium gerant. » *Verr.* II, 2, 3.

(2) Cichorius (Conrad), *Untersuchungen zu Lucilius*, 1 vol. 8°, Berlin, Weidmann, 1908, p. 251 et suiv.

(3) Tous les textes sont réunis dans son commentaire ad h. l.

(4) *Untersuchungen*, p. 320.

Scipion lui-même : non seulement sa mission lui rapporta beaucoup de gloire, mais elle fut pour les envoyés du sénat l'occasion de festins et de plaisirs variés, auxquels probablement ils ne restèrent pas aussi insensibles que leur chef aurait voulu le faire croire (1). Au contraire, le voyage de Lucilius en Sicile, un des plus faciles et des plus ordinaires que l'on pût faire, semble, en outre, à en juger par les fragments, lui avoir causé beaucoup plus de désagréments et de déceptions que de plaisirs, et il faudrait, si c'est lui qui parle, que *gaudia* fût ironique aussi bien que *laudem*.

Scipion Émilien revint à Rome en 138 ; le livre III a été composé entre les années 119 et 116, par conséquent vingt ans environ après le fameux voyage, dix ans après la mort du grand homme (avril ou mai 129). Mais il est certain que Lucilius jusqu'au bout resta fidèle à son souvenir, s'honora de son amitié et qu'il se plut à le mettre en scène, à citer ses belles actions et ses bons mots longtemps encore après qu'il avait cessé de vivre ; nous en avons la preuve notamment dans le livre XI, qui paraît dater à peu près de l'an 116 (2). On peut donc sans invraisemblance supposer que le poète avant d'entamer le récit plaisant de son modeste voyage, rapportait un entretien qu'il avait eu autrefois avec Scipion ; celui-ci exprimait le regret de ne pas l'avoir eu pour compagnon en Orient et lui traçait l'itinéraire d'un voyage en Sicile. Il est vrai qu'en 140, ayant pour but l'Égypte, il avait dû s'embarquer, suivant l'usage, à Pouzzoles et faire voile directement vers Alexandrie ; mais il avait vu la Sicile au moins une fois en 147, lorsqu'il se rendit à Utique avec Polybe pour diriger les opérations contre Carthage (3), à supposer que ce grand capitaine, qui avait des curiosités si variées et qui avait tant voyagé, n'en eût pas trouvé une autre occasion. Ce fut sans doute pendant ce séjour que les Siliciens lui signalèrent pour la première fois les œuvres d'art que les Carthaginois leur avaient enlevées ; on sait assez par les Verrines quelles furent leur joie et leur reconnaissance lorsqu'il les leur renvoya l'année suivante, après la prise de Carthage (4).

Ainsi nous aurions dans les vers 98-100, 102-104, 107-109 un *propempticon* de Scipion à Lucilius. Que ce genre inventé par les Grecs soit antérieur à Lucilius on n'en saurait douter (5) ; il est même en germe, comme beaucoup d'autres, dans Homère : ces conseils, que reçoit un voyageur prêt à partir, où en est le modèle sinon dans l'Odyssée ? Lucilius, comme Scipion, a la mémoire pleine de souvenirs homériques (6) ; nous en avons une preuve indiscutable dans l'*Iter Siculum* lui-même (7). De même qu'Ulysse ou Télémaque, avant de se confier aux flots, sont

---

(1) V. surtout Diodore, XXXIII, 28ᵃ, 3.
(2) XI, 394, 396, 398, 400, 404, 405, 409 ; Marx ad h. l. Cf. Cichorius, p. 279 et 302.
(3) Appien, *De rebus Punicis*, 113 : « Ὁ μὲν δὴ... ἐς Σικελίαν καὶ ἀπὸ Σικελίας ἐς Ἰτύκην ἔπλει. »
(4) Polybe, XXXIV, 10, 6 ; Strabon, IV, 190.
(5) Théocrite, VII, 52-89.
(6) V. la liste des imitations dans Marx, t. I, p. 100, *Index auctorum, Homerus*.
(7) Vers 113.

prémunis contre les dangers de la route par une divinité tutélaire (1), de même Lucilius, avant d'entreprendre son odyssée, recevait de la bouche de son illustre patron
les renseignements qui devaient lui permettre de l'effectuer dans les conditions les
plus favorables; Scipion lui indiquait notamment les distances entre les étapes avec
autant de précision que s'il eût fallu déterminer l'assiette d'un camp romain, rôle
parfaitement en rapport avec ses talents militaires; car je ne doute pas qu'il ne faille
voir une comparaison plaisante dans les vers 99-100 :

uiamque
degrumabis, uti castris mensor facit olim.

Ainsi renseigné, le poëte pouvait en toute sécurité se diriger vers la Sicile, que ses
contemporains identifiaient unanimement avec la Thrinacie d'Homère, l'île du Soleil,
dont Charybde et Scylla défendaient les approches (2).

Resterait, il est vrai, la question de date; il faudrait supposer un intervalle d'au
moins dix ans entre le discours de Scipion et le voyage de Lucilius; mais il est fort
possible que le livre III contînt des morceaux composés depuis longtemps (3), ou
que Lucilius eût été obligé de différer encore ce voyage, dont il avait si souvent
caressé le projet, même avant son entretien avec Scipion :

102   saepe 'quod auto
         Optasti...

(1) Homère, Od., V, 28-42; X, 504-540; XI, 100-137; XII, 37-142; XV, 10-42.
(2) Homère, Od., XI, 100-137; XII, 37-142.
(3) M. Cichorius, p. 94, a été conduit aussi à cette hypothèse pour d'autres pièces du second
recueil, dont fait partie le livre III.

GIOVANNI MERCATI

UN' OSCURA NOTA DEL CODICE ALESSANDRINO

« In vol. ii., at the foot of f. 142 b (417 b), is a note, which appears to be written
in Greek cursive characters, perhaps of the 9th century; and in vol. iii., at the foot
of f. 83 b (604 b), is another note, also in Greek cursive characters, of rather later
date, which has been repeated in the margin of the next page, but is there partially
cut away » (1). E. M. Thompson nella prefazione del *Facsimile of the Codex Alex.* I
(1881) p. 7.

Lasciando la seconda nota che non riguarda il mio obietto, tento di leggere la
prima, nè trascritta nè comunque adoperata nelle descrizioni a me conosciute del
manoscritto. Il « facsimile » può vedersi tanto nell' edizione fototipica f. cit., quanto
nelle *Notae* del Baber p. 170, al quale può ben essere perdonato quel « sic scriptum a
manu quadam recentiori, antequam Codex MS. in Angliam transierat. »

Le prime due parole e l'ultima leggo con sicurezza, e le intermedie con esitazione
così : ομου τετραδια μηκρα και μεγαλα ξς, vale a dire ; « in tutto quaternioni 66 tra piccoli
e grandi » (2).

È dunque un computo dei fascicoli, quale non è raro incontrar ne' manoscritti.

Ma certamente non è il numero di *tutti* i fascicoli dell' Alessandrino, il quale
anche oggidì ne conta un centinaio circa e nell' ultimo superstite porta la nota PS;
cf Thompson p. 8. Nemanco può essere la somma dei fascicoli sino al f. 417, perchè ne
precedono soltanto 55, come appare dalle cifre NE e NS in testa ai ff. 412ʳ e 418ʳ.

Quindi rimane o di supporre sbagliato d'una decina o trentina, a seconda, e più
di fascicoli il computo — cosa non molto verosimile, ovvero di crederlo corrispon-
dente a ben diversa quantità, pognamo al tomo dentro cui trovavasi il f. 417, come al
tomo intero si riferiscono simili note, anche quando stiano al principio del codice.

In quest' ultima ipotesi, procedendo dall' inizio del ms. per fogli 520-528 circa,
quanti più o meno possono aver costituito 66 quaderni non tutti grandi o perfetti,

---

(1) Si aggiunga i nomi σεργιω γεωργι in testa al f. 122ʳ del t. IV.

(2) Τετραδιον sarebbe usato qui come fascicolo in genere, o perché nella massima parte
i fascicoli sono veramente quaternioni.

si viene a cadere tra la fine dei Maccabei cd il principio del Salterio, cioè dove chiudesi una serie e se ne apre un' altra ben distinta di libri del Vecchio Testamento, e dove la stessa condizione pessima del codice dimostra che i fogli debbono un tempo essere stati molto più soggetti all' attrito cd ai guasti. Imperocchè l'inchiostro è caduto dal f. 522ʳ, ultimo dei libri dei Maccabei, e la scrittura vi è quasi illeggibile, e rovinatissimo è pure il f. 523ʳ, iniziale del Salterio.

Bene dunque si adatta il computo a quella parte o sezione del ms. che va dal Genesi al termine dei Maccabei e comprende i primi 522 fogli ; e tanto esso foglio quanto il rovinatissimo 522ᵛ sembrano attestarci che ivi nel secolo IX (?) finiva il primo tomo, e per conseguenza, che dal f. 523 parimenti logoro cominciava coi Salmi un tomo secondo. Ci attesta inoltre il computo per la sua non ordinaria posizione, che fino d'allora il f. 522ʳ appariva sciupato ed incapace di ricevere e ritenere la scrittura, perché non ivi, ma nella prima pagina precedente vuota, ossia a f. 417ʳ dovette scriversi la nota dei quaderni, a un posto insomma dove meno l'avremmo aspettata.

Finora ho negletto di proposito la numerazione superstite dei quaderni, secondo la quale ai ff. 517 e 523 cominciano i fascicoli ΞΗ e ΞΘ, e ciò per due ragioni. Prima perché è dubbio se l'autore della nostra nota l'ebbe completa sotto gli occhi, sembrandomi posteriore al IX secolo parte dei numeri, suppliti forse quando i due tomi vennero rilegati in un volume solo o per salvarne i fogli estremi in deperimento o per offrirlo alla chiesa di Alessandria (a. 1098). In secondo luogo, perché egli manifestamente ha badato alla somma vera e reale dei fogli, e così, se pur vide a f. 517 la cifra ΞΗ, potè benissimo contare 66 e non 68, essendo i fascicoli 16, 21, 37 e 58 di quattro fogli ciascuno, e il 32 di due soltanto e non di otto, quindi in tutto due quaternioni effettivi e poco più, per omettere i fascicoli 26, 55 e 68 che hanno sei fogli, e il 51, 61 e 66 che ne hanno sette : cfr Thompson p. 8. Insomma egli o non ha visto la numerazione o ha negletto il fascicolo 32 e congiunto un altro fascicoletto o due col vicino, riducendo il numero totale dei quaternioni a quello in circa che realmente avrebbe dovuto essere secondo il numero dei fogli.

Se già circa il secolo IX la fine del primo tomo del codice Alessandrino sembra fosse così corrosa, che si rinunziò a scrivervi la somma dei quaderni e si cercò altra facciata più adatta, non è irragionevole congetturare che molto antica fosse la divisione del ms. in tomi. Ma forse, più che una congettura, ce n'è un indizio positivo nell' antichissima tavola prefissa al codice, la quale, sebbene non di prima mano, tuttavia non è posteriore di secoli : « it is probably of a somewhat later date » secondo il Thompson p. 9.

Per chiarezza, immaginiamoci prima quale e quanto avrà potuto o dovuto essere il tomo o i tomi successivi, e per quale motivo sarà stata fatta la divisione così e non altrimenti.

Se il primo tomo era di 66 fascicoli, non è probabile che i rimanenti 40 fascicoli o poco più fossero divisi in più tomi, ad es. in un secondo coi libri scritti per versi, e in un terzo col Nuovo Testamento ecc. La fine dell' Ecclesiastico difatti, in contrasto colla fine dei Maccabei, è d'una conservazione eccellente, come credo lo fosse il principio di Matteo prima che andasse perduto.

È quindi lecito supporre che il tomo secondo abbracciasse il resto del codice, dai Salmi a tutto il Nuovo Testamento, comprese le lettere Clementine e l'appendice dei Salmi salomonici.

Dunque un primo grosso tomo coi libri storici, profetici e agiografici del V. T., ed un secondo, meno voluminoso, coi libri parenetici del V. e con tutti gli scritti del N. T. (fino alle Clementine e ai Salmi dei Farisei), ossia colle Scritture più usitate e lette agli uffici cd alla catechesi nelle chiese.

Sarà puramente casuale una tale divisione ? È difficile crederlo. L'avvicinamento dei libri didattici al N. T. e l'attenzione di dividere il codice non già verso il mezzo tra i profeti e gli agiografi, come veniva naturale, ma molto dopo, producendo una differenza notevole di volume, fanno pensare che a bella posta siasi voluto riunire al Nuovo Testamento i libri didattici e questi soli, probabilmente perché l'uso più frequente di essi suggeriva simile comodità (1).

Checchè sia di questo, il fatto è che l'indice a principio dell' Alessandrino è diviso in due colonne affatto disuguali ; che mentre a raggiungere l'ordinaria lunghezza delle colonne occorreva qualche linea ancora, o almeno vi si potea scrivere, la colonna prima è interrotta a ΜΑΚΚΑΒΑΙΩΝ ΛΟΓΟΣ Δ, e si salta alla seconda colonna per inscrivervi ΨΑΛΤΗΡΙΟΝ ΜΕΤ ΩΔΩΝ ; che l'iniziale di ψαλτηριον, contro il solito, è fatta molte più grande, precisamente come all'inizio della prima colonna il Γ in ΓΕΝΕΣΙΣ ΚΟΣΜΟΥ. Insomma sta il fatto che la prima e la seconda colonna dell' indice contengono rispettivamente tutto e solo ciò che ancora nel secolo IX formava apparentemente il primo e il secondo tomo. Potrà essere un caso ; si potranno forse pensare anche altri motivi d'una tale spartizione dell' indice, ma non sembra egli per lo meno altrettanto probabile che la ragion vera sia appunto la corrispondenza intesa e voluta fra l'indice e le due parti del manoscritto ? (2)

___

(1) L'esempio non corrisponde pienamente, ma pure gioverà ricordarlo. Uno dei più antichi manoscritti della s. Scrittura arabica, il Vat. arab.13, del sec. viii (Scholz, Mai, Guidi) o ix, scritto ad Emesa, conteneva originariamente in 52 fascicoli di formato molto più piccolo il Salterio e il N. Testamento insieme, meno l'Apocalissi, come risulta dalla sottoscrizione in versi greci edita dallo Scholz. *Biblisch-kritische Reise* (1819) 126 e molto meglio, ma non bene intesa, da I. Guidi. *Le traduzioni degli Evangelii in arabo e in etiopico* nelle « Memorie della R. Accademia dei Lincei », ser. IV, tom. IV, p. 8 in nota. Similmente una ventina di codici greci dal sec. XI al XVI presso A. Rahlfs. *Septuaginta-Studien* II (1907) 4.

(2) Qualcuno dirà : Ma allora perché mettere nel t. I l'indice del manoscritto intiero e non prefiggere piuttosto a ciascun tomo l'indice proprio, come voleva la comodità ? E non sarebbe egli per avventura, anzichè la tavola del codice, un semplice canone, il canone seguito nel ms. ? — Rispondo non essere molto verosimile che il copista o il committente ad altro abbiano pensato

11

Aggiungasi che pur meglio si spiegherebbe l'inserzione di considerevole materia non canonica, cioè dell'epistola di S. Atanasio a Marcellino, se fin dall'*origine* il Salterio fu destinato ad iniziare il tomo secondo. L'epistola cogli argomenti Eusebiani dei salmi veniva in testa, come un prologo fuori serie, in fascicolo a sè. Ma qui congetturando sono trascorso oltre l'età dell'indice, alle origini stesse del codice, se pure fra le due c'è differenza di qualche rilievo. Confesso il salto per sincerità, ed anche perché si osservi attentissimamente se mai rimanga nel codice Alessandrino vestigio di qualche numerazione antichissima dei quaderni che confermi o no la congettura; come, per altra ragione, nel Sarraviano, oltre la numerazione generale dei fascicoli nel margine inferiore, rimane in alto a sinistra una seconda numerazione particolare dai Numeri in poi, ed una terza ed una quarta nel Deuteronomio ed in Giosuè (1), le quali stanno in perfetta corrispondenza col mutamento dei libri e delle mani (2), e per ciò sono più antiche, anzi originali.

Roma, Biblioteca Vaticana.

fuori dell' indice per conoscere il contenuto e l'ordine del volume; e poi, se si voleva proprio un canone, perché dividerlo così in due colonne disugualissime? Anche la bibbia intera di Leone Patricio, ora cod. Vat. Regin. gr. 1, del sec. X, la quale dall' origine fu certo divisa in due tomi, ha in capo al t. I, avanti l'indice particolare, il πίναξ generale; cf. (P. FRANCHI DE' CAVA-LIERI) in *Collezione paleografica Vaticana* I (1905) 2 e tav. 1; e così perfino nel *Vetus Test... e codice graeco Vat.* 1209 *phototypice editum* per iniziativa del Cozza-Luzi (1890) l'indice dei quattro tomi è nel primo. Esempi molto tardi invero, ma che giovano a immaginare come potè andare la cosa nostra.

(1) Cf. le note A, B, Є, Z, Θ, e di nuovo A (assai svanito) e Θ alle pp. 103, 121, 137, 169, 189, 219, 285 dell' edizione fototipica (Lugduni Bat. 1897). L'OMONT, *praef.* pp. IV-V discorre solo della posteriore numerazion generale, fatta quando i vari libri furono riuniti in un volume.

(2) Così manifestamente è confermato quanto per altri indizi osservò in proposito l'OMONT, ib. p. VI sgg.

A. ERNOUT

CODEX TRECENSIS N° 504

Ce célèbre manuscrit, qui contient le texte de la Regula pastoralis de saint Grégoire, est un des plus précieux trésors de la riche bibliothèque de Troyes. D'une antiquité vénérable, il passait même autrefois pour être de la main de saint Grégoire, ou tout au moins pour avoir été écrit sous sa dictée. Déjà les Bénédictins dans l'édition qu'ils ont donnée des œuvres de ce pape, lui ont assigné une date un peu plus basse : « Trecensis antiquissimus, uncialibus majusculisque litteris, non longe post S. Gregorii obitum, exaratus. Hoc in codice eleganter et accurate, unde testimonia Scripturae sacrae proferantur, annotatur in margine. Si qua vero juxta Lxx Interp. laudentur, indicatur. Verum a male feriato quopiam lectore corruptus est pretiosissimus hic liber, maxime in sacrae Scripturae contextibus. Arduum tamen haud fuit assequi quid ante corruptelam legeretur, quod secuti sumus (1) ». M. Chatelain, dont l'ouvrage sur l'écriture onciale fait autorité, en donnant dans son album une excellente reproduction d'une page de ce manuscrit (2), estime qu'il doit être placé tout à la fin du viie siècle (3). Il serait donc postérieur de plus d'un siècle à la rédaction du liber pastoralis du pape Grégoire, qui remonte à l'an 590. Malgré ce rajeunissement, il n'en reste pas moins un document d'une valeur inestimable ; et c'est pourquoi il nous a semblé qu'il pouvait en être donné une description assez détaillée. Les notices qui lui sont consacrées, soit dans le catalogue des mss. de la bibliothèque de Troyes (4), soit dans le livre de M. Chatelain, sont naturellement assez sommaires ; et il n'est peut-être pas hors de propos de montrer, par une collation partielle, que les Bénédictins n'ont pas tiré de ce codex tout le profit possible, et que leur édition peut être améliorée.

(1) *Sancti Gregorii papae opera omnia..., studio... monachorum ordinis sancti Benedicti,* Paris, Rigaud, 1705, tome II, folio iii, verso.
(2) *Uncialis scriptura...* pl. XXXIX.
(3) Id. *Explanatio tabularum,* p. 69.
(4) *Catalogue des mss.,* n° 504, pp. 220-221.

Le manuscrit comprend 156 folios, mais par une erreur de numérotation, la feuille suivant le n° 138 avait d'abord été passée, et porte le chiffre de 138 bis. Il comporte donc 312 pages mesurant 0 m. 285 de hauteur sur 0 m. 220 de large. Chaque page comprend 25 lignes d'écriture, avec une moyenne de 27, 28, 29, 30, 31 et même 32 lettres à la ligne. Les marges, bien que le manuscrit ait été rogné par le relieur, sont encore larges. La marge de gauche est faite à la pointe, de même que les lignes horizontales, distantes l'une de l'autre d'environ 0 m. 01 ; les lettres ont en moyenne une hauteur de 0 m. 004. L'inégalité du parchemin quelquefois mince, mais le plus souvent rugueux et épais, la barre ornant les hastes des lettres H et L, la ligne horizontale terminant le premier et le troisième jambage de la lettre N, la panse du P rarement ouverte, la largeur du ventre de R, tous ces indices confirment la date que M. Chatelain lui a assignée.

La reliure, en carton vert, est moderne comme la feuille de garde. Il n'y a plus trace des notes publiées dans le catalogue des manuscrits de la bibliothèque de Troyes, p. 221, et que l'éditeur de ce catalogue avait pu voir encore. On lit en première page, d'une écriture du x⁰ ou du xi⁰ siècle : Liber pastoralis Gregorii. Au-dessous en capitales rouges IN N̄ DN̄I IN̄C. CAPITVLA.

En marge d'une écriture moderne : Liber pastoralis | S. Gregorii papae | Ex libris Collegii | Oratorii Trecensis. En dessous, un paraphe illisible.

La première ligne de chaque chapitre est en rouge ; mais à partir du chapitre xxiv (fol. 48 verso), le scribe emploie l'encre verte en même temps que la rouge, et l'ornementation du chiffre indiquant le chapitre se complique un peu ; au folio 75 verso, la première ligne du chapitre 37 est toute en vert ; au folio 78, la première ligne du chapitre 39 présente un mélange de rouge, de vert, de jaune et de rose. Avec la majuscule du mot *Pastoralis* commençant le premier chapitre, ce sont les seuls ornements que l'on y rencontre.

Les abréviations et les ligatures sont rares, et ne se rencontrent guère qu'en fin de ligne. Les plus usitées sont : D̃S, D̃I, deus, dei ; DÑS, DÑI, dominus, domini ; SC̃S, SC̃A, SC̃I, sanctus, sancta, sancti, S̃PS, S̃PV, spiritus, spiritu, CV̄ cum. ⁄E ae PR⁄EDICANDO, Ẽ = en, em OSTẼ | DERE, Ã = am : GLORIÃ. En fait de ligatures, on rencontre U̶N = un, U̶R = ur, N̄ = nt, U̶T̄ = unt ; deliguntur est écrit par exemple DELIGUN̄T̄UR. La ponctuation est assez soigneusement notée, mais les points destinés à séparer les mots sont placés très capricieusement, et d'ailleurs parfois récents.

L'orthographe est en général correcte, mais pas très conséquente. L'assimilation de *dm*, *bm* à *mm* est toujours faite : *ammirentur, ammonet, summitunt* ; au contraire *ds*, *dt*, *dp*, *nr*, *np*, *nm*, *nl* ne s'assimilent pas, et on lit : *adsequuntur, adtrahuntur, adprehundunt, inruant, inpugnet, inlicita. Tentare, tentatio* sont notés *temtare, temtatio* qu'une main récente a corrigés en *temptare temptatio* ; le groupe *bt* subit l'assimilation et devient *pt : suptiliter ; apud* devant sourde est noté *aput : aput se.*

La confusion de *e* et de *ae* est rare, mais se rencontre, *queritur* est noté *quaeritur*, de même *inhaerent, inherent*; il en est ainsi pour celle de *b* et de *u* : *tauernaculum, liuertas, inuecillitati*. *E* pour *i* est rare : *destricto* au lieu de *districto*; les graphies *neglegentia, intellego, grauedo* sont correctes et ne prouvent rien pour la confusion. *H* est tantôt parasite, tantôt omis: *himus, honus, honera* et *incoo*. *Oportunitas* est noté avec un seul *p*, *quattuor* avec deux *t*.

Ce qui frappe tout d'abord quand on feuillette ce manuscrit, c'est le nombre relativement considérable de grattages, de surcharges, d'additions et de corrections. De ces remaniements, quelques-uns sont assez récents : des lecteurs modernes, sans doute le bénédictin qui a collectionné le manuscrit (Mabillon?) voyant une lettre ou un mot effacés, ou le parchemin troué (1) ont rétabli le texte au-dessus de la ligne. Mais le ou les copistes du manuscrit se sont corrigés eux-mêmes, et surtout ont réparé dans le bas des pages des omissions involontaires : folio 7, verso, l. 9. 10. 11 (sur grattage) : *hinc quoque scrip | tum est propheta laqueus ruinae | hinc rursum de sacerdotibus dñs per* | ici une lacune comblée en bas de la page : *prophetam dicit : facti sunt domini Israel in offendiculum iniquitatis* (2); fol. 10, verso, l. 13, lacune depuis *tunc reus* à *sed post hacc*, comblée en bas de la page; fol. 11, verso, l. 9, après *veritas dicit*, lacune comblée dans le bas de la page : *non potest ciuitas abscondi super montem posita ;* fol. 12, verso, l. 11 lacune, et en bas : *frater quippe defunctus ille est*; fol. 13, verso, l. 3 après *laudabiliter*, lacune et dans le bas : *appetunt et ad hoc nonnulli laudabiliter*. Le scribe a sauté d'un *laudabiliter* à l'autre, ce qui prouve que le manuscrit a été copié et non dicté. Fol. 20, verso, l. 22, citation incomplète, complétée en bas : *quis scandalizatur et ego non uror*. Fol. 33 verso, l. 25 rétablie par un correcteur récent : *nil quoque obstat si sc̃ii* (sanctuarii) *lapi* | ; puis en bas : *des eosdem ipsos quibus constructum sc̃uarium existebat accipimus | qui dispersi in capite platearum* (platearum capite Bénéd.) *iacent quando sacrorum ordinum uiri terrenis actibus ex desiderio inseruiunt ex quorum prius officio sanctitatis gloria stare uidebatur* (*b* par correction) *saecularia itaque nego* | . Fol. 34 verso, après la l. 7 un renvoi au bas : *qui et eius quae in futuro reuelanda est gloriae communicator* (communicatur Bened.). Fol. 51 après la l. 25 *gaudebit cor uestrum et gaudium uestrum*. Fol. 57, en bas addition à la ligne 1 : *qui uobis locuti sunt uerbum dĩ*. Fol. 67, en bas addition à la ligne 9 : *et respexit dñs ad Abel et munera eius ad chain uero et munera eius non respexit | iratusque est chain uehementer et concidit uultus eius* ; en marge *in genesi*. Fol. 84, addition à la ligne 4 : *damnent iracundi perturbationem*. Fol. 108, addition à la ligne 22 : *unde predicator egregius graui*

(1) Ce ne sont pas des piqûres de vers, mais des brûlures faites par l'encre qui a rongé le parchemin.

(2) Texte des Bénédictins : hinc quoque scriptum est per Prophetam : Laqueus ruinae populi mei, sacerdotes mali. Hinc rursum de sacerdotibus Dominus per Prophetam dicit : Facti.... (Pars I, cap. II).

pharisaeorum sadduceorumq. persecutione deprehensus | inter semetipsos diuidere studuit quos contra se unitos grauiter uidit cum clamauit (grattage récent *cun*) *dicens | uiri fratres ego pharisaeus sum filius pharisaeorum de spe et resurrectione mortuorum ego | iudicor dumq. sadducei spem resurrectionemq. mortuorum esse denegarent (rt) quam pharisaei | iuxta sacri eloquii praecepta crederent facta in persecutorum unanimitate* (unanimitate, *Bénéd.*) *dissensio est et diuisa | turba inlaesus paulus exiit quae hunc unita prius immaniter praessit*; en marge *in actibus ap | rum*. Fol. 114 après la ligne 25 : *quod sponsi colloquio ad sponsã dicitur quae habitas in hortis amici auscultant fac me audire | uocem tuam ecclesia quippe in hortis habitat quaᵉ ad uiriditatem intimam exculta* (il en ligature) *plantaria | uirtutum seruat cuius uocem amicos auscultare est electos quosque uerbum praedica | tionis illius desiderare quam uidelicet uocem sponsus audire desiderat quia ad praedi | cationem eius per electorum animas anhelat* (grattage) *audiant*. En marge *in canticis ca | ticor | um* (*vm* en ligature). Folio 134, addition à la ligne 16 : *in epistula iacob | i : iacobo attestante qui ait quicumque uoluerit amicus esse saeculi | huius inimicus dī constituitur.* Fol. 138 verso, 1 addition à la ligne 11 qui se termine par *et non : fecit secundum uoluntatem eius*. Fol. 146 addition à la ligne 21 : *et nec frigidus nec calidus*.

Toutes ces additions, de même que les annotations marginales, sont en petite onciale de 0 m. 002 de hauteur, et contemporaines du manuscrit. Mais en outre, au verso du folio 77, en haut de la page, on lit une note qui semble du xiᵉ siècle et se rapporte à la phrase : quia non | ad uirtutem sed ad uitia etiam in | tribulatione proruperunt (l. 9, 10, 11). Le commencement en a été enlevé par le massicot du relieur. Néanmoins on déchiffre encore : *Q. ergo si | mulationis uitiu non caret in tribulatione. Stagnū* (= stannum) *factus est in fornace. ferro aūt utitur : qui uitā | proximi insidiatur ; ferru... itaq ; in fornace ē. qui nocendi malitiā non amittit in tribu | latione. Plumbū quoq ; ceteris metallis ē grauius. In fornace ǧ- plumbū inuenitur : qui sic peccati sui | pondere p̃mitur. ut etiā in tribulatione positus a terrenis desideriis non leuetur* (1). En bas de cette même page une inscription d'au moins 9 lignes a été grattée.

Il faut enfin signaler les lacunes dues à la perte de folios qui appauvrissent le manuscrit : la première, dans la table des matières, va du titre XIX à XXXIX (du cap. vii, pars II à cap. xv, pars III des Bénéd.) soit 1 folio ; après le folio 15 une autre va de *in occulta meditatione* jusqu'à *caro maceretur* (cap. viii, pars I, page 10, 7 lignes avant la fin, à cap iii pars II, page 16, 11 lignes avant la fin, Bénéd.) soit 10 ou 11 folios ; après le folio 44, une lacune allant de *forti in perpetuum*

_____

(1) Ce texte a passé dans l'éd. des Bénédictins col. 53, l. 2, sqq. Il est précédé de : Aes quippe dum percutitur, amplius metallis ceteris sonitum reddit. Qui igitur in percussione positus erumpit ad sonitum murmurationis, in aes versus est in medio fornacis. Stannum vero cum ex arte componitur, argenti speciem mentitur.

custodia munitur recte à *quomodo dilexi legem tuam domine* (cap. xi, pars II, Bénéd.) soit 2 folios ; enfin après le folio 156, il manque 3 folios pour terminer l'ouvrage (depuis *magna cura*, cap. uniçum, pars IV, Bénéd. à la fin). L'appareil critique des Bénédictins est insuffisant, et les libertés prises avec le texte sont assez grandes. Une rapide collation du manuscrit nous l'a fait voir immédiatement. Dans la table des chapitres :

Fol. 1, l.   7. ch. iii, *sint*, Tr. ; *sunt*, B.
—   l.   8, ch. iii, *et*, adi. B.
—   l. 10, ch. iv, *dissipet*, Tr., *dissipat*, B.
—   l. 11, ch. v, *de his qui in regimine*, Tr. ; *in regiminis culmine*, B.
—   verso l. 11, chap. xii, *debet*, Tr. ; *debeat*, B.

Après la lacune, signalée plus haut, les titres des chapitres diffèrent tellement qu'il est nécessaire de mettre en face le texte du cod. Trecensis, et celui des Bénédictins.

TRECENSIS. FOL. 2	BÉNÉDICTINS
Cap. XXXVIIII. quod aliter ammonendi sunt pigri | atque aliter praecipites.	Pers. III. cap. XV. Quomodo admonendi pigri et praecipites.
XL. quod aliter ammonendi sunt man | sueti atque aliter iracundi.	XVI. Quomodo admonendi mansueti et iracundi.
XLI. quod aliter ammonendi sunt humi | les atque aliter elati.	XVII. Quomodo admonendi humiles et elati.
XLII. quod aliter ammonendi sunt per | tinaces atque aliter inconstantes.	XVIII. Quomodo admonendi pertinaces et inconstantes.
XLIII. quod aliter ammonendi sunt gui | lae (1) dediti atque aliter absti | nentes.	XIX. Quomodo qui intemperantius et qui parcius cibo utuntur.
XLIIII. quod aliter ammonendi sunt qui | iam sua misericorditer tribuunt atque aliter qui adhuc et alie | na rapere contendunt.	XX. Quomodo admonendi qui sua distribuunt et qui rapiunt aliena.
XLV. quod aliter ammonendi sunt qui | nec aliena appetunt nec sua lar | giuntur atque aliter qui et ea quae habent tribuunt et tamē | aliena rapere non desistunt.	XXI. Quomodo admonendi qui aliena non appetunt, sed sua retinent ; et qui sua tribuentes aliena tamen rapiunt.
XLVI. quod aliter ammonendi sunt discor | des atque aliter pacati.	
XLVII. quod aliter ammonendi sunt semi | nantes iurgia atque aliter | pacifici.	XXIII. Quomodo admonendi qui jurgia serunt et pacifici.
FOL. 2. VERSO	
XLVIII. quod aliter ammonendi sunt qui | sacrae legis uerba non recte in | tellegunt atque aliter qui rec | te quidem intellegunt sed | haec humiliter non loquuntur.	XXIV. Quomodo admonendi rudes in doctrina sacra, et docti, sed non humiles.

(1) Gulae.

TRECENSIS	BÉNÉDICTINS

XLVIIII. quod aliter ammonendi qui | cum praedicare digne ualeant | prae nimia humilate formi | dant atque aliter quos a praedi | catione imperfectio uel aetas | prohibet et tamen praecipi | tatio impellit.

XXV. Quomodo admonendi qui officium praedicationis nimia humilitate detrectant, et qui praecipiti festinatione occupant.

L. quod aliter ammonendi sunt qui | in hoc quod temporaliter ap |. petunt prosperantur atq. | aliter. qui ea quidem quae mun | di sunt concupiscunt sed ta | men aduersitatis labore fati | gantur.

XXVI. Quomodo admonendi quibus omnia ex sententia succedunt, et quibus nulla.

LI. quod aliter ammonendi sunt con | iugiis obligati atque aliter | a coniugii nexibus liberi.

XXVII. Quomodo admonendi conjugati et caelibes.

LII. quod aliter ammonendi sunt pec | catorum carnis conscii at | atque (1) aliter ignari.

XXVIII. Quomodo admonendi peccata carnis experti, et eorum expertes.

FOL. III

LIII. quod aliter ammonendi sunt qui | peccata deplorant operum | atque aliter qui cogitationum.

XXVIIII. Quomodo admonendi qui peccata operum lugent, et qui solum cogitationum.

LIIII. quod aliter ammonendi sunt qui l amissa plangunt nec tamen deserunt atque aliter qui de | serunt nec tamen plangunt.

XXX. Quomodo admonendi qui a peccatis, quae deflent, non abstinent, et qui, cum abstineant, non deflent.

LV. quod aliter ammonendi sunt qui | inlicita quae faciunt etiam lau | dant atque aliter qui accusant | praua nec tamen deuitant.

XXXI. Quomodo admonendi qui illicita, quorum sunt conscii laudant.; et qui coudemnantes, minime tamen cavent.

LVI. quod aliter ammonendi sunt qui | repentina concupiscentia | superantur atque aliter qui | in culpa ex -consilio ligantur.

XXXII. Quomodo admonendi qui subito motu, et qui consulto peccant.

LVII. Quod aliter ammonendi sunt qui l licet minima crebro tamen in | licita faciunt atque aliter qui | se a paruis custodiunt sed ali | quando in grauibus demerguntur.

XXXIII. Quomodo admonendi qui minimis, sed crebris noxis; et qui minimas caventes gravibus aliquando immerguntur.

LVIII. Quod aliter ammonendi sunt qui | bona nec incoant atque aliter | qui incoata minime consummant.

XXXIV. Quomodo admonendi qui bona nec inchoant, et qui inchoata non absolvunt.

LVIIII. Quod aliter ammonendi sunt qui | mala occulta agunt et bona publice | atque aliter qui bona quae fa | ciunt abscondunt et tamen qui | busdam factis publice male de | se opinari permittunt.

XXXV. Quomodo admonendi qui mala clam, et bona palam faciunt; ac qui vice versa.

(1) Sic .

Le texte des Bénédictins suit le manuscrit pour les 5 titres suivants (Pars III, cap. XXXVI-XL) avec de légères variantes :

LX *de exhortatione multis adhibē* | *da*, Tr.; *exhibenda*, B.

LXIIII *de opere praedicatoris et uoce* Tr.; *praedicationis*, B.

LXV. Peractis rite omnibus qualiter	praedicator ad semetipsū	redeat ne hunc uel uita uel	uel praedicatio extollat.	Pars IV : Qualiter praedicator, omnibus rite peractis ad semetipsum redeat ne hunc, uel uita, uel praedicatio extollat.

Il y a donc chez les Bénédictins un souci de donner plus d'élégance et de rapidité à l'en-tête des chapitres, mais cette préoccupation n'est pas sans entraîner d'assez graves inexactitudes. Dans la constitution même du texte, sans prendre autant de liberté avec le manuscrit, ils ne l'ont pas néanmoins utilisé avec toute la rigueur désirable. En voici quelques preuves (1) :

Fol. IV, l. 17 préface, *dum*, Tr.; *cum*, B.

— v verso, l. 19 ch. I, *non cognoui* (sur grattage), Tr.; *ego ignoravi*, B.

— VI, l. 1 ch. I et *non cognoscit*, Tr.; *et nescit*, B.

—   l. 23 ch. I, *qui quamuis*, Tr.; *quia quamvis*, B.

— VII, l. 1 ch. I, *quae intellegendo*, Tr.; *intelligendi*, B.

—   l. 4 —   *didicerint*, Tr.; *didicerunt*, B.

— VIII, verso l. 8 ch. III sur grattage : *Ihs cum cognouisset | quia uenturi essent ut raperent eum et | facerent eum regem fugit iterum in montem ipse solus.* Sous *solus* on distingue encore *dit se*. Sans doute le texte primitif portait ce qu'ont d'autre mss. : uenerunt ut raperent eum et instituerent regem sibi : quo cognito fugit iterum in montem ipse solus, et abscondit se.

        l. 15 et 16 *apparuit* sur grattage, Tr.; *venerat*, B.

Fol. IX, l. 9 ch. III, *erexerat*, Tr.; *erexerit*, B.

—   l. 23, *percepit*, Tr.; *suscepit*, B.

—   verso l. 5, *mox pressurae*, Tr.; *ut pressurae*, B.

Fol. X, l. 23 ch. IV, *cellas aromatum*, Tr.; *aromatum cellas*, B.

—   verso entre 24 et 25 ch. IV *inuisibiliter uidit quod post publice*, Tr.; *postea*, B.

Fol. XI, l. 1 ch. IV, *quippe* (gratté) *hunc animal uērtit*, Tr.; *animal hunc vertit*, B.

—   verso l. 24 ch. V, *et pro omnibus mortuus est*, Tr.; *etsi*, B.

(1) Il ne peut être question de donner ici un dépouillement complet du manuscrit, qui nous entraînerait beaucoup trop loin. Sans insister sur les fautes purement matérielles, nous ne relèverons que les variantes intéressantes.

Fol. xii, l. 12 ch. v, *qui post resurrectionis apparens gloriā*, Tr. ; *post resurrec-*
     tionis gloriam apparens, B.

— l. *14 ite nuntiate* (sur grattage) Tr. ; *dicite*, B.

— l. 23 *percipit*, Tr. ; *perceperit*, B.

Fol. xiii, verso l. 4, ch. vii, *quod liquide agnoscimus*, Tr. ; *liquido*, B.

— l. 10, *Esaias*, Tr. ; *Isaias*, B. ; l. 13, *Hieremias*, Tr. ; *Jeremias*, B.

Fol. xiv, l. 2, ch. vii, *sedule*, Tr. ; *sedulo*, B.

— l. 14, *ante se per altaris calculum purgatum uidit*, Tr. ; *ante per altaris*
     calculum se purgatum vidit, B.

Fol. xv, l. 22, ch. viii, *pareat*, Tr. ; *appareat*, B.

Fol. xvii, l. 10, ch. xv, *quae | sint uentura manifestant*, Tr. ; *quae sunt*
     ventura, B.

     l. 24, *redarguere*, Tr. ; *arguere*, B.

     verso l. 5, *sicut turba*, Tr. ; *quasi turba*, B.

Fol. xviii, l. 17, ch. xv, *ipsa quoque opera | sacerdotis clament*, Tr. ; *ipsa*
     quoque sacerdotis opera clament, B.

Fol. xix, l, 17, ch. iv, *prouectus*, Tr. ; *profectus*, B.

     verso l. 12, *fundit*, Tr. ; *effundit*, B.

Fol. xx, l. 16, ch. xvi, *et ta | men illam in inuisibilium con | templatione*
     suspensam ad cu | bile carnalium mentis aciem re | uocat, Tr. ; *et*
     tamen illa invisibilium contemplatione suspensus, ad cubile carna-
     lium aciem mentis revocat, B.

     l. 22, *fornicationes*, Tr. ; *fornicationem*, B.

     verso l. 2 et 3, *nisi for | te ad tempus ut uacetis orationi*, Tr. ; *nisi forte*
     ex consensu, B.

     l. 5, après *id ipsum* B ajoute *ne tentet vos Satanas*, omis dans Tr.

     l. 16, *quia compage caritatis summissus* (sus man. rec.) | *simul et infimis*
     iunctus, Tr. ; *quia compage caritatis summis simul*, B.

Fol. xxi, l. 17, ch. xvi, *uidet*, Tr. ; *uidit*, B.

     verso l. 16, 17, *hinc ipsa ueritas per sus | ceptionem nobis nostrae huma-*
     nitatis ostensa, Tr. ; *nostrae humanitatis nobis ostensa*, B.

Fol. xxiii, l. 14, ch. xvii, *non exercere formidet*, Tr. ; *exercere non formidet*, B.

     verso l. 21, *ab homine*, Tr. ; *ab hominibus*, B.

Fol. xxiiii, verso l. 2, ch. xvii, *tollitur*, Tr. ; *extollitur*, B. l. 3, *foras*, Tr. ;
     foris, B.

Fol. xxv, l. 7, *in luxum* (*f*, gratté), Tr. ; *fluxum*, B.

Fol. xxvi, l. 12, *Sapfyrae*, Tr. ; *Sapphirae*, B.

Fol. xxvii, l. 24, *intuendum*, Tr. ; *intuendum est*, B.

Fol. xxix, verso l. 6, *subie^ctos*, Tr. ; *subditos*, B. ; de même fol. xxxii, l. 13,
     ch. xviii.

Fol. xxix, l. 21, *sananda foueantur*, Tr. ; *foveantur sananda*, B.

Fol. xxxii, l. 3/4 verso, ch. xviii, *in terrena negotia*, Tr. ; *in terrenis negotiis*, B.

Fol. xxxvi, l. 15, chap. xix (pars II, cap. viii, B.) *interque haec*, Tr. ; *inter haec quoque*, B.

— verso l. 23-25, *puluillos quippe sub omni cubito manus est ponere cadentes sua rectitudine*, Tr. ; *manus ponere, est*, B.

Fol. xxxvii, l. 17, ch. xix, *asperitate semper rigidae inuec | tionis*, Tr. ; *rigidae semper invectionis*, B.

verso, l. 1, 2, *erga subiec | tos erigunt*, Tr. ; *erga subditos se erigunt*, B., l. 7, *inlicita faciant subditorum nemo contradicat*, Tr. ; *et subditorum* B., l. 9, 10, *qui ergo et praua studet agere et tamen ad haec ceteros tacere*, Tr. ; *ad haec vult ceteros tacere*, B.

Fol. xxxviii, l. 2, 3, ch. xix, *ut cura regiminis tanti moderaminis arte temperetur*, Tr. ; *tanta*, B.

l. 11, 12, *sciendum quoque quod*, Tr. ; *sciendum quoque est*, B.

Fol. xl, l. 18, ch. xx, *suptiliter occulta | perscrutanda*, Tr. ; *occulta subtiliter perscrutanda* B.

Fol. xl, verso l. 18, ch. xxi, *cum perfodisset*, Tr. ; *fodisset*, B.

Fol. xli, l. 18, ch. xxi, *animalia autem mole | corporis a terra suspensa sunt*. *Mole* est une correction ancienne sur un grattage de *magna parte* conservé par B.

verso l. 16, *nonnulli qua | si a terra se erigunt*, Tr. ; *nonnulli jam*, B.

Fol. xliv, l. 15, ch. xxi, *et adportabis aggerem*, Tr. ; *comportabis*, B. ; l. 25, *in gyro arietes*, Tr. ; *arietes in gyro*, B.

Fol. xlv, verso l. 8, ch. xxii *ut cum | sermone aliis insonant*, Tr. ; *dum*, B.

Fol. xlvi, l. 11, 12, *de ea quae in uobis | est spes*, Tr. ; *spe* B.

Ici, avec la deuxième partie du *liber pastoralis*, s'arrête notre collation. Il n'est point dans notre intention de charger davantage ces Mélanges, et le spécimen ci-dessus montre suffisamment qu'il y a encore à glaner après les Bénédictins, et que l'édition scientifique de Grégoire reste à faire, puisque Migne n'a fait que reproduire leur texte. Le nouvel éditeur qui entreprendra le *liber pastoralis* devra donc recourir de nouveau à l'antique Trecensis 504. Puisse-t-il en le compulsant trouver le même intérêt que nous avons eu à l'étudier, aidé dans cette tâche par le souvenir des leçons que nous avons reçues du maître auquel est dédié cet article.

Dom PAUL CAGIN

L'OBSERVATION PALÉOGRAPHIQUE

DANS L'ÉTUDE DU « SACRAMENTARIUM TRIPLEX » DE SAINT-GALL

I. Le *Sacramentarium Triplex* de Saint-Gall. — II. Indices paléographiques révélateurs de la diversité des copistes de ce manuscrit. — III. Preuves de la simultanéité de leur travail, et, par suite, représentation matériellement rigoureuse de leur modèle. — IV. Recherche de l'âge liturgique de ce modèle, basée sur la date de ses additions : *a*) la Toussaint; — *b*) saint Othmar; — *c*) objection tirée de la disposition des matières dans la dernière partie du document; — réponse : preuves de la continuité du travail collectif dans cette partie; — autres additions pouvant servir à dater soit la copie, soit l'original. — V. Contribution que la situation du modèle apporte à la question chronologique de ses sources et à leur condition respective. — VI. Problèmes soulevés par la constatation d'une sorte d'éclectisme liturgique à Saint-Gall.

Le Codex C. 43 de la Bibliothèque de la Ville, à Zurich, est un manuscrit de Saint-Gall, écrit à Saint-Gall, et pour l'usage de Saint-Gall. Un simple coup d'œil sur les fol. 210 v°, 211 r°, 211 v° prouve surabondamment cette assertion.

La rubrique de la simple Vigile de S. Gall, au bas du f° 210 :

IDUS OCT̄ UIG(i)L(i)A SC̄I GALLI
CONFESSORIS XP̄I

et celle de la fête, au bas du f° 211 r° :

XVII K(a)L. NOV̄ DEPOSITIO
BEATI GALLI CONFESSORIS

sont écrites en caractères doubles de ceux qui sont employés dans les autres titres, et la lettre D du f° 111 v°, initiale de la fête, est assez grosse pour que le grand timbre de l'ancienne bibliothèque de Saint-Gall ait pu s'y imprimer, pour souligner à cet endroit même le titre d'origine et de propriété. (Voir le cul de lampe à la fin de cet article).

Il serait d'ailleurs aisé de relever d'autres indices qui l'établiraient par surcroît, quand bien même ceux-là ne paraîtraient pas décisifs. De tous les saints dont s'occupe le manuscrit, saint Gall est le seul, avec saint Othmar, que la calligraphie du lieu traite avec les égards exceptionnels dont tous deux sont l'objet.

Le nom de *Sacramentarium ex triplici ritu*, que Gerbert donnait, en 1777, au C. 43 est de son invention, mais on peut l'admettre, ou dire plus brièvement encore : *Sacramentarium triplex*. Il n'y a nul danger de confusion, puisqu'il est unique, et même ce nom lui convient parfaitement, puisque le C. 43 n'est très souvent que la réunion à peu près sous chacune des rubriques des Fêtes et des Saints : 1° d'une messe gélasienne ; 2° d'une messe grégorienne ; 3° d'une messe ambrosienne, ou tout au moins, tantôt de l'une, tantôt de l'autre, bien que, plus souvent peut-être, il n'y en ait que deux à la fois.

Mais on ne saurait dire quel titre authentique portait le manuscrit lui même, le premier feuillet ayant disparu. C'est une lacune regrettable évidemment, — et il y en a quelques autres — mais somme toute, le Sacramentaire nous est parvenu presque dans son intégrité, et, par ailleurs, dans un état matériel très satisfaisant.

Il se compose actuellement de 316 feuillets répartis en XL cahiers. Il manque deux feuillets au premier, deux également à chacun des XXXVII° et XXXVIII°, et un feuillet au XXXVI°. En revanche, le cahier XX° est un quinquennion, et le XXX° a jusqu'à six feuilles. Il y a aussi un triennion, le XXXV°.

La planche donne une idée suffisante de l'aspect général de l'écriture, qui, tout bien considéré, la chose n'est pas douteuse, est entièrement du même style, et très certainement de la même époque, de la même venue. Je laisse en dehors de cette affirmation des additions manifestes, comme il y en a presque partout dans les manuscrits liturgiques, telles que celles du fol. 226 r°, du bas de page du fol. précédent, du fol. 281 v°, etc. Mais il faudrait avoir le manuscrit lui-même tout entier sous les yeux pour vérifier les observations dont je vais exposer sommairement le résultat.

Je veux parler de la façon dont certaines particularités paléographiques s'accusent ou disparaissent suivant les régions du manuscrit. Telles particularités se produisent pendant toute une série de feuillets, pour cesser tout à coup, et faire place à des caractéristiques d'un autre genre, ou d'un genre opposé, durant toute une autre série, celle-ci s'arrêtant brusquement à son tour, pour faire place à une autre série encore ; et ainsi de suite, jusqu'à ce qu'on revienne, toujours brusquement, à l'une ou l'autre des séries abandonnées.

Or, définitivement, en y prenant garde, on s'aperçoit bientôt que le changement de série coïncide exactement avec un changement de cahier (1).

(1) Les exemples de manuscrits copiés, comme on va voir que l'a été celui-ci, cahier par cahier, par des scribes travaillant simultanément d'après un exemplaire préalablement dérelié, ne sont pas très rares. M. Léopold Delisle en a cité plusieurs dans sa *Notice sur un manuscrit mérovingien*

Je prends le premier exemple venu, c'est-à-dire l'opposition entre le fol. 38 v° et le fol. 39 r°. Le fol. 38 est le dernier du quaternion V°, et le fol. 39 est le premier du quaternion VI°.

Un œil exercé n'a pas besoin d'un long examen pour reconnaître ici la différence des mains. Voici la ligature &, non pas à titre de conjonction, mais en composition, comme dans : *mund& nos a crimine & renov& gubern&* (fol. 38 v°, lignes 5 et 6) *app&amus* (ligne 12). On la cherchera vainement en face, dans le fol. 39 r°. Or, j'en ai fait exactement le compte : Le cahier V offre *12 exemples* de la ligature & dans ces conditions. Le cahier VI n'en offre *pas un seul.*

J'ai fait également le compte des ę cédillés dans le cahier V : il y sont au nombre de 178. Dans le cahier VI, le chiffre tombe à 14. En revanche, dans le cahier V, il n'y a plus que 13 *ae* ou *œ*, tandis que dans le cahier VI, le total s'en élève à 159. C'est la proportion inverse. La brusquerie du changement se révèle ici d'autant mieux qu'elle se produit dans la suite d'une même messe. La *felicule* des lignes 17, 19 et 22 du fol 38 v° devient tout à coup *feliculae* dans le fol 39 r°, où, de même, on continuera d'écrire *julianae* (lignes 16, 19, 22) et ainsi de suite jusqu'à la fin du cahier, comme il vient d'être dit.

Une opposition non moins frappante est celle qu'on observe dans la façon dont les deux cahiers V et VI traitent les accusatifs par exemple, tels que *immensā gloriā* (V, fol. 38 v°), *veniam, plebem, tuam* (VI, fol. 39 r°). Le premier, fidèle à son parti-pris d'abréger le plus possible, emploiera la barre d'abréviation 182 fois sur 254, tandis que le cahier VI ne recourt à ce procédé que 10 fois sur 256. Je pourrais noter encore que, pour la même raison, le cahier V aura 18 fois p̄ pour prae, contre une seule fois dans VI.

Je pourrais noter aussi, — mais cette fois l'économie se trouve du côté de VI, — que V écrit 50 fois P̶ *dūm*, contre 2 fois seulement dans VI ; et si V lui-même se décide à abréger la conclusion *Per Dominum* sous la forme la plus réduite : P̶, il ne le fera que 21 fois contre 63 fois chez VI.

L'ensemble de ces observations ne permet pas de douter qu'on ne se trouve en présence de deux copistes distincts, dont les habitudes différentes se trahissent ainsi, malgré la ressemblance des écritures.

J'oubliais de parler de la forme elle-même de l'&. Dans le cahier V, par exemple, le sommet du trait supérieur atteint presque au niveau du sommet des lettres à grande

contenant des fragments d'Eugyppius (Paris, Picard. 1875), manuscrit de formes tellement disparates qu'elles trahissent au premier coup d'œil la diversité des mains qui y ont coopéré. Ce n'est pas le cas ici. C'est encore M. Léopold Delisle qui signale, à ce point de vue, le Bréviaire d'Alaric trouvé parmi les rapines de Libri (aujourd'hui n° 631 des Nouv. Acq. lat. de la Bibl. Nat.) dont la transcription a été faite par douze copistes, chacun d'eux ayant mis son nom, parfois avec la mention *scripsit*, en caractères grecs, au commencement ou à la fin de chaque cahier (Cf. Léopold Delisle, *Cat. des Mss. des fonds Libri et Barrois*, p. 110).

haste les *h*, les *d*, les *b*, les *l*, et fait l'effet d'une crosse en l'air (&). Dans VI, qui emploie cette ligature, mais seulement à titre de conjonction isolée, cette crosse est plus modeste (&), et sort beaucoup moins du niveau des lettres basses, elle est portée sur l'épaule.

Non moins remarquable est de voir combien VI affectionne le coup de plume qui lui permet de réunir *rt* en ligature. (v. g. fol. 39 r°, lignes 2, 7, 11, 17, 19, 22), tandis que V ne perd aucune occasion d'écrire en toutes lettres *mortalibus* (fol. 38 v°, lig. 8), *mortalitate* (lig. 9), *martyrū* (lig. 18), *martyrū* (lig. 22).

Il n'y a pas jusqu'à l'incipit des Préfaces commençant par *aeterne Deus*, qui ne soit significatif. Le cahier VI en a 9 dans ce cas. Il procède invariablement par voyelles disjointes *a e* : *aeterne ds*. Par contre, le quaternion VI, qui en a 13, les écrit 11 fois en diphtongue *œ* : *œterne ds*. On passe au cahier VII, c'est encore autre chose, une autre variété. Les 11 *Aeterne ds* de ce quaternion seront écrits par *A* majuscule et *e* minuscule. Cela nous fait déjà trois types. Il y en a un quatrième : *A&erne ds*. C'est le type exclusivement employé dans le quaternion XVII (13 fois), et dans le quaternion XXI (10 fois) ; et le fait est d'autant plus caractéristique que, dans les quaternions qui, respectivement, précèdent ceux-là, le copiste écrivait non moins invariablement *Aet* disjoints, soit 10 fois dans XV contre les 13 *A&* de XVI, et 13 fois dans XX, contre les 10 *A&* de XXI.

Il va sans dire qu'une fois reconnue cette opposition entre deux cahiers, sur un point caractéristique, on peut être sûr que d'autres oppositions ne tarderont pas à confirmer la première impression qu'on en retire. La syllabe *bus* est une de celles qui se prêtent parfois aux expériences les plus concluantes. Ainsi, dans le cahier XXI, elle est abrégée 24 fois par le point virgule (b;) ; dans le XXII⁴ elle ne l'est plus que 2 fois, et par simple virgule (b,). En revanche XXII écrit 53 fois *bus* en toutes lettres, et XXI 10 fois seulement.

On peut s'attendre que la différence des penchants à l'abréviation suivra partout les deux copistes. De fait les 7 *Aeterne ds* de XXII sont des *Aet* disjoints ; je viens de dire que les 10 de XXI sont des *A&*.

Je ne voudrais pas fatiguer l'attention par le développement excessif de ces observations. Voici cependant encore quelques coups de plume dont la généralisation dans tel ou tel cahier peut servir à reconnaître les 12 ou 14 copistes entre lesquels le travail a été distribué. C'est, en effet, au chiffre de 12 ou 14 écrivains qu'on arrive, après avoir déterminé les récurrences exactes et les combinaisons des diverses caractéristiques.

Il est évident par exemple que l'*r* final de *XXI* (fol. 168 v°, lig. 1, 4, 5, 8, 13, 17, 19) n'est pas du tout l'*r* final de XXII dans le *deprecamur* du fol. 169 r°, ligne 21, non plus que l'*r* de 38 v° et de 39 r° (cahier V et VI). Même le cahier XXI tient tellement à l'*r* de son choix, qu'on le surprend parfois disjoignant les syllabes d'un même mot, pour se donner le plaisir d'en terminer l'oreille par le gros point qu'il affectionne (*mer⁻ger&ur*. fol. 168 v°, 1ʳᵉ ligne), au lieu de l'effiler comme dans le cahier V (fol. 38 v°, lig. 4 et 20), ou le *deprecamur* du cahier XXII (fol. 169 r°, lig. 21).

Je cite encore les cédilles comme offrant un intéressant objet d'observation, et un moyen de différencier les écrivains. Il y en a de trois sortes. Il y a le type de *misericordie tue* (quaternion (XI, f° 81 r°), qui n'est plus du tout le type du cahier V (f° 38 r°), dans *felicule*, et ni l'un ni l'autre ne ressemblent au type du cahier XXII (f° 169 r°, 4° ligne), dans *tue*, et (19ᵉ ligne) dans *que*.

La forme elle-même des barres d'abréviation fournit son témoignage. Il y en a aussi trois types. Les barres tout unies (—), les seules que connaissent les cahiers VI et *VII* (f° 46 v° et 47 r°) ne peuvent être de la même main qui a tracé les siennes en zig-zag, comme les oreilles de ses ⌒, dans le cahier XXI, et ni les unes, ni les autres ne sont du même scripteur qui termine invariablement ses tirets presque en marteau, dans le cahier V. J'insiste moins sur ce dernier caractère. Il faudrait avoir toutes les pages du manuscrit sous les yeux, pour bien en apprécier la valeur. Mais quant aux deux premiers, le f° 168 v° du XXIᵉ cahier présente, à la 7ᵉ ligne, dans l'addition faite par le réviseur, des mots *pal cū sco*, un contraste entre les barres tout unies, et les barres dentelées, qui fait assez bien ressortir le coup de plume spécial dont le premier scripteur n'avait pas voulu démordre.

Je m'abstiens de faire entrer en ligne de compte l'aspect général de l'écriture, tantôt plus ronde, tantôt plus étroite, plus lâche ou plus serrée, non plus que les particularités trop peu fréquentes et qui peuvent n'être que le caprice d'un instant. Je le répète, je ne prends garde ici qu'aux habitudes véritables et à celles qui s'observent invariablement tout le long d'un cahier, ou de deux cahiers consécutifs, pour faire place à d'autres habitudes non moins invariables, au moment précis où commence un autre cahier.

Il va sans dire qu'un cahier où se mêleraient, réunies confusément, en plus ou moins grand nombre à la fois, toutes ces particularités, acquerrait du même coup son caractère vis-à-vis des uns et des autres, un caractère éclectique, Et, de fait, il y en a.

Il y a aussi deux ou trois cahiers où les habitudes et les mains alternent dans l'intérieur même du quaternion. C'est le cas du quaternion XI en particulier. Les deux feuillets du commencement et les deux feuillets de la fin sont d'une autre main que les quatre feuillets du milieu. C'est pour cela que j'ai fait photographier en regard deux feuillets qui se trouvent précisément au point de transition. Ici la chose saute tellement aux yeux qu'il est même superflu de l'analyser, si ce n'est pour avoir occasion de signaler la base effilée et fuyante des *m* du f° 80 v°, et la façon ferme dont elles se posent au contraire sur la ligne, au fol. 81 r°. Or, comme les caractérisques du fol. 80 v° qui sont les mêmes au fol. 80 r° et au fol. 79 recto et verso, se retrouvent exactement aux fol. 85 et 86, suivant le schéma suivant :

quaternion V
31-32-33-34-35-36-37-38

quaternion VI
39-40-41-42-43-44-45-46

quaternio VI
39-40-41-42-43-44-45-46

quaternio VII
47-48-49-50-51-52-53-54

PRAEFATIO

SABBATO

ALIA MISSA GREGORIANA

ITEM ALIA

SUPER POPULUM

SECRETA

PRAEFATIO

PARTES OR ATIONIS

POST PENTECOSTEN

79.   80.   81.   82.   :   83.   84.   85.   86.

il est clair que, dans ce cas, le quaternion avait été partagé entre deux écrivains,
c'est-à-dire que les deux feuilles enveloppantes (79-86 et 80-85) avaient été remises
à l'un, et les deux feuilles du milieu (81-84 et 82-83) à l'autre, ou du moins qu'une
combinaison amiable de ce genre sera intervenue entre deux confrères. Dans tous les
cas — une fois les quatre feuillets du milieu isolés du quaternion — le premier et le
dernier de même que le second et l'avant-dernier restaient nécessairement dans la
même main ; on comprend que le copiste qui avait transcrit les deux parties antérieures de ces deux feuilles enveloppantes ait poursuivi sa tâche en transcrivant les
deux dernières parties correspondantes ou complémentaires, et l'on ne doit pas s'étonner d'y retrouver en effet son écriture.

J'arrête ici cette première série d'observations, pour en venir à des inductions plus
générales. Sous une apparence insignifiante, toutes ces constatations paléographiques
vont en effet nous conduire un peu plus loin.

Voici d'abord une question qui se pose — mais, à mon avis, qui se pose à peine — c'est
de savoir s'il s'agit ici d'une succession chronologique de travailleurs venant, l'un
après l'autre, remplir leur tâche dans le manuscrit, ou bien si l'on ne doit pas plutôt
conclure à la simultanéité d'un travail morcelé. Cela paraîtra peut-être une recherche
puérile, mais l'intérêt qui est en jeu vaut qu'on y regarde.

La première hypothèse n'est pas admissible. Si l'on emploie plusieurs moines, ce
n'est évidemment pas pour le plaisir de composer, dans un volume unique, une
véritable mosaïque des différentes écritures du Scriptorium de Saint-Gall, à un
moment donné, c'est bel et bien pour gagner du temps. C'eût été même de l'enfan-
tillage de retirer la plume des mains du copiste qui avait écrit les feuillets 79 et 80
du cahier XI, c'est-à-dire les deux premiers, pour la passer à un confrère qui aurait
copié les 4 feuillets du milieu, ni plus ni moins, et la rendre alors à celui-là, pour
qu'il écrivit les feuillets 85 et 86, c'est-à-dire précisément les deux derniers, correspondant à ceux qu'il aurait copiés avant l'interruption.

Je poursuis. Le fol. 80 v° de ce cahier XI s'arrête à la Secrète d'une messe ambrosienne de la férie III de la Semaine Sainte, et l'autre scripteur, celui qui avait reçu les
feuillets 81. 82. 83. 84. à remplir, commence à la Préface de cette messe. Admettons
que, pour une cause ou pour une autre, le nouveau scripteur n'ait abordé son travail,
ou que le quaternion n'ait été partagé qu'au moment où le premier scripteur était
arrivé au bas de sa 4ᵉ page (80). Comment celui-ci, délesté des 4 feuillets du milieu,
et n'ayant plus à remplir que les quatre dernières pages blanches du quaternion
(85 r°, 85 v°, 86 r°, 86 v°), correspondantes à celles qu'il venait de transcrire a-t-il pu
prévoir que son confrère s'arrêterait au bas du feuillet 84 v°, sur les mots *qui humeris*

13

filii tui ovem perditam reduxisti ad caulas, et a-t-il pu décider de continuer son
travail au milieu de la pièce à laquelle appartient cette incise, c'est-à-dire exactement
à l'inoise suivante : *qui publicanum pcibus vel confessione placatus es* (Migne. P. L.
78, 213) ? Il n'est pas admissible qu'il ait attendu que l'autre eût rempli ses 8 pages
pour reprendre au point précis où il s'était arrêté. C'était peut-être un vieux moine (la
tendance onciale de ses *m* minuscules le suggèrerait presque, en trahissant de vieilles
habitudes), et, sans doute, il écrivait trop lentement au gré du directeur du Scriptorium. L'exécution du Sacramentaire pressait. Quelque confrère charitable, je suppose, aura soulagé le vieux calligraphe d'une partie de sa tâche et se sera mis à transcrire le milieu de son quaternion, tandis qu'il lui en laissait achever la dernière partie.

Mais, encore une fois, ce morcellement du travail et d'un travail simultané n'était
possible que si le modèle à reproduire était suivi, page par page, et même ligne par
ligne. Peut-être arrivait-il qu'on s'affranchissait légèrement de cette sujétion quand
il ne s'agissait que d'éviter, en passant d'une ligne à l'autre, de couper un mot en
deux, soit en remontant à la fin d'une ligne la syllabe que le modèle renvoyait à la
ligne précédente, soit en faisant descendre, au contraire, au commencement de celle-
ci, les premières syllabes que le modèle avait amorcées à la précédente. Mais ceci
ne pouvait se pratiquer qu'autant que le copiste demeurait maître de ce qui suivait.
Le fol. 168 v° (quaternion XXI) rend la chose palpable, et je l'ai fait photographier
pour ce motif. L'auteur de ce cahier, parvenu à la fin de *sa dernière ligne,* s'aperçoit
qu'il ne peut employer la place qui lui reste — et il lui en reste même trop — à écrire
le mot *secura* tout entier, pour cette raison que le cahier XXII ne lui appartient
plus, mais qu'il est l'œuvre d'un confrère, et le cahier XXII commence précisément
par la syllabe *ra* de ce mot. Force est bien, dès lors, au copiste du XXI° quaternion
de s'en tenir rigoureusement au modèle, et de faire affleurer à la limite extrême de
la ligne les syllabes *secu.....* pour bien montrer que le mot demeure en suspens, et
qu'il appelle un complément, la syllabe *ra* de la page suivante. Mais il lui a fallu,
pour cela, laisser devant *et secu* un blanc tout à fait disproportionné, mais fort opportun pour nous, puisqu'il nous trahit son embarras, en même temps qu'il nous révèle
le caractère collectif et simultané de la transcription du Triplex.

L'écriture du religieux chargé de copier le quaternion suivant (XXII°) étant plus
serrée que celle du précédent, on dirait que, pour observer strictement la disposition
du modèle, ligne par ligne, il est obligé de recourir à tout moment à l'artifice des
longs espacements, que celui là n'avait dû employer que tout-à-fait au point de repère
entre son quaternion et le suivant. Maintenant il est possible aussi que cette désagré-
gation des mots soit tout simplement l'effet d'une habitude de main chez le copiste
du XXII°, et ce serait à noter pour les classifications des cahiers par écrivains.
Mais on ne retrouve plus l'écriture du quaternion XXII que dans le XX° quaternion.
Je reviens à mon raisonnement.

Nous sommes donc en face d'un travail collectif et simultané, et comme nos cahiers se repèrent comme s'ils avaient été composés par un seul, je veux dire d'une manière continue, successive, il est clair que ce travail et ce repérage n'ont pu être réalisés que grâce à la distribution, entre tous les travailleurs, d'un modèle tout semblable à reproduire, et dont les quaternions avaient été préalablement désagrégés en autant de portions qu'il y avait de copistes à participer au travail.

Ceci n'a l'air de rien, mais il faut prendre garde que nous ne pouvons en rester là. Par une conséquence logique, le Triplex devient, du même coup, bien plus précieux encore que ne le pensait Gerbert.

D'abord on ne doit plus juger de l'âge liturgique de ce Sacramentaire par les données paléographiques de la Copie qui nous est restée. Ces données nous placeraient en effet aux environs du xᵉ siècle, plutôt vers la fin, même, si je ne me⸴ trompe. A présent ce n'est plus cela. Ce n'est plus la paléographie, c'est la critique interne qui doit en décider sur des données plus profondes.

Je voudrais préciser nettement le nouveau point de vue auquel je me place. D'abord, de la démonstration qui a été faite jusqu'à présent, je tire le corollaire que voici : L'exécution, page par page, de la copie, entraîné nécessairement cette conséquence qu'ayant à suivre aveuglément la disposition matérielle de l'original et de la portion qu'il avait à en transcrire, aucun des copistes n'a pu, le cas échéant, intercaler à son rang telle fête ou telle messe, dont la célébration s'était introduite à Saint-Gall depuis la composition du modèle.

Je pars de là pour poser en principe, qu'étant donné ce mode de transcription, tout ce qui est de première main dans le manuscrit de Zurich n'est plus rien qu'un *fac simile* d'un original perdu, et doit être traité comme faisant foi pour lui.

Donc, en réalité, ce n'est plus en face d'un manuscrit du xᵉ siècle que nous nous trouvons. Le Triplex B, — c'est ainsi que j'appellerai désormais cette copie, — le Triplex B disparaît pour ainsi dire et fait place à une projection dans le xᵉ siècle d'un Triplex A, sorte de palimpseste dont on aurait seulement rajeuni l'écriture.

Or c'est maintenant ce manuscrit invisible qu'il s'agit de dater. Par quelle méthode y arriver? Est-il possible de découvrir jusque dans l'appareil de ces substructions quelques parties de dates différentes ? Dans le manuscrit de Zurich rien n'est plus aisé que de discerner les additions faites, plus ou moins longtemps après coup, sur des pages de parchemin demeurées d'abord en blanc. Sans parler des deux bulles d'Innocent III, qu'on s'est avisé d'y transcrire, au xiiiᵉ siècle, au milieu des messes votives, fol. 288, ni de la messe des 11000 vierges qu'on écrivait au fol. 288 vᵒ, vers la même date, il y a, plus près de l'époque à laquelle appartiennent nos 12 ou 14 copistes, d'autres additions moins inattendues, telles que des *missae pro amico* (fol. 279 vᵒ), *pro amicis* (fol. 280), *de sca Maria* (fol. 287 vᵒ), etc., et le style paléographique de celles-ci tranche si nettement avec le style commun à tous nos copistes, qu'il n'y a pas à s'y tromper. Parfois le titre lui-même de la pièce rapportée confirme l'impression

résultant soit de l'imitation maladroite, soit du style franchement différent. (Cf. par
exemple, l'*Ymn' Notkeri* (281 v°), la messe de Ste Waltpurge, (fol. 226 r°). Encore une
fois, pour le Triplex B, rien n'est plus aisé que ce discernement, parce que le manuscrit étant sous nos yeux, la paléographie peut en décider. Mais pour le Triplex A,
qui n'existe plus, comment suppléer au défaut des données paléographiques ? Comment savoir maintenant si tout ce que le Triplex B. nous donne de première main
était également de première main dans le Triplex A ? Comment le découvrir ? Par
un procédé bien simple. Il suffit d'examiner d'abord quelles sont, dans le Triplex A,
les messes qui se succèdent suivant l'ordre normal du calendrier, et quelles sont celles
qu'on trouverait reléguées *ad calcem*, en appendice, etc. Les messes de cette dernière
catégorie trahiront une addition postérieure. Un examen non moins facile à faire est
celui-ci : Remarquer : 1°, la date des fêtes les plus récentes qui se trouvent à leur place ;
et, 2°, à partir de ce jalon, une fois posé, la date des plus anciennes fêtes universelles
qui ne s'y trouvent pas. Cela fait, on obtiendrait d'emblée, le cas échéant, l'âge ap-
proximatif, non plus de la copie, bien entendu (je ne m'en occupe plus désormais),
mais de ce que je viens d'appeler improprement le palimpseste, le Triplex A. De lui-
même celui-ci se placerait donc entre la date de la fête la plus récente qui y figure *à
son rang*, et celle de la plus ancienne messe additionnelle *placée hors rang*. Ce n'est
plus qu'une question de *terminus a quo* et de *terminus ad quem*.

Malheureusement les deux termes de ce genre que nous offre le Triplex A ne nous
renseignent peut-être pas à souhait. L'un deux, celui qui limiterait à sa plus haute
antiquité possible la composition de l'original, est suffisamment indécis pour qu'il
reste une assez jolie marge encore à certaines divergences chronologiques en ce
qui le concerne.

En deux mots, ces termes sont, d'une part : la présence à son siège, de la fête de
saint Othmar (XVI Kal. Decembris), et, d'autre part : l'absence à leur rang, le 31
octobre et le 1er novembre, de la Vigile et de la fête de tous les Saints, qu'il faut aller
chercher, non seulement après les Communs, mais au milieu des messes votives.

Naturellement il s'agit bien ici, je le répète, dans le Triplex B de Zurich, pour l'un
comme pour l'autre terme, de deux rédactions de première main, puisque nous ne
nous occupons que de celles-là. Quant au Triplex A qui se cache derrière tout cela,
ce serait de seconde main, par hypothèse (une première hypothèse), qu'il s'agirait
pour la Toussaint, mais à coup sûr de première main pour saint Othmar.

En d'autres termes, la Vigile de la Toussaint n'étant pas à sa date, non plus que
la fête elle-même, on conclut de la rélégation de cette Vigile et de cette fête au milieu
des messes votives, que c'est à titre additionnel seulement, et de seconde main,
qu'elles ont dû finir par y être admises. D'où suit nécessairement la conséquence que
le travail tout à fait original était déjà clos.

L'hypothèse d'une seconde main facilite en ce moment mon exposition. Elle n'est pas toutefois inventée pour les besoins de la cause, et l'argument conserverait, au surplus, son efficacité sans cela, comme je le ferai voir plus loin. Mais la question ainsi posée, il n'y a plus qu'à voir où cela va nous situer chronologiquement.

Je commence par la date de la Toussaint.

Je sais bien qu'on cite habituellement le Décret de Louis le Débonnaire étendant obligatoirement la fête à toute la Gaule et à la Germanie, dès l'année 835. Mais les termes dans lesquels Sigebert de Gembloux, dans sa chronique, mentionne cette constitution impériale, ont trop de rapports avec le suspect Adon pour qu'on puisse être en sécurité sur ce terrain :

« 835. Monente Gregorio Papa (IV) et omnibus episcopis assentientibus, Ludowicus imperator statuit ut in Gallia et Germania festivitas omnium Sanctorum in Kalendis Novembris celebraretur, quam Romani ex instituto Bonefacii papae celebrabant. » (Migne P. L., tome CLX, col. 159).

Je sais bien qu'on cite encore d'autres exemples de la célébration de la Toussaint au 1er novembre, avant 835, notamment dans le nord de la France, en 822, date authentique des *Statuta Corbeiensia*. (lib. II. cap. 3). Mais ces déterminations ne sont certainement pas applicables partout dès ce moment.

Peut-être à Saint-Gall n'avait-on pas attendu jusque-là pour célébrer la Toussaint au 1er novembre. C'est possible. Mais je trouve préférable, pour la solidité de l'induction, de ne prendre pied qu'au moment où tous les Sacramentaires de Saint-Gall postérieurs au début du ixe siècle, je veux dire les nos 338, 339, 340, 341, &c., sont à jour sur cet article, et nous présentent la fête inscrite au 1er novembre. C'est moins élégant qu'une date précise. Mais c'est plus sûr, et cela suffit. Le point de transition que j'établis ici demeurerait d'ailleurs, quand bien même on n'accepterait pas l'hypothèse d'une deuxième main pour expliquer la position excentrique de la Toussaint dans le Triplex A. Il faudrait dire alors que la fête était vraiment admise à Saint-Gall avant le début du ixe siècle, mais comme ce n'était encore ni à titre officiel, ni peut-être à date fixe, on conservait à son égard autant de liberté que pour les autres messes quotidiennes et votives *in laude sanctorum*, groupées précisément toutes à sa suite. De fait, contrairement aux habitudes des rubricateurs pour les fêtes fixes, le titre de cette Toussaint ne porte ici l'indication d'aucune date dans le Calendrier. Il est *sine die*. La situation, dans cette autre hypothèse, revient donc au même. Cela voudrait dire que rien n'était encore venu faire sortir la fête de tous les Saints du groupe des messes ad libitum, pour l'introduire dans la suite des fêtes fixes. Dans l'une et l'autre hypothèse, il y a l'attestation équivalente de l'achèvement du manuscrit avant le xe siècle. C'est tout ce que j'ai voulu dire, mais je puis bien ajouter que la seconde hypothèse me sourirait davantage, en ce qu'elle expliquerait mieux la réunion en cortège, à la suite de la Toussaint, des messes votives *in laude sanctorum*, et pour une autre raison que je donnerai plus loin.

J'arrive à saint Othmar, le véritable fondateur du Saint-Gall allemand. Ici la chose est un peu plus délicate. Saint Othmar est mort en 759. Comme c'était en exil, et à la suite des sévices exercés contre lui par l'évêque de Constance, et que, d'ailleurs, il avait toujours été d'une sainteté éprouvée, les religieux de Saint-Gall le tinrent immédiatement pour saint, et, peu s'en faut, pour martyr. Ce ne fut toutefois que dix ans après, que ses reliques furent ramenées au monastère avec le déploiement liturgique qu'on devine. Elles y furent déposées avec honneur, derrière l'autel de saint Jean-Baptiste.

Le culte proprement dit s'établit-il dès cette date ? Il est fort difficile d'en décider. L'évêque de Constance, dont saint Othmar avait été la victime, était mort misérablement, et son successeur, qui cherchait à assurer, dans l'avenir, l'élection de ses neveux aux sièges abbatiaux de Rheinau et de Saint-Gall, avait certainement tout intérêt à ne point contrarier les fils du saint Abbé dans l'expression de leur vénération pour leur Père. Mais la façon exceptionnelle dont saint Othmar reçoit déjà dans le Triplex, seul avec saint Gall, le privilège d'une très grande lettre majuscule me ferait croire qu'il faut attendre encore que les miracles, le temps et une nouvelle circonstance éclatante aient de plus en plus developpé cette vénération. Il est vrai que la lettre majuscule peut fort bien n'avoir été mise que dans le Triplex B par un copiste qui aurait ensuite usé d'artifice et d'abréviations pour regagner le peu de parchemin consacré à ce petit hommage, et se remettre promptement au pas de l'original. — Il est vrai surtout que le relief calligraphique donné à l'*initium* dans la messe de saint Othmar, aussi bien que dans celle de saint Gall, peut fort bien n'être ici que l'équivalent d'un timbre de propriété, surtout si l'on considère qu'on ne s'est mis en pareils frais que pour Noël, Pâques, et la Pentecôte. La précaution était bonne à prendre, du reste, et ce n'était pas sans raison. Les manuscrits qu'on avait dû confier à l'abbaye de Reichenau, pendant les dévastations hongroises, en 925, n'étaient pas tous revenus après l'invasion. « *Cum reportarentur, ut aiunt,* dit Eckehard IV, *numerus conveniebat, non ipsi.* » Naturellement ce n'étaient pas les moins précieux qui étaient demeurés, sans doute en souvenir, à Reichenau. Ce ne serait donc pas de solennité, mais de propriété qu'on aurait été préoccupé dans les majuscules de saint Othmar et de saint Gall. Il n'y aurait, par conséquent, de ce chef, rien de tellement saillant, rien de tellement prématuré touchant saint Othmar, qu'on ne pût rigoureusement faire remonter jusqu'à cette première translation les premiers honneurs liturgiques rendus au saint fondateur. Nous serions alors aux environs de 770.

J'avoue que je préférerais me rapprocher de 60 ans. En 830, en effet, à la suite d'un accident survenu durant la reconstruction de l'Eglise, il y eut nouvelle élévation des reliques et nouvelle translation. Cette fois saint Othmar, en grand honneur, fut déposé dans l'église Saint-Pierre, derrière l'autel.

Il y a bien une troisième translation, celle-là tout-à-fait solennelle, à laquelle prit part l'évêque de Constance, en 864, et une part telle que c'est de lui que date la célébration *avec Vigile* de la fête du saint. Voici dans quels termes un témoin oculaire qui rapporte l'évenement, le moine Ison, s'exprime à ce sujet : « *confidentes præcipit ut, superveniente depositionis ejus die, vigilias ac Missarum solemnia honorifice perficiant, diemque illum tam ipsi quam omnis familia intra monasterium instituta in honore B. Othmari feriando cum gaudio spiritalis lætitiae festivum possideant.*

Cette nouvelle translation, l'intervention de l'évêque surtout, feraient certainement mieux notre affaire, encore que ce soit peut-être assez tardif ; il paraît bien en effet, que la reconnaissance et la vénération des moines n'avaient pas attendu jusque là pour rendre un culte à leur saint Patron. Mais peut-être aussi n'est-ce que d'une ratification authentique qu'il s'agit maintenant, soit que le décret épiscopal ait simplement conféré à la fête de la déposition de saint Othmar le caractère canonique qui lui manquait encore, soit qu'il ait eu pour effet de lui donner un nouveau degré de solennité par l'institution des *Vigiliae*. Sous une forme ou sous une autre, c'était, en tout cas, pour l'évêque de Constance, une excellente occasion de réparer et de faire oublier les indignes traitements infligés, un siècle auparavant, par son prédécesseur, au saint personnage qui devenait ainsi désormais l'honneur du diocèse tout entier.

D'après cela, le Triplex A fournirait donc l'attestation d'un état de choses antérieur, puisqu'il lui manque précisément cette Vigile, qui figure ensuite dans les autres sacramentaires de Saint-Gall. En revanche, il possède des *aliae orationes de s. Othmaro* qui ne se retrouvent plus dans la suite, sous aucune forme, et qui n'ont été utilisées ni pour la messe de la Vigile, ni pour celles, qu'on ajoutera également dans les manuscrits postérieurs, de l'Octave et de la Translation. La période d'effervescence euchologique des premiers jours une fois écoulée, l'autorité du monastère en aura sans doute laissé tomber les exubérances dans le domaine de la dévotion privée, pour s'en tenir au formulaire accepté canoniquement, peut-être précisément à partir de 864.

Je dois prévoir, ou plutôt poser moi-même, pour former un dossier complet, une objection.

A partir du quaternion XXIX, on remarque çà et là, dans le Triplex B des pages demeurées d'abord en blanc, et, presque toutes, remplies ensuite de 2° ou de 3° main.

Ainsi, dans le cahier XXIX : le dernier quart du fol. 225, le recto du fol. 226, les 9 dernières lignes du verso et le fol. 227 r° ;

dans le cahier XXX : les 10 dernières lignes du fol. 242 r°, tout le verso de ce feuillet et le feuillet 243 tout entier ;

dans le cahier XXXV, tout le verso du fol. 279 et les deux feuillets suivants tout entiers ;

dans le cahier XXXVI, tout le verso du fol. 287 et tout le feuillet 288, *sauf, les dernières lignes du verso.*

Or, c'est au milieu de tout cela, tout au début du XXXVI° quaternion (fol. 282 r°) qu'apparaissent la Vigile et la fête de tous les Saints.

Devant une telle apparence d'indécision dans l'ordonnance du manuscrit, il est naturel de se demander si nous sommes encore ici sous le régime du travail collectif, s'il s'agit toujours d'un modèle partagé entre les travailleurs, ou si l'œuvre n'est pas plutôt livrée désormais aux tâtonnements d'un seul, compilant pour la première fois, et, par conséquent, si ce n'est pas à lui qu'on serait redevable de l'introduction de la Toussaint. On pourrait croire aussi que ce quaternion est additionnel tout entier, qu'il a été exécuté à part, et intercalé entre deux cahiers qui ne se commandaient pas l'un l'autre, afin de ne pas troubler entre l'original et la copie la concordance néces- saire au travail simultané des autres religieux. De toute façon, le principe posé plus haut que tout ce qui est de première main dans le Triplex B n'est autre chose qu'un fac simile du Triplex A, ce principe croulerait par la base et cesserait désormais d'être applicable.

A cela je réponds premièrement que la variété des écritures persévère jusqu'à la fin, et qu'on ne voit pas du tout, dès lors, pourquoi la Toussaint, qui se trouve, aussi bien, parmi les messes aémères, n'a pas immédiatement pris place, à la suite de celle qui termine le fol. 179, sur l'une des cinq pages blanches qui séparent ce feuillet du quarternion XXXVI°. Les pages et les places vides du parchemin accuse- raient donc plutôt, elles aussi, la multiplicité des copistes, déjà suggérée, même ici, par la variété persévérante des écritures.

Ce n'est là, je l'avoue, qu'une réponse encore insuffisante, car l'ordonnateur du Triplex B peut fort bien avoir conservé quatre ou cinq collaborateurs, auxquels il n'aurait proportionné qu'à peu près la matière réservée à leur quaternion. Mais la base de ces répartitions proportionnelles reposant parfois sur des appréciations par trop inexactes, les copistes se seraient arrêtés au moment où la matière faisait défaut. Et c'est de là que viendraient les blancs qui s'observent à la fin des quaternions XXX et XXXV. Dès lors aussi, l'argumentation fondée sur les particularités d'un Triplex A qui, pour cette partie du moins, n'aurait pas existé, ou bien n'aurait pas servi de modèle, devient sans objet.

Cette fois voilà l'objection dans toute sa force. Mais il faut y répondre tout de suite :

1° qu'à tout le moins l'argumentation vaudrait encore pour toute la partie qui précède le quaternion XXIX, et qu'il resterait légitime de conclure que le Triplex A est antérieur pour cette partie, puisque c'est là que la Toussaint devrait être à son rang, et qu'elle n'y est pas.

Mais il importe de sauvegarder tous les droits que peut avoir le Triplex A sur le

Triplex B, et de savoir avec certitude ce qui lui appartient. Et je réponds 2° que la nouvelle hypothèse, ou l'objection, laisse à son tour subsister, entre autres difficultés, celle d'expliquer par quel hasard, le commencement des cahiers ne coïncidant pas toujours, tant s'en faut, avec le commencement de la messe, et celle-ci chevauchant donc sur la dernière partie d'un quaternion et sur la première partie de l'autre, le distributeur des matières a pu si exactement, sans modèle, déterminer quel mot, parfois aussi quelle syllabe devait être le point d'arrêt de celui-là, en même temps que le point de départ de celui-ci.

Car, c'est bien ainsi que les choses se passent, bien loin qu'il y ait des blancs à la fin de tous les quaternions, et des initia au commencement.

Et d'ailleurs, ce n'est même pas toujours à la fin des cahiers qu'on observe ces hiatus de transcription. Dans le XXIXᵉ, c'est entre le premier et le deuxième feuillets (une page ¹/₂), puis entre le recto et le verso du 3ᵉ feuillet de ce quaternion, qu'il était resté du parchemin libre. Dans le XXXVIᵉ, c'est mieux encore, c'est entre la 5ᵉ ligne du verso du 6ᵉ feuillet et la 18ᵉ ligne du verso du dernier feuillet. Et chose absolument bizarre, le copiste, au lieu de profiter de tant de parchemin libre, entame la transcription d'une messe tout au bas de ce dernier verso, à la 19ᵉ ligne.

Pour le coup, je dois insister ici. Car nous y sommes au vif de la question. C'est précisément à cet endroit que nous trouvons la réponse décisive, c'est-à-dire la preuve que ce n'est pas suivant des indications nouvelles et mal assurées, mais bien toujours conformément aux cahiers distribués du Triplex A, que les religieux continuaient leur copie collective et simultanée.

Voici d'abord comment les choses se présentent. Je profite de l'occasion pour remonter un peu plus haut, au cahier précédent, afin de bien placer la Toussaint dans son entourage.

QUATERNION
XXXV. — Fol. 276 . — Lig. 1 à 24. — Aliæ orationes contra fulgura.
Fol. 276' . — Lig. 1 à 2. — Fin.
Lig. 3 à 10. — Or. pro frugibus vel aerum temperie.
Lig. 11 à 24. — Missa de mortalitate.
Fol. 277 . — Lig. 1 à 5. — Fin.
Lig. 6 à 23. — Item alia de mortalitate.
Lig. 24. — Missa pro peste animalium.
Fol. 277' . — Lig. 1 à 18. — Fin.
Lig. 19 à 24. — Or. super aquā et sal ad animalia.
Fol. 278 . — Lig. 1 à 3. — Fin.
Lig. 4 à 12. — Alia Benedictio salis.
Lig. 13 à 20. — Oratio pro Agapen faciente.
Lig. 20 à 24. — Missa uude supra.

14

Fol. 278'. — Lig. 1 à 24. — Suite.
(couture)........
Fol. 279. — Lig. 1 à 10. — Fin.
          Lig. 11 à 23. — Item alia missa unde supra.
          Lig. 24.   — En blanc.
Fol. 279'. — Lig. 1 à 24. — D'abord en blanc. Occupé depuis par une
                             M. pro amico.
Fol. 280. — Lig. 1 à 3. — Fin.
          Lig. 4 à 10. — Missa pro amicis (également de 2ᵉ main).
          Lig. 11 à 24. — Initia des Introïts, Collectes, Secrètes et
                          Postcommunions des Dimanches après
                          la Pentecôte.
Fol. 280'. — Lig. 1 à 24. — Fin (le tout de 2ᵉ main, bien entendu).
Fol. 281. — Lig. 1 à 24. — Feuillet demeuré en blanc.
Fol. 281'. — Lig. 1 à 24. — Feuillet d'abord libre. Occupé depuis par
                             l'Ymn' Notkeri in fest. omniu scoru.

QUATERNION
XXXVI. — Fol. 282. — Lig. 1 à 17. — In Vigilia omnium scorum.
                   Lig. 18 à 24. — In festivitate omnium scorum.
         Fol. 282'. — Lig. 1 à 13. — Fin.
                   Lig. 11 à 24. — Missa cottidiana ad poscenda suffragia
                                   scorum.
         Fol. 283. — Lig. 1 à 4. — Fin.
                   Lig. 5 à 23. — Missa cotidiana in laude scorum.
                   Lig. 24.   — Missa omnimoda.
         Fol. 283'. — Lig. 1 à 24. — Suite.
         Fol. 284. — Lig. 1 à 23. — Fin.
                   Lig. 24.   — Pro salute vivorum vel in agenda com-
         Fol. 284'. — Lig. 1 à 24. — memoratione mortuorum.
         Fol. 285. — Lig. 1 à 3. — Fin.
                   Lig. 4 à 24. — Missa pro amicis viventibus.
         Fol. 285'. — Lig. 1 à 4. — Fin.
                   Lig. 5 à 23. — Missa communis sci Augustini.
                   Lig. 24.   — Item alia Missa Communis.
         (couture)........
         Fol. 286. — Lig. 1 à 24. — Suite.
         Fol. 286'. — Lig. 1 à 18. — Fin.
                   Lig. 19 à 24. — Missa votiva in commemoratione scoru.
         Fol. 287. — Lig. 1 à 24. — Suite.

Fol. 287'. — Lig. 1 à 4. — Fin.

Lig. 5 à 24. — *20 lignes en blanc d'abord, utilisées depuis pour la transcription d'une missa de sca maria.*

onglet recto........
onglet verso........

Fol. 288. — Lig. 1 à 24. — *Feuillet libre d'abord, et sur lequel on a copié au xiii⁰ siècle 2 bulles d'Innocent III et une Déclaration d'un ancien Abbé de Saint-Gall devenu dominicain.*

Fol. 283'. — Lig. 1 à 13. — *Parchemin libre utilisé au xiii⁰ siècle pour une messe in festo XI miliū Virginu.*

Lig. 14 à 17. — *4 lignes en blanc.*

Lig. 18 à 23. — Missa in tribulatione.

Lig. 24. — ut qui diu pro peccatis ūris affligimur ; INTERCEDEN

QUATERNION

XXXVII. — Fol. 280. — Lig.. 1 — TIBUS SCĪS TUIS, clementer in tua misericordia respiremus. P.

Lig. 2 à 12. — Fin de cette messe.

Lig. 13 à 24. — Missa pro tribulatis et pressuram sustinentibus.

etc., etc.

Si l'on conçoit qu'on laisse, entre certaines messes ou entre certaines parties d'un manuscrit, une page ou un feuillet blanc, pour mieux accuser certaines grandes divisions, il serait déjà singulier qu'on laissât derrière soi plusieurs pages entièrement libres entre deux objets d'une même matière, mais combien n'est-il pas plus bizarre de voir le copiste s'en aller rejeter la suite du texte qu'il a à transcrire non seulement à la dernière de ces pages blanches, mais tout au bas de cette page, à partir seulement de la 18⁰ ligne ? On comprendrait pourtant ce vide des 17 premières lignes si le manuscrit, dans d'autres endroits, avait ainsi des places réservées à de grandes miniatures ou à des lettres de grand luxe. Mais ici rien de pareil, et quelle apparence y a-t-il qu'on se soit tout à coup mis en frais d'enluminure pour une messe ordinaire *de tribulatione* ? Il n'y a qu'une explication plausible de cette anomalie, et cette explication est fort simple. Déjà le prochain cahier était aux mains d'un confrère qui, suivant ponctuellement le quaternion du Triplex A correspondant au sien, avait commencé sans hésiter par les syllabes *tibus*, certain que le complément du mot se

trouvait, toujours conformément au modèle, au bout de la dernière ligne du quaternion précédent, dont était chargé quelque autre copiste. Celui-ci, naturellement,
sachant fort bien, à son tour, la nécessité où il allait être de se repérer avec le début
ainsi réglé du quaternion dont il ne disposait pas, n'avait même pu songer à s'affranchir de la disposition des choses dans l'original, pour copier sa *Missa de tribulatione* dès la 5e ligne du fol. 287 r°, puisque, dans ce cas, ce n'était rien moins qu'un
hiatus de 4 pages blanches et 13 lignes qu'il lui eût fallu laisser béant entre les deux
parties du mot *interceden tibus*.

On peut demander pourquoi aussi tant de pages blanches, soit dans l'original,
soit dans la copie ; à la bonne heure, mais c'est une autre question. On peut y supposer une suppression ordonnée par le distributeur du travail, une détérioration
partielle du modèle, à la suite d'un accident, tel que l'incendie de 937, qui aurait
mis le sacramentaire hors d'usage et motivé précisément l'exécution rapide d'un
nouvel exemplaire. Peu importe. Quel que soit le motif pour lequel la transcription
d'une partie de l'original ait été suspendue, l'essentiel est que nous y trouvons
aujourd'hui, nous autres, la garantie même de la scrupuleuse exactitude avec
laquelle on a représenté, pour tout le reste, et en dépit de ces suppressions, la disposition matérielle du modèle jusque dans sa pagination. Les copistes l'ont bien suivie
du commencement à la fin, copiant, sans plus, les mêmes pièces avec les mêmes
repérages, aux mêmes endroits, les mêmes pièces, dis-je, y comprises donc celles qui
étaient additionnelles déjà dans le Triplex A, par conséquent celles de la Toussaint, si l'on veut que la Toussaint y ait été additionnelle.

Au reste, tout ceci peut se confirmer par une constatation bien simple à laquelle
j'ai déjà fait allusion. Il reste à Saint-Gall un certain nombre d'anciens sacramentaires, dont quelques-uns sont, à fort peu de chose près, je pense, contemporains
du Triplex B. Or, tous insèrent déjà la Vigile et la Fête de la Toussaint à leur place
respective, le 31 octobre et le 1er novembre. Si le Triplex B n'a pu pratiquer encore
la même insertion, ce n'était donc plus en raison de son âge, comme au temps du Triplex A, c'est parce que, copié dans des conditions moins indépendantes que celles où
se trouvaient ses contemporains, (cod. 339, etc.), nulle liberté ne lui était laissée de
s'affranchir de celui dont il devait être un véritable fac-similé, nous dirions aujourd'hui
une *copie diplomatique* dans toute sa rigueur. Ainsi pourraient peut-être s'expliquer,
du moins partiellement, quelques-unes des pages demeurées en blanc dans le Triplex
B. Il suffit qu'un biennion additionnel du Triplex A ait été confié à un copiste dis-
posant d'un ternion, comme dans le cahier XXXV. La différence entre les deux
fournit aussitôt l'écart de 4 pages blanches qu'on remarque entre ce cahier et le
XXXVIe, qui débute par la Vigile de la Toussaint.

Si je me borne à ces remarques en ce qui concerne l'original, ce n'est pas que la
copie elle-même, le manuscrit de Zurich, (le Triplex B), ne présentât à son tour

certaines additions qui lui sont fort peu postérieures et serviraient à préciser son âge. Il suffit de signaler, après le dernier Dimanche après la Pentecôte, fol. 226 r°, la messe de St. Walburge, copiée sur une page primitivement libre, et de noter, en même temps, que les autres sacramentaires de Saint-Gall, le n° 339, etc, la mettent de première main et à son rang, le 1ᵉʳ mai.

Mais la question paléographique qui m'occupe en ce moment ne visait qu'à situer l'original, le Triplex A. J'aurais pu parler encore, au sujet de celui-ci, des messes fériales, dites parfois d'Alcuin, et de deux messes *extra vagantes*, de première main, entre le dernier Dimanche après la Pentecôte et les Communs, l'une en l'honneur des saints Anges et surtout de saint Michel, l'autre en l'honneur de saint Benoît. Celle-ci diffère de celle qu'on lit au fol. 126, en l'honneur du même saint, mais au seul titre ambrosien, le 21 mars. Ni dans le document grégorien ni dans le document gélasien dépouillés par le Triplex A, et dont le premier lui avait cependant fourni jusqu'à une messe pour le *Natale Sci Gregorii papae*, dans aucun de ces documents, dis-je, il ne se trouvait donc une *Missa S. Benedicti*. La nouvelle messe se rattache-rait-elle à l'impulsion donnée à la liturgie bénédictine dans les monastères, en vertu du Concile d'Aix-la-Chapelle, en 817 ? Ce n'est pas impossible. Il faudrait alors renoncer décidément à dater de la 2ᵉ translation (830), l'origine du culte de saint Othmar, et nous rapprocher de la première (770 environ). Le Triplex A se placerait ainsi définitivement entre 770 et 817. C'est une question à étudier de plus près. Mais quoi qu'on fasse, il est désormais à une belle distance de son sosie, le Triplex B.

En tout cas l'absence du *Natale* de saint Benoît dans deux, sur trois, des sources du Triplex A justifierait une fois de plus l'intérêt des remarques paléographiques qui m'ont amené successivement à soulever toutes ces questions. Il est clair, en effet, que ce n'est pas avoir fait sortir de ces constatations toutes les révélations chronolo-giques qu'elles tiennent en réserve, que d'être arrivé à reconnaître sous les dehors du Triplex de Zurich un Triplex beaucoup plus ancien, et de se borner là. Le résul-tat définitif, rien qu'au point de vue de l'antiquité — et il est superflu de faire remar-quer combien ce point de vue importe — n'est pas atteint encore. On peut et l'on doit reculer toujours plus loin. Et pourquoi donc ? Sans rechercher si le Triplex A ne serait pas à son tour la copie augmentée, la nouvelle édition d'un Triplex X, c'est que ce Triplex A lui-même n'est déjà qu'une compilation, et quelle compilation ! Un travail analogue à celui dont il vient d'être sommairement l'objet, doit être fait maintenant sur chacun des trois sacramentaires que représentent toutes les messes gélasiennes, grégoriennes, ambrosiennes de cette compilation, chacune de leur côté, une fois dégagées du curieux groupement qu'on en a fait. Rien que la possibilité de faire, pour chacun de ces trois documents, à pareille date, un pareil essai de restitu-tion, présente un intérêt considérable.

Etant donné l'âge des plus anciens sacramentaires ambrosiens, ce serait un résultat déjà fort appréciable que de rencontrer dans le Triplex A l'aîné de tous, à l'aurore du ix⁰ siècle. Je ne sais ce que réserve l'étude attentive de ce document une fois isolé convenablement des deux autres et mis en rapport avec les exemplaires moins âgés, mais il est certain que son antériorité forcée sur le Triplex A lui-même lui donne un air mystérieux très provoquant. Il faut naturellement en dire autant des deux autres documents, le gélasien et le grégorien, qui ont fourni leur contingent au collection-neur.

Ce n'est pas tout. Ce qualificatif de « Gélasien » que M⁰ʳ Duchene pense avoir été mis en circulation par Walafrid Strabon, pourrait bien maintenant se réclamer d'un usage courant antérieur à l'abbé de Reichenau. En tout cas, nous savons maintenant ce qu'on entendait alors, et à Saint-Gall, par des messes gélasiennes, et ce n'était pas pré-cisément le Gélasien du Cardinal Tommasi, en trois livres, qui les fournissait telles quelles. Il y a ici tout un problème qui se pose, d'une façon beaucoup plus intéres-sante et plus heureuse qu'il ne s'était jamais présenté. C'est tout le groupe des sacramentaires de Gellone, d'Angoulème (B. N. 816), de Padoue, de Prague, de Rhei-nau, de Saint-Gall (348 et 350) et autres manuscrits fragmentaires du même genre (v. g. le ms. latin 2296 de la Bibliothèque Nationale), etc., à comparer et à situer.

De même aussi, pour le Grégorien, c'est toute la famille à laquelle appartiennent les sacramentaires de Pamelius, de Muratori, du Mans (77), etc.

Et puis, que signifie encore et quelle valeur traditionnelle authentique peut avoir sous une rubrique déterminée de « *Missa gregoriana* », « *gelasiana* » « *ambrosiana* », la spécification subsidiaire, au moyen des lettres a, g, gg, que telle oraison de cette messe déjà qualifiée serait ambrosienne, telle autre gélasienne, telle autre grégorienne, quand ce n'est pas à la fois qu'on trouve apposés ensemble deux ou trois de ces qualificatifs ?

Bref l'étude du Triplex met en question les origines et la propagation, les sources et les courants, les dénominations, la classification, la révision critique de toute la lit-térature euchologique en Occident. Le Triplex est, à lui seul, toute une synthèse, et le travail qu'il appelle doit être à son tour une synthèse critique de la matière.

La Bibliothèque de Saint-Gall se prête admirablement à ce travail, grâce au riche dépôt de vieilles traditions qu'elle offre aux liturgistes, pour ainsi dire sans interrup-tion, depuis le viii⁰ siècle. On sait d'ailleurs à quel point la curiosité y était éveillée sur toutes ces choses, et l'on n'imagine pas combien de secours et de données four-nissent à l'observateur quantité d'indications, soit à l'enore, soit à la pointe, inscrites en marge du 348 de Saint-Gall et du C. 43 de Zurich. On sent rôder l'éditeur d'un sacra-mentaire type (serait-ce le fameux abbé Grimold ?), critiquant, révisant, et faisant son choix, notant ce qu'il possédait déjà, ce qu'il acceptait, ce qu'il rejetait. Et naturelle-ment un nouveau travail s'impose alors, celui de rechercher et de noter l'influence que toutes ces indications peuvent ensuite avoir exercée sur les travaux subséquents ou sur la correction des travaux déjà exécutés à Saint-Gall et dans la sphère, si étendue, de son influence. Je crois qu'une monographie conçue dans cet esprit, rien que sur les manuscrits liturgiques de Saint-Gall, jalonnerait admirablement l'histoire d'un *scriptorium* dont il est banal de rappeler que l'Allemagne a été longtemps tributaire.

Une réflexion encore pour terminer. Il est évident qu'on est conduit à se demander quelle pouvait bien être l'utilité pratique d'une compilation telle qu'était le Triplex. Gerbert semble avoir cru, et l'on pouvait croire en effet avec lui, qu'il s'agissait d'un manuscrit absolument unique dans son genre, d'un recueil composé une fois pour toutes, afin de satisfaire la curiosité liturgique des religieux de l'endroit. Semblable curiosité se rencontrait parfois en effet. On connaît la demande qu'adressaient, en 1024, les deux chanoines de Ratisbonne, Paul et Gebehard, au custode de la basilique de Saint-Ambroise à Milan, pour en obtenir un exemplaire de chacun des livres de la liturgie milanaise, et la satisfaction qui leur fut donnée. Mabillon nous a livré toute la correspondance entre les uns et les autres à ce sujet, au tome I du *Museum italicum* (P II. p. 95-98) ; on serait même curieux de savoir, pour le dire en passant, ce que sont devenus ces documents.

Or, voici maintenant que le Sacramentaire *ex Triplici ritu* de Saint-Gall n'est plus qu'une copie, et probablement cette copie, pour avoir été confiée à tant de mains à la fois, devait répondre à des besoins constants, quotidiens, urgents ; on ne pouvait pas se passer longtemps de ce singulier livre.

Est-ce donc que la liturgie ambrosienne, qui du reste, s'avance encore aujourd'hui fort avant dans la Suisse, dans le Tessin, avait encore, au xe siècle, ses fidèles jusque dans le rayonnement de Saint-Gall ?

Ou bien est-ce que les zélés copistes du codex 914 auraient rapporté du Mont-Cassin, en même temps que leur fameux texte de la Règle de saint Benoît, quelque Missel du même lieu, pour se conformer de plus près aux traditions ambrosiennes qui y subsistaient encore, nous le savons, à cette date ? Il est remarquable, par le fait, que, seul des trois versés dans le Triplex, ce document fournissait à ce moment la messe de saint Benoît.

Mais les deux autres, qui n'avaient pas cette messe, d'où venaient-ils ? Pépin le Bref qui, lui aussi, mais plus anciennement, avait fait présent à saint Othmar lui même d'un texte de la sainte règle, y avait-il joint un exemplaire de l'un de ces Missels appelés gélasiens dans le Triplex, et dont celui de Gellone, celui d'Angoulème (pour ne pas sortir de France) étaient d'autres exemplaires ? (1)

Mais le Grégorien qui, lui non plus, n'avait pas encore la messe de saint Benoît,

---

(1) Libellum quem Benedictus Pater de coenobitarum conversatione composuerat eidem abbati tradidit, et alia regiæ dignitatis impertiens dona, id ei sub omni diligentia injunxit et in loco sibi commendato, ad supplendas beati Galli excubias, regularis ordinem instituerat vitae (Walafrid Strabo, *Vita S. Galli*, lib. II., cap. xi. — Migne. P, L., tome 114, col. 1013).

d'où lui venait-il, et quel âge son calendrier, dégagé des deux autres, permet-il qu'on
lui donne?

Et enfin quel amalgame était-ce donc là? Quelle situation liturgique, éclectique et
plutôt compliquée cela révèle-t-il autour du monastère, sinon dans le monastère lui-
même, à côté des *fratres graeci*, de leur psautier grec sur parchemin pourpré, de
leurs réminiscences des tropaires grecs ?

Ce sont là des questions qu'on pose plus facilement qu'on ne les résout. Mais n'est-
ce pas toujours une bonne aubaine pour l'histoire liturgique que de pareilles questions,
une fois posées avec quelque apparence de fondement, fassent travailler les esprits
sur des données nouvelles, à frais nouveaux ?

Dans les mémoires qui suivront celui-ci, je ne désespère pas d'apporter une
part contributive quelconque à la solution de l'un ou l'autre de ces intéressants
problèmes.

G. ZERETELI

ZWEI UNEDIERTE GRIECHISCHE SCHULTAFELN

In der aegyptischen Abteilung der Kaiserlichen Eremitage zu St. Petersburg befinden sich unter anderem zwei hölzerne Täfelchen mit griechischen Aufschriften, welche nicht des Interessanten· entbehren und die meines Wissens bisher nicht herausgegeben worden sind (1). Es wird angenommen, dass beide Täfelchen von Tischendorf aus Aegypten mitgebracht seien. Jedoch erwähnt letzterer sie in seiner « Notitia editionis codicis Bibliorum Sinaitici » (p. 69) nicht, wo doch eine vollständige Aufzählung aller von ihm im Osten erworbenen « antiquitates variae » gegeben wird, deren jetzt eine Menge in der Eremitage untergebracht ist. Gleichfalls existieren keine genauen Nachrichten darüber, wo, d. h. in welchem Teile Aegyptens, beide Täfelchen, welche nun den Gegenstand dieses Aufsatzes bilden, gefunden wurden.

Das eine Täfelchen oder richtiger Brettchen hat eine längliche Form : die Höhe beträgt 31 cm., die Breite — 17,5 cm. bei einer Dicke von 0,7 cm. Auf der Verso-Seite sind Reste einiger Worte und Buchstaben zu erkennen, auf der Recto-Seite befinden sich von zwei verschiedenen Händen mit Tinte geschrieben 20 Zeilen Uncialschrift aus dem II-III Jahrhundert n. Chr. Die ersten fünf Zeilen zeichnen sich durch eine gleichmässige Handschrift aus, die streng durchgeführt und in ihrer Art vollendet ist. Die Buchstaben sind leicht nach rechts geneigt; ihre Höhe schwankt zwischen 7 und 9 mm. ; nur β erreicht 1,3 cm., — mit einem Wort, im Schriftbild zeigt sich eine sichere und erfahrene Hand. Gegenwärtig sind diese Zeilen stark verwischt und sie lassen sich daher nicht ohne Mühe lesen ; doch ist mit Hilfe der nächsten Zeilen vollständig sicher nachstehendes zu entziffern :

ΕΘΙΖΕΣΕΑΥΤΟΝΥΠΟ
ΜΕΝΙΝΟΡΓΑΣΦΙΛΩΝ⫽
ΚΑΙΠΑΝΤΑΣΕΞΙΣΣΕΒΟ
ΜΕΝΟΥΣΣΕΩΣΘΕΟΝ⫽
ΓΟΝΕΙΣΤΕΙΜΑ

(1) [W. Golénischeff], *Ermitage Impérial. Inventaire de la collection égyptienne*, 1891, p. 190. Vitrine II 1138 et 1139.

Hierauf folgt ein freier Raum von ungefähr 2 cm, und weiter findet sich eine Zeile, von welcher sich im Ganzen nur ein Paar Buchstaben erhalten haben (am Ende ist deutlich zu lesen ατη⫽), die wohl kaum in einem Zusammenhange mit den ersten fünf Zeilen stehen. Mir persönlich will es scheinen, dass in ihnen der Rest eines anderen Textes zu sehen ist, der weggewischt wurde um dem jetzigen Platz zu machen. Für die Richtigkeit dieser Annahme spricht jedenfalls, dass die Schrift dieser Zeile (auch Uncialschrift) bei weitem kleiner ist als die der unsrigen; die Handschrift allerdings unterscheidet sich vielleicht auch nicht von der fünf ersten Zeilen. Zeile 7 und ff. sind nichts weiter, als eine dreimalige wortgetreue Wiederholung der ersten fünf mit nur folgenden Abweichungen : 1) im Worte ϵΞΙϹ = ἓξ(ε)ις ist alle dreimal ο statt σ geschrieben; 2) bei der dritten Wiederholung ist zufolge Raummangels die letzte Zeile (ΓΟΝϵΙϹ ΤϵΙΜΑ) fortgelassen; 3) das Zeichen ⫽ ist in der ersten Abschrift an das Ende einer jeden Zeile, ausgenommen die dritte, gestellt, in der zweiten Wiederholung steht es am Ende der ersten und fünften Zeile und in der dritten—fehlt es vollständig. Sowohl der widersinnige Fehler ϵΞΙΟ statt ϵΞΙϹ, als auch besonders die Handschrift und das ganze Schriftbild der Zeilen 7-20 beweisen, dass diese drei Abschriften der ersten fünf Zeilen von der Hand eines jüngeren Schülers in der Kalligraphiestunde ausgeführt sind, während die ersten fünf die Vorschrift des Lehrers bedeuten. In der Vorlage selbst tritt das Streben nach einer strengen Durchführung des Characters der Uncialschrift deutlich zutage, daher die Buchstaben, ohne Cursiv zu werden, getrennt von einander stehen. Eine gewisse Neigung zur Cursive, bemerkbar in der allgemeinen Ausführung der Buchstaben (ich babe das Vorherrschen der Abrundungen im Auge) und auch in der Form des hohen β mit dem engen oberen Halbkreise, erscheint als ein unfreiwilliger Tribut an die Zeit, ein Tribut, den mehr oder weniger sogar die Inschriften auf Stein aus den letzten Jahrhunderten der alten Welt entrichten müssen. Einen ganz anderen Eindruck erweckt die Abschrift des Schülers. Allerdings versucht er anfangs den Uncialschriftcharacter der ihm gegebenen Vorlage wiederzugeben, doch gelingt ihm dies nur in ganz geringem Masse. Hin und wieder beginnt er die Buchstaben mit einander zu verbinden; auf keine Weise will es ihm gelingen die Buchstaben in gleicher Grösse, Form und Neigung zu bilden und vergeblich bemüht er sich seiner Schrift den Character der Gleichartigkeit zu verleihen. Die Buchstaben fahren ihm nur so auseinander oder drängen sich andererseits einer auf den anderen und ballen sich zu einem Haufen zusammen. Von Stil ist in seiner Schrift daher gar nichts : es ist dies — eine regellose Anhäufung von Buchstaben, geschehen in der vergeblichen Hoffnung möglichst wenig von der Vorlage abzuweichen. Zu dem bereits gesagten sei noch hinzugefügt, dass die erste Abschrift (besonders Zeile 7 u. 8) besser als die folgenden gelungen ist. Je weiter die Arbeit fortschreitet, um so schlechter und nachlässiger wird die Handschrift. Man sieht wie der Schüler entweder ermüdete oder sich beeilte der unangenehmen Aufgabe so rasch wie möglich zu entgehen, der Mahnung φιλοπόνει, ὦ παῖ, μὴ δαρῇς (1) nicht gedenkend.

Man kann sofort sehen (hierauf weist auch das Zeichen ⫽ am Ende der zweiten und vierten Zeile der Vorschrift hin), dass die vier ersten Zeilen ein Distichon, — zwei jambische Trimeter — bilden :

ἔθιζε σεαυτὸν ὑπομένιν (l. σαυτὸν ὑπομένειν) ὀργὰς φίλων
καὶ πάντας ἕξις (l. ἕξεις) σεβομένους σε ὡς (l. σ' ὥσπερ) θεόν.

Die Orthographie ὑπομένιν und ἕξις (und auch τείμα) ist natürlich nicht ungewöhnlich : die Verwechselung von ει und ι gehört zur ältesten Phase der Entwicklung des Iotacismus und lässt sich schon in den Papyri des dritten vorchristlichen Jahrhunderts beobachten. Was den Hiatus im zweiten Verse anlangt, so kann man ihm entgehen, wenn man statt σε ὡς entweder σ' ὥσπερ oder σ' ὡσεί liest. Vorausgesetzt, dass der Lehrer beim Ausschreiben des Distichons aus einem Autor oder Gnomologion unbemerkt einen Fehler gemacht habe, so wäre die Lesart ὡσεί vom palaeographischen Standpunkt aus die wahrscheinlichere, da im Original ⲰСІ hätte stehen können. Selbstverständlich' ist es leichter den das ι darstellenden Strich, als ganze drei Buchstaben περ auszulassen ! Doch auch folgendes ist möglich : der Lehrer konnte das Distichon aus dem Gedächtniss niederschreiben. Einem alten Brauche folgend, wählte er zur Vorschrift Versen irgend eines Dichters, aber hierbei waren ihm die Gesetze der Metrik, wie auch die philologische Genauigkeit gleichgültig, um so mehr als seine Gelehrsamkeit der Orthographie nach zu urteilen starken Zweifeln unterliegt. Etwas anderes war ihm viel wesentlicher, nämlich die äusserliche Symmetrie in der Verteilung der Schriftzeilen. Da konnte die Silbe περ, welche dem Sinne nach nicht unbedingt notwendig war, im vorliegenden Fall diese Symmetrie zerstören. Alles dieses erweitere ich desswegen, weil das Fortlassen der Silbe περ sich eben so natürlich, wie dasjenige von ει oder ι erklären lässt. Was aber die Gebräuchlichkeit angeht, so hat ὥσπερ den zweifellosen Vorzug vor ὡσεί.

Uebrig geblieben ist bisher die fünfte Zeile : γονεῖς τίμα, doch ist nicht viel über sie zu sagen. Es genügt zu bemerken, dass wir in ihr offenbar den Anfang eines Monostichon zu sehen haben, dessen volle Form sich unter den γνῶμαι Menanders erhalten hat. Cf. Γνῶμ. μονόστ. 105 (Meineke, Com. gr. fragm., IV, p. 343) : γονεῖς δὲ τίμα καὶ φίλους εὐεργέτει.

Das andere Täfelchen hat eine Länge von 17,7 cm., ist 15 cm. breit und 0,5 cm. dick. Die Verso-Seite ist eine glatte leere Fläche ; auf der Recto-Seite befindet sich eine viereckige Vertiefung, welche den grössten Teil der Oberfläche einnimmt

(1) Erman-Krebs, Aus den Papyrus der Königlichen Museen (Berlin, 1899), S. 233 ; Ziebarth, Aus dem griechischen Schulwesen (Leipzig, 1909), S. 109.

und die mit einer dünnen Schicht vom Alter gebräunten Wachses bedeckt ist.
Die Breite des Randes, welcher die Vertiefung umgeht, beträgt 1,3 cm.; in
der Mitte des oberen Randes ist ein Bohrloch angebracht und im unteren Rand
links und rechts wieder je zwei, — mit einem Wort, wir haben es mit der einen
Hälfte eines Diptychons oder Triptychons, einer Notiz-Wachstafel, deren es in den
verschiedenen Museen Europas eine ganze Menge giebt, zu thun. Das Täfelchen
enthält sechs Zeilen Uncialschrift, die sich vorzüglich erhalten hat und dem III Jahrh.
n. Chr. angehört. Die Buchstaben haben eine geringe Neigung nach rechts und sind
alle ungefähr von derselben Grösse, doch ist in der Ausführung der Formen nicht
die entsprechende Gleichartigkeit zu beobachten. So wechseln breit angelegte
Buchstaben mit schmalen, runde und ovale, und die Schrift, die im allgemeinen von
einer erfahrenen und sicheren Hand zeugt, trägt nichts desto weniger einen
einigermassen nachlässigen Character. Des weiteren sind in der Schrift, obgleich sie
wohl Uncialschrift genannt werden muss, trotzdem hin und wieder rein cursive
Schriftzeichen bemerkbar, besonders bei am Ende der Zeile stehenden Buchstaben.
Hierher gehören zum Beispiel ε und σ in den Worten πίμπλατε (Z. 2), κέρδους (Z. 3)
und γέ | νοσ (Z. 5). Endlich zeigt sich die Neigung zur Cursive auch darin, dass alle
Buchstaben (zum Teil erklärt sich dies durch die Beschaffenheit des Materials) mehr
oder weniger mit Ausbuchtungen versehen sind, was bei strenger Uncialschrift nicht
vorzukommen pflegt.

Solcher Art ist die allgemeine Physionomie der Schrift, welche mit dem Stilus auf
unserem Täfelchen eingeritzt ist. Was den Text betrifft, so liest er sich, wie folgt:

ΑΠΑΝΤΑΜΕΝΤΑ
ΖΩΑΠΙΜΠΛΑΤΕ
ΤΡΟΦΗϹ / ΚΕΡΔΟΥϹ
ΛΛΠΛΗϹΤΟΝΕϹΤΙΝ
ΤΟΛΝΘΡΩΠΩΝΓΕ   5
ΝΟϹ / ΦΙΛΟΠ[ΟΝΕΙ]

Das Ende des Wortes φιλοπόνει ist mehrfach durchgestrichen und dessgleichen ein
Wort, das unter der sechsten Zeile stand; aber ausserdem trägt auch der oben
wiedergegebene Text hier und dort Spuren starker Einschnitte, mit welchen
dazwischen ganze Buchstaben durchgestrichen sind. Bedeutet dieser Umstand nicht,
dass unser Täfelchen seine letzten Dienste geleistet hatte, für untauglich befunden
wurde und, als solches, anstatt eine neue Wachsschicht zu erhalten, von seinem
Besitzer einfach vernichtet wurde, welcher mit ihm umgegangen ist, wie jener
bekannte Kottalos im 3 Mimus des Herondas?

Doch kehren wir zu dem Texte zurück. Man sieht auf den ersten Blick, dass auch
dieser, wie der Text des ersten Täfelchens, mit alleiniger Ausnahme des Wortes
φιλοπόνει, ein Distichon aus zwei jambischen Trimetern bildet:

ἅπαντα μὲν τὰ ζῶα πίμπλατε (l. πίμπλαται) τροφῆς,
κέρδους δ'ἄπληστόν ἐστιν (l. ἐστι) τὸ ἀνθρώπων (l. τἀνθρώπων) γένος.

φιλοπόνει

Angenommen, dass der Text die Vorschrift eines Lehrers darstellt (hierfür spricht die verhältnismässige Stilreinheit und die Regelmässigkeit der Schrift), dann befanden sich also auf den anderen jetzt nicht mehr erhaltenen Täfelchen die Abschriften des Schülers, die Wort für Wort und Zeile für Zeile die ihm gegebene Vorlage wiederholten. In diesem Falle stehen unserer Wachstafel die 1867 von Fröhner (1) publizierten Schulhefte des Marseiller Museums am allernächsten, welche anfangs die Vorschrift des Lehrers mit Hinzufügung desselben φιλοπόνει geben und hiernach drei Abschriften des Schülers mit den vom Lehrer bezeichneten Fehlern. Gleichfalls hierher gehören die Wachstafeln der Sammlung Abbot, welche zuerst von *Felton* in « Proceedings of the American Academy of arts and sciences, » III (1857), pp. 371-378 herausgegeben wurden und die Goodspeed jetzt von neuem im Artikel « Greek documents in the Museum of the New-York historical Society » (= Mélanges Nicole, p. 182) publiciert hat.

Was das erste Täfelchen der Eremitage anlangt, so kann man wohl die tabula lignea der Sammlung Abbot für die beste Parallele halten, welche durch einen Artikel desselben Feltons (*Proceedings* etc. IV, 1858, pp. 23-27) (2) ihre Veröffentlichung erfuhr. Denn auch auf diesem Täfelchen stand, wie auf unserem, die Vorlage des Lehrers oben und unter ihr begannen die Abschriften des Schülers, welche hier allerdings von ersterer durch die Wellenlinie getrennt waren (3).

So gehören denn die von uns behandelten Täfelchen einer längst bekannten Gruppe von Antiquitäten, den sog. Schultafeln, an und ihr ganzes Interesse besteht darin, dass sie uns zwei bisher unbekannte Epigramme überliefern.

Dorpat (Iuriew).

(1) Fröhner, *Tablettes grecques du Musée de Marseille*. Paris, 1867.
(2) Goodspeed, *o. c.*, p. 181.
(3) Cf. auch die hölzerne Tafel im Besitz der Königl. Museen zu Berlin (Inv. no 13.234), welche von Ziebarth in seinem Buche « *Aus dem griechischen Schulwesen* » (S. 109) beschrieben ist.

D. COMPARETTI

LA

BIBLIOTHÈQUE DE PHILODÈME

D'après l'écriture, déterminer la date ou l'âge d'un manuscrit ; d'après la date connue d'un manuscrit relever les signes distinctifs de l'écriture d'une époque, voilà deux problèmes qui rentrent l'un dans l'autre et qui constituent un des principaux sujets des études paléographiques. Les nombreuses découvertes récentes de papyrus d'Égypte ont jeté une grande lumière sur les vicissitudes, les variétés et les variations de l'écriture grecque depuis les premiers temps des Ptolémées jusqu'aux temps les plus avancés de l'empire. Mais ceci vaut pour les écritures cursives documentales et non littéraires, qui sont le plus souvent datées. Si on trouve un papyrus de cette espèce, non daté, on peut en déterminer la date approximative d'après les papyrus datés du même genre et du même type. Pour les papyrus littéraires, toujours dépourvus de date, et écrits en petite onciale calligraphique, traditionnelle, restée plus ou moins uniforme pendant plusieurs siècles, il est fort difficile d'en deviner la date ou même l'âge sans risquer de se tromper grandement. C'est que les manuscrits de cette espèce dont on peut, par des circonstances extérieures, fixer la date ou l'âge, sont bien peu nombreux et fort clairsemés dans la succession des siècles. Aussi, faute de base comparative suffisante, on a vu et nous voyons encore des écarts formidables dans la définition d'âge du même papyrus. Tel papyrus d'Hypéride qui avait été rapporté au IIe siècle avant J., plus tard, après bien d'autres découvertes, a été rapporté au IIe après J. Tel papyrus homérique qui récemment était rapporté au IVe ou Ve siècle, après J., aujourd'hui on le rapporte au IIIe. Pour le Hérodas, pour Bacchylide les mêmes écarts de quelques siècles et ainsi de suite ; et il n'est pas dit que les nouvelles dates soient certaines : elles ne sont que conjecturales. On tâtonne ; les indices sont d'une telle ténuité, leur valeur probative si faible qu'on ne sait s'y appuyer sans chanceler. On peut voir tout cela dans l'excellent livre de l'éminent paléographe du British Museum, Mr Kenyon, qui a bien raison de dire avec l'autorité de sa grande expérience : « Dating mss. by palaeographical indication alone is, to a considerable extent, a science of conventions » (*The Palaeography of Greek Papyri*, p. 79). Ce qu'il y a à faire, c'est de tirer tout le parti possible des papyrus littéraires dont on peut déterminer positivement l'âge ou du moins le *terminus ante quem*, ou *post quem*. Et sous ce rapport, il faut surtout concentrer l'étude sur les papyrus d'Herculanum, qui tiennent le milieu entre les papyrus littéraires d'Égypte du IIIe siècle avant J. (Flinders-Petrie, Grenfell) ou de la période que Mr Kenyon appelle *ptolémaïque*, et ceux de la période qu'il appelle *romaine*, allant du premier siècle de l'empire jusqu'à l'époque byzantine. En effet, les papyrus d'Herculanum offrent deux avantages inappréciables pour les questions dont il s'agit. D'abord, ils ne sont pas isolés, comme tous les papyrus littéraires trouvés en Égypte, mais ils composent toute une bibliothèque d'ouvrages d'auteurs différents et ils sont écrits par une quantité considérable de scribes différents ; ensuite, les limites d'âge de cette ancienne bibliothèque, la seule que nous connaissions, sont exactement déterminées. La limite inférieure est l'année 79 après J., date de la catastrophe d'Herculanum ; la limite antérieure est l'âge de Philodème dont les ouvrages constituent la plus grande partie de la bibliothèque, c'est-à-dire la première moitié du Ier siècle avant J. Mais pour les conclusions paléographiques à tirer de cette masse de manuscrits, tout paléographe doit tenir compte de l'histoire de cette bibliothèque et de sa composition, sujet qu'on a un peu trop négligé jusqu'ici dans ce qu'on a écrit sur la paléographie de ces papyrus (1) et dont je me propose de relever ci-après certains points de quelque conséquence à cet égard.

La place, relativement énorme, que tiennent dans cette bibliothèque essentiellement épicuréenne, les ouvrages aussi nombreux qu'insignifiants de Philodème parmi ceux, très peu représentés, des grands maîtres, Epicure, Métrodore, Polystrate, etc. ; la richesse princière de la Villa qui la contenait, avec des œuvres d'art nombreux et de premier ordre, bronzes, marbres, statues, bustes de philosophes, poètes, orateurs, hommes illustres de toute espèce; les notices que Cicéron nous donne largement sur Philodème vivant dans la maison de l'épicuréen L. Calpurnius Piso Caesoninus, dont il fut le maître et resta longuement l'ami et familier intime; voilà trois données qui combinées en bonne logique, nous suggèrent, et presque nous imposent de penser que nous avons là la bibliothèque de Philodème dans la Villa de Pison, de ce grand personnage, beau-père de Jules César, qui dans son proconsulat avait (Cicéron nous le dit) dépouillé la Macédoine de ses plus belles œuvres d'art. C'est là une thèse que j'ai amplement exposée ailleurs jadis (2), et qui resumée dans les termes ci-dessus doit être acceptée comme extrêmement vraisemblable jusqu'à production d'arguments

---

(1) Kenyon, *Pal. Gr. Pap.*, p. 70 sv. ; *The Palaeography of the Herculaneum Papyri,* dans la *Festschrift Th. Gomperz dargebracht*, p. 373 sv.

(2) *La Villa Ercolanese dei Pisoni, i suoi Monumenti e la sua Biblioteca.* Torino (Loescher) 1883.

décisifs pour l'exclure (1). Mais, laissant de côté le propriétaire de la Villa, parlons
plutôt de ce que nous, et beaucoup d'autres avec nous, avons appelé la Bibliothèque
de Philodème. C'est là une dénomination qui doit être appliquée avant tout au
groupe si considérable des œuvres philosophiques de Philodème dont la collection
complète était la spécialité et comme le noyau de cette bibliothèque ; car il est évident
que personne, si ce n'est l'auteur lui-même, n'a pu se soucier de recueillir tous ces
ouvrages, très probablement écrits pour son élève et ami chez qui il vivait, et qui
après la mort de celui-ci et de l'auteur furent vite oubliés à l'exception d'un seul,
d'histoire philosophique, (Σύνταξις τῶν φιλοσόφων) cité par Diog. Laërce, et dont deux
livres furent reconnus parmi ces papyrus et publiés par moi (Stoïciens) et par
Buecheler (Académiciens) et Mekler. Cicéron traite Philodème de vir doctissimus, et
ses ouvrages nous le montrent assez digne de ce titre pour son érudition ; mais
Cicéron nous dit aussi qu'il était beaucoup plus estimé et même admiré pour ces
poésies légères, gracieuses, élégamment érotiques et lestes, que pour ses œuvres
philosophiques jamais mentionnées par l'orateur. En effet, ce qui nous reste de ses
épigrammes justifie parfaitement le jugement de Cicéron et d'Horace aussi, qui,
comme Cicéron, doit l'avoir connu personnellement et ne le cite (Sat. 1, 2, 121) que
comme poète ; et c'est probablement pour ses poésies, que nous savons et voyons
accueillies dans les anciennes Anthologies, que Strabon rappelle l'épicuréen Philodème
comme une illustration de Gadara, sa ville natale, à côté de Méléagre, autre épigram-
matiste des Anthologies et de Gadara aussi. Ces poésies, qui eurent une grande
publicité, sont, par leur nature, aux antipodes du profluve de prose philosophique
de nos papyrus, destinée à Pison et au cercle de grecs dont ce bizarre grand personnage aimait à s'entourer avec son Philodème. On doit remarquer que dans cette
bibliothèque, strictement philosophique, où on peut compter, d'après les différents
titres, quelque chose comme 26 traités philosophiques de Philodème, on n'a trouvé
absolument rien de ses poésies.

Une étude approfondie de tout le groupe des papyrus de Philodème, considérés
dans leur ensemble comme recueil et au point de vue que je viens d'exposer, est
encore à faire. Quelques éléments pour cette étude furent donnés jadis par moi dans
mon Rapport sur les P. d'H. (La Villa Ercolanese p. 58-95) et après moi par
W. Scott qui dans son volume (Fragmenta Herculan. p. 11 ss. ; p. 92) a des
remarques fort judicieuses sur la composition de ce groupe d'ouvrages de Philodème
dans la bibliothèque de cet auteur ; les éditeurs et illustrateurs de chaque ouvrage,
tels que Gomperz, Mekler, Bücheler, Crönert et d'autres, ont fourni aussi des

---

(1) On a pu me contredire au sujet de quelque buste et d'une inscription trouvés dans la Villa
des papyrus. Mais ni Mommsen ni qui que ce soit n'a jamais pu infirmer la thèse telle que je viens
de l'exposer, dont la vraisemblance frappante a été généralement reconnue et même confirmée
par les studieux de ces papyrus. Aucun homme de science ne saurait faire attention au scepticisme arbitraire et gratuit de certains esprits.

observations concluantes sous ce rapport. On a vu que dans ce recueil de ses propres ouvrages, l'auteur, comme on pouvait s'y attendre, conservait des travaux ébauchés, esquissés, plus d'une rédaction successive du même ouvrage (celui *Sur la Rhétorique* p. ex.) plus d'un exemplaire du même livre retouché, remanié, refait. A côté d'ouvrages destinés au public, on y voit des traités hypomnématiques destinés à un cercle restreint d'auditeurs, d'élèves, de camarades d'études. Car Philodème n'était pas seul dans la maison de Pison ; il y avait avec lui plusieurs Grecs (1), probablement de son espèce, quoique inférieurs, qui ont bien pu être ses collaborateurs soit pour la composition, soit pour la transcription ou pour la révision de ses livres.

La variété des écritures dans tous ces papyrus est très considérable et on ne dirait pas qu'elles sont toutes de copistes de profession. Il y a, par exemple, un papyrus (157-152 Philodème Π. Θεῶν διαγωγῆς *Coll. Pr.* VI, Scott *Fr. Herc.*, 93 ss.) qui se distingue parmi tous les autres par son écriture hâtive aux lettres inégales et fort petites et par l'usage, tout à fait insolite dans ces manuscrits, de plusieurs abréviations. En bas de quelques colonnes, on y voit des notes, assez étendues parfois, qui sont positivement de la même main que le texte avec les mêmes abréviations et qui paraissent (étant peu lisibles) se rapporter au même sujet traité dans les colonnes relatives. On retrouve quelque abréviation pareille seulement dans une note, en caractères extrêmement petits qu'on lit en marge d'une colonne du 14° livre du π. φύσεως d'Epicure (Pap. n° 1148 *Coll. alt.* VI, 18, Gomperz *Zeitschr. f. oester. Gymn.* XVIII, 1867, p. 207 sv.). J'avançai, dans le temps (*Villa Ercol.* p. 72), sous toute réserve, l'idée que peut-être on aurait pu reconnaître la main de Philodème lui-même dans le papyrus 157-152 avec ces notes et dans la note marginale du pap. 1148. On fit quelque objection (Scott. l. c., p. 13, Birt, *Buchw.* 216) trop faible à vrai dire, pour exclure cette possibilité. Ce qu'il y a de positif, c'est que ce manuscrit d'un livre de Philodème avec des notes de la même main et de nature telle à ne pouvoir être attribuées qu'à l'auteur, avec ses nombreuses abréviations, ne peut pas être considéré comme l'œuvre d'un copiste professionnel, ni comme un exemplaire prêt pour la publication du texte définitif. Moins encore n'est l'œuvre d'un copiste la note marginale du livre d'Epicure ; cette mignonne petite écriture, avec abréviations qui contraste singulièrement avec l'écriture grande, ample, et vraiment professionnelle du texte, est due, comme Gomperz l'a bien vu, à un lecteur de ce livre du grand maître ; et le contenu de la note, explicative d'un passage du texte, nous dit que ce lecteur n'était pas le premier venu, mais un savant connaissant bien les anciens philosophes et les théories de Platon, dont il avait lu le Timée, sur les quatre

_____

(1) Cicéron (*in Pis.* 67) nous les décrit attablés au souper chez Pison, avec Philodème : « Graeci stipati, quini in lectulis, saepe plures ; ipse (Piso) solus, bibitur etc. »

éléments (Gompers l. c.) (1). Un examen plus attentif des originaux m'a fait reconnaître que la main de la note marginale, n'est pas la même que celle des notes et du texte du n° 157-152. L'usage des abréviations commun à ces deux écritures nous suggère le principe qu'à cette époque on ne se servait des abréviations que dans les écritures courantes comme celles-ci non exécutées par des copistes professionnels pour être publiées ; ce qui ne veut pas dire que tous les manuscrits sans abréviations soient de cette seconde espèce (2). Que dans la bibliothèque de Philodème, telle que nous la voyons, on doive s'attendre à trouver de l'écriture de la main de cet auteur, personne ne saurait le nier, et nous n'avons pas été le seul ni le premier à le penser. On peut s'attendre à trouver des ébauches d'ouvrages de sa main, des corrections, additions, retouches de sa main à des ouvrages dictés, des notes de sa main aux textes des auteurs dont il se servait pour ses travaux. Mais comment distinguer sa main parmi tant de mains différentes qui évidemment ne sont pas toutes de *librarii*, mais qui peuvent bien être de collaborateurs, secrétaires, élèves, *contubernales*? Le savant qui dans ces derniers temps a le plus fouillé dans les débris de la biblio-

---

(1) Je suis à même de donner ici la lecture complète de cette note que j'ai étudiée récemment sur l'original et dont Gomperz n'a pu déchiffrer les dernières lignes dans le dessin imparfait de la *Coll. alt.* :

τα ορθογωνα τι
τρ[αγ]ωνα χ'
χω[νι]κων χ'
πλ[ι]νθιων το
πυραμοειδες
χ' κυβοειδες
χ' εξαεδρον
χ' οκταεδρον
χ' δωδεκ'
χ' εικοσα
εδρον εξ ων
πλασσει ο συνθ
··
ιτης τα δ̄
στοιχεια ειδη
παθη

Le συνθίτης c'est Platon dans le Timée, dont la théorie sur les 4 éléments est combattue par Epicure dans le passage annoté.

(2) Nous trouvons l'usage des abréviations assez répandu déjà au IIIᵉ siècle avant J. (Pap. Flinders-Petrie), mais toujours et uniquement dans des écritures documentales, jamais dans des papyrus littéraires. Plus tard on trouve beaucoup d'abréviations usitées dans le célèbre papyrus de la 'Αθ. Πολιτ. d'Aristote, qui est, comme on sait, postérieur à Vespasien. Mais ce manuscrit en cursif hâtivement écrit par deux particuliers, pour usage personnel, sort tout à fait des normalités des écritures littéraires professionnelles, et se range, malgré son sujet littéraire, dans la catégorie des écritures documentales dont il suit les procédés. Les quelques autres exemples connus (Kenyon, *Pal. Gr. Pap.* 32 sv. 154 sv.) sont de la même espèce. Règle générale pour tous les anciens copistes de profession : dans les éditions normales des *livres*, pas d'abréviations.

thèque de Philodème, Mr Grönert, a été plus que tout autre mené par ces études sur le contenu de celle-ci à y rechercher la *manus Philodemi*; et il a cru la reconnaître dans certaines notes qui accompagnent le texte de plusieurs papyrus, mais principalement celui du pap. n° 1021, qui contient un livre de la Σύνταξις τῶν φιλοσόφων de Philodème relatif aux Académiciens (1). Dans ce ms. dont le texte présente un désordre singulier, en partie dû au scribe, en partie au *glutinator*, mais en partie aussi à l'auteur peu exact dans la distribution des extraits qu'il faisait pour sa compilation, on remarque en marge de la col. VI 12-17 une note de telle nature qu'évidemment elle ne peut avoir été ajoutée au texte que par l'auteur. Dans la longue liste des disciples de Platon, après les noms d'Erastos et Asklépiades et avant ceux d'Archytas, Chion, etc., la note (d'une main qui n'est pas celle du texte) ajoute : [ὁ Κυζικη]νὸς Τιμόλας· Καλ]λ[ι]γέ[νης 'Αθη[ναῖος· Τιμό[λ]ας τοὺς]ἐν τῷ] περι] δειπν[ῳ]..... Ce n'est par là ni la correction d'une erreur ni une interpolation; c'est une addition au texte, comme plusieurs autres qu'on remarque dans ce manuscrit. L'auteur en compulsant ses sources a vu qu'il avait omis ces noms et les a ajoutés en marge à leur place. Le pap. n° 164, dans lequel Crönert a reconnu un autre exemplaire de ce même livre nous montre introduit dans le texte ce que nous voyons en marge dans le n° 1021. Il en résulte que le n° 1021 n'est que la première copie imparfaite et mal composée aussi dans les κολλήματα, du livre encore imparfaitement rédigé, sur laquelle l'auteur a marqué les transpositions et les corrections à faire ainsi que les notices à ajouter ; le n° 164, dont malheureusement il ne nous reste que fort peu de chose, est la bonne copie du livre dans sa rédaction définitive. J'ai longuement examiné ce manuscrit avec le prof. Bassi dernièrement à Naples et j'ai trouvé que les conclusions de Crönert sont bien légitimes et, d'après moi, irréfutables. Il y a dans le 1021 plusieurs notes marginales ou interlinéaires, pas bien lisibles la plupart, mais sans doute de la même main que la note citée (Col. 6 l. 6, C. 7. l. 1, C. 8 supra, C. 8 infra ; C. 24 l. 3, 4) ; d'autres notes, col. 9 et col. 20, sont de la main du copiste (2). Dans un des volumes du π. ῥητορικῆς de Philodème (n° 1426, *Coll. pr.* IV,

---

(1) Crönert, *Die Ueberlieferung des Index Academicorum*, Hermes, 38, p. 369, 400 ; *Kolotes und Menedemos*, p. 184 ; *Rheinisches Museum* 62 (1907) p. 624 ; dans ce dernier article il formule son opinion définitive, contre ses propres doutes et ceux de A. Körte *Gött. gel. Anz.* 1907 p. 264. Les travaux de Mr Crönert sont un peu trop farragineux, un peu trop surchargés de minuties sans valeur, un peu trop enchevêtrés et dépourvus de perspicuité dans l'argumentation inductive et conjecturale ; mais ils sont d'une laborieuseté de χαλκέντερος tout à fait allemande, consciencieuse et éclairée, et d'une grande utilité pour tous les studieux de la Bibliothèque de Philodème et des papyrus d'Herculanum en général.

(2) Entre les l. 2-3 de la col. 20 on lit de la main du copiste ΚΑΤΩ. On trouve le même mot écrit par le copiste entre deux lignes d'un fragment du π. ῥητορικῆς de Philodème (*Coll. alt.* XI p. 114) et de la 5e col. du livre Ier du même ouvrage (*Coll. alt.* V. p. 33). Sudhaus (*Philod. Vol. rhet.* I p. xiv et p. 9) a pensé avec raison que ce κάτω se rapporte à ce qu'on voit écrit en bas de cette colonne de la main aussi du même copiste qui aurait ainsi réparé à une omission. On voit

2) il y a, col. 7 l. 12, l'addition interlinéaire et marginale : καὶ πολλῶι γε πλείους τῶν μαθόντων qui sans aucun doute est de la même main que la note du 1021. Dans le nº 1506 (*Coll. alt.* III, 1-71), qui est un autre exemplaire du même livre écrit par un copiste différent, on voit (col. 53) les paroles ajoutées introduites à leur place dans le texte; ce qui paraît établir entre cet exemplaire et l'autre le même rapport qu'entre 164 et 1021 (1). Dans la col. 9ᵉ du 1426 on voit entre les lignes et en bas des petites additions ou corrections qui semblent à Mʳ Bassi de la même main. Maintenant, si des arguments plausibles nous indiquent dans ces notes la *manus Philodemi*, dans les recherches ultérieures il ne faudra pas trop oublier les caractères distinctifs essentiels de cette main ni attribuer trop hâtivement et sans circonspection à Philodème les notes qui se trouvent dans les différents volumes de ses ouvrages et même des ouvrages d'autrui. Sous ce rapport il faut dire que Crönert s'est un peu trop dépêché à chercher la main de Philodème dans les notes marginales de 157-152 (Philod. π. θεῶν), 243 (Philod. π. εὐσεβείας), 558 (Philod. π. Σωκράτους), 1148 (Epicur. π. φύσεως) (2). La main des notes du 1021 et du 1426, qui serait de Philodème, n'a absolument rien de commun avec la main des notes et abréviations du 157-152 et du 1148 (3); elle est aussi bien différente de celle du 243. Quant à 558 contenant des fragments d'une histoire de Socrate lus et publiés par Crönert (*Rheinisches Mus.* 1902 p. 285 ss.) d'après des dessins inédits, les deux ou trois *lemmata* (p. 295, 297, 298) qu'il croit de la main de Philodème (*Hermes* 38, p. 369) sont aujourd'hui réduits à si peu de chose dans l'original qu'on ne peut rien affirmer sur leur écriture.

On pourra encore procéder dans la recherche de la *manus Philodemi*; mais il faut le faire méthodiquement en tenant compte de ce qui est acquis; et avant tout il faut le faire en étudiant directement les manuscrits originaux, et non pas les dessins qui ne peuvent révéler que la main du dessinateur, car chacun comprend que le caractère personnel d'une écriture n'est pas défini seulement par la forme des lettres.

Avec cela on devra combiner l'étude commencée déjà par Crönert et autres, des différentes phases de la composition ou compilation des ouvrages de Philodème, depuis la parole dictée ou le manuscrit de l'auteur, jusqu'à l'édition définitive par des copistes professionnels. Car à côté des exemplaires que nous voudrions appeller *d'étude*, réservés à l'auteur ou à son cercle, il y a, comme on peut bien s'y attendre, dans la bibliothèque de Philodème des exemplaires de rédaction finale *publiée*. Et à ce propos je dois appeler l'attention des studieux sur certaines signatures ou *subscriptiones* qu'on lit au bout de quelques rouleaux :

aussi en bas de la 20ᵉ col. du 1021 une note assez longue mais presque illisible à laquelle doit se rapporter ce κάτω (v. Crönert *Hermes* 38 p. 369, Mekler *Acad. Ind.* p. xiii et 72, 75), mais celle-là est aussi de la main du copiste.

(1) Sudhaus (II, p. 261) donne ces paroles dans le texte d'après 164 sans marquer la différence entre les deux exemplaires.

(2) *Abkürzungen in einigen gr. litt. Pap.*, *Archiv für Stenographie* 1902 p. 73 ss.

(3) Crönert reconnaît cela dans son article du *Hermes* 1903 p. 369.

Pap. n° 1426 (doublet de 1506) Plilodème *Sur la Rhétorique*; au dessous de la dernière colonne, d'une main différente de celle du texte, on lit :

Ποσειδωνακτος

του Βιτωνος

σελ σδ

La lecture des Acad. Herc. (*Coll. pr.* IV, 2, p. 45 col. XVI) Ποσειδῶν αὐτὸς, acceptée par Birt (qui l'explique fort mal, *Buchw.* p. 124) et par Sudhaus (*Ph. Vol. Ph.* II, p. 272) a été justement rejetée, comme absurde pour le sens et la grammaire, par Gomperz (*Zeitschr. f. œsterr. Gymn.* 1867 p. 671) qui a lu Ποσειδώναχτος (on connaît quelque exemple de ce nom Ποσειδῶναξ), suivi par Usener (*Epicurea* p. 416) et par Crönert (*Kolotes* etc. p. 162). J'ai longuement examiné cette souscription avec le Prof. Bassi et j'ai vu que les deux lettres **AK** étant incomplètes par dégat du papyrus, on explique qu'on ait pu lire **AY** sans exclure qu'on puisse lire **AK**. Mais Gomperz et les autres ont eu tort de penser que ce nom au génitif soit celui du possesseur de ce volume; on ne voit pas pourquoi le possesseur aurait marqué après son nom le nombre des σελίδες, ce qu'on ne peut attendre qu'après le nom du copiste ou du libraire dont dépendait le copiste. Du reste, on conçoit facilement qu'un livre de Philodème ne peut pas être parvenu à la bibliothèque de celui-ci après avoir appartenu à un autre propriétaire ; et il faut dire aussi que le propriétaire d'un volume pareil, n'irait jamais écrire son nom dans l'intérieur au fond du rouleau, mais il affirmerait sa propriété à l'extérieur du volume roulé.

Tout ceci peut nous éclairer pour d'autres souscriptions semblables qu'on trouve au fond d'autres livres de cette bibliothèque, qui ne sont pas de Philodème, mais d'auteurs plus anciens.

Pap. n° 336 + 1150 (*Coll. pr.* IV, 1) Polystrate, *Sur le dédain irraisonnable*; au dessous de la pénultième (23°) col. en petit demi-cursif :

Μαρκου Οκταυιου

Pap. n° 1149-993 (*Col. alt.* X, 111) Epicure *Sur la Nature*, livre 2°; au dessous de la col. XVI (probablement la pénultième) en petit demi-cursif:

Μαρκου Οκταουιου

La main de cette souscription étant différente de celle des deux mss. qui diffèrent aussi l'un de l'autre, il faut absolument exclure que ce soit là la main du copiste. On a donc pensé ici aussi que ce nom au génitif était celui d'un possesseur de ces manuscrits, des mains duquel ils seraient passés dans celles de Philodème ou de Pison; ce qui pourrait sembler plus plausible dans ce cas où il ne s'agit pas d'œuvres de Philodème mais d'illustres auteurs plus anciens (Scott, *Fr. Herc.* p. 15, Wilcke *Polystr. Epicur.* etc. p. xi). Mais il n'y a aucune raison de croire que la personne

dont le nom figure à la même place dans ces mss. fût d'un état tout à fait différent de
celle dont le nom figure à la même place dans le n° 1426 au-dessus du nombre des σελίδες.
Que ce nombre ne se trouve pas ici, ne prouve rien ; car c'est par exception qu'il se
trouve au dessous de la signature dans le n° 1426 ; ordinairement sa place est dans
la page du titre avec les notes stichométriques. Il faut donc conclure que le possesseur de ces volumes ne pouvait pas être, comme on l'a pensé, un noble romain quelconque, mais devait être, comme Scott l'a aussi supposé, un libraire, qui aurait vendu
à Philodème ou à Pison ces volumes exécutés dans son atelier. Il faut dire que les
exemplaires portant ces signatures sont bien beaux. Il devait y avoir à Rome plusieurs établissements de copisterie latine et grecque semblables à celui de Pompo-
nius Atticus, le riche ami et libraire aussi de Cicéron. — On remarque ici le nom de
ce romain Marcus Octavius écrit en grec et grécisé dans ces copies de livres grecs, par
lui-même, ou par qui ?

Pap. n° 1032 (*Coll. alt.* VI p. 96 sv.) Colotes *Contre l'Euthydème de Platon.* Au-
dessous de la dernière (23ᵉ) col. à droite entre la colonne et le titre :

ΧΑΡΙC...

Cette souscription, échappée au dessinateur, a été remarquée par Bassi, qui me
l'a communiquée, et par Crönert. Ce dernier (*Kolotes u. Mened.* p. 162, 170) supplée
Χαρισ[ιου, et considère ce nom comme celui d'un premier propriétaire du volume.
Bassi me dit que la main ne lui semble pas différente de celle du texte et qu'il avait
songé à suppléer Χαρισ[ιος au nominatif, nom qui serait, dit-il, celui du copiste. Je n'ai
pas vu l'original et je ne sais si ce nom était seul et isolé, ou bien suivi par un patro-
nymique et la notation des σελίδες dans la page du titre. En tout cas il faut exclure le
nom d'un possesseur. L'analogie des autres souscriptions nous suggère qu'il y eût là
au génitif un des noms commençant par Χαρισ... et que ce fût le nom d'un libraire
ou tout au plus d'un copiste ou d'un diorthote.

Pap. n° 1050 (*Coll. pr.* IX) Philodème *Sur la Mort l. 4ᵉ.* En bas de la page du titre
à gauche, tout près de la fin de la dernière (21ᵉ) colonne :

CE[ΛΙΔ]ECEKA
TONΔEK[Α]OKTΩ
• ΔΙC[

Le gros point en haut devant le Δ, omis par les dessinateurs, a été vu par Bassi
qui me l'a communiqué avec les notices que la troisième lettre généralement lue C
peut être la moitié d'une O et qu'elle est suivie par des traces de lettres indéchiffrables.
On a lu toujours διω..., mais ni Gomperz, ni Mekler ni aucun des éditeurs n'a expliqué
cette lecture. Birt (*Buchw.* p. 506) lit διζ et songe à une double copie, ce qui n'est pas
sérieux. La troisième lettre d'après moi et selon le dessin est positivement un O. Bassi
propose Δι(ο)[νυσιος] ou Δι(ο)[νυσιου], nom d'après lui, d'un copiste ou d'un possesseur.

La place où ces lettres se trouvent, au dessous du nombre des σελίδες me fait plutôt
penser à une note relative à la diorthose du volume, διορθωμένον? ou διορθωτέον? Je ne
connais pas d'exemple d'une note pareille dans des papyrus aussi anciens, mais pour
des manuscrits d'époque plus basse on peut citer le Dioscoride de Paris où on lit à
la fin ΙΔΙΩ que Montfaucon entendait comme le nom d'un copiste Diodoros, mais
que Graux interprèta Ἰωάννης διώρθωσα (1). Le gros point en haut doit être un appel
d'attention comme ÷ lemniscus — hypolemniscus, etc. Mais tout ceci n'est que conjecture.

En dehors des ouvrages de Philodème, la bibliothèque contenait des ouvrages philosophiques d'auteurs grecs plus anciens, tels que Epicure, Métrodore, Colotes,
Polystrate, Carniscos, Démétrius, Chrysippe et autres. Ces livres, qui étaient des
classiques pour les études philosophiques de Philodème, ont bien pu appartenir à sa
bibliothèque, mais rien ne prouve qu'ils n'aient pu appartenir à la bibliothèque de
Pison, et rien ne nous dit *quand* chacun de ces ouvrages est venu s'ajouter aux
ouvrages de Philodème. Il y en a qui peuvent bien avoir été dans la maison avant
Philodème; il y en a qui peuvent avoir été ajoutés plus tard après lui et après Pison.
Il ne faut pas oublier que les papyrus ont été trouvés dans trois différentes localités de la Villa, dont une était une petite chambre servant, paraît-il, de bibliothèque; un groupe fut trouvé dans le *tablinum*, un autre sous le peristyle près du
tablinum. (*La Villa Ercolan*. p. 57). Séparés du reste, réunis en un faisceau
(une *capsa* probablement) furent trouvés les manuscrits latins, qui, d'après le
contenu de l'un d'eux, doivent avoir été introduits dans la Villa au temps de
Tibère. Pour les papyrus grecs, nous ignorons de quelle des trois localités chacun d'eux provient, car, pendant les fouilles, ils furent accumulés tous pêle-mêle
sans distinction de provenance. Les souscriptions nous disent que quelques-uns
des livres d'anciens auteurs furent copiés à Rome dans des établissements de
copisterie. Il est possible et même probable que plusieurs aient été copiés par les
gens de Philodème chez Pison. Mais il faut penser aussi (et surtout quand on voit
deux ou trois exemplaires d'un livre d'un grand auteur tel qu'Epicure) qu'il y eût
dans cette bibliothèque des volumes plus anciens acquis au dehors et particulièrement prisés pour leur provenance et leur âge. Tel est, p. ex, a mon avis un volume
qui contient le 18ᵉ livre du π. φύσεως d'Epicure (*Coll. alt.*, VI, p. 37 sv.), et qui présente au-dessous du titre la note singulièrement remarquable :

τῶν ἀρχαίων

ἐγράφη ἐπὶ Νικίου τοῦ μ(ετὰ Ἀντι)φάτην

Après Gomperz (*Zeitschr. f. d. oesterr. Gymn.* XVIII (1867) p. 207 ss.), je me permets d'exprimer sur cette note mon opinion peu différente de la sienne. La date est

_____

(1) Gardthausen, *Gr. Pal.* p. 374.

celle de la publication du 18ᵉ livre, Ol. 121, 1 = 296/5 av. J. lorsque Epicure avait
46 ans, comme Gomperz l'a bien remarqué. Une date ainsi marquée on la trouve
sous le titre du 15ᵉ livre du même ouvrage d'Epicure (Coll. all. VI p. 24 sv.), où
Gomperz a bien lu et suppléé ἐφ' Ἡ)γεμάχου, ce qui veut dire Ol. 120, 1 = 300/299
av. J.

Nous avons donc là des exemplaires qui ont été copiés sur ceux de la première
édition de ces livres, dans laquelle l'année de l'édition était marquée. Dans le livre
18ᵉ la date était d'abord simplement ἐπὶ Νικίου, comme dans le 15ᵉ ἐφ' Ἡγεμάχου, car
alors il n'y avait pas encore eû d'autres éponymes du nom de Nikias. La copie du 18ᵉ
l. ayant été faite lorsque il y avait eû plus d'un Nikias éponyme, l'auteur de la copie
(qui l'est aussi de tout le titre avec la note) a cru à propos d'ajouter ce τοῦ μετ'
Ἀντιφάτην et de signifier avec ce τῶν ἀρχαίων que la copie avait été prise sur les anciens
exemplaires portant cette ancienne date. Or, à qui me demanderait si cette copie a
pu être faite à Rome du temps de Philodème, je répondrais résolument que non.
Elle n'a pu être faite qu'en Grèce, probablement à Athènes, où chez les Epicuréens
on trouvait encore facilement des ἀρχαῖα des livres du maître, et par quelqu'un qui
était bien au courant de la succession des archontes athéniens. Après le Nikias suc-
cédé à Antiphate du vivant d'Epicure, nous trouvons un Nikias éponyme de l'Ol.
124, 3 = 282/1 et bien plus tard un autre Nikias éponyme avec Isigènes de l'Ol.
161, 4 = 133/2. J'ai lieu de croire que la copie est plutôt antérieure que postérieure
à ce dernier. La jolie écriture, petite, proportionnée à la petite largeur des colonnes,
se distingue de celle de tous les autres papyrus et se rapproche singulièrement pour
son type de celle du pap. (Flinders-Petrie) du Phaedon (pl. Vᵉ) qui est du IIIᵉ siècle
av. J.

Quant aux ouvrages de Philodème, certainement ils ont dû être écrits à Rome, et
s'il y en a qui peuvent avoir été écrits avant sa venue dans cette ville, il n'y a pas
d'exemplaire qui puisse avoir été ajouté à sa bibliothèque après sa mort. Mais tous ces
ouvrages si nombreux et en partie si volumineux, n'ont pu être écrits en peu de
temps. Nous n'avons pas de notices pour établir leur chronologie, mais nous pouvons facilement calculer qu'ils sont l'œuvre d'une cinquantaine d'années de la vie de
Philodème. En effet, Philodème entra chez Pison lorsque celui-ci était encore adoles-
cens (Cic. In Pis. 28), et puisque Pison était déjà grandis puer en l'année 90 lors de
la guerre sociale (Cic. In Pis. 37), on peut penser que cela fût vers l'année 85. Il y
entra recherché (appetitus), en qualité d'ami et de maître et déjà connu comme philosophe. Il devait être donc alors plus âgé que Pison et il s'était probablement déjà
fait connaître par quelque ouvrage philosophique.

Nous le voyons encore chez Pison en 55, lors de l'invective de Cicéron contre ce
personnage qui était alors beau-père de Jules César depuis 59. Au temps assigné par
Cicéron à son premier dialogue De Finibus (l. 1ᵉʳ et 2ᵉ) c'est-à-dire en l'année 50, nous
trouvons Philodème en pleine activité philosophique avec Siron (De fin. II, 35) près de

la scène du dialogue qui est placée dans la Villa de Cicéron à Gumes. Nous voyons, dans les œuvres même de Philodème, celui-ci très-répandu dans la société intellectuelle du temps d'Auguste et en rapport d'amitié avec Siron, l'épicuréen maître de Virgile, avec Quintilius et Varius et très probablement avec Horace et Virgile (1). Un fragment, sans doute de Philodème, lu par Crönert (*Kolotes u. Mened.* p. 126) nous montre Philodème se rendant avec quelque ami à Naples pour y reprendre les conversations philosophiques chez l'ami Siron et pousser activement les réunions épicuréennes à Herculanum ; ce qui a mené naturellement (n'en déplaise à Mʳ A. Körte) (2) Crönert à rappeler la Villa épicuréenne d'Herculanum d'où proviennent tous les papyrus de Philodème et autres. Combien Philodème a pu vivre après l'année 50, lorsqu'il devait avoir à peu près 60 ans, nous l'ignorons. Problablement il arriva à un grand âge. Quand Horace, vers l'année 28, citant un épigramme de lui, dit : « Philodemus ait » (*Sat.* I, 2, 121) s'il n'était pas toujours vivant, sa mémoire était encore bien fraîche parmi ses amis romains. Son activité, représentée par tous ses ouvrages réunis dans sa bibliothèque, s'étend donc du commencement du 1ᵉʳ siècle av. J. jusqu'à la période brillante des poètes du cercle d'Auguste, tous ses amis plus jeunes que lui et plus ou moins épicuréens, dans le troisième quart de ce siècle.

Je me suis fait un plaisir de consigner dans ce volume consacré à un illustre paléographe, ces observations qui ne seront pas inutiles pour les studieux de la paléographie des papyrus d'Herculanum dont la chronologie doit être recherchée dans une longue période d'au moins deux siècles et même, pour certains ouvrages, bien au delà du temps de Philodème. J'ai dit que la paléographie de ces papyrus doit être étudiée sur les originaux et non pas sur les dessins seulement. Pour tous ceux qui ne sont pas à même d'avoir les originaux sous la main, des bonnes photographies pourront servir. Je m'empresse d'annoncer que le savant Prof. Bassi, actuellement directeur de la bibliothèque des papyrus, va bientôt entreprendre, sous les auspices de l'Académie Royale de Naples, la publication d'une *Collectio tertia* de ces papyrus reproduits photographiquement, ainsi que d'un nouveau catalogue raisonné et descriptif des papyrus avec leur histoire, en complément de ce qui fut publié par moi et le Prof. Martini en 1883.

Pour ce qui est de la Villa des papyrus, on peut espérer être bientôt définitivement renseignés sur son propriétaire, quand, aussitôt que notre Parlement aura approuvé le projet de loi relatif, on reprendra les fouilles d'Herculanum en commençant justement par mettre entièrement à découvert cette grande Villa qui ne fut qu'incomplètement et souterrainement fouillée dans le temps.

(1) Körte, *Augusteer bei Philodem* dans *Rhein Mus.* 1890 p. 172 sv.
(2) *Gott. gel Anz.* 1907 p. 264.

Florence, Avril 1909.

NICOLAS LIKHATSCHEFF

UNE LETTRE DE NICOLAS EYMERICI

Il s'est fait tant de trouvailles dans les anciennes reliures, que sans aucun doute, il vaudrait la peine pour un amateur éclairé d'établir la bibliographie de tout ce que les cartonnages défaits ont rendu au monde savant de trésors typographiques ou manuscrits.

Dans ces derniers temps on a reconnu le fait extrêmement considérable qu'une partie des Archives des Papes d'Avignon a passé en reliures.

« Qui sait », dit D. Ursmer Berbère (1), « si quelque bibliothécaire avisé n'arrivera pas à retrouver d'autres documents originaux provenant d'Avignon et même de Rome et conservés aujourd'hui dans le cartonnage des manuscrits confiés à sa garde ? »

La découverte de Mr Liabastres à Carpentras (2) et celle de Mr Loriquet à Reims (3) sont des plus frappantes. Il est à peu près certain que les matériaux des deux reliures avaient une seule et même origine.

A mon tour, je me permettrai d'appeler l'attention sur un fragment tiré lui aussi d'une reliure, comme le prouvent les traces de colle que l'on y aperçoit encore (4). A en juger par l'adresse, on inclinerait à croire que le document provient également des Archives d'Avignon, mais de fortes considérations semblent contredire cette hypothèse.

L'acquisition de ce fragment a été faite à Vienne. Avec cinq autres documents pareillement mutilés, il formait un lot dans la vente d'une collection d'autographes. Les cinq autres pièces étaient autant de lettres adressées au cardinal de Saint-Eustache. Il se peut parfaitement que les papiers de ce célèbre prince de l'Eglise n'aient jamais été incorporés aux Archives du Saint-Siège, car personne n'ignore que le plus

---

(1) *Épaves d'Archives pontificales du xive siècle* (extrait de la *Revue Bénédictine*. Bruges, 1908). 8°.

(2) Liabastres : *Découverte à Carpentras de pièces manuscrites du xive siècle provenant de l'archevéché d'Embrun*, Aix, 1904, 8°. H. Omont : *Nouvelles acquisitions du Département des manuscrits de la Bibliothèque Nationale pendant les années* 1903-1904 dans la *Bibliothèque de l'École des Chartes* ; 1905, p. 22, n° 1887.

(3) *Catalogue général des manuscrits des bibliothèques publiques de France*, t. XXXIX (Paris, 1904), n° 775 (9,519). D. Ursmer Berlière, l. c.

(4) Par malheur, les taches jaune clair de l'original apparaissent en noir sur la phototypie.

LETTRE DE NICOLAS EYMERICI
(Texte)

LETTRE DE NICOLAS EYMERICI

(Adresse)

ordinairement les papiers des cardinaux devenaient la propriété de leurs héritiers (1).
Comme on le voit par la phototypie jointe à cette communication, le fragment
que nous prenons la liberté de reproduire est tronqué sur le haut d'un de ses côtés
et a perdu ainsi une partie de son texte. Il était plié en trois, mais le pli correspondant à la partie enlevée était beaucoup plus étroit que les deux autres. Le papier
est très fort. Il consiste en une demi-feuille, de format ordinaire, avec ces larges
vergeures si caractéristiques de la seconde moitié du xive siècle (le filigrane manque).
L'intérêt de la lettre se découvre dès l'adresse :

Sanctissimo ac meritis beatissimo in Christo patri ac domino, Domino
Gregorio, digna Dei Providentia Summo Pontifici.

Nous nous sommes efforcés de rétablir le texte dans son intégrité (2). Les mots
restitués se trouvent entre parenthèses, tandis que les lacunes sont indiquées par des
points.

1) « . . . . (3) possibilitas se extendit,
Vestrae significo Sanctitati, quod, cum recedens de Curia Gerundam perveni-
ssem XXV

2) [die Septembris, inveni, quod in dicta civitate tamquam plan[e] hereticus [in
custodia] cathena et compedibus tenebatur per duas dietas quidam magister
in theologia ordinis Praedicatorum, lator praesen-

3) [tium, verumtamen nescius, velu] t quae a quodam alio [ad Vestram Sanctitatem]
dirigebantur, quarum transsumptum mitto dominis : Reverendissimo Cardinali Boloniensi, Sancti Eustaxii et Js

4) [... quibus audeo et V. S.] aures fatigare [; addens, quod tenore ips] arum
dinoscitur manifeste, quod XXᵐᵃ die mensis ante ingressum meum in terram
domini Regis Aragoniae

5) [accidit dictae rei ill] e eventus. Et nisi p [ostulante re die dominic]a immediate
sequenti sermonem pro fide indixissem populo generalem ad sedandum
scandalum, quod

6) [in animo habui,] misericorditer per V. S. de Curia relaxatus, praedicans in
Ecclesia Cathedrali, articulos illos de Corpore Christi fore veros et catholicos,
post inibitionem eidem

7) [de praedicando factam, secundum iussa] V. S. in crastinum recessissem ; sed

(1) Justement pour le temps du cardinal de Saint-Eustache, nous avons l'exemple des papiers
du cardinal Pierre Gérard, tombés entre les mains d'un amateur érudit, M. William Poidebard
[v. Noël Valois : *La France et le Grand Schisme d'Occident*, t. I et II (écl. III)].
(2) C'est un latiniste bien connu, M. le professeur Holodniak, qui s'est chargé à notre prière de
restituer les mots absents.
(3) La lecture de la première ligne est très douteuse. Peut-être : « Quoniam vera ac falsa
dinoscendi aliquando in arctius.

mox sedato scandalo antedicto, post sermonem statim propono accedere ad
dominum Archiepiscopum ·Terrachonensem et suppliciter

8) [rogare, uti velit in re praesenti edicere] idem et facere et in isto, et in principali,
quod ius et iustitia suadebunt. Conservet Altissimus V. S. incolumem Ecclesiae Sanctae Suae, quae me inutilem

9) [dignata est patrocin]io Sanctae Fidei protegere ad exaltationem et promotionem
eiusdem Fidei orthodoxae. Datum de manu propria. XXVI Septembris.

10)   V. S. orator inutilis et indignus
11)   frater Nicholaus Eymerici, Aragoniae
12)   inquisitor ».

Le sens général est que l'inquisiteur d'Aragon, Nicolas Eymerich parti d'Avignon
avec certaines instructions du Pape, était arrivé à Gérone le 25 septembre. Il y avait
trouvé les esprits en proie à l'agitation, par suite de thèses avancées en chaire au
sujet de l'Eucharistie par un maître en théologie de l'Ordre des Frères Prêcheurs, et
d'une teneur telle que le prédicateur avait été regardé comme hérétique, jeté en
prison, mis au pain et à l'eau, et chargé de chaînes. Eymerich, qui appartenait au
même Ordre, avait pris l'affaire à cœur et s'était empressé, dès le dimanche suivant,
de monter en chaire dans la principale église, pour y déclarer « articulos illos de
Corpore Christi fore veros et catholicos ».

Quant au maître en théologie, qui avait provoqué ce scandale, il l'envoyait au
Pontife avec la présente (« lator praesentium »), dont il avait eu soin d'adresser
des copies à trois cardinaux, dans la crainte que l'original ne s'égarât.

Il importe de remarquer qu'au xive siècle, la fête du Saint-Sacrement était encore
d'institution récente. Elle s'était répandue peu à peu à partir de la seconde moitié
du siècle précédent (1) et provoquait des disputes théologiques, où les opinions
imprudentes encourant aisément le reproche d'hérésie, amenaient le Saint-Siège à
donner ses éclaircissements et à prendre diverses mesures.

Personne plus qu'Eymerich, en sa qualité d'Inquisiteur général, ne se trouva aux
prises avec ces divagations de théologiens, si bien qu'il finit par écrire son : « Tractatus de duplici natura in Christo et de tribus in Deo personis, seu an Sacramentum
Eucharistiae sit Pater et Filius et Spiritus Sanctus » (2).

Nicolaus Eymerici (ou Eymericus), qui, au témoignage de Quetif-Echard, « vir sua
aetate celeberrimus Catalanus natione fuit, patriaque Gerundensis », figure au
nombre des personnages les plus éminents comme les plus actifs du xive siècle. Doué
d'une rare énergie et de talents remarquables, il parut de bonne heure au premier

---

(1) Voir K. A. Heinrich Kellner : *Heortologie oder die geschichtliche Entwicklung des Kirchen-*
jahres uud der Heiligenfeste [2 A. Freiburg im Breisgau, 1906, 8°], pp. 90-92.

(2) Quetif-Echard : *Scriptores Ordinis Praedicatorum* (Lutetiae Parisiorum, 1719, in-folio), t. I,
p. 711, n° 15.

rang et parvint, encore relativement jeune (né en 1320 ?), (1) à la charge d' « Inquisidor general de la corona de Aragon », après que Nicolas Rosselli eût été décoré
de la pourpre.

Dès ce moment (23 décembre 1356) et jusqu'à sa mort, survenue en 1399,
Eymerich fit preuve d'une activité dévorante et s'acquit son titre de gloire le plus
durable en composant un manuel à l'usage des inquisiteurs « Directorium inquisitorum », écrit en 1376.

Le rôle de Nicolas Eymerich avait particulièrement grandi avec l'avènement au
siège pontifical de Grégoire XI (2), à qui l'unissaient les liens de l'amitié (« tenia
muy tuenas relaciones de amistad ») et qui le fit son chapelain.

C'est précisément aux premières années du pontificat de Grégoire XI que se
rapporte notre lettre. La mention que fait Eymerich des copies envoyées soit au
cardinal de Boulogne (« cardinali Boloniensi »), soit au cardinal de Saint-Eustache
(« cardinali Sancti Eustaxii ») (3) nous guide dans nos calculs :

1) « Boloniensis » = Guido de Bolonia (*Boulogne*), alias de Monteforti, ep. Lugdunensis, postea (1350) ep. Portuensis, creatus card. 20 sept. 1342 = « tit.
   S. Caeciliae », vulg. « *Boloniensis* ». Obiit die 25 Nov. 1373 (4).
2) Petrus Fland (r) in (i), Vivariensis, referend. S. P., creatus card. in promotione
   30 Mai 1371 = diac. S. Eustachii, vulg. « *S. Eustachii* ». Obiit die 23 Jan.
   1381 (5).

Il est clair que la date du 26 septembre ne peut appartenir qu'à l'une des trois
années 1371, 1372, 1373. Sans l'indication précise de ce mois de septembre, rien
ne serait plus naturel que de reconnaître un lien entre notre lettre et un document
emprunté au *Directorium Inquisitorum* et imprimé par M. le Dr Emilio Grabit y
Papell dans son *El inquisidor fray Nicolàs Eymerich* sous le numéro II (6). Mais
les éclaircissements donnés ici par les cardinaux dans les questions soulevées au
sujet des Saintes Espèces portent la date du *8 août 1371* et ont par conséquent
précédé notre lettre.

Si, du point de vue purement historique, celle ci ne présente rien de particulière-

(1) D. Emilio Grabit y Papell : *El inquisidor fray Nicolàs Eymerich* (Gerona, 1878, 8°).

(2) Electus 30. XII, 1370, consecratus et coronatus, 5, I, 1371.

(3) Il nous a été impossible de déterminer le nom du troisième cardinal avec les deux seules
lettres qui nous en restent. Il y aurait en effet quelque chose d'un peu forcé à traduire « Is » (?)
par Isolinus de Monte-Acuto. [Peut être « Il erdensi » episcopo ?].

(4) Eubel : *Hierarchia catholica*, p. 17.

(5) Ibidem.

(6) E. Grabit y Papell, l. c., p. 108-109. Juliàn de Chia : *La Festividad del Corpus en Gerona*
[2 éd. Gerona, 1895, 8°].

ment important, elle offre au contraire un grand intérêt à l'égard de la diplomatique et de la paléographie.

Généralement parlant, les lettres originales des personnages marquants du xive siècle méritent de fixer l'attention, mais, quand il s'agit d'autographes, on ne saurait leur attribuer trop de valeur.

Au cours de l'année 1907, la « Société française de Bibliographie » a donné au public l' « Album d'autographes de savants et érudits français et étrangers des xvie, xviie et xviiie siècles », publié par M. Henri Stein. « On s'est plus spécialement attaché à faire une place prédominante à ceux qui, comme critiques, comme annotateurs, comme glossateurs, comme éditeurs de textes, comme historiens, comme philologues, comme bibliothécaires, ont laissé des correspondances, des observations anonymes, des notes de voyage, aujourd'hui conservées dans nos collections publiques » (Préface).

Louable entreprise, dont on sentait l'impérieuse nécessité ! Mais la science aurait encore plus de besoin d'un Recueil d'autographes absolument sûrs d'une époque antérieure.

Avec le xvie siècle s'introduit l'usage général de signer soi-même ses lettres. Ne font exception que les souverains, qui avaient (presque tous) des secrétaires de la main. Des cas comme ceux du cardinal de Richelieu, de Mme de Maintenon et de quelques écrivains qui entretenaient une correspondance fort étendue, doivent être considérés comme rares.

Il en allait tout autrement aux xive et xve siècles.

Ce n'étaient pas seulement les gens du monde, mais les cardinaux, les évêques et les abbés eux-mêmes qui faisaient signer en leur nom leurs secrétaires. C'était le triomphe des pièces de chancellerie « lettere cancelleresche ». Pour cette époque, sans l'indication *manu propria* on ne saurait avoir la certitude qu'une pièce est autographe.

Notre lettre porte expressément : « Datum de manu propria », et comme d'autre part, elle est destinée au Pape, nous possédons une double garantie de son caractère d'autographe.

Or, un autographe de Nicolas Eymerich, qui a laissé tant d'ouvrages, ne constitue pas seulement une rareté. Il acquiert de plus une valeur spéciale par le moyen qu'il offre de discerner les manuscrits authentiques (1), encore très nombreux aujourd'hui de ses œuvres.

---

(1) En 1905 Mr Henri Omont a inséré dans la *Bibliothèque de l'École des Chartes* un article intitulé *Mémorial de l'inquisiteur d'Aragon à la fin du xive siècle*. Il a dû se contenter de cette formule dubitative : « Si ce petit registre *n'est pas de la propre main du grand inquisiteur* Nicolas *Eymerich*, le célèbre adversaire de Raymond Lulle, et non plus, sans doute, de celle de son successeur Bernard *Ermengaud*, *il semble bien cependant* qu'il ait été tenu par le vicaire général de l'un ou l'autre de ces deux inquisiteurs » [*B. de l'É. des C.*, 1905, p. 261].

JOHN M. BURNAM

UN FRAGMENT EN ÉCRITURE ONCIALE

Dans le temps, me trouvant à Paris où j'étais à la piste de manuscrits contenant des commentaires sur Prudence, j'ai été amené à l'examen du codex cité par Arevalus dans son édition du grand poète chrétien, pp. 74-75. Voici ce que dit Arevalus : « Ibidem (dans le catalogue de la bibliothèque du roi, c'est-à-dire au fonds latin) » cod. 8305 memr. olim Colbertinus ; qui sæculo X. videtur exaratus, quo solum continentur, *Aurelii Prudentii Clementis carmina* : passim inter lineas *glossae* : praemittitur *sermonis fragmentum* literis longobardicis ». Le vieux catalogue fait au xviiiᵉ siècle à propos de ce fragment (il y en a deux feuillets) dit : « sermonis cuiusdam », mais l'inventaire moderne ne le mentionne pas du tout.

Voilà un texte ayant quelques corrections et transcriptions datant du viiiᵉ au xᵉ siècle, celles-ci ayant trait surtout aux termes grecs ; mais ce n'est pas un sermon, c'est un commentaire biblique ; les lettres ne sont pas lombardiques, mais des onciales de type Mérovingien ; et l'auteur donc, c'est le grand docteur saint Jérôme. En effet, c'est là une partie de son commentaire sur Zacharie : voir Migne Tom. VI (des Œuvres de ce saint) 1436.

En étudiant ce fragment, j'ai employé l'édition de Vallarsius (Tom. VI, Veronæ 1736), col. 800 c, qui commence par le mot « & ». Saint Jérôme vient de citer la prophétie de Zacharie (cap. III 1-5) se terminant au mot « vestibus » : ensuite il y a la version des Septante finissant à « vestimentis ». Après tout ceci, nous trouvons les explications du Docteur. Le recto du premier feuillet finit à « ostenditur » (801 B); ensuite une lacune produite par le couteau du rogneur lors de la reliure. Le verso commence une ligne et demie plus bas avec les mots « non autem » et continue jusqu'à « abscondita » etc. (802 A).

Le recto du deuxième feuillet commence dans le commentaire sur le chapitre IV 8 ss., (811 D extr.) aux mots « refert ad etc. » et finit « qui discurrunt » après quoi autre lacune produite de la même façon qu'auparavant : et alors, verso, une ligne et demie plus loin nous lisons « septem etc. », et à la fin « super » (813 B).

Le lecteur remarque tout de suite une lacune considérable entre les feuillets : de quelle étendue? Il faut observer que le couteau a enlevé une ligne en bas laissant 29, 29, 29, et 27 lignes, ce qui indique pour la page entière un nombre moyen de 30 lignes. La comparaison des lignes du fragment avec celles du texte imprimé fournit une proportion de 1,6 lignes imprimées contre une du manuscrit, c'est-à-dire qu'il en manque 342 au manuscrit. Ces chiffres fournissent 5,7 feuillets comme si une partie du parchemin n'avait pas reçu d'écriture : mais l'on sait combien ces calculs sont trompeurs.

On a déjà constaté le caractère Mérovingien de cette écriture onciale : ajoutons que la date est du viie-viiie siècle. Dans la transcription qui suit, nous renfermons entre crochets les mots, les syllabes ou les lettres à suppléer.

[ET] UINDEX./ ACCUSATOR FRATRUM NOSTRORUM; INCREPET D̄N̄S̄
[I]N TE SATAN : UT PLUIT D̄N̄S̄ A/. D̄N̄O ET INCREPIT D̄N̄S̄ IN TE: QUIELEGIT
HIERUSALEM; CUMERGO DECUNCTIS IUDEAE URBIB; NUN [C] E [LECTA]
SITHIERUSALEM. NEQUAQUAM EIINPUTANTE D̄N̄O PECCATA [QUAEFE]
5 CIT . CURQUASITORREMQUEM UUG̊O TITIONEM UOCANT [IESUM]
CONARIS OBRUERE.QUIDEBABYLONIÆ CAPTIUITATE QUAS[ISEMI]
USTUS EUASIT? QUODAUTEMSEQUITUR. IESUS ERATINDUTUsetiam UES
TIBUS SORDIDIS./TRIPLICITER INTERPRAETATUR; UELOBCŌIUGIUM
INLICITUM: UELOBPECCATA POPULI : UELPROPTER SQ̌ALOREM CAPTI
10 UITATIS; ANGELUS AUTEM ANTECUIUS FACIEM STABAT IESUS: PRE
CEPIT CETERIS ANGELIS EXPERSONADN̄I: UTAUFERĔNT ABEO SOR
DIDA UESTIMENTA' DEQUIBUS SUPRADIXIMUS; QUICUM PRAEC (EP)
TUMOPERECONPLESSENT: RURSUM IDEM ANGELUS LOQUITUR
ADIESUM : ECCEABSTULIATE INIQUITATEM TUAM : HAECSUNT SOR
15 DIDAUESTIMENTA; ETINDUITE MǑTATORIIS. HOCEST ISRAIIELITE[M]
TIBICONIUGEM COPULAUI; PROQUOLXXTRANSTULERUNT RAE
QUAMNOSTONICAM TALAREM POSSUMUSDICERE : EO QUOD[AD]
TALOS ETPEDES DEFLUAT; QUODQ : SEQUITUR PONITE CIDARIM
MUNDAM SUPERCAPUDEIUS: PROCIDARI INHEBRÆO LEGIMUS
20 SANIPH : QUAEMITRA APLERISQ : DICITUR; ETINHACUOLUNT IN
TELLEGI SACERDOTIIDIGNI TATEM. — QUODABLATIS SORDIBUS P[ECCA]
TORUM : MUNDUM A̋NBUERĖNT SACERDOTIUM; HAECIUDAEI
NOSTRIAUTEM ITADİSSERUNT, SACERDOTEM ESSEMAGNUMA[D]
QUEM DICITUR; TUESSACERDOS INAETERNUM: SECUNDUM ORDI
25 NEM MELCHISEDEC; QUIQUOŃAM PERSEUIDERE NONPOTEST.
AD̄N̄O PROPHETAE OSTENDITUR STANS CORAM ANGELOD̄N̄I
ITEMUOLUNT MAGNICONSILII ESSE ANGELUM ; NONQUO AL[TER]
ETALTERSIT. A̧UT DUAS PERSONAS RECIPIAMUSINFILIOSE[D]
QUODIDEM ADQ : UNUSETQUASIHOMOSORDIDA[TUS]

(Verso)
NONAUTEM ESSE I̅H̅M̅ FILIUM IOSEDEC EXHOC CONANTUR OSTENDERE
QUODNON SIT ADPOSITUM INPRAESEN TI LOCO FILIUS IOSEDECQUIIN
ALIIS LOCISUBIUEREDEI̅H̅U̅DICITURFILIO IO SEDEC SEMPERPATRIS
COGNOMINECENSEATUR; STANSIGITUR CERNITUR I̅H̅S̅. ETSTABILI CON
5 [S]ISTENSGRADU./ ETSTANS SATANADEXTRIS EIUS UTADUERSARETUR
ITEMȚATUS ENIMEST PEROMNEMMODUM ABSQ : PECCATO, ETIN
EUANGELIO TEMPTATUR ADEUM ACCEDIT: QUERENSSEMPER DEX
[T]RISEIUS ETUIRTUTIBUS CONTRAIRE; QUODQUE SEQUITUR. INCRE
[P]ETD̅N̅S̅ INTESATAN. ET INCREPETD̅N̅SINTE QUIELEGIT HIERUSALEM:
10 [S]ICEDISSERUNT; QUIAPATER ETFILIUSD̅N̅SE̅S̅T̅. ETIN CUIIII PSALMO
[L]EGIMUSDIXITD̅N̅S̅ D̅N̅OMEO SEDEADEXTRISMEIS: DEALTERO D̅N̅O̅
[L]OQUITUR; INCREPARENONPOSSIT: SEDQUODEXUNITATENAATURAE:
[C]UMALITER INCREPAUERIT· INCREPETIPSEQUILOQUITUR, QUIENIM
UIDET FILIUM UIDETPATREM, ETISTEEST QUIELEGITHIERUSALEM:
15 [E]CCLESIAMQUAEPACEM D̅N̅ICONTEMPLATUR; TORRIS AUTEM DEIGNE
[ER]UTUS RECTISSIME INTELLEGIPOTEST: QUICUMINBABYLONEFU
[E]RIT NONEST BABYLONIO IGNECONSUMPTUS: NECFLAMMA S̅Æ
[C]ULI HUIUS ATTACTUS; UNDE ETMOYSES INSOLI̊DINE : CERNIT
[U]ISSIONEM MAGNAM INQUA ARDEBAT RUBUS: ET̊CONBURE
20 BATUR; HICIESUS ERATINDUTUSUESTIBUS SORDIDIS: QUICUMn̄
FECISSET PECCATUM PRONOBIS PECCATUMFACTUM̊ EST; ETIPSE
[I]NFIRMITATESNOSTRASPORTE̊T: ETPRONOBISDOLET, ETNOSRE
[P]UTAUIMUS EUM ESSE INDOLORE ETPLAGA ETINANGUSTIA; IPSE
UEROUULNERATUSEST PROPTER INIQUITATESNOSTRAS:
25 ETINFIRMATUSEST PROPTER PECCATANOSTRA; ETINAPOSTO
[L]OPAULO LEGIMUS. X̅P̅S̅ REDEMITNOS D EMALEDICTO LEGIS: FAC
[T]USPRONOBIS MALEDICTIO; HICINXXI PSALMO LOQUITUR; LON
[G]EA SALUTEMEAUERBADELICTORUM; ETINLUIII; D̅S̅TU È̊SCIS
[INSIPIENTIAMMEAM]: ET DELICTAMEA ATE NONSUNT ABŠCON

(Fol. 2)
REFERTADREGIAM POTESTAT̅E̅. UTCOMMONEATZOROBBABEL ET
IESUMET POPULUM. AEDIFICANTISTEMPLUM̅DI. NEQUAQ̅U̅A̅ADUER
SARIOSTIMERPROHIBENTES: SEDAUDIRED̅N̅M̅ COHORTANTEM : ET
EXEO QUODDISPICIUNT. REGALE FASTIGIU̅ LAETABUNTURETUIDE
5 BUNT. AUXILIUM SALUATORISQUIDEZOROBBABEL : STIRPEPROMITŮt̊Ř
ETPROPTERFORTITUDINE̅LAPISAPPELLATUR: ETLAPISTANĠEUSPROQUO
INEBREOSCRIPTU̅ESTABDILEO· QUODMURUS ETFURTI TUDO.e̅ ROBUR
Q ; CREDENTIUM; SICUTENIMSTAGN̅U̅ABIGNEALIAMETALLADEFENDIT.
ETCUMSITNATURA. AES. FERR̅U̅Q; DURISSIMU̅.SIABSQ; STAGNOFU
10 ERIT. URITURETCREMATUR: SICOMNISANGELOR̅U̅ETHOMIN̅U̅FOR. TI
18

TUDO! SINONFUERITAUXILIOM SALUATORISINBECILLA PROBATUR
ETFRAGILIS; LAPISAUTEMISTE^fulta IDESTMASSA. QUIAPUT. EBREOSABBDIL
SCRIBITUR. IDEST. STA^GNEUS. ET IOΠTT ωΔΠωKOPZωN, IDEST
SEPARANS ETSECERNENS! E.TUTQUOMODOSTA$\overline{GNU}$ MIXTAETADUL
15 TERATA$\overline{SEPER}$. I$\overline{GNEM}$ METALLA DISSOCIAT ITA$\overline{DNSU}$ERUSPRO
BATOR. ET χωNHYTHC ABAUROETARGENTO BONORUMOPE$\overline{RU}$
AESUITIO$\overline{RU}$ PLUM$\overline{BUQ}$; SECERNAT! UTPUR$\overline{UA}$UR UM BEMANE
ATETARGEN$\overline{TU}$; $\overline{A}$LISUERBIS APOXωPCON. ISTEETSEPARATOR IN
EUANGELIO. SCRIBITUR; CUIUS UENTILA$\overline{BRU}$ INMANUSUA! ETPER
20 MUNDABITAREAMS$\overline{UA}$! ETSEPARABITPALEAS. ATRITICO; QUICLA
MAT PERHIERE$\overline{MIA}$; QUIDPALEISADFRUMEN$\overline{TU}$. DICIT$\overline{DNS}$? MU[L]
TINOSTRO$\overline{RU}$ MANUSZOROBBABEL QUIF$\overset{unda}{U}$ERITD$\overline{OMU}$ ETIPSEPER
FECERITEAM$\overline{XPM}$ INTERPRAETANTUR; QUODSIRECIPIMU[S]CO
G$\overset{MV}{E}$OR EXPONEREQUISITLAPISSTAGNEUSINMANUZOROBBABEL
25 $\overline{N}$EQUE ENIMINMANU $\overline{XPI}$. $\overline{XP}$SALIUSADPROBANDUSEST
LICETQUIDAM LAPIDEM STAGNEUM CORPUS $\overline{DNI}$ ACCEPE
RENT. QUODNULLISPECCATORUMFUERIT MACULIS SOR
DIDATUM! NEC PLUMBUM UOCETUR SED STAGNUM PURIS
[SIMUM SEPTEM AUTEM OCULOS QUI DISCURRUNT]

(Verso)
SEPTEM ESSE$\overline{SPS}$ETQUODNIHIL $\overline{DNM}$ LATEATPRAETERI
[T]ORUM ETPRAESENTIUM ETFUTURORUM CONS$\overset{C}{T}$IOSEST ET
REDDIT UNICUIQ: SECUNDUMOPERASUA: MAXIME CUM
INPERSONA SEPARANTES BONOSETMALOS ETCONFLATO
5 RIS ADUENERIT ∶⋯ ETRESPONDIT ETDIXIT AD EUM
QUIDSUNT DUAEOLIUAE   ISTE ADDEXTERAM CANDELABRI.
ET A SENIST$\overline{RA}$EIUS? ETRESPONDIT SECUNDO ETDIXIADEUM
QUID SUNT DUÆ SPICÆ OLIUARUM QUAESUNT SUPERDUO
ROSTRA AUREA. INQUIB. SUNT SUFUSSORIA EXAURO? ETAIT
10 ADME DICENS; NUMQUID NESCISQUIDSUNT HAEC? ET DIXI NON$\overline{DNE}$.
ETDIXIT: ISTI DUOFILII OLEI! QUIADSISTUNTDOMINATORE. UNI
UERSAE TERRAE: LXX: ETRESPONDI! ETDIXIADEUM; QUISUNT
DUÆ OLIUÆ ISTE ADEXTRIS CANDELABRI ETASENESTRIS? ETIN
TERROGAUI SECUNDOETDIXI ADEUM; QUISUNT DUORAMI
15 OLIUARUM QUI INMANIB; DUARUM SUNT NARIUM. $\overset{ui}{Q}$: IN
FUNDUNT ETRETRAHUNT SUFOSSORIA AUREA? ETDIXIT
ADME; NESCISQUIDSUNTIIAEC? ETDIXI; NEQUAQUAM$\overline{DNE}$ ET
AITADMEISTISUNT FILIIDUOPINGUIDINISQUIADSISTUNT
$\overline{DNO}$ UNIUERSAE TERRÆ INTERROGANTEPROPHETA
20 QUIDSIGNIFICARENT DUÆOLIUÆ. QUARUMALTERA STABAT
ADDEXTERAM CANDELABRI. ALTERA ADSINISTRAM. $\overline{DNS}$ SIUE

ANGELU S̄D̄N̄I NOLUIT RESPONDERE ; QUODPROPHETA INTEL
LEGENS. SECUNDO SCISCITATUR ETDIXIT QUID SĬNT   SPICÆ
OLIUARUM SIUE DUO RAMI ? DEMINORIB : INTERROGĂNS :
25 QUONIAM MAIORA AUDIRE NONMERUIT, DUOAUTEM ISTI
RAMI SUNT INMANUDUARUM NARIUM. SIUE SUPRA DUO
ROSTRA AUREA QUAEHEBRA ICE SINT HOROTH: GRECE
NωzΥϱεc APPELLANTUR ; QUIETSIPSIDUO NωzΥϱεc SUPER
[QUOSDUAESPICAESUNT UELDUORAMIDEAURO PURISSIMO SUNT].

OBSERVATIONS

Plusieurs scribes ont travaillé à la confection de ces fragments : car les feuillets ont été copiés par deux personnes différentes, et nous croyons distinguer aussi les mains de quatre correcteurs. Voici les différences principales entre les deux copistes : Le premier qui a copié presque tout le fragment, nous fournit des hastes prolongées dans F H et L et de même des queues bien développées pour P et Q ; tandis que le deuxième qui n'a écrit que le 1-24 F° II^re est plus modéré. Mais encore le premier emploie un T de type purement mérovingien, c'est-à-dire ayant un boucle à gauche tandis que son confrère, en s'abstenant de boucles, fait seulement un petit ornement à gauche en forme de ligne fine descendante. En général l'écriture du premier feuillet est plus lourde; et celle du deuxième plus soignée, plus élégante. Il faut ajouter que ce scribe ci a des idées d'ornementation, car (F° II) l'E initiale est bien plus haute que les E ordinaires, et elle occupe l'espace de trois lignes. Cette voyelle est tout à fait mérovingienne.

Passons aux corrections. Tout d'abord il convient de remarquer que de temps à autre les scribes eux-mêmes ont apporté les changements nécessaires. Par exemple, nous croyons devoir attribuer au copiste du premier F° 1-5 l'insertion interlinéaire de L; l. 9, il a changé U en Q et ajouté V pour faire SQUALOREM; l. 11, MOTATO-RIIS est devenu MUTATORIIS; l. 25 QUONAM devient QUONIAM : mais je doute que ce soit lui qui ait corrigé ANBUERENT en HABUERINT. Il est difficile de trouver des traces de son activité au v° du deuxième F°. Quant au deuxième scribe, c'est lui qui a ajouté l'interligne II (v° 1-6) par laquelle STANEUS est ramené à la bonne leçon STAGNEUS ; et nous pouvons mettre sur son compte (l. 15) l'exponctuation de IGNEM. Si cela est, il lui faut un autre crédit (l. 11) où AUXILIO devient AUXILIUM.

Parlons maintenant des correcteurs proprement dits.

1° Le plus ancien est contemporain du codex et emploie une minuscule mérovingienne. Aussi nous allons l'appeler le Correcteur Mérovingien. Il nous montre ses traces au F° 1re ligne 12, où il y avait deux phrases consécutives ayant *loquitur* à la fin. Cela nous fournit un bel exemple de l'erreur « homocoteleuton », car le copiste a omis cette deuxième phrase qui est ajoutée comme interligne par le Correcteur Mérovingien. Mais celui-ci a fait une bévue à lui : en effet, au lieu d'écrire « non quo (quod Vallars.) ipse Dominus loquitur », nous voyons « non quo ips d̄n̄s loqui loquitur. » Ensuite s'apercevant de son erreur, il a exponctué « lo » pour laisser « qui » et le Troisième Correcteur a complété « ips » à « ipse » et encore a augmenté d̄n̄s d'un q où il faut naturellement comprendre q, « sigle » pour « qui ». Même page l. 19. le Correcteur Mérovingien a écrit « non » au-dessus de la syllabe « con ». Il n'y a pas, selon nous, d'autres améliorations qu'on doive lui attribuer.

2° Le Deuxième Correcteur (que nous sommes portés à placer à la fin du IX° siècle) a fait la correction interlinéaire « fulta » à la onzième ligne du F° II recto et probablement m à la vingt-quatrième au dessus d'un grattage dans le mot (CO) GEMUR. Les lettres de ce scribe sont très belles et élégantes quoique le renflement des hastes manque.

3° Nous avons déjà indiqué une partie de l'œuvre du Troisième. Il a travaillé vers l'an 900, son écriture est régulière, noire et montre des archaïsmes, par exemple a ouvert. Comme il comprend ou croit comprendre le grec, nous avons de sa main plusieurs reproductions interlinéaires des termes grecs employés par saint Jérôme au cours de son commentaire. Au recto du deuxième F° ligne 7° au-dessus de FUR-TITUDO, il a ajouté E à la languette très prolongée. A la treizième ligne, il écrit « iu ipto apo cor zon » où il faut pourtant lire ἐτυμολογεῖται ἀποχωρίζων. De même à la seizième « xo ne i tes » c'est-à-dire χωνευτής et deux lignes plus bas, apo xoreon dont l'interprétation est ἀποχωρίζων. Enfin, si nous passons jusqu'à la vingt-huitième ligne du verso de ce même feuillet, nous trouvons deux fois « noxires », ce qui est à interpréter μυζωτῆρες.

4° La correction interlinéaire de funda au-dessus de FUERIT, ce qui amène le texte à la vraie leçon FUNDAVERIT est imputable au Quatrième : et nous croyons que c'est là sa seule contribution.

Est-ce que ce fragment fournit des éléments utiles, à la critique du texte de saint Jérôme ? Il faut répondre que non : car à part une affaire d'orthographe comme CONPLESSENT pour le complessent de Vallarsius, F°. 1° 12, et la graphie ZOROB-BABEL, nous n'observons rien de remarquable.

HENRY MARRIOTT BANNISTER

SIGNS IN KALENDARIAL TABLES

In dating a manuscript how often has not one craved for some internal evidence to correct or justify the decision arrived at on purely palæographical grounds, and how seldom are we able to find it! The mediaeval copyist only occasionally signed his name and most rarely his address or the date at which he was copying ; a pious supplication at the beginning or an ejaculation of thanksgiving at the end is often all we can find. Hence, unless the subject be history, we are left without the help we want.

There is however in the kalendarial tables which frequently occur in liturgical, astronomical and computus mss. a field which will bear investigation ; here dots or strokes or other marks are frequently inserted intentionally by the scribe in order to mark the exact year in which he was writing. Mr E. W. B. Nicholson, Bodley's librarian, has called attention to this in his additions to Mr F. Madan's *Summary Catalogue of western manuscripts in the Bodleian Library etc.*, vol. V (1905) p. xii. « Paschal cycles of 532 years were habitually copied unaltered for centuries after their compilation... It is common in these and similar tables to find dots and strokes : sometimes... there are a number of them, and then they merely show that the table was *used* about the dates indicated. But in others there is only a single mark at about the date when one would expect the ms. to have been written, and in such cases it is natural to suppose that the scribe deliberately marked the Easter next in front of him » and he has in that volume and elsewhere given several instances of the practice.

In view of the doubts which have been raised as to the accuracy of this theory and as to the extent to which it was carried out, I have tested all the kalendarial tables I have come across without making any special search for them, and at the request of several librarians I now submit a rough resumé of the result.

Mr Nicholson has already cited from Bodleian MSS. ;

(1) **Ms. D'Orville 45** (16.923). [*Summary catalogue*, V, p. xiii]. ff. 14-17. « In the cycle [for 1026-1557] there is a dot of red before the year 1068, and I have no doubt that the table was transcribed between Easter 1067 and Easter 1068. »

(2) **Ms. Douce 296** (21.870). [*Summary catalogue*, V. p. xxii]. « The D which is the paschal letter for 1038 has on its left an abnormal tag which suggests to me that the scribe thus indicated the Easter next in front of him. »

(3) **Ms. Bodley 232** (8838). [*Summary catalogue*, V. p. ix]. « On f. 2 is a paschal cycle for 855-1386. It seems to have been used (as shown by additional signs [letters inserted over all the figures as far as 1025]) at least as early as the lunar cycle 1007-1025. »

(4) **Ms. Douce 270** (21.844) [*Summary catalogue*, V. p. xxi]. « In the paschal cycle on f. 1 v° the letter for 1226 has special marks after it, from which I presume that the scribe was writing between the Easters of 1225 and 1226, or of 1226 and 1227. »

(5) **Ms. Douce 366** (21941) [*Summary catalogue*, V. p. xxiij]. « On fol. 8 is a paschal cycle... I find a + below the column beginning with 1312, and another above that beginning with 1340 — which show that the table was in actual use at some time between 1312 and 1339; I also find a small o above the column for 1256-83, and I take this to show that all the columns up to that point are out of date. Going on to the next column, which begins with 1284, I find that an indentation has been made with a pair of compasses or stilus on either side of the letter i which represents 1290, and accordingly I take that or the after-Easter period of 1289 to be the date at which the table was written. »

(6) **Ms. Misc. Liturg. 132** (30.608). [*Summary catalogue*, V. p. 850, *subsequently revised by Mr Nicholson*]. « The table on f. 9 v° is the complete paschal cycle, beginning 1064. I conjecture that the red stroke over the twelfth column cancels cols. 1-12 and indicates that the table was written after Easter, 1399, and before Easter, 1427. »

(7) **Ms. Misc. Liturg. 339** (19.425). [*Summary catalogue*, V, p. xvi]. « A dot after xiiii in the third entry in the column headed F. » will only suit 1392.

(8) **Ms. Digby 63**. [*Catalogi codd. mss. bibl. Bodl. Pars IX*; *ms. note by Mr Nicholson on col. 64 of the Official annotated copy.*] « On fol 8 r° the next Easter (868) is marked by a » curved line « in dry point under the first three columns [of 867]. »

(9) **Ms. Digby 81** [*idem. ms. note on col. 64*].

  « The paschal cycle on f. 135 is for 532-1063. The Easter tables on ff. 136 136 v° are for the three cycles 988-1006, 1007-1025, 1026-44. They were accordingly copied not later than 1006, and marks against the concurrents of 993 and the date of Easter 994 show that they were in use as early as 993. »

Mr Nicholson has kindly allowed me to refer to three examples which will appear in his forthcoming « Early Bodleian music. » Vol. II, viz.

(10)   **Ms. Auct. D. 2.6** (3636). « From the scribe's insertion of key marks, he appears to have written between 1139 and 1158. A slanting black stilus mark against 1149. »

(11)   **Ms. Bodley 572** (2026). « On f. 40 v° the year 981 is fixed by the earliest mark, the top left corner of the rectangle containing the Easter letter *e* has been cut off by a long thin stroke. »

(12)   **Ms. Bodley 579** (2675). « The tables on ff. 53, 53 v° extend from 969-1006. There is a pin prick over the date 972, an ink dot in the last column referring to 971 and a very small ink spot over the date 969 itself. Certainly the table was already in use in 972, and apparently it was written in 969 or in the twelve months preceding the Easter of that year. »

Mr Nicholson has also called my attention to :

(13)   **Ms. Lat. liturg. d. 6** (32.557). Mr Madan's Summary Catalogue VI, p. 167 states that the ms. was written in the second half of the eleventh century and that f. 74 (a separate sheet) contains a later calendarial cycle from AD 1119-1151. The script to my mind resembles early 12th. cent. mss. from Farfa and the Sabine territory and, as a Table for indictions &c almost always begins with a leap year, I think it quite possible that this table may be the continuation of the penultimate leaf of the ms. The year 1119 is preceded by a brown line and 1120 is followed by a red dot.

N°s 14 to 19 which follow, already noticed by Mr Nicholson, seem to call for comment :

(14)   **Ms. Laud misc. 457.** [*Catal. codd. mss. bibl. Bod. Pars. II; ms. addition by Mr Nicholson on col. 328*].

F. 1. « A stroke against 1180 shows that it was written not later than 1179-1187. »

I take this stroke to be a smudge in the first column between the periods which commence 1172 and 1180 and I notice peculiarities attaching to the period 1164-1195, for 1164 (i e 1164-1173) is followed by a downward stroke instead of by the otherwise universal diamond shaped *punctum*, whilst the only eight year's cycle to which a dot is prefixed is that beginning 1188. [H. M. B.].

(15)   **Ms. Laud misc. 468.** [*idem, ms. addition on col. 341.*]

F. 3 vo. *Tabula indictionum* &c *pro annis* 1108-1139.

« Written not after 1111, as this year has a mark against it ».

As there are several pin pricks in the three preceding years and as XXI, the last
figure on the line for 1109, has a mark added against it, the ms. was
certainly in use in the early years of that cycle· [H. M. B.].

(16) **Ms. Laud mis. 644.** [*idem. ms. addition on col. 465. Cf. Summary Catalogue* V. p. xiii n. 1].

« The word 'hic' under the column for 1268-93 on f. 14 shows the ms. to be
late 13 th. century : a line through the letters *m* and *e* in the 6th. and 7th.
spaces shows the date to be 1273-4 ».

It should be noticed that the table on f. 177 v° has at the very foot of the page
the year 1291 added by a *later* hand. [H. M. B.]

(17) **Ms. Laud. misc. 723.** [*idem. ms. addition on col. 515*].

« Apparently written in 1245 or 1244 » The figure 1 and two short lines have
been inserted before 1145, and iii before 1147 ; but the Translatio *sancti
Eadmundi archiepiscopi* (1147) in the left margin seems to be by the original
scribe [H. M. B.].

(18) **Ms. Digby. 56.**

The Kalendar was written before Sept. 19, 1168 for the notice of the eclipse of the
moon on that day is inserted by a later hand. Mʳ Nicholson, in a ms. note on
c. 59 of the official copy of the Catalogue of the Digby mss., calls attention
to (i) the paschal cycle on f. 162 v° with a blue stroke to the left of 1133 ;
(ii) the date 1146 interpolated in *Arabic* figures in col. 1 of the Tabula
Gerlandi on f. 163 v°, and (iii) the second table of f. 164 which gives 1120
as the year of the incarnation « sicut tenemus » and 1142 as the year « sicut
quidam se verius tenere putant ».

But as regards (i) the blue stroke is really in the rectangle of and to the right of
the figure v, i. e. the year 1105, (a year inconsistent palaeographically with
the date of the ms.) ; but the table has a line, probably originally blue, in the
space for 1164 and two blue dots in that of 1186, i. e. two dates 22 years apart.
(ii) The « Tabula Gerlandi » on f. 163 v° has the same years, 1164 and 1186,
distinguished by pin pricks over the numerals iiii which represent them ; iiii
and iiii (1).

In addition, on f. 177 v° there is a dot in the left margin between the levels
of 1158-1176 and 1177-1195, and the rectangle for 1164 has at its left top
corner in dry point the letters *c* (or *q*) and *a* ; f. 211 v°, the end of one of the

---

(1) I suspect there may be some astronomical reason for the insertion of 1146. In ms. Saville
21 f. 176, written between 1220 and 1247, the black *e* for the year 1146 is the only one which
has a red dot under it.

treatises of the ms. and the last page of a quire, bears in very small letters at the foot of the page the year 1168, the 14th.year of Henry II. This is probably the date when this treatise was copied ; the scribe may have begun his task in 1164.

(19) **Ms. Tanner 169˙** (9995). The kalendar was copied between the Canonization (1173) and the Translation (1220) of S. Thomas of Canterbury, the entry for the latter being by a later scribe who writes the letters *Tr* and *Th* separately instead of combining them as the original scribe does. Mr Nicholson, [Early Bodleian Music. I. p. xiv. § 7] states « That it was written before Easter 1188 is practically certain from its paschal tables and it is clear that these were written after 1187 " but in an added ms. note to the official copy of this work he says " a row of pin pricks over the date for 1193, pointed out by the Rev. H. M. Bannister make it virtually certain that the tables were written between Easter 1192 and Easter 1193 and *proves* that they were *used* as early as the later date ».

The following 12 examples I have come across in my study of Bodleian mss :

(20) **Ms. Ashmol. 1146**, written for William Reade, Bishop of Chichester, the date of whose consecration (Sept. 2.1369) is inserted by the original hand in the kalendar but whose death (Aug. 18. 1385) is there recorded by a later hand. As the latest archiepiscopal constitution inserted by the original hand (f. 96 v°) is that of 1362 whilst that of 1378 is added probably in that year on f. 97 r°, the ms. must have been written before 1378, and the insertion in the kalendar by a second hand of the obit of Pope Urban V who died Dec. 19. 1370 suggests it having been written before that date.

(i) In the table on f. 7 v° the letter *e* on the line for 1370 has a fine brown stoping line to its left.

(ii) In the table on f. 8 r° the line for 1369 (when Easter day fell on Ap. 1) has a small brown dot under the numeral 2 in col. 3 whilst in the line for 1370 (when Easter day was April 14) the *e* in the second column has a very small slantings line below it to its left and there is a dot in col. 5 between 18 and *Kal-Maii*.

(iii) In the tables on f. 8 v° the line for 1369 has a dot after 1369, two dots above 2 in col. 4 and a red dot between *Kl.* and *Aprilis*.

(21) **Ms. Ashmol. 1522.** The kalendar is stated on f. 9 to be drawn up as far as 1369 ; on f. 15 v° the space for 1355 has a line drawn above the *q*.

(22) **Ms. Auct. D. 2. 4** (2105). The kalendar was written before 1173 as the entry on Dec 29 *Passio sancti thome* etc. is a later addition. In the table on f. XI v° the rectangle containing i for 1168 has a dot before it.

19

(23) **Ms. Barlow 41** (6451). Palaeographically of the second half of the 13th. cent. and certainly after 1247 the date of the Translation of St Edmund archbishop, recorded in the kalendar. On f. 156 v° a red chalk line, not the red ink of the rubricator, has been placed under the letter V of 1270 and the letter p of 1271 ; besides, faint dots and other scratchings begin about the line for the period 1253-71.

(24) **Ms. Bodley 20** (1863). The scribe first wrote on f. 165 v° a table for the years 1257-86 but, in consequence of two mistakes, he rewrote it on f. 167. On f. 165 v° the line for 1263 has two indentations by a stilus in the last column, after X and before G. ; on f. 167 a line in browner ink than that of the rest of the page has been drawn right across the page between the letters etc. for the years 1261 and 1262.

(25) **Ms. Bodley 177** (2072). The next expected eclipses of the sun and moon are those of the year 1384 (ff. 22 v°, 23). The table on f. 27 v° has on l. 4 col. 17 (i. e. the space for 1384) a short line drawn to the right of the top of the letter a.

(26) **Ms. Bodley 464** (2458). At the top of the right hand margin of the kalendar on f. 62, corresponding to the beginning of January, there is inserted in lead « annus arabum 717 anno domini 1318 ». On f. 71 v° the line which separates the letters for the lunar cycle 1291-1309 from those of 1310-28 is continued to the very edge of the page instead of stopping at the end of the last column, thus showing that the former cycle was past when the table was copied.

(27) **Ms. Canonici Miscel. 560** (20036). From internal evidence this Milan kalendar should have been copied between 1053, when the feast of the Exaltation of the Cross was introduced into Milan, and 1056, as the dedication of the Church of S. Hilary that year does not appear. On f. 60 the figures etc. for the year 1056 have a pin prick over i in the third col. and over *VII id April.* in the seventh and a peculiar mark after XVIII in the last column.

(28) **Ms. Digby 41.** (If kalendarial tables begin at any year which is neither the commencement of a 19 year's lunar cycle nor a 28 year's paschal cycle, they were presumably copied during the first year of the table). Here the tables on f. 83 begin with 1387 and the first solar eclipse chronicled (f. 77 v°) is that of June 16 of that year.

(29) **Ms. Hatton 113.** As the original hand wrote on f. xv v° tables for 1064-95 and on f. ix, for 1056-83, the limits of possible date are 1064-83 ; but a dot to the left of 1070 on f. xv v° suggests that date as the year when the ms. was copied.

(30) **Ms. msc. Liturg. 170** (19.300). Fol. 8. Tables for 1470-88 with a dot at the beginning of the figures for 1475; on f. 7 v°. « Nota quod 1476 Laus numerus incipit. 14. »

(31) **Ms. Rawlinson D. 239** (13.048). Written in 1369 (f. 10). On f. 4, the figure 1336, which heads the column for the cycle 1336-63. has immediately below it, in a vacant space, an x by *stilus*, signifying presumably that that cycle was past when the table was transcribed.

(32) **Ms. Saville lat. 21** (6567). Two entries in the kalendar for November (f. 181) show that it was copied between the canonization of St. Hugh (1220) and that of St. Edmund archbishop (1247-8). The column for the cycle 1240-67 is the only one which has a red dot after its first year.

I have noticed the following examples in Vatican mss. :

(33) **Ms. Vat. lat. 644.** Contains twice, on ff. 17-23 and on f. 29 v° a series of 19 years' lunal cycles extending until 1063; on f. 23 the line for 1060 has a dot after MLX and also at the end of the line; on f. 29 v° the line for 1060 has a dot.

(34) **Ms. Vat. lat. 3101.** 1077 « eodemque anno scriptus est liber iste » f. 28; on f. 18 v° (table beginning 1064) in the first line the only G to which, instead of a dot, a small *c* (?) is prefixed is in the space for 1077.

(35) **Ms. Vat. lat. 5644.** A notice in the table f. 1 gives « anni ab incarnatione domini secundum hieronimum » 1158 but «secundum quosdam » 1160. On f. 8 v° the third cycle (1159-77) has a dot made by a stilus both at the beginning of the line and before mclviiii and also a diagonal stroke at the end of the line.

(36) **Ms. Palat. lat. 300.** The second kalendar has on f. 174 a table for 1094-1140; there are two small lines drawn by a stilus in the space for 1123 whilst the line for 1124 has two small ink strokes and two pin pricks.

(37) **Ms. Regin. lat. 12.** The dating of this ms. from the historical references and various marks in the tables will be explained at length when I edit the psalter for the Vatican Library; here it must suffice to say that the dots or pin pricks on at least four separate pages concur in pointing to the years 1019 or 1020 as the date of writting.

(38) **Ms. Regin. lat. 123.** On f. 118 (the last of a series of 19 years' cycles), the original scribe has written in the right hand margin opposite the line for 1056 « eodem anno factus est liber iste » : in this line there is a dot before the year MLVI, before the indictio VIIII and before the cyclus lunaris VIII and a line under this VIII. The same table is repeated on f. 111 and here, there are dry point dots under the year MLV, under the indiction viii of 1056 and before and under the cyclus lunaris viii of that year.

(39) **Ms. Regin. lat. 1263** was apparently written between 1007 and 1025 as the line for that period on f 96 v° has red dots at the end of the line, but 1009 is indicated by the dot after vi. on f. 86 v° and by the red dot on f. 62 v°.

(40) **Ms. Regin. lat. 1281.** On f. 9, 1065 is the only year surrounded by a red circle.

(41) **Ms. Regin.lat. 1530.** On f. 29 v° the last cycle which has its first year iuser-ted is the one which begins 1045; in this line the B for 1054 is followed by a small stroke.

(42) **Ms. Regin. lat. 1723.** There are four tables; (i) on f. 28 v° there is a dot on the line which separates the cycle of 1101-28 from that of 1129-56; (ii) on f. 27 v° there is an ink spot in the left margin between 1116 and 1117; (iii) on f. 26 v° there is a slanting line before the vii which represents 1117; (iv) on f. 19 v° there is an ink dot after the VI. of 1116 and a *c* (?) in the space coloured green between 1116 and 1117.

Of mss. at the British Museum I have notes of :

(43) **Julius A. VII.** On f. 14 the tables for 802-987 are by the original hand, those for 988-1006 are a later addition; bence the ms. was presumably written before 988 On f. 13 there is a dot between 950-969, showing that the cycle 950-968 was past, and on f. 13 v°, containing tables for 969-987, there is a dot at the end of the line for 974.

(44) **Julius D.VII.** If this S. Alban's abbey miscellany is all by one hand its date is fixed by historical annals as between 1258 (the obit of John of Wallingford formerly cellarer being m¹ on f. 42 v°) and 1260 (the *added* obit of abbot John on f. 121 v°). The Kalendarial tables fix the date as 1260 or 1261; on f. 4 v° 1260 has four diagonal strokes added over the concurrents iiii; on f. 5 v° the letters *dc* for 1260 are in two colours instead of one.

(45) **Tiberius B. V.** Part I must have been written in the archiepiscopacy of Siggeric of Canterbury 990-Oct. 28, 994 (cf. ff. 20 v°-21 v°). In the table on f. 17 v° a dot occurs against the number VII. which represents either 949,993, or 1010 and in the cycles on f. 16 v°, the only year in which Kalende are written *klde* instead of *kl* is 994.

(46) **Reg. 2. A.XXII.** written between 1173 and (probably) 1189; on f. 1 v° there is a dot in front of. A. which represents the year 1186.

In conclusion, four mss. of which I have before me only partial notes :

(47) **Ms. Paris. B. N. lat. 10837.** The Kalendar was written between 703 and 722 as the reference to 722 as the present year is inserted by a later hand. The first table by the original scribe and in the same quire as the kalendar, is for the cycle 703-721 and has a cross + placed in its margin against 717.

(48) **Ms. Rome Angelica 123.** Its dating, deduced from marks etc. in the tables will be described in my « Paleografia Musicale Vaticana ».

(49) **Ms. Geneva 50.** Bedae Computus, is so exact a copy of its exemplar that it states that it was written in 761 and, in the 19 years' cycle, 760 and following years are written in larger script than the rest; but the insertion by the original hand of chronicles as far as 776 shows that it must have been copied after 775. A second hand however thrice gives the year 830 and has inserted the letter P for *presens* on the right margin of the year 830.

(50) **Ms. Capit. Verona.** XC (85) Tables from 857; a + is inserted twice after « XII d. m. April » and, the second time, a dot is placed after the XII.

These fifty examples must surely suffice to prove how very frequently (I might have said, how almost invariably), the copyists of paschal and other tables marked with a dot or stroke the year in which they wrote or the Easter in front of them. It may have been in some cases an unconscious trick, a merely natural impulse on their part, at other times they did it deliberately in order to mark the exact date which did not occur in their exemplar. Granting that in some mss. we find no such marks and allowing for the possibility of our mistaking the meaning of some of the signs we do find, we cannot close our eyes to the existence of the practice. Hence I venture to suggest that librarians and cataloguers, in dating a ms., should always make a point of searching carefully in its kalendarial tables for the earliest of any such marks. Thus will they be able to test and correct the result of their investigation of the script, of the miniatures &c and may be able to fix a precise date.

Palaeography, with all its magnificent advances, is not yet an exact science and will welcome the assistance of any internal evidence, even of what may appear insignificant but may prove to be a most valuable means of corroboration.

J. MAROUZEAU

LA GRAPHIE *EI* = *I*

DANS LE PALIMPSESTE DE PLAUTE

Le latin possédait une diphtongue *ei* d'origine indo-européenne (Cf. F. Solmsen, *Indog. Forsch.*, IV, 1894, p. 244), que l'on trouve encore employée à propos dans les plus anciens textes, par exemple dans l'inscription des Bacchanales.

Mais de bonne heure cette diphtongue aboutit dans la prononciation à $\cdot\bar{\imath}$ (Cf. F. Sommer. *Handb. der lat. Laut-u. Formenl.*, p. 85-86), et dès le milieu du second siècle avant J.-C. *ei* n'apparaissait plus que comme une graphie ancienne de $\bar{\imath}$.

Les grammairiens s'appliquèrent alors à définir les cas où cette graphie était autorisée; Lucilius donne déjà à ce sujet des règles minutieuses (*Sat.* IX, 11 éd. L. Müller), et Marius Victorinus observe (VI, 17, 35 *K*.) : « omnes qui de orthographia scripserunt de nulla scriptura tam diu quam diu de hac quaerunt ».

C'est ce qui explique que l'on trouve encore la graphie *ei* jusque dans les inscriptions de l'époque impériale (Cf. E. Lommatzsch, *Zur latin. Orth.*, *Arch. f. lat. Lex.*, XV,1, 1906) et dans quelques-uns de nos manuscrits.

En ce qui concerne les manuscrits, on peut s'attendre à ce que les copistes, toujours portés à rajeunir leurs modèles, éliminent systématiquement les *ei* ; effectivement on les surprend à réduire *ei* à *i* dans des cas où les deux voyelles devaient être séparées ; c'est ainsi que *placide is* (*Ps.* 242) devient *placidis* dans les mss palatins (Cf. Lindsay, *The ancient editions of Plautus*, p. 137, n. 1).

Cependant des traces de la graphie ancienne subsistent dans certaines altérations : M. Lindsay (*ibid.* p. 138) cite un *et* (*Men.* 435) fausse lecture de *ei* impératif de *ire*, un *firi* (*Cur.* 491) qui cache une forme *eiri* = *iri*, etc. Dans le ms *A*, VEI (=VI) devient VEL (*Mer.* 320), NVMMEIAVREI est interprété NVMMI LAVREI (*Poen.* 345) etc.

Bien plus, il est arrivé que des copistes ou des réviseurs ont introduit dans le texte des *ei* qu'ils ne trouvaient pas dans leurs modèles. C'est ce que nous montrera l'examen du palimpseste de Plaute.

L'orthographe de ce manuscrit présente cette singulière particularité que sur 195 exemples de *ei* (cités à l'index de W. Studemund), les trois quarts appartiennent à trois pièces seulement (*Men.* 31 ex., *Mer.* 77 ex., *Poen.* 39 ex.,), tandis que les pièces restantes n'en fournissent ensemble que le quart (48 ex.).

Encore ces chiffres doivent-ils être rectifiés. Les 48 exemples sont loin d'être tous bien attestés. Les uns sont empruntés à des parties de texte où le collationneur, ne pouvant rien déchiffrer, s'est contenté de faire le compte des lettres disparues : *Ep.* 600 *preimum*, 77 *ei*, 88 *doleis*, *Ps.* 343 *intestineis*, *Rud.* 593 *meiris*, 1019 *leitore*.

Ailleurs W. Studemund croit pouvoir lire *ei*, mais en indiquant qu'une autre lecture est aussi possible : *Cis.* 296 *dixistei* (*dixisti*), *Ep.* 607 *quei a* (*qui id*), 567 *sei* (*sit*) 517 *sententeis* (*-iis*), 728 *orasseis* (*-ies*).

Parfois on ne voit pas bien ce qu'on pourrait lire à la place de *ei*, mais vu l'état du parchemin cette lecture est encore donnée comme une reconstitution conjecturale : *Ps.* 415 *damnoseis*, *Rud.* 1012 *nisei*, *Mil.* 1422 *eibis*, *Bacch.* 927 *eximieis*, *Per.* 315 *negotei*, *Mil.* 558 *praetei*, *St.* 425 *propeino*, 497 *periei*,*Tri.* 95 *sceis*.

Enfin *Cis.* 244 *compeceis*, et *St.* 587 *meille* sont dans des passages par ailleurs altérés.

Il ne reste pour tout le texte du palimpseste, en dehors de *Men.*, *Mer.*, *Poen.*, que 26 ex. certains de la graphie *ei*. Plusieurs comportent une explication indirecte. Il est arrivé que en vertu de la confusion fréquente de I et de E dans l'écriture capitale les réviseurs ont eu à restituer des E à la place d'I fautifs ou réciproquement : alors le copiste suivant pouvait se tromper sur la correction et insérer la lettre en surcharge sans supprimer la lettre fautive ; c'est la seule manière d'expliquer des fautes telles que *anteidhac Ps.* 620 *anteidibo Ps.* 933, etc. Peut-être faut-il expliquer de la même manière les *ei* que l'on rencontre dans des cas où *e* aussi bien que *i* donne une forme existante : *peregrei Mos.* 957 (ailleurs *peregre* ou *peregri*), *uestei Ep.* 229, *perennitatei Per.* 330, *aduenienteis St.* 628, *plureis St.* 607, *aureis Per.* 182, *oueis Ps.* 140, *omneis Per.* 325, *St.* 349.

Les exemples restants, en nombre infime, se trouvent dans des catégories de mots bien définies : quelques monosyllabes : *seic Ep.* 511, *sein Ep.* 545, *ueis Ps.* 47, et quelques formes du verbe *ire* : *ei Ps.* 326, 330, 349, *ein Ps.* 1182, *abeis Rud.* 584 *redeitur Rud.* 1018.

Ces quelques graphies, disséminées dans une étendue de texte considérable, sont-elles des traces authentiques de l'orthographe ancienne, ou ne représentent-elles pas plutôt des corrections faites au passage par quelque lecteur érudit ?

L'examen des trois pièces mentionnées plus haut peut apporter quelque lumière sur ce point.

Les exemples que fournissent en abondance ces trois pièces sont de même nature que les exemples empruntés par M. Lommatzsch aux inscriptions de l'époque impériale :

— monosyllabes : *sei* 15 ex., *seic* 2 ex., *heic* 3 ex., *quei* 4 ex. (cf *quein* 2 ex.), *mei* (=*mī*) 2 ex., *seis* (=*sīs*) 2 ex., *sceis* (= *scīs*) 6 ex. (cf. *scein* = *scis-ne* 1 ex., et *nesceis* 1 ex.), *ueis* 6 ex. (cf *uein* = *uis-ne* 1 ex. ;

— désinences verbales : 3 inf. pass. en-*ei*, 3 parf. 1ʳᵉ p. en-*ei*, 3 subj. 2⁰ p. en-*eis*

— pour la déclinaison : 1 ex. du gén. sg. de la 2ᵉ et 4 du nom pl. ; au datif sg. de la. 3ᵉ : *urbei, uxorei*, à l'acc pl. : *omneis, treis, aedeis, leiteis* (= *lites*) ; de nombreux ex. du dat. abl. pl. 2ᵉ déclin. (15 ex.), et des formes *nobeis uobeis* (11 ex.) ;

— à la voyelle radicale, sauf *leiteis* et le mot grec *Euteychus*, tous les exemples sont du verbe *dico* (17 ex.) + 1 exemple de *ueiuo* (et 1 de *ueitalis*), et des mots que M. Lommatzsch nomme *appellatiua* (p. 134) : 3 ex. de *leiber* on de ses dérivés, 1 de *feilia*, 1 de *ameicus*.

Cette répartition diffère de celle que nous avons observée pour les autres pièces : dans le catalogue précédent nous avions pour la déclinaison surtout des formes de nom. pl. 2ᵉ décl., dat. sg. ou acc. pl. 3ᵉ décl., et 2 ex. seulement de dat. abl. pl. ; ici nous avons au contraire plus de *ei* pour les dat. abl. pl. (15 ex.) que pour tous les autres cas réunis (11 ex.). Précédemment le seul radical qui eût conservé la graphie était celui du verbe *ire* ; ici il ne fournit aucun exemple certain, et c'est *dicere* qui les fournit presque tous.

Il y a donc là, autant que permet d'en juger le petit nombre des exemples dans la majorité des pièces, l'indice de deux systèmes orthographiques, et vraisemblablement la trace de deux révisions différentes.

En tout cas, le seul fait que Men., Mer., et Poen., ont conservé tant d'exemples de la graphie archaïque révèle que ces trois pièces ont eu une histoire commune. Il se trouve que dans *A* elles sont séparées les unes des autres, mais on remarquera qu'elles se suivent selon l'ordre alphabétique (1), de sorte qu'elles ont pu être contiguës dans un recueil antérieur à *A*.

M. Lindsay (p. 85) tente de reconstituer l'ordre des pièces dans les différents archétypes des mss que nous possédons, et pose pour l'archétype de *A* l'ordre :... *Mer. Mos. Mil. Men. Poen*... Les faits qui viennent d'être exposés conduiraient à admettre un ordre différent (*Mos. Mil. ?*) *Mer. Men. Poen.*, au moins pour l'une des copies antérieures. M. Lindsay explique (pp. 84-85) comment d'une copie à l'autre les interversions étaient toujours possibles, surtout lorsque chaque pièce était écrite sur un rouleau de papyrus distinct ou sur un cahier de parchemin détaché.

Dans le cas présent tout se passe comme si un copiste ou un réviseur se fût appliqué à reconstituer une orthographe vieillie dans la partie de texte sur laquelle il travaillait, et qui se trouve correspondre à peu près à une étendue de trois pièces.

---

(1) On sait que les anciens ne tenaient compte pour le classement alphabétique que de la lettre initiale.

Mais la répartition des graphics *ei* dans l'intérieur même de ces trois pièces permet de se représenter avec plus de précision encore le travail de ce correcteur.

M. Lindsay (pp. 139-140) ne pense pas que les corrections orthographiques des réviseurs se soient limitées systématiquement aux limites mêmes des pièces ; effectivement les graphies *ei* sont très inégalement réparties dans le texte des trois pièces qui nous occupent. On n'en trouvera pas une dans les 14 premiers vers du *Mer.*, tandis qu'on en rencontre 19 dans les 17 derniers ; pas une dans les 63 premiers de *Poen.*, et 18 dans les 65 derniers... Les graphies vont par groupes : à peu d'exceptions près, celles de *Mer.*, sont réparties dans les passages suivants : de 262 à 281 (20 vers), de 299 à 318 (20), de 465 à 484 (20), de 503 à 530 (18), de 763 à 790, où finit le texte du palimpseste. Pour *Men.*, la mutilation du palimpseste empêche de faire une division aussi minutieuse ; mais dans *Poen.* la répartition est extrêmement nette. Les ex. de *ei* y sont presque tous groupés dans les vers compris entre 402 et 420 (19), 643 à 678 (36 = 2 fois 18), 1213 à 1285 (73 = 4 fois 18 [+ 1]).

Ainsi c'est dans des groupes de 19 vers au maximum que sont enfermés la plupart des ex. de *ei*.

Bien plus, les intervalles mêmes entre ces groupes sont divisibles par groupes de 19, de sorte qu'on est amené à se demander si le réviseur ne s'est pas borné à corriger un exemplaire de 19 lignes à la page, comme est *A* lui-même, en parcourant des pages entières, mais en sautant des feuillets.

Les quelques observations qui ont été faites sur d'autres textes tendent à confirmer cette conclusion, que la graphie *ei* dans les manuscrits est d'ordinaire une restitution.

En dehors du texte des comédies, les *acrosticha*, qui sont de date récente, en offrent deux exemples incontestables : CAPTIVEI, MENAECHMEI.

Sauf *deux* exemples dans Lucrèce (cf. Lachmann, 2ᵉ éd. p. 244) et quelques-uns dans Varron et Catulle, la graphie *ei* n'apparaît pas chez les écrivains de la république. Elle est sans exemple dans le texte de l'archaïsant Salluste et au contraire elle est fréquente dans les *Suasoriae ad Caesarem*, plus récentes. Quant aux copistes de Cicéron, c'est dans le texte d'*un discours* seulement (*pro Fonteio*) qu'ils l'emploient avec suite ; cf. là-dessus Jordan (*Beiträge zur Gesch. d. lat. Spr.*, Berlin 1879, p. 237) qui considère cette graphie comme un ornement archaïque remis à la mode par les poètes et les grammairiens de l'Empire.

On cite d'autres exemples de formes archaïques restituées dans les manuscrits, contrairement à l'usage habituel des copistes ; M. E. Chatelain note que dans l'*oblongus* de Lucrèce (*Lucr. cod. Voss. obl. photot. editus*, 1908, préf., p. V), les génitifs sing. de 1ᵉʳ décl. en -*ai* ont été restitués : « quotiens... *ai* legitur, correctorem *i* addidisse apparet ». Enfin M. Lindsay (*The anc. ed. of Pl.*, p. 136 ss., en part. p. 141, note) cite encore d'autres exemples de ces restitutions orthographiques.

J'ai tâché de montrer ici par l'exemple de *ei*, comme je l'ai fait ailleurs par l'exemple de *st* = *est* (*Rev. Phil.* XXXII, 1908, p. 291 ss.) l'intérêt que présente l'étude de ces restitutions. Pour ce qui concerne Plaute en particulier, c'est peut-être en analysant ainsi le travail des correcteurs qu'on pourra se faire une idée de la manière dont s'est constitué le « corpus » plautinien (1).

(1) Sur cette question, cf. le débat institué entre M. Fr. Leo (*Plautin. Forsch.* 1895), et M. Lindsay (*Introd. à la crit. des textes... trad. fr.* 1898, et *Ancient edit. of. Pl.* 1904); cf. la réplique de M. Leo (*Götting. gelehrte Anzeig.*, 1904, pp. 338-374) et en dernier lieu E. Sicker, *Quaest. Plaut. praecipue ad orig. duar. recens. pertin.* diss. Berlin 1906.

W. M. LINDSAY

THE NOTAE IURIS OF VAT. REG. 886

The marginal summaries of Vat. Reg. 886 (Codex Theodosianus, written in half-uncials), omitted in the Berlin edition of the Codex Theodosianus, have been published, very inaccurately (see Winstedt in Class. Phil. 1,399), in the "Studi Senesi" III-V (Siena, 1887-9), under the title "Carolus Manentius:Antiqua Summaria Codicis Theodosiani ex codice Vaticano iam primum anno MDCCCXXXIV a Gustavo Haenelio edita cum codice Vaticano singillatim noviter collata". These marginalia abound with Notae Iuris, of which I made as full a collection as I could in a short visit to Rome last year. In the following list I omit capricious and occasional suspensions, such as karthag̅ "Karthaginis" (ad x̣ 1 30, 32), as well as such common epigraphic symbols as KL (or KAL), with oblique cross-stroke through L, "Kalendae"-"arum", etc. Since the form of the letters and the position of the contraction-strokes often change with a change of scribe, I have sacrificed to typographical convenience the exact reproduction of most of the symbols. A letter is often suprascript in these marginalia for the sake of saving space merely, e. g. geñrale (fol. 70 v., where the third syllable of the word begins a new line), suffrag̊o (fol. 227 v., in the middle of a line). This practice must have been productive of error in transcription.

ā 'aut', passim. Ad xii 1, 33 (si XII iugerum sint possessores... sin minus ·a· xxv iugeribus habuerint) the Preposition 'a', in its late Latin use after a Comparative, is apparently meant. (Or 'agri'?)

    Ad xii 1, 102 (contra eos qui sunt ā obnoxii curiae non valere) is the symbol inserted in error?

    Ad xi 30,64 (si ā infirmitate praegravetur ā iudex) 'aut' is probably meant in both cases, but the double 'aut' is an error of the scribe, or perhaps of the corrector, who has intervened here.

ān 'ante', frequent.

āp 'apud', passim.

app 'appello', etc., 'appellatio', etc., e. g. ad xiii, 30, 51 *appellationem*; ad xi, 30, 56 qui *appellationem* offert... quodsi poenituerit *appellatio*; ad xi, 30, 58 *appellare*; ad xi, 30, 63 *appellationis*; ad xi, 30, 68 *appellari*; ad xi, 36, 3 *appellans* (?)

a̅t 'autem', passim.

b̅ 'bona', '-nis', etc. (e. g. ad x 8, 5 b̅' 'honorum', with, apparently, the 'um'-sym-
bol.)

c̅ 'causa', '-ae', etc. (e. g. ad xi 30,9 *causam*; ad x 4,3 in criminalibus *causis*; ad x
9,3 cum*causis* omnibus). Also c̅s 'causas' (eg. ad xii 1,23), c̅i̅s 'causis', c̅m (also
.c̅. m, e. g. ad xi 30,16) 'causam', c̅r̅' 'causarum' (e. g. ad xi 30,11), etc.
'c̅o̅m 'comes', '-itis', etc. (but sometimes .c̅., e. g. ad xi, 30,45) where the .c̅. rp of
the marginalia repeats the AD PELAGIUM C(omitem) R(erum) P(rivatarum) of
the heading of the law. Hence c̅o̅mp 'c. privatarum' (e. g. ad x 3,7; x̅ 8,2,
and c̅o̅m r̅p̅ (e. g. ad xi 30,49).

c̅o̅ns 'consul', '-lis', etc.

c'̅ 'cum' (also in 'qui*cum*que', etc.), passim.

ꝯ 'constitutio', '-onis', etc., passim.

Ꙅ and Ꙅ 'contra', frequent (Also 'contro-' in '*contr*oversia', (g. ad xi 30,55). Also
expressed by the 'con' symbol followed by the 'tra' -symb l (see below).

ꝺ̇ 'dicit', e, g, ad ix, 42, 16; ad x̅, 1, 16; ad xi 30, 49; ad xii 1, 2. Not unlike, but
with the oblique stroke crossing the middle of the letter, is the symbol for 'die'
(ad xii 1, 53).

di̅a̅c, di̅a̅ 'diaconus',-'ni', etc.

dn̅s̅ 'dominus', dn̅i̅ 'domini', dn̅o̅ 'domino', etc. Also d̅omns 'dominus' (e. g.
ad x̅ 10, 27).

e̅ 'est', e̅e̅ 'esse', e̅e̅t 'esset', etc., passim. Hence id̅e̅ 'id est' (e. g. ad x̅ 1, 6; ad
xi 31, 9).
e ᴎ 'enim' (e. g. ad xii, 1, 22); but also wanting the *e* (ad xi, 36, 19 in nona *enim*
de debitoribus locutus est, hic de rationes non reddentibus).
e̅pscm 'episcopum' (e. g. ad xi, 36, 20. Also e̅psm, e. g. ad xi, 39, 8); epsc̅o̅s 'epis-
copos'; e̅pscalis 'episcopalis', etc.

e̅t 'etiam', passim.

fi̅dc 'fidei commissum', -'i', etc., sometimes f̅c (e. g. fol. 102 r).

h' 'hoc' (e. g. ad xii, 1, 59 nec *hoc* nec illud; ad xii, 1, 104).

ħħ 'heredes', ħħ.ƀ 'heredibus', etc., frequent.

ł 'inter', passim.
'id est' (see 'est').
imp̄ 'imperator', '-ris', etc., passim.

kāp 'kapitulum', '-li', etc., e. g. fol. 65 v in tertio *kapitulo* (or *capite*?).

māg 'magistratus', -'ui', etc. (e. g. ad xii, 1, 29). But ludimāg 'ludimagistros' (ad xiii, 3, 10).

m 'modo' passim. Sometimes 'modum' (or else 'modo' by error for 'modum'), e. g. q. madm̊ 'quemadmodum' (fol. 110 r, etc.).

N 'nam' (also in 'perso*nam*', etc.), passim.

n̄ 'non', passim.

N 'nihil', passim.

N 'nisi', passim.
(On the monogram of N and I as symbol of 'enim', see above, s. v.).

ṅ 'nun*c*', passim.

ṅ 'nota' (Imperative of 'notare'), passim. (The marginalia in which this symbol appears are not however the marginal summaries.)

num/o 'numero'.

ō 'oportere' (e. g. ad xi 30,36, xii 1,66, etc.). Often ōre (e. q. ad xii 1.77; ad xii 1,87). We seem to find ō 'oportet' ('-teat'), ad xiii 3,5 doctores quales esse ō insinuat.

p̄ 'praé', passim.
   'privatus' (see under 'res', 'comes').
   'praetorium' (see under 'praefectus').
   publicus' (see under 'res').
   praefectus' (sec below, s. v.).
p' 'post' passim. Also for 'pos' (e. g. *pos*sessio, *pos*sum).

Ᵽ 'per' passim.

Ᵽ 'pro', passim. The first two syllables of 'proprius' are often expressed by this symbol followed by the 'pri'- symbol (see below).

pat̄ 'patrimonium' (abso pat̄ m, e. g. ad xii, ı, 49), 'patrimonialis' (ad x̣, 10,24 possessiones templorum reipublicae vel *patrimoniales* (?), quae subtractae sunt de isdem).

pēc 'pecunia', -'ae', etc. (e. g. ad xii, 1,6).

ṗ 'potest' (e. g. ad xi, 30,36) Ad xi, 30, 11 (prohibet omnes proponere quod probare non ṗ) does the symbol mean 'possunt'? Or should 'probare' be 'probari'? The words of the law are 'quod quis probari posse desperet'.

pōt (sometimes potēst) 'potestas', '-tatis' etc. (e. g. ad ix, 43, 1 *potestate*).

p̄f (and prēf) 'praefectus', '-ti, etc. Also pfı̄s 'praefectis', pfōs 'praefectos', etc. Also p̄f p 'praefectus praetorio'; p̄f ūr, 'praefectus urbis', sometimes written p̄f ū (e. g. àd xi 30,67) and pū (e. g. ad. xi 30, 13 non ad principem sed ad *praefectum urbis* ; ad xi 34,2).

pre𝒷 'presbyter', -'ri', etc., e. g. ad xii 1, 49 *presbyteris*.
pp̄ and ℘℘ 'propter', frequent.

prōc 'proconsul', -'lis' etc.

Ᵽc̄ 'procurator', -'ris' etc. (e. g. ad x, 1, 17 *procuratoris*; ad ix 42, 20 *procuratore*; ad xii 1, 20 *procuratores*) ; Ᵽc ƀ 'procuratoribus (e. g. ad xii, 1, 6).

Ᵽū, proū 'provincia', 'provincialis' (ad ix, 23, 1 ut neque pecunias vendendi causa ab aliquo conflentur *provinciali* (?) et ut sit custodia itinerum), Ᵽūs 'provincias', Ᵽuıs 'provinciis', Ᵽulēs 'provinciales', Ᵽu ƀ and Ᵽuli ƀ 'provincialibus', etc.
prout' (see below, 'ut').

(For' proprius', see under 'pro').

pūb 'publicus', '-a', '-um', etc. Also publ, pūbc, pūblc.

q· 'que', passim. Hence q· m 'quem', frequent.

q̄ 'quae', passim. Also q̇e sometimes and (by error) q· (e. g. ad x̣ 1, 8).

ꝗ 'quam' passim. The flourish at the top of the cross-line is often omitted. Ad x 1, 6 (ut intra annum quisque experiatur) this symbol (wanting the flourish) denotes 'que' (by error ?). When doubled, 'quamquam' is denoted (e. g. ad xii 1, 52 *quam-quam* res conparaverunt).

ꝙ 'quod', passim.

q̇ 'qua' (also in ' aequalis', etc.), frequent. On the use (by error?) of this symbol, for 'quia', see below. Ad xii 1,106 (curiales honoribus perfunctos q̇ debent patriae persolvant) 'qua', in its late Latin use for 'quae', is, I think, meant.

q̇ 'qui', passim. Ad xi 36, 31 'officium... q̇ confessos debitum appellare permisit' corresponds to 'officium quod rettulit provocare convictos vel appellare confessos', in the law itself.

qa 'quia', e. g. ad x 10, 29 *qtia* non debet; ad xi 39,8 ; ad xii 1, 65. Also q̇a. Also q̇ (by error?), e. g. fol. 107 v.

A symbol resembling the carolingian 'quia'-symbol occurs sometimes in phrases like this (cf. Winstedt in Class. Phil. 1, 402): ad xi 36, 30 similis? nonae (*vel*-na) est, sed hic absolute de debitoribus iussit et xxx tituli similis est legi vii et xx. It should mean something like 'constitutio'. Perhaps 'ordinatio' is meant; and the letters really are OR in ligature : I noted elsewhere (ad xiv 1, 1) the shaftless form of *r* after *o*.

ꝗꝹ 'quibus', frequent. Sometimes the letter *i* is written above. Sometimes the first syllable is writen in full, and the second is expressed by *b* with the oblique crossstroke.

q̄s seems to denote 'quoties' ad x 15, 4 haec lex iudicibus data est ut, *quoties* causa fisci geritur, probatos causidicos tribuant. The words of the law are 'ut privatae rei nostrae, quotienscumque aliquas vel denuntiaverit vel exceperit actiones, idoneos tribuant 'advocatos'. Similarly, I think, ad xi 39, 6 q̄s scriptura (*corr.* — am) dicitur falsa (*corr.* — am) esse.

ꝶ 'res' (also in 'restituo', 'possessores', etc.), passim, etc. The capital form of the letter is often used. This symbol is used (by error ?) for 're', ad xi 30, 11 pro qua *re* instrumenta causarum in iudiciis proferre necesse est. Also (by error ?) for '-rum', ad xiv 3, 3 'pistorum (*vix-*'ris') casas'. It seems to represent 'responsa' ad xii 1, 50 (quattuor responsa reddidit); but the opening words stand in rasura.

R· 'rem' (also in 'possessorem', etc.), passim. Ad xii 1, 84 desertoR· seems to be 'desertores'; it can hardly be 'desertorem' !

rp 'res privata' (in all cases) e. g. *reiprivatae*, ad x 10, 14. Similarly reip̄ 'rei privatae', e. g. ad x 10, 15.

'res publica' (in all cases). Similarly reip̄ 'reipublicae', e. g. ad xi 31, 2.

The awkwardness of the Notae Iuris is clearly seen in this symbol, as it appears, for example, ad xii 1, 16 fugiens magistratus honorem, si pertinacia permanserint, ordinati ipsorum bona capiant... simili modo in omnibus qui fugiunt reip̄ functiones. Only a reference to the words of the law can show us that 'rei publicae', and not 'rei privatae', is meant.

s' and s⟩ 'sed', passim.

s̄ sunt', passim.

s̍ 'sint', e. g. ad xii 1, 49, etc. Similarly p' s̍ 'possint', e. g. ad xii 1, 29 quo *possint* expensas... restituere.

scaē (etc.) 'sanctae', (etc.), frequent.

sēnt 'sententia', '-ae', etc. (e. g. ad xi 30, 50). Also sēn (e. g. ad xi 36, 17). Also sentēnt (e. g. ad xi 36, 23).

signf̄ 'significat' (e. g. ad xi 36, 1).

sīm 'similis', '-li', etc., e. g. fol. 20 r. *similis* infra tituli xxvi... constitutioni (written in full on fol. 23 r. similis superiori); fol. 129 v. nota *similem* eodem libro tituli v constitutionem.

so ⅃ 'solidi', '-dorum', etc. Sometimes the capital form of *l* is used.

sp̄ 'spectabilis', '-li', etc., e. g. fol. 20 r. sive *spectabilis* sive clarissimus.

ss̄ 'suprascriptus', '-ta', etc. Also ssis̄ (etc.) 'suprascriptis' (etc.), e. g. ad x̄ 10, 25. Possibly also 'superius', e. g. ad. xiii 1, 15 potentem defendentem negotiatorem ss̄ dictum ad solutionem constringi praecipit. Hardly also 'superior', '-ris', etc., e. g. ad x 4, 2 quod nunc ablatum est per *superiorem (suprascriptam?)* constitutionem divi Iuliani'.

Ʇ 'ter' (also in 'ter̄tius', 'simili*ter*', etc.), passim.

t' 'tum' (also in 'addi*tum*' etc., and even with the ligature of N and T in 'tantum' ad xii 1, 41; 'quintum', ad xii 1, 95), passim. On the use of the same symbol for the syllables *tur* and *tus*, see below.

τ̔ 'titulus', '-li', etc., passim.

t 'tunc', passim.
Ad xiv 3, 5 tem (written without contraction-stroke, for 'tempore') is probably a mere error.

t̄est 'testamentum', '- t̄i'; etc., e. g. ad xi 36,26. Alˉso tes, e. g. ad ix 43, 1.

t̄m 'tamen', frequent. Ad xii 1, 75 (ii et xii similis. adclamatione (*ex* concl-) t̄m civium si probati fuerint laborasse, honores, quos meruerint, sortiantur) 'tamen', not 'tantum', is, I think, meant.

ṫns 'trans' (see the syllable symbol 'ra', below).

ū 'vel', passim.
   'ver' (also in '*ver*um', 'accusav*er*it', etc.), passim. Ad xii 1,55 it denotes 'verum' (by error?)
   'ut', passim. In this symbol the horizontal stroke properly stands above the second shaft of the letter. The symbol may therefore be called a ligature of *u* and *t* (*T*) like the well-known ligature of *N* aud *T*.

ů 'vero', passim.

uxīs (etc.) 'uxoris' (etc.), e. g. ad xii 1, 124 ; ad xiv 3, 2.

xpī 'Christi-' (in 'Christianus', etc.)

Syllable-Symbols.

d Final *n* may be expressed (really in ligature) by a wavy stroke above the preceding vowel, e. g. fol. 183 r. 'opinionem' (at the end of a line).

'con'. The reverted *c*-form is not so common as the form shown in the symbol of 'constitutio' (see above).

'am' (see 'nam', 'quam', above).

bus' (see 'us').

em'. Like R· 'rem' (see above) is d· 'dem' (e. g. ad xii 1, 29 'eis*dem*') and N· 'nem (e. g. ad xii 1, 74 'electio*nem*'; ad ix 42, 14 'mentio*nem*'; ad ix 42, 15 'donatio*nem*, etc).

'er' (see 'numero', 'per', 'ter', 'ver', above). As common as 'ter,' 'ver,' 'per' are ƀ 'ber', ꝼ 'fer', ꝭ 'ser'.
'or' (see 'uxor', above).
ra', e. g. ḟ 'fra', g̊ 'gra', ṫ 'tra'.
're', e. g. ċ 'cre', g̊ 'gre', ṫ 'tre'.

21

'ri' e. g. ċ 'cri', p̓ 'pri' t̓ 'tri'.

'ro' e. g. g̊ 'gro' t̊ 'tro' (e. g. 'pa*tro*nos', ad xii 1, 61).

runt' (see 'um'),

9 'tio'.

'um' (see 'cum', 'tum', above). Very common is R' 'rum' (whence R' t 'runt). Occasionally with the minuscule form of the letter, so that 'rum' and 'ri' are very similar in appearance.

'ur'. Often t' 'tur' the same symbol as denotes 'tum' and 'tus'.

'us'. Sometimes B· (e. g. ad. xii 1, 85 'dua*bus*'); but usually ℔ represents 'bus'. Similarly ꝳ is found for 'mus' (e. g. 'adsta*mus*' fol. 81 r). Sometimes t' 'tus' (e. g. ad xii 1, 66 'exemp*lus*; ad xii 1, 74 'fac*tus*').

J. VAN DEN GHEYN S. J.

RECTIFICATIONS PALÉOGRAPHIQUES

Des erreurs de lecture ont souvent contribué à accréditer, pendant des années, d'étranges et parfois regrettables méprises. Les exemples abondent ; chacun de nous en connaît un certain nombre, et il serait assez oiseux d'en citer ici.

Mais il y a une réelle utilité à rectifier les erreurs quand on les rencontre sur son chemin, afin d'empêcher qu'elles ne se perpétuent indéfiniment. Nous relevons, dans les lignes qui vont suivre, deux bévues paléographiques et nous apportons une petite contribution à la connaissance des anciens manuscrits.

Il y aura bientôt soixante-dix ans que le baron de Reiffenberg signalait, à la Bibliothèque royale de Belgique, une gouache artistement exécutée, qui représente le « pardon des Gautois en 1540 » (1). Cette pièce porte la cote n° 19970 de la Section des manuscrits (2).

« Ce dessin, dit Reiffenberg, est signé Q. Matus, si le Q n'est pas un chiffre formé de I et de C entrelacés (3). »

Cette seconde hypothèse est la seule vraie. Les premiers caractères ne sont pas un Q, quoiqu'en dise Reiffenberg, mais bien un I et un C entrelacés, comme il l'a pensé un instant. Ensuite, il ne faut pas lire *Matus*, mais *Maius*. L'erreur de lecture est provenue de ce que la barre horizontale supérieure de l'I est très allongée, de façon

---

(1) *Annuaire de la Bibliothèque royale de Belgique*, 1840, p. 63-70

(2) J. VAN DEN GHEYN, *Catalogue des manuscrits de la Bibliothèque royale de Belgique*, t. IX, p. 177. Cette aquarelle a été reproduite par N. Legrand pour servir de frontispice au travail de Gachard sur les troubles de Gand sous Charles-Quint, *Publications de la Commission royale d'histoire*, Bruxelles, 1846, in-4° et par H. Havard, *La Flandre à vol d'oiseau*, 1883.

(3) *Annuaire de la Bibliothèque royale*, 1840, p. 65.

à donner l'illusion de la branche transversale du T. Toutefois, le doute n'est pas
possible. C'est *Maius* qu'il faut lire.

Au surplus, on possède d'évidents indices extrinsèques pour trancher la question
dans le sens que nous indiquons.

Alors que Reiffenberg s'est évertué à démontrer que Q. Matus ne saurait s'identifier avec Quentin Metsys, le célèbre peintre forgeron d'Anvers, on sait qu'il a existé,
au xvie siècle, un artiste au nom latinisé de Maius. Sous son portrait gravé par
Wiericx, s'allongent cinq distiques latins avec la dédicace *Ioanni Maio pictori*.

Qui était *Maius* ? Ce terme est la forme latine du nom du mois de mai, qui en flamand se dit *Mei*, anciennement orthographié *Meij*. En vieux flamand, le verbe *vermeyen* est traduit par Kilian : *mense maio spatiari sive operari, vere novo recreari,
oblectari et fronde viridi ornare* (1).

Or les annales de l'histoire de la peinture néerlandaise signalent Jean-Corneille
Vermeyen, né à Beverwyck, près de Haarlem, en 1491, et mort à Bruxelles en
1559 (2).

Dans les anciens documents, Vermeyen est nommé *Vermay* (3), dont le mot
Maius serait alors la traduction rigoureuse en latin, comme *Dumay*, appellation très
usuelle en France, serait sa forme française.

Pour le dire, en passant, nous croyons cependant que la forme primitive du terme
est bien *Vermeyen* et que celle de *Vermay* ne constitue qu'une variante d'orthographe.

La signature *I. C. Maius*, sous la gouache du « pardon des Gantois en 1540 »,
s'explique donc le plus naturellement du monde et désigne, à n'en pouvoir douter,
Jean-Corneille Vermeyen.

Aussi bien, les critiques d'art que nous avons cités, ont depuis longtemps
constaté que *Maus* désigne Vermeyen. Mais en rectifiant l'erreur de Reiffenberg,
nous avons étayé la correction d'un argument philologique indiscutable, et constaté
qu'en signant *Maius*, Vermeyen n'a fait que se conformer à l'usage habituel de latiniser
son nom.

II

La seconde des rectifications paléographiques que nous nous sommes proposé de
faire, est l'aveu d'une faute commise par nous-même.

L'an dernier, nous avons publié un *Album paléographique belge*, où, à côté de

---

(1) *Etymologicum teutonicae linguae*, 1777, t. II, p. 717.
(2) Voir J. Hondoy, *Marguerite d'Autriche. L'église de Brou. Les Artistes de la Renaissance en
Flandre*. Gazette des Beaux-Arts, 2e période, t. V, 1872, pp. 515-18.
(3) H. Hymans, *Le Livre des peintres de Carl van Mander*, t. I, pp. 225-31 ; A. J. Wauters, *Catalogue
historique et descriptif des tableaux anciens du Musée de Bruxelles*, 2e édit., 1905, pp. 195-96.

quelques fautes d'impression qui n'arrêtent guère l'étudiant, nous avons laissé se glisser une erreur de chronologie assez grave et qui a, nous le savons, déconcerté pendant quelque temps les historiens.

Dans cet *Album*, la planche XXXI reproduit un spécimen de l'écriture de Charles-Quint. C'est la fin d'une lettre à Henri de Nassau, dont le millésime n'est pas indiqué, mais que M. N. C. Kist, qui le premier a publié la pièce, croit pouvoir reporter à l'année 1518 (1).

Nous avions lu, ligne 13, *escript à Tordesillas ce XXIXe de janvier*. Cette date n'avait pas laissé que de nous embarrasser un peu, car nous savions, que M. Gachard, sur la foi des comptes de Pierre Boisot, signale, le 29 janvier 1518, la présence de Charles-Quint à Ventosilla, et non à Tordesillas (2). Mais nous avions tranché la difficulté en admettant que Charles-Quint a pu dater sa lettre de Tordesillas, puisque du 17 au 31 janvier 1518, il n'avait fait que de courtes excursions autour de Valladolid et de Tordesillas.

En y regardant de plus près, la paléographie suggère une autre solution plus simple et en parfaite conformité avec les faits.

Entraîné par l'opinion de M. Kist, nous n'avions pas hésité à lire XXIX. Or un de nos savants collègues, M. Ernest Gossart, conservateur honoraire à la Bibliothèque royale de Belgique, qui compte prochainement publier le texte de la lettre de Charles-Quint, attira à nouveau notre attention sur la date en litige et proposa d'y trouver le chiffre XXij au lieu de XXIX.

Nous nous rallions entièrement à cet avis, et un examen plus approfondi du texte le justifie de tout point.

Une première constatation : les deux derniers chiffres ont l'encre empâtée et semblent être surchargés. Deuxième fait : ce que nous avons pris pour un X final ne l'est certainement point, car la forme graphique de ce chiffre diffère du tout au tout des deux X initiaux. La troisième lettre est bien un *i*, qui dans l'écriture de Charles-Quint affecte de forme d'un *v*. Reste le dernier trait, qui malgré tout, demeure paléographiquement fort douteux. Il y a là un enchevêtrement de caractères qu'il est malaisé d'identifier. Si d'une part, le jambage inférieur qui descend à gauche, fait songer à un *j*, d'autre part, l'angle plus ou moins aigu qui se relève à droite vient contredire l'hypothèse du *j*. A moins qu'une correction postérieure n'ait ajouté cet angle pour donner à l'ensemble de la lettre l'apparence d'un X. Ce serait peut-être le fait de celui qui, le premier, a voulu dater la missive de Charles-Quint à Henri de Nassen du 29 janvier 1518.

Quoi qu'il en soit, nous croyons, à cause du départ avéré de Charles-Quint de

---

(1) *Keizer Karel de vijfde. Vier oorspronkelijke nog onuitgegeven stukken van zijn hand*, KERKHIS-TORISCH ARCHIEF, t. I, 1855, pp. 163-64.

(2) *Collection des voyages des souverains des Pays-Bas*, t. II, 1874, p. 22.

Tordesillas, après le 22 janvier, devoir, avec M. Gossart, maintenir cette dernière date, malgré les difficultés d'ordre graphique.

III

Dans la préface à l'édition du *Martyrologium Hieronymianum* (1), le commandeur J.-B. de Rossi regrette (2) de n'avoir pu retrouver le manuscrit du *Breviarum hieronymianum Rhinoviense* publié jadis par le bollandiste J.-B. du Sollier (3).

Nous sommes à même de combler cette lacune et de signaler aux érudits, que la chose intéresse, la présence du martyrologe de Rheinau à la Bibliothèque royale de Belgique, nº II. 760, tome premier, f. 46-58ᵛ (4). Jusqu'en 1886, date de leur acquisitiou par la Bibliothèque royale de Belgique, ces épaves de l'ancien Musée bollandien se trouvaient cachées, à Anvers, chez les bibliophiles van der Straelen-Moons et van Lerius (5).

Dans son état actuel, le martyrologe de Rheinau se compose de treize feuillets en parchemin de 0ᵐ, 18 × 0ᵐ, 13. Manquent, non pas comme le dit Rossi (6), les feuillets comprenant le VI des calendes de février, le XIV des calendes d'avril, le V des calendes d'octobre et le IX des calendes de décembre. La lacune est plus grave, elle s'étend du VI des calendes de février jusqu'au XIV des calendes d'avril et du V des calendes d'octobre au IX des calendes de décembre.

Ni du Sollier, ni Rossi ne disent mot de l'âge du manuscrit de Rheinau. A la seule inspection, on reconnaît que les fragments sont du xᵉ siècle (7).

Dans le manuscrit de Bruxelles, les feuillets du martyrologe de Rheinau sont précédés, fol. 45, d'un bout de lettre du P. Étienne White au P. Rosweyde (8). Nous la publions ici, car elle n'est pas sans intérêt pour l'histoire littéraire. En particulier, elle nous fait connaître comment en 1623, le martyrologe passa de Rheinau à Pont-à-Mousson et de là à Anvers, aux mains des Bollandistes. Malheureusement, la lettre n'est pas entière, le début manque, mais au moins nous possédons la partie essentielle.

---

(1) *Martyrologium Hieronymianum ad fidem codicum adiectis prolegomenis ediderunt* Ioh. Bapt. de Rossi *et* Ludov. Duchesne, dans *Acta sanctorum Novembris*, t. II, pars prior, 1894.

(2) *Ibid.*, p. [xxxv], nº 33.

(3) *Acta sanctorum iunii*, édit. Palmé, t. VI, pp. 777-81.

(4) Cf. J. Van den Gheyn, *Catalogue des manuscrits de la Bibliothèque royale de Belgique*, t. I, p. 298.

(5) *Les Collections van der Straelen-Moons-van Lerius à Anvers*, vol. V, *Catalogue des manuscrits*, p. 38, nº 223.

(6) *Loc. cit.*, p. [xxxv].

(7) On corrigera, dans notre *Catalogue des manuscrits de la Bibliothèque royale de Belgique*, t. I, p. 298 ,6o, la date du xiᵉ siècle que nous avons donnée là au martyrologe de Rheinau.

(8) Cf. *Acta sanctorum*, édit. Palmé, Iunii, t. VI, p. 27, nº 27 et p. 771 nº 9.

... [ex]pectem, qui brevi hac Roma revertens tum ad R. V⁼ᵐ in Flandrobelgicam transibit R. P. Procurator vester, uti P. Burghesius (1) hic monuit, gratissimum, scio, munusculum, ereptum de incendio torrem Fragmenta *Veteris Martyrologii* (multo antiquioris, nisi me fallam, manus et notae quam sit vestrum Romanum vetus (2) evulgatum) quod incipit a die Natalis Iesu Christi in terris. Sunt tredecim folia (in forma 8ª maiore) membranae boni caracteris prisci, quamvis ob nimiam senectam, non raro fugientis et evanidi. desunt folia ab 8. kal. Febr. usque ad 14. kal. April., et a 27. die Septembris ad usque Decembris 24ᵐ. caetera talia sunt, ut vestris oculis placitura, nisi forte (quod librarij manifestus est) displiceat ad 8. kal. Maij : *Romae Depositio Georgij martyris,* et II. Non. Maij : *In Persida* natalis *Matthaei* Apostoli et Euangelistae pro Romae, Ioannis ad portam latinam. nam idem istud fragmentum diserte recteque sic ad 22. septemb : *In Persida Natalis S. Matthaei Apostoli et Euangelistae* et *XI. kal. septemb., Romae, Timothaei discipuli S. Pauli Apostoli.* male dies, mensis, locus. sed fragmentum hoc meum fuit exaratum post dies S. Gregorii Magui et post Caroli Magni. nam in illo suis recte locis lego festa *Nativitatis* B. virginis, et *exaltationis* S. Crucis. Ipsum inveni nuper in progressu mei ex Germania itineris cum lustrarem veterem bibliothecam coenobii Rhinowiensis (Rhinaw vulgo) quod est in insula Rheni supra Basileam et infra Scaffuhium urbem Heluetiorum. Abbas (3) eiusdem coenobii (cuius Patronus est S. Fintanus (4) ille quem R. Vᵃ iampridem novit ex eius vita quam olim misi ad R. V. est meus discipulus, qui mihi nihil denegat, uti neque negasset dare mihi praestantissima duo magna alia antiqua Mssᵗᵃ Martyrologia suae bibliothecae (5). Verum ego, quod valde dolui, mecum huc illa non tuli, quia non potui, quod ipsis locum aut saccum portandis etiam ab equo meo fesso idoneum non habuerim, nempe alterum Martyrologium et erat mole maximum, quod ut minimum pensabat libras 30. aut 40. ; alterum mole minus, sed bene crassum et grave. Omnia cogitavi ut mecum ferrem, saltem alterutrum, sed expertus difficultatem, reliqui in coenobio, unde facile illa denuo impetrassem, si nossem viam, modumve opportune. hinc Mussiponto distat hoc coenobium itinere non sex dierum, et a collogio societatis nostrae quod habemus Friburgi Brisgoiae (hinc dissito non toto quatriduo) per asperos montes sylvae Herciniae distat non integro sesquidie. Omnia tamen tentabo ut illa habeam, et R. Vᵃ quae ad me scribet et suggeret si quem possit modum, au non fortasse per Basileenses mercatores possem, qui et Rheinowiensibus non sunt ignoti et commercia habent cum mercatoribus Nanceianis Lotharingiae qui a nobis Mussipontanis distant quatuor tantum horis.

(1) C'est probablement le P. Jean Bourgeois (1574-1631). Cf. C. Sommervogel, *Bibliothèque de la Compagnie de Jésus*, t. II, col. 34-36.

(2) Il s'agit du manuscrit *Martyrologium romanum vetus* trouvé par Rosweyde à Saint-Pantaléon à Cologne. White appelle *vestrum* le *Martyrologium Romanum Vetus*, parce qu'il fut publié par Rosweyde en 1613.

(3) En 1623, l'abbé de Rheinau était Eberhard de Bernhausen. *Gallia christiana*, t. V, col. 1010.

(4) S. Fintanus ou Findanus, reclus à Rheinau, mort en 878. Cf. *Bibliotheca hagiographica latina*, p. 447, n° 2982. Le manuscrit n° 8944 de la Bibliothèque royale de Belgique renferme, f. 27-114, bon nombre de documents relatifs à S. Fintanus. Cf. J. Van den Gheyn, *Catalogue*, t. V, p. 556. Mais aucune de ces pièces, qui sont du xviiiᵉ siècle, n'a été fournie par le P. White.

(5) Haenel signale en effet deux martyrologes manuscrits à l'abbaye de Rheinau, *Catalogus librorum manuscriptorum*, col. 735, n° 25 et col. 736, n° 61.

Salve, mi amantissime Pater, et vale. iam P. Burghesius equum conscendit abiturus. Sanctis vestris sacrificiis et orationibus me commendo, et a vobis expecto, si quod D. Medus mihi signavit, Iocelinum de vita S. Patricij quod audiebam Antwerpiae sudasse nuper sub proclo (1). alia vestra expecto, qui iamdudum vestros sanctos belgicos (2). Mussiponti 9. Ianu. 1623.

                                                R. V^ae

                                        Servus in Christo
                                Stephanus Vitus (3) [manu] propria

Pour finir, disons encore que le manuscrit n° II. 760 de la Bibliothèque royale de Belgique contient, f. 3^v-28, la planche de la reproduction chalcographique du manuscrit d'Epternach du martyrologe hiéronymien. Mgr Duchesne (4) ne cite pas cet exemplaire, parmi les trois qui lui sont connus, du tirage de cette reproduction fait à neuf exemplaires seulement.

Cette rareté bibliographique mérite d'être relevée, et il serait curieux de savoir où sont aujourd'hui les neuf exemplaires, dont, à l'heure présente, quatre sont signalés.

---

(1) La Vie de S. Patrice par Jocelin ne parut au tome II de mars des *Acta Sanctorum* qu'en 1667. White s'est donc un peu hâté de croire en 1623 à l'impression récente du texte de Jocelin.

(2) N'y a-t-il pas un mot omis, tel qu'*accepi*? Les *Sancti belgici* dont parle White, sont peut-être les *Fasti sanctorum quorum vitae in Belgicis Bibliothecis manuscriptae* publiés par Rosweyde en 1607, à Anvers.

(3) Au sujet de *Stephanus Vitus* ou Étienne White, voir C. SOMMERVOGEL, *Bibliothèque de la Compagnie de Jésus*, t. VIII, col. 1093-98.

(4) *Martyrologium Hieronymianum*, ACTA SANCTORUM, Novembris pars prior, p. [IX].

ALBERT C. CLARK

A BODLEIAN FRAGMENT OF CICERO, TUSC. QUAEST.

The accompanying folio (245 × 188ᵐᵐ) containing Cicero. *Tusc. Quaest.* IV §§ 114-120 is bound up as a fly-leaf at the end of an Oxford ms. Laud. Lat. 29, where it was detected a few years ago by Bodley's Librarian Mᵣ E. W. B. Nicholson. It is written in a fine Carlovingian hand, probably in France, and is assigned by Mᵣ Nicholson to the end of the IXᵗʰ century. Laud. Lat 29 is a late XIIᵗʰ century ms. which formerly belonged to the Carthusian monastery near Mainz, and contains the Epistles of Saint-Paul and other Apostles. The palaeographical interest of the folio consists in the fact that it is written in three columns. The rarity of such mss. especially after the VIᵗʰ century is pointed out by Wattenbach (*Schriftwesen*, p. 182), and more recently by L. Traube (*Palaeographische Forschungen* iv, p. 28 *sqq*). The latter writer says « Kurz ist die Reihe der dreispaltigen Klassiker ». Apart from such ancient documents as the Ambrosian Palimpsest *R.* 57 *sup.* of Cicero's speeches (Chatelain Pl. xxix.1) formerly belonging to Bobbio and written in the Vᵗʰ century, and the Bamberg fragments of Livy discovered by Traube, only two such mss. are mentioned by him. These are the well-known ms. of Cicero (V), containing the speeches in Pisonem, pro Fonteio, pro Flacco and Philippicae, and belonging to the Chapter of St Peter in Rome H. 25 (Chatelain, Pl. xxvi), written in the VIIIᵗʰ century, which « einen viel älteren Codex in der Schrift und vielleicht auch sonst in der Einrichtung nur nachahmt », and a IXᵗʰ century Palimpsest of Quintilian's Declamations (Paris. Lat. 7900 *A.*), of which Traube says that probably it reproduces an ancient original. The same writer remarks that « Carlovingian copies, which so frequently reproduce the ancient original in all its features, are only found in one or two columns ». It would, therefore, appear that the present leaf is unique, as exhibiting three columns of a classical author written in a Carlovingian hand.

The recto of the leaf contains §§ 114-117 [*r*] *ent ille infinitatem... etenim qui secum loqui* and the *verso* §§ 117-120 *poterit sermonem... arbiter iudicare*. There is a deep crease which has damaged col. 1 in the recto and col. 3 in the verso. The margins have been cut, so that two or three letters have frequently been lost. There are but few abbreviations, e. g. *ei'* = *eius* (R° col. 1. 6), *q̄d* = *quod*

22

(col. 2. 13), n̰ri = nostri (ib. 26), illor' = illorum (ib. 28), iugulat⁻ = iugulatur (3. 10), p̄cipi = percipi. Among interesting spellings may be mentioned inmanen (R⁰ 2-9), conloquentem (ib. 11) sapientis (3, 18), acerrumis (V⁰ 1, 7) vinulentorum (2, 22). The diphthong ae is always written in full. The letter m is generally written, but we find uoluptalĕ (R⁰ 1, 20), auriũ (3, 22) ibidĕ (V⁰ 1, 19) and uehem̰tius (V⁰ 1, 12). The words are frequently not separated e. g. primodie (V⁰ 2. 3) aut certe (ib. 11) illalex (ib. 14), especially in the case of prepositions, e. g. dedolore (ib. 6 demonte (ib. 7).

The readings of the fragment, which I term O, seem to be remarkably good. Baiter in the Zurich edition relied chiefly upon two IXth century mss., viz G (Gudianus, 294) and R (Paris. 6332, Chatelain, Planche xliv). He also used a Brussels ms. B (5351-2), and denoted the agreement of GRB by C. Since then two other IXth century mss. have been examined, viz V (Vaticanus 3246. Cf. E. Ströbel in Philologus 1890 pp. 49-64), and K (Cambrensis 842. Cf. O. Rossbach in Philologus, 1904, pp. 94-103). As the readings of VK have not been printed in full, I cannot quote them here.

O has certain flaws, common to C. viz. § 114 (R. ɪ. ɪ.) in om. ib (l 11) formaequae (formaque edd.) § 115 (R. 2. 15) quem (quae edd.). § 119 (V. 3. 3) si is philosophis (si ii philosophi edd.). On account of the deep crease to which I previously referred, I cannot be sure whether in § 119 it shares with C the errors omnesque (V. 3. 6). dicamus (l. 8), et tamen (l 11). It has one proprius error. viz. § 117 (V 1. 11) fortiter for forte. Another has been corrected by the writer himself viz. § 119 (V. 3. 10) inanis for inani. On the other hand it has the correct reading with the XIIth century ms. B. against GR in the following places. § 115 (R. 1. 20) ac OB: aut GR : ib (R. 2 10) finxisset OB: fixisset GR : § 117 (R. 3. 28) qui OB: quae GR: § 118 (V. 2. 24) discedat OB : dicebat GR. In two passages it gives the correct reading where B also is corrupt, viz. § 116 (R. 3. 8) serrae (so ed. Jenson): fere C. and § 118 (V. 2. 2) primo die (so Ulricus Han, prima die Jenson) : primordie C. In one passage it has a reading adopted by Davis from two very late mss. viz. § 116 (R. 3. 2-5).

Omnesque nos in cis linguis quas non intellegimus... surdi profecto sumus.

Here C give omnesque id nos, while inferior mss. have idem for id. Manutius enends to item, while Davis struck out id. The word is omitted by O.

The most striking and gratifying case, however, is § 119 (V. 3. 22) where O confirms a conjecture of the great Bentley. Here C give

Tantam praestantiam in bonis animi esse dicunt ut ab his corporis et externa observant (—ent B).

For the corrupt word observant Jenson gives obscurentur, a correction generally adopted. Davis says « Bentleius legit corporis et externa obruantur ». which is the reading of O. The exact words used by Bentley himself are, « Noster saepe in hae sententia obscurari dicit et obrui. De Fin. iii 14. Cum sit is bonorum finis quem

Stoici dicunt omnis ista rerum in corpore sitarum aestimatio splendore virtutis *obscuretur* et obruatur et intereat necesse est. »

It will be noticed that on the verso, *col.* 2, above l 23, a second hand, not much later than that in which the folio is written, has added *probatio·pinnae*. This note made by a copyist when trying a pen is mentioned by Wattenbach, Schriftwesen p. 149. The same writer has added in *col.* 3. above l 22, letters which my friend, the Rev. H. M. Bannister, reads as *proatatra* and explains as representing a similar note, which he has noticed elsewhere, viz. *probatio atramenti*. M. Léon Dorez, to whom I have had the advantage of showing the folio, is disposed to agree with this reading and interpretation. I may here add that M. Dorez thinks that the ms. to which the leaf belonged was a *Quadratus*, and that he would place it early in the Xth century, rather than at the end of the IXth. He is also inclined to think that for some reason or other it was never bound up with the rest of the ms. and so became used by the writer of these notes as scribbling paper on which to try the quality of his pen and ink.

Recto

4 [r]ent ille infini tam
[o]mnem peregrinaba
[t]ur ut nulla in xtre
[m] taie consisteret.
5 [tr]aditum est etiam home
[r]um (cam fuisse at ei'
[p]i tam non pesin
[u]idemus, upe regio
upe ora, qui laus grae
10 ne upe species for
mae quae pugna quae
acies quod remigium
qui taus tdm
qui *ferarum* non ita
15 : qus est ut quae
ipse non uiderit nos
ut uideremus effece
rit. quid ergo aut home
ro delectationem animi
20 ac uoluptaã aut cui
quam docto defuisse
umquam arbitramur.
Aut si ita se res haberet
anaxagoras aut hic
25 ipse democritus agros
et patrimonia sua
reliquissent huic discen
di quaerendiq. diuinae

4 delectationi toto se ani
mo dedissent. itaq. au
gurem tiresiam quem
sapientem fingunt po
5 etae numquam indu
cunt deplorantem
caecitatem suam.
At uero poliphemum ho
merus cum inmanem
10 ferumq. finxisset cum
ariete etiam conloquen
tem facit eiusque lauda
re fortunas qd qua uel
let ingredi posset et
15 quem uellet attinge
ret. recte hic quidem.
nihilo enim erat ipse
cyclops quam aries ille
prudentior. In surdita
20 te uero quidnam est
mali erat surdaster
M. crassus. sed aliud mo
lestius. quod male audi
ebat. etiam si ut mihi
25 uidebatur iniuria. epi
curei ñri graece fere ne
sciunt nec graeci latine.
ergo hi in illor' et illi in

4 horum sermone surd[i].
Omnesq. nos in eis lingu[is]
ups non intellegim[us]
upe sunt innumerab[i]
5 les surdi profecto su[mus. at]
cam citharoedi no[n]
audiunt. Ne stridor[em]
quidem serrae tum
cum acuitur ant gr[un]
10 nitum cum iugulat' s[uis].
Neccum quiescere u[olunt]
fremitum murmu[ran]
tis maris et si cant[us eos]
forte delectant
15 Primum cogitare d[ebent]
ante quam hi sint [inuen]
ti multos beate u[ixis]
se sapientis.
Deinde multo mai [orem]
20 pcipi posse legen[dis]
iis quam audien[dis]
uoluptatem.
Tum ut paulo ant [e cae]
cos ad auriũ trad[uce]
25 bamus uolupta[tem]
sic licet surdos a[d ocu]
lorum.
Etenim qui secum [loqui]

172

delectationem totos eam
modo dedissent itaque au
gurem tiresiam quem
sapientem fingunt po
etae numquam indu
cunt deplorantem
caecitatem suam
At uero poliphemum ho
meris cum immanem
ferumque finxisset cum
ariete etiam conloquen
tem facientemque lauda
re fortunas qd qua uel
let ingredi posset et
quem uellet attinge
ret recte hic quidem
nihilo enim erat ipse
cyclops quam aries illo
prudentior Insurdita
te uero quidnam est
mali erat surdaster
M crassus sed aliud mo
lestauit quod male audi
ebat etiam si ut mihi
uidebatur iniuria epi
curam graece ferre no
soluit nec graece latino

Verso

```
polcrit      nam alte
[r]ius nn    uịt
[co]ngerantur in    um
[o]mnia et idm oculis
5 [e]t auribus captus sit
[pre]matur etiam dolori
[bus] acerrumis corporis
[qu]i primum I ree ipsi
[bi] ne conficiunt
10 [ho]minem.
[sin] fortiter longinqui
[ta]te ]  uḍti ueheñ
[tius]    tan    tạṇt
[   ]ạm ut    ẹṣa sit cur
15 [fer]antur
[quid] est   tạm dii  bni
[   ]   ḡ]d laboremus, por
[tus]    ṇim praesto est
[   ]   ḷạm  mrs ibidẽ est
20 [ae] ernum nihil   sati
[end]i ı   ṭạul  m.
[theo]  ḍrus lysi   ạḥo
[mor]tem  .  ṃịnti
25 [effec]isti si   ṭḥaridis
[uim]    ṃḍus es.
[paulu]s persi   ẹḥṇti
ᵬe in t]ri   ṭp̄o   de
```

```
retur in tua id quidem
potestate est multa pri
modie cum deipsa mor
te quaereremus
5 Non pauca etiam postero
cum agueretur dedolore
sunt dicta demorte
quaequi recordetur aut
sane periculum est ne
10 non mortem ant optan
dam aut certe nonti
mendam putet. Mihi
quidem in uita seruan
da uidetur illalex quae
15 in graecorum conuiuiis
obtinetur.
Aut bibat inquit aut a
beat, et recte. aut enim
fruatur aliquis pariter
20 cum aliis uoluptate po
tandi aut ne sobrius
in uiolentiam uinulen
ᵖbatio pinnae
torum incidat ante
discedat
25 Sic iniurias fortunae quas
ferre nequeas defugi
endo reliquas.
Haec eadem quae epicu
```

```
rus   dụm   ẹḥis di[cit]
hyeronimus.
Qḍ si eis philosophis  qḍo]
ı um ea   ṭạḍiz est u[t]
5 uir tus per se ipsa ni[hil]
: ạḥt   ạ̣ẹ qu]od]
tḍm nos et lau[da]
bile esse dicamus id [illi]
cassum   lḍm et i[n]
10 anis uocis sono decora[tum]
esse  dạnt et  tạn
semper beatum censent
esse sapientem.
Quid tandem a socrate
15 et platone profectis
philosophis faciendum
uides.
Quorum alii tantam
praestantiam in bonis
20 animi esse dicunt ut ab
iis corporis et externa
ᵖạḍtra
obruantur.
Alii autem haec ne bona
quidem ducunt in ani
25 mo reponunt omnia.
Quorum controuersiā
solebat tamquam hono
rarius arbiter iudicare
```

GIUSEPPE BONELLI

UNA SOSCRIZIONE IN METRO

Perchè un giudizio definitivo possa venir portato sull'uso delle firme in versi occorrerà certamente una cognizione del fatto più ampia e sicura di quella che si ha al presente e che un censimento o statistica, per così dire, venga fatta sui cartari d'ogni regione sistematicamente composti cd esaminati, la quale ci rassegni se e in quale parte la poetica tradizione vigoreggiǒ meglio, quali ne siano i primi esempi e quali gli ultimi.

L'opinione del Bresslau che sembrǒ rinserrare tale costume fra i secoli XI e XII e porre la fine di questo a ultimo confine del costume stesso (1), s'è dimostrata dagli esempi che il Winkelmann, S. Tedeschini produssero e il Garufi (2) non precisa ; nĕ bene F. Tonetti si lasciǒ indurre a crederlo una speciale abitudine locale verulana (3), poichĕ il fatto stesso, crediamo, per quanto nell'Italia meridionale si presenti senza confronto più frequente che non da noi, non potrǎ mai venir proprio considerato abituale per nessuna regione e nemmeno di nessuna esclusivo, come quello che già il Gloria, il Brunner (4) e il Bresslau segnalarono e per l'Italia settentrionale e per la centrale.

(1) H. Bresslau, *Handbuch der Urkundenlehre für Deutschland und Italien* (1889), 595 : « ist gegen das Ende des Iahrhundets (XII) verschwindet diese Art von Poesie allmählich wieder aus der italienischen Notariatsurkunde. »

(2) E. Winkelmann, *Bericht uber eine Reise nach Italien* (in : *Neues Archiv*, 1880, v, 19).

S. Tedeschini, *Una pergamena verolana del 1211 relativa alla basilica di S. Salome* (Roma ; Forzani, 1899) ; nel qual privilegio il notaio Pietro rima la propria sottoscrizione in tre versi.

C. A. Garufi, *Carte e firme in versi nella diplomatica dell' Italia meridionale* nei secc. xi-xiii in *Studi Medievali*, 1904, I, 107 e segg.).

(3) F. Tonetti, *Breve notizia sugli archivi e sulla biblioteca giovardiana comunale di Veroli* (in *Arch. d. r. soc. rom. di storia p.*, 1904, XXVII, 235 e segg.).

(4) A. Gloria, *Codice diplomatico padovano* (1879), pagg. della prefazione XCIV-XCVI e I, 126.
Brunner, *Zur Rechtsgeschichte der röm. und germ. Urkunden* (1880), 85.

Benchè di un genere affatto speciale, è pur sempre eccellentemente una firma in versi quella offerta da F. N(ovati), *Un distico dell' « epitaphium Lucani »* usato come *sottoscrizione notarile* (in *Studi Medievali*, 1904, I, 118).

L'esempio nel quale ci siamo incontrati noi e che qui adduciamo è della prima metà del secolo XII e perciò cronologicamente del periodo forse meno interessante, perchè è già noto che in esso in modo speciale la rara curiosità diplomatica fu uso di colti notai e giudici italiani; ma desso è anche della provincia scrittoria italica settentrionale e suona quindi nuova conferma che il detto uso non fu peculiare al meridione, ma comune pure alle altre parti e più largo di quanto appaia dai documenti già noti.

Il Federici ebbe ad esprimere l'augurio che per lo studio del fenomeno filologico si diano almeno larghi transunti dei documenti nei quali ricorre (1); e noi siamo lieti che, nel caso del nostro documento, la buona sua importanza anche storica e diplomatica ne consigli la pubblicazione integrale. Si corregge infatti con esso l'informazione del Cavagna Sangiuliani (2), secondo la quale parrebbe che solo nel 1127 siano stati rinunciati a S. Pietro in Ciel d'Oro i diritti sul porto di Lardirago; e a un documento nel quale intervengono settantasette personaggi (3) non si può non riconoscere una più che discreta solennità diplomatica.

Circa in proprio alla firma

Hic notat Ardingus legum docmate primus,

rileviamo soltanto come si assomigli strettamente a quella posteriore, del 1141, prodotta dal Gloria,

Bernardus iudex vir legum dogmate prudens

sicchè l'importanza che fu attribuita a questa seconda converrà farla risalire alla prima; e, circa al suo autore, non vogliamo tacere che un Ardingo, causidico e

<hr>

(1) V. FEDERICI, *Carte medievali con firme in versi* (in : *Arch. d. r. soc. rom. di storia p.* 1904, pag. 503).

(2) A. CAVAGNA SANGIULIANI, Il castello di Lardirago nella storia e nell'arte (Pavia, 1904), pag. 6.

(3) Ugo da Gambolate, giudice;

Guglielmo q. Lanfranco, Lanfranco di Guglielmo, Nantelmo Grugni, Pietro Catasi, Siro Valle, Siro Salimbene;

Oprando, alfiere; Beltramo di Alone, alfiere; Mariscotto di Alone (sono questi due che quindici anni più tardi, il 1127, quando il padre era morto ed era morto anche Oprando, insieme ai figli di quest'ultimo, Lafranco, Sigembaldo e Ribaldo, fecero la rinuncia della quale parla il Cavagna, o. c.): Pagano detto Piceno;

Anselmo, abate del convento di S. Pietro in Ciel d'oro, con gli avvocati Oldrado e Guglielmino da Cona;

Bellingeri, legato del giudice; Guido, conte palatino; ARDENGO RETTO, giureconsulto; Bernardo da Marengo, avvocato; Guido da Voghera, giudice; Ermanno da Monticello, Tebaldo de Valle;

Lanfranco, notaio; Carbono e Alberto Visconti;

Pietro, notaio; e una cinquantina di testi, fra i quali Anselmo conte di Sospiro e Milone della Torre coi figli Pietro e Alberto.

notaio, lo si incontra pure in documenti padovani di questo medesimo periodo, quali il 1110, gennaio 4 e 1115, ottobre 10, editi dello stesso Gloria.

a. 1112, ind. V, gennaio 26, venerdì — Pavia.

Oprando, alfiere, e Pagano detto Piceno riconoscono che il porto di Lardirago è di proprietà del convento di s. Pietro in Ciel d'Oro.

Pietro, notaio del sacro Palazzo.

(Copia autentica fatta dal notaio Giacomino da San Sisto l'a. 1332).

Milano, archivio di Stato : Pavia, s. Pietro in Ciel d'Oro.

Domino nostro redemptori et omnium rerum creatori totis nisibus debemus gracias refere, qui suam ubique visibilibus et invisibilibus hostibus protegit ecclesiam, ne quantum cupiunt lupino more ei suisque possesionibus nocere prevaleant. Nam licet ex una parte sint homines mali et alienarum rerum advidi et cupidi, ex alia tamen divina gracia exibente sint boni ed iusti qui eos male cupientes reprehendere non desinunt et ad iusticiam et placitum venire compellunt, tenpore nanque (sic) quo papiensi civitate Dei misericordia venerabilis iudex Ugo de Ganbolato cum domino Guielmo Lafrancho filio nec non Nantelmus cognomine Grugno una cum Petro Catasio et Syro de Valle et alio Syro Salinbene sunt a cuncto papiensi populo cum iure iurando facti et electi consules, surexerunt quidam Oprandus scilicet Signifer et filii Alonis et Paganus qui dicitur Picenus dicentes et false afirmantes portum et traversum prope Lardiraco positum beati Petri Cell Aurei suum suumque heredum esse possidendum ; quam causam et que, ut ita dicam, monstruosa verba, dominus Anselmus Dei gracia sancti Petri celi aurei abbas cum suis fratribus audientes et inde bellum vel vuerram facere nolentes ad eunt ad placitum in brolio beatissimi santi Syri confesoris ; et ibi coram supradictorum cunsulum (sic) conspectibus querimoniam de tanta iniuria faciunt. Quam causam et quod placitum supranominati consules ex utraque parte diligenter audientes et inter se iusticiam huius rei discernentes, talem sentenciam cuntis audientibus dederunt, ut si pars ipsius Oprandi et filiorum Alonis, silicet Beltrami et Mariscoti, et Pagani, tres homines boni testimonii haberent qui per Dei evangelia iurarent Opradum (sic) et Bertrammum et Marischotum et Paganum et eorum antecessores portum et traversum iusta Lardiracum positum triginta annos olim quiete possedisse et sine contrarietate partis predicti monasterii tenuisse, Oprandus et Bertramus et Mariscotus et Paganus quiete suum portum haberent, si hoc sacramentum parti ipsius monasterii suficeret. Rursus si ex altera parte monasterium memoratum tres homines ut diximus boni testimonii haberet et eodem modo supradicto iurarent quatenus supradictum monasterium triginta annos portum ipsum et traversum supradictum sine contradicione Oprandi et Bertrami et Marischoti et Pagani vel eorum antecesorum olim quiete posedisset, si eum sacramentum Oprando, Bertramo et Marischoto et Pagano suficeret, tacite monasterium supranominatum portum et traversum haberet. Quod si una pars vel altera hoc sacramentum danpnaret, bellum ante comitem sacri palacii et dominum Ugonem iudicem suosque socios fieret, quatenus Eternus Iudex cuius esset supranominatus portus et traversus ostenderet.

Quibus omnibus constitutis, Oprandus et Paganus et pars ipsorum filiorum Alonis ex consenssu eiusdem donni (*sic*) Anselmi Dei gratia abbatis et ipsius Ugonis iudicis sociorumque eius susceperunt electionem testificandi et iurandi in antea; et sic donnus iudex Ugo cum aliis suis sociis ad comitem sacri palacii suum mittunt legatum bonum amicum nomine Belengerius, quatenus Papiam veniat et hoc bellum Dei adiutorio videat et discernat. Preter hec omnia dum in Dei nomine cum esset iam dictus comes sacri palacii Ticinensis civitatis scilicet Guido in curte iam dicti gloriosissimi santi (*sic*) Syri, coram papiensi populo ad iusticiam faciendam ac declarandam adesset cum eo iam dictus Ugo et Guilielmus f. q. Lafranchi, Syrus de Valle, Petrus Catasius nec non Lafranchus fillius Guillielmi et Ardengus Rectus causidici, Bernardus de Marinco et Vuido de Viqueria et Armanus de Monticello et Theubaldus de Valle de verssa (*sic*) iudices sacri palacii et Lafranchus notarius sacri palacii et Carbonus et Albertus Vicecomites et reliqui plures; ibique in eorum presencia veniens iam dictus donnus Anselmus Dei gratia abbas cum advocatoribus suis et ipsius monasterii scilicet Oldratus et Guielmus de Cona cum suis testibus parati ad iurandum et pugnandum quod pars iam dicti monasterii iam dictum portum et traverssum (*sic*) per triginta annos olim quiete possedit sine contradicione ipsius Oprandi et filiorum Alonis et Pagani suorumque antecessorum signiferorum, et ipse Oprandus et Marischotus et vasalli eius et Paganus ibi in presencia ipsius Guidonis comitis et ipsius Ugonis iudicis et sociorum eius existens, iam dictus Ugo tulit librum evangeliorum manibus suis et dare voluit testibus et pugnatori ipsorum Oprandi et Marischoti et Pagani. Ipse vero testis et pugnator ipsorum librum non accepit et subtraxit se de pugna et sacramento et testimonio quod consolati erant et fecit se actorem et intencionatorem.

Ideo ipse Ugo et socii eius simul cum iam dicto donno Guidone comite, per consensum tocius populi qui ibi erat, causa cognita, dederunt sentenciam quod nihil de iam dicto portu et traverssu ipsi Oprando et filiis Alonis et Pagano pertinet sed refutent; et statim ibi in presencia iam dicti donni Guidonis comitis et ipsius Ugonis iudicis et sociorum eius et supra dictorum causidicorum et iudicum et notarii et vicecomitum et reliquorum bonorum hominum, quorum nomina subter leguntur, per lignum et bergamenam, quam in suis tenebant manibus, cesserunt, tradiderunt atque refutaverunt iam dictus Oprandus et Paganus predicto donno Anselmo Dei gracia abbati iam nominatum portum et traversum sicut est a castello ipsius loci Lardiraci usque ad villam que vocatur Vico Alonis; ita ut ipse Oprandus et Paganus suorumque heredum maneant ex inde omni tempore taciti et contenti et quieti de suprascripto tranversu et portu ad versus iam dictum donnum Amsermum Dei gracia

23

abbatem suosque successores et partem ipsius monasterii aut cui pars ipsius
dederit, et responderunt se ipsi Oprandus et Paganus ut¸ si unquam in tempore ipsi
vel eorum heredes ad verssus iam dictum donnum Amselmum Dei gracia abbatem
suosque successores vel partem ipsius monasterii aut cui pars ipsius monasterii
dederit exinde agere aut causare vel removere aut per placitum fatigare presompse-
rint per se vel per eorum submitentes personas et taciti et quieti exinde omni tempore non permanserint de suprascripto portu et transversu ad verssus eundem donnum Anselmum abbatem suosque sucessores et partem ipsius monasterii aut cui pars
ipsius monasterii dederint vel si apparuerit ullum datum aut factum vel quodlibet
scriptum quod ipsi exinde in aliam partem fecissent et claruerit, tunc componant eis
duplam querimoniam uude agere aut causare presonpserunt insuper penam argenti
libras centum, medietas camere iam dicti donni Guidonis comitis, alia medietas predicto monasterio; insuper de ipso portu et transversu taciti et quieti permaneant.
Quidem et ad hoc adfirmandum acceperunt ipse Oprandus et Paganus ab eodem
donno Amselmo abbate ex inde launechild crosnam unam, ut hec refutacio omni
tempore firma permaneat atque persistat.

— Factum est hoc anno ab incarnacione domini nostri Jhesu Christi millesimo
centesimo duodecimo, die veneris qui est septimo kalendas februarii, indictione
quinta.

(*Signum crucis*) Signum (*signum*) manus infrascripti domini Guidonis comitis, qui
hoc signum crucis fecit et hoc breve fieri rogavit ut supra.

(*s. c.*) Ego Ugo iudex subscripsi.

Ego Lafranchus monachus et converssus testis subscripsi.

(*s. c.*) Ego Bernardus advocatus interfui et ut testis subscripsi.

(*s. c.*) Ego Lafranchus causidicus subscripsi.

(*s. c.*) Hic notat Ardingus legum docmate primus.

(*s. c.*) Ego Guido iudex viqueriensis interfui et subscripsi.

Interfuerunt testes: Carbonus et Albertus Vicecomites, Oldricus Vuielmus filius
Bergondii, Amsermus comes de Suspiro, Theubaldus de Portalaudensse, Ugo et
Lafranchus germani, Vasallus et Cotefredus germani, Vualterius de Rocha, Petrus
Rusticelli, Bernardus Capitaneus, Guilellus et Guielminus nepos eius, Guido Cangelle,
Otto de Comite, item Otto Opizo de Curicella, Boso Pico, Otto Paucacaro, Gyrardus
et Guilielmus et Guido fratres, Oddo et Gyrardus eius filius, Armanus et Ugo
fratres, Petrus Tossicus, Arialdus Pensaovo, Bernadus de Boso de Cruce, Milo de
Turc et Petrus et Albertus eius filii, Heinricus Canis, Opizo eius nepos, Rainardus
Canis, Otto et Allo de Gambolate, Guielmus et Aribaldus filii Ugonis iudicis,
Bernadus Mussus, Gyrardus Folperti, Guido et Guitelmus germani, Baldoinus et
Lafranchus et Burgondius de Celanova, Gualterius de Moneta et Otto frater eius,

Lafranchus et Armanus de Capite Becarie, Ugo Campagnelli, Ugo filius Theubaldi et Syrus eius filius, Ubertus Caputpiperi, Isahac Opiço, Benegnanus, Loterius Berterii, Ugo Piperata, Bernardus Vuarnerius, Vasallus filius Umberti, Fredetione et Gyrardus Sclafenati, Bernardus Cariolus, Lafranchus Limedancus, Maneseus, Baldo Caput de pasta, Geronimus de Putheo, Carbonus de Ziminascho, Albertus de Palacio, Allo et Paganus consob(r)ini, Dolcebonus Bellotti, Bellus, Petrus, Francus et Guido Georgii.

Ego Petrus notarius sacri palacii interfui et hoc breve pro iussionem supranominati donni Guidonis comitis scripsi.

A. GRENIER

QUELQUES FAUTES DES MANUSCRITS
ET DES TEXTES LATINS TOUCHANT LES MOTS COMPOSÉS

L'étude des mots composés du latin, tout particulièrement, des composés de Plaute et des poètes archaïques, permet de se rendre compte d'un certain nombre d'incertitudes et d'erreurs, imputables aux éditeurs ou aux copistes, et dont on peut fixer approximativement la date. Nous soumettons quelques unes des remarques que nous avons pu faire à ce sujet, au maître qui nous a initié à la lecture des manuscrits latins, et le prions d'agréer ce modeste hommage, en souvenir des bonnes et fécondes années de travail passées sous sa direction, à l'Ecole des Hautes Études.

Aedituus ou *aeditumus* ?

Plaute, *Curc.*, 204 : *aedituom arbitror aperire fanum.*

Tous les manuscrits portent *aedituom*, sauf F qui écrit *aeditium*, évidemment fautif. Aucun ne donne la moindre indication en faveur de *aeditumus*. On ne saurait donc mettre en doute que la leçon de l'archétype n'ait été celle qu'ont cru devoir adopter la plupart des éditeurs, c'est-à-dire, *aedituom*.

Si l'on s'en fie à Festus, 13, 6, M. : *aedituus, aedis sacrae tuitor*, ou comptera le mot comme un composé d'un substantif, *aedes* et du radical du verbe *tueo*.

Mais l'histoire du mot prouve de façon certaine, que le texte de l'archétype de nos manuscrits, ne peut être le texte authentique de Plaute. *Aedituus* est, en latin, un mot relativement récent. Varron nous en avertit :

R. R. I, 2, 1 : in aedem Telluris veneram rogatus ab *aeditumo* ut dicere didicimus a patribus nostris, ut corrigimur a recentibus urbanis, ab *aedituo*.

La forme *aeditumus* est donc la seule qu'ait pu connaitre Plaute. Elle est restée en usage jusqu'à l'époque de Cicéron, environ. Le dernier exemple s'en rencontre dans une inscription du 1er S. de notre ère (*C. I. L.* VI (2) 4327).

Aeditumus était le vrai mot latin, dérivé de *aedes*, comme *finitumus* de *finis*, *maritumus* de *mare*. Aulu-Gelle s'en rend compte (II, 10, 1 et 4). *Aedituus* n'en est que la corruption, et la fausse étymologie indiquée par Festus n'est sans doute pas étrangère à la fortune du mot jugé plus correct. Tout porte donc à supposer que ce sont les anciens eux-mêmes, qui, dans le texte du vieux poète, ont remplacé la forme authentique *aeditumus*, jugée rustique, par celle qui leur semblait plus conforme à l'étymologie et plus élégante. Cette substitution a du avoir lieu, au moment même où *aedituus* commençait à prévaloir dans l'usage, c'est-à-dire au 1er S. avant notre ère. C'est précisément de cette époque que date, semble-t-il, la première édition érudite et critique des œuvres de Plaute. Usener croyait pouvoir supposer que le canon des 21 comédies dites Varroniennes avait été publié par Atticus, sous la direction de Varron (1). Cette hypothèse trop précise paraît aventureuse à Leo (2). Il n'en reste pas moins que le texte des principales pièces de Plaute a dû être revisé et fixé vers ce moment.

Aedituus au lieu de *aeditumus*, dans le texte de Plaute, est donc le résultat d'un rajeunissement intentionnel de la langue du poète, par ses premiers éditeurs.

.

Vestiplica, vestipica ou *vestispica* ? Plaute, Tri*n*., 252.

Le palimpseste A donne la leçon *vestispica*. Nonius citant ce passage, p. 12, en même temps qu'un autre d'Afranius, écrit *vestispici* et *vestispicam*. *Vestiplica* est la leçon des manuscrits de la famille palatine B, C, D.

Ces mots ont été étudiés par Leo (*Mélanges Boissier*, p. 355 sqq). Leo démontre que la forme *vestiplica* n'apparaît qu'à l'époque impériale, remplaçant le terme *plicatrix* qui se rencontre chez Plaute, *Mil.*, 693. Mais *vestispica* lui paraît également une forme refaite. Il conclut en faveur de *vestipica*. Nous croyons, au contraire, que l'orthographe authentique de Plaute, nous est fournie par la leçon du palimpseste : *vestispica*.

Vestipica n'est attesté que par deux inscriptions, provenant d'un même colombarium de la Via Salaria.(*C. I. L.*, VI (4) 33393, 33395). Ce colombarium était construit en *opus reticulatum*. Il ne saurait donc être plus ancien que le premier siècle

---

(1) Usener. *Unser Platontext, Nachrichten d. Göttinger Gesellschaft*, 1892, p. 201.

(2) *Plautinische Forschungen*, pp. 17, 18.

de notre ère. Les seuls exemples que nous possédions de *vestipica*, sont par conséquent aussi récents que ceux de *vestiplica*.

Mais une raison grammaticale surtout décide Leo en faveur de *vestipica*.

Cette orthographe serait la seule forme phonétiquement régulière du composé
vestispicus, vesti-spex. Les lois de la dissimilation consonnantique exigeraient la
chute du second *s*. Nous ne le croyons pas.

Leo renvoie, à l'appui de sa thèse, à un article de Buecheler (*Fleck. Iahrb.*, 105,
(1872), p. 109-116) et au livre de Grammont : *La dissimilation consonnantique*, (p. 28
sqq).

Nous trouvons, en effet, un assez grand nombre d'exemples de dissimilation consonnantique dans les mots latins. Mais les consonnes qui tombent ainsi, sont toujours
soit *r*, soit *l* ; jamais *s*. On sait en effet que les liquides ont une propension toute
particulière à disparaître d'un mot par dissimilation. La sifflante *s*, au contraire,
résiste. Lorsque, dans un même mot, deux groupes de *s* + *consonne* viennent à se
rencontrer, ce n'est pas *s*, mais bien la seconde consonne qui disparaît.

> Ex : στέγαστρον = lat. *segestrum*.
> *obstetrix* ; vulg. *obsetrix*.

Les seuls exemples en latin, de la chute de *s* par dissimilation, nous sont fournis
par quelques parfaits à redoublement, dans lesquels deux groupes de *s* + *consonne
identique*, se trouvent dans le voisinage immédiat l'un de l'autre : *spo-spondi =
spopondi* ; *ste-sti = steti* ; *sci-scidi = scicidi*. Le cas est différent dans *vestispica*. Nous ne connaissons pas d'exemple de *st* dissimilant *sp*.

La dissimilation du second *s* de *vestispica*, serait d'ailleurs contraire à la loi la
plus générale de la dissimilation, celle que M. Grammont appelle : *la loi du plus
fort*. « De deux phonèmes en jeu, c'est le plus fort qui dissimile le plus faible » (1).
Dans *vestispica*, le phonème le plus fort est bien évidemment la syllabe accentuée,
précisément celle dont l'*s* aurait disparu !

Mais peut-être aurions-nous affaire ici, non pas à un exemple de dissimilation
normale, mais à un cas de dissimilation renversée : « Il peut se faire, dit encore
M. Grammont, qu'un seul des éléments constitutifs d'un composé ou d'un dérivé
soit resté intelligible : c'est un thème, un suffixe ou un préfixe qui existe dans
plusieurs autres mots et ne se retrouve nulle part ailleurs dans les conditions
requises pour subir une dissimilation. Si c'est précisément dans cet élément qu'est
placé le phonème à dissimiler, les rapports de parenté que tout le monde saisit
lui donnent une force particulière et le maintiennent intact » (2).

Vestis est bien un de ces mots extrêmement connus, dans lesquels la dissimilation

---

(1) *Revue des Langues romanes*, t. L (1907), p. 296 ; cf. *La Dissimilation*, p. 186.
(2) *La Dissimilation, Observation générale*, p. 88 et sqq.

ne pouvait se produire. Mais le second terme *spicus*, forme adjective de *spex*, n'est pas moins intelligible et se rencontre, non dissimilé, dans bon nombre d'autre composés : *auspex, extispex, haruspex*, etc. Le second *s* de *vestispica* n'est donc pas moins protégé contre la dissimilation que le premier. De toute façon, l'hypothèse proposée par Leo est inadmissible. La seule forme authentique du composé latin est bien *vestispex, vestispica* conservée par le palimpseste et par Nonius.

Qu'est maintenant, la forme *vestipica* des inscriptions de la Via Salaria ? Tout simplement, nous paraît-il, le résultat d'une confusion entre les deux composés différents d'origine, mais assez voisins par le son et par le sens, *vestispica* et *vestiplica*. Ce n'est pas une faute d'orthographe du lapicide, c'est une faute de langage des « conservi » ou du patron qui ont commandé les inscriptions. Gardons-nous de l'introduire dans le texte de Plaute.

Quant à la leçon *vestiplica* des manuscrits de la famille palatine, elle n'est, au même titre que *aedituus* au lieu de *aeditumus*, qu'un rajeunissement du texte, dû aux éditeurs romains de Plaute.

Legerupa ou *legirupa* ; *legerupio* ou *legirupio* ?

On sait, qu'à l'époque classique, la composition affaiblit généralement en *i* la voyelle finale du premier terme, quelle que soit cette voyelle, et quel que soit le rôle joué, dans le composé, par le premier terme. A de très rares exceptions près, *i* est devenu la voyelle de liaison obligatoire. En était-il déjà ainsi du temps de Plaute ? Le composé de *legem* (accusatif, complément direct) + *rupa*, thème verbal à désinence *a*, *celui qui viole la loi*, doit-il être chez Plaute *legerupa*, ou *legirupa* ? La critique des manuscrits de Plaute, permet de conclure en faveur de *legerupa*.

Pseud., 364. A : *legerupa*, tandis quo B et les autres manuscrits de la famille palatine donnent *legirupa*.

Persa, 68. Le palimpseste A fait défaut, mais les manuscrits palatins écrivent : B, *legerum pam* ; C : *legerumpā; D : lege rumpam.* — F seul, manuscrit du xvᵉ siècle, corrige *legirupam.*

Ni les éditeurs ni les copistes, n'ont pu introduire dans le texte, une forme *legerupa* étrangère à la prononciation et aux règles phonétiques de leur temps. *Legerupa* est certainement la forme anthentique : *legirupa* la forme rajeunie et corrigée.

Un autre passage de Plaute, *Rud.*, 709, nous fournit le mot *legerupio* : la violation de la loi. (B, C, D : *lege rupionem* ; F : *legirupionem*). Ici encore, le témoiguage des manuscrits est en faveur de *legerupio*. Mais si cette orthographe est bien, comme il le semble, celle de Plaute, elle n'est que le résultat d'une fausse analogie avec le nom composé d'agent. *Legerupa* était correct ; *legerupio* est une faute.

Legerupio, en effet, ne saurait passer pour un dérivé de *legerupa*. C'est un composé d'un type absolument différent. Le second terme n'est pas un thème verbal qui reçoit en composition une désinence de substantif. C'est un substantif abstrait, autonome et qui existait dans la langue, indépendamment de la composition. L'ancien latin a dérivé, en effet, des abstraits féminins en *io*, directement du radical pur du verbe, sans passer, comme le latin classique, par l'intermédiaire du thème de participe passé : de *legere*, il tire *leg-io* ; de *tangere*, (con) *tagio* ; de *dicere*, *dicio*. De même *rumpere* a formé régulièrement *rupio*.

Legirupio est donc un composé de deux substantifs dont le premier est le complément déterminatif du second et doit, par conséquent, se trouver au génitif. *Legis rupio* doit donner *legi* (*s*) *rupio*, comme *juris-dictio* donne *juridictio*.

Il faut sans doute, néanmoins, conserver dans le texte, *legerupio* qui semble avoir été l'orthographe de Plaute, mais en se rendant compte que la forme régulière serait celle qu'a généralisée le latin de l'époque classique : *legirupio*.

Terricola. Servilicola. Umbraticolus.

Des formes archaïques faussement interprétées ont été prises pour des mots composés, et n'ont échappé que grâce à cette erreur au rajeunissement général subi par les textes anciens, à l'époque classique.

On connaît le suffixe servant à former des noms d'instruments, *clum, colum* devenu à l'époque classique *culum*, et le suffixe de diminutif *colus, culus*. Si la lettre *o* a été, en des cas très rares, conservée dans les manuscrits, tandis qu'elle était partout ailleurs remplacée par *u*, cela tient à ce que le suffixe a été pris pour le radical du verbe *colo*.

Lucilius, *Sat.*, fr. 354 (Baehrens, p. 191); cité par Lactance, *Div. Inst.*, ı, 22, 13 ; *Epit.* 17, 3 : *terricolas Lamias.*

Telle est la leçon des manuscrits P, V, H. Brandt et Laubmann, les éditeurs de Lactance, ainsi que Baehrens, corrigent : *terriculas.* C'est là une interprétation juste, mais une interprétation. Lactance, comme en témoignent les manuscrits, a dû écrire : *terricolas* ; et s'il a conservé cet archaïsme, c'est fort probablement qu'il comprenait : les Lamies (sorte de vampires) qui habitent sous terre, dans les tombes.

C'est le même contresens qui a maintenu dans le texte de Plaute les deux adjectifs *servilicolas*, *Poen.*, 267 et *umbraticolum*, *Pseud.*, 611 : tandis que partout ailleurs, les diminutifs de cette forme, extrêmement nombreux, ont reçu l'orthographe classique, *anaticula, corculum, homunculus, plusculum*, etc.

De même que les premiers éditeurs de l'époque classique, les critiques modernes ont généralement pris *servilicola* et *umbraticolus,* pour des composés du verbe *colo.* Schoell qu'étonnait à juste titre la composition d'un adjectif, *servilis,* avec le thème du verbe *colo,* corrigeait, en dépit de la tradition manuscrite, *servilicola* en *servolicola.* L'épithète est en effet attribuée par Plaute aux *servolorum sordidulorum scorta diobolaria.* Mais il n'est pas très satisfaisant d'attribuer à *colo,* en composition, le sens de « fréquenter » ou de « flatter ». Dans tous les composés authentiques, ce verbe n'a jamais signifié que « habiter » ou « cultiver » : *accola, agricola, Clivicola, incola. Servilicolus* n'est autre chose que le diminutif de *servilis.*

Umbraticolus est dérivé, de la même façon de *umbraticus,* paresseux.

Persuadé que le mot ne pouvait être autre chose qu'un composé de *colo,* Camerarius, remarquant sans doute que *colo* n'a formé que des substantifs masculins en a, corrigeait *umbraticolum* des manuscrits, en *umbraticolam.* Pour expliquer la forme du prétendu composé, Besta (*De verborum compositione plautina,* Thèse, Breslau, 1876) invoque l'exemple de *horrori-fer,* devenu *horrifer.* De même, conclut-il, **umbraticicola* est devenu *umbraticola.* Mais on cherche en vain quel modèle aurait pu suggérer à Plaute, l'idée d'associer ainsi l'adjectif *umbraticus,* au verbe *colo.* On se demande quel serait le sens d'une pareille formation. Les premiers éditeurs de Plaute n'ont sans doute pas vu ces difficultés, sans quoi, ils auraient donné au mot la forme classique *umbraticulum.* Ils l'ont certainement pris pour un composé, comme les critiques et grammairiens modernes qui ont essayé de le corriger ou de l'expliquer ; et leur erreur seule, a conservé, dans les manuscrits, l'orthographe archaïque.

Une légende de l'histoire romaine montre bien à quelle antiquité doivent remonter les confusions de ce genre. C'est la légende de Publicola. Toute la biographie du consul de 509, auteur prétendu de lois populaires, ne semble pas autre chose qu'une invention de Valérius d'Antium (1). Elle lui fut vraisemblalement suggérée par le désir d'expliquer ce surnom de *Publicola,* compris comme un composé du verbe *colo :* σημαίνει δὲ τὄνομα δημοκηδῆ, dit Plutarque, répétant la même tradition. Or les noms propres composés ne se rencontrent, en latin, qu'à partir de l'époque où se répandit à Rome, l'influence grecque. Skutsch a donné, nous semble-t-il, la juste interprétation de ce surnom. C'est un sobriquet, diminutif de *poplus,* peuplier (2). Valérius d'Antium et, à sa suite, tous les historiens latins, y compris Varron (3), se trompaient donc sur ce diminutif qu'ils prenaient pour un composé. Il est extrêmement vraisemblable d'admettre que les copistes et les lecteurs de Plaute et de Lucilius ont commis la même erreur à propos des mots de même forme que nous venons de citer.

(1) Peter, *Die Quellen Plutarchs in d. Biographien d. Römer,* 45-49.
(2) *Zur Wortzusammensetzung im Lat., Jahrb. f. class. Phil., Supp.* XXVII (1902), p. 102.
(3) Soltau, *Die Quellen Plutarchs in die Biog. d. Valerius Publicola. Progr.,* Saverne 1905.

*_**

On sait combien sont fréquentes, dans les manuscrits latins, les confusions entre les adjectifs composés en *fer* et en *ger*, et combien délicate est la nuance qui sépare l'emploi en composition de l'un ou de l'autre des deux verbes presque synonymes, *fero* et *gero* (1).

Cette substitution d'une lettre à une autre peut être l'effet d'une simple inadvertance et dater de toutes les époques auxquelles ont été copiés les manuscrits latins. Elle a dû néanmoins se produire plus fréquemment lorsque les textes étaient dictés à des esclaves, ou copiés par des scribes comprenant parfaitement le latin, se rendant compte de l'équivalence approximative de l'un et l'autre composé, et qui devinaient le mot avant de l'avoir lu en entier.

Trin., 692, les trois manuscrits principaux de la famille palatine, ainsi que F et l'éd. princeps Z donnent *famiferatio* , leçon acceptée et défendue par la plupart des éditeurs et critiques : Dousa, Bergk, Loewe, etc. Dans la même pièce, v. 215, apparaissent les mots *famigeratorum*, et v. 219 *famigeratori* (C. *famigenerator*). On en peut conclure, nous semble-t-il, que le mot du v. 692 devait être également, *famigeratio*. La faute existait dans le prototype des manuscrits palatins, et remonte sans doute jusqu'à l'antiquité.

Du palimpseste, aux manuscrits de la famille palatine, nous trouvons parfois la même alternance entre des composés en *fer* et des composés en *ficus*.

Persa, 515. A : neque quam tibi fortuna faculam lu... feram adlucere vult.
516. — Quae istaec lucrifera est fortuna ?
515. B : lucificam ; C, D, F : lucrificam.
516. B, C, D, F : lucrifica.

Ces deux textes représentent bien évidemment une double tradition : d'une part *lucrifera*, de l'autre *lucrifica*. Au point de vue du sens, l'adjectif en *fer* semble évidemment préférable.

Epithète de *facula*, au v. 515, il est une déformation plaisante du composé bien connu *lucifer*. L'interrogation du v. 516 a pour but de souligner cette espèce de jeu de mots. *Lucifica* de B. au v. 515, et *lucrifica* sont des corrections d'éditeurs, qui, ne se rendant pas bien compte de la plaisanterie, ont essayé de substituer à l'à peu près que constitue *lucrifera*, un composé d'apparence plus logique.

De même *Amph.*, 678 : *Quamque adeo cives Thebani vero rumiferant probam* ; cité

_____

(1) Cf. Deipser, *Ueber die Bildung u. Bedeutung d. lat. Adj. auffer u. ger.* Programm. Bromberg, 1886 et les compte rendus critiques de Georges, *Berl. Phil. Wochenschrift*, 1887 (vii) p. 181, 185, et Bursian, *Jahresbericht*, 1886 (48), p. 52, 53.

par Nonius, 166, 30 : *rumiferare, dictum honeste rumoribus ferre*. Plautus *Amphytrioni*.

Le témoignage du palimpseste fait défaut ; les manuscrits de la famille palatine donnent *rumificant* (B : *verorum mirificant*).

L'accord de ces manuscrits et la faute de B, montrent bien que la leçon de l'archétype différait du texte qu'a connu Nonius. On s'expliquerait peu la présence d'un verbe *rumificare* chez Plauto ; *rumiferare* a pour lui au contraire l'exemple de *vociferare*. Le passage de l'une à l'autre forme peut être le résultat d'une faute de lecture. Mais une faute de lecture intelligente et créant un mot d'apparence latine et de sens en somme assez satisfaisant, ne saurait guère être l'œuvre que de copistes possédant parfaitement le latin. Elle doit remonter, nous semble-t-il, jusqu'aux premières éditions de Plaute, à l'époque classique.

Un autre mot composé nous met encore en présence d'une variante qui nous paraît de date ancienne : *Aul.*, v. 525 :

> *Ubi nugigerulis res solutast omnibus.*

Le palimpseste fait défaut pour ce passage. B, D, J, donnent *nugigerulis* ; mais F porte *nugivendis*. Cette leçon pourrait passer pour une glose particulière à ce manuscrit, qui date du xv⁰ s., si elle ne se trouvait confirmée par une citation de Nonius : 144, 30 :

> nugivendos, Plautus dici voluit omnes eos qui aliquid mulieribus vendant, nam omnia quibus matronae utuntur, nugas voluit appellari. Plautus in Aulularia.

Lequel de ces deux mots a dû être employé par Plaute ? Les diminutifs du composé en *ger* sont assez fréquents chez Plaute : *damnigerulus*, *Truc.*, 551 ; *munerigerulus*, *Pseud.*, 181 ; *sculigerulus*, *Cas.*, 263; *sandaligerula*, *Trin.*, 252.

Il s'en rencontre même un dans l'Aululaire, quelques vers avant celui que nous étudions ici : v. 501 : *salutigerulus*. Les formations de ce genre peuvent passer pour une des caractéristiques de la langue de Plaute.

Nous voyons là, précisément, une raison, pour préférer ici, la leçon *nugivendis*. Quelle apparence y a-t-il en effet, que les comédiens et les éditeurs anciens aient remplacé le mot d'apparence comique *nugigerulis*, par le terme plus banal *nugivendis* ? Le composé, *nugigerulis*, n'aurait-il pas frappé Nonius, et pourquoi, en citant Plaute, y aurait-il substitué un équivalent bien moins caractéristique ? Il est au contraire assez vraisemblable que des éditeurs aient pu chercher, dans l'antiquité, à forcer la note plaisante du texte de Plaute, et se soient imaginé améliorer leur auteur, en multipliant chez lui les formations reconnues comme éminemment plautiniennes.

⁎

Nous trouvons la preuve de cette tendance à « l'hyperplautinisme » des éditeurs anciens, dans un passage des *Bacchides*, v. 375 et sqq, qui contient précisément un mot composé de ce même type : *gerulifigulos*.

375 Egone ut haec conclusa gestem clanculum
376 Pistoclere, tua flagitia aut damna aut desidiabula,
377 Quibus patrem et me teque amicosque ommis affectas tuos
378 Ad probrum, damnum, flagitium, appellere una et perdere.
379 Neque mei neque te tui intus puditumst factis quae facis,
380 Quibus tuom patrem, meque una amicos adfinis tuos
381 Tua infamia fecisti *gerulifigulos* flagiti ?
382 Nunc priusquam malum istoc addis, certumst jam dicam patri.
383 De me hanc culpam demolibor jam et seni faciam palam
384 Ut gnatum ex lutulento coeno propere hinc eliciat foras.

La composition de ce mot *gerulifigulos* a exercé en vain la sagacité de bien des grammairiens et critiques. Deux thèmes verbaux affectés chacun d'un suffixe de diminutif, s'unissent pour former un adjectif qui représente une double idée : auteur et responsable d'une honte. L'ordre des termes est l'inverse de celui qu'imposerait la logique. On attendrait plutôt *figuligerulos*. Et encore, ne trouve-t-on, ni en latin, ni en grec, aucune formation de ce genre. Bergk (*Klein. Phil. Schriften.* I, 36) propose de corriger *feruligerulos*, traduction supposée du grec ναρθηκοφόρος (*Anthol. Pal.* 10, 106) : porte-thyrses, acolytes du thiase bachique. Le mot serait employé ici au sens de complice. Mais aucun indice des manuscrits ne justifie pareille correction. De plus ce souvenir du culte de Bacchus, en ce passage, nous semble assez déplacé.

Nous trouvons infiniment plus satisfaisante l'hypothèse de Langen (*Beitraege zur Kritik u. Erlaüterung d. Plautus*, p. 166, sqq.) qui attribue ce mot à une interpolation. Tout le morceau, en effet, depuis le vers 377, présente des signes évidents de corruption. La pensée se traîne au milieu des répétitions ; le latin est d'une qualité inférieure, vraiment indigne de Plaute.

v. 378. *damnum, flagitium* sont la répétition de *flagitia aut dania* du v. 376. *Ad flagitium appellere aliquem* ne saurait signifier autre chose que : pousser quelqu'un à commettre une vilaine action.

v. 379. La construction de *puditumst* avec l'ablatif *factis* est peu correcte ; le verbe a un double complément : 1° *factis*. — 2° *mei, tui*. On ne peut s'empêcher de trouver singulièrement faible l'expression *factis quae facis*.

v. 380. Répétition presque mot pour mot du vers 377. Au vers 377, la liaison *et me tequé amicosque* est tout à fait exceptionnelle. (1) *Affectas* ne se construit ainsi, avec un infinitif, que dans le bas latin; les manuscrits donnent d'ailleurs *afflictas*, qui n'a aucun sens ici.

Les deux vers 377 et 380 n'en représentent évidemment qu'un seul.

v. 381. *Tua infamia*, est superflu après *quibus* au vers 380.

v. 382. La liaison par *nunc* est peu satisfaisante. L'idée exprimée par ce mot rend inutile *jam* dans la seconde partie du vers. Le vers tout entier fait double emploi avec la fin du vers suivant : *et seni faciam palam.*

Tout le développement doit, à notre avis, se réduire à ces cinq vers :

376 Egone ut haec conclusa gestem clanculum,
377 Pistoclere, tua flagitia, aut damna, aut desidiabula,
378-380 Quibus patrem, meque una amicosque omnis afflictas tuos !
383 De me hanc culpam demolibor jam et seni faciam palam,
384 Ut gnatum ex lutulento coeno propere hinc eliciat foras.

Ainsi tombe le composé étrange : *gerulifigulus.* Ce n'était qu'un pastiche, une imitation maladroite de la verve plautinienne.

Comment et vers quelle époque, cette interpolation a-t-elle pu se glisser dans le texte ? La composition de cinq vers nouveaux, si mauvais soient-ils, et la formation d'un composé se rattachant, au moins en apparence, à une série d'autres mots caractéristiques de la langue de Plaute, prouvent une certaine familiarité avec l'œuvre du poète. On ne saurait cependant attribuer cette amplification à quelque reprise des Bacchides, au Ier siècle avant notre ère. Elle ne présente absolument aucun intérêt scénique, la basse qualité du latin, indique une époque beaucoup plus tardive que celle où l'on représentait encore Plaute à Rome.

Ce développement d'une idée morale : la responsabilité collective de la famille, la solidarité de ses membres devant la honte, n'était de nature à intéresser que quelque rhéteur grammairien de l'époque impériale. Or nous savons par Suétone, qu'au IIe siècle de notre ère, on continuait, en province, à s'occuper des auteurs archaïques et, sans doute, entre autres, de Plaute (2). On les lisait, on les commentait, on les annotait, et, selon toute vraisemblance, ne se faisait-on pas scrupule, à l'occasion, de le-interpoler. L'un de ces savants provinciaux, M. Valerius Probus, semble avoir joué un rôle assez considérable dans la tradition des textes anciens. Peut-être les Bacchides ont-elles été étudiées et éditées à nouveau dans ce cercle. Nous attribuérions volontiers à cette école l'amplification du passage en question et la formation du composé *gerulifigulos.*

(1) Cf. Riemann, *Syntaxe latine*, p. 506, note 1.
(2) Leo, *Plautinische Forschungen*, p. 21-26.

⁎

Les fautes dont nous venons d'énumérer quelques exemples proviennent des éditions et des copies faites dès l'antiquité. D'autres portent au contraire la marque
d'époques plus récentes, et notamment de l'époque carolingienne. On sait que la réforme essentielle introduite sous Charlemagne, fut la substitution de l'écriture
minuscule à la capitale. Dans les manuscrits en capitales, les mots se suivaient sans
séparation. La minuscule au contraire les sépare. Les composés ont été fréquemment
traités comme des groupes de mots distincts. Sont venus ensuite d'autres copistes,
qui, soit par inadvertence, soit par un effort pour comprendre, ont transformé les
termes disjoints des composés en des mots indépendants, qu'ils croyaient reconnaître :

Par exemple :

Stichus, 85 A : PERPAVEFACIAM ; B : *per pave faciam* ; C, D : *per pavefaciam* ;
F : *perparve faciam.*

Truc. 183. A : PARCEPROMIS ; B : *parce þmi* ; D : *parci promi* ; F : *patre promi.*

Rudens, 1326 : *os calet tibi, nunc id frigefactas.*

Les dérivés du Palatinus donnent d'un commun accord : *nungit frigide factas.*
Dans *frige*, le copiste du prototype a cru reconnaître l'adjectif *frigidus* et a restitué
frigide, sans remarquer que cette forme, celle de l'adverbe, ne pouvait convenir.

Les fautes de cette origine sont extrêmement fréquentes dans les mots composés ;
mais la plupart manquent d'intérêt et sont faciles à corriger :

Mil., 923. C, D : *magni dicunt* = *magnidicum. Pseud.*, 794. B ; *multi locum* =
multiloquum. Aul., 501. B, J, F : *pedissequos.* L'explication du redoublement de la
consonne est donné par la leçon de *D* : *pedis sequos.*

Parfois cependant, il est assez difficile de décider s'il faut unir ou non, tel ou tel
groupe de mots :

Bacch., 1167. *probri perlecebra.* Hermann et Ritschl en font un seul composé,
Schœll au contraire, conserve la séparation des manuscrits. Mais il écrit en un seul
mot *turpilucricupidum*, Trin., 100 (B : *turpi lucricupidū.* C, D : *turpilucri cupidūm*).

⁎

En d'autres cas, les copistes de l'époque carolingienne ont conservé unis des
groupes de mots différents, et ont ainsi donné, aux éditeurs modernes, l'illusion de
composés.

Pseud., 255 ; B : *inanilogistę* ; F : *inanilogus es.* Cette leçon d'un manuscrit du
xvᵉ siècle, semble bien une correction. D : *iɩaɩi logis te.*

Goetz et Lindsay admettent le composé : *inanilogista*, mot hybride latin et grec.

Sans doute, on rencontre chez Plaute quelques autres exemples de ce type. Mais toujours ces formations portent en elles-mêmes leur raison d'être. Elles visent à un effet particulier de comique, ou se justifient par l'usage, devenu courant en latin, du terme grec. Nous ne trouvons rien de tel ici. Le composé ne s'imposerait, qu'à défaut de toute autre interprétation possible. Or une conjecture de Bursian (*Fleckeisen Jahrbücher*, LXXVII, 1858, p. 512), nous paraît très satisfaisante. Elle suppose simplement la chute d'un *s* après *inani* : *inani's. Logi istaec.*

Nous bifferons donc *inanilogista* de la liste des composés plautiniens.

Nous en ferons autant, pour *nidoricupi*.

Most. 5 : *Exi inquam nidoricupi, nam quid lates ?*

Tel est le texte qu'adopte Lindsay. B. C. F et Z portent *nidore cupinam* : en marge de B une correction d'une autre main donne *culine* ; D. *nidore cepina.*

Ni chez Plaute, ni dans toute la latinité, nous ne trouvons d'autre composé du verbe *cupio.* Le vocatif *nidoricupi* appartiendrait à un adjectif en *ius :* or les autres verbes de la même conjugaison que *cupio* donnent des adjectifs composés en *us :* *urbicape, Mil.,* 1055 ; *piscicapus, C. I. L.* iv, 826. Bothe, divisant les mots de la même façon que Lindsay, propose le composé *nidoricape.* Cette conjecture échappe aux objections que suscite la première, mais ne fournit pas, nous semble-t-il, un sens bien satisfaisant. On prend une ville, on prend des poissons, mais on ne prend pas des odeurs.

Le mot *nidor,* au figuré, peut se comprendre comme terme d'injure. Ce sens lui conviendrait fort bien ici : il s'agit en effet d'un esclave, qui se cache à la cuisine. Nous remarquons en outre que le texte adopté par Lindsay et par Bothe, laisse sans complément l'impératif *exi* au début du vers et que la particule de liaison *nam* est déplacée dans cette apostrophe, dont elle ralentit le mouvement. Il nous semblerait préférable de lire, en tenant compte de l'indication marginale de B :

Exi, inquam, nidor, e culina. Em quid lates ?

Les éditeurs modernes ont cédé parfois, un peu facilement, à la tendance d'introduire dans les textes, sous prétexte de les corriger, des composés de leur invention.

Nonius, 463,15, à propos du mot *cachinnare,* cite un passage des *Phinidae* d'Accius. Voici le texte des manuscrits :

> simul et circum megna sonantibus
> excita saxis saeva sonando
> crepitu clangente cachinnat.

(Ribbeck. *Fragm.* v. 571-573.)

Le texte du v. 571 est évidemment corrompu. Scaliger crut reconnaître dans *megna* l'adjectif *magna,* et ne sachant à quoi le rapporter, imagina le composé : *magnisonantibus.*

Cette correction en entraînait nécessairement d'autres, tout aussi arbitraires. Aucun mot, dans ces trois vers, ne pouvait jouer le rôle de sujet. Bentley, dans une note inscrite en marge du manuscrit de Nonius du British Museum, proposait de lire au v. 572, au lieu de *saeva sonando : saeva Celaeno.* C'était un souvenir de l'Enéide, III, 211 : *dira Celaeno.* Sans accepter précisément la conjecture de Bentley, les autres éditeurs suivirent la même voie, et bientôt, les deux mots du vers 572 furent transformés eux aussi, en un mot composé. Bergk (*Rhein. Mus.* III, 71, sqq) les corrigeait en *saevisona Echo* ; Ribbeck, en *suavisona Echo.* Par contre *magnisonantibus* de Scaliger était transformé en *magna sonantibus.* Ces divers composés se trouvent avoir, sans doute, une forme parfaitement latine. On en trouve des exemples certains dans le texte des poëtes. Il n'en est pas moins vrai que leur adoption, en ce passage, n'est qu'un expédient.

Lindsay, dans son édition de Nonius (Teubner 1903, p. 742), rejette très justement ces conjectures sans méthode. La faute se localise exactement au mot *megna* du vers 571. Ce mot ne peut représenter *magna,* trop connu des copistes pour avoir donné lieu à une erreur. Lindsay propose d'y lire un terme rare, tel que *merga* féminin de *mergus,* plongeon. La correction reste conjecturale, mais donne pleine satisfaction en supprimant les composés introduits dans ce passage par les autres éditeurs :

> simul et circum, merga, sonantibus
> excita saxis, saeva sonando,
> crepitu clangente cachinnat.

**

Les mots composés ont donc été, de tout temps, depuis l'antiquité jusqu'à nos jours, l'occasion de fautes particulièrement nombreuses. La raison en est non seulement dans la longueur de leur forme, qui pouvait déconcerter les habitudes des copistes, mais aussi, dans le caractère de mots rares et exceptionnels qu'ils ont toujours conservé en latin. Termes techniques en prose, épithètes pittoresques en poésie, mots comiques chez Plaute, les composés apparaissent, la plupart du temps, comme des formations savantes et artificielles. A ce titre ils ont prêté aux déformations, aux confusions et aux imitations que nous avons constatées à l'époque antique, non moins qu'aux conjectures arbitraires, à l'époque moderne.

D. ANTONIO SPAGNOLO

UNA LEGGINA DI GIUSTINIANO

IN UN MISCELLANEO VERONESE

DEL SECOLO XI — XII

Il Codice Capitolare Veronese LXIV (62) ci offre una di quelle compilazioni, che si usavano fare ne'secoli XI e XII da chierici più o meno dotti in fatto di lingua e di scienza (1).

Dopo l'*Invectiva in Romam pro Formoso Papa*, che qui è mutila (2), il volume presenta una serie di detti e sentenze, estratte da antichi autori ecclesiastici, su quanto può tornare di conforto a Vescovi accusati, spogliati ed espulsi (3).

Alla raccolta segue, della stessa mano, la Bolla di Papa Anastasio IV a Regemberto Vescovo di Vercelli (4).

_____

(1) Il codice, al presente, è composto di tredici quaternioni, dei quali tre non sono numerati e gli altri segnati con i numeri I-X. I tre primi, con gli altri segnati I-IV (formanti un tutto e scritti da una sola mano), probabilmente sono stati aggiunti ai seguenti nel secolo XVIII, dopo la scoperta dei codici veronesi fatta da Scipione Maffei, quando il volume venue legato in cartoncino. Manca forse un quaderno, essendovi una lacuna fra il III quaternione ed il IV, (segnato col N° I). In antico non era così il codice, essendone le parti ben distinte l'una dall'altra, incomplete, e di età differente, come vedremo più sotto.

(2) Fu pubblicata dapprima da Mons. Francesco Bianchini nel suo *Anastasius*, (T. IV, p. XLIX) e di nuovo dal Dümmler in *Gesta Berengarii* (Halle, 1871, p. 137).

(3) Il Maffei aveva espresso il dubbio in *Bibliotheca ms. capitularis* (ms. della Capitolare di Verona in due volumi), che siffatta compilazione potesse attribuirsi al bersagliato Vescovo veronese Raterio (890-973). Dubbio non attendibile ; ben altra operetta riconosciuta per Rateriana, intorno al delicato argomento, pubblicavasi dai fratelli Pietro e Gerolamo Ballerini, nella edizione delle opere del grande Vescovo di Verona, con il titolo : *Perpendiculorum seu de contemptu Canonum*. (Cf. RATHERII EP. VER. *Opera*, Veronae, 1765, col. 334 et sqq.)

(4) Da tale privilegio Mons. GB. Giuliari argomenta contro Reifferscheid essere il codice della seconda metà del XII° secolo e non dell' XI° (Cf. REIFFERSCHEID, Bibliotheca PP. LL., Wien 1865, pp. 47-49). Invero, dice il Giuliari, il privilegio a Regemberto vescovo di Vercelli,

25

Indi un' altra raccolta con il titolo: *Capitula concordiae canonum*. Se vogliamo credere al compilatore, sono estratti di canoni dei Concili Cartaginese, Calcedonese, Sardicese, Arausicano e dei Padri e Dottori ecclesiastici Isidoro, Giulio Papa, Alessandro, Ponziano, Stefano, Calisto, Felice e Gelasio (1). Ho detto se vogliamo credere al compilatore, perché un esame accurato e diligente mostrerebbe forse non pochi errori.

Ad altro tempo tale esame; per ora mi accontento di far noto agli studiosi che al f. 74, sotto la iscrizione errata *Impr Valerianuslibri noni codicili capitt*, sta la legge di Giustiniano: *De famosis libellis*, che si legge al Libro IX, Tit. XXXVI (2).

La presento quale il codice ce la offre, ampliando soltanto le abbreviature :

Si quis famusum libellum sive in domo sive in publico vel in quocumque loco ignarunt repperit aut corrumpat prius alter inveniat vel nulli fateatur inventum. Si vero non statim eandem cartulam. vel corrumperit vel igne consumperit. sed eius vim manifestaverit. siat se quasi huius auctorem delicti capitali sententiae subiugandum. Si quis sanus devotionis sue ac publice salutis custodiam gerit. nomen suum profiteatur. et ea quae famosum persequenda putaverit ore proprio edicat ita ut abque ulla trepidatione accedat sciens quod si a sermonibus veri fides fuerit opitulata laudem maxima et premium a nostra clementia consequetur. Si vero minime haec verba ostenderit. capitali pena plectetur. huiusmodi autem libelli alterius opinionem non ledat.

Dalla Capitolare di Verona
li 23 Luglio 1909.

---

non può essere che di Papa Anastasio IV, che regnò negli anni 1153-1154); il che vien confermato dalla indizione segnata in calce al documento: *in mense februarii ind. quintadecima* (per errore del compilatore, *quintadecima* anziché *secunda*), (Cf. G.B. GIULIARI, Bolla inedita del Papa Anastasio IV a Regemberto vescovo di Vercelli, in Archivio storico Italiano, anno 1880). Non mi pare che la ragione sia tutta per il Giuliari. Il codice è senza dubbio composto di due parti affini bensì per materia, ma appartenenti in antico a due codici differenti, l'uno dell'xi°, l'altro del xii° secolo. La prima parte del codice (ff. 1-55) è di mano del secolo xii°, anche le proprietà paleografiche sono a favore del Giuliari. La seconda parte invece, che va dal f. 56 alla fine del volume, è di mano del secolo xi. Il bel minuscolo rotondetto, le iscrizioni miniate e le abbrevia zioni, lo dicono di questo secolo, anzi per un tedesco avvezzo ai mss. di Colonia, di Ratisbona e di altri luoghi, potrebbe essere del secolo x. (Tale invero è stata la risposta del dr. S. Schwalm di Amburgo, venuto qui nei passati giorni per i diplomi di Federico III. Veduta esaminata la II parte del codice ha esclamato : Per un tedesco è del secole x°, io però convengo con lei e la ritengo dell' xi°).

(1) Alcuni attribuiti a Gregorio Papa, sono estratti da opere che non si conoscono.

(2) Cf. *Codex Imp. Semp. Max. Div. Justiniani*, Lugduni, MDXLVIII, Vol II, p 1174.

H.-FRANÇOIS DELABORDE

NOTE SUR LE CAROLINUS DE GILLES DE PARIS

On connaît peu Gilles de Paris : les deux tiers de la notice qui lui est consacrée dans l'*Histoire littéraire* sont occupés par l'analyse de son *Carolinus* auquel il semblerait que le critique, Amaury Duval, aurait attribué quelque valeur au point de vue de l'histoire de Charlemagne, alors qu'on serait tout au plus fondé à y chercher quelle idée se faisaient du grand empereur, à la fin du XIIᵉ siècle, ceux qui ne s'en tenaient pas aux traditions épiques et qui cherchaient à rattacher la dynastie Capétienne à la race Karolingienne en faisant de Louis, fils de Philippe-Auguste, un héritier du sang de Charlemagne et de sa glorieuse couronne. Il ne paraît pas non plus avoir tiré du manuscrit du *Carolinus* qu'il avait sous les yeux, le manuscrit de Paris 6191 du fonds latin, certaines indications grâce auxquelles il aurait pu compléter celles qu'il donne sur les ouvrages de Gilles de Paris. Ce sont ces indications que je vais relever aujourd'hui en même temps que je voudrais attirer l'attention sur la curieuse décoration de ce volume. Cette décoration se trouve répétée dans le seul autre manuscrit du *Carolinus* que l'on connaisse : le manuscrit 22399 du fonds additionnel du British Museum, manuscrit moins important que celui de Paris, appartenant à la même époque, et dont je me contenterai de noter, chemin faisant, les différences que M. Paul Meyer, avec une bienveillance dont je suis habitué depuis de longues années à ressentir les effets, a pris la peine de relever à mon intention.

On trouve au fol. VII vᵒ du manuscrit de Paris, non pas une image autrefois coloriée, « dont les contours ont presque entièrement disparu (1) », mais un dessin à la plume, légèrement rehaussé de vert, de rouge et de jaune bistré, dont nous donnons la reproduction. Le plan du poète étant d'exposer dans chaque livre du *Carolinus*, comment la conduite de Charlemagne a été conforme à l'une des vertus cardinales, on voit, dans le dessin, ces quatre vertus : Prudence, Justice, Courage, Tempérance, figurées par des femmes debout, couronnées, tenant chacune devant

---

(1) *Histoire littéraire,* pp. 40, 41.

elle un grand cercle et rangées comme si elles occupaient les quatre coins d'un carré dont le centre est marqué par un cinquième cercle plus petit. Dans chacun de ces cercles est inscrit une sorte d'argument du livre correspondant. Plus bas, dans un sixième cercle, on voit le prince Louis recevant de Gilles de Paris un livre ouvert sur lequel on peut lire : *Hoc opus Egidii Parisiensis habe.*

La clef de cette figuration nous est donnée au recto du même feuillet dans une longue explication en prose où se manifeste la passion de symbolisme qui possédait les gens de ce temps (1). Pour parvenir à la perfection qui lui vaudra l'éternelle béatitude, le prince Louis devra, comme jadis Elie, être emporté dans un char de feu : celui de la contemplation des vertus. De ce char la Prudence, la Justice, la Tempérance, le Courage tiennent chacune une roue ; c'est à ces quatre roues que correspondent les quatre premiers livres du *Carolinus* et, pour qu'on ne s'y méprenne pas, chacun de ces livres commence par la lettre initiale du nom de la vertu correspondante : P, I, T, F. (2) Quant au cinquième livre dont l'argument est inscrit dans le cercle central, il est, paraît-il, comme le coffre du char dans lequel monte le voyageur et on y expose quels sont les exemples à éviter. Ce livre, étant le résumé en même temps que la conclusion de l'ouvrage, commence par A et finit par O, lettres terminales des noms des quatre vertus et lettres extrêmes de l'alphabet, A et Ω, car il est remarquable que Gilles de Paris désigne toujours les lettres par leur nom grec (3).

Tout cela est d'ailleurs expliqué en plusieurs endroits du poème (4) et notamment dans les distiques suivants qui forment le prologue de tout l'ouvrage :

Prologus

Interius si quam videatur habere medullam,
   Hoc jam premissis adjiciatur opus.
Quatuor invenies virtutum nomine primos
   Quatuor hic apices pretitulare libros,
Alpha que est finale trium finemque otomegam (*sic*)
   Unius extremum conseruisse librum.

---

(1) Cette explication se retrouve, avec quelques différences dans les dernières phrases, au fol. 4 v° du ms. de Londres.

(2) L'allégorie du char à quatre roues était d'un usage courant ; il est curieux de voir qu'un autre Gilles, Gilles de Corbeil, à qui l'on a voulu parfois attribuer le *Carolinus*, bien que l'auteur ait déclaré expressément n'avoir avec celui-ci rien de commun que le nom (*Hist. de Fr.* XVII, 298, v. 460), y a eu également recours dans son poème sur les médicaments composés. (Voyez (Vieillard, *Gilles de Corbeil*, Paris, Champion, 1909, p. 68, note).

(3) Voyez notamment dans la partie publiée du *Carolinus*, le v. 645 :

Feria facta prior recteque per *Alfa* cucurrit.

(*Hist. de Fr.* XVII, 301, c.)

(4) Entre autres aux vers 597-617 de la partie publiée (*Hist. de Fr.* XVII, 300).

FRONTISPICE DU CAROLINUS
de Gilles de Paris

> Quisque liber præfixa sibi quam littera signat.
> Materiam retinet et docet esso suam.
> Deinde quid intendam finaliter ultimus infert
> In quo finalis littera finit opus (1).

D'ailleurs ce prologue étant le morceau le plus court de l'ouvrage, l'auteur a pris soin de le faire commencer par la plus petite de toutes les lettres, par un *i*, et c'est là, paraît-il, une exhortation à l'humilité. « Set ad hec omnia premittitur totali libro brevis prologus, et in prologo *Jotha* littera que minima est in alphabeto prescribitur ad innuendum quod non nisi beneficio humilitatis proficit homo vel promovetur in his aut aliis spiritualibus bonis » (2).

A gauche du médaillon où l'on voit Gilles de Paris présentant son poème au prince Louis, on lit cinq distiques inédits qui complètent et corrigent les indications que donne la notice de l'*Histoire littéraire* sur les ouvrages de cet écrivain. L'auteur de cette notice énumère d'abord trois œuvres poétiques qui nous sont parvenues :

1° Le *Carolinus* ;

2° Des corrections et des additions à l'*Aurora* de Pierre Riga assez considérables pour « égaler presque en étendue cette grande composition » ;

3° Une pièce de vers sur l'éternité des peines de l'enfer.

En outre, le même auteur dit que Gilles déclare avoir composé encore d'autres écrits que nous n'avons plus : d'abord, dans sa première jeunesse « des vers facétieux pour amuser le beau sexe, » et plus tard, « des satires pour corriger les mauvaises mœurs ; » — un autre ouvrage poétique « dans lequel il racontait les exploits guerriers des Français ; » — et enfin des « moralités » en prose (3) ; mais de tout cela rien ne nous est resté.

Or voici ce que Gilles de Paris lui-même dit de ses ouvrages dans les distiques en question :

> Qui canit hec elementa suum signantia nomen
> In totidem studuit compariare libris :
> Quatuor ex illis metrico modulamine pergunt ;
> Tres alii gaudent liberiore prosa.
> Comica descripti metrice satyrasque simulque
> Cum sancti vita Gallica gesta docent ;
> Qui tenuere prosam quedam moralia tradunt.
> In dictatoris versificique modum

---

(1) Ms. latin 6191, fol. 1.

(2) *Ibidem*, fol. vii. La même pensée se trouve exprimée dans le commentaire d'un *Poème anonyme sur les lettres de l'alphabet* publié par M. Omont d'après un ms. du xᵉ siècle, dans la *Bibliothèque de l'Ecole des Chartes*, 1881, p. 438.

(3) *Histoire littéraire*, XVII, pp. 39 et 42.

Scribere que possent olim prodesse futuris
Parisius docuit votis alumpna sui (1).

Il est évident que, par ces *libri* équivalents en nombre aux sept lettres du nom latin
de l'auteur (*Egidius*), celui-ci entend désigner ses divers ouvrages et non pas les
livres du *Carolinus*, lesquels ne sont pas plus de cinq et sont d'ailleurs tous en vers,
tandis que trois des *libri* étaient en prose. De ceux qui étaient en vers, le dernier est
facilement reconnaissable : ce poème qui traite en même temps de la vie d'un saint
et de l'histoire des Francs ne saurait être que le *Carolinus* lui-même. Je crois du
reste que c'est encore le même ouvrage, et non pas, comme le croyait Amaury Duval,
une histoire différente, que Gilles de Paris appelle ailleurs :

.,......... libellum
Francorum laudes et Gallica gesta canentem (2).

Quant aux *comica*, ce sont ces badinages qu'il dit avoir composés durant son ado-
lescence, pour l'amusement des dames, dans un passage où il parle également des
satires qu'il écrivit ensuite (3). Comme les additions à l'*Aurora* de Pierre Riga ne
peuvent se classer ni dans les *comica*, ni dans les *satyræ*, encore moins dans les *mo-
ralia* en prose que nous ne connaissons que par cette mention, comme, d'autre part,
il serait peu admissible que l'auteur négligeât de mentionner une œuvre de cette
importance, il est vraisemblable qu'elle n'avait pas encore paru.

De l'autre côté du médaillon, on voit neuf hexamètres (4) également inédits qui
permettent de trancher une question laissée en suspens·par l'*Histoire littéraire*.

Hic tibi premonstro quod quasdam in corpore libri
Personas positas, quas cetera scire volenti
Scire necesse fuit, quadam restabat haberi
Arboris in specie studioque idcirco sategi.
Si superadjeci quas non in corpore libri
Invenies, sed eo quod notio plena geratur
Et bene descriptis concordent tempora rebus,
Si placet et merui, gratum scribentis habeto
Munus et artificem studii laudare memento (5).

(1) Dans le ms. de Londres, ces vers sont transcrits, non pas à cette place, mais au fol. 42 r., à la
suite de la *Captatio* et avant les annexes en prose.
(2) *Hist. litt.* XVII, p. 42, d'après le v. 446 du Ve livre.
(3) *Carolinus*, livre V, v. 377-381.
(4) D'après l'aspect du parchemin, il pourrait bien se faire qu'un dixième vers eût été gratté.
(5) Ces vers manquent dans le ms. de Londres qui d'ailleurs ne contient pas l'arbre généalogique qui y est indiqué, mais seulement les listes de papes et de souverains.

On trouve en effet, à la fin du manuscrit de Paris, un tableau des rois des Francs disposé sous forme d'arbre et accompagné de notes, précédé de listes des papes, des juges d'Israël, des rois des Perses, des empereurs romains, etc. « Nous ignorons, disait Amaury Duval, si ces tableaux........ sont l'ouvrage de Gilles de Paris (1), » Les vers qu'on vient de lire ne laissent aucun doute à cet égard. De plus, on trouve dans les préambules de ces listes des passages qui prouvent clairement que ce sont là des annexes destinées à servir de repère à l'histoire des Francs et à celle de Charlemagne qui fait le sujet du *Carolinus* ; je ne citerai que celui-ci : « Famosas autem principum, regum et Romanorum imperatorum personas de quibus expressum habetur in scriptis, quanto tempore duraverint, seriatim ab ipsa fundatione Sicambrie usque ad tempus Valentiniani sub quo destructa est, et *forte usque ad Karolum Magnum de quo agimus*, hic supponemus.... (2) » Enfin j'ai dit que le tableau des rois des Francs était accompagné de notes parfois assez copieuses ; celle qui accompagne le nom du roi Robert rappelle le séjour de l'auteur à Rome, et l'on sait que Gilles de Paris avait fait un long séjour dans la capitale du monde chrétien. Elle est d'ailleurs assez intéressante à d'autres points de vue pour mériter d'être intégralement reproduite.

Pater hujus, Hugo, cognominatus est *Chapeth* eo quod pueris ipse puer capas suas ludo auferre solebat (3). Hic postquam regnaverat aono uno filium suum Robertum, qui clericus erat, Remis coronari fecit et regnavit cum eo annis XII. Porro, dum regnaret, Gerbertum philosofum, filii sui magistrum, Remis jussit ordinari episcopum, amoto domno Leutherico (4) quem eo quod esset de genere Lotharii regis habebat odiosum ; sed postea per Romanum pontificem amotus est Gerbertus et domnus Lenthericus restitutus. Gerbertus Romam peregrinans translatus est Ravennam et factus archiepiscopus. Postea decedente... pontifice Rome est in papam electus qui et Silvester III (*sic*) dictus est. Idem est cujus marmora in latere basilice Constantiniane que, — *et propriis oculis aliquotiens vidi* — nescio in cujus rei pronosticum quandoque sudare et quasi flere dinoscitur (5). De hoc autem qui primo Remensis, postea Ravennensis, ad ultimum Romanus pontifex fuit, habetur illud versiculum :

Transit ab R Gerbertas in R, post papa vigens R. (6).

(1) *Hist. litt.* XVII, p. 65.
(2) Ms. latin 6191- fol. 45 r.
(3) Ce passage montre que cette bizarre légende déjà signalée par M. F. Lot (*Etude sur le règne de Hugues Capet,* p. 320) existait dès la fin du xiie siècle.
(4) C'est Arnoul qui est ainsi désigné.
(5) Sur cette sueur de la tombe de Gerbert dont on trouve ailleurs la mention, notamment dans une addition du xve siècle au *Liber pontificalis;* voyez l'édition de Mgr. Duchesne, II, 263, note, et 264, note 5.
(6) Ms. latin 6191, fol. 48 v.

L'allusion au séjour de l'auteur à Rome ne suffirait pas à l'identifier avec celui du *Carolinus* si l'on n'avait pas d'autres indices et surtout les affirmations positives contenues dans les derniers vers d'un épilogue que donnent les deux manuscrits et que Dom Brial a, je ne sais pourquoi, négligé de reproduire entre les vers 434 et 435 de son édition. Gilles de Paris s'y déclare en effet l'auteur, non seulement d'un *carmen quo presentatio libri exhibita est*, c'est-à-dire des 223 vers intitulés *Captatio benevolentie in scriptorem* (1), mais encore des listes de papes et de rois.

Explicit Karolinus

Ordine sic numeroque dato per singula rebus
Clauditur hoc noster contentus fine libellus.
Si queris quot sint per quinque volumina versus,
Dat bis tricenos bis mille simulque ducentos
Totalis numerus, superexcrescendo duobus.
Qui prologum faciunt, quique, explanatio, presunt
Iniciis cujusque libri, hinc septuaginta,
Inde decem per se consistunt separe summa.
Restat adhuc carmen quo presentatio libri
Exhibita est dantisque fides, ubi, non sibi plaudens,
Immo suis quosdamque sua de gente recordans,
Percommendat eos seseque minorat in illis.
Deinde stilum variat et primo nomina ponit
Pontificum, subdit reges ubi singula rerum.
Involucra explanat et dicta priora recludit.

L'examen matériel du manuscrit de Paris permet de constater que les listes, le tableau des rois de France et la *Captatio* qui les précède ont été ajoutés postérieurement au *Carolinus*, lequel se terminait d'abord après le vers 434 du livre V. On a semblé croire jusqu'ici que les indications chronologiques accumulées dans les derniers vers de la *Captatio* (2) et qui toutes concourent à prouver que le *Carolinus* fut offert au prince Louis le dimanche 3 septembre 1200, jour anniversaire de sa naissance (3), on a semblé croire, dis-je, que ces indications s'appliquent à l'ensemble

---

(1) *Hist. de France*, XVII, p. 297.
(2) *Hist. de Fr.* XVII, p. 301 (v. 636-657).
(3) Bien que M. Petit-Dutaillis eût déjà fait cette remarque (*Étude sur la vie et le règne de Louis VIII*, p. xxviii), Molinier place, je ne sais pourquoi, cette présentation « avant l'an 1200. » (*Les sources de l'histoire de France*, III, 8, n° 2224.) Je ne m'explique pas plus pourquoi M. Petit-Dutaillis persiste néanmoins à fixer, d'après Rigord, au 5 septembre, la date de la naissance de Louis (*Loc. citat.* p. 4). Or, Rigord, qui commet d'ailleurs une erreur sur le jour de la semaine où tombait le 5 septembre en 1187, était vraisemblablement encore en Languedoc à cette époque (*Œuvres de Rigord*, éd. de la Soc. de l'Hist. de France, t. I, introduction, p. xxx), tandis que Gilles

de l'ouvrage: On n'avait peut-être pas remarqué que l'auteur parle de la présentation du *Carolinus* comme d'un évènement déjà passé, assez éloigné même pour qu'il crût nécessaire de réveiller chez le prince le souvenir des circonstances qui l'avaient entourée (1), une entre autres qui ne se produisit que plusieurs jours après : la levée, le vendredi suivant, de l'interdit sous lequel le renvoi d'Ingeburge avait fait tomber la France (2). C'est que, je le répète, la *Captatio* n'a dû être ajoutée au poëme primitif que plusieurs années après la présentation de celui-ci au prince Louis ; le manuscrit de Paris nous en fournit la preuve.

Ce manuscrit se compose aujourd'hui de 55 feuillets foliotés ɪ à vɪɪ, et 1 à 48. Le texte du *Carolinus*, occupant les feuillets 1 à 40, est écrit sur cinq cahiers de huit feuillets chacun, numérotés au moyen d'une signature en chiffres romains apposée au bas du verso du dernier feuillet. Ces cinq cahiers contiennent l'ouvrage primitif tel qu'il fut présenté le 3 septembre 1200, c'est-à-dire s'arrêtant après le vers 434 de l'édition et non encore décoré de la peinture symbolique.

Lorsque l'auteur voulut faire suivre son ouvrage de la *Captatio* et des annexes historiques et l'orner d'un frontispice illustré, on ajouta, en tête, un nouveau cahier de huit feuillets sans signature. Le premier de ces feuillets est aujourd'hui collé sur le plat de la reliure, et sur le dernier, aujourd'hui numéroté vɪɪ, on traçait, au verso, le dessin dont nous avons donné la reproduction, tandis qu'on écrivait au recto le prologue en prose qui en contient l'explication. Les feuillets ɪ à vɪɪ, restés blancs,

devait être à Paris où l'évènement se produisit. Il apporte en outre une extrême précision dans ses données chronologiques, insistant sur ce que, si l'anniversaire de la naissance tombait un dimanche en 1200, la naissance elle-même avait eu lieu un jeudi, en 1187.

> Lux ea prolatus qua venerat ante libellus
> Regalesque domos ascenderat, hebdomadali
> Prima tenore fuit quam quondam nomine solis
> Gentilis censere solet ; volventibus annis
> Tunc tibi tredecimum plene natale reduxit.
> Feria dico prior, non quod prior illa fuisset
> Quando natus eras ; sed que tibi prebuit ortum
> Feria quinta fuit ; que tertia perstat ad ipsa
> Limina septembris, eadem in datione libelli
> Feria facta prior recteque per *Alfa* cucurrit.

Je sais bien que les indications des chroniqueurs varient du 3 au 5 septembre, ainsi que le dit M. Alexandre Cartellieri qui évite de se prononcer (*Philipp II August*, I, p. 261 et n. 2) ; mais, si l'on remarque que la date du 3 est celle que donnent à la fois les écrivains anglais si exacts dans leur chronologie, les textes de la région parisienne tels que les Annales de Lagny, et surtout Gilles de Paris avec la précision que j'ai signalée, je crois que l'on sera porté à l'accepter définitivement.

(1) Temporis esto memor quo prodiit iste libellus (v. 612).

(2)   ....ubi regis fracta voluntas.
    Auspice legato, mox sexta luce sequentia
    Scilicet hebdomade longa interdicta resolvit.
                        (v. 633-636.)

furent utilisés plus tard pour y transcrire diverses notes, entre autres un provincial.
Un autre cahier de huit feuillets aujourd'hui numérotés 41 à 48, cahier également
dépourvu de signature, fut en même temps inséré à la fin du volume. Comme
l'explicit du *Carolinus* se trouvait au milieu du fol. 40 r., le bas de la page fut utilisé
pour y transcrire l'épilogue *Ordine sic numeroque dato...* que j'ai publié tout à
l'heure et qui sert de transition entre le *Carolinus* et la *Captatio*, laquelle commence
au verso du même feuillet et se continue jusqu'au fol. 43 r. La différence entre les
feuillets qui la portent et ceux qui précèdent saute aux yeux : tandis que chaque
page du *Carolinus* contenait uniformément trente vers, celles de la *Captatio* en
contiennent trente-deux.

Ensuite viennent les listes des papes, des divers souverains et le tableau des rois
de France qui occupent les feuillets 43 v. à 48. Celle des papes est continuée de la
même écriture jusqu'à Honorius III (1216-1227.) Quant à celle des rois, elle se
termine ainsi :

> Ludovicus, Ludovici
> filius, christianissimus
> regnavit annis XLIII.
>
> |
> Philippus fortunatissimus.
>
> |
> Ludovicus puer.

Comme l'auteur a omis d'indiquer le nombre des années du règne de Philippe-
Auguste et qu'il appelle Louis VIII *puer*, on peut être certain qu'il écrivait avant la
mort de Philippe-Auguste.

D'un autre côté, l'épithète de *fortunatissimus*, qu'il donne à ce prince, n'aurait
guère de raisons d'être avant la victoire de Bouvines. Tout cela, rapproché du nom
d'Honorius III auquel s'arrêtait primitivement le catalogue des papes, nous donne à
croire que la *Captatio* et les autres annexes du *Carolinus* ont été rajoutées entre
1216 et 1223 aux cinq livres de ce poème déjà présenté au prince Louis par Gilles de
Paris depuis le 3 septembre 1200.

Quant aux dates de la composition du poème primitif, elles nous sont données
avec une extrême précision dans les vers suivants qu'Amaury Duval a publiés avec
deux grosses erreurs de lecture (1) et dont il n'a pas tiré toutes les indications qu'ils
contiennent :

> Ipsius a regis obitu (2) fluxere peracti
> Octo semel, septem undecies annique trecenti
> Usque sub hoc tempus sub quo presentia scripsi.

(1) *Hist. litt.* XVII, p. 40.
(2) Il s'agit de Charlemagne mort en 1214.

> In quibus edendis emendandisque biennem
> Ex equa gessi divisum (1) lance laborem :
> Editor in primo studiorum et deinde secundo
> Corrector factus, tunc muttans (sic) rursus et anni
> Unius effluxu postquam ad suprema resedi,
> Usque modo suppressa tenens cum a tempore Verbi (2)
> Annorum summam consummant mille ducenti (3).

D'où il résulte que Gilles a mis un an à composer son ouvrage, une autre année à le corriger, qu'il l'a conservé par devers lui pendant une troisième année, jusqu'au jour de l'année 1200 où il écrivit les vers qu'on vient de lire.

En d'autres termes et pour résumer les notions éparses dans les pages qui précèdent, le *Carolinus* commencé à Rome (4) en 1197, fut corrigé en 1198 et présenté au prince Louis le 3 septembre 1200 ; beaucoup plus tard, entre 1216 et 1223, il fut orné d'un dessin symbolique et augmenté de la *Captatio* ainsi que d'annexes historiques en prose.

(1) A. Duval a lu *divinum.*
(2) A. Duval a lu *inivi.*
(3) Latin 6191, fol. 31.
(4) Voyez les vers cités par D. Brial, *Hist. de Fr.*, XVII, 288 E.

CHARLES HOLZINGER.

SUR LA DATE

DE

QUELQUES MANUSCRITS D'ARISTOPHANE.

(Traduit de l'allemand).

Il est un fait bien connu et que viennent confirmer les plus éminents connaisseurs de paléographie grecque, c'est que la distinction des manuscrits grecs des xiv⁰, xv⁰ et xvi⁰ siècles, *établie sur la seule base de l'écriture*, est, en bien des cas, douteuse et incertaine.

Or aujourd'hui que l'on se met enfin en devoir d'étudier sérieusement le fond et la forme des manuscrits grecs de date plus récente, il est vraiment heureux que la connaissance du papier, laquelle a pris, dans les dernières dizaines d'années, un développement considérable, nous livre dans l'observation des filigranes un nouveau moyen nous permettant non seulement d'établir le siècle d'un manuscrit en papier, mais encore d'en fixer la date d'une façon plus précise, d'autant mieux que l'on saura combiner ce critérium avec les autres indices d'âge connus jusqu'ici.

L'œuvre monumentale de C. M. Briquet : *Les filigranes, dictionnaire historique des marques du papier* (Genève 1907) renferme 16.112 fac-similés de filigranes, dont les dates s'étendent de l'an 1282 à l'an 1600. Même dans sa forme actuelle, le travail de Briquet constitue un moyen de premier ordre pour déterminer l'âge des manuscrits de papier. Mais j'ose espérer qu'un prochain avenir va nous doter d'un Thesaurus reproduisant fidèlement les différents types d'une centaine de milliers de marques de papier, œuvre qui tiendra compte à la fois des documents datés et des manuscrits de papier des grandes bibliothèques.

Propager cette idée parmi les paléographes de compétence et les encourager à la réaliser en leur soumettant quelques exemples, voilà le but des lignes suivantes.

Un des manuscrits d'Aristophane demeuré peu connu jusqu'ici et qui manque dans la liste des « Manuscripts of Aristophanes » de J. W. White (Classical Philol. vol. I, 1, Chicago, 1906) est le *Cod. Pragensis gr. VIII II 36.* Il renferme le Plutus entier avec notes marginales en latin et en grec et gloses interlinéaires. Quant au reste de son riche contenu, je m'abstiens de l'énumérer en ce lieu : on le retrouvera dans l'exacte description qu'Édouard Gollob a publiée dans les « Sitzungsberichte » de l'Académie de Vienne, *Cl. philos. hist.* CXLVI, 1902-3. Ce qui m'occupe exclusivement dans l'article que voici, c'est la date du manuscrit, dans la fixation de laquelle je ne saurais partager la manière de voir de Gollob.

Ce manuscrit présente le cas qu'une souscription accompagnée de la date ne résout point indubitablement la question de l'âge du manuscrit entier.

Cette souscription figure au-dessous de la fin du Plutus d'Aristophane, au fol. 43 v°. Elle se compose de quatre lignes dont chacune est biffée d'une large barre d'encre ne laissant dépasser que les extrémités supérieures et inférieures des lettres hautes et basses. Mais, en examinant la feuille contre le jour, on arrive sans difficulté à lire les termes de la souscription, sauf quelques rares lettres qu'il est facile pour la plupart de deviner et de rétablir. On reconnaît en outre que la souscription en question et le texte du fol. 43 ont été écrits par la même main.

Voici la souscription telle que Gollob la lit et la reconstitue :

ἐτελειώθη τὸ [παρ]ὸν β[ι]βλί[ον] δ[ιὰ] χ[ειρ]ός

πέτρου κα. ἔλλου . . . ̈. παρισίου ἐν μεσσήνῃ

τῆς σικελίας ἀπὸ τῆς τοῦ κ[υρ]ου σαρκώσεως

                         τετρα
χιλιοςῷ τρια κοσιοστῷ ὀγδοηκοστῷ πέμπτῳ.

Je me permets de faire remarquer que, dans la seconde ligne, je lis distinctement καϛέλλου et qu'en outre le texte porte, non pas παρισίου, mais bien παρϊσέου, l'ι de cette souscription étant toujours surmonté de deux points et ce tréma manquant sur la
                                                                              τετρα
lettre qui suit le σ. Dans la quatrième ligne il y a χιλιοςῷ τριακοσιοςῷ ὀγδοηντακοςῷ.

La souscription ne trahit donc point un scribe sachant aussi bien le grec qu'il serait permis de le croire d'après les corrections de Gollob.

Or, si ce scribe a rédigé lui même le texte de la souscription et a, par conséquent, écrit le fol. 43 v° en 1485, ce qui nous étonne, c'est qu'il ait pu, vers la fin de ce même siècle, se tromper dans l'indication du siècle, de manière à se voir obligé de biffer par exponction le mot τρια et d'y substituer le mot τετρα. On se demande si le copiste n'a pas aussi emprunté la souscription au manuscrit qu'il avait sous les yeux et si, à cette occasion, il n'a pas converti en date chrétienne un chiffre mal tracé de l'ère mondaine byzantine. En admettant par exemple qu'il ait trouvé dans son manuscrit l'indication ͵ϛϠϞΓ´ , c'est-à-dire 6993, et qu'il l'ait convertie en numéraux selon l'ère chrétienne, on se rendra facilement compte de l'erreur et de sa correction ultérieure, surtout si le copiste n'était point né grec.

Donc, la souscription du fol. 43 date-t-elle en effet de l'an 1485 ou est-elle postérieure, elle, ainsi que les traits qui lui sont homogènes ? et à quelle époque appartiennent les autres feuilles dont les traits ne s'accordent point avec ceux de la souscription ?

Tandis qu'auparavant, quand il s'agissait de résoudre des questions aussi ardues, on recourait presque exclusivement à l'évaluation des traits, Gollob, un des premiers, essaya dans l'œuvre citée de tirer parti des marques du papier et en traita le sujet d'une manière plus détaillée qu'on n'a coutume de le faire dans les catalogues de manuscrits des temps les plus modernes. Il va jusqu'à ajouter à son exposition des reproductions de filigranes. Toutefois, dans cette partie de son travail, que je ne laisse pas d'estimer très hautement, il n'a pu s'appuyer que sur Midoux et Matton, sur Piekosiński et sur les premiers travaux de Briquet et autres, qui, tous, ont été complètement éclipsés par le *Dictionnaire de Briquet*.

Or, Gollob dit que le Cod. Pragensis VIII H 36 (29 cm $\times$ 22 cm) se compose de 235 feuilles de papier, que les écritures en sont différentes, et que ses parties sont d'un âge différent. Il ajoute que les fol. 43 v°, 66-66 v°, 211-234 v° appartiennent au xv°, le reste aux xvi°-xvii° siècles. (1) Cette indication de Gollob est évidemment défigurée à son début par une fâcheuse faute d'impression (43 v° pour 1-43 v°?). D'après ses propres dires on assignerait aux xvi° et xvii° siècles la majeure partie du manuscrit, c'est-à-dire les fol. 1-43 r°, 44-65, 67-210 et le fol. 235. Mais lors même que la partie du manuscrit qu'il assigne aux xvi° et xvii° siècles, serait moindre que ne l'indique l'imprimé, je ne puis m'empêcher de repousser la date qu'il prête au manuscrit.

A mon avis, c'est au xv° siècle qu'appartient le manuscrit entier : voilà ce que je vais prouver dans ce qui suit. Il va sans dire que je n'entends parler tout d'abord que du texte proprement dit et réserve aux gloses interlinéaires et aux notes marginales une place à part.

Le manuscrit, qui fut remanié par le relieur en 1902, est enveloppé de deux feuilles de garde. L'une et l'autre ont 7 pontuseaux et 20 vergeures sur 20 millimètres. La feuille de garde initiale porte comme marque les lettres AS, la finale est munie de la légende : GR ULLERSDOR [F]. Elles forment ensemble une feuille complète issue de la fabrique de papier à la cuve de Gross-Ullersdorf en Moravie, papeterie bien connue et existant sous la raison sociale de Ant. Schmidt (fils), et sont d'origine toute récente. Elles ne font donc pas corps avec le manuscrit original. Le manuscrit luimême se compose de 236 feuilles, dont la dernière n'est pas numérotée. Des anciens numérotages des cahiers et des feuilles on ne retrouve que peu de traces dans les coins inférieurs. Ils sont indistincts aux fol. 9,23 (8?), 27 et 66. En revanche, on distingue clairement, à partir du fol. 68 jusqu'au fol. 172, un numérotage latin des feuilles de la première moitié des cahiers, lequel va chaque fois de 1 à 4 ou à 5. Lisible est en outre le × grec du coin d'en bas du fol. 211, que j'expliquerai plus tard.— Il y a 9 feuilles en blanc : 56, 65, 80-82, 121, 210, 235-236. Le manuscrit

(1) Franc. Passow, Opusc. acad. p. 204, dit de ce manuscrit :... codex graecus... e monasterio quodam Crumlaviensi a. 1783 in bibliothecam Pragensem translatus, chartaceus quidem, nec ultra saeculi XIV. initium adscendens.

se compose de 28 cahiers : un renferme 12 feuilles, cinq en contiennent 10, dix-neuf
en ont 8, un en a 7, un autre 6, un troisième 5. Entre les fol. 89 et 90, 102 et 103,
la feuille blanche finale des cahiers à 7 et à 5 feuilles fait défaut. Point de lacune dans
le texte en ces endroits. Les feuilles 43, 66 et 235-236 figurent en dehors des 28
cahiers : la feuille 43 a été collée à la suite du Ve cahier, la feuille 66 à la suite du
VIIIe, les fol. 235-236 à la suite du XXVIIIe. De textes, le manuscrit en contient
22 : les numéros 1-18 ont trait à la littérature classique et à son interprétation, les
pièces 19-22 sont empruntées aux Pères de l'Église grecs. Le numéro 19 (Andreas
Cretensis εἰς Λάζαρον) est tronqué au début et commence par la syllabe finale κὴν du
mot [εὐαγγελι]κὴν, qui entre dans la phrase initiale de l'homélie. Le numéro 22 (Andreas
Cretensis, εἰς τὰ Βαῖα) est défet vers la fin.

Si l'on prend en considération *l'écriture des textes* et que l'on désigne par *a* la
main qui débute au fol. 1 par le premier vers du Plutus d'Aristophane, on pourra en
toute certitude attribuer à cette main le texte des fol. 1-22 = 1-625 du Plutus, le fol.
43 r° et v° = 1187-1209 du Plutus, la souscription et, enfin, la feuille détachée et
munie du numéro 66, que le relieur a introduite à la suite du fol. 74 et qui contient
les γ. 686-715 du Plutus dépourvus de gloses et de notes marginales. On remarque
au premier coup d'œil que les traits opposés des fol. 23, 44 et 75 se distinguent de
la main *a* et constituent, comme celle-ci, une écriture à part et uniforme, à qui je
donne le nom de a^1. On lui attribuera les fol. 23-42 contenant les vers 581-1186 du
Plutus, de sorte que les séries de vers 581-625 et 686-715 figurent en double
dans le manuscrit, dérivant non seulement de *a*, mais encore de a^1 (1). En outre,
l'écriture a^1 s'étend du fol. 44 au fol. 210, sauf le fol. 66. Les écritures *a* et a^1
s'accordent souvent dans certaines lettres et ligatures. Il y a des pages qui, dans
leur ensemble, sont tellement ressemblantes qu'on hésite, par exemple au fol. 83
et souvent du fol. 122 au fol. 210, à se déclarer en faveur d'*a* ou d'a^1. Car le fol. 83,
par exemple, diffère presque autant du fol. 84 que le fol. 22 du fol. 23. C'est aussi
pourquoi je ne distingue ces écritures que par l'index 1. La question de savoir s'il
s'agit de deux copistes différents ou si, au contraire, un seul copiste a couché sur
papier ces parties inégales par intervalles et à des époques différentes, demeure, par
là, ouverte.

(1) Ni *a* ni a^1 ne reproduisent, dans les vers qu'ils ont en commun, le texte de l'un des mss.
RVAU, dont Velsen tient compte dans son apparat. Les leçons de *a* diffèrent souvent de celles de
a^1 ; par ex. *a* présente dans Plutus 581 (fol. 21 v°) γνώμαις, a^1 (fol. 23 r°) λήμαις = RVAU ; au v.
607 (fol. 22 r°) *a* offre ἀνύειν = RA, a^1 (fol. 23 v°) ἀνύττειν = V (ἀνύτειν U) ; au v. 688 *a* (fol. 66 r°):
ἤσθετό μου (ἤσθετό μου R V), a^1 (fol. 26 r°) : ἤσθετο δή μου = AU ; au v. 695 *a* (fol. 66 r°) : ἀνεπανόμην
(sic), a^1 (fol. 26 v°) : ὑανεπαυόμην = U, (ἀνεπαλλόμην RV, versum om. A) ; au v. 702 *a* (fol. 66 v°):
ὑπερυθρίασε = R, a^1 (fol. 26 v°) : ὑπηριθρίασε = A (ὑπηρυθρίασε U, ὑπορυθρίασε V) ; au v. 710 *a* (fol.
66 v°) : θυΐδιον = R, Velsen, a^1 (fol. 27 r°) θυεΐδιον = VAU, Bergk ; au v. 712 *a* (fol. 26 v°) : μὰ δι᾽
οὐχί, a^1 (fol. 27 r°) : μὰ δι᾽ οὐ δῆτ᾽ οὐχί = VAU (versum om. R).

Les fol. 211-234 offrent un aspect tout différent. Le ductus en est grand et ferme, l'encre en est puissante et noire. Cette main, que sous bien des rapports on peut comparer à celle de Georges Gregoropoulos (1), je la désigne par *b*. Si l'on considère la différence dans la qualité du papier, qui, à partir du fol. 211 est solide et épais, si l'on songe, en outre, qu'à commencer du fol. 211 on a affaire à un fragment de manuscrit des Pères de l'Église grecs, on ne doutera pas que le Codex Prag. VIII H. 36 ne constitue une unité que grâce au relieur et qu'en réalité il forme bien deux manuscrits différents, dont l'un embrasse les fol. 1-210, l'autre les fol. 211-234. Avant d'établir les rapports chronologiques des différentes parties du manuscrit que je viens de décrire, je me permets de passer en revue les filigranes du manuscrit.

Parmi les 236 feuilles du manuscrit de Prague, il y en a 118 qui portent un fili-

grane au milieu. On y en distingue 17 types différents, que je vais disposer selon l'ordre où ils apparaissent tout d'abord dans le manuscrit et désigner par des chiffres romains. Quant aux figures que Gollob a jointes à son rapport sur le manuscrit, impossible d'y renvoyer, puisqu'il n'y a pas tenu compte de certaines particularités de forme et de dimension. J'ai décalqué et compassé toutes les 17 figures pour en vérifier sous tous les rapports l'exactitude. J'emprunte au dictionnaire de Briquet les figures qui s'accordent complètement avec les filigranes du manuscrit ou qui s'en rapprochent le plus. Pour 16 de ces filigranes la ressemblance avec ceux de Briquet est incontestable et convaincante. Ce n'est que dans un seul cas que le vaste recueil de Briquet me trahit : à la première figure du manuscrit, qui se rencontre quatre fois dans le premier cahier.

I. Ce sont des ciseaux à deux manches divergents dessinés par un double trait, sans rivet et sans croix ni rosette. Les branches sont inégales : l'une très étroite, l'autre large ; l'une et l'autre forment vers la pointe un coin aigu. La longueur de la lame étroite est, de la pointe au croisement avec la lame large, de 34 mm. La figure que Gollob reproduit à la pl. 9, no 49, lames arrondies à manches convergents, ne se retrouve point dans le cod. Prag. La figure no I ne répond à aucun des 125 types de ciseaux que Briquet emprunte à la longue période de 1293 à 1499 : c'est pourquoi je la reproduis ci-contre.

(1) Voir H. Omont, Fac-similés de manuscrits grecs des xve et xvie siècles pl. 21 et la liste des copistes dans l'Inventaire sommaire des mss. gr. de la Bibl. Nat., tome I (1886) p. XL.

II. *Ciseaux avec rosette* ; Briquet n° 3725 : Gênes 1472, 1475-79. Longueur des lames jusqu'au croisement : 37 mm. (manque chez Gollob).

III. *Deux flèches en sautoir* ; Briquet 6274 : Trévise 1477 ; longueur de la flèche de la pointe au petit bouton à l'extrémité de la hampe : 58 mm.

IV. *Balance entourée d'un cercle,* à bassins concaves, à fléau formé par un simple trait, et dont l'arbre est muni d'un anneau ; longueur du fléau : 35 mm., diamètre du cercle : 42 mm. Briquet 2474 : Venise 1480, Udine 1480, Lucques 1482, Rhodes 1482.

V. *Boucle ou fermail* ; diamètre du cercle extérieur : 36 mm., du cercle intérieur : 30 mm. ; presque identique au n° 2874 de Briquet (Florence 1466).

VI. *Balance sans cercle à plateaux triangulaires,* dont l'arbre se termine par deux anneaux joints en forme de 8 ; longueur du fléau : 34 mm. Briquet 2401 : Venise 1437, Catane 1438, Udine 1447-48. Le filigrane VI est tant soit peu plus grand que le n° 2410 de Briquet (de Catane 1486).

VII. *Balance entourée d'un cercle, à plateaux rectangulaires,* surmontée d'une étoile ; l'arbre se termine par deux anneaux formant un 8 ; diamètre du cercle : 40 mm. longueur du fléau : 26 mm. Briquet 2454 : Venise 1476-80, Vienne 1475-79, Inspruck 1478-82, Graz 1479, Wurtzbourg 1489-90, Udine 1495.

VIII. *Balance sans cercle à plateaux triangulaires* ; l'arbre se termine par deux anneaux en forme de 8 ; longueur du fléau : 23 mm. Le filigrane VIII est un peu plus petit que le n° 2410 de Briquet (Catane 1486, Trévise 1486), mais tant soit peu plus grand que le n° 2408 de Vicence 1483.

IX. *Balance sans cercle à plateaux triangulaires* ; l'arbre se termine par deux anneaux en forme de 8 ; longueur du fléau : 29 mm. Le filigrane IX est plus petit que le VI, mais il est un peu plus grand que le VIII ; il se rapproche plus du n° 2410 de Briquet (Catane 1486) que du n° 2401.

X. *Trois monts imbriqués inscrits dans un cercle* et surmontés d'un trait en croix ; diamètre du cercle : 34 mm ; longueur de la base des trois monts : 20 mm. ; hauteur du mont du milieu : 27 mm. ; Briquet n° 11931 : Pise 1479, Pistoie 1483-1492, Palerme 1484, Pise 1489.

XI. *Trois monts imbriqués inscrits dans un cercle* et surmontés d'un trait en croix ; diamètre du cercle : 32 mm. ; longueur de la base des trois monts : 16 mm. ; hauteur du mont du milieu : 25 mm. Le n° 11931 de Briquet tient le milieu entre les filigranes X et XI. Je prête donc au filigrane XI les dates du filigrane X (1479-1489).

XII. *Caiard entouré d'un cercle* ; diamètre du cercle : 43 mm. ; distance de la pointe du bec à la griffe la plus éloignée : 39 mm. ; Briquet 12204 : Naples 1494.

XIII. *Trois monts imbriqués inscrits dans un cercle* et surmontés d'un trait en croix ; diamètre du cercle 27 mm. ; longueur de la base des trois monts : 16 mm. ; hauteur du mont du milieu : 18 mm. ; le meilleur choix que l'on puisse faire entre les filigranes de Briquet, c'est de prendre le même numéro que pour X et XI (1479-89).

XIV. *Chapeau* ; la haute-forme en est hémisphérique et ornée de deux pompons ;

27

les attaches portant les houppes se croisent. Le filigrane XIV n'est pas identique au
n° 3385 de Briquet (Florence 1497), mais il s'en rapproche considérablement pour
la forme et les dimensions (manque chez Gollob).

XV. *Main*, dont l'annulaire et le petit doigt sont repliés et qui est ornée d'une simple
manchette dépourvue de garniture en dentelle. Dessin bien réussi chez Gollob pl. 8,
n° 23. Filigrane identique ou peu s'en faut au n° 11522 de Briquet (Venise 1480,
Catane 1481).

XVI. *Couronne à trois fleurons et deux demi*, reposant sur un trait entouré d'un
ruban. Largeur de la couronne : 23 mm. ; hauteur du filigrane : 44 mm.— Presque
identique au n° 4846 de Briquet (Gênes 1465-1466). Manque chez Gollob.

XVII. *Balance dans un cercle* ; l'arbre en est pourvu de deux anneaux, surmonté
d'une étoile à six rayons et flanqué de la lettre W ; plateaux plats ; diamètre du
cercle : 32 mm. ; longueur du fléau : 22 mm. — Très ressemblant au n° 2591 de
Briquet (Venise 1496, Italie 1497, Ferrare 1503).

Les lignes du manuscrit entier sont tracées à la pointe sèche. Leur nombre varie
dans les différents textes. Il y en a 15 à la page pour le texte du Plutus, tracées au
verso des fol. 1-22 et 66, et au recto des fol. 23-43. En outre il y a du fol. 23 au 43
le même nombre de lignes pour les gloses interlinéaires. Du fol. 44 au 82 on trouve
30 lignes à la page tracées au recto, du fol. 83 au 210 vingt lignes, du fol. 211 au 234
trente lignes tracées au verso des feuilles. Du fol. 1 au 210 l'écriture danse *sur* ou
sous les lignes ; souvent elle est coupée par le milieu par la ligne. L'écriture
des fol. 211-234 est plus régulièrement suspendue aux lignes. — Les feuilles blanches
235-236 n'offrent pas de lignes.

Voilà enfin le lecteur muni de tous les renseignements le mettant à même d'apprécier *les deux tables suivantes* A et B. La table A remonte aux cahiers, la table B
aux filigranes du manuscrit. Elles se complètent l'une l'autre et donnent ensemble
une idée claire de la structure intrinsèque et extrinsèque du manuscrit. Aucune description, quelque détaillée qu'elle fût, ne saurait mettre à la fois sous les yeux du
lecteur les rapports intimes qui existent entre les fins de cahiers et les fins de textes,
entre les écritures et les cahiers et textes, enfin entre les sortes de papier d'une part
et les mains, les textes et les cahiers d'autre part. Je me permets donc de présenter
en guise d'échantillon pour la description d'autres manuscrits en papier le schème
que je viens de dresser pour le Cod. Prag. VIII H 36. Il serait vraiment désirable
de mettre fin au fâcheux état actuel des choses où mainte question légitime que le
lecteur d'une description de manuscrit voudrait poser, demeure, de la part de l'auteur, sans réponse. A l'aide de ces tables, il sera en état de répondre lui-même
aux questions d'importance, relatives à la composition du manuscrit dont il aura
abordé l'étude. Je fais donc suivre immédiatement les tables A et B, sans m'étendre
davantage sur leur contenu.

TABLE A

1	2	3	4	5	6	7	8	9
NUMÉRO du cahier	NOMBRE DE FEUILLES	NUMÉRO des feuilles	MAIN	NUMÉRO DES FEUILLES qui portent un filigrane	NUMÉRO des filigranes	Dates des filigranes chez Briquet	Numéro des textes chez Gollob.	NOMS DES AUTEURS et annotations.
I	8	1-8	a	1. 5. 6. 7	I	fin du xvᵉ siècle	1	Aristophane »
				11	II	1472-79	»	»
II	8	9-16	a	13. 15	III	1477	»	» } Plutus 1-625
				16	IV	1480-82	»	»
				17	IV	»	»	»
III	6	17-22	a	19. 21	V	1466	»	»
				27. 29. 30	VI	1437-86	»	» } Plutus 581-625
IV	10	23-32	a¹	31	VII	1476-95	»	» répétés et
				32	VI	1437-86	»	»
V	10	33-42	a¹	33. 36. 37. 40, 41	VI	»	»	» 626-1186
+	1	43	a	43	IV	1480-82	»	— } Plutus 1187-1209 et souscription
VI	12	44-55	a¹	44	VIII	1483-86	2	Lettres de Ps. Phalaris.
				46. 47. 48. 50. 54	VI	1437-86	»	» » »
				57. 58. 60	IX	1486	»	» » }sauf les feuilles blanches 56 et 65
VII	10	56-65	a¹	62	VI	1437-86	»	» »
				65	X	1479-89	—	—
VIII	8	67-74	a¹	67. 71. 72	XI	»	4-13	Varia : Commentaire d'Hésiode et de Lycophron ; Plutarque, Proclus, Scolies de Théocrite.
				73	X	»		
+	1	66	a	—	—	—	3	Aristophane, Plutus, 686-715 (feuille ajoutée).
IX	8	75-82	a¹	75. 76. 78. 80	VI	1437-86	14-16	Biographie d'Euripide et Eur. Hec. 1-169 avec hypoth. Les feuilles 80, 81, 82 sont en blanc.
				83	XII	1494	17	Il manque au cahier X une feuille blanche (sans texte et sans filigrane) à la suite du fol. 89.
X	7	83-89	»	84. 86. 88	VI	1437-86	»	
XI	8	90-97	»	90. 91. 94. 95	XIII	1479-89	»	
XII	5	98-102	»	99. 100	XIII	»	»	Oppien, Halieutiques.
				104	XII	1494	»	Il manque au cahier XII une feuille blanche (sans texte, mais avec filigrane) à la suite du fol. 102.
XIII	8	103-110	»	105. 107	XIII	1479-89	»	
				110	XII	1494	»	
XIV	10	111-120	»	111. 112. 115. 117. 118	XIII	1479-89	»	

TABLE A (*Suite*)

1	2	3	4	5	6	7	8	9
NUMÉRO du cahier	NOMBRE DE FEUILLES	NUMÉRO des feuilles	MAIN	NUMÉRO DES FEUILLES qui portent un filigrane.	NUMÉRO des filigranes	Dates des filigranes chez Briquet	Numéro des textes chez Gollob.	NOMS DES AUTEURS et annotations
XV	8	121-128	a¹	122. 123	X	1479-89	18	La feuille 121 est en blanc.
				125	XI	»	»	
				128	X	»	»	
XVI	8	129-136	»	129. 131. 133. 135	XI	»	»	
				141	XI	»	»	
XVII	8	137-144	»	142	X	»	»	
				143	XI	»	»	
				144	X	»	»	
XVIII	8	145-152	»	146	X	»	»	
				149. 150	XI	»	»	
				152	X	»	»	
XIX	8	153-160	»	153	XI	»	»	Homère, *Iliade*, I-V.
				155. 156. 159	X	»	»	
XX	8	161-168	»	162. 164	X	»	»	
				166	XI	»	»	
				168	X	»	»	
XXI	8	169-176	»	170. 173. 174. 176	XII	1494	»	
				177	XIV	1497	»	La dernière feuille (186) du cahier XXII est restée blanche à trois quarts.
XXII	10	177-186	»	178. 179. 181. 183	XV	1480-81	»	
XXIII	8	187-194	»	187. 188. 189. 190	XV	»	»	
XXIV	8	195-202	»	196. 197. 199. 202	»	»	»	
XXV	8	203-210	»	205. 206. 209. 210	»	»	»	
XXVI	8	211-218	b	211. 212. 213. 214	XVI	1465-66	19	Homélies de St. André de Crète,
XXVII	8	219-226	»	219, 222. 224. 225	»	»	20-21	de Jean Chrysostome et de Cyrille d'Alexandrie,
XXVIII	8	227-234	»	227. 230. 232. 233	»	»	21-22	et d'André de Crète.
+	2	235-236	—	235	XVII	1496-1503	—	Les feuilles 235 et 236 sont blanches et ne font pas partie du cahier XXVIII.

TABLE B

NUMÉRO du filigrane	NOMBRE de pontuseaux	LARGEUR de 20 vergeures en millimètres	NUMÉRO des feuilles qui présentent le filigrane.	NUMÉRO DES CAHIERS qui contiennent le filigrane.	Combien de fois figure le filigrane.
I. Ciseaux. . .	6	20	1. 5. 6. 7.	٠	4
II. Ciseaux. . .	7	17	11.	II	1
III. Flèches. . .	6	17	13. 15.	II	2
IV. Balance . .	6	17	16. 17. 43.	II. III. fol. 43.	3
V. Boucle . . .	7	16	19. 21.	III	2
VI. Balance . .	6	21	27. 29. 30. 32. 33. 36. 37. 40. 41. 46. 47. 48. 50. 54. 62. 75. 76. 78. 80. 84. 86. 88.	IV. V. VI. VII. IX. X.	22
VII. Balance . .	6	17	31.	IV	1
VIII. Balance . .	6	17	44.	VI	1
IX. Balance . .	7	17	57. 58. 60.	VII	3
X. Trois monts .	7	16	65. 73. 122. 123. 128. 142. 144. 146. 152. 155. 156. 159. 162. 164. 168.	VII. VIII. XV. XVII. XVIII. XIX. XX.	15
XI. Trois monts .	7	16	67. 71. 72. 125. 129. 131. 133. 135. 141. 143. 149. 150. 153. 166.	VIII. XV. XVI. XVII XVIII. XIX. XX.	14
XII. Canard . . .	6	17	83. 104. 110. 170. 173. 174. 176.	X. XIII. XXI.	7
XIII. Trois monts .	7	16	90. 91. 94. 95. 99. 100. 105. 107. 111. 112. 115. 117. 118.	XI. XII. XIII. XIV.	13
XIV. Chapeau . .	7	19	177.	XXII	1
XV. Main . . .	5	17	178. 179. 181. 183. 187. 188. 189. 190. 196. 197. 199. 202. 205. 206. 209. 210.	XXII. XXIII. XXIV. XXV	16
XVI. Couronne . .	6	16	211. 212. 213. 214. 219. 222. 224. 225. 227. 230. 232. 233.	XXVI. XXVII. XXVIII.	12
XVII. Balance flanquée d'un W	6	16	235.	fol. 235.	1

Celui qui examine avec attention les tables ci-dessus, arrive aussitôt aux conclusions suivantes :

1) La partie la plus ancienne du manuscrit sont les cahiers XXVI-XXVIII ‖ fol.
211-234, écrits par la main *b*, contenant des textes de Pères de l'Église grecs et portant pour marque la couronne. Ils constituent le fragment d'un manuscrit de Pères
de l'Église grecs appartenant aux années 1465-66 et suivantes, donc à peu près au
troisième quart du xvᵉ siècle. Au folio marqué aujourd'hui du chiffre 211, commençait autrefois le vingtième cahier du manuscrit, ainsi que le prouve le chiffre κ̄
figurant au bord d'en bas du folio. En admettant pour la partie perdue du manuscrit
des Pères de l'Église la disposition en quaternions, comme elle se retrouve aux
cahiers XXVI-XXVIII, on constatera aussitôt que les τετράδια α'-ιθ' font défaut, donc
qu'avant le fol. 211 d'aujourd'hui il manque 8 × 19 feuilles = 152 feuilles. Pour ce
qui manque à la fin du manuscrit, il est impossible de l'établir exactement. Toutefois
ce qui en reste nous permet d'admettre qu'il était très volumineux. Un pareil fragment
de ces Homélies sur la Fête des Rameaux etc. du même Saint-André se trouve entre
les manuscrits grecs recueillis par Emm. Miller dans le Supplément grec 1155 de la
Bibl. Nat. publié par H. Omont (1897), p. 7, nᵒ xiv (du IXᵉ siècle).

2) La partie la plus récente du manuscrit sont les fol. 235 et 236. Ces deux feuilles
blanches collées à la fin du volume sont de la fin du xvᵉ ou des premières années
du xviᵉ siècle, mais elles n'ont aucun rapport perceptible aujourd'hui avec les feuilles
à texte du manuscrit (1-210 et 211-234).

3) La partie, quant à l'origine, moyenne du Codex Pragensis embrasse les fol.
1-210. Le texte en présente des fragments de classiques grecs ou des écrits servant à
leur interprétation. Cette partie du manuscrit, la première selon l'ordre actuel, appartient au dernier quart du xvᵉ siècle, puisque les dates de toutes ses feuilles ne
plaident que pour cette période. *Ainsi tous les textes du Codex Pragensis appartiennent
au xvᵉ siècle* ou, pour préciser, à la fin de ce siècle.

On commence, en outre, à voir suffisamment clair dans les rapports des écritures *a*
et *a*¹. L'âge du fol. 43 démontre que la *souscription est une indication originale du
scribe (a)*. En conséquence, la main *a*, qui nous a livré les vv. 1-625, 686-715, 1187-
1209 du Plutus, achève sa copie en 1483. Tandis que la main *a*¹, qui substitua sa copie
aux vv. 581-1186 et ajouta ensuite par intervalles les fol. 44-210 relatifs aux textes
des classiques, entra en fonction peu de temps après 1483 et acheva le manuscrit
dans l'espace de quelques années tout au plus, car *a*¹ employa le papier VI en
même temps que les papiers VII, VIII, IX, X, XI, XII, mais il se servit du papier
XII en même temps que des papiers XIII, XIV et XV, papiers que je désigne tous par
le numéro de leur filigrane.

Mais on doit des indications plus précises encore aux gloses et notes marginales
du manuscrit, dont nous allons aborder l'étude.

De *gloses interlinéaires grecques* provenant de la main *a*, il n'y en a que pour les

vv. 1-8 du Plutus. Ce sont les gloses que Fr. Dübner a'aussi recueillies dans d'autres manuscrits, par ex. au v. 1 : λίαν, δύσκολον καὶ βαρύ, ὑπάρχει etc. Elles sont donc empruntées au manuscrit que le copiste avait sous les yeux. Elles sont accompagnées dans ces 8 vers de riches gloses latines, qui, combinées, présentent, presque mot pour mot, une paraphrase du texte, par exemple :

Pour le v. 1 : molestum | res | est | o | Jupiter | et | dii |
Pour le v. 2 : servum | fieri, esse | desipientis | domini.

Toutefois, ces gloses latines se poursuivent par les fol. 1-43 et ne s'accordent pas complètement pour les vers 581-625, qui se présentent en double, dans le texte de a et dans celui de a¹, mais elles reproduisent les différentes leçons. Par ex. au v. 581, fol. 21 v° : γνώμαις se trouve rendu par « sententiis », fol. 23 r° : λήμαις par « lippitudine ». Il se peut donc bien que ces gloses latines proviennent du scribe lui-même ; mais il est certain qu'elles ne sont pas empruntées à un commentaire latin contenu dans le manuscrit qu'il avait sous les yeux. C'est à cette même main latine si facile que remontent les nombreuses notes marginales latines et grecques des fol. 1-21. Bien des mots du texte sont transcrits en marge et traduits en latin ; ce sont surtout les formes verbales grecques qui se trouvent indiquées, parfois sous une forme incorrecte, de sorte que l'on voit clairement que le copiste sait bien son latin, mais que, pour le grec, il en est aux rudiments comme un simple écolier. Comparez par ex. au v. 197 du fol. 7 v° la note marginale : « βίος vita, res et abundantia rerum, βιός vero arcus » ou la note au v. 580 du fol. 21 v° : « ἀποπέμπω, μέλλων ἀποπέμψω, π. (= παρακείμενον) ἀπέπομφα repudio, remitto, active accusativo iungitur. πέμπω etiam πέπομφα facit in paracimeno. »

Le ductus grec de cette préparation, qui rappelle Moschopulos, étant de la main a¹, toutes ces gloses, ainsi que les longues notes marginales latines, qui reproduisent des extraits des scolies grecques, *appartiennent à la fin du xv° siècle*. En effet, le ductus latin en est comparable à celui des gloses marginales du Cod. Arundelianus n° 136, fol. 36 (Martial), qu'Émile Chatelain, dans sa Paléographie des Classiques latins pl. CLI, n° 2, assigne au xv° siècle.

De cette même main a¹ dérivent encore les gloses grecques et latines, ainsi que les rares notes marginales relatives à Oppien et à l'Iliade, qui vont du fol. 83 au fol. 176 (Iliade IV, 181). Cette partie du manuscrit contient en outre au fol. 107 v° une remarque à Oppien Hal. II 187 : « πίννη.. qui Constantinopoli in magna quantitate capiuntur, *in Gallia nondum vidi* » ; une autre remarque à Opp. Hal. II, 199 : « ἡμεροκοίτην *credo me quondam vidisse in Gallia* », et une troisième note, écrite par la même main a¹, relative à Opp. Hal. II, 289, où le scribe raconte ce qui suit : « *Hic* dixit nobis dominus meus dominus *Constantinus Lascaris* vidisse cervum Constantinopoli furentem..... accessit quidam *stratiotis* (ita enim *suos milites greci vocant*).. »

Il résulte de ces trois notes: 1) que le scribe a^1 connaissait la France de sa propre vue ; 2) qu'il n'était pas d'origine grecque ; 3) qu'en dressant ces notes sur Oppien il pouvait mettre à profit les remarques personnelles de Constantin Lascaris. Or, comme Constantin Lascaris était en train de copier *à Messine* en 1488 une Iliade et un Oppien, qui constituent aujourd'hui les n⁰ˢ 96 et 20 des Matritenses (cf. Gardthausen, Paléogr. p. 363), il n'est point trop hardi d'admettre que le scribe a^1 écrivit les fol. 23-42 et 44 - 210 vers cette époque à Messine sous la direction de Constantin Lascaris. Mais s'il nous était permis de voir aux fol. 1-22 les premiers essais du copiste, où il eût imité, parfois sans intelligence, les ligatures du manuscrit qu'il avait sous les yeux (p. ex., fol. 1r⁰, Plutus v. 9 : (αϱίποδος pour τϱίποδος), fol. 6r⁰, v. 166 ἀναϕεύει pour ϰναϕεύει), a^1 et a seraient identiques, et ainsi tout le manuscrit de lecture classique à l'usage des écoles (fol. 1-210) remonterait à ce Parisien πέτϱος ϰαϛέλλος échoué sur les bords de Messine et qui, dans sa patrie, aurait porté le nom de Pierre Chastle ou Chastelain. Tout comme les Castello et Castiglione non moins nombreux dans l'histoire des savants, il aurait l'honneur, insuffisamment mérité par la copie de ce manuscrit, d'être l'homonyme du savant que l'on fête aujourd'hui par la publication de ce volume.

Après avoir étudié la méthode appliquée au Cod. Prag. VIII H 36 tout connaisseur admettra que mainte date de « codices chartacei » établie jusqu'ici d'après la seule écriture a besoin d'une révision fondée sur cette nouvelle marque. Il va sans dire que le nouveau critérium aura une valeur toute particulière là où les opinions des paléographes relatives à la date de manuscrits importants seront partagées. Parmi les nombreux manuscrits en papier d'Aristophane (1) que j'ai eus entre les mains dans ces dernières années, je vais me permettre de choisir comme exemples deux Parisini et me bornerai en ce lieu à une courte remarque sur leurs dates.

Cod. Parisinus gr. 2821 de la Bibl. Nat. — Fr. Dübner, dans son édition des scolies d'Aristophane, déclare ce manuscrit bombycin, Guillaume Studemund, dans le Philologus (1888) XLVI, p. 2 sqq. l'attribue au commencement du xvᵉ ou à la fin du xivᵉ siècle, Conrad Zacher, dans les « Manuscrits et Classes des Scolies d'Aristophane » (1888) p. 627 l'estime chartaceus s. XIV. H. Omont, dans son Inv. somm. etc. l'assigne au xvᵉ siècle. Cette date, je l'ai aussi trouvée collée en guise de marque dans le manuscrit même. A quoi s'en tenir alors ? Un coup d'œil jeté sur les filigranes résout définitivement la question. Toutes les 103 feuilles écrites du Par. gr. 2821, sauf les fol. 12 et 13, présentent le même papier raide et aussi la même main m^1,

---

(1) Je renvoie à cette occasion à la description des manuscrits d'Aristophane de Vienne que je vais faire paraître dans les Comptes-rendus des séances de l'Académie de Vienne.

pour le texte et pour les scolies. Les fol. 12 et 13 offrent une autre main m^2 et un papier plus mince à vergeures plus fines que l'espèce principale. De filigranes, les fol. 12 et 13 n'en ont point. Tandis que l'espèce principale porte le filigrane que Briquet définit par « deux cercles à côté l'un de l'autre ». Parmi les reproductions de ce type, le n° 3230 a encore plus de ressemblance avec le filigrane du manuscrit que le n° 3231. Le n° 3230 provient de Vérone et est de l'an 1367. Grâce à cette indication, il nous est permis d'assigner le Cod. Par. gr. 2821, non seulement au xıv° siècle en général, mais bien, en précisant, au *dernier tiers de ce siècle* en particulier. Et comme ce manuscrit (Regius = Q) contient, comme on sait, le premier commentaire de Triklinios relatif au Plutus, cette décision sera de quelque valeur pour tout connaisseur d'Aristophane.

Il en est de même du *Cod. Parisinus gr. 2827 Bibl. Nat.* — Omont (o. c.) renvoie ce manuscrit au xvı° siècle, Zacher (o. c. p. 614) l'assigne au xv°. Le Plutus et les Nuées d'Aristophane y sont précédés des Pseudo-Phokylidea, écrits sur 10 feuilles d'un papier lisse, à vergeures fines. Après Aristophane suivent de nombreuses feuilles blanches de la même sorte de papier. Elle a pour marque le chapeau à la fleur de lis suspendue au milieu, marque presque identique au n° 3382 de Briquet (Trévise 1486, Venise 1483, 1487). Au milieu de cette sorte de papier de la fin du xv° siècle ont été introduits par le relieur les cahiers qui renferment l'Aristophane. Ils offrent comme marque les ciseaux sans rivet aux larges branches égales, aux manches dessinés par un double trait et recourbés presque jusqu'aux lames. On la comparera aux n°ˢ suivants de Briquet : 3663 de Prague de l'an 1445, de Florence de 1447-48, et 3668 de Rome de 1454, de Naples de 1459. L'Aristophane constitue donc l'ancienne partie de ce manuscrit et appartient au *second tiers du* xv° *siècle*.

A cette occasion on me permettra de contribuer à rendre encore plus exacte la description de deux célèbres manucrits d'Aristophane d'Italie, bien que les dates établies s'accordent quant au siècle. Pourquoi se contenter d'un long siècle, si l'on est à même de déterminer l'origine d'un manuscrit d'une façon plus précise ?

Le *Cod. Ambrosianus L 39 sup.* (M) est, selon l'opinion de Zacher (o. c. p. 554), un manuscrit bombycin du xıv° siècle. Le nouvel et excellent catalogue des manuscrits grecs de l'Ambrosiana de Martini et Bassi confirme le siècle et déclare le manuscrit à juste titre *chartaceus*. J'ai noté la marque des fol. 50 et 53, que Briquet définit par : « quatre cercles ». Les dimensions de la figure s'accordent parfaitement avec le n° 3271 de Briquet (Gènes 1323, Lyon 1317-39, Palerme 1322-23, Bologne 1324). Cet important manuscrit appartient donc sans aucun doute à la *première moitié du* xıv° *siècle*.

Le *Vaticanus gr. 1294* n'est pas non plus « bombycin », comme le supposait Zacher (o. c., p. 603). Que le manuscrit appartienne au xıv° siècle, rien de plus juste, mais on peut préciser et l'assigner à la seconde moitié de ce siècle. La marque, que j'ai mesurée au compas aux fol. 99 et 100, est décrite par Briquet de la manière suivante : « Deux

cercles au-dessus l'un de l'autre traversés par un trait qui se termine en croix latine. »
Il y a 42 types de cette marque dans Briquet, dont les numéros 3187 (Sienne 1328)
et 3171 (Palerme 1371) ressemblent le plus à la marque du manuscrit.

Je ne puis terminer ce modeste article sans exprimer le plus vif désir que la chronologie des manuscrits de papier non datés soit, sur une large mesure, soumise à
une révision fondamentale, qui ne laisserait pas que d'être profitable aux études paléographiques proprement dites.

Prague, août 1909.

JULES MARTHA

SUR UN

PASSAGE DE LA *CONSOLATIO AD MARCIAM*
DE SÉNÈQUE

Dans le chapitre II de la *Consolatio ad Marciam*, Sénèque est amené à mettre en parallèle la douleur inconsolable d'Octavie après la mort de Marcellus et la fermeté d'âme de Livie après la mort de Drusus. La longue tirade, relative à Octavie, se compose d'une quinzaine de phrases (II, 3, 4, 5) ; la première énonce la perte faite par elle (*Octauia Marcellum s. e. amiserat*), ainsi que les circonstances qui rendaient cette perte particulièrement cruelle ; les autres indiquent les diverses manifestations du deuil maternel :

Nullum finem per omne uitae suae tempus flendi gemendique fecit... etc.

Intenta in unam rem... etc.

Nullam habere imaginem filii carissimi uoluit... etc.

Oderat omnes matres... etc.

Tenebris et solitudini familiarissima... etc.

A solemnibus officiis seducta... etc.

... Lugubrem uestem non deposuit... etc.

Toutes ces phrases ont le même sujet, *Octauia*, qui figure en tête du morceau et qui le commande d'un bout à l'autre.

Mais, chose extraordinaire, au milieu de cette suite de phrases, très étroitement unies les unes aux autres, se trouve enclavée une proposition parasite qui brise à la fois l'unité logique et l'unité grammaticale du développement. Voici le passage :

Octauia Marcellum (sc. amiserat), cui et auunculus et socer incumbere coeperat, in quem onus imperii reclinare, adulescentem animo alacrem, ingenio potentem, sed frugalitatis continentiaeque in illis aut annis aut opibus non mediocriter admirandae, patientem laborum, uoluptatibus alienum, quantumcumque imponere illi auunculus et, ut ita dicam, inaedificare uoluisset, laturum : [bene legerat nulli cessura ponderi fundamenta]. Nullum finem per omne uitae suae tempus flendi gemendique fecit... etc.

La proposition mise entre crochets est, à tous égards, singulière. Le sujet est évidemment *auunculus* sous-entendu, l'*auunculus* de la ligne précédente, c'est-à-dire Auguste. Mais *legerat* n'est pas juste. Marcellus n'avait pas été *choisi* par l'empereur pour ses capacités politiques. Il s'est trouvé qu'il en avait ou qu'on lui en a attribué. Mais c'est la naissance et l'affection qui avaient fait de lui ce qu'il était auprès de son oncle. Sa collaboration à l'œuvre du gouvernement avait été la conséquence d'une situation de fait créée par la nature et non pas le résultat d'un *choix* délibéré.

L'expression *i illi cessura ponderi fundamenta* s'explique mal. Pourquoi cette inutile reprise de la métaphore *inaedificare... laturum*? Pourquoi surtout ce pluriel poétique ? Appliqué à Marcellus, le singulier *fundamentum* pouvait suffire et en disait tout autànt.

Mais voici qui est plus grave. La proposition *legerat* etc. a pour sujet *auunculus*. Or, la tirade entière a, comme je l'ai montré plus haut, *Octauia* pour sujet. On se trouve donc en présence d'un développement, qui commence avec un sujet, où la phrase initiale exprime le dit sujet et est même la seule à l'exprimer. Puis dès la seconde phrase ce sujet est abandonné et remplacé par un autre sujet qui est *auunculus* sous-entendu. Puis à la troisième phrase ce second sujet est abandonné à son tour et l'on revient, toujours par un sous-entendu, au sujet *Octauia* du début. Cet entrecroisement de sujets sous-entendus est bien étrange. Il y a là un désordre qui est à la fois une faute de grammaire et une faute de style. Il est difficile d'en rendre Sénèque responsable.

La proposition *bene legerat*, etc., est très probablement une note qu'une bévue de copiste a introduite dans le texte. L'origine de la note est une remarque de lecteur, une de ces observations comme on en mettait quelquefois en marge des manuscrits. Un lecteur, quelque *grammaticus* sans doute, a été frappé par la métaphore *inaedificare laturum*. Il y a vu une très heureuse réminiscence d'un hémistiche iambique qu'il avait dans la mémoire

> ... *nūllī cēssūră pōndĕrī*
> *Fundamenta...*

et il a écrit en note la marque d'approbation *bene*, suivie de ce commentaire qui est une façon de renvoi : « l'auteur avait lu (*legerat*), c'est-à-dire connaissait l'hémistiche *i illi cessura ponderi fundamenta*, et il s'en est inspiré. »

RENÉ POUPARDIN

UN FRAGMENT EN ÉCRITURE ONCIALE

DE

JULIANUS ANTECESSOR

Le volume 270 de la collection Baluze, à la Bibliothèque nationale, contient, à la suite d'une liste de redevances dues par la seigneurie de Busséol en Auvergne (1), un certain nombre de fragments de manuscrits anciens, dont quelques-uns remontent même à une antiquité assez reculée (2).

Le premier d'entre eux ne comporte malheureusement qu'un feuillet et des lambeaux d'un second. Il contient un morceau d'un traité de droit romain, et une main du xviie siècle a déjà indiqué en marge qu'il s'agissait des chapitres 354 et 355 de l'abrégé bien connu des Novelles de Justinien dû à Julianus « Antecessor ». Pour préciser, le fol. 68 de la collection Baluze renferme la fin du c. 354 de cet *Epitome Juliani*, le c. 355 en entier, et le début du c. 356. Au fol. 69 se trouvent des lambeaux des c. 361, 362, 363.

Le feuillet complet mesure 285 mm. de haut sur 185 de large. Il est d'un parchemin assez grossier, réglé et margé à la pointe sèche, écrit à longues lignes, à raison de trente lignes à la page et d'une trentaine de lettres à la ligne. L'extrémité des lignes correspondant à la partie des pages opposée au dos a légèrement souffert des injures du temps. L'écriture est une onciale régulière, qui présente assez nettement les caractères distinctifs des écritures de cette espèce en usage au viie siècle, tels que les a définis M. Chatelain (3). La baste verticale des lettres *L* et *H*

---

(1) Busséol, Puy-de-Dôme, arr. Clermont-Ferrand, cant. Vic-le-Comte.

(2) Sur quelques feuillets d'un ms. du ixe siècle du *Breviarium* d'Eutrope qui se trouvent dans le même volume, cf. *Bibliothèque de l'Ecole des chartes*, 1909, p. 105.

(3) *Uncialis scriptura codicum latinorum novis exemplis illustrata*. Explanatio tabularum, p. 40.

est ornée à sa partie supérieure d'un court trait horizontal, la barre inférieure de
l'*L* est pourvue d'une queue ; la panse du *P* n'est pas ouverte, celle de l'*R* est très
développée, enfin la barre des *T* est souvent légèrement inclinée.

Les titres de chapitres sont en rubrique. L'*A* initial de la Constitution relative au
praeses Arabiae est orné d'une sorte de quadrillé vert et rouge. Le texte a été l'objet
d'une revision et porte des corrections nombreuses. Il semble que l'on doive
également attribuer au reviseur un certain nombre de signes de ponctuation, en
particulier parmi ceux en forme d'accents, qui sont d'une encre plus pâle et plus
rougeâtre que la partie primitive du texte.

Le texte de Julianus « Antecessor » a été conservé par un très grand nombre de
manuscrits (1). Mais un seul d'entre eux remonte au vii⁰ siècle, et encore est-il très
fragmentaire. Ce sont quelques feuillets du manuscrit 1395 de la Bibliothèque abba-
tiale de Saint-Gall (2), qui portent le nº 1 dans le classement de Haenel (3). Il n'est
donc pas sans intérêt de signaler, pour l'en rapprocher, le feuillet unique conservé
dans la collection Baluze. Il est douteux d'ailleurs que ce dernier permette d'améliorer beaucoup même le texte des deux ou trois chapitres qu'il renferme, car il était
certainement l'œuvre d'un scribe assez négligent, qui non seulement a commis des
fautes, mis des *E* pour des *I* et réciproquement, mais encore a écrit des membres de
phrase complètement dénués de sens, comme *non praesunt* au lieu de *nuptae sunt*,
ou encore le passage qui concerne le phylarque des Sarrasins, fonctionnaire dont il
n'a pas su reconnaître le titre. Ce point lui est commun avec le fragment de Saint-
Gall. Il présente d'autre part, comme celui-ci les *lemmata* (ou tout au moins l'un
d'entre eux) placés en tête des constitutions impériales, et qui ne se trouvent point
dans une grande partie des manuscrits plus modernes. Mais il est à remarquer que
la numérotation des chapitres, dans le fragment de Baluze, ne coïncide pas avec celle
qu'ont suivie tous les éditeurs, et qui est, au moins en ce qui concerne le chapitre ccclvi, le seul dont l'*incipit* se lise encore dans le manuscrit de Saint-Gall (4),
celle que donnait ce manuscrit pour les paragraphes correspondant à ceux du fragment que je signale ici. — Voici d'ailleurs le texte fourni par ce fragment :

On pourra rapprocher le fac-simile ci-joint d'un certain nombre de planches du recueil de
M. Chatelain, en particulier des nᵒˢ xxviii, xxix, xxxii, xxxiii (qui présente notamment les mêmes
E corrigées en *I* à l'aide d'un trait vertical), xxxvii.

(1) Ils ont été catalogués et décrits par G. Haenel, dans sa monumentale édition de *Juliani
epitome latina Novellarum Justiniani*, Leipzig, 1873, in-4º.

(2) Cf. *Verzeichniss der Handschriften der Stiftsbibliothek von Saint-Gall*, Halle, 1875, in-8º,
p. 462. Deux feuillets de ce ms. ont été reproduits par Chatelain, *Uncialis scriptura*, pl. xlix, nº 2
et lxvi, nº 1, mais ils sont empruntés à d'autres textes qu'à l'*Epitome* de Julien.

(3) Haenel, *Op. cit.*, pp. i-ii.

(4) Je dois ce renseignement à l'obligeance du Dr Ad. Fäh, bibliothécaire de la Bibliothèque
de l'abbaye de Saint-Gall et tiens à l'en remercier ici.

Bibliothèque Nationale, Collection Baluze, vol. 270, fol. 68.

1 esse volunt, alii autem talem bonus re-
cusant, volentibus quidem munera curialia subire, novem unciae praestentur,
recusantibus autem tres concedantur (*a*);
5 non curialibus enim ex substantia
curialis non plus dari quam tres uncias (*b*) possunt.
CCCLIII. DE FILIA CURIALI.
Si curialis habuerit filiam, eaquae (*c*)
10 nupta fuerit curiali, vel aliquis paratus
sit eam uxorem ducere, ut munera
curialia impleat, non minus novem uncias a paterna substantia capiat, scilici[et]
... et si alia filiae curialibus nuptae n[on]
15 sint vel his forte nupturae sunt...
qui curialis (*d*) fieri volunt ; generaliter
[en]im dicimus eas quidem quae curialib[us]
non praesunt (*e*) non minus accipere no[vem]
unciis, quae autem curialibus nec con[s]-
20 titutis nec futuris coniunctae sunt
non plus quam tres uncias, illud autem
dubium non est quod si (*f*) dominium quidem novem unciarum mulier habe[t]
et curialia (*g*) autem munera maritus ex his-
25 dem rebus implere debet. Quod si talis mulier decesserit, si quidem liberos
habeat apud ipsos curiales constitutos
res manebunt; sin autem filiae sint,
si quidem conjunctae sunt curialibus
30 vel nuptiae (*h*); ipse iterum habeant;

v°]

sin autem non tres uncias capiant, Quod
si neque filios neque filias habuerit, maritus ejus curialis res habeat; et si quidem
ex secundo matrimonio filios habuerit
vel filias curialibus nuptas vel nuptu-
ras, ab ipso vel ipsas (*i*) novem uncias perti-
neant; quod si nemo sit curialis, nemo curiali nupta, nemo futuro curiali nuptura,
novem unciae ad curiam revolvantur.
XCII. CONSTITUTIO. — Ut praeses Arabiae   10
spectabilis sit et duci militari non inferior, moderatoris nomine decoretur.
CLIII. DE PRAESIDE ARAVIAE (*j*)
Arabiae praeses moderatoris nomine
decoretur, et spectabilis sit et du-   15
ci militari non minor in dignita-
te; publica tributa exigat cum stan-
tiam, privitam (*k*) damna medicina sua re-
sarceat (*l*). Si justitiam secum habeat, non
timeat neque ducem neque id est du-   20
cem filiascum Sarracinorum (*m*), neque po-
tentiae domus neque imperialem domum
aut patrimonium aut herarium (*n*) publicum ; sacramenta autem praestet quae
magestratus (*o*) pro innocentia sua et puri-   25
tatem (*p*) in ipso initio sui honoris soient
praestare, et mandata principis accipiat.
Habebit autem subjectos sibi milites
omnes ad conservandam provincialium
disciplinam et devotionem, et quae

(*a*) *Corr.* concedentur. *Je désigne par l'abréviation « Corr. » les corrections apportées par le
reviseur au texte primitif du manuscrit.* — (*b*) *Corr.* unciæ. — (*c*) *Corr.* que. — (*d*) *Corr.* curiales.
— (*e*) *non a été barré ; il faudrait* nuptae sunt. — (*f*) si *ajouté en interligne.* — (*g*) *Le dernier* a
ajouté en interligne. — (*h*) *Corr.* nuptac. — (*i*) *Corr.* ipsa. *Le texte correct serait* ad ipsos vel
ipsas. — (*j*) *Corr.* Arabiæ. — (*k*) *Corr.* constantia privata. — (*l*) *Corr.* resarciat. — (*m*) *La leçon
correcte serait*: neque filiarcum id est ducem Sarracinorum. — (*n*) *Corr.* erarium. — (*o*) *Corr.*
magistratus. — (*p*) *Corr.* puritate.

CHARLES WESSELY

UN NOUVEAU FRAGMENT DE LA VERSION GRECQUE
DU VIEUX TESTAMENT PAR AQUILA

Ce fut vers la fin du troisième ou plutôt vers le commencement du deuxième siècle avant notre ère qu'apparut la première traduction grecque de la Bible. Elle constitue d'après les savantes dissertations de MM. Psichari (1), Thackeray (2) et Hebing (3) un document de tout premier ordre au point de vue de l'histoire de la langue grecque (4). La Septante est le grand monument de la Κοινή. Cependant, en qualité de monument grec, cette traduction ne satisfaisait pas tous les connaisseurs du texte original, dont quelques-uns, trop rigoureux peut-être, n'y trouvèrent assez clairement ni le mot à mot hébreux-grec, ni les délicatesses du style original. A la Septante succédait la deuxième version, plus satisfaisante à ce point de vue, c'est-à-dire plus hébraïsante, celle du juif Aquila qui vivait au deuxième siècle de notre ère. Destinée à un tout petit nombre de lecteurs, la traduction d'Aquila disparut ; seule la Septante survécut, bien que l'édition sextuple du Vieux Testament par Origène (Hexapla) (5) ait adopté en troisième ligne la traduction d'Aquila. Or nous ne possédons pour Aquila que des sources secondaires, les citations d'autres écrivains dérivées plusieurs fois de l'édition sextuple d'Origène. Seulement quelques fragments de manuscrits de cette traduction ont été découverts pendant ces dernières années en Égypte : je cite le papyrus dit d'Amherst nº III b contenant la Genèse

---

(1) *Essai sur le grec de la Septante*, Paris Klincksieck, 1908.
(2) *Grammar of the Old Testament in Greek*, Cambridge, 1909.
(3) *Grammatik der Septuaginta, Laut-und Wortlehre*, Goettingue, 1907.
(4) V. Psichari, l. c., p. 164.
(5) Les Hexapla d'Origène se composaient par six colonnes d'écriture dont la première contenait l'original hébreux, la seconde l'hébreu en lettres grecques, la troisième, la traduction d'Aquila, la quatrième celle de Symmaque, la cinquième la Septante, la sixième la traduction de Théodotion.

chap. I v. 1-5 (1); puis les fragments of the *Book of Kings according to the translation of Aquila* édités par Burkitt et Taylor (Cambridge 1897) et les *Hebrew-Greek Cairo Palimpsests* de Taylor (Cambridge 1900, p. 54 sq.) Voici encore des fragments inédits d'un manuscrit contenant la traduction des psaumes par Aquila : c'est un parchemin en deux fragments couvert de l'écriture grecque demi-onciale du iii-iv⁰ siècle de notre ère, non plié à l'exemple des rouleaux de papyrus ; la partie derrière reste en blanc. Il faut observer l'usage du parchemin, dans notre cas, destiné à un ouvrage de la littérature gréco-juive, bien que l'Égypte, où ce fragment fut trouvé, ait préféré à cette époque le papyrus. Acquis en 1883 (2), les deux débris d'un manuscrit de la traduction d'Aquila appartiennent à la riche collection de l'archiduc Rainer d'Autriche. Malheureusement ces deux fragments ne mesurent que 1,8 (2) cm. de hauteur et 9,5 (12) cm. de largeur. Voici leur texte (3) :

PREMIER FRAGMENT, PREMIÈRE COLONNE.

]ΚΑΘΗ
]ΝΟΝΤΕϹ
ῖϑ]ϑῖΚΑΙ

Ce fragment est relatif au 68⁰ (69⁰) psaume, vers 13 sq. La traduction de la Septante offre beaucoup d'analogies avec notre fragment qui, cependant, est certainement à revendiquer pour Aquila : 68, 13 κατ' ἐμοῦ ἠδολέσχουν οἱ καθήμενοι ἐν πύλῃ καί εἰς ἐμὲ ἔψαλλον οἱ πίνοντες τὸν οἶνον (v. 14) ἐγὼ δὲ τῇ προσευχῇ μου πρὸς σέ, κύριε · καιρὸς εὐδοκίας ὁ θεός. Or Aquila ayant adopté les mots καθή-μενοι, πί-νοντες et και-ρός de la Septante recula le mot grec pour le nom du Seigneur.

DEUXIÈME COLONNE.

1.   [. . . .]ῪΨѠϹΕΙΜΕΕΜΦ[ѠΝѠΤΟΟΝΟ]
2.   ΜΑΤΟΥƷϑƷ̣Ʒ̣ϑΘΕΟΥΔΙѠΔΗϹΚΑΙΜΕ
3.   ΓΑΛΥΝѠΑῨΤΟΔΙΕΞΟΜΟΛΟΓΗϹΕѠϹΚΑΙ
4.   ΑΡΕϹΕΙΤѠϑϑϑϑ̣ϑ̣ΜΑΛΛΟΝΗΒΟΥϹΤΑΥΡΟϹ   ·
5.   [ΔΙ]ΧΗΛѠ̣Ν̣ΚΕΡΑϹΤΗϹΙΑ̣[ΕΤѠ]Ϲ[ΑΝΠΤѠΧΟΙ]

(1) *The Amhersi Papyri*, London, 1900, p. 30 sq.

(2) Les papyrus et parchemins de cette acquisition provenaient du Faioum ou du Héracléopolites Nomus de l'Égypte (Ahnas el Medineh).

(3) Les lacunes du parchemin sont indiquées par [...] le nombre des points y indique le nombre des lettres disparues. Le point au-dessus d'une lettre signifie que son état de conservation est mauvais ou douteux.

Je cite le passage correspondant de la Septante : Psaume 68 (69) v. 30 πτωχὸς καὶ ἀλγῶν εἰμὶ ἐγώ, καὶ ἡ σωτηρία τοῦ προσώπου σου ἀντελάβετό μου. (v. 31) αἰνέσω τὸ ὄνο | μα τοῦ θεοῦ μου μετ' ᾠδῆς με | γαλυνῶ αὐτὸν ἐν αἰνέσει. (v. 32) καὶ | ἀρέσει τῷ θεῷ ὑπὲρ μόσχον | νέον κέρατα ἐκφέροντα καὶ ὁπλάς (v. 33) ἰδέτωσαν πτωχοὶ καὶ εὐφρανθήτωσαν.

Voici la traduction d'Aquila de ce même passage :

* 1. ... ὑψώσει με · ἐμφ[ωνῶ τὸ ὄνο]
  2. μα τοῦ ΠΙΠ' θεοῦ δὶ ᾠδῆς καὶ με
  3. γαλυνῶ αὐτὸ δὶ ἐξομολογήσεως καὶ
  4. ἀρέσει τῷ ΠΙΠ' μᾶλλον ἢ βοῦς ταῦρος
  5. [δι]χηλῶν κεράστης (·) ἰδ[έτω]σ[αν πτωχοί]

J'ai restitué dans la 5ᵉ ligne [δι]χηλῶν à l'aide des phrases analogues : Lev. 11, 3 πᾶν κτῆνος διχηλοῦν ὁπλήν 4. 5. 6. ὁπλὴν οὐ διχηλεῖ 7 ὅτι διχηλεῖ ὁπλὴν τοῦτο Deuteronom. 14. 7 τῶν διχηλούντων τὰς ὁπλάς. Aquila diffère bien de la Septante.

DEUXIÈME FRAGMENT

1. [22 lettres perdues   ΤΗϹΔΙΓΥ]
1. ΠΤΟΥΠΛΔΤΥΝΟΝΤΟ[ϹΤΟΜΑ encore 10 lettres perdues]
2. ΤΟΟΥΧΥΠΗΚΟΥϹΕΝΔΕΟΛΔΟϹΤΗϹΦ|ⲰΝΗϹ ΜΟΥ]
3. ΙϹ ΡΔΗΛΟΥΚΕΠΕΙϹΘΗΜΟΙΔΦΗΚΔΟΥΝΑ[Υ]
4. [ΤΟΥϹ ......]ΗΚΔ ΡΔΙΔΕΔΥΤⲰΝΟΔΕΥ
5. [CONTAI .... (13 lettres perdues) Μ]ΟΥΗΚΟ[Υ]
6. [ϹΕ ....]

Voilà un fragment de la traduction du 80ᵉ (81ᵉ) psaume dont voici le texte grec d'après la Septante : 80 (81) v. 11 ἐγὼ γάρ εἰμι κύριος ὁ θεός σου ὁ ἀναγαγών σε ἐκ τῆς Αἰγύ | πτου πλάτυνον τὸ στόμα σου καὶ πληρώσω αὐ | τό (v. 12) καὶ οὐκ ἤκουσεν ὁ λαός μου τῆς φ | ωνῆς μου καὶ | Ἰσραὴλ οὐ προσέσχε μοι (v. 13) καὶ ἐξαπέστειλα α | ὐτοὺς κατὰ τὰ ἐπιτηδεύματα τῶν | καρδιῶν αὐτῶν πορεύ | σονται ἐν τοῖς ἐπιτηδεύμασιν αὐτῶν. (v. 14.) εἰ ὁ λαός μ | ου ἤκουν | σέ μου Ἰσραὴλ ταῖς ὁδοῖς μου εἰ ἐπορεύθη (v. 15) ἐν τῷ μηδενὶ ἂν τοὺς ἐχθροὺς αὐτῶν ἐταπείνωσα. La reconstruction du texte d'Aquila à la vue des lacunes du parchemin ne pourra être que conjecturale ; voilà un premier essai : (v. 11)... τῆς Αἰγύ.

1. πτου πλάτυνον τὸ[στόμα σου πληρώσω αὐ]
2. τό (v. 12) οὐχ ὑπήκουσεν δὲ ὁ λαὸς τῆς φ [ωνῆς μου]
3. Ἰσραὴλ οὐκ ἐπείσθη μοι (v. 13) ἀφῆκα οὖν α[ὐ]
4. [τοὺς τοῖς ἐν τ]ῇ καρδίᾳ ἑαυτῶν ὁδεύ
5. [σονται ἐν αὐτοῖς (v. 14) εἰ ὁ λαός μ]ου ἤκο[υ]
6. [σέ μου etc.

Le verso des deux fragments est resté en blanc.

Pour apprécier la valeur de nos nouveaux fragments nous constatons d'abord leur caractère spécial ; c'est au premier coup d'œil la différence du texte en le comparant avec celui de la Septante. Naturellement il y a dans toute traduction grecque de l'original hébreu quelques mots analogues et même des phrases entières communes à chacune d'elles, mais la différence essentielle de notre nouveau texte est indiscutable.

Nous revendiquons ce nouveau texte pour le juif Aquila ; car son caractère de traduction grecque du Vieux Testament hébreu est tout à fait analogue à celui des autres fragments d'Aquila ; tout y est de même : le même mot à mot de la traduction, les mêmes analogies, les mêmes différences au point de vue du rapport avec la Septante, les mêmes singularités de style. C'est spécialement la manière d'écrire le nom sacré de Dieu en langue hébraïque même parmi le texte grec, en lettres hébraïques parmi les grecques. Nous citons comme un exemple entre tous les *Cairo Genizah Palimpsests from the Taylor-Schechter collection*, p. 65, plate VIII :

ποι] ῶν δικαιοσύνας יהוה
καὶ κ]ρίσιν τοῖς πᾶσιν σεσυκοφαντημένοις (Psaume 103, v. 6)

C'est tout à fait analogue à ce que dit Origène : « dans les manuscrits très rigoureux le nom sacré existe en caractères hébraïques, cependant ce ne sont pas les lettres hébraïques d'aujourd'hui mais les très anciennes » (ἐν τοῖς ἀκριβεστέροις τῶν ἀντιγράφων Ἑβραίοις χαρακτῆρσι κεῖται τὸ ὄνομα Ἑβραικοῖς δὲ οὐ τοῖς νῦν ἀλλὰ τοῖς ἀρχαιοτάτοις Origenes in Ps. II, 2 (ed. Lommatzsch XI 396) (1). Notre manuscrit offre en effet le nom sacré de Dieu en lettres hébraïques du vieux caractère que je compare avec celui des monnaies à inscription hébraïque de l'époque de la révolution nationale de 66 à 70 et de 132 à 135 de notre ère : voir J. Eüting, *Tabulae scripturae hebraicae* (Argentorati, 1882) N° 42 : c'est justement celle du deuxième siècle où vivait Aquila. Il y avait alors dans la moyenne Egypte beaucoup d'habitants juifs et ce fut sans doute au sein de la colonie juive que l'on a lu notre manuscrit et que l'on a apprécié l'ouvrage rigoureux d'Aquila encore au III-IVe siècle de notre ère (2).

Aquila, le plus rigoureux des traducteurs du texte hébraïque, n'osait pas altérer le nom sacré de Dieu, l'ineffable tétragramme יהוה ; comme il était écrit en hébreu il le répèta en caractères hébraïques parmi le texte grec et les scribes sachant

(1) Voir L. Traube, *Nomina Sacra*, pp. 27 sq.
(2) Voir sur le ghetto de la ville Arsinoé, Médinet el Faioum, Wessely, *Notice relative à la colonie juive à Arsinoé en Égypte*, extrait d'un papyrus de Vienne, tome II des *Actes du* XVIe *congrès international des Orientalistes*, Paris Leroux 1906 ; et sur les juifs de l'Égypte ancienne en général : Wessely, introduction dans *Les plus anciens monuments du Christianisme* formant le 2e fascicule du tome IV, de Graffin-Naü, *Patrologia orientalis*, Paris, Didot 1907.

l'hébreu le conservèrent. Cependant ceux qui ne savaient pas assez la paléographie hébraïque l'altéraient dans leur manière d'écrire ; en substituant des lettres grecques de forme semblable ils imitaient יהוה par le ΠΙΠΙ grec. Il existe encore un petit traité d'Euagrius sur ce ΠΙΠΙ édité par Lagarde, *Onomastica Sacra*, p. 228 où il s'agit du « tétragramme ineffable chez les Hébreux qui le substituent par Adonaï cependant que les Grecs disent Kyrios » « le tétragramme écrit par les lettres ioth ép ouave iép » τὸ τετραγράμματον ἀνεκφώνητον ὃν παρ' Ἑβραίοις ὃ καταχρηστικῶς παρὰ μὲν αὐτοῖς 'Αδωναὶ καλεῖται παρὰ δὲ ἡμῖν κύριος... τὸ τετραγράμματον τούτοις γραφόμενον τοῖς στοιχείοις ἰὼθ ἢπ οὐαὺ ἰηπ. Il y existe aussi l'interprétation « ΠΙΠΙ Dieu » « ΠΙΠΙ ὁ θεός », indication tout à fait analogue à celle de notre fragment I 2, l. 2 τὸ ὄνομα τοῦ יהוה θεοῦ (1).

Naturellement les écritures יהוה en milieu du texte n'étaient que des délicatesses graphiques employés par quelques personnes obscures et pédantesques, comme furent les Aquilas au sein de leur petite famille de sectateurs. Supposer que leur purisme linguistique et graphique ait eu une influence énorme sur le développement de l'écriture du monde entier était une conjecture peu vraisemblable.

Cependant c'est l'hypothèse de M. L. Traube. Dans son ouvrage intitulé *Nomina Sacra* le savant paléographe constate d'abord la peur et l'aversion des juifs de prononcer le nom sacré de Dieu. Pour échapper aux difficultés qui en résultèrent pendant la traduction du Vieux-Testament en langue grecque on a eu, selon l'opinion de M. Traube, deux voies : l'une (c'est celle d'Aquila), adopte le nom hébreu en lettres hébraïques parmi le texte grec : l'autre est l'altération graphique par contraction du mot grec correspondant à l'hébreu, en supprimant les voyelles à la manière des écritures sémitiques pour effacer le sens clair du mot pour d'autres personnes. Ainsi on aurait dû écrire θ͞ς pour θεός. Il est très probable, dit Traube, que les formes κ͞ς et θ͞ς c'est-à-dire κύριος et θεός ont été inventées déjà par les juifs ; puis par analogie avec cette invention juive on a formé d'autres abréviations, à savoir δα͞δ pour Δαυιδ, ιε͞μ pour Ιερουσαλημ, ισ͞λ pour Ισραηλ et les abréviations ι͞ς χ͞ς pour Ιησους Χριστος fort usitées dans les monuments et manuscrits chrétiens. Aussi, à l'aide de ces inventions gréco-juives les abréviations analogues de l'écriture latine, copte, gothique, arménienne, slave, etc., et, du reste, tout le développement de la paléographie latine du moyen-âge doivent être étudiés, suivant Traube, sur la base de cette invention d'Aquila et de ses sectateurs. Pour être court, voilà l'ordre d'idées de l'ouvrage de M. Traube.

Constatons cette fois que notre nouveau fragment est évidemment le plus ancien entre les manuscrits d'Aquila parce qu'il est du III-IVᵉ siècle ; il est écrit sur par-

---

(1) Voir aussi Saint Jérome ép. 25 ad Marcellam : nonum (c'est-à-dire le 9ᵉ nom de Dieu) τετράγραμμον quod ἀνεκφώνητον id est ineffabile putaverunt, quod his litteris scribitur : iod, he, vav, he. Quod quidam non intelligentes propter elementorum similitudinem cum in Graecis libris repererint ΠΙΠΙ legere consueuerunt. Cf. Traube p. 28 sq.

chemin à la vieille manière juive ; donc il sera sans doute un meilleur témoin que les palimpsestes du Caire datants du v⁰ siècle, altérés déjà par la paléographie contemporaine.

Constatons alors que notre nouveau fragment n'est pas d'accord avec les hypo. thèses de M. Traube : à savoir :

1⁰ Le mot יהוה n'a pas le trait au-dessus du mot comme c'est l'ordinaire dans les nomina sacra ;

2⁰ Le mot θεω est écrit en toutes lettres ;

3⁰ Il en est de même dans le mot Ισραηλ.

Quoi qu'il en soit je pense, en résumant, que notre nouveau fragment aura une certaine importance au point de vue de la paléographie.

Vienne en Autriche 3 septembre 1909.

RENÉ PICHON

OBSERVATIONS SUR LE TEXTE

DE LA

" CONSOLATIO AD MARCIAM "

DE SÉNÈQUE

De plus en plus, à mesure que l'on étudie le texte de Sénèque, grandit l'autorité de l'*Ambrosianus*. Je voudrais ici indiquer quelques passages de la *Consolatio ad Marciam* où la leçon de ce manuscrit, tout en étant corrompue, peut cependant suggérer quelque chose qui vaut mieux que les leçons des autres manuscrits ou les conjectures des éditeurs.

III, 4 : *quae enim, malum, amentia est poenas a se infelicitatis exigere et mala sua non augere.* — Les derniers mots sont inintelligibles. La leçon de F, *mala sua augere*, est une correction radicale et injustifiée. Madvig a tenté *nouo augere*, qui est un pléonasme assez plat ; Gertz, *uno augere*, qui est en contradiction avec le sens du passage, puisque *uno* apporterait une restriction à l'idée, qui doit être présentée dans toute sa force. La meilleure conjecture jusqu'ici proposée me paraît être celle de P. Thomas, *ultro augere* ; seulement elle est bien éloignée du texte de A, et surtout n'explique pas l'origine de ce texte. Je propose de lire : *et mala sua suo nomine augere*, *suo* ayant été omis par ressemblance avec *sua*, et *nomine* ayant été abrégé en *non* par une faute familière à l'*Ambrosianus* (je cite, seulement dans la *Consolatio ad Marciam*, *sua* pour *suaserit*, XII, 2 ; *mori* pour *moriturum*, XIX, 3 ; *seruat* pour *seruator*, XX, 5 ; *insidio* pour *insidiosum*, XXII, 3 ; *inte* pour *integro*, XXVI, 2). La métaphore commerciale impliquée dans *suo nomine*, outre qu'elle est fréquente chez Sénèque, a pu être suggérée par *exigere* qui précède.

X, 3 : *quicquid a fortuna datum est, tamquam exemplum auctore possideas.* — Ici encore, F semble donner le résultat d'une correction faite vaille que vaille : *exemplum ab auctore possideas.* Les conjectures de Madvig : *exemplo auctore,* et de Klammer : *exemptum auctori,* n'éclaircissent pas beaucoup la phrase. En lisant : *exempturo auctore,* on ne s'éloignerait pas beaucoup du texte de A, et on aurait un sens à peu près satisfaisant : « les biens donnés par la Fortune, on ne peut les posséder que comme des bienfaits que leur auteur peut vous reprendre. »

XI, 1 : *putre ipsa fluidumque corpus et causis morbos repetita...* — Van der Vliet a conjecturé : *causis omnibus repetita,* qui est vague ; Pfennig : *carnis morbos sortita,* qui est très arbitraire ; Madvig : *carnis morbo repetita,* qui est obscur. Je crois qu'il faut admettre ici une lacune d'un ou deux mots après *causis,* et lire : *in morbos repetita.*

XII, 1 : *utrum te in amisso filio mouet, quod nullas ex illo uoluptates cepisses, an quod maiores, si diutius uixisset, percipere potuisti.* — Le subjonctif *cepisses* ne peut évidemment être conservé ; d'où la correction de F : *ceperis,* et celle, beaucoup meilleures d'Erasme : *cepisti.* Au lieu de *potuisti,* F porte *potuisses.* Je crois que le véritable texte devait avoir *cepisti* et *potuisses* ; le copiste du manuscrit d'où est dérivé l'*Ambrosianus* aura sans doute écrit *cepisses* et *potuisses* (erreur par anticipation), puis marqué un signe de correction pour rétablir *cepisti,* et ce signe, interprété à tort comme se rapportant à *potuisses,* aura causé l'erreur de A. Des erreurs de ce genre se rencontrent, dans le même ouvrage, IV, 4 : *collocatas multorum,* au lieu de *collocatos multarum* ; et XII, 5 : *maliuoli solacium,* au lieu de *maliuolum solacii.*

XIII, 1 : *quam ille exaudisse dissimulare et sollemnia pontificii carminis uerba concepit.* — Les manuscrits inférieurs ont *dissimulauit,* que presque tous les éditeurs ont adopté. Gertz lit *dissimulans* et supprime *et.* Mais d'où viendrait la faute de A ? Il me semble que *dissimulare et* cache *dissimularet.* Il suffit dès lors d'admettre la chute de *cum* après *quam* pour avoir : *quam cum... dissimularet..., concepit,* construction très acceptable.

XXI, 1 : *de nostris aetatibus loquor, quas incredibili celeritate conuoluit?* — Ici comme en beaucoup d'autres endroits, le texte de F est le résultat d'une correction : *celeritate conuolui constat.* Cette fin de phrase est d'ailleurs condamnée par la prose métrique, dont Sénèque observe ici les règles. Il en est de même pour la conjecture de Gertz : *celeritate constat uolui,* et pour celle de Petschenig : *celeritate aeuom uoluit.* Il faut, à mon avis, suppléer dans le corps de la phrase quelque chose comme *fatum* ou *natura,* et garder les derniers mots du texte de A.

BRUNO KRUSCH

DAS AELTESTE FRAENKISCHE LEHRBUCH
DER DIONYSIANISCHEN ZEITRECHNUNG

Im Todesjahre König Theuderichs IV, 737. n. Chr., als der erste Reichsbeamte, Herzog Karl, die merowingische Dynastie bereits für abgetan hielt und den Königsthron für seine eigene Familie reservierte, erschien für Kinder von schwacher Befähigung (infantibus parvi ingenii) in Frage-und Antwortform ein Lehrbuch der Osterberechnung und der Zeitrechnung überhaupt, welches mit dem im Frankenreich bisher befolgten Systeme völlig brach und auf diesem Gebiete eine Revolution vorbereitete, die tief in die öffentlichen und privaten Verhältnisse eingegriffen hat. Hatten die Franken bisher nach dem zwischen der alexandrinischen Osterberechnung und den Grundsätzen der Lateiner vermittelnden 532 jährigen Paschale des Victorius das Osterfest gefeiert und die darin eingetragenen Passionsjahre, bisweilen sogar die beigefügten Consulate zur Bezeichnung der Jahre verwandt, indem sie die Consuln des ersten Umlaufs nach Schluss der 532 jährigen Periode auf den zweiten übertrugen, so lehrte der neue Rechenmeister die strengste Befolgung der Regeln der Griechen, d. h. der Alexandriner, in der von Dionysius Exiguus dem Abendlande übermittelten Form, und damit auch die Rechnung nach Christi Geburtsjahren, die in Folge ihrer praktischen Handhabung hernach alle andern Jahreszählungen verdrängt hat. Die genaue Bestimmung des Todesjahres des vorletzten Merowingerkönigs erregte die Aufmerksamkeit Philippe Labbes, und er hat in seinen Abrissen der Geschichte der französischen Könige die Schlussberechnung dieser Schrift von Christi Geburt bis zur Abfassungszeit veröffentlicht und das Sterbejahr Theuderichs darnach berichtigt (1). Aus seinen Schriften ist die historisch wichtige Stelle in die Quellensamm-

---

(1) Das ältere Werk Philippe Labbes, *Eloges historiques des rois de France· depuis Pharamond jusqu'au roi très-chrétien Louis XIV*, Paris, 1631, II, p. 70, habe ich nicht gesehen, wohl aber sein späteres : *L'Histoire des roys de France depuis Faramond jusques au regne de Louys XIV, roy très-chrestien de France et de Navarre.* Réduite en abrégé chronologique, Paris 1667, wo p. 101 die Berechnung aus dem 'ancien Ms. du Compot' in etwas kürzerer Form wiederholt ist.

lungen (1) und Darstellungen der fränkischen Geschichte übergegangen. Auch die Chronologen haben ihre Bedeutung für die Einführung unserer heutigen Zeitrechnung wohl erkannt (2) und sogar allein auf sie die Annahme (3) einer sonst unbekannten 532 jährigen Osterperiode begründet. Bei dem doppelten Interesse, welches die noch unedierte Schrift bietet, könnte man wohl den Wunsch hegen, etwas näheres über ihren Inhalt und die Quellen des Verfassers zu erfahren. Eine Analyse wird zugleich den Nachweis erbringen, dass die Annahme der Chronologen auf einem Missverständnis beruht, und die kritische Zahl eine viel einfachere Erklärung findet, dass der Verfasser nur die Absicht gehabt hat, eine 532 jährige alexandrinische Ostertafel auszuarbeiten, während die Aufgabe, ohne dass er es ahnte, von anderer Seite bereits gelöst war.

Die aus der Meerman' schen Sammlung des Sir Thomas Phillipps (n. 1831) erworbene Handschrift der Kgl. Bibliothek in Berlin (n. 128) ist in ihren älteren Bestandteilen gegen Ende des 8. Jahrhunderts im Frankenreich in einer Minuskel geschrieben, die noch an die Halbunciale erinnert, befand sich im 9. und 10. Jahrhundert in Verona, später im Vincenzkloster in Metz und war mit anderen Handschriften dieses Klosters in die Bibliothek des Jesuiten-Collegs in Paris übergegangen, bei deren Versteigerung 1764 Gerard Meerman einen grossen Teil der Handschriften erstand.

Zwei vorgeheftete Quaternionen (fol. 1-15) enthalten ein auf antike Vorlage zurückgehendes Kalendar, in welchem die jüngste Eintragung von erster Hand das Fest des S. Amatus Abtes von Remiremont (4) bildet, eines ausserhalb seiner engeren Heimat wohl wenig bekannten Heiligen, ferner eine Bedanische Ostertafel (fol. 8-14') mit annalistischen Notizen, die Mommsen, *Auct. antiq.* IX, p. 751, herausgegeben hat. Auch der mit neuer Quaternionen-Zählung beginnende Grundstock der Handschrift ist chronologischen oder doch naturwissenschaftlichen Inhalts : fol. 16-89'. Beda, de ratione temporum mit einer (fol. 89') im Anfang des 9. Jahrh. zugesetzten Fortsetzung seiner Chronik (gedr. *Auct. Antiq.* XIII, p. 342, vgl. p. 231), dann desselben Verfassers Schriften *De natura rerum* und *De temporibus*, Teile von Isidors *Etymologiae*, verschiedene Computi, darunter einer (5) (fol. 116-125') mit Beispielen von 793 n. Chr., ferner Kalenderverse, eine Erklärung der Buchstaben im Martyrologium Hieronymianum (fol. 135), ein Kalender aus Verona (fol. 136-137') saec. IX,

(1) BOUQUET, *Recueil des historiens des Gaules.* III. p. 367, n. d. und p. 702.

(2) Vgl. meinen Aufsatz : *Die Einführung des griechischen Paschalritus im Abendlande (Neues Archiv IX, p. 137).*

(3) IDELER, *Handbuch der Chronologie II.* p. 573.

(4) Vgl. *SS. rer. Meroving.* IV, p. 213.

(5) In diesem Computus findet sich c. 58. die interessante Behauptung, dass « Victorinus », d. h. Victorius, alle Mondmonate zu 30 Tagen rechne, « Onatilius et Laterculus », aber mit 30- und 29 tägigen Monaten abwechseln. Unter Laterculus darf man eine 84 jährige Ostertafel verstehen ; Onatilius ist mir aber gänzlich unbekannt.

und als vorletztes Stück (fol. 138-142) der Computus von 737 in den unregelmässigen
Schriftzügen des ältesten Schreibers des Bedatextes (fol. 16-50'), worauf Fragen und
Antworten aus dem Gebiete der Zeitrechnung den Beschluss (fol. 142'-143') der Handschrift bilden. Valentin Rose (1) nennt unsere Schrift in seiner gründlichen Beschreibung der Handschrift « ein merkwürdiges Beispiel fränkisch-barbarischer Schrifstel-
lerei des 8. Jahrhunderts » und druckt den Schluss des letzten Kapitels (30) daraus ab.

Ist so der äussere Eindruck der Schrift richtig gekennzeichnet und müssen
Ausdrücke, wie « artemedica » für « arithmetica », « studeare » für « studere », klas-
sisch gebildete Leser abstossen, so verbirgt sich doch unter der rauhen Hülle des
merowingischen Zeitalters ein moderner Geist, und der Inhalt bildet den Anfang
einer neuen Epoche. Ohne Kenntnis von Bedas 725. erschienener Schrift De ratione
temporum hat sich der Verf. den Stoff selbständig aus den Quellen zusammengesucht
und einen grossen Teil seines Wissens verdankt er Isidors *Etymologiae*, aus denen
(II, 24. III, 1. 2.) er Thales von Milet, Pythagoras und Nicomachus, Apulejus und
Boethius kannte, aus denen er die Einteilung der philosophischen Disziplinen bis zur
Arithmetik herunter entnahm, der er den Computus richtig zuteilt. Die Abschrift
ist trotz ihres hohen Alters durch viele Schreibfehler entstellt, scheint auch am
Anfang nicht ganz vollständig zu sein. Der Text beginnt, vielleicht infolge des Ver-
lustes des vorhergehenden Blattes, ohne Überschrift im ersten Kapitel mit der Erschaffung der Welt : « Quis numerus primus fuit in exordio mundi? ». Die Einteilung
des Sonnenjahres (c. 2.) in Monate und Tage ist später (c. 29) bis zu den Stunden
und den geringsten Zeitmaassen weitergeführt, indem auf die Stunde 4 Puncte, auf
den Punct 2 1/2 Minuten, auf die Minute 4 Momente gerechnet werden (2). Die Tage
(c. 5) und Monate (c. 7) sind nach dem römischen Kalender bezeichnet, aber auch die
Anfangstage der aegyptischen Monate angegeben (c. 3), und die 5 Ergänzungstage der
Aegypter erscheinen als « dies interkalendaris » (statt « intercalares »), weil sie an
den Kalendae sich verbergen oder zwischen den Monaten eingelegt und zerstampft
werden (« conculcantur »), wie sie zum Ausgleich des Sonnen-und Mondlaufs im 19
jährigen Cyclus notwendig sind (c. 4). Sie begegnen nochmals (c. 29) bei Gelegenheit der vier Jahrpunkte (Solstitia und Aequinoctia), zwischen denen 90, 91 und
zweimal 92 Tage, also $4 \times 90 + 5$ Tage gerechnet sind, und die fünf sind jene
Ergänzungstage. Die « Anguli anni », wie die Jahrpunkte hier heissen, sind nach
dem lateinischen Gebrauch auf VIII. Kal. Jan., Apr. Jul., Oct., hernach nach dem
griechischen auf XI. Kal. (3) gesetzt, doch nur nach dem letzteren System wird die
Rechnung weitergeführt im Gegensatz zu Isidor (V, 34), der in dieser Hinsicht noch
dem alten Kalender folgt.

(1) V. Rose, *Die lateinischen Meerman* — Handschriften des Sir Thomas Phillipps in der Kgl
Bibliothek zu Berlin. Berlin, 1892, pp. 280 sqq.

(2) Ebenso Beda, *De rat. temp.* c. 3. Ich citiere nach der Baseler Ausgabe von 1529.

(3) Richtiger XII. kal.

Der Schalttag, Bissextus genannt wegen der Doppelzählung von VI. Kal. Mart., entsteht aus dem jährlichen Zuwachs eines Punktes (c. 27), d. h. einer Viertelstunde, was in einem Jahr drei Stunden und in vier Jahren 12 Stunden ausmacht, und diese 12 Stunden werden nach einer altfränkischen Theorie, die ich auch in dem alten Berner Victorius-Codex (1) n. 645, fol. 50ᵗ, fand, einem Tage gleichgesetzt, indem also die Nacht nicht mitgezählt wird. Die Rechnung hat die scharfe Missbilligung Bedas, *De ratione temp.* c. 38, gefunden, da sie erst in acht Jahren einen vollen Tag ergeben würde, denn auch dem gemeinen Volke (vulgus ignobile), schreibt er, sei bekannt, dass der Tag mit seiner Nacht 24 Stunden habe. Gar seltsam klingen auch die Aeusserungen des Computisten über die Stellung des Schalttags im Kalender, denn er kennt neben dem römischen Schalttag VI. Kal. Mart. einen solchen Isidors VI. Non. Mart., der natürlich keck erfunden ist (*Etym.* VI, 17, 26), und in seiner Phantasie haben andere XII. Kal. Apr. als Anfang der Welt oder XI. Kal. Jan. oder VIII. oder II. Kal. Jan. als Schalttag gewählt, weil dann die Sonne zu steigen beginnt, ja nach noch anderer Meinung soll der Tag der Einschiebung im 4. Jahre überhaupt freigestellt sein. Er führt aber richtig die Einrichtung auf Julius Caesar zurück und schildert (c. 28) ähnlich wie Beda, De rat. temp. c. 37, die Verschiebung der Jahreszeiten bei Weglassung der Schaltung. Durch eine neue Berechnung erhält er dann auch einen richtigen Schalttag von 24 Stunden. An Schaltstoff erwachsen nämlich von XI. Kal. Jan. bis XII. Kal. Apr. täglich 1 1/3 Momenta, also in 15 Tagen 1/2 Stunde und in 3 Monaten drei Stunden, im 2 und 4. Vierteljahr nichts, aber von XI. Kal. Jul. bis XII. Kal. Oct. wiederum 3 Stunden, diesmal bei Nacht, was in 4 Jahren zusammen 24 Stunden ausmachen würde. Der Schalttag wächst früh und abends heran.

Ein höchst origineller Vergleich sucht die Schalt-Einrichtung den Franken verständlich zu machen, und die Heranziehung der « menschlichen Verhältnisse » giebt Gelegenheit zur Beschreibung eines Marsfeldes. Das Heer hat sich auf dem Felde (in campo) ausgebreitet, und alle « principes » haben ihre Sitze inne : da verlässt der erste Princeps nach der Reihe (« secundum » cod., es fehlt « ordinem ») seinen Sitz und begiebt sich zum Sitze des zweiten (« primi » cod.), so dass sie auf einem Sitze sind, und so weiter verlässt jeder der Reihe nach seinen Sitz und begiebt sich zum Sitze des nächsten bis zum letzten; verlässt aber der letzte seinen Sitz, so rückt ein anderer Princeps auf seinen Platz, nämlich der Haupttag (dies principalis) des folgenden Jahres. Das bürgerliche Jahr begann also der Verfasser nach dem Gebrauche der Franken mit dem 1. März als dies principalis. Sonst vergleicht er noch den Schalttag mit einer empfangenden und gebärenden Frau, auch berechnet er die Zahl der Schalttage seit Erschaffung der Welt.

Die Osterregeln sind nach dem Gebrauch der Latini, des Victorius und der Graeci

(1) Vgl. Mommsen in *Auct. Antiq.* IX. p. 674.

angegeben. Die Bestimmungen der Latini (c. 10-12), Osterneumond 5. März (1) bis 2. April, Ostervollmond 18. März bis. 15. April, Ostersonntag 20. März bis 22. April, sind aber keiner 84 jährigen Ostertafel direkt entnommen (2), sondern dem Prologe des Victorius (3), und nach diesem Gewährsmann ist niemals am 20: März Ostern gefeiert worden, wie ja die wirklichen Ostergrenzen der Lateiner 22. März bis 21. April (4) waren. Die Angaben über Victorius stimmen ebenfalls nicht ganz, denn seine Osterneumonde (c. 10) sind nicht 7. März bis 3. April, sonders auch noch der 4. April gehört hinzu, und die alte Berner Handschrift N.r 645, fol. 50.r schreibt « infra Nonas Aprilis » (5 April). In der Ansetzung des Osterfestes war Victorius bis zum 24. April vorgegangen, welchem Datum er 455 p. Chr. den Namen des Theophilus zu seiner Entschuldigung beigefügt batte (5). Die Grenzen der Griechen, d. h. Alexandriner, für den Osterneumond und Ostervollmond waren ebenfalls im Prologe des Victorius zu finden, als Ansicht des Bischofs Theophilus, und dass sie Ostern bis zum 25. April ausdehnten, lehrte die Geschichte der Osterstreitigkeiten. Victorius batte diesen Termin mit Rücksicht auf die Lateiner vermieden.

Weder die Regeln der Lateiner noch die des Victorius finden in den Augen des Verfassers Gnade, sondern er schliesst sich den Griechen an. Gegen die Mondaltergrenzen der beiden andern Systeme, Luna XVI-XXII, beruft er sich auf die Autorität der Heiligen Schrift (c. 13) und lässt mit den Griechen keine Verlegung um eine Woche zu, wenn der Ostervollmond auf einen Sonnabend und also Ostern auf Luna XV. trifft. Die Mondaltergrenzen Luna XV-XXI stützt er durch das Citat Exodus 12, 18, welches auch Dionysius Exiguus in der an Petronius (5) gerichteten Vorrede zu seinem Paschalzirkel verwertet hat. Wenn er aber dann Dionysius Exiguus direkt als seinen Gewährsmann für das Verbot einer Feier am Ostervollmond (Luna XIV) anruft, so liegt hier ein Irrtum vor, denn die citierte Stelle stammt vielmehr aus dem gefälschten Cyrillus-Briefe (6), den er auch sonst benutzt hat. Von der richtigen Beobachtung der Luna XIV. im ersten Monat, — nämlich Mondmonat, denn die Hebräer haben ihre Monate nach dem Mondzirkel gerechnet, und der gelehrte Verfasser weiss, dass Mond griechisch « mane » (Isidor VI, 18, 10 : « mene ») heisst, — hing die Bestimmung des Osterfestes ab, und die Ostervollmonde des 19 jährigen Cyclus werden als ein Beschluss der Väter des Concils von Nicaea hingestellt. Falls aber jemand aus Hochmut (« per tumorem ») oder Unwissenheit fragen sollte : « Wer sind diese Väter und in welcher Provinz und Stadt und zu

(1) Statt "quarta No. Mar." ist III. Non. Mar. zu lesen.

(2) Vergl. meine *Studien zur christlich.-mittelalterlichen Chronologie*, p. 60.

(3) Ed. Mommsen. *Auct. Antiq.*, IX, p. 679, 684.

(4) Vgl. meine *Studien*, p. 50.

(5) *Auct. ant.* IX, p. 723.

(5) Migne. *Patr. lat.* 67, col. 489.

(6) Vgl. meine *Studien*, p. 347.

welcher Zeit waren sie versammelt ? », so stützt er ihre Autorität wiederum durch Dionysius Exiguus « vir in artemedica arte argutissimus » (c. 15). Er schreibt nach der Reihe die von ihm über das Nicänische Concil gesammelten Zeugnisse aus (c. 16-17), den Tit. 79 der *Canones des Antiochenischen Concils* (1) und einen Brief Leos I (2), wozu er aus eigenem Wissen eine Aeusserung des Papstes Gelasius (3) in der Decretalis *de recipiendis et non recipiendis libris* und den schon genannten falschen Cyrillus Brief (4) hinzufügt (c. 18), um dann wieder zu den Zeugnissen des Dionysius überzuspringen, der noch auf die *Historia ecclesiastica*, S. Hanastasius, eigentlich Athanasius (aber « Anastasi » auch Cod. Digbaeanus des Dionysius), Proterius, Bischof von Alexandria, und die Argumenta Aegyptiorum verweist. Die in den alten Osterschriften erzählten Wunder, vom Stein von Silene im falschen Cyrillusbriefe und von der Quelle von Meltinas im Briefe des Paschasinus (5), dienen zur Verstärkung des Eindruckes, und wer noch mehr Wissen will, wird auf die « Briefe der Griechen » verwiesen.

Der Anfang der Fasten (c. 19) wird ähnlich wie der des Osterfestes an eine gewisse Mondaltergrenze gebunden, und im allgemeinen auf den Sonntag nach der dem Ostermonat vorhergehenden Luna III. festgesetzt. Fällt also die Luna III. selbst auf einen Sonntag, so erfolgt Verlegung auf den folgenden Sonntag, ausgenommen, wenn, wie 733 p. Chr., Ostern auf Luna XV. fiel. Sonst können die Fasten frühestens erst Luna IV. beginnen. Die Fastengrenze Luna III. ist zuerst für die Ogdoas, dann für die Hendecas des mit 722 beginnenden 19 jährigen Cyclus berechnet. Nach der Methode unsers Gewährsmanner beginnen die Fasten immer am Sonntag nach Estomihi, 6 Wochen vor Ostern (6).

Hippolyt, Eusebius, Theophilus, Victorius und Cyrillus waren von Isidor (*Etym.* VI, 17, 1) als Verfasser von Ostertafeln gefeiert worden. Ihnen fügt unser Computist den in seiner Quelle auffälligerweise übergangenen Dionysius Exiguus hinzu und gleichzeitig die übrigen Weisen bis auf seine Zeit. In seiner nach Jahren Christi geordneten Ostertafel fand er 11 « tituli paschae » vor : 1. anni Domini, 2. indictiones, 3. epactae, 4. concurrentes, 5. lun. cyclus. 6. decemnovennalis (« decennovalis » cod.) cyclus, 7. XIIII ^marum (''X ^marum'' cod.) dies menses, 8. dies ebdomadis, 9. dies dom. paschae, 10. dies menses, 11. luna in pascha Domini. Eine Ostertafel von solcher Reichhaltigkeit ist nicht auf uns gekommen, und von den der Fassung des Dionysius neu hinzugefügten drei Rubriken : 6. decemnovennalis cyclus, 8. Wochentag des Ostervollmonds, 10. Monatstag des Ostersonntags nach

---

(1) Migne, *Patr. lat.* 67, col. 159.
(2) Leonis M. *Opera* ed. *Ballerinii*, I, p. 1155, ep. 105.
(3) A. Thiel, *Epistolae Romanorum pontificum*, pp. 454, 456.
(4) Vgl. meine *Studien*, p. 347.
(5) Vgl. meine *Studien*, p. 249.
(6) Vgl. F. Piper, Karls d. *Gr. Kalendarium und Ostertafel*, p. 85.

einfacher additioneller Rechnung, erregt besonders die letzte unsere Aufmerksamkeit, welche die heutige Zählung der Monatstage der verwickelten des alten römischen Kalenders zur Seite stellt. Der Verfasser hat das doppelte Verdienst, die
Inkarnationsjahre im Frankenreiche eingeführt und die Monatsdatierung in der
Weise vereinfacht zu haben, wie wir sie noch heute gebrauchen. In keiner andern
Ostertafel babe ich diese Rubrik gefunden, die indessen bei der Datierungsweise
der merowingischen Kanzleibeamten : « Data quod fecit mensis Augustus dies XV »
ganz unentbehrlich war.

Die Epactae oder « adiectiones lunae » bezeichnen nach dem Gebrauch der Alexandriner und des Dionysius Exiguus das Mondalter des 22 März, und die Epactenreihe
unsers Computus (c. 21) stimmt, von einigen Schreibfehlern (1) abgesehen, völlig
mit der entsprechenden Rubrik der Dionysianischen Ostertafel überein. Zur
Berechnung des Mondalters an den Monatsersten dienten die Mondalter der Monatsersten für das erste Jahr des Cyclus decemnovennalis, die sog. Lunar-Regulares (2),
zu denen nur die Epakte des betreffenden Jahres addiert zu werden brauchte, wenn
man das Mondalter irgend welcher Kalendae bestimmen wollte. Im Anschluss an
den Jahresanfang der Aegypter beginnt aber die Monatsreihe mit September,
wo auch schon die Epacte umgesetzt ist, während Beda dem Januar-Anfang nach
römischer Weise den Vorzug giebt. Beim Gebrauch dieser Regulares ist also schon
von September ab die Epakte des nächsten Jahres zu benutzen. Die Anleitung (c. 20)
zur Berechnung des Mondalters an den Idus von den Kalendae aus zeigt das ganz
deutlich. Das gewählte Beispiel nimmt jetzt ("modo") Kal. Sept. ("Feb". cod.)
Luna XII, d. h. Regularis 5 + Epacte 7, an, und dazu würden zu den Idus (13
Sept.) 13, abzüglich der Kalendae, also nochmals 12 Tage hinzuzuzählen sein. Das
so gewonnene Mondalter XXIV am 1. September stimmt genau für das Jahr 738,
das wohl als faktisches Abfassungsjahr der Schrift anzusehen ist.

Der Saltus lunae wird (c. 25) ebenfalls mit den Griechen in den September, den
Jahresanfang der Aegypter, gesetzt, während er nach Victorius auf XV. Kal. Dec. (3),
nach Dionysius auf XI. Kal. Apr. fiel. Neben seinem Saltus am 27. September kennt
der Verfasser einen solchen am 25. November, den auch Beda, De rat. temp. c. 41,
erwähnt, und lässt im ersteren Falle am 26 September, im andern am 24. November
die Luna XXIX in XXX umwandeln, um am 24. Dezember Luna I und am 1. Januar
Luna IX mit den übrigen Regulares des ersten Jahres zu erhalten. Das Mondalter
des 1. September ist im 19. Jahre IV, im ersten in Folge des Saltus XVI, wie auch
Victorius in seinem Saltusjahr von Luna IV zu XVI springt, allerdings mit der

(1) XXI. für XXII und XXII für I und XII.
(2) BEDA, De rat. temp. c. 19.
(3) « Sep. » in der Handschrift ist wohl Versehen des Schreibers, denn XV. Kal. Dec. haben
die alten Computi, und auch Bucherius, De doctrina temp. p. 149, fand dieses Datum in einem
'vetus codex'.

Januar-Epacte, und vielleicht mit Rücksicht auf die scheinbare Uebereinstimmung ist die Wirkung des Saltus nicht an der auf den 22. März gestellten Epactenreihe gezeigt. Für den Saltus (c. 26) sind ebenso originelle Vergleichs-Gegenstände wie für den Schalttag gewählt : eine gebärende Frau, da erst nach der Geburt des Sohnes zwei Menschen gezählt werden, und ein auf reissendem Strome segelndes Schiff. Wie sich dieses nicht sichten lässt, wenn man nicht vor dem Vorderteil steht, so lässt sich auch die schnelle Natur im Monde nur festhalten durch die Einschiebung des Saltus im 19. Jahr. Die nötige Verkürzung des Mondalters wird im Mondmonat auf 4 Momenta, in 12 Mondmonaten auf 1 1/5 Stunde und in 19 Jahren auf 23 1/2 Stunde berechnet. Scheinen nach dieser Rechnung noch 20 Momenta oder 1/2 Stunde am Tage zu fehlen, so wird doch auf die Ausgleichung der kleinen Differenz in der Natur vertröstet.

Die Concurrentes oder Epactae solis, nämlich die Wochentags-Zahlen von IX. Kal. Apr. (1), sind für den 28 jährigen Sonnenzirkel von 720-747 p. Chr. in Cap. 9 zusammengestellt, und vorausgehen (c. 8) die zur Berechnung des Wochentags der Monatsersten nötigen Sonnen — Regulares (2) für die Monate März bis Februar, welche gewissen « Argumenta » entnommen sind, doch nicht den von Dionysius seinem Paschalcyclus beigefügten Argumenta paschalia der Aegypter. Zählte man zu diesen Regulares die Concurrente des betreffenden Jahres, so erhielt man den Wochentag des Monatsersten.

Die Ostervollmonde des 19 jährigen Cyclus werden nach der angeblichen Ansetzung des Concils von Nicaea, d. h. nach der Tafel des Dionysius Exiguus, ebenfalls in Cap. 9 aufgezählt. Die Reihenfolge der « Anni communes » und « embolismi » (c. 22) war aus dem Briefe des Dionysius an Bonifacius und Bonus (3) zu ersehen, und die Erklärung der beiden Arten von Mondjahren (c. 23) geht auf Isidors *Etymologiae* (VI, 17 § 21 sq.) zurück. Die vorausgehenden Anfangstage der Schaltmonate des 19 jährigen Cyclus finden sich auch bei Beda, *De rat. temp.* c. 44, der diese Rechnung den Römern zuschreibt, während sie zu dem System des Dionysius Exiguus gehört. Die vollen und hohlen Mondmonate sind Cap. 6 aufgezählt, und hier findet sich auch der bekannte Satz, dass der Mond demjenigen Monat gehört, in welchen er endigt, allerdings mit wenigen Ausnahmen ('exceptis paucis'), wie auch Beda, *De rat. temp.* c. 44, solche annimmt. Die Mondjahre des 19 jährigen Cyclus werden nach dem Beispiel des « Diunisius Exius » von Luna XV. des ersten Monats bis Luna XIV. gerechnet (c. 24), d. h. eigentlich sind nur die Grenzen des ersten Jahres angegeben, indem mit dem Zusatz : « et relique usque ad finem XVIIII lis cicli » alles Übrige dem Leser überlassen bleibt.

(1) BEDA, *De rat. temp.* c. 52.
(2) BEDA, *l. c.*, c. 20.
(3) MIGNE, *Patr. lat.*, 67, col. 513.

Der Computist hat die Zeitrechnung des Dionysius Exiguus den Franken zugänglich gemacht und dessen Lehrsätze aus den theoretischen Ausführungen Isidors und
anderen echten und falschen Quellenschriften ergänzt, unter sorgfältiger Berücksich-
tigung der fränkischen Eigenart, so dass sogar das Marsfeld angebracht ist. Seine
Aufgabe hat er so folgerichtig durchgeführt, dass nur wenige Spuren an das alte
System erinnern. Der 532 jährige ('XXXII' c.) Cyclus des Victorius erscheint (c. 29)
in den Exempeln, welche ein weiser Computist ('sagax compotista') stellen und
lösen soll, und zwar soll berechnet werden, wie viel Monate, Wochen, Tage, Stunden, Punkte, Minuten er enthält, wie viel seit der Passio, seit der Geburt Christi,
seit Erschaffung der Welt verflossen seien.

Das Paschale des Victorius war dem Verfasser vertraut, und er hat von der Vorrede für seine Zwecke Gebrauch gemacht, auch die Berechnung der Weltjahre im
letzten Kapitel (30) daraus entlehnt. Er geht hier wie im ersten Kapitel von der
Erschaffung der Welt aus, und wie dort sind die falschen Acten des Concils von Cae-
sarea benutzt (1), nämlich der Ausspruch des Theophilus über die Erschaffung der
Gestirne in ihrer Vollkommenheit. Das veraltete Aequinoctium dieser Quelle, 25.
März, wollte nun freilich zur der neuen Theorie nicht mehr recht stimmen, und so
wurde schleunigst das alexandrinische 22 (richtiger 21) März hinzugefügt. Von der
Schöpfung zur Sündflut und weiter zu Abraham, zu dem ersten Passahfest des
Moses, der Kreuzigung werden im Ganzen 5228 Jahre, also gerade so viel wie bei
Victorius (2), gezählt. Erst von der Passio rückwärtsschreitend ergiebt eine neue
Summierung 5199 Weltjahre bis zu Christi Geburt. Von dieser sind bis zum gegen-
wärtigen Jahre, dem Todesjahre Theuderichs IV. 737 Jahre gezählt, und damit ist
zum ersten Mal eine Begebenheit der fränkischen Geschichte nach unserer heutigen
Zeitrechnung bestimmt. Wenn der Z. Fortsetzer Fredegars die Existenz dieses Fran-
kenkönigs aus Rücksicht auf das karolingische Haus völlig verschweigt, so steht
dagegen unser Computus auf dem Boden der Legitimität, und ergab eine frühere
Berechnung 738 p. Chr., so scheint die Schrift nur zur Anknüpfung an den für die
Geschichte des Frankenreichs doch nicht ganz gleichgültigen Vorgang um ein Jahr
vordatiert zu sein. Dass aber wirklich 737 p. Chr. gemeint ist, stellt die mitgeteilte
Zeile aus der Ostertafel ausser allem Zweifel. Die angegebenen Charaktere stimmen
genau für dieses Jahr, nur ist das Osterfest 'XIIII. Kl. Apr.' in 'VIIII. Kl. Apr.
zu verbessern, was Labbe stillschweigend getan hat (3).

Hinter dem Mondalter des Ostertages findet sich noch die Zahl « XXIIII » worauf
die Worte folgen « de annorum DXXXII. Secundum Grecos ciclo. »

---

(1) Vgl. meine *Studien*, p. 308.
(2) *Auct. antiq.* IX, p. 683.
(3) Er hat aber auch in den Worten « usque ad praesentem annum » « in » für « ad » geschrieben, was nicht nöthig war.

Die Chronologen waren auf einer falschen Fährte, als sie annahmen, es handele sich hierbei um eine jetzt verlorene 532 jährige Ostertafel, in der 737 das 24. Jahr gewesen sei. Es ist nämlich 24. der Ostertag im März, der vorher nach dem römischen Kalender VIIII. Kl. Apr. bezeichnet war, und die Zahl gehört zur 10. Rubrik der Ostertafel : « dies menses », die oben vor das Mondalter gestellt ist. Auf diese Lösung der Schwierigkeit konnte niemand kommen, der nur das veröffentlichte kurze Fragment vor sich hatte, und nur nach Durcharbeitung der ganzen Schrift war sie zu finden.

Die Worte « De annorum DXXXII secundum Grecos ciclo » stellen die Überschrift des nächsten Abschnittes dar, des Epiloges. Aus diesem ersehen wir, dass sich der Verfasser berufen fühlte nach Ablauf der Cyclen der Griechen in Erinnerung an eine Bemerkung des Dionysius in seiner Vorrede an Petronius (1) die Fortsetzung zu übernehmen, und wenn ihm Gott das Leben schenke und die Zeit ihm nicht fehle, gleich einen richtigen Paschal-Cyclus von 532 Jahren nach dem Vorbilde des Victorius auszuarbeiten, bei dessen Ablauf man wieder an den Anfang zurückkehren könne. Die nächste Fortsetzung der Ostertafel des Dionysius von Felix war 721 abgelaufen (2), und eine sich daran schliessende 95 jährige Fortsetzung hätte noch so lange vorgehalten, dass sich der Verfasser um eine neue nicht zu bemühen brauchte. Aber schon seine Rubriken zeigen, dass er eine ganz eigenartige Ostertafel benutzte, die sich mit keiner der noch verhandenen vergleichen lässt. Ob er seine Absicht ausgeführt hat ? Als er seine Schrift niederschrieb, war die 532 jährige alexandrinische Ostertafel, von der er träumte, bereits von sachkundiger Hand ausgearbeitet. Die klar und gebildet geschriebene Schrift Bedas « De ratione temporum » mit der Ostertafel bis 1063 war schon 725 erschienen, ohne dass er von ihrer Existenz eine Ahnung hatte. Beide Schriften haben die gleiche Tendenz, und doch steht hinsichtlich der Reichhaltigkeit des Quellenmaterials und seiner Verarbeitung Beda unvergleichlich höher. Vergleicht man aber unsern Computus mit dem, was bisher im Frankenreiche auf diesem Gebiete geleistet war, z. B. dem Berner Computus Nr 611 von 727 (3), so wird man die Arbeit des Verfassers nicht ganz gering einschätzen.

Er hat der vollkommeneren Dionysianischen Zeitrechnung im Frankenreiche mit solchem Erfolge die Wege geebnet, dass schon 740 der altfränkische Clerus über Störung der heiligsten Osterfestordnung klagte (4).

Das historisch wichtige 30. Kapitel des Computus verdient im Wortlaut mitgeteilt zu werden.

(1) MIGNE, Patr. lat. 67, col. 488.
(2) N. Archiv. IX, 115.
(3) Ich setze aus Bern Nr 611 den geistreichen Abschnitt über die Zahl hierher: De numero. Numiros autem a numiramento nomen accipit, ut legitur : Et numerabantur pedis eorum.
(4) Contin. Fredeg. c. 24.

XXX. De paucis interrogationibus mundi.

Multi in compotorum artem interrogant de inicio mundi, id est, in quo tempore
factus est mundus, in quo mense, in quo die menses, in quo die septimana, in quo
die apparuerunt sidera, quomodo apparuit luna prima aut plena.

Item interrogationes.

Quot sunt ab inicio mundi usque ad diluvium, a diluvio usque ad Habraham et
reliqua ?

Annum unum tempus est, licet artificem, ut diximus, dividitur in quattuor tempora,
id est ver, aestas, autumnus, hiems. Inicium vero mundi in vere, in mense Martio,
in VIII. Kl. Apr., in XI. Kl. Apr., ut alii, in dominico die fuit factum, in IIII. feria
apparuerunt a) sidera, plena luna, ut beatus dixit Teofhilus (1).

Ab inicio ergo mundi usque ad diluvium II CC XLII, a diluvio usque ad Habraham
DCCCCXLII, a Habraham usque ad pascha Moysen DV anni sunt. Ab inicio mundi
usque ad crucem Domini VCCXXVIII. Item ab inicio mundi b) usque ad nativitatem
Christi VCXCVIIII. A nativitate autem Domini usque ad praesentem annum, in
quo Teudericus rex Francorum defunctus est, DCCXXXVII. In quo anno indictio V,
epacte XV, concur. I, lunae circulum XIII, XIIII. XII. Kl. Apr., pascha VIIII. c) Kl·
Apr., luna XVII. XXIIII.

De annorum DXXII secundum Grecos ciclo.

Haec autem pauca [de d)] multis de paschali racione aliisque causis infantibus
parvi ingenii scribens, nunc, ut arbitres, sufficiunt, ne multitudo verborum eis fasti-
dium faciat et oblivioni tradentur. e) Nam ista semper memorialiter retinere debes. f)
Sed et deficientibus Grecorum ciclus, alium, ut in beati memoriae Diunisi (2)
epistole docemur g), renovare cogamur. Qui ciclos, vita comitante h), et si Deus
perficiat, sicut nos cogitamus, et tempore non deficiat, post annos DXXXII per
omnes titulos pascalis, exceptis i) annis Domini et indictionibus, qui se semper
extendunt, (3) ad id ipsum, unde ortus est, omnino k) revertitur iterumque l) eodem
tramite ad finem pristinam perveniet. m)

a) « appuerunt » c. b) « mundo » c., corr. c) « XIIII » c. d) om. c. e) ita c. f) « debet » c.
g) « doctissimus » c. h) « comitant » c. i) « extit. Anni » c. k) « omno » c. l) « iterum qui » c.
m) « perveniat » c.

(1) Benutzt sind die falschen Acten des Concils von Caesarea in meinen *Studien zur christl..*
mittelalterl. Chronologie p. 308.
(2) Dionysius ad Petronium, Migne, *Patrol. lat.* LXVII, col. 488.
(3) Dionysius ad Petronium, *l. c.*, col. 487.

EUGÈNE REVILLOUT

UNE THÈSE EN THÉOLOGIE DU XVe SIÈCLE

Le Dr Leclerc de Luxeuil, ancien bénédictin, paraît-il, d'après les lettres de Percy, avait fait une très importante collection, achetée par mon père, d'objets d'art et d'antiquités, provenant surtout de l'abbaye de Luxeuil. Parmi les manuscrits, je citerai le magnifique évangéliaire du xie siècle qui a été vendu par mon frère et qui après avoir porté le n° 9 des manuscrits Didot (catalogue de cette collection p. 22) a été acheté par la Bibliothèque Nationale. Je citerai encore le manuscrit dont je veux dire ici quelques mots et qui porte actuellement le n° 168 des manuscrits de cette provenance que je possède encore.

Le titre indiqué sur la couverture par les bénédictins est *Biblia abbreviata et varia opuscula*. Mais il s'agit d'un seul ouvrage présenté à Paris comme thèse de théologie par Desiderius de Birstorff qui l'avait rédigé le 15 novembre 1457 à Paris *in collegio Monti sancti*. Une annotation postérieure nous apprend que le dit Desiderius avait obtenu *licentiam in sacra canonum scientia* le samedi 15 avril 1458 et que, dans cette sorte de concours, il y avait 41 candidats parmi lesquels il avait eu le premier rang.

L'ouvrage ainsi couronné comprend 137 chapitres. On y voit d'abord une Bible mise en vers latin. Les livres ainsi abrégés sont en distiques de deux vers chaque. Après le Nouveau Testament vient la *destinatio operis* en 23 vers, l'*explicit* en 4 vers. Ensuite on lit, en vers français, les articles de la foi, à chacun desquels préside un apôtre, les commandements de Dieu aussi en quatrains. Enfin, en partie, dans une autre écriture et en latin, des dissertations diverses dont je parlerai plus longuement ailleurs et qui paraissent se rapporter à la partie orale de cette soutenance de thèse. Il serait possible cependant d'en attribuer quelques-unes à un supplément, entre autres : un opuscule d'Arnaldus de Palatio, docteur de Paris, sur la doctrine de saint Augustin (en 8 articles) ; un autre sur les heures canoniales (en 28 articles) ; un autre sur les 72 disciples ; un autre sur les prophètes rapprochés des apôtres ; un autre sur les oracles sybillins.

UEBER DIE ABKUERZUNGSMETHODEN

DER SCHREIBSCHULE VON BOBBIO

Die vom hl. Columban im Jahre 614 gegründete Abtei Bobbio ist sowohl wegen der literarischen Schätze, die sie uns aus dem römischen Altertum bewahrt hat, berühmt, als auch wegen der wertvollen Handschriften, die aus ihrem eigenen Scriptorium hervorgingen. Weniger bekannt ist ihre Bedeutung für die Geschichte des mittelalterlichen Abkürzungswesens. Und doch gebührt den Mönchen von Bobbio meines Erachtens das Verdienst, den Grund zu dem grossen Abbreviatursystem des späteren Mittelalters gelegt zu haben, indem sie zuerst die in den römischen Handschriften zerstreut vorkommenden Abkürzungen sammelten und allgemein verwerteten (1).

In der römischen Zeit war jede Kürzungsmethode auf eine bestimmte Kategorie von Büchern beschränkt: in den Handschriften der Klassiker finden sich hauptsächlich Kürzungen durch Suspension (wie in den Inschriften), in den christlichen Handschriften Kürzungen durch Kontraktion; für die Aufzeichnungen öffentlicher Verhandlungen hatte man tironische Noten; in den Handschriften der Juristen verwendete man Notae iuris. Die Schreiber von Bobbio hingegen führten Abkürzungen jeder Art in ihre Handschriften ein. Sie erfanden keine neuen Kürzungsmethoden, allein sie forschten nach allen Kürzungsmethoden der römischen Zeit und wendeten diese ohne jeden Unterschied an.

Noch lebhaft erinnere ich mich des Eindrucks, den ich empfand, als ich vor

---

(1) Seitdem ich dieses schrieb, ist in der Zeitschrift *Zentralblatt für Bibliothekwesen* (Jahrgang 26, 1909, S. 293-306) ein Aufsatz von Professor W. M. Lindsay erschienen : « *The Bobbio Scriptorium : its early Minuscule Abbreviations* ». Dank der Zuvorkommenheit des Herrn Lindsay, der die Güte hatte, mir die Korrekturbogen des Aufsatzes zuzusenden, konnte ich die Ergebnisse seiner Studien in meiner Arbeit noch verwerten.

etwa zwölf Jahren zum ersten Mal Codex L. 99 sup. der Ambrosiana sah, auf den
Monsignor Ceriani seligen Andenkens die Güte batte mich aufmerksam zu machen.
Zu meinem Erstaunen fand ich da alle Abkürzungen verwendet, die ich aus den
Codices der Klassiker,˙ der Bibel und der Juristen kannte, Abkürzungen, von
denen viele in den Handschriften mit karolingischer Minuskel erst im IX., X., XI.,
und XII. Jahrhundert nach und nach wieder auftreten; da sah ich auch Abkürzungen,
die als charakteristisch für die irischen und englischen Handschriften gelten.
Und doch ist die Schrift jenes Codex der Art, dass man ihn ohne Bedenken dem VIII.
Jahrhundert zuschreiben muss. Seit jenem Tage babe ich die Frage nie mehr aus
den Augen verloren, wie mögen die Mönche von Bobbio so früh zur Kenntnis aller
jener Abkürzungen gekommen sein?

Zu den bekanntesten Codices Bobbienses, die sich durch Abkürzungen auszeichnen, gehören :

1° *Codex Neapolitanus IV A 8*, jetzt in der Nationalbibliothek zu Neapel. Seine
Blätter sind grossenteils Palimpsest. Die jüngere Schrift, die uns hier allein interessiert, enthält das grammatische Werk des Flavius Sosipater Charisius und andere
grammatische Schriften, ferner ein Fragment des Liber pontificalis. Vor diesem
Fragment steht ein Verzeichnis der Päpste, das von Petrus bis Conon († 687)
geht; dann ist ein freier Platz gelassen. Pertz, Duchesne, Mommsen und Cipolla
nehmen daher an, dass dieses Fragment aus der Zeit des Nachfolgers Conons, Papst
Sergius I. (687-701) stammt. Damit ist auch ein Anhalt für die Datierung der übrigen
Stücke des Codex gegeben; doch ist zu beachten, dass diese Stücke von anderen
Händen herrühren, und dass ihre Schrift (wenigstens nach dem allgemeinen Eindruck
zu urteilen) auf eine etwas spätere Zeit hinweist. Die Schrift des *Liber pontificalis*
kann man als reine alt-italienische Kursive bezeichnen; sie hat grosse Ähnlichkeit
mit dem Fragment des Julius Valerius, *Res gestae Alexandri*, in Turin, von dem
Carlo Cipolla mehrere Abbildungen gibt (siehe *Codici Bobbiesi della biblioteca nazionale Universitaria di Torino: Collezione paleografica Bobbiese*, vol. I, Mailand 1907,
VII, VIII). Die Schrift des Charisius hingegen und der anderen Stücke ist stark von
der irischen Spitzschrift beeinflusst. Zahlreiche Abbildungen aus diesem Codex finden sich in dem genannten grossen Werke von Carlo Cipolla, *Codici Bobbiesi.....
di Torino*, Taf. I, X, XI, XXXVI, XLII; bei E. Monaci, *Archivio paleografico
italiano*, II, Taf. 63, 64, 65; bei Th. Mommsen, *Liber pontificalis (Monumenta
Germaniae historica)*, Berlin 1898, Taf. 4. Siehe über die Handschrift auch Pertz
im *Archiv der Gesellschaft für ältere deutsche Geschichtskunde*, V, 1824, S. 74,
und L. Duchesne, *Le Liber pontificalis*, Paris 1886-1892, Introduction, pag. CLXXVI.

2° *Codex Vindobonensis Lat. Nr. 16*, jetzt in der Hofbibliothek zu Wien. Auch seine
Blätter sind zum Teil Palimpsest. Der Codex enthält einen älteren Teil (der nur die
gewöhnlichen Kürzungen hat) und zwei jüngere Teile. Uns interessieren hier nur die
jüngeren Teile. Sie enthalten theologische und grammatische Werke. Ihre Schrift

entspricht der Schrift des Charisius in dem eben erwähnten Codex Neapolitanus IV
A 8. Aus Bobbio stammt auch der Codex Vindobonensis 17, der ebenfalls grammatische Traktate enthält. Abbildungen aus dem Vindobonensis 16 finden sich bei
Chatelain, *Paléographie des classiques latins*, 153; bei Chroust, *Monumenta palaeographica*, XI, 2, 3; bei Bick, *Wiener Palimpseste* (in *Sitzungsberichte der
Akademie zu Wien*, 159, 1908). Siehe auch Abbildung в auf unserer Tafel.

3° *Codex Ambrosianus C. 105 inf.*, jetzt in der Ambrosiana in Mailand. Dieser
Codex enthält eine Uebersetzung des Josephus Flavius, *De bello Judaico*; der ältere
Teil ist in schöner Halbunciale des VI. Jahrhunderts geschrieben, der jüngere
Teil, der uns hier allein interessiert, in alt-italienischer Kursive. Einen Anhaltspunkt
zur Datierung gewährt ein Gedicht auf die Langobardenkönige Aribert, Bertharith
und Cunincbert, das von dem Schreiber des jüngeren Teils auf fol. 112ʳ eingeschoben wurde. Cunincbert wird darin als lebend erwähnt. Das Gedicht stammt
also aus der Regierungszeit dieses Königs (686-700), und man glaubt annehmen zu
dürfen, dass auch diese Kopie in jener Zeit oder doch bald nachher geschrieben
wurde. Eine Abbildung daraus findet sich in meinem Buche *Lateinische Palaeographie*, 1. Auflage, Taf. 27, 2. Auflage, Taf. 27 d.

4° *Codex Ambrosianus L. 99 sup.* Dieser Codex enthält die *Etymologiae* des hl.
Isidor von Sevilla. Zur Datierung hat man keinen äusseren Anhaltspunkt. Ceriani
schrieb ihn dem VIII. Jahrhundert zu. Mehrere Hände (wenigstens vier) haben daran
gearbeitet. Abbildungen daraus finden sich in meinem Buche *Lateinische Palaeographie*, 1. Auflage, Taf. 37 und 38a, 2. Auflage, Taf 33 und 34. Siehe auch Abbildung
л auf unserer Tafel.

Bevor ich jetzt dazu übergehe, die Kürzungen zu besprechen, die in diesen
und anderen Codices Bobbienses (1) verwertet sind, möchte ich vorausschicken,
dass die verschiedenen Bobbienser Schreiber nicht für alle Wörter dieselben Methoden
gebrauchen und dass sie auch den Abkürzungen nicht immer dieselbe Form geben.
Einige von den Abkürzungen, die ich im Folgenden erwähne, finden sich also nur
bei dem einen oder dem anderen Schreiber (2).

I. *Abkürzungen durch Suspension.* Die älteste Kürzungsmethode der Römer,
die Suspension, findet sich in den Codices Bobbienses in weitem Umfang angewandt.
Man ahmte die juristischen Handschriften nach, in denen ebenfalls weit mehr Wörter
nach dem Prinzip der Suspension gekürzt sind als in den Handschriften der rö-

---

(1) Ich erwähnte hier nur solche Codices, von denen man mit aller Wahrscheinlichkeit
annehmen kann, dass sie in Bobbio selbst geschrieben wurden, da ihre Schrift von der altitalienischen Kursive beeinflusst ist oder geradezu alt-italienische Kursive ist. Codices, die rein
irische Schrift haben, wie C. 301 inf. der Ambrosiana, lasse ich unberücksichtigt, da sie vielleicht
aus Irland stammen.

(2) Prof. Lindsay hat viele einzelne Codices auf ihre besonderen Abkürzungen hin untersucht.
Siehe seinen oben erwähnten Aufsatz.

mischen Klassiker. Beispiele: $\overline{a}$ = *aut*, $\overline{ap}$ = *apud*, $\overline{c}$ = *est*, $\overline{imp}$ = *imperator*, n = *non*
rei p. = *rei publicae*, $\overline{secun}$ = *secundum*, $\overline{s}$ = *sunt*, $\overline{u}$ = *vel*.

Der Plural wird öfters durch Verdoppelung des letzten ausgeschriebenen Konso-
nanten angedeutet : ff = *fratres*, libb = *libri*, *libros*.

Regelmässig wird die Partikel *que* gekürzt ; aber an Stelle des Punktes setzt man
oft zwei Punkte oder ein Häkchen oder einen Strichpunkt (q. q : q, q ;). Für *bus*
schrieb man meistens *b* mit einem geschlängelten Strich, oft auch mit einem Punkt
oder mit zwei Punkten oder mit einem Häkchen (b; b. b : b,). Hier sei noch erwähnt, dass man auch ausserhalb der Silbe *bus* die Endung *us* häufig durch zwei
Punkte ersetzte, zum Beispiel c : = *cus*, i : = *ius*, l : = *lus*, n : = *nus*, ph : = *phus*,
s : = *sus*.

m und *n* ersetzte man sowohl am Wortende wie am Silbenende durch einen horizontalen geschlängelten Strich.

Häufig wandte man, dem Beispiel der Juristen folgend, die syllabare Suspension
an, besonders in Silben, die mit *er* enden, z. B. $\overline{c}$ = *cer*, $\overline{s}$ = *ser*, $\overline{t}$ = *ter*, $\overline{u}$ = *ver*;
andere Beispiele syllabarer Suspension sind : $\overline{dx}$ = *dixit*, $\overline{m}$ = *men*, $\overline{pp}$ = *propter*,
$\overline{qq}$ = *quoque*, $\overline{r}$ = *rum*, $\overline{tt}$ = *tantum*.

Die Suspension ist gewöhnlich durch einen geraden oder durch einen geschlängelten horizontalen Strich angedeutet, der über dem abgekürzten Wort steht. In Silben,
die mit einem langen Buchstaben beginnen, zog man den Strich oft durch die Oberlänge, z. B. in b = *ber*, *bis*, d = *dem*, *dum*. Für gewisse Endungen liebte man es,
einen schrägen Strich durch den Endstrich des letzten ausgeschriebenen Buchstabens zu ziehen, besonders in *l* = *lum* und *r* = *rum*, gelegentlich auch in c = *cum*,
d = *dum*, m = *mus*, und für die Endungen überhaupt, z. B. eccl = *ecclesiae*.

Endlich sei noch erwähnt, dass man.i. für *id* setzte, besonders in der Verbindung
id est (Abbildung ʌ, 19), aber auch in *idcirco*.

II. *Abkürzungen durch Kontraktion* (1). Auch der christlichen Kürzungsmethode
durch Kontraktion gab man in Bobbio eine viel weitere Ausdehnung als sie früher
gehabt hatte. Man kürzte nicht nur heilige Namen — *Deus, Jesus Christus, Spiritus, Dominus* — und andere kirchliche Ausdrücke — *sanctus, noster, episcopus, presbyter, diaconus, omnipotens, ecclesia* etc. — sondern auch viele andere Wörter jeder
Art. Beispiele : $\overline{cs}$ = *cuius*, $\overline{dt}$ = *dicit*, $\overline{dms}$ = *dicimus*, $\overline{dnt}$ = *dicunt*, $\overline{dr}$ =
dicitur, $\overline{dnr}$ = *dicuntur*, $\overline{ee}$ = *esse*, eplae = *epistolae*, $\overline{fr}$ = *frater*, $\overline{frm}$ = *fratrem*,
$\overline{het}$ = *habet*; $\overline{hnt}$ = *habent*, homis = *hominis*, hoes — *homines*, impris = *imperato-
ris*, $\overline{impm}$ = *imperatorem*, $\overline{loqr}$ = *loquitur*, $\overline{loqmr}$ = *loquimur*, $\overline{loqnr}$ = *loquuntur*,
$\overline{nn}$ = *nomen*, $\overline{noe}$ = *nomine*, $\overline{noa}$ = *nomina*, $\overline{nr}$ = *noster*, $\overline{ni}$ = *nostri*, $\overline{nm}$ =

---

(1) Siehe über diese Art der Abkürzung das treffliche Werk des verstorbenen Professors
L. Traube, *Nomina sacra, Versuch einer Geschichte der christlichen Kürzung*, München, 1907.

$\overline{nostrum}$, $\overline{nam}$ = $nostram$, $\overline{nis}$ = $nostris$, $\overline{nas}$ = $nostras$, $\overline{nc}$ = $nunc$, $\overline{oes}$ =
$omnes$, $\overline{qno}$ = $quando$, $\overline{qre}$ = $quare$, $\overline{qsi}$ = $quasi$, $\overline{qmo}$ = $quomodo$, $\overline{qm}$ oder
$\overline{qnm}$ = $quoniam$, $seq\overline{nr}$ = $sequuntur$, $\overline{st}$ = $sunt$, $\overline{tn}$ = $tamen$, tm und $\overline{tnm}$ = $tantum$,
$\overline{tc}$ = $tunc$.

Die Kontraktion ist in der Regel durch einen horizontalen Strich angedeutet.

III. Aus den *tironischen Noten* nahm man eine kleine Zahl von Zeichen für häufig wiederkehrende Wörtchen auf, vor allem die Zeichen für *con* und *et* : das sind bekanntlich die einzigen tironischen Zeichen, die auch in die Handschriften des späteren Mittelalters allgemein übergingen (siehe Abbildung ᴀ, Zeile 4, 10). Das Zeichen für *con* hatten schon die Juristen adoptiert, doch hat es bei diesen oft eine abweichende Form (diese Form der Juristen findet sich auch zuweilen im Neapolitanus und im Vindobonensis Lat. 17; siehe Lindsay *l. c.*, S. 297). Zur Wiedergabe von *contra* setzen einige Schreiber das Zeichen für *con* zweimal.

Ausserdem hatte man Zeichen für *autem*, *eius*, *est*, die ebenfalls nach dem Vorbild der tironischen Noten gebildet sind, die aber in ihrer Form von den uns bekannten Noten etwas abweichen. Wie diese Form entstanden ist, ist nicht aufgeklärt : es könnte sein, dass man die abweichende Form schon in den Noten fand, die man in Bobbio besass (auch für andere Wörter weichen die Zeichen in Bobbio von den uns bekannten Zeichen ab), es könnte aber auch sein, dass man absichtlich oder aus Missverständnis die neuen Formen bildete. Bemerkenswert ist, dass eines dieser Zeichen — für *est* — bei den verschiedenen Schreibern von Bobbio selbst verschieden ist. In den Noten besteht es aus einem horizontalen Strich und einem danebenstehenden Punkt (—.); die Schreiber von Bobbio hingegen setzen dafür entweder einen horizontalen Strich mit einem darüberstehenden Punkt (∸) oder einen horizontalen Strich mit einem Punkt darüber und darunter (÷) Im Neapolitanus und im Vindobonensis jedoch steht an Stelle der Note stets die Kurzform ē.

Das Zeichen für *autem* besteht aus dem tironischen Zeichen für *a* — einem *h* gleichend — und einem schrägen Strichlein als Hilfszeichen. Dieses Strichlein sitzt entweder oben auf der Rundung des *h* oder es ist unten am Fuss der Rundung angebracht (siehe Abbildung ᴀ, 5; ʙ, 6). In den tironischen Noten hat dieses Zeichen — in der zweiten Form, in welcher das Strichlein unten am Fuss der Rundung angebracht ist — eine andere Bedeutung (siehe Émile Chatelain, *Introduction à la lecture des notes tironiennes*, Paris, 1900, p. 44). Siehe das Zeichen für *autem* bei Chatelain, *l. c.*, p. 41.

Für *eius* setzte man einen grossen Haken, der einem umgekehrten *C* gleicht, in dessen Mitte links ein horizontaler Strich eingefügt ist, so dass das ganze Zeichen einem umgekehrten uncialen *E* gleicht (siehe Abbildung ᴀ, 10). Jener Strich berührt meistens den inneren Bogen von *C*. Das tironische Zeichen für *eius* besteht ebenfalls aus einem grossen Haken, der einem umgekehrten *C* gleicht, doch steht das Hilfszei-

eben nicht in der Mitte sondern über dem *C* (Chatelain, *l. c.*, p. 69); auch das tironische Zeichen für *huius* besteht aus einem umgekehrten *C*, das Hilfszeichen jedoch ist rechts von dem Bogen angebracht, (Chatelain, *l. c.*, p. 70).

Schliesslich sei noch auf die Kurzform für *vel* aufmerksam gemacht, denn auch sie wurde vielleicht mit Rücksicht auf die tironische Note gewählt. In diesen Noten besteht das Zeichen aus dem Buchstaben *l*, dem oben links ein kleines *i* angehängt ist (Chatelain, *l, c.*, p. 44). In Bobbio setzte man dafür *l*, von einem horizontalen Strich durchschnitten. Dieses Zeichen für *vel* findet sich bekanntlich auch in späteren mittelalterlichen Handschriften, die Zeichen für *autem*, *eius* und *est* hingegen sind nicht in den allgemeinen Gebrauch übergegangen, sie finden sich nur in irischangelsächsischen Codices und in Handschriften, die in irgend einer Weise mit einer irischen oder angelsächsischen Schreibschule in Verbindung stehen.

IV. *Notae iuris* (1). Besondere Aufmerksamkeit schenkten die Schreiber von Bobbio den mannigfaltigen Abkürzungen, die die römischen Juristen ersonnen hatten.

Wir sahen schon oben, dass sie, wie die Juristen, der einfachen und der syllabaren Suspension eine weite Ausdehnung gaben.

Von den Juristen übernahmen sie auch die Form der Suspension, die darin besteht, dass ein rundes hochstehendes Häkchen die Endung ersetzt. Doch sie verwendeten dieses Häkchen hauptsächlich nur bei *t* = *tur* (siehe Abbildung A, 16), nur gelegentlich trifft man es auch über c = *cum*, über *m* = *mus* und über *s* = *sed*. Diese Art der Kürzung ging bekanntlich auch in die karolingische Minuskel über; die karolingischen Schreiber verwendeten das Häkchen aber auch für *us* und schon zur Zeit Karls des Grossen begannen einige Schreiber es zu differenzieren : wenn es *ur* andeuten sollte, so fügte man unten einen kleinen Strich oder Schwanz hinzu; sollte es *us* bedeuten, so liess man es unverändert. Im Verlauf des IX. Jahrhunderts wurde diese Differenzierung in der karolingischen Minuskel allgemein durchgeführt.

Von den Juristen lernte man auch die Kurzformen kennen, die in Verbindung mit den Buchstaben *p* und *q* gemacht werden : für *per*, *prae*, *pro* und für *quae*, *quam*, *quia*, *quod*. Der Kurzform für *per* geben jedoch mehrere Schreiber eine andere Form als die Juristen : sie setzen nämlich einen kleinen schrägen Strich oder Haken oben auf die Rundung (siehe Abbildung B 2,3). Diese Form stammt wohl aus einer nachlässig hingeworfenen Abkürzung der alten Art : die Uebergangsform ist, wie mir scheint, auf einem Blatt des Cod. O. 210 sup. der Ambrosiana zu sehen, das noch in das VII. Jahrhundert gehört (siehe Chatelain, *Introduction* etc., Taf. XIII); dort steht der Strich, der durch die Unterlänge gezogen wird, unmittelbar unter der Rundung des *p* und mehrmals durchschneidet er sogar die Rundung, so dass er oben über die Rundung hinausragt. Spätere Kopisten nahmen wahrscheinlich diese Form als Vorbild,

(1) Eine Tabelle der Notae iuris findet sich in meiner *Lateinischen Paläographie*, Einleitung, S. XXXIV.

behielten aber nur das obere Stück des Striches bei. In dem schon erwähnten Frag-
mentdes JuliusValerius, *Rexgestae Alexandri*,in Turin, befindet sich das Häkchen oben
getrennt über dem Bogen des *p* (siehe Cipolla, *l. c.*, Taf. VIII). Von den Kurzformen
in Verbindung mit dem Buchstaben *q* entsprechen die von *quae* und *quod* gewöhnlich
den später im Mittelalter gebrauchten, für *quae* steht aber auch oft *q* mit drei Punkten (siehe Abbildung ʌ, 15). *Quam* und *quia* sind eigenartig : für *quam* steht *q* mit
einem durch den Schwanz gelegten schrägen geschlängelten Strich (siehe Abbildung
ʙ, 1), für *quia* *q* mit einem durch den Schwanz gelegten schrägen geraden Strich.
(Diese Kurzformen haben bei den Juristen die Bedeutung von *quam*, im späteren Mittelalter die Bedeutung von *qui*.) *qui* wird gewöhnlich durch Ueberschreibung
gekürzt. Doch oft wird über *q* ein vertikaler geschlängelter Strich gesetzt (siehe Abbildung ʌ, 10); dieser Strich ist nichts anderes als eine Ligatur, die aus einem kursiven
übergeschriebenen *u* besteht, an das ein *i* gehängt ist ; es ist also keine Kürzung, da
jeder Buchstabe vertreten ist.

In Verbindung mit diesen Kürzungen der Pronomina relativa seien auch die
Kurzformen für die Pronomina demonstrativa *hic*, *haec*, *hoc* und *huius* erwähnt : *hic*
wird durch Ueberschreibung gekürzt ; *haec* durch einen allgemeinen Kürzungsstrich ;
hoc hat eine eigentümliche Kurzform, nämlich *h* mit einem Punkt, der seinen Platz
entweder neben oder über der Rundung des *h* hat (siehe Abbildung ʙ, 9). Diese Kürzung stammt vermutlich aus der juristischen Form, in der oben neben *h* ein kleines
Häkchen stand: das Häkchen erhielt die Form eines Punktes. (Auch *sed* wird in
dieser Weise gekürzt: *s* mit einem obenstehenden Häkchen, wie bei den Juristen,
oder *s* mit einem Punkt). Eigenartig ist bei einigen Schreibern auch die Kurzform für
huius, nämlich *h*, durch dessen Oberlänge ein schräger Strich gezogen ist (sie findet
sich im Neapolitanus): siehe Cipolla, *l. c.*, Taf. XXXVI, Zeile 25, 28, 48. Diese Kurzform ist leicht mit der Form für *haec* zu verwechseln ; doch in dieser ist der Strich
horizontal und er durchschneidet die Oberlänge nicht.

Von den Juristen lernte man auch die Kürzung durch Ueberschreibung eines
Buchstabens kennen. Man gebrauchte sie besonders in Verbindung mit dem Buchstaben *q*, also in *qui*, *quo*, *quas*, etc. ; ferner in den Wörtern *homo*, *modo*,*post*,*vero*,
mihi, *nihil* (*n* mit übergeschriebenem *l*), *tibi*, und für die Silben *ra*, *re*, *ri*, *ru*, und
andere.

Endlich sei noch erwähnt, dass man von den Juristen auch die Kurzform für *inter*
übernahm : langes *i* von einem schrägen Strich durchzogen ; und die Kurzform für
enim, die ursprünglich aus *N* bestand, zwischen dessen Balken ein *i* eingeschoben
war. Man machte dafür zwei senkrechte Striche und zog durch diese einen Horizontal-
strich (siehe Abbildung ʌ, 3). Aber auch die ursprüngliche Kurzform der Juristen findet
sich zuweilen (siehe Lindsay, *l. c.*, S.295). Jene Kurzform für *enim* findet sich
bekanntlich auch häufig in den Handschriften des späteren Mittelalters.

So viel über die Abkürzungsmethoden der Schreibschule von Bobbio. Nun erübrigt mir noch, eine wichtige Frage zu beantworten, nämlich : Gebührt den Mönchen von Bobbio wirklich das Verdienst, jene Abkürzungen zuerst gesammelt und allgemein verwertet zu haben? Haben sie dieselben nicht etwa von einer anderen Schreibschule erlernt? Jeder Kenner alter Handschriften weiss, dass die Handschriften Irlands und Englands sich durch dieselben Abkürzungen auszeichnen. Liegt es daher nicht näher anzunehmen, dass eine Schreibschule Irlands oder Englands diese Abkürzungen zuerst sammelte, und dass die Mönche von Bobbio, die im VII. und VIII. Jahrhundert sich ja vorzüglich aus Iren rekrutierten, die Kenntnis derselben aus Irland mitbrachten?

In der Tat wäre dies möglich. Um die Frage mit Bestimmtheit entscheiden zu können, fehlt es bisher, so weit meine Kenntnisse reichen, an genügenden Anhaltspunkten. Aus mehrfachen Gründen halte ich es jedoch für wahrscheinlich, dass die Abkürzungen nicht aus Irland nach Bobbio kamen, sondern dass sie umgekehrt von Bobbio ihren Weg nach Irland fanden.

Charakteristisch in jener grossen Zahl von Abkürzungen sind besonders die, welche den tironischen Noten und den Handschriften der Juristen entnommen sind ; denn dass man Suspensionen und Kontraktionen verwendete, hat nichts Auffallendes, man fand diese ja, wenn auch in geringerer Zahl, in den Codices der Klassiker und in den Handschriften der christlichen Kirche. Merkwürdig jedoch ist, dass man auch Codices mit tironischen Noten und mit Notae iuris ausbeutete. Nun hat man meines Wissens kein Anzeichen dafür, dass in Irland und England das Studium der tironischen Noten gepflegt worden sei ; man hat auch nie gehört, dass die Klöster dort alte römische juristische Handschriften oder Sammlungen von Notae iuris besessen haben. Es ist auch nicht wahrscheinlich, dass man dort Interesse für derartige Handschriften batte. Von der Abtei Bobbio jedoch wissen wir, dass die tironischen Noten dort bekannt waren und dass ihre Bibliothek auch juristische Handschriften enthielt. Neuere Forschungen haben gezeigt, dass man in Bobbio ein eigenartiges syllabares System der Noten batte, das von dem gewöhnlichen System, welches uns durch karolingische Handschriften überliefert ist, in mancher Hinsicht abweicht (siehe Chatelain, *Introduction à la lecture des notes tironiennes*, p. 117-120 und Taf. XIII). Was die juristischen Handschriften Bobbios betrifft, so ist sogar eine noch erhalten : Cod. Vaticanus lat. 5766 (herausgegeben von Th. Mommsen unter dem Titel *Juris anteiustiniani fragmenta* in den Philologisch-historischen Abhandlungen der Akademie der Wissenschaften zu Berlin aus dem Jahre 1859, Berlin 1860, S. 265). Dieser Codex enthält eine grosse Menge von juristischen Abkürzungen jeder Art (siehe die Zusammenstellung bei Mommsen, l. c., S. 385). In Bobbio war auch früher der Turiner *Theodosianus*, der beim Brande von 1904 zu Grunde ging (herausgegeben von P. Krüger unter dem Titel *Codicis Theodosiani fragmenta Taurinensia* in den oben erwähnten Abhandlungen zu Berlin aus dem Jahre 1879, Berlin 1880). Auch dieser hatte, wenn auch nicht im Text — denn für

den Text waren sie von Kaiser Theodosius verboten worden — so doch in den Ueber-
schriften und Unterschriften viele Abkürzungen (siehe Abbildungen daraus bei Carlo
Cipolla, *Codici Bobbiesi* etc., Taf. VII, VIII). In Oberitalien war übrigens Gelegenheit, auch andere juristische Handschriften, zum Beispiel den Gaius von Verona,
zu benutzen.

Eine andere Erwägung. Viele Wörter werden in Bobbio in verschiedenartiger Weise
gekürzt, bald nach der einen, bald nach der anderen Methode ; für *vel* zum Beispiel
schreibt man $\bar{u}$, oder l mit einem Querstrich ; für *cum* $\bar{c}$, oder $\bar{cm}$, oder c mit einem
oberen Häkchen, oder c mit einem geschlängelten unteren Strich ; für *tantum* $\bar{tm}$ oder
$\bar{tnm}$ oder $\bar{tt}$; für *per* setzt man bald die gewöhnliche Kurzform (siehe Abbildung A),
bald die mit dem obenstehenden Häkchen (siehe Abbildung B). Andere Abkürzungen
haben keine feststehende Form : das Zeichen für *est* zum Beispiel wird, wie wir oben
gesehen haben, von den verschiedenen Schreibern in verschiedener Weise gemacht.
Man kann auch öfters beobachten, dass ein Schreiber gewisse Abkürzungen nur im
ersten Teil seiner Kopie gebraucht und sie dann in der Folge durch andere Abkürzungen ersetzt. Das Ailes macht den Eindruck, dass der Gebrauch jener Abkürzungen in Bobbio im Stadium der ersten Entwickelung war und dass die Schreiber
tastend und versuchsweise vorgingen. Es batte sich noch keine feste Gewohnheit
gebildet, es war noch kein fertiges System vorhanden. Allerdings werden auch in
den Handschriften Irlands öfters verschiedenartige Abkürzungen für dieselben
Wörter verwendet, allein im allgemeinen haben dort die Abkürzungen festere und
bestimmtere Formen.

Unsere Frage wäre leichter zu beantworten, wenn wir eine Anzahl bestimmt
datierter Codices des VII. und VIII. Jahrhunderts aus Bobbio und den britischen Inseln
besässen und daraus ersehen könnten, wann und wo die Abkürzungen zuerst auftreten. Leider ist kein Bobbiensis datiert. Doch der Neapolitanus und der Ambrosianus C. 105 inf. lassen, wie wir oben sahen, wenigstens eine annähernde Datierung
zu : die Kopie des *Liber pontificalis* im Neapolitanus ist aller Wahrscheinlichkeit nach
am Ende des VII. Jahrhunderts geschrieben worden, und ungefähr in dieselbe Zeit oder
in den Anfang des VIII. Jahrhunderts fällt auch wahrscheinlich die Kopie des genannten Ambrosianus. Auch einige insulare Codices lassen eine annähernde Datierung zu :
das Antiphonar von Bangor stammt aus der Zeit eines Abtes, der von 680-691 regierte ;
darin findet sich aber nur einige Male das Zeichen für *autem* ; öfters ist auch die
Kürzung für *per* gesetzt, doch in der gewöhnlichen Form ; ausserdem ist noch die
Kürzung für *pro* gebraucht. Das Evangeliar von Lindisfarne in England wird dem Bischof Eadfrith (698-721) zugeschrieben ; es hat die Zeichen für *autem, eius, est, per*
Was die nicht-datierten Codices Irlands und Englands betrifft, in denen Abkürzungen
vorkommen, so gibt man keinem ein höheres Alter als den oben erwähnten Codices
aus Bobbio. Aus diesem Vergleich der Codices ergibt sich also wenigstens soviel, dass
das Alter der irischen und englischen Codices uns nicht nötigt, einer Schreibschule

a Codex Ambrosianus L. 99 sup.

b Codex Pal. Vindobonensis 16

Irlands oder Englands die erste allgemeine Einführung der Abkürzungen zuzuschreiben. Denn die Bobbienses sind ebenso alt.

Transkription der Abbildungen. — Die erste Abbildung ist dem Ambrosianus L 99 sup. entnommen; sie enthält Kapitel 12-15 des 3. Buches der *Etymologiae* des hl. Isidor. Am Rande steht: *Explicit liber III, incipit liber IIII.*

ᴀ Conon (1) figura quae ab amplo in angustum finit, sicut ortoconium.
Piramis *est* figura quae in modum ignis ab amplo in cacumen surgit.
Ignis *enim* apud Grecos pirim appellatus *est.* Sicut *enim* infra decem·
omnis est numerus, ita intra hunc circulum omnium figurarum concluditur ambitus.
5 Prima *autem* figura huius artis punctus *est,* cuius pars nulla *est.* Secunda
linea *praeter* latitudinem longitudo. Recta linea *est* quae ex aequo in suis punctis
iacet. Superficies *vero quod* longitudines latitudines solas habet. Superficies vero
finis lineae *sunt,* quorum formae ideo in superioribus decem figuris positae non sunt, quia
inter ea inveniunt. IIII. Numerus *autem* secundum geometriam ita queris :
10 extrema quippe *eius* multiplicata tantum faciunt quantum *et* media duplicata,
ut putas, VI *et* (2) XII multiplicata faciunt septuagies depondius, media VIII
et VIIII multiplicata tantumdem faciunt. I. De musica. II. De nomine
musicae. III. De inventoribus eius. IIII. Quid possit musica. V. De tribus partibus musicae. VI. De triformi musicae divisione. VII. De prima divisione
15 musicae quae armonica dicitur. VIII. De secunda divisione quae organica vocatur.
VIIII. De tertia quae arithmetica nuncupatur (3). X. De numeris
musicis. I. Musica *est* peritia mudulationis sono cantuque consis-
tens *et* dicta (4) musica per derivationem a Musis. Musae *autem* appell[at]ae
[a]po tu mason, id *est* a querendo quod per eas sicut antiqui voluerunt, vis carmi-
20 num *et* vocis modulatio quereretur. Quarum sonus quuia (5) sensibilis res *est*

Die zweite Abbildung (für welche ich das Facsimile bei Émile Chatelain, *Paléographie des classiques latins,* planche 153, benutze) ist dem Vindobonensis entnommen; sie enthält Kapitel 69 und 70 der Schrift des hl. Augustinus *De haeresibus.*

ʙ ζήτει   Christi, nam quosdam ex eis, quos extra eorum ecclesiam babtizaverunt, in
[suis honoribus sine ulla in quoquam repeti.
tione babtismatis receperunt, nec eos corregerent per publicas potestates agere desti-
[tuerunt, nec eorum crimi-
nibus per sui consilii sententiam vehementer exageratis communionem suam contami-
[nare timuerunt.

(1) Korrigiert aus *colon.*
(2) Vor *et* ist *a* durch zwei übergesetzte Punkte getilgt.
(3) Vorher ist *multiplicatur* durch einen übergesetzten Strich getilgt.
(4) Korrigiert aus *deleta.*
(5) Vorher ist *us* durch einen übergesetzten Strich getilgt.

LXXI. Priscillianistae, quos in Spania Priscillianus instituit, maxime Gnosticorum
[et Manicheorum dogmata permixta sectantur.
5 Quamvis ex aliis heresibus in eos sordes tamquam in sentinam quandam horribili con-
[fusione confluxerunt.
Propter occultandas autem contaminationes et turpitudines suas habent in suis dog-
[matibus et haec verba : Iura, periera,
secretum prodere noli. Hi animas dicunt eiusdem naturae atque substantiae cuius est
[Deus, ad agonem quendam
spontaneum in terris exercendum, per VII caelos et per quosdam gradatim descen-
[dere principatus, et in ma-
lignum principem incurrere, a quo istum mundum factum volunt, atque ab hoc prin-
[cipe per diversa carnis
10 corpora seminari. Asstruunt etiam fatalibus stellis homines conligatos, ipsumque corpus
[nostrum secundum
XII signa caeli esse compositum, sicut hi qui mathematici vulgo appellantur, consti-
[tuentes in capite
Arietem, Taurum in cervice, Geminos in humeris,

F. NOUGARET

JUVÉNAL

OMISSION DU FRAGMENT WINSTEDT

M. Stuart a publié, dans la Classical Quarterly de janvier, une collation d'un très intéressant ms de Juvénal demeuré jusqu'à lui presque inconnu, le *Paris. Bibl. Nat. lat. 8072 ff. 94-113*. Non pas inconnu du maître, qui y avait prélevé depuis long-temps une de ses photographies les plus suggestives (108ᵇ ; Chatelain, Pal. Class., pl. cxxviii). Quant à Achaintre et à Pithou (*ibid.*, II, p. 11), j'ignore ce qu'en a fait le premier, peu de chose apparemment (Stuart *l. l.*), et il semble que le second ait plutôt utilisé, sous le nom de *Latiniacensis*, le Juvénal ff. 1-47 relié avec (reliure postérieure), lequel porte seul son *ex libris*.

1ᵉ marg. inf. manu Pithoei	PP	quanam manu ? Jac. Aug. thuanj.
	Latiniaci	
	1 ‖‖66	
ibid. marg. sup. P. Pithou	Cod Colb. 1468.	Regius
		578
		2.

Notre ms a fait partie lui aussi de la bibliothèque royale (113ᵃ). D'où y était-il venu ? Je n'en vois d'autre indice que le suivant :

97ᵉ marg. lat. lin. 6-10 Che ⊕ Fcᴛ ⊕ Giler (il *dub.*)

111ᵉ marg. lat. lin. 7-9 Che Fcᴛ Giier (il *dub.*)

S'agirait-il de Claude Fauchet, *Falcetus ?* Le catalogue l'attribue au xi⁰ siècle (x⁰ Chat. et St.) ; il le signale d'ailleurs bien en l'air : *5 premières satires* (lisez 6) : *quintae dimidia fere pars desideratur* (l. sextae paulo plus quam tertia, item secundae duae fere partes tertiaeque decima). Je dois ajouter, par gratitude envers mon ancien maître, et pour rétablir les faits, trop libéralement interprétés par M. Stuart, que c'est à la conférence de M. Chatelain à l'École des Hautes-Études (1894-5, v. Annuaire 1896), et guidé par lui, que j'ai connu le ms, et pris l'idéc de le copier.

Ce que ce débris a de frappant, c'est l'air de parenté qu'il présente avec le ms de Montpellier. Parenté collatérale et non filiation : voir les conclusions de M. Stuart, ainsi que la très exacte et complète collation dont il les déduit.

Rien n'étant parfait, non pas même les meilleures collations, on ne s'étonnera pas qu'en me corrigeant moi-même sur M. Stuart, je trouve à glaner quelques broutilles (simples épels parfois, qu'il m'excusera de mentionner) :

Sat. I inscr. sp. 1 u.   21 S ιuacaτ·   26 *ex* cu   43 quι preſſιτ
53 laberιnτhι·   84 pẏra   110 necęd—   125 ιnquιd   126 quιeſcιτ *ex—*ſceτ
130 ara barτheſ   169 *ex* galeaſτū
Sat. II tit. sp. 1 u.   32 uuluuā   43 *puto* ac τ—   50 h ιppoſ—   52 ulloſτrepιτ̃ŏ
Sat. III   70 τralιbuſ ·   107ᵃ *Transpositionis notam... et I m.* (del. *ut vid.*)...
(*a linea post notam*)... *Fol. 108ʳ* (*post uersum nota*)...   141 ſeruuoſ   144 ιure ſcιlιc&ᵃſ—
154 deſe   186 barbaſ cr— *ex* barbaſτ   188 preſτ—   192 *ex* cal
199 U ćale   205 eodēmarm—   224 fruſι nonne   229 pιτag—
246 inest ras.   254 ſarcæ   266 P oττa mea   271 (certo *ex* cad—)
274 adeoſ τοτ   275 preτ—   285 enιa   289 R ιxa *maius spat.* ubι τup—
305 agιτrem   311 nemarra *ex* nemarſ
Sat. IV tit. sp. 1 u.   5 quιreferτ   7 [*sic semper*] del.   53 pal fẏ rιo ſι
61 τraιanū   76 ιamſed&   83 ger— *ex* reg   111 dachιſ   119 rhrombū
120 I nl—   128 ιnτergaſ—   132 Q uaτenuι ſpaτιum *maius sp.* c—
Sat. V tit. sp. 1 u.   19 rumſere (*ex* ſumerc) ſonū (*cf. VI 416*)   24 ſuccιda
46 bene u—   63 gelιcęᵠᵗm— *ex* gelidę m—   68 ιāmucidę *nihil er?*
80 pecτorιſl—   87 —roτιbι cauculιſol—   96 necp—   102 carιpdī
104 glaτιę   107 facιlem *maius sp.* ſe preh—   109 cocτa   118 ιnquιd
139 I(*ex*¹ *paulo superius scripta*) uſſ—   140 J ocundū   148 poſτ quā
161 uιderſ̣ (= — rιſ) *ex* —reſ
Sat. VI post expl. inc. 2 lin., tit. null.   1 pudιcιam

29 D ιc̈ qua·ſιτ̈hιpone et (*et quidem* ſι *ex* ſτ)   34 *ex* pι   35 —gιτ aτe
36 nequ—   40 ꟽ ulτοϰq;   52 corẏboſ   64 cla u——— appula
70 —ar acne *ex* —araτne   71 a τ—   72 dιlιg& ?   82 eppιalτd—
88 S equanquā   104 Є ppιa. ——— lẏdιa   120 galeno *puto ex* galer
124 brιττannιce   129 rιdιga   131 cęn-   156 beronιceſ   165 cẏgno

172 de p— *187* cecoprıſ· *213* obſҭanҭe l *priorem exp. I (nulla enim 2) m.*
Post 232... at incoh., *tum eraso 252*° Q uem preſҭare *unde ne quid ad Oxonianum*
256 m *puto ex* b *260* panıculuſ *263* faſcea *266* C urgınıſ — lÿdia
274 exſpecҭanҭıb; *277* quod ? *285* decr- *292* sp. 3 *litt.*
304 ıam *maius sp.* u— *310* ſıſonҭıb; *320* auҭſ&a *323* P alma — ҽqua
326 L eom— *330* I ılla *Ante 347...* þ ... ↄ *atque ad hunc modum directae initiales :*

   ↑
   P one
   C uſҭodeſ
   ↓

simul atque a P one *mutatur scriptor (uel scriptura, u. ultra)* *350* .q̈
351 Q uam.q̄· *354* m̈an̈·deſ *364* ҭollaҭŏr *365* quanҭıſıbıg—
373 helıŏdoruſ *385* lamıҭarū *399* quam *405* pregnanҭē
406 .q̈q; — quoҭ· *411* nuҭareurb— *412* cuıcumq ē *413* .q̈·
416 R umpunҭur ſŏnı· *(cf V 19)* *422* ınpreſſıҭ ? *430* felernum

Le texte n'ayant pas subi de seconde main, on comprend combien il peut aider au déchiffrement de P. Cependant, si ce que cet article a en vue n'est pas un mirage, on le prisera moins pour cette intégrité que pour une faute, une heureuse faute, qui a fait échanger à notre copiste deux passages de chacun 34 vers (107ᵘ | 108ʳ).

Une seule main en effet jusqu'à la fin du cahier b (f. 113), malgré toutes les apparences contraires (v. Chatelain, pl. susdite) ; je m'en suis, après nouvel examen, absolument assuré. Peut-être un nouveau copiste sur la plus grande partie du cahier c (ff. 98-105), en tout cas un seul nouveau, et seulement sur ce cahier ; je n'ai pu achever de me rendre compte s'il différait du premier.

« Avez-vous remarqué, me dit M. Stuart, venu chez moi consulter le Pithoeanus (que j'avais en prêt), que le manuscrit de Paris à 34 lignes à la page, juste le nombre de lignes du supplément Winstedt ? — Oui, lui dis-je, mais jusqu'à présent je n'en ai pu rien faire. » Si j'en fais aujourd'hui une hypothèse plausible, grâce à cette rencontre de nos deux pensées, je crois qu'il ne regrettera pas le détour de chemin que je lui ai causé. En effet, π (ainsi l'appellerai-je avec M. Stuart) a 34 lignes à la page, et il échange l'une l'autre deux pages consécutives de 34 lignes. Qu'est-ce à dire, sinon que le copiste de π, ayant tourné par mégarde deux feuillets de son modèle, a copié un verso-recto avant son tour, et un autre après ? Ainsi nous arrive-t-il de nous méprendre, quand nous ne lisons que des yeux ; ainsi s'est mépris celui qui a folioté le Plaute D, quand il a privé de son numéro le f. après 12. Cc feuillet, jumeau du précédent au centre du cahier, se trouve fait comme lui d'un vélin très mince, qui a trompé le récoleur. π serait-il donc copié une page pour deux, pour deux de front à livre ouvert (ce que j'appellerai ici un couple), tout comme le Plaute B, lequel a

33

certainement été copié page pour couple sur le modèle à 26 lignes dont D est l'image ?
Il n'y a pas d'hypothèse plus simple, et nous n'en chercherons pas d'autre.

Le modèle de II aura donc été paginé à 17 lignes. Seul paginé ? Ne perdons pas de
vue qu'au moyen âge comme aux temps latins, il s'est fait des éditions. Restes d'une
édition, le Plaute CD ; d'une autre édition, le Térence CP ; d'une autre, le Juvénal
PAarau ; d'une autre encore, le Phèdre PR, etc. On tirait à moins d'exemplaires,
tout simplement. D'ailleurs, a-t-on conservé tant que cela d'exemplaires de nos
éditions incunables ? Parfois aussi d'une édition à une autre a pu se transmettre une
même pagination ; on a fait, ou pu faire, des rééditions. Dès lors, notre 17 lignes
posé, n'aurait-on pas, sur un exemplaire contemporain ou antérieur, semblablement
distribué (je ne dis pas nécessairement sur le même exemplaire, v. plus loin le
motif du postulat), sauté de même le fragment Winstedt ? Pour qu'il ait pu en être
ainsi, il faut et il suffit que comptant les pages de couple en couple, nous venions
tomber précisément en tête d'un couple au premier vers du fragment. Or, du v. III
202, premier après les deux couples posés ci-dessus, à VI 365, dernier avant le
fragment, on compte exactement :

$$
\begin{aligned}
III\ 322\text{-}201 &= 121 \\
IV &= 154 \\
V &= 173 \\
VI\ ad\ 365 &= 365 \\
titt.\ IV\ V\ (sine\ tit.\ VI) &= 2 \\
expl.\ inc.\ I\text{-}II &= 2 \\
\hline
\text{total} &= 817\ \text{lignes} = (2 \times 17) \times 24 + 1
\end{aligned}
$$

24 couples, plus 1 ligne. On ne me refusera pas, j'espère, une adhésion provisoire.
On ne me la disputerait que sur le terrain hasardeux du v. VI 126 entre crochets
Bücheler, le seul mis par lui entre crochets dans tout cet intervalle, *om.* Pω
« *quem altea numquam impressum ex antiquo libro hic primum reposui* » *Pulman-
nus, qui tradiderunt, uarie collocant et scribunt* Buecheler, « *in uetustis codicibus* »
*inuenit Io. Cuspinianus, post 125 posuit Henninius, uersus Iuuenale non indignas
sed uix necessarius* Housman.

Voici donc peut-être une première lueur : l'omission du fragment Winstedt explicable par la situation du fragment en verso-recto dans un ms à 17 lignes, jumeau
ou aîné de celui qui méfeuilleté a produit l'interversion II. Notons en chemin les
interpages ci-après du ms supposé, de nature à fortifier nos présomptions :

V 63-64 intervertis PΠO.

VI 126 ? v. plus loin.

Si 126 négligé, fin de page à VI 348 *et ab illis incipit uxor* que répète le dernier
vers Winstedt.

Notre édition à 17 lignes (ou notre exemplaire, si on rejette le postulat, car je n'y tiens pas nécessairement), qui restait conjecturale tant qu'elle ne servait qu'à expliquer l'interversion Π, devient possible dès qu'elle éclaircit le supplément O.

Elle deviendrait vraisemblable, si l'on montrait qu'elle a commencé en tête de page avec le 1er vers de Juvénal. Nos yeux la verraient en quelque sorte. Relevons donc du v. III 133, dernier avant la transposition, à I 1, en remontant,

$$III\ ad\ 133 = 133$$
$$II = 170$$
$$I = 171$$
$$tilt.\ III\ II\ (sine\ tit.\ I) = \underline{\quad 2}$$
$$total = \overline{476}\ \text{lignes} = (2 \times 17) \times 14$$

Non seulement en tête d'une page, mais en tête d'un couple ! Juvénal commençant sur un verso comme dans P, comme dans Π, comme dans Aarau... Pas de vers entre crochets dans cette partie, aucun qui soit omis nulle part avec ensemble ; aucun excédent non plus. [Noter à l'interpage

II 63 omis Π suppléé après 66 fin de page.
III 166 omis P suppléé après 167 fin de page.]

Notre possibilité est devenue vraisemblance.

Si Juvénal se terminait comme Virgile, ou comme Lucrèce, ou comme Lucain, sans lacune finale, autre que l'inachèvement, peut-être devrions-nous horner ici nos calculs, quittes à les affermir par ailleurs ; mais par une chance, dirai-je heureuse ? Juvénal, comme Plaute, nous est parvenu mutilé *in calce*. Tous nos mss connus et complets, j'entends enfermant tout ce qui a survécu du texte, cessent sur le même vide. Il leur est commun à tous. Bien mieux, comme par souci de sauver la face, et de voiler sous une apparence cet effondrement du texte, P s'arrange pour terminer, devant lui, à la dernière ligne de son dernier cahier. Ainsi du moins ai-je cru comprendre pourquoi le copiste, qui reste le même d'un bout à l'autre, ayant paginé constamment à 29 lignes avant et après, fait soudain trois pages consécutives de 28 lignes (le pointage en prévoyant 29) dès qu'il le peut après avoir entamé son dernier livre (entamé au cahier VIII verso final ; dès le cahier IX, 3 pages de 28 lignes). Il aura compté ce qui lui restait à écrire, et dissimulé le plus loin possible le vide obligé.

Ce n'est donc pas, comme on a pensé, que Sat. XVI fin se soit perdue dans P lui-même par chute d'un cahier (binion tout au plus ou feuillet, à moins qu'un autre texte n'ait suivi, v. mon article des Mélanges Havet). Je montrerai d'ailleurs prochainement que tout ceci remonte à autre que P.

Cela étant, et un exemplaire à 17 lignes ouvrant jour sur l'omission du fragment Winstedt, ne pourrait-il éclairer de même la production de la lacune ? Ou, si cette lacune est de plus haute date, n'aurait-il pas, comme P et comme le modèle de P (v. digression ci-avant) conclu le texte subsistant par une dernière ligne de feuillet, sinon de cahier? La recherche en vaut la peine; elle est aisée. On compte, du v. VI 366, premier après nos versos-rectos, à XVI 60, dernier avant la lacune :

$$
\begin{array}{rr}
VI\ 661\text{-}365 = & 296 \\
VII = & 243 \\
VIII = & 275 \\
IX = & 150 \\
X = & 366 \\
XI = & 208 \\
XII = & 130 \\
XIII = & 249 \\
XIV = & 331 \\
XV = & 174 \\
XVI = & 60 \\
\textit{titt. VII-XII (sine tit. XIII) XIV-XVI} = & 9 \\
\textit{expl. inc. ll. II-III III-IV IV-V} = & 6 \\
\hline
\text{total} = & 2497
\end{array}
$$

lignes $= (2 \times 17) \times 73 + 15$

73 rectos-versos, plus 1 verso à deux lignes près. Notre vraisemblance s'achemine, je crois, vers une discrète probabilité. A deux lignes près? Mais n'y a-t-il pas les 2 vers du second supplément Bodléien, entre VI 373 et 374, tout exprès pour emplir ces deux lignes? Bücheler, il est vrai, note 1 v. d'athétèse (IX 119). Mais voici tout aussitôt le IX 134ª Housman pour le remplacer. p avait barré ce dernier vers? mais il devait insérer XIV entre 1 et 2. Nous revenons bon gré mal gré à nos 17 vers. J'ai hâte d'ajouter que le problème est moins simple; il le serait trop. Tout à l'heure, en jalonnant quelques interpages, j'aurai lieu d'en accuser les difficultés. N'importe, le gros résultat se recommande déjà de lui-même, et si nous parvenons à établir que le ms ainsi paginé se composait d'un nombre entier de cahiers (quaternions), on accordera, je crois, que la conjecture du début s'est changée en une quasi certitude.

Rassemblons donc nos totaux partiels, comme si nous feuilletions le volume lui-même, en sens inverse.

$$
\begin{array}{lr}
XVI\ 60 - VI\ 366 = 1\ \textit{verso} + & 73\ \textit{rectos-versos} \\
VI\ O\ 34 - 1 = & 1 \quad » \\
VI\ 365 - III\ 202 = & 24 \\
III\ 201 - 134\ (\textit{interversion II}) = \quad . & 2 \quad » \\
III\ 133 - II = & 14 \quad »
\end{array}
$$

total du Juvénal subsistant $= 1$ verso $+ 114$ rectos-versos
$\qquad\qquad = 114$ feuillets $+ 1$ verso initial par réversion
$\qquad\qquad = \dfrac{114}{8}$ $(= 14)$ quaternions $+ 2$ feuillets $+$ ledit verso,

soit 2 feuillets et un verso de plus, que le compte juste. Que faire de ces 2 1/2 feuillets? Il faut, ou que nos calculs soient aventurés, ou que le ms ait commencé par un autre texte, un texte qui ait pu occuper, à distance convenable, les 5 1/2 premiers feuillets d'un quaternion. Grâce aux dieux nous avons ce texte. Juvénal, « qui errait inquiet dans Subure » depuis que son ami Martial l'avait quitté, s'est un peu drapé devant l'avenir sous le manteau de l'étudiant Persius. Perse-Juvénal, du feuillet de Bobbio en capitale au *codex* carolingien de Lorsch en minuscule, voilà les deux associés, les inséparables, pour mieux dire. Ils le sont parfois encore dans nos éditions.

Tu sarai primo, ed i' sarò secondo

dit Dante à Virgile. Qui était le chef, qui le second, de nos deux compagnons? Perse est incontestablement l'aîné, mais aussi celui qui, plus tôt fauché, a le moins accompli son existence. Son œuvre représente la sixième partie de l'œuvre de Juvénal. Est-ce pour cela que le palimpseste le met le dernier? Comment a-t-il pris le pas dans le ms de Montpellier? Si l'on observe que le 26 lignes en capitale avec Perse final n'a pas dû être lacunaire, et que notre plus ancien ms en minuscule avec Perse initial l'est déjà, on soupçonnera que la lacune soit née de ce transport même. Non assurément dans le ms que nous restituons, puisque par hypothèse Perse doit y être intransportable. Mais dans un 17 lignes, puisque la lacune doit partir d'avec un cahier (noter pourtant que dans P qui a 29 lignes, et dans le modèle de P qui n'en avait pas 29, la conjecture eût été pareille; mais on se rappelle l'escamotage de lignes, que rien n'inspirerait plus dans un 17, et il y a d'autre part un chiffre fatidique, 68 v. perdus maximum (Mél. Havet) $= 2 \times 34$). Ce 17 lignes, autre et plus ancien que le nôtre, a dû exister. Qu'on veuille bien, jusqu'à éclaircissement prochain, m'en faire crédit sur parole. Comme il se terminait par Perse, le malavisé qui y aura reporté cet auteur en bloc au commencement aura, sans prendre garde, mangé le morceau adhérent de Juvénal. Cf. toutefois Plaute, déplacement des Bacchides, consécutif (et sans doute conjoint) à la perte du cahier mitoyen avec Aululaire. La lacune pourrait avoir entraîné le déplacement. Mais cf. aussi le déplacement de Perse choliambes (épilogue dans α, et probablement dans le ms en capitale, prologue partout ailleurs), préalable (?) à la perte de Juvénal *incipit*. Peu importe d'ailleurs tout ceci pour notre ms, qui aura hérité du fait.

Perse est le *deus ex machina* qui va garnir nos feuillets gênants. En effet, il fournit, choliambes à part :

$$
\begin{aligned}
Sat.\ I &= 134 \\
II &= 75 \\
III &= 118 \\
IV &= 52 \\
V &= 191 \\
VI &= 81 \\
(sine\ tit.\ I)\ titt.\ II - VI &= 5 \\
\text{total} = \overline{656\ \text{lignes}} &= (2 \times 17) \times 19 + 11 = 19\ \text{feuillets} + \text{une page} \\
&= \frac{19}{8}\ (= 2)\ \text{quaternions} + 3\ \text{feuillets} + \text{ladite page.}
\end{aligned}
$$

Nous avions de reste 2 1/2 feuillets. Plus 3 1/2, cela nous fait 6. Nous en cherchions 8. Juvénal commençait sur un verso. Perse aura commencé de même. D'où 2 rectos (avant Perse et avant Juvénal) blancs ; et un feuillet pour choliambes (recto blanc, verso noir, à titre de rythme distinct), voilà notre compte.

On peut mettre ces **2** feuillets surnuméraires en tête comme dans P (et dans le modèle de P). P ouvre par **2** feuillets blancs (v. ci-après), dont le premier a été négligé au foliotage. Le second (dit f. 1) contient au verso les choliambes ; mais ils ne sont pas de P. Ils sont bel et bien de p. P n'avait plus sous les yeux les choliambes. Les aurait-il laissés au *rubricator?* Il ne lui aurait laissé qu'eux seuls. Tous les titres, y compris les *expl. inc.*, toutes les initiales (moins sûr), tout dans cette première écriture, texte, scolies, est de P, d'un seul copiste P. Il n'avait donc pas devant lui les choliambes.

Il ne me reste plus à dire grand chose. Notre 17 lignes n'a pas à répondre de la lacune finale, si tentant que cela soit : je la crois plus ancienne. Il ne répond, selon ma pensée, que du supplément Bodléien. Comment s'explique cette chance singulière du *Canonicianus?* Je n'entreprendrai pas de le dévoiler. Il faudrait supposer d'abord que tous nos mss (y compris celui d'Oxford, et Π, pour cette partie) dérivent non de ce 17 lignes, mais d'une copie, puisque O vaut par ailleurs moins que Π, et que le groupe P n'a pas les vers p que contenait ce 17 lignes. Il faudrait supposer que O a suppléé sur ce 17 lignes ce qui lui donne à lui-même un si grand prix. N'oublions pas que ce 17 lignes n'a pas dû être seul. Le passage aurait-il été marqué d'interdit, pour double emploi (VI 346-8 et VI O 30-4), et collé entre deux feuillets, dans toute une édition (cf. tel procédé actuel, ou inversement, celui de la mise en carton)? Trouvera le joint, qui en apercevra des indices. Je n'ai vu, pour ma part, que le *Parisinus.* Encore n'y ai-je pas tout vu. Comment expliquer, par exemple, qu'étant copié sur un 17 lignes au moment où il intervertit les deux 34 susdits, il le soit sur un 29 (édition PAarau), quand il omet VI 233? v. Stuart, *l. l.*

Le blanc après 232 (31 lignes) tient à l'ignorance du copiste. Il n'a pas compris les signes transposants. Il a cru d'abord à une athétèse de 19 vers (233 transposé — 251) et il s'apprêtait à sauter sans façon au 252 (v. ci-avant collation), quand il s'est ravisé, a cru cette fois à une lacune, et y a paré par un laissé blanc. Laissons agir son premier mouvement. Voilà engendré tout un nouveau mystère de fragment O. Conservé à sa place dans le modèle, mais après un vers omis, dont les *hic dimitte-hic accipe*, au lieu de rétablir le vers, n'aboutissent qu'à couler le passage, sauf dans telle copie mieux inspirée, où néanmoins il remonterait en fausse place. Avec cette différence que pour le vrai fragment O, rattaché d'abord à VI 346-8 comme une variante hors d'usage, l'omission se serait engendrée originairement par saut de verso à verso d'archétype à 17 lignes, soit de 348 fin de verso à O 34 ($=17 \times 2$)

similaire (d'où peut-être, primitivement, le feuillet blanc superflu P). Elle aurait été ensuite réparée après 365 (= 348 + 17) fin de recto (1).

Après tout, ce 17 lignes peut n'avoir plus été qu'un débris, tout comme Π en est un aujourd'hui, à l'époque où Π l'a reproduit. Π n'a normalement pas pu commencer par Perse, qui ne cadre pas avec sa foliation (à moins qu'il n'ait eu aucun blanc au début, chose très possible ; il aurait, en ce cas, perdu par détachement du Perse initial les deux feuillets manquants de Juvénal cahier a) ; v. plus loin le décompte. Aucune visible signature de cahier. Qu'avait-il aux deux premiers feuillets du cahier a ? Il peut les avoir simplement réservés, si les cahiers de Perse avant le cahier mitoyen lui manquaient. Le cahier c enfreint l'ordinaire procédé d'assemblage et de réglage. Π n'a ni scolies, quoique le réglage les ait prévues, ni titres, hors *expl. inc. ll.* I-II, ni les grandes initiales. Il est bâclé en conscience (omissions multiples, sauts d'écriture déconcertants). Est-il jamais allé au delà de son cahier c ? Pouvait-il aller au-delà ? Heureux peut-être encore d'avoir sous la main trois ou quatre cahiers d'un 17, et aussi peu ou moins de cahiers d'un 29.

L'histoire des mss n'est pas toujours très claire. Je la compare à ces canaux ou « aiguilles » de notre Roussillon, difflués à l'infini, *quantum mutati*, de trois purs courants. Est-ce encore ici de l'eau de Tet, ou déjà de l'eau d'Agli ? Bien fin qui pourrait le dire, et bien fin qui dira de quelle édition vient telle leçon p égarée dans le courant P du texte de Π. Je n'ai garde d'ajouter de quel exemplaire. D'où dérivent les suppléments VI 126, VI 373ᵃˑᵇ, VI *ad 614*, pour ne citer que ceux-là ? Par quels écarts avaient-ils divergé ? Par combien d'écarts ? Bornons-nous à ce qui s'offre de soi sans qu'on ait à le chercher.

Deux traits se détachent concernant Π. D'une part, en superposant des variantes telles que

ǂ herculeıat
I 52 heracleaſ   *I 126* quıeſcır *ex* -ſceτ   *II 24* non querenτeſ
III 49 n'onᶜdılıgırur   *IV 83* gerenτı ex reg   *V 63* gelıcę ex -dę

(seulement jusque vers ici ? jusqu'au nécessaire changement de modèle ?), en surjetant sur un fond P certains fils p

I 35 quem munere   *I 38* N ocτıbuſ   *I 63* N onne
I 155 lucebıſ   *III 63* τıbıcıne   *III 141* agrı   *III 145* parapſıde   *VI 365* N on nüquā

(*adde enotata* Stuart), il semble (pour partie) refléter un archétype commun ; d'autre part, il a une perle, qui n'est qu'à lui. I 115, il a *firma*. Le vulgaire, *atque*. Interpolation ? pense, avec doute, M. Stuart. Il a, je crois, raison de douter.

(1) On voit pourquoi j'ai supposé une édition, voire même une réédition, mais pourquoi j'ai dit ne pas y tenir.

Mens bona, fama, *fides*, Perse II 8. (Dans les églises), haut et clair, pour se faire entendre du visiteur; mais en dedans et sous langue on mâchonne : o si... l'oncle claquait, le bel *enterrement!* o si... sous la pioche m'*écla*tait un pot plein d'argent, grand saint Hercule !

Juv. I 115...Puisqu'en effet parmi nous très sainte est Sa Majesté Richesse, quoique Monnaie *l'enterreuse* n'ait point encore d'église, que nous n'ayons point encore dressé d'autels des Écus, comme on vénère

Pax, Fama, *Fides*, *Victoria*, *Virtus*

et Concorde, où *claque* la nichée à chaque fois qu'on lui dit bonjour.

Cf. II I 156 même feuillet au verso : fumanт *ex* fιrmanт. Il devait y avoir à Rome, au temps de Juvénal, une chapelle de *Fama*.

Je n'ai lu qu'après coup l'article de M. Postgate (Classical Quarterly, même n° que ci-avant). Il y arrive à même résultat, par autre chemin. On voudra bien s'y reporter.

Conclusion : le 17 lignes n'a pu être un ms. en capitale : il avait des *cc* (= *a*).

Paginons, pour terminer, notre 17 lignes, en tenant l'œil aux interpages.

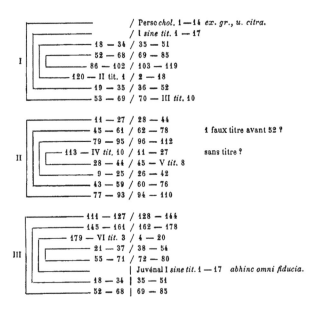

IV

86 — 102	103 — 119
120 — 136	137 — 153
154 — 170	171 — II tit. 15
16 — 32	33 — 49
50 — 66	67 — 83
84 — 100	101 — 117
118 — 134	135 — 151
152 — 168	169 — III tit. 14

Π *103 marg.* lnno +:

[H *63 om. suppl. post 66.*]

V

15 — 31	32 — 48
49 — 65	66 — 82
83 — 99	100 — 116
117 — 133	134 — 150
151 — 167	168 — 184
185 — 201	202 — 218
219 — 235	236 — 252
253 — 269	270 — 286

[H *107-8 marg. stilo exar.* àmen
109-11 àmen διco τιbι]

Π *134-150, 151-167 om. suppl. post 168-184,
185-201* [Ρ *166 om. suppl. post 167*].

Π *184 marg.* ||| feq ras., *uidel.* fequenf pagina
cet. hic incohauerat.

Π *202 scriptor incipit lasciuire.*

Π *post 269 marg. inf.* lnno +: *quantum dispicio.*

VI

287 — 303	304 — 320
321 — IV tit. 14	15 — 31
32 — 48	49 — 65
66 — 82	83 — 99
100 — 116	117 — 133
134 — 150	151 — V tit. 12
13 — 29	30 — 46
47 — 63	64 — 80

compter le faux titre avant 142 PΠ ? et reporter
V 63 en marge avant 64 ?

PΠ *63 post 64.*

VII

81 — 97	98 — 114
115 — 131	132 — 148
149 — 165	166 expl. — inc. VI sine tit. 7
8 — 24	25 — 41
42 — 58	59 — 75
76 — 92	93 — 109
110 — 127	128 — 144
145 — 161	162 — 178

[*96 desinit Vindob.*]

Cuspiniani vett. codd. (*Housman*) *126 post 128*;
écarter 126.

34

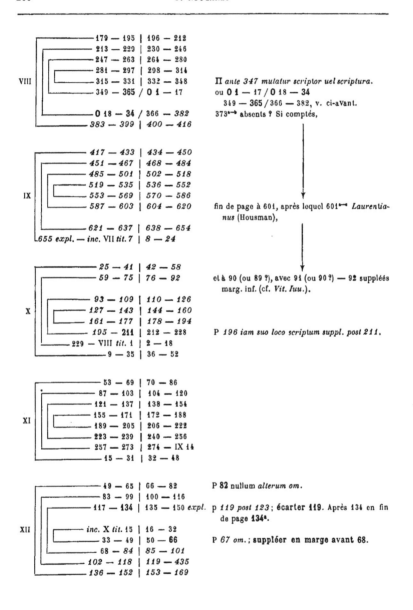

Π *ante 347 mutatur scriptor uel scriptura.*
ou **O 1 — 17 / O 18 — 34**
349 — **365** / 366 — 382, v. ci-avant.
373ᵃ⁻ᵇ absents ? Si comptés,

fin de page à 601, après lequel 601⁻ *Laurentianus* (Housman),

et à 90 (ou 89 ?), avec 91 (ou 90 ?) — **92** suppléés marg. inf. (cf. *Vit. Iuu.*).

P *196 iam suo loco scriptum suppl. post 211.*

P **82** nullum *alterum* om.

p *119 post 123* ; **écarter 119.** Après 134 en fin de page **134ᵃ.**

P *67 om.* ; **suppléer en marge avant 68.**

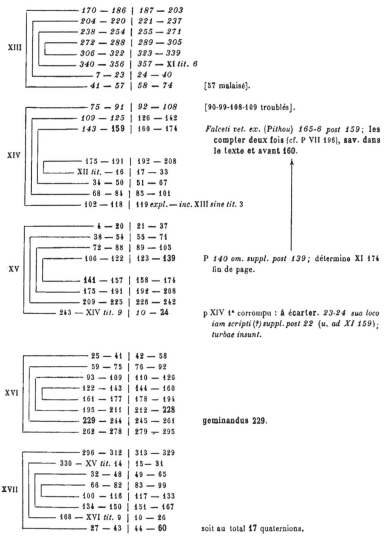

XIII

170 — 186	187 — 203
204 — 220	221 — 237
238 — 254	255 — 271
272 — 288	289 — 305
306 — 322	323 — 339
340 — 356	357 — XI *tit.* 6
7 — 23	24 — 40
41 — 57	58 — 74

[57 malaisé].

XIV

75 — 91	92 — 108
109 — 125	126 — 142
143 — 159	160 — 174
175 — 191	192 — 208
XII *tit.* — 16	17 — 33
34 — 50	51 — 67
68 — 84	85 — 101
102 — 118	119 *expl.* — *inc.* XIII *sine tit.* 3

[90-99-108-109 troublés].

Falceti vet. ex. (Pithou) *165-6 post 159*; les compter deux fois (cf. P VII 196), sav. dans le texte et avant 160.

XV

4 — 20	21 — 37
38 — 54	55 — 71
72 — 88	89 — 105
106 — 122	123 — 139
141 — 157	158 — 174
175 — 191	192 — 208
209 — 225	226 — 242
243 — XIV *tit.* 9	10 — 24

P *140 om. suppl. post 139*; détermine XI 174 fin de page.

p XIV 1ª corrompu : à écarter. *23-24 suo loco iam scripti* (?) *suppl. post 22* (u. ad XI 159); *turbae insunt.*

XVI

25 — 41	42 — 58
59 — 75	76 — 92
93 — 109	110 — 126
122 — 143	144 — 160
161 — 177	178 — 194
195 — 211	212 — 228
229 — 244	245 — 261
262 — 278	279 — 295

geminandus 229.

XVII

296 — 312	313 — 329
330 — XV *tit.* 14	15 — 31
32 — 48	49 — 65
66 — 82	83 — 99
100 — 116	117 — 133
134 — 150	151 — 167
168 — XVI *tit.* 9	10 — 26
27 — 43	44 — 60

soit au total 17 quaternions.

Perpignan, décembre 1909.

ÉLIE BERGER

BULLE DE CLÉMENT V

EN FAVEUR DE

GUILLAUME DE NOGARET

L'autorisation de posséder un autel portatif a été, pendant de longs siècles, une des faveurs accordées par le Saint-Siège à ceux dont il voulait récompenser la piété ou encourager les bonnes dispositions. Nous n'avons pas à énumérer ou à classifier les raisons qui pouvaient déterminer les papes à dispenser cette marque de leur bienveillance ; il suffira de rappeler ici que les bulles portant concession d'un autel portatif sont nombreuses dans les registres de la chancellerie pontificale et dans les dépôts d'archives. A Paris, les Archives nationales en possèdent une assez grande quantité dans la série des *Bulles pour les rois*, qui appartient, on le sait, au Trésor des Chartes. Une de ces pièces nous a semblé particulièrement curieuse, parce qu'elle vise un homme dont la piété fut pour le moins sujette à caution, Guillaume de Nogaret.

Il va sans dire que nous ne savons pas quelle fut l'apparence extérieure de l'autel portatif possédé, avec l'autorisation du pape Clément V, par le tout puissant et peu scrupuleux ministre de Philippe le Bel ; ce devait être, comme toujours, « une plaque en pierre, en marbre ou en pierre dure », contenant une ou plusieurs reliques, et sans doute enchassée dans une bordure de métal ciselé ou orné (1).

Quant à la bulle du 11 mai 1312, par laquelle Nogaret obtint la permission d'avoir dans son mobilier cet objet sacré (2), elle ne se distingue guère des pièces similaires par son style ou par les raisons alléguées dans le texte. En parlant de la dévotion pieuse qu'il avait reconnue chez l'impétrant, Clément V ne faisait que répéter une formule banale. Ce qui est curieux, c'est de constater que cette faveur, en elle-même

---

(1) Viollet-le-Duc, *Dictionnaire raisonné du mobilier français* : 1re partie, meubles, p. 18.
(2) *Arch. nat.*, J. 688, no 120.

assez ordinaire, fut accordée à Nogaret moins de dix ans après le célèbre attentat d'Anagni. Avoir appréhendé au corps un pape, fût-il Boniface VIII, et recevoir si peu de temps après d'un autre pape, fût-il Clément V, une faveur de ce genre, voilà certes un fait qui mérite d'être relevé.

Depuis la scène violente d'Anagni, Nogaret n'avait cessé de travailler à sa réhabilitation, et l'on trouvera tout au long, dans un mémoire célèbre, l'historique de cette étrange et impudente campagne, jusqu'au 27 avril 1311, jour de son absolution (1) ; mais ce n'était pas assez à son gré, ou plutôt au gré de son souverain. C'est probablement à la demande de Philippe le Bel que Nogaret reçut la permission de faire célébrer la messe sur un autel portatif, il semble même que le roi ait voulu avoir par devers lui un exemplaire de cette bulle, concédée au principal agent de ses violences contre Boniface VIII. La bulle du 11 mai 1312 ne figure pas, à notre connaissance, au nombre des documents qui furent saisis chez Nogaret (2), et l'on est par ce fait admis à croire que l'acte conservé au Trésor des Chartes fut adressé directement au roi. D'ailleurs il est bien évident que Nogaret, à lui seul, n'aurait rien obtenu du Saint-Siège ; le souvenir de son acte de brutalité n'était pas effacé, mais il fallait ménager le redoutable roi de France.

La mention R. C. CCLXXXIIII, tracée dans la forme ordinaire au dos de l'original, indique qu'on a procédé à l'enregistrement ; et en effet, la copie de la pièce se trouve dans les registres de la chancellerie pontificale, parmi les bulles communes appartenant à la septième année de Clément V, sous le n° 284 (3). Il est à remarquer que le jour même où Nogaret obtint du Saint-Siège ce qu'on avait demandé pour lui, le 11 mai 1312, une faveur semblable fut accordée par Clément V à Guillaume de Plaisians et à sa femme (4). Le faible pape n'avait rien à refuser aux ministres de Philippe le Bel. L'enregistrement de cette autre pièce se fit dans les mêmes conditions, mais rien ne prouve que le roi de France ait tenu à se faire remettre une expédition de la bulle adressée à Plaisians : ce qui lui importait surtout, c'était que le successeur de Boniface VIII et de Benoît XI décernât un brevet de piété à l'homme d'Anagni.

Nogaret était à ce moment si bien réhabilité que dans la même semaine, le 5 mai 1312, Clément V crut devoir accorder, à sa demande, à Geoffroy du Plessis, chancelier de l'église de Tours et notaire apostolique, la faculté de conférer l'office de tabellion à Pierre Leriche, clerc du diocèse d'Orléans, encore mineur (5). Étant mort

---

(1) Ernest Renan, *Guillaume de Nogaret, légiste* (*Hist. littéraire de la France*, t. XXVII, 1877).

(2) Ch. V. Langlois. *Les papiers de Guillaume de Nogaret et de Guillaume de Plaisians au Trésor des Chartes* (*Notices et extraits des manuscrits*, tome XXXIX, 1908).

(3) *Regestum Clementis papæ V*, t. VII, 7e année du pontificat, 284e article des lettres communes, n° 7928 de la publication.

(4) *Reg. Clem. V*, t. VII, n° 7927.

(5) *Reg. Clem. V*, t. VII, n° 7925.

en avril 1313, il n'eut pas l'occasion de se faire longtemps dire la messe sur son autel portatif ; si toutefois il s'en passa la fantaisie, il dut faire à part lui un singulier rapprochement entre le présent et le passé.

Roussillon (1), 11 mai 1312.

Clemens, episcopus, servus servorum Dei, dilecto filio nobili viro Guillelmo de Nogareto, militi, domino Calvitionis (2), salutem et apostolicam benedictionem. Habet in nobis tua sincera devotio ut que pie deposcis a nobis tibi favorabiliter concedamus. Tuis itaque supplicationibus inclinati, devotioni tue habendi altare portatile, cum debita reverentia et honore, ac faciendi super illo, in presentia tua, in quibuscunque locis, etiam ecclesiastico suppositis interdicto, cum ad ipsa loca interdicta te pervenire contigerit, alias tamen congruis et honestis, divina officia celebrari sine juris prejudicio alieni, submissa voce, januis clausis, cum in dictis interdictis locis predicta officia celebrari contigerit, semper tamen interdictis et excommunicatis exclusis, dummodo causam non dederis interdicto nec hujusmodi causam dantibus prestiteris auxilium, consilium vel favorem, nec id tibi contingat specialiter interdici, [licentiam] (3) auctoritate presentium indulgemus. Nulli ergo omnino hominum liceat hanc paginam nostre concessionis infringere, vel ei ausu temerario contra ire. Si quis autem hoc attemptare presumpserit, indignationem omnipotentis Dei et beatorum Petri et Pauli, apostolorum ejus, se noverit incursurum. Datum Rossilione, Viennensis diocesis, V idus maii, pontificatus nostri anno septimo (4).

(1) Roussillon, Isère, arr. Vienne.
(2) Calvisson, Gard, arr. Nîmes, cant. Sommières.
(3) Ce mot a été omis dans l'original.
(4) Archives Nationales, J. 688, n° 120. Sur le repli, à droite : P. Set. Au dos ; au milieu : « Pro habendo altari portabili ; » à gauche : « LIIII gross. », à droite : « Nogar ». Également au dos, en haut et au milieu, la mention relative à l'enregistrement : R. C. (capitulo) CCLXXXIIII, et plus bas le nom de « Joy ». — Belle pièce, bien conservée ; le nom du pape est écrit, selon l'usage suivi pour les bulles gracieuses, en litteræ tonsæ et avec une initiale ornée. Le début de l'adresse, du préambule et des deux clauses « Nulli ergo » et « Si quis », est marqué par de grandes initiales. La bulle et son attache de soie sont perdues.

PAUL THOMAS

SUR QUELQUES PASSAGES DE LUCAIN

IX, 384-387. J'ai essayé récemment (1) de prouver qu'il convient de revenir à la ponctuation d'Oudendorp :

>   *...arva.*
> *Durum iter ad leges patriaeque ruentis amorem.*
> *Per mediam, etc.,*

et d'interpréter : « Pénible est le chemin pour aller défendre les lois et prouver notre attachement à la patrie qui tombe. » Un de mes amis m'a suggéré une autre explication : *dιrι n* se rapporterait à la fois à *iter* et à *amorem* (accusatif exclamatif), et le sens serait alors : « Marche pénible pour aller défendre les lois, et pénible attachement à une patrie qui tombe ! » Cette explication ingénieuse m'a séduit pendant quelque temps ; mais après réflexion, elle ne me paraît pas fondée. L'exclamation *durum patriae ruentis amorem !* serait déplacée dans la bouche de Caton ; ce serait presque un blasphème. Un amant malheureux peut qualifier son amour de *durus* ; mais pour Caton l'amour de la patrie, même de la patrie expirante, n'est pas et ne peut pas être *durus* : s'il commande des sacrifices, des efforts pénibles (*durum iter*), il les récompense largemement par le sentiment du devoir accompli. J'ajouterai que la coordination de *iter* et de *amorem* est moins naturelle que celle de *leges* et de *patriae amorem*. D'ailleurs le lecteur est porté à faire dépendre l'accusatif *amorem* de *ad*, comme *leges*, qui précède immédiatement. Admettre que Lucain ait voulu en faire un accusatif exclamatif et le coordonner à *iter*, c'est lui imputer une amphibologie qu'il lui eût été facile d'éviter.

IX, 299 : *Poenaque devictis sola est vicisse Catonem.* « Et le seul châtiment pour les vaincus, c'est que Caton a vaincu. »

(1) *Revue de l'Instruction publique en Belgique,* tome LII (1909), p. 228-230.

En quoi est-ce un châtiment pour les vaincus d'avoir été vaincus par Caton plutôt que par un autre ? On comprendrait une pensée comme celle-ci : « Ce fut *une conso-lation* pour les vaincus d'avoir été vaincus par Caton. » Cf. Virgile, *Aen.*, X, 829-830 :

> *Hoc tamen, infelix, miseram solabere mortem :*
> *Aeneae magni dextra cadis.*

Mais ici la personne de Caton n'ajoute ni n'ôte rien au châtiment des vaincus : leur seul châtiment, c'est la défaite ; peu importe qui les a défaits.

Je préfère donc la variante adoptée par les anciens éditeurs : *Poenaque de victis sola est vicisse Catoni.* « Et le seul châtiment que Caton inflige aux vaincus, c'est de les avoir vaincus. »

L'idée est plus piquante, et *de victis* vaut mieux que *devictis*, à cause du rappro-chement entre deux formes du même verbe (*victis... vicisse*).

IX, 505-509. Caton apostrophe un soldat qui lui offre à boire, tandis que toute l'armée souffre de la soif :

> *... Mene, inquit, degener unum*
> *Miles in hac turba vacuum virtute putasti ?*
> *Usque adeo mollis primisque caloribus impar*
> *Sum visus ? quanto poena tu dignior ista es,*
> *Qui populo sitiente bibas !*

Voici comment j'entends cette dernière phrase : « Combien toi (qui m'offres à boire) tu es plus digne (que moi) de ce châtiment (de la lâcheté), (savoir) de boire quand toute l'armée a soif ! » *Qui — bibas* est l'explication de *poena ista.* Boire seul quand toute l'armée a soif est une action déshonorante qui porte sa peine en elle-même. On peut donc traduire : « Combien tu mérites plus que moi cette ignominie, de boire quand toute l'armée a soif ! » *Ista*, démonstratif de la 2ᵉ personne, est correctement employé ici : « cette ignominie *que tu veux m'infliger.* »

Caton est au-dessus des faiblesses humaines ; c'est l'offenser mortellement que de supposer qu'il puisse leur faire la moindre concession. Le discours que Lucain lui prête pourrait se paraphraser ainsi : « Soldat dégénéré, tu me juges d'après toi. Bon pour toi de te déshonorer en buvant quand toute l'armée a soif ! Tu mérites plus que moi cette ignominie, puisque tu me crois capable d'un pareil trait d'égoïsme. » La pensée est un peu subtile, mais elle est en somme assez claire, et je m'étonne qu'aucun commentateur ne l'ait comprise. Il fallait entrer dans le per-sonnage de Caton tel que l'a conçu Lucain, avec l'exagération et la tournure paradoxale de l'esprit stoïcien. Cf. Sénèque, *De ira*, III, 26, 2 : *Maxima est factae iniuriae poena, fecisse. Epist, ad Lucil.*, 97, 14 : *Prima illa et maxima peccantium est poena, peccasse.* De ces maximes se dégage l'idée, reproduite par Lucain, de l'identité d'une action coupable et de son châtiment.

IX, 605-606 :

> *Et plaga, qua nullam superi mortalibus ultra*
> *A medio fecere die.*

Si la leçon *qua* est la vraie, il faut, avec Bentley, regarder *qua* comme un ablatif dit de comparaison et admettre que *qua nullam ultra* équivaut à *qua nullam ulteriorem.* L'adverbe *ultra* peut fort bien se joindre à un substantif (cf. Tacite, *Agr.*, 25 : *universarum ultra gentium*) et remplacer l'adjectif *ulterior* ; mais peut-il se construire en outre avec l'ablatif, comme un comparatif? Je ne connais pas d'exemples d'une pareille construction. Quelques manuscrits donnent *quam* au lieu de *qua*, ce qui résout la difficulté : *quam*, accusatif, dépend de *ultra*, préposition : *plaga ultra quam superi nullam fecere (plagam)*. Malheureusement la phrase est dure ; la juxtaposition des deux accusatifs *quam nullam*, qui ont chacun une fonction différente, produit un effet désagréable. Je proposerais :

> *Et plaga, quam nullaS superi mortalibus ultra*
> *A medio fecere die,*

C'est-à-dire : *et plaga, ultra quam nullas superi fecere (plagas)*, etc. *Nullas superi* est devenu par haplographie *nulla superi*, et l'on a corrigé ensuite *nulla* en *nullam* (*nullā*).

IX, 630-631 :

> *... illis e faucibus angues*
> *Stridula fuderunt vibratis sibila linguis.*

Fauces, qui désigne proprement le gosier, la gorge, signifie ici « le devant du cou », tandis que *colla* (au v. 633) =*cervices*, « la nuque ». Cf. Juvénal, *Sat.* VIII, 207-208 :

> *... de faucibus aurea cum se*
> *Porrigat et longo iactetur spira galero.*

Dans ce passage de Juvénal, généralement mal interprété, il s'agit d'une torsade d'or (*aurea spira*) qui, partant des deux côtés du cou (donc, passant sous le menton),

monte jusqu'au sommet de la tête en s'enroulant autour des anneaux d'une perruque
(galerus).

IX, 720 : ... *iaculique volucres.*

A propos du serpent-javelot, on ne lira peut-être pas sans intérêt ce passage de
Guy de Maupassant (*Au soleil*, pp. 149-150, 4ᵉ éd., Paris, 1884) : « On rencontre
souvent dans le Sahara un serpent affreux à voir, long souvent de plus d'un
mètre et pas plus gros que le petit doigt. Aux environs de Bou-Saada ce reptile
inoffensif inspire aux Arabes une terreur superstitieuse. Ils prétendent qu'il perce
comme une balle les corps les plus durs, que rien ne peut arrêter son élan dès
qu'il aperçoit un objet brillant. Un Arabe m'a raconté que son frère avait été traversé par une de ces bêtes qui du même choc avait tordu l'étrier. Il est évident que
cet homme a simplement reçu une balle juste au moment où il apercevait le reptile. »

HENRI GOELZER

OVIDE ET SAINT AVIT

Si l'on s'en rapporte à l'un des précieux index dont R. Peiper a fait suivre son excellente édition des œuvres de saint Avit (1), ce poète chrétien aurait imité Ovide, au moins dix sept fois. Que l'auteur des *Métamorphoses* ait été lu et goûté d'un des derniers représentants de la littérature latine, c'est un fait qui, à première vue, ne paraît pas trop surprenant ; car, s'il est vrai qu'Ovide n'a pas eu après sa mort l'honneur, réservé à Virgile et dans une certaine mesure à Horace, de servir dans les écoles à l'instruction de la jeunesse romaine, si les grammairiens ne paraissent pas s'être souciés d'expliquer et de commenter ses œuvres en vue de leur enseignement (2), il n'est pas moins certain que la nature de son talent devait lui assurer auprès des professeurs de rhétorique un peu plus de crédit qu'auprès des grammairiens : ceux-ci avaient sans doute raison de croire que Virgile était un modèle supérieur à Ovide ; mais ceux-là ne pouvaient méconnaître en lui un des plus brillants représentants d'une école dont ils tenaient à perpétuer les traditions : le plus grave de ces professeurs, celui dont le goût nous paraît le moins perverti, Quintilien (3), n'a-t-il point osé rapprocher Ovide de Virgile et le compter parmi ceux dont le futur orateur doit tirer le plus de profit ? Sans doute, il ne le loue pas sans réserve, mais le reproche qu'il lui adresse de se montrer un peu trop badin dans ses *Métamorphoses* et d'aimer à l'excès son propre esprit ne devait pas venir à l'idée des maîtres moins sérieux, qui ont formé les derniers écrivains latins et pour qui la recherche de l'effet dans le style est l'unique objet de l'art d'écrire. On peut donc conjecturer avec vraisemblance qu'ils avaient mis Ovide au nombre des auteurs dont ils recommandaient la lecture et l'imitation, et cette hypothèse est d'autant plus plausible qu'au Moyen

---

(1) *Alcimi Ecdicii Aviti, Viennensis episcopi, opera quae supersunt recensuit Rudolfus Peiper* (Monumenta Germaniae historica antiq., t. VI, 2), I. Index scriptorum, p. 302 suiv.

(2) Voy. Martin Schanz, *Geschichte der rœmischen Litteratur*, I, 2, § 313.

(3) Voy. *Instit. Oral.*, X, 1, 88.

Age Ovide est en vogue et que ses œuvres sont commentées (1). Or le Moyen Age ne s'est occupé en général que des auteurs anciens dont le christianisme n'avait pas ignoré les œuvres, et l'on sait assez qu'étant donné le rôle prépondérant joué par la rhétorique dans l'éducation de la jeunesse, même chrétienne, Ovide ne risquait pas d'être dédaigné ou proscrit. Et, en fait, nous avons la preuve qu'un des modèles préférés de saint Avit, Sidoine Apollinaire, paraît avoir bien connu et souvent imité Ovide (2).

Donc il n'y aurait rien d'étrange à ce que saint Avit, qui a subi lui aussi l'influence de la rhétorique (3), eût imité un des poètes latins qui doivent le plus à l'enseignement des rhéteurs.

Mais il vaut la peine de regarder les choses de près en se reportant aux textes et de se demander si les rapprochements établis entre Ovide et saint Avit sont fondés sur des raisons sérieuses. J'ai essayé de montrer ailleurs (4), que beaucoup des imitations de Virgile attribuées à saint Avit ne devaient pas entrer en compte. Je voudrais examiner ici ce qu'il faut penser de celles d'Ovide. Voici d'abord les pièces du procès, empruntées à l'inventaire dressé par R. Peiper :

TEXTE D'OVIDE.	TEXTE DE SAINT AVIT
Met., I, 85 sq. : Os homini sublime dedit caelumque tueri Iussit et erectos *ad sidera tollere uultus.*	·I, 69 sq. : Quoque magis natura homini *sublimior* extet Accipiat *rectos in caelum tollere uultus.*
I, 79 : Ille *opifex* rerum.	I, 76 : Non aliter quam nunc *opifex.*
Her., 12, 137 : *Hymen* cantatus.	I, 189 : Festiuum dicebat *hymen.*
Am., II, 6, 54 : *Viuax* Phoenix.	I, 239 : Cinnama nascuntur, *uiuax* quae colligit *ales.*
Met., VI, 157 : Ven̨turi praescia Manto.	II, 1 : *Venturi* nescia casus.
Met., V, 610 : *Viribus inpar.*	II, 44 : *Viribus inpar.*
Met., VIII, 730 sqq. (5) : Sunt quibus in plures ius est transire figuras ; etc.	II, 60 sq. : Et nunc saepe hominum, nunc ille in saeva ferarum | uertitur ora nouos uarians fallentia uultus.
Rem. am. 389 : *Livor edax.*	III, 185 : *Liuor edax.*
Met., V, 385 : *Haud procul* Hennaeis, etc.	III, 258 : *Haud procul*,.. conspexit.
Met., XIV, 599 : *Flumineis* undis.	IV, 481 : *Flumineas...* lymphas.
Fast., V, 87 : Haec enixa iugo *cupressiferae* Cyllenes (cf. *Her.*, 9, 87 : *cupressifero* Erymantho).	IV, 518 : Ipse *cupressiferi* latuerunt saxa Lycaei.

(1) Peu nous importe que ces commentaires soient le plus souvent misérables ; ils existent en tout cas, et cela prouve qu'Ovide était lu.

(2) Voyez le catalogue dressé par E. Geisler pour l'édition de Sidoine Apollinaire dans les *Monumenta Germaniae*, t. IX, p. 351 suiv.

(3) Voyez H. Goelzer, *Le latin de saint Avit* (Paris, Alcan, 1909), p. 692 suiv.

(4) Voy. *ouv. cité*, p. 695, n. 2.

(5) Et non 370 sqq., comme Peiper l'a imprimé par erreur.

Met., XI, 647 : *Thaumantis.*

Fast., V, 77 : *Successor* honoris | *Iunius.*

Fast., I, 15 : Annue conanti *per* laudes *ire* tuorum (cf. *Met.*, VI, 430 sq. : Cur non stimuletur *eatque* | *per* cognata suis exempla furoribus Ino ?).

Fast., II, 324 : *Stringebant* magnos *uincula* parua pedes (1).

Trist., I, 8, 11 : Tantane te, fallax, cepere *obliuia nostri* ?

Met., XIII, 601 : Nigrique *uolumina fumi* | infecere diem.

VI, 625 : *Thaumantida.*

V, 128 : Et *successorem* depulsa nocte ferebat | insistens aurora *diem.*

V, 153 : At quid *per* cunctam stilus aestuet *ire* superbi | perfidiam...?

VI, 200 : Vt te | inpia fallentis non *stringant uincula* mundi.

VI, 324 : Tantane te *nostri* tenucre *obliuia* scguem ?

VI, 470 : Inter picei nebulosa *uolumina fumi.*

Il me semble qu'un lecteur attentif à déjà dû, de lui-même, constater que certains de ces rapprochements sont arbitraires et forcés. Cela est évident d'abord pour I, 76, comparé à Ovide, *Mét.*, I, 79 : il n'y a aucun rapport entre les deux passages ; Avitus veut parler d'un artiste, d'un modeleur en cire (« non aliter quam nunc *opifex*, quibus [cui α] artis in usu est [cui est artis in usu β] | flectere laxatas per cuncta sequacia ceras | etc. »), tandis qu'Ovide désigne le créateur (« sive hunc [« l'homme »] divino semine fecit | ille *opifex rerum* »). Que dire aussi d'Avitus, II, 1 (« *uenturi* nescia *casus* ») rapproché d'Ovide, *Mét.*, VI, 157 (« *uenturi* praescia Manto »)? Le seul mot qui soit commun aux deux passages, c'est *uenturi* ; mais chez Ovide *uenturi* est pris substantivement, et chez le poète chrétien, il est adjectif. De plus est-il raisonnable de croire que saint Avit pensait à Ovide et lui empruntait un terme qu'on rencontre (aussi souvent que *futurus*) non seulement chez les poètes mais encore chez les prosateurs et même chez Cicéron? Je ne vois pas non plus qu'on puisse établir un rapport entre Avitus, III, 258 et Ovide, *Mét.*, V, 385 : outre que la construction de *haud procul* n'est pas du tout la même dans les deux passages, l'expression en elle-même est si banale qu'on ne peut en faire état. Quant au mot *successor* appliqué par Ovide (*Fast.*, V, 77) au mois de juin qui succède à mai, et par Avitus (V, 128) au jour qui succède à la nuit, je vois bien qu'Ovide paraît être le premier qui l'ait introduit dans le vocabulaire poétique (2), mais d'autres poètes s'en sont servis après lui (3), et puis quelle apparence y a-t-il que saint Avit ait eu besoin de se souvenir d'Ovide pour exprimer une idée aussi simple que celle-ci : « et après avoir chassé la nuit, l'aurore poursuivant son chemin, apportait le jour qui lui succède » ?

Voilà donc déjà quatre passages que, selon toute apparence, il faut rayer de notre

(1) On lit aujourd'hui : « Scindebant magni vincula parua pedes ».

(2) Cornelius Severus, l'ami d'Ovide, l'avait aussi employé. mais comme féminin, au témoignage de Charisius, p. 86, 7 : « Phoebe. | fraternis *successor* equis ».

(3) Notamment Martial, IX, 48 ; « Sic quasi Pythagorae loqueris *successor* et heres ».

catalogue. J'en dirai tout autant de celui dans lequel Avitus (II, 60 suiv.) ayant à décrire les formes multiples que peut prendre Satan pour tromper et séduire les hommes aurait songé à ce qu'écrit Ovide (*Mét.*, VIII, 730 suiv.) des métamorphoses de Protée. Relisons les deux développements. Ovide fait dire au fleuve Acheloüs (*Calydonius amnis*) :

> Sunt, quibus in plures ius est transire figuras,
> Ut tibi, complexi terram maris incola, Proteu ;
> Nam modo te iuuenem, modo te uidere leonem ;
> Nunc uiolentus aper, nunc quem tetigisse timerent,
> Anguis eras ; modo te faciebant cornua taurum ;
> Saepe lapis poteras, arbor quoque saepe uideri ;
> Interdum faciem liquidarum imitatus aquarum
> Flumen eras, interdum undis contrarius ignis.

D'autre part Avitus s'exprime ainsi :

> Et nunc saepe hominum, nunc ille in sacua ferarum
> Vertitur ora nouos uarians fallentia uultus.
> Alitis interdum subito mentita uolantis
> Fit species habitusque iterum confingit honestos.
> Apparens nec non pulchro ceu corpore uirgo
> Protrahit ardentes obscena in gaudia uisus.
> Saepe etiam cupidis argentum inmane coruscat
> Accenditque animos auri fallentis amore
> Delusos fugiens uano phantasmate tactus.

Où est l'imitation ? Quels traits saint Avit a-t-il empruntés à Ovide ? Je n'en vois aucun, et je ne suis même pas sûr qu'en composant ces neuf vers l'auteur ait songé un instant à la paraphrase trop ingénieuse qu'Ovide avait faite des deux vers célèbres de Virgile (*Georg.*, IV, 440 suiv.) :

> Omnia transformat sese in miracula rerum,
> Ignemque horribilemque feram fluuiumque liquentem.

Car, si je constate chez Avitus quelques expressions comme *nunc... nunc..., saepe...,* *interdum...*, qui se retrouvent bien chez Ovide, mais qui sont les formes ordinaires en latin pour signifier la succession, l'alternative, j'avoue que ce sont là des indices bien légers pour mettre sur la trace d'une réminiscence possible.

Restent onze passages dans lesquels saint Avit paraît avoir emprunté à Ovide des expressions caractéristiques ; mais il en est encore trois ou quatre sur lesquels on peut faire des réserves : *hymen* a, dans le vers de saint Avit (I, 189), à peu près le même sens que dans celui d'Ovide (*Her.*, 12, 437) (1) ; mais rien ne prouve qu'il y ait là un emprunt direct, le mot se rencontrant aussi chez d'autres auteurs, notamment chez Stace. Remarquons de plus que chez Ovide, comme chez Stace, *hymen* est masculin et ne se rencontre qu'au nominatif, tandis qu'Avitus semble en avoir fait un neutre indéclinable. Il ne me paraît donc pas évident qu'Ovide ait vraiment suggéré ce mot à saint Avit ; et j'en dirai autant des expresssions *uiuax... ales* (le phénix), *liuor edax, cupressifer* et *Thaumantis*. Sans doute en parlant du phénix, Ovide (*Am.*, II, 6, 54) lui donne bien l'épithète de *uiuax*, mais quelle différence avec la périphrase *uiuax... ales* par laquelle Avitus désigne l'oiseau fabuleux ! En écrivant *uiuax Phoenix*, Ovide ne faisait qu'appliquer au phénix une épithète presque banale (2), tandis que le poète chrétien, en donnant au nom commun *ales* l'épithète *uiuax*, crée vraiment une expression heureuse, qui permet de reconnaître l'objet à son caractère essentiel. Quant à *liuor edax*, c'est bien une expression d'Ovide, mais elle a été reprise par Lucain (I, 288), et, si l'on ne croit pas possible que saint Avit ait songé de lui-même à l'épithète *edax*, à propos de *liuor*, j'inclinerai à voir ici un souvenir de Lucain (3), plutôt qu'une réminiscence d'Ovide ; car quelle apparence y a-t-il que les *Remèdes d'amour* aient été jamais lus par le poète chrétien (4) ? De même, s'il est vrai qu'Ovide est le premier des Latins qui ait donné à Iris le nom de *Thaumantis* (transcription du grec Θαυμαντίς), il ne faut pas oublier que ce mot se retrouve chez Claudien (*Rapt. Pros.* 3,1) et qu'Avitus avait lu certainement Claudien (5). Enfin si notre auteur a emprunté l'adjectif *cupressifer* à quelqu'un, c'est certainement à Sidoine Apollinaire et non pas à Ovide, car, si Ovide a bien créé le mot, c'est chez Sidoine Apollinaire qu'on retrouve textuellement l'expression complète employée par saint Avit : il suffit de comparer Avitus, IV, 518 (« Ipsa *cupres-*

---

(1) J'ai dit le contraire dans mon livre (p. 504), mais par erreur : la seule différence qu'on puisse établir entre les deux emplois, c'est que, dans Ovide, Médée écrivant à Jason se sert natu. rellement du mot *hymen* au sens payen, tandis que saint Avit l'applique aux paroles solennelles qu'adresse Dieu à Adam et à Eve en les unissant.

(2) *Vivax*, « qui a la vie dure » est fréquent chez Virgile, chez Horace et chez Ovide.

(3) Il y a chez saint Avit d'autres rapprochements possibles avec Lucain, par ex. I, 204 (= *Phars.*, X, 132) ; 222 (= *Ph.*, VIII, 366) ; 279 (= *Ph.*, I. 157) ; II, 188 (= *Ph.*, I, 453) ; 372 (= *Ph.*, IX, 638) ; etc.

(4) On pourrait répondre que l'expression *liuor edax* est empruntée au développement fameux dans lequel Ovide déclame contre l'envie, à propos des critiques et des reproches adressés à ses *Amours* et à son *Art d'aimer*, et que cette déclamation avait été extraite des *Remèdes d'amour* et proposée comme modèle par les rhéteurs ; mais ce n'est qu'une hypothèse.

(5) Compar. Avit., I, 207 (= Claud., *Rapt. Pros.*, 2, 81) ; 245 (= Cl., X, 96 ; XXXI, 121) ; 277 = Cl., *Rapt. Pros.*, 2, 89) ; II, 124 (= Cl., *Rapt. Pros.*, I, 184 suiv.) ; 297 (= Cl.. *ibid.*, 2, 304) ; V, 153 (= Cl., *de III cons. Honor.*, 32) ; etc.

siferi latuerunt saxa Lycaei ») à Sidoine (*Carm.*, 13, 417 : « Fragor... quantum non *cupressifer Lycaeus*... tollit »), pour dissiper tous les doutes.

Par contre, l'expression *uiribus inpar* (II, 44), l'adjectif *flumineus* substitué au génitif possessif *fluminis* (IV, 481), la construction *ire per*..., « parcourir » (V, 153) paraissent bien être des emprunts faits à Ovide. J'en dirai autant de *stringant vincula* (VI, 200), de *tantane... obliuia nostri* (VI, 324) et de *uolumina fumi* (VI, 470), qu'il serait difficile de faire passer pour de simples rencontres. Mais de tous les vers inspirés par Ovide à saint Avit, celui où l'influence du poète payen éclate manifestement est le vers I, 70, où se retrouve l'écho d'une des plus belles et des plus nobles expressions qui aient été trouvées pour marquer la supériorité de l'homme sur les autres créatures.

En résumé, saint Avit n'a certainement pas fait à Ovide tous les emprunts qu'on s'était plu à énumérer, mais il lui doit quelques constructions intéressantes et quelques traits heureux, tous (sauf un) empruntés aux *Métamorphoses*, ce qui fait doublement honneur à son goût littéraire.

BERNARD HAUSSOULLIER

LETTRE DE PTOLÉMÉE A DIODORA

Le papyrus inédit que j'offre à mon très cher camarade, collègue, confrère et ami Chatelain, fait partie de la petite collection parisienne d'où j'ai déjà tiré le texte qui figure dans le *Florilegium de Vogüé*. Les deux fleurs, si le mot peut convenir à ces deux feuillets, ont donc été cueillies dans le même champ. Elles ont encore un caractère commun : l'écriture de la Lettre de Ptolémée ne diffère pas sensiblement de celle de la Requête à Q. Maecius Laetus dont la date est certaine. Sans avoir l'élégance et la finesse de la Requête, la cursive de la Lettre ne manque ni de régularité, ni de fermeté. Les lettres sont formées d'un trait plein et assez uniformément épais ; la main est moins souple ; l'écriture, sans déliés, est plus écrasée, mais, encore une fois, l'aspect général est sensiblement le même. La Requête est du début du troisième siècle après J.-C. ; la Lettre peut être attribuée au même siècle ou même à la dernière partie du second.

Elle est écrite sur deux colonnes. La première est complète ; de la seconde il manque à peine une ou deux lignes, mais la lettre était terminée : Ptolémée en était aux embrassades et compliments de la fin.

C'est la lettre d'un frère à sa sœur, qui est peut-être en même temps sa femme. Ptolémée, originaire de la Haute-Égypte, où vivaient encore sa sœur Diodora et les siens (l. 8 ; 29 et suiv.), est venu chercher fortune à Alexandrie (l. 13-14), où il a retrouvé des compatriotes (l. 26-27). Avant de quitter le pays, il avait promis à sa sœur de lui fournir chaque année ses vêtements et une jarre d'huile (l. 12 et suiv.). Diodora, exigeante, avide, persuadée sans doute que son frère s'enrichissait vite dans la capitale, voulait davantage : elle ne cessait de l'importuner, de le harceler, de lui chercher querelle. Ptolémée lui répond de bonne encre.

Son épître ne manque ni de vivacité, ni d'esprit, mais le fond en est moins intéressant que la forme. Ce n'est pas le vocabulaire qui doit attirer notre attention, ni même l'orthographe, régulièrement incorrecte — si l'on peut dire — puisque la pronouciation ou l'accent permet de restituer la vraie forme : c'est bien plutôt la syntaxe,

36

très libre, très avare de conjonctions, par exemple. La trame de la phrase classique se relâche en quelque sorte, pendant que le vocabulaire se maintient encore et que ces petites gens continuent à tirer des noms propres (Castor, Pollux, Aphrodite, Hermione) du trésor de la mythologie ou de l'épopée!

J'ai respecté l'orthographe dans la transcription qui suit. Les notes et la traduction montreront comment j'entends le texte.

TEXTE

Col. I   Πτολεμαῖος Διοδώρα τῇ ἀδελφῇ
χαίρειν.
Γινώσκιν σε θέλω ὅτι ὕπνος οὐ[κ] ἔρχε-
ταί μοι διὰ νυκτὸς χάρειν τῆς σῆς
5   σαπροεραίσει καὶ τῆς σῆς ἀπρ... είας
ἣν ποιεῖς μοι περὶ τῶν ἐμῶν. Καὶ ἄν τι
σπανίσω ἐκ τῶν ἐμῶν, σοῦ [χά]ρειν
γίνεται, ἤ τ' ἂν ἀναπλεύσω πρὸς [σ]ὲ καὶ
μαρσίππιν σ'εὗρο οὗ ζητῶ, ἤ τ' ἄν τι ἄλλο
10   ὁμοίως. Ἐκ σοῦ ἡδέως ἔχω παρ' ἐμοὶ
καὶ ἀναπάομαι καὶ τῆς σῆς ἀπληστίας
καὶ ἀδικείας· πολεμεῖ με διότι εἰπόν σοι
εἰσόψειν οὐ[δ]ὲν θέλω παρά σοι ἐπῳ 'ὅσον
ἐν Ἀλεξάνδριάν εἰμι, εἰ μὴ μόνον τὸν
15   εἱματισμὸν καὶ κεράμιν αἰλέου κατ'
ἐνιαυτόν. Ταῦτα ἐν ἐμαυτῷ λέγον ὡς
πολλά σοι ἐχαρεισάμην καὶ οὔτε αὐτὰ
Col. II   ἦκ' ἐπί σε μοὶ τῷ λόγω, ἅμα καὶ
γνώμην σοι λάδω περί τινες
20   πρᾶγμα, ἤ δι '.αὐτῶν πέμψε
ὃ θέλεις σὺν ἐπιστολίτιν, ἐὰν·
μὴ θέλης σκυλῆναι οὕτως.
Ταῦτά σοι γράφω ὡς ἀγνομονησάσ' τῇ στάσει καὶ προσδοκῶσ'
25   σοι γεγύμνωμαι καὶ ὕβρισ-
μαι παρὰ πάντων τῶν συνπο-
λιτῶν καὶ δώσις πᾶσι · τί τὸ ἔχις
αὐτὴν ἐν παραθέσει; Ἀσπάσο-
μαι Διογίτον' καὶ Κάστορα καὶ
30   Πολυδεύκην καὶ Πέκυσιν πολλὰ καὶ Ἀφροδίτην καὶ Ἑρμι-
όνη σὺν τέκνα καὶ εἴ τις ἐμοὶ
ἀσπ[ά]σι καὶ ..... νι

LETTRE DE PTOLEMÆOS A SA SŒUR DIODORA

HONORE CHAMPION, Édit.

D. A. LONGUET, Imp.

L. 3 : Γινώσκιν = γινώσκειν. Les deux graphies se prononçaient de même. Cf.
χάρειν = χάριν (l. 4; 7), ἐχαρεισάμην (l. 17), ἀδικείας (l. 12), 'Αλεξάνδριαν (l. 14),
εἱματισμόν (l. 15), δώσις ou δόσις et ἔχις (l. 27).

Pour la formule bien connue du début, cf. *Oxyrhynchus Papyri*, ιιι, 528 :
γινόσκειν σε θέλω, dans la lettre de Sérénus à sa sœur Isidora; *ibid.*, νι, 937 :
γεινώσκειν σε θέλω, dans la lettre de Démarchos à sa sœur Taor; *ibid.*, ιν, 744 :
γίνωσκε ὥς, dans la lettre d'Hilarion à sa sœur Alis.

L. 5 : <σ> ἀπροεραίσει = ἀπροαιρέσει, qui est ici pour ἀπροαιρέσεως = ἀπροαιρεσίας.
Pour la confusion et l'interversion de ε et de αι, cf. αἰλέου = ἐλαίου (l. 15),
πέμψε = πέμψαι (l. 20).

Dans le dernier mot de la ligne le rho n'est pas certain.

L. 9 : Μαρσίππιν = μαρσίππιον. Cf. κεράμιν = κεράμιον (l. 15) et ἐπιστολίτιν = ἐπιστολίδιον
(l. 21).

Εὖρο = εὕρω. Cf. λέγον = λέγων (l. 16) et ἀγνομονησάσ[η] = ἀγνωμονησάσ[η] (l. 23).

L. 11 : 'Αναπάομαι = ἀναπαύομαι : je succombe. On trouve déjà le même sens dans les
Septante, *Sir.*, 22, 11; 39, 11.

L. 18 : 'Ηκ' ἐπί σε. Pour la forme ἦκε, de ἥκω, ἦκα, cf. St. Witkowski, *Epistulae privatae graecae quae in papyris aetatis Lagidarum servantur*, 1907, p. 67,
note 9; p. 91, note 18.

L. 19-20 : Περί τινες πρᾶγμα, entendons : περί τινος πράγματος.

L. 21 : 'Ο = ὅν. Pour l'accusatif avec σύν, cf. σύν τέκνα (l. 32).
Syntaxe. Suppression des conjonctions ὅτι, ὡς ou ὅπως. Cf. l. 12-13 :
εἶπον. . [ὅτι] οὐδὲν θέλω. — L. 18 : ἅμα καί [ὅπως] γνώμην σοι λάϐω. — L. 24-25 :
προσδοκῶσ ' [ὅτι] σοι γεγύμνωμαι.

TRADUCTION

« Ptolémée à sa sœur Diodora, salut !

« Je tiens à te faire savoir que le sommeil ne me vient pas de la nuit, à cause de
ton manque de jugement et du [tracas] que tu me causes au sujet de ce que je gagne.
Si j'économise quelque chose sur ce que je gagne, c'est pour toi, soit que je retourne
auprès de toi [quand] j'aurai amassé la somme que je veux, soit que je trouve
quelque autre chose.

« J'en ai de l'agrément avec toi ! Je succombe vraiment sous ton avidité et ton
injustice. Tu me fais la guerre parce que je t'ai dit que, tant que je resterai à
Alexandrie, je ne te fournirai de rien autre que de vêtements et d'une jarre d'huile
par an.

« Tout en me disant à moi-même que je t'ai déjà beaucoup donné et que tu ne
m'en tiens pas compte, [comme] je veux prendre ton avis sur une affaire, envoie-moi

qui tu voudras par le même courrier (1), avec un bout de lettre, si tu ne veux pas [continuer à] te tracasser de la sorte.

« Je t'écris ces lignes, parce que tu te montres ingrate en me querellant. Tu t'attends vraiment [à ce que] je me dépouille pour toi, à ce que je devienne la risée de tous mes compatriotes et [tu feras dire] à tous : pourquoi donc as-tu cette femme pendue à toi ?

« J'embrasse Diogiton, Castor, Pollux et Pékysis beaucoup, aussi Aphrodite, Hermione et leurs enfants et tous ceux qui [m'embrassent ?]... »

Je laisse de côté la question de savoir si Diodora est la femme, en même temps que la sœur, de Ptolémée. Je m'en rapporte sur ce point à M. Stanislas Witkowski, l'auteur du joli recueil cité plus haut : il se décidera quelque jour à lui donner une suite, et la lettre de Ptolémée à Diodora ne déparera pas son second volume.

Paris, novembre 1909.

(1) Δι' αὐτῶν, mot à mot : par ceux-ci, par ceux qui t'ont apporté ma lettre.

HORACE, *ODES*

I, 5, 1; — 7, 17 suiv. ; — 12, 19 suiv. ; — 13, 2 suiv.

I, 5, 1 :

> Quis multa gracilis te puer in rosa
> Perfusas liquidis urget odoribus
> Grato, Pyrrha, sub antro ?

Faut-il comprendre un lit semé de roses ou des roses en guirlandes sur la tête ? Les interprètes se partagent et, d'un côté comme de l'autre, montrent facilement à l'aide de références, que les deux usages étaient pratiqués par les Anciens. La construction grammaticale n'est ici d'aucun secours pour la décision à prendre : chez Cicéron, les expressions *potantem in rosa*. (*De fin.* II, 65) et *in viola... aut in rosa dicere* (*Tuscul.* V, 73) paraissent bien faire allusion à des couronnes ; pourtant, cela n'est pas absolument sûr. Il se peut donc que, dans le passage d'Horace, l'une ou l'autre des explications soit vraie ; mais pourquoi ne le seraient-elles pas toutes les deux à la fois ? La couche peut être semée de roses effeuillées, et, en même temps, Pyrrha et son jeune amant avoir la tête ceinte de guirlandes de roses ; et encore, ces guirlandes, qui descendaient sur le cou et les épaules, peuvent avoir glissé sur le lit. Sur ces ébats au milieu de roses abondantes, le poète s'est exprimé d'une manière vague : pourquoi ne pas renoncer à être précis où il ne l'a pas été ?

7, 17 suiv.

> ...Sic tu sapiens finire memento
> Tristitiam vitaeque labores
> Molli, Plance, mero, seu te fulgentia signis
> Castra tenent, seu densa tenebit
> Tiburis umbra tui.

Je crois décidément qu'il faut, avec Schütz, reconnaître, dans *Molli* du vers 19, l'impératif du verbe *mollire*, non l'ablatif de *mollis*, comme le veut la majorité des commentateurs. Hirschfelder, dans l'édition de 1882, laissait subsister la phrase d'Orelli : *Mire alii pro imperativo v.* molli *habuerunt;* dans l'édition de 1886, il remplace *mire* par *rectius*, prenant parti par conséquent pour *molli* impératif. Ussani fait observer fort sensément qu'Horace, dans les vers 19 à 21, envisage pour Plancus deux situations différentes : *seu castra tenent* et *seu tenebit Tibur* ; à la seconde de ces hypothèses se réfère *finire tristitiam* (qui, en effet, ne convient qu'à elle seule) ; à la première, *mollire mero.* Que d'ailleurs *molle* puisse être donné pour épithète à *merum*, cela n'est pas contestable ; cf. Virgile, *Georg.* I, 341 *mollissima vina ;* Juvénal I, 69 *molle Calenum* (et chez Horace, *Carm.* III, 29, 2 *lene merum*, chez Virgile, *Georg.* I, 344 *miti Baccho*) ; mais cela ne prouve pas qu'elle lui soit donnée ici. *Vinum* est fréquemment employé sans épithète par Horace, ne fût-ce que dans cette même pièce I, 7, au vers 31 : *vino pellite curas.* J'ajoute que le verbe *mollire*, qui se rencontre chez Virgile, Properce, Ovide, Lucain, et chez chacun d'eux à plusieurs reprises, est également familier à Horace : voy. en effet *Carm.* III, 23, 19 ; *Epod* 5, 14 ; *Sat.* I, 4, 20.

12, 19 suiv.

> Proximus illi (*Jovi*) tamen occupabit
> Pallas honores.
> Proeliis audax, neque te silebo,
> Liber...

La plupart des éditeurs rapportent les mots *Proeliis audax*, à Pallas et ponctuent *honores, Proeliis audax. Neque*, etc... Il me semble (après beaucoup d'hésitation, je l'avoue) qu'il vaut mieux, avec Smith, Ussani et Küster, les rapporter à Liber. Pallas est ici, dans la pensée du poète, la Minerve Romaine, déesse de la sagesse et de l'intelligence qui, bien qu'elle vienne qu'après Junon et la troisième des grandes divinités du Capitole, y avait pourtant sa *cella* auprès de Jupiter (Cf. d'ailleurs Hésiode, *Theog.*, 896 : ἴσον ἔχουσαν πατρὶ μένος καὶ ἐπίφρονα βουλήν). Ce n'est donc pas pour les vertus belliqueuses de la Pallas des Grecs Ἀθηνᾶ νικαφόρος, πρόμαχος, qu'elle prend place, au Capitole et dans l'ode d'Horace, immédiatement aux côtés de son père. Orelli, hésitant, rattache en fin de compte les mots *proeliis audax* à Pallas parce que, dit-il, si on les donnait à Liber, le nom d'une divinité, Pallas, paraîtrait ici sans qualification, ni éloge ; il ne prend pas garde que son raisonnement se retourne contre lui : car, alors, Liber est nommé sans attribut, et dans les deux cas il faut bien que l'une des divinités en demeure privée. Dans la nécessité de choisir, ce qui me décide en faveur de l'attribution à Liber, c'est le rapprochement avec l'ode 19 du livre II : dans cette pièce, Bacchus-Liber est représenté comme aussi terrible à ses ennemis qu'aimable à ses protégés, aussi belliqueux que pacifique ; voyez toute l'ode et, entre autres, les vers 25 suiv. :

> Quamquam choreis aptior et jocis
> Ludoque dictus non sat idoneus
> Pugnae ferebaris ; sed idem
> Pacis eras mediusque belli.

L'intervention de Liber dans le passage de l'Ode 12 que nous examinons serait même surprenante, si elle ne se justifiait par cette conception combative qu'Horace aime à se faire de lui ; il aura voulu la souligner par le *Proeliis audax*. Quant à la place de ces mots avant *neque te silebo, Liber*, on trouve des constructions analogues *Carm.* II, 7, 1 et *Epist.* I, 1, 1.

13, 2 suiv.

> ... Cerea Telephi
> Laudas bracchia...

Cerea brachia « des bras de cire » ; voilà ce qu'a dit Horace. Il n'y a pas de raison d'aller chercher *lactea* chez Flavius Caper, *De orth.* p. 98 K, *cerea* n'étant dénué de sens, ni d'à propos ; il n'a même que trop de sens, puisque l'on trouve moyen de l'expliquer de trois manières :

1° *Candida ut cera alba*, comme l'interprète Orelli ; cf. Ovide *Pont.* I, 10, 28 : *Membraque sunt cera pallidiora nova* (un autre exemple, donné par Orelli et pris aussi chez Ovide, est à écarter comme reposant sur un texte au moins douteux, *Ars. amat,* III, 199 où il semble bien qu'on doive lire *creta*, non *cera*).

2° *mollia, flexibilia veluti cera* ; c'est l'opinion de Ritter qui renvoie à Servius *Ad Bucol.* 2,53 : *Cerea pruna, aut cerei coloris aut mollia ; Horatius cerea Telephi laudat bracchia.*

3° *Cereae pulchritudinis* beaux comme les bras des figures de cire ; *bracchia... tam pulchra quam solent in imaginibus cereis*, Peerlkamp (qui d'ailleurs préfère *lactea*).

Cette dernière interprétation, plus ingénieuse que probable, a rencontré peu de faveur ; on ne la cite guère qu'à titre de curiosité. Quant à la deuxième, il importe de remarquer qu'elle n'est donnée par Servius qu'en second lieu, après qu'il a proposé la première ; d'où nous sommes en droit de conclure que cette première explication, *candida ut cera alba*, a paru la plus simple et la plus naturelle dès l'Antiquité, comme elle nous paraît encore aujourd'hui.

G. VITELLI

UN PAPIRO DEL MUSEO GRECO-ROMANO
DI ALESSANDRIA

Ha ora il n° 112, ed ebbe già il n° 454 (p. 328 del Catalogo del Botti) : appartiene alla collezione Glymenopulo, e misura centim. 12,4 × 22. Lo trascrissi nel Gennaio del ʼ907, e ne ebbi poi una fotografia dal Breccia, che cortesemente, come suole, mi ha dato il permesso di pubblicarlo. Era mio proposito di riesaminare lʼoriginale, ma non potei farlo durante il mio rapido passaggio per Alessandria nello scorso Aprile : pure imperfetta comʼè, la mia trascrizione sarà utile, se non altro per invogliare, chi ne abbia agio, a far quello che non ho fatto io. Pregato da me, nella primavera del 1907 collazionò il Wilcken la mia copia con la fotografia ; e non occorre aggiungere che la collazione fu molto utile.

È un contratto di affitto analogo a quello conservatoci in BGU. 916 (cf. Wilcken, *Archiv* II 139 ; W. Otto, *Priester u. Tempel* II 397), che dal nostro riceve non poca luce e dopo il confronto col nostro aspetta unʼ accurata revisione sullʼoriginale. Il 12 Settembre dellʼanno 65 di Cristo, nel villaggio di Nilupolis (della μερὶς Ἡρακλείδου : cf. P.Tebt. II p. 357), due *lesones* o *lesonai* della dea (Isis) Nephrommis ovvero Nephremmis dànno in affitto sino al 2 di Settembre del successivo a. 66 lʼIsideion di Nephrommis ad un tal Petesuchos, "secondo la consuetudine dello scorso annoʼ, cioè agli stessi patti : canone di affitto 500 drachme di argento, e inoltre 50 keramia di... e mensilmente mezza kotyle di... , rimanendo anche ai *lesonai* affittanti così lo *spondeion* del mese di Epeiph dallʼora ottava (secondo lʼuso Egiziano) del giorno nono allʼ ora seconda del giorno decimo, come il *logeuma* del villaggio. Petesuchos paga allʼ atto del contratto 56 drachme, e si obbliga di pagare le altre 444 in dieci rate, nove di 44 drachme ciascuna nei nove mesi dal *Neos Sebastos* (*Hatyr*) allʼ *Epeiph*, e una di 48 drachme nellʼ ultimo mese *Kaisareios* (*Mesore*). Compaiono (l. 31 sq.) garanti di Petesuchos, e (33 sq.) ὑπογραφεῖς degli affittanti.

In più luoghi occorrono pa rticolari che non intendo, in altri non è sicura la lezione (1). Su gli uni e su gli altri richiamerò, nelle note soggiunte al testo, l'attenzione del lettore. È probabile, del resto, che per es. il dotto autore dei "Priester und Tempel im hellenistischen Aegypten" possa anche senza nuovo esame dell' originale risolvere le difficoltà che sono insolubili per me.

Comunque sia, ho voluto con una nota di carattere paleografico contribuire al volume in onore di un vecchio amico e di un paleografo illustre : mi avvedo anche io che è piccola e poco importante la συμβολή, ma è grande l'affetto e la stima per colui al quale viene offerta.

"Ετους δωδεκάτου Νέρωνος Κλαυδίου καίσαρος σεβαστοῦ   12 Settembre a. 65ᵖ
Γερμανικοῦ αὐτοκράτορος, μηνὸς Σεβαστοῦ πεντεκαι-
δεκάτηι Σεβαστῆι, ἐν Νείλου πόλει τῆς Ἡρακλείδου μερίδος
τοῦ Ἀρσινοείτου νομοῦ. Ἐμίσθωσαν Ὀννῶφρις Τεσενού-
5. φεως ὡς ἐτῶν πεντήκοντα οὐλὴ[.]] ποδὶ ἀριστερῶι κ(αὶ)
Σαταβοῦς Πανεφρόμμιος ὡς ἐτῶν [π]εντηκονταενὸς οὐλ(ὴ)
μετώπωι ἐξ ἀριστερῶν, οἱ δύο λεσῶναι θεᾶς μεγίστης
Νεφρόμμεως, Πετεσούχωι [Ὀ]ρσενούφεως Πέρσηι τῆς
ἐπιγονῆς ὡς ἐτῶν τριάκοντα οὐλὴ[ι]] δακτύλῳ μικρῷ
10. χειρὸς ἀριστερᾶς, ἀφ' ὧν κ(αὶ) αὐτοὶ ἐμισθώσαντο σὺν ἑτέροις
παρὰ τῶν τῆς Νήσσου (sic) ἱερέων, τὸ ἐν Νείλου πόλει τῆς
Νεφρόμμιος Ἰσίδιον κατὰ τὴν το[ῦ] διεληλυθότος ἔτους
σ[υ]νήθειαν, ἀπ[ὸ]τῆς ἐνεστώ[σης] ἡμέρας ἕως μηνὸς
Σεβαστοῦ τετράδος τοῦ ἰσιόντος [τ]ρισκ(αι)δεκάτου ἔτους   2 Settembre a. 66ᵖ
15. Νέρωνος Κλαυδίου καίσαρος σεβαστοῦ Γερμανικοῦ
αὐτοκράτορο[ς], φόρου τοῦ π[α]ντὸς ἀργυρίου δραχμῶν
πεντακοσίων κ(αὶ) κεραμίω[ν.].νοματων πεντή-
[x]οντα κ(αὶ) κατὰ μῆνα ὀ[. .] τους [. .].τε καὶ ἡμικοτ[ύ].
λειον κ(αὶ) φαγεῖν ἐκθέτου οὔ[ση ?]ς τῆς προθέσεως, τοῦ
20. σπονδήου τοῦ Ἐπὶφ ἀφ' ὥρας ὀγδόης τῆς ἐνάτης
Αἰγυπτίων ἕως ὥρας δευτέρας τῆς δεκάτης
κ(αὶ) τοῦ λογεύμ[α]τος τῆς κώμης τῆς δεκάτης ὄν-
[τ]ων τῶν μεμισθωκότ[ω]ν. κ(αὶ) ἐχ[ειν] τοὺς με-
[μι]σθωκότ[ας] παρὰ [τοῦ] Πετ[εσο]ύχου ἅμα τῇ μισθώ[σει]
25. ἀπὸ τοῦ προκιμένου φόρου ἀργυρίου δραχμὰς πεν-
τηκονταέξ, τὰς δὲ λοιπὰς ἀργυρίου δραχμὰς τετρακο-
[σίας τεσσ]αρ[α]κ[ο]ντατέσσαρες ἀποδώτω ἐν ἀναφοραῖς
δέκα ἀπὸ μη[νὸς] Νέου σεβαστοῦ ἕως Ἐπὶφ ἀνὰ δραχμὰς
τ[εσσ]αρακοντατέσσαρες κ(αὶ) μην[ὶ Καισ]αρεί[ῳ . . . . . .].[. .]

(1) Ma per comodo di tipografia ho rinunziato ad indicare le singole lettere incerte. Come tali sarebbero ad esempio da segnare ωταμιnella l. 37, e molte altre.

30. [δρ]αχμὰς τεσσαρακο[νταοχ]τώ[.](αι?)βε[...........]
    [..]τος? δὲ καὶ [...................] λλ..[......]ώ[ς ἐτ]ῶν
    τεσσαράκοντα οὐλὴ[ι̣] ὑπὸ γαστροκνημίαν ἀριστερὰν
    ἐγγυώμεθα ἅπαντα εἰς ἔκτισιν τὰ προ[χ]ίμενα κεφάλαια. Ὑπογρα[φεῖς]
    [τοῦ Ὀννώ(φριος)....]. ς ? Πάπου ώ[ς](ἐτῶν) μ ο(ὐλὴ) δεξ(ιᾷ) χ(ειρί), κ(αὶ) τοῦ Σαταβο(ῦτος) Α....
35. <m²>[Ὀννῶφ]ρις Τεσενούφε[ως καὶ?]
    Σαταβοῦς Πανε[φ]ρόμ[μιος ἑ-]
    μισθώσαμε[ν...........]
    [.].....[

3. Σεβαστῆι è stato letto dal Wilcken. Qui il giorno indicato con tal nome risponde al 15 del mese Thot. Ignoro se, dopo il Wilcken (*Griech. Ostr.* I 812 sq.), si sia avuta una soluzione del piccolo problema che tali indicazioni presentano.

8. e 12. La grafia Νεφρόμμεως e Νεφρόμμιος è sicura nel nostro papiro. I papiri Berlinesi e Viennesi dànno Νεφρέμμις. Cf. gl' indici di W. Otto, *Priester u. Tempel* II 381, e per λεσῶναι e λεσῶνες II 374.

8. Se ho letto bene Ὀρσενούφεως, il nostro Πετεσοῦχος può essere stato fratello maggiore del Πάπος Ὀρσενούφεως che più tardi, regnante Vespasiano, contrae un affitto della stessa specie (BGU. 916,10).

10. ἀφ' ὧν etc.] Propriamente, dunque, è un subaffitto. Il santuario di Isis in Nilupolis faceva parte di ciò che i *lesonai* avevano essi stessi preso in affitto dai sacerdoti di <Soknopaiu> Nesos, a quanto sembra. Nè è meraviglia che il santuario Nilopolitano (ἐν Νείλου πόλει anche BGU. 917,2 ? Cf. 337,4) fosse una succursale di istituti sacri della vicina Σοκνοπαίου νῆσος : ricorderò, fra il resto, che da uno stesso *komarches* sono rappresentati i due villaggi, per es. in P. Loud. 2220, 1 sq. (III p. 114) del principio del terzo secolo di Cristo. Ma, naturalmente, si può pensare anche a Γυναικῶν νῆσος.

14. Perchè proprio fino alla τετράς del mese *Sebastos*, non so dire.

17. sqq. Un nuovo ed accurato esame del papiro Berlinese (916,21 sqq.) gioverà anche all' interpretazione di questa parte del nostro. Nella l. 18 si può leggere e sarà [πέ]ντε, ma importerebbe sapere che cosa sia ὁ[. .]τους. Il ρ m'è parso di scorgerlo sulla fotografia, dall' originale avevo trascritto μῆνα[. .]του. Invece sulla fotographia lesse μῆν' α[ὐ]τοὺς il Wilcken, che inserirebbe quindi πιεῖν (sarà stato scritto, al solito, πεῖν), come par richiesto dal seguente φαγεῖν (cf. προσφαγιν nel Pap. Berl., che non è certo προσφάγιον). Non intendo poi affatto ciò che segue (ἐκθέτου κτλ.). Nella l. 17 è possibile] ενοματων (cf. Pap. Berl. lin. 22 sq. καὶ κεν. [. .]... | κεράμια ἑξήκοντα), ma κενωμάτων non mi dà senso.

20. σπονδήου ha il papiro (Wilcken), non σπονδείου come erroneamente avevo segnato io. Intendo per σπονδεῖον ciò che altrove è detto σπονδή ovvero ὑπὲρ σπονδῆς, cioè il regalo... obbligatorio, dunque la tassa, che i sacerdoti esigevano dai privati che nei templi venivano a compiere sacrifizii e libazioni (θύοντες καὶ σπένδοντες).

Sembra che in quelle ore di quel giorno del mese Epeiph lo *spondeion* fosse molto fruttifero, probabilmente perché giorno di speciale devozione verso la dea. Cf. W. Otto, I 392 sqq. Col solito significato di σπονδεῖον (BGU. 590,11. 388, II. 22 etc.) non riesco a trovar senso. [Ma nel rileggere le prove di stampa mi soccorre un' analogia, che forse varrà a chiarire l'uso della parola. Nelle nostre chiese (intendo quelle specialmente dell' Italia meridionale) il sacristano, in occasione di certe feste e funzioni religiose, raccoglie in un 'bacile' (vassoio) le offerte dei fedeli, le quali, secondo i casi, vanno a benefizio o de sacristano stesso o dei preti; e si dice allora che 'il bacile tocca ai preti (o al sacristano)'. Similmente per alcune funzioni religiose a benefizio di privati (battesimi, sposalizii, assoluzioni di cadaveri, etc.) è dovuta o almeno si suol dare al prete una remunerazione; si dice allora che il prete riscuote 'per diritto di stola' o addirittura 'dalla stola'. Di più ancora, al prete che per la Pasqua va a benedire le case, tocca quel danaro che i fedeli sogliono porre nel secchio dell' acqua benedetta; e si dice allora che, fra gli altri proventi, egli ha quello del secchio. In modo analogo, mi figuro, c'era un provento del *vas libationum*, dello σπονδεῖον; e questo provento, in quel determinato giorno rilevante, riserbavano a sè i due *lesonai* affittanti.]

22. λογεύματος (Wilcken)] Così avevo letto anche io sull' originale, poi la fotografia mi aveva indotto a contentarmi di trascrivere ... ευματος. Sarà suppergiù come . λογεία (Otto, I 359 sqq. II 334), originariamente una colletta, finita col diventare vera e propria tassa pagata al santuario dalla comunità del villaggio. Forse τῆς δεκάτης è da cancellare come erroneamente ripetuto dalla linea precedente. Anche per la grammatica, se è il caso d'invocarla, non pare si possa intendere di una 'decima' dovuta dal villaggio. C'è esempio di un' ἀπόμοιρα dovuta da comunità?

27. e 29. Noto espressamente che gli accusativi in ες (forme, del resto, notissime) sono nel papiro; e così anche l'ἀποδώτω (per ἀποδότω). Nella l. 29 dopo Καισαρείῳ si aspetta τὰς λοιπὰς o sim.

30. Forse si può leggere κ](αι)βε[βαιούτω ovvero altra simile formula.

31. Nè qui nè alla l. 33 ho dall'originale annotato cambiamento di mano; e sulla fotografia non vedo diversità di scrittura. Perciò tanto più difficile mi riesce immaginare con che formula fossero qui introdotti gli ἐγγυηταί.

34. μ o(ὐλὴ) δεξ(ιᾳ) χ(ειρὶ): la lettura, del resto incerta, si deve al Wilcken.

37. sq. Per es. ἐπὶ πᾶσι τοῖς προκειμένοις.

Anche di un altro papiro di Alessandria (n° 677) esaminai il principio, circa 20 righe. È la 'Pétition des fermiers de Σοχνοπαίου νῆσος' etc. pubblicata dal Barry nel *Bulletin de l'Inst. français d'archéol. orient.* III (1903) p. 188 sqq.

Pur troppo, non ho qui a mano questa pubblicazione ; e copierò alcuni soltanto dei miei appunti, per quello che possono valere.

1. Ἀρσι(νοΐτου), non Ἀρσ(ινοΐτου) || 2 Σεγάθιος, non Τετά[θ]ιος || 3 καὶ Δημᾶ Δημᾶτος (Δημᾶ non ha segno di abbreviazione, e però non credo sia anche esso Δημᾶτος : Δημᾶ è genitivo altrettanto buono quanto l'altro) || 4 Σωτᾶ (similmente senza abbreviazione): Barry Σωτᾶ[τος] || 5 Pare Μέλανος || 6 τῶν κε̄, piuttosto che τῶν κξ̄ || 8 κατεισήλθαμεν, non -θομεν || 9 αιγιαλιτι γη *sic* || 12 τελεσμάτων || ὑπὲρ ἧς κατ' ἔτος διαγράφ[ομε]ν μόνοι etc. || 13 τὰς ν[ο]μὰς, e mi pare impossibile τὰς ῡ [μν]ὰς *sic* || Sarà da correggere τοὺς κατὰ χρόνους κωμογραμματέας (pap. — τεως) || 14 ἐκδικηθέντες δυνη|θῶμεν τῇ γῦ etc. (dunque πρὸς τὸ come se fosse ἵνα o sim.) || 15 pap. συνεισφορας l. συνεισφόρους || 18 μετώπ(φ), non μετώ(πφ) || etc.

Firenze, Novembre 1909.

LÉON DOREZ

ÉVANGÉLIAIRE

EXÉCUTÉ A L'ABBAYE DE SCHUTTERN

(VIIIᵉ-IXᵉ SIÈCLE)

La bibliothèque de Lord Leicester, à Holkham Hall (Norfolk), renferme, entre autres précieux manuscrits, un Évangéliaire (n° 17) qui n'est pas extrêmement luxueux, mais qui, par son antiquité et même par sa décoration, mérite d'être décrit avec quelque détail (1).

Écrit sur assez beau parchemin et sur deux colonnes, il mesure 215 millimètres sur 300, et il paraît avoir été exécuté dans les dernières années du VIIIᵉ siècle ou tout au commencement du siècle suivant. Les titres et les explicit sont, à moins d'indications contraires, en onciales rouges.

Fol. 1. **Incipit prologus IIII ev(an)gel(iorum)**. Inc. *Plures fuisse qui evangelia scripserunt*. Expl. (fol. 3 r., col. 2) *magis hereticis quam ecclesiasticis vivis* (sic) *esse canendos*. **Explicit prologus.**

Fol. 3 v. **Eusebius Carpiano fratri in D(omi)no salutem.** Inc. *Ammonius quidam Alexandrinus*. Expl. (fol. 4 v., col. 1) *atque eos in suis propriisque locis similia dixisse repperies*.

Fol. 4 v., col 1. **Beatissimo papa** (*sic*) **Damaso Hieronimus.** Inc. *Novum opus facere me cogis*. Expl. (fol. 6 v., col. 2) *vel eadem vel vicina dixerunt*. || *Opto ut in Christo valeas et memineris mei, papa beatissimae* (sic).

Au bas du fol. 6 v., au-dessous de la première colonne : **Q** [*uaternio*]; au-dessous de la seconde : **I** (2).

---

(1) Le volume est revêtu d'une belle reliure estampée, à compartiments, en maroquin violet orné de filets d'or (aux armes de la famille Coke ; commencement du XIXᵉ siècle).

(2) Le volume comprend 211 feuillets et 25 quaternions numérotés (fol. 1-197). Le premier de ces cahiers se compose de six feuillets seulement (fol. 1-6), et le vingt-et-unième, de sept feuillets (fol. 139-165); cependant le manuscrit paraît être complet.

Fol. 7 r., blanc.

Suivent, sous les arcades habituelles, les concordances ou canons eusébiens :

Fol. 7 v. et 8 r. **Canon primus in quo quattuor.** — Ici, comme aux feuillets qui suivent, le décor est peint en rouge brique, vert d'eau et jaune clair sur fond neutre. Les chiffres romains sont tracés à l'encre noire. — Voir la planche.

Fol. 8 v. et 9 r. **Canon secundus in quo tres.** Au-dessous de ce titre, quelques notes tironiennes en rouge (probablement *Deo gratias*).

Fol. 9 v. **Canon secundus in quo tres.** — Notes tironiennes en rouge.

Fol. 10 r. **Canon tertius in quo tres.** — Notes tironiennes en rouge.

Fol. 10 v. **Canon quartus in quo tres.**

Fol. 11 r. **Canon quintus in quo duo.**

Fol. 11 v. **Canon VI, VII et VIII, in quo duo.**

Fol. 12 r. **Canon VIII in quo duo. CCC.X. in q̄ Math̄ prop̄.**

Fol. 12 v. **Canon X in quo Marcus et Lucas propriẹ.**

Fol. 13 r. **Canon X in quo Iohannis propriẹ.**

Fol. 13 v., blanc.

Fol. 14. **Prefatio Mathei** (*sic*). Inc. *Matheus ex iudaeis.* Expl. (fol. 14 v.) *querentibus non tacere.* **Explicit prefatio Mathei.** — Au bas du feuillet : **Q[*uaternio*] II.**

Fol. 15 r.-17 v. Table des chapitres de l'Évangile selon saint Matthieu, sous des arcades. — Fol. 15 recto, sous l'arceau de gauche de l'arcade, en onciales rouges : **Incipiunt capitula s(an)c(t)i ev(an)g(e)l[ii] s(e)c(un)d(um) Math(eum). Generationum nomina et q(uo)d Abraham caput fidei sit ·.· I. Nativitas Christi.** —Fol. 17 v., également en onciales rouges : **Expliciunt capitula s(an)c(t)i Ev(an)g(e)l(ii) secundum Mattheum.**

Fol. 18 r. Dans un encadrement formé d'entrelacs blancs, verts, jaunes et rouge brique sur fond noir, on lit, en onciales blanches sur fond pourpré :

LXVI. In eclesiis benedici | te D(eu)m D(omi)n(u)m de fonti | bus Israhel : manda D(eu)s virtutem tuam confir | ma D(eu)s hoc quod opera | tus es in nobis. Beati quorum remis | se sunt iniquitates et quorum tecta sunt peccata Beatus vir cui non in | putavit D(omi)n(u)s peccatu(m) | nec e(st) in ore eius Do(m)i(n)us.

Interpr(etatio) de sing(u)l(is) Evang(e)l(istis). | Matheus homo du(m) adsu | mitur. Marc(us) leo du(m) re | gnat. Luc(as) vitul(us) du(m) immo |. latur. Joh(annes) aquila du(m) | ad sede(m) patris revertit. — Voir la planche.

Fol. 18 v., blanc.

Fol. 19 r. LIBER GENERAtionis. (Les trois dernières lettres du premier mot et les six premières du second sont en capitales rustiques, la fin du second en onciales; les lettres L et I sont du type ordinaire employé dans les Évangéliaires carolingiens à cet endroit du texte ; parmi les couleurs dont est teinté le corps des

ON DOREZ

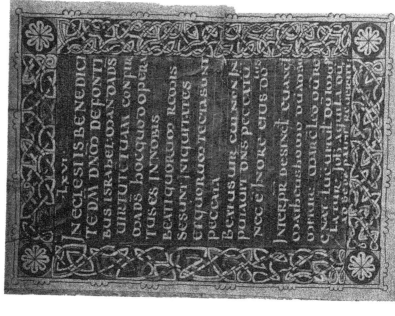

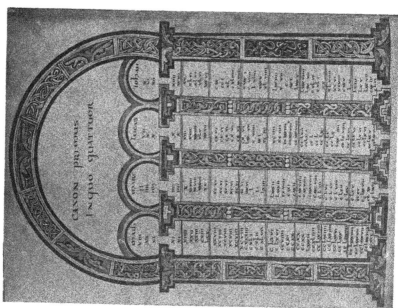

RE CHAMPION, Édit.

ÉVANGÉLIAIRE DE SCHUTTERN

D. A. LONGUET, Imp.

lettres apparaît ici une sorte de pourpre clair : partie supérieure du B, partie inférieure de l'E, etc.). Expl. (fol. 68 v., col. 1) *usque ad consummationem sæculi*.
EXPLICIT EVANGELIUM SEGUN : DUM ⁝⁝ MATTHEU[M] (ces quatre derniers
mots en une sorte de capitale rustique rouge).   — Voir la planche.

Fol. 68 v., col. 2. **Incipit argumentum secundum Marcum.** Inc. *Marcus
evangelista Dei et Petri.* Expl. (fol. 69 r.) *Qui autem incrementum præstat.*
Explicit argumentum.

Fol. 69 v. **Incipit breviarium secundum Marcum.** I. Inc. *De Iohanne
Baptista.* Expl. (fol. 70 recto) *passio et sepultura et resurrectio eius.* **Explicit
breviarium secundum MarCum.** Ces quatre derniers mots, en onciales rouges,
sont suivis de notes tironiennes en rouge qui paraissent devoir se lire : *Deo gratias.
Amen. Explicit...* ?

Fol. 70 v. Dans un encadrement formé d'entrelacs jaunes, verts et rouge
brique sur fond neutre (le cadre est limité à l'intérieur par un filet rouge), on lit, en
onciales blanches sur fond noir :

XXXIII. | Uenite fili audite | me timorem D(omi)ni docebo uos : Quis
est homo qui | uult uitam et a | mat uidere dies bo | nos. Proibe lingvam |
tuam a ma malo (*sic*) et | labia tua ne lo | qvantvr dolum. | Deverte a
malo | et fac bonvm in | quire pacem et se | quatur eam :

Fol. 71 r., blanc.

Fol. 71 v. **Incipit evangelium secundum Marcum.** Initium (en onciales
rouges ; l'I d'*Initium* est décoré d'entrelacs et terminé par un oiseau qui mord la
haste de la lettre) evangelii Ih(es)u Chr(ist)i (en onciales noires). Expl. (fol. 104
v.) *et sermone confirmante sequentibus signis.* **Explicit Evangelium secundum
Marcum** (ces quatre derniers mots sont suivis de quelques notes tironniennes en
rouge qui paraissent devoir se lire : *Deo gratias*).

Fol. 104 v. **Incipit argumentum evangelii seCundum Lucam.** Amen (en
onciales rouges). LUCAS SY | rus antiocensis (les trois premières syllabes de ces
trois derniers mots sont en une sorte de grande capitale rustique, peinte de
différentes couleurs, les six dernières en onciales ; la lettre L rappelle celle du fol. 19
recto, mais elle est de dimensions notablement moindres). Expl. (fol. 105 r.)
quam fastidientibus prodesse. **Explicit argumentum.**

Fol. 105 v. et 106 r. Sous des arcades : **Incipiunt cap(itu)la secu(n)d(um)
Lucam.**

Fol. 106 v. Dans un encadrement formé d'une légère décoration florale rouge
brique sur fond jaune, on lit, en onciales blanches sur fond pourpré :

XXXIII. Gvstate et vi | dete q(uo)n(ia)m sva | vis e(st) D(omi)n(u)s beatvs

| vir qui sperat in ev(m). | Timete d(omi)n(u)m om | nes s(an)c(t)i eius
q(uonia)m nihil deest | timentibvs | evm.

Fol. 107 r., blanc.

Fol. 107 v. Incipit evangelium secundum Lucam. Inc. Quoniam (en
onciales rouges, sauf le mot *Quoniam*, dont l'initiale, assez belle, et les lettres suivantes sont peintes de différentes couleurs, de même que l'initiale F et les neuf lettres
suivantes de la seconde colonne (**Fuit in diebus**). — Expl. (fol. 163 r., col. 1)
laudantes et benedicentes D(eu)m. **Explicit evangelium secundum Lucam** (ces
quatre derniers mots sont suivis de quelques notes tironiennes : *Deo gratias ?*).

Fol. 163 r., col. 1. Incipit praefatio secundum Iohannem. — Col. 2 :
HIC EST IOHANNES EVANGELIS | *ta* (les trois premiers mots et les neuf pre-
mières lettres du quatrième sont en capitales coloriées). — Expl. (fol. 163 v.,
col. 2) *et deo magisterii doctrina sequetur*. EXPLICIT ARGUMENTUM (ces deux
mots en capitales rouges).

Fol. 164 r., col. 1, et fol. 164 v., sous des arcades : **Incip(it) breviarium secundum Iohannem. I. Phariseorum.**

Fol. 165 r. col. 1. IN CHR(IST)I N◊MINE INCIPIT EVANGELIUM SE-
CUNDUM IOHANNEM (en très grosses capitales rouges). — Col. 2 : IN PRIN-
CIPIO ERAT (id.). (L'initiale I occupe toute la partie centrale de la page.) —
Expl. (fol. 202 r., col. 1) *qui scribendi sunt libros*. — Col. 2. EXPLICIT
EVANGELIUM SECUNDUM IOHANNEM (en très grosses capitales rouges ; suivent
quelques notes tironiennes : *Deo gratias... subsequitur ?*). Puis, en onciales noires :
**Hic sudet lector | suo ingenio qui | hanc artem se | scire quattuor | euu-
angelistaru(m) | gloriatur.**

Fol. 202 v., souscription du copiste (cf. ci-dessous). — Voir la planche.

Fol. 203 r., blanc.

Fol. 203 v.-211 v. Incipiunt capitula sive ordinat(iones) evang(e)l(io)r(um)
de circulo anni. Inprimis de vig(i)l(ia) n(a)t(a)l(is) D(omi)ni ad s(an)c(t)am
Maria(m) de nona.

Fol. 211 v., col. 2, minute ou copie d'un acte du xiiie siècle (voy. ci-dessous).

Les feuillets de parchemin sur lesquels on a transcrit ce dernier morceau sont de
moins belle qualité que celui du reste du volume. Il est possible qu'ils aient été
ajoutés après coup.

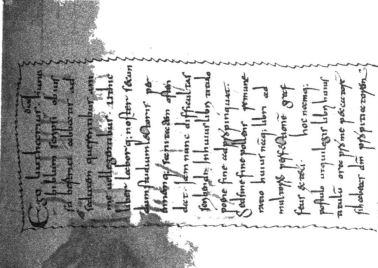

La décoration de ce manuscrit n'est pas — comme on l'a déjà dit et comme le montrent les planches, très réduites, qui sont jointes à cette notice — d'un grand luxe. Le copiste qui en est l'auteur a sans nul doute voulu imiter un de ces beaux Évangéliaires du même temps qui sont si justement célèbres ; mais il est visible que bien qu'il fût un habile calligraphe, il a médiocrement réussi dans sa tentative. Il a cependant suivi d'assez près son modèle pour que l'on reconnaisse, dans les entrelacs des arcades et des encadrements, un souvenir de l'ornementation importée par les moines irlandais dans les régions de Constance et de Reichenau. On va voir qu'il est probable que c'est un volume de la seconde de ces abbayes qui a inspiré à notre moine l'idée de son travail plus ou moins artistique.

Grâce aux documents qui figurent aux feuillets 202 v. et 211 v., l'origine du manuscrit peut être aisément établie.

Le second de ces documents est un acte copié ou résumé à la fin du xiiiᵉ siècle et qui est ainsi conçu :

Notum fieri cupimus universis quod nos Hermannus abbas et conventus ecclesie Scuthurensis anno Domini Mᵒ CCᵒ LXᵒ VIIIIᵒ receptionem quorumcunque puerorum a vigilia Pentecostes .V. idus. mai. usque ad exspirationem .V. annorum abjuravimus nisi permaximum a domino apostolico vel a nostro dyocesano ecclesie nostre nos contingat subterfugere detrimentum.

L' « ecclesia Scuthurensis » n'est autre que le monastère bénédictin de Schuttern (dans le grand-duché de Bade actuel), en latin *Scutura* ou *Scuthura*, qui faisait partie du diocèse de Strasbourg, et qui, à l'époque carolingienne, était appelé *Offonis villa* ou *Offinwilare*. L'abbé qui a dressé l'acte est Hermann de Burner, abbé de Schuttern du 21 juillet 1262 au 18 mai 1295. Durant son long gouvernement, Hermann s'efforça de réparer les dommages causés à la maison par un incendie survenu en 1240, et sa famille, à commencer par sa mère Clémence, paraît l'avoir secondé dans sa tâche par un certain nombre de donations (1).

Ce monastère une fois identifié, il devient plus facile de retrouver les personnages — abbé et copiste — qui, selon l'intéressante souscription du fol. 202 v., ont commandé et exécuté l'Évangéliaire aujourd'hui conservé à Holkham Hall. Voici le texte de cette souscription, où l'on remarquera les deux mots grecs *biblam* et *graffeus* :

Ego Liutharius diac(onus) hunc | biblum scripsi ob ius | su Bertrici abbatis ad | salutem querentibus ani | me vel legentibus. ut hic | liber laborq(ue) noster secuu | dum studium lectoris per | ennemq(ue) sanitatem osten | dat. Jam nunc difficultas | scribendi in huius libri titulo | poene fine adpropinquat. | Sed sine fine pollens remune | ratio huius na(m)-

(1) Voy. F. J. Mone, *Quellensammlung der badischen Landesgeschichte* (Karlsruhe, 1848-1867, 4 vol.), t. III, pp. 97-108.

q(ue) libri ad | multor(um) perfectione(m) graf | feus exteti. Hoc namq(ue) | postulo ut qui legis libri huius | titulum ora pro me peccatore(m) | si habeas D(eu)m propitiatorem.

Un précieux registre de Reichenau, le *libellus societatum Augiensium*, signalé et utilisé en premier lieu par Mabillon, nous a conservé une liste des moines qui composaient la maison de Schuttern vers le temps où fut transcrit notre volume. Là, en tête des *ɩoniɩa fratrum de monasterio quod Offinwilare vocatur*, on rencontre, au premier rang, celui de *domnus abba Beretrich*, et à la ligne 20, parmi les noms des moines que gouvernait l'abbé Bertrich, celui de *Liutherius* (1).

L'Évangéliaire de Lord Leicester a donc été exécuté à Schuttern, sur l'ordre de l'abbé Bertrich, par le moine *Liutherius* ou, comme il écrivait lui-même, *Liutharius*, vers le commencement du IXe siècle, et très vraisemblablement d'après un des beaux manuscrits de l'abbaye de Reichenau. Il est à peu près vain de chercher à fixer la date précise. Selon Mone, qui a savamment discuté toutes les questions relatives à l'âge et à la composition du *libellus*, la première inscription y aurait été faite vers l'an 825, et la seule difficulté serait de savoir si la liste alors dressée est celle de personnages morts avant 820 ou de personnages vivants vers 825. Dans la première hypothèse, l'abbé Bertrich était déjà passé de vie à trépas lorsque son nom a été inséré dans le registre, et dès lors il serait mort entre 800 et 825 environ ; dans la seconde, il était encore vivant lors de l'inscription de son nom, vers 825, et il serait mort après 825 (2). Dans le premier cas, l'Évangéliaire de Holkham Hall remonterait aux dernières années du VIIIe siècle ou aux toutes premières années du IXe ; dans le second, on pourrait le croire légèrement plus récent. Paléographiquement, entre deux termes aussi peu éloignés l'un de l'autre, il est impossible de prendre parti.

Ce vénérable volume est de beaucoup le plus ancien des manuscrits, très peu nombreux, qui proviennent de l'ancienne bibliothèque du monastère; les autres sont aujourd'hui conservés à Karlsruhe. Mon savant ami, M. Alfred Holder, directeur de la Bibliothèque grand-ducale, a bien voulu me remettre sur ces épaves de Schuttern l'intéressante note qui suit :

Schuttern, la plus ancienne abbaye (O. S. Bened.) de la « Ortenau » (ou plutôt Mortenau = Mŏrĭdūn-āvia), fondée en 603 par Offon, prince royal d'Angleterre, à trois lieues d'Offenbourg, à six lieues de Strasbourg.

Le nom s'écrit *Scutura, Schuttura, Schutera, Schötere, Schutere, Schuttera, Schuter, Schuttern, Schottern*.

La Hof — und Landesbibliothek de Karlsruhe n'a que six manuscrits qui proviennent de ce monastère. En voici le catalogue sommaire :

(1) Paul Piper, *Libri confraternitatum Sancti Galli, Augiensis, Fabariensis* (Monum. Germ. hist. Abth. V. Antiquitates, vol. IX, Berolini, 1884, in-4°), p. 213 (191, 2 et 20).
(2) Mone, *loc. cit.*, pp. 51, 52 et n., 55.

1. (parchemin, 124 ff., 565 × 385 millim.), xv· siècle.

Graduale (*Proprium de tempore*), avec 2 feuillets du *Proprium sanctorum* (*Conversio S. Pauli*).

2. (parchemin, 256 ff., 342 × 250 millim.), xvᵉ siècle.

Missale. — *Monasterij Schutterani in Brisgoja*.

3. (parchemin, 234 ff., 322 × 225 millim.), xvᵉ siècle.

Missale Benedictinum. — *Monasterij Schutterani in Brisgoja*.

4. (papier, 403 ff., 205 × 155 millim.), xviᵉ siècle.

Explicatio Minoris Canisii. *Inc.* Caput primum de fide.

« Emptus Herbipoli duobus florenis. » — « Sum fratris Christophori Heubleri Engentini, hodie conventualis In Schutteren. Anno 1602. »

5. (papier, 41 ff., 195 × 160 millim.), xviiiᵉ siècle.

Prætextus larvatus oder der ietzigen welt und dem schein der warheit verstelte falsche prætext und Vorwand.

« Hermanus Stöber zu Schuttern anno 1756. »

6. (papier, 54 ff., 399 × 207 millim.), xviiiᵉ siècle.

1) Scala Paradisi, seu perfectio vitæ, per quam religiosi praesertim novelli iuxta vestigia SS. P. N. Benedicti ad Deum ascendere debent.

2) *Inc.* Cum omnia homo scire appetat.

3) Appendix in laudem Beatissimæ Virginis Mariæ.

4) Tractatus Ascetico-Historicus Continens Lapsus, Confessionem et Conversionem hominis cuiusdam peccatoris omnium maximi... Oblatus... Mon. B. V. ad Schutteram... Praesuli. »

Je suis d'autant plus heureux de publier ici cette brève notice sur un manuscrit carolingien jusqu'ici inconnu, que le volume appartient à cette belle bibliothèque de Holkham Hall où mes trois premières visites (1888-1890) ont eu lieu sous les auspices de mon maître et ami M. Émile Chatelain.

PAUL PIPER

SUPERSTITIONES ET PAGANIAE EINSIDLENSES

Der Codex Einsidlensis 281 ist in mehr als einer Hinsicht kulturhistorisch merkwürdig, besonders aber durch seine Hindeutungen auf heidnischen Aberglauben und heidnische Gebräuche. Die auf diese sich beziehenden Stellen hebe ich hier im Rahmen einer Inhaltsübersicht der Handschrift heraus.

Die Handschrift stammt aus der Mitte des VIII. Jahrhunderts und enthält 322 Blätter 8 v. Es sind in ihr verschiedene Stücke vereinigt. Die Lageneinteilung gebe ich nach der Bezeichnung in der Handschrift. Lage I bis S. 16. (Darnach 1 Bl. ausgeschnitten). Lage II. S. 17-32. Lage III. S. 33-48. Lage IIII. S. 49-64 (nach S. 54 und 56 je ein Blatt ausgeschnitten). Lage V. S. 65-80. Lage VI. S. 81-96 (nach S. 88 und 90 je ein Blatt ausgeschn.) Lage VII. S. 97-116 (nach S. 104 und 110 je ein Blatt ausgeschnitten). Lage VIII. S. 117-132. Lage VIIII. S. 133-148 (nach S. 138 und 144 je ein Blatt ausgeschn.). Lage XVI. S. 149-164 (nach S. 152 und 158 je 1 Blatt ausgeschnitten). Lage XVII. S. 165-178 (nach 178 ein Blatt ausgeschn.; von hier ab wechselt die Schrift). Lage II. S. 179-194. Lage III. S. 195-210. Lage IIII. S. 211-226. Lage V. S. 227-238 (die letzten zwei Blätter sind ausgeschn.). Lage G. S. 239-254. Lage II. S. 255-270. Lage —. S. 271-282 (nach S. 270 und 272 je 1 Blatt augeschnitten). Lage II. S. 283-298. Lage VI. S. 299-314 Lage. —. S. 315-322 (zwei Doppelblätter).

Inhaltsangabe : S. 1. Hec sunt instrvmenta bonorum operum. S. 2 *unten :* Risum multum aut excussum non amare.

S. 4. Incipit admonitio domni cęsarii per quam ostenditur quid intersit inter illa penitentia que cum bonis operibus semper agitur et illam quę in infirmitate ad finem uite accipitur.

S. 13. Homelia in die sancto paschę. (S. 20. « pro *blasphemia et susurationibus* uestris » *wird mit der Strafe beim jüngsten Gericht gedroht.*)

S. 21. Incipit admonitio domni cęsarii ut pro capitalibus criminibus sine aliqua dissimulatione ad medicamentum penitentię recurramus. (S. 26. quod ecclesia ieiunante prandere uolumus. quod in ipsa ecclesia stantes dum sanctę lecciones legerentur *otiosis fabulis occupati fuimus* (1), *quod in conuiuiis nostris non semper que sancta sed aliquotiens qve* (2) *sunt luxuriosa locuti sumus.*

S. 29. Omelia sancti agustini episcopi de diem iudicii.

S. 37. Sancti agustini episcopi amen.

S. 42. Incipit sermo de penitentia (3).

S. 44. Sermo sancti agustini episcopi de die iudicii.

S. 47. Ratio de baptismo paruulorum.

S. 49. Octo sunt principalia uitia que humanum infestant genus. Primum castrimargia quod sonat uentris ingluuiis (*sic*). Secunda fornicatio ; tertium filargiria id est auaritia siue amor pecuniarum ; Qvartum (4) ira ; [*S. 50*] Quintum tristitia ; Sextum accidia (*sic*) id est anxietas seu tedium cordis ; Septimum cenodoxia id est iactantia seu uana gloria ; Octauum superbia. Hiericho interpretatur luna ; Bethlem domus interpretatur ; Gallilea in transmigratio facta interpretatur.

S. 50. Incip̄ ioca monachorum (*Fragen aus der h. Schrift*).

S. 53. Orthograffia incipit (*Worterklärungen, z. b.* Religio., *Wortunterscheidungen und dgl.*)

S. 59. Theorica id est contemplatiua adstronomica de cognitione stillarum arithmetica, etc.

S. 60. Sententias de floratibus (4) diuersis (*in Fragen und Antworten Glaubensfragen*).

S. 78. Admonitio christianorum sancti cesarii : (*Interessantes Stück : Verboten ist Blutvergiessen in der Kirche und Anhören von inanes fabulae :* S. 79. *Nolite uos inanibus fabulis occupare.* S. 80. *Qui uero communibus se fabulis occupare* delectatur fetorem eternum exalare cognuscitur).

S. 82. Incipit de anima quando migratur de corpore.

S. 87. Sermo sancti agustini de elymosina facienda.

S. 91. Humilia sancti agustini de letaniis.

(*S. 100, Z. 3:* Et ideo fratres karissimi quicunque deum in ueritate diligunt et ad ęcclesiam cito ueniunt. et tarde discedunt perseuerint in opere bono. et *ociosas uel seculares fabulas* uelut uenenum mortiferum respuerint, Magis psallere et orare contendant et contemnentes amaritudinem mundi. In aecclesia reꝗuirant unde accipiant dulcedinem christi. qui uero neglegentes et ad aecclesiam non solum tarde ueniunt, Set etiam priusquam diuina mysteria conpleantur. abscedunt. et in aecclesiam *(sic) otiosis fabulis uacantes.* nec ipsi sallunt nec alios sallere permittunt qui talis *(sic)* sunt cito se corrigant.

(1) i *überg.*

(2) v *überg.*

(3) tia *überg.*

(4) v *überg.*

(5) *floratibus.*

S. 108. Z. 4. INCIPJT DE REDDENDIS DECIMIS SERMO. Propicio christo fratres karissimi. Iam prope sunt dies in quibus messes collegere debeamus. et ideo
gratias agentes deo qui dedit offerendis. Immo de reddendis decimis cogitemus. Deus
autem noster qui dignatus est totum dare decimum a nobis dignetur repetire. Non
sibi sed nobis sine dubio profuturum. Sic enim per prophetam ipse promisit dicens
inferte inquid omnem decimam in orreis meis. Ut sit cybus in domo mea. Et pro-
bate me in his dicit dominus si non apperuero (1) uobis cataractas caeli et dedero
uobis fructus usque ad abundantiam. Ecce probauimus quomodo nobis decimae
magis quam deo proficiant. O homines stulti quid mali imperat deus ut non mereatur
audiri. Sic enim dixit primicias areae tuae et torcolaris tuae non tardaberis *(sic)*
offerre mihi. Si tardius dare peccatum est. Quantum peius est non dedisse. Et iterum
dicit honora dominum deum tuum de tuis iustis laboribus et deli[*109*]ba (2) ei de
fructibus iustitiae tuae. Ut impleantur orria tua frumento uino quoque torcolaria tua
redundabunt. Non praestas (3) hoc gratis quod cito recipies magno cum fenore.
Quaeris forte cui proficiat quod deus accipit redditurus. Quaeris iterum cui proficiat quod pauperibus datur. Si credis tibi proficit. Si dubitas perdedisti. Decimae fratres karissimi tributa sunt aegentium animarum. Redde ergo tributum pauperibus ;
Offer libamina sacerdotibus ; Quod si decimas non dederis fructum terrenorum quod
habet agricula (4) ; Quod cumque (5) te pascit ingenium est dei. Inde decimas expetit
uude uiuis de milicia. De negutio. De arteficio redde decimas aliud enim de terra de-
pendimus. aliud pro usura uite pensamus. Redde ergo homo quia possides. Redde
quia nasci meruisti. Sic enim dicit dominus dabunt singuli redemptionem animarum
suarum deo. et non crunt in eis morbi neque casus. Ecce babes in scripturis sanctis
caucionem domini tui per quam (6) tibi promisit. Quod si decimas dederis non solum
habundantiam fructuum recipias. Sed etiam sanitatem corporis consequeris. Reple-
buntur [*110*] inquid ariae tuae frumento uino quoque torcolaria tua redundabunt.
Et non erunt in eis morbi neque casus. Cum enim decimas dando et terrena et cae-
lestia possis munera promeriri *(sic)*. Quare per anaritiam duplicita *(sic)* benedictione
defraudas uota. Audi ergo unde sit mortalitas. nusti quia dei sunt cuncta quae
percipis et de suo non acommodas rerum omnium creatori. Non egit *(sic)* dominus
deus non praemium postulat sed honorem. Non de tuo aliquid exigit quod refundis
primicias rerum et decimas petit et negas auare. quid faceris *(sic)* si nouem partibus sibi sumptis (7) tibi decimam reliquissit. Quod certe iam factum est. Cum messes
tua pluuiarum benedictione subtracta ieiuna defecit. et uindimiam tuam aut grando

(1) *das erste* e *aus* a *rad.*
(2) delai | ba del *a Ras.*, i *sohwach.* —
(3) praestae .
(4) agriccula *(Das erste* c *rad).*
(5) Quod cum quae.
(6) q *aus* m *rad.*
(7) Sumpstis *das erste* s *rad.*

percussit aut pruina decoxit. Quid est a tui supputatu (1) nouem tibi partes retractae
sunt. Quia decimam dare noluisti. Constat quidem quod ipse non dederis sed tamen
deus exigit. Haec enim est domini iustissima consuetudo ut si tu illi decimam non dederis tu ad decimam reuerteris. Scriptum est Haec dicit dominus quia decimam agri
tui primiciae terrę tuae. Uobiscum sunt [*hier ein Blatt ausgeschnitten, es folgt* p. 111].
uideo uos et fallere me existimatis. Intus in thensauris uestris et in domibus uestris
erit dereptio.

Dabis (2) impio militi quod non uis dare militi christiano id est sacerdoti. Conuer-
timini quoque ad hoc dicit dominus omnipotens ut aperiam uobis cataractas caeli et
effundam uobis benedictionem meam desuper et non uobis corrumpantur fructus
terrę neque languebat uitis in agro uestro. Et beatos uos dicent omnes gentes bene-
facere deus semper paratus est, Sed hominis malitia prohibetur. Qui a domino deo
sibi dari uult omnia et non uult ei de his que possedere uidetur offerre. Quid si dice-
rit (*sic*) deus nempe meus es homo quem feci. Mea est terra quam colis. mea sunt
semina que spargis. Mea animalia quę fatigas. mei sunt imbres et pluuiae. Uentorum
flumina mea sunt. Meus est solis calor. Es cum omnia mea sunt clementa uiuendi
tu qui manus adcomodas solam decimam merebaris. Sed quia pie nos pascit omnipotens deus, amplissimam tribuit minus laboranti mercidem sibi tantum decimam
uindicans nobis omnia condonauit; Ingrate fraudatur ac perfide. Deuina te uoce
conmoneo. Ecce annus iam finitus est [*112*] redde domino pluenti mercedem. redime
te homo dum uiuis. Redime te ipse dum potes redime te inquam dum praecium in
manibus babes. Redime te nedum te mors auare preuenerit et uitam simul et precium
perdas. Sine causa hoc demittis uxori que forsitan alterum habebit maritum. Sine
causa hoc marito demittis tu mulier. Qui aliam sine mora (3) cupit habere uxorem.
Frustra te parentibus ac propinquis iniungis. Nemo te post mortem tuam fideliter redi-
met quia tu te redimere noluisti in uita tua. Depone iam auaritiae sarcinam de cerui
cibus tuis. Contempnę crudelissimam dominam que dum te durissimo iugo praemit.
Iugum christi suscipere non permittit. Sicut enim iugum auaricie (4) in infernum
praemere. Ita iugum christi ad caelum leuare consueuit. Decimi enim ex debito
requiruntur. Et qui eas dare noluerit. res alienas inuasit. Et quanti pauperis in locis
ubi ipse habitat illo decimas non dante fame mortui fuerint tantorum homicidiorum
reus ante tribunal aeterni iudicis aparebit quia rem a domino pauperibus delegatam
suis usibus reseruauit qui ergo sibi aut praemium [113] conparare aut peccatorum
indulgentiam desiderat· promereri. Redditis decimis etiam de nouem partibus
studeat ·elimosynam dare Ita tamen ut quidquid excepto uictu mediocri et uestitu
rationabili. superfuerit non luxoriae reseruetur Sed thesauro caelesti per aelimosynam

(1) Supputatur (r *rad.*).
(2) Dabis s *ru* ti *korr.*
(3) Sine moram.
(4) Auariae.

pauperum reponatur Quidquid enim nobis deus plus quam opus (1) est dederit non nobis specialiter dedit sed per nos aliis erogandum transmisit. Si non dederimus res alienas inuasimus (2); Et quia (3) *natale sancti iohannis baptistae* cum gaudio cupimus caelebrare sicut et reliquis festiuitatibus supcruenicntibus; Ita inminente ista tam praeclara solemnitate ante plures dies castitatem et honestatem omnes omnino costodiant. Ut festitiuitatem illam possint cum gaudio celebrare et ad altare domini cum libera et sincera conscientia mereantur accidere. Hoc etiam depraecor et per tremendum diem iudicii uos adiuro. Ut omnes uicinos uestros omnes familias et cunctos ad uos pertinentes admoneatis et cum zelo dei seuerissimo castigetis. Ne ullus in festiuitatem sancti iohannis aut *in fontibus aut in fluminibus nocturnis aut matutinis [114 leer; 115] oris lauare* praesumat. Quia ista infelix consuetudo adhuc de *paganorum obseruatione* remansit; Cum enim non solum animae sed quod peius est etiam corpora frequentissimae in illa sacrilega lauatione moriantur uel corporis mortem timeant. Qui de animę suae salute (4) non cogitant. Et credimus de dei misericordia (5) quod castigantibus nobis aut pauci aut forte nullus hoc de reliquo audebit admittere; Etiam et hoc admonete fratres ut *cantica luxoriosa et turpia* castitati et honestati inimica familiae uestrę ex ore non proferant quia non est iustum ut ex illo ore ubi eucharistia christi ingreditur *canticum luxoriosum et anatorium* proferatur.

S. *115, Z. 22.* Incipit sermo in parociis satis necessarius. Rogo uos fratres carissimi ut adtentius cogitemus quare christiani sumus. Et crucem christi in fronte portamus. Scire enim debemus quia non [116] nobis sufficit quod nomen christianum accipimus si opera christiana non feceremus (*sic*). Sicut ipse dominus in euangelio dixit quid prodest quod dicitis mihi domine domine et non facitis que dico. Si te dici uelis christianum et iugiter cruce christi te signes et elimosynam secundum uires tuas non feceris. Caritatem et iustitiam uel castitatem habere nolueris. Nihil tibi prodesse poterit nomen christianum. Magna res est signum christi et crux christi. Et ideo de isto tam praecioso signaculo res magna et praeciosa signari debit. Quid enim prodest si de aureo anulo sigillum facies (6) et putridas paleas intus recondas. Quid prodest si signum christi in fronte et in ore ponimus et intus in anima peccata recondimus. Qui enim male cogitat. male loquitur male operatur. Si se emendare noluerit quando se signat peccatum illius non minuitur sed augetur. Multi enim dum aut ad furtum aut ad adolterium (7) uadunt si pedem impigerint signant se et tamen de malo opere non reuocant se. Et nesciunt miseri quia per

(1) Op *aus* pl *radiert.*
(2) Inuasibmus (b *rad.*)
(3) a *übergescher.*
(4) Salutem.
(5) Misericordiam.
(6) e *aus* a *corrigiert.*
(7) Adaldador | terium (l *radiert*).

signum crucis includunt in se magis daemones quam excludunt. Qui autem de se cum dei adiutorio uicia et peccata repellerit [117] et quod bonum est cogitare simul et implere contenderit. Iuste signum crucis labiis suis adponit. Qui talia opera conatur agere quae signum christi mereatur accipere. Et quia scriptum est regnum dei intra uos est non in sermone tantum sed in uirtute. Et iterum fides sine operibus mortua est. Ut nomen christianum non ad iudicium sed ad remedium habeamus. Itaque conuertemus nos ad opera bona dum in nostra sunt potestate remedia. Et dum haec deo auxiliante possitis (1) implere, pacem et ipse habete et eos qui discordes sunt ad concordiam reuocare (2) contendite. Mendacium fugite periurium uelut mortem perpetuam expauiscite + Furtum nolite facere. ante omnia sicut iam dictum est secundum uires uestras elimosynam pauperibus exhibete. Oblationes quę in altario consecrentur offerte. Erubescere debet homo idoneus si de aliena oblatione commu-nicauerit. Qui possunt aut cereolos aut oleum quod in cecindiles (sic) mittatur (3) exibeant. Symbolum uel orationem dominicam et ipse tenite et filiis uistris.

   +Nolite falsum testimonium dicere [118] ostendite. Nam nescio qua fronte se chris-tianum dicat qui paucos uersiculos in symbolum uel in orationem dominicam parare dessimulat. Filios quos in baptismo excipistis scitote uos aput dominum fide ius-sores pro ipsis extetisse. Et ideo tam illos qui de uobis nati sunt quam illos quos de fonte excepistis semper castigate adque corripite. Ut caste et iuste et subriae (d. i. sobrie) uiuant et uos ipsi ita agite ut si uos filii uestri inmitare uoluerint non uobis-cum in ignem ardeant sed simul ad praemia aeterna perueniant. Qui causas audiunt iuste iudicent nec munera super innocentes accipiant ne forte dum adquerunt paecuniam perdant animam suam. Nemo enim habet iniustum lucrum sine iusto damno. Ubi lucrum et ibi damnum. Lucrum in arca damnum in conscientia ; Nullus se inaebriet *nemo in conuiuio cogat alium amplius bibere quam oportet* ne per aebriaetatem et suam et illius animam perdat. Omni die dominico ad ecclesiam conuenite. Si enim infelicis iudei tauta deuotione celebrant sabbatum ut in eo nulla opera terrena exerceant [119] quanto magis christiani in die dominico soli deo uacare et pro animae suae salute debent adtentius cogitare quando ad ecclesiam conuenitis pro peccatis uestris orate. Nolite rixas commitere nolite lites et scandala concitare. Qui ad ecclesiam ueniens haec fecerit *Ibi se litigando uulnerat ubi* se orando sanare potuerat. *In ecclesia stantes nolite uerbosare.* Sed lectiones diuinas (4) patienter audite. Qui enim in ecclesia uerbosari uoluerit et pro se et pro illis malum redditurus est rationem. dum uerbum dei nec ipse audiuit nec alius (sic) audire permittit. Decimas de fructibus uestris ecclesiis reddite. Qui fuit superbus sit humelis. Et qui erat adulter sit castus. Qui solebat furtum facere uel res alienas inuadere etiam de

(1) ti *auf Rasur für*. mu.
(2) r *aus* t *corrigi ert*.
(3) Mittantur (a *übergescher*).
(4) diuns | (a *übergescher*.).

propria substantia incipiat pauperibus erogare. Qui fuit inuidus sit benignus. Sit
patiens qui fuerat iracundus. Qui fecit iniuriam cito ueniam petat cui iniuria facta
est cito demittat. Quotiens aliqua infirmitas superuenerit corpus et sanguinem christi
ille qui egrotat accipiat oleum benedictum a praesbyteris [120] humiliter ac fideliter
petat et inde corpusculum suum ungeat ut illud quod scriptum est (1) impleatur in
eo. Infirmatur aliquis ex uobis inducat presbyteros et orent super eum et unguentes
eum unguento. Et oratio (2) fidei saluabit infirmum et alleuabit eum dominus et si in
peccatis sit per bonam confessionem domini misericordiam dimittuntur ei. Et uidete
fratres quia qui in infirmitate ad ecclesiam currit et corporis sanitatem recipere et
peccatorum indulgentiam merebitur obtinere. Cum ergo duplicia bona possimus in
ecclesia inuenire. Quare *per precantatores (3) per fontes et arbores et diabolica
fylacteria. per caraios. et aruspices et diuinos uel sortilegos* multiplicia sibi mala
miseri homines conantur inferre. Sicut iam supra diximus filios et omnes familias
uestras admonete semper ut caste et iuste ac subriae uiuant. Nec solum est uerbis
sed etiam exemplis ad bona opera prouocare, ante omnia ubicumquae fueritis siue
in domu. Siue in itinere siue in conuiuio. siue in confessu *uerba turpia et luxoriosa*
nolite [121] ex ore proferre. Sed magis uicinos et proximos uestros iugiter admonite
ut semper quod bonum est et honestum loqui studiant. Ne forte detrahendo male
loquendo et *in sanctis festiuitatibus choros ducendo cantica luxoriosa et turpia profe-
rendo de lingua sua*; unde deberent deum laudare inde sibi uulnera (4) uideantur
infligere. Isti enim infelicis et miseri qui *ballationes et saltationes ante ipsas basilicas
sanctas sanctorum exercere* nec metuunt nec erubiscunt. Et si christiani ad ecclesiam
ueniunt pagani de ecclesiam reuertuntur. Quia ista *consuetudo ballandi de paganorum obseruatione* remansit. Etiam uidete qualis (5) est ille christianus qui ad ecclesiam uenerit orare neglecta oratione *sacrilegia paganorum* non erubescet ex ore
proferre. Considerate tamen fratres carissimi si iustum est ut ex ore christiano ubi
corpus christi ingreditur *luxoriosum canticum* quasi ueninum diaboli proferatur. Et
ante omnia quidquid uultis uobis ab aliis fieri hoc aliis [122] facite. Quod (6) uobis
non uultis nulli alii feceritis. Quam rem si uolueritis animas uestras liberare. quia et
qui litteras non nouit. Istas duas sententias memoriter teneat et cum dei adiutorio
operibus et potest et debet inplere et licet credam quod illa infelix *consuetudo que
de paganorum profana obseruatione remansit* iam uobis castigantibus de locis istis
fuerit deo inspirante sublata tamen adhuc si cognuscitis aliquos *illam cordidissimam
turpitudinem de ianicula uel ceruola exercere*. Ita durissime castigate ut eos

(1) e —
(2) oratio | ne (ne *radiert*).
(3) p̄ *in* p̄cantatores *vorn überg.*
(4) *cod.* uulnerare.
(5) *cod.* quales.
(6) *Korr. aus* Quid.

paeneteant rem sacrilegam cummisisse, Et si quando *luna obscuratur adhuc aliquos clamare cognuscetis* et ipsos ammonite denuntiantes eis quod graue siui peccatum faciunt quando luna quae deo iubente certis temporibus obscuratur clamoribus suis ac maleficis sacrilego usu se defensare posse confidunt. Et si adhuc uidetis aliquos aut *ad fontes orare aut ad arbores uota reddere et sicut iam dictum est, caraios etiam et diuinos uel praecantatores* [123] *inquirere filactiria etiam diabolica caractires aut erbas uel sucinos sibi aut suis adpendere* (1). Durissime increpantes. dicite quia quicumque fecerit hoc malum istatim perdit babtismi sacramentum et quia audiuimus quod aliquos uiros uel mulieris ita diabulus circumueniat ut *quinta feria nec uiri operam faciant nec mulieres lane officium.* Coram deo et angelis eius contestor uos quia quicumque obseruare hoc uoluerint nisi per prolixam et duram paenitaentiam tam graue sacrilegium emendauerint (2). Ubi arsurus est diabulus ibi et ipsi damnandi sunt. Isti enim infelices et miseri qui *in honore iouis quinta feria opera non faciunt.* Non dubito quod ipsa opera die dominico facere nec erubescunt nec metuunt. Et ideo quicumque tales esse cognoueritis durissime castigate. Et si se emendare noluerint nec ad conloquium nec ad conuiuium uestrum eos uenire permittite. Si ucro ad uos pertenent etiam flagellis caedite (3) ut uel plagam corporis timeant. qui de animae suae salutae non cogitant ; [124].

S. 124. Incipit sermo de elimosine largitate satis necessarius ;

S. 130 unten: Incipit sermo de solemnitatem martyrum ordo.

S. 136. Incipit de castitate etiam cum uxoribus conseruanda et de diebus festis.

S. 146 Sermo sancti cypriani episcopi de uoluntate dei.

S. 149. UBJ POPULUS admoNJTUR.

Magnum nobis gaudium facit fratres karissimi et (4) fides et denotio uestra ; Nam quanto (5) uos adtentius ad ecclesiam uenire uidemus tanto maiore laetitia exultamus et deo gratias, agimus ; Quia cor uestrum ita possidere (6) dignatur ! ut nobis de uestra conuersatione l magna laetitia generetur ; Sed rogo ut quod ostenditis in corpore ! in corde seruetis ; Scitis enim fratres ! omnes homines ista consuetudine obseruare ! ut quando in sauctis solemnitatibus ad ecclesiam uenturi sunt, uestimenta·aut noua si potest fieri ! aut certe uel nitida studeant exhibere ; Nam qui ueterem tunicam habet nouam sibi preparat ! ut ad aecclesiam ornatus procedat ; Qui uero sordidam habet lauare contendit. Qui ruptam sarcire conatur ; ut inter homines nihil ruptum, nihil sordidum circa ipsum possit humanis oculis apparere ; Bonum quidem et gratum est quod facimus in carne nostra. Sed satis malum est si hoc non agimus et in

(1) *cod.* ad pende.
(2) *das zweite* n *überg.*
(3) *cod.* caecite.
(4) & *rad.*
(5) *cod.* quanta.
(6) i *durch* e *gezogen.*

anima nostra. Quomodo [150] ergo conponis (1) carnem tuam, ita conpone et animam tuam ; Ne forte caro tua uestimenta nitida habeat in oculis hominum! et anima
tua sordida sit in oculis angelorum; times maculam in ueste tua. Quicquid ergo
in anima sordidum inuenitur! penitentiae lacrimis lauetur; quod nigrum est! elymosinis dealbetur, quod per luxoriam inquinatur! castitate! mundetur. Quod in
anima ruptum est! bonis operibus sarciatur ; quod perditum! assiduis orationibus
reparetur. Nam nihil prodest ut nos de foris diuersis rebus ornemus! si intus animam nostram multis criminibus sordidamus ; Quid prodest ornare ancillam! et dominam deformare? Hoc est carnem conponere! et animam bonis operibus expoliari (2) ;
Certe pascimus carnem uellimus nolimus! post paucos anuos uermes illam deuora-
turi sunt in sepulchro ; anima uero quam despicimus atque contemnimus! deo et
angelis praesentatur in caelo. Et tunc apparebit aut (3) uera ignominia! si se per
luxuriam aut auaritiam sordi[151]dauit; Et ideo rogo uos fratres! quantum possumus pro salute animae nostrae cogitemus ; Hoc tantum quod sufficit simplicem uictum et honestum uestitum. corpori nostro seruemus in mundo. Et quicquid est
melius uel utilius (4)! animae profuturum transmittemus in caelum Ubi nec tinea.
nec erugo contaminat ! et ubi fures non effodiunt nec furantur, Nam quod carni nostrae ad luxuriam in hoc mundo seruamus! aut uiuentes perdimus aut morientes
cito dimittimus. Quando ab (5) ecclesia conuenitis! unus quisque quod preualet
pauperibus erogando exhibeat; Peregrinos uero cum grande honore in hospitiolis
uestris excipite (6) humanitatem quod potestis inpendite; pedes illorum lauate. Infir-
mos ante omnia uisitate! qui discordes sunt totis uiribus ad concordiam reuocate.
Ut ad uos in die iudicii uox illa desiderabilis dirigatur. Esuriui et dedistis mihi man-
ducare. et reliqua. Nullus contra proximum suum! odium reseruet in corde. sed
amorem ; Nam qui uel unum hominem odio (7) habuerit [152] Securus apud deum
esse non poterit ; tam diu non exaudietur a deo oratio cius! quam diu iracundia
reseruatur in anima sua ; Sufficiat uobis! quod de iustis laboribus dederit deus.
Nullus furtum faciat! nullus falsum testimonium dicat; quia scriptum est; falsus
testis non erit inpunitus; Nullus adulterium commitat quia clamat apostolus! neque
adulteri regnum dei possidebunt (8); Et iterum; omne peccatum quodcunque
fecerit homo extra corpus est, fornicarius autem in corpus suum peccat; Unus
quisque quod sibi fieri non obtat! alteri non faciat; Et quod sibi prestari desi-

(1) desgl.
(2) letzte i durch e gezogen.
(3) radiert.
(4) das erste u vorgeschrieben.
(5) b nachgetr.
(6) das erste i durch e gezogen.
(7) aus odium korr.
(8) i durch e gezogen.

derat! si poterit et ipse aliis (1) prestare contendat; Qui uouerit deo uirginitatem; ipso adiuuante custodiat quod promittit; Et caute! et dilegenter agat! Ne per
aliquam indignam familiaritatem! aut ipse pereat! aut alios perdat. Uirginitas enim
unius horae momento corrumpitur. Sed postea nec per centum annos reparatur;
Qui uero uxorem optat [153] accipere! aut puella que marito desiderat sociari. Custo-
diant uirginitatem quo usque in coningio sotientur; Nam si prius corrupti fuerint!
mortui ad nuptias ueniunt; Quia statim quando adulterium commituntur! anima iugulatur et moritur; Nam quoscunque diabulus sollicitauerit (2) ut antequam uxores
accipiant uel puellę maritos, per adulterium se corrumpant, ita postea ab ipso diabulo
infrenantur! ut aut difficile aut certe numquam possint castitatem integram custo-
dire; Decimas uestras ante omnia ex omnibus fructiculis uestris ad ecclesiam clericis
et pauperibus exhibete; Et de nouem partibus que uobis remanserint! elymosinas
facite; Ex ipsis peccata uestra redimite et aeterna uobis premia conparate; non solum
periurare sed nec iurare consuescite; quia scriptura dicit. uir multum iurans [154
leer, obere Hälfte von späterer Schrift gefüllt; 155] implebitur iniquitate (3) et non
discedit de domo (4) illius plaga; Et dominus; nolite inquid iurare omnino; sit autem
sermo uester est, est, non, non; nolite maledicere quia apostulus dicit; Neque male-
dici regnum dei possidebunt; Nolite detrahere! quia scriptum est; qui detrahit fratri!
eradicabitur. nolite mentiri (5) inuicem! quia scriptum est, os quod mentitur occidit
animam; Nolite superbi esse parentibus aut uicinis uestris! quia deus superbis resistit;
humilibus dat gratiam; Uenientes ad ecclesiam! oblationem que in altario consecretur
oferte; Sunt enim multi pauperes et fideles! qui frequenter oblaciones ad ecclesiam
offerunt; Es cum uix habeant unde uiuant (6)! tamen sine fructu non ueniunt; Et
contra sunt divites! qui nec pauperibus aliquid tribuunt! nec oblacionem ecclesiis
offerunt! et non erubiscunt communicare de oblatione quam pauper obtulerit; uude
magis iuditium quam remedium sumunt; [156] Et ideo dum tempus est qui tales sunt
corrigant se et emendent; Iterum admoneo uos *on ria fana destruere ubicunque Inue-
neritis; Nolite ad arbores uota reddere, Nolite ad fontes orare. Precantatores quasi
uenenum diabuli fugite. Filactiria diabolica caracteres. sucinos et herbas nolite uobis
uel uestris adpendere* quia qui hoc malum fecerit sacrilegium se non dubitet comisisse;
Quicumque *iuxta domum suam aras aut fanum aut arbores profanas ubi uota reddan-
tur* esse cognouerit studeat confringere dissipare atque succidere; Quia si hoc facere
dissimulauerit. Quanticunque ibi uenerint et sacrilegia nefanda conmiserint totum
hoc de illius anima exacturus est in die iudicii. Uidete fratres quia clamamus ecce

audit deus et angeli sui; Nolite contemnere preconem! si uultis euadere iudicem.
quod nostrum est commonemus. Potens est deus qui hoc corde (*sic*) uestro inspirare
dignetur [157] qui cum patre et spiritu sancto uiuit et regnat In secula seculorum;
amen.

Sermo de paenitentia;

S. 162. Incipit epistula sancti Agustini episcopi.

S. 169. Z. 1. Uerba ociosa aut secularia nec ipsi ex ore proferte et eos qui proferre uoluerint castigate.

S. 169. Incipit homelia de quadragesima.

S. 176. Tribus modis diabulus securitatem in mente hominis mittit.

S. 176. De Psalmo trecesimo III.

S. 178. Z. 1. Prima est caritas. Secunda mundi contemptus. Tertia humilitas.
Quarta obedientia. Quinta (1) patientia. Sexta fides. Septima caritas de corde puro
omni cooperanti bono. Septem modis redemitur anima. Primo in baptismo. Secundo
in paenitudine. Tertio in martyrio. Quarto in elymosinis. Quinto in remittenda hominibus peccata eorum. Sexto in testimonio quaecumque uultis ut faciant uobis homines
ita et uos facite illis. Septimo in doloribus multis ut dictum est per infirmitatem
corporis uirtus animae proficituŕ.

S. 178. Teodosia sancta uirgo dixit de psalmis.

S. 179. Fragmentum compositionis in psalmos a S. August. et Caesario. (*Von
hier bis S. 194 sind die oberen Ecken beschädigt*).

S. 179. Ps. 2.

S. 182. Ps. 9.

S. 187. Ps. 14.

S. 193. Ps. 20.

S. 199. Psalmus dauid cum mutauit uultum suum coram abimelech et dimisit
eum et habiit.

S. 203. Ps. 33.

S. 209. Ps. 50.

S. 220. Ps. 66.

S. 225. Ps. 136.

S. 238 de VII dormientibus et variae quaestiones.

S. 239. Dominus dixit in euangelium.

S. 246. Incipit sermo sancti Agustini de psalmis XIIII et de decim dinariis mulieris.

S. 255. Sermo heracli presbiteri de lectione euangelii ubi petrus ambulauit super
aquas;

S. 269. Fratres karissimi nemo se credat aliquam felicitatem aut aliquod uirum
(*sic*) gaudium in hoc seculum possidere.

_____

(1) i *überg.*

S. *271.* Fragmentum operis Halitgarii Episcopi Cameracensis de 8 princ. vitiis. (Bibl. mg. P. P. V. 952).

S. *278.* Gennadius episcopus Secreta quoque satisfactione, etc.

S. *283.* Incipiunt Capitvla libelli primi.

S. *283.* Incipit liber primus feliciter de octo principalibus uiciis et vnde oriuntur;

S. *304.* *unten* Capitula libri quarti.

S. *315.* Prosper de vita comtempl.

S. *317.* Incipiunt capitula libri III.

PAUL LEGENDRE

NOTES TIRONIENNES DU VATIC. LAT. REG. 846

(folios 1 vᵒ à 8 vᵒ)

En 1896, Wilhelm Schmitz publiait à Leipzig, sous le titre de « Miscellanea tironiana, » les folios 99-114 du manuscrit de la Vaticane lat. Reg. 846. Dans la préface de cet ouvrage, en indiquant, d'après Bethmann (1), le contenu de ce manuscrit (2), Schmitz mentionnait, sans aucun détail, les nombreuses notes tironiennes accompagnant, en marge, le premier des textes cités dans ce volume, c'est-à-dire une partie du « Bréviaire d'Alaric »; puis, arrivant aux folios 99-114, Schmitz donnait une plus longue analyse de ces derniers, beaucoup plus abondants en effet en signes tironiens et plus intéressants par suite à publier tout d'abord. A la 2ᵉ page, l. 12, de cette même préface, il semblait ajouter qu'il remettait à plus tard l'étude et la publication des notes contenues dans les marges des premiers feuillets. La si laborieuse existence de ce savant tironianiste s'est cependant terminée avant qu'il eût trouvé le temps de tenir cette promesse et d'achever par là le déchiffrement total de ce manuscrit.

C'est ce complément de lecture des notes tironiennes du Vat. Reg. 846 que nous présentons ici, heureux de placer ainsi sous les auspices d'un véritable apôtre des

---

(1) *Archiv der Gesellschaft für ältere deutsche Geschichtskunde*, t. XII, p. 308-309.

(2) Une description en est donnée par Haenel, *Lex romana Visigothorum* (Leipzig, 1849), p. LXXXVII. Cf. aussi Mommsen, *Theodosiani libri XVI* (Berlin, 1905), t. I, p. CI, et P. M. Meyer, *Leges novellae ad Theodosianum pertinentes* (Berlin, 1905), p. LXI. Ce ms., (auparavant Reg. 320 et nᵒ 1170 dans Montfaucon, *Bibliotheca bibliothecarum*, t. I, p. 38), était déjà connu pour son « index regum Francorum » (fol. 79 verso), (v. Duchesne, *Script. Franc.*, t. I, p. 781) et pour son « Capitulare Haristallense » (folio 97 verso), (v. M. G., L.L., sectio II, Capitularia I, p. 46 sqq.)

Il semble étonnant que Haenel ait pu donner ce ms. comme ayant été écrit au xiᵉ siècle. Schmitz le croit du ixᵉ; c'est l'opinion de Bethmann. Mommsen et Meyer lui assignent comme date le viiiᵉ siècle.

notes ces quelques pages précisément dédiées à l'un des plus éminents parmi nos maîtres contemporains de tachygraphie latine (1).

Les folios 1v°-67v° de ce manuscrit contiennent, non sans de nombreuses lacunes, un « Epitome Breviarii Alariciani » conforme à celui que publia Aegidius à Anvers, en 1517, (d'après un manuscrit aujourd'hui perdu). Il est inachevé, s'arrêtant au « Codex Gregorianus, VII : Si sub alterius nomine... » (Haenel, l. c., p. 448). Il manque, par conséquent, les six derniers paragraphes du « Codex Gregoriani » (VIII-XIII), plus le « liber Hermogeniani » et le « liber Papiniani responsorum » (Haenel, pp. 448-452.)

Les quinze premières pages (folios 1 v°-8 v°) (2) renferment l'« index titulorum » du Bréviaire (tituli Theodosiani libri, I-XVI ; Nouellarum Theodosii, Valentiniani, Martiani, Maioriani ; libri Seueriani ; libri Gaii et Pauli sententiarum, I-V, 26). Une lacune assez considérable nous prive de la fin de cet « index titulorum » et du commencement du texte du « liber Theodosianus » (1er livre en entier et moitié du 2e), le folio 9 ayant comme premiers mots : « quod lex ipsa declarat » (Theodos., II, 16 ; Haenel, p. 54).

Dans l' « index titulorum, » la plupart des titres sont accompagnés d' « explanationes » en notes tironiennes mélangées, comme il arrive le plus souvent, de quelques mots en clair. Une question se pose tout d'abord : ces explications sont-elles de la même main qui a écrit les titres ? Parmi ceux-ci, tous exprimés en toutes lettres, il y en a deux cependant qui présentent des notes (3). L'un, au folio 5 v°, Theod. Nouell. VIII, contient en tironien *honorem* et la note paraît bien, si l'on peut dire ainsi, du style des autres ; mais, dans le second de ces exemples, qui est une addition, faite après la copie, dans la marge, d'un « titulus » VIII du « liber Maioriani, » « *De* sanctimonialibus etc...») ce second mot « sanctimonialibus », qui seul est en clair, semble être d'une autre écriture, moins soignée.

Ce qui du moins semble prouvé, c'est que les tituli ont été écrits seuls d'abord, et d'un bout à l'autre, par le copiste, qui a ensuite repris (si c'est l'œuvre d'une plume unique) la liste des titres pour y ajouter des « explanationes » en notes.

Pour les placer, il use des espaces blancs à la droite du « titulus ». Si celui-ci

(1) Qu'il nous soit permis de citer ici, avec un sentiment de respectueuse reconnaissance, le nom d'un moine bénédictin de l'abbaye de Sainte-Marie-Madeleine, Dom Hugues ; ce fidèle ami des notes tironiennes a bien voulu signaler à notre attention ces premières pages du ms. non lues par Schmitz et a pris la peine de nous en adresser une copie assez exacte pour permettre un premier déchiffrement, que dans la suite une collation sur épreuves photographiques a le plus souvent confirmé.

(2) Le recto du folio 1 est rempli, aux trois quarts, par de nombreux « essais de plume », dépourvus d'intérêt, et présente, dans le haut, une note de 13 lignes, écrite au xviie siècle et indiquant le contenu du ms., avec le nom de son possesseur en 1647 : « Alexander Pauli filius Petauius senator Parisiensis anno 1647. »

(3) Nous laissons de côté les passages où *et* seul est abrégé.

occupe déjà toute la ligne, ou si la glose est assez développée, il met des renvois, —
consistant quelquefois en des signes tironiens dépourvus de sens, comme on en rencontre en beaucoup de mss., — et il case, en deux, trois ou même quatre petits
tronçons de lignes, les termes de son « explanatio » (v. p. ex., folio 5 r⁰, XI, 14).
Ainsi, au folio 6 v⁰ (voir le fac-similé ci-joint) l' « explanatio » du « titulus VIIII
libri Gaii : De rebus » remplit la marge sur trois lignes, qu'il faut lire en les remontant si l'on veut comprendre ; mais, inversement, dans la même page, une addition
préliminaire aux « Pauli Sententiae » tient sur quatre petites lignes de longueurs
inégales, qu'il faut traduire en descendant cette fois pour en bien saisir le sens. De
plus on constate en ce dernier endroit que cet avertissement placé en tête des « Pauli
sententiae » a été ajouté alors qu'étaient déjà écrites les « explanationes » des
« tituli » I et II du livre 1ᵉʳ : « hoc est quod lex...» et « id est qui propter...» Enfin,
toujours en ce même passage du folio 6 v⁰, on voit que le mot « Pauli », écrit en
minuscule au-dessus des dernières capitales de SENTENTIARUM, est une correction qui
a précédé l'inscription de l' « explanatio » De furtis, relative au dernier « titulus »
du « liber Gaii. »

Il semble donc démontré que, si ces notes sont l'œuvre du même scribe que les
« tituli », elles n'ont pourtant pas été tracées en même temps.

Ces « explanationes », absolument différentes de celles qui accompagnent les
« indices titulorum » dans la plupart des manuscrits de la « lex romana Visigothorum »
(v. Haenel, pp. 5-14), sont de deux sortes. Tantôt le scribe se contente d'ajouter une
sorte de sous-titre qui aidera à classer ce « titulus », comme un cas particulier, sous
une rubrique de caractère plus général ; ainsi, au folio 6 v⁰ (v. le fac-similé), en regard
du « titulus I, 4, Pauli Sentent. De negotiis gestis », termes bien vagues, le
scribe a mis : « De tutoribus, » ce qui précise un peu l'ordre d'idées dont il s'agit ; de
même, au folio 8 r⁰, en face de : « Ad legem Fusiam Caniniam, Pauli sentent. IV,
13 » on lit le sous-titre moins énigmatique : « De testamentis ». Tantôt, et le plus
souvent, les gloses sont empruntées aux « interpretationes » que l'édition Aegidius
a reproduites ; elles donnent les premiers mots de certaines d'entre elles, des débuts
de phrases qui paraissaient sans doute suffire pour rappeler au lecteur l' « inter-
pretatio » entière, quelquefois des phrases abrégées, où il n'est pas rare que manquent
des mots importants pour le sens (v., p. ex., folio 3 v , Theod. lib., VIII, 9).

Le scribe comprenait-il toujours ce qu'il copiait ? On en douterait à voir, par
exemple, la glose inscrite au bas du folio 4 v⁰ (Theod. lib., X, 9) ; c'est le mélange
complet de deux gloses, l'une correspondant à un « titulus » X, lequel a été
supprimé par le copiste au moyen d'un grattage, l'autre destinée à accompagner le
« titulus » IX. Il y a lieu de penser qu'il transcrivait un ms. déjà pourvu de ces
mêmes interprétations abrégées et que, comme tout scribe copiant des notes marginales, il a cette fois commis une erreur d'attribution.

Il peut être intéressant de constater encore que, si les gloses de la seconde manière dérivent le plus souvent des interprétations publiées dans l'édition Aegidius, il y a certains cas où elles s'en séparent et paraissent pour quelques termes se rapprocher plutôt des gloses de l'Epitome Guelferbytana, ou de l'Epitome Lugdunensis, ou de l'Epitome Monachi (cf. Haenel, pp. LXXX-LXXXII). Deux fois même on lit dans le 846 des expressions qui ne se rencontrent dans aucune autre glose connue, (folio 7 v°, Pauli Sentent., II, 18, « *praesentem* » et folio 8 r°, Pauli Sentent., IV, 8, « *fratribus discolis.* »)

Quant aux notes tironiennes, bien tracées et de formes en général très régulières, elles nous permettent de constater une fois de plus la réelle utilité de leur emploi pour le scribe, à qui elles offraient l'avantage, fort appréciable en la circonstance, de faire souvent tenir en très peu de place un grand nombre de mots.

Folio 1 verso.

INCIPIVNT CAPITVLA
THEODOSIANI LIBER I.

   I. De constitutionibus principium et edictis.

  II. De diuersis rescriptis.

 III. De mandatis principium.

IIII. De responsis prudentium.

   V. De officio praefectorum praetorio. *De bis* uicto.

  VI. De officio rectoris prouintiae. *Sollicite iudices pauperes defendant.*

 VII. De officio iudicium ciuilium. *Vt nullus* (?) litigator *cum iudice non resideat.*

VIII. De officio iudicium militarium.

VIIII. De officio iudicium omnium.

   X. De defensoribus ciuitatum.

  XI. De adsessoribus domesticis et cancellariis.

INCIPIT LIBER II.

   I. De iuris dictione et ubi quis conuenere debeat. *Si quis cuiuscumque pudicitiam uiolauerit ; uel si per negligentiam iudicis causa defini(ta non fuerit)* (1) ; *ut non liceat ulli priuato praeter misso iudice ad (militem causam suam transferre)* ; *de* capitali *crimine* (2).

(1) L'encre très pâle ne permet pas de lire ces dernières syllabes.
(2) Il faut lire dans cet ordre les diverses « explanationes » relatives au « titulus » I, bien que ces trois derniers mots se trouvent placés en face du « titulus » III et précédent les mots « ut non liceat... » Le scribe profitait des espaces laissés en blanc par les titres pour y insérer ses signes tironiens, au risque d'introduire ainsi un véritable désordre dans leur succession.

II. Ne sua causa quis iudicet aut testimonium dicat.

III. De obmissa actione et inpetratione.

IIII. De denuntiatione uel edictione rescripti. *Vt curatores excipiant ; ut* (1) *peruasori nullum spatium (dilationis tribuat iudex ?) ; uel de repetendo debito.*

V. De dominio rei quae poscitur uel consortibus ab eo cui denuntiatum fuerit nominandis. *Quicumque de (consortibus pulsatus fuerit ?)*

Folio 2 recto.

VI. De temporum cursu et reparatio(ni)bus denuntiationum. *Si repetentem iudex per suam negligentiam distulerit.*

VII. De dilationibus.

VIII. De feriis.

VIIII. De pactis et transactionibus.

X. De postulando.

XI. De erroribus aduocatorum.

XII. De cognitoribus et procuratoribus. *Vel consortibus, id est de mandatis ; in omni causa firmitas personarum requiratur ; alterius negotia feminae suscipere praesum(ant)* (2); *militantes non permittatur causas suscipere alienas.*

XIII. De actionibus ad potentes translatis.

XIIII. De his qui potentorum nomina in lite praetendunt uel titulos praediis adfigunt. *Qui in sua causa alterius nomine uoluerit defensare se.*

XV. De dolo malo.

XVI. De integri restitutione. *De pupillorum hereditate.*

XVII. De his qui ueniam aetatis inpetrarunt. *Vt pupilli masculi ad uicesimum et puellae ad* XVIII *(annum peruenerint).*

XVIII. De iudiciis. *Iudex causas audientium patienter audit et causam unam apud duos iudices non liceat.*

XVIIII. De inofficioso testamento.

XX. De inofficiosis donationibus.

(1) Un renvoi, utile dans cet enchevêtrement de notes, montre que ceci se rattache au « titulus » IIII, de même que « ut curatores... », et n'est pas la suite de la glose précédente « ut non liceat... » comme elle pourrait le paraître au premier abord.

(2) Le sens exige « *non praesumant* ». Peut-être y a-t-il, avant *alterius*, au-dessus de la ligne, un signe pouvant se lire *ne*. La vue du ms lui-même éclaircirait ce point, l'épreuve photographique présentant quelques lacunes inévitables.

XXI. De inofficiosis dotibus.

XXII. De haereditatis petitione. *Si quis ciuis romanus* (1) *intercedente culpa Latinus excesserit.*

XXIII. De rei uindicatione.

XXIIII. De familia erciscunde. *De communi* diuidendo.

XXV. De communi diuidendo.

XXVI. De finium regundorum. *De peruasione.*

XXVII. Si certum petitur de cyrographis. *De creditoribus siue cautionibus.*

XXVIII. De pecuniae sequistratione prohibita. *De praestita pecunia ut data probatione recipiat.*

XXVIIII. Si certum petitur de suffragiis.

XXX. De pignoribus. *Neque per seruum neque per actorem neque per colonum non obligetur possessio dominorum ; ut* exactor *pro tributo uel* func-(tionibus) *boues uel seruos auferre non praesumat.*

Folio 2 verso.

XXXI. Quod iussu. *Vt alienum seruum non credas.*

XXXII. De peculio.

XXXIII. De usuris.

INCIPIT LIBER III.

I. De contrahenda emptione. *Inter ementem atque uendentem.*

II. De conmissuria rescindenda. *Beneficium factum.*

III. De parentibus qui filios distraxerunt.

IIII. De ediliciis actionibus. *De mancipio fugitiuo et comparato.*

V. De sponsalibus et ante nuptiis donationibus.

VI. Si prouintiae rector uel ad eum pertinentes sponsalia dederint.

VII. De nubtiis.

VIII. De secundis nuptiis.

VIIII. Si secundo nupserit mulier cui maritus usum fructum reliquerit.

X. Si nubtiae ex rescripto petantur.

XI. Si quicumque praeditus potestate nubtias petat inuitae.

XII. De incestis nubtiis.

---

(1) *Ciuis romanus* abrégé par un seul signe, avec un point à gauche au lieu de la finale -*us* que présente ce signe dans les C. N. T., 25, 32.

XIII. De dotibus.
XIIII. De nuptiis gentilium.
XV. De fideiussoribus dotum.
XVI. De repudiis. *Si quis nascitur discordia inter uirum et uxorem.*
XVII. De tutoribus et procuratoribus creandis.
XVIII. Qui petant. *De tutoribus qui petant.*
XVIIII. De administratione et periculo tutorum et curatorum.

INCIPIT LIBER IIII.

    I. De decretione uel bonorum possessione. *Infans licet loqui non possit, tamen hereditatem sibi debitam capit.*

Folio 3 recto.

    II. Vnde liberi. *Filia si a patre fuerit donata.*
    III. De Carboniano edicto. *Si quis moriens pregnantem reliquerit.*
    IIII. De testamentis et codicellis.
    V. De litigiosis. *De re litigiosa.*
    VI. De naturalibus filiis et matribus eorum.
    VII. De manumissionibus in ecclesia.
    VIII. De liberali causa. *Si minor uenditus fuerit.*
    VIIII. De his qui non a domino manumissi sunt.
    X. De libertis et eorum liberis.
    XI. De uectigalibus et conmissis. *Naues, carra uel alia uehicula.*
    XII. De actionibus certo tempore finiendis. *De pupillorum responsa* (1).
    XIII. De quinquennii praescribtione. *Hoc est de re fiscali.*
    XIIII. De rei iudicata.
    XV. De sententiis ex periculo recitatis.
    XVI. De fructibus et litis expensis. *Qui rem alienam inuadit uel simpliciter tenet, siue qui alios possidentes pulsare tentauerit.*
    XVII. De usuris rei iudicate.

(1) La lecture est certaine (cf. Miscell., pl. 12, 13, 14, 15 où le mot *responsio* est souvent abrégé avec le même radical) ; mais le signe employé est inexact, par suite d'une erreur d'interprétation commise dans les « Commentarii » eux-mêmes. Le signe qui est lu *responsum* C. N. T., 94, 99, a un radical différant totalement de celui de *respondet* (29, 88) et non conforme à celui de *sponsus* (29, 91). Aussi Kopp (p. 617, note o) proposait déjà et avec raison de lire *resputum*, le signe étant précédé dans les « Commentarii » de *spuit, exspuit, conspuit, respuit.* Schmitz, p. 51 de ses « adnotationes », mentionne, sans rien ajouter, cette correction de Kopp.

XVIII. Quibus bonis ex lege Iulia cedere possunt. *In omni cessione professio sola quaerenda est.*

XVIIII. Quorum bonorum. *De auctoribus uel de muliere* intestata.

XX. Vnde ui. *De* peruasoribus.

XXI. Vtrum ui. *Si colonus* fugitiuus *fuerit.*

INCIPIT LIBER V.

    I. De legitimis hereditatibus.

    II. De bonis curionum, id est curialium.

    III. De clericorum et monachorum.

    IIII. De bonis militum.

Folio 3 verso.

    V. De postliminio. *Hoc est de* hostili *praedatione.*

    VI. De ingeniis qui tempore tirannis seruierunt.

    VII. De expositis. *Hoc est de partu quale eum uolueris facere, in tua potestate consistit.*

    VIII. De his qui sanguinolentos emptos uel nutriendos acciperint.

    VIIII. De fugitiuis colonis et inquilinis ac seruis.

    X. De inquilinis et colonis. *Si quis colonum alienum in re sua XXX annos habuerit ac si suum uindicet.*

    XI. Ne colonus inscio domino suo alienit peculium uel litem inferat ciuilem. *Vt coloni terra quae* subigantur *alienandi potestatem non habent.*

    XII. De longa consuetudine.

INCIPIT LIBER VI.

    I. Vt dignitatum ordo seruetur. *Nemo sibi honores praesumat assumere quas a principibus non meruit.*

INCIPIT LIBER VII.

    I. De re militaria. *Si quis cum aliorum hostibus praedas egerit.*

INCIPIT LIBER VIII.

    I. De tabulariis locografis et censualibus. *Et quidquid colonus uel seruus in honore positus damnum fecerit.*

INCIPIT LIBER VIIII.

Folio 4 recto.

---

(1) L'absence des mots « fructus rerum maternarum » avant « uendi faciat » a ceci de curieux qu'elle amene un contre-sens complet.

XVII. De falsa moneta.

XVIII. Si quis solidi circulum exteriorem inciderit, uel adulteratum in uindendo subiecerit.

XVIIII. De raptu uirginum uel uiduarum.

XX. De raptu uel matrimonium sanctimonialiam uirginum uel uiduarum.

XXI. Ad legem Iuliam repetendarum. *De iudice qui aliorum res rapuerit.*

XXII. De his qui latrones uel in aliis criminibus reos occultauerint.

XXIII. De his qui plebem audent contra publicam collegere disciplinam. *De* seditionibus. *Damnis grauissi(mis subiacebit)* (1).

XXIIII. De famosis libellis.

Folio 4 verso.

XXV. De quaestionibus imperatorum. *De obseruatione quadragesime.*

XXVI. Vt intra annum criminalis actio terminetur.

XXVII. De abolitionibus; abolitio est obliuio obiecti criminis.

XXVIII. De indulgentiis criminum.

XXVIIII. De calomniatoribus.

XXX. De poenis. *Iudex criminosum* discutiens.

XXXI. Ne sine iussu principis certis iudicibus liceat confiscare.

XXXII. De bonis proscriptorum siue damnatorum.

XXXIII. De sententia passis et restitutis et liberis eorum. *Si pater res filiorum* uastare *cognoscitur* (2).

XXXIIII. De his qui ad ecclesiam confugiunt.

INCIPIT LIBER X.

I. De iure fisci.

II. De locatione fundorum iuris enphiteotici et rei publice et templorum.

III. De actoribus, procuratoribus et conductoribus rei priuatae.

IIII. De bonis uacantibus.

V. De petitionibus et ultro datis et delatoribus. *Vel in crimine maiestatis deprehensus.*

VI. Si petitionis socius sine herede defecerit.

VII. De aduocato fisci.

(1) Le sens réclame ici *subiacebit*; mais, sur l'épreuve photographique on ne distingue que le second trait du signe signifiant *subicit* (C. N. T., 12, 38), — qui serait employé pour *subiacet*, absent des lexiques, — et une finale commençant par un *b*.

(2) Finale mal tracée qui ressemble à la terminaison -*a*.

41

VIII. De fisci debitoribus.

VIIII. De fide iure et astae. *Vel publici debiti constrictus facultates suas uendiderit.*

. . . (1) *Si quis thesaurum in suo uel alieno agro inuenerit.*

X. De metallis et metallariis.

INCIPIT LIBER XI.

I. De annona et tributis.

II. Sine censu uel reliquis fundum conparare non posse.

Folio 5 recto.

III. De superindicto. *Nihil super consuetudine prouincialibus* (répété en clair au-dessus de la ligne) *exigatur.*

IIII. De exactionibus. *Quid de agro suo tributa implere contemnit.*

V. Ne damna prouincialibus infligantur.

VI. De extraordinariis siue sordidis muneribus. *Quicumque plus quam adheratum est exegerit.*

VII. De discussoribus. '

VIII. De appellationibus et poenis earum et consolationibus.

VIIII. De reparationibus appellationum.

X. Si pendente adhuc (2) appellatione mors interuenerit.

XI. Quorum appellationes non recipiantur.

XII. Si de momento fuerit appellatum. *Vt inuasa re prius momento beneficio.*

XIII. De possessione ab eo qui bis prouocauerint transferenda.

XIIII. De fide testium et instrumentorum. *Si de una re uenditor* (3) *uel quacum-*

---

(1) Comme en beaucoup d'autres mss., il y a ici omission du « titulus » régulièrement numéroté X : « de thesauris ». Le scribe l'avait d'abord inscrit, sans numéro d'ordre; car, entre VIIII et X, une ligne restée en blanc porte les traces d'un grattage sous lequel on devine aisément « de thesauris ». En revanche l' « explanatio » du « titulus » X véritable : « *Si quis thesaurum... inuenerit* » est conservée, mais placée, par erreur, après le « titulus » VIIII et immédiatement suivie, sans qu'il y ait ni espace, ni renvoi, d'une « explanatio » concernant le « titulus » VIIII : *uel publici... uendiderit.* » Cette confusion dénote chez le scribe une certaine insouciance et permet aussi de supposer que, pour sa copie, il avait sous les yeux deux mss. différents, l'un portant les mots « de thesauris », l'autre ne les donnant pas; il aura adopté la leçon du second en grattant les mots « de thesauris » déjà inscrits par lui, mais aura gardé du premier de ces mss. la glose « *Si quis... inuenerit* » concernant précisément le « titulus » par lui rejeté. Quant aux deux gloses « Si quis... » et « Vel publici... », elles devaient être distinctes, le scribe les a réunies sans essayer de les comprendre.

(2) Ajouté au-dessus de la ligne.

(3) Finale -*tor* au lieu de -*tio*. Ce latin est d'ailleurs bien incorrect.

que documenta prolatae fuerint uel de testimonium unius hominis, uel plures ; siue qui scripturam profert ; siue probator ab eo quaeri debere qui rem petitam ; de testes ingenuus ; uel presbyteris.

INCIPIT LIBER XII.

    I. De curionibus. ·

    II. De susceptoribus, praepositis et arcariis. *Si exactores damnum intulerint in* (1) *eis qui eos elegerint, pertinebit et ut ipsi annis singulis* (*mut*)*entur* (2).

INCIPIT LIBER XIII.

    I. De lustrali conditione. *De negotiatoribus.*

    II. De censu siue adscriptione (3).

INCIPIT LIBER XIIII.

    I. De collegiatis.

INCIPIT LIBER XV.

    I. De operibus publicis. *Qui in ciuitate consistit.*

    II. De aquae ducto.

    III. De adfirmandis his quae sub tyrannis aut barbaris gesta sunt.

INCIPIT LIBER XVI.

Folio 5 verso.

    I. De episcopis, ecclesiis et clericis.

    II. De apostatis.

    III. De Iudaeis, caelicolis et Samaritanis.

    IIII. Ne christianum mancipium Iudaeus habeat.

    V. De relegione. *Episcopis conuenit* agitare.

(1) Peut-être *ad*.

(2) Le relieur a coupé l'*m* de ce dernier mot.

(3) Correction de « administratione ».

INCIPIUNT TITVLI LEGVM NOVELLARVM
DIUI THEVDOSII A.

I. De Theudosiani codices auctoritate. *Vt omni firmitate* subsistat.
II. De confirmatione legum nouellarum diui Theudosii Augusti.
III. De Iudaeis, Samaritanis, hereticis et paganis.
IIII. Ne curialis praedium alterius conducat aut fideiussor conductores exsistat.
V. De tutoribus.
VI. Contra sententias praefectorum praetorii iniustas post successionem intra biennium supplicandum. *Si discesserit iudex de acto.*
VII. De paternis sicut maternis bonis.
VIII. Ne decurio ad senatoriam dignitatem uel ad aliquem *honorem* adispiret.
VIIII. De testamentis.
X. De alluuionibus et paludibus.
XI. De bonis curionum et de naturalibus filiis eorum in curia mittendis heredibusque creandis et scribendis.

INCIPIVNT TITVLI LEGVM NOVELLARVM DIVI VALENTINIANI A.

I. De fructibus inter maritum et uxorem stante coniugio expensis.
II. De Manacheis. *Hoc sunt* increduli.
III. De homicidiis casu an uoluntate factis.
IIII. De (te)stamentis.
V. De sepulchrorum uiolatoribus.

Folio 6 recto.

VI. De libertis et successoribus eorum.
VII. De indulgentiis reliquorum. *Qui egressus fuerit de praesentia principis non praesumat* expoliare *prouincias.*
VIII. De triginta annorum praescribtione omnibus causis obponenda.
VIIII. De colonis uagis uel agnatione corum et aduenis.
X. De confirmandis his quae administrandis uel publicum officium gerentibus distracta sunt uel donata et de aduocatis uel ceteris negotiis. *Si uendens contra uenditionem...* (1).

---

(1) Le signe qui suit *uenditionem* est celui de *resultat* (C. N. T., 90, 2) qui n'a aucun sens. Il y a le verbe « restituat » dans l'« explanatio » complète ; un copiste avait peut-être corrompu ce verbe en « resultat. »

XI. De parentibus qui fil(i)os suos per necessitatem distraxerunt, et ne ingenui barbaris uenundentur neque trans marina ducantur.

XII. De episcopali iuditio et de diuersis negotiis.

INCIPIT NOVELLE DIVI MARTIANI A. LIBER I.

I. Neminem exhiberi de prouintia ad comitatum nisi ad relationem iudicis a quo fuerit appellatum, id est ut actor rei forum sequatur.

II. De indulgentiis reliquorum.

III. De praesidiis ciuitatum omnium.

IIII. De matrimonis senatorum.

V. De testamentis clericorum.

INCIPIT LIBER NOUELL. DIUI MAIORIANI A.

I. De curialibus et de actione uel distraxtione praediorum eorum et de diuersis negotiis.

II. De episcopali iuditio et de ceteris negotiis, et ne quis inuitus clericus ordinetur. VIII. (1) *De* sanctimonialibus *et uiduis et successionibus eorum. Si inter coniugatos non fuerit aequa donatio nec legitimi filii.*

INCIPIT LIBER DIUI SEUERIANI A.

I. De abrogatis capitibus. *Vt non liceat matri de sua donationem* (2) *cui uoluerit de filiis dare.*

INCIPIT LIBER GAI I.

I. De libertatibus seruorum.

---

(1) Dans les mss. qui nous sont parvenus, les « Novellae Maioriani » présentent seulement deux « tituli » ; mais l' « Epitome Aegidii » leur en attribue huit, dont le dernier est : « De sanctimonialibus et uiduis et successionibus eorum ». C'est le seul de ces « tituli » supplémentaires qui soit accompagné d'une explanatio. (V. l'éd. Haenel, p. 310). Là sans doute est la raison pour laquelle notre scribe, négligeant les « tituli » III-VII, a inscrit VIII à la suite de II, dans la demi-ligne restée en blanc après « ordinetur ».

(2) Finale douteuse.

Folio 6 verso (1).

II. De numero seruorum testamento manumitendorum.

III. De iure personarum.

IIII. De matrimoniis. *Id est* legitimae *nuptiae.*

V. De adoptionibus. *Vt aliquis habere filios non* (2) *possit quem non gene-rauit.*

VI. Quibus modis exeunt filii de potestate patris.

VII. De tutelis. *Vel de tutoribus.*

VIII. De curationibus. *Vel de tutoribus.*

VIIII. De rebus. *Vt nullus aedificet domum ut alii domui lumen tollat; siue qui in solo alieno aliquid aedificauerit, uel plantauerit ; uel qui ex tabulis alienis aliquid fecerit, aut ex lino. et lana. uestimentum fecerit ; uel quidquid filii aut serui adipiscuntur* (3).

X. De testamentis. *Pueri ante XIIII annos nec puellae ante XII testamentum facere non possunt.*

XI. De exhereditatione liberorum. *Si pater filium in testamento praeter-miserit.*

XII. De legatis. *Quidquid per testamentum alicui fuerit dimissum.*

XIII. De lege Falcidia. *Quicumque heres fuerit institutus quartam partem totius hereditatis habeat.*

XIIII. De fideiconmissis. *Qualiter fidei conmissum reddi debeat.*

XV. De intestatorum hereditatibus.

XVI. De obIegationibus. *Creditor pecuniae in potestatem habea t utrum debi-torem an fide iussorem tenere uellit* (4).

XVII. Quibus modis oblegatio tollatur. *De furtis.*

---

(1) Voir le fac-similé.

(2) Négation contraire au sens.

(3) Lecture incertaine. Le signe ordinaire, pour *adipiscitur* (C. N. T., 74, 61) a un point à gauche ; ici la finale-*untur* coupe le radical. D'ailleurs le premier trait de ce radical serait irré-gulier pour *ad*, signifiant plutôt *in*. De plus, au-dessus de ce signe, on lit la syllabe « pel », qui, d'après la coutume de la plupart des scribes tironiens, semble être là afin d'aider à lire ce signe, assez peu employé pour être obscur. *Impelluntur*, qui vient à l'esprit, n'aurait pas la boucle infé-rieure du radical et ne présenterait aucun sens raisonnable. Il y a, dans le texte de l' « Epitome Aegidii » : « acquirunt », qui autorise, en attendant mieux, la lecture « *adipiscuntur* ».

(4) Pour *uelit.*

Denumerose̅ſeruoru̅ teſtame̅to manumre̅ndoru̅

Deurepſonaru̅

Dematrimoniiſ. .. legtamae̅ ...

Deadopa̅onib;

quib;modirexeu̅t filidepoteſtate patriſ.

Da̅teliſ

Decuratonib;

Dereb;

Dateſtame̅taſ.

Deexheredationliberoru̅ .

Delegatiſ.

Delegefalcidia.

Defideiconmiſſiſ.

Deinteſtatorumheredtatib;

Deobległationib;

quib;modiſoblegatotollatur;pauly

EXPITITTULI SENTENTIARV LIB·I·

Depactiſ&conuentaſ

Depcunctonib;&cognitonib;

Depcunctonib;

Denegotiſzgeſtiſ

Decalomniatorib;

Dereinuinctacauſaſ

Deintegrireſtitutione

Dedolo

INCIPIUNT TITULI SENTENTIARVM Pauli (1) LIBER I.

Ex Pauli sententiarum corpore huic operi conuenit adnecti quae in Theodosiano pro redimendis litibus *non inueniuntur inserti.*

I. De pactis et conuentis. *Hoc est quod lex aut* (2) *prohibet* pacisci *non possumus* (3).

II. De procuratoribus et cognitoribus. *Id est qui propter aliquam culpam notantur* infamia.

III. De procuratoribus. *Mandari potest.*

IIII. De negotiis gestis. *De tutoribus.*

V. De calomniatoribus.

VI. De reis institutis. *Filius accusatoris.*

VII. De integri restitutione.

VIII. De dolo. *Si quis dolum et* metum *alium* circumuenerit.

Folio 7 recto.

VIIII. De minoribus uiginti quinque annorum.

X. De plus petendo.

XI. De satis dando.

XII. De iudiciis omnibus.

XIII. De iudicato. *Cautio soluatur si quis seruum* fugam (4) *aut alienam ancillam corruperit.*

XIIII. De uia publica.

XV. Si quadrupes damnum intulerit.

XVI. De finium regundorum. *Qui per uim termin(os) ex*arant.

XVII. De seruitutibus. Id est de uia publica et de aquae ducto (5).

XVIII. De familia herciscundae. *Quando inter fratres uertitur intentio* (6) *diuidende rei.*

---

(1) « Pauli » est ajouté, en minuscule, au-dessus de « SENTENTIARVM » et intercalé par suite, à la ligne précédente, entre « tollatur » et « de furtis ».

(2) Un mot est omis ici : « honestas. »

(3) A la suite de *possumus* se trouve écrite la 2ᵉ ligne de la note « *Ex Pauli sententiarum.* » Un signe de renvoi (constitué, suivant un usage fréquemment observé, par un radical tironien arbitraire muni d'un point), permet de se guider à travers cet enchevêtrement de gloses marginales.

(4) Pour « *fugitiuum* ».

(5) Cette fois l'« explanatio » ne contient aucun signe tironien.

(6) Le sens demande : « contentio. »

XVIIII. Quemadmodum actiones per infitigationem duplentur. *Si a debitoribus legitima quae debentur uel si damnum alicui factum aut uenditione minus inueniatur.*

  XX. De fideiussore et sponsore.

  XXI. De sepulchris et lugentibus.

INCIPIT LIBER II PAULI SENTENTIARUM.

  I. De rebus creditis et de iureiurando. *De pecunia credita.*

  II. De pecunia constituta. *Si quis pro alterius debito se pecuniam promiserit redditurum.*

  III. De contractibus. *Quicumque uerborum obligatione uel fide iussor exstiterit.*

  IIII. De commodato et deposito pignore fidutiauc. *De rem praestitam uel commodatam.*

  V. De pignoribus. *Si creditor ter debitorem suum conuenerit.*

  VI. De exercitoribus et institutoribus. *Si quis voluntate patris nauem exerceat.*

  VII. Ad legem Rodiam, id est de nauticis.

  VIII. De institutoribus. *Si quis in exercendo negotio uel* taberne.

  VIIII. De in rem uerso. *Si filius pro necessitate patris uel domino pecuniam suscipit alienam.*

  X. De senatusconsultum Macedoniano. *Qui pecuniam credit alieno seruo.*

  XI. De senatusconsultum Velleganum. *In hac tanto mulier fide iussione tenetur ut si tut(ores) filiis suis petat.*

Folio 7 verso.

  XII. De deposito. *Depositum est creditum, commendatum.*

  XIII. De lege conmissoria. *De creditoribus.*

  XIIII. De usuris. *Id est de cautionibus et* centesima.

  XV. De mandatis. *Si quis de nummis mandato tuo tibi aliquid comparauero.*

  XVI. .... (1) Inter socios absque unius neclegentia *aequale erit lucrum et damnum.*

  XVII. Ex empto et uindito.

  XVIII. De modo, id est de spatio. *Qui fundum uendit et minime inuentum fuerit, siue de seruo comparato ex uetere uitio fugitiuo, uel diuersis uenditionibus, siue de fide iussorem et debitorem praesentem tenere uoluerit.*

(1) Le titre manque : « De sociis », ou « pro socio », suivant les manuscrits.

XVIIII. De locato et conducto.
   XX. De nubtiis.
  XXI. De concubinis.
 XXII. De dotibus.
XXIII. De paotis inter uirum et uxorem.
XXIIII. De donationibus inter uirum et uxorem.
  XXV. De liberis agnoscendis. *Si serua conceperit, si libera conceperit, si quis moriens ancillae suae libertatem fieri iusserit, si mulier se ex uiro praegnantem neget.*
 XXVI. Quemadmodum filii sui iuris effitiuntur.
XXVII. De adulteriis.
XXVIII. De excusationibus tutorum. *Si quis inimicus fuit patris, merito a tutela excusatur.*
XXVIIII. De potioribus nominandis. *Qui potior ad tutelam eligendus est.*
  XXX. Qui potior nominare non possint.
 XXXI. Ad orationem diui Seueri. *De tutoribus.*
XXXII. De furtis.
XXXIII. De operis libertorum. *Si quis fuerit manu missus.*

INCIPIT LIBER III.

   I. De Carboniano edicto. *De sua causa respondere.*
  II. De bonis libertis. Libertorum *hereditas in capiti, non in stirpe diuiditur.*

Folio 8 recto.

 III. De lege Fabiana. *Si libertus aliquid ex bonis suis alienauerit.*
 IIII. De testamentis.
   V. De eo cui moribus interdicitur, uel de testamentis. *Si quis alienatus est qua libet ualetudine, testamentum facere non potest, uel qui ab hostibus captus fuerit.*
  VI. De senatusconsulto Selaniano. *Si quis a familia sua fuerit occisus.*
 VII. De legatis. *Si legata sibi legatarius non perceperit.*
VIII. De usufructu. Partus *ancillae ad usum fructum non pertinet. Si quis de testamento in quo aliquibus legata reliquerat.*
VIIII. De mortis causa donationibus. *Qui ad bellum proficiscitur et qui nauigat.*
   X. Ad legem Falcidiam. *De testamentis, uel ea quae mater uiua filio donauit.*

42

INCIPIT LIBER IIII.

INCIPIT LIBER V.

Folio 8 verso.

(1) Pour *percepit.*
(2) Pour *oneretur.*
(3) Pour *praesentes.*

VIIII. De nouationibns. *De cautionibus nouare.*

  X. De stipulationibus.

  XI. De contrahenda auctoritate. *Id est ut si cui* uicinus paries *damnum fecerit* a *socio* sartiatur.

  XII. De donationibus. *De dotibus.*

[X]XIII. De iure fisci et populi.

  XIIII. De fisci aduocato.

  XV. De dilatoribus. *Id est si serui* facinora *dominorum confessi sunt.*

  XVI. De quaestionibus habendis. *Si reus in criminibus suis mentiri uoluerit.*

  XVII. De testibus.

  XVIII. De seruorum quaestionibus.

  XVIIII. De abolitionibus. *De* subpliciis *uel de* obliuione.

  XX. De abactoribus. *Si seruus furtum fecerit.*

  XXI. De sacrilegis. *Qui nocte depopulandi* (1) *ecclesiam inrumpunt.*

  XXII. De incendiariis.

  XXIII. De uaticinatoribus et mathematichis. *Qui se futura scire dicunt.*

  XXIIII. De seditiosis. *Id est concitatores populi qui terminos* (2) effodiunt.

  XXV. Ad legem Corniliam de sichariis et ueneficis. *Id est qui uenenum aut quod(cumque ingenium?) uel dolo homines occiderit.*

  XXVI. Ad legem Pompeiam de paracidiis. *Qui parentem suum occiderit.*

---

(1) « causa » omis dans le manuscrit.

(2) Le radical de ce signe, semblable à celui de *et*, n'est pas régulier (v. C. N. T., 38, 32.)

L. BARRAU-DIHIGO

A PROPOS D'UN MANUSCRIT HISPANIQUE DE LEYDE

(XIIIe SIÈCLE)

Le *Vossius* O 91 de la Bibliothèque de l'Université de Leyde est un petit volume de parchemin écrit en Espagne au xiiie siècle. Il mesure moyennement 149 mm. de hauteur sur 106 de largeur et se compose de 113 folios, lesquels se répartissent en douze cahiers de 8 feuillets, un de 7 et le dernier de 10, chaque page comportant 19 lignes.

Le contenu de ce manuscrit a été brièvement indiqué par Dozy, au tome II de ses *Recherches*, 2e éd., pp. 94-95, 3e éd., pp. 88-89. D'autres exemplaires du même recueil ont été analysés par divers érudits, notamment par MM. F. Fita, G. Cirot et A. Blázquez. Toutefois, comme aucune de ces descriptions n'est absolument complète, nous croyons utile d'énumérer une à une les pièces qui ont pris place dans le manuscrit de Leyde.

1° Fol. 1 r. et v., *Hec sunt civitates quas regebant reges Gothorum et sui pontifices.* — A rapprocher de la liste du *Chronicon Emilianense*, dans Berganza, *Antigüedades de España*, II, p. 548, reproduite par Florez, *Esp. Sagr.*, IV, pp. 253-254.

2° Fol. 1 v.-5 r., *Annales Complutenses* ; le texte diffère par endroits de celui qu'a donné Florez, *Esp. Sagr.*, XXIII, pp. 311-315 (1).

3° Fol. 5 r. et v., Annales du monastère asturien de San Juan de Corias. Le texte ne concorde pas entièrement avec celui de Risco, *Esp. Sagr.*, XXXVIII, p. 372.

4° Fol. 5 v.-6 v., diverses notes chronologiques, qui, par leur teneur, rappellent celles qui se trouvent dans les premiers paragraphes du *Chronicon Albeldense*.

a) Per anuos ccclv iudices (*ms.* iydices) in Israel ad Moyse usque ad Saule fuere xv ...Et ex Gotis in Hispania ab Atanarigo primo rege Gotorum usque ad Adefonsum regem filium Raimundi ducis et Urraca fuere reges lii.

---

(1) Cf. G. Cirot, *Les Histoires générales d'Espagne entre Alphonse X et Philippe II* (Bordeaux-Paris, 1904, in-8), p. 119, texte et n. 2.

b) Ab incarnatione Domini recurrente anno CCLXXXII fuere Hyspanie reges LXVIII. Et a Pharamundo primo rege Francorum... Pipinus et filius eius Garolus (*sic*) maximus non fuerunt reges sed principes.

c) Nomina regum paganorum priorum Francorum hec sunt : Faramundus, Ciodionus (*sic*), Neroveus (*sic*), Hildericus et filius eius Glodoveus.

d) Burgundiones reges : Gundevandus, Sismundus, Gotinarus, Childebertus, Theodericus, Theodebertus.

e) Prima etas seculi ab Adam usque ad Noe fuere anni duo millia CCXLII... Quinta etas seculi a David usque ad Octavianum imperatorem et iam ex illa etate sunt transacti mille anni transacti (*sic*) c. octoginta.

f) Sancti patres in codicibus suis reliquerunt nobis scriptura que dicit qui in sex diebus fecit Deus celum et terram... Et in septima millesima erit dies iudicii ; deinde erit infinita requies omnium seculorum et perpetue pene omnium impiorum.

5° Fol. 6 v.-11 r., notice consacrée par Pélage d'Oviedo aux villes de Tolède, Saragosse, Léon et Oviedo (*Esp. Sagr.*, XXXVIII, pp. 372-376). On remarquera qu'après les mots *nomen eius Ovetum*, qui doivent terminer cette notice, le texte continue ici, fautivement, par une formule comminatoire, empruntée à quelque charte : « templaverit, quisquis ille qui talia comiserit fracta manu, pede et cervice, evulsis occulis, lepra percussus, franga eum Deus in conspectu omnium inimicorum suorum, sit maledictus et excomunicatus usque in septimam generationem in conspectu patris et filii et spiritus sancti, et insuper cum Datan (*ms.* Natan) et Abiron et cum Juda Domini proditore, cum Symone magno et Nerone pares penas sustineat in eterna dapnatione.

6° Fol. 11 r.-42 r., Chronique dite d'Albelda, annoncée par la rubrique *Incipit liber cronica seu fabularium* (ms. *fabularaim*), et disposée dans l'ordre suivant par rapport à l'édition Florez, *Esp. Sagr.*, XIII, pp. 433-464 (1) :

a) Fol. 11 r.-12 v. = § VIII-IX ; *b*) fol. 12 v.-13 r. = § I ; *c*) fol. 13 r.-26 r. = § 1-46 ; *d*) fol. 26 r.-32 r. = § 50-65 ; *e*) fol. 32 r. et v. = § XI ; *f*) fol. 32 v.-37 v. = § 66-76 ; *g*) fol. 37 v.-38 r. = § X ; *h*) fol. 38 r.-39 r. = § 82 ; *i*) fol. 39 r.-40 v. = § 77-80 ; *k*) fol. 40 v.-41 r. = § 85 et 86 en partie ; *l*) fol. 41 r.-42 r. = § 84 et partie des § 85 et 86.

Après les mots : *Spes nostra Christus est, quod completis proximiori tempore CLXX annis de quod in Yspaniam ingressi sunt inimici*, vient l'explicit : *Finit liber cronica*.

7° Fol. 42 r. et v., courte notice intitulée : *Sex diebus rerum omnium creaturas Deus formavit*, et tirée de la *Chronique* d'Isidore de Séville, *Esp. Sagr.*, VI, p. 445 ou Mommsen, *Chronica Minora*, II, p. 426.

(1) Cf. G. CIROT, *op. cit.*, p. 119, n. 3. — C'est d'après un ms. appartenant à la famille de celui que nous décrivons, que Pellicer avait publié le *Chronicon Albeldense*.

8° Fol. 42 v.-44 v., *Item ordo annorum mundi brevi collectus a beato Juliano Pomerio Toletane sedis archiepiscopo.* Pour le début, cf. Mommsen, *Chronica Minora*, II, p. 372.

9° Fol. 44 v.-54 v., Chronique dite de Sébastien de Salamanque ou d'Alphonse III, (rédaction interpolée par Pélage d'Oviedo), depuis le règne de Bermude Ier inclusivement jusqu'à la fin (§ 20-26 de l'éd. Florez, *Esp. Sagr.*, XIII, pp. 484-489). Ce texte et les deux suivants sont annoncés par la rubrique : *Incipit hystoriam* (sic) *regum*.

10° Fol. 54 v.-77 v., Chronique de Sampiro, évêque d'Astorga (rédaction interpolée par Pélage d'Oviedo). Voy. Florez, *Esp. Sagr.*, XIV, pp. 438-457.

11° Fol. 77 v.-86 r., Chronique de Pélage, évêque d'Oviedo. Voy. Florez, *ibid.*, pp. 466-475.

12° Fol. 86 r.-87 r., suite à la Chronique de Pélage, laquelle s'arrête en 1109. Cette suite est ainsi rédigée :

Iste gloriosissimus Adefonsus rex genuit filiam nomine Urracam. Ista vero post obitum patris suscepit regnum eius et in diebus suis multa contumelia habuit. Postea vero rex Ali cum multitudine (*ms.* multitudinem) Sarracenorum venit et depredavit totam terram extra sextam, et omnes villas atque castella accepit nisi Toleto et Fita. Regina autem ista accepit virum comitem (*ms.* comittem) Raimundum, et genuit ex ea unum filium et imposueruntei nomen Adefonsum ; itaque iste fuit primus imperator totius Ispanie et fuit dominus comitis (*ms.* comites) Adefonsi Tolose et comitis Barcilonie[fol. 86 v.] qui erat rex Aragonie et marques de Provincia, et fuit dominus regis de Navarra, Garsia nomine, et de rege qui vocabatur tunc Lop, qui secundum legem suam erat obtimus et largus et nimium diligebat christianos, ita ut omnes homines qui ad eum ibant libenter eos recipiebat (*ms.* recipiat) dabatque cis de suo aver ; et fuit dominus de alio sarraceno rege qui vocabatur Zahadola et dedit ei Rueda. Gloriosissimus rex, qui erat gubernator hominum et defensor suorum, virtute spiritus sancti atque gratia Dei omnes villas atque castella quas mater eius perdiderat, statim recuperavit. Postea vero de sarracenis regibus accepit omnia hec (*ms.* hoc) que (*ms.* qui) ibi modo nominabimus ; accepit ergo Oreia, Corita, Calatrava, Coria Cordova, Almaria, Baeza, Andujar, Contor, Almodovar, Criona, Almonecar, Arenas, Mentissa [fol. 87 r.], Cedrog, Sancta Eufemia, Belmez et alia multa loca que non possumus numerare nec nomina illorum (*ms.* illarum) scire, que depredavit atque devastavit fortiter. Iste imperator atque pater sanctus duas uxores legitime habuit : primam Berengariam, que fuit filia comitis Raimundi maioris, ex qua genuit duos filios et duas filias ; istorum unus vocabatur Sancius qui maior erat et alius Fernandus, et filiabus vocaverunt unam Constantiam que fuit uxor regis Francie et alia vocata fuit Baeza, quia (sic).

13° Fol. 87 r. et v., liste des villes d'Espagne dont les Arabes changèrent les noms : « *Civitates iste habent mutata nomina a Sarracenis.* Oreto id est Calatrava... Caliabria id est Montanges. »

14° Fol. 87 v.-88 r., *De Salomonis penitentia in Ebreis.* Incipit : « Hieronimus in octavo libro super Ezechielem de extrema visione eius que facta est. » Explicit : « A Salomone (*ms.* Salamone) autem usque ad restaurationem (*ms.* restauratione) templi, usque ad predicationem domini nostri Jhesu Christi et usque ad quintum annum Tiberii sunt anni DXLVIIII. »

15º Fol. 88 r.–95 r., fuero de Léon de 1020 (*Decreta Adefonsi regis et Geloire* [ms. *Geloiure*] *regine*), moins les § VI, XXVIII-XXX, XXXIII, XXXIX, XLIII-XLIV, XLVII et XLIX de l'édition Risco, *Esp. Sagr.*, XXXV, pp. 340-347.

16º Fol. 95 r.-105 v., *Chronicon Iriense*. Voy. Florez, *Esp. Sagr.*, XX, pp. 598-608.

17º Fol. 105 v.-112 v., diplôme de Ramire Iᵉʳ en faveur de l'église de Saint-Jacques de Compostelle, 25 mai 844, acte désigné sous le nom de *Privilegio de los Votos*, et publié notamment par Florez, *Esp. Sagr.*, XIX, pp. 329-335.

Fol. 112 v. « Ego Petrus Marcius, Dei gratia ecclesie Beati Jacobi cardinalis, sicut inveni in alio scripto quod in Beati Jacobi thesauro et in eius tumio (*sic*) permanet, ita scripsi et hoc translatum feci et proprio robore confirmo. »

Fol. 112 v.- 113 r., le copiste a reproduit sans raison une note qui se retrouve, à quelques variantes près, dans le *Chronicon Burgense* (*Esp. Sagr.*, XXIII, p. 309) et les *Annales Compostellani* (*ibid.*, p. 319) : « Era DCCCCLXXX, VI kalendas iulii, die sabbato, hora nona, flamma exivit de mare et incendit plurimas villas et urbes et homines et bestias ; et in ipso mari pinnas incendit et in Zamora unum barrium et in Carrione et in Castro Soriz (*sic*) et in Burgos centum casas et in Beruiesca et in Calçada et in Pancorvo et in Buradon et alias plurimas villas. »

*_**

Quels sont les manuscrits apparentés au *Vossius O 91* ? D'autre part, à quelle époque, en quel lieu et avec l'aide de quelles sources a-t-on formé le recueil analysé ci-dessus ? Telles sont les questions qu'il nous faut examiner, quitte à ne pas présenter toujours des solutions entièrement nouvelles.

A. Du *Vossius O 91* il convient de rapprocher au moins sept manuscrits, savoir :

1º Madrid, Bibliothèque nationale, nº 1358 (ancien F 86). 290 × 200 mm. ; 74 feuillets de parchemin (le fol. 33 étant hissé) écrits à deux colonnes et de la même main jusqu'au fol. 68 v. inclus ; fol. 69 r.-73 r. écrits à longues lignes, d'une autre main, mais de même époque ; rubriques, lettres ornées ; XIIᵉ-XIIIᵉ siècle. Provenance : Bibliothèque du *Colegio Mayor* d'Alcalá de Henares, puis « Primitiva Biblioteca de Felipe V. » Notes marginales d'Ambrosio de Morales. Décrit par M. Castella Ferrer, *Historia del Apostol Sanctiago*, pp. 360-362; F. Perez Bayer, dans Nicolas Antonio, *Bibliotheca hispana vetus*, II, p. 14, n. 1; Risco, *Esp. Sagr.*, XXXVIII, p. 110, qui suit Perez Bayer; H. Knust, dans *Arch. d. Ges. f. ält. deutsche Geschichtskunde*, VIII (1843), pp. 786-787; P. Ewald, dans *Neues Archiv*, VI (1881), pp. 307-308;

G. Cirot, *Les Histoires générales d'Espagne*, p. 119 ; A. Blázquez, dans *Cultura española*, 1908, pp. 647-651.

2º Madrid, Bibliothèque nationale, nº 2805 (ancien I 323). Cf. G. Girot, *op. cit.*, p. 119 : « Le manuscrit d'Alcalá est également facile à reconnaître dans le manuscrit coté F 86... bien qu'un autre manuscrit, coté I 323 (nouvelle cote 2805) de la même époque contienne les mêmes textes. »

3º Madrid, Bibliothèque de l'Académie de l'Histoire, est. 25, gr. 4ª, C. nº 76. xiiº-xiiiº siècle ; notes marginales d'Ambrosio de Morales. Signalé par F. Fita dans F. Fita et A. Fernández-Guerra, *Recuerdos de un viaje á Santiago de Galicia* (Madrid, 1880, in-4), pp. 40-41 (1).

4º Madrid, Bibliothèque nationale, nº 1346 (ancien F 58). 300 × 205 mm. ; 258 feuillets de papier ; xviº siècle ; recueil célèbre formé par Ambrosio de Morales. Provenance : « Primitiva Biblioteca de Felipe V ». Aux fol. 96 r.-111 r., copie du manuscrit d'Alcalá, c'est-à-dire du nº 1358 (ancien F 86). Cf. Knust, *loc. cit.*, p. 785, Ewald, *loc. cit.*, p. 304, Girot, *op. cit.*, p. 117, n. 2.

5º Madrid, Bibliothèque nationale, nº 9880 (ancien Ee 92). 310 × 210 mm. ; gros volume non folioté ; xviiº siècle. Aucune indication de provenance.

6º Madrid, Bibliothèque du Roi, 2-G-4. 270 × 190 mm. ; xviiº siècle. Provenance : « De la Bibliotheca del Collº mᵒʳ de Cuenca. » Aux fol. 1 r.-43 r., copie du recueil qui nous occupe, faite d'après un manuscrit « en pergamino y letra antigua queera del señor liçenciado Juan Diaz de Fuenmayor del consejo y camara del rey Don Phelipe 2º. » Cf. Ewald, *loc. cit.*, p. 346 et surtout R. Menéndez Pidal, *Catálogo de la Real Biblioteca. Crónicas generales de España* (Madrid, 1898, gr. in-8), p. 149.

7º Madrid, Bibliothèque de l'Académie de l'Histoire, est. 25, gr. 4ª, C. nº 76. 280 × 210 mm. ; 117 feuillets utiles. Copie du manuscrit mentionné plus haut sous le nº 3, exécutée en 1787 par le célèbre paléographe et calligraphe Palomares. Cf. Fita et Fernández-Guerra, *op. cit.*, p. 40, col. 2, n. 4.

B. La collection que contiennent les manuscrits cités ci-dessus, a été formée postérieurement à la mort d'Alphonse VII (1157) : on s'en convaincra en lisant le passage consacré au règne de ce roi et reproduit plus haut. D'autre part, elle est nécessairement antérieure à la mort du chanoine Pedro Marcio, auteur de la souscription finale ; or ce personnage, mentionné dans des actes de 1149, 1153 et 1154, mourut avant 1178 (2). C'est donc entre les dates extrêmes de 1157 et de 1178 qu'il faut circonscrire l'époque de la composition dudit recueil.

---

(1) Le P. Fita, *op. cit*, p. 41, col. 1, tendrait à supposer, sans raison plausible, que ce ms. de l'Académie de l'Histoire est une copie du ms. 1358 de la Bibliothèque nationale de Madrid.

(2) Fita et Fernández-Guerra, *op. cit.*, p. 41, col. 2. L'acte du 17 juin 1154, allégué en cet endroit, a été publié depuis lors par M. A. López Ferreiro, *Historia de la... Iglesia de Santiago de Compostela*, IV (Santiago, 1901, in-8), app. nº xxiii, pp. 64-66.

Que ce recueil ait été formé à Compostelle, cela ne saurait être mis en doute, et la présence du *Chronicon Iriense* et du *Privilegio de los Votos* est à cet égard fort caractéristique. Mais qu'il ait été formé par Pedro Marcio, cela est moins certain, quelle que soit l'opinion du P. Fita, lequel prête au chanoine compostellan des pensées fort ambitieuses (1). En effet, si l'on se reporte à la souscription de Pedro Marcio, il semblerait que ce dernier se fût borné à transcrire un manuscrit qu'il avait découvert dans le trésor de l'église de Saint-Jacques, c'est-à-dire, par conséquent, un recueil formé antérieurement à l'époque où travaillait le susdit chanoine.

Qu'il soit dû à Pedro Marcio ou à un inconnu, comment ce recueil a-t-il été composé? Les Annales de Corias, la notice sur les villes de Tolède, Saragosse, Léon et Oviedo, l'*Ordo annorum* attribué à Julianus Pomerius, la rédaction interpolée du Pseudo-Sébastien de Salamanque, la rédaction interpolée de Sampiro d'Astorga, la Chronique de Pélage, la liste des villes dont les Arabes changèrent les noms, le *De Salomonis penitentia in Ebreis*, le *fuero* de Léon, tout cela — en d'autres termes, l'immense majorité des textes rassemblés ici — provient d'une collection constituée vers 1142 par les soins de Pélage d'Oviedo et communément appelée *Liber Pelagii* (2). Dira-t-on cependant que notre recueil est une sorte d'édition abrégée du *Liber Pelagii* ? Dozy le croyait et prétendait qu'« il y a deux livres de Pélage : le grand, que Moralès a décrit… et le petit, dont il existe plusieurs rédactions. » (3) Or cela n'est pas exact, car si beaucoup de textes se retrouvent d'un côté et de l'autre, il est évident que le compilateur compostellan a tenté de faire œuvre originale : ainsi s'expliquent les changements qu'il a apportés au document qu'il avait sous les yeux ; ainsi s'expliquent, entre autres choses, l'insertion de textes nouveaux, tels que les *Annales Complutenses*, le *Chronicon Albeldense*, le *Chronicon Iriense*, le *Privilegio de los Votos* et la suppression d'un grand nombre de pièces, notamment de celles qui concernaient de façon toute spéciale l'église d'Oviedo, savoir : trois bulles d'Urbain II (4 avril 1099), de Paschal II (30 septembre 1105) et de Calixte II (26 juin 1122) (4), les actes du concile d'Oviedo

---

(1) Comme nous le verrons plus loin, Pedro Marcio aurait emprunté beaucoup à Pélage d'Oviedo ; et le P. Fita, *op. cit.*, p. 41, col. 2 écrit à ce sujet : « La fama del Prelado ovetense y la magnitud de su empresa histórica, excitaría la avidez del Cardenal ó Canónigo compostelano, quien se hubo de gozar en transcribir lo que estimaba flor y nata del libro. Rehacer la aún no bien narrado y completo, relativo á las sedes de Iria y de Santiago, le pareció digno trabajo y bizarra obra. »

(2) Sur ce *Liber Pelagii*, voir les descriptions citées tout à la fin du présent article. Lire aussi les pages que Risco, *Esp. Sagr.*, XXXVIII, p. 109 et suiv., a consacrées à l'activité historique de Pélage. Noter également que la date de 1142 s'applique à la notice relative à Saragosse, Tolède, etc., et qu'elle ne s'applique pas nécessairement à l'ensemble du recueil : cf. G. Cirot, dans *Bulletin Hispanique*, XI (1909), p. 264.

(3) Dozy, *Recherches*, 3° éd., I, p. 88. Quant à nous, nous ignorons l'existence de ces rédactions diverses.

(4) Jaffé-Wattenbach, *Reg. pont. rom.*, n°s 5785, 6039 et 6978. Pour cette dernière bulle, cf. U. Robert, *Bullaire du pape Calixte II* (Paris, 1891, gr. in-8), II, n° 305, p. 50.

de 1115 (1), le diplôme d'Alphonse II en date du 16 novembre 812 (2), enfin l'acte de répartition des paroisses asturiennes entre les prélats venus à Oviedo pour y tenir concile (3).

Etant donné que notre compilateur a très largement utilisé le *Liber Pelagii*, a-t-il fait usage de la rédaction du *Liber Pelagii* qui est parvenue jusqu'à nous, ou s'est-il servi au contraire d'une autre rédaction, sensiblement différente et aujourd'hui perdue ?

Ce qui nous incite à poser ce problème, c'est que le plus notable des textes communs aux deux recueils,— il s'agit du *Liber Chronicorum* compilé par Pélage,— varie de l'un à l'autre. On sait que cette collection a été divisée par le célèbre évêque d'Oviedo en six parties, qui commencent respectivement à Adam (chronique attribuée à Isidore de Béja), Atanaric (chronique d'Isidore de Séville), Wamba (chronique attribuée à Julianus Pomerius, archevêque de Tolède), Pélage (chronique dite de Sébastien de Salamanque), Alphonse II (chronique de Sampiro, évêque d'Astorga), enfin à Bermude II (chronique de Pélage lui-même) (4). Or dans le recueil compostellan, le *Liber Chronicorum* commence à Bermude Ier et s'intitule *Historia Regum*, sans qu'on puisse dire pour quels motifs on a adopté et ce point de départ et ce titre. De plus, si l'on confronte, comme l'a fait M. Antonio Blázquez, (5) les rédactions de la Chronique de Pélage renfermées dans l'un et l'autre recueil, on observe, en ce qui touche le règne de Bermude II, de très notables divergences : c'est ainsi, par exemple, que la collection compostellane supprime toute la légende relative à Adaulfo, évêque de Compostelle, et supprime également telles indications généalogiques et telles indications de sépultures (6). Dès lors, ou bien on supposera, avec M. Blázquez, l'existence de deux rédactions successives du *Liber Chronicorum*, au moins en ce qui concerne le règne de Bermude II, et représentées l'une par le recueil que nous étudions, l'autre par les divers exemplaires du *Liber Pelagii* (7) ; ou bien, on admettra que l'auteur de notre recueil a méthodiquement éliminé non seulement tout le début du *Liber Chronicorum*, mais encore, dans la propre Chronique de Pélage, les légendes et les renseignements qui lui semblaient inacceptables ou inutiles (8).

---

(1) Risco, *Esp. Sagr.*, XXXVIII, pp. 266-274.

(2) Risco, *Esp. Sagr.*, XXXVII, pp. 311-316.

(3) Florez, *Esp. Sagr.*, XIV, pp. 401-402.

(4) Cf. la préface du *Liber Pelagii*, souvent publiée, et particulièrement par Risco, *Esp. Sagr.*, XXXVIII, pp. 370-371 et par Mommsen, *Chronica Minora*, II, pp. 262-263.

(5) Antonio Blázquez, *El reinado de Bermudo II en los manuscritos de la Crónica del Obispo de Oviedo D. Pelayo (1132-1142)*, dans *Cultura española*, 1908, pp. 647-663.

(6) Voyez les textes dans Blázquez, *loc. cit.*, pp. 656-659.

(7) Blázquez, *loc. cit.*, pp. 662-663 ; comparez G. Cirot, dans *Bulletin Hispanique*, XI (1909), pp. 263-265.

(8) Sans développer ce thème, notons qu'un scribe galicien devait fatalement rejeter tout ce qui a trait, dans la Chronique de Pélage, à l'évêque Adaulfo, et cela en raison du témoignage du

Hâtons-nous d'ajouter, d'ailleurs, qu'en l'état actuel de nos connaissances, ces deux hypothèses sont également téméraires.

Deux mots encore. D'abord, comment désignera-t-on le recueil dont nous avons énuméré les parties constitutives d'après le *Vossius* O 91? Parlant du manuscrit 1358 de la Bibliothèque nationale de Madrid et du manuscrit du XIIIᵉ siècle conservé à l'Académie de l'Histoire, le P. F. Fita écrit : « Ambos llevan el nombre de *Tumbo negro ó Tumbillo de Santiago...* » (1) A coup sûr, on peut, faute de mieux, accepter cette appellation plus ou moins traditionnelle, mais on remarquera qu'elle est médiocrement précise, car dans le langage courant le vocable *tumbo* désigne un recueil de chartes, non une collection de chroniques.

Autre point sur lequel il importe d'attirer l'attention. Ce *Tumbo de Santiago* a souvent été confondu, par inadvertance, avec le *Liber Pelagii* (2). Afin de prévenir désormais les confusions de cette sorte, on donnera ci-après, en manière de conclusion, la liste des six manuscrits qui nous ont transmis le véritable recueil de Pélage (3).

1° Madrid, Bibliothèque nationale, n° 1513 (ancien F 134). 278 × 198 mm. ; 117 feuillets de parchemin écrits à deux colonnes; miniatures, rubriques ; XIIIᵉ-XIVᵉ siècle. Provenance : « Primitiva Biblioteca de Felipe V. » — Identifié par G. Girot, *Les Histoires générales d'Espagne*, p. 117 avec le manuscrit dit « de Batres» qu'avaient successivement possédé Hernan Perez de Guzman, seigneur de Batres, et son héritier Garcilaso de la Vega. — Décrit par J. Amador de los Ríos, *Historia crítica de la literatura española*, II, pp. 157-159, note ; G. Girot, *op. cit.*, pp. 117-118 et A. Blázquez, dans *Cultura española*, 1908, pp. 651-654.

2° Madrid, Bibliothèque nationale, n° 1346 (ancien F 58). Aux fol. 112 r.-180 v., copie du « Libro de Batres », c'est-à-dire du manuscrit précédent. — Cf. Ambrosio de Morales, dans *Esp. Sagr.*, XXXVIII, pp. 369-370, Knust, *Archiv* de Pertz, VIII, p. 785 et Ewald , *Neues Archiv*, VI, pp. 304-306.

3° Madrid, Bibliothèque nationale, n° 7089 (ancien T 10). 290 × 200 mm.; 170

Chronicon Iriense, ch. 5 (*Esp. Sagr.*, XX, p. 602) et de l'*Historia compostellana*, I, ch. II, § 2 (*Ibid.*, pp. 9-10). Voy. Florez, *Esp. Sagr.*, XIX, p. 75 et suiv. et López Ferreiro, *Historia de la Iglesia de Santiago de Compostela*, II, pp. 155-161.

(1) F. Fita, *op. cit.*, p. 40, col. 2.

(2) Cette confusion a été poussée jusqu'à ses extrêmes limites par M. Blázquez, qui, s'occupant *loc. cit.*, p. 647, du ms. 1358 de la Bibliothèque nationale de Madrid, n'hésite pas à dire ; « está en pergamino con letra del siglo XII, *sin que pueda asegurarse que lo escribiera materialmente el mismo D. Pelayo.* »

(3) Comparer cette liste avec celles que donnent Mommsen, *Chronica Minora*, II, pp. 263-264, G. Cirot, *Les Histoires générales d'Espagne*, p. VIII, note 1 et A. Blázquez, dans *Cultura española*, 1908, pp. 654-656.

feuillets de papier utiles, non chiffrés ; xvɪᵉ-xvɪɪᵉ siècle. — Décrit par Knust, *loc.
cit.*, pp. 798-800 et Ewald, *loc. cit.*, p. 313.

4º Madrid, Bibliothèque nationale, nº 1334 (ancien F 93). 300 × 205 mm.,
117 feuillets de papier; xvɪɪᵉ-xvɪɪɪᵉ siècle. Provenance : « Primitiva Biblioteca de
Felipe V. » Aux fol. 57 r.-117 r., copie du *Liber Pelagii*, sans indication précise. —
Décrit par Knust, *loc. cit.*, pp. 787-788.

5º Madrid, Bibliothèque nationale, nº 7602 (ancien T 120). 310 × 224 mm. ; 270
pages de papier; xvɪɪᵉ-xvɪɪɪᵉ siècle. Provenance: « Señor Conde de Miranda. » Aux
pp. 1-153, copie du *Liber Pelagii*, sans mention exacte de source.

6º Cheltenham, Bibliothèque de sir Thomas Philipps, nº 11872. xvɪɪᵉ siècle. Cf.
G. Waitz, dans *Neues Archiv*, IV (1878), p. 598 et Mommsen, *Chronica Minora*, II,
p. 264.

MARCEL LEGOURT

ANTOINE DE LA SALE ET SIMON DE HESDIN

UNE RESTITUTION LITTÉRAIRE

> « Il y a peu d'écrivains auxquels la prose fran-
> çaise doive autant. »
> Gaston Paris. *La poésie du Moyen Age,* 2e série, p. 255.
> (Jugement sur Antoine de la Salle).

Durant ces dernières années, parmi les écrivains du xvᵉ siècle, il en est peu qui
aient vu, comme Antoine de La Sale, la curiosité de la critique s'attacher à leur
œuvre (1). Cette dernière épreuve, loin de nuire à l'auteur du *Petit Jehan de Saintré,*
a établi plus solidement sa réputation littéraire, et il est considéré à l'heure actuelle
comme l'un des représentants les plus curieux de l'esprit et des lettres françaises au
xvᵉ siècle. On s'est efforcé non seulement de donner une base plus solide aux hypothèses qui lui attribuent la paternité des *Quinze Joyes de Mariage* (2) ou des *Cent
Nouvelles nouvelles,* mais aussi de voir en lui l'auteur d'œuvres anonymes telles que
la *Chronique en prose de du Guesclin* et la *Chronique de Jean de Lalaing* (3).

Alors qu'on se plaît à le charger d'un bagage littéraire anonyme, il eût mieux valu
peut-être s'en tenir à une visite attentive du bagage qui lui appartient sans conteste.

---

(1) E. Gossart. *Antoine de la Sale, sa vie et ses œuvres,* 2ᵉ éd. Bruxelles, H. Lamertin 1902, in-8ᵒ. —
G. Raynaud. Un nouveau manuscrit du Petit Jehan Saintré. *Romania,* t. XXXI, 1902, pages 527,
556. — J. Nève. *Antoine de La Sale, sa vie et ses ouvrages d'après des documents inédits,* Paris, Champion, 1903, in-12. — O. Grojean. Antoine de La Sale, *Revus de l'Instr. publ. en Belgique,* t. XLVII
1904, pages 133-187. — G. Raynaud, dans *Romania,* t. XXXIII, 1904, page 107. — W. Söderhjelm.
Notes sur Antoine de la Sale et ses œuvres. *Acta societatis Scientiarum Fennicae,* t. XXXIII, nᵒ 1,
1908, 151 pages. — L. Doutrepont. *La littérature française à la Cour des ducs de Bourgogne.* Champion, 1909, in-8ᵒ.

(2) O. Grojean. *Op. cit.,* pp. 170 et sqq.

(3) G. Raynaud. *Romania,* t. XXXIII, 1904.

Une telle investigation, réserve des surprises intéressantes et présente sous un jour tout nouveau la physionomie de notre écrivain.

Déjà quelques soupçons ont plané sur La Sale. L'attention a été attirée par de frappantes analogies entre l'*Addition* extraite des *Chroniques de Flândre* et l'*Istoire et Cronicques de Flandre* publiées par Kervyn de Lettenhove : les deux récits sont identiques.

D'autre part, la question des ressemblances littérales entre le *Livre des Faits* et le *Jehan de Saintré* n'a guère été élucidée, malgré les efforts de la critique (1). Aussi s'est-on demandé.si La Sale ne fut pas avant tout un remanieur. Pour l'époque, le péché était véniel ; la propriété littéraire n'existait pas et c'était un délit bien mince que d'aller chez le voisin faire un emprunt que l'on adaptait plus ou moins au goût du jour ou au sujet du livre.

Antoine de La Sale fit mieux. Avec une belle désinvolture, il pilla autrui sans mesure et son indiscrétion ne connut pas de bornes. Son œuvre renferme toute la gamme du plagiat, depuis le plagiat discret de quelques lignes ou quelques pages glissées çà et là, jusqu'au plagiat effronté consistant à signer de son nom un ouvrage que l'on n'a eu que le mal de copier, à quelques pages près.

. Je ne sais combien La Sale eut de fournisseurs littéraires. Je ne lui en connais qu'un : celui-là, du moins, fut un fournisseur important, le principal certainement si l'on en juge par la somme des emprunts. Antoine lui fut fidèle et lui conserva la préférence durant toute sa carrière d'écrivain. Je veux parler de Simon de Hesdin, de l'ordre des Hospitaliers de Saint-Jean de Jérusalem, commandeur d'Estrepigny et de Senlis, qui écrivit, entre 1375 et 1385, en l'honneur du roi Charles V, une traduction avec commentaire de l'œuvre de Valère Maxime. Par l'encyclopédie de ses connaissances, la finesse de sa morale, l'ironie de son esprit, Simon de Hesdin plut fort à son souverain qui aimait à l'avoir près de sa personne. Il plut également à Antoine de La Sale pour ces mêmes qualités et surtout pour les ressources que l'on pouvait tirer de son commentaire varié et touffu, véritable vagabondage intellectuel à travers les temps et les littératures.

Il reste maintenant à montrer ce que La Sale doit à Simon de Hesdin. La part à restituer au traducteur est importante : la *Salade,* la *Salle,* et le *Petit Jehan de Saintré,* c'est-à-dire les trois principales œuvres, sont, à des degrés divers, entachées de plagiat.

Le premier écrit en date est la *Salade,* ce traité que l'auteur composa « *de plusieurs bonnes herbes* ». De ces bonnes herbes, la Sale en fit peut-être pousser quelques-unes dans son jardin, mais il est allé aussi en cueillir plusieurs dans les plates-bandes du voisin. Et Simon de Hesdin fut le bon jardinier qui cultiva la

---

(1) G. Raynaud, dans *Romania,* 1902, t. XXXI, pp. 527 et sqq.

bonne herbe pour le plus grand profit de son peu scrupuleux confrère littéraire. Après un premier chapitre destiné à l'instruction d'un prince (1) vient dans la *Salade* une liste d'écrivains anciens dont l'auteur recommande la lecture (2). Mais cette liste ne peut guère, comme l'estime M. Nève (3), fournir une indication quelconque sur les lectures et les préférences littéraires d'Antoine de La Sale, car elle a été copiée dans la préface que Simon de Hesdin met en tête de sa traduction. Comme on peut le constater par le rapprochement, les deux listes sont les mêmes :

SIMON DE HESDIN	ANTOINE DE LA SALE
(*L'auteur, après avoir déclaré que les historiens sont les meilleurs maîtres de morale, énumère ceux dont la lecture lui paraît la plus féconde en hauts enseignements*) :	.... Dont pour ce vous nomme la plus grant partie des noms des hystoriographes qui les ont escriptes comme apres sensuyvent. Et premier Des tres dignes faictz de memoire que les rommains firent comme les vainqueurs des aultres forces et de toute lhumaine generacion. Lise Titus Livius et Orose.
..... Si comme Tytus Livius et Oroses des rommains......., Herodatus des roys degipte Suetonius des xII cesariens ou cesaires, Dares phrigius de troyes, Phriculphus des assiriens, Mecastenis des yndiens, Ovidius Sabachides des successeurs dalixandre. Polibius des tholomees. Arnobius de la diversite des langues, Josephus des juys et de la destruction de Jhrlm, Salustius de catiline et de la bataille de jugurte, Victor de listoire d'Aufrique, Methodius du commencement et de la fin du siècle, Julius Celsus des batailles de Jule Cesar, Lucans de la bataille de Jule Cesar et de Pompee, Pompeius Trogus selonc ce que je puis avoir veu me samble celi qui parle de plus de diverses materes, car il	Item des douze Cesaires ou Cesariens. Lise Suetonius. Item des faictz de Katherine et de sa conjuration ou conspiration, lise Salustius. Item des grans batailles de Jullius Cesar et de Pompee, aussi de la souveraine bataille qui fut en thessalie ou ledit Pompee fut desconfit, lise Lucan. Item des roys Degypte, lise Heredatis. Item des Yndiens, lise Dares phirigius. Item des Troyens, lise Matastrius. Item des Ptholomees, lise Polibius. Item de la diversite des langues, lise Arnobius. Item des juifz et de la destruction de Hierusalem. Lise Josephus. Item des hystoires Dauffricque, lise Victor.

(1) Ce chapitre qui vient d'intéresser si vivement la philologie classique donne l'impression de quelque chose de déjà vu. Les idées développées se retrouvent dans la traduction d'Henri de Gauchi ainsi que dans les nombreux traités d'éducation et d'instruction à l'usage des princes du xIVᵉ et du xVᵉ siècle (cf. B. Nat. mss. lat. 10211, 11136, 13953-13964) et surtout Arsenal, ms. 5104.

(2) Cette liste ne correspond à aucune des listes traditionnelles que les écrivains du Moyen Age mettaient en tête de leurs écrits pour faire étalage d'érudition. Elle ne ressemble ni à celle de Vincent de Beauvais ni à celle que dressa Dionisio di Borgho San Sepolcro, le grand commentateur latin de Valère-Maxime au Moyen Age.

(3) J. Nève. *Op. cit.*, p. 43.

parle aussi comme du commencement de tous les regues et de la situacion des terres.

Paris. B. N. fr. 9749 f° 1ᵛ

Item du commencement et de la ñu du monde, lise Methodius.

Mais Pompeius Trogus selon ce que escript Valerius maximus est celuy qui plus a escript de son temps en sus et de diverses matieres, car il parle ainsi que du commencement de tous les resgnes et de la cituation des terres.

La Salade
Michel Lenoir, éd. de 1527. f° 7ᵛ.

A cette liste succède dans la *Salade* la traduction, accompagnée d'un long commentaire, des chapitres III et IV du VIIᵉ livre de Valère Maxime (1). Toute cette partie de la *Salade* se retrouve littéralement chez Simon de Hesdin. En voici le début chez l'un et l'autre écrivain :

SIMON DE HESDIN	ANTOINE DE LA SALE
En ceste partie commence Valerius a mettre exemple de ceste matiere et est assavoir que a Romme ou mont adventin assez pres de la porte par ou on va maintenant a saint pol et par ou on va maintenant pres dune masse de pierre quon dit la tumbe romulus fu jadis un noble temple de diane *la ou est maintenant la maison de nostre religion* et une chappelle en laquelle est une ymaige laquelle on dit que saint pol tailla de sa main et moult y a souvent de beaux miracles.	En ceste partie commence Valerius a mettre exemple a ceste matiere et est assavoir que a romme au mont de adventin assez pres de la porte par la ou len va maintenant a sainct pol et est assez pres dune grant masse de pierre que on dist la tombe romulus ou fust jadis ung noble temple de Dyane *la ou est maintenant la maison du temple de sainct jehan* et une chapelle en laquelle a une ymaige de nostre dame laquelle on dit que sainct Luc tailla de sa main et moult y a souvent de tresbeaulx miracles.
Paris. B. N. fr. 282, f° 278.	*La Salade*
	Michel Le Noir, éd. de 1527, f° 8.

Un choix d'anecdotes de Frontin fait suite à cette traduction de Valère-Maxime (2) :

« Frontin, dit La Sale au début de ce nouveau chapitre, est ung livre qui n'est pas trop commun, ains sont peu de gens qui le hayent. Et pour ce jen ay traict à mon semblant la fleur a la memoire de tous les princes et gouverneurs de guerre, asquelz silz ne leur sont trop delectables leur pourront bien en temps et en lieu estre tres prouffitables ainsi qui sensuyt (3) ».

(1) B N. fr. 282 f° 278 à 284. f° 8 à 16.
(2) *La Salade*. Ed. Ph. Le Noir, f° 16 à 20.
(3)   id.   id.   f° 16.

L'idée est ingénieuse, le choix des anecdotes est judicieux : mais il ne faut pas ignorer que soixante-dix ans auparavant Simon de Hesdin avait eu la même excellente idée et l'exprimait ainsi dans son livre :

« Il est voir que Julius Frontinus fist un especial livre moult bel de stragenies devant diz, Et pour ce que Frontin est un livre que peu de geut puissent veoir ne avoir jen vueil yci adjouster aucuns car cest pour veoir matiere moult delitable et proufitable pour le fait darmes (1). »

En conséquence, on n'est pas surpris de retrouver chez la Sale reproduites dans le même ordre, dans les mêmes termes, les anecdotes de Frontin choisies par Simon de Hesdin.

Il reste encore à signaler dans la *Salade* deux plagiats de moindre importance, dans la partie intitulée : « Le Paradis de la Royne Sibille ». La première page relatant le débat entre le Sénat et Tibère, au sujet de Jésus-Christ et la dernière page contenant les renseignements sur les Sybilles célèbres sont tirées mot pour mot de la traduction de Simon de Hesdin (2).

A la *Salade* succède dans l'ordre chronologique la *Salle*. Il est curieux que cet ouvrage n'ait fait jusqu'ici l'objet d'aucune étude particulière (3). Malgré une certaine monotonie résultant du plan, la lecture en est facile, l'intérêt se soutient, la narration se développe sans trop de longueur, le parler est naturel et aisé, l'expression se distingue par sa vivacité et parfois même sa hardiesse.

Je souscris pour ma part aux éloges décernés par M. Söderhjelm en tant qu'ils s'adressent au véritable auteur, à Simon de Hesdin. De cette *Salle*, Antoine ne fut pas l'architecte, et ne fournit pas même les matériaux nécessaires à sa construction. Dans la préface de son livre (4), il avoue très discrètement avoir tiré les éléments de son ouvrage de « *plusieurs sains docteurs et autres ystoriographes* ».

A lui seul, Simon de Hesdin synthétise ces *sains docteurs* ; et toutes les investigations chez les historiographes se bornent à un choix plus ou moins judicieux

(1) Paris. B. N. fr 282, fol. 284.
(2) *La Salade* Ed. Le Noir, fol. 20 et 27, et B. N., fr. 9479, fol. 3 et 5.
(3) Seul, M. Söderhjelm lui a consacré quelques pages d'un haut intérêt *Acta societatis Scientiarum Fennicae*, t. 33, 1908. Notes sur Ant. de La Sale, pages 76 à 96. « La Sale, dit M. Söderhjelm, (p. 77) occupe une place éminente comme reflet de l'instruction classique et post-classique que possédait à cette époque un homme cultivé. La publication de l'ouvrage entier est une chose désirable. »
« Il y a un je ne sais quoi, écrit M. Söderhjelm, qui rend le récit dans la prose de La Sale plus vif et plus concret, de petits traits ajoutés çà et là, inspirés par le sentiment prononcé du style réaliste qui est si caractéristique de sa manière. »
(4) Manuscrit 10959, fol. 1.

d'anecdotes morales puisées chez le traducteur de Valère Maxime (1). Antoine de La Sale n'a rien négligé de ce qui était bon à prendre. Tout y a passé : la traduction du texte latin, le commentaire avec tous ses détails mythologiques, historiques, géographiques et autres, certaines anecdotes particulières dont Simon de Hesdin ornait parfois son commentaire (2). La Sale n'a pas dédaigné non plus les additions introduites par le traducteur à la fin des chapitres (3), pas plus qu'il n'a hésité à faire siennes même les réflexions personnelles de l'auteur. J'en fournirai un exemple en rapprochant du texte de la *Salle* ce curieux passage où Simon de Hesdin reproche aux prêtres de son temps leur négligence lorsqu'il s'agit du service de Dieu et leur avidité au gain :

SIMON DE HESDIN

Car se les paiens avoient iadis en si grant reverence les tripes ou entrailles de une vache ou de une brebis, par moult plus forte raison les prestres deveroient avoir en grant honneur et reverence le saint sacrement de lautel et faire le saint sacrifice par si faite devocion que dieu sen tenist a payes et oist leurs devotes prieres et aussi que le pueple y peust prendre bon exemple et acroistre sa devocion. Mes dont cest grant damage au monde il est moult autrement de pluseurs prestres qui ne font conte ne conscience de dire une messe non pas une sans plus, mes deus ou trois, ne que feroit un chien de embler un os, mais sans dire heures ne matines sen vont aucun fuiant de moustier en moustier pour gaaigner un pou d'argent qui est a leur dampnacion.

(B. N. 9749, f° 7).

ANTOINE DE LA SALE

Car se les payens avoient en si grant devocion et reverence les trippes des vaches ou des brebis par moult plus forte raison les prestres devroient avoir en grant honneur et reverence le tressaint sacrement de l'autel et le faire par si grant devocion que dieu sen tensist a paye et content pour auyr leurs devotes prieres. Et aussi que le poeuple y peust prendre bon example pour accroistre sa devocion. Mais ilz sont de prestres qui ne font ores conscience de dire leurs messes dieux scet comment et en quel estat. Et de telz en y a sans dire leurs heures neant plus que feroit un chien de embler ung os. Ilz sen vont fuyant de moustier en moustier pour gaignier un pou d'argent qui est a leur damnacion.

(Bruxelles, Bibl. royale., Ms. 10959, f°72).

Il résulte de la constatation de ces plagiats que tous les traits de caractère notés

---

(1) La composition de cet ouvrage avait paru suspecte à M. Nève qui déclare (p. 54) qu'au moment où la *Salle* fut écrite « il existait plusieurs compilations et de nombreuses traductions dans lesquelles La Sale a pu trouver les matériaux de son travail ». Cette hypothèse ne reposant sur aucun fondement précis ne fut pas admise. Et M. Grojean la réfutait par un argument singulier et peu probant. La Sale, selon lui, ne pouvait recourir qu'aux originaux, attendu qu'il cite le texte latin. (Cf. Grojean, *op. cit.*, p. 162).

(2) Anecdote des Routiers et des Encapuchonnés. Histoire de la vieille femme qui brûlait des cierges au diable, etc.

(3) Le chapitre intitulé « de mirabilibus » n'est qu'une copie des additions ajoutées par Simon de Hesdin au chapitre des miracles (Val. Max., I, viii).

par M. Grojean chez l'auteur de *la Salle* (1) et qui lui ont servi à édifier une psycho-
logie d'Antoine de la Sale constituent plutôt une esquisse du caractère de Simon
de Hesdin (2).

Les chiffres du tableau ci-dessous donneront plus clairement une idée de la part
du plagiat dans là *Salle*. L'ouvrage est divisé en 23 parties renfermant 167 chapitres.

TITRE DES PARTIES	NOMBRE DES CHAPITRES	CHAPITRES COPIÉS	CHAPITRES REMANIÉS	CHAPITRES ORIGINAUX
Prudence	21	6	1	14
Modéracion	7	7	—	—
Devocion	9	9	—	—
Sacrilège	7	6	—	1
Justice	12	—	3	9
Discipline	3	—	3	—
Rigoureuse justice	7	2	1	4
Amour	38	25	7	6
Félicité	2	2	—	—
Pitié	3	2	—	1
Humanité	6	2	3	1
Vergongne	3	3	—	—
De mirabilibus	8	8	—	—
Des ystoires	6	6	—	—
Pourete	5	2	1	2
Songes	2	2	—	—
Avarice	2	2	—	...
Ingratitude	7	7	—	—
Prodiges	3	3	—	—
Libéralité	7	5	1	1
Gratitude	5	4	—	1
Abstinence	4	4	—	—
Total	167	107	20	40

Ainsi, sur 167 chapitres, 40 seulement constitueraient la contribution personnelle
de l'auteur (3).

Pas plus que la *Salade* ou la *Salle*, le P*etit Jehan de Saintré* n'a échappé à cette
contamination. Les lectures que recommande au Petit de Saintré la Dame des Belles
Cousines ressemblent étrangement à celles que conseille l'auteur de *la Salade* à Jean
de Calabre.

Il est arrivé plusieurs fois à Simon de Hesdin de mettre en vers des sentences de

(1) Grojean, *op. cit.*, p. 163.

(2) De même il faut accepter avec défiance les renseignements personnels que l'on rencontre et
dont on pourrait grossir la biographie de La Sale. La plupart ont été copiés chez Simon de
Hesdin. Par exemple, les nombreuses allusions de La Sale à un séjour à Rome doivent être
restituées pour une biographie de Simon de Hesdin.

(3) Et il est à noter que ces 40 chapitres, les plus courts de l'ouvrage, ne représentent guère
que 50 pages sur un total de 550.

Virgile, d'Horace ou de Claudien. Nous en retrouvons quelques-unes dans la bouche de la Dame des Belles Cousines.

Ainsi nous lisons dans le chapitre xvii cette citation de Claudien :

> Tu civem, patremque geras : tu consule cunctis
> Non tibi : nec tua te moveant sed publica vota.

avec la traduction suivante, que nous retrouvons également dans la *Salle* (f° 33, ms. 10959) :

> Comme pere et citoyen te porte,
> De bons consaulx tu les conforte :
> A toi seulement ne t'aplicque,
> Ayme Dieu et le bien publicque (1).

Le chapitre ii est l'un des plus spirituels du *Petit Jehan de Saintre* ; il traite de la fidélité que doit une veuve à la mémoire de son mari et se termine par l'anecdote piquante du mariage et du triomphe de l'homme qui s'étant marié pour la 21ᵉ fois enterra sa 24ᵉ femme, veuve elle-même de 22 maris. Ce chapitre qui se retrouve également dans la *Salle* a été copié chez Simon de Hesdin. Le rapprochement entre ces textes terminera la question des plagiats de la Sale (2).

---

(1) La traduction de Simon de Hesdin n'est guère différente.

> Comme pere et citoien te porte,
> A tous conseille et les conforte :
> A toy seulement ne taplique,
> Mes devant tout au bien publique.

> (Paris. B. N. Ms. 9749 f° 82).

(2) Ces derniers textes ne présentent pas, comme ceux des pages précédentes des ressemblances littérales — C'est une forme différente de plagiat ; et plus intéressante — Malheureusement l'étude des procédés employés par le plagiaire ne peut entrer dans le cadre de cet article, qui n'est qu'une constatation des emprunts d'Antoine de La Sale.

ANTOINE DE LA SALE
(La Salle).

Il met ung example riable en son epistre IIII^xx^Ixvi^e dune femme a romme qui ne fust pas de ces tres bonnes vesves, car elle eust xxII maris : dont advint que par aventure se trouva ung homme de la ville qui avoit heu xx femmes desquels le mariage se traita si l'espousa : de laquelle assamblée tout le peuple de romme heust grant soulas. Et en ce soulas desiroient veoir lequel des deux surmeneroit. Si advint que la femme morust la premiere. Alors vindrent les compaignons de Romme qui lui baillerent en sa maia une le. Et sur son chief en signe de victoire mirent ung chappel de ramme vert et le menerenta melodie par la ville criant : vive celui qui a vainqu la femme des xxII maris.

(Bruxelles, Biblioth. royale, 10959, f. 130).

SIMON DE HESDIN

De ceste conti ne fu pas celle femme de laquelle S. Jerome en laquelle avoit eu xxII hommes espouses... Et avint que un homme lequel avoit aussi eu xx femmes espousees la espousa et avoit tout le peuple de rome grant esbatement de veoir celle et si avoient grant desirier de savoir le quel seurviveroit lautre. Si advint que la femme morut par avant. Et lors vindrent au mari pluseurs des habitans de romme et mistrent sur sa teste un chapel et en sa main une en signe de victoire et le rent devant le luysel de sa femme et crioient vez ci le vaincheur de la qui tant de maris avoit vaincu.

(Paris. B. N. fr. 9749, f. 79).

ANTOINE DE LA SALE
(Jehan de Saintré.)

Entre lesquelx exemples de mariaige il en met ung aultre qui est ryable ou IIII^x et xvie de son epistre. C'est femme a romme qui ne fust pas de ces tres parfaites vesves car elle espousa xxII maris dont advint que par adventure se trouva ung homme de la ville qui avoit eu espouse xx femmes, desquels a grans rys et este le mariaige sen fist dont le peuple de romme en eust grant soullas et joye desirans veoir lequel de eulz deux surmonteroit. Sy advint que la femme morust premier. Alors vindrent tous les gallans de Romme qui lui baillerent en sa main une branche de lorier en signe de sa victoire sur celle qui avoit desconfit xxII maris. Et sur son chief en signe de grant joye lui misrent un chappel de rame vert. Et ainssy le menerent par la ville a tambours et a busines en le compaignant criant partout : Vive, vive palmo qui a desconfit la femme aux xxII maris.

(Paris. B. N. Nouv. acq. fr. 10057, f. 3').

SIMON DE HESDIN
(Traduction de Valère-Maxime) (1)

En ceste l[ett]re met Valerius une celle coustume laquelle les rommains avoient de honnorer les veves lesquelles apres leur premiers m[a]ris ne vouloient nul autre avoir ne prendre, car en verité telles veves sout moult a honnorer. Et pour ce dist lapostre en la premiere epistre ad Timotheum ou v chapitre. Honneure les veves lesquelles sont droictes ou vraies veves; celles ne sont pas droictes veves lesquelles ne se marient pas pour ce que elles ne treuvent pas a qui a leur gre ou a leur delit ou a leur proffit ou pour l[a]me autre cause se nestoit pour lamour de [i]du ou pour ce quelles avoient tant ames leurs premiers maris que pour lonneur et amour deuls elles ne se voudroient sousmettre neacompaignier a autre, si [a]me Virgile ou quart livre de Enee dist de dido laquelle amoit si fort enee que elle ne povoit durer ne vivre, mais nientmains elle avoit tant ame son premier mari que elle ne le povoit oublier et disoit a [elle] sa suer en ceste maniere : Celi lequel premiers me joint a soy me osta mes amours et je veul que il les ait toudis et que il les garde en son sepulcre avec li.

Les Romains donques aussi comme il honnoroient de couronnes ceuls qui faisoient appertises forces ou hardiesces es batailles si co[m]me celi lequel premerain passoit le fosse et palis du logis aus anemis avoit la couronne vallaire. Celi lequel [pre]min montoit sur les murs quant on assailloit une cite ou un chastel avoit la couronne murale et ainsi de pluseurs autres. Aussi avoient il coustume de couroner de la couronne de [obte] les veves lesquelles ne se vouloient plus marier de la [cone] de [?] [the] mais quelle estoit celle couronne ne Valerius ne le dist ne je ne le say pas (1).

(1) (Paris. B. N. fr. 9749, f.78v)

ANTOINE DE LA SALE
(Jehan de Saintré) (2)

Les Rommains avoient une tres loable coustume de tres grandement loer et honnorer les femmes vesves celles qui apres le trespas de e[u]rs premiers maris jamais plus ne se vouloient remarier, ains pour la tres grant et loyale amour que elles leur portoient, vouiloient garder honneste et entiere chastete. Et de ce dist lappostre en sa premiere epistre Ad thimotheum, etc., et ou v° chappiltre : honneure les vesves. Celles ne sont pas droittes vesves qui ne se remarient pour ce quelles ne treuvent a qui. Cest assavoir a l'empire de leur delit ou aussi a leur prouffit ou pour aucune aultre cause. Mais ce le font pour amour de Dieu ne pour lamour quelles avoient a leurs premiers maris comme les aultres qui ne se vouiloient acompaignier a pires ne a meilleurs. Si cone dist Virgilles ou quart vre de Ennee, lequel tant ama dido que il en moroit. Mais dido de samour ne tenoit compte. Car tant avoit une et encores amoit son mary tout mort quelle ne le povoit oblier. Et a Anne sa seur quant elle lui parloit de marier lui dist ces parolles qui sensuivent : Ille meos primus qui me junxit amores Abstulit ille habeat secum servet que sepulcro. Duquel vers la sentence est telle : Cellui qui premier me joingnist a lui asse my. Il emporta mes vraies amours lequel je vueil quil les ait toussiours Et quil les garde en son sepulcre avecques luy. Les Rommains ainsy que ilz honnouroient de couronnes ceulz qui faisoient les grans vaillances darmes, si comme cellui qui passoit premier le fosse ou le pallis de logis aus ennemis estoi une de la couronne valere, et cellui qui premier montoit sur le eschielle et sur les mrs a lassault dune cite ou chastel ou ville estoit couronne de la couronne muraille. Et aussy des aultres vaillances pareillement avoient ilz coustume. Et semblablement couronnoient ilz tres solempnellement les femmes vesves qui pour lamour et honneur de e[u]rs premiers maris ne se vouiloient plus marier et vouiloient honnestement garder leurs hastetez de la couronne de chastete.

(2) Paris, B. N. acq. fr. 10057 f. v.

conſume de trefgrandement honnourer les femmes
Veſues qui aprés le trefpas de leurs premiers maris
jamais plus ne ſe Vouloient marier. Ains pour
la trefloyalle amour que elles leur portoient Vouloi
ent traudes honneſte & entiere chaſtete. Et ſelle
dit lappoſtre en la premiere Epiſtre a ditimi
taum etc et on dit thapitre qui dit hon
noure les femes qui ſont droutes Veſues Celles ne
ſont pas droutes Veſues qui ne ſe marient pour
et quelles ne treuuent a qui. Teſta ſi nou
alempire et leur delit on auſſi aleur proffit ou
pour aulcune aultre cauſe. Et ne le font pour la
mour dedieu ne pour lamour quelles auroient a
leurs premiers maris quelles ne ſe Vouldroient
arompaignier a mulleur ne a pour. Et comme
dit Virgille au quart liure de Eneis qui tant
ama dido quil ne pouoit Viure ne durer Mais
elle tant auoir ame et antrœs auoit ſon mary
ainſi mort quil eſtoit quelle ne ſe pouoit oublier
et diſoit a Anne ſa ſeur quant elle luy parloit
de marier elle luy diſoit ces parolles qui ſenſui

Ille meos primus qui me
ſibi iunxit amores abſtulit
Ille habeat ſecum ſeruetq̃

Singular Duquel dire la sentence est ceste
De luy qui premier me compare a luy, laisse my
emporta mes vrayes amours, lequel je vueil
qu'il les ait tous jours et qu'il les garde en soye
puis que autre que luy. Les commande ainsi
il honnouroient de couronnes. Ceulx qui faisoient
le triumphe des victoires divines. Et ceulx celluy qui
premier passout le fosse ou le palis de l'ost a la couronne
murale estoit couronne de la couronne murale. Et celluy
qui premier montoit sur l'eschielle et sur les murs
d'assault d'une cité ville ou chastel estoit couronne
de la couronne murale. Donc ainsi des antiques
vaillances par ancienement anciens de coustume
Et semblablement couronnoient et es solempnitez met
tenent les femmes et fleurs qui pour l'amour et
honneur de leurs premiers maris ne se vouloient
plus marier. Et vouloient garder honnestement
leurs chastetez de la couronne de chastete, comme il
estoit toute differente aux autres. Et selon
ce que dit saint Jerome ou second livre contre
Jovinien, lonc temps mondes telles desirs. Et met cy
mesme de plusieurs qui ne vouloient onques estre
maries. Si comme d'une matrone qui estoit fille de
Cathon qui sainct Cesar estoit au deuil de son mari
et ce temps en la reconfortant luy demanderent
quant seroit le derrain jour de son dueil. Elle leur
respondist que ce seroit le sixiesme et derrain jour
d'iceluy. Andromache recite de livia qui vesqui et

La constatation des plagiats de La Sale ôte toute valeur à l'argument qui, seul, donnait un grand poids à l'hypothèse de La Sale auteur des *Quinze joyes de Mariage*. Cette paternité reposait sur la similitude existant entre les *Quinze Joyes* et la traduction dans la *Salle* d'un chapitre de Saint-Jérôme où celui-ci exalte l'état de virginité et détaille avec complaisance les misères qui attendent infailliblement l'homme marié (1). Cet argument en effet perd toute sa valeur si l'on considère que cette traduction de Saint-Jérôme n'est pas de La Sale, mais a été empruntée par lui à Simon de Hesdin (2) ; or, si La Sale n'a pas écrit ce passage, logiquement, d'après l'argumentation de MM. Stern et Gossart, l'auteur des *Quinze Joyes* serait l'auteur véritable du passage en question, c'est-à-dire Simon de Hesdin.

L'hypothèse serait séduisante et concilierait toutes celles émises jusqu'ici sur l'auteur réel des *Quinze Joyes*. Ce serait bien un Picard, comme l'affirmait Le Duchat ; un religieux, comme le prétend M. Nève, qui s'appuie sur la phrase de l'auteur anonyme « *considérait le fait de mariage où je ne fus oncques pour ce quil a pleu a*

---

(1) Ces ressemblances ont vivement frappé tous ceux qui ont étudié l'œuvre de La Sale. En 1870, M. L. Stern sans connaître le manuscrit de la *Salle*, comparant le texte de Saint-Jérôme et les *Quinze Joyes*, tirait cette conclusion : « Si nous omettons deux ou trois passages n'ayant pas de rapport avec notre sujet, il n'y a pas un mot dans cette citation qui ne se trouve dans les Quinze Joyes. » M. Gossart, de son côté (op. cit.,) s'est attaché à montrer les ressemblances dans les idées, le style. Il a rapproché un certain nombre de passages qui se retrouvent en termes identiques, dans la *Salle* et les *Quinze Joyes*, et en a conclu tout naturellement que La Sale seul pouvait être l'auteur de l'ouvrage.

(2) Le plagiat ne peut-être mis en doute : voici le début du passage en question chez les deux écrivains :

ANTOINE DE LA SALE

Il convient savoir que pluiseurs philosophes furent de oppinion que nulz saiges hommes ne se devoient point marier. Et de ceste matere parle monseigneur saint Jhérosme en son premier livre contre Jovenien et dist ainsi, que Epiccurus ja fust il assecteur de dellit cest a dire ja fust il d'oppinion contraire aux aultres secties des philosophes qui disoient que delectacion corporelle estoit souverain bien. Toutefoys disoit il que sages homs ne se devoit point marier. Car entre les plaisirs de mariage avoit moult de maulx entremeslez. Et puis sur ce dist S. Jherosme que Theoffrastus fist sur ce ung livre de nopces qu'il appella aureole ou il monstre que nul saige homme ne doit espouser femme : par saige homme en son parler il entent pour hommes de sciences disant que trop forte chose est de servir ensemble a femme et a livres.

(Bruxelles, Bibl. royale, 10959, f° 117.)

SIMON DE HESDIN

Il est assavoir que pluseurs anciens sages de la science mondaine orent oppinion que ce estoit male chose de mariage. Et de ceste matere parle S. Jerome en son premier livre contre Jovinien et dist ainsi : Epicurus ja fust-il assecteur de delis cest à dire ja fust-il de oppinion contre toutes les autres sectes des philosophes que delectation corporele estoit souverain bien, toutefois disoit il que sage home ne se devoit point marier pource que en mariage a moult de dommages entremelles. Et puis dist S. Jerome: Theofrastus fist un livre de noces qui a nom aureole ouquel il monstre que nul sage homme ne doit espouser femme. Premierement on ne puet estudier, car on ne puet servir ensemble aus livres et a sa femme.

(Paris. B. N. fr. 9749, f° 77.)

*Dieu me mettre en autre servage hors de franchise que je ne puis plus recou-
vrer* » (1).

A côté de ces arguments reposant sur des faits matériels, il en existe d'autres en
faveur de l'hypothèse qui nous occupe. Simon de Hesdin, dans sa traduction, n'a
jamais manqué, toutes les fois que l'occasion s'en est présentée, de décocher contre
les femmes quelque trait satirique.

Ainsi Socrate est à ses yeux le premier des sages parce qu'il supporta avec une
patience inaltérable toutes les méchancetés que sa femme se complut à lui prodiguer
« *laquelle estoit merveilleusement rioteuse et tenceresse et li faisoit toutes les
molestes et riotes de jour et de nuit que les femmes pevent et scevent faire* » (2).

Lorsque Simon de Hesdin se trouve à court d'anecdotes où les femmes paraissent
en vilaine posture, il se contente d'insinuer en passant quelque réflexion perfide
comme celle-ci : « *En ceste partie, il* (Valère-Maxime) *parle de la continence dune
femme et en parle si comme je croy pour ce que c'est plus grand merveille quait une
femme est continent que ce n'est de un homme : car le sexe de femme est flebe et
de petite resistence aus temptacions par la faute de bon jugement de raison* (3) ».

Ailleurs, Simon venant de lire dans Valère-Maxime que trois femmes ont donné
chez les Romains l'exemple de la fidélité conjugale constate avec satisfaction que le
chiffre est bien mince et glisse cette insinuation malveillante :

« *En ce viie chapitre (du livre VI) Valerius met trois exemples sans puis de foy et
amour des femmes envers leurs maris et en met par aventure si peu pource quil nen
savoit plus.* »

On pourrait multiplier ces exemples. Ils abondent dans le commentaire de Simon
de Hesdin. Chez La Sale, au contraire, ce passage de Théophraste constitue une
attaque isolée. Les femmes ne sont plus en aucun endroit en butte aux réflexions
satiriques de l'écrivain. Bien mieux, dans son chapitre de mariage, Antoine,
soucieux de « *repaisier les pensifs cuers des dames* » accumule les exemples les plus
touchants d'amour conjugal. Et il termine en disant :

« *Et cy donray fin a mon ix et derrain chappittre de l'amour des femmes que jadis*

---

(1) M. Raynaud, tout en refusant à Antoine de La Sale la paternité des *Quinze Joyes de Mariage*
ne veut voir dans l'auteur ni un religieux, ni un Picard (*Romania* t. XIIII). Un religieux
au Moyen Age n'aurait jamais, selon son opinion, employés les mots « servage » et « franchise » en parlant des vœux monastiques. On peut, en tout cas, envisager sans surprise l'hypothèse d'un religieux auteur des *Quinze Joyes* si l'on considère avec quelle ironie fine, discrète et
sans grossièreté ce thème a été développé.

L'auteur ne serait pas, selon M. Raynaud, un Picard, parce que dans l'ouvrage on ne rencontre
presque aucun picardisme. Dans l'œuvre du traducteur de Valère Maxime, les traces du dialecte
picard sont aussi insignifiantes, et pourtant Simon de Hesdin, originaire de Picardie, a passé
toute sa vie en Picardie.

(2) Paris. B. N., fr. 9749, f° 165 v.

(3) Paris, B. N., fr. 9749, f° 194.

heurent à leurs marys; car qui les vouldoit tout escripre, treslongue serait lesquelz jay mis a lopposite des philosophes et de tous ceulx qui dient le contraire (1).

De telles paroles ne rappellent en rien l'impitoyable auteur des *Quinze Joyes.*

Je m'arrête ici sur cette hypothèse, provoquée logiquement pour la constatation des emprunts d'Antoine de La Sale. Je me suis surtout attaché, dans cet article, à signaler l'importance du plagiat dans son œuvre. Maintenant que la restitution est faite, on reconnaîtra qu'un rang plus modeste convient à cet écrivain. Mais sa part est encore suffisante : car, s'il n'est pas l'auteur de la *Salle,* s'il partage avec autrui la paternité de la *Salade,* s'il y a bien des probabilités pour qu'il n'ait jamais écrit les *Quinze Joyes de Mariage,* il reste toujours, à quelques pages près, l'auteur du *Petit Jehan de Saintré.* C'est là un beau titre de gloire.

(1) Bruxelles. Bibl. royale. Ms. 10959, f° 128 v.

EDMOND COURBAUD

SUR L'ÉPITRE I, 1 D'HORACE

La première épître du premier livre, sans avoir été remaniée par la critique autant que d'autres œuvres d'Horace, n'est pas restée cependant à l'abri de fâcheuses corrections. Je ne parle pas seulement de celles qu'ont apportées les hypercritiques : ce sont de vrais bouleversements et parfois d'extravagantes hardiesses. Il suffit de voir en quel état l'épître est sortie des mains de Ribbeck ; une bonne moitié est méconnaissable. Croyant servir leur auteur, ces « harmozontes » n'ont fait que le défigurer, et voulant le rendre plus régulier et logique, ils prouvent simplement qu'ils l'ont mal compris. Mais d'autres, plus circonspects, comme Lucien Müller, ne peuvent s'empêcher de trouver encore de l'incohérence dans la seconde partie et supposent soit des interpolations soit des lacunes. Il est commode de supposer des interpolations : cela dispense d'expliquer. En ce qui concerne Horace, cette habitude, au siècle dernier, avait tourné à la manie, dangereuse manie contre laquelle il était à propos de réagir. Le rôle du critique n'est pas de jouer, même ingénieusement, avec un texte et de multiplier les conjectures, même brillantes. Qui dit conjecture, dit bien plus souvent chose fragile et provisoire, que gain réel et définitif pour la science. Toutes les fois qu'il n'y a pas faute certaine contre la grammaire ou erreur de sens évidente, la règle, semble-t-il, doit être de s'en tenir à la leçon manuscrite et de tâcher d'en rendre compte. Pour l'épître I, 1, les modifications proposées, déplacements ou suppressions de vers, sont arbitraires et inutiles : arbitraires, car les manuscrits de la recension Mavortienne concordent avec la tradition des *Cruquiani* ; inutiles, car tout peut s'expliquer sans remaniements (1). Il faut seulement démêler avec exactitude les intentions de l'auteur et les nuances de sa pensée.

(1) Exception doit être faite pour le vers 58 que la plupart des mss. placent avant le vers 57. Mais le rétablissement de l'ordre vrai va, pour ainsi dire, de soi. D'ailleurs un ms. de Cruquius donnait déjà cet ordre, lequel s'est trouvé confirmé par trois autres, de Münich, Gotha et Bruxelles (Eg de Keller et Bruxellensis 9778).

Cette pensée, dans la plupart des œuvres, est assez difficile à saisir, parce qu'Horace néglige ou évite de parti pris l'emploi des transitions. Ici, dans l'épître I, 1, la difficulté s'augmente de la situation particulière où il se trouvait alors vis-à-vis de Mécène. La célèbre liaison du grand seigneur et du fils d'affranchi avait été assez longue à naître ; mais une fois formée, on ne peut nier qu'elle ne fût devenue une amitié très vive. Horace en témoigne par cent passages de ses écrits. Mécène, de son côté, en a donné une preuve plus grande que le cadeau de la propriété de Sabine : c'est de ne s'être point fâché, le jour où Horace lui parla librement et répondit à certaines exigences avec la fermeté que l'on sait (Ep. I, 7). Les quelques mots, d'ailleurs, qui nous restent de lui sur le poète, sont des mots d'affection : ainsi cette épigramme, dont la fin est obscure, mais dont le sentiment n'est pas douteux (*Ni te uisceribus meis, Horati, Plus iam diligo*); ainsi ses dernières recommandations à Auguste (*Horati Flacci, ut mei, esto memor*). Beaucoup de choses les rapprochaient. Ils étaient tous deux passionnés de poésie, tous deux gens d'esprit, tous deux d'intelligence très libre, exempts de préjugés ; ils avaient même dédain de la foule et des opinions vulgaires, même crainte des honneurs et des fonctions publiques, même amour de la vie indépendante, arrangée à sa guise, même horreur de s'étaler, de paraître, de se mettre en scène : c'étaient là pour eux bien des raisons de s'entendre.

Cela ne veut pas dire qu'ils se soient toujours entendus, et sur tout ; une amitié sans nuages n'est probablement pas quelque chose d'humain. Laissons de côté le dissentiment auquel j'ai fait allusion et que nous révèle l'épître I, 7 : c'est celui dont on parle le plus volontiers ; ce fut sans doute la crise la plus grave, mais ce ne fut qu'un orage. Il y avait entre eux des sujets d'opposition plus constants, comme le montre l'Épître I, 1. D'abord la question de la toilette : pour Mécène ce n'était pas chose sans importance. Mécène était un homme du monde difficile, d'une élégance raffinée, très recherché dans sa mise, *mollitiis paene ultra feminam fluens*(1), auteur d'un ouvrage *de Cultu suo* (2), où il faisait évidemment l'apologie de ses modes, tuniques flottantes et robes de pourpre, qu'un siècle après lui on vantait encore comme seules dignes des voluptueux (3). Horace se présentait les cheveux mal taillés, les ongles mal coupés, la toge mal ajustée, avec une chemise usée sous une tunique neuve (Ep. I, 1, 94-96 et 104), et Mécène, suivant la disposition du moment, ou de rire ou de s'irriter. — Puis, c'était le désaccord au sujet de la poésie. Ils l'aimaient peut-être autant l'un que l'autre, mais à coup sûr ils la cultivaient très diversement. Mécène était maniéré dans ses vers, plein d'affectation et de mauvais goût, pénible et obscur à force de recherche. Il se rattachait à l'école laborieuse et tourmentée d'Alexandrie.

(1) Vell. Paterc. II, 88, 2.
(2) Senec. *Ep.*, 114, 5. Ce texte de Sénèque a été, il est vrai, quelquefois contesté (cf. Frandsen, *C. Cilnius Maecenas*, p. 166), mais sans preuve décisive.
(3) Iuven. 12, 38-39.

Auguste, poète médiocre, mais qui du moins aimait le naturel et la clarté, ne manquait pas de railler les mignardises de ce style, ses gentillesses d'expressions, ses ornements et ses « frisures trempées d'huile aromatique (1). » Horace était tenu à plus de réserve. Il ne critiquait pas, mais il ne louait pas non plus. Il n'a jamais célébré les vers de son puissant ami : ce silence est suffisamment accusateur. Au fond il avait deux motifs d'être mécontent. Il voyait d'assez mauvais œil en général la littérature des gens du monde : *scribimus indocti doctique poemata passim* (Ep. II, 1, 117). A chacun son métier, pensait-il, et c'est un métier que de faire un livre. Les poètes amateurs ne lui disaient rien de bon. De plus, sa manière d'écrire était loin de ressembler à celle de Mécène. Il était tout le contraire d'un alexandrin. Il n'y a, pour ainsi dire, pas trace d'alexandrinisme dans ses œuvres (2). Virgile a sacrifié quelque temps à ce goût suspect. Le ferme bon sens d'Horace et sa critique droite l'en ont toujours préservé. On peut juger, d'après cela, si les *calamistri Maecenatis* (3) étaient faits pour lui plaire.

Enfin la philosophie les divisait. On ne l'aimait guère dans l'entourage de Mécène. La société élégante qui fréquentait chez lui, était surtout composée de mondains et de politiques, hommes de plaisir et hommes d'action. Le maître de maison lui-même donnait l'exemple, nonchalant épicurien qui savait à l'occasion secouer sa mollesse et s'occuper de la chose publique (4). Mais l'étude de la sagesse n'était point son affaire. Or, à l'époque de l'épître I, 1, Horace annonce son intention de se donner précisément à cette étude et de s'y donner tout entier (*omnis in hoc sum*, v. 11). On imagine l'effet que produisit la nouvelle. Le cercle d'abord cria presque au scandale. Mécène s'indignait qu'Horace renonçât à la poésie lyrique, qui faisait sa gloire et dont Rome était si fière. Car ce sont les *Carmina*, ne l'oublions pas, qui ont passionné les contemporains, c'est par eux qu'Horace est devenu un poète national et qu'il est entré profondément, comme Virgile, dans l'âme du peuple romain. Quand Mécène, après les trois premiers livres d'odes, lui en réclamait d'autres, c'était plus qu'un goût personnel, et d'abord une vue d'homme d'Etat. Ce genre lyrique, genre nouveau, où pour la première fois on rivalisait avec la Grèce, genre plein d'éclat qui pouvait prêter sa voix à l'expression des grands sentiments collectifs, il le regardait comme la poésie la plus décorative pour un empire, la plus propre à rehausser le régime nouveau, la plus capable de satisfaire l'orgueil national. Secondant les desseins d'Auguste, il voulait enfermer Horace dans la carrière (*antiquo includere ludo*, v. 3) ; il lui montrait

(1) μυροβρεχεῖς *cincinnos* (Suet. *Aug.*, 86).
(2) Il avait écrit des vers grecs légers (Sat. I, 10, 31), sans doute quand il était à Athènes; et sans doute aussi, ces *versiculi* étaient d'imitation alexandrine. Mais ce qui est sûr, c'est que cette œuvre de tout jeune homme, de débutant, a été condamnée par le poète lui-même. Après y avoir renoncé, non seulement il ne recommença plus, mais il n'en a rien voulu conserver.
(3) TAC. *Dialog.*, 26.
(4) VELL. PATERC. II, 88, 2.

même les sujets à traiter de préférence, sujets historiques et religieux (1), comme il demandait les Géorgiques à Virgile, une tragédie à Varius, des chants patriotiques à Properce. Car tel fut son rôle singulier : ce paresseux poussait les autres au travail ; ce mondain, qui écrivait de petits vers alambiqués, voulait qu'on fît autour de lui de grave et sérieuse besogne. Il croyait avoir mis la main sur Horace, une main non pas lourde, mais assez ferme cependant pour que le poète ne se dérobât point à ce qu'on attendait de lui ; et Horace lui échappait ! Horace abandonnait le lyrisme, alors qu'on veillait sur sa gloire ! Cet abandon lui semblait presque une désertion.

Le premier mouvement était donc de se fâcher, le second de ne pas ajouter une foi entière aux déclarations du nouveau converti. Horace philosophe ! le seul rapprochement des deux mots était piquant pour qui se rappelait le joyeux compagnon de naguère. Aussi l'accès de mauvaise humeur passé, Mécène s'amuse et plaisante de ces ardeurs de néophyte. Vraiment ! la résolution serait sérieuse ! Et depuis quand ? Et quelle secte a produit ce miracle de changer ainsi un bon vivant en un sage austère ?

Horace est obligé de compter avec cette disposition d'un esprit, peu satisfait si la conversion devait être définitive, mais qui se refuse encore à la croire possible. Il lui faut n'avancer qu'avec prudence, ménager une susceptibilité inquiète, faire comprendre à demi-mots la solidité de sa vocation et, bien loin de se froisser qu'on lui oppose quelque doute ironique, entrer dans la plaisanterie pour sourire le premier de ce qu'il dit. De là une allure volontairement hésitante ; de là, la nécessité de se reprendre quand il a parlé, d'atténuer à maintes reprises ses déclarations, de revenir sur ses pas. Dès que le ton s'est élevé ou que le vers sonne un peu trop grave, un peu trop profond, vite il arrête cet élan et se réfugie dans l'ironie. Toute l'épître I, 1 doit être considérée comme une réponse à moitié plaisante, à moitié sérieuse, parce qu'elle est faite à un homme à moitié mécontent, à moitié railleur.

II

Si l'on a bien saisi cette attitude du poète et l'embarras de sa nouvelle situation, si l'on n'oublie pas la nécessité où il est d'exposer ses intentions avec assez de netteté pour qu'il n'y ait pas méprise de la part de Mécène, mais avec assez de tact et d'adresse pour ne pas faire trop de peine à celui qu'il aime, il me semble que tout devient clair, que les contradictions apparentes s'effacent et qu'il n'y a rien à changer dans l'œuvre, telle qu'elle nous a été transmise. Reprenons l'épître entière; une rapide analyse prouvera ce que je viens d'avancer.

Horace commence par protester de son attachement à Mécène (v. 1), protestation

(1) Évidemment il y eut lutte. Horace s'est débattu (*Carm.*, I, 32 ; II, 12) ; il ne se sentait pas fait pour les grands sujets. Il a fini par céder, et il a composé les odes patriotiques et religieuses du 3e livre.

qui après les Satires, les Epodes et les Odes n'est pas nouvelle, mais renouvelle-
ment de protestation nécessaire, pour adoucir l'aigreur d'un refus qui se prépare.
Ce refus lui-même n'est pas d'abord énoncé directement, mais présenté à l'aide d'une
comparaison, celle du vieux gladiateur qui a reçu son congé, et enveloppé dans une
raison générale à laquelle Mécène ne peut rien objecter : *non eadem est aetas, non
mens* (v. 4). Horace n'est plus entièrement libre de chanter ou de ne pas chanter ;
pour chanter il faut la jeunesse, et le temps a fait son œuvre, le temps est le grand
coupable. Puis une voix lui parle à l'oreille et l'arrêterait encore, s'il n'écoutait déjà
les conseils de l'âge. Cette voix, c'est sa conscience, son génie à lui ou son démon,
qui avertit son âme et dirige sa volonté. Ainsi, voilà le lecteur ami prévenu : Horace
voudrait bien lui être agréable ; mais il obéit à des influences plus fortes que son
désir, et, parmi ces influences, les préoccupations morales sont indiquées comme
devenant prépondérantes.

C'est seulement au vers 10 que, sans plus user de comparaison ni de détour, il
annonce enfin ses projets pour l'avenir. Il dit adieu à la poésie, du moins au seul
genre qui méritait ce nom dans son œuvre, au lyrisme, — car l'épître, où il s'exer-
cera encore, n'est pas plus de la poésie que n'en étaient les satires (*sermo merus*) —
et, s'il quitte les *Carmina*, c'est afin de s'absorber désormais dans la recherche du
bien moral, du vrai et de l'honnête. Cette fois, le grand aveu qui lui coûtait, est
lâché ; et du coup, ayant pris sur lui de faire cet effort, il ne craint même pas de
marquer un certain dédain pour ces vers dont il ne veut plus. Le lyrisme, qu'il
semble maintenant restreindre à la poésie légère, à l'ode amoureuse et bachique, et
la vie de plaisirs que ce lyrisme suppose, tout cela, jugé du haut de la philosophie,
n'est plus à ses yeux que badinage et frivolité (*ludicra*).

Mais à peine a-t-il parlé, qu'il s'interrompt. Ne va-t-il pas trop loin, et que pensera
Mécène ? Car il croit entendre aussitôt Mécène lui demander railleur : « Quelle est
donc l'école qui a su faire une si belle recrue ? » Comme il prévoit la question et
devine la moquerie, il se hâte de répondre, et sa réponse est modeste ; il cherche à
désarmer par avance son critique : « Qu'on ne s'imagine pas qu'il soit d'une école !
Il n'appartient à aucune. Où le hasard, où le vent le pousse, il s'arrête, hôte d'un
jour, pour reprendre sa course le lendemain. » Il n'est pas de ces philosophes redou-
tables, qui se cramponnent à une doctrine comme à un rocher dans la tempête (1).
Notez les expressions, toutes destinées à calmer des craintes : *Ac ne forte roges quo me
duce, quo lare tuter, Nullius addictus iurare in verba magistri* (v. 13-14). Il ne suit
aucun chef, ne jure sur la parole d'aucun maître ; il n'a nulle part un abri, un toit
fixe, qui le protège. Or, c'est quand on s'enrôle dans une troupe qu'on s'assure une
position forte, ou quand on se retranche dans une place : celui qui fait son parti
seul, est exposé à succomber. Horace, isolé, est un faible. Incapable de s'attacher à

---

(1) Cicer. *Acad.*, II, 3, 8.

Zénon d'une prise assez vigoureuse, il se constitue un moment le défenseur de la plus rigide vertu, la vertu stoïcienne, la seule vraie (*uirtutis uerae custos*, v. 17); mais il retombe bientôt, sans même s'en apercevoir, dans les préceptes d'Aristippe. Décidément, il est encore loin d'être un sage accompli ; cette sagesse dont il se pique est singulièrement errante et incomplète. Mécène a de quoi se réjouir et se tranquilliser.

Si telle est la marche de l'épître, si nous y suivons pas à pas les hésitations du poète dans une confession délicate, ses pointes en avant et ses retours en arrière, l'on ne comprend pas pourquoi Ribbeck a rejeté tous les vers 13-20 après le vers 26. C'est une transposition absolument inutile, et tout ce qui est inutile est mauvais. Le développement s'explique, de la façon la plus nette, à la place que donnent les manuscrits ; il l'y faut laisser.

La suite nous montrera chez Horace le même va-et-vient de la pensée, le même jeu de bascule, pour ainsi dire, entre la philosophie qui l'attire et Mécène qui le retient. Ses goûts, ses ardeurs le portent vers celle-là ; son amitié et la crainte de déplaire le ramènent à celui-ci. C'est un nouvel élan vers la philosophie que marquent les vers 20-26 : *ut nox longa quibus mentitur amica*, etc. Si grande même est alors l'impatience, l'impétuosité de son désir qu'il croit ne pouvoir mieux se comparer qu'à l'amant privé de sa maîtresse. Il multiplie, d'ailleurs, les comparaisons ; il est le mercenaire pressé d'avoir fini sa tâche quotidienne, le pupille qui trouve longues les années de tutelle. Plus haut, il laissait espérer à Mécène que tout n'était point encore perdu ; il lui donne maintenant à entendre que sa vocation est profonde, qu'elle n'est pas un caprice ni une simple curiosité de l'esprit : le cœur y est intéressé. Aux vers 24-26 notamment, il a des accents d'une gravité singulière, il commence une sorte d'hymne à la philosophie. Sans doute, il n'insiste pas : ce n'est point dans sa nature, et ce n'est ni le lieu ni le moment. La philosophie n'en est pas moins proclamée l'étude nécessaire à l'humanité tout entière, l'étude capitale pour tous les âges, toutes les conditions, pour les jeunes et les vieux, les pauvres et les riches (1) ; jusqu'ici cultivée par les beaux-esprits, dans les grandes maisons, privilège d'une élite, elle doit descendre parmi le peuple ; à la place des anciennes croyances, elle apparaît comme une religion.

On s'explique qu'Horace soupire après un bien, devant lequel s'effacent tous les autres. Mais quand viendra-t-il enfin, ce temps de mettre en pratique la parfaite sagesse? Il n'a pas d'illusions ; ce ne sera pas encore demain. Pour l'instant, il récolte, il amasse des provisions, il les serre au fur et à mesure dans sa grange (v. 12); c'est plus tard seulement que ces provisions pourront lui servir. Car le système de philosophie auquel il travaille, c'est un idéal qu'il poursuit ; la satisfaction d'y parvenir ne lui sera donnée, si elle l'est jamais, que sur ses vieux jours (2). En attendant,

---

(1) Déclaration répétée, *ep.* I, 3, 28 : *hoc opus, hoc studium parui properemus et ampli.*

(2) Le *mersor ciuilibus undis* ne se comprend que si on le rapporte à l'avenir : autrement l'assertion serait étrange. Tout au plus ne s'agit-il, pour le présent, que d'aspirations non suivies

restera-t-il sans profiter déjà de ce qu'il a réuni ? Se bornera-t-il à gémir stérilement de n'être point le sage qu'il rêve ? C'est mal le connaître. Il n'est pas partisan du « tout ou rien » : *est quadam prodire tenus, si non datur ultra* (v. 32). La moisson n'est pas complète ; il n'en est qu'aux éléments : soit. Mais, ces éléments, principes de début, notions très générales encore, il peut s'en servir, faute de mieux ; c'est tout de même un aliment et un réconfort (1) ; c'est comme une sagesse provisoire qui lui permettra de courir au plus pressé.

Que voit-il donc de plus urgent ? C'est d'attaquer chez lui, si par hasard il avait la faiblesse d'y donner prise, c'est d'attaquer chez ses contemporains, dont ce sont les deux vices essentiels, la passion des richesses et celle du pouvoir, l'amour de l'argent et l'amour des honneurs (*auaritia*, v. 33 ; *laudis amor*, v. 36). Débarrassé de l'un et de l'autre, assurément on ne sera pas encore vertueux, mais on ne sera plus fou ; cela vaut bien qu'on prenne quelque peine : *uirtus est uitium fugere*, etc. (v. 41-42). Sagesse modérée, médiocre encore, sagesse provisoire, je le répète ; ce ne sont que des *elementa*. On peut s'en contenter jusqu'à plus ample perfection. — Or, qui nous débarrassera de l'avidité et de l'ambition, véritables fléaux de l'âme, qu'Horace, après bien d'autres, compare aux maladies du corps ? La philosophie. Et cette comparaison banale, courante, entre le physique et le moral, prend dans sa pensée un sens très précis. Il y a une médecine de l'âme, comme il y en a une du corps. Il redit avec le Cicéron des Tusculanes (III, 3, 6) : *est profecto animi medicina philosophia*. Il croit à l'efficacité souveraine des préceptes de l'école pour la guérison des maux de l'âme ; il est persuadé que tous les vices céderont à cette culture bien entendue de l'esprit et du cœur, ou qu'ils perdront au moins leur âpreté (v. 38-41). Mais pour faire accepter des déclarations aussi solennelles et des promesses dont l'exagération peut prêter à sourire, comme il a toujours devant les yeux Mécène, son lecteur ironique, il s'est d'abord fait à demi-ironique lui-même, et il a plaisamment assimilé par avance les philosophes aux charlatans. La confiance qu'ont ceux-là en leur pouvoir de guérison, lui rappelle l'assurance de ces magiciens qui se disent aussi guérisseurs : les uns comme les autres tiennent toutes prêtes, à l'usage de leurs clients, des formules et des recettes qu'ils proclament souveraines (v. 34-38). Grâce à ce ton léger, à cette manière de ne pas se prendre trop au sérieux, il espère qu'on lui pardonnera davantage une profession de foi, qui se heurte vraiment à bien des obstacles.

C'est qu'il n'est pas facile de se convertir, même quand on le veut, et l'on n'arrive pas sans lutte à rompre en visière aux maximes de son siècle. Une sorte de conspiration générale se forme autour de nous, pour nous empêcher d'agir autrement que

---

d'effet. En réalité, il ne veut pas dire qu'il pratique déjà ce que demandent les Stoïciens, mais seulement qu'il est partisan — pour plus tard — de leurs principes d'activité politique.

(1) *Solari*, soulager, réconforter en fournissant quelque aliment à ceux qui souffrent ; donc nourrir, mais mal nourrir encore. Cf. Verg. *Georg.* I, 159, *concussaque famem in siluis solabere quercu* ; Hor. *Sat.* II, 6, 116, *me silua cauusque Tutus ab insidiis tenui solabitur eruo*.

tout le monde. Horace en fait l'expérience. Sa conversion, entravée déjà par les sceptiques comme Mécène, l'est encore par la foule, que la philosophie impatiente. Après les railleries de ses amis, les résistances de l'opinion populaire. Par exemple, cette fois il ne prendra pas tant de détours ; il n'aura plus les mêmes timidités, n'ayant pas les mêmes ménagements à garder. Naguère, du point de vue religieux (Carm. III, 1,1), il a dit son fait à la foule. Maintenant, c'est au nom de la simple morale philosophique qu'il parle, mais il n'est pas moins net : il faut se séparer de la multitude ; la multitude est mauvaise. Sénèque le répètera plus tard. Mais Horace précise ; selon son habitude il part d'une observation particulière, et la multitude qu'il envisage est celle de Rome. Le peuple romain est avide, il n'aime que l'argent ; ses principes sont juste à l'opposé de la vraie sagesse. Il n'atteint même pas au degré de moralité des enfants quand ils jouent. Car ceux-ci mettent à leur tête le plus adroit, le plus fort ou le plus agile d'entre eux, et c'est déjà une chose morale que le meilleur soit roi : *rex eris, aiunt, si recte facies* (v. 59-60). De ce refrain Horace tire une moralité plus haute encore. Dans la bouche des joueurs, le *recte facere* signifiait celui qui jouera le mieux ; dans la bouche du poète, il prépare le *nil conscire* du vers 61 ; il signifie avoir la conscience sans reproche, il devient une sentence qui s'applique à toute la vie : le précepte des enfants reçoit une portée universelle. Il faut s'enfermer dans la résolution de bien faire comme dans une citadelle inexpugnable ; le *murus aeneus*, c'est la conscience inviolable du sage, où viennent se briser toutes les attaques du dehors.

J'insiste sur ce passage, parce qu'il a été fort attaqué en Allemagne. Wieland, Meineke, Lehrs, Müller rejettent les mots *hic murus... culpa* comme interpolés. Pour L. Müller les vers qui reproduisent la chanson des enfants devaient être à l'origine : *rex eris, aiunt, Si recte facies ; si non recte facies, non.* Puis la seconde partie sera tombée, chose facile ; de là une lacune qu'un moine aura maladroitement comblée de la façon qui nous a été transmise. Mais à quoi reconnaître la maladresse et par suite l'interpolation ? D'abord, dit Müller, à ce qu'il y a là un pathos indigne d'Horace. (Répondons tout de suite que c'est une opinion personnelle, qui n'engage que son auteur et qu'on est libre de ne point admettre. D'autres, au rebours, trouveront dans ce vers et demi de soi-disant remplissage, comme dans ceux qui suivent, un sentiment d'une rare élévation morale). Une seconde raison, c'est que le contraste est trop fort entre ce grave lieu commun et le ton du reste de l'épître. Il est vrai ; la gravité survient, succédant à l'ironie et à la malice légère (1). Mais n'en était-il pas

.

(1) L'ironie venait de se traduire surtout par les vers 54-57. Et nous n'exclurons pas de ce groupe, comme font la plupart des éditeurs allemands, le vers 56 qui pour nous, au contraire, renforce l'intention. C'est ce qu'a très bien vu M. Lejay (p. 434, note 12 de son édition, Hachette, 1903, in-12). De ce que ce vers 56 se trouve déjà dans la Satire I, 6, 74, il ne s'ensuit pas qu'il soit interpolé dans l'Epître I, 1. Un auteur ne peut-il se citer lui-même, surtout quand il le fait, comme ici, avec des mots à double entente qui donnent au rappel quelque chose de comique ?

de même déjà aux vers 20-27, 38-42 ? N'en sera-t-il pas ainsi un peu plus bas (v. 64, 68-69) ? Le souvenir donné aux mâles Curius et aux mâles Camille, ou la peinture du sage dressé contre l'insolente fortune, toujours droit, toujours libre, nous entraîne dans un ordre de pensées suffisamment sérieux, il me semble, pour que nous ne soyons pas surpris d'avoir entendu cette même note dès les vers 60-61. Aussi bien, c'est la caractéristique de la pièce tout entière — je l'ai dit, et comment Meineke ou Müller ne l'ont-ils pas vu ? — que ces changements de ton, ces volte-face soudaines. Si le poète dans notre passage se hausse jusqu'à la plus austère vertu ou se campe en imagination dans la plus fière attitude, c'est qu'il a pour le moment oublié Mécène ; il en prend alors plus d'audace, il se laisse librement aller à montrer quels soucis nouveaux se sont emparés de son âme (1).

Donc, Horace et la multitude ne peuvent s'entendre, puisqu'ils ont sur la vie dés opinions absolument divergentes ; pour elle il s'agit de faire fortune par tous les moyens (v. 65) ; pour lui il s'agit uniquement d'être vertueux. Mais autre chose encore les sépare et les séparera toujours plus, à mesure qu'il avancera dans la voie de la sagesse : la foule est capricieuse. Elle n'est pas seulement passionnée ; elle est mobile dans ses passions ; elle est marquée du signe le plus certain de la folie, l'inconstance. La suivre, c'est se perdre, car elle n'a aucun principe fixe de conduite. C'est une hydre à mille têtes, qui dévore tous les imprudents qui se laissent saisir. Elle a mille têtes par le nombre de ceux qui la composent, et chacune de ces têtes, à son tour, porte en elle mille caprices, aussi changeants et fugitifs que les heures. Or seul est sage celui qui est d'accord avec soi-même. *Constare sibi*, voilà le but à atteindre ; la *constantia* est la vertu essentielle. — Mais, dira-t-on, Horace aussi est inconstant. Qu'est-ce que cela prouve ? Qu'il n'est point sage ? Il le sait, et l'avoue. Selon son habitude, il ne craint pas de s'appliquer, quand il les mérite, les critiques qu'il adresse aux autres ; il se range ici parmi ceux qu'il raille. La différence, c'est qu'il veut guérir de son mal ; la foule au contraire l'aime et le nourrit. Et Mécène, sur ce point, n'est pas beaucoup plus raisonnable que le peuple. Difficile, sévère même pour des vétilles, pour une négligence de toilette, il est indifférent à des travers autrement graves. Une pensée flottante, capricieuse, ballottée d'une perpétuelle

---

Car l'enfant de la Satire I, 6, qui va à l'école, et l'homme d'affaires de l'Epître I, 1, qui se rend au Forum, se ressemblent par certains points. Tous deux ont besoin d'une boîte à compartiments (*loculi*), celui-là pour y ranger son bagage d'écolier, celui-ci pour y serrer ses écus (*loculi* est repris par Horace avec cette dernière acception Ep. II, 1, 175 : *nummum in loculos demittere*). A tous deux il faut encore une tablette pour calculer (*tabula*). Le vieil *argentarius* enfin a continuellement à la bouche le refrain *uirtus post nummos* ; et cela marque chez lui l'obsession, l'idée fixe, la prédominance de la passion sur la raison, et le rapproche ainsi de l'enfance.

(1) Notez qu'alors même cette gravité ne l'empêche pas de relever le conseil d'un trait piquant· S'il s'est parodié lui-même au vers 56, il raille au vers 67 les poèmes larmoyants de Pupius. Nul n'a su comme lui — je le répète encore, — passer avec autant de souplesse « du plaisant au sévère ». — Pour les opinions de Luc. Müller, voir l'édit. de Vienne, 1893, in-8º, p. 18 et suiv.

inconséquence, lui paraît une chose tout ordinaire, une folie inhérente à l'humaine
nature ; et ii n'en rit point, et il ne cherche à en débarrasser ni ses amis ni lui-même.
Contre cette interprétation L. Müller se récrie. Horace ne peut avoir parlé ainsi à
Mécène. Le traiter comme le populaire, c'était l'offenser. En outre, depuis le vers 41
il ne s'adresse plus à lui, il s'adresse à tout le monde ; cette fin de l'épître a une
portée générale. Ni la 2ᵉ personne ne s'y applique à Mécène, ni la 1ʳᵉ même à Horace :
elles demeurent indéterminées. Ce n'est pas Mécène, aux vers 94 et suivants, qui se
moque de l'accoutrement négligé d'Horace, pas plus qu'aux vers 97-100 Horace n'est
l'homme aux bizarres changements d'humeur. Comment d'ailleurs les vers 70 suiv.
et 97 suiv. pourraient-ils désigner le même personnage (en l'espèce Horace), puisque
tantôt ce personnage se déclare inconstant et tantôt il reproche à la foule son
inconstance ? — Mais les vers 103-105 contiennent des détails trop précis pour
n'être pas rapportés à Horace et à Mécène. — C'est la preuve qu'ils sont interpolés ;
il faut les supprimer.

Toute cette argumentation est bien étrange. Reprenons-la point par point. — Quoi ?
Horace, qui dans son œuvre entière fait si volontiers les honneurs de sa personne,
ne parlerait pas de lui depuis le vers 41, c'est-à-dire pendant plus de la moitié de
l'épître ? Cela ne laisse pas de surprendre tout d'abord. Et pourquoi faire commencer au vers 41 la seconde partie de la pièce ? Pourquoi ne commencerait-elle pas plus
haut ou plus bas ? Rien n'indique, à cet endroit, un arrêt dans le développement. Au
contraire, après comme avant, tout se tient étroitement. Les vers 42-46 traitent de la
cupidité et de l'ambition ; elles étaient déjà attaquées au vers 33 (*feruet auaritia
miseroque cupidine pectus*). Il y a continuation de la même idée et non point passage
à une idée nouvelle. — S'il est vrai que la 2ᵉ personne désigne parfois, après le vers
41, un interlocuteur fictif, cela est vrai aussi des quarante premiers vers où cependant,
d'après Müller, le poète ne s'adresse qu'à Mécène (cf. *possis* v. 28, *contemnas* v. 29,
desperes v. 30, *nolis* v. 31, *possis* et *tumes* v. 35 et 36). Raisonnons par analogie :
rien n'empêche alors, malgré l'emploi, après le vers 41, de certaines 2ᵉˢ personnes
dans un sens indéterminé, de rapporter à Mécène les vers 94-102. — Prétendre que le
rides des vers 95 et 97 désigne un individu quelconque du peuple et que c'est la foule
romaine qui attache de l'importance au costume, c'est simplement appliquer à Rome,
sans en avoir de preuve bien particulière, cette idée que les foules en général se laissent
séduire par l'extérieur et jugent l'homme sur l'habit ; c'est oublier ou méconnaître,
en tout cas, ce qu'étaient Mécène et son groupe de mondains, gens raffinés, pleins
d'exigences sur les questions de toilette, faisant la mode et voulant qu'on s'y asservît
autour d'eux. — Qu'Horace ne puisse s'avouer inconstant aux vers 97-100, parce
qu'il a déclaré (v. 80-93) qu'il détestait l'inconstance, c'est une objection à laquelle
j'ai déjà répondu (1). On peut haïr un défaut et le partager avec d'autres. Mais c'est déjà

_____

(1) Voir à la page précédente.

beaucoup que de le haïr; c'est presque commencer à s'en défaire, et commencer,
c'est l'avoir à moitié rejeté : *dimidium facti qui coepit habet* (Ep. I, 2, 40). Tel sera le
cas d'Horace. Dans l'épître I, 8 il se reconnaît encore plus mobile que les vents (*ventosus*
v. 12). A l'époque de l'épître I, 14, il se dit enfin guéri et en possession de cette *constantia* objet de tous ses vœux (*me constare mihi scis* v. 16) (1). — Si Mécène est visé
par les vers 94-102, le poète, dit-on, en prend bien à son aise avec lui. Sans doute ;
mais c'est le propre d'Horace qu'il ait su, dans ses relations avec un grand personnage, lui parler encore librement. Aujourd'hui il le blâme d'avoir la coquetterie d'un
petit-maître. Autrefois il s'était moqué indirectement de ses prétentions en cuisine, et
déjà, par derrière Catius, l'homme aux recettes culinaires (Sat. II, 2), ou Nasidienus,
l'homme au repas ridicule (Sat. II, 8), il avait atteint jusqu'à son ami, inventeur de
plats nouveaux (Plin. *N. H.*, 8, 170), gourmet tout occupé de l'ordonnance de ses
festins. Il était de ceux qui ne conçoivent pas l'amitié sans l'égalité, et cette attitude,
qui étonne Müller, lui a peut-être plus servi auprès d'un homme d'esprit, que
n'auraient fait des bassesses et des platitudes écœurantes. Notons que sa liberté de
langage n'enlève rien à la vivacité de sa reconnaissance. Il n'oublie jamais ce qu'il
doit à son protecteur et, par quelques mots d'affection sincère et tendre (v. 105), il
se hâte de fermer la légère blessure qu'il a pu lui causer. — De tout ce qui précède,
il ressort, contrairement à l'opinion de Müller, qu'Horace, dans les vers 94-102, ne
s'adresse nullement à tout le monde, mais bien à Mécène en particulier (n'est-il pas
naturel qu'il revienne au destinataire de la lettre et finisse par lui, comme il a commencé ?), et qu'ainsi l'interpolation des vers 103-105 n'est rien moins que prouvée.

Enfin nous n'accorderons pas davantage à L. Müller qu'il y ait une lacune avant
le vers 106. Si la pièce finit brusquement, cette brusquerie est voulue et rappelle la
manière dont se termine la Satire I, 1. Horace tourne court, quand il a fait un peu
longuement de la morale, pour ne pas paraître un raisonneur de profession. « Assez
philosophé comme cela, se dit-il à lui-même, semblable au personnage de Plaute (*sed
iam satis est philosophātum*) (2); nous ne sommes pas à l'école ». Il faut ramener le
lecteur au ton familier de l'épître et le laisser sous l'impression qui convient. Aussi

---

(1) Il y a là une indication précieuse à retenir. Elle peut nous aider, sinon à dater l'épître I, 1,
du moins à la situer, dans la série de ses semblables, par rapport à d'autres. On a l'habitude de la
considérer comme une des plus récentes du 1ᵉʳ livre. Je ne le crois pas. Elle aurait été, dit-on,
composée au moment de la publication du recueil, en même temps que la 20ᵉ, pour servir de prologue à l'ensemble, de même que celle-ci lui sert d'épilogue. Qu'elle fasse office de prologue,
soit ; mais il n'y a rien à tirer de cette constatation, relativement à la date où la pièce a été
écrite. Lors de la publication, elle aura été choisie pour être placée en tête, parce qu'elle était
celle qui convenait le mieux à cette place. Je ne puis admettre en tout cas, comme on le prétend
(Müller par ex.), qu'elle ait été composée l'avant-dernière du recueil ; car, antérieure à l'épître
20, elle l'est aussi à l'épître 14, pour la raison que j'expose dans le texte. Je tirerai tout à l'heure
de l'épître un autre renseignement, qui nous permettra de l'éloigner de nous encore davantage.

(2) Plaut. *Pseudol.*, II, 3, 21.

les derniers vers, qui s'annonçaient encore sérieux, sont tout à coup égayés par le
trait final et s'achèvent en une plaisanterie (*sapiens... Praecipue sanus, nisi cum
pituita molesta est* v. 108). Vieille habitude, de sa part, de fuir le pédantisme et,
même dans les sujets les plus graves, de garder la mesure de l'homme du monde.

III

Concluons donc qu'on peut, somme toute, avoir confiance dans les manuscrits. Il
n'y a point de raisons valables pour mettre en doute le texte traditionnel, et il y en a
de bonnes au contraire pour croire qu'il est le texte même d'Horace. Ce qui se dégage
encore de cette première épître, c'est que le poète y fait un grand progrès vers le
sérieux. Elle est, pour les autres, une exhortation à étudier la philosophie ; elle
est surtout, pour lui, l'annonce d'un réel changement. Un besoin nouveau de perfection le tourmente. Il a beau se moquer des Stoïciens, railler en terminant leurs
paradoxes insoutenables, véritables défis en effet pour le sens commun et prétentions d'orgueilleux. Il a touché à leur doctrine, cela suffit ; quelque chose lui en est
demeuré, un goût de sagesse, un désir de conversion. Dès lors il se rapproche d'eux
par l'ardeur de ses aspirations et la hauteur de ses préoccupations morales (1). Si
l'on a pu quelquefois prendre le change, c'est que cette vocation philosophique qu'il
sent dès maintenant en lui-même, il se garde de trop l'accuser : d'abord, parce
qu'il n'est pas dans son tempérament d'enfler la voix, de s'en faire accroire ni d'en
faire accroire aux autres, et, par crainte d'exagérer, il aime mieux rester en deçà ;
puis, parce que son récent passé d'épicurien lui impose une certaine réserve ; il ne
sied pas d'être trop grave prédicateur, quand on a été si pécheur ; Mécène aurait
vite fait de lui rappeler ironiquement le temps, peu éloigné, où il avait un front
moins austère. C'est pour éviter cette ironie, comme je le disais au début, qu'il a
recours à toutes ces précautions, qu'il se tient encore à mi-chemin sans oser aller
jusqu'à l'aveu complet, qu'il dissimule en partie sous la légèreté du ton le sérieux
de la pensée et enveloppe ses déclarations d'un sourire un peu moqueur.

Malgré ce voile, nous sommes en présence d'une pièce où rien, quoi que prétende

(1) Il y viendra encore davantage, à la sagesse stoïcienne, et, sans jamais évidemment l'embrasser tout entière, il adoptera pour son compte certains principes qu'elle professe et qu'il avait
attaqués jusqu'alors (voir par ex. Ep. I, 16, 55-56, et opposer le passage à Sat. I, 3, 96 sq. et 115
sq.). L'épître I, 16 marque ainsi un nouveau progrès dans l'évolution morale du poète. Notre
épître I, 1 lui est donc antérieure, comme elle était déjà antérieure à l'épître I, 14 (cf. p. 11
note 1). C'est une autre preuve qu'il ne faut pas en rejeter la composition aussi bas qu'on le fait
d'ordinaire. — Je me propose, d'ailleurs, de revenir sur toute cette question, fort obscure, de la
chronologie des Épîtres.

L. Müller, ne doit être pris par le côté abstrait et général. Horace y songe toujours à lui-même ; d'une façon ou de l'autre, c'est de lui qu'il s'agit ; c'est son cas qu'il discute, sa résolution qu'il veut faire accepter. Les développements généraux n'y sont tels qu'en apparence ; à les bien considérer, ils se rapportent encore à la même situation très spéciale et sont nés des circonstances très particulières que j'ai tâché de définir. Situation et circonstances qu'il ne faut donc jamais perdre de vue. Ce sont elles, au surplus, qui sont intéressantes ; en contraignant le poète à se tirer d'un pas difficile, elles donnent à l'épître toute son originalité et sa saveur.

VICTOR MORTET

LA

MESURE DE LA FIGURE HUMAINE

ET LE

CANON DES PROPORTIONS

D'APRÈS LES DESSINS DE

VILLARD DE HONNECOURT, D'ALBERT DURER ET DE LÉONARD DE VINCI

L'architecte picard du XIIIe siècle, Villard de Honnecourt, nous a lui-même averti dans les légendes de son précieux Album (1) de tout le profit que l'on pouvait tirer de la géométrie pratique, de ses applications non seulement à l'architecture, mais encore à l'ornementation, ainsi qu'au dessin de la figure. A ce dernier point de vue, les croquis que l'on trouve dans son Album n'offrent pas moins d'intérêt que ceux qui relèvent de l'art de la construction. Déjà, dans son avant-propos (fol. I v°), Villard de Honnecourt s'exprime de la manière suivante : « Et si trovés le force de le portrai- ture, les trais ensi come *li ars de iometrie le commande et ensaigne.* » (2) Et ailleurs

---

(1) Les reproductions qu'on a faites de ce manuscrit sont les suivantes, dans l'ordre chronolo- gique : 1o *Album de Villard de Honnecourt, architecte du XIII° siècle, manuscrit publié en fac-similé, annoté.... et suivi d'un glossaire* par J.-B.-A. Lassus... *mis au jour...* par A. Darcel. Paris, 1858, in-4o. — 2o *Fac-simile of the Sketch Book of Wilars de Honecort... with commentaries and descriptions* by J.-B.-A. Lassus... *and by J. Quicherat... translated and edited with many additional articles and notes,* by the rev. R. Willis, London (Oxford printed), 1859, in-4o. — 3o *Album de Villard de Honnecourt, architecte du XIII° siècle, reproduction des 66 pp. et dessins du ms. fr. 19093 de la Biblio- thèque nationale (dép. des mss.).* Paris, Imp. Bertrand, s. d., in-4o.

(2) Ed. Lassus et Darcel, pl. II et p. 61.

(fol. XVIII v°) :« Ci comence li force des trais de portraiture si con *li ars de iome-trie* les *ensaigne* por legierement ovrer (1). » Ailleurs encore (fol. XIX v°) : « En ces IIII fuelles a des figures de *l'art de iometrie* (2). » On lit enfin au bas du fol. XX r° de l'Album, dans un encadrement à la plume, cette observation générale : « Totes ces figures sont *estrasces de geometrie* » : ce qui signifie que toutes ces figures-là sont extraites ou tirées de la géométrie. Il est certain que le mot *estrace* (3) a été utilisé au Moyen Age avec le sens d'extrait ; et c'est à tort que les éditeurs de l'Album (4) ont interprété la forme *estrasce* avec la signification de tracé de géométrie, ou bien encore qu'on a cru voir là des recettes de stéréométrie (5).

Les progrès que fit au XIII° siècle la géométrie pratique eurent nécessairement des conséquences dans l'art de la construction ; et nous en voyons, au cours de ce siècle, un exemple frappant dans l'art du trait (*trais*) que Villard de Honnecourt possédait si bien. Déjà même, si l'on peut ainsi dire, « à la fin du XII° siècle, les maîtres des œuvres avaient repris possession de la géométrie, et depuis cette époque leur habileté en cette science s'accrut d'année en année jusqu'à la fin du XV° siècle (6). »

Préoccupé de l'idée de saisir l'ensemble circulaire, triangulaire, quadrangulaire ou polygonal auquel peut se réduire une figure, Villard de Honnecourt nous présente dans son Album le développement des principes de sa méthode ainsi que leur application à des dessins variés, à des formes humaines, animales ou végétales, qu'elles soient simples ou composées. C'est à cette manière expéditive de dessiner qu'il soumet, comme il le dit lui-même, les traits de sa portraiture, sans donner des mesures toujours strictement exactes, ni indiquer des relations mathématiquement définies. Cette méthode qui est souvent commode, bien qu'un peu arbitraire, devait être assez générale dans les ateliers d'artistes, non seulement du Nord de la France, mais encore d'autres régions : car elle exprime avec justesse l'allure que donnent à des personnages ou à des animaux la sculpture et la peinture du XIII° siècle.

Si nous observons le visage humain dans les dessins de l'Album de Villard, nous y voyons l'application de triangulations et de sectionnements empruntés à la géométrie. C'est ainsi qu'au v° du XVIII° feuillet (7), on trouve l'inscription de la tête dans un carré parfait. Ailleurs (même feuillet), c'est un cercle, — inscriptible lui-même dans un carré, — qui donnerait la forme de la tête posée de face ; quand elle est placée de profil, on la voit rendue par un triangle isocèle dont la base est formée par la ligne du front au menton, le sommet étant à l'oreille. Ailleurs, la même forme de triangle

---

(1) Même éd., pl. XXXV et p. 139.
(2) *Ibid.*, pl. XXXVII et p. 143.
(3) Voy. Godefroy, *Dict. de l'anc. lang. franç.*, v° Estrace, § 1.
(4) Ed. Lassus et Darcel, pl. XXXVIII et p. 145 et suiv.
(5) *Bulletin archéologique du Comité*, 1903, p. 273.
(6) Viollet-le-Duc, *Dict. rais. de l'archit. franç.* t. IX, p. 197, art. Trait.
(7) Ed. Lassus et Darcel, pl. XXXV et p. 139.

est appliquée au visage, vu de face, la base étant à la ligne des sourcils et le sommet au menton. Un cas très intéressant, au point de vue de cette méthode des tracés géométriques, apparaît dans une représentation de la partie supérieure de la même

Fig. 1.

Fig. 2.

Fig. 3.

planche. C'est une tête vue de face dont le visage est inscrit dans un carré, divisé horizontalement en trois parties dont deux sont égales ou à très peu près, et la troisième notablement plus petite. La plus grande est celle qu'occupent le menton, la bouche et la lèvre supérieure jusque sous les narines, la seconde est celle du nez jusque vers les sourcils, et la troisième, qui est la plus petite, est celle du front.

Il y a enfin une autre figure géométrique dont notre architecte a su tirer profit pour des formes simples ou composées : nous voulons parler de l'étoile à cinq pointes. C'est encore à la figure humaine qu'il applique cette forme géométrique (1) (tête barbue du xviiie fol., v°), comme aussi à deux joueurs de busine (xixe fol., r°), à un aigle héraldique d'un bel effet

Fig. 4.

(xviiie fol., v°), et encore à une fleur à cinq pétales (xixe fol., r°), Ainsi, l'emploi de la méthode géométrique pour dessiner la figure ou le corps humain, tant de fois proposée depuis la Renaissance, était connue et pratiquée au Moyen Age, et c'est sur quoi le savant et judicieux J. Quicherat insistait avec raison dans sa *Notice sur l'Album de Villard de Honnecourt* (2).

C'est à des manuscrits de géométrie pratique qui existaient de son temps que Villard de Honnecourt a emprunté les figures dont il a tiré parti dans certaines planches de son Album. On sait que la plupart des manuscrits de ce genre étaient écrits en latin ; on sait aussi que Villard de Honnecourt savait le latin, ainsi que le prouvent certaines légendes de son Album, et qu'il possédait une instruction variée, comme J. Quicherat l'a montré. Les sources géométriques dont se servit notre archi-

(1) Même édition, p. 139.
(2) *Mélanges d'archéologie et d'histoire, archéologie du moyen âge*, mémoires réunis par R. de Lasteyrie, p. 282.

tecte picard n'ayant pas encore fait l'objet d'une étude spéciale, nous avons dû diriger nos recherches sur ce point. Prenons, par exemple, les dessins et légendes de son Album, où Villard a traité de trois problèmes qui ont une réelle utilité pratique pour les arpenteurs-géomètres, et par suite, pour les ingénieurs ou les architectes qui peuvent avoir à les connaître ou à les appliquer pendant le cours de leurs travaux d'art, à savoir, la mesure de la largeur d'une rivière, sans la passer (éd. Lassus. fol. 20, r°), celle de la largeur d'une fenêtre qui est éloignée (*ibid.*, même fol.) et celle de la hauteur d'une tour (*ibid.*, fol. 20 v°). Notre architecte qui résout ces problèmes au moyen du graphomètre (1), d'une équerre-triangle, par une méthode de tâtonnement, a eu connaissance ici de textes géométriques en langue latine, ou bien adaptés déjà en langue romane; ce dont on a la preuve pour le XIIIᵉ siècle, ainsi qu'on le verra plus loin. De tels manuscrits offraient des exemples de problèmes concrets de géométrie pratique, avec des applications usuelles ; nous en avons des spécimens variés, réunis dans le recueil dit *Geometria Gerberti*, et publiés encore assez récemment dans un Appendice à cette importante compilation (2). C'est de manuscrits de ce genre que proviennent les problèmes (3) dont nous venons de parler ; c'est là que géomètres et architectes pouvaient puiser les résultats d'expériences et de calculs usuels, où venaient se fondre ou se juxtaposer des extraits pratiques d'agrimenseurs tirés de la période impériale (4), et des compilations empiriques d'arpenteurs du Moyen Age.

Il y avait aussi au XIIIᵉ siècle des manuscrits de géométrie en langue romane et tout particulièrement en dialecte picard, dialecte qui est celui qu'emploie notre architecte. Il existe encore, à notre connaissance, au moins deux exemplaires, ornés de figures, d'un traité de géométrie de ce genre (5), dont nous avons eu déjà à nous

(1) Voy. J. Quicherat, *op. cit.*, pp. 258-259. Cf. éd. Lassus et Darcel, pp. 159 et suiv.

(2) Voy. notamment l'Appendice IV, i, ou *Geometria incerti auctoris*, dans les *Gerberti.... opera mathematica*, éd. Boubnov (Berolini, 1899), p. 328 et suiv., § 18. « Ad rem inaccessibilem... » § 21. « Cum quaeris altitudinem alicujus montis... » § 22 et § 23. « Si quaeris scire latitudinem fluvii... »

(3) Quicherat (*Op. cit.*, p. 258) a cru voir à tort notre architecte user de la méthode trigonométrique des sinus préconisée par les Arabes. « Dans les ouvrages des arpenteurs romains, dit le savant Th. H. Martin, la trigonométrie ne joue aucun rôle... (*Mém. Sav. étrang. à l'Acad. des Inscriptions*, 1ʳᵉ série, t. IV, 1854, p. 94). Voy. du reste l'éd. Darcel et Lassus, p. 159 : « Rien ne nous autorise à penser que Villard connût l'application des sinus, surtout lorsqu'il insiste sur ce que ses constructions ont de géométrique. »

(4) Voy. notre étude : *Vitruvius Rufus*, § 39, *Mesure des hauteurs*, dans la *Revue de philologie, de littér. et d'hist. anciennes*, t. XXII (1898), p. 32 : « Arborem vel turrim.... » Cf. Balbus ad Celsum, *Expositio et ratio mensurarum*, dans les *Gromatici veteres*, éd. Lachmann et Rudorff, vol. I, pp. 92-93.

(5) Il existe à notre connaissance, au moins deux manuscrits du plus ancien traité français de géométrie, dont l'un, celui de la Bibliothèque Sainte-Geneviève, n° 2200, a été publié par M. Ch. Henry, dans le *Bullettino di bibliografia e di storia delle scienze matematiche* (1882) ; quant à l'autre, cf. notre étude « *Le plus ancien traité français d'Algorisme* » (*Bibliotheca mathematica*, nouv. série, t. IX, Leipzig, 1908, p. 55.)

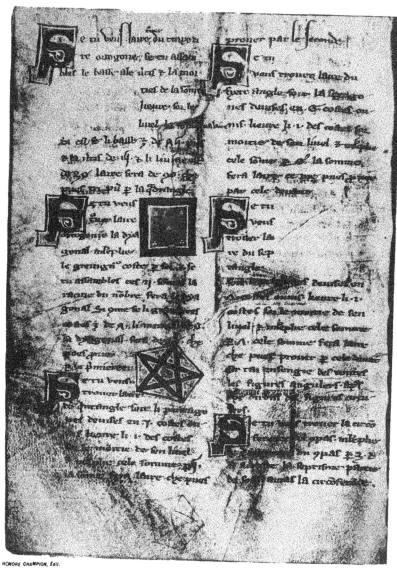

Pl. I

FIGURES GÉOMÉTRIQUES
d'après le ms. 2200, fol. 153 verso (Bibl. Sᵗᵉ Geneviève)

occuper de très près. Il est curieux d'en comparer le style avec celui de Villard de Honnecourt, d'en rapprocher le langage mathématique avec le parler dont notre maître d'œuvre se sert pour deviser de l'architecture, et aussi de retrouver dans ces manuscrits des figures géométriques qu'il a su utiliser.

Nous ne voyons pas seulement dans cette « *Pratike de geometrie* (1), » — c'est le titre incontestable que ce traité doit avoir, d'après certains passages qu'il contient, — quelle est, par exemple, la mesure de l'inscription du carré dans le cercle ou inversement, mesure qui a été utilisée par Villard de Honnecourt, autrement dit celle du « sorcrois du quarré au cercle escrit dedens le quarré », et le « sorcrois du cercle au quarré escrit dedens de dele cercle » ; nous y relevons aussi la méthode à suivre pour mesurer, à l'aide de l'astrolabe, la hauteur d'une tour ou la largeur d'un fleuve ; nous y trouvons enfin la figure du polygone étoilé, l'étoile à cinq pointes, c'est-à-dire l'une de celles dont justement Villard de Honnecourt s'est servi, comme on l'a vu, pour le dessin de la figure humaine (fig. 4). C'est le « *quintangle* », dont ladite *Pratike* donne la mesure : « Soit li pentagones devisés... » Voilà un rapprochement que nous croyons intéressant de signaler. (Cf. la pl. I que nous reproduisons d'après le ms. 2200 de la Bibliothèque Sainte-Geneviève, fol. 153, v°.)

II

Les dessins de la planche XXXV de l'Album de Villard de Honnecourt ne comportent guère que des tracés géométriques appliquée à la figure humaine ou encore à des représentations d'animaux, tracés curieux où l'arbitraire a sa part, mais dont la commodité est certaine pour les dessinateurs. Il y a là, dirons-nous, de simples mesures linéaires ; à proprement parler, il n'y a pas là de proportions régulières. Si nous cherchons dans l'Album une tête humaine réunissant l'un et l'autre de ces éléments des formes artistiques et nous offrant vraiment un canon de proportions, nous n'en trouvons qu'une seule, il est vrai, mais qui est extrêmement intéressante. C'est celle qui se trouve placée isolément à la pl. XXXVII (verso du 19ᵉ feuillet) de Darcel, autrement dit à la pl. XXXVIII de l'éd. de la Bibliothèque nationale : on n'a pas encore montré et fait ressortir le très réel intérêt de ce dessin (fig. 5). Il nous offre dans un quadrillage, dans un sectionnement de compartiments carrés, une tête chevelue, vue de face, inscrite elle-même dans un carré parfait. En hauteur, il y a quatre divisions égales, à savoir, du bas du menton jusqu'au-dessous des narines, de celles-ci jusqu'au-dessus des yeux, de ceux-là jusqu'à la naissance des cheveux, et enfin de celle-ci jusqu'au-dessus de la tête. En largeur, il y a deux divisions égales à celles de

---

(1) Ce traité débute ainsi : « *Chi commence d'yometrie. — Nous commencerons une oevre sor le pratike de geometrie.* »

la hauteur, la chevelure occupant de chaque côté du visage une division entière. Un autre carré encadre la face ; il est placé différemment et repose sur l'un de ces angles à l'extrémité du menton, l'angle opposé étant au sommet de la tête, avec des lignes parallèles, à l'intérieur, qui servent d'esquisse pour d'autres mesures. Nous sommes ici en présence d'un véritable canon des proportions dè la tête, bien que Villard de Honnecourt ne nous l'ait pas dit expressément ; et ce dessin typique mérite d'autant plus qu'on s'y arrête qu'il renferme l'ensemble des proportions du visage, telles que l'œuvre de Vitruve nous les a transmises, augmenté de celles du reste de la tête ; c'est là un système de proportions dont nous allons retrouver la figuration à l'époque de la Renaissance.

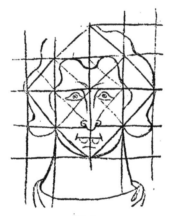

Fig. 5.

Nous savons que Vitruve, au livre III du *De Architectura*, en parlant de la symétrie du corps humain, à propos de la disposition et de la proportionalité des édifices, s'est exprimé de la manière suivante : « *Ipsius autem oris altitudinis tertia est pars ab imo mento ad imas nares, nasum ab imis naribus ad finem medium superciliorum tantumdem, ab ea fine ad imas radices capilli frons efficitur, item tertiae partis* (1).

(1) Ed. Val. Rose et Müller—Strübing (1867), ed. 1ª, p. 65. Voy. dans l'éd. Stratico, vol II, pars 1ª (1827), la pl. X, fig. 1, où se trouvent figurées les proportions du corps humain, et notamment celles du visage, d'après ce texte de Vitruve. Cf. notre étude sur le *Canon des proportions* (*d'après Vitruve, Pline l'Ancien*, etc.), dans nos *Recherches critiques sur Vitruve et son œuvre*, fasc. VI (avec 5 fig.), extr. de la *Revue archéologique*, t. XI (1908) ; en outre, cf. sur la transmission du canon des proportions depuis l'Antiquité jusqu'au haut Moyen Age, dans un écrit de l'époque Carolingienne, notre étude intitulée : *Un formulaire du VIII° siècle pour les fondations d'édifices et de ponts, d'après des sources d'origine antique* (1908), p. 15 et suiv. ; Paris, Picard, extr. du *Bulletin monumental*, t. LXXI (1907), et additions.

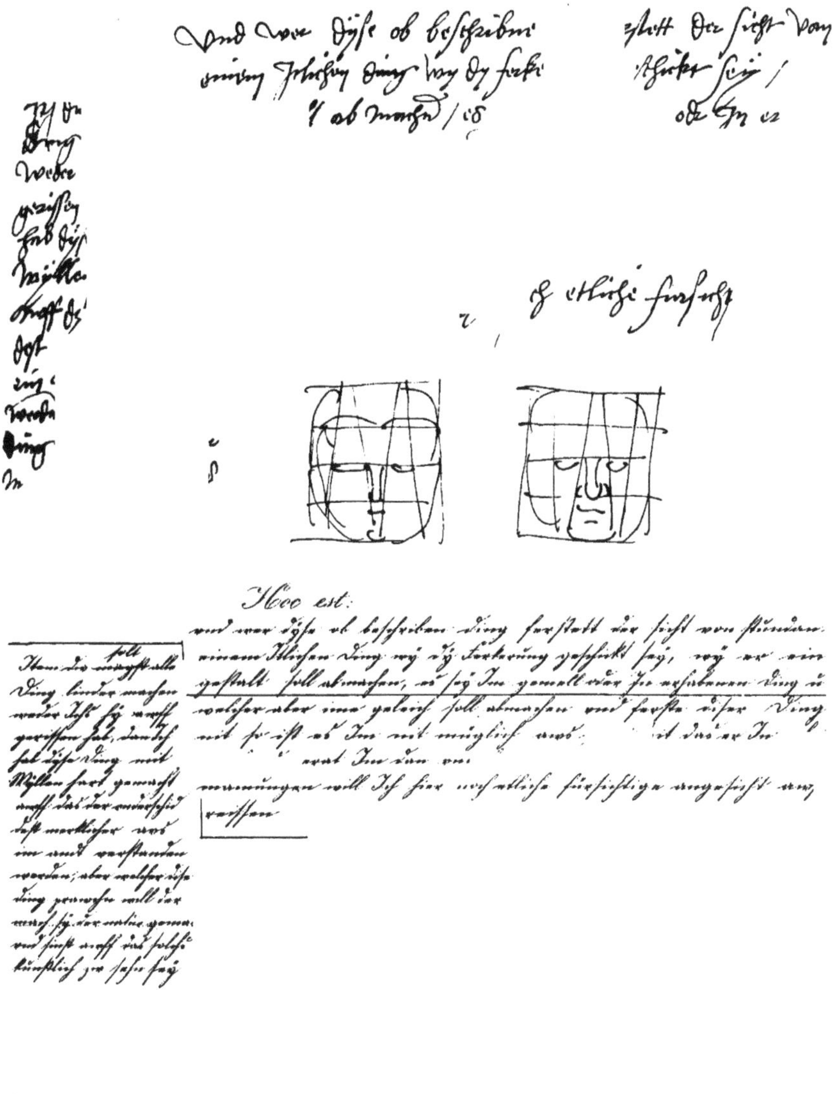

HONORÉ CHAMPION, Édit.

PL. II

ESQUISSES D'ALBERT DÜRER
d'après l'Index rarissimorum aliquot librorum
manuscriptorum de Fr. G. Ghillany, Noribergae (pag. 12)
Bibliothèque de Nuremberg, manuscrits, Cent. V. Append. n° 34^{aa}

Les trois divisions égales qui sont ainsi mentionnées dans le *De Architectura* s'appliquent au visage; il en est de même dans le dessin de Villard de Honnecourt. Mais à ces trois divisions, il s'en joint ici une autre de pareille dimension, dans ce dessin de l'Album, et ce sont ainsi quatre divisions du devant de la tête, égales entre elles, que nous allons voir expressément indiquées dans des esquisses typiques d'Albert Dürer. Constatons déjà l'importance qui est donnée ici d'une façon frappante à la partie supérieure de la tête vue de face : l'effet qui en résulte par là même est de communiquer à la physionomie une apparence de fierté, d'énergie ou même parfois de ténacité de caractère allant jusqu'à la rudesse. En appliquant ce système de proportions au dessin de la figure, l'architecte gothique se montre, à nous, plus ou moins consciemment, bien entendu, comme une sorte de précurseur. C'est ce qui nous a paru tout à fait digne d'intérêt.

Que Villard de Honnecourt ait connu et utilisé des sources antiques ou dérivées de l'antique, c'est ce que nous avons déjà constaté plus haut et cela ne peut plus faire doute. Au surplus, certains dessins de son Album nous font voir qu'il a traité aussi quelques sujets profanes d'après l'antique. Dans son Mémoire que nous avons déjà mentionné, Quicherat en a donné la liste et la description. Sur le feuillet même de l'Album (fol. 19 v°) (1) où se trouve la tête typique, avec ses proportions bien marquées, que nous venons d'étudier, il y a aussi, tout à côté, une combinaison de quatre figures nues assemblées comme quatre rais d'étoile sur la rencontre de deux perpendiculaires, dessin dans lequel Quicherat a vu un motif d'ornement copié d'après une mosaïque. Il est naturel que Villard de Honnecourt ait placé aussi dans son Album un dessin dont les proportions rappellent l'antique en majeure partie. Et ce dessin typique n'offre pas seulement un intérêt théorique, comme on pourrait le croire. Il nous paraît avoir influé, par un agencement de rapports symétriques, sur un autre dessin de la tête, que l'on regarde à bon droit comme le plus remarquable du manuscrit de Villard de Honnecourt. Au verso du 16e feuillet (2), on voit « une belle étude de la figure du Christ enseignant, que le grand style des draperies, la douce sérénité du visage, le dessin soigné des extrémités font la plus belle de tout l'Album (3). » Or, si nous appliquons à cette tête du Christ les données symétriques du dessin du 19e feuillet, v°, nous en retrouvons ici le plus grand nombre (fig. 6). Il y a, en effet, pareille égalité de mesure, à l'antique,

Fig. 6.

conformément aux données Vitruviennes, pour la distance du bas du menton au nez, pour celle du bas du nez aux sourcils, comme pour celle du front jusque vers

---

· (1) *Op. cit.*, dans les *Mélanges* du même, p. 290.

(2) Pl. XXXII de la reproduction donnée par la Bibliothèque nationale, pl. XXXI de l'éd. Lassus et Darcel.

(3) Ed. Lassus et Darcel, p. 129.

la naissance des cheveux. Sans doute, l'autre égalité de mesure qui irait de cette
dernière limite jusqu'au sommet de la tête ne se retrouve pas tout-à-fait dans le
dessin du Christ enseignant, et cela même, dirons-nous, contribue à donner de la
douceur à la partie supérieure de sa belle physionomie; mais d'autre part, nous
sommes frappés d'observer, dans le sens de la largeur du visage, des mesures exactement semblables à celles de la tête typique du 19 feuillet, v°, à savoir deux divisions égales de part et d'autre, la chevelure prenant de chaque côté du visage une
division entière. Nous sommes en droit de dire que l'application de certaines proportions au tracé de cette figure contribue à lui donner l'harmonie de traits, la
noblesse d'expression que l'on a justement remarquée dans ce beau dessin de l'Album de Villard de Honnecourt.

III

Les observations qui précèdent nous amènent à nous occuper maintenant de la
figure humaine dans les dessins d'Albert Dürer. On sait que ce grand artiste s'est efforcé
d'établir à ce sujet beaucoup de rapports symétriques dans ses *Quatre livres de la
proportion des parties* et *pourtraicts des corps humains*, trad. Meigret (1557). Comme
Villard de Honnecourt, mais bien plus que lui, l'artiste allemand applique des
mesures au dessin de la face humaine ; ce sont surtout des mesures quadrangulaires
qu'il emploie, et il se sert souvent d'une série de lignes parallèles pour établir ses
proportions. Dans cette voie, il aboutit à un grand nombre de sectionnements qui
attestent son esprit de recherche et aussi la minutieuse subtilité avec laquelle il procède dans ses dessins si variés de la figure humaine. Au livre III de l'ouvrage important que nous venons de citer, il présente une série de dessins de cubes divisés par
des lignes horizontales et verticales renfermant des faces d'hommes dont les traits
varient selon la disposition de ces lignes (1). C'est assez dire jusqu'où le maître allemand a poussé la *mise au carreau* de la face humaine dans ses poses multiples.
Les nombreuses esquisses qu'il nous a laissées offrent souvent des quadrillages
intéressants. A ce point de vue, une des planches d'un ouvrage bien peu connu,
l'*Index rarissimorum aliquot librorum manuscriptorum saeculoque XV typis des-
criptorum quos habet Bibliotheca publica Noribergensis* (2), mérite d'attirer notre
attention ; nous la reproduisons en fac-similé. (Pl. II). Les esquisses qu'elle offre

---

(1) Cf. Ephrussi, *Albert Dürer et ses dessins* (1882), p. 127, n. 1. Voy. Dürer, trad. Meigret, p.
79 et suiv.

(2) Ed. Fr. G. Ghillany, *Noribergae*, 1846, p. 12. — Nous devons à l'obligeance de M. E. Mum-
menhoff, archiviste et bibliothécaire de la ville de Nuremberg, l'indication précise du renvoi au
manuscrit de Dürer qui a servi à la reproduction de Ghillany : c'est le ms. *Cent. V, Append.
34ᵐ, fol. 69 v°*. Nous lui adressons ici tous nos remerciements.

doivent être rapprochées de celles qui se trouvent dans la publication importante et encore assez récente que l'on doit à M. Robert Bruck, sous le titre suivant : « *Das Skizzenbuch von Albrecht Dürer in der kön. öffentlichen Bibliothek zu Dresden* » (1). Nous trouvons dans ce beau recueil de dessins de bien nombreux exemples de sectionnement du corps humain, dont les proportions rappellent pour certaines subdivisions les données Vitruviennes que nous connaissons, tout en s'en écartant aussi pour d'autres sections. La pl. I nous présente les divisions générales du corps humain, au nombre de huit, dont l'une, celle du milieu, passe par les parties génitales; ces divisions vont depuis les sourcils jusqu'au pied. A ces sections s'ajoute en haut une section secondaire, moindre que les autres, allant des sourcils au sommet de la tête, puis, en bas, une autre petite section qui s'étend du cou-de-pied au ras du sol. Si l'on réunit l'une et l'autre de ces sections de moindre dimension, on voit que le corps humain, dans sa hauteur, comprendrait huit divisions égales, et, de plus, un certain excédant.

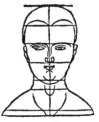

La même planche nous montre les divisions suivantes de la face antérieure de la tête, allant : 1° du bas du menton au dessous du nez; 2° du dessous du nez aux sourcils; 3° des sourcils à la naissance des cheveux, — divisions égales les unes aux autres; 4° une demi-section environ, laquelle va de la naissance des cheveux au sommet de la tête. Mais bâtons-

Fig. 7.

nous d'ajouter que souvent, dans les dessins d'A. Dürer (2), cette quatrième section a une dimension *égale* à celle des trois autres (fig. 7), c'est ce qui nous a permis de

(1) Strasbourg, Heitz, 1905, gr. in-4°. Cf. sur cet ouvrage : *Kunstgeschichtliche Anzeigen*, 1906, p. 17 et suiv. — C'est ici le lieu de mentionner l'ouvrage de Dürer ainsi intitulé : *Alberti Dureri Institutionum geometricarum libri quatuor*, in quibus lineas, superficies et solida corpora ita tractavit ut non matheseos solum studiosis, sed et pictoribus, fabris aerariis ac lignariis, lapicidis, statuariis... sint summe utiles et necessarii (*Arnhemiae*, 1605, in-fol.) Sur l'emploi des figures polygonales, et notamment du polygone étoilé, dont il a été question précédemment, voy. *ibid.*, p. 66 et 67., Cf. Robert Fludd : « Accidit etiam apud artistas nonnullos ut *tum faciei integrae descriptionem, tum etiam in delineatione partis ejus dimidiae quadrangulo aequilatero frequentissime utantur*, et praecipue apud eos, qui *demonstratione geometrica volunt faciei humanae proportionem mensurare*, quorum methodum hoc loco in exemplis pluribus depinximus et explicavimus. » (*De Praxi pictoria*, dans les Œuvres du même, *Oppenhemii*, t. I, 1617, p. 335). Voy. *ibid.*, p. 336 (pl.), les mêmes mesures proportionnelles de la figure humaine que dans les dessins d'Albert Dürer.

(2) Voy. notamment les pl. IV, XIiI, XVI, XXXVI, CXXV, CXLI du *Skizzenbuch*. Cf. le facsimilé de l'*Index rarissimorum aliquot librorum* que nous joignons à notre étude. Pour les dessins de la tête vue de profil, voy. les pl. XVIII et XIX du *Skizzenbuch*. Les pl. CXIX et CXX montrent que la quatrième section, celle du sommet de la tête, est même un peu *outrepassée* (Cf. la fig. 1 du feuillet 3 v° et la fig. 1 du feuillet 75 v° des *Quatre livres de la Proportion*). Constatons que, dans certains dessins ou esquisses d'A. Dürer, la ligne qui sépare la section du nez de celle du front, au lieu de passer par les sourcils, comme on vient de le voir (pl. I et XVIII), conformément au canon

rapprocher ce canon des proportions de celui que nous offre la pl. XXXVII de l'Album de Villard de Honnecourt. Il en résulte que ce qui frappe dans le tracé des rapports de proportionnels que l'on doit au maître allemand, comme dans beaucoup de ses esquisses et de ses dessins, c'est le développement (1) qu'il donne au haut de la tête, au dessus des sourcils, c'est le front élevé, c'est le sommet du crâne surhaussé.

A un autre point de vue, il est fort curieux de comparer les figures que représente le 19ᵉ feuillet r° (pl. XXXVI) de l'Album de Villard, et celles qu'offre la p. 15 de l'*Index* que nous venons de citer, où se trouvent des dessins de Dürer. On observe que si les deux artistes ramènent les plans du corps humain à des figures géométriques élémentaires, entre autres, celles du triangle et du carré, A. Dürer, bien plus préoccupé des proportions que ne l'était l'architecte picard, réduit certaines attitudes humaines à des combinaisons de lignes ayant telle ou telle mesure proportionnelle, tout comme si de petits fils de fer articulés les uns aux autres devaient représenter des poses de mannequins (2).

                                    IV

Déjà, en Italie, vers la fin du second tiers du XVᵉ siècle, c'est-à-dire très peu de temps avant la naissance de Dürer, un célèbre artiste et savant humaniste, pénétré des idées antiques, Léon-Baptiste Alberti, avait consacré l'un de ses ouvrages sur les beaux-arts à l'étude des mesures du corps humain. Dans son traité *De Statua* (3), composé vers 1464, il s'était appliqué à dresser la liste détaillée de ces mesures, relevées par lui à l'aide d'un curieux instrument mécanique, dont il nous a fait la description minutieuse (4). Il nous dit lui-même que, dans sa pensée, ce traité

de Vitruve et à celui de Léonard de Vinci, dont il va être bientôt question, passe par la partie supérieure du globe de l'œil. (Voy. la pl. II que nous donnons) ; cf. la pl. CXLI du *Skizzenbuch*. C'est une légère divergence qui est à noter ici.

(1) On peut déjà s'en rendre compte sommairement en examinant certains dessins d'Albert Dürer dans l'ouvrage de H. Wölfflin, *Die Kunst Albrecht'Dürer's* (Munich, 1905). Comme l'expose cet auteur, l'artiste allemand ne se montre pas toujours, dans la pratique de son art, conséquent lui-même avec ce qui résulterait de ses propres théories.

(2) Cf. d'une part, les fig. de la p. 15 de l'*Index rarissimorum aliquot librorum manuscriptorum*, mentionné plus haut, et d'autre part, deux dessins, exprimant beaucoup de symétrie géométrique, qui représentent dans l'Album de Villard de Honnecourt deux lutteurs engendrés soit par un carré, soit par un triangle curviligne (pl. XXXVI de l'éd. Lassus et Darcel, et XXXVII de l'éd. de la Bibliothèque nationale).

(3) Voy. *Leone Battista Alberti's kleinere kunsthistorische Schriften, im Originaltext herausgegeben, übersetzt, erläutert...* von H. Janitschek, Wien, 1877 (dans la collection des *Quellenschriften für Kunstgeschichte und Kunsttechnik des Mittelalters und der Renaissance*, t. XI, p. 169 et suiv.)

(4) A l'effet d'opérer ses évaluations numériques, Alberti a imaginé très ingénieusement un instrument mécanique qu'il a appelé *Finitorium* (*éd. cit.*, p. 193), dont il ne reste, paraît-il,

devait servir non seulement aux sculpteurs, mais encore aux peintres. A proprement parler, nous ne trouvons point là un canon des proportions du corps humain avec tous les tableaux synthétiques que comporterait une telle étude, avec tous les dessins figurant des sectionnements qui l'illustreraient, comme l'ont fait Albert Dürer et Léonard de Vinci ; nous sommes en présence d'une série, très longue, il est vrai, d'évaluations numériques en hauteur, en largeur et en épaisseur (faites en pieds avec des subdivisions), lesquelles pourraient servir de base à l'établissement de rapports combinés, de proportions réciproques s'appliquant aux différentes parties du corps humain. C'est ainsi qu'on y rencontre, au point de vue qui nous intéresse, l'évaluation en hauteur, de la distance qui va du bas du menton au sommet de la tête, et aussi celle, en largeur, qui va du front à l'occiput (1). Mais fort heureusement, Alberti nous a laissé aussi un beau médaillon (2) représentant son portrait de profil exécuté par lui-même. Or, si nous examinons cette œuvre, plus ou moins idéalisée, nous sommes frappé de voir que du bas du menton au sommet de la tête, ce profil comprend quatre sections égales, c'est-à-dire les mêmes divisions de la tête que nous avons observées et étudiées précédemment. Disons tout de suite que les recherches dues au savant artiste florentin et les résultats obtenus par lui, au sujet de l'étude et des mesures symétriques du corps humain, exercèrent de l'influence sur les artistes de son temps, sur ceux qui traitèrent après lui du canon des proportions, et notamment sur le grand peintre et dessinateur dont il va être question.

Si maintenant nous abordons l'étude des dessins de Léonard de Vinci, sous le rapport de la figuration de la tête, nous nous trouvons en présence d'un canon des pro-

---

point de trace, et qui se composait des parties suivantes, à savoir : un cercle gradué (*circulus, limbus, orizon*), un rayon mobile (*radius mobilis*), longue règle graduée de six pieds (*exempeda*), laquelle supporte un fil à plomb (*perpendiculum, filum tenue cum plumbeolo*) simple ou bien, au besoin, double et alors de longueur inégale. Il en explique très clairement le mode d'emploi. L'inventeur de cet instrument, qui cite en passant l'astrolabe (p. 191), lui a emprunté, comme il le dit, certaines de ses subdivisions, égales entre elles (*gradus*). Il se peut bien, à notre avis, que l'instrument du Moyen Age, dit cadran, consistant en un cercle gradué, avec aiguille pivotante, ou en un secteur dont l'un des côtés est muni d'un fil à plomb, servant à des mesures, ait aidé à lui suggérer l'idée de son invention. C'est sans raison qu'Emeric David a cru voir une origine égyptienne dans cet instrument, qui nous serait venu ensuite des Grecs. (*Recherches sur l'art statuaire*, trad. ital., Florence, 1837, p. 173; cf. Alberti, *éd. cit.*, Préf., p. XXXVI). Observons enfin que le langage technique d'Alberti rappelle souvent, à divers égards, celui des textes de géométrie pratique ou d'arpentage du Moyen Age, où l'on retrouve assez la tradition et la latinité des textes antiques des *Gromatici*, textes que nous avons eu l'occasion d'étudier ailleurs (cf. la *Geometria incerti auctoris*, Appendice IV, I, dans *Gerberti opera mathematica*, éd. Boubnov).

(1) Voy. *éd. cit.*, pp. 203-203 : « Altitudines a vestigio... *A mento ad summ*[u]*m verticem capitis* = *pedes* 0, *gradus,* 8, *minuta* 0. — *A mento ad foramen auris* = ped. 0, grad. 3, minut. 0. — Crassitudines sunt quae ab anterioribus ad posteriora... *A fronte ad occiput* = ped. 0, *grad.* 6, *minut.* 4. »

(2) D'après un bronze de la collection de M. G. Dreyfus. On en voit la reproduction dans l'ouvrage d'E. Müntz, *Histoire de l'Art pendant la Renaissance*, I. Italie, les Primitifs, p. 461.

portions (1) qui offre dans l'ensemble beaucoup d'analogie avec celui d'Albert Dürer. C'est le canon de huit têtes, le type héroïque, comme on l'appelle, la tête étant comprise huit fois dans la hauteur de tout le corps, ou d'après les expressions mêmes de Léonard de Vinci : « ...*della sommità del capo al di sotto del mento* 1/8 » (fig. 8).

Mais, tandis que Léonard de Vinci partage la stature humaine en huit sections de telle façon que ces divisions égales entre elles comprennent exactement toute la hauteur du corps, nous voyons que dans le canon d'Albert Dürer, cet ensemble régulier

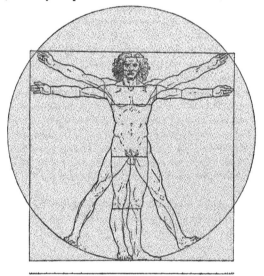

Fig. 8.

de mesures est un peu dépassé, en bas, par les pieds, et, en haut, par la partie supérieure de la tête prise à partir du front. Il en résulte que dans ce dernier système de proportions, la stature humaine présente un certain allongement. De même que dans les dessins de la tête que nous devons à l'artiste allemand et avant lui déjà un peu à Villard de Honnecourt (quelle que soit d'ailleurs la rudesse ou la raideur de ces derniers), nous retrouvons aussi dans ceux de Léonard de Vinci des formes géométriques, des quadrillages parallèles appliqués sur le visage,

(1) La figure que nous reproduisons ici est une réduction de celle que nous trouvons reproduite dans : *The literary works of Leonardo da Vinci, compiled and edited from the original manuscripts* by J. P. Richter, vol. I (1883), cap. vii. On the proportions and on the movements of the human figure, pl. XVIII; cf. p. 182. Voy. Paul Richer, *Canon des proportions du corps humain,* p. 66 et suiv. ; cf. nos deux mémoires sur l'historique du Canon des proportions cités plus haut.

qu'il soit vu de face ou qu'il le soit de profil (1). C'est sur la surface du visage, comme aussi sur ses contours extérieurs, que ces mesures ont été tracées. La stature humaine est divisée par Léonard en huit sections, le milieu du corps se trouvant sur la ligne horizontale qui traverse la racine des organes, ainsi que cela a lieu dans le canon d'Albert Dürer.

Que l'œuvre de Léonard de Vinci, en ce qui concerne le dessin de l'homme, soit sensiblement empreinte des données antiques que Vitruve nous a transmises sur la symétrie du corps humain, au livre III du *De Architectura*, c'est une chose indéniable ; et c'est ce que montrent bien non seulement divers dessins du grand artiste, mais encore certains passages de ses écrits (2). Ainsi, dans la Galerie de peinture de Venise, on conserve des notes manuscrites de lui qui accompagnent un magnifique dessin représentant les proportions du corps humain, dessin qui apparaît dans les éditions de Vitruve données par Giocondo en 1511 et en 1513, et dans celles de Cesariano (1521). Ces notes sont moins une traduction littérale qu'une adaptation en italien d'une partie du susdit texte de Vitruve. On a pu même préciser que c'est avant l'année 1498 que Léonard de Vinci a consigné dans ses écrits ses observations sur le canon des proportions. « De 1496 à 1499, Pacioli travaille aux côtés de Léonard, à qui dans la Préface de sa seconde publication, *De divina Proportione*, il accorde un large tribut d'éloges. » (3) Ailleurs, nous voyons le même artiste reproduire dans son langage les données du canon des proportions du visage, telles que nous les tenons de Vitruve, avec les trois divisions que nous connaissons déjà, et dont nous avons donné plus haut le texte latin : « *Lo spatio ch'è dal mento al principio di sotto del naso, fia la terza parte del volto ; è simile al naso e alla fronte* (4) ». Ou bien encore, ce qui revient au même : « *Lo spatio ch'è dal principio di sopra del naso, dove principiano le ciglia, al di sotto del mento, fia i due terzi del volto* (5). » Ces divisions-là, qui ont leur importance, Léonard de Vinci les adopte, les reproduit dans ses esquisses et les revêt, peut-on dire, de toute l'autorité de sa science d'observation et de son grand talent d'artiste (6).

(1) Cf. Richter, *op. et t. cit.*, p. 169 et suiv., (pl. VII, IX, XII).

(2) Voy. *Carte di Venezia* (121), 20. I. A, dans E. Solmi, *Le fonti dei manoscritti di Leonardo da Vinci*, mémoire publié dans le *Giornale storico della letteratura italiana*, supplément n° 10-11 (1908), p. 297-301. Cf. Richter, *op. et t. cit.*, p. 182 : « *Vetruvio architecto mette nella sua opera d'architectura, che le misure dell'omo sono dalla natura distribuite in questo modo...* »

(3) Eug. Müntz, *Léonard de Vinci*, p. 253. Cf. *ibid* la fig. de la p. 256, représentant les proportions de la tête humaine, dessinées par Léonard pour le traité « *De divina Proportione* ».

(4) J. P. Richter, *op. et t. cit.*, p. 170.

(5) *Ibid.*

(6) Qu'on nous permette ici une observation d'une portée plus générale. Il ne faut pas être absolu ni aller trop loin lorsqu'on parle de l'imitation incontestable et si fréquente de textes tirés de Vitruve, de la part de savants artistes de la Renaissance. Outre que l'interprétation de divers passages tout à fait techniques du *De Architectura* est souvent très malaisée, il faut bien reconnaître que, par exemple, Alberti, dans son traité intitulé *I cinque ordini architettonici* (anté-

Ce n'est pas que Léonard de Vinci s'astreigne à suivre strictement lui-même toutes les subdivisions qui sont indiquées dans le canon de Vitruve : « La tête depuis le menton jusqu'au vertex, dit ce dernier, forme la huitième partie du corps ». Dans l'application de son canon de huit têtes, Léonard se réserve une certaine liberté, et la hauteur qu'il donne à la stature humaine dépasse légèrement cette mesure dont il ne se fait pas l'esclave. De même, Vitruve nous dit : « Le visage depuis le menton jusqu'au haut du front, à la racine des cheveux, est la dixième partie de la hauteur de l'homme ». Léonard traduit fidèlement, il est vrai, l'auteur latin : « *Dal nascimento de' capegli al fine di sotto del mento è il decimo dell'altezza del uomo* (1) ». Mais ailleurs il corrige lui-même cette mesure de 1/10 et la réduit à 1/9 : « *Dal nascimento de'capelli al mento è 1/9 dello spatio ch'è da esso nascimento a terra.* » Il donne ainsi plus d'importance que Vitruve au visage, autrement dit à la face depuis le haut du front jusqu'au menton, par rapport à la hauteur de la stature, et par conséquent il lui communique plus de caractère et d'expression que n'en renferme là le canon antique. C'est cette marque distinctive que nous avons constatée plus haut, à propos de la tête typique que nous offre la pl. XXXVII de l'Album de Villard de Honnecourt, encore que l'exécution en soit bien simple et assez primitive; c'est ce que nous a montré plus d'un dessin d'Albert Dürer, dont la facture atteste sa réelle maîtrise. Cette mesure élevée donnée au haut de la tête nous paraît beaucoup plus sensible encore dans les dessins d'Albert Dürer que dans ceux de Léonard de Vinci ; nous avons vu que le maître allemand l'a même formulée dans certaines de ses esquisses.

Si, d'autre part, la proportion fortement accusée du haut de la tête vu de face ou de profil, par rapport à celles du reste de cette partie du corps, apparaît dans un certain nombre d'esquisses et de dessins(2) du maître italien, — comme on peut la constater aussi dans certaines œuvres de l'École de Venise et de celle de Padoue à la fin du xv⁰ siècle (3) ; —

rieur à 1432), ne copie pas servilement Vitruve, qu'il sait s'écarter de lui, se rendre indépendant, comme aussi se servir d'autres sources antiques. (Voy. H. Janitschek, *Leone Battista Alberti's kleinere kunsttheoretische Studien*, dans la collection déjà citée, vol. XI, pp. 209 et suiv. Eclaircissements, *passim.* Cf. *ibid.*, Préf., p. XL.)

(1) Richter, *op.* et *t. cit.*, p. 182; cf. *ibid.* pl. XVIII, et p. 172.

(2) Voy. par exemple, des dessins conservés à Windsor ou au British Museum, dans Müller-Walde, *op. cit.*, fig. 12, 13, 16, et Richter, *op.* et *t. cit.*, pl, IX, L, LI et pp. 338, 339.

(3) C'est ce que nous voyons dans des œuvres d'Antonello da Messina, de Giorgione, comme aussi de Mantegna, artiste qui a été étudié par Paul Kristeller, dans un ouvrage qui a paru en 1901. Nous devons ces indications à l'extrême obligeance de M. de Mandach, chargé, à la Sorbonne, d'un cours libre sur l'histoire de la peinture. Ajoutons que le peintre Albert Dürer a séjourné lui-même à Venise, et l'on sait aussi combien on constate l'influence de la peinture flamande dans cette dernière ville pendant le cours du xv° siècle. — En ce qui concerne le maître de Mantegna, Francesco Squarcione, peintre de Padoue, M. de Mandach nous communique le texte d'un document très récemment publié à Venise, qui présente un réel intérêt au point de vue de la présente étude, vu la date à laquelle il a été rédigé. Il s'agit d'un contrat qui fut conclu entre Fr. Squarcione, en 1467, c'est-à-dire vers la fin de sa carrière d'artiste renommé, et un autre peintre de Padoue, par lequel le premier de ces peintres s'engage à instruire le fils de l'autre

si même Léonard donne parfois au haut de la tête, à partir de la racine des cheveux, une mesure semblable à chacune des trois sections égales du visage (1) on peut dire que ce sont plutôt là des exceptions, à vrai dire, assez répétées. On doit ajouter que là encore, avec la liberté d'allure, la noble fantaisie artistique qu'on lui connaît et qu'il sait si bien concilier avec l'étude et l'observation attentive de la nature, si variée dans ses manifestations, il sait s'écarter, en l'amplifiant au besoin, de l'étalon de mesure que, dans son système de proportions, il a fixé lui-même pour le haut de la tête prise au-dessus de la naissance des cheveux. Libre en cela de toute tradition antique, — car ni Vitruve, ni aucun auteur de l'antiquité ne nous a transmis de formule à ce sujet, — il assigne dans son canon des proportions, à cette partie de la tête une mesure égale à celle qui s'étend de la naissance des narines à la jonction de la

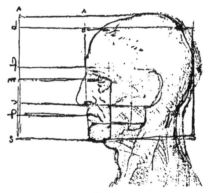

Fig. 9.

lèvre supérieure et de la lèvre inférieure : « *Tanto dev'essere dal nascimento dinanzi de'capelli alla linia della sommità del capo quanto è dal fine di sotto del naso alla congiuntione de'labbri dinanzi della bocca* » (fig. 9) (2). Par rapport aux trois sections

dans l'art de la peinture, en lui apprenant notamment les procédés de géométrie pratique, les mesures linéaires, les proportions utiles à connaître pour la représentation du corps humain, pour la figuration de la tête et du visage, pour le dessin des raccourcis et de la perspective. Nous lisons dans ce texte : « El debia insegnar a mio fiolo..., zoè le *raxon d'un piano lineato*... e meter figure sul dicto piano una in zà, l'altra in là, in diversi luogi del dicto piano... e insegnarge *intendere una testa d'omo in schurzo per figura de isomatria* (sic), zoè d'un quadro perfeto con el soto quadro in scorzo, e insegnarge *le raxon de uno corpo nudo mexurado de driedo e denanzi, e metere ochi naxo, bocha, rechie in una testa d'omo ai so luogi mexuradi...* ». (Vittorio Lazzarini, *Documenti, pittura Padovana, sec. XV, Francesco Squarcione e scolari*, dans *Nuovo Archivio Veneto*, nuova ser., a. VIII, 1908, no 30, p. 292).

(1) Richter, pl. XXXII et aussi celle de la p. 337.

(2) Richter, *op. et t. cit.*, p. 172 et pl. X.

principales du visage qui ont une mesure égale, c'est là une valeur d'un tiers de l'une d'entre elles. Dans son canon général des proportions, A. Dürer, applique à cette section secondaire une valeur légèrement plus forte, soit celle d'une demi-section (1). Il se montre ainsi, comme d'ordinaire, enclin à donner un certain développement, non constant, il est vrai, mais sensible, à la partie supérieure de la tête humaine. En fait, dans bien des cas, Léonard de Vinci amplifie cette même mesure, sans aller aussi loin dans cette voie, nous le répétons, que le maître allemand, ainsi que nous l'ont montré les dessins et les esquisses typiques dont on lui est redevable. C'est à cette constatation que nous sommes amené, sans que nous ayons à entrer ici dans des considérations esthétiques, au sujet de l'exécution comparée des dessins de ces maîtres.

Observons enfin, que dans son analyse et dans ses descriptions de la figure humaine, d'après ses notes manuscrites comme d'après le tracé de ses dessins, Léonard de Vinci n'a certes pas poussé moins loin que L. B. Alberti et Albert Dürer l'étude des subdivisions métriques qu'on peut assigner à celle-ci. En effet, nous lisons, par exemple, ce qui suit dans les notes qui accompagnent ses dessins : « *Lo spatio ch'è infra'l taglio della bocca e'l principio del naso è la settima parte del volto. — Lo spatio ch'è dalla bocca al di sotto del mento, fia la quarta parte del volto ; è simile alla larghezza della bocca. — Lo spatio ch'è dal mezzo del naso al di sotto del mento, fia la metà del volto... — Lo spatio ch'è dal di sopra della gola al principio di sotto, fia la metà del volto e la diciottesima parte dell'omo* » (pl. VII) (2). Nous pourrions multiplier ces citations qui montreraient dans quelles remarques détaillées Léonard de Vinci est entré en ce qui concerne la figure humaine. L'espace nous manque pour nous y arrêter davantage. Quelque conventionnelles que puissent paraître, dans certains cas, à des anatomistes ou physiologistes modernes, par rapport au canon scientifique, certaines de ses formules métriques appliquées à la figure humaine, on ne peut qu'admirer l'habileté merveilleuse et le soin accompli qu'il a mis dans l'exécution d'œuvres où l'on découvre entre autres mérites une si remarquable symétrie artistique.

(1) Voy. les pl. I et XVIII du *Skizzenbuch*.
(2) Richter, *op. et t. cit.*, p. 170 et suiv.

ALCIDE MACÉ

LE BASILIENSIS F. III. 15ᵃ

(VIIIᵉ SIÈCLE)

DE NATURA RERUM ISIDORI, — DE PROPRIETATE SERMONUM

I. — Ce manuscrit a été vu par Roth, qui y fait allusion en deux lignes dans son édition de Suétone (1), et par Wackernagel (2) qui parle des textes divers (*Titulus sepulchri Paulae*, etc.) qui couvrent le fol. 17.

Bien que j'eusse déjà collationné 3 classes (3) de manuscrits du *De Proprietate Sermonum*, j'ai cru devoir collationner aussi ce *Basiliensis* : car il est le plus ancien manuscrit de ce texte, et j'ai constaté qu'il est le seul représentant d'une des trois familles de la classe II (4). — Il m'a paru nécessaire aussi d'examiner la disposition de ce *Basiliensis* et d'en décrire non seulement le dernier des *quaterniones* (qui contient le *de Proprietate sermonum*), mais même les premiers (qui contiennent le *De Natura rerum* d'Isidore de Séville) : le copiste ou les copistes du viiiᵉ siècle pensaient-ils que l'auteur du *De Proprietate* fût le même que celui du *De Natura rerum* ? L'examen du *Basiliensis* ne permet, croyons-nous, de répondre ni oui ni non. Mais cette question d'authenticité se pose à propos de plusieurs manuscrits qui présentent le *De Proprietate* avec une ou plusieurs œuvres d'Isidore. Elle devait être étudiée spécialement à propos d'un manuscrit si ancien (5), dont la description peut être intéressante même à d'autres points de vue.

---

(1) Je l'indiquais (p. 64 n. 3) dans ma thèse *De emendando Differentiarum libro qui inscribitur* De Proprietate Sermonum *et* Isidori Hispalensis *esse fertur.* (170 pp. in-8°, Paris, Fontemoing, 1900).

(2) Wackernagel, *Altd. Handschr.*, p. 8.

(3) *De emendando Differentiarum*, etc., p. 65.

(4) Parmi les manuscrits qui omettent les lemmes 77-171, le *Basiliensis* est le seul qui conserve les lemmes 52-59 à *leur rang*.

(5) « Le manuscrit F III 15a est du viiiᵉ siècle et un des plus anciens de notre Bibliothèque », m'écrivait M. le Dʳ C. Ch. Bernoulli, Bibliothécaire en chef de l'Université de Bâle, auquel je

II. — Le *Basiliensis* F III 15ᵃ est un manuscrit sur parchemin du vIIIᵉ siècle, qui comprend 32 feuillets ; il ne présente aucune numération de *quaterniones* : les coutures se trouvent entre les feuillets 5 et 6, 13 et 14, 28 et 29. Les 32 feuillets sont numérotés au recto, tantôt à l'encre, tantôt au crayon par un bibliothécaire moderne.

Si nous faisons abstraction des textes divers et fort courts relevés par Wackernagel sur le fol. 17 (entre le texte et les figures du *De Natura rerum*), et si nous réservons, pour en parler plus loin, les 22 lignes finales du folio 32, la table des matières contenues dans ce manuscrit peut être établie en 3 articles (avec un *bis*) :

1º (fol. 1 v.-fol. 16 v.) Isidore de Séville, *De Natura rerum*, depuis la fin du chap. XV, § 3 jusqu'à la fin ;

1º *bis* (fol. 18 r.-fol. 23 v.) 16 figures se rapportant au texte précédent ;

2º (fol. 24 r.-fol. 29 v., l. 10) *De Proprietate sermonum*, suivi d'une rallonge qui occupe les lignes 11 à 17 ;

3º (fol. 29 v., l. 18-fol. 32 r., l. 10) texte souvent incomplet de la lettre de saint Jérôme à Méliodore.

Ce dernier texte couvrant à peine plus de 2 folios, on peut dire que le manuscrit présente deux parties principales :

A) Le texte des chap. XV ss. du *De Natura rerum*, et les figures se rapportant à ce texte ;

B) Le *De Proprietate sermonum*.

III. — Dans les 2 parties, les pages sont hautes de 0 m. 245 et larges de 0 m. 190 ; les marges supérieures sont hautes de 0 m. 022, et les inférieures de 0 m. 030. La page comprend 26 lignes limitées par un point, à la pointe sèche, sur la marge extérieure, et un sur l'intérieur. La reliure ne permet pas de mesurer exactement les marges intérieures ; elles sont sensiblement égales aux extérieures. Celles-ci ont en général 0 m. 028, parfois 0 m. 030 dans le *De Natura rerum*, et seulement 0 m. 025 dans le *De Proprietate*. — Le parchemin présente des trous aux folios 9, 10, 12, 13, 16, 17, et aussi aux folios 24 et 26.

Plusieurs copistes ont travaillé successivement au manuscrit ; mais l'écriture est partout une écriture saxonne : le signe τ'y signifie *tur* (et non *tus*, comme dans toutes les autres écritures) ; les abréviations y sont nombreuses et parfois empruntées aux notes tironiennes : par exemple *autem* est représenté par un *h* agrémenté d'un crochet à droite, — *est* par le signe ÷. — Les lettres capitulaires, qui sont très fréquentes dans le *De Natura rerum*, mais qui ne se présentent jamais dans le *De Proprietate*, sont « bordées de points rouges » (1), « portent sur un fond soit rouge,

me fais un devoir d'exprimer ici ma vive reconnaissance ; car non seulement il m'a permis d'étudier à Rennes, tout à loisir, ce précieux manuscrit, mais il a bien voulu me fournir plusieurs renseignements avec une complaisance égale à son érudition.

(1) Cf. N. de Wailly, *Éléments de Paléographie*, t. I, p. 376, où il cite les caractères distinctifs

jaune, soit mi-parti ou écartelé de ces deux couleurs. » On trouve ornées et peintes non seulement les initiales, mais encore la 2ᵐᵉ lettre (par exemple fol. 5 v. et fol. 6 r.), parfois même les 3 premières lettres (p. ex. fol. 14 s.); bien plus, en pleine ligne, on trouve des majuscules ornées (4 au seul r. du fol. 16); les titres sont en rouge.

Si ce luxe d'ornementation ne se trouve jamais dans le *De Proprietate*, on y retrouve tous les détails caractéristiques précédemment cités. On relève aussi, dans toutes les parties du manuscrit, les caractères suivants : le *g* se compose d'une longue cédille contournée au-dessous de la ligne et soudée sous un simple trait parallèle à la ligne; l'*r* a un jambage qui descend jusqu'à la ligne comme le 2ᵈ jambage d'un *n*; le *d* à forme minuscule proprement dite est beaucoup plus rare que le *d* à forme ronde ou onciale ; l'*e* oncial allongé (à forme d'ε) est fréquent, surtout dans les ligatures *en, es,* etc. : c'est le prolongement de la barre du milieu de l'*e* qui relie l'*e* à la lettre suivante.

On ne trouve, ni dans le *De Proprietate* ni dans les 5 dernières pages du *De Natura,* le signe anormal qui, dans les 6 premières pages, est employé deux fois pour représenter *per* : c'est un *p* dont la panse est surmontée, à droite, d'un crochet semblable au haut d'un *c.* Ce signe se trouve p. 5 dans *persecutio* et p. 6 dans *perficiens.*

IV. — Les graphies germaniques ne se rencontrent jamais dans ces 6 premières pages du *De Natura rerum.*

Elles sont au contraire aussi fréquentes dans les 5 dernières pages du *De Natura* que dans le *De Proprietate* : *De Natura,* fol. 14 *atriaticum* corrigé en *adriaticum,* — fol. 15 *carybtinem,* — fol. 16 *possitionem, difidens* corrigé en *diuidens, profussus, assia* (toujours), *quicquit.* — *De Proprietate,* lemme 29 *uiteri,* — l. 181 *capud,* — l. 205 *puplicorum,* l. 227 *bonuntur,* — l. 229 *uiducialiter* (dans ce lemme, le copiste vient d'écrire 2 fois *fiducia),* — l. 251 *capud, iamtudum.* — Dans la 3ᵉ des 5 *Differentiae* que le copiste ajoute au *De Proprietate,* il corrige *stad* en *stat.* — Enfin, à l'avant dernière ligne du *Basiliensis* (fol. 32 v.), on lit *contemnati.*

En résumé, le *De Natura rerum* et le *De Proprietate sermonum* ne sont pas transcrits par le même copiste; mais ils ont été copiés dans le même atelier : entre les 2 parties du *Basiliensis,* les seules différences que l'on puisse relever sont en somme une différence de 0 m. 002 dans la largeur des marges extérieures, et le fait que les lettres ornées, très fréquentes dans le *De Natura,* ne se présentent jamais dans le *De Proprietate.* Pour tout le reste (disposition matérielle, écriture saxonne, graphies germaniques), les 2 parties du manuscrit présentent des ressemblances qui supposent qu'elles ont été copiées dans le même couvent.

de l'écriture anglo-saxonne signalés par les Bénédictins. — De Wailly (*ibid.,* p. 665), parlant de l'écriture anglo-saxonne, dit : « ... ce qui caractériserait plus particulièrement cette écriture, ce seraient peut-être les points rouges servant d'entourage aux lettres initiales... Les Saxons les prodiguaient tellement que, etc. »

V. — Avant de passer à une étude plus détaillée de notre texte du *De Pro-prietate sermonum,* ajoutons quelques derniers détails à la description de la première partie du manuscrit.

Le texte du *De Natura rerum* y commence, sans titre, au verso du fol. 1, dont je reproduis ci-dessous les dix premières lignes (1) :

Scriptum est uobis autem qui creditis orietur sol iustitiae | et sanitas in pinnis eius merito autem christus sol intellegitur dictus | quod ortus occidit secundum carnem et secundum spiritum de occasu | rursum exorsus est item inluminat sol et exurit etiam (paco *corrigé en*) pauco tempo | re confouet sanos (febricantes *corrigé en*) fehri-citantes uero flagrantia geminati coloris | incendit ita et christus credentes fide spiri-tum uegitante inluminat et negan | tes se aeterni ignis calore torquebit.

(Titre en rouge) de quantita solis (et en noir) c. xvi.

Rursus in eadem opere doctor idem testatur solis radius | nulli proprior nulli lon-gior est similiter et lunae globus | .

Le fol. 4 r. du *Basiliensis* porte à la ligne 16 : tiam augmentis detrimentisque inter se distantium circulorum.

Donc, entre *detrimentisque* (du chap. xix, § 2, cf. Migne, t. LXXXIII, p. 992, l. (du bas) 5) et *inter* (chap. xxii, § 2, avant-dernière ligne), le modèle du *Basiliensis* pré-sentait une lacune provenant sans doute de la perte d'un feuillet.

C'est la seule lacune que le *Basiliensis* présente dans le texte du *de Natura Rerum* qui se termine fol. 16, verso, l. 1 : mensuram geometrici $\overline{\text{CLXXX}}$ stadiorum aestimaue-runt | Finit.

Nous avons parlé du fol. 17 tout au début de cette étude. Les fol. 18-23 présentent, aux r. et v., 16 grandes figures, presque toutes polychromes, qui se rapportent à l'astronomie, au calendrier, etc., avec légendes latines inscrites dans les cercles. Les figures que Migne imprime, aux chap. xxiii et xxxvii, sont à leur place dans le texte du *Basiliensis* ; mais, ni dans le texte, ni parmi les 16 figures qui suivent le texte, il ne présente aucune des figures que Migne imprime aux chap. iv, vii, x s.

VI. — Le *De Proprietate Sermonum* commence, sans titre et sans initiale ornée, au recto du fol. 24 dont la 1re ligne est :

Inter polliceri et promittere hoc interest quod promittimus rogati inter polli.

Ce fol. 24 est le 1er du dernier *quaternio* du manuscrit ; ce *quaternio* a sa couture entre les fol. 28 et 29, et présente les fol. 24-32 disposés de la manière suivante : au fol. 24 correspond un onglet, au fol. 25 le fol. 32, au fol. 26 le fol. 31, au fol. 27 un onglet, à un onglet le fol. 30, au fol. 28 le fol. 29, au verso duquel finit le *De Proprietate.*

Le fol. 24 r. comprend 26 lignes toutes pleines, dont la 1re commence (sans lettre

(1) C'est la fin du ch. xv, § 3 (Migne, t. LXXXIII, p. 988).

ornée mais avec majuscule) par *Inter polliceri*. Les lignes 25 s. ne comprennent que (lem. 15) *honestus in opib ;* | *dr̄*. — Dans la marge de droite une **+** devant la ligne qui finit par (lem. 12) *Inter de* | *mentem*. Cette croix, et d'autres croix passim, semblent avoir été dessinées par un lecteur et non par le copiste (vu la couleur de l'encre).

Le fol. 24 v. commence à (lem. 15) *beatus ab animo* et comprend 26 lignes, pleines sauf la 14ᵉ : (lem. 20) *caeli occupet maiorem serenam relinquat*. La 26ᵉ ne comprend que : (lem. 26) *noctem intel̄*.

Le fol. 25 r. comprend 26 lignes, toutes pleines, de (lem. 27) *Inter fari et loqui* à (lem. 38) *sine ceteris uiuit unicus*.

Le fol. 25 v. contient 26 lignes, de (lem. 38) *habetur solus* à (lem. 49) *iuuentus dr̄ multitudo*.

Le fol. 26 r. = 27 lignes toutes pleines sauf la dernière *losus*, de (lem. 49) *iuuenum iuuentas unius aetas* à (lem. 61) *insidiosus periculosus*. Le manuscrit présente le lemme 52 *bis*. Les lignes 24-26 sont plus courtes que les précédentes, parce que l'angle inférieur droit du parchemin est rogné ; mais il l'était avant que le copiste écrivît : car le texte ne présente pas de lacunes.

Le fol. 26 v. = 26 ll. de (lem. 61) *uel totus dies uel animus propter arduitatem* à (lem. 172) *Inter laurum et lauream hoc interest*. (Sur la rognure de l'angle inférieur g., v. ce que nous venons de dire à propos du recto). Le lemme 75 *bis* et les lemmes 77-171 manquent et manquaient dans le modèle du *Basiliensis*.

Le fol. 27 r. comprend 26 ll. de (lem. 172) *quod laurus est ipsa arbor* à (lem. 189) *quod dulce idem potest*. — Au milieu de la ligne 5, le 1ᵉʳ des 2 copistes du *De Proprietate* s'est arrêté après avoir écrit les mots (lem. 175) *Inter curam et diligentiam hoc interest*. Le 2ᵈ copiste qui a commencé aux mots *quia cura cruciatum habet* a une écriture beaucoup plus serrée que le 1ᵉʳ copiste, dont l'écriture (à lettres espacées) ne reparaît plus jusqu'à la fin de notre texte. Il commet, bien plus souvent que le premier, la faute qui consiste à écrire *hoc interest qui* (v. *qui* corrigé en *quia* aux lemmes 180 s.).

Le fol. 27 v. comprend 26 lignes toujours toutes pleines : car les espaces blancs qu'on observe (ll. 1 entre (lem. 189) *sua* et *ue*, 7 entre (lem. 193) *uirtutem* et *hoc*, 8 entre (lem. 194) *pyram* et *hoc*, 9 entre (lem. 194) *sacri* et *ficis*, 10 entre (lem. 195) *interest* et *quod*, 11 entre (lem. 196) *quod* et *uir*) s'expliquent par ce fait que le parchemin se trouvait, sur ces points, trop mince ; et le copiste, voyant transparaître quelques lettres du recto, s'est abstenu d'écrire sur ces espaces blancs. Le plus long de ces espaces n'a que 45 millimètres ; aucun d'eux ne suppose une lacune dans le texte.

Le fol. 27 v. comprend de (lem. 189) *esse quod suaue* à (lem. 203) *congregationem plurimam pertinet populi unius*.

Le manuscrit présente le lemme 196 *bis*.

Le fol. 28 r. comprend 26 ll. de (lem. 203) *ab uno capite* à (lem. 216) *bustum in
quo ossa sunt.*

Le fol. 28 v. = 26 ll. de (lem. 216) *quasi bene ustum* à (lem. 229) *uiuit et
uiducialiter uiuit.*

Le fol. 29 r. = 26 ll. de (lem. 230) *Inter legionem et dilectum* à (lem. 250) *Inter
interea et interdum hoc interest.*

Le fol. 29 v. = 26 ll. dont la 17ᵉ comprend les mots : *memoriae monimentum
sepulturae dicimus. finit.*

Les autres lignes sont pleines. C'est à la ligne 10 que se termine notre dernière
differentia: *Inter homines et bestias hoc interest quod bestiae uentri seruiunt homines
ratione.*

VII. — Les lignes 10-17 comprennent l'addition suivante que le copiste considère
évidemment comme faisant corps avec ses *differentiae* : *Inter surgo et exsurgo et
resurgo et non* (1) *surgo | et insurgo hoc interest quod surgo e sede exsurgo de lecto
resurgo a morte consur | go cum aliis insurgo in alios* (il avait d'abord répété *cum
aliis* au lieu d'*in alios*). *Inter uoluntatem et uolumtatem et uolumptatem et uo |
luptatem hoc interest quod uoluntas dei est uolumptas diaboli uoluptas mali deside |
rii. Inter stillam et guttam hoc interest quod stilla cadit gutta* (*stad* corrigé en) *stat.
Inter elementum et ele | mentum* (2) *et alimentum* (*hoc interest* gratté puis) *hoc
interest quod elementum de litteris* (*elementum* corrigé en) *elimentum de creatu | ris
dicitur* (*elimentum* corrigé en) *alimentum de* (*aescis* corrigé en) *escis. Inter monu-
mentum et monimentum hoc interest quod monumentum | memoriae monimentum*
(*saepulturae* corrigé en) *sepulturae dicimus. finit.*

VIII. — A la ligne 18 de ce fol. 29 v., commence immédiatement (et sans titre)
le texte de la lettre de saint Jérôme à Méliodore (3) : *Grandes materias ingenia
parua non sufferunt et in ipso conatu ultra | uires cassa subcumbunt,* etc. Le texte
de cette lettre de saint Jérôme est très incomplet : on dirait souvent que le copiste
en transcrit une analyse ou un résumé. La dernière phrase de saint Jérôme que l'on
puisse reconnaître se trouve fol. 32 r., ll. 9 s. : *hoc solum de praesenti uita lucrum
facimus quod christi seruitute consumimus* (4).

On lit aussitôt en pleine ligne : *Dificile est stare in loco petri aut cathe | dram
pauli tenere cum christus regnantium finit.* (Fin de ligne en blanc).

---

(1) *Sic* n̄.
(2) *Sic.*
(3) Ed. Vallars, tome I, p. 331.
(4) Cf. Ed. Vallars, I, p. 346 s. f. : *Solum habemus lucri quod Christi nobis amore sociamur.*

Habes lector in conpenda (Ic 1ᵉʳ ι gratté) *discendi manualem libellum quam magis probabis si tibi ussus | scribendi pretium uoluntas exsoluat.* (Fin de ligne en blanc).

IX. — Puis commence, à la ligne 14, un dernier article qui occupe les 14 dernières lignes du recto du fol. 32 et les 4 lignes du verso (dont le reste est blanc).

Il nous paraît utile de transcrire ici ce dernier article qui ne comprend que 18 lignes : car il est, en lui-même, intéressant ; de plus, nous croyons nécessaire de mettre le lecteur à même d'étudier, dans le détail, ce texte : en effet, si on le lisait superficiellement, on pourrait être tenté de croire qu'il est rédigé d'après Isidore de Séville (*Etymologiae*, VI, 16) ; et on serait (à tort) induit à tirer de cette ressemblance un argument pour justifier l'assertion suivante : « Le dernier cahier du *Basiliensis* F III 15ª se termine par un article qui ressemble beaucoup à ce qu'Isidore de Séville dit sur les Synodes. Or cet article est rédigé sur un feuillet (1) qui fait corps avec le 2ª des feuillets (2) du *De proprietate sermonum* dans le même cahier du même manuscrit. Donc il est probable que le *De proprietate sermonum* (dont une partie couvre le feuillet 25) était, par le copiste du *Basiliensis* (viiiᵉ siècle), considéré comme écrit par Isidore de Séville, au même titre que l'article (du feuillet 32) sur les synodes. »

Cette assertion serait dénuée de preuve ; la ressemblance entre l'article final du *Basiliensis* et le chap. 16 du livre VI des *Etymologiae* d'Isidore n'est qu'apparente ; en y regardant de près, on remarque, dans le texte de ces 18 lignes, des renseignements précis et des noms propres qui ne se lisent point dans le chapitre d'Isidore de Séville. Nous imprimons en italique ces passages où la différence est évidente entre Isidore et l'article dont nous transcrivons ci-dessous les 18 lignes :

De quinque sinodis uniuersalibus. Sancta sinodus prima in tempore constantini | regis CCC.X & VIII episc. in nicena *bit. hiniae* pro essentialitate patris et fili contra | arrium hereticum. *iulius fuit papa romanus alexander alexandrinus macha | rius* (*hierusalimitanus* corrigé en) *hierusolimitanus* (3).

Secunda sinodus in tempore (eheodori *corrigé en*) theodori magni imperatoris. CL. episc̄ praesen | tia spiritus sancti cum patre et filio contra hereticos machedonium et eunomium | et eorum sectatores qui dixerunt spiritum sanctum creaturam esse *et damasus fuit | papa romanus nectorius constantinopolitanus eyrillus hierusolimitanus | (4).*

(1) Le feuillet 32 du *Basiliensis.*
(2) Le feuillet 25 du *Basiliensis.*
(3) Les renseignements que nous venons de souligner sont inconnus d'Isidore et même des auteurs qu'Arevalo cite pour compléter Isidore.
(4) Le passage que nous venons de souligner n'est pas dans l'article relatif à la « secunda synodus » d'Isidore ; mais il est, en substance, pareil au texte qu'Arevalo, dans sa note e, rapproche d'Isidore.

Tertia synodus efessono prima in tempore (teodori *corrigé en*) theodori minoris.
CC. epīsc. | contra nestorium hereticum qui sanctam mariam genetricem christi
negauit deum | genuisse sed purum hominem *et caelestinus fuit papa romanus
cyrillus alexandrinus* | (1).

Quarta synodus calcidonensis in tempore marciani imperatoris. CC.XXX epīsc |
pro duabus naturus (*sic*) christi contra eutiscem (*sic*) hereticum qui unam naturam
esse in | christo dixit. | (fol. 32 v.) *et leo papa romanus fuit anatholius constantino-
politanus iubenalis hierusolimitanus* (2) | .

*Quinta synodus in constantinopolim in tempore iustiniani regis pro epis | tola iba
et ceterorum in qua contemnati sunt* (3) *seuerus et orienis. Uigilius | papa romanus
euthichius constantinopolitanus domninus anticenus.*

Tous ces renseignements sur la *quinta synodus* manquent entièrement dans le
chap. XVI du livre VI des *Etymologiae* d'Isidore qui n'y parle que de quatre synodes.

X. — Donc l'article, qui termine le dernier cahier du *Basiliensis*, présente, sur
les *cinq* synodes, le texte d'un auteur qui est certainement autre qu'Isidore. Par
suite on ne peut tirer du dernier cahier de ce manuscrit aucun argument pour prétendre que les copistes du VIII° siècle considéraient le *De Proprietate sermonum*
comme un ouvrage de S. Isidore de Séville.

Il semble plutôt qu'ils considéraient ce dernier *quaternio* sinon comme un cahier
d'*adversaria,* au moins comme un cahier de *varia* : on est amené à cette conclusion,
si on se rappelle que :

1° Ce cahier ne présente jamais les lettres ornées, si fréquentes dans les *quaterniones* précédents ; — 2° il comprend une grande diversité d'extraits (le *De Proprietate
sermonum,* sa rallonge, la lettre de saint Jérôme, un court extrait barbare et difficile à identifier, l'article sur les 5 synodes) ; — 3° le caractère lacunaire du texte de
saint Jérôme le fait ici ressembler plutôt à un résumé, noté d'après une lecture, qu'à
un texte transcrit avec soin.

Quant à l'écriture de ce *quaternio,* c'est bien l'écriture saxonne du *De Natira
rerum.* Mais on ne peut pas affirmer qu'aucun des deux copistes du *De Proprietate
sermonum* ait été un des copistes du *De Natira rerum.*

XI. — Nous notons ci-dessous, pour le texte du *De Proprietate sermonum,* les
différences qu'on peut relever entre le *Basiliensis* et l'édition de Migne (t. LXXXIII
col. 1319).

---

(1) Ces derniers renseignements manquent non seulement dans Isidore mais même, en partie,
dans la note *g* d'Arevalo.

(2) Ces renseignements manquent dans le texte d'Isidore ; cf. la note *i* d'Arevalo.

(3) Avant l'*s* de *seuerus* le copiste avait commencé à tracer le bas de l'*e* de la ligature *et* qui suit
seuerus ; il a exponctué (en bas et en haut) ce bas d'*e.*

1 rogati inter pollicemur.

2 nullus ad uniuersa potest referri — hominem id est — quasi ne.

3 sùm intus uenio foras eo.

5 dicimus munerum serubrum.

6 finis uel seruicii uel (*icii ι* sur grattage de lettres invisibles) — cuiuscumque
   rei alterius intellegi.

8 et amnem torrentem — interest qui — amnis ab ambitu cognominatur torrens
   — intumescet.

9 et innocuum — interest quia — intellegitur — nocendi potestatem.

10 fit opibus.

11 et regalem — puer regius regalis est.

12 demens dictus qui partem retenet quasi deminuta.

13 pecodes (*toujours*) — mixtura.

14 interest qui monstra demonstratur.

15 locupletem opulentum — honestus in opibus dr̄ beatus — lucuples ab eo quod
   sit locis plenus — opibus suis eminens pecuniosus a pecoribus dicitur.

16 praesentium.

18 naturalis.

19 interest quia exanimus qui ab animo retrahitur (*o ret* sur grattage de lettres
   illisibles) inanimus qua uinum quam animam habuit.

20 interest quia — significatione (*d'abord avec* ff) discendit — umbroso — sed
   cito desinit sed pluuia — uenti nubes exprement unde etiam plu★rare —
   coactae (*ac* au-dessus d'une lettre grattée) — caeli occupet.

21 et cruorem — sancitat — cruor cum fussus est ideo quod — putre factum.

22 tergora et terga — *omet* tergora animalium — (fangulari *corrigé en*) singulari.

23 affectus est et uocatiuum — desiderat cassum mihi datiuum.

24 (*placé après 25*) : tunc tempus est.

25 ira ex causa nascitur iracundia perpetuum uitium est.

26 noct★e hoc — partem dici — intēl.

27 fari et loqui sermocinari narrare — facunde dicimus — quando cum aliquo
   sermonem conferimur.

28 tenere et sumere accipere — tenemus (*puis* nostra *biffé*) quae — summimus.

29 suspicire — dispicere — uiteri spectare uisere — quod aspicimus — inspicimus
   inferiorem partem uel languidum intuemur causa — natura spectamus cum
   uoluntate uisemus exspecta.

30 temporis uitium.

31 ex multis alter duobus.

32 (facimus *corrigé en*) facinus — laude dicitur 33.

33 tribuntur — quibus milites — quidam munera uocant.

34 quod uesties (i *exponctué*) — uestimentum.

35 uuidum et humidum — quod uuidum penitus permaduit humidum quod medium.

36 comparatur id est contrario — reffertur.

37 hoc interest (avant *inter* et non avant *quod*).

38 solum et unum solidarium (t *au-dessus du* d) — ceteris derelictus est — solitarius semper.

39 apheresin et sencopen — sit litteras uel — detrachiens ei si -- nanties (i *exponctué*) — ultima ut addo luxori struitur pro luxoria.

40 solucismum — solicismus — sensi.

42 misrari hoc — tempore et dolet nobis de alicuius cassu et — miserari consulari — dolores.

43 dicitur quem oris ratio ducit — precatur non utique omnis qui rogat quia.

45 misus qui oris ratione exponat id quo.

46 et pigrum et — trachit — nullus offici — piger omnia — signis semotus a.

47 dicitur a uerbo quod est nascor gnatus filius.

48 Inter famem — famosum quod famosus dicitur qui tam — quam in macula semper fit infamis.

49 iuuentam et iuuentutem — quod iuuentus — iuuentas unius aetas iuuenta dea.

50 animae reffertur.

51 super et supra — quod super inferiori supra ad aliquid quod est 52.

52 et timorem — frustra prospicit — pauor animae motus unde — (iuuenta *corrigé en*) iumenta.

52 *bis* Inter que et ue et uae hoc interest quod et ue et que (coniuncio *corrigé en*) coniunctio est uae distinctio.

53 et cunctos et uniuersus — qui uno.

54 aqua etiam naturalis.

55 silet qui nondum coepit.

56 et praesidium — exigerit.

57 sequi et — quod consequitur praecedentem insequitur.

58 est quasi primum initium rei.

59 et desimulare — quae nescimus et negamus nos scire desimulamus.

60 et semitum — simul una pariter quae res clariat — semitum loci recipit significationem tamquam.

61 Inter sceleratum et scelestum.

63 Inter redibibum — quod redibibum quod nascitur rediuius quod recipiescit (pi *exponctués*).

64 patenum (*toujours*).

65 et pomeria — quod pomeria uacua — sicut et — maleta facereta oliueta.

66 eger animo fit.

68 (oficere *corrigé en*) officere — inficit quasi lanas aut inficit aut alia rc.

69 et (exuenire *corrigé en*) euenire et (accidere *corrigé en*) accedere — accedunt.

71 quod oleas ipsum — oliuae arbores sunt — olibeta.

72 nixum et nisum — refertur idem (et *corrigé en*) ad genua nisus ad animam idem conatus.

73 nefarium et nefandum — intellegitur.

74 et nutrificat — quod nutrit mulier et nutrificat nutricius.

75 (martinum *corrigé en*) maritimum (2 fois) — proximo.

76 et lacerat et lacinat — laniat cum membratim (discendit *corrigé en*) discerpit — distituit (lucinat *corrigé en*) lacinat — (imutiliter *corrigé en*) inutiliter — discernit.

77-171 (omis).

173 cerulo quasi argento.

174 (quod *exponctué devant*) hoc.

175 quia cura — que commoueat.

177 et animum et — mens est — mala sint et potest referri.

179 interest qui ulciscimur nos — nec.

180 et pellacem (*entre* p *et* e *se voit un* l *gratté*; *entre* a *et* c *une lettre grattée illisible* (c? e? o?); ella *sur grattage*) — (qui *corrigé en*) quia — pellex in uerbis dicitur a pellando idem per.

181 (qui *corrigé en*) quia immolari dicitur hostia cum malis salsa in capud proiecta est.

182 interest qui — bostem — sicut audivimus in facibus — quae dextra — a motis hostia.

183 deruere — eruntur latebra et (dert *corrigé en*) deruunt.

184 nequiquam — qui nequiquam — nequaquam nemo significat.

185 itener.

186 quod domini eius prius autem.

187 interest qui — refertur (reueor *corrigé en*) reuereor ad (adfectum *corrigé en*) affectum.

188 (qui *corrigé en*) quia fili — et fili in numerum singularem reuocari — (habea *corrigé en*) habeo — intelleguntur quam ingenui tam — (dicatur *corrigé en*) dicuntur.

189 *le* 2ᵈ dulce *dans l'interligne* — acoetum.

191 similitudo rei adprobatur.

192 diuinitatem et (diuitionem *corrigé en*) diuinitionem — poenitentiam (eni *sur grattage*) nominis — praesciuos.

193 uirtus ortares est.

194 (defunctus *corrigé en*) defunctis — sacrificis.

195 (armenta *corrigé en*) armamenta hoc interest quod 196 uir.

196 intellegitur natura nuptis uirtute (maculus *corrigé en*) masculus.

196 *bis*. Inter primum et priorem hoc interest quod prior alterum procedit primus omnibus.

197 et exsulem et religatum et transfugum — uoluntariae reliquerit patriam — religatus ad tempus ligatus transfugus — transiit.

198 priore parte elatum intellegimus quamque ad inferiora deponit — superius.

199 in uim — (impetus *corrigé en*) inpetu — uires uirosum.

200 seuum — seuus — uerbera est — sanguinis effusor.

201 proelium pugnam — quod dicitur acies — oculorum 202.

203 plurimam pertinet populi unius ab — (disendens *corrigé en*) discendens (dimus *corrigé en*) dicimus.

204 terram et tellorem humum — mundi est.

205 puplicorum.

206 In omne — totum soliditate 207.

207 et ulnus (*toujours*) — et quod ulcus (lauitatus *corrigé en*) lauitatis.

208 sic qui dicit et hostendit (h *gratté*) expla — referuntur.

210 (imperio *omis*).

211 quod pulum.

212· putat et existimat — arbitratur suspicatur — existimat qui ex inmaturo — — latantis.

213 quod hibere est porro habere — prohibemus iure inhibemus imperio.

214 et prodigium monstrum — solido nobis se — prodigium uero et in nocte — interdiem tenebre — serpiens — (*devant* alis, p *gratté*; *l'* l *est un* b *gratté*).

215 obticuere reticuere — quia qui — silentiam prestat — queuit opticuit — spem loquendi reliquit.

216 sepulchrum tumulum monumentum bustum — sepulchrum locus in corpora sepelliuntur a saepelliendo (a *gratté*) — qui cinere tegetur — quod sepulchro — monitionibus.

217 sine sideribus — possunt sidera sine astris non possunt quia astra.

218 quod deripere cum superiore parte in inferiorem — diripimus autem cum — et duas partes deducimus — ratio efficitur.

220 interest qui.

221 Inter inuium et diuium et auium — inuium est finea auium secretum diuium desertus locus peruium per quod commetatur.

222 dexteram me et extram — quidam putauerunt litteram sine causa habundare consuetudine antiqua ut reprehendo et reprehendo (he *grattés*) — et uehimens — dextera (manum *corrigé en*) manus dextram — dicimus.

223 reparata sunt ad — leges quae inter — facimus iura — leges q; recte ligantur.

224 inuidus qui alterim uidet.

225 protenus (l g ? o = *4 lettres grattées dont la 3ᵉ n'est plus visible*) hoc.

226 quod dimittit hic qui (de *au-dessus de*) alto — demittit qui in

227 bonuntur.

228 dimidum et dimediatum — quod dimidum non potest iam significare partem nisi subiciet — siue dimediatum est — ora dicitur nomen integrum nomen —· siue ora non potest dici media esse aut dimediatum (*une lettre grattée devant*) oram aut (umidum *corrigé en*) dimidum orae dimidum est dimediatum autem diminata portio.

229 demeritatis — conscientia uiuit et uiducialiter uiuit.

230 Inter e (*exponctué*) legionem — quod dicitur — (militae *corrigé en*) militiae dilectus quem maxime dilegimus ut filii ut cognati uel (parcs *corrigé en*) parentes.

231 adseduae et cotidiae — adsedue — perseuerentiae.

232 meret et meretur — meretur qui alterius — beneficii.

233 obuessorum — plenitatem rei dicimus cuiuslibet.

235 furtunam — furtuna nomen est felicitas opus nominis.

236 qui tueor custodiam.

237 ludicrium — ludicrium autem quassi delectamur sine cuiuscam.

238 stilam — quod gut (tam *au-dessus*) imbrium est stila — acceti.

240 Inter cognoscimus (cimus *au-dessus de* et agnos *qui est gratté*) — quod (agnoscimus *corrigé en*) cognoscimus quos primos habuimus amicos (ag *gratté puis*) agnoscimus quos nunquam.

241 Inter clypeum (*au-dessus* : et clipeum) hoc (*au-dessus* : interest) quod clipeum — (clupeum *corrigé en* clypeum) in quo.

242 Inter fratrem et germanum — frater patre.

243 mersare (m *sur grattage*) et.

245 et comminus — (qui *corrigé en*) quod.

246 decepere — interest qui capimus etiam merentes — (insiduose *corrigé en*) insidiose.

247 consilii ipsa (nuntiotia *corrigé en*) nuntiatia.

248 In fortem et — cassus est (fotuna *corrigé en*) fortuna dea est et quidam sic uolunt fors tam quam fors et mors tatem hoc interest 249.

251 interest qui — capud initium qui — persa motatur que intus — principum semel — principium est ut arma — q; (t *exponctué*) natura — speciem initii ahent uitat regina — iamtudum — lacrimans clausiq;

252 et melitare — melitamur corpore.

253 In(ter *au-dessus*) — (hones *corrigé en*) homines ratione.

Le *Basiliensis* ajoute 5 *Differentiae* reproduites ci-dessus § VII.

M. R. JAMES

A GRÆCO-LATIN LEXICON
OF THE THIRTEENTH CENTURY

The lexicon of which I am to treat in these pages exists in a single manuscript
no. 9 of the Arundel collection in the Library of the College of Arms or Heralds
College in Queen Victoria street in London. The collection in question consists of some
54 volumes. Like the Arundel Mss. now in the British Museum, it was once
the property of Thomas Earl of Arundel who died Earl of Norfolk in 1646. It came
to its present possessors about the year 1678 by the gift of Henry Howard duke of
Norfolk, grandson of Earl Thomas. The bulk of the Arundel mss. were given at
the same time to the Royal Society, and most of them were transferred by that body
to the British Museum in 1831.

Of those which were given to the College of Arms a brief catalogue will be found
in the Oxford *Catalogi manuscriptorum Angliae et Hiberniae* (1697. 2. i. 177) and
a very good full descriptive catalogue of then, drawn up by Mr. W. Black, was
privately printed in 1829, with a preface by Sir C. G. Young, the then Garter King
of Arms.

I should like in this place to acknowledge the great kindness of those members
of the College of Arms, especially Mr. Everard Green, Rouge Dragon, and Mr.
G. Athill, Richmond Herald, who have at various times given me access to this
and to other manuscripts in their possession.

The manuscript no. 9 is a small folio, in which two volumes have been bound
together. The first of these is our Lexicon : the second is a copy of the Annals of
Nicholas Trivet. No trace is discernible of the monastic provenance of either volume.

On a blank fly-leaf at the beginning is the name « Mr. Carye clothworker » in a hand of the sixteenth century : at the top of f. 1. is « William Howarde 1589 ».

Mr. Carye may be the John Carye of Coleman street who is mentioned by John Joscelin Abp. Parker's secretary as owning a copy of Roger Hoveden's Chronicle (see Hearne *Robert of Avesbury*, p. 267 and 99). William Howard is Lord William Howard of Naworth (d. 1640) who owned several of these Arundel mss. : others, collected by him, are still at Naworth.

The Lexicon is in a clear late thirteenth century hand. It is written at first in double columns (on ff. 1-3) : subsequently in triple columns : ff. 1-3 have 56 lines to a column, the rest 57 lines.

The structure, or collation, is as follows :

1^{12} (+ a slip after f. 1) 2^{12} 3^{12} (one leaf cancelled and replaced).
4^{12} 5^8 (wanting the 8th leaf) : in all 55 leaves and one slip.

At the bottom of f. 1, in the original hand, is the title.

parcionar*ium* grec*um*.

At the top of every page, also in the original hand, is $\overline{\text{IHC}}$.

The orthography of the Latin portions calls for little remark : the scribe sometimes writes *w* for *uu* e. g, wulnero, wlgus. I attribute the whole text, and almost all the marginal additions, to a single scribe, and have no doubt that he was English.

The writer's practice with regard to the Greek portions of his work, on the other hand, demands a more detailed treatment. Occasionally he writes a few words in Greek letters : but for the most part he prefers to use the Latin alphabet wherever he can do so without confusing his reader. Where the use of the Latin letters would introduce an element of doubt, he employs the Greek characters. His habits can be best set forth by means of a review of the whole alphabet.

For α β, the Latin forms *a*, *b*, are employed throughout.

For γ, *g* nearly always. On f. 2 *a*, however, we find ΑΓ written a good many times ; and also, at the beginning of the letter Γ the Greek form is given. This, by the way, is the case with most of the letters.

δ, ε, ζ are practically always *d*, *e*, *z*.

η always preserves the Greek form Η.

θ. *th* takes its place in perhaps the majority of cases.

ι, κ, λ. are practically always *i*, *k*, *l*.

μ, ν, are seldom written in the Greek forms ; but a peculiar form of the Latin *m*, *n*, is employed, in which the last stroke of each letter is prolonged downwards.

ϛ normally preserves the Greek form.

For ο, π, ϱ, σ, τ, the Latin *o p r s t* are uniformly written.

For υ the Greek form is carefully kept after f. 3 *b* : before that, *y* is usual.

For φ, χ, the use is variable : the Latin substitutes *f*, *ch*, are'frequent.

ψ, ω, keep their Greek form almost without exception.

Accents and breathings are very irregularly and by no means correctly given.

The more familiar *compendia* are copiously used, namely, these for ον, ου, αν, ην, ων, ως, ης, εν, και.

On a small slip bound in after f. 1 a series of these *compendia* is written, evidently by the hand of a practised Greek scribe, probably forpurposes of reference. It gives the following :

αϛ εϛ ηϛ ιϛ ειϛ ουϛ οιϛ. ην ιν αν ον ων. ως αιϛ δε και ειν αγ εγ εχ ουκ επ αξ εξ προς επὶ μηνος εοτι γαρ ωσπερ περι μενος ματα τικον. ται μαι.

The number of words contained in the Lexicon is very considerable. The first leaf, which has only two columns to the page, and contains several entries occupying more than a single line, has 182 articles; ff. 2, 3 must contain over 200 apiece, while ff. 3-54, in triple columns, would contain at their fullest 342 apiece, — in reality somewhat less. This gives us, making a generous allowance for entries occupying more than one line, and for spaces, which occasionally occur, a total of at least 16000 words.

In its contents this Lexicon differs from the previously known Græco-Latin glossaries and from the Greek *Lexica*, inasmuch as it is intended for the use of persons who know no Greek at all. It therefore contains the simplest, as well as many of the rarer words, in the language. For these commoner words the compiler is, I presume, himself responsible : but he is, naturally, indebted to the labours of others for the most important part of his work. It will be my chief object in this paper to point out some of his sources and to enquire what light these cast upon his identity and environment.

I may say at once that his work does not appear to depend directly or exclusively upon any of the Greek *Lexica* which have been printed, though there are several with which it has much in common, especially Suidas, Photius, and the *Lexicon Seguierianum*, comprising the letter A only, printed in Bekkeri *Anecdota* (I, 371-476).

Several authorities are actually named by the writer : we will enumerate these in the first place ;

1. Liber de erotimatibus (sc. ἐρωτήματα) This is cited but once, for the seven meanings of the letter A, in the very first lines of the text.

2. Chocroboscus, cited twice, as « Jo. χοιρο<6οσκο>ϛ ». and « Jo. Chirob ». on ἀ6ρά and κρατήρ. « Jo. » is a mistake for George.

3. The Lexicon of Suidas, cited very frequently, and often at considerable length, both in text and margin, the marginal citations being in the same hand as the text. It is called *Sιda*, or *liber Suda*.

4. An authority cited successively as *Pau.*, *Pausa.*, and *Pausanius*, i. e. Pausanias the Atticist, author of a Lexicon now lost.

5. « Magister Nicholaus », cited only twice, on περίψημα and πυρκαïα.

6. The Greek Bible, to which reference is made twice in the text, and four times in the margin. The books referred to are Deuteronomy, Job, Psalms, Ecclesiasticus.

At the end of the book, moreover, is an excerpt seemingly from a single source unnamed, giving a supplementary notice of a few words beginning with A.

Now two of the authorities named in my list, the third and the fifth, seem by their presence to afford a clue to the surroundings of our lexicographer. One western scholar of the thirteenth century, and, so far as I know, one only, is known to have possessed a copy of the Lexicon of Suidas. This was Robert Grosseteste, bishop of Lincoln (ob. 1253). An instructive article by Val. Rose (*Hermes*, V, 155) gives us the best available account of Grosseteste in his relation to Suidas. A British Museum ms. (Royal 8 B. IV) of the XIVth century, formerly in the Library of Bury St Edmund's Abbey, contains a selection of articles from Suidas in a Latin version ascribed to Grosseteste. Prefixed to it is an account of the « liber Suda », with a list of the 71 (70) chapters of which it consisted. This account, which is printed in full by Rose in the article referred to, is, as I believe, in the handwriting of John Boston the bibliographer, who was monk and librarian of Bury Abbey, and died early in the XVth century. The chapters which he here enumerates are for the most part biographical articles selected from the *Lexicon*. One of them, that on *Jesus,* attained a wide circulation. The text of six others (Abraham, Adam, Augustus, Hermes, Alexander, Leontius) is given in the ms. 8. B. IV and apparently there only. At the end of these, in John Boston's hand, is this note : « Non plus habe-tur apud Lenniam sed residuum est Oxonie. » By Lenniam I take it that the library of one of the friars'houses (most likely that of the Carmelites) at Lynn in Norfolk, is meant : the reference to Oxford may be confidently interpreted of the Franciscan convent there, to which Grosseteste bequeathed his books.

Rose further points out (*l. c.* p. 157) that, in Grosseteste's own version of a commentary on the Ethics of Aristotle, marginal glosses from Suidas — not included in the list of chapters just described — accompany the text. We need not, I think, in face of the evidence, doubt that Grosseteste owned a copy of Suidas.

It is even clearer that our Lexicographer had Suidas before him : the citations, usually given in the original Greek, and accompanied by a literal Latin version, must number several hundreds.

Until, then, evidence is adduced of the presence of other copies of Suidas in England or France in the XIIIth century besides that owned by Grosseteste, I must regard the use of him by our author as a bond of connexion between the Lexicon and the Bishop of Lincoln.

I may be allowed to digress for a moment and attempt to lift the veil which has hitherto hung over the destinies of Grosseteste's copy of Suidas. That copy cannot, as I have ascertained from M. Omont, be identified with any of those now in the *Bibliothèque nationale*. The Vossian ms. at Leyden which shows a striking coincidence of reading with that which we seek (1) is assigned to the XIVth century, and is therefore too late in date. But I think there is a very strong probability that we do possess a transcript of Grosseteste's copy in the ms. (n° 76,77) at Corpus Christi College, Oxford. A recent inspection of it enabled me to identify the scribes by whom it was written. The first two-thirds or thereabouts of the text are in the hand of the scribe of the well-known Leicester codex of the New Testament who, as I have elsewhere shown, was one Emmanuel of Constantinople. He worked for George Neville archbishop of York (ob. 1476) and, after the downfall of his patron, seems to have gone at living and writing in England. The remaining part of the text is the work (unsigned, but clearly recognizable) of Joannes Serbopoulos, who, as several of his colophons tell us, wrote books at Reading Abbey in the last years of the XVth century. The manuscript was owned successively by the two early Oxford scholars William Grocyn and John Claymond, the latter of whom gave it to his college of Corpus Christi. Thus, the antecedents of the book connect it with Oxford : of its scribes, one is known to have resided not far from Oxford : and it was to an Oxford convent that Grosseteste's library, presumably including his Suidas, was bequeathed. It must, I think, be allowed that we have here strong grounds for connecting the Corpus Christi Suidas with that owned by Grosseteste.

To return to our immediate subject. « Magister Nicholaus », as I have said, is twice and only twice adduced as an authority. Under the heading περίψημα it is said that the word « secundum magistrum Nicholaum dicitur spuma aque vel olle bullientis, et dicitur a *peri* et εψω quod est *lixo*, *epsin* enim idem est quod *lixare*, unde *epsesis*. ».Again, on πυρκαία : « Secundum magistrum Nicholaum pircaia est domus in qua operatur faber ». By this method of citation an oral source may quite as well be indicated as a written one ; and indeed I suspect that our writer is here quoting the words of his teacher. That teacher I venture to identify with Nicholas the Greek, whom Matthew Paris mentions, along with John of Basingstoke, as having assisted Grosseteste in translating the *Testaments of the Twelve Patriarchs* from Greek into Latin (*Hist. maior.* iv. 322, ed. Luard). Paris calls him « clericus abbatis s. Albani ». In the fifth year of Grosseteste's episcopate (*i. e.* about 1240) a « magister Nicholaus Graecus, subdecanus » was presented by the abbot and convent of s. Alban's to the living of Datchet (near Windsor). Further, a Nicholaus Graecus

(1) It agrees with our Lexicon in omitting the important word ἔρημον in the article Σικάριοι.

appears as canon of Lincoln in 1248 and 1260, and a magister Nicholas Graecus witnesses a deed of Oseney Abbey (near Oxford) in 1259, to which the Dean and chapter of Lincoln were parties. Tanner in the *Bibliotheca Britannica* gives these facts, and I am not aware that any other mention of Nicholas the Greek has since been brought to light. There seems to be no objection to the identification of Nicholaus the Greek, clerk of the abbot of St. Alban's, (not a monk of the Abbey) with the parson of Datchet and canon of Lincoln. I submit that in the Lexicon we have a further trace of him as a teacher of Greek, and that this, again, brings our Lexicographer into close connexion with Grosseteste and his circle.

The references to the Greek Bible are of less clear import; yet there is evidence which may serve to connect them with English scholars of the thirteenth century. The references themselves are as follows :

1) F. 5 a. *Amaltheias Keras.* Intactum cornu. Job ul*timo.*

2) F. 116. *Askos* uter. masc. psalmus ωσ ασκος en pachnη sicut uter in pruina (Ps. cxviii (cxix) (83).

These two references are in the text : the remainder are added in the margin.

3) F. 12 b. αυλι(σ)θήσεται deuoluetur ec*clesiastici* 27 g.

A mistake for κυλισθήσεται Ecclus. xxvii 27 (vulg. 30) ὁ ποιῶν πονηρὰ εἰς αὐτὸν κυλισθήσεται. vulg. super ipsum devolvetur.

4) F. 20 a. διωρυξ trames ec*clesiastici* 24 fg.

Eccl. xxiv 30, 31. Vulg. 41, 43.

5) F. 39 b. on ορυξ, deut. 14. pigargum et origem. ibi grecus pigargon origa. = Deut. xiv. 5. δορκάδα και πύγαργον, ὄρυγα και καμηλοπάρδαλιν.

6) F. 42 a. pikria amaritudo. Ecclesiastici 7 — Ecclus. vii. 11.

The books of the Bible here cited are Deuteronomy, Job, Psalms, Ecclesiasticus ; and it so happens that we can point to the existence of copies of all of them in an English monastic library. The Bodleian ms. Canonici gr. 35, containing Genesis to Ruth in Greek, belonged to Christ Church Canterbury at least as early as the fourteenth century. At the same library Leland saw, just before the Dissolution, a ms. of « Job, Solomon, Esaias, Hieremias » in Greek, and also a Greek Psalter. By « Solomon » we must understand all the sapiential books, of which Ecclesiasticus is one. It has not been hitherto possible to connect these books directly with Grosseteste ; on the other hand, it is difficult to dissociate their presence in England from his influence.

Before we proceed to consider the other grammatical authorities to whom our author refers, I should like to call attention to a class of entries in the Lexicon, which I have not as yet mentioned. They are associated with Magna Graecia and Sicily. I have copied all that I could discover, and will put them together here :

Αἴνη. mons sicilia quem vulgus nomina(t) mungibellum.

Αἴτνη. mons in sicilia quem vulgus dicit vulcanum... unde Αιτναῖον quicquid est de monte illo.

Aréthousa. fons in sicilia ad quam currit fluvius nomine Alfeῖos qui ad eam currens per dimidium mare obseruat aquam dulcem fluvius autem est in arcadia.

Augá. neut. plur, ova per calabr*iam* et sicil*iam*,

Acheiropoίητos. non manu factus... ut dei genitricis *ymago* rossan̄ et veron(ic)a missa a domino ad abgarum.

Báris. turris. civitas plena turribus et civitas in apulia ubi sanctus nicholaus.

Beníbentos. civitas quedam in calab*ria*

Démenna. neut. plur. nomen regionis in sicilia.

Kalabría. terra ultra apuliam dicta a καλα quod est bona et bruω fluo.

Odηγήtria. dux uie. quod sup*ra*scriptum est ymagine dei genitricis quam lucas evangelista depinxit in constantinopoli.

Orfos. quidam Kalabriensis nobilis.

Raξos. genus casei in Kalabria.

Rήgion. nomen civitatis in Kalabria et in Lobardmia.

Tarantos. civitas in apulia habundans piscibus.

Φαϱos. brachium maris in cicilia.

Φellourea. quedam herba calabriensis.

These entries, which are out of all proportion to the other geographical or local entries in our text, seem to show a special interest in the district to which they refer : and by way of explaining their presence here I cannot do better than quote a passage of Roger Bacon in his *Compendium studii* (cap. VI, p. 434 cd. Brewer) : Nec multum esset pro tanta utilitate ire in Italiam, in qua clerus et populus sunt pure Graeci in multis locis ; et episcopatus et archiepiscopatus ; et divites ac seniores possent ibi mittere pro libris, et pro uno vel pro pluribus qui scirent Graecum ; *sicut dominus Robertus, sanctus episcopus Lincolniensis, solebat facere ; quorum aliqui in Anglia usque ad haec tempora sunt superstites.*

There are other indications that an Italo-Greek was concerned with our text. In a good many cases the Latin equivalents of the Greek words are not given : sometimes perhaps because they were obvious from the context, sometimes because they were not known to the writer. In a good many of these cases a Greek and sometimes a vernacular equivalent is given in the margin in a smaller script. Some instances may be collected here :

Annόna	*marg*	ϱόγα The Byzantine corruption of *erogatio*.
Daidalos		pikilos (ποικιλος) poluïstωr.
Θώς		licopanthir.
Θωραζω		lisingo.

perpereuω	lisingo.
again.	
Αρυτιδωτος	αζαροτος .ζαρος is a wrinkle.
Afusmos	anchina.
Apsis	camara.
Barumǵnis	minisicacos.
Gelloús	nηris.

This needs a word of explanation : Γελλοῦς in Suidas is described as a woman who died untimely and whose ghost (φάντασμα) is supposed to carry off children and those who die out of due time. The word νηρις in our text is the medieval Greek equivalent for fairy.

Glηnη	cori (κέρη).
Iluspω	alatrizω.
Kestreus	gluttun (also on Margίtηs).
Krika	cullura.
Kumbion	mazion chrisoun (χρυσοῦν).
Kurηbion	bren (also, inthe text, on aleurótηsis.
lokros	blundus.
Οίdaξ	filix πτερη.
Omfakiῶ	modiazω.
pambaξ	cuttom̄ (cotton).
papuros	ambleda which seems to mean wattled work.
Riknos, Riknῶ	Zaros, Zarῶ.
Sitηresion	τος εις τροφην διδ(ομενον).
Φernη	prix.
Φeskasion	mangan... nauigat... (1).
Φruktos	fanos.
Φrûnos	sactuda or saccuda,
Ψaros	apocalipsi.

This last note is of a different kind. It seems to be a mistaken reference to the Apocalypse for the word ψαρος. The annotator had in his mind the phrase ῑππος ψάρος which occurs in Zechariah VI. 3, 7, but not, as he imagined, in Apoc. V.

Let me add a few entries in which late or vernacular words are employed in the text, not the margin.

Azour	lazur.
Aimatη	conta. vas ad lauandum pedes.

---

(1) μάγγανον πλοῖκὸν Photius and Suidas.

Aleuvotηsis	furfur. bren.
Allassω	cambio etc.
Amachos	... sine guerra.
Amippos	qui ducit karectam.
Apηlos	non lutosus. et sine vino sicut Anglia.
Bikos	vas vitreum quod romani carrafa dicunt.
Gotthos	scotticus,
Difthera	forratura de pellibus. et pellis vellosa. et superpelicium paruuli.
Eleopolis	quoddam instrumentum ad capiendum civitates et turres. s. trebuketum.
Enthrupton	guastella (gâteau).
Kῆνsos	bizancios. census.
Kuψέlη	vas vini. galun.
pepωn	melun.
perperon	genus quoddam bisancii quo utuntur greci. valet 3 sol. sterlingorum.
Ramnos	quedam planta spinosa quam romani spinam sanctam dicunt.
Φολις	squama et mallia lorice.
ψιττακος	quedam auis quam gallici cotroniz dicunt.

We have here three languages used, Greek, Italian (lisingo) and French. I cannot detect any undoubtedly English word. This is what we might expect from one of the South Italians whom Bacon mentions as residing in England in his time.

Possibly he may have left us a clue to his actual identity. There is a colophon in the book, at the end of the letter R :

ϱδόσ δόξαν ἄνακτι σῆς γϱαφῆς τελεῖ.

But I must confess that I cannot interpret it. May we see in ϱδόσ a perverse allusion to the name of Rossano ?

Another habit of our writer which is worth noticing as one which he shares with most medieval grammarians is that of occasionally introducing memorial verses to explain his entries. Two examples will suffice :

Abron siméni (σημαίνει) lampron triferonque cuphonque (i. e. τϱυφεϱόν κοῦφον).
Est animus thimos desideriumque vel ira.

We return to the consideration of the grammatical sources which are definitely named by our lexicographer apart from Suidas. There are three of these, the *liber de erotimatibus*, Choeroboscus and Pausanias. I will set down in full the citations from each :

1° A significat septem, ut dicitur in libro de erotimatibus. defectum, ut aphilos sine amicis. intensionem, ut axilos. i. silua ubi est multitudo lignorum. 3° similitudinem (*or* simul), ut adelphus, qui ex eodem ventre vel matrice natus s. frater uterinus. 4° modo, significat malum, ut aphonos, qui malam habet vocem. 5° modo, parum, ut amathis parum instructus. 6⁰ modo congregacionem, ut apas omnis. 7⁰ modo additur per pleonasmum, ubi nihil addit super significacionem simplicem, ut stachis spica, astachis idem.

I have not as yet found the particular ἐρωτήματα which furnished this very indifferent information to our author.

2. *a*) 'Abrá secundum Ιο. Χοιροβοσκον delicata et mollis.

b) Κrατηr. Masc 32. Vas in quo miscetur vinum. Κerω miscco et per sincopam *krω* cuius futurum *krasω* et nomen verbale *kratos* unde *kratηr* secundum Ιο. Chiroboscum.

Here again I must confess to being unable to furnish the right reference to the passages of George (not John) Choeroboscus which are quoted.

3. Pausanias.

a) Abra ancilla sequipeda et secundum Pau. connutrita et ad manum famula .secundum suda domi nutrita et honorata pediski (παιδίσκη),

b) Aburtakη esca barbarorum ex quibusdam amaris. Pau. With this we must couple a longer definition on f. 55 Aburtakη cibus barbarorum ex acribus paratus kardamis et alliis et sinapeo (s) et uuis passis.

c) Aggaroys. presbeis kai ek diadochηs grammatoforoys. *marg.* pausa.

d) Apurgos. sine muro. secundum Paus' Ateichistos sine muro. teichos murus.

e) In the margin. Pausanius. peltη. aspis igun (ἴτυν) ouk échousa.

f)   —   Pausanius pericholos uperkolos. nimis iracundus.

g) Pηktos masc. Mors secundum Pausan' (1).

h) In the margin : Pausanius. pragmata kai tàs praξeis elegon.

i) Sudas. probata, panta ta tetrapoda. eadem verba dicit pausanius.

The fragments of this Pausanias have been collected by E. Schwabe (*Aelii Dionysii et Pausaniae Atticistarum fragmenta*, Leipzig 1890). Photius had read his Λεξικὸν κατὰ στοιχεῖον (*Bibliotheca*, cod. 153), and Eustathius used it copiously. In fact, it appears from Schwabe's book that all the extant fragments of the Lexicon with the exception of three are preserved by Eustathius. The three exceptions occur in Scholia on Homer and Thucydides. Hence the occurrence of these citations in our Lexicon is very noteworthy : and it is still more interesting to find that most of them are new. Thus, though fragments *a*, *b*, *c*, find their equivalents in Eustathius (Schwabe, pp. 85, 86, 87) fragments *d-i* do not, or at least, are not assigned to Pausanias. The conclusion to be drawn from their presence here is not necessarily that our lexico-

_____

(1) The entries in Hesychius and Photius show that this is so abbreviated as to be unintelligible. Hesychius gives : Πηκτὸς θάνατος· ὁ τοῦ Σαλαμινίου Αἴαντος τοῦ μανέντος, ὃς τῷ ξίφει ἐπιπεσών ἀπέθανεν.

grapher had access to a copy of Pausanias, but, more probably, that he was using a Greek Lexicon hitherto unidentified in which Pausanias was quoted.

It seems indeed possible that we may possess a fragment of this Lexicon in the list of words which, as already noted, is transcribed on f. 55 of our manuscript. I copy it here with some necessary elucidations :

Abudokomηs .o epi to sucofantein comων toioutoi gar οἱ abudηnoi kai η paroimia mη cikη ton abudon <ῆ> echrωnto epi tων eikaiων kai oudaminων.

So in *Lex. Seg.* (Bekker, *Anecd.* I, 322) reading ᾗ ἐχρῶντο. Also the equivalent in Eustathius, quoted from Pausanias : Schwabe, p. 86).

Abυdηnos.

Abolos ουδεπο echων ti eppi tων odontων gnωrisma (so *Lex. Seg.* l. c.)

Aburtakη quoted above ; the equivalent is in Eust. from Pausanias (Schw. p. 86) and more closely in *Lex. Seg.*

Abelteros. Anoetos o tων beltistων ant...

Agersikubηlin. lampna mantik' kubηlis gar o mantikos pelekus

cf. *Lex. Seg.* ᾿Αγερσικυβηλιν. Κρατῖνος Λάμπωνα τὸν μάντιν, ὡς ἀγύρτην καὶ θύτην. κύβηλις γαρ ὁ πελεκύς.

and also Bekker, *Anecd.* III, 1106. Αγερσικύβηλιν λαμπωναυματικην καὶ θύτην. κύβηλις γὰρ λέγεται ὁ μάντικὸς πελεκύς.

which is nearer to our manuscript.

Agos to musos kata antifrasin. i. abominacio. proprie autem to agnon . i. purum.

Lex. Seg. ῎Αγος τὸ μύσος κατὰ ἀντίφρασιν. κυρίως δὲ τὸ ἁγνόν.

Agasth(ai). thaumazein. admirari.

Agan. multum apodéchesthai.

These two *lemmata* should be read as one cf. *Lex. Seg.* ῎Αγασθαι ἀποδέχεσθαις θαυμάζειν ἄγαν.

Agórasin. forum. fem.

Lex. Seg. ᾿Αγόρασιν την ὠνὴν σημαίνει

Aggaroforeĩn onus secundum successionem sustinere et de navibus et de custodiis portus.

Lex. Seg. ᾿Αγγαροφορεῖν τὸ κατὰ διαδοχὴν πεμπόμενόν τι φορτίον. τίθεται δὲ καὶ 'ἐπὶ τῶν τοῦ λιμένος παραφυλακῶν.

Agkalidagωgein. Agkalidas agein epi κτηνῶν ἡ ploiou.

Eustath., p. 1399.60, Schw. p. 90 : ἀγκαλιδαγωγεῖν κατὰ Παυσανίαν τὸ ἀγκαλίδας ἄγειν ἐπὶ κτηνῶν ἢ πλοίου cf. *Lex*, *Seg.* ᾿Αγκαλιδαγωγοι. οἱ ἀγκαλίδας ἄγοντες ἐν πλοίοις ἢ ἐπὶ θρεμμάτων.

Agωn. locus operationis.

Cf. *Lex. Seg.* ᾿Αγών. ὁ τόπος, τὸ πλῆθος, τὸ ἐνέργημα.

Agorasω ouk agorω.

Lex. Seg. 328 ᾿Αγοράσω οὐκ αγορῶ. cf. 331. ἀγοράσω λέγουσι. τὸ δ' ἀγορῶ, βάρβαρον.

The meaning is that the future tense of ἀγοράζω is not ἀγορῶ.

Agunon agunaion.

Lex. Seg. 326 (immediately following ἀγοράσω | Ἄγυνον ἀγύναιον

Agein kai upagein to tinein tribuere.

Eustath. Schw. p. 88. Φησὶ καὶ ο Παυσανίας ὅτι ἄγειν καὶ ὑπάγειν καὶ ἐπὶ τοῦ πίνειν λέγεται.

Cf. *Lex. Seg.* 335. 26. καὶ ἄγειν ἀντὶ τοῦ πίνειν, ὅπερ ἐπάγειν ἔλεγον οἱ Ἀττικοί.

Tinein in our text is thus a mistake for *pinein.*

Thus ends this text. It will be seen that, while not agreeing completely with the *Lexicon Seguierianum,* it shows many exact coincidences therewith, and also with Pausanias as quoted by Eustathius. It must, I think, be regarded as the beginning of a series of extracts from a Lexicon, intended by our author to supplement his previous work, and unfortunately not finished. And so far as I can see, the Lexicon from which it is taken is not one of those known to us now.

We have now dealt with those entries in the Lexicon which serve to throw some light upon the compiler, whom, not without cause, as I conceive, I suppose to have been a member of the circle of Robert Grosseteste : not Grosseteste himself, but a younger contemporary. It remains to give some account, and some examples, of the manner in which he deals with the great mass of the words of which he treats. I have not space to publish here the considerable portions of text which I have transcribed : short specimens and general statements must take their place.

In the case of nouns and adjectives the gender and declension, and sometimes an inflexion, are given. In the case of verbs the voice and conjugation are specified. The system of declension and conjugation is that of the κανόνες εἰσαγωγικοί of Theodosius (i. e. 35 masculine declensions, 12 feminine, 9 neuter). These are mentioned in Roger Bacon's Greek Grammar (p. 146 ed. Nolan) as used by the « Greci moderni », whereas Bacon adopts a simpler classification. Typical entries in our Lexicon are of this form :

Aganon. lignum scissum. fax   *neut. decl,* 4.

Aganòn. bonum   »

Aganofrων .sapiens et humilis   commune d. 25.

Aganofrosynη. sapiencia et humilitas   *fem.* d. 9.

and for verbs these specimens may suffice :

Aωtῶ .colligo flores ac(tivum) 2 *conjug.*

and :

'Agathunω ac· co· 5· benefacio. caret preterito activo, sed in passivo ηgathymai.

Grammatical rules are sometimes given, e. g :

f. 11ᵇ sciendum autem quod ex omni appellativo desinenti in της fit femininum per tria ·sic. Monastης. Monastria.

ησυχαstης ησυχαstria, arωmatistης arωmatistria.

Notes with regard to compound words are also frequent, e. g. :

Multa sunt alia composita a baros vel a barus que cognoscentur a barus quod est gravis, et propriis diccionibus.

Again :

Infinita sunt que componuntur cum kata preposicione, que si incipiant a vocali spiritum spissum habente, secundum regulam diccionum deleta a, a kata et, vi spiritus posita, spissa pro leni componuntur, ut kataagnizω katagnizω, kathagnizω et sic de ceteris. Si vero lenem habent spiritum, literam non mutant, de quibus infra dicemus.

The question may well be asked whether there is any evidence to show that Roger Bacon was concerned with this Lexicon, or whether the Lexicon shows any trace of borrowing from his works, and more especially his Greek Grammar. My answer is in the negative. I have not found any such evidence in my reading either of Bacon's Grammar or of the text of the Lexicon : it is perhaps worthy of remark that the forms of the Greek letters employed by Bacon (Nolan, p. 14) do not agree at all closely with those which occur in the Lexicon.

I will conclude by giving first a short specimen of our author's quotations from Suidas, and then a more exact statement of the contents of the manuscript than I have hitherto set down.

1) f. 42ᵃ Suidas. Perpereia ἡ kolakeτa. ἡ (sic) agápη ou perperéuetai, o apostolos paulos fησi-perpereia adulacio. dilectio non perperam agit, apostolus paulus dicit. τουτεστιν tutestin ou propetei. hoc est non audacter, non improbe.

2) Contents of the manuscript :

I give the first and last words treated for each letter of the alphabet.

    F. 1.   A. (see above).
            A α.
            Aαγὴ etc.
            ·to
            Aωtῶ.

    F. 14. Babai, Babakinos, Babulas, etc.
            to
            Bωtῶ, Bωtων, agricola.

    F. 15ᵇ. Gabaω, Gabaωnitης, Gaggraina...
            to.
            Gωniaios, Gωrutos.

COLLEGE OF ARMS, MSS. ARUNDEL IX, fol. 17 a
GRECO-LATIN LEXICON

HONORÉ CHAMPION, Edit.

D. A. LONGUET, Imp.

F. 17. Dabid, Dagῶοη, Dádes...

to

Dωrean.

F. 21. Ean, eanos.

to

Eῶ, dimitto.

F. 27ᵇ. Zaba lorica, Zabareion locus ubi ponuntur arma.

to

Zωsma cingulum, Zωῶ uiuifico.

F. 27ᵇ. ʽH coniunctio uel ʽH articulus supposituus que,...

to

ʽHως dies, ʼHῶthen et Hῶthi   adverb. mane.

F. 28. Thalassa, θalalω pululo, θalamos.

to

Θωψ, θωstetησσω, armo.

F. 29, ʼIα una. vis., ἴαμα vel ἴασις.

to

ʼIωὴ uox spiracio Iωchamos persecucio.

F. 30. Kabballω diruo, Kabaξ astutus, Kabáisos insaciabilis...

to

Kωchévω concubo, Kωkutos suspirium.

F. 33ᵇ. Laas magnus lapis, Labη incepcio, causa· labragόrης vehementer alligans (allegans) et respondens...

to

Lωfω tacere vel quiescere facio, Lωbω contumelias dico.

F. 34ᵇ, Má adverbium iurandi : per. Magas, Magdalos...

to

Mῶυ, aqua, Mῶ, quero.

F. 37ᵃ Nabouchodonosor, Nabis, idos nauis, Naiω habito...

to

Nωtários portans super humeros et dorsum, (seð notários notarius added).

F. 37ᵇ. Ξαίνω ξανθος rubeus flauus, blundus.

to

Xustos, rasus, planatus, ξύω, rado.

F. 38ᵃ. Oa, fructus quidam similis par<uis pomis> Oaros mulier,...

.to

Oψofagos cocta comedens, Oψωnion, opsonium.

F. 40. Πaganós nesciens de hello, Πagkratης omnitenens...

to

pωpote aduerb. numquam. followed by notes from Suidas on pωros.

52

Γ. 44ᵇ. Pa coniuncio completiva. iam. Rabenna civitas quedam...

to

Rω̃ conforto, moneo valco.

Γ. 45ᵇ. Σabbatum, — on — dies quietis, dies septimus. Sabek ebraice plantacio quedam interpretatur grece remissio. Sabina plantacio quedam...

to

Σωfroniζω. castifico, corrigo, Σωchω manibus tero.

F. 49. Τά adverb. pronominaliter positum. hec. Tabellicon...

to

τως sic per afferesin, Τω̃iδe. artic. datiuus. isti.

F. 50ᵇ 'Υádes, stelle que sunt in cornibus tauri. 'υakinθos, lapis preciosus.

to

ύψωsis — eως et — ωμα exaltacio, ῦω pluo.

F. 51. Φagω act 2. defect comedo Φaganθrωpos crudelis...

to

Φωtistηs illuminator Φωtodotηs dator lucis.
cetera a Φως et Φωto incipiencia per se et lucem cognoscuntur.

F. 52ᵇ. Χριστος. καi'. ι̅σ. θ̅σ. καi̅ κ̅σ χ̅ρ̅σ̅

Χαῖος fem. virga baculus Χαιrω gaudeo.

to

Χωηnnύω, sepelio Χωstηs. fem. x. locus ad sepeliendum.

F. 54ᵃ. Ψalmos, psalmus, Ψallω, canto.

to

Ψωra, scabies, Ψωragnω̃ (blank).
composita a Ψωmos, per panem et se patefient.

F. 54ᵃ. ωa. fe. 1. pellis. i. forratura craspedon. i. ora. et apertura indumenti circa collum, ωa, neut. plur. decl. 3 'ova...

to

ω̃ adverb. admirandi et tristandi, ω̃ adver.-vocandi. ω̃ ne 'con. i. coniug. sum.
Explicit. deo sit honor et gloria.

F. 54ᵇ. col. 2 a table in three columns,
Nomina mensium anni.

Macedonice	Egiptiace	Grece
Γοrpιαῖος 7ᵇᵇʳ	θώ0	Ekatombaiων vel Kronios.
to	to	to
Λω̃ος	Mesori	Kirroφoriων

Double columns follow. In the first of these (f. 54ᵇ col. 2) is the article on Skutalai from Suidas, with a Latin version, followed by a note from Suidas on talanton. Item τάξεων ψιλω̃n onomasia kai posotηs autων.

ending : duo stifi viri 8192.

Then a list of the winds, beginning with ἀπηλιώτης, and ending with aparktias.

f. 55ᵃ is ruled for triple columns of writing, but only part of col. 1 is filled. It contains the notices of words beginning with α which have already been given in full.

I think it will be generally recognized that the work which I have thus attempted to introduce to the world of students is of no ordinary interest as a relic of that early and short-lived revival of learning which we associate with the names of Robert Grosseteste and Roger Bacon. That revival has never yet been investigated as fully as it deserves, nor have its effects, which to most of us seen hardly perceptible, been justly appraised. This Lexicon would form no bad starting point for any one who should undertake an inquiry into the state of Greek learning in England in the thirteenth century. It is a branch of research which would most amply repay the researcher.

FRANZ RÜHL

SUR UN MANUSCRIT NÉGLIGÉ DE JUSTINUS

Als ich vor vielen Jahren die Justin-Handschriften der Laurenziana durchmusterte, ist mir eine Handschrift entgangen, welche ihres Alters wegen eine gewisse Beachtung verdient, und da es mir, fern von jeder grösseren Bibliothek, zur Zeit an einem würdigeren Stoffe gebricht, so mögen hier einige Bemerkungen darüber als ein freilich sehr bescheidener Beitrag zu der Huldigung stehen, welche die wissenschaftliche Welt dem grossen Meister der Kritik und der historischen Hilfswissenschaften darbringt.

Der Codex von S. Marco 350 ist eine Pergamenthandschrift in Klein-Quart aus dem Ende des 10. oder dem Anfang des 11. Jahrhunderts. Er besteht aus 114 Blättern und enthält den Auszug des Justinus aus Pompeius Trogus ohne Ueberschrift. Zuerst kommen 13 Quaternionen, welche mit den Worten *hominum exercitum suum Antiochus* (XXXVIII, 10, 8) schliessen. Es folgt ein kleineres eingelegtes Blatt, das von einer Hand saec. XIV, die ich 2 nennen werde, beschrieben ist und die Worte *in hiberna diuiserat per ciuitates quae res* bis *reuersi sunt* enthält (XXXVIII, 20, 8 bis zum Schlusse des Buches). Es folgt ein Binio von demselben Format wie der ursprüngliche Codex, aber von anderem Pergament, von dem 5 1/4 Seite von einer anderen Hand saec. XIV (im Folgenden 3 genannt) mit den Worten *Antiocho in Parthia cum exercitu deleto* bis *arsace proauo gloriosa senectute decedit* (XXXIX, 1 bis XLI Schluss) beschrieben sind. Am Schluss schreibt Hand 2 am Rande : *Hic deficit liber XLII qui est infra ad hoc signum* (folgt ein Verweisungszeichen) und fährt dann weiter im Text fort : *Parthicis orientalibus ac totius* bis *similitudo i i ic etas exposi* (XLIII, 1, 1 bis 2, 10). Es folgt ein Binio, beschrieben von 1. Hand, beginnend : *tionis temporibus congruens*, schliessend *in formam prouinciae redegit* (XLIII, 2, 10 bis XLIV, 5, 8). Dann folgt endlich noch ein Binio von anderem Pergament, auf dem mit dem oben erwähnten Verweisungszeichen von 2. Hand das 42. Buch geschrieben steht.

Ausser dem Blatte, auf welchem Hand 2 das 38. Buch ergänzt hat, sind noch zwei andere kleine Pergamentstreifen eingefügt worden, auf welchen Hand 2 Lücken des

Textes mit entsprechenden Verweisungszeichen ausgefüllt hat, nämlich II, 13, 8 : *Abidon contendit ubi cum* bis *ne munimenta hostibus* (II, 15, 3) und XII, 10, 6 *menta rerum a se gestarum urbem barcen* bis *tamen se uerum etiam illius crediturum* (XII, 12, 3).

Man sieht ohne Weiteres, dass die Handschrift bereits im Laufe des Mittelalters einen starken Bestandverlust durch den Ausfall mindestens eines Quaternio erlitten haben muss, und diesem Schaden hat auch die 3. Hand nur unvollkommen abgeholfen ; es blieb der 2. überlassen, ausser dem Schluss des 38. auch noch das ganze 42. und den Anfang des 43. Buches nachzutragen. Derselbe Gelehrte hat dann auch aus den ihm zu Gebote stehenden Hilfsmitteln andere Lücken ausgefüllt, die nicht aus zufälligen Beschädigungen stammten, sondern auf die Vorlage zurückgehen, welche der Schreiber des Codex copirte, und hat dann ferner an einer Anzahl von Stellen den überlieferten Text in seiner Weise zu emendiren gesucht, oder, wie wir uns heute ausdrücken, interpolirt ; zuweilen nicht ungeschickt.

Ich babe das 1., 2. und 20. Buch, sowie Stücke aus dem 8. und 13. verglichen und eine Reihe einzelner Stellen nachgesehen ; das genügt, um über den kritischen Wert der Handschrift ins Klare zu kommen.

Stellen wir zunächst fest, dass der Codex nichts mit derjenigen Ueberlieferung zu tun hat, welche für uns nur durch den Codex Laurentianus 66, 21 (C) und seine Abschrift, den Vaticanus 1860 saec. XIV vertreten wird. Er hat nicht nur sonst im 20. Buche nicht die für diese Klasse charakteristischen Lesarten, wie c. 1, 1 *traiectis* für *traiecit*, 2, 5 *obsidionibus* statt *seditionibus*, 2, 7 *sedata est utrimque* statt *utrubique sedata est*, sondern er schreibt auch 4, 7 *ut aliquos ex his luxuriatos incredibile uideretur*. Das Letztere beweist zugleich, dass die Handschrift auch mit der Klasse Π nichts zu tun hat, da in dieser, ähnlich wie in C, überliefert ist : *ut aliquos ex his luxuriatos in optimam frugem conuersos fuisse incredibile uideretur*.

Es zeigt sich dann weiter, dass der Codex, wie zu erwarten war, der italischen Klasse der Handschriften angehört. Das ergibt sich nicht nur aus den dieser Klasse eigentümlichen Lücken, von denen der Marcianus keine einzige ausfüllt, sondern auch aus den für die Italiker bezeichnenden Lesarten. Da die Praefatio dafür schon durchaus charakteristisch ist, so gebe ich hier die Varianten der ersten Hand von meiner Ausgabe unter Fortlassung der rein orthographischen :

PRAEFATIO fehlt-§ 1 sine aemulatione delectati-§ 2 opus suum fehlt-pompeius über der Zeile-Herculea] periculosa-§ 3 historie-gregata] gratiose-occupauerant-omnib ; § 4 his]eis-uoluntate iocunda-nec exemplo fehlt-veluti fehlt-§ 5 cuius cato-rationes constarent-§ 6 cum fehlt.

Es wird zweckmässig sein, noch einige für die Stellung des Marcianus entscheidende Stellen anzuführen : I, 1, 4 gentium-I, 1, 7 contentique uictoria non imperium sibi sed populis suis gloriam quaerebant-I, 1,10 nino-I, 2,1 puero-I, 2,3 uelamentis-

I, 2,7 e terra exestuat-I, 2, 10 quadraginta-I, 2, 11 ninus-I,3,2 purpuram-I,3,3 tractantique lanam-I,5,1 imperiosus-I,5,7 in uindictam occasionemque-I, 8,9 dolcret-I, 9, 10 et oris-I, 10,15 et aures-XX, 3,8 clamidibus paludamentis.

Uebereinstimmungen mit der transalpinen Klasse oder mit II sind von äusserster Seltenheit; es handelt sich dabei immer um unbedeutende Dinge, wie sie in jeder Handschrift leicht durch Verschreibung oder Flüchtigkeit vorkommen, z. B. I, 6,9, wo der Marcianus mit T *tradidit* statt des von J überlieferten *tradit* bietet.

Der Marcianus unterscheidet sich indessen wesentlich und nicht zu seinem Vorteil von allen anderen alten Vertretern derselben Klasse. Zunächst scheint seine Vorlage an einer Reihe von Stellen vollständig unlesbar gewesen zu sein; der Schreiber hat in solchem Falle freien Raum gelassen und gewöhnlich noch zwei Punkte darüber gesetzt, z. B. II, 1, 21. Hier folgt auf *egiptiis* ein freier Raum, über dessen Anfang zwei Punkte stehen und dann *sithia autem*; der Schreiber hat also die Schlussworte des Paragraphen nicht lesen können. I, 1,5 fehlt *incrementa*, es ist aber freier Raum dafür gelassen. Aehnlich steht es XX, 1,11, wo die Worte *et in Tuscis* bis *in Umbris* fehlen, aber der Rest der Zeile frei gelassen worden ist. Nicht immer kann die Lesart der Vorlage ganz zerstört gewesen sein; zuweilen war sie wohl nur für den Schreiber unverständlich. So liest man I, 10,16 in der Handschrift *transfuga* und dann nach einem Zwischenraum für 6-7 Buchstaben, über dem 2 Punkte stehen, *babiloniam*, während die erste Hand am Rande bemerkt hat : *etutulo*. Es war also in Wirklichkeit zu lesen : *transfugae titulo*, wie denn auch die 2. Hand richtig hergestellt hat. Dazu gesellen sich eine nicht kleine Zahl von Auslassungen einzelner Wörter und ganzer Zeilen, welche dem Marcianus eigentümlich sind und bei der grossen Sorgfalt, welche der Schreiber anzuwenden pflegt, wohl in ihrer Mehrzahl schon der Vorlage angehört haben.

Viel schlimmer sind jedoch die zahlreichen Interpolationen, welche der Text erfahren hat. Ich führe einige auf : I, 3, 2 *obtinuisset et inuenisset* (entstanden aus der Dittographie des *et* von *obtinuisset*)-I, 3, 3 *qui femina malit esse quam uir* (vorgenommen, weil *se* nach *qui* in der Vorlage fehlte)-I, 6, 4 *adesse siluamq ; circumdatam*-I, 7, 9, *multa milia* statt *auxilia* (hier lesen EFl. *an ilia* statt des von T II gebotenen *auxilia*) I, 9, 7 *ex amicis nomine cometē mittit* (*delegit* war ausgefallen und dafür ist *mittit* zugesetzt worden)-II, 9, 20 *ducenta milia persarum* (statt *Persae*) *eo proelio siue naufragio āas* (= *animas*; das Wort ist willkürlich eingeschoben) *amisere.* — II, 13, 3 *fieret* (aus *fuerat* JT, *ferat* II). Hier und da trifft eine solche Interpolation natürlich auch einmal das Richtige, wie denn I, 6, 1 sich bloss im Marcianus das durch Orosius bezeugte *proditionem* findet.

Man wird kaum fehlgehen, wenn man annimmt, dass diese Interpolationen der Vorlage des Marcianus und nicht dem Schreiber verdankt werden. Dieser hat sich zwar auch als Textkritiker gefühlt, aber er will doch neben seinen Emendationen auch die überlieferte Lesart erhalten. II, 12, 3 schreibt er im Text *inferre olim*, setzt aber über *olim* 2 Punkte und schreibt am Rande : *folz*. Dieses *solet* fand er nämlich überliefert, hielt es aber mit Recht für zu tilgen. I, 7, 19 steht im Text : *et uxore mariti sanguine*, aber am Rand : *uxore aristis sanguine*. Diese Randlesart findet sich im Texte von F. Aehnlich steht I, 8, 13 *coici* im Text, am Rande aber notirt die erste Hand : *caici*, was die Lesart von J ist. In der Regel jedoch verfährt unser Schreiber so, dass er die überlieferte und die nach seiner Meinung richtigere Lesart über einander setzt. Ich will auch davon ein paar Beispiele anführen, um so mehr, da dergleichen unter Umständen für die Geschichte des Textes wichtig werden kann.

$\qquad$ łcoetū $\qquad$ łpcipuo $\qquad$ łuttisq ;

I, 3, 2 tantū. — I, 4, 3 amicorum participi — II, 1, 14 utriusq ; — II, 4, 6 ea $\qquad$ ał regi $\qquad$ ł ri $\qquad$ ał corrumpent iam — II, 10, 13 regni — II, 12, 15 commissuros — II, 15, 13 csumerent.

Man wird vielleicht nicht irren, wenn man annimmt, dass es sich bei den mit ał eingeführten Lesarten um Correcturen handelt, welche schon in der Vorlage standen.

Das Gesamtergebniss unserer Erörterungen dürfen wir wohl dahin zusammenfassen, dass der Marcianus zwar als Handschrift mancherlei Interesse bietet, für die Textkritik aber ohne Schaden bei Seite gelassen werden darf.

Es erübrigt noch, etwas über die Herkunft des Codex zu sagen. Darüber wissen wir jedoch mit Sicherheit nur, was auf der Rückseite des Vorsetzblattes von einigen Händen des 15ten Jahrhunderts geschrieben steht, nämlich :

101 in 23° (1) banco ex parte occidentis.

Justinus in pompeum trogum (2).

Pōpeus trog (3) de ystoriis romano ⅋ 7 toti 9 orbis

coūetus Sācti Mâi de flo' ordīs p̄dz

A cosma de Medicis. Ex hereditate pitissimi uiri Nicolai de Nicolis,

Davon sind die erste und die zweite Zeile von verschiedenen Händen geschrieben, die beiden folgenden wieder von einer anderen Hand, welche, wie mir Herr Professor Rostagno in Florenz bestätigt, die des Frate Giuliano Lappaccini zu sein scheint.

Die Handschrift war also früher im Besitze des Niccoli, und dieser hat auch seiner Gewohnheit gemäss mancherlei Lesarten verbessert oder aus anderen Codices einge-

(1) 23 in Rasur von anderer Hand.

(2) Zwischen der ersten und der zweiten Zeile ist am rechten Ende des Blattes etwa eine halbe Zeile ausradirt.

(3) Diese beiden Wörter sind durchstrichen.

tragen, z. B. das *periculosa* der Praefatio durch *Herculea* ersetzt. Als ich im October 1905 den Codex untersuchte, schien es mir und einigen zugezogenen florentiner Gelehrten nach einer Vergleichung mit dem Zibaldone (Codex Laurentianus 29, 8), als ob die zweite Hand identisch mit derjenigen des Boccaccio wäre. Dieser hat in der Tat nach Ausweis des alten Katalogs der Parva libreria von S. Spirito (Codex Laurentianus Ashburnhamensis 1897) einen Justinus besessen. Allein diese Handschrift kann nicht unser Marcianus gewesen sein, denn nach Angabe jenes Katalogs lauteten die letzten Worte ihres vorletzten Blattes : dic ei⁹q̄ (1). Wie Herr Rostagno die Güte hatte, mir mitzuteilen, endet so oder ähnlich indessen weder das vorletzte noch irgend ein anderes Blatt des Marcianus. Das vorletzte Blatt schliesst vielmehr mit den Worten : *quem ex numero XXX. filiorum in locum (XLII, 4, 14)*.

Obwohl mithin diese Identification aufgegeben werden muss, hält es doch Herr Rostagno gleich mir für wahrscheinlich, dass der Marcianus zu irgend einer Zeit im Besitze des Boccaccio gewesen sei, und dass die von der Hand 2 darin vorgenommenen Ergänzungen von diesem herrühren und zwar wegen der ausserordentlichen Aehnlichkeit der Schrift.

(1) Goldmann im *Centalblatt für Bibliothekswesen IV* (1887) S. 149. Ich bin nicht ganz sicher, ob in der Handschrift wirklich ei 9 zu lesen ist.

CHARLES BEAULIEUX

MANUSCRITS ET IMPRIMÉS EN FRANCE

AUX XVe ET XVIe SIÈCLES

Si nous comparons les plus anciens incunables avec les manuscrits contemporains, nous constatons qu'ils ne présentent aucune différence : illustration, disposition, caractères, abréviations, tout cela est identique.

Cent ans après, le divorce est absolu. Le livre imprimé s'est complètement transformé, ou plutôt définitivement formé ; quant aux manuscrits, le triomphe de l'imprimerie en a considérablement diminué l'importance et le nombre, et, s'ils présentent quelques différences avec ceux du XVe siècle, ils le doivent aux imprimés.

Nous voudrions, après avoir rappelé très brièvement les diverses phases de l'évolution de l'illustration, et les progrès réalisés dans la disposition du livre, présenter quelques remarques à propos des caractères et des abréviations, en un mot, étudier sommairement le livre au point de vue paléographique.

Il était tout naturel que l'imprimerie cherchât à imiter d'aussi près que possible les manuscrits, puisque son but était de les reproduire à un grand nombre d'exemplaires. Elle les imita même si bien que les premiers imprimés purent être vendus comme des manuscrits.

Les caractères des premiers volumes imprimés reproduisaient exactement la minuscule gothique dite *lettre de forme*, qui par sa régularité et l'absence de liaisons se prêtait parfaitement à l'imitation mécanique. Là, d'ailleurs, s'arrêtait la contrefaçon : les capitales étaient peintes par les rubricateurs habituels, les enluminures étaient de la main des mêmes artistes qui décoraient les manuscrits de l'époque. La géniale supercherie fut vite dévoilée, mais les imprimeurs continuèrent au grand jour ce qu'ils avaient jusqu'alors fait en secret.

Enhardis par le succès, ils furent bientôt tentés par le désir de se passer des services coûteux des enlumineurs, comme ils venaient de supprimer la besogne des copistes. C'était d'autant plus naturel que la gravure sur bois, qui avait suggéré

53

l'invention de l'imprimerie, commençait à se perfectionner. D'où l'introduction de vignettes dans le texte des imprimés. Mais les premiers essais, timides et mal réussis, ne pouvaient guère faire oublier les miniatures.

Peu à peu, cependant, la gravure fit de tels progrès que le libraire Simon Vostre, put, vers 1488, songer à faire reproduire entièrement par les presses de Philippe Pigouchet les admirables livres d'heures où l'illustration était si intimement mêlée au texte, que jusque-là on avait cru impossible de les imiter mécaniquement. On sait avec quel bonheur Simon Vostre réussit dans sa tentative. Il fut bientôt suivi par Kerver, Hardouyn, Eustace, etc..., si bien que Paris devint le centre de la publication des livres d'heures de presque toute l'Europe.

Vérard fit aussi des livres d'heures dont toutes les grandes figures, destinées à être enluminées, étaient dessinées sobrement ; mais il se fit une spécialité de la publication des romans de chevalerie illustrés. Les gravures de ces romans reproduisaient toujours aussi exactement que possible le genre d'illustration des manuscrits. Les possesseurs fortunés faisaient colorier les gravures qui servaient ainsi de canevas. Ils faisaient même parfois ajouter à leurs exemplaires des peintures originales difficiles à discerner des gravures enluminées. Aussi les beaux imprimés sur vélin, illustrés ainsi, offrent absolument le même aspect que les manuscrits de l'époque. Il existe à la Bibliothèque nationale certains vélins dont les colophons, donnant l'adresse du libraire et la date d'impression, ont été grattés, afin, sans doute, de rendre l'imitation plus complète.

On pense bien que cela ne se produisait que pour les livres de luxe. Les livres ordinaires réclamaient une décoration bien plus sobre. Cependant on réservait, en tête des grandes divisions des ouvrages classiques, des espaces laissés en blanc par la presse et où le rubricateur peignait ensuite des lettres plus ou moins ornées ; en tête des phrases on se contentait de simples *lettres torneures* (1) rouges ou bleues. Les erreurs fréquentes commises par les rubricateurs firent qu'on imagina de mettre, à la presse — tout comme faisaient les copistes à la main dans les manuscrits, — au centre de ces carrés réservés des lettres d'attente. Mais comme, le plus souvent, les possesseurs des livres classiques, par négligence ou par économie, omettaient de faire peindre les initiales, on eut l'idée de se passer tout à fait des rubricateurs, et l'on inventa les lettres ornées de toute sorte, copies exactes, à l'origine, des lettres peintes des manuscrits, et dont nos *lettrines* descendent en droite ligne.

Les lettres torneures imprimées vinrent remplacer celles qu'on faisait à la main. On les rejeta d'ailleurs bientôt dans les Tables de matières, puis elles disparurent complètement à peu près en même temps que la gothique.

---

(1) On appelait *lettres torneures* ou *tourneures* des capitales aux formes contournées fortement influencées par l'onciale. Pendant toute la période gothique on les employa dans les inscriptions tombales, les vitraux et les tapisseries. G. Tory, dans le *Champ fleury*, en a donné un alphabet.

Cette fois, l'imprimerie était complètement maîtresse de ses procédés d'illustration. Elle alla même jusqu'à empiéter sur les rubricateurs en reproduisant en rouge à la presse, par un double tirage, les en-têtes de chapitres, ou certains passages importants, surtout dans les livres liturgiques.

Les enlumineurs, au début, avaient cherché à résister contre une innovation qui leur enlevait leur gagne pain; ils prirent le sage parti de suivre le progrès, et ils devinrent graveurs et même libraires.

Tandis que les princes et les grands seigneurs continuaient à faire faire des manuscrits ornés de riches miniatures, et que les églises faisaient exécuter à la main, comme par le passé, les énormes livres de chœur que leurs dimensions empêchaient de reproduire à la presse, l'imprimerie cessait résolument d'imiter la décoration des manuscrits. La gravure se développa librement, et l'imprimerie enleva au manuscrit sa dernière supériorité le jour où les œuvres sorties du burin d'un Geofroy Tory, artiste bien français, qui s'était perfectionné à l'école de la Renaissance, purent soutenir la comparaison avec les plus belles miniatures.

Dans la deuxième moitié du XVIe siècle, l'imprimerie progressant encore, la gravure en creux, très rarement employée jusque là à cause des difficultés du tirage, fut mise en faveur par Plantin.

Il y a loin des imprimés de Vérard enrichis de miniatures aux livres illustrés publiés par le célèbre imprimeur tourangeau !

Les nécessités matérielles obligèrent de très bonne heure les imprimeurs à apporter certaines modifications à la disposition des livres. Ceux-ci étant composés d'un grand nombre de feuilles tirées à un grand nombre d'exemplaires, il était nécessaire d'avoir un guide pour placer chaque feuille à sa place : d'où l'invention des signatures et des réclames, du titre courant, de la foliotation, remplacée au XVIe siècle, à des dates bien différentes suivant les ateliers, par la pagination.

Dès 1476 au moins, on vit apparaître le titre, que les manuscrits ne connaissaient guère, et qui était si utile pour informer du nom de l'auteur, du contenu de l'ouvrage, de l'adresse enfin de celui qui le vendait. Cette adresse était accompagnée souvent de la marque, qui, au début tout au moins, n'était autre chose que la reproduction de l'enseigne de la maison habitée par le libraire.

La Renaissance fit aussi sentir ses effets dans la composition du livre. Dans les ouvrages avec commentaires en manuscrits, le commentaire, ajouté une fois le texte écrit, prenait place naturellement autour du texte. Les premiers imprimeurs s'ingénièrent à reproduire exactement cette disposition, travail extrêmement laborieux et compliqué. Heureusement, dans le cours du XVIe siècle, les méthodes scolastiques ayant été remplacées par d'autres qui supprimaient ce fatras de commentaires superposés, on abandonna cette disposition. Les commentaires furent considérablement allégés; et, en attendant qu'on les mît en bas de chaque page comme nous faisons encore, on les rejeta à la fin des chapitres, ou à la fin des livres; parfois même on en fit des ouvrages à part, sous le nom d'*Annotationes*, *Emendationes*, etc.

Peu à peu, les résumés des chapitres passèrent des manchettes dans le corps de la page ; lentement s'introduisirent les alinéas, qui reposent l'œil du lecteur, en éclaircissant le texte souvent trop compact des livres du XVIe siècle, et qui sont si commodes pour la correction, en évitant de remanier des pages entières.

L'évolution dans l'emploi des caractères, qui se poursuivit parallèlement à celle des autres parties du livre, ne fut pas moins importante.

A la *lettre de forme*, employée dans la première Bible, vint s'ajouter dans le Catholicon attribué à Gutenberg une autre gothique arrondie, connue sous le nom de *lettre de somme*.

Quand l'imprimerie pénètra en Italie, on se servit, comme en Allemagne, de ces deux gothiques. Mais là les imprimeurs se trouvèrent en face d'une autre écriture. On était dans ce pays, et depuis longtemps déjà, en pleine Renaissance. Or les humanistes italiens du début du siècle avaient emprunté à la précédente restauration des lettres, à la Renaissance carolingienne, son écriture (1).

Les imprimeurs, fidèles à leurs habitudes, s'empressèrent de copier ces caractères dont la simplicité convenait particulièrement à l'impression. C'est un français, Jenson, installé à Venise, qui en donna le plus bel alphabet. Dès lors, les deux séries de types, gothique et romain, furent utilisées concurremment en Italie et en Allemagne ; mais les caractères romains, peu en faveur au début, n'étaient guère employés que dans les éditions d'auteurs latins classiques ou dans les œuvres des humanistes. Ceux-ci qui professaient un profond mépris pour toute la civilisation de leur époque, avaient proscrit cette écriture gothique qui orthographiait le latin d'une façon si barbare, et dont les traits superflus contrastaient tant avec la simplicité de la belle minuscule caroline. Josse Badius, qui, avant de devenir imprimeur, était professeur à Lyon, dit dans sa préface des *Orationes* de Béroalde qu'il n'aurait pas cédé à la tentation d'en faire une seconde édition s'il n'avait appris que le célèbre imprimeur Trechsel avait fait venir d'Italie une fonte de caractères ronds (2).

Il ne faut donc pas s'étonner que Guillaume Fichet, fervent humaniste, ait fait imprimer à la Sorbonne, en caractères romains, le premier livre sorti des presses parisiennes, les lettres de l'humaniste Gasparin de Pergame.

Mais si les gens savants avaient une prédilection marquée pour les caractères romains, le peuple restait profondément attaché à l'écriture gothique, née en France,

---

(1) Cf. L. Delisle, *Mémoire sur l'école calligraphique de Tours au IXe siècle* dans les *Mém. de l'Acad. des Inscr. et B. L.* t. XXXII, 1re partie, 1885, 4°.

(2) Cf. Renouard, *Badius*, Paris, 1909, 3 v. 8°, t. II, p. 160.... paulisper ab incœpto moratus sum, dum egregiam, candidamque Joannis Trechsel, alamanni,... famam omnium testimonio intelligerem, sciremque ipsum italicam litteram paratam habere, qua tersius, castigatiusque opus hoc imprimi posset.

et uniquement utilisée dans notre pays depuis trois siècles. Or, les livres imprimés à la Sorbonne ne s'adressaient pas seulement aux érudits, ils étaient destinés surtout à ceux qui aspiraient à le devenir, aux étudiants, gens de petite extraction, qui avaient appris à lire dans les « contractz » et qui écrivaient la cursive gothique.

Bientôt donc les imprimeurs de la Sorbonne abandonnèrent le romain pour le gothique. Badius lui-même, devenu imprimeur en 1503, fit fondre de ces caractères qu'il méprisait, et publia un grand nombre de livres en gothique.

On toléra cependant les caractères romains, mais on les trouvait beaucoup moins beaux que les autres. Les imprimeurs de la fin du XV° siècle et du début du XVI°, qui, peu modestes, se qualifiaient souvent de « peritissimi », « solertissimi » vantaient fréquemment aussi leurs productions, et en particulier faisaient l'éloge de la beauté de leurs types : or c'est presque toujours d'impressions gothiques qu'il s'agit dans ce cas. La gothique, du reste, avec ses formes anguleuses et ses traits superflus, se prêtait très bien aux enjolivures des miniaturistes, ou, pour parler plus exactement, les copistes avaient, du XII° au XIII° siècle, transformé peu à peu l'écriture de façon à la mettre en harmonie avec les illustrations des manuscrits et avec les autres œuvres d'art (1), puisqu'au Moyen Age un manuscrit était une véritable œuvre d'art.

La romaine était trop différente pour pouvoir être appréciée. Elle semblait beaucoup trop nue, et se prêtait peu aux embellissements d'une décoration intimement liée aux formes de l'écriture nationale.

On sentait si bien cela que Hardouyn, par exemple, qui publia des livres d'heures avec les deux caractères, ne mettait d'ordinaire point de bordures gravées à celles qu'il imprimait en caractères ronds parce que ces bordures, expression du plus pur art français, auraient juré avec les caractères romains. Quant à Geofroy Tory, l'homme qui a le plus fait pour faire adopter le caractère romain par les Français, il se chargea de prouver que ce caractère était parfaitement susceptible de décoration. Il avait créé deux genres différents de bordures, l'un, dit « à la moderne », réservé aux impressions gothiques, l'autre, « à l'antique » c'est-à-dire dans le goût de la Renaissance de l'art antique, approprié aux caractères ronds.

Les caractères gothiques furent donc préférés pendant longtemps, chez nous comme dans les pays voisins. On utilisait la lettre de forme surtout dans les livres de théologie et de liturgie ; la tradition imposait là ces caractères dont les formes sévères s'accordaient avec le sujet. La lettre de somme et la romaine étaient particulièrement employées dans les livres classiques, celle-là se rapprochant d'ailleurs de plus en plus de celle-ci au point qu'il est parfois difficile de dire de certains volumes s'ils sont gothiques ou romains. Nous avions en outre une espèce de gothique

_____

(1) « Il est indéniable », écrit dans l'*Histoire de l'Art* d'A. Michel, t. II, 1re partie, p. 297, M. Arthur Haseloff, « que les calligraphes et enlumineurs français du XII° siècle ont contribué pour une part essentielle à constituer le style nouveau [gothique] »

bâtarde nationale, dite *lettre françoise*, usitée en France et dans les Flandres, qui ne pouvait manquer d'être copiée. Elle le fut, en effet, par Pasquier Bonhomme qui s'en servit dans les Chroniques de Saint-Denis, et, depuis, elle fut consacrée en quelque sorte, et pendant longtemps, pour les impressions d'ouvrages en français. On imprimait aussi ordinairement en *lettre françoise* les livres d'heures français ou latins, livres essentiellement populaires.

Cette spécialisation dans l'emploi des différents caractères se retrouvait même dans le détail. C'est ainsi que, dans les livres latins, quand le *privilège* était en français, on l'imprimait généralement en *lettre françoise* alors que le texte était soit en gothique pur, soit en romain. Dans les livres de coutumes françaises glosées en latin, les coutumes étaient souvent en bâtarde, le commentaire en gothique pur ou en romain.

Malgré la prééminence du gothique, presque tous les imprimeurs possédaient dans leurs ateliers des caractères ronds, et utilisaient sans doute l'un ou l'autre type suivant le caractère employé dans le manuscrit qu'ils éditaient, ou dans l'édition qu'ils reproduisaient. Simon de Colines et son beau-fils Robert Estienne, l'un, imprimeur diligent, l'autre, humaniste passionné, employèrent, le premier presque toujours, le second toujours les nouveaux types.

L'influence de ces deux excellents imprimeurs dont l'un était en outre un savant de grande valeur fut considérable et contribua puissamment à accoutumer les yeux du public aux caractères romains, d'autant plus qu'ils apportaient tous leurs soins à leurs impressions, irréprochables de correction et de netteté, et qu'ils avaient fait graver de superbes types, probablement par Geofroy Tory.

Il était donné à celui-ci, à qui l'on doit tant de progrès du livre, d'achever de convertir imprimeurs et lecteurs, et sans retour, au goût du caractère rond.

Il donna le *canon* de la fabrication des caractères romains dans son *Champ fleury* paru en 1529. Il prétend au début de cet ouvrage si curieux à divers titres, qu'il présente pour commencer les règles de la confection de l'alphabet romain, et qu'il étudiera le gothique une autre fois. C'est sans doute une feinte, et son intention était bien de vulgariser les nouveaux types. Quoi qu'il en soit, son livre qui eut auprès des artistes, des imprimeurs et des grammairiens, un succès retentissant, acheva de rendre populaires les caractères romains.

Les imprimeurs, sauf les plus âgés, supprimèrent peu à peu leur stock de gothique ou ne le renouvelèrent pas. Ils firent fondre des caractères en se conformant aux proportions établies par Tory (1), et peu à peu les accents et la cédille, réclamés aussi dans le *Champ fleury*, furent adoptés par tous les imprimeurs, et de là passèrent, mais bien lentement, dans l'écriture manuscrite.

Denis Janot qui, comme autrefois Vérard, s'était fait une spécialité de la publication des romans français où la bâtarde était de règle, abandonna ce type pour un

---

(1) Cf. Bernard. *Geofroy Tory*, p. 32, 2ᵉ éd., Paris, 1865, 8º.

superbe caractère rond, et peu à peu toutes les gothiques, — sauf pour les livres de liturgie où la tradition les maintient encore aujourd'hui — passèrent des ateliers importants dans les imprimeries de bas étage fournisseuses des colporteurs. En 1540 la romaine l'emporte de beaucoup; en 1550 la gothique a à peu près disparu.

L'éducation du peuple était faite : la Renaissance l'emportait dans l'imprimerie comme dans l'art. Née avec la scolastique et avec les cathédrales à style ogival, la gothique disparut des imprimés à peu près en même temps qu'on proscrivait les méthodes d'enseignement et les formes artistiques du Moyen Age.

Robert Granjon fut donc vraiment mal inspiré quand vers 1556, méconnaissant les raisons qui avaient fait chasser des livres à tout jamais l'ancienne écriture, il voulut, par patriotisme, faire reproduire par l'imprimerie la cursive gothique française. Il se vantait d'avoir copié exactement *la lettre de main*.

Il n'avait en effet que trop fidèlement copié les formes tourmentées, les ligatures bizarres de cette cursive qui, négligée de plus en plus depuis l'invention de l'imprimerie, était devenue presque indéchiffrable. Malgré l'appui d'un Jean de Tournes qui eut lui aussi sa cursive française, la tentative devait échouer, montrant une fois de plus que le triomphe des caractères romains était bien définitif.

Toutefois une circonstance favorable sauva la lettre de main d'un échec complet. Les enfants éprouvaient de très grandes difficultés à apprendre à lire l'écriture des manuscrits. Or, en 1559, on imprima en cursive une *Civilité puérile*, et en 1560 une *Civile honesteté pour les enfans*, imitées d'un des ouvrages les plus populaires d'Erasme, le *De civilitate morum puerilium*. On remarqua que les enfants se familiarisaient plus vite avec les caractères manuscrits, en les lisant dans ce livre où ils étaient reproduits d'une façon nette, régulière, et sans ligatures extravagantes. D'où la vogue des *Civilités* et le nom de *caractères de civilité* qui est resté à cette cursive française localisée au bout de peu d'années dans ce rôle modeste. Ce n'était pas précisément ce qu'avait rêvé Granjon (1) !

Cette affreuse écriture, bannie des livres, subsista cependant jusqu'à la fin du XVIᵉ siècle. Elle resta pendant tout ce temps l'écriture nationale. La tradition était si forte qu'un très grand nombre d'humanistes usaient de deux sortes d'écritures : ils employaient la cursive humanistique quand ils faisaient des citations latines, quand ils voulaient attirer l'attention sur un mot, ou quand ils composaient des ouvrages; mais en temps ordinaire, pour le style épistolaire habituel, ils se servaient généralement de la cursive française (2).

---

(1) Cet emploi de la cursive dans les imprimés était alors parfaitement justifié. Mais que dire de la routine qui a fait réimprimer jusqu'au début du XIXᵉ siècle la *Civilité* — dont le fond n'avait guère plus changé que la forme — alors que l'écriture française qu'elle était toujours censée reproduire avait considérablement évolué !

(2) On peut voir par exemple dans la thèse de Clément sur Henri Estienne, Paris, 1898, 8º, des fac-similés des deux écritures du savant imprimeur.

Peu après, le gothique était méprisé comme l'avait été au siècle précédent le romain, et l'on avait en horreur tout ce qui était gothique ; aussi, en plein siècle de Louis XIV, les incunables n'étaient plus guère recherchés que des seuls artificiers qui en appréciaient fort le papier si résistant, ce qui fut cause que quantité de chefs-d'œuvre typographiques s'en allèrent en fusées (1).

On eut, au début du xvie siècle, une autre série de types, l'*italique*. Alde Manuce avait obtenu de trois papes le monopole de l'emploi de caractères reproduisant l'écriture de la chancellerie pontificale, qui n'était autre chose, en somme, qu'une cursive imitant la caroline restaurée, et l'écriture courante employée par les humanistes. Si tous les imprimeurs avaient été scrupuleusement honnêtes, les Alde, grâce à leur privilège auraient pu faire reconnaître ainsi, à leur aspect particulier, leurs excellentes éditions si recherchées dans tout le monde savant. Mais la contrefaçon sévissait déjà. Certains imprimeurs lyonnais trouvèrent plus commode de faire fondre une *italique* semblable à celle des Alde, et de copier, souvent fort mal leurs éditions, que de les imiter en apportant comme les grands imprimeurs vénitiens tous leurs soins à la correction des textes qu'ils publiaient. C'est par ce moyen que l'italique pénétra en France, à Lyon d'abord ; de là elle passa à Paris. Plus tard, de vrais émules des Alde, comme Sébastien Gryphe à Lyon, Simon de Colines à Paris, se servirent beaucoup de l'italique (le premier surtout) pour imprimer les ouvrages en latin. Entre 1540 et 1550, on se mit à imprimer de préférence en italique les œuvres poétiques, tant latines que françaises, et notamment les œuvres des poètes de la Pléiade, ces grands humanistes, furent publiées dans ce caractère qui copiait l'écriture humanistique : et jusqu'à la fin du siècle l'italique resta le caractère spécial de la poésie. C'est ainsi que dans l'édition des œuvres complètes de Du Bellay, publiée en 1569 par Fédéric Morel, la *Défense de la langue française*, sa seule œuvre en prose, est en caractères romains ; tout le reste est en italique. Ailleurs on restreignit l'emploi de ce caractère — qui, comme toutes les cursives, convient assez peu à l'impression — à l'emploi qu'on en fait encore aujourd'hui, c'est-à-dire pour attirer l'attention sur certains passages.

Tous ces différents caractères se ramènent à deux types, le gothique et le romain. Chaque type avait son alphabet particulier. Il est intéressant d'étudier l'influence qu'ils ont pu avoir l'un sur l'autre, car c'est de leur fusion qu'est sorti notre alphabet tel à peu près qu'il existe encore aujourd'hui.

L'écriture caroline, avec ses lettres aux contours arrondis, parfaitement distinctes les unes des autres, ne prêtait à aucune ambiguïté. La gothique, sa fille dégénérée et à peine reconnaissable, remplaça insensiblement tous les traits arrondis par des traits anguleux, tout comme l'architecture remplaça le plein cintre par l'arc-brisé.

_____

(1) Cf. Chevillier, *L'origine de l'imprimerie de Paris*. Paris, 1694, 4o, p. 110. A cette même page, l'auteur oppose au gothique le « bon caractère », c'est-à-dire le romain.

Il en résulta que des lettres comme *n* et *u* dont ces traits arrondis faisaient toute la différence, devinrent exactement semblables. Le point de l'*i* étant souvent oublié, *in* et *m* devinrent identiques ; ou bien il était mal placé, et il exposait ainsi à de mauvaises lectures. Des groupes comme ceux qu'on rencontre dans les mots *omnium* et *ominum* rendaient ces mots indiscernables. Aussi avait-on eu, de bonne heure, recours à un subterfuge. « Quandocumque » lit-on dans l'*Orthographia Gallica*, traité du XIII° siècle (1) « hec vocalis *i* inter *m* et *n* vel *u* ponitur, potest mutari in *y* ut litera sit legibilior legenti. » Au XVI° siècle Périon (2), Tabourot (3) et beaucoup d'autres se plaignent de l'abus de l'*y*, surtout dans l'écriture courante gothique. Cet abus s'était étendu de plus en plus, et peu à peu *y* s'était introduit à presque toutes les places où l'on devait mettre un *i*.

Quand deux *ii* se suivaient, autre difficulté. On la résolut en prolongeant le second au-dessous de la ligne. On trouve déjà parfois cet *j* long dans la caroline du XII° siècle. Peu à peu, il devint de règle dans les mots ainsi que dans les chiffres romains. On écrivit donc *conijcere*, *xij*, etc... Beaucoup de copistes, dans le Nord surtout, mettaient aussi cet *j* long à l'initiale, et le célèbre prototypographe de Bruges, Colard Mansion, a suivi cette habitude dans ses impressions. La gothique donnait également la forme longue à son I capital.

La fantaisie des copistes, surtout dans la cursive, leur faisait ajouter aux lettres des fioritures, des traits adventices — *pur hele escripture* — et leur faisait préférer celles qui se prêtaient aux boucles savantes. Meigret, le réformateur de l'orthographe le constatait avec amertume : « Les *ll* auecq les *ff* ouuces comme carpes seruent de grand remplage en vne escriture, et donnent grand contentement aux yeux de celuy qui se paist de la seule figure des letres (4). » Beaucoup d'autres auteurs s'en plaignent.

C'était encore une raison pour employer *y* au détriment de l'*i* ; c'en était une aussi pour abuser du ʒ qui anciennement avait un usage bien déterminé et restreint : on le substitua à *s* dans presque tous les mots français mis au pluriel.

La caroline, dont l'*u* majuscule affectait la forme de V, usait non seulement de cet V au début des chapitres, mais aussi parfois en tête de chaque phrase. On s'habitua peu à peu à le mettre au début de chaque mot et l'*v* devint l'*u* initial. On écrivait donc, dans la gothique, *vua* (raisin) le mot que nous écrivons aujourd'hui *uva*. Par contre, pour les majuscules, la gothique avait pris la forme arrondie de l'*u* oncial. Il y avait aussi deux formes d'*r*, l'une analogue à la forme caroline, l'autre ronde, usitée d'abord dans la ligature *or*, et d'un emploi commode pour représenter l'abréviation *rum*. Dès le XII° siècle, on ne se contenta plus de l'unique forme d'*s*

---

(1) Ed. J. Stürzinger. Heilbronn, 1884, 8°, p. 28. Cité par Brunot. *Histoire de la langue française*, Paris, Colin, 1905, sq., 8°, t. 1, p. 499.

(2) *Dialogorum de linguae gallicae origine libri IV*. Paris, 1555, 8° f. 49, r. et v.

(3) *Bigarrures*, livre I, p. 100 du t. I de l'édit. de Bruxelles, 1866, 16°.

(4) *Traité du commun vsage de l'escritûre françoise*, 1542. Cité par Brunot, II, p. 98.

de la caroline pure, l'*f* longue. On se servit, en réduisant ses proportions, de l's capitale, et on en fit l's ronde réservée à la fin des mots.

On aurait dû, quand on restaura l'alphabet de l'écriture caroline, en imiter la sobriété, mais l'œil était trop accoutumé à voir, et la main à tracer ces doubles formes pour les abandonner. Les premières impressions de la Sorbonne, calquées sur les impressions italiennes, conservent les deux formes d'*r*, (1) (mais on délaissa vite l'*r* ronde) les deux *ss* (*f, s*) mais n'emploient pas l' *v* initial, sauf dans les majuscules. Au bout de très peu de temps, toutefois, les imprimeurs français empruntèrent cette coutume à la gothique, et très rares furent ceux qui ne la suivirent pas habituellement.

L'italique dont le *canon* était plus strictement observé prit bien plus rarement en France l'*v* initial, parce que les Italiens ne l'employaient pas. L'*j* long fut par tous utilisé pour représenter l'*i* quand il en suivait un autre.

On eut dans le courant du xvi⁰ siècle l'heureuse idée de tirer parti de ces doubles lettres *i, j, u, v*, pour améliorer notre alphabet qui, calqué sur l'alphabet latin, ne répondait nullement aux besoins de notre langue. Il fallut une lutte des imprimeurs contre l'indifférence du public, qui dura plus d'un siècle, et que nous étudions ailleurs en détail, pour faire de l'*v* initial notre consonne *v* qui alors était confondue avec la voyelle *u* ; et de l'*j* long notre consonne *j*, confondue avec *i*.

Quant à la double forme de l's, Corneille proposa également de l'utiliser pour distinguer, à l'intérieur des mots, l's prononcée, qu'il représentait par l's ronde, de l's qui annonçait seulement l'allongement de la voyelle précédente; cette *s* était notée par l'*f* longue (peste, tempe*f*te). Cette proposition présentée à l'Académie française faillit être adoptée.

La gothique, si prodigue de caractères inutiles, avait au contraire complètement abandonné l'*œ* et l'*œ*, et elle écrivait partout uniformément *e*, ce qui n'était pas sans causer parfois des amphibologies. Les humanistes corrigèrent cette mauvaise orthographe, et rétablirent ces doubles lettres que l'écriture caroline possédait, et qu'elle n'oubliait jamais d'employer. Chose singulière, les imprimeurs en firent usage quand ils composaient en romain, et continuèrent à les négliger quand ils employaient le gothique : on peut voir fréquemment, dans certaines éditions d'ouvrages en latin, du début du xvi⁰ siècle, les *œ* et les *œ* observés partout dans le texte en romain, et constater leur absence, dans les mêmes mots répétés en manchettes, parce que ces manchettes sont en caractères gothiques.

Nous sommes donc là en présence d'un fait évident : la gothique se figea dans ses formes surannées; les imprimeurs sentant qu'elle était frappée à mort jugeaient inutile de la transformer.

Enfin l'imprimerie copia jusqu'aux abréviations des manuscrits. Ces abréviations

(1) Cf. P. Champion, *Les plus anciens monuments de la typographie parisienne.* Paris, Champion, 1904, fol.   .

exigeaient cependant des caractères spéciaux qui surchargeaient la *police* sans aucune utilité, car les raisons qui les avaient fait employer dans les manuscrits, à savoir le désir d'épargner du parchemin et de gagner du temps, n'existaient plus ici. Au contraire, leur emploi compliquait singulièrement la composition.

Quoiqu'il en soit, on fondit des caractères pour imiter chacune des abréviations et ligatures en usage, et l'on peut voir, en jetant un coup d'œil sur les alphabets des premiers ateliers typographiques de Paris reproduits dans la belle *Histoire de l'imprimerie* de Claudin, que les signes d'abréviations y tiennent une plus grande place que les lettres mêmes de l'alphabet.

Il faut donc, pour lire les incunables et beaucoup de livres du début du xvıᵉ siècle, connaître les abréviations paléographiques tout comme pour lire les manuscrits. Ces abréviations sont surtout fréquentes dans les ouvrages de théologie et de droit, où les mêmes mots, grâce à la méthode scolastique, reviennent constamment, et elles en rendent la lecture, sinon difficile, du moins assez pénible. Elle était pénible déjà pour les contemporains puisque, dès 1483 au moins, on publia un *Modus legendi abbreuiaturas in utroque iure.* La Bibliothèque nationale ne possède pas moins de neuf éditions de cet ouvrage qui devenait dans le cours du xvıᵉ siècle de plus en plus utile à mesure qu'on employait moins les abréviations. Les imprimeurs, en effet, ne tardèrent pas à en restreindre le nombre de plus en plus, afin d'alléger leurs *casses* et de simplifier la composition. Simon de Colines et Robert Estienne n'en employèrent que très peu. Leur exemple fut suivi de plus en plus, et en général vers 1540, les abréviations qui seules sont vraiment usitées sont celles des nasales qui sans doute, appliquées à propos, facilitaient la composition, tandis qu'autrefois leur multiplicité lui nuisait.

Si l'on en croit Tabourot, un des plus grands tourments des écoliers dans la deuxième moitié du xvıᵉ siècle, c'était l'étude des abréviations. Il prétend que certains maîtres d'écoles laissaient les enfants qui ne pouvaient les apprendre jusqu'à dix ans, et même jusqu'à seize ans, à la lecture des *Sept pseaumes.*

Les plaintes de Tabourot sont quelque peu exagérées ; ce qui semble le prouver, c'est que, voulant citer les abréviations tant incriminées, il cite simplement celle des nasales.

En réalité, tout concourait au xvıᵉ siècle à restreindre l'emploi des abréviations. Les humanistes, usant de la caroline sobre d'abréviations, ont contribué à en réduire le nombre. Les procédés d'enseignement scolastique, battus sérieusement en brèche, laissaient peu à peu place à des méthodes qui accordaient beaucoup moins de place aux commentaires, et mettaient les élèves en face des textes : or ceux-ci étaient beaucoup moins farcis d'abréviations que les gloses. De plus, les copistes de manuscrits autrefois si nombreux avaient disparu, remplacés avantageusement par la presse. Or on comprend que les copistes aient été intéressés à abréger leur longue besogne, et aient usé des abréviations ; mais au xvıᵉ siècle, les professionnels de la plume étaient surtout des praticiens, qui, payés à la page, au lieu d'abréger les mots, s'entendaient à les allonger, au grand dommage de notre orthographe, et nombre de lettres « quiescentes » dont nos mots sont encore affligés leur doivent sans doute l'existence. Pour toutes ces raisons les abréviations disparurent aussi bien des imprimés (1) que des manuscrits : avec le xvi° siècle, s'arrête la Paléographie.

Ainsi le livre après avoir en tout copié les manuscrits s'est peu à peu débarrassé de cette imitation. La Renaissance l'aida puissamment dans sa transformation, en lui apportant les caractères qui lui conviennent le mieux, en affinant la gravure qui permet au livre de lutter avantageusement avec l'illustration polychrome. On peut considérer la transformation comme terminée quand le gothique cède définitivement la place au romain. (2)

(1) La ligature &, encore usitée dans les impressions de fantaisie ou *bilboquets*, est tout ce qui nous en reste.

(2) La planche jointe à cet article permettra la comparaison des Heures gothiques et des Heures romaines illustrées, celles-ci par Tory, celles-là sous sa direction seulement sans doute. On pourra voir la différence de style des encadrements *à la moderne* et *à l'antique*, et la façon dont un même artiste pouvait traiter un même sujet d'après les anciennes et les nouvelles règles d'art. Remarquer aussi que les lettres torneures des Heures gothiques sont proscrites des romaines ; noter enfin la graphie « mec » dans le gothique, « mcac » dans le romain.

L.-G. PÉLISSIER

UN COLLABORATEUR PROVENÇAL

DE MONTFAUCON

(Six lettres au président Thomassin Mazaugues le fils.)

Dans le *Supplément de l'Antiquité* comme dans les *Monuments de la Monarchie*, Bernard de Montfaucon cite avec honneur un savant provençal, M. Thomassin de Mazaugues, président au Parlement d'Aix, parmi les savants et amateurs de province qui lui ont fourni des renseignements, des documents inédits, des figures de monuments : « M. le président de Mazaugues d'Aix, marchant sur les traces de son incomparable ayeul M. de Peiresc, m'a toujours fourni ce qui lui est tombé sous la main » (*Suppl.* I, xiij), et, — s'il y a peut-être dans ces derniers mots une légère ironie, — dans ceux-ci : « C'est à M. de Mazaugues que je suis redevable de toutes les figures de Charlemagne qui se trouvent à Aix-la-Chapelle et de plusieurs aùtres pièces tirées des manuscrits de l'illustre M. de Peiresc », la précision du remerciement montre que, sur ce point précis de détail, Montfaucon se trouvait bien en réalité l'obligé de son ami. Il y a donc eu, dans une mesure modeste, collaboration entre le bénédictin et l'amateur aixois ; les lettres suivantes, débris d'une correspondance probablement plus importante, attestent la courtoisie des relations ultérieures établies entre ces deux « amants de la belle antiquité », et le genre des services, parfois un peu subalternes, que Mazaugues essayait de rendre à son savant confrère. Il y apparaît aussi que ses remarques archéologiques et ses envois de documents ne semblaient pas toujours à son ami d'un intérêt capital et que celui-ci ne supportait pas très volontiers la critique. Ce n'est pas une supposition invraisemblable d'ailleurs de penser que ce qu'il estimait le meilleur en Mazaugues, c'était l'héritage de Peiresc. Il manifeste de façon touchante, le désir de voir publier la correspondance de ce savant homme, source si précieuse pour l'histoire littéraire et sociale du xviiᵉ siècle, — que, deux siècles plus tard, nous n'aurons sans doute pas le bonheur de lire toute imprimée.

Plus d'ailleurs que le bibliographe, c'est l'archéologue qui se montre ici, profondément versé dans la connaissance des monuments antiques connus de son temps, se documentant de son mieux, mettant à contribution ses correspondants dans toutes les provinces, à l'affût des découvertes nouvelles ; et le long commentaire d'une inscription grecque nous montre que l'antiquaire français n'avait pas étouffé en lui l'épigraphiste et l'hélléniste.

Il y a dans ces lettres, on le voit, tous les traits caractéristiques de Montfaucon, et c'est pourquoi, désireux de rendre mon tribut de reconnaissante amitié et d'admiration à l'auteur de la *Paléographie des Classiques latins*, j'ai cru ne pouvoir mieux faire que de laisser la parole à l'auteur de la *Palaeographia graeca*.

[Fol. 171]. Paris, le 29 décembre 1721 (1).

Après vous avoir souhaité, Monsieur, une heureuse année, je vous dirai qu'après avoir reçu votre obligeante lettre du 5 (*sic*) décembre (2) qui arriva un peu tard, j'écrivis à M. Wilkins (3) pour lui donner avis de la grâce que vous vouliez bien lui faire de lui envoier quatre letres en original [de Seldenus (4)] et lui demandai son avis touchant la voye que nous prendrons pour les faire venir d'Aix ici. Nous ne balancerions pas un moment de les faire venir par la poste, mais comme à la poste, on trempe les lettres dans le vinaigre (5) et autres drogues, et on les y laisse longtemps à cause de la peste, contre laquelle on prend avec raison tant de précautions, et que souvent ces lettres sont si gâtées qu'à peine sont-elles lisibles, j'ay été bien aise d'avoir devant son avis là-dessus. Si ce n'étoient que des copies, on n'y prendroit pas tant de précautions. J'espère que je ne serai pas longtemps sans avoir sa réponse, et je ne manquerai pas de vous en donner aussitôt des nouvelles. Au reste je vous dirai sans attendre sa réponse qu'il se fera un plaisir d'être en commerce de lettres

(1) Nîmes, Bibl. Munic., cod. 151, fol. 171. r. et v. et 174 r. et v. Le fol. 174 r. est blanc ; 174 v. occupé par la suscription : «Aix-en-Provence. | A Monsieur | Monsieur Thommassin de Mazaugues, | à Aix-en-Provence ».

(2) Chiffre mal formé et douteux : 3 ou 5.

(3) D. Wilkins, éditeur de la collection des Conciles de grande Bretagne et d'Irlande, un des plus assidus correspondants de Montfaucon. (cf. BROGLIE, *Montfaucon*, I, pp. 265 sqq).

(4) De Seldenus rajouté en marge. — Selden (1584-1654), un des plus grands juristes et archéologues anglais du XVIIe siècle, auteur du *Mare Clausum*, où il réfute le *Mare liberum* de Grotius, du traité *De Synedriis Hebraeorum*, et de l'édition des *Marmora Arundelliana* ; ses œuvres complètes parurent à Londres en 1726.

(5) A cause de la peste, dite de Marseille, qui désolait alors la Provence et le Languedoc. Les traces de ce bain sont encore très apparentes, après deux siècles, sur les pièces qui l'ont subi.

avec vous et de vous rendre en Angleterre les services que vous souhaiterez de lui. Je recevrai avec plaisir le projet des « lettres et autres ouvrages de feu M. de Peiresc » (1). Je le ferai mettre dans notre journal, pourvu qu'il ne soit pas trop long, auquel cas ils ne voudroient en mettre qu'un abrégé. Il me paraît que vous êtes déterminé à faire imprimer l'ouvrage en Angleterre ou en Hollande. Pourquoi non pas à Paris, si l'on y peut trouver des libraires qui s'en chargent ? Je m'offre de m'y emploier, si vous le souhaitez.

Je suis fâché que la peste empêche votre bonne volonté pour me procurer des desseins d'antiquitez. Il n'y auroit point d'inconvénient de me les envoyer par la poste, car, quoiqu'ils fussent vinaigrés, nos graveurs, habiles à suivre les traits, ne laisseroient pas d'en tirer parti. J'ay lu à notre Académie (2) la lettre (3) incluse dans la votre, touchant la découverte faite du côté d'Apt (4). Nous convenons [fol. 171 v.] tous que c'est un monument fait par quelque prêteur ou sénateur ou quelque autre personne du premier rang, qui a fait faire ces statues pour le représenter, lui et sa femme et sa fille (5). Ce poinçon qui est dans les cheveux de la femme est l'*acus discriminalis* ou l'*acus crinalis* (6). C'est ce qu'on n'a jamais encore vu dans aucun monument. Si vous pouvez m'en envoyer le dessein par la poste, vous m'obligerez beaucoup ; malgré tout le vinaigre, nous en tirerons parti. Quand j'étais à Rome, on trouva à Porto dans un caveau trois statues qui représentaient un sénateur de la famille *Coesennia* avec sa femme et sa fille, représentées avec toute leur taille. La femme avoit des pendans d'oreilles d'or, que j'ay vûs.

Voilà une lettre bien longue pour un homme qui en a tant à écrire. J'ay l'honneur d'être avec toute l'estime possible,

Monsieur,
Votre très humble, très obéissant et
très obligé serviteur,
F. BERNARD DE MONTFAUCON, m. b.

(1) Sur ce projet d'édition des lettres de Peiresc, formé par Thomassin Mazaugues le père, continué par son fils, et qui n'aboutit pas, voir une importante lettre de Thomassin Mazaugues père dans CAILLEMER, *Correspondants de Nicaise*, pp. 177 sqq.

(2) L'Académie des Inscriptions et Belles Lettres.

(3) La lettre de M. de Remerville Saint-Quentin, mentionnée par Montfaucon dans la lettre suivante.

(4) Une statue d'homme et un groupe de deux statues de femme et d'enfant, trouvés au hasard d'un labourage dans un champ près d'Apt. Le dessin de ces antiquités fut envoyé à Montfaucon par M. de Caumont, et la gravure, exécutée par ordre de l'intendant Le Bret, lui parvint ensuite. Montfaucon en parle au tome III du *Supplément de l'Antiquité*, p. 11, chap. 3, et les reproduit sur la planche « I après la pl. IV ».

(5) *Suppl.* III, p. 13 : « Il y a quelque apparence que c'étaient la femme et la fille de quelque prêteur ou de quelque autre personne à peu près de ce rang ».

(6) Montfaucon en disserte plus longuement, *ibid*, III, p. 11-13. Il en dit page 12, que c'est une « chose toute nouvelle ».

Le second tome du *Gallia Christiana* se vend 25 l[ivres]. On commence à imprimer
le troisième tome.

Quand vous voudrez envoier quelques notes sur cet ouvrage au très R. P. de
Sainte-Marthe, notre général, qui en est le principal auteur, elles seront reçues avec
cette action de grâce (*sic*).

II

Paris, 24 janvier 1722 (1).

[fol. 173 v.] Je vous envoie, Monsieur, la lettre de M. Wilkins, où vous verrez ses
sentimens touchant l'honneur que vous souhaitez lui faire d'entrer en commerce de
lettres avec lui, et touchant les lettres de Seldenus que vous voulez bien lui communiquer. Si vous les faites copier, comme je ne doute pas que vous ne le fassiez,
pourvu que l'écrivain ne copie pas en grosse lettre, cela s'envoira par la poste d'Aix
ici et d'ici à Canterburi ou à Lambeth.

J'ay montré (2) à notre Académie des Belles Lettres la lettre de M. de Remerville
de S[aint] Quentin touchant les statues (3) trouvées auprès d'Apt. J'attendrai votre
réponse et les copies des lettres de Seldenus pour répondre à la lettre de M. de Wilkins. Si les desseins de la nouvelle découverte nous viennent (4), la joye sera entière.
J'en ai parlé à Madame mère du Régent (5), qui en a eu bien du plaisir. Je ne manquerai pas, si elle vient, de la mettre au troisième tome du *Supplément*. J'ai l'honneur
d'être avec toute l'estime et la considération possible, Monsieur,

Votre très humble et obéissant serviteur.

Fr. Bernard DE MONTFAUCON, m. b.

A Paris ce 24 janvier 1722.

[fol. 172] à Lambeth, ce 4ᵐᵉ janvier 1721/22.

MON RÉVÉREND PÈRE,

Je vous ai mille obligations de toutes les peines que vous vous êtes données dans les
recherches sur les lettres du fameux Seldenus. Je ne prétend point vous prier de me pro-

---

(1) Nîmes, *Ibid.*, Cod. 151, fol. 172 et 173. Les folios 172 r. v. et 173 r. sont occupés par la lettre
de D. Wilkins à Montfaucon, que celui-ci a communiquée à Th. M. La lettre de Montfaucon occupe
le fol. 173 v. Il n'y a point de suscription.

(2) Montfaucon a écrit au-dessus de ce mot : *lu*.

(3) M. avait écrit d'abord : *statues et buste*.

(4) Montfaucon dit (*ibid.*, III, p. 15) plus affirmativement que « les statues doivent être apportées
à Paris ».

(5) La seconde Palatine. Cf. A. BARINE, *Madame mère du Régent.*

curer les originaux de ses lettres qui restent encore entre les mains de Mons. de Mazaugues. C'est seroit (*sic*) abuser de sa générosité et de son amitié. Il me suffit d'en avoir des copies exactes, attestées par quelqu'un qui aura la bonté de les examiner toutes deux. Monsieur de Mazaugues me trouvera toujours dévoué à ses services, et prêt à luy témoigner jusqu'à quel degré je luy suis obligé (1). L'effet de sa bonté en m'envoyant les lettres de Seldenus dans un mois ou six semaines augmentera le grand désir que j'ai de luy être utile en quelque chose dans ce pays icy. Et il ne tiendra qu'à Mons. [fol. 172 v.] de Mazaugues de m'honorer de ses commandemens, qui seront toujours exécutés avec toute la fidélité possible.

J'ai mis entre les mains de notre ami Mons. l'abbé Peirce les *Antiquités* de Musgrave pour vous, il y a plus de deux mois (2). Sa maladie et quelques affaires l'ont arrêtés icy plus longtemps qu'il ne le croyoit. Il fait conte à présent de partir d'icy au comencement de la semaine prochaine, et en vous présentant ce petit livre, il vous assurera de bouche de la grande vénération que j'ay pour vous, comme pour une personne si distinguée dans la république des lettres, et qui me fait l'honeur de m'aimer toujours. J'y suis très sensible, et je ne m'épargnerai en rien pour vous faire voir que je suis plus que personne, Mon Révérend Père, Votre très humble et très obéissant serviteur.

D^d Wilkins

[fol. 173] Je n'ai pas eu l'honeur de voir M. Mason il y a plus de six mois, à cause de mes voyages, tant avec Mylord archevèque, quant à mes bénéfices à la campagne ; je tâcherai pourtant de luy faire vos complimens au premier jour.

III

Paris, 5 mars 1722 (3).

[fol. 175] On ne peut rien voir de plus obligeant, Monsieur, que les soins que vous voulez bien [prendre (4)] de me donner des avis sur mon édition du *Supplément de l'Antiquité*. Ils me sont d'autant plus agréables qu'ils viennent d'une main savante et bien instruite dans l'antiquité. J'ai reçu deux lettres sur cette matière, et j'y répons un peu tard par rapport à la première, mais je suis si occupé, tant des réponses que j'ai à faire en différens endroits que de mon travail, que pour faire celle-ci, qui demande plus de réflexion, il m'a fallu attendre un tems où je fusse un peu plus libre.

---

(1) Wilkins s'employa en effet et d'ailleurs sans succès à chercher pour Mazaugues en Angleterre, des restes de la correspondance de Peiresc (Lettre de W. à M. du 9 septembre 1722, publiée par Broglie, *Op. laud.* I, p 266.

(2) Nouvelle mention du même petit livre dans cette lettre de 9 septembre 1722.

(3) Nîmes, *Ibid.*, cod. 131, fol. 175-176. 176 v. est blanc. Il n'y a pas de suscription.

(4) Mot ajouté.

J'ay donné le monument de Saint Rémi sans inscription comme je l'ai trouvé. Celle que vous mettez est, ce me semble, infailliblement corrompue. Il est inutile de se casser la tête à la lire. Si j'étois sur les lieux, je l'irois voir pour la corriger sur l'original. J'ai reçu le dessein que vous m'avez fait la grâce de m'envoier avec l'arc de triomphe de la même ville : il n'y manque que l'échelle pour les dimensions. Je consulterai exactement Bouche et Pitton, et j'en prendrai ce qui pourra me servir. Car envoier dessiner en tant d'endroits où il y a des monumens, c'est une dépense que le Roi seul peut faire. D'ailleurs, je ne me suis pas proposé de donner tous les monumens de chaque espèce ; je ne prens que ceux qui peuvent donner quelque nouvelle instruction. Prennez, s'il vous plaist, la peine de voir ce que j'ay dit sur l'Arc d'Orange (1) et vous verrez que j'apporte une forte raison contre ceux qui croient qu'il est fait pour le triomphe de Marius. La même raison serviroit contre ceux qui croient qu'il est fait pour la victoire de Domitius Ahenobarbus. On est bien embarrassé à raisonner sur les choses quand il n'y a point d'inscription.

J'ay donné beaucoup d'amphithéâtres, et il en reste encore beaucoup d'autres dans le Roiaume, ou à demi ou tout à fait ruinez. J'ai vu les restes de celui d'Arles, de ceux de Bourdeaux et de Saintes. Il y en a encore bien d'autres ; mais dans un ouvrage si vaste on ne peut pas mettre tout : cela ne finiroit jamais. Il faut se contenter d'y mettre les plus beaux qui sont sur pied et ceux qui peuvent donner quelque instruction. Je crois que vous approuverez en cela mon projet.

[Fol. 175 v.] La Vénus d'Arles (2) avec les autres antiques de Versailles se trouveront dans le *Supplément*. Je passe les autres choses moins considérables pour venir au temple de Simiane, dont j'ay demandé le dessein bien des fois, et je n'ai pu l'avoir jusqu'à présent. L'histrion de Poldo d'Albenas est imprimé au troisième tome de l'*Antiquité*, pl. LI.

Sur la note que vous m'avez fait la grâce de me donner du livre du comte Camillo Silvestri (3), je ne manquerai pas d'écrire à Rome qu'on me l'envoie le plus tôt qu'il se pourra. Cela sera à présent difficile, la peste aiant rompu le commerce.

J'ay les marbres d'Oxford (4), mais les monumens qu'ils renferment sont si gros-

---

(1) V. *Supplément* IV, p. 73, livre IV, chapitre III. Un dessin de l'Arc d'Orange par Mignard, architecte d'Avignon, est au tome IV de l'*Antiquité*.

(2) La Vénus d'Arles est en effet reproduite, de façon médiocre, dans le *Supplément* I, p. 125. « On a disputé longtemps, dit à ce propos Montfaucon, si c'est une Vénus ou une Diane. » Girardon penchait pour une Vénus, et son sentiment prévalut. Il fut chargé de la restaurer quand la ville d'Arles en eut fait cadeau au roi Louis XIV.

(3) Camillo Silvestri (1645-1719), philologue et archéologue italien, connu surtout pour son édition de *Giuvenale e Persio spiegati* (1711) et pour son *Corpus veterum poetarum latinorum*, paru en 1739.

(4) Les marbres d'Oxford ou d'Arundel sont célèbres. Edités en 1627 sous le titre de *Marmora Arundelliana sive saxa graece incisa*, ils furent réédités en 1676 par Humphrey Prideaux ; *Marmora Oxoniensia ex Arundellianis, Seldenianis aliisque conflata*. L'édition de 1676 fut réimprimée en 1732 par Michel Mattaire.

siers, soit que cela vienne des graveurs, soit que les monumens soient d'un mauvais goût, que je ne jugeai pas à propos d'en rien prendre. Je les ai seulement cités en quelques endroits. Je profiterai pourtant de vos avis, et je donnerai ce qu'il y aura de meilleur. Le tombeau de M. l'abbé Nicaise doit être donné au graveur au premier jour, aussi bien que l'*Apothéose* de Cuper.

J'ay depuis longtemps le livre de l'abbé Vignoli (1), l'estampe des Dioscures, excellente découverte, et l'autel d'Isis donné par l'abbé Oliva qui est présentement à Paris, logeant chez M. le cardinal de Rohan qui l'a amené d'Italie. Je repasserai les ouvrages de M. Cuper. Il me vient de nouvelles pièces de tous les cotés et pour ne pas trop grossir le *Supplément*, j'écarterai tout ce qui sera ou trop semblable ou fort approchant de ce que j'ay donné dans l'*Antiquité expliquée*. Il ne faut présentement donner que ce qui peut apprendre quelque chose de nouveau, ou ce qui peut servir à éclaircir les difficultés sur les monumens déjà donnés. J'aurai soin de lire et de repasser vos notes et de profiter de vos remarques. Les monumens que vous me préparez seront les très bienvenus et je vous en remercie par avance.

Je ne sai où M. de S. Quentin a trouvé qu'on ne faisoit de statues colossales que pour les Dieux. D'ailleurs les statues de neuf palmes, c'est-à-dire de six pieds neuf pouces, ne passent pas pour colossales : c'est ce qu'on appelle la taille héroïque. A ce que je vois sur la tête [quarée *effacé*] gravée de la femme que m'a envoiée M. le p[remier] président de Provence, les statues trouvées à Apt [fol. 176] sont d'un excellent goût.

J'ay proposé à quelques libraires l'impression des lettres de M. de Peiresc : ils ne veulent pas y mordre. Cependant ils seroient, si je ne me trompe, bons marchands de ce livre. La réputation de M. de Peiresc ne mourra jamais. Je suis persuadé que tous les étrangers l'achèteront avec plaisir. Nos libraires ne sont guère hardis. Il n'y en a qu'un qui l'est un peu plus que les autres, mais il s'est chargé de tant d'ouvrages qu'il ne faut pas espérer qu'il entreprenne encore celui-ci.

J'attends les lettres de Jean Selden, pour les faire tenir à M. Wilkins, dès que je les aurai reçues.

J'ai l'honneur d'être avec toute l'estime et la reconnaissance possibles,

à Paris, le 5 mars 1722.

Monsieur,
Votre très humble et obéissant serviteur
F. Bernard DE MONTFAUCON

---

(1) Vignoli, archéologue toscan (1680-1753), secrétaire du connétable Colonna, puis bibliothécaire de la Vaticane après Zaccagni en 1720, éditeur du *Liber Pontificalis*, auteur de dissertations sur la colonne Antonine et la numismatique.

IV

[fol. 177] à Paris, ce 24 février 1727 (1).

Je vous envoie, Monsieur, le plan imprimé des *Monumens de la Monarchie Française*, avec un autre plan pour les souscriptions à la première classe de ces monumens.

Je vous prie de le communiquer à ceux de votre cour que vous connoîtrez les plus curieux de ces sortes d'ouvrages. Celui-ci est tout neuf (2) ; personne n'avait encore travaillé sur un tel dessein : il est au jugement des (3) connoisseurs fort intéressant, non seulement pour les François, mais aussi pour les nations voisines.

Les frais des gravures seront grands. C'est pour cela qu'il a fallu avoir recours aux souscriptions, n'y ayant point de libraire qui puisse faire les avances. Le prix des volumes est si modique que cela encouragera sans doute à souscrire. J'ai plus de cent lettres à écrire, ce qui m'oblige d'être court et de finir, en vous assurant qu'on ne peut être plus sincèrement et plus affectueusement que je suis,

Monsieur,
Votre très humble et très obéissant serviteur,
Fr. Bernard DE MONTFAUCON

V

(Sans date) (4)

[Fol. 170] Je crains, Monsieur, qu'il ne me soit arrivé, dans la distribution des plans *des Monumens de la Monarchie Française* (5), ce qui arrive quelquefois dans la

---

(1) Nîmes, *ibid.*, cod. 151, fol. 177 r. et v., 177 v. est blanc. Il n'y a pas de suscription, mais au bas du fol. 177 r. la mention : « A M. de Mazaugues ».

(2) Montfaucon insiste avec raison sur le caractère de nouveauté de son ouvrage. *La faveur des connaisseurs* fut cependant moins unanime qu'il ne le croit et dit ici (cf. Broglie, *cp. et loc. laud.*).

(3) Montfaucon a écrit d'abord ici : des curieux.

(4) Nîmes, *ibid.* Fol. 170 r. et v. Au bas du fol. 170 r. cette mention : « M. le président de Mazaugues ». La lettre n'est pas datée, mais l'analogie des sujets permet de la rapprocher de la lettre du 24 février 1727, qu'elle suit sans doute.

(5) Le plan des *Monumens* commença à être distribué en 1728, aussitôt après la publication du *Supplément*, et tandis que l'édition de saint Jean Chrysostome, (dont Montfaucon parlait déjà en 1711 à Th. M. père), continuait à paraître. Sur l'accueil fait à ce prospectus, cf. Broglie, *op. laud.* II, 189 sqq.

foule des affaires, qui est d'oublier le principal (1). Je vous ai toujours eu en vue, dès le commencement ; j'ai écrit des lettres de tous cotéz, et j'ai cru ensuite que je ne vous avois pas oublié ; mais j'ai vu enfin que je m'étois trompé.

Le voici ce plan, où vous verrez un petit détail de ce que l'ouvrage doit renfermer. Je ne doute pas que vous ne me fassiez la grâce de me communiquer et vos lumières et les secours qu'on peut attendre de vos contrées. Je reçois actuellement des monumens de tous cotéz, parmis lesquelz il y en a de fort considérables. Je suis trop persuadé de votre bon cœur pour douter que vous n'ayiez la bonté de me prêter la main en tout ce que vous pourrez, en me fournissant ou m'indiquant au moins ce qui sera à votre portée.

Vous me ferés aussi la grâce de m'apprendre si les lettres de M. de Peiresc s'impriment (2), en quel endroit, et si l'ouvrage est avancé. La République des Lettres [fol. 170 v.] doit s'intéresser à tout ce qui regarde ce grand homme, à qui elle a tant d'obligation. Le grand nombre de lettres que j'ai à écrire m'obligeant à être court sur chacune, je finirai ici, en vous assurant qu'on ne peut être plus sincèrement et plus respectueusement que je suis,

Monsieur,

Votre très humble et très obéissant
serviteur,
Fr. Bernard DE MONTFAUCON, m. b.

VI

[fol. 178] à Paris, ce 2 avril 1731 (3).

Si j'ai tardé si longtemps, Monsieur, à faire réponse à votre lettre du 27 février, c'est que j'étois si indispensablement occupé qu'il a fallu nécessairement attendre un tems plus favorable pour satisfaire à toutes les questions que vous me faites l'honneur de me proposer sur quelques bas-reliefs que Monsieur le Premier Président Le Bret a reçu de Smyrne. Il faut qu'il les ait reçus vers la fin de l'an 1730. Il a envoié à plusieurs personnes de Paris des estampes des mêmes bas-reliefs ; on m'en a apporté de différens endroits, et, si les votres sont venues un peu plus tard, c'est que

---

(1) Montfaucon a oublié, non pas d'écrire à Th. M., mais bien de joindre à la lettre du 24 février le prospectus qu'il y annonce : il a « oublié le principal », et il répare ici cette demi omission.

(2) Cette lettre est donc postérieure à celle du 5 mars 1722, où M. parle de ses vaines tentatives auprès des libraires parisiens.

(3) Nîmes. *Ibid.* cod. 151, fol. 178 r. et v., 179 r. v. Au folio 179 v. est la suscription : « à Monsieur | Monsieur de Mazaugues | président | Aix-en-Provence.

vous ne faites pas comme le commun des gens : vous voulez vous instruire à fond des choses qui regardent l'antiquité, et ne proposer vos doutes qu'après avoir vu et examiné les choses à fonds. Les difficultés que vous me proposez ont arrêté bien des gens, et même des plus habiles. On m'en a proposé quelques-unes, mais dans un tems où j'étois si pressé qu'il a fallu se contenter de ce qui m'est venu d'abord dans la pensée.

J'ai rapporté plusieurs bas-reliefs et inscriptions de Smyrne au tome cinquième du *Supplément de l'Antiquité p. 20 et les suivantes* ; parmi lesquels il y en a plusieurs qui peuvent servir à expliquer ceux-ci. L'inscription O ΔΗΜΟΣ, qui est dans l'un des bas-reliefs, marque qu'il a été fait aux frais du public, pour une personne qui avoit rendu service à la ville. L'autre bas-relief où un jeune homme tient une grappe de raisin, et à son côté un petit enfant tient un petit bâton au bout duquel est une feuille de lierre (*sic*). Cela semble marquer que la personne était dévote à Bacchus, dont les principaux symboles sont les grappes de raisin et les feuilles de lierre. Quant au lion qu'on voit de l'autre côté, il n'a pas été mis là par hazard : cela signifie quelque chose ; mais quel moien de donner raison de tout ce qui se trouve dans ces monumens ?

Venons à la plus difficile image, qui est celle qui porte une assès longue inscription, assès conforme à quelques-unes du *Supplément*, qui aident à expliquer celle-ci. Mais elle a d'ailleurs des défauts où j'ay [fol. 178 v.] taché de remédier dans mon explication. Voici comme je lis (1) :

[Π]ΟΠΛΙΟΣ ΔΕΙΔΙΟΣ ΠΟΛΥΒΙΟΣ ΚΑΤΕΣΚΕΥΑΣΕΝ
ΤΟ ΜΝΗΜΕΙΟΝ ΕΑΥΤΩ ΚΑΙ ΔΕΙΔΙΑ ΛΑΥΔΙΚΗ ΤΗ
ΓΥΝΑΙΚΙ ΚΑΙ ΑΝΤΩΝΙΩ ΠΟΛΥΒΙΑΝΩ ΤΩ ΤΕΚΝΩ
ΚΑΙ ΤΟΙΣ ΕΚΓΟΝΟΙΣ ΣΥΝ ΤΗ ΚΕΙΜΕΝΗ ΣΟΡΩΕΣΩ ΜΥΛΙΝΗ
[Ε]Ν Η ΕΝΕΣΤΙ ΜΟΥ Η ΓΥΝΗ ΜΗΔΕΝΟΣ ΕΧΟΝΤΟΣ ΕΞΟΥΣΙ
ΑΝ ΕΞΩΤΙΚΟΝ ΠΤΩΜΑ (ΒΑΛΛΕΙΝ ʹΕΑΝ ΔΕ ΤΙΣ ΕΞΩΤΙΚΟΝ ΠΤΩΜΑ)
ΒΑΛΗ ΑΠΟΤΕΙΣΑΤΩ ΤΗ ΣΜΥΡΝΑΙΩΝ
[Β]ΟΥΛΗΧ ΑΦ ΕΧΟΥΣΗΣ ΝΕΙΚΗΣ ΚΑΙ ΓΟΝΝΙΚΗΣ ΙΔΙΩΝ
[ΕΙΣ] ΟΔΟΝ ΚΑΙ ΕΞΟΔΟΝ ΠΡΟΣ ΤΟ ΙΔΙΟΝ ΕΝΣΟΡΙΟΝ
ΑΝΕΠΙΚΛΩΛΥΤΩΣ

Comme j'écris tous les jours l'écriture grecque courante, il m'auroit fallu trop de tems pour écrire plus proprement cette inscription en capitale. J'ai mis entre des crochets les lettres qui manquent, et j'ose vous répondre de celles qui sont au

(1) Cf. Bœckh, *Corpus*, II, 784, inscr. 3371. Bœckh la publie d'après Bouhier, *Explication de quelques marbres antiques, dont les originaux sont dans le cabinet de M. Lebret*, p. 3-14. Bimar la communiqua à Muratori (t. III, p. MCCCXXXVI 6,) Montfaucon a mal lu la ligne 8 ; Bœckh lit Νείκης καὶ (τ)ῶν Ν(ι)ίκης ἰδίων

commencement de quelques lignes. Quand à ce que j'ai ajouté à la sixième ligne, j'ose vous assurer que ce qui a été sauté ici doit avoir le même sens que les mots que j'y ai ajoutez, et, selon toutes les apparences, c'étoient les mêmes paroles.

Voici le sens de l'inscription :

PUBLIUS DIDIUS POLYBIUS ADORNAVIT MONUMENTUM SIBI ET DIDIAE LAUDICAE UXORI ET ANTONIO POLYBIANO FILIO ET NEPOTIBUS CUM SANDAPILA JACENTE MOLARI ID EST LAPIDEA IN QUA EST UXOR MEA. NEMINE POTESTATEM HABENTE EXTRANEUM CADAVER IMMITTERE. SI QUIS VERO EXTRANEUM CADAVER IMMISERIT SOLVAT SYRMAEORUM SENATUI DENARIOS MILLE QUINGENTOS. NICE AUTEM ET GONNICE INGRESSUM ET EGRESSUM HABEANT SINE IMPEDIMENTO AD SANDA-PILÆ SUÆ LOCUM

Nous trouvons ailleurs que différentes personnes avaient des places pour leur sépulture dans le même souterrain, et alors tous ceux-là avoient permission d'y entrer et non d'autres.

L'*oméga* marqué par une croix marquée sous l'*o*, ainsi : $\underset{+}{\text{O}}$, est une chose nouvelle pour moi. Quand au ξ j'ai donné dans l'indice ou alphabet général de la *Paléographie* plusieurs formes approchantes. Ce n'est point au reste par ces lettres qu'on peut juger du tems où l'inscription a été faite ; c'est plutôt par les lettres E et Σ. Cette forme n'a subsisté que jusqu'environ le tems des Antonins. Depuis ce tems-là, on les trouve presque toujours ainsi ; Є C.

[Fol. 179] Voilà, Monsieur, ce que je crois qu'on peut dire de plus vraisemblable sur ces monumens. Il en vient tous les jours de la Grèce. M. l'abbé Fourmont, envoié par le Roi en ce pays-là, en a apporté trois mille inscriptions, toutes figurées avec beaucoup d'exactitude, sur les originaux, dont un grand nombre sont de grand prix. Elles pourront faire trois volumes in-folio. Il ne nous étoit jamais venu de ce pays-là une si ample moisson. Je poursuis toujours ma *Monarchie Françoise* ; le troisième tome est fini et paroîtra dans peu de jours. J'ay à me louer infiniment de vos honêtetés, et de la générosité avec laquelle vous avez bien voulu me communiquer ce qu'il y avait dans votre Cabinet, qui pouvait servir à mon ouvrage. J'en conserverai une éternelle reconnoissance. Je me sais mauvais gré d'avoir tant tardé à vous offrir cet ouvrage en grand papier. Je vous prie, Monsieur, de donner ordre à quelqu'un de venir prendre les trois tomes en grand papier et les deux autres de même (*sic*). J'ay l'honneur d'être avec respect et reconnaissance,

Monsieur,
Votre très humble et très obéissant serviteur,
Fr. Bernard de MONTFAUCON

ERNESTO MONACI

UN ROTOLO MINIATO D'ARTE FRANCESE

A VELLETRI

La tavola che accompagno con queste righe, riproduce quel che resta di un rotolo membranaceo sul quale, forse negli ultimi anni del secolo XIII o nei primi del XIV, fu istoriata la vita di Gesù Cristo. Io non conosco nulla di simile nell'arte italiana, né potei finora appurare a quale officio il rotolo fu destinato. Tuttavia ne do comunicazione prima ancora di aver esaurito le mie ricerche, sperando che altri più di me versato nella materia possa illuminarmi, e ad ogni modo parendomi che il curioso cimelio meriti di essere esaminato fra quanti si occupano di antichità del medio evo.

Il rotolo si conserva nell'Archivio Capitolare della Cattedrale di Velletri insieme con quattro altri frammenti che una volta dovettero far parte di un *Exultet* in lettera beneventana del sec. XI o del XII, del quale non trovo menzione nella recente pubblicazione del prof. Bertault. Ricomposti i tre pezzi nei quali il rotolo ora sta diviso e che prima dovevano esser cuciti insieme, se ne ha una misura di circa due metri in lunghezza per ventisei centimetri e mezzo d'altezza ; ma in origine dovetté essere più lungo, perché la figurazione vi apparisce monca nel principio e così anche alla fine.

All'Archivio della vetusta cattedrale veliterna sembra che il rotolo appartenesse da tempo assai remoto. Un Inventario delle suppellettili spettanti a quel Capitolo, redatto l'anno 1708, così registra i tre frammenti sotto il numero 111 : *Antiquissimæ pergamenæ pictæ repertæ in Archivio veteri Rev.*[mt] *Capituli*. Erano dunque quei frammenti già nell'Archivio antico, e con essi trovavansi pure i frammenti dell'*Exultet*, chio nell'Inventario predetto portano i numeri 112-116.

Avrà avuto il rotolo della vita di Gesù nella liturgia un officio analogo a quello dell'*Exultet* ? Non credo che ciò sia da pensare. Bensì, essendo noto che Velletri ebbe anch'esso nel medio evo i suoi Disciplinati, e che questi, sorti poco dopo il

ARCHIVIO CAPITO

1260 sull'esempio di quelli di Roma e dell'Umbria, pure allo scopo di rappresentare la passione di Cristo, si che tuttodì la loro antica sede in Velletri, benché trasformata, séguita a portare il nome di *Teatro della Passione;* si affaccia spontaneo il sospetto che il rotolo di cui qui si parla, sia stato fatto per uso di quel sodalizio e che nell'Archivio della Cattedrale sia stato portato soltanto dopo che i Disciplinati cessarono. Ma per quale uso poté esser fatto? Forse per servire quasi di guida nella sceneggiatura della Passione, secondo l'esempio di simili rappresentazioni che già si facevano altrove? O non piuttosto per essere modello a pitture che dovevano decorare l'oratorio di quei Disciplinati, press'a poco come vediamo della leggenda di Costantino e papa Silvestro nell'oratorio dei Marmorari sul Celio in Roma, tuttora conservato quale sorse nel sec. XIII? Io non so uscire da questi dubbj; mentre poi il più curioso mi sembra tuttaltro che dubbio, ed è che la pittura del rotolo debba attribuirsi ad artista non italiano ma francese. Purtroppo, sulla fotografia non è dato di osservare i colori che, nell'impasto, nelle gradazioni, nei toni permettono di cogliere a prima vista una delle differenze più caratteristiche che corrono fra le due arti. Ma, seppure la osservazione si limiti al modo di trattare la composizione e disegnarla, alle proporzioni delle figure alte e slanciate, ai loro atteggiamenti, alle mosse rigide e dure, ai motivi della decorazione, se n'avrà, credo, abbastanza perché paja non ingiustificata la opinione che ho espressa. Se così parrà anche là dove l'arte francese può esser meglio riconosciuta, verrà forse opportuno un pò di commento, che oggi sarebbe prematuro.

Roma, dicembre 1909.

SEYMOUR DE RICCI

UN FRAGMENT EN ONCIALE DU " PRO PLANCIO "

DE CICÉRON

Ayant eu l'occasion, au cours de l'été de 1909, de passer quelques jours dans la salle des papyrus des Musées royaux de Berlin, j'en ai profité pour examiner de près les fragments en langue latine conservés dans cet établissement.

Mon attention fut attirée par M. Ibscher, préparateur et monteur des papyrus, sur deux fragments de parchemin, inscrits sous la cote P. 13229 A et B et découverts en 1903, par M. le Dr Rubensohn, au cours de ses fouilles d'Ashmouneïn, l'antique *Hermupolis magna*. Il n'était pas difficile de reconnaître qu'on se trouvait en présence d'un texte littéraire ; une exposition provisoire qui eut lieu l'an dernier les plaça sous les yeux des visiteurs avec l'étiquette un peu vague : « fragments d'un historien ». L'obligeance des conservateurs du Musée Egyptien et en particulier de M. Schäfer, me permit d'en tenter la transcription. Une fois ma copie faite, l'identification du texte ne fut pas difficile : les mots *esse videantur* trahissaient le caractère Cicéronien du texte : le groupe *adsiduitate testimonioque* me permit, grâce au nouveau *Thesaurus* de la langue latine, de retrouver sans peine le passage au paragraphe xxvii du plaidoyer *pro Plancio*.

Je m'étais borné à transcrire ces deux fragments, sachant que les Musées de Berlin se proposaient de les reproduire dans un de leurs recueils officiels : j'ai eu il y a quelques jours le plaisir de recevoir de M. von Wilamowitz-Moellendorff une lettre m'autorisant au nom de la commission des papyrus, à publier moi-même les fragments que j'avais eu la bonne fortune d'identifier ; je suis heureux de le remercier ici de cette marque de libéralité.

Des deux fragments de parchemin l'un mesure 0 m. 146 × 0 m. 132 ; l'autre est plus petit (0 m. 080 $\times$ 0 m. 083). Le premier (A) est un feuillet complet malgré quelques lacunes (1). Il porte au recto comme au verso dix-sept lignes d'onciale.

Le petit fragment n'est que l'angle supérieur d'un feuillet : il est mutilé sur un côté et à la partie inférieure.

L'écriture est un type d'onciale bien connue que l'on peut attribuer, je crois, au ve siècle de notre ère. C'est par exemple l'écriture d'un palimpseste de Bobbio (Ambrosienne et Vatican) découvert par Angelo Mai et contenant précisément des fragments d'un commentaire sur le *Pro Plancio*. Voici à peu près l'alphabet de notre parchemin :

ABCÒEFÇhILMNOPQRSTU

Recto (côté poil).

```
        CVMILLOMAXIMI[. . .]NCLISETPROPIN
        QVITATISETADFINITATISCONIVNCTVS
        SEDITAMAGN . S . . . RISVTILLAENECES
        SITVDINISC . . . . . LEVESESSEVIDE
5       . NTVR
        FVITINCRETA/. . . . . . . . . .|VBERNALES
        . . [. . . .] . N .|. . . . . . . . . .|VIMILES
        HVIVSQVE .|. . . . . . . . . .|CVMFVERIT
        PROBATISSIM . .|. . . .|. EQ·SITOMNIBUS
10      ESSEPROBATVM . . . . AREDEBETIN . .
        PROVINCIALEGATV . . VITCSACERDOS
        QVIAVIRTVTE . . . . . NSTANTIAVIR
        L·FLACCVSQVIHOMOQVICIVISQVA
        LEMHVNCPVTENTADSIDVITATETES
15      TIMONIOQVEDECLARANT
        INMACEDONIATR·MILITVMFVITINEA
        DEMPROVINCIAPOSTEAQVAESTOR
```

Ligne 8, j'ai sans doute mal lu : il doit y avoir HVIVSQME.[

(1) Au milieu de la lacune principale on a placé à l'envers une miette de parchemin où l'on ne distingue nettement que la lettre N. Je n'ai pu retrouver la place exacte de ce fragment.

Verso (côté chair).

```
        PRIMVMMACE[.]ONIASICDILIGITHVNC
        VTINDICANTHIQVIPRINCIPESCIVITATV
        SVARVMCVMMISSISVNTINALIAM
        CAVSAMTAMENHVIVSREPENT . [ . . ]
        PERICVLOCOM[ . . . . ]HVICADSIDENTP[ . . ]
        IIOCLABORA  [ . . . . . CSIPRAESTOFVE
        RINTGRATIV  [ . . . . . . . . T . BVS . . . . FA
        CTVROSPVTA  [ . . . . . . . . ]GATIONEM
        SVAMETMANDATA[ . ]ONFECERINT
    . . . . OAPVLEIVSHVNCTANTIFACITVTMO
        REMILLVMMAIORVMPRAESCRIBIT
        INPARENTVML[ . ]COQVAESTORIB· SVIS
        PRAESTORESESSEOPORTEREOFFICIIS
        BENIBOLENTIAQ· SVPERARIT
     TR· PL· FVITNONFORTASSETAMVEHEMENS
        QVAMISTIQVOSTVIVRELAVDASSET
        CERTETALIISQVALESSIOMNESSEMPER
Ligne 3, peut-être SVARVMQVM.
```

Recto (côté poil).

```
        [VMLATERENSISETIPSV
        VMESSEDICOETHABVISSE
        ONEMVLTOSCVPIDOS·VIGRA          sic
        VOSTVSI SODALISVOCAS
        AMAMICITIAMNOMINE
        SCRIMINOSASINQVIAGRA            sic
        . XCVSANDOSPVTASNOLI
        DQVODTVADIGNITAS
        TREPVDIANDISGRATIOSO
        [TIISNONESSEADSECVTV
            [TIOSVME[ . . .
```

Verso (côté chair).

```
SVOSTOTAMATINATEMPR
CONPREHENDERISICTVODO
TREMFVISSELARGITVMESS
SISSETRIBVLISDECVRIAV
SINONPOTESNOLLITOLLER
NENOSTROLIBERALITATE
LEFICIVMPVTAREESSEG
NOLIOBSERVANTIASANC
ITAQVEHAESITANTEINHOCS
TRIBVNARIOCRIMINEAD
  . . BITVS CAVS
```

En voici la transcription :

XI   cum illo maximi[s ui]nclis propin-
            quitatis et adfinitatis coniunctus
            sed ita magn[i]s [amo]ris ut illae neces-
            situdinis c[ausae] leues esse uide-
5   [a]ntur
        Fuit in Creta [postea cont]ubernales
            [Saturni]n[i propinqui s]ui miles
            huius Q. [M]e[telli quibus] cum fuerit
            probatissim[us hodi]eq(ue) sit omnibus
10   esse probatum [sper]are debet in [ea]
            prouincia legatu[s f]uit C. Sacerdos
            quia uirtute [qua co]nstantia vir
            L. Flaccus qui homo qui ciuis qua-
            lem hunc putent adsiduitate tes-
            timonioque declarant
        In Macedonia tr(ibunus) militum fuit in ea-
            dem prouincia postea quaestor

VARIANTES : l. 3, *magnis*, conjecture de Pantagathus ; *magni* mss. ; l. 8, *quibus cum* vulgate ; *cui cum* 3 mss. cités par Wunder, *qui cum* mss. T et E ; l. 10, *esse se probatum* mss ; l. 12, *qua uirtute* mss. ;

primum Mace[d]onia sic diligit hunc
ut indicant hi qui principes ciuitatu(m)
suarum cum missi sunt in aliam
causam tamen huius repent‚ino]
5   periculo com[moti] huic adsident p[ro]
hoc labora[nt hui]c si praesto fuerint gratiu[s se ciuita]t[i]bus [suis] fa-
cturos puta[nt quam si le] gationem
suam et mandata [c]onfecerint
10   [L. uer]o Apuleius hunc tanti facit ut mo-
rem illum maiorum praescribit
in parentum l[o]co quaestorib(us) suis
praestores esse oportere officiis
benibolentiaq(ue) superarit
15   Tr(ibunus) pl(ebis) fuit non fortasse tam uehemens
quam isti quos tu iure laudas set
certe taliis quales si omnes semper...

l. 1, *sic diligit hunc* : *sic eum diligit* mss ; l. 2, *hı qui principes* : *hi* ou *ıı principes*
mss ; l. 3, *cum* : *qui cum* mss. ; *sunt* : *sint* mss. ; *in aliam* : *ob aliam* mss. ; l. 11,
praescribit : *qui praescribit* mss. ; l. 13, *praestores* lire *praetores* ; l. 17, *taliis* lire
talis.

XIX   [ego Planci]um Laterensis et ipsu(m)
[gratiosu]m esse dico et habuisse
[in petiti]one multos cupidos ui gra-
[tiosos q]uos tu si sodalis uocas
5   [officios]am amicitiam nomine
[inquina]s criminosa sin quia gra-
[tiosi sint e]xcusandos putas noli
[mirari te] id quo tua dignitas
[postulari]t repudiandis gratioso-
10   [rum amici]tiis non esse adsecutu(m).
[nam ut ego doceo gra]tiosum e[sse]
[in sua tribu Plancium quod multis]
[benigne fecerit pro multis spo-]
[ponderit in operas plurimos pa-]
15   [tris auctoritate et gratia mise-]
[rit quod denique omnibus offi-]
[ciis per se per patrem per maiores]

l. 3, *ui* lire *sui* ; l. 4, *sodalis* T, *sodales* ceteri ; l. 6, lire *criminoso* ; l. 7, *e]xcu-
sandos* lire *accusandos* ;

   suos totam Atinatem pr[aefecturam]
   conprehenderi sic tuo do[ce seques-]
   trem fuisse largitum ess[e conscrip-]
   sisse tribulis decuriau[isse quod]
5   si non potes nolli toller[e ex ordi-]
   ne nostro liberalitate[m noli ma-]
   leficium putare esse g[ratiam]
   noli obseruantia sanc [ire poena]
  Itaque haesitante in hoc s[odaliciorum]
10 tribunario crimine ad [communem]
   [am]bitus caus[am contulisti].

   . . . .

l. 2, lire *comprehenderit;* *tuo* lire *tu* ; l. 10, *tribulis* T, *tribules* ceteri ; l. 8, lire *obseruantiam ;* l. 9, *haesitante* : *haesitantem te* mss. ; l. 10, lire *tribuario.*

 Le simple examen des variantes (sauf peut-être la première, si le parchemin portait vraiment *magnis,* suffit à prouver que nos bons manuscrits, comme le *Tegernseensis* et l'*Erfurtensis,* bien que postérieurs de six siècles au nouveau fragment de Berlin, sont cependant d'une classe bien supérieure.

 Pour Cicéron et pour Virgile, les manuscrits de nos bibliothèques nous ont conservé la bonne tradition romaine, infiniment supérieure, d'une façon générale, à la tradition *provinciale* que nous pouvons seule espérer de retrouver en Egypte. Ne nous laissons donc pas griser par l'âge des papyrus : les modèles qu'ils transcrivent étaient souvent moins corrects que les bons *codices* du Vatican et de la Bibliothèque nationale.

F. EHRLE S. J.

DIE FRANGIPANI

UND DER UNTERGANG DES ARCHIVS UND DER BIBLIOTHEK DER PÄPSTE AM ANFANG DES 13. JAHRHUNDERTS

In seiner vortrefflichen Studie über die älteste Epoche des Archivs und der Bibliothek der Päpste sprach der hochverdiente Archäologe J. B. De Rossi die Vermutung
aus (1), der Verlust des ältesten Teiles dieser beiden wichtigen Sammlungen sei
wohl mit dem gegen das Jahr 1244 erfolgten Übergang der Turris Chartularia von
den päpstlich gesinnten Frangipani an die kaiserlichen Annibaldi in ursächliche Verbindung zu bringen. Diese Vermutung fand alsbald, zumal in sofern sie sich auf
das päpstliche Archiv bezog, allenthalben die vertrauensvollste Annahme (2). Eine
kleine Arbeit (3) veranlasste mich neuerdings die Sache selbstständig zu prüfen. Hierbei
ergab sich mir eine Reihe, wie mir scheint, schwerwiegender Einwände gegen die
Ansicht des grossen Archäologen, deren Vorlegung vielleicht geeignet ist, den allem
Anscheine nach den Interessen der wissenschaftlichen Forschung nicht förderlichen
Glauben an diesen Erklärungsversuch zu erschüttern und der Forschung wieder freie
Bahn zu machen.

§ 1. Die Erklärung De Rossi's und ihre Begründung.

Die Vermutung De Rossi's stützt sich auf folgende Erwägungen : 1º Von den
Briefbänden der Päpste vor Innocenz III (1198-1216) (4) findet sich nach Honorius III

(1) *Commentatio de origine, historia, indicibus scrinii et bibliothecae sedis apostolicae* vor H. Stevenson, *Codices Palatini lat.* I, pp. XCIV, XCVIII.
(2) H. Bresslau, *Handbuch der Urkundenlehre*, I, 125, Anm. 5 ; F. Ehrle, *Hist. bibl. Rom. Pont.* I, 118.
(3) S. *Fasciculus J. W. Clarke dicatus.* Cambridge, 1909, p. 98.
(4) Selbstverständlich sehe ich hierbei von den Regesten Gregors VII u. Iohanns VIII ab.

(1216-1227) keine Spur mehr. — 2° Päpstliche Registerbände befanden sich zur Zeit des Kardinals Deusdedit inder Turris Chartularia, welche zu dem von Johann VII bei S. Maria Nova erbauten päpstlichen Palast (episcopium) gehörte. — 3° Dieser Turm war der Obhut der Frangipani anvertraut und hier suchten bei ihnen Urban II (1088-1099) und Alexander III (1159-1181) Schutz. — 4° Es dürfte, so lautet die Folgerung, das hier verwahrte Archiv sammt der Bibliothek von den Annibaldi zerstört worden sein, als ihnen 1244 die Frangipani bei ihrem Übergang zur kaiserlichen Partei diesen Turm auslieferten.

Prüfen wir diese Voraussetzungen, so müssen wir zum *ersten* Punkt zugeben, dass Honorius III der letzte Papst war, dem noch nachweisbar päpstliche Briefbücher aus der Zeit vor Innocenz III vorlagen. Er erwähnt Briefe aus den « ohne Frage auf Pergament geschriebenen Registern » (1) Urbans II (1088-1099), Paschals II (1099-1118), Gelasius' II (1118-1119), Innocenz' II (1130-1143), Lucius' II (1144-1145), Anastasius (1153-1154), Hadrians IV (1154-1159), Alexanders III (1159-1181) (2). Es lagen also Honorius III die Registerbände fast des ganzen 12. Jahrhunderts noch vor. Ohne Zweifel eine beträchtliche Reihe; nach Analogie des 13. Jahrhunderts gegen 50 starke Foliobände. Leider sind ähnliche Untersuchungen über die Benützung dieser oder noch älterer Registerbände von Seiten der nächsten Vorgänger Honorius III noch nicht angestellt worden (3).

Beim *zweiten* Punkt haben wir schon einige nicht unerhebliche Einschränkungen zu machen. An erster Stelle dürfen wir nicht vergessen, dass die Angaben des Kardinals Deusdedit, also die einzigen Angaben, welche das Vorhandensein von Bänden des päpstlichen Archivs in der *Turris Chartularia iuxta Palladium* bezeugen, sich auf die Zeit vor 1087 beziehen (4) da der Cardinal in diesem Jahre seine berühmte Sammlung vollendet hatte und spätestens vor April 1100 starb (5). Ferner ist wohl zu beachten, dass Deusdedit nur einige wenige Bände als in der *Turris Chartularia* befindlich be-

---

(1) Bresslau a. O. S. 95.

(2) *Registum Clementis V*, I, p. XXIII s.; Delisle, *Bibliothèque de l'École des Chartes*, XIX (1858) 15; Rodenberg, *Neues Archiv* X (18) 572; Bresslau. a. a. O. S. 95. — Selbstverständlich kommen hier jene älteren Papstbriefe nicht in Betracht, welche nicht nachweisbar den päpstlichen Registerbänden entnommen sind; über diese s. Kehr, *Ältere Papsturkunden in den päpstlichen Registerbänden* in den *Nachrichten der k. Gesellsch. der Wiss. zu Göttingen*. Philol.-hist. Kl. 1902, 394 ff.)

(3) Die Nachrichten über die ältesten Bestände der Briefbücher der Päpste u. die einschlägige Literatur s. in Bresslau a. a. O. 92-95. Es wäre allerdings noch zu untersuchen, auf welchem Schreibstoff vom Aufhören des Papyrus bis zur Ankunft des Papiers die Minuten u. die etwaigen provisorischen Abschriften in Buchform angefertigt wurden.

(4) Nach P. Fabre, *Étude sur le Liber Censuum*, p. 21 ff. wäre der uns hier beschäftigende Abschnitt (l. III, cc. 191-207) bereits im Sommer 1081 vollendet gewesen.

(5) Ohne genügende Begründung wurde bisher oft das Jahr 1098 oder 1099 als das Todesjahr bezeichnet. Sein Tod erfolgte sicher vor dem 14 April 1100, da unter diesem Datum ein Kardinal Albericus tit. Apostolorum in Eudoxia (S. Pietro in Vincoli) erwähnt wird. JL. n. 5832.

zeichnet, während er von einer bedeutend grösseren Zahl von Bänden ausdrücklich bemerkt, er babe sie im Lateranpalast (bibliotheca oder armarium patriarchii Lateranensis) eingesehen. Allerdings spricht Deusdedit auch von einem *Cartularium iuxta Palladium*. Wir haben aber zum richtigen Verständniss dieses Ausdruckes die Schriftarten genauer ins Auge zu fassen, welche diesem *Cartularium* zugeteilt werden.

Der für die Geschichte des alten päpstlichen Archivs überaus wichtige Abschnitt des *Liber canonum* des Deusdedit : lib. III, cc. 191-207 (1) enthält 17 Excerpte aus Aktenstücken und Bänden des päpstlichen Archivs. Keines dieser Excerpte ist einem päpstlichen Brief-oder Registerband entnommen; sie stammten entweder aus den auf Papyrus geschriebenen Aktenstücken (in quodam carticio privilegio); oder waren aus Papyrusbänden ausgezogen, aus den *codices chartacei*, *tomi* oder *tomuli carticii*, welche vom dritten bis zum zehnten Jahrhundert neben den Pergamentcodices im Gebrauch waren. Die hier in Betracht kommenden Papyrusakten enthielten Aufzeichnungen und Urkunden, welche sich auf die Besitz-und Rechtstitel der römischen Kirche bezogen. Es waren *Breviaria* oder, wie man später sagte, *Censualia*, wie sie in älterer Zeit jede Kirche besass. Noch jetzt liegt uns ein solches in einem Papyrusband (tomus carticius) (2) enthaltenes *Breviarium* der Kirche von Ravenna aus dem zehnten Jahrhundert in dem Clm. 44 vor. (3).

Von den 17 Excerpten stammten drei (cc. 191, 193, 194) aus dem *Cartularium iuxta Palladium* (4); 14 (cc. 191, 192, 195, 196, 198-207) (5) aus den *tomi carticii bybliothe-*

(1) *Ed. Glanvell*, I, 353-363.

(2) In der Zeit der Papyrusrollen (vor dem vierten Jahrhundert n. Ch.) besagt allerdings τόμος (tomus, auch τεῦχος) einen Abschnitt in einer Papyrusrolle. So besteht die nun wieder aufgefundene πολιτεία τῶν Ἀθηναίων des Aristoteles aus vier τόμοι auf einer acht Meter langen Papyrusrolle, s. WATTENBACH, *Schriftwesen*², 151 ; Th. BIRT, *Die Buchrolle in der Kunst*, 19, 21, 30, 215, 338; *Liber censuum*, ed. Fabre-Duchesne, I, 2, note 3; 361, note 91.

Als aber gegen das vierte Jahrhundert, zunächst für das Griechische, dann für das Lateinische, zumal mit Rücksicht auf die stets steigernde Verwendung des Pergaments, die Buchform die Rollenform verdrängte, finden wir alsbald neben den Pergament-auch Papyrus-Codices. Diese letzteren wurden in klassischer Zeit als *codices chartacei*, später als *tomi carticii* bezeichnet. Vgl. vor Allem, auch für die einschlägige Literatur L. TRAUBE in der *Bibliothèque de l'École des Chartes*, LXIV (1903), 454-549; L. TRAUBE, *Vorlesungen u. Abhandlungen*, ed. F. Boll. I (1909), 84 ff., 91 ff. WATTENBACH a. a. O. 107; BIRT, *Buchrolle a. a. O.* 35; BIRT, *Antike Buchwesen* 449; DZIATZKO, *Untersuchungen über ausgewählte Kapitel des antiken Buchwesens*, 143.

(3) Abdruck in BERNHART, *Codex traditionum ecclesiae Raven.* Monachii, 1810, vgl. I. HARTMANN in den *Mittheil. des öster. Instituts*, XI (1890), 361-371.

(4) Dieser Ausdruck in cc. 193, 191.

(5) Ein Excerpt (c. 191) ist sowohl dem Cartularium beim Palladium als dem Lateranpalast (Lateranensis palatii c. 198, patriarchii c. 207) entnommen; ein anderes (c. 198) nicht nur einem Band, sondern auch drei Papyrus-Urkunden (cartis) der Lateranischen Bibliothek; ein weiteres (c. 201) zwei Papyrus-Tomi derselben Bibliothek; endlich eines (c. 204) einem Papyrusband des Laterans und dem Messbuch desselben Palastes (et in missali Lateranensis palatii) entnommen.

cae (1) (armarii) (2) *Lateranensis*, eines (c. 197) aus einer Papyrusurkunde desselben Archivs, eines (c. 198) *ex missali Lateranensis palalii.*

Bei manchen für diese Excerpte benützten Papyrus-Tomi war im Titel kein Papst genannt (3) (cc. 198, 200, 205); bei einigen lässt sich nicht feststellen, der wievielte Träger des genannten Papstnamens gemeint ist (cc. c. 191 Johann, Gregor; 192, 193, 196 Benedikt). Das Alter der übrigen bestimmbaren Päpste lässt keinen Rückschluss auf die Verteilung der Archivalien zwischen dem Lateran und der *Turris Chartularia* zu. Von den Stücken der *Turris* gehört eines, das einzige bestimmbare (c. 194) Bonifaz VII (984-985). Unter denen des Laterans ist anscheinend der älteste (c. 206) ein Tomus Agapitos II (946-955), ein weiterer (c. 199) gehört Johann XV (985-996). Das jüngste (c. 201) ist von Gregor VII (1073-85).

Unter dem *Cartularium iuxta Palladium* haben wir ohne Zweifel, wie ich schon oben vorausgesetzt habe, den später als *Turris Chartularia* bekannten Turm am Titusbogen zu verstehen. Dies werden wir noch unten genauer nachzuweisen haben. Der Turm stand noch 1829 an seiner Stelle; erst Ende dieses Jahres oder Anfangs 1830 wurde er abgetragen (4).

Aus dem ganzen, wichtigen Abschnitt Deusdedits ergibt sich also nur, dass am Ende des elften Jahrhunderts ein allem Anschein nach verhaltnissmässig geringer Bruchteil der Papyrusakten des päpstlichen Archivs aus dem Lateranpalast nach jenem Turm verbracht worden war. Darüber, wie lange dieser Bruchteil daselbst verblieb, ist nur gesagt, dass, als vor 1081 Deusdedit oder der Autor (5) jener von Deusdedit benützten Auszüge die drei Papyrusbände benützte, dieselben sich in besagtem Turm befanden. Immerhin würde der Ausdruck *Cartularium iuxta Palladium* ein längeres Verbleiben eines Archivs oder wenigstens eines Bruchteils eines Archivs und zwar höchst warhrscheinlich des päpstlichen Archivs in jenem Turm voraussetzen, wenn bewiesen wäre, dass der Turm seinen Namen wirklich vom päpstlichen Archiv erhalten hat; aber dies steht ja gerade in Frage und muss vorerst noch bewiesen werden. Auch am Monte Soracte, vielleicht in S. Silvestro (S. Oreste), befand sich gegen 1125 ein Registerband Alexanders II (6), und doch hat daraus noch

(1) C. 191, *ed. Glanvell* 353.

(2) C. 198.

(3) Die Päpste werden in den Excerpten in doppelter Weise mit den Papyrusbänden in Verbindung gebracht. In einigen wird gesagt, dass in den benützten Bänden der Name des Papstes im Titel des Bandes genannt war; z. B. c. 192 *in alio tomo, cui praescriptus est papa B[enedictus], leguntur...* In andern wird nur angegeben, es habe sich in dem Bande unter Anderm auch eine Aufzeichnung eines bestimmten Papstes gefunden, z. B. c. 193 *in quodam tomo carticio... legitur papa Benedictus locasse.*

(4) C. Fea, *Della Casa Aurea di Nerone e della Torre Cartolaria* im *Giornale Arcadico* LII (1831), 77 und Moroni, *Dizionario d'erudizione eccles.* to. 77, p. 289.

(5) S. oben S. 2.

(6) A. L. Grazini, *Vindiciae SS. martyrum Aretinorum.* Romae, 1755 aus der Pergam. n. 435 des Kapitelsarchivs von Arezzo.

Niemand gefolgert, es babe dort das päpstliche Archiv Jahrhunderte lang sein eigentliches oder ein zweites, teilweises Heim gehabt.

Noch wichtiger ist für unsere Untersuchung die Erörterung des *dritten* Punktes, der das Verhältniss der Frangipani zu der päpstlichen Kurie und zu der Turris Chartularia betrifft.

§ 2. Die Frangipani und ihre Beziehungen zu den Päpsten des 11. bis 13. Jahrhunderts.

Es kann hier nicht meine Aufgabe sein, die Geschichte dieses berühmten Geschlechtes zu schreiben. Leider besitzt bisher keine der grossen, römischen Familien eine den Anforderungen der heutigen Kritik einigermasen entsprechende Geschichte. Die Frangipani gehören zur älteren Gruppe jener Familien. Im elften und zwölften Jahrhundert waren es die unseligen Grafen von Tusculum, die Pierleoni jüdischer Abstammung und die Frangipani, welche in die Geschichte der ewigen Stadt vielfach mit eisenbepanzerter Faust eingriffen. Im dreizehnten und vierzehnten traten die Conti und Savelli, vor Allem aber die Orsini und Colonna an ihre Stelle. Immerhin müssen wir für das hier über diese Familie zu Sagende eine feste Grundlage zu gewinnen suchen.

Hiezu helfen uns die nicht ohne Fleiss, aber ohne Sichtung und Kritik zusammen gestellten Materialien Zazzeras (1) und Puccis (2) wenig. Dagegen bieten uns für die gewünschte Fundamentierung die Archive zweier Kirchen treffliche Bausteine : nämlich das von S. Maria Nova (S. Francesca Romana) und das von SS. Andrea e Gregorio in Clivo Scauri (S. Gregorio in Monte Coelio). Dieselben lagen in der Nähe der Hauptpaläste des Geschlechtes und waren mit der Geschichte desselben vielfach verwachsen. Das Archiv von S. Maria Nova ist noch leidlich erhalten und seine Urkunden liegen uns bis 1200 von P. Fedele (3) trefflich veröffentlicht vor. Dagegen scheint das Archiv von S. Gregorio grossenteils verloren, doch ist uns noch die Hauptmasse in späten Abschriften erhalten, die von Mittarelli (4) und Gibelli (5) fast vollständig gedruckt sind. Diese beiden wichtigen Sammlungen werden in nicht unbedeutendem Mase durch das päpstliche Archiv ergänzt, zumal durch die Registerbände und den *Liber Censuum*.

---

1. F. ZAZZERA, *Della nobiltà in Italia* p. II : *Della famiglia Fragipani.* Neapoli, 1615, eine reichhaltige, aber wirre Masse von Materialien.

2. B. Pucci, *Genealogia degli illustrissimi signori Frangipani Romani.* (In Venezia, 1621). vgl. auch P. Kehr, *Italia pontificia.* I *Roma.* Berolini. 1906, 191 ff.

3. P. Fedele, *Tabularium S. Mariae Novae* (982-1200), Roma 1903, aus dem *Archivio della Soc. Rom.* XXIII-XXVI.

4. *Annales Camaldulenses,* III, 221, 289, 305, 330 ; append. n. 271, c. 417 ff.

5. A. Gibelli *L'antico monasterio dei SS. Andrea e Gregorio al Clivo di Scauro.* Roma, 1892, VII, 222 ff. ; vgl. Kehr *l.c.* 103 ff.

In zweiter Linie sind vier reichhaltige Sammlungen beizuziehen, die allerdings im Wesentlichen aus den drei eben erwähnten Archiven geschöpft haben. Die erste Stelle unter ihnen gebührt ohne Zweifel den nur in wenigen Hss. erhaltenen *De Gente Fregepania libri quatuor* des unermüdlichen Onofrio Panvinio (1). Lassen wir im cod. Vatic. Barber. 2481 von diesen vier Büchern die ersten 60 Blätter über die fabelhaften Beziehungen zu den Aniciern und zu den Micheli von Venedig bei Seite, so finden wir hier für die Geschichte unseres Geschlechtes von 1014 an festen Grund und Boden, ja auch Material für einen Stammbaum. Reichhaltig ist auch der den Frangipani gewidmete Abschnitt in D. Jacovacci's *Repertorii di familie* in der Ottoboni-Bibliothek (2). Ähnlicher Art ist, was in der Chigiana der einschlägige Abschnitt der *Notizie di varie familie* Magalotti's (3) bietet. Eine gewisse Ergänzung, zumal durch Hinweise auf die Materialien des vatikanischen Archivs gewährt der bekannte und so fleissig geplünderte Zettelkatalog Garampi's (4) in dem genannten Archiv.

Suchen wir zunächst für unsern Zweck auf Grund dieser Materialien die Beziehungen des mächtigen Adelsgeschlechts zum Palatin und Forum, zum Colosseum und Septizonium genauer zu umgrenzen und seine bei diesen gewaltigen Ruinen gelegenen Palastburgen besser kennen zu lernen.

Hiefür sowie für die Fortführung unserer eigentlichen Untersuchung haben wir ausser den eben erwähnten Urkunden-Sammlungen Stellen aus den Papstleben und andern chronistischen Aufzeichnungen heranzuziehen. Ich halte es für angezeigt diese Stellen als Grundlage der folgenden Ausführungen hier folgen zu lassen.

1. *Urban II bei den Frangipani 1094.* — Schon gegen das Ende des ersten Jahrhunderts, in dem wir einen gut bezeugten Frangipani (5) gefunden haben, sehen wir

---

(1) Vatic. Barber. 2481 (ol. 1025 und XXXI.1) eine Papierhs. von 139 Bl., 272 × 202 mill., vom Anfang des 17. Jahrhunderts. Über den Verfasser und andere Hss. s. D. PERINI, O. Panvinio e le sue opere. Roma, 1899, p. 193. Die Arbeit ist gewidmet : *Mario Frangepanio, Urbis cancellario* am 1 Mai 1556. Die ersten beiden Bücher (ff. 4-54) handeln von der Familie der Anicier. Im dritten Buch (ff. 55-119) soll im ersten Kapitel (ff. 55-58) die Verwandtschaft der Frangipani mit den Aniciern nachgewiesen werden; das zweite (ff. 58-59ᵛ) gilt den Micheli von Venedig. Dieses Kapitel wurde mit dem denselben Gegenstand weiter führenden dritten Kapitel des vierten Buches von Celani im *Nuovo Archivio Veneto* V (1893) 479-486 veröffentlicht. Alsdann gehört der Rest dieses Buches Kap. 3-20 (ff. 59ᵛ-119) den Frangipani von Rom und zwar Kap. 3-17 (ff. 59-111ᵛ) dem Hauptzweig vom Kolosseum, das 18. Kap. (ff. 112-114) den Frangipani des Septizoniums, die Kap. 19, 20 (ff. 115-119) den Frangipani *de Gradellis.* Das vierte Buch (ff. 119-113) gilt den zur Zeit Panvinios noch blühenden Zweigen, und zwar Kap. 1. (ff. 119-127) denen von Rom; das Kap. 2. (ff. 127-130) denen von Florenz und ihrer angeblichen Verwandtschaft mit Dante; das Kap. 3 (ff. 130ᵛ-133) den Micheli von Venedig; den Schluss (ff. 133-139) bilden ein sehr wenig übersichtlicher Stammbaum und ein alphabetisches Verzeichniss.

(2) Bd. 3 : Vatic. Ottobon. 2550, ff. 289-373. Unter den Quellen wird nicht selten der bekannte Fälscher Ceccarelli erwähnt.

(3) Leider ist die Chigiana nicht mehr zugänglich.

(4) Katalogzimmer n. 520, f. 694; n. 673, f. 605.

(5) S. oben, im Jahre 1014.

das Geschlecht in grosser Macht. Als Urban II (1088-1099) in seinem gewaltigen Kampfe mit Heinrich IV und seinem Gegenpapst Wibert 1094 in Rom selbst hart bedrängt war, fand er bei Johann Frangipane ein zwar armseliges, aber immerhin sicheres Asil in einer festen Burg (in firmissima munitione *prope S. Mariam Novam.* Gibt uns Bernold seinen Aufenthaltsort an, so nennt uns ein Brief Geoffroy's von Vendôme, der sich damals im Gefolge Urbans befand, dessen Beschützer und schildert uns anschaulich die verzweifelte Lage des Papstes und dessen Rettung und Übersiedelung nach dem Lateran.

BERNOLDI *Chronicon* (Mon. Germ. Hist. SS. V, 458) :

Anno 1094... Domnus papa Romae prope Sanctam Mariam Novam in quadam firmissima munitione morabatur ; sed Wibertini, turrim Crescenti (1) obtinentes, adhuc liberum viatoribus transitum ad papam per pontem Tiberis nondum permiserunt.

GOFFRIDI VINDOCINENIS *epistolae* l. I. epist. 8 (Migne Patr. lat. to. 158, c. 47) :

Primo anno ; quo Deo volente vel permittente, nomen abbatis suscepi, audivi piae recordationis dominum papam Urbanum in domo Ioannis Fricapanem latitare, et contra Guitbertistam haeresim viriliter laborare. Licet locus noster pauper esset, Romam tamen veni illius persecutionum et laborum volens particeps fieri, et suam pro posse meo desiderans supplere inopiam : quod et Dei gratia feci. Mala quae in itinere et in civitate passus sum, nostrorum per omnia, ne agnoscerer, factus famulus famulorum, longum est enarrare. Quasi alter Nicodemus ad dominum papam in domum praedicti Ioannis nocte veni : ubi eum pene omnibus temporalibus bonis nudatum, et alieno aere nimis oppressum inveni. Ibi per Quadragesimam mansi cum illo ; et, si fas est profiteri veritatem, ejus onera in quantum potui, charitatis humeris supportavi. Quindecim vero diebus ante Pascha, Ferruchius, quem Lateranensis palatii custodem Guitbertus fecerat, per internuntios locutus est cum domino papa, quaerens ab eo pecuniam et ipse redderet illi turrim et domum illam. Unde Dominus papa cum episcopis et cardinalibus, qui secum erant, locutus, ab ipsis pecuniam quaesivit ; sed modicum quid apud ipsos, quoniam persecutione et paupertate simul premebantur, invenire potuit. Quem ego, cum non solum tristem, verum etiam prae nimia angustia lacrymantem conspexissem, cœpi et ipse flere, et flens accessi ad eum dicens, ut secure cum Ferruchio iniret pactum . Ibi aurum et argentum, nummos, mulas et equos expendi ; et sic Lateranense habuimus et intravimus palatium. Ubi ego primus osculatus sum domini papae pedem, in sede videlicet apostolica, in qua longe ante catholicus non sederat papa.

2. *Paschal II (1099-1118). Liber Pontif. (Pandulphus), ed. Duchesne II, 299 :*

Hec equo animo ferebat domnus papa, tum quia inaequalitas temporis tunc eum prohibebat, tum quia in Apuliam transire disposuerat. Ob hoc accitis fidelibus, Lavicano episcopo ecclesiarum curam, Petro Leonis et Leoni Frangepanis urbem et urbana, Ptolemeo

(1) Die Engelsburg.

caetera quae extra erant beati Petri patrimonia et principem militiae nepotem suum Gafredum tuenda commisit.

3. Wahl Gelasius, II, 24 Ianuar (1118-1119) l. c. II, 313 :

Hii omnes, vitantes scandalum, quod in huius modi solet electionibus pro peccatis nostris accidere, etsi secus, sicut postea rei probavit eventus, ac sint omnes rati, provenerit, credentes locum tutissimum, veluti qui curie cedit, in monasterio quodam, quod Palladium dicitur, infra domos Leonis et Cencii Fraiapane, pariter convenerunt, ub iuxta scita canonum de electione tractarent.

Hier wird nun Iohannes Gaietanus als Gelasius II zum Papst erwählt.

Hoc audiens inimicus pacis atque turbator iamfatus Cencius Fraiapane, more draconis immanissimi sibilans et ab imis pectoribus trahens longa suspiria, accinctus tetro gladio, sine mora cucurrit, valvas ac fores confregit, ecclesiam furibundus introiit, inde custode remoto papam per gulam accepit, distraxit, pugnis calcibusque percussit, et tanquam brutum animal intra imen aecclesiae acriter calcaribus cruentavit, et latro tantum dominum per capillos et brachia, Jesu bono interim dormiente, detraxit, ad domum usque deduxit, inibi cathenavit et clausit.

Ähnlich ergeht es den Cardinälen, die jedoch entfliehen.

Facta autem hac voce convenit multitudo Romana : Petrus praefectus urbis, Petrus Leonis cum suis, Stephanus Normannus cum suis, Stephanus de Petro cum suis, Stephanus de Thebaldo cum suis, Stephanus de Berizone cum suis, Stephanus Quatrale cum suis, Buccapecorini cum suis, Bovesci cum suis, Berizisi cum suis, regiones duodecim Romanae civitatis, Transtiberini et Insulani, arma accipiunt, cum ingenti strepitu capitolium scandunt, nuntios ad Fraiapanes iterato remandant, papam captum repetunt et exoptant. Nil more : territi Fraiapanes, praesertim domnus Leo, impietate subdola pius, papam ilico reddidit; pedes eius amplexans clamat irremissius : « Domine, miserere ». Et sic, peccatis nimiis exigentibus, ut iterum aeclesiam elatis cornibus ventilaret, evasit. Tunc sanctus papa levatur, niveum ascendit caballum, coronatur, et tota civitas coronatur cum eo.

4. Gelasius II in S. Prassede von den Frangipani überfallen (21 juli 1118). — L. c. II, 315.

Latuit domnus papa melius quam hospitatus sit in ecclesiola quadam, quae sanctae Mariae in Secundocereo dicitur, inter domos illustrium virorum Stephani Normanni, Pandulphi fratris eius et Petri Latronis Corsorum. Ibi, [316] que de imminentibus periculis, praesertim de intrusione Burdini, cum tota simul aecclesia diligentius conferebat : cum quidam de cardinalibus, Desiderius sanctae Praxedis (prope enim erat festivitas, quod non utinam cogitasset) ad cantandum in ipsamet aecclesia missam simpliciter eum quodam vespere invitavit. Sed nimium simplitius est a papa concessum. Die autem crastina, etsi displacuerit plurimis, quia ecclesia esset in fortiis Fraiapanum, freti tamen Stephani Normanni et Crescentii Gaietani eiusdem pape nepotis antiquis strenuitatibus, itum est et cantatum. Necdum adhuc celebratis officiis, ecce cum non parva manu militum ac peditum et aliorum procacium impii Fraiapanes apparent, irruunt, lapides et spicula mittunt, nostros affligunt, multi pauculos atterunt. Resistit miles Normannus et Crescentius gloriosus... *Nach längerem Kampf* : Iam quota parte diei acriter est ab utrisque pugnatum, cum Stephanus Normannus, credens papam iam in tuta fugisse, taliter Fraiapanes alloquitur : « Quid, inquiens, facitis ? quo ruitis ? Papa quem quaeritis iam recessit, iam fuga elapsus est. Numquid et nos perdere cupitis ? Et quidem Romani sumus, similes vobis, et si dici liceat consanguinei vestri. Recedite, rogo, recedite, ut et nos fessi pariter recedamus ». Ad banc itaque vocem nepos eius Leo Fraiapane gemebundus papam audiens liberatum cum ínsano fratre Gentio aliisque recessit.

Gelasius flieht nach Frankreich, wo er am 29. Ianuar 1119 stirbt.

5. Zerstörung der Fragipani-Türme durch Kalixt II, c. 1121. — l. c. II, 323.

Hic [Kalixt II (1119-1124)] pro pace servanda tarres Cenoii, domnae Bonae et unquitatis dirui et ibidem non reparari praecepit.

6. *Wahl Honorius' II, (1124-1130). — L. c. II, 327 :*

Regie autem memorie Calixto papa defuncto, omnes patres de curia cardinales et alii, praesertim Petrus Leonis et Leo Fraiapane, pariter condixerunt, ut usque ad diem tercium, cum simul exinde secundum scita canonum pertractarent, interim nulla de electione mentio haberetur. Hoc iccirco potissimum Leo Fraiapane statuerat, ut infra datum spatium, quod de Lamberto diutius cogitaverat, aliquanto quietius perfiniret. Nam totus ab hoc populus Saxonem sancti Stephani cardinalem futurum papam petebant ; quod, ut deciperet aptius, et Leo Fraiapane itidem simulabat. In sero autem praesenti idem Leo per nuntios unumquemque seorsum de cappellanis cardinalium praemonet, ut mane summo diluculo cum pluviali rubeo sub cappa nigra retento, ignorante domino, eundem suum dominum indueret. Istud vero propter hoc ingenium adinvenerat, quatinus singulos pro accipiendo de manibus eius papatu attentiores redderet, et sic saltim absque timore venirent. Et quidem factum pape Gelasii recolentes convenire timebant. Tamen in crastinum illecti fatuique conveniunt intra beati Iohannis basilicam ; in aecclesia, quae sancti Pancratii dicitur, episcopi ac cardinales intrarunt ; ibique post verba quelibet, Ionathas sanctorum Cosme et Damiani diaconus cardinalis, collaudantibus omnibus, ipso etiam domno Lamberto. episcopo, Teobaldum cardinalem presbiterum sanctae Anastasiae in papam Caelestinum cappa ruhea celitus induit. Sed patitur Celestis, ego nescio cur, aliquando quae nollet. Inceptum est *Te Deum laudanus* gaudendo ; non tamen dimidiato, adhuc Lamberto pariter nobiscum alta voce cantante et ecclesia, Robertus impius Fraiapane verti fecit in luctum cytharam. Etenim ipse cum quibusdam consentaneis suis et aliquibus de curia Lambertum Hostiensem episcopum papam acclamaverunt ; deinde in symis, quae ante aecclesiam beati Silvestri sitae sunt, sine mora eum composuerunt. Unde licet maxima discordia et tumultus emerserit, tamen postea pacificatis omnibus et ad concordiam redactis, in papam Honorium sublimatur.

7. *Innocenz II (1130-1143), seine Wahl und die Krönung Lothars.* — Um ein Bedeutendes verschärften sich diese Gegensätze bei der folgenden, durch diese Parteiungen zwiespältigen Papstwahl. Schon vor dem Tod Honorius' II standen sich die zwei mächtigsten, römischen Adelsgeschlechter feindlich gegenüber. Die Pierleoni schienen entschlossen einen der Ihrigen, den Kardinal Peter Pierleoni (tit. S. Mariae Transtiberim-Anaclet II) auf den päpstlichen Thron zu erheben. Ihnen setzten die Frangipani den Kardinal Gregor Papareschi (tit. S. Angeli) als ihren Kandidaten entgegen. Die Wahl war schon vor dem Tode Honorius'II in Voraussicht der drohenden Schwierigkeiten acht Kardinälen übertragen worden (1). Von diesen versammelten sich auf die erste Nachricht vom Tode Honorius'II fünf in S. Gregorio in Monte Coelio (S. Andrea in Clivo Scauri) und wählten unter dem Schutz der Frangipani Innocenz II (14 Febr. 1130); während einige Stunden später die drei Wähler der Pierleoni in S. Marco Anaclet II erhoben. Innocenz wurde gleich nach seiner Wahl nach dem Lateran geleitet und dort mit den päpstlichen Gewändern geschmückt, musste sich jedoch bereits am folgenden Tag nach dem Palladium, also wahrscheinlich in das Kloster von S. Maria in Palladio flüchten. (2). Dort wurde er in S. Maria Nova am 23 Februar consekriert. Ein Angriff der Pierleoni auf das Palladium wurde siegreich abgeschlagen; aber bereits anfangs April drang allem Anscheine nach das Gold der reichen Gegner ein (3). Der Abfall der Frangipani zwang Innocenz zur Flucht, zuerst in die Burg seiner Familie in Trastevere, dann nach Frankreich. Trotz alledem sehen wir wieder die Frangipani an der Seite König Lothars (4), als derselbe im April 1133 vor Rom erschien, um Innocenz zurückzuführen und finden im Juli Leo Frangipani unter den von Innocenz II für Rom bestellten Vikaren (5). Cencius und sein Neffe Otto werden bei der Eidesleistung Lothars vor seiner Kaiserkrönung als Zeugen genannt (6).

8. *Alexander III bei den Frangipani 1167 Mai-Juli.* — Auch Alexander III sah sich in wseinemechselvollen Ringen mit Barbarossa und den unbotmässigen Römern im Mai 1167 genötigt bei den Frangipani Zuflucht zu suchen. Es war dies nach der furchtbaren Niederlage, welche Christian von Mainz mit der Vorhut des kaiserlichen Heeres am 29 Mai 1167 den Römern bei Monte Porzio beibrachte. Der Sohn Ottos Frangipane war einer der hervorragendsten Gefangenen, den die Deut-

---

(1) P. Jaffe, *Bibliotheca rer. Germ.* V, 425 s. (Udalrici codex), n. 246. (E. 346).
(2) I-L. 7403, wo auch die einschlägige Literatur verzeichnet ist.
(3) Migne, *Patrol. lat.* to. 179, c. 706.
(4) *Monum. Germ. Hist. Leges: Constitutiones*, I, 167.
(5) Jaffe, *l. c.* V, 442.
(6) *Monum. Germ. hist. l. c.* I, 168 ; *Liber censuum ed. Fabre-Duchesne*, I, 414.

schen selbst für hohes Lösegeld nicht freigeben wollten (1). Während des wilden Kampfes in St. Peter, durch den Barbarossa seinem Gegenpapst Paschal III den Eingang in die arg verwüstete Basilica erzwang (29 Juli), befand sich Alexander in der Burg der Frangipani bei S. Maria Nova, bei der Cartularia und dem Kolosseum. Doch selbst mit dem ihm von Sicilien zugesandten Gelde konnte er sich nicht auf die Dauer die Treue der vom Kaiser bearbeiteten Frangipani und der Römer sichern. Bald floh er nach Monte Circeo und Benevent (2).

Liber Pontif. ed Dıchesıe II, 416 (die vita Boso's) :

> Hec igitur et alia inminentia mala cum beatus pontifex consideratione sollicita provideret, post illud excidium populi, quod exigentibus peccatis acciderat, dimisso Lateranensi palatio, cum fratribus suis et corum familiis ad tutas domos Fragapanum descendit et apud sanctam Mariam Novam et Cartulariam atque Coloseum se cum eis in tuto recepit; ibique pro incumbente malitia imperatoris cotidianus episcoporum et cardinalium fiebat conventus, tractabantur cause et responsa dabantur.

9. *Der Tırn der Annibaldi beim Kolosseum, 1204.* — Unter Innocenz III kreuzen die Annibaldi zum erstenmal den Weg der Frangipani. Beim Beginn der wilden, pittoresken Stadtkämpfe um die Senatsgewalt, in welchen die zahllosen Adelstürme eine so hervorragende Rolle spielten, begann Petrus Annibaldi, ein Schwestersohn (sororius) Innocenz' III, neben dem Kolosseum sich einen Turm zu bauen. Die Frangipani des Septizoniums (de Septemsoliis), welche zur Volkspartei hielten, widersetzten sich diesem Unterfangen, und sandten vom Kolosseum und vom Turm des Raino Frangipani beim Bogen des Circus Maximus und beim Septizonium einen Hagel von Geschossen auf die Werkleute.

Wie wir aus den trefflichen Gesta Innocentii III ersehen, ging der Widerstand von Jacobus Frangipane und von der Witwe des Raino Fr. aus. Jacobus war wohl, wie uns ein Blick auf die Stammtafel (3) zeigt, der zweitgeborene Sohn Odos II von der Linie des Kolosseums und der Turris Cartularia. Er leitete den Angriff vom Kolosseum aus. Wer die Witwe des Raino war, kann ich nicht mit Sicherheit bestimmen. Bisjetzt fand ich den Namen Raino nur in der Linie des Septizoniums (dc Septemsoliis). Dieser Raino war der Grossvater des Gratianus Fr., des Gemahls der bekann-

---

(1) *Monum. Germ. Hist.* SS. XVI (Annales Magdeburgenses), 192.

(2) *Liber Pontif. ed. Duchesne* II, 417 : ipse [Papst Alexander] vero de suscepta pecunia partem dedit fidelibus Ecclesie Fraiapanibus et filiis Petri Leonis, ut strictius obligati ad invicem sese fortius adiuvarent et ad defendendam civitatem populum manutenerent et robustius animarent. Pro custodia vero urbis partem eiusdem pecunie ad singulas portas paterna benignitate transmisit.

(3) S. hier unten S. 37.

ten Verehrerin des hl. Franz : der domina Jacoba de Septemsoliis. Aber sollte diese Witwe 1204 noch gelebt und in dieser Linie noch so regiert haben, dass sie als die Vertreterin derselben galt ? Wahrscheinlich wird sich ein jüngerer Raino in diesem Zweige der Frangipani-Familie nachweisen lassen. Ist dies der Fall, dann hätten wir die *Turris relicte Rainonis* beim *Septizonium* oder beim Bogen (areus) des Circus Maximus zu suchen.

Allem Anscheine nach gelang es Petrus Annibaldi, einem tatkräftigen Herrn, sich trotz des Widerstandes der Frangipani beim Kolosseum festzustzen, wie wir weiter unten sehen werden.

Innocentii papae III Gesta, c. 139 (Migne Patrot. lat. to. 214, c. CXCII) (1) :

Sed Petrus Anibaldi, sororius domini papae, pontes omnes iuxta Colossaeum, turrim ex opposito coepit constituere, prohibentibus Jacobo Fraiapane ac relicta Rainonis Fraia-panis et impedientibus, prout poterant, per Coloseum et per turrim Rainònis, lapidibus et sagittis emissis ; sed ipse [propter] paratas oppositiones ab edificio non cessabat.

10. *Schicksale der Turris Chartularia i iter Gregor IX 1235 u. 1239.*

Als Gregor 1235 sich mit aller Macht der Römer erwehren musste, welche vom Glanze der alten kapitolinischen Herrlichkeit verlockt und vom Golde Kaiser Fried-richs II geblendet, um die Herrschaft über die ewige Stadt rangen, bildete die Schilderhebung des vom Kaiser erkauften Petrus Frangipane eine typische Epi-sode (2): Gregor griff diesmal kräftig ein. Petrus wurde in seiner Turris Chartularia belagert. Diese wurde erstürmt und zerstört, während Petrus sein Heil in eiliger Flucht suchte.

Trotzdem gaben weder er noch der Kaiser die Sache verloren. Letzterer gewährte Peter im October 1239 die Mittel, um seinen Turm wiederaufzubauen (3). Dagegen

(1) Ich habe den Text mit der ältesten Hs. (Vatikan. Archiv, armar. 11, n. 25, f. 78ᵛ) verglichen.

(2) Richardas de S. Germano in *Monum. Germ. Hist. SS.* XIX, und *Soc. Napolit. di storia patria, Cro-nache*, I, 148 : *Hoc anno* [1236] *Petrus Frayapane in urbe Roma pro parte imperatoris guerram movet contra papam et senatorem, et seditio facta est multa in populo.*

(3) S. die beiden diesbezüglichen Schreiben Friedrichs in HUILLARD-BRÉHOLLES *l. c.* V. 1 p. 451 vom 15 October 1239 : *mag. Iohanni de Sancto Germano. Cum velimus, quod super edificiis Cartolarie iux-ta formam pristinam procedatur, fidelitati tue precipiendo mandamus, quatenus receptis hys litteris con-feras te ad Urbem et tam in calce quam in lapidibus et aliis necessariis facias apparatum...Et ecce quod Riccardo de Pulcaro fideli nostro... nostras litteras destinamus, ut a requisitionem tuam tibi de pecunia curie nostre, que est per manus suas, pro refectione edificiorum ipsorum debeat exhibere et a te recipiat exinde apodixam.* Diese Schreiben sind aus dem kaiserlichen Heerlager vor Mailand datiert. Hierbei sind die vom selben Orte am 19. October 1239 abgesandten kaiserlichen Schreiben wohl zu beachten, durch welche Friedrich die Auszahlung jährlicher Pensionen an seine Getreuen in Rom anordnet (qui-busdam civibus Romanis, fidelibus nostris). Zu diesen Getreuen gehörten auch Odo und Manuel Frangipani, welchen besondere Gunstbezeugungen zugewandt werden. S. HUILLARD-BRÉHOLLES *l. c.* V. 1 p. 455. Weitere Beweise, dass die Klage Gregors IX nur zu berechtigt war : [Urbem] *sparsis in ea pecuniis nobis turbare moliris.* HUILLARD-BRÉHOLLES *l.c.* IV 2 p. 921 (23 Oct. 1236).

weiss uns die zeitgenössische *Vita Gregorii IX* zu erzählen, dass als das römische
Volk am Feste Mariä Himmelfahrt 15 August 1239 nach altem Brauch in frommem
Zug das hochverehrte Christusbild der Sancta Sanctorum in der Vorhalle von S.
Maria Nova niedersezte, die kaiserlich gesinnte Besatzung der benachbarten Turris
Chartularia es wagte, durch gottlose Zurufe die Menge zu reizen, worauf der Turm
eingestürzt sei und die Lästerer unter seinen Trümmern begraben habe. Die Datie-
rung der beiden Briefe Friedrichs lässt allem Anscheine nach keinen Zweifel zu. Ihre
Einreihung in dem *Regestum Friderici* II, die sich allerdings nur in der ed. Carcani (1)
studieren lässt, scheint keine andere Deutung zuzulassen. Andererseits fügt der
Autor der *Vita Gregorii IX* seinem Bericht (2) eine doppelte Zeitbestimmung bei.
Nach ihm erfolgte der Einsturz am 15 August jenes Jahres, in welchem Gregor am
15 August in Anagni weilte. Dies war nach 1236 im Jahr 1238 und 1239 (3) der Fall.
Ferner heisst es, es sei in jenem Jahr bereits Winter gewesen, als Gregor nach Rom
zurückkehrte. Im Jahr 1238 erfolgte die Rückkehr gegen Ende October (4),
1239 gegen Mitte November (5). Der Verfasser der *Vita* verlegte also den Einsturz
der Turris Chartularia ohne Zweifel in das Jahr 1239. Trotzdem müssen wir wohl
an den 22 Februar oder an den 15 August 1240 denken. Für ersteres Datum spricht
auch Albéric de Trois Fontaines, (6) indem auch er den wunderbaren Einsturz
des Turmes auf den 22 Februar 1240 ansetzt. Hiernach fänden sich in der *Vita* an
dieser Stelle zwei chronologische Irrtümer, da wir erstens nicht an den August
1239 denken können, und zweitens der Einsturz 1240 bereits bei der Prozession des
22 Februar erfolgt wäre.

(1) In den *Constitutiones regum et regni utriusque Siciliae.* Neapoli, 1786, pp. 233-420, 252.
(2) S. unten S. 14.
(3) POTTHAST, *Regesta Pont. Rom.* I, 901, 912.
(4) AUVRAY, *Registres de Grégaire IX*, II, 1161.
(5) *L.c.* III, 127.
(6) *Monum. Germ. Hist. SS.* XXIII, 948 : [22 Febr. 1240] *Rome quedam turris cecidit mirabiliter Fraipa-
norum in cathedra Sancti Petri, quam imperator contra papam munitam custodiri faciebat.*
Zur richtigen Bewertung dieser Angabe und ihres Datums müssen wir zwei Schreiben Gregors
IX heranziehen, von denen das eine (s. HUILLARD-BRÉHOLL. *l. c.* V. 2., 776) auf Ende Februar, das
andere (s. WINKELMANN in den *Forschungen zur deutschen Geschichte* XII (1872) 292, 289) in den März
1240 angesetzt wird. In denselben ist zwar nicht vom Sturz des Turmes, wohl aber von der Prozession vom 22 Febr. 1240 sowie von einer wunderbaren Sinnesänderung des römischen Volkes
die Rede in Folge dieser Prozession mit der Kreuzreliquie und den Häuptern der beiden Apostel-
fürsten und einer während derselben von Gregor gehaltenen Ansprache.
Von dieser Prozession und Sinnesänderung der Römer berichten auch die *Vita* Gregors IX (*Liber
censuum eccl. Rom. ed. Fabre-Duchesne* II, 35, n. 46), die *Annales Placentini Gibellini* (*Monum. Germ.
Hist. SS.* XVIII, 483) und die *Annales de Dunstablia* (ed. Luard, 153).
Auch sie setzen dieselben auf den 22 Febr. 1240. Von diesen Berichten ist besonders jener der
Vita zu beachten. Der Verfasser derselben wusste sehr wohl die Vorkommnisse vom 15 August
von denen des 22 Februar zu unterscheiden. Ferner ist merkwürdig, dass nach der *Vita* und den
Annales Placentini die Römer am 15 Aug. und am 22 Febr. anfangs fast wörtlich dieselben Schmäh-
reden ausstiessen.

Bleibt hiernach das genaue Datum unsicher, so lässt sich doch an der Tatsache des Einsturzes des Turmes nicht rütteln. Der an der Curie lebende, zeitgenössische Verfasser der Vita konnte sich in Betreff eines so augenscheinlichen Vorkommnisses weder selbst täuschen noch andere täuschen wollen.

Liber censuum Rom. eccl. ed. Faber-Duchesne, II, 27 n. 24 ;

Cesar autem tumentis pectoris prorunpentes insidias diutius cohibere non valens, Petrum Frajapanüm Romanum civem, genere nobilem set nobilitate degenerem, quem predecessorum snorum vestigio vassalum Ecclesie notio publica manifestat, blanditiis et mercede corrumpens, nummulario sibi cum pecunie loculis de regni Sycilie spoliis patenter adjuncto, gravem absenti pontifici seditionem excitavit in Urbe, ac quorundam nobilium confisus obsequio, qui jam fere consumptis propriis animam venalem exponunt, in Petri sede nepharium ponere titulum Cesaris cogitabat. Ne vero putredo neglecti vulneris latius cresceret in reliquum corpus effusa, providit pater doctissimus remedium festinatum, subitos languoris insultus forti medicamento precidens, et fidelium Ecclesie in armis et machinis acie ordinata, Cartellariam turrim illam Babel, nullo priori fatigatam impulsu, comminuit et potenter evertit; ac Cesaris majestate depressa, degentibus ibidem erat sola fuga presidium et abdita receptacula in *tutelam*.

L. c. II, 34, n. 42 :

Adhuc autem spirans minarum et cedis, turrim dicti Petri frangibilis Frangipanum, cujus potentia Petri credebat humiliare primatum, sumptibus propriis refici procuravit, Verum cum summum pontificem apud Anagniam estate media clementior aura susciperet, Romanus populus in Assumptionis virginis gloriose vigilia Salvatoris ymaginem per Urbis vicos ex antiqua [consuetudine deduxit]. Que dum in atrio poneretur ecclesie, que Sancta Maria Nova vocatur, quasi quietis beneficium receptura, blansphemis quibusdam conducti- [ci]is Frederici predicti sacrilega voce clamantibus : « Ecce Salvator, veniat imperator ! » turris illa in ignominiam sponse Christi de sanguine pauperum et lacrimis viduarum e vicinio erecta mox eversa funditus, blansphemantium multitudinem judicio divine ultionis oppressit, ut quasi non sustinens Salvatoris injuriam insensibilis creatura Creatori de hostium vindicta serviret, et elementa muta cognoscerent, quem rationale animal non congnovit, ac injuriam in suo susceptam vicario Salvator ipse transire non videretur inultam. Ipse vero summus pontifex Urbem regreditur yemis tempore redeunte.

11. *Der Übergang der Cartularia von den Frangipani an die Annibaldi, 1244.* —Die eben erwähnten Vorkommnisse von 1235 und 1239 bildeten übrigens nur eine Phase in dem treulosen Verhalten der Frangipani. Allem Anscheine nach datierte diese neue Wendung vom Ende 1227 oder Anfang 1228. Damals entbot Friedrich die Häupter der mächtigsten, römischen Adelsgeschlechter zu sich nach Capua und liess wieder einmal sein Geld spielen. Er kaufte ihnen ihre städtischen Burgen und Besitzungen ab und gab sie ihnen alsdann als Lehen zurück. Es war dies ein in jener

Zeit nicht seltenes Verfahren (1), gegen das an und für sich Nichts einzuwenden war, wenn nicht Rechte Dritter in Frage kamen, wie dies bei den Frangipani der Fall war.

Dieser Kauf und diese Belehnung wird durch die Ursperger Chronik (2), deren zeitgenössischer Verfasser Italien und Rom aus eigener Anschauung kannte, auf das Jahr 1228 angesetzt. Friedrich war bereits im November 1227 in Capua und verblieb daselbst bis in den Dezember. Doch finden wir ihn in diesem Monat bereits in Foggia (3). Der erste Erfolg dieser Verschwörungen war die Misshandlung Gregors in St. Peter in den Ostertagen 1228, durch die derselbe Ende April zur Flucht nach Rieti und Perugia gezwungen wurde (4). Ferner wäre dieses Lehnsverhältniss zum Kaiser auch die Quelle der Ereignisse von 1235 und 1239 gewesen, über welche ich oben berichtet habe. Ja allem Anscheine nach dauerte diese geheime Verbindung mit dem Kaiser und das verräterische Verhalten gegen den jeweiligen Inhaber des päpstlichen Stuhles noch bis zum Jahre 1244 fort (5), wie wir aus zwei Schreiben Innocenz' IV aus diesem Jahr ersehen, welche uns zu unserem eigentlichen Fragepunkt zurückführen.

Diese Schreiben, das *Etsi ex suscepte* vom 16 April 1244 und das *Cum sicut vobis* vom 19 April desselben Jahres, sind vereint vorzulegen und zu erörtern.

(1) In derselben Weise verfährt Gregor IX mit den Adelsfamilien von Montefortino ; s. *Vita Gregorii IX* in *Liber Censuum ed. Faber-Duchesne*. II, 24, n. 17; vgl. GREGOROVIUS *Geschichte der Stadt Rom.³ III*, 157 f.

(2) *Burchardi et Cuonradi Chronicon* in den *Monum. Germ. Hist. SS.* XXIII, 382.

1228. « Cumque papa nollet desistere ab excommunicatione imperatoris, ipse imperator convocavit ad se de civibus Romanis potentissimos et nobilissimos de familia eorum, qui dicuntur Frangentes-panem, et de aliis, ad quos precipue respectum habebat populus Romanus, habuitque cum illis tractatum, qualiter faceret fasallos imperii et, ut sibi faciant hominium [homagium] et fideliter assistant in omnibus causis. Jussit itaque eosdem sub certa aestimatione precii et census computare, quantum valeant omnes res ipsorum immobiles, quas habebant in civitate, tam in aedificiis quam in agris et vinetis et mancipiis et aliis rebus. Quo facto omnes res illas dato precio, comparavit ab eis et easdem res ipsis in feudum concessit ratione fidelitatis, quam deberent sibi et imperio. Quocirca iidem reversi, cum papa rursus excommunicaret imperatorem, fecerunt, ut a populo pelleretur turpiter extra civitatem, nude apud Perusium eo anno et sequenti ibi permansit ».

(3) BÖHMER-FICKER, *Regesta Imp. V* (1198-1272), 344, und HUILLARD-BRÉHOLLES, *Historia diplom. Frederici II*, III, 506.

(4) POTTHAST, *Regesta Pont. Rom.* I, 704.

(5) Hierher gehört ohne Zweifel ein leider undatiertes Schreiben Friedrichs an die Römer. Es wird von HUILLARD-BRÉHOLLEE, *l. c.* V, 2 p., 761, wo es abgedruckt ist, zum Febr., 1240, von WINKELMANN (*Forsch. zur deutschen Gesch.* XII (1872), 287.) zum Iahre 1239, von BÖHMER-FICKER *l. c.* p. 439, n. 2199, cf. n. 2207 zum Iahre 1236 angesetzt. — Es verlockt die Römer zum Abfall und fordert sie auf, ihre Proconsuln, unter ihnen Odo Frangipani, an seinen Hof abzuordnen.

Regest. Vatic. 21, f. 95ʳᵒ, ep. 603 in
HUILLARD-BRÉHOLLES, Hist. diplom. Frid.
II VI, 1 p, 187, 188 (bei BERGER, Registres
d'Innocent IV. n. 604. nur ein Regest) (1).

Nobilibus viris Henrico et Jacobo eius
nato, dictis Fragapane, civibus Romanis.

Etsi ex suscepte... Cum igitur, sicut lecta
coram nobis vestra petitio continebat, nuper
apud Aquampendentem in presentia Principis constituti, eidem ad suam instantiam,
ipsius timore perterriti, mediatatem Collisei
cum palatio exteriori sibi adiacenti et omnibus iuribus ad ipsam mediatatem pertinentibus, dilecto filio Anibaldo civi Romano
titulo pignoris obligata, que ab ecclesia
Romana tenetis infeudum, de facto, cum de
iure nequiveritis, duxeritis concedenda,
prestitis nicholominus iuramentis, vos contra concessionem huiusmodi non venturos,
prout in instrumento inde confecto plenius
dicitur contineri; licet ex hoc essetis non
immerito puniendi, attendentes tamen quod
coacti quodammodo terrore tanti principis
id fecistis, concessionem huiusmodi nullam
esse penitus nuntiantes, predicta ad vestrum
et ecclesie Romane ius et proprietatem auctoritate presentium revocamus...

Regest. Vatic. 21, f. 98, ep. 619 in
BERGER l. c. I, 107, n. 620.

Nobilibus viris Henrico Frajapane, sacri
palatii nostri Lateranensis comiti, et Jacobo
nato eius.

Cum, sicut nobis exponere curavistis, ...
Princeps a vobis, licet invitis, medietatem
Collossei ad vos spectantem cum toto exteriori palatio adherente eidem eorumque
pertinentiis sub quadam permutationis
specie fecerit sibi dari, et de habenda rata
permutatione huiusmodi a vobis receperit
iuramentum, nos provide attendentes, quod
predicta iuris Ecclesie Romane ac proprie-
tatis existunt, et illa vos vestrique progenitores ab eadem Ecclesia tenuistis, quodque
huiusmodi datio seu permutatio licite fieri
non potuit, dicta Ecclesia inconsulta, vestris
supplicationibus inclinati, iuramento rela-
xato predicto, concessionem, donationem
seu traditionem factam a vobis eidem Principi de premissis... totaliter revocamus.

Aus einer eingehenden Prüfung der beiden Schreiben ergibt sich zunächst in Bezug
auf das erstere (2), dass die Frangipani in Aquapendente im März oder April 1244 (2)
von Friedrich gezwungen wurden, ihm die ihnen gehörige Hälfte des Kolosseums und
den an dasselbe angebauten Palast zu überlassen (3). Ferner hören wir, dass zur Zeit
dieser erzwungenen Abtretung jene beiden Gebäulichkeiten von den Frangipani dem
Annibaldo verpfändet waren.

Fragen wir nun aber, worin nach Masgabe dieser beiden Angaben die Cession
bestand, so können, so viel ich sehe, nur zwei Rechtstitel in Frage kommen : a) das
eigentliche Besitzrecht, das durch die Ablösung jenes Pfandverhältnisses wieder zu

(1) Ich gebe hier den auf Grund des Regestenbandes revidierten Text.
(2) HUILLARD-BRÉHOLLES, l. c. VI, 2 p., 954 f. und BÖHMER-FICKER, Regesta imper. (1198-1272) I.
601 ff.

voller Kraft erstehen konnte ; oder *b*) es handelte sich um die Übernahme eines
Lehnsverhältnisses zum Kaiser. In diesem letzteren Falle behielten die Frangipani
den Annibaldi gegenüber das Besitz-und Ablösungsrecht ; sie nahmen nur die Gebäude
vom Kaiser zu Lehen, in derselben Weise, wie dies nach der Ursperger Chronik
bereits 1228 geschehen war.

Meines Erachtens bietet das erste Schreiben keine genügenden Anhaltspunkte um
diese Frage mit Sicherheit zu entscheiden und den Gegenstand der Cession genauer zu
bestimmen.

Leider ist auch das zweite Schreiben nicht geeignet, das über dem ersteren lagernde
Dunkel aufzuhellen. Nach demselben wäre es eine Art Tauschgeschäft gewesen, zu
dessen eidlicher Gutheissung der Kaiser die Frangipani gezwungen hätte. Die hiebei
den Frangipani zugemutete Leistung ist scheinbar klar angegeben. Der Kaiser liess
sich von ihnen die beiden oben erwähnten Gebäulichkeiten geben, wobei deren Pfand-
verhältniss zu den Annibaldi nicht erwähnt wird. Dagegen hören wir von der Gegen-
leistung des Kaisers gar Nichts.

Betrachten wir sodann die Rechtsverhältnisse der beiden dem Kaiser abgetretenen
Gebäude im Lichte unserer obigen Erörterungen, so stellen sich in Betreff der Leistung
der Frangipani alle Zweifel und Unsicherheiten ein, welche wir bereits oben bei der
Erörterung des ersten Schreibens kennen gelernt haben. Die beiden Gebäude waren
ja an die Annibaldi verpfändet. Die Frangipani konnten also nur das durch die
Verpfändung geschmälerte Besitz-und das Ablösungsrecht abtreten und die beiden
Gebäude vom Kaiser zu Leben nehmen.

Die Annahme De Rossi's (1), welche nicht wenige andere Forscher ohne weitere
Prüfung sich zu eigen gemacht haben, der Kaiser babe in Aquapendente die Frangipani gezwungen, ihre Hälfte des Kolosseums mit dem angrenzenden Palast den Annibaldi zu überlassen (2), lässt sich nach dem Gesagten in keiner Weise mit dem Wortlaut
der beiden päpstlichen Schreiben in Einklang bringen. Annibaldo wird nur im
ersten Schreiben und auch hier nur ganz gelegentlich erwähnt. Wir hören von ihm
nur, dass, als die Frangipani im März oder April 1244 die beiden Gebäude dem Kaiser
abtraten, Annibaldo dieselben bereits seit geraumer Zeit als Pfand besass.

Im Übrigen hatten sich ja die Annibaldi bereits lange vor 1244 am Kolosseum festgesetzt. Wir haben sie schon 1204 zum ersten Mal dort gefunden (3). Dort finden
wir auch in einem Aktenstück vom 24 September 1228 neben *Iohannes Fraiapanis*

---

(1) DE ROSSI, *l. c.* p. XCVIII kannte das erste Schreiben Innocenz'IV aus THEINER, *Codex diplom.
dom. temp.* I, 118, n. 207, das zweite aus BERGER, *Registres d'Innocent IV*, I, 106, n. 620. In POTT-
HAST, *Reg. Rom. Pont.* findet sich das erste unter n. 11335 verzeichnet, das zweite erst im Anhang,
p. 2111 unter n. 11338 a.

(2) DE ROSSI, *l. c.* p. XCVIII, sagt von den Frangipani : *iussu Friderici II imperatoris, quidquid
ecclesiae Romanae nomine obtinebant a Palatia ad Colosseum, tradiderunt Annibaldis fautoribus
imperii.*

(3) S. oben S. 11.

filius qioidan Gratiani einen *doniis Anibaldus* als Besitzer von Liegenschaften am
Kolosseum (1) ebenso in einem Schriftstück vom 1. September 1232 (2). Noch ein Jahrhundert später werden die Annibaldi als Eigentümer des Kolosseums selbst erwähnt
in den Kämpfen, zu welchen im Mai 1312 die Anwesenheit und Kaiserkrönung Hein-
richs VII Anlass gaben (3). Endlich wird in einem Aktenstück des Archivs von S. Maria
Nova vom 16 März 1386 ein Turm der Annibaldi als beim Kolosseum gelegen bezeichnet (4).

§. 3. Die römischen Frangipaniburgen des Mittelalters.

Bevor wir aus dem oben gesammelten Material die für unser eigentliches Thema
sich ergebenden Folgerungen ziehen, müssen wir noch die sogenannten Burgen
(domus, palatia) der Frangipani kennen lernen.

Meines Wissens ist bis jetzt der Zeitpunkt, an welchem sich die Frangipani
zum erstenmal am Colosseum festsetzten, noch nicht bekannt. In der Nähe
dieses Amphitheaters der Flavier finden wir sie zum erstenmal 1094, als Urban
II bei ihnen bei S. Maria Nova eine Zufluchtstätte suchte (5) ; — also fast ein
Jahrhundert, nachdem wir den ersten Frangipani als Zeugen unter einem Akten-

(1) P. Fedele, *Il leopardo e l'agnello in casa Frangipane* im *Archivio della Soc. Rom.* XXVIII (1905),
214, nota : *Johannes Fraiapanis obligat et in pignus ponit Petra Salincontra unam criptam sub
Amphitheatro Colisei, a I. latere domnus Anibaldus, u II. monasterium s. Xisti, a III. Andreas Bal-
dantie, a IIII. via publica.*

(2) L. c. : *Johannes Fraiapanis, filius quondam domni Gratiani Fraiapanis, obligat et in pignus ponit
Jacobo scrinario unam criptam inpede Colisei, a I. latere heredes Petri Anibaldi,* die übrigen drei
Grenzen wie oben.

(3) Albertinus Mussatus. *De gestis Henrici VII* in Muratori *SS.* X, c. 454 : König Heinrich hatte
die Häupter der mächtigsten Adelsgeschlechter zu sich zu Tisch geladen, sie jedoch nach Been-
digung des Mahles bedroht, falls sie ihm nicht Treue schwören und ihre städtischen Burgen übergeben würden. Während die Colonna und Conti ihm unbedingt zu Willen waren, leistete Annibaldo degli Annibaldi mit Andern einigen Widerstand. *Annibaldus vero, Johannes de Sabello et
Thebaldus de Campofloris regi Romanorum parituros se se obtulerunt in omnem cusum et adversus
omnes, cognationis suae singulis dumtaxat exceptis. Caesar exceptiones has aegre admittens potiusque
eis turbatus, cuiusque assistentium in scriptis dicta redigi imperavit, demumque Stephanum [de
Colonna] suosque obsidibus datis abire concessit, ceteros deprehensos privatim tenuit, Annibaldumque
Militiarum palatia munitionesque ac turrim Sancti Marci et Coliseum, quorum possessor erat reddere
coegit.* Cf. *l. c.,* c. 455.

(4) P. Fedele, *Il più antica documento dei* Magistri aedificiorum Urbis e Domna Comitissa in den
Miscellanea per Nozze Crocioni-Ruscelloni p. 152 : Niccolo di Stefano dei Conti überlässt dem Kloster
von S. Maria Nova gewisse Gerechtsame auf bei dem Kloster gelegene Grundstücke. In deren
Bestimmung heisst es : *Item in criptis existentibus subtus et infra orlos dioti monasterii nec non in
fundamentis dicti monasterii, ortis et antiqualiis et templo eiusdem monasterii, a parla anteriori
dieti monasterii, ubi fit caritas, recto tramite usque ad Coliseum, turri, que vocatur de Aniballis cum
suis ortis et vacante iuxta ipsam turrim dumtaxat exceptis.* Im Archiv von S. Maria Nova. Tab. VI
(1385-1399).

(5) S. oben S. 6.

stück aus dem Jahre 1014 kennen gelernt haben. Im Übrigen bildeten die Burgen der Familie zwei klar geschiedene Gruppen. Beginnen wir unsere Untersuchung bei jener, die weniger Schwierigkeit bietet.

Am 18 März 1145 überliess der Abt von S. Andrea in Clivo Scauri (S. Gregorio in Monte Coelio) dem Cencius Frangipane zwei Gebäude in Pacht, welche Cencius bei der Ausfertigung dieses Aktes bereits in Besitz genommen hatte. Das eine wird bezeichnet als die *turris, que vocatur de Arcu... posita Rome in capite Cireli Maximi*; von dem zweiten heisst es : *trullum unum... qnod vocatur Séptemsolia... positum Rome prope supradictam turrim et prope diaconiam Sancte Lucie* (1). Die Lage beider Bauten lässt sich mit ziemlicher Genauigkeit bestimmen. Die Rundung (arous) des Circus Maximus ist durch mehrere auf ihr nach altem Branch errichtete Bauten deutlich erkennbar und das *Trullum* ist durch die noch wohl bekannte Lage des Septizonium des Severus (2) und durch die an dasselbe angebaute Diaconie S. Lucia bestimmt, welche erst unter Sixtus V völlig verschwanden. Diese Liegenschaften finden wir noch um das Jahr 1264 im Besitz eines Zweiges der Frangipani-Familie. In einem Aktenstück dieses Jahres (3) wird ausser dem Turm und dem

---

(1) MITTARELLI. *Annales Camaldulenses*, III, append. 417. Wie ich schon oben S.5. bemerkte, scheinen die Urkunden von S. Gregorio selbst verloren.

«... Concedimus tibi domino Cinthio Fraiapanis... id est unam turrim, que vocatur de Arco, cum suis scalis et sininis et sicut modo tu eam tenes cum introitu et exitu suo et cum omni suo usu et utilitate et cum omnibus suis pertinentiis, positam Rome in capite Gircli Maximi, sicut a suis finibus circumdatur; et locamus tibi Trullum unum in integrum, quod vocatur Septemsolia cum suis scalis *wie oben*; positum Rome prope supradictam turrim et prope diaconiam sancte Lucie, sicut affinatum esse cernitur, iuris nostri monasterii. »

Bei MITTARELLI, *l. c.* I, append, 96 findet sich der Akt, durch welchen *Stefanus, filius Ildebrandi consulis et ducis* die oben erwähnten Besitzungen dem Abt Johannes von S. Andrea übergibt :

« Cessisse et cessi... id est illud meum templum, quod Septem solia minor dicitur, ut ab hac die vestre sit potestati et voluntati pro tuitjone turis vestre, que Septem solia maior dicitur, ad destruendum et suptus deprimendum, quantum vobis placuerit; nec non et omnes cryptas, quas habeo in porticu qui vocatur mωдrωmrωγγ [Materiani] supra dicta Septem solia, in uno tenente coniunctas videlicet numero triginta et octo, et inferiora et superiora sua cum terra vacante et vellaria·ante cum introitu et exitu earum a via publica et cum omni usu et utilitate et cum omnibus ad eas pertinentibus, posita Rome regione secunda prope Septemviis et inter affines : a primo latere suprascripta Septem solia, a secondo latere ortum quod est supra cryptas, que sunt ante monasterium vestrum et menia palatii, ubi dicitur balneue imperatoris, a tertio latere crypte de heredibus Johannis, qui dicebatur de papa de Septemviis, a quarto latere via publica iuxta circum, qui ducit ad arcum trimphale vestri iuris, sicut mihi evenit a suprascripto genitore meo.... »

(2) V. STEVENSON. *Il Settizonio Severiano e la distruzione dei suoi avanzi sotto Sisto V* im *Bulletino Comunale* XVII (1888), 269-298 ; LANCIANI, *Bulletino dell' Istit. Germ.* IX (1894), 1-8.

(3) Archiv der Basilica von St. Peter, *Pergamene*, capsa 63, fase. 391. Hier findet sich ein Abkommen protokolliert, welches vor dem Kardinal Johann Orsini, dem Testamentsvollstrecker des Johann Fraiapanis, Saracena, in erster Ehe Gemahlin Johanns Fraiapanis und in zweiter Ehe des Grafen Johann von Poli, mit den Söhnen dieses letzteren in Orvieto am 12 Juni 1264 getroffen hatte. In dem Akt heisst es : *Petebat quoque Domina* [Saracena] *memorata, se minime molestari in iure habi-*

Palast noch eine bei dem Turm, also in der Rundung der Circus gelegene Hanf-Mühle (canapara) erwähnt, welche P. Edouard d'Alençon noch heute aufweisen zu können glaubt (1). Wie wir von Panvinio erfahren, hatten die Frangipani selbst noch im 16. Jahrhundert im Wesentlichen diese Besitzungen inne (2).

Wenden wir uns nun zu der zweiten, der hauptsächlichsten Gruppe, deren Stützpunkte das Kolosseum und die Turris Chartularia waren, so haben wir _{vor} allem zu beachten, dass in dieser Gegend zwei andere Schutzstätten des päpstlichen Hofes lagen : der Palast Johanns VII (705-707) bei S. Maria Antiqua und S. Maria in Palladio, über die wir vor allem uns die nötige Klarheit verschaffen müssen.

tationis et ususfructus sibi legato in turri de Septemsoliis, trullo et palatio ibidem posito cum claustro et molendino positis in pede dicte turris et horto posito in pede dicti palatii et trulli et canapina posita in pede dicte turris et alio orto posito retro ecclesiam sancti Leonis. Diese jetzt verschwundene Kirche lag nach ARMELLINI, *Chiese*[1], 515 nicht weit von S. Gregorio in Monte Coelio. — Über das Testament des Grafen Johann von Poli s. E. BERGER, *Registres d'Innocent IV*. III, 352, n. 7180.

(1) E. D'ALENÇON. O. Min Cap. *Frère Jacqueline. Recherches historiques sur Jacqueline de Settesoli, l'amie de Saint François*. Paris, 1899, p. 16, 33. (Extrait des *Études Franciscaines*, II (1899).

(2) *De gente Fregepania ll. 4* in cod. VATIC. BARBER. 2481, f. 73ʳ; l. 3, c. 5 :

«Ex hoc autem instrumento colligitur, Septemsolia alias Septizonium olim fuisse iuris Fregepanorum et in eo loco domos habnisse, videlicet prope Sanctum Gregorium. Superioribus enim temporibus post Urbis ruinas nobiles Romani, pro eorum dignitate veteres sibi fabricas vindicabant, in quibus domos fabricantes habitabant. Nam Ursini Molem Adriani et Theatrum Pompei in Campo Flore, Columnenses Mausoleum Augusti et Thermas Constantini in Quirinali, Sabelli Theatrum Marcelli, Comites Quirinalem, Fregepanes Amphitheatrum et Septemsolia occupaverant domibusque constructis ea loca incolebant, ut etiam nostro tempore videtur. Illud quoque non est omittendum, quod in hoc instrumento notavi, abbatem videlicet et monacos [74] Sancti Gregorii concessisse seu locasse huic Cencio Fregepanio Turrim, que vocatur de Arco cum suis scalis sininio, cum introitu et exitu suo et cum omni suo usu et utilitate et cum omnibus suis pertinentiis Rome, in capite Circi Maximi. Nam hic locus cum parietinis et Turris parte, que adhuc supersunt, tui iuris hodie quoque est. Memini enim, quum animi causa ego et vir nunquam satis laudatus Curtius Fregepanius frater tuus eo deambularemus, illum, quum eas mihi ruinas ostendisset. ipsas avitas Fregepaniorum domos fuisse, ut a maioribus acceperat, narrasse. Cuius rei illud est maximum argumentum, quod adhuc loci illius ius penes se et familiam vestram erat ; nunc etiam a te possidetur. Quamobrem nemini dubium esse debet, vos ex nobilissima illa familia originem habere, cum suorum palatiorum reliquie, adhuc vestri iuris sint et a vobis possideantur; in eo presertim loco, in quo antiquitas huius familiae ex hoc instrumento, quod quadringentis abhinc anais factum est, colligetur ».

F. 111ʳ Caeterum hunc Petrum esse ex hoc Fregepanorum stemmate, insignia seu clypeus testantur. Nam duplex Fregepanorum familia fuit, videlicet hec, de qua modo verba fecimus a Leone Fregepanio iuniore originem trahens, que domos habuit circa Amphitheatrum et ecclesiam Sancte Marie Nove, ut supra visum est, cuius insignia sunt duo leones aurei in clypeo rubro, panem frangentes, cum fasciis rubeis et aureis, ut ex antiquis insigniis apparet, que adhuc, licet pre vetustate exolescentia, videatur picta super quadam hostia stabuli equorum monachorum Sancte Marie Nove, ubi olim erant Fregepanorum palatia ; que sunt hec : ...

« *Dasselbe f. 101ʳ* : Quod autem de palatiis Fregepanum dicitur, ea circa ecclesiam Sancte Marie Nove fuisse, adhuc testimonio sunt eorum insignia, que pre vetustate iam exolescencia facta, videatur aliquot locis in quibusdam parietinis illius monasterii. »

Bevor Boni's hochinteressante Ausgrabungen auf dem Forum Romanum Grisars (1) und Lancianis (2) Ansichten über die Lage von S. Maria Antiqua unumstösslich festgestellt und diese Kirche an der nördlichen Ecke des Palatins beim *Templum Divi Augusti* offengelegt hatte, wurde dieser Palast vielfach, auch von De Rossi (3) und Duchesne (4), in die Nähe von S. Maria Nova (S. Francesca Romana) verlegt und mit dieser Kirche in Verbindung gebracht, da ja damals die Annahme vorherrschte, S. Maria Nova sei aus den Ruinen von S. Maria Antiqua erstanden. Seitdem dieser Irrtum durch den Spaten endgültig beseitigt ist, musste natürlich der Palast Johanns von S. Maria Nova und der Via Sacra an die Nordseite des Palatins verlegt werden, wo Plato, der Vater Johanns VII, als *cura palatii urbis Romae* den nun wieder aufgedeckten Aufgang von S. Maria Antiqua zum *Clivus Victoriae* und der *Don ıs Tiberina* des Caesarenpalasts geschaffen oder wiederhergestellt hatte (5). Ferner war es ja Johann VII gewesen, der S. Maria Antiqua mit Fresken geschmückt hatte (6).

Für unsere Untersuchung (7), drängt sich nun die Frage auf: bildete dieser

(1) *Zeitschr. f. kath. Theol.* XX (1896) 113 ; *Civiltà cattolica* (1896), 2, 458 ; *Geschichte Roms,* I, 194 ff.

(2) Schon 1889 hatte er mit Grisar S. Maria Antiqua bei S. Maria Liberatrice gesucht und bereits 1894 erstere Kirche in nächste Nähe letzterer verlegt (s. *Bulletino dell'Istit. Germ.* IX (1894) 31 Ausführlich handelt er von dieser Controverse im *Bulletino comunale XXVIII* (1900). 299 ff. Für die Identität von S. Maria Antiqua und S. Francesca Romana s. L. DUCHESNE, *Mélanges d'arch. et d'hist. XVII* (1897), 13 ff.; ders. *Le Forum chrétien.* Rome, 1899, p. 33 ff.; P. FEDELE, *Archivio della Soc. Rom.* XXIII (1900), 171 ff. ; P. LUGANO, *S. Maria alim antiqua nunc nova al Foro Romano.* Roma, 1900 ; V. FEDERICI, *Archivio della Soc. Rom.* XXIII (1900), 517 ff.

(3) *Alti dell' Accad. dei Lincei.* Ser. 3, *Memorie.,* Cl. *mor. stor. e filol.* XIII (1884), 115 (auch in Fiorilli, *Notizie degli Scavi.* Dec. 1883, p. 494) : « *L'episcopium* sopra la chiesa, che oggio diciamo *nova,* dovette essere alla destra della Via Sacra (andando dal foro all'anfiteatro) sulle pendici del lato del Palatino, ove già allora esisteva la chiesa dedicata a S. Sebastiano e poi fu il celebre monastero appellato in Paladio o in Pallara ».

(4) *Liber Pontific. ed. Duchesne,* I, 386, note 7.

(5) DE ROSSI, *l. c.,* p. 114 ; *Inscriptiones christ.* II, n. 152 ; *Bulletino di Archeol. crist.* (1867), 11 ; DUCHESNE, *l. c.*

(6) *Liber Pontific.* Johann. VII, n. 167, *ed. Duchesne* I, 385.

(7) Selbst nach diesen so wesentlichen Berichtigungen bleiben noch mehrere weittragende Fragepunkte zu beantworten. Ist der Neubau Leos IV (847-855) — *Liber Pontific. ed. Duchesne,* II, 145, 158, vgl. 12, 14, 26 — auf S. Maria Antiqua am Clivus Victoriae (wie FEDERICI, *Archivio della Soc. Rom.* XXIII (1900) 530 vill, oder mit Lanciani, Grisar und Marucchi (*Nuovo Balletina d'Archeol. crist.* VI (1900) 317) auf S. Francesca Romana zu beziehen ? Die beiden Stellen in der Vita Benedicts III (*Liber Pontif. ed. cit.,* II, 145) und der reiche Schmuck, den S. Maria Antiqua von Johann VII, Zacharias (741-752), Paul I (757-768) erhielt (s. FEDERICI, *l. c.,* p. 532) und folglich bereits vor der vorgeblichen Reconstruction Leos besass und der heute noch in der wiederaufgedeckten Kirche klar zu Tage liegt, schliesst erstere Annahme aus. Somit hatte um das Pontificat Leos IV S. Maria Antiqua ihren Titel verloren und wäre derselben auf die von Leo von Grund aus erbaute Kirche von S. Maria Nova (S. Francesca Romana) übertragen worden.

Ein anderer Fragepunkt betrifft die Fortdauer von S. Maria Antiqua nach der Erbauung von S. Maria Nova an der Via Sacra. Federici (*l. c.,* pp. 530, 532) glaubt Gründe zu haben, welche ihr Fortbestehen bis in das 11 und 12. Jahrhundert feststellen. So viel ich sehe, lässt sich

päpstliche Palast (episcopium) Johanns VII jemals einen Teil der Burg der Frangipani ? Bisher wurde diese Frage allgemein bejaht, nicht etwa nur weil der päpstliche
Palast, wie wir eben sahen, bis jetzt in die Nähe von S. Francesca Romana
(S. Maria Nova = S. Maria Antiqua) verlegt wurde, in welcher Lage seine Verbindung mit der Burg der Turris Chartularia selbstverständlich gewesen wäre, sondern
vorzüglich weil bisher allgemein als feststehende Tatsache galt : die Burg der
Frangipani habe den ganzen Palatin umfasst, eine Annahme die selbst von Aucto-
ritäten wie De Rossi (1), Stevenson (2), Jordan (3) und Duchesne (4) gestützt
wurde. Diese Annahme schloss allerdings die Zugehörigkeit des päpstlichen Palastes
zur Frangipaniburg in sich. Ist nun aber die Annahme einer den ganzen
Palatin umfassenden Burg begründet ? Ich glaube kaum. Es fehlen die nötigen
Beweise.

Ich konnte bisher nur zwei Tatsachen finden , welche uns anscheinend
berechtigen, die Burg der Frangipani auf der Via Sacra und dem Forum über die
klar bezeugte Linie von S. Maria Nova (S. Francesca Romana), Titusbogen und
S. Maria in Palladio auszudehnen ; doch kann beiden in Wirklichkeit eine genügende
Beweiskraft nicht zuerkannt werden.

Erstens finden wir, allerdings erst seit dem Anfang des 16. Jahrhunderts, dass die
Gegend um S. Teodoro gegen S. Anastasia und S. Giorgio in Velabro als die *vigna* oder
el palazzo antiche de Freapani bezeichnet wurde (5). Doch diese Bezeichnung datiert
aus einer Zeit, in der bereits längst verschiedene Zweige dieser Familie an
mehreren, von ihrer ersten Heimstätte weit entlegenen Punkten sich niedergelassen
hatten.

Einen zweiten Grund könnte die *Tarris Cencii* [Frangipani] zu liefern scheinen,
welche, wie wir oben (6) hörten, mit der *Turris domnae Bonae et Unquitatis* Ende
1120 auf Befehl Kalixts II niedergelegt wurde. Diese *Turris Cencii* wird nach der

---

für die Fortdauer bis zum Pontificate Marinus'II (942-946) geltend machen, dass um diese Zeit die
Umgebung des Hauses der Vestalinnen noch bewohnt war, wie der von De Rossi (*l. c.*) bespro-
chene Fund angelsächsischer Münzen zu beweisen scheint.

(1) *L. c.*, p. 117 : « I Frangipani incastellarono tutto il Palatino ; occuparono il Colosseo coll'
arco di Costantino, l'arco di Tito, quello di Giano nel foro Boario, l'arco del Circo Massimo, il
Settizonio, come fortezze di un quadrilatero, ».

(2) *Bulletino communale* (1888), 295 : *I. Frangipani, padroni di una parte del Foro, del Palatiua e
del Colosseo*, mussten sich den Rücken durch den Besitz des Septizonium decken.

(3) *Topographie der Stadt Rom.* II, 505 : « Wir wissen, dass die Frangipani seit dem 10. Jahrhundert den Palatin mit dem Septizonium und dem Circus, den Coelius und das Colosseum befestigt
hatten ».

(4) *Liber Pontif. ed. Duchesne.* II, 319, n. 15.

(5) Lanciani, *Storia degli scavi.* I, 171 f., 179, 91, 95, 140, 192 ; *Bulletino dell' Istituto Germ.* IX
(1894), 29 ff. ; vgl. F. Cerasoli, *Bulletino Communale* XXVI (1898), 302 ff. ; D. Jacovacci, *Repertorii
di familie,* tom. III, in cod. Vatic. Ottob. lat. 2250, p. 344.

(6) S. Oben S. 9.

Auslegung Jordans (1) von den *Mirabilia Urbis Romae* (2), aus der zweiten Hälfte des 12. Jahrhunderts, mit dem Templum Jani identifiziert. Ferner erläutert Jordan seine Annahme dahin, dass der Turm des Cencius Frangipane auf den Trümmern des Arcus Fabianus erbaut gewesen sei, wobei er noch daran erinnert, dass bis 1536 (Einzug Karls V in Rom) von S. Maria Liberatrice bis S. Lorenzo in Miranda eine mittelalterliche Befestigung die Via Sacra gesperrt habe (3). Auf dieser Linie hätten wir demnach den Arcus Fabianus und folglich auch den Turm des Cencius Frangipane zu suchen. Doch hiemit ist die Frage, wie wir scheint, noch nicht erschöpft und noch weniger gelöst (4).

Vor allem müssen wir festhalten, dass der Cencius und die domna Bona, deren Türme Kalixt II Ende 1120 zerstören liess, Cencius II und dessen Mutter Bona aus dem Geschlechte der Saraceni waren, wie ein Blick auf unsern Stammbaum (5) lehrt. Wenn aber dem so ist, wie können dann die Mirabilia, die nach Duchesne (6) von Benedictus Canonicus kurz vor 1143 in der uns erhaltenen Form redigiert wurden, noch von der *Turris Cencii Fragapanis* reden ? Die alte klassische Ruine, welche seinen Unterbau gebildet batte, hielt wohl seinen Namen fest.

Sodann hat Jordan (7) leider die beiden hierher gehörigen Stellen des Ordo des Cencius Camerarius nicht entsprechend verwertet. Dieser von Cencius vor 1198 redigierte Ordo enthält in einem Verzeichniss für die Ausbezahlung des Presbyteriums an alle an den Triumphbögen (arcus) der päpstlichen Prozession beteiligten Familien ein genaues Itinerar dieser Prozession von St. Peter zum Lateran, das für

---

(1) *Topographie Roms* II, 501-508.

(2) *Ed. Jordan* (in dessen *Topographie Roms* II) 636; *ed. G. Parthey* 21 ; *ed. Duchesne* im *Liber Censuum* I, 271, lin. 20; note 85-86; « Ibi est templum Veste, ubi dicitur inferius draco cubare, sicut legimus in vita beati Silvestri.

« Est ibi templum Palladis et forum Cesaris et templum Jani, quod previdet annum in principio et fine, sicut dicit Ovidius in Fastis ; nunc autem dicitur turris Centij Fraiapanis.

« Templum Minerve cum arcu conjunctum est ei ; nunc autem vocatur Sanctus Laurentius de Mirandi. »

Hierher gehört auch die Turris de la Cerra, welche sich an dieser Stelle in den Mirabilia in den dem 15. Jahrhundert entstammenden Recensionen findet; s. JORDAN, *Topographie Roms* II, 636, Anm. Über den Thurm vgl. LANCIANI, *Storia degli Scavi* II, 40 ; *Bulletino dell'* Islil. Germ. (1872), 234 ; *Bulletino comunale* XXIX (1904), 25.

(3) Viel besser bezeugt ist die östlichere Sperrung dieser Strasse bei S. Francesca Romana und dem Titusbogen ; s. JORDAN, *l. c.* II, 506.

(4) Ist schon der Text der Mirabilia selbst ein sehr schwankender und unsicherer Boden, so sieht sich noch ausserdem Jordan (*l. c.* II. 506. 507) gezwungen, seiner Erläuterung desselben gar manches *wenn* und *scheint* einzufügen und vielfach nur von Wahrscheinlichkeiten zu sprechen.

(5) S. oben S. 37.

(6) P. FABRE, *Le Polyptique du chanoine Benoit* in den *Travaux et mémoires de la faculté de* Lille, I. (1). und L. DUCHESNE, *L'auteur des Mirabilia* in den *Mélanges d'arch. et d'hist.* XXIV (1904), 481, 485.

(7) Er kannte beide Stellen, brachte sie aber nicht vereint zur vollen Verwerthung s. *Topographie Roms* II, 507, wo er auch schon den Text Mabillon's (*Museum Italicum* II, 189) verbessert.

die Topographie des damaligen Rom nicht geringen Wert besitzt. In diesem Verzeichniss finden sich zwei auf unsern Gegenstand bezügliche Angaben. Nach der einen waren auf der Via Sacra zwischen SS. Cosma e Damiano und der Turris Cartularia und zwar nahe bei der genannten Kirche : *in loco, ubi fuerunt palatia Fraiapanorum III solidi provesini* (1) auszubezahlen. Hierauf nach Aufzählung von 20 andern Häusern werden der *Familie Fraiapanorum de Cartularia VII solidi et den*[arii] *proves*[ini] (2) zugesprochen.

Aus dieser doppelten Erwähnung ergibt sich meines Erachtens zweifellos, dass vor 1198 einmal zwei Burgen der Frangipani zwischen SS. Cosma e Damiano und dem Kolosseum an der Via Sacra lagen. Von diesen befand sich die eine ganz nahe bei der genannten Kirche, nur durch 5 bis 6 Häuser von ihr getrennt. Sie lag, wie uns die Chronik Pandulphs (3) lehrte, bereits seit 1120 in Trümmern und dies bestätigt uns Cencius Camerarius. Er kannte ja nur mehr die Stelle, wo die Burg gestanden batte.

Hienach scheint mir anzunehmen, dass vor 1120 die Frangipani ausser dem Septisolium und der Turris Chartularia eine dritte Burg mit mindestens (4) zwei Türmen etwas südlich von SS. Cosma e Damiano besassen, diese letztere jedoch durch Kalixt II in dem genannten Jahre endgültig verloren (5).

Die Identifizierung dieser dritten Burg mit dem Arcus Fabianus, welche von Jordan selbst nicht ohne Zaudern vorgetragen wird, scheint mir vorerst noch sehr problematisch (6). Ebenso finde ich keinen genügenden Beweis für die Behauptung einer zweiten Sperrung der Via Sacra bei S. Lorenzo in Miranda.

Trotzdem ist aus allen vorstehenden Ausführungen für unsere Hauptfrage so wicklar, dass diese dritte Burg der Frangipani nicht etwa am Abhange des Palatin, ja nicht einmal in dessen Nähe, sondern an der Via Sacra lag, welche an dieser Stelle am östlichen Rand des Forums lief. Dies ist für unsere Untersuchung über die vorgebliche, den ganzen Palatin umfassende Riesenburg der Frangipani von entscheidender Bedeutung. Das Vorhandensein einer dritten Frangipaniburg an der bezeichneten Stelle bei SS. Cosma e Damiano ist der von uns bekämpften Annahme nicht nur nicht förderlich, sondern spricht gegen dieselbe (7).

(1) FABER-DUCHESNE, *Liber Censuum,* I, 300.

(2) *L. c.*

(3) S. oben S. 9.

(4) Die dritte *Turris Unquitatis* bleibt unbestimmbar. Der cod. Vatic. lat. 3762, f. 170, auf dem der beste Text (*Liber Foutif. ed. Duchesne* II, 323) beruht, lasst wirklich kaum eine andere Lesart zu ; höchstens *Imquitatis* könnte noch in Frage kommen.

(5) Dieselbe kann wohl auch kaum mit den räthselhaften *Fortia* der Frangipani identifiziert werden (s. oben S. 9), von welchen aus dieselben ihren Gewaltstreich gegen S. Prassede, 1118 ausführten. Dafür dürfte doch wohl die Entfernung zu gross sein.

(6) S. auch M. A. PIGANIOL, *Fornix Fabianus* in den *Mélanges d'Archéol. et d'hist.* XXVIII (1908).

(7) Auch die Thatsache, dass die Erben eines Deodatus Fracapane am 2 Mai 1318 auf dem

Doch kehren wir nun zu der bei der Turris Chartularia und dem Kolosseum gelegenen Burg der Frangipani zurück.

Unzweifelhaft gehörte zu dieser Burg die geradlinige Reihe von Gebäuden, welche
noch im 15. und 16. Jahrhundert von S. Francesca Romana (S. Maria Nova) sich zum
Titusbogen, der Turris Chartularia und dem Palatin hinzog und für die Via
Sacra und die Via Nova eine Toröffnung liess, wie uns das Blatt von Hieronymus
Kock (1) so deutlich zeigt.

Welche Ausdehnung hatte nun diese Burg und aus welcher Zeit datiert sie? Die
erste Nachricht von einer *domus Iohannis Fraiapanis* stammt aus der Zeit Urbans I,
1094 (2) und im selben Jahr wird diese *domus* als *munitio firmissima prope S. Mariam Novam* bezeichnet (3).

Mit dieser Kirche und ihrer nächsten Umgebung standen die Frangipani in der
Tat, nachweisbar wenigstens seit 1137 in mannigfacher Verbindung. So hinterlässt
1137 Adilascia *filia quondam Cinthii Fraiapanis* der Kirche Besitzungen (4). Odo
und Cencius Frangipane, *illustri consoli de Romani*, Söhne des Leo Frangipane,
kaufen 1139 ein Haus in der Nähe der Kirche (5). Der obengenannte Consul Oddo
Frangipane macht 1162 der Kirche eine nicht unbedeutende Schenkung (6).

Mit dieser *domus* und *munitio firmissima* der Frangipani wird 1118 das Kloster
Palladium in Verbindung gebracht (7). *Credentes locum tutissimum... in monasterio
quodam, quod* Palladium *dicitur, infra donos Leonis et Cencii Fraiapane pariter
convenerunt*. Es lag also S. Maria in Palladio damals im Bereich dieser Frangipaniburg.

Von besonderem Interesse ist für unsere Frage die Stelle, welche den Aufenthalt
Alexanders III 1167 bei den Frangipani betrifft (8). *Ad tutas domos Fragapanum
descendit et apud Sanctam Mariam Novam et Cartulariam atque Colosseum se cum
suis in tuto recepit*. Es werden hier die *tutae domus Fragapanum* durch S. Maria
Nova, die Cartularia und das Kolosseum umschrieben.

Das *Cartularium iuxta Palladium* wird schon 1087 von Kardinal Deusdedit
erwähnt, jedoch ohne irgend eine Bezugnahme auf die Frangipani. Es wird

Palatin (in Palatio maiori) einen Garten und einige Grundstücke verkaufen (JACOVACCI, *l. c.* III.
p. 306 aus dem Archiv von S. Maria Nova) weist nicht auf grösseren Grundbesitz in dieser
Lage hin.

(1) HIER. KOCK, *Aliquot antiq. monumenta.* Antverpiae, 1551, tab. H. (unten 8) : *Prospectus Colos-
saei cum aedibus et variis ruinis illi contiguis.* Vgl. JORDAN, *l. c.* II, 506; EHRLE, *Roma prima di
Sisto V.* Roma, 1908.

(2) S. oben S. 6.

(3) S. oben S. 7.

(4) P. FEDELE, *Tabularium S. Mariae Novae* (982-1200). Roma, 1902, p. 92.

(5) *L. c.*, p. 95.

(6) *L. c.*, p. 148.

(7) S. oben S. 8.

(8) S. oben S. 10.

nämlich die Cartularia ausdrücklich erst 1167 in klare und sichere Beziehung zu den
Frangipani gebracht. Ich sage *ausdrücklich*, weil die schon früher erwähnte *tutis-
sima munitio* beim Palladium oder bei S. Maria Nova ohne den Titusbogen und die
Turris Chartularia schwer denkbar war.

Ferner wird an obiger Stelle von 1167 zum ersten Mal das Kolosseum mit den
tutae domus der Frangipani in Verbindung gebracht. Für die Datierung dieser Verbindung wurde bisher allenthalben auf eine Bulle Lucius' II von 31 Januar 1144
verwiesen (1). Doch vor Allem ist die Bulle auf das Jahr 1145 anzusetzen (2).
Sodann aber wird durch dieselbe Odo und Centius Fraiapane nicht die Vogtei des
Circus Maximus, sondern die von Monte Circeo bei Terracina übertragen, wie noch
neuerdings Kehr hervorgehoben hat (3). Ferner ist wohl zu beachten, dass Cardinal Boson 1167 S. Maria, die Cartularia und das Kolosseum nur als Punkte
bezeichnet, die innerhalb oder in der Nähe der Frangipaniburg gelegen waren. Wie
S. Maria Nova nicht den Frangipani gehörte, so könnte nach obiger Stelle auch das
Kolosseum nicht in ihrem Besitze gewesen sein. Erst 1244 hören wir von Inno-
cenz IV, dass ihnen in dieser Zeit wenigstens *eine Hälfte* des Kolosseum unter der
Lehnshoheit der Päpste eignete. Sodann erfahren wir auch, dass damals ein
Palast dieser Familie an das Kolosseum angebaut war.

Weiterhin beweist eine Reihe von Urkunden des Archivs von S. Maria Nova,
dass wenigstens im 11. und 12. Jahrhundert das Kolosseum sich nicht im vollen und
ausschliesslichen Besitz der Frangipani befand. Privatpersonen (4), der Erzpriester von S. Maria Nova (5), der Propst von S. Maria in Palladio (6), ja selbst die
Trinitarier von S. Tommaso in Formis (7) verfügten über Teile (criptae und domus),
die zum Amphitheater (Kolosseum, intra Rotam) gehörten.

(1) So noch Gregorovius, Geschichte der Stadt Rom 3, 457, Anm. 2 ; jedoch mit Angabe des richtigen Jahres. Die Bulle bei Fabre-Duchesne, *Liber Censuum*, I, 428.

(2) Da Cölestin II erst am 8 März 1144 starb.

(3) *Italia Pontificia*, I, 791.

(4) Fedele *Tabularium S. Mariae Novae* p. 36 : Benedetto di Andrea verkauft 1038 eine *grypta...
posita Rome in regione quarta, in amp[h]teatrum, quod vocatur Coloseum.* P. 132 : *Romanucius filius
quondam Romani de Frasia* überlässt seinen Antheil an einem Haus *positam Rome in rota Colosei.*
Vgl. unten Anm. 5. 7.

(5) *L. c.*, p. 49 Gregorius, Erzpriester und Kanonikus von S. Mariae Nova, vermiethet 1061 die
Hälfte einer Grotte ; *cripta... posita Rome in regione quarta in Amphitheatro maiore, quod appellatur Golosei.* An diese Grotte grenzen zwei andere, welche einem Petrus Beccli und einem Sposa
gehören. — P. 182 Jordanus, prior et rector von S. Maria Nova, vermiethet 1176 *unam criptam...
positam in Coliseo,* welche an drei Privatbesitzungen angrenzt.
P. 204. Turpinus, Prior von S. Maria Nova, vermiethet 1187 eine Grotte : *unam criptam...
positam intus in rotam Colisei.* Dieselbe grenzt an an zwei andere, welche einem Gregorius Jovaci
und einem Johannes gehören.

(6) *L. c.* p. 163 : der Propst (prepositus) Johannes von S. Maria de Palladio vermiethet 1170
unam criptam... positam in rota Colossei.

(7) *Bullarium Basilicae Vaticanae I*, 101 und *Regesta Honorii III ed. Pressutti* I, 66, n. 374 bestätigt

Man könnte nun annehmen, dass von altersher die Hauptburg der Frangipani bei S. Maria Nova und der Turris Chartularia lag und dass dieses Bollwerk, welches eine Hauptarterie der Stadt, die Via Sacra und Via Nova beherrschte und schloss (1), sich vielleicht die noch heute klar erkennbare (2) *ascensa Palatii Maioris* (Palatin) *et Pallarie* (3) gegen S. Stefano hienauf erstreckte, welches sicher in dessen Bereich und Schutzzone lag. Weiterhin ist wenigstens für den Anfang des 13. Jahrhunderts die Existenz eines Frangipanipalastes documentiert und allerdings nicht sichere Spuren desselben lassen sich bereits um die Mitte des 12. Jahrhunderts nachweisen. Soweit stehen wir auf sicherem Boden.

Wollen wir uns auf Möglichkeiten und Kombinationen einlassen, so können wir sagen, dass möglicherweise ein Verteidigungswerk von der Cartularia und dem Titusbogen dem Abhang des Palatins entlang zum Konstantinsbogen und dem Frangipanipalast am Kolosseum lief, sie verband und auf dieser Seite die Via S. Gregorio (via Triumphalis in klassischer Zeit) sperrte. Möglicherweise, so können wir weiter spintisieren, zog sich eine zweite, ähnliche Befestigungslinie bei S. Maria Nova vom östlichen Ende in Bogen am Templum Romae et Veneris hin gegen das Kolosseum und beherrschte hier den Ausgang gegen den Lateran.

Für diese und ähnliche Annahmen scheint in etwa der Umstand zu sprechen, dass in mehreren Quellenangaben die Häuser der Frangipani als eine in sich abgeschlossene Einheit bezeichnet werden, welche durch diese ihre Abgeschlossenheit Schutz und Sicherheit versprachen und gewährten. Doch darf man bei der Wertung dieser Belegstellen das Schwankende und Ungenaue des mittelalterlichen Lateins nicht ausser Acht lassen.

Andererseits werden diese Annahmen durch die Tatsache zum Mindesten eingeschränkt, dass innerhalb dieser angeblich von S. Maria Nova und der Cartularia sich bis zum Kolosseum erstreckenden Festung der Frangipani fremde Besitzungen nachweisbar sind, von denen ein Garten und andere Grundstücke der Trinitarier sogar unmittelbar unter der Turris Chartularia lagen (4). Ferner werden in dem bereits oben (5) erwähnten Ordo des Cencius Camerarius nicht weniger als etwa zwanzig Familien aufgezählt, welche gegen die Mitte des 12. Jahrhunderts (6)

Honorius III 1217 den Trinitariern S. Thomae in Formis ihre Besitzungen, unter Anderm : *criptas in* Coliseo, *duas comminatas cum horto et aliis pertinentiis suis sub Cartularia*.

(1) Beim Titusbogen, dem *arcus in Sacra via summa* vereinigten sich diese beiden Strassen ; s. Hülsen, *Das Forum Romanorum²*. Rom., 1905, p. 224, Plan.

(2) Auch in den Stadtplänen des Bufalini (1551) und Du Pérac-Laréry (1577) ist dieser Aufgang zum Palatin klar zu erkennen. Er biegt auf der Höhe des Palatins nach Süden ab und endet vor S. Gregorio in Monte Coelio.

(3) So lesen wir in Documenten von 1092 und 1103 von S. Maria Nova ; s. Fedele *l. c.* 63, 69.

(4) S. oben S. 26, Anm. 7.

(5) S. oben S. 23.

(6) *Liber censuum ed.* Fabre-Duchesne, I, 290, 300, und Fabre, *Étude* 17.

zwischen der Cartularia und der Kirche *ad S. Nicolaum de Coloseo* (1) wohnten. Andere fremde Besitzungen in dieser Lage ergaben sich aus dem *Tabularium S. Maria Novae* und werden sich ergeben, wenn dasselbe über 1200 hinaus zum Drucke gelangt.

. Allerdings will ich nicht behaupten, dass das Vorhandensein fremder Besitzungen zwischen den beiden Frangipaniburgen eine Verbindung und einen fortificatorischen Abschluss derselben ohne Weiteres ausschliesse. Diese Besitzer mögen ja zu den *homines de regione Colossei* gehört haben, welche in einem Schenkungsakt, zu Gunsten der Lateranischen Basilika, von 1177 erwähnt werden. Dieselben gestehen, wahrscheinlich in Anbetracht des Schutzes, dessen sie sich von Seiten der Frangipani erfreuten, diesen eine Art Vogteirecht zu (2).

Nichtsdestoweniger wage ich es nicht, die Existenz einer von der Cartularia bis zum Kolosseum reichenden Frangipaniburg, selbst nicht für das 13. Jahrhundert zuzugestehen ; die meisten Texte scheinen mir eher gegen als für eine solche Annahme zu sprechen.

Noch bemerke ich, dass anscheinend beim Anwachsen der Frangipanifamilie jeder der verschiedenen Zweige seine eigene Burg innehatte und von ihr seinen Namen erhielt. So finden wir um die Wende des 12. und 13. Jahrhunderts, ausser den nach Trastevere abgewanderten Fraiapani de Gradellis, beim Palatin die Fraiapani de Septemsolio, welche das Septizonium und den Turm in der Rundung (arcus) des Circus Maximus inne hatten, und die *familia Fraiapanorum de Cartularia*.

Nach dem Gesagten dürfte wohl vor der Hand von einer Frangipani-Burg, welche den ganzen Palatin, den Circus Maximus, das Kolosseum und einen beträchtlichen Teil der Via Sacra und des Forums umfasste, nicht mehr die Rede sein. Die diesbezüglichen Behauptungen beruhten wohl mehr auf einer zu vertrauensvoll weitergege-

(1) Aus ARMELLINI. *Chiese di Roma²*, 139, 140 ergibt sich, dass die Lage dieser Kirche noch nicht ermittelt ist, dasselbe gilt von der Kirche S. Maria de Ferrariis. Aus dem Liber Censuum ersehen wir nur, dass beide Kirchen zwischen dem Kolosseum und S. Clemente lagen. Auffallend ist, dass hier, S. Giacomo del Colosseo (s. ARMELLINI, *l. c.* 140 und DU PÉRAC-LAFRÉRY *Pianta di Roma*) nicht erwähnt wird.

(2) *Nos suprascripti* [30] *homines pro nobis et aliis hominibus regionis Colossei, tam maioribus quam minoribus de* Colosseo, *et auctoritate dominorum de Frangenspanibus, presenti die damus...* VATIC. BARBER. 2481, f. 99.

Im Übrigen finden wir im 12. bis 14. Jahrhundert in der Nähe von S. Maria Nova *in regione Colossei* folgende Quartiere erwähnt : 1134 *locus qui dicitur Caldararii*, FEDELE, *l. c.* p. 121 ; — 1153 *locus qui dicitur Palladium, l. c.* p. 124 ; — 1180 *contrada cambiatorum, l. c.* 185. — Ferner werden in derselben Gegend unter dem Palatin den Frangipani gehörige Ländereien in 1318 erwähnt, die *in contrada Turris Contessa* lagen, v. JACOVACCI, *Repertorii di famiglie*, t. III, COD. VATIC. OTTOB. 2550, p. 306 aus dem Archiv von S. Maria Nova, capsula Q. Über diese Turris Contessa vgl. P. FEDELE, *Il più antico documento dei Magistri aedificiorum Urbis e Domna Contessa* in den *Miscellanea per Nozze Crocioni-Ruscelloni*, 1909, 147-155.

Dagegen lag die gleichfalls im Archiv von S. Maria Nova (v. JACOVACCI, *l. c.* p. 309) 1375 erwähnte *contrada Frangipan. in regione Transtiberim*.

benen Überlieferung als auf kritischen Untersuchungen und sicheren Belegstellen. Dass die noch immer auf das Forum und die palatinischen Kaiserpaläste concentrierten Forschungsarbeiten die traditionelle Annahme stützen werden, halte ich nicht für sehr wahrscheinlich. Doch mehr Licht und Sicherheit über diese Frage als vom Spaten und den Grabungen hoffe ich von der so nötigen archivalischen Forschung über das mittelalterliche Rom, zumal von der sehr wünschenswerten Fortführung des *Tabularium S. Mariae Novae*, welche Fedele in mustergiltiger Weise uns bis 1200 vorgelegt hat.

Im Übrigen dürfte ein nicht zu verschmähendes Ergebnis vorstehender Spezialuntersuchung auch die erneute Mahnung sein, bei Erforschung des mittelalterlichen Roms städtischen Grossgrundbesitz, wie es die den Palatin umfassende Frangipaniburg gewesen wäre, als eine allen natürlichen Verhältnissen widersprechende Ausnahme nicht ohne zwingende Gründe anzunehmen ; dagegen eine weit selbst über unsere heutigen Verhältnisse hinausgehende, nicht nur mit einer Mehrzahl von kleinen und kleinsten Häusern, sondern auch von Stockwerken und Häuserteilen rechnende Parzellierung des städtischen Grund-und Hausbesitzes als allgemein gültige Regel festzuhalten.

§. 4. Der Untergang des Archivs und der Bibliothek der Päpste zu Anfang des dreizehnten Jahrhunderts.

Doch kehren wir nun endlich zur unserer Hauptfrage zurück : ist es wahrscheinlich, dass 1244 der Übergang der Turris Chartularia von den « päpstlichen » Frangipani an die « kaiserlichen » Annibaldi den Untergang des Archivs und der Bibliothek der Päpste veranlasst babe ? Ein ursächlicher Zusammenhang dieser beiden Tatsachen scheint mir nicht nur nicht wahrscheinlich, sondern völlig ausgeschlossen.

Vor Allem kann man nach dem, was wir oben von den Frangipani gehört haben, diese Familie nach ihrer Geschichte und Überlieferung in keiner Weise der päpstlichen Partei zuweisen. Bei Beurteilung des Verhaltens der grossen, römischen Familien und des römischen Volkes selbst während der uns hier beschäftigenden Jahrhunderte müssen wir, um der historischen Wahrheit nahe zu kommen, Idealität und Principientreue grossenteils bei Seite lassen und die Anschauungen und die Denkungsart der mittelalterlichen Söldnerführer im Wesentlichen als Masstab anlegen. Ich weiss sehr wohl, dass Honorius III in einem Schreiben vom 7. Mai 1218 von einer *invicta fides et devotio indefessa* spricht, *quam magnifici viri antiqui Fraiapani a progenie in progeniem erga Romanam Ecclesiam habuerunt* (1) und dass der Chronist Saba Malaspina von der Sippe der Annibaldi sagt : *nomen Gebellinitatis ab anti-*

---

(1) RAYNALDUS. *Annales* ad an. 1218, n. 31 ; THEINER, *Codex* diplom. dom. temp. I, 48 ; *Regesta Honorii III ed. Pressutti*, I, 214.

quo sortita (1). Doch beide Schreiber hatten offenbar bei ihren Characterisierungen ihren Blick auf einen Sonderzweck gerichtet und auf eine für ein so umfassendes Urteil ungenügende Zeitperiode beschränkt. Wie wenig die *Gebellinitas* den Annibaldi kurz vor 1244 eignete, zeigt 1231 das Verhalten des Senator Annibaldo Annibaldi (2). Zur Beurteilung der Frangipani liegt uns oben genügendes Material vor. Dasselbe zeigt uns unter Anderm, dass diese, bevor sie es 1244 für vorteilhafter hielten, sich von Innocenz IV von ihrem unbedachten Eid entbinden zu lassen, zum mindesten seit 1227 Gregor IX und seine beiden Nachfolger mit aller Macht und in hervorragender Stellung bekämpft hatten.

Zweitens ist zu beachten, dass in beiden Schreiben Innocenz' IV (3) wohl von einer Hälfte des Kolosseums und von dem an dasselbe angebauten Palast die Rede ist, welche den Annibaldi verpfändet waren und dem Kaiser übergeben wurden, aber in keiner Weise von der Turris Chartularia. Ferner steht, wie ich oben (4) zeigte, durchaus nicht fest, dass zwischen diesen beiden Gebäuden ein solcher Zusammenhang bestanden habe, dass die Übergabe des einen, die des andern nach sich gezogen hätte. Für De Rossi war allerdings dieser Zusammenhang selbstverständlich, da ja nach ihm beide Bauten nur kleine Teile der den ganzen Palatin und seine nächste Umgebung umfassenden Frangipani-Burg bildeten.

Drittens, wenn der Untergang des Archivs und der Bibliothek der Päpste von den Schicksalen der Turris Chartularia abgehangen hätte, so wäre doch niemals an das Jahr 1244 zu denken, sondern vielmehr an die Erstürmung und Zerstörung des Turmes im Jahr 1235 (5); zumal derselbe bald darauf wieder derart in die Gewalt des Kaisers oder der ihm damals ergebenen Frangipani geriet, dass Friedrich 1239 seinen Wiederaufbau anbefehlen konnte (6). Würden endlich die Ereignisse von 1235 bis 1239 den Untergang der in Frage stehenden Schätze nicht genügend erklären, wozu sie ohne Zweifel vollständig hinreichen, so hätten wir noch immer den Einsturz des eben erst wieder aufgebauten Turmes von 1240 (7) in Rechnung zu setzen.

Viertens, wenn 1244 der blosse Übergang der Cartularia an die kaiserlich gesinnten Annibaldi zur Begründung des Untergangs des päpstlichen Archivs genügen würde, so wäre die Katastrophe mit demselben, ja mit noch viel mehr Recht, mit dem Abfall der Frangipani um das Jahr 1228 in ursächliche Verbindung zu bringen (8).

---

(1) *Rerum Sicularum* ll. 6, l. 2, c. 9, in MURATORI, *SS.* rer. *Ital. VIII*, 808.
(2) GREGOROVIUS, *Geschichte Roms*², V, 131.
(3) S. oben S. 16.
(4) S. oben S. 26.
(5) S. oben S. 12.
(6) S. oben S. 12.
(7) S. oben S. 13.
(8) S. oben S. 15.

Wie leidenschaftlich damals die Frangipani Gregor IX bekämpften, zeigt die Tatsache, dass, als Gregor endlich 1235 gegen die aufrührerischen Römer etwas freie Hand bekam, sein erster Streich den Frangipani und ihrer Burg galt (1).

Doch haben wir fünftens überhaupt irgend einen Anhaltspunkt dafür, dass in den ersten Jahrzehnten des dreizehnten Jahrhunderts das Archiv oder gar die Bibliothek der Päpste in der Cartularia lagerte? So viel ich sehe, findet sich nicht einmal eine Spur eines Anhaltspunktes. Die Tatsache, dass mehr als hundert Jahre früher einmal einige Papyrusbände, ja vielleicht ein Bruchteil des päpstlichen Archivs zeitweilig in der Cartularia verwahrt wurden, ist doch nicht geeignet zu beweisen, dass dies nach fast 150 Jahren noch der Fall war; zumal auch sich aus den *Mirabilia Romae* ergibt, dass bereits gegen die Mitte des 12. Jahrhunderts die Herleitung der Benennung *Turris Cartularia* vom päpstlichen Archiv, wenn sie überhaupt die richtige ist, dem Benedictus Canonicus, einem hervorragenden Kurialbeamten, völlig entschwunden war. Zur Erklärung dieser Benennung greift er auf die 28 Bibliotheken zurück (2), welche nach dem Curiosum und der Notitia im klassischen Rom vorhanden gewesen sein sollen. Wie hätte Benedict eine solche Erklärung geben können, wenn zu seiner Zeit (gegen 1143) das päpstliche Archiv bereits seit mindestens sechzig Jahren (3) in dem Cartularium verwahrt worden wäre und demselben seinen Namen gegeben hätte? Und doch setzt De Rossi voraus, dass das päpstliche Archiv in der Cartularia wenigstens teilweise von Deusdedit bis gegen die Mitte des dreizehnten Jahrhunderts verwahrt wurde.

Dagegen war zur Zeit der Arbeit des Deusdedit die Anwesenheit einiger päpstlichen Archivalien in der Cartularia sehr wohl erklärlich. Damals sah sich ja 1094 Urban II selbst in den wilden Kämpfen mit Kaiser Heinrich IV, dessen Wibertisten und den zwischen Kaiser und Papst hin und herschwankenden Römern gezwungen, bei den Frangipani eine Unterkunft zu suchen. Nichts war natürlicher, als dass er damals einen Teil seines Archives mit sich führte. Doch als der Wankelmut des Gastgebers den Papst zwang die Burg zu verlassen, werden wohl auch die Archivalien daselbst nicht länger verblieben sein.

Bevor die Aufdeckung von S. Maria Antiqua, die wahre Lage dieser Diakonie und damit auch die des päpstlichen Palastes (episcopium) Johanns VII unwiderruflich festgestellt und von S. Francesca Romana an die nördliche Ecke des Palatins verlegt hatte, galt ja die Cartularia als ein Teil dieses päpstlichen Palastes und wurden die Frangipani als päpstliche Palastcommandanten angesehen. Bis dahin konnte allerdings ein jahrhundertlanges Verbleiben des Archivs in der Cartularia als unauffällig, ja als

---

(1) S. oben S. 12.

(2) *Liber Censuum ed. Faber-Duchesne* I, 271; *Juxta arcum septem lucernarum* [Titusbogen] *templum Escolapii... Ideo dicitur Cartularium, quia fuit ibi bibliotheca publica, de quibus XXVIII fuere in urbe.*

(3) Der in Frage stehende Abschnitt Deusdedits war vielleicht 1081 abgefasst. S. oben S. 3, Anm. 1.

ganz selbstverständlich erscheinen. Doch diese Anschauungen sind durch die erfolgreichen Grabungen Bonis endgültig beseitigt. Zur Zeit Urbans II und des Deusdedit befand sich der Papst als Gast und Flüchtling mit den unentbehrlichsten Archivalien bei der Turris Chartularia, nicht als Herr im eigenen Heim (1).

Führen wir kurz die Geschichte der Cartularia zu Ende (2). Valladier restaurierte 1821 mit Geschick den Titusbogen und da die massige, ihn überragende Càrtularia den Kunstgenuss zu beeinträchtigen schien, welchen der freie Ausblick auf den klassischen Bau gewähren konnte, so wurde der Turm, trotz des heftigen Widerstandes, welcher sich gegen diese Massnahme in den gebildeten Kreisen geltend machte, 1829 dem Klassizismus geopfert. Die Niederlegung des Turmes veranlasste Fea zu einer Abhandlung mit dem Titel : *Della casa aurea di Nerone e della Torre Cartularia*, welche 1831 in dem Giornale Arcadico (Bd. LI, 65-85) erschien. In ihm sind einige Angaben (3) über die bauliche Beschaffenheit des Turmes enthalten, welche mit denen Nibbys (4) die einzigen uns vorliegenden sind.

(1) Der Papst konnte auf den Turm höchstens nach Analogie des Kolosseums Lehnsrechte geltend machen; wobei ich jedoch ausdrücklich bemerke, dass ich keine Spur einer Begründung für die Ausdehnung eines solchen Rechtes auf den Turm gefunden habe. Doch wie wenig solch ein lehnsherrliches Recht eine wirksame Waffe gegen einen rebellischen Lehnsträger abgab, zeigt das schmähliche Verhalten so mancher Frangipani gegen die Päpste.

(2) FEA, im *Giornale Arcadico* LII, (1831), 85 bemerkt : *Il Marangoni (Memorie dell'anfiteatro Flaviano.* Roma, 1746,) *aggiunge, che de la torre* (Cartularia) *era volgarmente anche detta di Virgilio. Resti per lui la notizia, quando non se ne dia documento.* Eine Belegstelle allerdings von 1559 : *turris Virgiliana* findet sich bei LANCIANI, *Storia degli scavi*, II, 42.

(3) *L. c.* p. 65 : « Si è veduto, che la *torre* era fondata sopra una più lunga et larga serie di pietre quadrilunghe, parte peperino, parte travertino, appoggiate ad un grosso·muro ; ove si vedono in molta parte le impronte di altre simili pietre, toltene da tempo remoto, forse per la distruzione della *torre*, o nel suo abbandono. Quasi nel mezzo di queste pietre vi è costruzione massiccia di muro misto di scaglie, come dicesi, a sacco, da osservarsi. I pezzi quadrilunghi sono coloriti nelle commissure d'acqua di pozzolana paonazza ; quali si sono vedute in quelle del colosseo ; potendosi eredere contemporanee.

L. c., p. 84 : « Vi si vedevano in parte levati i quadri di *travertino*, i quali servivano di fondamento ad essa, e già al ponte neroniano. Sembra, che con tal guasto i romani volessero farla precipitare. Ma come una di materiali fortissimi, che oggidì si sono fatti saltare colle mine ; così avrà resistito immobile ; quantunque mal concia nei fondamenti, nella sommità, e nell'interno, ridotta a circa 80 palmi. Ne levarono alcuni travertini, perché servibili ad altri usi.

(4) *Roma nell'anno 1838. II : Roma antica.* Roma, 1839, II, 474 : « A sinistra si presentano i laceri avanzi della torre Cartularia edificata, come si vide di sopra, sul principio del secolo XII. smantellata l'anno 1257 da Brancaleone, e definitivamente abbattuta l'anno 1829. Il masso di muri altrettanto grosso che solido avea 8 piedi e mezzo di spessezza ed era costrutto di scheggie di marmo, come ancora può ravvisarsi, certamente a spese degli ornamenti del palazzo e del prossimo tempio di Venere e Roma ; la parete esterna era di opera laterizia di mattoni antichi ridotti a piccola dimensione, ma che presentavano una certa regolarità, ed era affatto simile a quella delle costruzioni, che veggonsi alla chiesa de'ss. Quattro Coronati, fabbricate da papa Pasquale II. sul principio dello stesso secolo. La torre avea 43 piedi di lunghezza verso l'Anfiteatro.

Nach ihnens cheint die Cartularia im Wesentlichen in der Verfassung verblieben zu
sein, in welche sie durch die von Gregor IX 1235 anbefohlene Niederlegung und nach
dem eventuellen Wiederaufbau Friedrichs II durch den Einsturz von 1240 versetzt
worden war (1). Noch heute bezeichnen vier gewaltige Travertinquardern die vier
Ecken und damit den Grundriss des Turmes. Dieselben wurden, wie uns Nibby (2)
versichert, zu diesem Zwecke absichtlich unberührt gelassen. Sie gehörten einem
sich zu ziemlicher Höhe erhebenden, eine kompakte Mauermasse bildenden
Fundamente von solcher Widerstandskraft an, dass zu dessen Beseitung Spreu-
gungen nötig waren (3). Fea hielt diesen Unterbau, auf dem sich der mittelalterliche
Turm erhob, für eine der angeblich von Nero vom Palatin nach dem Esquilin zu
seiner Domus Aurea geschlagenen Brücke, nach Lanciani (4) dagegen wäre es ein
Teil des Tempels des Juppiter Stator.

Nach all dem bisher Gesagten stehen wir nach Beseitigung der heute
herrschenden Erklärung des Untergangs des alten päpstlichen Archivs von Neuem
vor der Frage : wann und wie ging dieses Archiv zu Grunde ?

Bei der Beantwortung dieser Frage kommt der älteste, vor dem zehnten Jahrhundert auf Papyrus geschriebene Teil kaum in Betracht. Er war schon im zwölften
Jahrhundert bei der Gebrechlichkeit des Stoffes so gefährdet und bei der Unverständ-
lichkeit seiner Schriftzeichen so missachtet, dass der Untergang nur zu natürlich
war (5).

e 37 e mezzo di larghezza nell'altro lato, e conservava ancora circa 40 piedi di altezza ; la porta
era dal lato occidentale, e vi si ascendeva per una scala mobile ; e sopra la porta era una fenestra
con stipiti ed architrave di marmo. Essa poggiava sopra un masso di fabbrica antica costrutto
ancor più solidamente, poiché era di massi quadrilateri di peperino, alcuni de'quali rimangono
sul luogo, ed altri furono portati via ne'tempi andati, e molto prima della demolizione della
torre, de'quali veggonsi ancora le traccie ; forse fu in questo luogo la aedes, che altri chiamano
sacellum Larum in summa Sacra via, designata da Solino e da Tacito. I ruderi della torre del medio
evo erano troppo prossimi all'arco di Tito, e toglievano molto al suo effetto : questo motivo decise
dopo molte serie ponderazioni il governo l'anno 1829 ad ordinarne la demolizione ; coloro che
men guardavano alla giustezza delle ragioni, che aveano portato a questa risoluzione, e che per
uno spirito romanzesco più che classico amavano il tristissimo innesto della gloria di Roma col
suo avvilimento, menarono gran romore : ma nulladimeno la demolizione venne compiuta in tutta
quella parte che doveasi, e si lasciò per memoria storica il piantato, come oggi si vede ».
Während Fea (l. c., p. 76, nota) für die Rettung des Thurmes war, war Nibby für dessen Niederlegung.

(1) An den vielgenannten, aber in seinem Verlauf und seiner Ausdehnung noch viel zu wenig
erforschten Burgen-und Türmesturm des Brancaleone d'Andalo von 1257, auf den auch vielfach
ohne nähere Begründung die endügltige Zerstörung der Cartularia zurückgeführt wird, ist
hier kaum zu denken.

(2) L. c., p. 472.

(3) Fea, l. c., p. 84.

(4) The ruins and excavations of ancient Rome. London, 1897, p. 200 ; desselben Forma Urbis,
pl. 29.

(5) Benedictus Canonicus klagt schon gegen die Mitte des zwölften Jahrhunderts in seinem

Ganz anders ist die Sachlage bei den widerstandsfähigen Pergamentbänden, welche nach allgemeiner Annahme (1) die Schreiben der Päpste seit dem Ende des elften Jahrhunderts enthielten. Eine nicht unbedeutende Zahl derselben, lag, wie ich schon oben (2) erwähnte, Honorius III (1227) vor. Bei dessen Nachfolgern findet sich keine Spur mehr.

Das Vorhandensein derselben unter Honorius, erlaubt uns nicht den Untergang derselben mit Innocenz'III bedeutenden Erweiterungsbauten am vatikanischen Palast in Verbindung zu bringen, abgesehen davon, dass Innocenz selbst bald in den Lateran zurückkehrte (3).

Ferner müssen wir den wahrscheinlich ungefähr um dieselbe Zeit erfolgten Verlust der päpstlichen Bibliothek in Rechnung setzen, den schon De Rossi (4) aus dem Verschwinden der alten Bestände und ich selbst (5) aus dem jugendlichen Alter der Bonifazianischen Bibliothek des dreizehnten Jahrhunderts nachgewiesen habe. Diese Bibliothek enthielt, abgesehen von wenigen Ausnahmen, nur Handschriften eben des dreizehnten Jahrhunderts. Es zeigt zur selben Zeit die Geschichte auch dieses Institutes ein plötzliches Abreissen der sonst stetig fortschreitenden Entwicklung.

Ausserdem ist zu beachten, dass in jenen Zeiten der nicht mehr zum Geschäftsbetrieb der Kanzlei gehörige Teil des päpslichen Archivs mit der Bibliothek, den Reliquien, den Kleinodien und dem Hausrat jene grosse, wohl gehütete Masse bil-

---

Liber Politicus, einer Sammlung der Rechts- und Besitztitel der römischen Kirche, welche vor 1188 teilweis in die *Gesta* des Cardinal Albinus (Pauper Scholaris, † 1198) und vor 11 und den berühmten *Liber Censuum* des Cardinal Cencius überging : *Et quoniam quedam propria nomina patrimoniorum in eisdem thomis alia ex toto, alia ex parte nimia vetustate consumpta sunt, in loco proprii nominis, quod vel ex toto vel ex parte nullatenus legi potuit, appositum est theta, de qua poeta dicit:*

O multum ante alias infelix littera theta.

S. GLANVELL, *Die Kanonensammlung des Kardinals* Deusdedit, I, xxxv ff., 353; *Liber Censuum ed.* Faber-Duchesne I, 346 ; STEVENSON im *Archivio della Soc. Rom.*, VIII (1885), 384; aus COD. VATIC. OTTOB-, 3057, COD. CAMERAC. 554, : *Liber Politicus* des Benedictus canonicus.

Der Leibarzt Nicolaus'IV, Simon Januensis, schrieb in der zweiten Hälfte des 13. Jahrhunderts in seiner *Clavis sanationis*. Venetiis, 1486, (Bibl. Vatic., Stamp. Barber. BBB.V.18). V. Burdi: *Et ego vidi Rome in monasterio antiquo privilegia et alia instrumenta in his cartis scripta. —* V. Papirus : *Et ego vidi Rome in aliquibus monasteriis antiquissima volumina, ex eisdem litteris semigrecis scripta ac nullis modernis legibilia. —* V. Kirtas : *Et ego vidi Rome in Gazophylaciis antiquorum monasteriorum libros et privilegia ex hac materia [pαpyro] scripta, ex litteris apud nos non intelligibilibus; nam figurae nec ex toto Graecae nec ex toto Latinae erant.* An allen drei Stellen wird die Bereitung des Papyrus auf Grund der bekannten Stelle des Plinius genau beschrieben. Diese letzte Stelle allein findet sich in verstümmelter Form bei DE ROSSI, *De scrinio*, p. CI, nota. Über Simon vgl. [MARINI] *Archiatri pontificj*, I, 31; *Histoire littéraire de France* XXI, 241.

(1) BRESSLAU, *Handbuch der Urkundenlehre*, p. 95.
(2) S. oben S. 2.
(3) Hierüber Genaueres demnächst in einer Arbeit über den vatikanischen Palast.
(4) *De scrinio*, p. LXXXVII, XCIII s.
(5) *Historia bibl. Rom. Pont.* I, 118.

dete, welche die Päpste als ihren Schatz (thesaurum nostrum) oder als den Schatz
der römischen Kirche (thesaurum ecclesiae Romanae) bezeichneten und in der Kammer
vom Schatzmeister und Kamerar verwahren zu lassen pflegten. Diese beiden Umstände legen den Gedanken nah, dass Archiv und Bibliothek zusammen durch einen
Brand, Wasserschaden mit folgender Vernachlässigung oder Plünderung zu Grunde
gegangen sind und zwar nach aller Wahrscheinlichkeit im Lateranischen Palaste. Zu
einer solchen Katastrophe bot das unstete Dasein, das die Päpste auch im dreizehnten Jahrhundert noch viele Jahrzehnte führen mussten, reichliche Gelegenheit.

Kann ich also auch auf die hier gestellte Frage nur mit einem *Non liquet* antworten, so hoffe ich trotzdem, dass die vorstehende Untersuchung als lohnend gelten
wird, da sie von einer falschen Fährte ablenkt und damit zur erneuter Forschung
anregt, zugleich aber das ganze von dieser Frage berührte Gebiet aufhellt und eine
Reihe nicht zu verachtender Nebenresultate gezeitigt hat.

Der hier folgende *Stammbaum der Frangipani* erhebt auf Vollständigkeit keinen
Anspruch, nicht einmal für die hier uns interessierende Periode. Für die Ergänzung
und Fortführung desselben füge ich den schon oben erwähnten Quellen noch folgende an :

1. *Documenti per la storia ecclesiastica e civile di Roma* in den *Studi e documenti
di Storia e diritto*, VII (1886), 318, 320, 322, 324, 332; VIII, 230 s.; IX, 9 s.

2. Für die Frangipani de Septizonio : ED. D'ALENCON *l.c.* (s. oben S. 20 Anm. 1)
zu ergänzen und zu berichtigen nach P. FEDELE *ll. cc.* (s. oben S. 18, Anm. 1, 4).

3. P. FEDELE, *Tabularium S. Mariae Novae*, pp. 92, 95, 140, 140, 148, 159, 190,
231, 235, 235.

5. GREGOROVIUS, *l. c*, IV³, 263, 378 ; V³, 43, 140, 179, 185, 225.

4. *Migne PP. lat.* to. 215, c. 229 : *Epist. Innocentii III*, l. 6, ep. 206.

6. *Archivio della Soc. Rom.* XXXI (1908), 291.

7. P. L. GALETTI. *Del Primicero della S. Sede.* Roma, 1776, p. 311.

8. *Liber Censuum*; ed. *Fabre-Duchesne*, I, 256, 258, 428, 589.

9. D. GEORGIUS, *Dissertatio historica de cathedra episcopali Setiae civitatis.*
Romae, 1727, 145 ff., 228-240.

10. D. A. CONTATORE, *De historia Terracinensi ll.* 5, Romae, 1706, 165 ff.

Ich füge hier unter manchen Namen die Seite an, auf der sie sich in der Sammlung des Panvinio [P] (s. oben S. 6, Anm. 1) finden.

Die an zweiter Stelle folgende Tafel ist dem bekannten grossen Stadtplan von
Giambattista Nolli (Nuova pianta di Roma. Roma, 1748) entnommen und bie-
tet den für uns in Betracht kommenden Ausschnitt in wenig verkleinertem
Maasstab.

Ich lasse hier die Erläuterungen Nollis folgen, babe aber, wo es nötig war, den

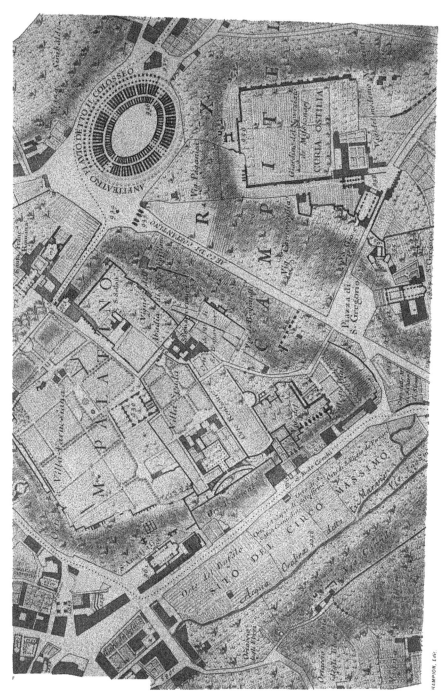

Auschnitt aus dem Stadtplan

irrigen Angaben des Archäologen des 18. Jahrhunderts die nun allgemein geltenden angefügt.

927. Piazza di Campo Vaccino con fontana [Foro Romano].
928. Tre antiche colonne scanellate [Templum Castorum].
929. Chiesa S. Maria Liberatrice [S. Maria Antiqua].
930. Ruine dell'antico Palazzo de Cesari [Palatium mains].
931. Chiesa di S. Bonaventura.
932. Chiesa di S. Sebastiano alla Polveriera [S. Maria in Paladio o Pallara].
933. Torre alla Via della Polveriera [Turris Chartularia].
934. Meta Sudante.
935. Arco die Costantino Magno.
936. Cappella di S. Maria della Pietá [ora disrutta] dentro l'Anfiteatro Flavio detto Colosseo.
953. Luogo del Settizonio di Severo.
954. Chiesa di S. Gregorio sul Monte Celio.·
955, 956, 957. Le Cappelle di S. Silvia, di S. Andrea Ap. e di S. Barbara in S. Gregorio.
958. Chiesa de' SS. Giovanni e Paolo.
959. Ruine della Curia Ostilia. [Templum Claudii, ora Orto Botanico].
960. Cappella di S. Maria de' Cerchi.
961. Chiesa di S. Anastasia.
962, 963. Chiesa ed Oratorio di S. Teodoro.
964. Strada delle Grazie.

965. Vicol d Fenili
966, 967. Chiesa e spedale di S. Maria della Consolazione.
1046. Chiesa di S. Omobono de' Sartori.
1047, 1048. Chiesa ed Oratorio di S. Eligio de' Ferrari.
1049, 1050. Chiesa ed Oratorio di S. Giovanni Decollato.
1051. Sepultura de' Giustiziati.
1053. Arco detto di Giano.
1054. Arco eretto da' Negozianti a Settimio Severo [Arco degli Argentari].
1055. Chiesa di S. Giorgio in Velabro.
1056. Acqua Juturna.
1057. Luogo ove si sepelliscono i Giudei.
1058. Luogo del Circo Massimo.
70. Chiesa di SS. Andrea Ap. e Bernardino di Rigattieri.
71 Tempio creduto d'Isside e Serapide [Tempio di Venere e di Roma].
72. Chiesa di S. Francesca Romana [S. Maria Nova].
73. Arco di Tito.
74. Tempio della Pace [Basilica Constantiniana].
75. Conservatorio delle Zitelle Mendicanti del P. Caravita.
80. Chiesa de' SS. Cosmo e Damiano [Templum divi Romuli et Templum sacrae Urbis (?)].

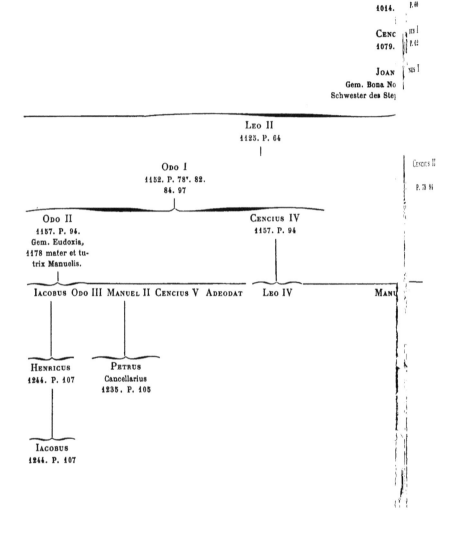

LE ο┃
1014. P. 60

CENC ╷┃ιεs ┃
1079. ┃┃ P. 62

JOAN ┃ ΝΕS ┃
Gem. Bona No ┃
Schwester des Stej

LEO II
1125. P. 64

ODO I
1152. P. 78ᵛ. 82.
84. 97

CENCIUS II

P. 78 94

ODO II
1157. P. 94.
Gem. Eudoxia,
1178 mater et tu-
trix Manuelis.

CENCIUS IV
1157. P. 94

IACOBUS ODO III MANUEL II CENCIUS V ADEODAT   LEO IV   MANU

HENRICUS
1244. P. 107

PETRUS
Cancellarius
1235. P. 105

IACOBUS
1244. P. 107

I
P. 60

ıus I
P. 62

ᴠᴇꜱ I
rmanna. 1119.
hanus Normannus

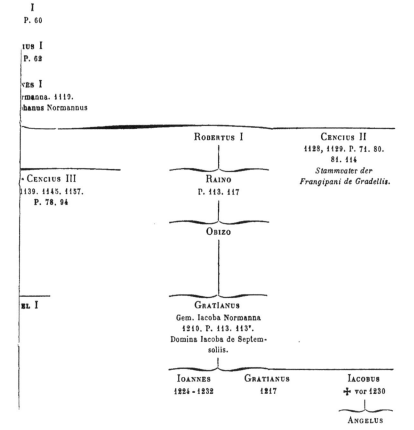

Rᴏʙᴇʀᴛᴜꜱ I

Cᴇɴᴄɪᴜꜱ II
1128, 1129. P. 71. 80.
81. 114
Stammvater der
Frangipani de Gradellis.

Cᴇɴᴄɪᴜꜱ III
1139. 1145. 1157.
P. 78. 94

Rᴀɪɴᴏ
P. 113. 117

Oʙɪᴢᴏ

ᴇʟ I

Gʀᴀᴛɪᴀɴᴜꜱ
Gem. Iacoba Normanna
1210. P. 113. 113ᵛ.
Domina Iacoba de Septem-
soliis.

Iᴏᴀɴɴᴇꜱ
1224 - 1232

Gʀᴀᴛɪᴀɴᴜꜱ
1217

Iᴀᴄᴏʙᴜꜱ
✝ vor 1230

Aɴɢᴇʟᴜꜱ

LÉOPOLD DELISLE

⸺

CUJAS DÉCHIFFREUR DE PAPYRUS

⸺

Les mémoires de bibliographie critique et historique que M. le Professeur P.-F. Girard a publiés sous le titre de *Le manuscrit des Gromatici de l'évêque Jean du Tillet* (1), et de *Le manuscrit Charpin du Code Théodosien* (2), ont mis en pleine lumière les travaux de Cujas sur les anciens manuscrits du droit romain. Il nous a fait voir que Cujas était un connaisseur de manuscrits très expert et un paléographe très habile. Il n'a pas eu l'occasion de dire tout ce qu'il sait à ce sujet, notamment sur le déchiffrement des papyrus, et je dois m'excuser d'empiéter sur son terrain, en écrivant quelques lignes sur CUJAS, DÉCHIFFREUR DE PAPYRUS.

J'ai été amené à m'occuper de cette question en lisant récemment une lettre que j'avais jadis copiée comme pouvant servir à combler des lacunes dans le *Cabinet des manuscrits* (3).

Dans le tome premier de cet ouvrage, j'ai parlé beaucoup trop brièvement de Pierre de Montdoré, sieur Du Rondeau, qui fut maître de la Librairie de 1552 à 1562, et qui aurait mérité d'être l'objet de mentions moins sommaires. Ce n'est pas ici que doit être comblée cette lacune, d'ailleurs déjà réparée par le curieux mémoire de mon confrère M. Dorez imprimé en 1892 (4). Je dois ici me borner à publier la lettre que Cujas lui adressa à Orléans près de son manoir du Rondeau (5), où il était retiré sans cesser de remplir sa charge de maître de la Librairie du Roi.

Monseigneur,

Il y a assés long temps que j'ay faict des deux Harmenopules qu'il vous a pleu me bailler de la Librairie du Roy, & ce que je vous demanday dernièrement *mihi diem proferri*,

(1) *Mélanges Fitting*, t. II, p. 237-286.
(2) *Nouvelle Revue historique de* droit, t. XXXIII, 1909, p. 493-506.
(3) Tome I, p. 188 et 193.
(4) *Pierre de Montdoré, maître de la librairie de Fontainebleau* (1552-1567), dans les *Mélanges d'archéologie et d'histoire de l'École française de Rome*, XII, 1892, p. 179-194.
(5) Le domaine du Rondeau est situé dans la commune de Ruan, canton d'Artenai. Ce renseignement m'a été fourni par mon confrère M. Jacques Soyer, archiviste du Loiret.

c'estoit principalement parce qu'ung de noz collègues desiroit aussi les voir, qui a trop miz de temps à ce faire. *Qua ex re, ego ipse incidi in culpam adv*ersus *te*, laquelle je vous supplie excuser, vous asseurant que le bien qu'en cela j'ay receu & recevray de vous m'a si estroictement astrainct à vous qu'il ne sera jamais que je ne me montre ung de plus seurs & fidèles serviteurs. J'ay adressé les libvres à Mons. Foquelin, pour vous les bailler, desquels je vous remercie très humblement.

Il y a en la Librairie du Roy ung roulleau qu'on ne sçait lire, d'escriture ancienne, en escorce d'arbre, comme l'on pense. Il y en a ung semblable en la librairie de la Royne, que j'ay deschiffré, et n'est aultre chose qu'une donation *per stipulationem* faicte par une femme nommée Hildevara à l'évesque de Ravenne. S'il vous plaisoit que j'en fisse aultant de celluy du Roy, je le fairoie de bien bon cueur, & pense que, dans troys ou quatre jours, j'en viendroye à bout. Et antant, Monseigneur, je me recommanderay très humblement à vostre bonne grace, et prieray Dieu vous donner vos désirs.

De Bourges, ce v de janvier.

Vostre très humble serviteur : JAC. CUJAS (1).

Cette lettre, dont le millésime n'est pas marqué, est assurément du 5 janvier 1562 (nouveau style), parce que sur le revers est écrit, de la main de Cujas, l'adresse :

A Monseigneur,
Mons. Du Rondeau, conseiller du Roy
et maistre de sa Librairie,
à Orléans

A côté de l'adresse, et sur la même page, nous lisons le reçu des deux manuscrits que Cujas avait pris sur lui de prêter à un de ses collègues le professeur G. Fornier, connu comme éditeur de Cassiodore.

Le reçu est conçu dans ces termes :

J'ay reccu les deux livres contenus de l'autre part, contenant les œuvres de Constantin Harmenepulus sur le droict civil des Romains, escript en grec, à la main, en deux volumes, dont l'ung est en grand volume, couvert de maroquin rouge avec les devises du feu Roy Henry, & l'aultre en moienne marge, en maroquin bleu, avec les devises du feu Roy François premier, lesquels je promets rendre à Mons. Du Rondeau, conseiller du Roy & maistre de sa librairie, à Fontainebeleau, quant bon luy semblera. Faict à Orléans, ce dixiesme janvier 1561 (2).

G. Fornier.

---

(1) Ms. 2812 du fonds français, fol. 16.
(2) C'est-à-dire 1562 (nouveau style). — Du Rondeau était encore l'année suivante à Orléans quand il reçut dans cette ville les doléances d'un professeur Jacques Goupyl, réfugié à Meaux,

Ce fut donc au plus tard vers la fin de l'année 1561 que Cujas copia la charte sur papyrus relative à la donation de Hildevara, laquelle se trouvait dans la bibliothèque de la Reine mère, Catherine de Médicis. Peu après, il communiqua sa copie à son ami Pierre Pithou, comme on le voit par la lettre du 27 avril [1562] dans laquelle il en demande le renvoi : « Je vous prie m'envoyer la copie de la donation de Hildevara » (1).

C'est aussi, selon toute apparence, la copie que le président Barnabé Brisson eut à sa disposition pour en introduire le texte dans son livre : *De formulis et solemnibus populi Romani verbis libri VII* (2), ouvrage plusieurs fois réimprimé, dont la première édition (3) est de 1583. Marini la publia dans *I Papiri diplomatici* (4), en annonçant, mais à tort, qu'elle s'était trouvée à Paris dans la bibliothèque du roi (5).

Un peu après 1561, Cujas fut autorisé à transcrire un autre papyrus conservé dans la Bibliothèque du Roi à Fontainebleau, et que, par sa lettre du 5 janvier, il avait proposé à Du Rondeau de déchiffrer. Il s'agissait là du célèbre document connu sous le titre de *Charta plenariæ securitatis*. Dès l'année 1570 il en fit usage dans le recueil intitulé : *Novellarum constitutionum imp. Justiniani expositio, auctore Jacobo Cujacio J. C. Ex typis et officina Salamandre* (1570). Voici (6) la glose que nous lisons dans la partie de ce recueil intitulée *Jacobi Cujacii Observationum liber nonus* (cap. 26, p. 119).

Cupas autem Βούττεις μεγάλας exponunt Veteres glossæ easdemque vocari a quibusdam gaulos. Idem buttarum et buticellarum nomen in veteri instrumento apochæ sive plenariæ securitatis legi, quod ligni membrana scripto extat in Bibliotheca Regis. Scriptum fuit Ravennæ, imp. Dn. Justiniano P.P. Aug. anno XXXVIII P. C. Basili anno XXIII, idibus Julii, indictione XII, et eo Germanus V. C. subdiaconus, tutor Stephani H. P. profitetur se a Germana Cl. F. accepisse quod pro certa portione hereditatis ex testamento quod Collicti ei com-

aspirant • à rentrer à Paris & à finir ses jours en quelque université, en enseignant la médecine ou les éléments des deux langues ».
A la date du 18 mai 1563 il écrivait à Du Rondeau : « Depuis un an nous avons quasi tous jours esté vagants par les champs, pour trouver quelque seureté ; mais le plus souvent avons été contrainctz nous tenir en obscurité, tant s'en fault que nous feussions ès lieux esquelz nous peussions trouver gentz qui allassent vers vous. » Lettre originale, dans le ms. français 2812, fol. 20.
·(1) *Lettre* originale, Collection Du Puy, vol. 700, fol. 40.
(2) L. VI, c. CL, p. 532.
(3) Cette édition n'est pas à la Bibliothèque Nationale. Je cite le livre de Brisson, d'après l'édition publiée en 1754 à Francfort et à Leyde.
(4) P. 132, n° CXXX, et p. 283 des notes.
(5) « In Parigi una volta nella Biblioteca regia ».
(6) Je dois la connaissance de ce texte à une communication de M. P. F. Girard.

petebat in rebus mobilibus et immobilibus quarum nóticia professioni subjicitur, et inter cetera mobilia numerantur buttæ et butticellæ granariæ.

Cujas ne dut guère tarder à communiquer sa copie à son ami Guillaume Fornier, qui la transcrivit pour pouvoir en mettre un exemplaire dans son *laraire*, d'où il tira en 1578 une des notes qui sont à la fin de son édition de Cassiodore publiée à Paris en 1509. La note dont il s'agit est au bas de la page 514, et elle se rapporte aux mots *Romana studia* de la septième lettre du livre X. Elle est ainsi conçue :

Hic de Romana eloquentia loquitur, et quidem tum inclinante latini sermonis dignitate haberi in pretio cæperunt qui latine scirent. Constat jam inde ab eo tempore, certe imperii Justinianæi ætate, contractus qui a tabellionibus perscriberentur, conceptos eo fere sermone quo nunc vulgus Italiæ utitur, ut constat ex instrumento Bibliothcæ Regiæ, quo Stephanus tutor Gratiani pupilli cum ipso transegit, quod Ravenæ scriptum est anno Justinianæi imperii 38, indictione 12, cujus exemplum a me descriptum in larario servo.

Le texte de la *Charta plenariæ securitatis*, déchiffré par Cujas, arriva entre les mains du président Brisson, qui le publia en 1583, dans son recueil *De formulis* (2), d'après lequel il a été réimprimé plusieurs fois.

Une pièce aussi importante ne pouvait pas échapper à Marini, qui l'a publiée avec d'amples commentaires (3).

Je citerai un peu plus loin le fac-similé en trois planches que Nicolas Clément fit exécuter de la *Charta plenariæ securitatis*. Les cuivres en sont encore conservés à la Chalcographie.

Ces cuivres, au moyen d'un report, ont pu servir à exécuter l'édition lithographique, qui a été comprise en 1837 dans le fascicule in-folio, intitulé *Chartes latines sur papyrus du* vi° *siècle de l'ère chrétienne, appartenant à la Bibliothèque royale et publiée pour l'Ecole royale des Chartes* par M. Champollion-Figeac, 2° fascicule de la *Collection des Chartes latines sur papyrus*.

A peu près au moment où Cujas s'occupait de la *Charta plenariæ securitatis*, se produisit un incident qui devait faire grand bruit dans le monde de l'érudition. Un scribe attaché à la maison de Charles IX, Pierre Hamon, avait été admis à travailler sur les manuscrits de la Bibliothèque du Roi à Fontainebleau, pour y recueillir les matériaux d'un recueil de modèles de différentes écritures (4), il y remarqua une

---

(1) *Magni Cassiodori Senatoris V. C. Variarum Libri XII...* Parisiis 1589. — C'est à la page 516 que se trouve l'avis, indiquant que les notes ont été achevées de rédiger le 30 septembre 1578.

(2) L. VI, c. CXCV.

(3) *I Papiri diplomatici*, n. LXXX, p. 124 et 266.

(4) Il a paru une partie de cet ouvrage sous le titre suivant : *Alphabet de l'invention et utilité des lettres et caractères en diverses écritures*, Paris 1567. In-4°.

pièce en caractères cursifs, écrite sur papyrus, qui lui parut propre à fournir un exemple d'un genre d'écriture usité chez les anciens Romains, et, pour donner plus de piquant à sa trouvaille, il s'imagina que la pièce, illisible pour le commun des visiteurs, pourrait passer pour le testament de Jules César. En caractères semblables à ceux de la charte, il traça au dos le titre :

C. JULII CÆS. TESTAMENTUM L. PISONE SOCERO RECITATUM IN DOMO, IDIBUS SEPTEMBRIS

L'auteur de la fourberie, condamné comme faussaire, probablement pour d'autres méfaits, fut pendu en place de Grève le 7 mars 1569 (1), ce qui n'empêcha pas la légende de se perpétuer à la Bibliothèque du Roi, à ce point que Mabillon lui-même s'y laissa tromper, comme il en a fait l'aveu avec la plus humble sincérité.

Quand Mabillon composa le *De Re Diplomatica*, il n'avait pas eu l'occasion d'étudier la *Charta plenariæ securitatis*. Il connaissait seulement ce document par la frauduleuse transformation que le faussaire Pierre Hamon lui avait fait subir (2). Le papyrus original ne paraît pas avoir été remarqué au moment où, sur la fin du règne de Charles IX, il fut transféré à Paris, avec tous les livres de la Bibliothèque royale de Fontainebleau. Il resta enseveli dans l'oubli pendant plus d'un siècle. L'honneur d'en

---

(1) *Nouveau traité de Diplomatique*, t. VI, p. 199.

(2) La sincérité avec laquelle cet incident, justement célèbre, a été exposé par Mabillon, me détermine à citer textuellement ce qu'il en a dit à deux reprises, d'abord à la page 344 de la seconde édition de la Diplomatique, en regard du fac-simile : *C. Julii Cæsaris testamentum, L. Pisone socero recitatum in domo Idibus septembris*. Et hic titulus a tergo appositus erat instrumento in cortice seu papyro ægyptiaca scripto, et in eodem Regio scrinio anno MDLXVI (quo Hamo sub oculis Gosselini, Bibliothecæ Fontis Blaudensis curatoris, illud expressit) religiosissime asservato. Lata erat papyrus uno pede, longa quinque. Titulus apprime iis convenit, quæ de Julii Cæsaris testamento scribit Suetonius in hunc modum : *Postulante ergo L. Pisone socero...* At certum est titulum superiorem regio instrumento perperam fuisse impositum a nebulone quodam male feriato, qui Hamoni mihique subinde fucum fecit... »

Puis, dans la préface de cette seconde édition : « Fuit Petrus Hamo, Caroli IX Francorum regis scriba & regii cubiculi a secretis, cui in mentem venit omnigena scripturarum specimina in lucem proferre.... Sed Hamo de congerendis antiquis scripturarum exemplis sollicitus fuit, obtentis a rege litteris et facultate mutuandi libros e regia Fontis Blaudi bibliotheca et consulendi archiva cœnobiorum Sancti Dionysi et S. Germani, quod ipse aliquot speciminibus peritissime effictis inexcussis, exsecutus est annis MDLXVI ac sequente. Ex eo aliqua huc transtulimus, in primis specimen chartæ plenariæ (ut vocant) securitatis, in papyro egyptiaca scriptæ ; cujus ille aliquot versus e calamo expressit, et sub D. Julii Cæsaris testamento fallaci titulo in libellum suum cum aliis retulit... Hanc fraudem non statim detexi : sed aliquamdiu imposuit speciosa inscriptio, quam ex fragmenti verbis non facile emendare poteram. Sed tandem, dum Brissonii Formulas identidem revolverem, in memoriam venit ea ipsa verba, quæ Julii Cæsaris testamenti tribuebantur, in charta illa omnino reperiri. Hic proinde monendum lectorem duxi, ubicumque in superioribus libris facta erat mentio de specimine Julii Cæsaris testamenti, id de charta plenariæ securitatis esse intelligendum... »

Une déclaration analogue se retrouve plus loin, p. 460 de la seconde édition de la Diplomatique.

avoir apprécié l'importance et de l'avoir remis en lumière revient à un des bibliothécaires les plus diligents, les plus éclairés et les plus modestes du règne de Louis XIV, Nicolas Clément. Il s'empressa de le signaler à Mabillon, et jaloux de mieux en assurer la conservation et d'en faciliter l'étude, il demanda et obtint les fonds nécessaires pour en faire graver un fac-similé en trois grandes feuilles qui portent la date de 1694. Mises aussitôt à la disposition de Mabillon, elles permirent au savant bénédictin de rectifier ce qu'il avait dit de ce précieux document. L'occasion ne tarda pas à s'en présenter. Quand il put insérer les planches de fac-similé à la fin du Supplément à la Diplomatique, imprimé en 1704, conformément à un privilège obtenu le 1er mai 1701, et la rectification a pris place en 1709 dans le corps de l'ouvrage, à la page 944 de la seconde édition.

Telles ont été les destinées de la célèbre *Charta plenariæ securitatis*, qui, depuis le milieu du xviii° siècle, porte à la Bibliothèque nationale le n° 4568 A du vieux fonds latin.

La charte de Hildevara aurait dû avoir le même sort que l'ensemble des manuscrits de Catherine de Médicis, lesquels, sous le règne de Henri IV, par les soins du président Jacques-Auguste de Thou furent réunis à la Bibliothèque du Roi. Nous ignorons par suite de quel accident elle échappa à la translation. Cujas est le seul témoin qui, à ma connaissance, déclare l'avoir vue. La copie qu'il en avait prise ne paraît plus exister ; mais, selon toutes les apparences, elle est le prototype de tous les textes que nous en possédons.

D. SERRUYS

CONTRIBUTION A L'ÉTUDE DES " CANONS "

DE L'ONCIALE GRECQUE

Deux préoccupations semblent avoir prédominé jusqu'ici dans l'étude de la paléographie grecque.

L'une est d'ordre analytique et se rapporte au *ductus* des lettres, c'est-à-dire au nombre, à la succession, à la proportion de leurs éléments. Elle a pour but de reconnaître les tracés issus les uns des autres et d'établir une chronologie relative des écritures.

L'autre est d'ordre synthétique. Elle tend à discerner dans l'ensemble des écritures grecques de toutes les époques des types analogues correspondant à des écoles nationales (1). Elle se propose de doter la paléographie grecque — à l'instar de la paléographie latine — d'une classification géographique (1).

Ces deux ordres d'observations qui se complètent, portent le paléographe à considérer une écriture donnée comme le résultat d'un moment et d'un milieu, comme une étape inévitable dans une évolution inconsciente et relèguent ainsi au second plan un tiers élément qui, non moins que les deux précédents, a influé sur le devenir de l'écriture, j'entends la refonte arbitraire des alphabets ou la constitution de nouveaux « canons » d'écriture.

Lorsqu'en vertu du principe de moindre peine, le tracé des anciens alphabets devenait trop confus ou trop inélégant, on s'est préoccupé, à toutes les époques et dans les milieux les plus divers, de constituer des alphabets nouveaux, qui l'emporteraient sur les précédents, soit par leur clarté, soit par leurs qualités esthétiques.

Ces alphabets nouveaux sortaient tantôt des chancelleries officielles, tantôt des ateliers de librairies. Ils se généralisaient plus ou moins, d'après l'autorité du milieu

---

(1) Cf V. GARDTHAUSEN *Différences provinciales de la minuscule grecque,* dans *Mélanges Graux,* Paris, 1884, pp. 731-736 et le même, *National-und provinzial Schriften* dans *Byzantinische Zeitschrift,* t. XV (1906), pp. 227-242.

qui les avaient produits et d'après la faveur que leur accordait le public. De même ils se perpétuaient plus ou moins, d'après le plus ou moins de résistance que le *ductus* présentait à la déformation. Certains canons d'écriture, parmi les plus élégants et les plus caractéristiques ne nous sont attestés que par un document unique. D'autres au contraire apparaissent dans une foule de pièces disparates et se maintiennent, sans remaniement, pendant un ou deux siècles.

Mais ce n'est point l'inégalité de leur fortune qui fait des « canons » calligraphiques un élément perturbateur de la science paléographique ; c'est plutôt l'arbitraire même qui préside à leur constitution.

Soit qu'ils reprennent des formes archaïques pour les mélanger aux formes contemporaines ; soit qu'ils tentent d'amalgamer en un même système des caractères d'origines diverses ; soit que, conservant tout simplement aux caractères contemporains leurs formes coutumières, ils se contentent d'en modifier le *ductus* ou d'en altérer le rapport, les inventeurs de « canons » n'en troublent pas moins l'évolution normale des alphabets et leur intervention déroute à la fois la classification chronologique et la classification géographique des écritures.

Le paléographe n'a dès lors qu'une ressource c'est de dater, et de situer les écritures observées en fonction des canons mêmes auxquels elles remontent. Pour cela il importe de donner, comme contre-partie à l'étude de toutes les déformations que l'influence du temps et du milieu a fait subir à l'écriture, l'étude de toutes les réformes et de tous les remaniements conscients et systématiques, par lesquels on a cru remédier à ces déformations.

Or cette histoire des « canons » successifs de l'écriture n'a rien de conjectural ou de précaire. Au moment du moins où elles se réalisent, les réformes de l'écriture, qui consistent en l'introduction de « canons » nouveaux, se discernent aisément, parce qu'elles présentent des caractères bien définis qui correspondent d'ailleurs aux préoccupations logiques des calligraphes.

Ces préoccupations sont, pour ainsi dire, complémentaires.

L'une est la préoccupation de l'homogénéïté, qui crée l'harmonie des caractères et le style de l'écriture. C'est en vertu de ce principe que l'on choisit, pour des lettres de forme analogue, des tracés similaires, que l'on stylise leur aspect par la répétition d'une même courbe, d'un même angle, d'une même inclinaison. C'est en vertu de ce principe que, dans l'onciale, par exemple, ЄСОѲ, d'une part, ΑΔΛΜ, d'autre part, présentent d'une façon constante les mêmes particularités graphiques (1).

L'autre préoccupation est celle de la différenciation des caractères, dans la mesure où cette différenciation est nécessaire à la clarté. C'est ce souci qui fait que dans les

---

(1) Ce souci de l'homogénéité des caractères, admet d'ailleurs comme correctif la recherche de certains contrastes. Par exemple dans l'onciale du *Sinaiticus* et de l'*Alexandrinus* de la Bible, bien que les caractères soient d'une manière générale contenus entre les deux rectrices, l'Υ et le Φ projettent de longues hastes.

canons où le N à la forme Ͷ, l'H est toujours muni d'une grande haste : Ⱶ. C'est ce souci qui a juxtaposé, dans l'onciale, à côté du M de la forme ΛΛ, un N très anguleux.

Certes le canon même le plus systématique ne tarde pas à subir la déformation que lui infligent les compromis individuels et les *ductus* empruntés ; d'autre part on peut hésiter à reconnaître une réforme de l'écriture dans un document isolé. Il n'en est pas moins vrai que tout le monde reconnaîtra une « canonisation » nouvelle de l'écriture dans l'Homère de Berlin (*Berliner klassiker Texte* n° 46, D, fasc. V, pl. I) ou dans la lettre de Clematius (Pap. Lond., n° 232 ‖ *Fac-similés*, t. II, pl. 100), bien que nous ne connaissions pas d'exemples analogues ; et, malgré la multiplicité des exemples et les variations inévitables au cours d'une longue évolution, nul ne songera à méconnaître le type de la minuscule administrative d'Arsinoé, (cf. Wilcken. *Tafeln zur aelteren griechischen Paleographie*, pl. XVI (a. 462); Pap. Hartel, *Wiener Studien*, t. V, 1883, p. 1 sq, (a. 487); Pap. Amherst n° 148 = t. II pl. XXII, (a. 487) ; Pap. Lond. n° cxiii, 3 = *Fac-similés* t. I, pl. 135 ; Pap. Lond. n° cxiii, 1 = *Fac-similés* t. I. pl. 128-130 ; Pap. Lond. n° 776 = *Fac-similés* t. III pl. 8 (a. 552) ; — le type de l'onciale liturgique, qui naît au II° siècle et se retrouve encore, quoique alourdi, dans le papyrus des petits prophètes (cf. Pap. Oxyr. n° 25 = t. I pl. 3 ; n° 406 = t. III pl. 1 ; n° 405 = t. III, pl. I ; n° 661 = t. IV, pl. V ; n° 867 = t. VI; pl. I, n° 848 = t. VI. pl. I ; Wilcken *Tafeln*. pl. IV; Pap. Amherst n° 24 = t. II. pl. V ; A. Deissmann, *Die Septuaginta Papyri*) ; — le type de l'onciale anguleuse des manuscrits d'auteurs classiques, qui influe encore sur l'écriture du psautier Tischendorf (Cf. Pap. Oxyr. n° 23 = t. I, pl. VI; *ibid.*, n° 26 = t. I, pl. VII ; *ibid.*, n° 223 = t. II, pl. I ; *ibid.*, n° 404, e = t. III, pl. IV ; Grenfell et Hunt. *Greek Papyri* t. II, n° 11 = pl. IV ; *Berliner klassiker Texte* n° 9766, fase. II, pl. II ; *The Palaeographical Society*, 1re série, pl. 38.)

Tous ces canons méritent, certes, une étude approfondie, qui mettrait en relief à la fois les caractères distinctifs de leur forme première et les déformations qu'ils subirent au cours des temps.

En guise d'exemple, nous esquisserons cette étude pour deux canons d'écriture qui ont reçu, pour des raisons diverses, des dénominations locales.

I. — L'ONCIALE *dite* ROMAINE

L'onciale romaine tire son nom de l'époque à laquelle appartiennent les premiers documents qui la représentent (1).

C'est dans l'Iliade d'Hâwara, (Pl. I a) (2) dont l'écriture remonte sans doute au

{1) Cf. F.-G. Kenyon. *The Paleography of Greek Papyri*, Oxford, 1899, pp. 99 et ss.
(2) Ce fac-similé reproduit celui de F.-G. Kenyon, *loc. cit.* pl. XX. Tout récemment une photographie meilleure a été publiée dans *The New Palaeographical Society* n° 126, b.

a ILIADE D'HAWARA

b HOMERE DE TEBTUNIS

2ᵉ siècle de notre ère, que le canon de l'onciale dite romaine, nous apparaît pour la première fois parfaitement systématisé.

Quand on compare cette écriture à celle de quelques documents antérieurs, tels que l'Iliade de Bankes, (cf. *Palaeographical Society*, série I, pl. 153) ou le document de l'an 88, (cf. KENYON. *The Palaeography of greek papyri*, pl. 17), on constate, en même temps que beaucoup de traits communs, une différence essentielle qui réside dans l'unification du style.

Le type sur lequel la stylisation a été opérée est celui du M, dont les traits verticaux et diagonaux ont été ramenés à deux angles concaves réunis par une panse médiane. (cf. Pl. I, a, l. 3).

Le même mouvement incurvé des traits verticaux a été introduit dans le tracé de l'A (cf. l. ἀχαίων) du A (cf. l. 2) du A (cf. l. 2) et même du K et du X. (cf. l. 2).

D'autre part les lettres rondes : ЄΘΟC ont été unifiées, tant au point de vue des courbes que des dimensions.

Les lettres anguleuses ΠΓΤΧΚ peuvent s'inscrire dans des carrés parfaits, compris entre les deux lignes rectrices, les mêmes carrés pouvant d'ailleurs circonscrire les lettres rondes : ЄΘΟC.

Enfin le souci de différencier le N du M fait adopter pour le N un tracé anguleux.

Ce type d'écriture ne comporte ni pleins ni déliés. Certes les conditions du *ductus* provoquaient parfois des pesées différentes de la main, pesées qui influaient sur l'épaisseur des traits, mais l'opposition des traits minces et des traits pleins n'est point un des buts du calligraphe.

Le même canon d'écriture se retrouve avec des tracés moins souples, moins continus et partant avec des pesées moins uniformes, dans le papyrus d'Isocrate. (cf. *Pap. Oxyr*, n° 884 = t. V, pl. VII).

Le canon que nous venons de définir se retrouve aux ɪɪɪ-ɪvᵉ siècles, avec des *ductus* identiques, mais avec un aspect sensiblement différent.

Pour s'en convaincre, il suffira de rapprocher de l'Iliade d'Hawara le Papyrus d'Oxyrynchus n° 20 (= t. I, pl. V) (1) et le papyrus de Tebtunis n° 265 (cf. notre planche I b) (2).

On s'apercevra immédiatement que la différence ne réside pas dans une altération quelconque du *ductus*, mais uniquement dans la minceur du trait.

Le trait, qui, dans l'Iliade d'Hawara, était d'une épaisseur moyenne, a été aminci à l'extrême, dans un but de virtuosité calligraphique. Plus le trait est mince, plus le tracé doit être pur. Non seulement les retouches deviennent impossibles, parce qu'elles sont toujours apparentes (cf. l. 1. Θ), mais les courbes ne souffrent aucun

---

(1) Cf. *The New Palaeographical Society* n° *126, a*.

(2) Reproduction de *Pap. Tebl.*, t. II, pl. I.

flottement, les traits droits aucune déviation. C'est cette pureté parfaite du tracé que les calligraphes du III° siècle ont sans doute voulu mettre en relief, en adoptant le trait uniformément grêle. Il semble même qu'ils aient voulu augmenter encore la difficulté de cette écriture et la gracilité de ses formes, en exagérant quelque peu la grandeur des lettres.

L'écriture du papyrus de Tebtunis est en réalité un tour d'adresse calligraphique. Elle exigeait une sûreté de main, une égalité de pesée extraordinaires, et l'on ne contestera pas à ce tracé incisif l'élégance spéciale des tracés géométriques.

Je serais tenté de reconnaître dans cette écriture grêle à l'extrême et comme écrite à la pointe d'épingle, l'ὀξύρυγχος χαρακτήρ dont parlent Palladius et Jean Philoponus (1).

On se rappelle que cette expression a été diversement interprétée (2).

U. Wilcken, appliquant l'épithète ὀξύρυγχος à la forme des lettres a voulu identifier l'ὀξύρυγχος χαρακτήρ avec l'onciale ogivale, qui n'apparaît que bien après Palladius. V. Gardthausen, appliquant au contraire l'épithète ὀξύρυγχος au bec du calame, a voulu identifier l'ὀξύρυγχος χαρακτήρ avec la cursive. Mais d'une part la cursive ne présente pas nécessairement un aspect grêle, d'autre part la cursive n'est pas un *type* d'écriture mais un *procédé* d'écriture. Il y a de l'onciale cursive, de la minuscule cursive. Pour que l'écriture soit dite cursive, il suffit que le tracé de chaque lettre, au lieu d'être indépendant, soit enchaîné au premier élément de la lettre suivante.

Dans l'esprit de Palladius et de Philoponus l'ὀξύρυγχος χαρακτήρ est, à n'en pas douter, une écriture calligraphique, une écriture de calligraphe virtuose. Ce nom d'écriture « à la pointe aigue » me semble s'appliquer parfaitement à la tendance calligraphique que représente le papyrus de Tebtunis (3).

---

(1) Cf. PALLADIUS *Historia lausiaca*, ed. BUTLER, p. 120 : γράφων τοῦ ἔτους τὴν τιμὴν μόνον ὧν ἤσθιεν. εὐφυῶς γὰρ ἔγραφε τὸν ὀξύρυγχον χαρακτῆρα. (Il s'agit évidemment d'une écriture calligraphique.) — Cf. JOANNES PHILOPONUS *ad. Aristot. de anima* II. 2 ed. HAYDUCK, p. 227 : ὥσπερ γὰρ οὐδ' ἀποδεικτικὸν συλλογισμὸν εἰδέναι δυνατὸν τὸν μὴ ἁπλῶς· τί ἐστι συλλογισμὸς εἰδότα, οὐδὲ τὸν ὀξύρυγχον τύπον γράφειν τὸν μὴ ἁπλῶς εἰδότα γράφειν... οὕτως... (de même qu'il s'agit d'un syllogisme péremptoire, il s'agit évidemment d'une écriture parfaite et calligraphique).

(2) Une interprétation ancienne est esquissée par un interpolateur dans le texte de Jean Philoponus. *Comment ad. arist. de anima* II, 2. ed HAYDUCK, p. 227. Mais cette interprétation provenant d'un contre-sens est sans valeur. L'interpolateur a compris que l'auteur opposait un syllogisme, compliqué au simple syllogisme et une écriture enchevêtrée à une écriture simple ; or, l'auteur oppose la science du syllogisme probant à l'ignorance complète du syllogisme, la science de l'ὀξύρυγχος χαρακτήρ (écriture calligraphique) à l'ignorance complète de l'écriture. — Cf. U. WILCKEN, *Hermes*, t. XXXVI (1901), p. 315. — Cf. V. GARDTHAUSEN ὁ ὀξύρυγχος χαρακτήρ ; ds. *Byzantinische Zeitschrift*, XI (1902), pp. 112-117.

(3) Je signale l'emploi de τοῦ ὀξυρυχιτῶν (*sic*) (ἀλφάθητος) dans le manuscrit n° 2316 (fol. 417) de Paris, où les mots précèdent un alphabet de cryptographie astrologique. On sait ce que vaut, dans la littérature astrologique, ce genre d'appellations.

Au v⁰ siècle, à la mode des écritures grêles, succède la mode des oppositions. Cette mode affecte tous les canons d'écriture et en particulier l'onciale des grands manuscrits de la Bible, le *Sinaïticus* et l'*Alexandrinus*. Il était inévitable que cette mode influât également sur le canon de l'onciale dite romaine, dont l'aspect change de nouveau, sans que d'ailleurs le *ductus* soit en rien modifié.

L'Homère Ambrosien (Pl. I c) (1) représente cette nouvelle étape du canon. On y retrouve le même *ductus*, le même style, le même rythme, les mêmes courbes. Mais dans les lettres anguleuses, l'un des côtés de l'angle est plein tandis que l'autre est mince à l'excès, et, dans les lettres rondes, le centre de la panse est très épais, tandis que les extrémités vont en s'amincissant.

Ainsi du II⁰ et v⁰ siècle le canon de l'onciale romaine ne varie que par d'infimes détails et pas une adaptation aux *modes* de l'écriture. Ces modes peuvent être elles-mêmes, en une certaine mesure, des points de repère chronologique.

II. — L'ONCIALE *dite* COPTE

L'onciale dite copte doit son nom à sa ressemblance avec les caractères adoptés presque universellement pour les *imprimés* coptes.

Il suffit en effet de parcourir un album de paléographie copte, par exemple celui de l'abbé Hyvernat (2) pour se convaincre que le prétendu type copte de l'onciale grecque, n'est ni le plus ancien ni même le plus fréquent parmi les types d'onciale que présentent les manuscrits coptes. En fait les plus anciens manuscrits coptes présentent des écritures bien plus voisines du Sinaïticus de la Bible (= onciale liturgique) (3) que du Marchalianus de la Bible considéré autrefois comme l'exemple le plus remarquable de l'onciale du type copte. Enfin il n'est pas rare que dans un même manuscrit copte, deux types d'onciale coexistent dérivés de deux canons différents d'onciale grecque (4).

La dénomination d'onciale du type copte est donc parfaitement arbitraire. Il s'agit simplement d'un canon spécial de l'onciale grecque, qui, de même que d'autres canons grecs, a été recueilli dans les manuscrits coptes, et qui a fait fortune dans la typographie moderne des livres coptes.

Mais, pour erronée que soit sa dénomination, ce canon n'en est pas moins remarquable à beaucoup d'égards :

Ce qui le caractérise c'est le « bouclage » systématique du tracé.

(1) Reproduction partielle de *Homeri Iliadis pictae fragmenta ambrosiana edd.* CERIANI ET RATTI. Milan, 1905, fol. 26 v⁰.

(2) H. HYVERNAT. *Album de paléographie copte.* Pari s-Rome, 1888.

(3) Cf. HYVERNAT, *loc. cit.*, pl. 3-4.

(4) Cf. HYVERNAT, *loc. cit.* pl. 18 et 34.

Certes on retrouve à des époques anciennes des exemples isolés du *ductus* bouclé (cf. *Pap. Oxyr.* n° 656), mais la boucle y est un accident du tracé, non point un élément constitutif d'une calligraphie nouvelle.

Dans l'onciale copte, au contraire, la boucle est bien un élément essentiel du canon.

Les exemples les plus anciens de ce canon sont les fragments d'un manuscrit de la Bible de la collection Amherst (*Amherst Papyri* n°ˢ 90, 92. = Pl. XXIV) et sans doute aussi, l'Evangéliaire publié par M. Wilcken (*Tafeln zur aelteren griechischen Palaeographie*, pl. VI).

Dans ces écritures, dès que deux traits verticaux sont contigus ils sont réunis par une boucle *pleine,* en forme de boulet. Le procédé est constant, qu'il s'agisse de M, de A ou de Δ, de A ou de Y. Le but évident de ce procédé est de créer des oppositions très fortes. L'opposition est recherchée de même dans les pauses des lettres rondes. Enfin les traits verticaux commencent la plupart du temps par une prise d'encre et se terminent par un point d'arrêt, de manière à rappeler l'empâtement des boucles, dans le tracé des lettres qui n'en comportent pas.

Cette recherche systématique de l'opposition entre les pleins et les déliés correspond, ainsi que nous le remarquions, à la mode du vᵉ siècle et l'on peut, d'après cet indice, dater les deux documents qui représentent la forme première du canon copte.

Au sixième siècle, l'aspect de ce canon présente quelques modifications importantes.

Les représentants de cette seconde étape du canon copte sont relativement nombreux et très variés. Nous citerons d'abord (1) un document issu de la chancellerie patriarcale d'Alexandrie, la lettre festale de l'an 577 : (cf. *The New Palaeographical Society,* pl. 48); un superbe papyrus de Saint Cyrille d'Alexandrie, (notre planche II) dont quelques bribes sont parvenues à Dublin (2), mais dont nous avons retrouvé au Louvre 76 pages à peu près intactes (3); enfin une chronique illustrée sur papyrus que A. Bauer et J. Strzygowski attribuaient au début du vᵉ siècle, et que la comparaison avec les pièces précédentes fera attribuer désormais au vɪᵉ siècle (4).

Tous ces documents prouvent, qu'entre le vᵉ et vɪᵉ siècle le canon dit copte a subi deux déformations essentielles.

D'une part le type des lettres rondes s'est modifié. Parfaitement circulaires à l'ori-

---

(1) Je ne cite pas le *Marchalianus* de la Bible qui appartient, paraît-il, au même canon, parce qu'aucun fac-similé ne m'a été accessible.

(2) Cf. *Transactions of the Royal Irish Academy*, t. XXIX, fasc. 18 (1892) pp. 653-670.

(3) La *Revue de Philologie* publiera très prochainement une étude détaillée sur ce beau papyrus.

(4) A. BAUER et STRZYGOWSKI, dans *Denksckriften* de l'Académie de Vienne, t. LI (1906) 204 pp. L'erreur commise par les éditeurs est à signaler, parce qu'ils s'autorisent de la date qu'ils attribuent au manuscrit pour attribuer le texte à Annianos.

498'

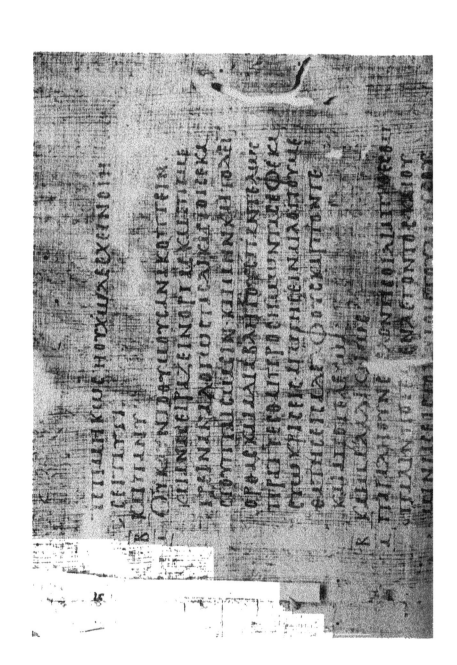

PAPYRUS DE SAINT CYRILLE D'ALEXANDRIE
(Louvre)

gine, les lettres OCЄΘ ont désormais l'aspect d'ovales très allongés. Seul le Φ n'a pas varié.

D'autre part la mode des oppositions entre traits pleins et déliés a fait place à celle du trait uniformément épais. En cela l'onciale dite copte ne fait que refléter une tendance générale, qui affecte, au vıᵉ siècle, d'autres types d'écriture et qui se manifeste également dans le manuscrit des Épitres de saint Paul (1), dans le papyrus des petits prophètes, etc. (2).

De ces deux modifications, la seconde est de beaucoup la moins grave. Déjà en analysant les aspects successifs de l'onciale dite romaine, nous avions noté des variations analogues, en ce qui touche l'épaisseur, la gracilité ou l'opposition des traits. Mais ces variations n'affectaient ni le *ductus* ni la proportion des lettres.

Dans la seconde étape du canon copte, au contraire, nous notons une altération systématique dans la proportion des lettres rondes et cette altération a dès lors tout l'air d'être elle-même une réforme légère d'un alphabet plus ancien.

Le fait que le premier document daté, où cette réforme apparaît, émane du patriarcat d'Alexandrie, pourrait suggérer l'hypothèse que c'est dans la chancellerie alexandrine que s'est effectuée cette réforme.

Mais il faut se garder de pareilles affirmations. Si l'on peut entreprendre dès aujourd'hui, avec quelque chance de succès, le départ des différents canons de l'écriture, il ne sera possible de rechercher utilement leur origine, que le jour où la paléographie des inscriptions sera assez avancée, pour que l'on puisse reconnaître l'action des alphabets épigraphiques sur la constitution des canons d'écriture.

---

(1) H. Omont. *Très anciens manuscrits grecs bibliques et classiques,* Paris, 1896, pl. VI.
(2) *Die Septuaginta Papyri*, ed. A. Deissmann, Heidelberg, 1905.

MICHEL BRÉAL

FORTU, GRATU

Aux anciens ablatifs employés adverbialement comme *ritu, actu,* on peut conjecturer que la vieille langue joignait *fortu,* ablatif d'un substantif de la quatrième déclinaison signifiant « sort, hasard. » C'est ce même substantif qui se trouve à la base de *Fortuna* et de *fortuitus.*

Quant à *actu,* il en est resté l'adverbe *actutum,* où *tum* joue le rôle d'enclitique. Est formé comme *fortuitus* l'adjectif *grātuitus,* qui suppose un substantif de la quatrième déclinaison *grᵃtus* « reconnaissance », plus tard supplanté par *grātia.*

Il serait intéressant d'être fixé sur la quantité de l'*i* dans ces deux adjectifs, et c'est pour appeler l'attention des latinistes sur cette question de prosodie que je me permets de me joindre aux disciples et amis du savant professeur à qui sont offerts ces *Mélanges.*

ARTHUR MENTZ

DIE ANFÜGUNG IN DEN TIRONISCHEN NOTEN

In neuester Zeit hat die Kenntnis der Tironischen Noten unter den Paläographen mehr
zugenommen denn je ; das grösste Verdienst kommt dafür Chatelain in Frankreich
und Tangl in Deutschland zu. Aber dieses Studium ist noch meist darauf beschränkt,
nur die Noten, wie sie vorliegen, kennen zu lernen, vornehmlich um tachy-
graphische Vermerke in Urkunden lesen zu können. Die Erforschung der Theorie
der Tironischen Noten ist sehr zurückgetreten, und doch beansprucht das ganze
System im Entwickelungsgange der Schrift ein besonderes Interesse. Ist es doch
eine der genialsten Schöpfungen im Gebiete der Schriftgeschichte.

Freilich ist die Erfassung des Systems äusserst schwierig. Die wichtigsten Grund-
züge hat uns Ulrich Kopp ein für alle mal klar dargelegt (1) ; die meisten Forscher
nach ihm verzweifelten, überhaupt weiter kommen zu können. Und doch müssen
wir es versuchen. Freilich kann ein Fortschritt nur erzielt werden, wenn der
Versuch gemacht wird, die späteren Zusätze und Einschiebsel zu eliminieren und das
Urkorpus des Seneca zu rekonstruieren (2). Was allen Noten gemeinsam ist in der
Bildungsweise, hat Kopp so ziemlich endgiltig erkannt und festgestellt ; was aber
Eigentum der ältesten Zeit ist, was Zutat oder Missverständnis späterer Zeit ist, blieb
noch ungelöst. Hier hat nun Ruess den Weg gewiesen, den die weitere Forschung
einschlagen muss (3) : es müssen einzelne besondere Erscheinungen in den T. N.
untersucht, klassifiziert und beurteilt werden. In seiner Abhandlung *L und die
Durchschneidung in den Tironischen Noten* hat er selber ein graphisches Mittel
auf seinen Wert untersucht. Inzwischen ist nichts weiter auf diesem Wege geschehen,

---

(1) Ulrich Friedrich Kopp, *Palaeographia critica*, Mannheim 1817 ff., Bd. I und II.
(2) Noch weiter zurück werden wir kaum gehen können, wenngleich ich annehme, dass
Seneca ein Notenverzeichnis bereits vorfand. Vergl. meine Abhandlung : *Aquilas Anteil an den
tironischen Noten*, im Archiv für Stenographie 1907, S. 321 ff.
(3) F. Ruess, *L und die Durchschneidung in den tironischen Noten*, Neuburg a. D. 1883 (Progr.).

BEISPIELE (1).

⊥	hic	▷	idus	↙	unusquis	
7̧	trahit	₀▷	tardius	₭	illac	
K?	carus	Ⱗ	orfanus	Ⱶ	illic	
Ⱶ	inflectit	Ⅴ	uticumque	7̧ͦ	prior actio	
ℳ	eminus	⁊	quocumque	∿	nonae Ianuariae	
ⅇ	cera	⅄	quispiam	⟁	ad unum	
Ⱶ	dictat	⅔	biceps	ⱪ	in corpore	
◠	ratio	⅄	isdem	⅄	repraesentat	
ℱ	stringit	Ⱶ	quidvis	Ⱶ	apud ipsum	
ⱬ	taliter	⅃	clarificat	ⱱ	quippe	
ẞ	ibi	↗ͦ	id ipsum	↗	adgerit ↗ adigit	
⅁	tibi	ⱬ	paulolum	ⱬ	nocivum	
⅋	abba	7̧	etiamnum	ⱬ	advehit	
ℳ	summa	∿	respublica	⫽	fanum	

(1) Alle Noten mit Anfügung wiederzugeben, erübrigte sich. Denn es kam nur darauf an, die von mir aufgestellten Klassen zu erläutern. Wer die Frage ernstlich nachprüfen will, muss sich ohnehin den C. N. T. zuwenden.

und selbst Chatelains so wertvolle *Introduction* bietet hierzu nichts Neues (1). Und doch ist uns jetzt durch den Altmeister der Notenforschung, W. Schmitz, das wertvollste Hilfsmittel in die Hand gegeben durch seine kritische Ausgabe der Notenverzeichnisse (2). Auf Grund dieser will nun die folgende Arbeit eine eigenartige graphische Erscheinung in den Noten behandeln, die Anfügung : jene Regel, nach der in vielen Noten ein Absetzen des stilus nötig war. Die karolingischen Erklärer bezeichnen diese Schreibweise mit « tangit » (3). Es sollen hier in erster Linie die Noten der beiden ersten Kommentare als des ältesten Bestandteils berücksichtigt werden ; ganz offensichtlich christliche Einschiebsel sind überhaupt fortgelassen ; dass aber auch die übrigen Teile der Kommentare durchgearbeitet sind, wird der kundige Leser, hoffe ich, leicht merken.

Solch eine Erscheinung wie die Anfügung kann eine zweifache Ursache haben : entweder verdankt sie graphischen Gründen ihr Dasein, oder sie hat eine bestimmte inhaltliche Bedeutung ; sie ist, wie ein stenographischer Theoretiker sagen würde, ein Bedeutungselement. Dass sinnbildliche Bezeichnungen in den T. N. nicht selten sind, ist lange bekannt (4), das Bedeutungselement ist aber noch nicht genügend erkannt.

1. Die Anfügung aus graphischen Gründen.

a. *Entlehnung aus dem Majuskel-Alphabet.* — In einigen Fällen brachte schon die Entlehnung aus der Majuskelschrift die Anfügung mit sich. So ist das Absetzen in *hic* (5, 8) (5) und in den von ihm abgeleiteten Formen zu erklären. Dasselbe liegt in dem Zeichen für *trahit* (35, 21) vor. Man darf sich nicht dadurch irre führen lassen, dass sich auch in den abgeleiteten Formen wie *traxit* (35, 29), in denen doch das *h* verschwunden ist, dieselbe Erscheinung findet. Ganz ähnlich findet man häufig die Durchkreuzung, wenn nur im Nominativ der Buchstabe vorkommt, auch in den übrigen Kasus. Die lateinische Tachygraphie war eben nicht, wie die moderne Stenographie, in erster Linie phonetisch sondern grammatisch orientiert. Auch in *haeret* (51, 11) wird das H trotz der Rundung des ersten Striches mit durch das angefügte Häkchen wiedergegeben ; danach in den abgeleiteten Formen *adhaeret* (51, 12),

---

(1) E. Chatelain, *Introduction à la lecture des notes Tironiennes*, Paris 1900.

(2) *Commentarii Notarum Tironianarum*, edid. *Schmitz*, Leipzig, 1893.

(3) Vergl. P. Legendre, *Un manuel Tironien du x* siécle, Paris 1905 und Gundermann, *Ein altes Lehrbuch der Tironischen Noten*, im *Archiv für Stenographie* 1906, S. 318 ff.

(4) Vergl. Kopp a. a. O. I, 123 ff., auch Gabelsberger, *Neue Vervollkommnungen in der deutschen Redezeichenkunst oder Stenographie*, München 1849, S. 119 f. und F. Ruess in den *Abhandlungen für W. v. Christ*, München 1891.

(5) Die Zahlen geben Seite und Nummer in den C. N. T. an.

cohaeret (51, 13) u. s. w. Auch in *coheres* (51, 95) nebst Ableitungen, *haut* (70, 97)
nebst Ableitungen erscheint die Anfügung für *h*.

Noch deutlicher ergibt sich ein Absetzen infolge der Ableitung aus der gewöhnlichen Schrift bei der Benutzung des K. Man vergleiche Kürzungen wie *carus* (57, 55)
nebst Ableitungen, *calendae* (62, 65) nebst Ableitungen. Ein Anklang an F, bei dem
der mittlere Ast ja auch besonders angesetzt werden muss, liegt bei *inflectit* (73,
10), nebst Ableitungen vor; desgleichen bei *aurifex* (77, 17), obwohl man hier auch
an ein Bedeutungselement denken könnte.

Für das gerundete **ϵ** ergab sich als der geeignete Ansatzpunkt eben jene Stelle,
die der Querstrich im kursiven, oder besser uncialen Zeichen einnahm. So werden
gebildet : *eminus* (25, 3) (1), *perexiguum* (29, 11), *egreditur* (44, 47) nebst Ableitungen,
eques (45, 52) nebst Ableitungen, *eminiscitur* (76, 69), woran sich, nun eigentlich
ohne Sinn mehr, die Anfügung bei *comminiscitur* u. s. w. schliesst, *ensis* (77, 53)
erepit (83, 36). Wenn man dann für *cera* (89, 84) und *crusta* (89, 85) Zeichen findet,
die ebenfalls die Anfügung verwenden, so kann das nur so erklärt werden, dass die
Noten in späterer Zeit von jemand hinzugefügt wurden, der die ursprünglichen
Regeln nicht mehr genau kannte.

Hierhin gehören auch mehrere Zeichen, die ein *t* als nicht-ersten Bestandteil verwenden. Das Majuskel- T besteht sowieso aus zwei Teilen, die nur durch ein Absetzen geschrieben werden können. So ist es wohl erklärlich, dass diese Eigenschaft
auch in die Kurzschrift übernommen wurde und der Querbalken durch Absetzen
angefügt wurde. Dafür geben folgende Noten Zeugnis : *dictat* (36, 98), *ratio* (42,
18), *torquet* (48, 79) nebst Ableitungen, *adturbat* (49, 77) nebst Ableitungen, *stringit*
(64, 97) nebst Ableitungen, *poeta* (76, 10), *atramentum* (76, 28), *commentarium* (76,
29), *catapulta* (77, 43), *catafracta* (77, 44), *cutes* (78, 43), *cutem* (78, 44), *digitus*
(78, 75) *digitale* (78, 58) *diadema* (78, 59) *stertit* (83, 32), *sternutat* (83, 34), *fatur*
(83, 45) nebst Ableitungen. Diese Art der Anfügung ist also nicht gerade selten,
immerhin bleibt es beachtenswert, dass sie sich in den ersten Teilen nicht findet.
Es käme *taliter* (5, 49) in Betracht. Denn wir könnten in ihm die Elemente TLT
finden ; wir werden es aber vorziehen, mit Kopp TL(e)R zu lesen. Nur *bitur* (13,
66) weist dann in den ersten Blättern die behandelte T—Form auf; doch das ist
eine Endung.

b. *Sonstige graphische Gründe.* —Neben dieser Rücksicht auf das Majuskel-Alphabet
spielt in der Tachygraphie noch ein anderer graphischer Faktor eine Rolle ; der
Wunsch, möglichst kurze, flüchtige und doch unterscheidbare Schreibbilder zu schaf-
fen. Auch dadurch kann die Anfügung in mehreren Fällen erklärt werden. In den
Worten *ibi* (2, 107), *tibi* (2, 95), *sibi* (2, 96), *ubi* (2, 97), *inberbis* (78, 70) könnte

---

(1) Danach ist dann für comminus u. s. w. die Anfügung einfach entlehnt, obwohl sie da
keine rechte Bedeutung mehr hat.

das **B** an sich unten an das I angefügt sein; dann würde es aber tief unter die Zeile reichen und nicht schreibflüchtig sein. Das erkannte man selbst in christlicher Zeit noch sehr gut. Die Note für *abba* (55, 46) gibt einen deutlichen Beweis. Ganz ähnlich liegt die Sache bei *summa* (21, 8).

Die Noten für *idus* (63, 1), *tardius* (57, 94), *transgreditur* (44, 53 *a*) *tantidem* (5, 34), *tantundem* (5, 33) (1) müssen auch hierhin gezählt werden. Sie konnten tatsächlich kaum anders geschrieben werden, wenn nicht die Schreibflüchtigkeit sehr leiden sollte.

Die Kürzung für *orfanus* (45, 24) ist wohl ursprünglich gar nicht in zwei Ansätzen geschrieben worden. Man brauchte den Kreis des O nur tief rechts beginnen; dann konnte man das R ohne weiteres anfügen.

2. Die Anfügung als Bedeutungselement.

In einer nicht geringen Anzahl von Fällen hat die Anfügung an sich einen bestimmten Einfluss auf die Bedeutung. Mit Vorliebe wird sie dann angewendet, wenn ein Wort aus zwei deutlich wahrnehmbaren Bestandteilen besteht. So zeigt schon das Absetzen, dass es sich in dem Worte um zwei Teile handelt, die nur lose zusammen gehören. Solche Fälle sind:

a) *-cumque*: *uticumque* (2, 8), *quocumque* (3, 19), *quacumque* (3, 27), *quemcumque* (3, 40), *quiscumque* (3, 46), *quaecumque* (3, 60), *quicumque* (3, 63), *quamcumque* (3, 72), *cuicumque* (4, 4), *cuiuscumque* (4, 9), *qualitercumque* (5, 50), *quibuscumque* (9, 72), *quibuscumque rebus* (9, 92), *quotienscumque* (10, 29), *quibuscumque causis* (60, 54), *quacumque causa* (60, 63).

b) *-piam*: *quispiam* (3, 45) und die abgeleiteten Formen, vgl. *cumque*.

c) *-ceps*: *biceps* (44, 12), *triceps* (44, 13), *anceps* (44, 14), *manceps* (44, 15), *deinceps* (44, 16), *anticipat* (44, 17).

d) *-dem*: *isdem* (3, 93), *tantundem* (5, 33), *tantidem* (5, 34), *eisdem* (9, 34), *eidem* (9, 35).

e) *-vis*: *quidvis* (21, 48), *quamvis* (21, 49), *quantumvis* (21, 50).

f) *-utinam*: *atque utinam* (2, 10).

g) *-fic-*: *clarificat* (28, 47), *clarificatio* (28, 52), *gratificatur* (28, 75), *iustificat* (55, 60), *glorificat* (70, 72).

h) *-fac-*: *patefacit* (63, 22), *labefacit* (68, 63), *calefacit* (69, 56), *taepefacit* (69, 69), *obstupefacit* (70, 90); *adsuefacit* (93, 50), *communefacit* (93, 53), *madefacit* (113, 41) (2).

---

(1) Diese beiden siehe auch unten.
(2) Vergl. Kopp *a. a. O.* I, 151.

i) -ipsum : id ipsum (12, 96), *in* id ipsum (12, 97), *ad* ipsum (12, 98) *adversus ipsum* (12, 98.*a*), *per ipsum* (12, 98 *b*).

k) -ol-, -ul- : paulolum (49, 64) parvolum (52, 35), cartola (76, 27), facultaticula (30, 55), diluculo (72, 56 a).

l) -ur- : corporatura (22, 25).

Hieran reihen sich mehrere Noten, die auch aus zwei Bestandteilen bestehen, doch so, dass die Zeichen für jeden der beiden Teile noch ganz unversehrt oder doch wenig verändert geblieben sind :

etiamnum (1, 62), *etiamnunc* (1, 63), *etiamne* (1, 64). — *res publica* (5, 64) und die abgeleiteten Formen. — *unusquis* (5, 91), *unumquem* (5, 93), *unicui* (5, 95), *unius cujus* (5, 97), *unam rem* (5, 99), *una res* (6, 1). — *illac* (8, 95), *istac* (8, 96), *illic* (8, 97), *istic* (8, 98). — *multum plus* (24, 102), *multum minus* (24, 103). — *jam pridem* (45, 6), *quam pridem* (45, 7). — *jam dudum* (45, 9), *quamdudum* (45, 10). — *nihil aliud* (49, 46) bis *nihil maius* (49, 54). — *prior palatio* (59, 87), *prior actio* (59, 88).— *una pars* (60, 75), *tertia pars* (60, 77), *adversa pars* (60, 82), *adversam partem* (60, 84), *in mensis singulis* (62, 37). — *nonae Ianuariae* (62, 87) u. s. w. — *ne idcirco* (76, 80), *num idcirco* (76, 81).

Hierzu kann man wohl auch diejenigen Noten rechnen, die mit Praepositionen zusammengesetzt sind. Während das Simplex die Anfügung nicht aufweist, findet sie sich eben nur in gewissen Ableitungen. Ich zähle hierhin :

ad unum (5, 89), *in unum* (8, 90), *in judicium* (21, 28), *praejudicium* (21, 29), *in corpore* (22, 22), *ex corpore* (22, 23), *de corpore* (22, 24), *repraesentat* (23, 34), *praesentaneum* (22, 34). *in gratia* (28, 78), *de gratia* (28, 79) *exiguum* (29, 10), *exsequiae* (33, 19), *exubiae* (33, 20). *inpendium* (41, 60), *inrepublica* (59, 95) u. ä... *apud ipsum* (60, 11) u. ä.

Ich glaube, dass diese Zusammenstellung zeigt, dass uns die Einführung des Begriffes des Bedeutungselementes wirklich ein wenig weiter führt. Kopp konnte z. B. mit der Anfügung für *cumque* nichts rechtes anfangen (1), wie eine Erklärung für die Erscheinung überhaupt noch nicht gegeben ist. Am unklarsten tritt das Bedeutungselement in der letzten Gruppe, am klarsten in der ersten hervor.

3. Die Anfügung zur Differenzierung.

Neben diesen zwei Gruppen von Noten steht nun aber eine ganze Reihe, die eine deutliche Erklärung für das Absetzen nicht finden lässt. Ich zähle dahin folgende : *quippe* (3, 82), *adgerit* (26, 62) nebst Ableitungen, *nocivum* (34, 79), *innocuum* (34, 80), *advehit* (42, 1) nebst Ableitungen, *tropheum* (46, 16), *tropheumforum* (46, 17),

(1) Vergl. *a. a. O.*, Bd. II, S. XI f.

taedet (46, 92) nebst Ableitungen, *omnibus* (49, 70), *in omnibus* (49, 71) (1), *iuvat* (52, 69) nebst Ableitungen, *artus* (52, 91), *punit* (66. 52) nebst Ableitungen, *manubrium* (67, 77), *lolium* (68, 9), *avena* (68, 10), *farina* (68, 28), *conflictus* (68, 50), *fluvitat* (73, 92) nebst Ableitungen, *fanum* (74, 52) nebst Ableitungen, *cruralia* (79, 24), *crurifragium* (79, 25), *tundit* (79, 77) nebst Ableitungen, *nemotus* (82, 90), *sistrum* (83, 15).

Am ehesten liessen sich von diesen Zeichen diejenigen erklären, die ein doppeltes V aufweisen. Denn das konnte eben sehr bequem so bezeichnet werden, wie es in *iuvat* und *fluvitat* geschehen ist. Immerhin hätte sich ein anderer Ausweg finden lassen können. Die wahre Erklärung für die Entstehung der Anfügung in diesen Zeichen gibt uns eine Note wie *adgerit*. Hätte man den Halbkreis (G) sofort unten angefügt, so hätte man das Zeichen nicht von *adigit* unterscheiden können. Nun kommt gerade dieser Fall, dass die Anfügung nur zur Differenzierung verwendet wird, in den späteren Teilen der C. N. T. häufiger vor. Ich glaube daher im allgemeinen folgende Regel aufstellen zu können :

Ursprünglich wird die Anfügung dann verwendet, wenn sie schon im Majuskel-Zeichen des ersten Buchstabens enthalten ist oder wenn ein lose zusammen gesetztes Wort gekürzt wird. Späterhin benutzt man sie auch zur Darstellung von fester gefügten Komposita und des F im Inneren des Wortes. Schliesslich verwendet man die Anfügung zur Unterscheidung sonst gleich oder ähnlich aussehender Notenbilder.

---

(1) Hier glaubte ich das Bedeutungselement nicht annehmen zu dürfen, da sich die Note offenbar nach omnibus richtet.

Dom A. MOCQUEREAU

DE LA CLIVIS ÉPISÉMATIQUE

DANS LES MANUSCRITS DE SAINT-GALL

La *clivis* ou *flexa* — /l — de la notation musicale neumatique se compose, dans sa forme normale, de deux traits essentiels : l'accent aigu / et l'accent grave \, qui se réunissent en un seul groupe de deux notes. La *clivis* est le signe d'une note *aiguë* suivie d'une note *grave*; l'intervalle entre ces deux sons reste indécis. La traduction sur lignes peut se figurer ainsi :

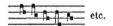 etc.

A ces deux accents fondamentaux s'ajoutent très souvent, dans les manuscrits de Saint-Gall, l'une des lettres significatives c = *celeriter* ou t = *tenete* : $\overset{c}{\Lambda}$, $\overset{t}{\Lambda}$, et un petit trait horizontal, adhérent à la clivis, tantôt au sommet de l'accent aigu $\overline{\Lambda}$, tantôt à la base de l'accent grave /l̲ .

On a nommé *épisème* ce trait supplémentaire (ἐπισημαίνω, indiquer par un signe); de là le qualificatif *épisématique* attribué à ces sortes de groupes.

Il y a beaucoup d'autres formes de *clivis* dans la notation sangallienne :

1	2	3	4	5	6	7	8
/l,	/l,	/l,	/l,	$\overset{c}{\Lambda}$	$\overset{c}{\Lambda}$	$\overset{c}{\Lambda}$,	$\overset{t}{\Lambda}$ etc.

mais la présente étude doit se borner à rechercher la valeur de l'épisème placé au sommet de la *clivis* — 4 de la série précédente.

Une telle variété, remarque avec raison Dom J. Pothier (1), « n'est ni sans intention, ni sans importance et nous devons présumer que ce groupe en changeant de forme change aussi de valeur. »

Quelle est cette valeur? valeur de temps? de force? d'intonation?

En ce qui concerne la clivis épisématique, π, ces questions sont loin d'être oiseuses ou de nature purement scientifique : l'exécution des mélodies grégoriennes y est vivement intéressée. Nos reproductions rythmiques de l'édition vaticane ont remis à l'ordre du jour le problème des signes romaniens et l'ont amené sur le terrain pratique. L'épisème horizontal de nos éditions est emprunté, trait pour trait, à la notation sangallienne; comme il est d'un très fréquent usage, il importe de mettre sa signification hors de toute discussion.

Si le lecteur le veut bien, nous laisserons de côté tout ce qui a été écrit sur la valeur de cette *clivis* π : les opinions contradictoires des paléographes, qui d'ailleurs n'ont qu'effleuré ce sujet, embarrasseraient notre esprit et notre marche. Faisant donc table rase de tous les sentiments, nous entreprendrons nos recherches sans autre secours que les manuscrits sangalliens eux-mêmes ; car les auteurs sont absolument muets sur la *clivis* épisématique, comme sur beaucoup d'autres choses.

Heureusement nous avons un point de départ très certain.

La série des *clivis* représentées ci-dessus se divise en deux groupes.

Les trois *clivis* 2, 3 et 4 qui composent le premier groupe sont toutes *épisématiques* ; de l'épisème qui se fixe à leur sommet ou à leur base, nous ne savons rien.

Nous connaissons, au contraire, avec une entière certitude, la signification des lettres qui surmontent les *clivis* du deuxième groupe :

$\overset{c}{\pi}$ le *c* veut dire *celeriter*, vite, léger, bref ;

$\overset{t}{\pi}$ le *t* veut dire *tenete*, tenez, long.

L'interprétation de ces lettres nous a été donnée par le B. Notker († 912) dans sa fameuse épître à Lamtbert (2).

Avec ces premières données certaines, n'aurions-nous pas quelque espoir de trouver les inconnues de notre problème ?

On sait, en effet, que les notateurs sangalliens font souvent usage d'*équivalences* : ainsi le même copiste, dans un même manuscrit, aura deux ou trois manières de noter une même mélodie. Il suit de là que la comparaison entre ces différentes ortho-

---

(1) *La Virga dans les neumes*, pp. 5, 16, 29.
(2) Cf. *Paléographie musicale*, t. IV, p. 10.

Phrase des Tractus VIIIe Mode.

	4. 5	6	7	8	9	11 12 13 14
1	et pro-	tec- tor	fac-	tus est mi- hi	in	tem
2	ca- vit	tur- rim in	me-		di-	jus
3	ca- tus est	e- quum &		as-		rem
4	e- nim	Do-			mini	oh
5	tat	in			hie-	lem
6	vi- ae	e-		jus ju-		a
7	mi-	se-		rea-		bis
8	in	lo-		co		ri
9	Do-			mini in-		bo
10	ra-			tio		rum
11	ti-			ti-		jus
12	po-			pu-		jus
13						di

15 de- si-derat a- nima me- a ad » us

16 at ter- ra ver- ba ex o- » o

17 tur mi- hi per sin- gu- » es

18 am et ap- » bo

19 ta- » um

20 da- » um

21 le- am »

22 ta- ne »

23 ta- ne »

24 ra- nem »

25 da- jus »

26 nam »

27 »

28 con- supra dor- nunc »

29 um »

30 be- tur »

graphes d'un même mot mélodique est un procédé tout indiqué pour pénétrer les arcanes de ces hiéroglyphes.

Si des équivalences neumatiques se rencontrent dans un même manuscrit, a fortiori s'en présente-t-il plus encore dans des codices dus à plusieurs copistes.

Alors, pourquoi la *clivis* π, notre inconnue, ne serait-elle pas une équivalence de l'une ou de l'autre de ces *clivis*, $\overset{c}{\Lambda}$, $\overset{t}{\Lambda}$?

Ces préliminaires indiquent notre marche ; deux sortes de comparaisons sont à faire :

a) Comparaison, dans un même manuscrit, d'une même mélodie sur des paroles différentes ;

b) Comparaison entre manuscrits différents d'une même mélodie.

On procédera en conséquence par une série de tableaux comparatifs.

Observations sur le tableau I. — Le membre de phrase précédent se répète trente fois dans les anciens codices ; il est donc favorable à nos recherches (1).

Les signes neumatiques sont ceux du *codex* 359 *Sangallensis,* reproduit par Lambillotte. Nous l'avons choisi parce qu'il est le plus ancien et le meilleur représentant de la célèbre École, et aussi parce qu'il est entre les mains de nombreux amateurs de chant grégorien qui pourront vérifier nos citations.

Ce tableau contient en tout 73 clivis :

$$
\begin{array}{lll}
\text{13 clivis, colonne 4, lignes 1 à 14,}\\
\text{30 «} \qquad \text{« 10, « 1 à 30,}\\
\text{30 «' } \qquad \text{« 14, « 1 à 30.}\\
\overline{\text{Total \quad 73}}
\end{array}
$$

Voici les faits à signaler relativement à ces *clivis* :

1° *Présence constante* de l'épisème horizontal au-dessus des soixante *clivis,* colonnes 10 et 14 ;

2° *Absence constante* du même épisème sur les treize *clivis* de la colonne 4 ; et quatre fois sur treize, cette *clivis* est surmontée de la lettre $c = celeriter$.

Ces deux faits, que l'on peut constater sur le manuscrit original ou sur la reproduction de Lambillotte, révèlent une règle suivie invariablement par le calligraphe relativement à l'emploi de ces deux groupes : *séparation, distinction constante* des *clivis* $\overset{c}{\Lambda}$ et π. Dans la série des *clivis* où le c exerce son influence, l'épisème horizontal est rejeté ; dans celles où cet épisème revient régulièrement, le c ne paraît

---

(1) Cf. sur ce membre de phrase, *Paléogr. mus.,* t. III, p. 25.

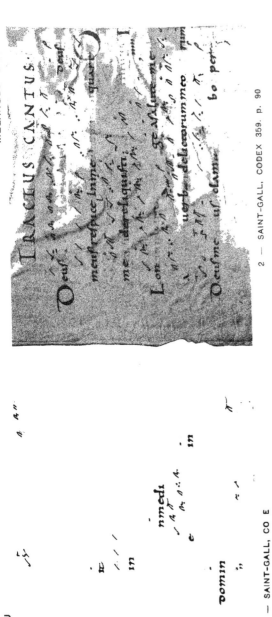

2 — SAINT-GALL, CODEX 359. p. 90

1 — SAINT-GALL, CO E

jamais : il y a répugnance, antipathie entre ces deux formes. On serait tenté de conclure à une différence de valeur ; mais ne nous hâtons pas.

Le n° 1 de notre planche phototypique est la reproduction des deux passages cités au tableau I, lignes 2 et 4, et empruntés au Trait *Vinea* du ms *Sangall.* 359. Sur la syllabe *ca* du mot *aedificavit* on verra la *clivis* ordinaire, et sur la syllabe *e* de *enim*, la même *clivis* avec un *c.*

Quant aux *clivis* épisématiques des colonnes 10 et 14, on les trouvera sur la photo-typie aux mots *ejus* et *sabaoth.*

Ce premier résultat doit être appuyé plus solidement ; car un seul manuscrit est apporté en témoignage : il faut savoir ce que disent les autres documents de la même École sur la même phrase musieale.

Nous avons sous les yeux sept autres tableaux empruntés-à sept manuscrits de notation sangallienne, contenant la même mélodie et disposés de la même manière. Je ne puis songer à les publier ici, ils prendraient trop de place, mais j'en donnerai le résumé, en extrayant les trois colonnes 4, 10 et 14 qui contiennent les *clivis* que nous étudions. Ce résumé forme notre deuxième tableau.

OBSERVATIONS SUR LE TABLEAU II. — Les colonnes 4, 10 et 14 correspondent aux colonnes du tableau I portant les mêmes numéros.

Dans tous les manuscrits on remarquera la séparation constante des deux clivis /ℸ et ⁄ℸ.

1. *Cod. Sangall.* 359. — Le résumé de ce codex (2) a été inséré dans ce tableau pour la commodité du lecteur qui pourra, d'un seul coup d'œil, embrasser tous les docu-ments.

2. *Cod. Bambergensis lit.* 6. — Excellent manuscrit, et très ancien (x° siècle). Le sigle /℄ qui, col. 4, surmonte la troisième forme veut dire *statim* ou *stringe ;* c'est ici une équivalence du *celeriter.* On ne doit pas traduire *sursum tenete* (1).

3. *Einsiedeln.* 121. — Ce codex est moins régulier que les précédents. La règle de séparation entre /ℸ et ⁄ℸ est bien gardée, mais à la colonne 10, la *clivis*, qua-torze fois, n'a pas l'épisème : négligence ou distraction de copiste, dans laquelle ne

---

(1) La signification de ce sigle /℄ a été fixée par D. BARALLI, dès l'année 1907. Cf. *Rassegna grego-riana,* mars-avril. Le même auteur vient de publier (mai-juin 1909) un article décisif sur le même sujet ; il y propose *strictim, stringe* (serré), expression plus vraie et plus compréhensive, dit-il.

(2) Reproduit dans la *Paléogr. musicale,* t. IV.

TABLEAU II

Même mélodie. Tractus, *VIII° Mode* (d'après huit codices sangalliens).

		Col. 4	Col. 10	Col. 14
1	St-Gall 359	♪ 9 fois ♪ 4 » 13 *clivis*	♫ 30 fois	♫ 30 fois
2	Bamberg lit. 6	♪ 10 fois ♪ 2 » ♪ 1 » 13 *clivis*	♫ 30 fois	♫ 30 fois
3	Eins. 121	♪ 10 fois ♪ 2 » ♪ 1 » 13 *clivis*	♫ 16 fois ♫ 14 » 30 *clivis*	♫ 29 fois ♫ 1 » 30 *clivis*
4	St-Gall 339	♪ 13 fois	♫ 20 fois ♫ 10 » 30 *clivis*	♫ 27 fois ♫ 3 » 30 *clivis*
5	St-Gall 340	♪ 12 fois ♪ 1 » 13 *clivis*	♫ 5 fois ♫ 24 » Illisible ... 1 » 30 *clivis*	♫ 30 fois
6	St-Gall 338	♪ 13 fois	♫ 2 fois ♫ 28 » 30 *clivis*	♫ 23 fois ♫ 7 » 30 *clivis*
7	Bamb. lit. 7	♪ 12 fois ♪ 1 » 13 *clivis*	♫ 10 fois ♫ 20 » 30 *clivis*	♫ 30 fois
8	Bamb. lit. 8	♪ 11 fois ♪ I » ♪ 1 » 13 *clivis*	♫ 16 fois ♫ 14 » 30 *clivis*	♫ 24 fois ♫ 6 » 30 *clivis*

sont pas tombés les vigilants scripteurs des *codd. Sangall.* 359 et *Bamb. lit.* 6. A la colonne 14, une seule fois le notateur a oublié l'épisème.

C'est ainsi, disons-le en passant, que la régularité parfaite de certains manuscrits et l'irrégularité des autres nous donnent le moyen de juger de leur valeur respective et la possibilité de réparer avec sûreté les oublis et les fautes des notateurs. Nous ne serions nullement téméraires en ajoutant l'épisème horizontal à l'unique *clivis* de la colonne 14 qui en manque, et aux quatorze *clivis* de la colonne 10 qui sont dans le même cas.

Un mot encore sur ces divergences de notation dans la même colonne.

Au tableau I, col. 4, on a remarqué l'omission du *c = celeriter*, neuf fois sur treize. Cette omission se renouvelle dans le *cod. Eins.* 121, dix fois dans la même colonne, et de plus, col. 10, il arrive que l'épisème horizontal fait défaut quatorze fois. Il importe avant d'aller plus loin de bien s'entendre sur la signification de ces divergences.

Faut-il, à cause de ces omissions, ici du *c*, là de l'épisème, croire à une contradiction de notation et d'interprétation dans la même mélodie? Non, certainement.

Le signe simple de la *clivis*, sans trait ni lettre (Λ), n'a, par lui-même, aucune valeur précise de longueur ou de brièveté : il peut se trouver aussi bien dans une série de *clivis* brèves (Λ̊,) que dans une série de *clivis* longues (Λ̓ *tenete*); car aucune répugnance formelle n'existe entre ces deux termes : Λ et Λ̊, ni entre ceux-ci : Λ et Λ̓.

Le *c* et le *t* ajoutent à la *clivis* simple un sens auquel elle est, par elle-même, indifférente.

Si donc une indication supplémentaire, lettre ou trait, est présente dans un manuscrit et absente d'un autre, employée dans une ligne et omise dans une autre ligne d'une même colonne de tableau — ce qui arrive fréquemment — il n'y a pas pour cela divergence positive de signification rythmique entre ces deux manuscrits, entre ces deux lignes. La différence purement graphique provient du copiste qui, par distraction, ignorance ou même par système, n'a pas fait usage des lettres ou des signes sangalliens, toutes les fois qu'il aurait pu ou dû les employer. C'est ainsi que le notateur du *Sangall.* 339 (1) a négligé sciemment les *lettres* significatives, jugeant que les signes mélodiques et rythmiques lui suffisaient.

Il y aurait divergence et même contradiction si, dans une même colonne de *clivis*, étaient réunies des indications de valeur positivement contraire, comme la *clivis* légère Λ̊ et la *clivis* longue Λ̓, ou, pour le cas qui nous occupe, le groupe Λ̊ et le groupe ⊼ que nous trouvons jusqu'ici en opposition constante.

4. *Sangall.* 339. — Le copiste écarte volontairement les lettres significatives : il n'est donc pas étonnant que le *c* n'apparaisse pas dans la colonne 4. Pour les autres

(1) Du x⁰ siècle. Ce ms est reproduit dans la *Paléogr. mus.*, t. I.

colonnes, on appliquera à ce manuscrit les observations générales déjà faites à propos des précédents.

5. *Sangall.* 340. — Ce codex, nous le savons pour l'avoir étudié à fond, est dû à un notateur inégal, capricieux et étourdi, du moins en ce qui concerne les signes rythmiques. Souvent il se sépare des autres manuscrits sangalliens et se contredit lui-même. Pour notre phrase, il est fidèle dans l'application de la grande règle de *distinction* entre /̊1 et *π*. On peut entrevoir sa légèreté à la colonne 10, où la proportion du nombre des *clivis* est renversée en faveur de la *clivis* ordinaire : 24 contre 5 épisématiques. Du moins, n'a-t-il mis aucun *c* dans les colonnes 10 et 14, ce dont il était bien capable ; il est même d'une régularité parfaite dans la colonne 14, où les trente *clivis* ont l'épisème.

6. *Sangall.* 338. — Encore un copiste assez négligent, moins capricieux cependant que le précédent. Son nom est Godescalc (xıᵉ siècle). A la colonne 10, la proportion est considérable en faveur de la *clivis* ordinaire : 28 contre 2 toutefois ; le *c* ne se montre jamais dans cette colonne.

7. *Bamb. lit.* 7. (xıᵉ siècle.) — Rien de spécial à relever.

8. *Bamb. lit.* 8. (xıᵉ siècle.) — Colonne 4, troisième ligne, première et unique exception à la *règle de séparation* suivie par tous nos manuscrits : une *clivis* épisématique *π* et une *clivis* /̊1 se rencontrent dans la même colonne. Il est impossible de ne pas considérer cette infraction à la règle comme une faute de copiste.

En résumé, sur 584 *clivis* examinées — 73 par manuscrit — une seule fait exception.

Que faut-il conclure au sujet de la valeur de l'épisème au-dessus de la *clivis* ?

Rien encore d'absolument positif ; cependant, la répugnance des groupes /̊1 et *π* à se rencontrer dans la même colonne, à se servir mutuellement d'équivalent, nous mène droit à penser que ces deux formes n'ont pas la même signification, et que probablement elles en ont une opposée. C'est tout ce qu'il convient de dire pour le moment.

Nous pourrions appuyer cette conclusion sur des exemples innombrables, identiques aux précédents ; mais il faudrait un volume pour les reproduire. On donnera seulement le résultat des tableaux dressés pour les psalmodies régulières des répons de l'office, dans les huit modes, d'après les *codices Sangall.*, 390-391 du B. Hartker. (Cf. *Paléogr. mus.* 2ᵉ série.)

Ces tableaux contiennent environ 720 répons. Les *clivis* /̊1 et *π* se répartissent comme il suit :

Les colonnes des *clivis* $\Lambda = \overset{c}{\Lambda}$ en contiennent euvirou 1980. Sur ce nombre, *cinq* seulement font exception à la *règle de séparation*; c'est-à-dire que dans ces colonnes se trouvent égarées cinq *clivis* épisématiques $\varLambda$.

Les colonnes des *clivis* $\Lambda = \varLambda$ en contiennent environ 2460. Sur ce nombre *trois* seulement font exception à la *règle de séparation* ; c'est-à-dire que trois clivis portent le *c*; $\overset{c}{\Lambda}$; et encore deux de ces *clivis* sont-elles notées ainsi $\overset{c}{\varLambda}$, ce qui fait supposer une correction : le *c* aura été mis tout d'abord par une inadvertance que corrige le trait horizontal.

En résumé, sur 4440 *clivis*, *huit* s'écartent de la loi ordinaire : il est permis de les négliger. Décidément l'antipathie entre $\overset{c}{\Lambda}$ et $\varLambda$ devient de plus en plus manifeste. Mais essayons de préciser la signification de la *clivis* épisématique.

OBSERVATIONS SUR LE TABLEAU III. — Cc fragment mélodique, tiré des *Traits* du deuxième mode, se présente 52 fois dans le *Cantatorium* 359 de Saint-Gall.

Colonne 1. — Parcourons attentivement cette colonne de haut en bas.

Lignes 1 et 2, *clivis* épisématique $\varLambda$.

Ligne 3, *clivis* simple Λ; sans doute oubli, distraction de copiste.

Ligne 4, *clivis* surmontée d'un $t = tenete$ $\overset{t}{\Lambda}$; il faut noter en passant ce fait nouveau.

Descendons toujours la même colonne.

Lignes 5 à 26 inclusivement, partout des *clivis* épisématiques.

Mais voici que les lignes 27, 29, 30 et 40 se particularisent par l'absence de tout signe supplémentaire ; la *clivis*, comme à la ligne 3, est réduite à ses éléments constitutifs : Λ.

Ligne 43, un $t = tenete$ $\overset{t}{\Lambda}$ remplace de nouveau l'épisème horizontal.

Lignes 44 à 48, *clivis* épisématiques.

Ligne 49, se présente un troisième t, $\overset{t}{\Lambda}$.

Lignes 50, 51, 52, *clivis* épisématiques.

Or, nous connaissons avec certitude la valeur du $t = tenete$; les deux *clivis* $\varLambda$ et $\overset{t}{\Lambda}$ seraient-elles employées indifféremment l'une pour l'autre ? Seraient-elles équivalentes ? Ne nous bâtons pas de conclure ; car l'insertion de ces trois t pourrait bien être le fait d'une triple distraction. Si ce remplacement de la *clivis* $\varLambda$ par la *clivis* $\overset{t}{\Lambda}$ se renouvelait souvent, dans d'autres phrases, alors seulement il serait permis de conclure sûrement à l'équivalence de ces deux signes. Ne repoussons pas cet indice, la suite de notre examen nous apprendra s'il faut y attacher quelque importance.

Colonne 5. — Maintenant, que le lecteur veuille bien se reporter à la colonne 5 ; elle commence à la ligne 27 et se termine à la ligne 34 inclusivement.

TABLEAU III

Dessin mélodique, fin de phrase. Tractus, II° Mode.

Lignes	S.G. 359 Pag.	(neume) 4 3 2 1	
1	91	stri	patres no-
2	99	tu	Deus Deus meus es
3		um	liberábo e-
4		a	a salúte me-
5		mnes	deprecabúntur o-
6		um	glorificábo e-
7		ae	salútis me-
8		um	laudáte e-
9		um	adimplébo e-
10		am	virgines post e-
11		ne	exultáti-ó-
12		de	malítias in cor-
13		rum	circúitus eó-

Lignes	S.G. 359 Pag.		(neume)	
33	96		um	áruit cor me-
34	65		em	per di-
35	95	79	me	tuam a
36	97	92	i	et timu-
			ris	cognoscé-
			me	inclina ad

pecca- tó- ris

ab hómine ma- lo

réspice in me

aurem tu- am

8 7 6 3 2 1

in té- ne- bris

ve- nán- ti- um

Al- tis- si- mi

a Libano vé- ni- et

in sancto há- bi- tas

salvi fa- cti sunt

nec ex- áu- di- es

et conspe- xé- runt me

16 suscéptor meus es

17 et non ho- mo

18 aspernabántur me

19 leó- nis

20 gressus me- os

21 peccató- ri

22 obumbrábit ti- bi

23 pédibus me- is

24 a dextris tu- is

25 mandávit de te

26 divites ple- bis

5

27 véritas e- jus

28 ánima me- a

29 of- fén- das (sic)

30 exáudiam e- um (sic)

31 eripiat e- um

Ici encore des *clivis* épisématiques π alternent avec des *clivis* avec t, $\overset{\iota}{\Lambda}$: huit *clivis* en tout dans cette colonne, six ont l'épisème, deux ont le t, lignes 29 et 33.

Voilà donc notre conjecture sur l'équivalence de ces deux *clivis* qui prend corps et se transforme peu à peu en certitude.

Colonne 8. — *Lignes* 45 à 52, suite de *clivis* épisématiques, mais cette fois sans l'équivalence du t. L'épisème manque sur les deux *ancus* parce que les bons manuscrits ne le marquent ordinairement ni sur l'*ancus* ρ ni sur le *cephalicus* ρ. Quant à la *clivis* 48 simple, l'absence du trait n'implique aucune contradiction, ainsi que nous l'avons vu plus haut.

Le même tableau va nous fournir une contre-épreuve.

Les deux *clivis* $\overset{c}{\Lambda} = celeriter$ et $\overset{\iota}{\Lambda} = tenete$ ont une signification contraire. Ceci posé, il est évident :

1º Que, dans les passages mélismatiques, comme celui que nous étudions en ce moment, où aucune influence de texte ne peut produire un changement dans la valeur rythmique des groupes, il est impossible d'employer équivalemment l'une ou l'autre de ces deux formules $\overset{c}{\Lambda}$ et $\overset{\iota}{\Lambda}$, entre lesquelles il y a incompatibilité radicale ;

2º Il est évident aussi que si les *clivis* π et $\overset{\iota}{\Lambda}$ ont une même signification, les *clivis* $\overset{c}{\Lambda}$ et π ne peuvent pas plus se rencontrer ensemble dans une même colonne que les *clivis* $\overset{c}{\Lambda}$ et Λ ; car, si elles se remplaçaient réciproquement, notre conjecture sur l'équivalence de π et $\overset{\iota}{\Lambda}$ serait par là même ruinée. Voyons si les colonnes 2, 4, 6 et 7 subiront cette épreuve sans fléchir.

Colonne 2. — *Lignes* 1 à 52, *clivis praebipunctis.* Partout la *clivis* est simple, sauf trois fois, lignes 37, 43, 49, où le c se montre.

Colonne 4. — *Lignes* 1 à 34. Encore ici, la *clivis* apparaît sous sa forme simple, excepté trois fois, lignes 4, 16, 33, et c'est aussi le c qui surmonte la *clivis.*

Cette lettre $c = celeriter$, jetée comme par hasard dans ces colonnes, est une indication de légèreté, de célérité pour toutes les autres *clivis* de la même série, et, de fait, pas une seule de ces 86 *clivis* n'est accompagnée de l'épisème π ou du t $\overset{\iota}{\Lambda}$.

Colonne 7. — La même contre-épreuve peut être tentée sur la *clivis* de la colonne 7 : lignes 39 à 42. Or, bien que cette *clivis* soit attachée tantôt à une syllabe pénultième faible (lignes 39, 50, etc.), tantôt à une syllabe accentuée (lignes 40, 41, 42, etc.), elle conserve néanmoins dans tous les cas son caractère de légèreté. Le c se glisse six fois dans cette colonne ; toujours l'épisème π et le t $\overset{\iota}{\Lambda}$ en sont absents.

Avant de quitter ce tableau, il faut relever une particularité intéressante de la *clivis praebipunctis*, colonne 2. L'accent grave ou deuxième branche de cette *clivis* est affecté, en bas, d'un *épisème horizontal*, au bout duquel se trouve un autre petit trait vertical ┙ (*Λ*).

Quelle est la signification de cet épisème ?

C'est un principe général — non sans exceptions, nous le verrons plus loin — dans l'interprétation des lettres et des signes romaniens, que chaque lettre ou chaque signe modifie seulement *la note* à laquelle il est attribué. Si le copiste veut indiquer une nuance sur la première note ou *virga* de la *clivis*, il écrira $\overset{c}{\Lambda}$, $\varLambda$ ou $\overset{t}{\Lambda}$. S'il veut, au contraire, affecter la dernière note, il transportera l'épisème au bas de l'accent grave : *Λ*. S'il veut attacher une nuance spéciale à chaque note, il emploiera deux signes supplémentaires $\overset{c}{\Lambda}$ (1) : la première note sera légère, la seconde sera longue, si notre interprétation de l'épisème horizontal est exacte.

Or, l'exactitude de notre interprétation est encore affirmée par la lettre x qui accompagne l'épisème en question aux lignes 4 et 37 :

Lignes		Lignes	
4	Λ^x $\overset{t}{\Lambda}$	38	$\overset{c}{\Lambda}$ $\varLambda$
37	Λ^x $\varLambda$	43	$\overset{c}{\Lambda}^x$ $\overset{t}{\Lambda}$

La signification de la lettre x est aussi certaine que celle du c et du t : $x = exspecta$; son emploi entre deux épisèmes ne peut que confirmer la valeur longue que nous attribuons à ceux-ci. Les deux notes *ré* et *ré* se fondent en un seul son double (*pressus*) que l'x semble prolonger encore. A la ligne 43, tous les signes de longueur, $t = tenete$, $x = exspecta$, épisème, s'accumulent sur ce *pressus* qui ne peut manquer d'être long. Ne nous plaignons pas de cette surabondance de signes dont la variété nous permet de les interpréter l'un par l'autre. Le n° 2 de notre planche phototypique est extrait du *cod. Sangall.* 359, et reproduit les lignes 4 et 43 du tableau II : *a salute mea, respice in me*.

Le remplacement de l'épisème horizontal par le *t* au-dessus de la *clivis* est un fait qui se présente à chaque page du codex 359 de Saint-Gall et des autres de la même École. Nous n'avons que l'embarras du choix pour donner d'autres exemples.

---

(1) Je laisse de côté l'*épisème vertical* dont l'étude n'entre pas dans le plan de cet article ; il faudrait un travail pour ce petit signe.

TABLEAU IV

Intonation du R. G. Juravit. *III* Mode.

OBSERVATIONS SUR LE TABLEAU IV. — *Col. 1, 2 et 4*, les *clivis* épisématiques 𝅘 sont remplacées deux fois dans la colonne 1, une fois dans chacune des colonnes 2 et 4, par des *clivis* avec *t*, 𝅗.

Col. 3 et 5, les *clivis* légères ᶜ𝅗 nous permettent une contre-épreuve : pas une *clivis* longue 𝅗 ou 𝅘 dans ces deux séries.

L'examen des mêmes Répons-Graduels dans les différents manuscrits de l'École de Saint-Gall renforce singulièrement notre preuve. Nous avons sous les yeux plusieurs tableaux semblables à celui qui précède. Dans quelques-uns, le trait épisématique au-dessus des *clivis* 1, 2, 4 est seul employé ; il remplace donc les *t = tenete* indiqués ci-dessus. Dans d'autres, au contraire, le *t* se substitue au trait épisématique de l'une ou l'autre des *clivis* longues du *codex* 359. Enfin le manuscrit d'Einsiedeln 121, selon un usage qui lui est assez habituel, emploie la *clivis* épisématique surmontée du *t* dans le R. G. *Juravit*, *clivis* 1. Ce surcroît de signes rythmiques confirme encore ce que nous avons dit plus haut.

Ces sortes d'échange se retrouvent dans un très grand nombre de pièces grégoriennes ; il est inutile d'insister.

TABLEAU V

Mélisme des Versets alléluiatiques, VIII⁰ Mode.
Type Ostende nobis.

GRAD. VAT. RYTHMÉ	SANGALL. 339		1 2 3 4
Pages	Pages		
2	26	tu-	um
29	38	hó-	die
61	149	laetén-	tus
239	111	exsulté-	mus
265	116	du-	xit
593	Copié sur l'original.	confortá-	tus est
381		De-	us

OBSERVATIONS SUR LE TABLEAU V. — Le lecteur n'a plus besoin qu'on lui indique, col. 2 et 3, l'emploi des *clivis* 𝝅 et 𝗔. Mais ici, un fait curieux est à signaler : un seul *t* sert pour deux *clivis* 𝗔𝗔 = 𝝅𝝅 ; ce fait, nous l'expliquerons plus loin.

De tels échanges sont très fréquents dans les mélodies reproduites plusieurs fois dans un même manuscrit. Ils sont plus fréquents encore si l'on compare la même mélodie dans différents *codices* de la même École. Nous remplirions des pages et des pages si nous voulions transcrire les exemples que nous avons recueillis. Ceux qui ont été relevés dans les pièces de la seule première messe du Graduel formeront le tableau VI.

TABLEAU VI

Echange des clivis ⌐ et ⌐ pour la même mélodie dans différents mss.

Introït Ad te levavi.

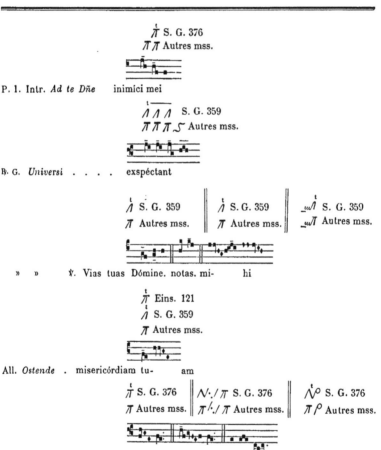

P. 1. Intr. *Ad te Dñe*   inimíci mei

R. G. *Universi* . . . .   exspéctant

»   »   ℣. Vias tuas Dómine. notas. mi-   hi

All. *Ostende* . misericórdiam tu-   am

Off. *Ad te Dñe levavi* . confí- do. me- i exspéctant

Le Verset contient 8 exemples semblables.

OBSERVATIONS SUR LE TABLEAU VI. — A l'*Alleluia* et à l'*Offertoire*, paraît un nouveau signe π ; il réunit à la fois l'épisème et le *t* au-dessus de la *clivis*, surcroît d'indication fort précieux pour nous. L'usage de ce signe est très irrégulier ; le copiste du *Sangall.* 359 ne l'emploie guère, le *Sangall.* 376 et l'*Eins.* 121 s'en servent davantage. En parcourant ce dernier document on en trouvera des exemples à presque toutes les pages. Le n° 3 de notre planche phototypique en donne un à la troisième ligne : première *clivis* de la syllabe *tu*[am].

A la deuxième ligne du tableau, trois *clivis* épisématiques sont remplacées par trois *clivis* ordinaires surmontées d'un *t* dont la barre s'étend, à gauche et à droite, sur les trois *clivis*. Les lettres significatives adjointes à un groupe neumatique n'affectent, en règle générale, qu'*une seule note*, à moins qu'elles ne se prolongent, comme ci-dessus, sur une suite de groupes (1).

OBSERVATIONS SUR LE TABLEAU VII. — *Col. 1*, se présente une nouvelle équivalence de la *clivis*. Quatre fois — lignes 1, 4, 9, 13 — le *pressus* remplace la *clivis* : ici, c'est le *pressus minor* ; dans le tableau suivant, ce sera le *pressus major*.

Tout le monde est d'accord sur la signification du *pressus*, comme sur celle du *t = tenete*. « Le nom de *pressus* exprime l'effet que ce neume doit produire dans le chant : c'est, en principe, une note forte, appuyée, longue (*pressus* de *premo*) (2).

L'interprétation que nous donnons à la *clivis* épisématique se trouve de nouveau confirmée.

Col. 2. — Cinq fois la *clivis* est surmontée du *c*; par conséquent, aucun équivalent de la *clivis* longue — $\pi\,\pi\,\pi\,\Gamma$ — ne peut trouver place ici.

Col. 4. — La *clivis* suivie du *pressus* Γ n'a pas de *c* dans le *cod. sangallensis* 359, mais on le voit dans d'autres manuscrits ; là encore aucune *clivis* longue ne paraît.

Un dernier exemple. Nous ne donnons, pour abréger, que le résumé du long tableau que nous avons sous les yeux.

(1) Cf. *Le Nombre musical grégorien*, t. I, p. 168.
(2) Cf. *Le Nombre musical grégorien*, t. I, p. 300.

TABLEAU VII

Mélisme final des Tractus. *VIII° Mode.*

Lignes	LIB. GRAD, VAT.	SANGALL. 359			4	3 2 1
	Pages	Pages				
1	113	76	no-	bis		
2	19	36	fácias	nos		
3	[24]	56	manipulos su-	os		
4	67	61	elécti tu-	i		
5	209	104	nomen est il-	li		
6	[8]	58	sáecu-	li		
7	210	104	Israel	est		
8	211	105	Dómi-	nus		
9	128	80	sáecu-	lum		
10	71	62	e-	jus		
11	212	106	tu-	us		
						3 2 1
12	99	72	aetér-	. . . . num		
13	65	59	Dómi-	. . . . ne		
14	143	86	peccató-	. . . . rum		
15	[5]	57	pretió-	. . . . so		

TABLEAU VIII

Dessin mélodique final de phrase. Tractus, *II* *Mode.*

Ligne	1	. . . .	𝝿 ᵘᵘ /	𝝠 𝕁 𝝿	14 fois
»	2	. . . .	𝝿 ᵘᵘ /	𝖭 ̅𝖳̅	10 »
»	3	. . . .	𝝿 ᵘᵘ /	𝛨 𝕁 𝝿	5 »
»	4	. . . .	𝝠 ᵘᵘ /	𝝠 𝕁 𝝠	4 »

33 cas

OBSERVATIONS SUR LE TABLEAU VIII. — Ce dessin revient 33 fois dans les anciens Traits : *Qui habitat, Deus Deus meus, Domine exaudi, Domine audivi, De necessitatibus, Eripe me, Audi filia,* tous dans le *Sangallensis* 359.

Ligne 2, le *pressus major* remplace dix fois la *clivis 𝝿* épisématique (1) ; car, malgré la différence de notation, il s'agit bien de la même mélodie. Voici la transcription sur portée des deux orthographes neumatiques :

Le *pressus*, il est vrai, ne se rencontre, dans le *Sangall.* 359, qu'au Trait *Eripe me.* On pourrait en inférer que la variété des figures neumatiques indique des nuances mélodiques différentes. Il n'en est rien : nous sommes en mesure de prouver l'identité absolue des deux formes graphiques par la comparaison des manuscrits soit de Saint-Gall, soit des autres Écoles qui, indifféremment, dans tous les *Traits,* emploient le *pressus* ou la *clivis longue.* Le *Laudunensis* 239 (2), par exemple, au Trait *Eripe me,* fait usage deux fois du *pressus,* huit fois de la *clivis.*

Mais il faut arrêter ici nos exemples et nos preuves, pour expliquer brièvement quelques faits de notation qui semblent, à première vue, contredire ce qui vient d'être exposé.

(1) Cf. *Le Nombre musical grégorien,* t. I, p. 287.
(2) En cours de publication dans la *Paléogr. mus.,* t. XI.

On a remarqué, dans nos tableaux, avec quelle constance les séries de *clivis* légères Λ se distinguent des *clivis* longues π, $\hat{n}$, $\hat{\pi}$, et nous sommes partis de ce fait pour poser ce principe, que la présence simultanée de ces deux catégories de *clivis* était impossible dans une même colonne, vu leur antipathie et leur inconciliabilité de signification. Et cependant nous trouvons ceci :

TABLEAU IX

Emploi simultané dans une même colonne de la clivis $\hat{\Lambda}$ *et de la* clivis π.

Ligne 1.	℞. G. Gloriosus.	℣. Déx-	tera tu- a	Dó- mine
» 2.	℞. G. Salvum fac servum.	℣. Aú-	ri- bus	pér- cipe
» 3.	℞. G. Miserere mei.	℣. Mi-	sit de cae-	lo
» 4.	℞. G. Si ambulem. . .	non	ti- mé-	bo
» 5.	℞. G. Sacerdotes. . .	ex-sul-	tá-	bunt
» 6.	℞. G. Os justi. . .	et	lin-	gua

OBSERVATIONS SUR LE TABLEAU IX. — C'est à la colonne 3 que se présente cet emploi simultané. Nos conclusions sur la valeur longue de la *clivis* épisématique seraient-elles renversées ? Non. Est-ce une erreur de copiste ? Pas davantage ; car tous les manuscrits sont d'accord.

Ces deux sortes de *clivis* sont ici à leur place, elles sont nuancées comme elles doivent l'être. Dans l'espèce, il ne s'agit plus d'une vocalise affranchie des paroles, mais d'un groupe sujet aux diverses influences du texte.

Les *clivis* sont *longues* et *fortes*, lignes 5 et 6, parce que les syllabes qui les supportent sont accentuées, et que l'élan du *podatus-1* aboutit immédiatement à ces syllabes accentuées.

Les *clivis* sont *légères*, lignes 1, 2, 3, 4, parce que ces *clivis* ne sont qu'un groupe de transition à l'accent tonique placé sous la *virga* longue, épisématique, col. 4. Ici l'*élan* mélodique et rythmique commence avec le *podatus-1*, se poursuit sur la récitation-2, sur la *clivis-3*, et n'atteint son *repos* que sur la *virga-4*. On le voit, si les groupes essentiels (*ré-la, la-sol*) sont *matériellement* les mêmes dans les six lignes, l'*esprit* en est tout différent, selon qu'ils s'appliquent à tel ou tel texte : les lettres et signes supplémentaires expriment avec exactitude ces nuances variées de la mélodie.

Des cas de ce genre peuvent encore se présenter dans les manuscrits et soulever des difficultés : elles trouveront toujours leur solution dans l'examen attentif des textes et de la mélodie ; et ce qui, au premier abord, semblerait une anomalie, une contradiction, ou même une objection sérieuse à nos conclusions, devient au contraire une confirmation nouvelle de la longueur de la *clivis* épisématique.

Cette conclusion, nous pourrions l'appuyer encore par une étude comparative des *clivis longues* dans les manuscrits de l'École de Metz ; car la concordance rythmique entre les deux grandes Écoles, sangallienne et messine, est étonnante sur tous les points. Mais ce sujet vaut bien un travail spécial.

Disons seulement que cette concordance est d'une haute importance pour la restauration du rythme grégorien : elle est la preuve péremptoire qu'un *seul rythme*, déterminé parfois jusque dans ses détails les plus fins, s'imposait, dès l'origine, au monde catholique tout entier. Il faut savoir, en effet, que les manuscrits de notation messine se répandirent dans un rayon assez étendu autour de Metz, et même jusque dans la haute Italie. Le plus fidèle, dans cette école, à la tradition rythmique, est le *codex* de Laon, nº 239 (*Liber gradualis*), xᵉ siècle, qui déjà cependant manifeste un certain déclin dans l'expression de la tradition primitive. Les manuscrits de Verceil, nº 186, et de Milan, nº E. 68, sont aussi très précieux, mais le déclin s'accentue et fait prévoir, à bref délai, la décadence du chant grégorien causée principalement par l'abandon des signes rythmiques dont l'intelligence se perd insensiblement. Plusieurs autres familles, en Italie, en France, en Aquitaine, etc., offrent des traces indiscutables des mêmes traditions, et, chaque jour, une étude plus approfondie des documents en fait découvrir de nouvelles (Cf. *Le Nombre mus. grégor.*, p. 157).

Il resterait aussi à soulever plusieurs questions intéressantes à propos des diverses *clivis* longues : ⌐, ⌐́, ⌐̄ = ⌐̃ ; par exemple : Quelle est la valeur synonymique

précise de ces signes? Quel est leur emploi dans les manuscrits rythmiques de l'École
de Saint-Gall ? Ces questions seront traitées ailleurs.

Il faut terminer et résumer.

Le problème était celui-ci : Quelle est la valeur rythmique de l'épisème sangallien
au-dessus de la *clivis* π ?

Nous sommes partis de notre connaissance certaine de la *clivis* légère $\overset{c}{\Lambda}$, et de la
clivis longue $\overset{t}{\Lambda}$. La confrontation de la *clivis* π inconnue avec ces deux termes
connus a été notre procédé.

Les faits suivants ont été constatés :

1er Fait : Tableaux I et II, distinction constante des *clivis* $\overset{c}{\Lambda}$ et π. De plus,
4400 *clivis* de l'Antiphonaire de Hartker confirment cette intransigeante antipathie ;

2e Fait : Tableaux III, IV et V, échange entre la *clivis* π et la *clivis* $\overset{t}{\Lambda} = tenete$:
d'où équivalence de ces deux groupes ;

3e Fait : Tableau VI, confirmation de cette équivalence, et emploi sur la même
clivis du trait horizontal et du *t* : $\overset{t}{\pi}$;

4e Fait. — Tableaux VII et VIII, nouvelle forme d'équivalence : les *pressus major*
et *minor*.

Enfin le Tableau IX explique quelques faits de notation qui pourraient être
allégués contre nos conclusions, mais qui, bien compris, ne font que les confirmer.

CONCLUSION : Le trait ou épisème horizontal au-dessus de la *clivis* des manuscrits
sangalliens donne à la première note de cette *clivis* une valeur longue.

OTTO KELLER

ÜBER DEN A. 1904 VERBRANNTEN CODEX

TAURINENSIS DES HORAZ

Im Frühjahr 1868 war ich in Mailand und Turin, um die dortigen Horazhandschriften zu collationieren, beziehungsweise in dieselben Einsicht zu nehmen. Da meine Zeit sehr beschränkt war — ich war damals Rektor des K. württ. Lyceums zu Oehringen — so war es mir um so wertvoller, dass der damalige Bibliothekar der Kön. Universitätsbibliothek zu Turin, der hochverdiente Palæograph V. A. Peyron, mir ohne weitere Umstände den Horazcodex in mein Privatlogis lieh, so dass ich Zeit fand, den grössten Teil des echten Codex zu collationieren und mir ein Urteil zu bilden über seine Stellung innerhalb der überhaupt für die Kritik in Betracht kommenden Handschriften des Horaz.

Der inzwischen verbrannte Codex batte die Signatur I. VI. 2, früher K. I 7, Höhe 0,21 m. Breite 0,13 m. Er bestand aus 84 Pergamentblättern zu 30-38 Linien auf der Seite. Er war *geschrieben von mindestens 3 verschiedenen Händen in 3 verschiedenen Jahrhunderten.*

Der älteste Teil begriff carm. I-IV, ars poetica, epod. (dann subscriptio Mavortiana), carmen sacculare, serm. I 1, 1-2, 17 (quis non) saec. XI. der übrige Teil der Sermonen und Epist. I waren im XIII. Jahrh. geschrieben. Epist. II und Ergänzungen von einzelnem Ausgefallenen waren aus dem XIV. Jahrhundert.

Übrigens war die Reihenfolge beim Einbinden ganz confundiert worden. Die ars poetica war eingeschoben nach serm. I 2, 17. Darauf folgte epist. 1 1, 1-6, 20. Dann kam serm. I 2, 18-II 3, 181. Dann epist. I 6, 21-20, 28. Dann serm. II 8, 1-62. II 3, 182-II 7, 118. II 8, 63-95. epist. II 1, 1-II 2, 210.

Im ganzen machte der Codex einen ziemlich unerfreulichen Eindruck, und schon bei oberflächlicher Inspection ergab sich, dass jedenfalls bloss *die Partien aus dem XI. Jahrh.* eine Collation verdienen. Zunächst erachtete ich für notwendig die ars poetica und die Partie serm. I 1, 1-2, 17 zu collationieren : weil der I. Horazband (= carm.

und epod.) schon gedruckt war (Q. Horati Flacci opera rec. O. Keller et A. Holder vol. I Lips. 1864), der II. Band aber demnächst ediert werden sollte. Daher collationierte ich zunächst eben die Partie ars poet. epod. c. s. serm. I 1, 1-2, 17 und versparte die Collation der iv Bücher carmina auf eine zweite Gelegenheit. Zu meinem Bedauern bin ich aber, obgleich mir Turin ausserordentlich gut gefiel, nicht zum zweitenmal dorthin gekommen, und inzwischen ist leider, wie ich einem amtlichen Schreiben der Biblioteca nazionale di Torino d. d. 17. Apr. 1909 entnehme, bei dem grossen Brande 1904 auch der Horazcodex vernichtet worden. Ebendarum aber, weil jetzt sozusagen meine Collation einen Ersatz für die verlorene Handschrift bieten muss, dachte ich, verschiedene nähere Angaben über den Codex werden denjenigen, die sich mit der Handschriftenkritik des Horaz befassen, nicht uninteressant sein.

Von besonderem Interesse bei der verbrannten Handschrift war bekanntlich die *Subscriptio Mavortiana* am Schluss der Epoden, und es ist als ein sehr glücklicher Umstand anzuerkennen, dass E. Chatelain in seine *Paléographie des Classiques latins* I planche LXXX1 die Stelle mit der *Subscriptio in Facsimile* aufgenommen hat. Dadurch ist wenigstens dieses Stück des Codex für alle Zeiten vor der Vergessenheit geschützt worden. Es ist epod. 17, 62 Sed tardiora-c. s. 20 Lege marita. Bei der subscriptio selbst sind die Weglassung von « mihi » zwischen « conferente » und « magistro » und die Verschreibungen « oratoratore » für « oratore » und « urbe » für « urbis » singulär, aber natürlich wertlos.

Der ganze Codex war nicht sorgfältig geschrieben und auch nicht systematisch corrigiert. Er wimmelte von Schreibfehlern, z. B. epod. 3, 20 ioctise = iocuse statt iocose. epo. 5, 13 inopia statt impia. epo. 5, 94 uis]omis. epo. 7, 7 BRICTANNUS. epo. 10, 6 RAMOS statt remos. epo. 10, 11 QUESCIORE statt quietiore. epo. 13, 10 SOLLICITU-NIDUS. 14, 1 IGIIS statt imis. 14, 16 PHYRNE statt phryne. 16, 6 INFIDELIX allobrox. 16, 14 NEFA uideri. 16, 63 SECRUIT statt secreuit. 16, 64 TEPUS statt tempus. 17, 57 VUUL GATA. So geht es durch den ganzen Codex durch. Die grossgedruckten Varianten stehen uncorrigiert im Codex : nur die allerstörendsten Fehler ioctise und inopia sind VON ZWEITER HAND corrigiert verden. Die grosse Unbildung des Schreibers offenbart sich besonders auch in seiner souveränen Missachtung der *Prosodie*. Metrische Verstösse machten ihm offenbar nicht den geringsten Skrupel. So schreibt er epo. 17, 13 procedit statt procidit. 5, 15 implicita statt implicata. 4, 19 huc et illuc euntium statt huc et huo e. epo. 16, 19 habitandāq. (= habitandamque) fana statt habitándaque fana. Eben erwähnt wurden epo. 5, 13 (inopia). 5, 94 (quae statt quae vis). 10, 11 (quesciore). 13, 10 (sollicutinibus). 14, 1 (igiis). 16, 63 (secruit). Dazu c. s. 74 : Spem bonamq ; domum certamq ; reporto ohne Correctur u. s. w.

Eine Masse charakterisiert sich als *Hörfehler*, so dass kein Zweifel darüber besteht, dass unser Codex *diktiert* geschrieben wurde. Gerade auch die Hörfehler finden sich in allen Partien des echten alten Codex, und man gewinnt die Ueberzeugung, dass er *durchgängig nach Diktat geschrieben* wurde, nicht bloss wie es sonst gewöhnlich ist einige Partien, während andere durch Abschreiben entstanden sind. Falsche Verdopplung von Consonanten und Unterlassung von Verdopplung findet sich unzähligemal, z. B. cūmissise a. p. 168 statt commisisse, prouissor, innemori. illytya. locupleccior u. s. f. Vexise, uixise, dixise, prospexise, delasare, fortisima, conmisa etc. Thogatas, theium, tebanae, leteos, sydus, eya, troyam : lauter Hörfehler.

Gerade diese Hörfehler aber werfen auf die *Aussprache des Lateinischen* in dem Kloster, in welchem der Codex geschrieben sein muss, ein höchst interessantes Licht. Gue wurde wie ge ausgesprochen : daher angem, ungem, unges, ungentum. *Qualendis* (epo. 2, 70) und *aquuta* (epo. 17, 10) erinnern gleichfalls an französische Aussprache. Mit dem Französischen harmoniert ferner die Ersetzung eines auf einen Vokal folgenden *n* oder *m impurum* durch blosse nasale *Aussprache* des Vokals : denn nur durch diese Annahme erklären sich hunderte von sonderbaren Schreibungen des Codex wie das regelmässige senper, menbrum, linpha, unbra, sinplex, conmoda, tenpus, biens, anplecti, exenplaria, c. s. 66 renque statt remque, flanmis epo. 5, 24, inmum = imum a. p. 378. s. I 1, 120 Jan satis est. Bisweilen entsteht daraus geradezu ein falscher Vokal : o statt u oder umgekehrt. Man kann das Schwäbische vergleichen, wo nũ = nun und (Ka) nŏ = (Ka)none ganz gleich klingen. lonbos epo. 11, 22. tondet a. p. 430. con statt cum ganz regelmässig : epo. 5, 39. 52. 65. 12, 13 etc. Andrerseits nun statt non epo. 17, 54. nundum a. p. 205. sunnos = somnos epo. 14,3. Ganz ausnahmsweise lesen wir auch n statt m purum, epo. 17,68 : supreno. An das Italienische erinnern die Verschreibungen x = s, cci = zzi (ti), cce = zze (ce), ch = k. Dextiti epo. 11,5. dextrix epo. 7, 1. infidelix epo. 16,6. sexquipedalia a. p. 97. Reccius, locupleccior, occium, occia, occiosa, occeanus vgl. ital. faccia = facies. Aristarcus, archilocum, coris, cremes, oricalcho, pulcra, pulcre, archana, cholchicis. *Franzosen und Italienern gemeinsam sind* y = i und Schwinden des *h* : tygribus, hyrsutis, sydus, sydera, syderum, sydonii, eya, troyam, troyanum. Extraat a. p. 340. exauriebat epo. 5,31.

Der Codex stammt also wahrscheinlich aus einer französisch-italienischen Grenzlandschaft, die zur Zeit seiner Niederschrift zum östlichen *Burgund* oder zur westlichen *Lombardei* gehört haben mag. Für die Gegend östlich der heutigen Grenze spricht nun eine besonders eigentümliche Lauterscheinung, der wir in den Schreibfehlern unsres Codex begegnen, nämlich das Eintreten von « alf» für «auf » (alfidus = aufidus serm. I 1,58), «alt» für «aut» (altūnus epo. 2, 18), «all» für « aul » (allus a. p. 371), « alix » für « aux » (alixilii = auxilii epo. 1,21). Diese lautgeschichtliche Erscheinung ist spezifisch *oberitalisch*, vgl. die Beispiele bei Schuchardt, Vokalismus des Vulgärlateins II 494. 495 : « altvenezianisch », altoberitalisch, vicentinisch, badiotisch, altflorentinisch ». Das Wort für autumnus, wofür der Schreiber unseres Codex altumnus setzt, hat heute noch in Welschtirol, im Badiotischen in der ersten Silbe « alt ». So dürfte denn *unsere Handschrift aus Piemont oder aus dem Mailän-*

dischen stammen. Eine Glosse zu untia (= uncia) a. p. 328 spricht von marca auri. — Wir sahen, dass der Codex einem sehr unkundigen Mönche sein Dasein verdankt; dafür hat dieser Mann aber auch jede eigenmächtige « Verbesserung » unterlassen, und die wenigen Goldkörner, die sich im Taurinensis fanden, waren jedenfalls echt. So haben wir *gute Tradition* u. a. in epo. 3,21 sauio (nicht suauio). serm. I 1,83 gnatis — woraus erst durch Rasur das ordinäre natis gemacht wurde (vgl. meine Epilegomena zu d. St.). c. s. 58 neclecta, nicht neglecta. serm. I 1,50 finis. c. s. 72 auris. epo. 5,26 auernalis. epo. 6,3 inanis. epo. 12,25 acris (über diese Accusative s. des Verf. gramm. Aufsätze S. 289-322). a. p. 371 messallęn *(s. die Epileg. zu d. Stelle).*

Was den *Klassencharakter* betrifft, so ist er leider ziemlich unrein. In dieser Hinsicht zeigt die Handschrift die *grösste Hinneigung zur I. Klasse,* die geringste zur II. Klasse, obgleich man nach der mavortianischen Subscriptio grösste Hinneigung zur II. Klasse erwarten sollte. Allein es zeigt sich überhaupt, dass der Miniator ausserordentlich häufig nach einem andern Codex gearbeitet hat als der Schreiber eines Textes. Dass tatsächlich der Text unsres Codex aus einer Handschrift der I. Klasse stammt, erhellt u. a. sehr deutlich daraus, dass der Taurinensis die signifikan-testen Varianten der I. Klasse bietet wie epo. 1,5 Weglassung des si, epo. 2,18 aruis statt agris, epo. 5,55 formidolosae statt — is, epo. 14,15 neque statt nec, epo. 17,81 habentis statt agentis, c. s. 65 aras, nicht arces, s. I 1,46 quam statt ac, a. p. 356 oberret für oberrat. Mit Parisinus *h* speciell zeigt sich nahe Verwandtschaft. So steht in Taur. 1 und in *h* der Fehler ego für ergo a. p. 304. Beide Codices haben (mit γ) epo. 6,5 molosus. Beide (Taurin. *h*) — und sie allein — haben die *Weglassung von s.* I 2,10-13 wegen des Homoeoteleutons nummis... nummis. *h* hat auch die gleiche Reihenfolge der horazischen Stücke wie Taur. : carm., a. p., epod., carm. saec., serm., epist. (s. die grosse krit. Ausgabe I, 2. Auflage praefat. p. IX). Selbst-verständlich sind der grösste Teil der Sermonen und die 2 Bücher der Episteln des echten Taurinensis desswegen verloren gegangen, weil sie die zweite, Schluss-Partie der Handschrift bildeten. Der *Originalcodex* muss in *Minuskel* geschrieben gewesen sein. Denn der Diktierende las fragum statt frugum c. s. 29 und rupta statt rapta epod. 5,23, was auf die Epoche des offenen A : u hinweist. Ferner las er cidicus a. p. 136 und cidope a. p. 145. falsa statt salsa epod. 16,34. Das sonderbare igiis für imis epod. 14,1 geht auf Uncialbuchstaben zurück : IGIIS aus IꝒIS.

Die über den ganzen Codex verstreuten *Anmerkungen* waren späten, klösterlichen Ursprungs und ohne Wert, ähnlich wie z. B. die des Prager Codex j (s. Praefatio uol. I² p. XLV). Verkehrte Etymologien spielten eine Hauptrolle.

HENRY MARTIN

NOTES SUR LES ÉCRIVAINS AU TRAVAIL

Après les travaux nombreux que divers savants ont consacrés aux scribes et à la technique de l'écriture, la matière pourra sembler à peu près épuisée. Aussi ces notes ne visent-elles qu'à apporter sur des points spéciaux quelques indications complémentaires et à fixer certaines observations faites au cours d'études sur nos anciennes miniatures.

C'est par milliers que les enlumineurs ont figuré, en tête des manuscrits, les écrivains au travail : il n'est pas de sujet qu'ils aient traité plus volontiers. Déjà dans l'antiquité les œuvres des poètes étaient souvent décorées, à la première page, d'un portrait de l'auteur (1). En procédant comme ils l'ont fait, les illustrateurs de l'époque barbare et du moyen âge paraissent donc s'être simplement conformés à une tradition depuis longtemps établie.

Beaucoup de ces figures d'écrivains ont été publiées et diversement interprétées. Elles sont données comme représentant, soit l'auteur du livre, soit un copiste de profession, soit le peintre des miniatures lorsque le volume est assez copieusement illustré.

Cette dernière hypothèse est de toutes la moins vraisemblable. En effet, les vieux enlumineurs, si prodigues d'images quand il s'agit de leurs confrères les scribes, font preuve, en ce qui les concerne, d'une réserve très regrettable. Il ne leur vient guère à la pensée de se représenter eux-mêmes. Je n'entends point affirmer qu'il n'existe pas de portraits de ce genre ; mais ils sont rares, et je n'ai jamais eu la bonne fortune d'en rencontrer. Peut-être en transformant ainsi, pour les besoins de la cause,

---

(1) Voir l'article *Liber*, par M. Georges Lafaye, dans *Dictionnaire des antiquités grecques et romaines* de MM. Daremberg, Saglio et Edm. Pottier, t. III, 2ᵉ partie, p. 1177-1183 et plus particulièrement p. 1187.

des scribes en miniaturistes, a-t-on simplement voulu dire que, puisque à certaines époques l'écriture et la décoration d'un livre pouvaient être l'œuvre d'un seul et même personnage, qui voit un scribe voit un enlumineur. Ce serait là une théorie dangereuse. L'homme qui écrit est un scribe et rien autre : nous ne saurions deviner ce qu'il fera quand sa tâche d'écriture sera achevée.

A la question de savoir si les miniaturistes ont voulu représenter l'auteur de l'ouvrage ou un copiste de métier, la réponse paraît moins aisée, elle est seulement moins évidente. Dans la plupart des cas, ce sont bien certainement des auteurs, et non des copistes, qu'on nous montre. Pour s'en convaincre, il suffira de remarquer que ces personnages sont fréquemment caractérisés par un signe distinctif très reconnaissable : l'attribut, par exemple, s'il s'agit d'un évangéliste ; le costume de son ordre, si l'auteur du livre est un religieux. Enfin, ce qui doit paraître plus décisif encore, quand l'ouvrage a été composé par une femme, c'est toujours une femme que nous voyons dans la miniature initiale. Marie de France sera peinte en tête de ses *Fables* (1). De même, en tête des nombreux manuscrits contenant les œuvres de Christine de Pisan, c'est Christine elle-même qui nous apparaîtra la plume à la main (2). Lorsque ces signes font défaut, la distinction, à vrai dire, ne peut être qu'hypothétique : car rien dans l'attitude ne différencie un auteur d'un simple copiste.

Du reste, les peintres de miniatures ne représentent pas volontiers un auteur aux prises avec les difficultés de la première rédaction de son livre. Sans doute cette besogne préliminaire, aussi bien que plus tard celle de la correction des épreuves, a dû toujours paraître un peu dépourvue de noblesse. Dans le même ordre d'idées, je ne pense pas qu'il nous soit resté non plus, pour les ouvrages rédigés au moyen âge, beaucoup de brouillons analogues aux manuscrits originaux, raturés et surchargés, de nos littérateurs modernes ; et cependant personne ne croira que durant sept ou huit siècles toutes les œuvres littéraires sont nées dans l'état de perfection relative où nous les voyons. Faut-il admettre que ces brouillons, témoins du travail de tâtonnement des auteurs, ont tous été anéantis ? Le parchemin était bien cher pour qu'on le détruisît avec tant de facilité. Certes, il s'est trouvé des écrivains, qui, après avoir noté leur première pensée sur des feuillets, les ont lavés ou grattés jusqu'à n'y rien laisser survivre ; mais, si tous ceux qui ont composé des livres au moyen âge avaient procédé de cette façon, la plupart des manuscrits que nous possédons aujourd'hui seraient probablement des palimpsestes.

En réalité, il y aurait là quelque chose d'inexplicable si nous ne savions que ce travail préparatoire se faisait sur des tablettes de cire, dont l'usage s'est perpétué jusqu'à notre temps. La question a été trop souvent étudiée et trop bien élucidée pour

---

(1) Bibl. de l'Arsenal, Ms. n° 3142, fol. 256.
(2) Bibl. nat., Ms. fr. n° 603, fol. 81'°. — Bibl. de l'Arsenal, Ms. n° 2681, fol. 4.

qu'il soit nécessaire d'y revenir (1) ; mais peut-être l'emploi de ces tablettes a-t-il été plus général qu'on ne l'admet d'ordinaire. Ce n'est pas seulement pour établir des comptes qu'on les utilisait : les auteurs s'en servaient encore journellement pour le travail de composition de leurs œuvres. Les preuves écrites en sont nombreuses. Dans la *Vie de saint Boniface*, attribuée à saint Willibald, évêque d'Eichstädt, qui vivait au VIIIᵉ siècle, il est dit que l'auteur, ayant écrit son ouvrage sur des tablettes de cire, le soumit au jugement de deux saints personnages et que c'est seulement après avoir reçu leur approbation qu'il consentit à le faire transcrire sur parchemin (2). Au début du XIIᵉ siècle, nous verrons Guibert de Nogent se vanter, comme d'une prouesse, de pouvoir du premier coup écrire ses ouvrages sur les pages sans avoir recours aux tablettes (3). Plus défiant de lui-même, Baudry de Bourgueil, vers la même époque, composait d'abord ses vers sur la cire et confiait ensuite ses tablettes à des copistes, « qui carmina sua e tabulis ceratis in membranas referebant » (4).

On pourrait multiplier les citations de ce genre qui ne laissent subsister aucun doute ; mais les documents iconographiques sont moins abondants. Il en existe pourtant et j'en signalerai un qui me paraît assez remarquable. En tête d'un volume qui fut écrit et enluminé vers 1285, probablement pour la reine Marie de Brabant, femme de Philippe le Hardi, le miniaturiste nous montre un auteur célèbre du XIIIᵉ siècle, Adenet le Roi, travaillant à la composition de son grand poème romanesque de *Cléomadès*. Adenet n'écrit point la leçon définitive de son œuvre ; il en combine les épisodes et cherche les rimes de ses vers. Or, le poète, dans le feu de l'inspiration, n'a devant lui ni un rouleau, ni un feuillet de parchemin, ni un livre déjà relié. Armé d'un style et de tablettes à deux feuilles, il s'apprête à noter les vers à mesure qu'ils vont éclore dans son imagination (5). Ce n'est point là un exemple unique. Toutefois, je le répète, il semble bien qu'en général les enlumineurs ont voulu figurer de préférence les auteurs transcrivant leurs œuvres déjà mises au point, ou plus exactement les grossoyant, mais sans en avoir la minute sous les yeux. Exception doit être faite sans doute pour les évangélistes et pour certains Pères de l'Église, qui sont supposés écrire directement sous l'inspiration divine.

---

(1) Voir : Mém. Acad. inscript. et belles-lettres (1753), XX, p. 267-309, — (1849), XVIII, II, p. 536-563, — (1851) XIX, I, p. 489-498 ; — Edélestand du Méril, *De l'usage non interrompu jusqu'à nos jours des tablettes en* cire, dans *Revue archéologique*, nouvelle série, 1ʳᵉ année, 2ᵉ volume (1860), p. 1-16, 91-100.

(2) « Willibaldus vitam conversationemque viri Dei [Bonifacii]... conscripsit... primitus in ceratis tabulis ad probationem domini Lulli et Megingaudi, et post eorum examinationem in pergamenis rescribendam ». (*Acta sanctorum*, Juin, t. 1ᵉʳ (*die quinta*), p. 476.)

(3) « Opuscula enim mea hæc et alia nullis impressa tabulis dictando et scribendo, scribenda etiam pariter commentando immutabiliter paginis inferebam. (*Venerabilis Guiberti, abbatis B. Mariæ de Novigento, Opera omnia*, Paris, 1651, p. 477, — *De vita sua*, liv. Iᵉʳ, ch. 16.)

(4) Mabillon, *Librorum de re diplomatica supplementum*, Paris, 1704, p. 51.

(5) Bibl. de l'Arsenal, Ms. nᵒ 3142, fol. 1.

Les documents, en tout cas, ne font pas défaut. Innombrables sont les évangélistes, apôtres, prophètes, commentateurs, théologiens, poètes, auteurs de romans ou d'encyclopédies qui siègent, la plume et le grattoir à la main, soit en tête des volumes, soit à la page où commencent leurs écrits ; mais tous ne tracent point des lettres sur les feuillets. Il en est qui nous apparaissent trempant leur plume dans l'encrier ; d'autres sont fort occupés à élever la plume pour en mirer le bec au jour, à souffler dessus pour en chasser la poussière ou les poils détachés du parchemin ; d'autres encore taillent à l'aide du canif-grattoir la plume ou le calame.

Personne n'était mieux placé que les enlumineurs pour connaître les écrivains. Les représentations qu'ils en donnent sont donc généralement exactes ; mais il convient, à coup sûr, d'apporter dans l'appréciation de ces documents la même réserve qu'en toutes choses et de les soumettre à un examen critique avant d'en tirer des conclusions. D'abord, certaines miniatures ont pu être copiées sur d'autres plus anciennes. On en trouve aussi qui ont été dessinées d'après des types conventionnels et dont la valeur documentaire est manifestement nulle. Telles sont, par exemple, en tête des livres d'Heures, les images de saint Jean écrivant son évangile. Assis à terre dans une île de Pathmos si exiguë que les franges de sa robe trempent dans l'eau de toutes parts, l'apôtre s'efforce d'écrire sur un rouleau de parchemin tendu d'un genou à l'autre et ne prête aucune attention à un petit diable noir qui renverse son encrier, sans que l'aigle songe à intervenir. Il ne faudrait pas non plus regarder comme entièrement sincères les attitudes que les enlumineurs des ixᵉ, xᵉ et xiᵉ siècles prêtent à quelques-uns de leurs écrivains. Ceux-ci, qui sont le plus souvent des évangélistes, paraissent en proie à un véritable délire ; ils ont des gestes si outrés qu'il leur serait impossible, dans la position où nous les voyons, de tracer correctement une ligne. Mais ce sont là, malgré tout, des exceptions, et les figures de personnages écrivant qu'on est en droit de croire exactes abondent dans les manuscrits à toutes les époques. Ces images peuvent nous fournir des indications aussi bien sur l'attitude des écrivains au travail que sur les instruments qu'ils employaient.

Aucun texte ne nous renseigne sur l'attitude qu'on devait adopter. Quant aux instruments de l'écriture, plusieurs auteurs, comme Isidore de Séville (1), Alexandre Neckam (2), Jean de Garlande (3), en ont dressé des listes assez complètes. Ces listes ont

---

(1) « Instrumenta scribae calamus et penna. Ex hiis verba paginis infiguntur. Sed calamus arboris est, penna avis, cujus acumen in duale dividitur, in toto corpore unitate servata ». (*Liber Etymologiarum*, liv. VI, ch. 14.)

(2) La très longue énumération d'Alexandre Neckam a été publiée dans *A volume of vocabularies, edited by Thomas Wright, esq.*, tome Iᵉʳ de *A library of national antiquities.... published under the direction.... of Joseph Mayer....* Londres, 1857,. 116.

(3) « Hec sunt instrumenta clericis necessaria : libri, pulpita, crucibulum cum sepo et absconsa et laterna, cornu cum incausto, penna, plumbum et regula, tabula et ferula, cathedra, asser, pumex cum plana et creta. » (*Magistri Johannis de Garlandia dictionarius*, publié par H. Géraud dans *Paris sous Philippe le Bel (Collection des Documents inédits sur l'Histoire de France)*, 1837, p. 602.)

été déjà publiées et commentées : il serait donc superflu de les reproduire toutes intégralement ici. Les objets indiqués sont nombreux. Il faut aux écrivains : un pupitre pour écrire ou pour mettre les livres (*pulpita, pluteum*), une chaise (*cathedra*), un tabouret (*scabellum*), une table (*tabula*), un encrier avec de l'encre (*cornu cum incausto*), un roseau (*calamus*), ou une plume (*penna*), un crayon de plomb (*plumbum*), une règle (*regula, linula*), une pierre ponce (*pumex*), une plane (*plana*), ou un rasoir (*rasorium*) ou un canif-grattoir (*artavum*), une dent à polir (*dens verris seu apri*), un poinçon (*punctorium*). Il faut aussi des livres, des cahiers de parchemin (*quaterni* et non *quaterniones*), divers instruments d'éclairage, une loupe (*cavilla* ou *speculum* ou *spectaculum*), des encres de différentes couleurs. L'écrivain ne doit pas oublier non plus la planche à écrire (*asser*), qui souvent est recouverte d'un tapis de feutre (*centone coopertus*). Enfin, il est nécessaire encore aux auteurs d'avoir à proximité de la main des tablettes couvertes de cire (*tabellae ceratae*), avec le style (*stylus* ou *graphium*). Tous ces termes sont suffisamment clairs et n'ont besoin, semble-t-il, d'aucune explication. Un seul instrument, la *ferula* mentionnée par Jean de Garlande est assez mal connue, et l'usage n'en est pas parfaitement défini : j'aurai l'occasion d'en parler plus loin.

Je ne pense pas qu'on puisse jamais déterminer, à l'aide des miniatures, la date où fut abandonné le calame pour la plume. Nous savons comment était fait le calame antique : le musée de Naples en conserve un intéressant spécimen qui fut trouvé à Herculanum tout taillé et roulé dans un morceau de papyrus ; les représentations non plus n'en sont pas rares. Nous savons également que les anciens ont connu les faux calames de bronze, faits d'une feuille de métal roulée et forgée, sans soudure, sur un mandrin en fer. Plusieurs musées possèdent des spécimens de ces ancêtres de nos plumes d'acier. Quant à la vraie plume, à la plume d'oiseau, qui supplanta le calame et dont l'usage persiste encore de nos jours, on ignore l'époque précise à laquelle elle fut adoptée. Saint Jérôme, au commencement du vᵉ siècle, ne mentionnerait, d'après Lecoy de La Marche (1), que le style pour écrire sur la cire et le roseau pour écrire sur le papyrus ou le parchemin. Adrien de Valois, à la suite de son édition d'Ammien Marcellin, a publié des *Excerpta auctoris ignoti*. Or, cet auteur anonyme, qui aurait écrit au viᵉ siècle, raconte que Théodoric, roi des Ostrogoths, signait ses actes en suivant avec une *plume* les contours des premières lettres de son nom découpées dans une plaque d'or (2). Le texte cité par Adrien de Valois manque

---

(1) *Les manuscrits et la miniature*, p. 41.

(2) « Igitur rex Theodoricus inliteratus erat, et sic obruto sensu ut in decem annos regni sui quatuor litteras subscriptionis edicti sui discere nullatenus potuisset. De qua re laminam auream jussit interrasilem fieri, quatuor litteras regis habentem « THEOD », ut, si subscribere voluisset, posita lamina super chartam, per eam penna[m] duceret, et subscriptio ejus tantum videretur. » (*Ammiani Marcelli rerum gestarum.... libri XVIII, ope Mss. codicum emendati ab Henrico Valesio.... Editio posterior, cui Hadrianus Valesius.... collectanea variorum lectionum adjecit....* Paris, 1681, p. 669.)

un peu de précision; mais, il n'en est pas de même de ce qu'écrivait, au début du
VIIe siècle, Isidore de Séville. « Les instruments de l'écrivain, dit-il, sont le calame
et la plume; mais le calame vient d'un arbre, la plume vient d'un oiseau ». Il faudrait
donc admettre que la plume a fait son apparition entre le ve et le VIIe siècle de
notre ère.

Nous ne sommes guère mieux renseignés sur la date à laquelle le calame a été
définitivement abandonné. Alexandre Neckam, Jean de Garlande, au XIIIe siècle, n'en
font plus aucune mention. Papias, dans son *Elementarium*, composé au XIe siècle, dit
encore il est vrai que les instruments du scribe sont le calame et la plume (1); mais
Papias s'est si souvent borné à copier Isidore qu'on ne saurait conclure de ce passage
que le calame était encore d'un usage courant de son temps. Le doute est d'autant
plus permis qu'à un autre endroit il ne parle que de la plume et du grattoir (2).

Par suite des très petites dimensions données aux peintures des manuscrits, il n'est
pas toujours facile de reconnaître l'objet que le miniaturiste a voulu figurer entre les
doigts de l'écrivain. La confusion est encore facilitée par ce fait que, pendant les premiers siècles où l'on fit usage de la plume, l'habitude était à peu près générale d'en
enlever les barbes et le duvet. C'est donc surtout la forme de l'instrument qu'il faut
examiner. Lorsque celui-ci se présente sous l'aspect d'un bâtonnet droit, il est possible
que l'enlumineur ait voulu figurer un calame. S'il affecte, au contraire, la forme
d'une minuscule faucille, on a toute raison de penser que c'est bien une plume qui
est représentée. Il faut noter, d'ailleurs, que même aux époques anciennes quelques
scribes exceptionnellement tiennent en main une plume non ébarbée.

En somme, les renseignements fournis par les miniatures au sujet de l'emploi de la
plume ou du calame demeurent dans leur ensemble assez incertains; ils sont plus précis
pour ce qui concerne l'attitude de l'écrivain au travail. Celui-ci s'étant assis sur sa chaise,
un tabouret sous les pieds, place devant lui la planche à écrire appuyée du bas sur
les bras de la chaise et dressée contre le pupitre. Certains scribes se servent simplement d'une table horizontale, mais le plan incliné est la position la plus habituelle.
La planche à écrire est percée d'un trou, dont le diamètre est calculé de telle façon
que la corne servant d'encrier peut y être enfoncée la pointe en bas sans la traverser.
La feuille de parchemin une fois étendue sur la table, c'est avec le canif-grattoir,
tenu de la main gauche, que l'écrivain la fixera.

Quant à la position de la main droite, elle n'a point toujours été identique. Sans
doute des manuscrits très anciens nous offrent déjà quelques écrivains ayant adopté
une attitude analogue à celle que nous prenons aujourd'hui; mais il n'en est pas
moins vrai que la plupart tracent leurs lettres à main levée, loin du feuillet,
et sans aucun soutien. Le geste rappelle celui des Chinois et des Japonais écri-

---

(1) « Calamus et penna, instrumenta scribe ».
(2) « Scriba a scribendo dictus : hujus instrumenta sunt scalpus et penna ».

Fig. 1
Écriture à main non soutenue *(XIIe siècle)*

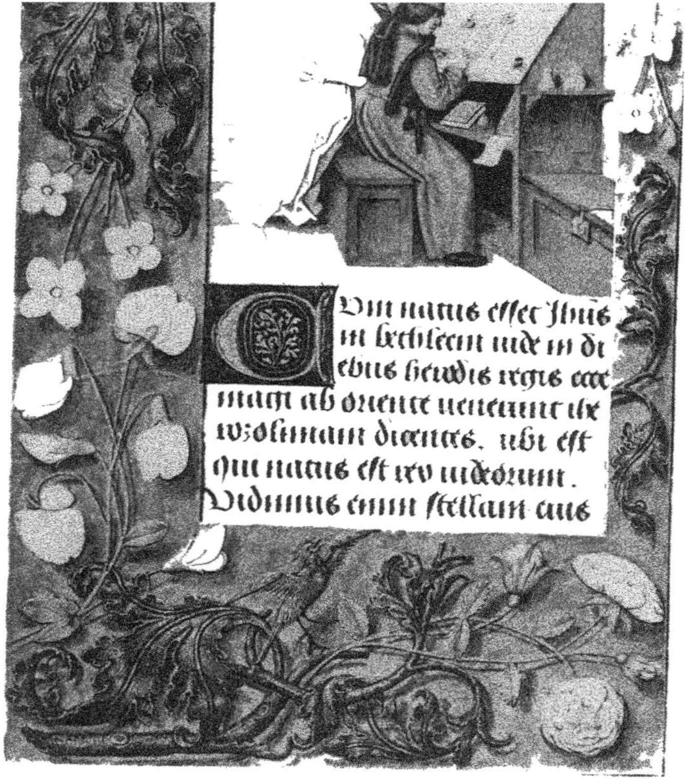

Fig. 2
Saint Mathieu copiant son Évangile
sous la dictée de l'Ange *(fin du XVe Siècle)*

D. A. LONGUET, Imp.

vant au pinceau. Dans ce mouvement il serait difficile d'imprimer à l'écriture la forme qu'on lui donne actuellement, de lier toutes les lettres, de les pencher, et de tracer, avec une grande rapidité, comme nous le faisons, une foule de petits traits inutiles, qui ne sont que les délassements d'une main bien assise. La main franchement posée à la manière moderne permet aisément tous les mouvements de droite, de gauche, de haut en bas et de bas en haut. Pour une main non soutenue, former les lettres par une série de traits parallèles uniformément tracés de haut en bas paraît plus facile et plus naturel. On comprendrait mal que l'écriture de la Chancellerie pontificale, par exemple, ait pu être exécutée d'une main sans appui. Il en est de même de l'écriture cursive et de la minuscule. Les lettres lombardiques, au contraire, pourraient, semble-t-il, être tracées à main levée, et à plus forte raison la demi-onciale, l'onciale et surtout la capitale.

Faut-il penser que les scribes ont adopté des positions différentes suivant le genre d'écriture auquel ils s'appliquaient ? Cela paraît assez probable ; mais on ne peut, à ma connaissance, citer aucun texte en faveur de cette hypothèse. Le seul fait constant est que jusqu'au xiv° siècle les scribes tenant la main haute et entièrement dégagée sont de beaucoup les plus nombreux, si nombreux en tout cas qu'il ne semble pas possible de croire à la fantaisie de tant d'enlumineurs. C'est là ce que je tenais à établir, tout en faisant remarquer que les raisons de cette diversité d'attitudes ne nous apparaissent pas encore clairement.

Je donne, à la figure I, un exemple d'écriture à main non soutenue, emprunté à un manuscrit du xii° siècle (1). L'évangéliste représenté ici appartient à la catégorie des scribes aux mouvements exagérés que je signalais plus haut. A cette époque pourtant les gestes sont déjà devenus plus sobres ; et, si nous comparions notre écrivain à ceux du ix°, du x° et même du xi° siècle, la pose nous paraîtrait presque flegmatique. J'ai choisi cette image malgré l'invraisemblance de l'attitude générale, parce que, même reproduite, elle ne saurait laisser aucun doute sur la position qu'occupe la main droite par rapport au pupitre. On y peut voir également un exemple très net du rôle joué pendant des siècles par le canif-grattoir. Du reste, la coutume, qui s'est perpétuée si longtemps, de maintenir le feuillet à l'aide du grattoir a probablement son origine dans l'usage d'écrire à main levée. Aujourd'hui, appuyant la main droite comme nous le faisons, nous concevons assez bien que la gauche pourrait à la rigueur rester éloignée du papier.

Il y eut encore au moyen âge une autre façon de tenir la main : les représentations en sont, il est vrai, beaucoup plus rares. On voit certains scribes appuyer la main qui écrit ou simplement le poignet, non pas directement sur le feuillet, mais sur un bâton assez court. Il est possible que ce soit là la *ferula* mentionnée au xiii° siècle par Jean de Garlande comme un instrument utile aux écrivains. Nous ne savons

(1) Bibl. de l'Arsenal, Ms. n° 591, fol. 13 v°.

pas très exactement ce qu'était la férule dont on se servait anciennement pour châ-
tier les écoliers distraits, paresseux ou indisciplinés (1). A une époque avancée du
moyen âge, les pédagogues sont généralement armés de verges. Une peinture du
xi° siècle nous montre deux jeunes étudiants modestement inclinés devant le
maître assis dans un fauteuil ; ils lisent ou répètent leur leçon. Entre ces personnages
sont inscrits les trois vers suivants :

> Pracmata scriptoris cordis trutinate sub antro
> Nunc, pueri, vigil et sensus stet cordis in ara,
> Ut vitare queat ferulas manus ipsa magistri.

Il semblerait donc que le professeur dût avoir au poing la férule : il n'en est rien.
La tête soutenue par son bras gauche, il écoute attentivement et brandit dans sa main
droite un grand canif, dont le manche peut-être devait à certains moments jouer
le rôle de férule (2). La *ferula* est proprement une ombellifère, dont la longue tige,
quand elle est sèche, offre une assez grande résistance. Quelques auteurs en font la
canne dont s'aident les vieillards pour marcher. Du Cange cite plusieurs exemples
du mot *ferula* désignant un bâton pastoral. C'est donc, en somme, une baguette de
longueur indéterminée; et quand dans les miniatures (3) nous voyons des scribes,
pour soulever la main qui écrit, se servir d'un bâtonnet analogue, toutes proportions
gardées, à l'appui-main en usage de nos jours encore chez les peintres, nous pouvons nous demander s'il n'y aurait pas lieu de faire un rapprochement entre la *ferula*
de Jean de Garlande et ce bâtonnet qui est rond et ne saurait en conséquence être
identifié avec la règle.

Quoi qu'il en soit, la coutume d'écrire en prenant pour point d'appui une tige
droite placée horizontalement devait offrir certains avantages. Quand bien même la
feuille n'eût pas été réglée, il était possible dans ces conditions de tracer les lignes
d'écriture avec une rectitude absolue. Chacun peut, du reste, en faire aisément
l'expérience. En posant le petit doigt ou le bas de la main sur une canne, une planchette, un crayon, et en suivant, l'on s'apercevra qu'on n'écrit pas moins droit que
si la plume se laissait conduire par une ligne de réglure. Je dois encore ajouter que dans
bon nombre de manuscrits, principalement des xiii° et xiv° siècles, j'ai observé souvent
des pages entières dont les lignes de lettres ne suivent nullement les lignes de la réglure,
bien que ces lignes de lettres soient parfaitement droites et régulièrement espacées
entre elles. Il est manifeste que le scribe a eu pour le guider autre chose que la
réglure dont il n'a tenu aucun compte. La règle et la férule pouvaient également
s'adapter à cet usage.

(1) Cf. Juvénal, *Sat.* I, v. 15 ; — Martial, *Epigr.*, liv. X, 62, liv. XIV, 80.
(2) Bibl. de l'Arsenal, Ms. n° 912, fol. 96.
(3) Bibl. de l'Arsenal, Ms. n° 590, fol. 518.

Même à une époque tardive, la main droite de l'écrivain ne se pose pas toujours franchement : aussi le grattoir, servant de point d'appui à la main gauche et donnant en même temps la stabilité indispensable au feuillet, est-il resté en usage jusqu'au temps de la Renaissance. On en pourra voir un exemple à la figure II. Cette miniature est tirée d'un beau livre d'Heures qui date de la fin du xvᵉ siècle (1) ; nous y retrouverons encore bien des modes anciennes. Le pupitre, très incliné, est couvert d'une grande feuille de parchemin. Deux palets de métal, attachés à des lanières, sont posés sur le feuillet double qu'ils maintiennent. L'écrivain appuie légèrement le poignet droit ; mais la main gauche ne repose point directement sur la feuille. Comme les scribes du haut moyen âge, ce contemporain de Louis XII est armé du grattoir. Tout le tableau est traité d'une façon nettement réaliste : autour de l'encrier l'enlumineur n'a eu garde d'oublier les gouttes laissées par la plume en s'approvisionnant. — Pour leur permettre de sécher à l'abri des frottements inopportuns, les feuillets nouvellement écrits ont été placés au fond, près de la fenêtre, sur une barre de bois soutenue par deux montants verticaux. Ces pièces légères de bois posées horizontalement ont été d'un usage général pendant plusieurs siècles : c'étaient les porte-manteaux de nos ancêtres. On trouvait ces ustensiles partout, dans les maisons des particuliers, aussi bien que dans les palais et dans les revestiaires ou sacristies des églises : ils se nommaient simplement des perches. Les miniatures nous en fournissent de très nombreux spécimens. C'est sur la perche que se mettaient les robes qu'on ne voulait point enfermer dans des coffres. Jean de Garlande, dans son *Dictionarius* (2), accorde à la P*erche* une longue mention. Après avoir énuméré tous les vêtements qu'on y pouvait placer, l'auteur ajoute :

« Pertica, gallice *perche*, unde versus :
Pertica diversos pannos retinere solebat. »

Ce détail de l'image nous permettra de constater que les premiers imprimeurs en adoptant la perche pour sécher leurs feuilles avant de les réunir en volume n'ont fait que suivre l'exemple donné par les vieux scribes leurs prédécesseurs.

Pour terminer je ferai remarquer encore, à cette même figure II, la présence d'une orange posée sur la planchette au-dessous du pupitre. A une certaine époque, c'est-à-dire dans la seconde moitié du xvᵉ siècle, beaucoup de scribes ont ainsi une orange à portée de leur main. L'origine de cette coutume est assez obscure. Il est possible que, placée d'abord comme ici à côté de l'évangéliste saint Matthieu, l'orange pour quelques miniaturistes soit devenue par extension une sorte d'attribut des écrivains. Si le point de départ était tel, l'explication qu'on en pourrait donner est celle-ci. En tête de tous les livres d'Heures on trouve invariablement

(1) Bibl. de l'Arsenal, Ms. no 638, fol. 17 vᵒ.
(2) *Op. cit.*, p. 603.

les mêmes extraits des quatre évangiles. Le passage choisi dans saint Matthieu est celui qui rapporte l'Adoration des Mages (II, 1-12). Or, au xv⁰ siècle, certains enlumineurs flamands ont imaginé de représenter à cet endroit sur la marge du livre d'Heures une véritable exposition des cadeaux offerts à l'Enfant Jésus, et parmi les cadeaux figure d'ordinaire une orange, fruit assez rare et fort apprécié en Flandre à cette époque. Je m'empresse d'ajouter que ce n'est là qu'une hypothèse. Il est tout aussi admissible que cette orange, ou ce citron peut-être, ait eu une destination parfaitement déterminée. En exprimait-on le jus pour effacer les lettres tracées mal à propos ? Mêlait-on quelquefois ce jus à l'encre ? Ou bien ce fruit n'est-il là que pour étancher au besoin la soif de l'opérateur ? La soif, en tout cas, paraît avoir été, non pas pour les auteurs, mais pour les copistes de métier, l'objet de continuelles préoccupations, ou plutôt sans doute un lieu commun fort à la mode. Fréquemment nous verrons les scribes, après avoir achevé la transcription d'un ouvrage, réclamer à boire avec force :

> Vinum scriptori debetur de meliori,

dira l'un, tandis qu'un autre, plus impérieux, s'écriera :

> Explicit hic totum. Frater Jacobe, da michi potum.

AUG. AUDOLLENT

———

BANDEAU DE PLOMB AVEC INSCRIPTION

TROUVÉ A HAÏDRA (TUNISIE)

———

Au n⁰ 299 de mes *Defixionum tabellae,* j'ai inséré un texte exhumé, en 1894, par
M. le commandant (aujourd'hui général) Goetschy, des ruines de l'antique *Ammaedara* (Haïdra) et offert par lui au Musée de Constantine (1). En le publiant, j'avais
dû me contenter de reproduire la transcription qui figure dans le *Recueil des
Notices et Mémoires de la Société archéologique du département de Constantine,*
XXIX, 1894, p. 567. Si l'on excepte quelques mots isolés, il était, sous cette forme,
presque entièrement inintelligible. Un nouvel examen s'imposait pour dégager le
sens de cette curieuse inscription. Grâce à M. Hinglais, conservateur du Musée de
Constantine, qui m'a très obligeamment communiqué l'original (voir la planche), je
suis aujourd'hui en mesure d'en donner une lecture à peu près complète.

Les circonstances de la découverte sont assez banales. Comme la plupart des documents analogues, celui-ci a été retiré d'une tombe. Elle « était indiquée par une
grande pierre plate de 3 m. 50 de long sur 0 m. 60 de large, arrondie au sommet.
Cette pierre [anépigraphe] était plantée verticalement dans le sol et émergeait d'un
mètre environ... Jusqu'à près de 2 mètres de profondeur, on n'a rien trouvé ; à
partir de cette distance, on a commencé à rencontrer quelques ossements, mais
absolument brisés et en menus fragments. » Au milieu d'eux gisait la *tabella*
« roulée en spirale ». A ces renseignements, que je puise dans le *Recueil... de
Constantine, loc. cit.,* M. le général Goetschy a bien voulu récemment en ajouter
quelques autres. « J'ai eu en fouillant cette tombe, m'écrivait-il le 20 septembre 1909,
l'impression qu'elle avait déjà été violée et la terre remuée. Je pense que c'est pour
cette raison que je n'y ai rien trouvé, que tout le mobilier funéraire avait disparu,

(1) Où il existe sous la cote F 639.

car ce devait être une tombe plutôt riche. Ce qui me le fait croire, c'est qu'elle était à droite de la voie romaine et assez près de l'arc de triomphe d'Haïdra (1), les pauvres n'étaient pas enterrés là. » Rien ne permet de décider si cette violation remonte au moment où le rouleau fut déposé sur les ossements ou si les deux actes restèrent indépendants l'un de l'autre. Je me borne à signaler le fait, pour aborder immédiatement l'étude du texte.

Il est gravé sur une bande de plomb, large d'environ 0 m. 05 aux extrémités et de 0 m. 045 au milieu, longue d'environ 0 m. 16, découpée en section de cercle avec courbe très peu prononcée, la partie concave en haut. Une des faces, dit M. le général Goetschy (2), « porte quelques caractères mal formés et placés vers son tiers inférieur et sur une seule ligne ». Je n'ai pas pu les voir, parce que le plomb est aujourd'hui collé sur un morceau de carton et qu'on risquerait de le briser en l'en séparant. On se figurera, j'imagine, assez bien ces caractères, d'après ceux que j'ai déjà relevés au dos de plusieurs *tabellae* provenant de Sousse (3). Si l'on admet que toute *defixio* est une sorte de lettre envoyée aux dieux (4), cette ligne extérieure en serait comme l'adresse. Sur l'autre face sont tracées onze lignes d'écriture d'inégale longueur : en voici le contenu. J'ai mis un point sous les lettres douteuses ; les points soulignés par moi existent sur le plomb.

’Ονείρεσον σεαυτῷ κατέ[χο]ντι αὐτού[ς οὕ]ς σοι λέγω δαίμων διακόνη
σόν μοι. Οὐειταλιάνῳ ὃν ἔτεκεν Σατ[ουρν]ιν[ν ?]α. πρὸς τὸν σασσεικον ὃν ἤτη
κην . Κερτα .... ηωθεις. ὣ σεβετα θεληθεα . εἶπον αὐτῷ κατ’ ὕπνους δὺς
Οὐειταλιάν[ῳ μει]ρακίῳ δηνάρια . ἑκατὸν . καὶ . εἱμάτια
5   Ναυταραρε δι’ οὐρανῶν . δραμετα αεροπα ἐπιπέμπο σε Ἑ[κ]άτη . νυχία ὁριοδείτη
φανταστε φανταστ[ικε] πολιοτριοδε δυνά[στ]ειρα ἀνανκάστειρα εουρρορο6ορκηω
ωοφόρ6η πανφό[ρ]6η [ἀν]ανκανφορ6αιε . αιλε... ὥστις ποτ’ εἴ νεκύδαιμον καὶ ἐξορκίζω
σε κατὰ τῶν . ὀνομάτων ὧν οὐ δύνῃ παρακοῦσαι μελος δορκηνιωνη . πληναρειον δρα..ε
ταχὺ ἐάν μοι διακονήσῃς μυρρίσω σε καὶ στεφανώσω καὶ θύσω σοι εἰ δὲ μὲ 6αλῶ σε
10   εἰς ὅλμον μολυ6οῦν καὶ μετὰ παλιούρων κατακόψω σε δραμετα ταχὺ ταχύ

(1) « A proximité de l'arc de triomphe sous lequel passait le grande voie stratégique de Carthage à Théveste, semble avoir été, au I" siècle de notre ère, le cimetière des soldats de la II" légion Auguste, détachés du camp de Théveste pour occuper le poste militaire très important d'Ammaedara. » Gauckler, *Bulletin archéologique*, 1900, p. 96.
(2) *Recueil... de Constantine*, loc. cit.
(3) *Defixionum tabellae*, 272-274, 278, 282, 288 ; *Bulletin archéologique*, 1906, pp. 380, 383.
(4) Cf. *Defixionum tabellae*, p. cxi, avec les références.

BANDEAU DE PLOMB AVEC INSCRIPTION
trouvé à Haïdra (Tunisie)

HONORE CHAMPION, Édit.

D. A. LONGUET, Imp.

Ces lignes seraient assez lisibles, du moins pour des yeux habitués aux documents de ce genre, si l'original nous était parvenu en bon état. Mais il est troué, usé ou déformé en maint endroit ; aussi le déchiffrement offre-t-il de nombreuses difficultés. Plus d'une fois on est obligé de suppléer aux lettres disparues et de tenter des restitutions. Je voudrais justifier en peu de mots celles que j'ai proposées, tout en expliquant diverses expressions insolites.

Ligne 1. ὀνείρεσον, verbe inconnu, dont la lecture est d'ailleurs indiscutable. On pourrait supposer une erreur du scribe et rétablir ἀναίρεσον (= ἀναίρησον) ; dans une *defixio* il serait très naturellement question d'enlever, de faire disparaître. Mais, outre que l'hypothèse d'une faute est toute gratuite, l'idée de rêve, de songe, contenue dans ὀνείρεσον s'accorde ici beaucoup mieux avec le contexte, comme on s'en rendra compte plus loin. Je traduirais donc ὀνείρεσον σεαυτῷ « appelle à toi, évoque dans un songe ».

La suite se rétablit d'elle-même ; on aperçoit encore la pointe supérieure du ς de αὐτούς et la pointe droite de υ dans οὕς.

Ligne 2. Après ἔτεκεν on attend nécessairement un nom propre féminin ; Σατουρνινα se présente dès l'abord à l'esprit à cause des groupes Σατ et ιν qu'on discerne assez bien. Entre ν et α final il existe un vide suffisant pour une lettre ; le redoublement de ν n'est pas impossible.

Τὸν σασσεικον, ce terme s'applique à un homme, dont la mère est ensuite indiquée. Je ne crois pas à un nom personnel, mais, à cause de l'article, à une désignation professionnelle que je n'ai d'ailleurs pas réussi à déterminer.

Ligne 3. Il faut donc encore chercher un nom de femme dans Κερτα. Y rattacherons-nous ηωθεις et les quatre lettres intermédiaires, de façon à constituer un nom latin ou latinisé de quinze lettres, commençant par *Certa* et se terminant par *eothis* ou *eotis* ? Ajouterons-nous à Κερτα une partie seulement des lettres suivantes, ηωθεις n'étant que la terminaison d'un second mot ? Ou enfin considérera-t-on *Certa* tout court comme le nom de la mère, en réservant les dix lettres suivantes pour une autre expression ? De ces trois solutions la première a mes préférences, car je ne vois guère quelle valeur attribuer à ces dix lettres intercalées entre le nom propre et l'invocation ὦ σεβετα θεληθεα ; à moins cependant qu'elles ne dissimulent quelque qualificatif de *Certa*.

Nous arrivons à un passage assez compliqué : j'avais cru d'abord à ὦ σεβεταθε ἀληθεα ; il faut y renoncer, car il n'y a place que pour une lettre entre θε et ηθεα. J'entrevoyais aussi ὦ σεβετα θεὰ ἠθέα (= ἠϊθέα) « ὁ vénérable déesse vierge », cette épithète concernerait Hécate qui va paraître à la ligne 5. Eupolis écrit, *Com. fragm.* K. 332, ἤθεος κόρη « une jeune fille ». Mais une expression si poétique ne conviendrait guère dans un morceau comme celui-ci. La leçon θεληθεα à laquelle je m'arrête et que j'interprète « celle qui veut, la volontaire, celle dont la décision est fixe, immuable », se tire aisément de ὁ θε... N'essayons pas d'apparenter ce terme à τελετή « rite, cérémonie ». Quant à σεϐετα, pour σεϐαστή, il dériverait de σέϐω aussi bien que σέϐημα, σέϐησις.

L'impératif εἶπον est attesté par plusieurs exemples de bons auteurs, Xénophon, Platon, Théocrite (1).

Entre δ et ς de δός, l'espace semble bien grand pour une seule lettre ; je ne pense pas cependant qu'on doive le remplir par autre chose qu'un ο.

Ligne 4. [μει]ρακίφ, conjecture séduisante, car le ε se laisse à peu près deviner à l'endroit voulu ; mais le vide qui précède ρακιω conviendrait mieux pour cinq lettres que pour quatre ; d'autre part l'indication que *Vitalianus* est un jeune homme semble ici quelque peu oiseuse. De toute manière, un second nom de ce personnage n'est guère vraisemblable, car, à la ligne 2, où il déclare nettement qui il est, il ne s'appelle que *Vitalianus*.

δηνάρια, l'avant-dernière lettre peu distincte.

Ligne 5. δραμετα, la forme conjecturale δραμητης, dont nous aurions ici le vocatif, n'est point inacceptable, puisqu'on connaît δράμημα équivalent de δρόμος (2).

La leçon αερΟπα reste problématique — on peut soupçonner αερηπα, αερεπα. — Si elle était admise, peut-être devrait-on la rattacher à ἀέροπος « au regard sombre », dont la forme ionienne ἠέροπος (Antoninus Liberalis, 18) est seule parvenue jusqu'à nous ; ἀερόπορος (Platon, *Timée* 40 A) s'accorderait certes mieux avec δι' οὐρανῶν δραμετα, mais le moyen de le tirer d'αερΟπα ?

Ἑκάτη ne m'inspire aucun doute. De même, quoique la première lettre soit écrasée, au lieu de εριοδειτη, qui n'a pas de sens, je lis sans hésiter à la fin ὁριοδείτη, qui en a un. Dans l'*Etymologicum Magnum*, p. 632, 32, ὁριοδείκτης est donné comme synonyme de ὁριστής. « Καὶ ὁρισταὶ ἀρχή τίς ἐστιν, ἥτις ἀφώριζε τὰ ἴδια καὶ τὰ δημόσια οἰκήματα, ὥσπερ τινὲς γεώμετραι καὶ ὁριοδεῖκται. » (3) Comme θεληθεα, c'est l'épithète naturelle de Ἑκάτη, dont la volonté pose des bornes infranchissables.

Ligne 6. φανταστ[ικε], trois caractères au moins sont effacés à la fin de ce mot ; à la place du dernier on distingue la pointe supérieure de ε ou de ς. Cet adjectif complète et renforce le précédent ; appliqués tous les deux à Hécate, ils la présentent comme une divinité qui agit sur l'imagination (4), qui peut créer des illusions, par conséquent envoyer des songes (5).

Dans πολιοτριοδε il subsiste seulement des amorces du second groupe ιο ; une cassure a emporté la plus grande partie des lettres. Le mot ainsi reconstitué est à rap-

---

(1) Ils sont énumérés dans Kühner-Blass, *Ausführliche Grammatik der griechischen Sprache*, 1892 I, 2, p. 423.

(2) Voir Van Herwerden, *Lexikon graecum suppletorium et dialecticum*, p. 224.

(3) En Egypte un fonctionnaire agronome s'appelait aussi ὁριοδείκτης, *Papyri Berolinenses*, 426, 1 ; 614, 6 ; 923, 5, 17. Cf. Van Herwerden, *Lexikon*, p. 594, 965 ; *Appendix*, p. 156.

(4) Cf. Roscher, *Ausführliches Lexikon der griechischen und roemischen Mythologie*, I, 2, col. 1894.

(5) φαντάζισθαι s'emploie parfois au lieu de φαίνισθαι ; Van Herwerden, *Lexikon*, p. 866 ; *Appendix*, p. 228.

procher de τριοδῖτις que l'on connaissait déjà parmi les épithètes de la même déesse (1). Je complète δυνά[στ]ειρα d'après une *defixio* d'Alexandrie (2). δορκηω plus probable que δορϐηω.

Ligne 7. Avant ὅστις, peut-être quelque vocable magique de huit ou neuf lettres, peut-être aussi un verbe au présent de l'indicatif dont καὶ ἐξορκίζω continuerait le sens.

Ligne 8. Après παρακοῦσαι défilent sans doute les ὀνόματα dont il vient d'être question : μελος, dont les deux premières lettres sont incertaines ; — δορκηνιωνη (3) plutôt que δορχπνιωνη, la forme de η explique cette hésitation ; la dernière voyelle est un peu écartée de ν, la barre transversale qui surmonte le jambage droit de N empêchait de l'en rapprocher davantage ; — πληναρειον, que je donne sans affirmer l'exactitude du premier caractère ; δηναρειον, qu'un rapprochement instinctif avec δηνάρια de la ligne 5 pourrait amener à l'esprit, doit être écarté.

Ligne 9. Deux lettres peu visibles devant ρωισω ; je soupçonnais μα ou μν. M. Bodin me suggère μυρρίσω (= μυρίσω) « je te couvrirai de parfum », qui s'accorde bien avec στεφανώσω. — La première lettre du troisième verbe n'est pas très distincte ; θύσω, conjecture de M. Bodin, semble le mot juste.

Ligne 10. δραμετα, α final douteux ; je le maintiens, plutôt que ε, par analogie avec la ligne 5.

Ligne 11, composée uniquement de caractères magiques, le cinquième peu net ; après le dixième, une sorte de point en contre-bas.

Au-dessous de ces caractères subsiste en partie un trait horizontal, qui déterminait peut-être par avance la courbe suivant laquelle le plomb serait découpé.

Malgré les incertitudes assez nombreuses que nous venons de noter, mais qui, par bonheur, ne portent guère sur les termes essentiels, la signification générale du morceau se dégage assez clairement. Voici comment j'essaierais de le traduire.

« Appelle à toi dans un songe, les tenant sous ton pouvoir, ceux que je te dis ; démon, assiste-moi, [moi] Vitalianus qu'a enfanté Saturnina, contre le... qu'a enfanté Certa... ; ô vénérable [déesse] de volonté, dis-lui pendant son sommeil : « Donne à Vitalianus le jeune homme cent deniers et des vêtements ». Nautarare qui cours à travers les cieux... je t'envoie vers lui, Hécate, [déesse] de la nuit, toi qui poses les bornes, toi qui donnes l'illusion, toi qui abuses l'esprit,... des carrefours, puissante, inéluctable [suivent cinq termes magiques]... qui que tu puisses être, démon du mort, et je t'adjure par les noms auxquels tu ne peux pas désobéir [quatre termes

---

(1) Bruchmann, *Epitheta deorum quae apud poetas graecos leguntur*, p. 98.

(2) *Defixionum tabellae*, 38, 1. 11 : ἐπικαλοῦμαί σε τὴν πάντων ἀνθρώπων δυνάστειραν, et 27 : ἐπίκλωσε γὰρ αὐτῷ ταῦτα ἡ πανδυνάστειρα ἄνασσα.

(3) On peut comparer au moins la terminaison de ce mot avec celle des termes magiques *barnion*, *formione*, qui se lisent sur plusieurs textes d'Hadrumète, *Defixionum tabellae*, 292 a, 293 a, 294.

magiques] ; vite, si tu m'assistes, je te couvrirai de parfum et je te couronnerai
et je sacrifierai pour toi ; sinon, je te jetterai dans un mortier de plomb et avec des
paliures je te frapperai à coups redoublés ; coureur, vite, vite [quinze signes
magiques]. »

Le client du magicien auteur de la *tabella* est donc un certain Vitalianus, à qui on a
probablement dérobé cent deniers et des vêtements (1). Il appelle les dieux au secours
pour rentrer en possession de son bien ; il les conjure d'évoquer le voleur présumé
pendant son sommeil, pour lui intimer l'ordre de rendre le tout au légitime propriétaire. L'objet propre de cette *defixio* est donc, si je vois juste, une restitution par
suggestion divine, procédé tout nouveau dans cette catégorie d'inscriptions. Elle vise
l'énigmatique personnage désigné à la ligne 2 par l'expression τὸν σασσεικον ; et si le
pluriel de la ligne précédente αὐτοὺς οὕς σοι λέγω semble y contredire, la contradiction
n'est qu'apparente. Le rédacteur a bien pu employer au début, par habitude, une
formule courante, très compréhensive — renouvelée pourtant ici par le verbe ὀνείρεσσον — sans réfléchir qu'en réalité il n'avait qu'un seul adversaire à signaler aux
dieux. Sa requête précise ne commencerait qu'après cette banale entrée en matière,
avec les mots δαίμων διακόνησόν μοι.

Elle se présente sous forme d'interpellation énergique aux puissances dont le magicien juge l'intervention particulièrement efficace, ὀνείρεσσον, διακόνησον (l. 1) ; εἶπον (l. 3) ;
il va même jusqu'à dicter à la « vénérable [déesse] de volonté » le langage qu'elle doit
tenir au voleur : εἶπον αὐτῷ κατ' ὕπνους · δὸς Οὐειταλιάνῳ, etc. (l. 3). Ce ton impératif, que
nous avions déjà entendu dans beaucoup d'autres *defixiones* (2), s'adoucit un peu
dans la suite : les présents ἐπιτεμπτο σε (l. 6), ἐξορκίζω σε (l. 7) sont encore des ordres,
mais énoncés avec moins de raideur (3), et le conditionnel ἐάν μοι διακονήσης (l. 9)
amène l'espèce de marchandage de la fin, promesses si l'esprit agit comme on le
souhaite (μυρρίσω σε καὶ στεφανώσω καὶ θύσω σοι), menaces s'il s'y refuse (εἰ δὲ μὲ θαλῶ σε εἰς
ὅλμον μολυβοῦν καὶ μετὰ παλιουρώων κατακόψω os). Ce contrat donnant donnant laisserait volontiers penser que le magicien ne se sent pas très sûr du pouvoir de ses formules. S'il essaie
tour à tour de l'appât d'une récompense et de la crainte d'un châtiment, ne serait-ce
pas que le dieu ne saurait être contraint, qu'en somme il conserve la liberté d'intervenir ou non et qu'il peut, pour reprendre les expressions mêmes du texte, désobéir
aux noms qui sont prononcés devant lui. Sans vouloir trop insister sur cette conséquence, je ne dois pas omettre du moins de rapprocher à ce propos notre inscription
d'une autre qui provient de Sousse et qui offre une frappante analogie (4). Une
femme, Septima, veut se faire aimer d'un certain Sextilius : le magicien expose

---

(1) On connaissait déjà un certain nombre de *defixiones* dirigées contre des voleurs ; cf. *Defixionum
tabellae*, p. LXXXIX-XC, 472.
(2) Voir *Defixionum tabellae*, pp. 483-486.
(3) Voir *ibid.*, pp. 474-476.
(4) *Ibid.*, 270.

d'abord en termes pressants le vif désir de sa cliente, puis, prenant la parole pour son propre compte, il ajoute (1) : *Si minus descendo in adytus Osiris et dissolvam* τὴν ταφήν *et millam ut a flumine feratur.* Comme l'a très bien expliqué M. Maspero (2), « le magicien menace Osiris de descendre dans ses retraites cachées, c'est-à-dire dans la cellule où sa momie repose » ; par une allusion directe à la légende du dieu, il déclare : « Sinon (si tu ne m'obéis pas), je descendrai dans les arcanes d'Osiris, et je briserai le cercueil et je le jetterai pour qu'il soit emporté par le fleuve. » L'intention est donc identique de part et d'autre, mais elle se manifeste plus complètement dans le texte d'Haïdra, car on y envisage une double alternative, obéissance et résistance de l'esprit ; dans les deux cas on lui promet son salaire. Cependant le sorcier n'éprouve pas ici le besoin de justifier son dire, ni de prouver sa puissance, en ajoutant quelque phrase dans le goût de celle que lance triomphalement son collègue d'Hadrumète : *Ego enim sum magnus decanus dei magni dei.* Il se contente d'annoncer à l'esprit qu'en cas d'insoumission il sera jeté dans un mortier de plomb et frappé avec des « paliures. »

On appelle ainsi un arbuste à épines acérées, connu sous le nom d'*épine du Christ*, qui sert dans les pays méditerranéens, surtout dans l'Asie occidentale et l'Europe méridionale, pour les haies des jardins. Il s'agit donc d'une sorte de flagellation. Pourquoi ce supplice plutôt que tout autre ? Pourquoi aussi ce mortier de plomb où le rebelle doit être pilé ? Mes souvenirs ne me rappellent aucune aventure mythologique à laquelle on puisse rattacher ces allusions ; mais elles dérivent d'une préoccupation semblable à celle qui inspira le magicien d'Hadrumète, et cette constatation nous invite, semble-t-il, à demander cette fois encore l'explication aux légendes égyptiennes (3). Qu'il me suffise de signaler le problème aux spécialistes ; ils trouveront bien les moyens de le résoudre (4).

A qui s'adressent les véhémentes apostrophes de Vitalianus ou de son porteparole ? Notre texte vise au moins deux êtres de nature divine, d'abord l'esprit de

---

(1) Ce texte est écrit en caractères grecs, je le transcris en lettres latines pour plus de clarté.

(2) *Collections du Musée Alaoui*, 1ᵉ série, 1890-1892, pp. 66-67 ; *Bibliothèque égyptologique*, II, pp. 300-301.

(3) M. Wiedemann, le savant égyptologue de Bonn, à qui j'ai soumis le cas, a bien voulu s'occuper de l'élucider. Je ne saurais mieux faire que de citer sa réponse : « Das Drohen an die Gottheit, falls sie dem Magier nicht zu Willen ist, ist ja gut aegyptisch (cf. Wiedemann, *Magie und Zauberei im alten Aegypten*, 1905, pp. 13-14). Aber für die beiden speziellen Drohungen in Ihrem Texte ist es mir nicht gelungen eine Parallele zu finden. Ich will damit nicht sagen, dass sie unaegyptisch klaenge. Das Schlagen mit dem Dornstrauch besonders moechte ich für aegyptisch halten. Aber ich finde die Dinge nirgends erwaehnt, soweit ich die sehr zahlreich vorhandenen magischen Papyri durchsuchte ». Ses recherches, ajoute-t-il, ne sont pas terminées ; j'aime à espérer qu'elles aboutiront à un résultat positif.

(4) L'influence des idées et de la religion de l'Egypte est sensible dans un bon nombre de *defixiones*; cf. *Defixionum tabellae*, 79, 140-187, 188, 230, 250, 270. Voir encore Wünsch, *Antikes Zaubergerät aus Pergamon*, p. 30 sq. (*Jahrbuch des k. d. archäologischen Instituts*, Ergänzungsheft VI, 1904).; id., *Deisidaimoniaka*, pp. 6-7, 9, 12, 17-19, 28, 32. (*Archiv für Religionswissenschaft*, XII, 1909).

la tombe (1), δαίμων (l. 1), nommé de nouveau plus loin ὅστις ποτ' εἴ νεκύδαιμον (l. 7);
puis Hécate, parée d'une série d'épithètes dont quelques-unes sont bien peu com-
préhensibles, tandis que la plupart se rapportent soit à son pouvoir souverain sur les
hommes θελήθεα (l. 3), ὁριοδείτη (l. 5), δυνάστειρα, ἀνανκάστειρα (l. 6), ἀνανκανφορὅαιε (l. 7),
soit à son rôle de déesse nocturne νυχία, φανταστε φανταστιχε (l. 4-5) (2). Quant
aux expressions μελος δορκηνιωνη πληναρειον δρα...ε (l. 8), nous ne devons y voir que des
ὅάρὅαρα ὀνόματα dont la vertu passait pour infaillible, mais dont le sens nous échappe
totalement, comme il échappait déjà sans doute au magicien qui les proférait (3).
Reste le groupe de la ligne 5 Ναυταραρε δι' οὐρανῶν δραμετα ; il introduit, si je ne
m'abuse, un génie de l'air encore inédit (4). Ce coureur céleste, par la manière
dont il est ici désigné, rappelle les étranges divinités de deux *tabellae* de Carthage,
Καταξιν *qui es in Aegupto magnus daemon,* Τραὅαξιαν *omnipotens daemon,* Νοχθιριφ *qui
cogens daemon,* Βιὅιριξι *qui es fortissimus daemon,* Ρικουριὑ *agilissime daemon in Aegupto* (5); Βαχαχυχ... *qui es in Egipto magnus demon,* Παρπαξιν *deus omnipotens,*
Νοχτουχιτ *qui possides tractus Italie et Campanie, qui tractus es per Acerushium lacum,*
Βυτυὅαχχ *demon qui possides Ispaniam et Africam, qui solus per marem tra(n)ssis* (6).
On espère son appui, mais ce n'est pas lui qui est exposé aux châtiments en cas
de rébellion. La construction de la phrase tout ensemble alléchante et comminatoire
(l. 7-10) ne me paraît laisser aucun doute sur la victime éventuelle du magicien: tous
les verbes ou pronoms de la 2ᵉ personne qu'elle contient σε, δύνῃ (l.8), διαχονήσῃς, σε, σοι
(l. 9), σε (l. 10) se rattachent à ὅστις ποτ' εἰ νεκύδαιμον (l. 7). C'est donc bien l'esprit du
mort qu'il s'agit d'amener à composition, c'est lui qui, suivant sa conduite, obtiendra
les récompenses promises ou recevra les châtiments annoncés. La seule difficulté pour
accepter cette conclusion viendrait du mot δραμετα (l. 10), qui semble répété de la
ligne 5 et qui ferait penser à une seconde allusion au coureur céleste Ναυταραρε. De
ce qu'un mot reparaît à deux reprises à un assez long intervalle, il n'en résulte pas
nécessairement qu'il annonce une seule et même personne. Je verrais volontiers dans
le second δραμετα le simple équivalent d'un verbe, une injonction dernière adressée à
l'esprit du mort pour hâter l'action qu'on attend de lui et deux fois appuyée par
l'adverbe ταχύ ; « coureur vite vite » ne serait-ce pas quelque chose comme « cours
vite vite » ?

(1) *Defixionum tabellae*, pp. LXV-LXVII.
(2) Les épithètes d'Hécate étaient innombrables ; on aura une idée de leur variété par la liste
qu'en a donnée Bruchmann, *Epithela deorum*, pp. 96-99. Ce ne sont là du reste que celles dont les
poètes ont usé. Les textes magiques y ajoutent une contribution non moins abondante : à titre
d'exemple, je citerai un passage du grand papyrus de Paris, 2785 sqq. intitulé Εὐχὴ πρὸς Σελήνην ἐν
πάσῃ πράξει , publié par Wessely, *Denkschriften der k. Akademie der Wissenschaften zu Wien*. Philo-
sophisch-historische Classe, XXXVI, 1888, p. 90. Voir aussi *Defixionum tabellae*, p. LXI.
(3) *Ibid.*, pp. LXIX-LXXII.
(4) *Ibid.*, pp. LXVII.
(5) *Ibid.*, 230 a, p. LXIV.
(6) *Ibid.*, 250 a.

On pourrait se demander si, contrairement à ce que je présume, les qualificatifs compris entre le nom d'Hécate et celui du νεκυδαίμων (l. 5-7) ne retombent pas sur celui-ci plutôt que sur elle. Le doute n'existe pas pour les premiers mots de νυχία (1) à πολιοτριοδε, ils se rapportent évidemment à la déesse ; δυνάστειρα la désigne aussi, car on lit sur une *tabella* d'Alexandrie (2) : Ἐπικαλοῦμαί σε τὴν πάντων ἀνθρώπων δυνάστειραν.... Ἑκάτη Ἑκάτη ἀληθη, etc. (3) ; et l'épithète suivante ἀνανκάστειρα, formée sur le même type, accentuant la même idée, ne peut guère appartenir qu'au même objet. L'incertitude disparaîtra enfin pour les derniers termes, si nous en rapprochons une ligne, 1432, du grand papyrus de Paris (4), κυρία Ἑκάτη φορβα φορβα βαρβαρω φωρφωρ φωρβαι ; si les syllabes ne sont pas identiques, le principe de formation est semblable et la consonance très voisine. C'est donc bien à Hécate que s'appliquent ces mots « choisis de manière à faire sonner la voix qui les énonce et à la porter au loin » (5). L'esprit du mort est trop vague (ὅστις ποτ' εἶ) pour pouvoir être si minutieusement dénommé.

Suivant l'usage constant en magie (6), et pour que les dieux ne s'y trompent pas, le personnage contre qui est dirigé la requête, le mystérieux σασσεικος, est déterminé par sa filiation maternelle, ὃν ἥτηχην Κερτα (l. 2). Ce qui est plus surprenant, c'est de voir celui pour le compte de qui l'inscription a été rédigée, se montrer aussi à visage découvert. D'ordinaire, quand on recourait à ce bas procédé de la *defixio*, on évitait de se mettre en évidence (7). Les lois punissaient avec rigueur quiconque était convaincu de l'avoir employé (8) ; l'utiliser pour atteindre un ennemi c'était courir un gros risque. Comment se fait-il donc qu'ici Vitalianus, loin de se dissimuler, s'étale avec une sorte de complaisance, répète son propre nom et, pour que nul n'en ignore, se qualifie probablement de μειράκιον, certainement de fils de Saturnina. Ce qui pourrait paraître une anomalie s'expliquera tout naturellement si nous remarquons qu'en réalité Vitalianus ne tombe pas sous le coup des lois. Que veut-il en

(1) Sur Ἑκάτη νυχία ou νυχίη et en général sur les noms d'Hécate, voir Wünsch, *Antikes Zaubergerät aus Pergamon*, pp. 23-26.

(2) *Defixionum labellae*, 38, l. 10-14. L'expression reparaît aux l. 26-27 ἐπίκλωσε γὰρ αὐτῷ ταῦτα ἡ πανδυνάστειρα ἄνασσα.

(3) A propos de ce mot M. Wünsch écrivait, *Defixionum labellae atticae*, p. XV : « Quid cognominis hic lateat nescio : Ἀλθαία ? ἀλήτη ? » On pourrait peut-être songer aujourd'hui à le rapprocher de θελήθια (voir ci-dessus p. 3).

(4) Wessely, *loc. cit.* ; πανφόρβα se lit encore ibid., 2749. Dans les hymnes orphiques (Abel, *Orphica*, hymni magici, 3, 26) on trouve aussi βουφόρβη et παμφόρβη pour désigner Hécate.

(5) Maspero, *Collections du Musée Alaoui*, 1re série, 1890-1892, p. 68 ; *Bibliothèque égyptologique*, II, p. 303.

(6) *Defixionum labellae*, p. LI.

(7) Il existe cependant plusieurs *defixiones* dont l'auteur s'est fait connaître ; ibid., pp. XLIV-XLVIII, XCII.

(8) Outre les références données, ibid., p. XLIV, voir Mommsen, *Le droit pénal romain*, trad. Duquesnel, II, pp. 356-361 ; Hubert, art. *Magia*, dans le *Dictionnaire des Antiquités*, de Daremberg et Saglio, pp. 1496, col. 2 ; 1497, col. 1 ; 1501, col. 1.

70

effet ? Reconquérir ce qu'on lui a pris, nullement nuire au fils de Certa. Tout ce qu'il profère de menaces s'adressent uniquement à l'esprit du mort ; et contre des menaces de ce genre aucune peine n'était édictée. Qu'est-ce à dire ? sinon que nous sommes en présence d'une *defixio* d'une espèce toute particulière, une *defixio* conditionnelle. On a déjà rencontré en divers lieux, surtout à Gnide des inscriptions d'un type analogue (1), qu'un tel soit châtié s'il accomplit ou n'accomplit pas tel acte. Mais la ressemblance avec notre document n'est qu'extérieure, car dans tous ces textes la condition vise l'ennemi supposé ou réel, εἰ δέ κα μὴ ⟨ι⟩ ἀποδῶι, εἴ τι προσκαταλαλοῦντι, etc., (2) tandis qu'ici elle s'applique au dieu dont on réclame l'intervention. Je ne vois donc encore une fois que la *tabella* d'Hadrumète, dont il a déjà été question, qui puisse être à ce sujet rapprochée utilement de celle que nous examinons. Si bien qu'en définitive, on en arrive à se demander dans quelle catégorie classer celle d'Haïdra. Aucune contrainte magique n'y est exercée contre le fils de Certa, et d'autre part, nous l'avons vu, le νεκυδαίμων lui-même semble presque libre de sa décision : l'idée d'obligation, qui est l'essence de toute *defixio* et qui concerne autant les dieux invoqués que l'ennemi qu'on leur livre (3), paraît absente de ces lignes ; du moins y est-elle très atténuée. Cependant la terminologie est en grande partie celle des *defixiones* (κατέχοντι, οὕς σοι λέγω, διακόνησον, ὅστις ποτ' εἶ νεκυδαίμων, ἐξορκίζω σε κατὰ τῶν ὀνομάτων ὧν οὐ δύνῃ παρακοῦσαι, ταχύ), le personnel divin également (δαίμων, νεκυδαίμων, Ἑκάτη avec la plupart de ses épithètes) (4), le cadre en un mot est bien celui qui contient d'ordinaire les imprécations sur lamelles de plomb. En raison de ces affinités, mais sans rien retrancher des réserves importantes que nous avons dû exprimer, c'est donc, tout compte fait, à la suite des *tabellae defixionum* qu'il est le plus logique de classer la requête de Vitalianus.

Il y aurait encore divers traits curieux à y relever ; par exemple, les allusions précises aux songes, ὀνείρεσον σεαυτῷ (l. 1), εἶπον αὐτῷ κατ' ὕπνους (l. 3) ; je ne crois pas qu'on ait encore rien lu de tel sur aucune *tabella*. En soi d'ailleurs elles ne sont pas pour nous surprendre : il est dans le rôle d'Hécate (νυχία, φαντάστε φανταστικε) de provoquer aussi bien que d'empêcher l'apparition des fantômes, d'envoyer les songes et les mauvais rêves (5). On l'invite donc simplement ici à exercer au profit d'un mortel une de ses attributions.

Sans insister sur cette idée — car la brièveté m'est imposée — je veux du moins dire quelques mots des caractères extérieurs de notre document. Il en est un qui

---

(1) *Defixionum tabellae*, p. 486.
(2) Voir les phrases citées, *ibid*.
(3) *Defixionum tabellae*, p. LXVII sq.
(4) Il me suffira de renvoyer pour tous ces mots aux *indices* de mes *Defixionum tabellae*, surtout p. 461-470, 474-486, 414, n. 7 ; cf. Pap. CXXI de Londres, l. 892, dans Kenyon, *Greek Papyri in the British Museum*, 1893, p. 112.
(5) Artémidore, *Onirocriticon*, II, 37 ; Roscher, *Ausführliches Lexikon*, I, col. 1893-1895 ; P. Paris, *Dictionnaire des Antiquités*, de Daremberg et Saglio, s. v., p. 49, col. 2.

frappe immédiatement les yeux, c'est la forme donnée au plomb. Presque toujours les *tabellae* sont rectangulaires ou carrées ; quelques-unes, rares encore, ont un profil assez spécial (1). Mais aucune ne se rapproche de celle que nous avons en mains. On possède des lamelles allongées, en or ou en argent, d'origine punique (2), couvertes d'inscriptions ou de signes magiques ; ce sont surtout des amulettes, c'est-à-dire des préservatifs, non des injonctions comminatoires adressées aux dieux. Encore moins faut-il songer à une assimilation avec un frontal anépigraphe, trouvé aux environs de Batna, qui figurait jadis dans les collections du Musée de Cons_ tantine (3) : on y voyait représentées directement ou par leurs attributs les grandes divinités du panthéon phénicien. Serait-il téméraire de considérer la courbure du bandeau d'Haïdra comme symbolique et de croire que le rédacteur du texte entendait rappeler ainsi le croissant de Séléné, dont Hécate n'est qu'un des aspects (4) ? J'avoue que cette explication n'explique pas tout. Si l'on a voulu déposer un symbole dans la tombe, pourquoi l'avoir plié ou roulé comme les lamelles ordinaires ? Ni les cassures du plomb, ni le témoignage de M. le général Goetschy, ne laissent subsister le moindre doute sur l'état dans lequel on a découvert le bandeau.

Comme la plupart de celles qui sont parvenues jusqu'à nous, cette *tabella* est rédigée dans une langue qui n'a rien de classique et avec une orthographe des plus fantaisistes ; on a pu s'en convaincre au cours de mon exposé. Laissant aux linguistes et aux grammairiens le soin d'éplucher chacun des mots curieux qu'elle renferme, je voudrais seulement grouper ici les altérations certaines ou très vraisemblables des formes usuelles. On les ramènerait malaisément à des principes généraux. En face d'abréviations comme ἐπιπεμπω (l. 5) = ἐπιπέμπω, μέ (l. 9) = μή et sans doute σεβετα (l. 3) = σεβητα (cf. σέβημα, σέβησις), δραμετα (l. 5 et 10) = δραμῆτα (cf. δράμημα), on rencontre des allongements tels que ἠτηκην (l. 2) = ἔτεκεν, εἱμάτια (l. 4) = ἱμάτια (5). Dans la déclinaison je relève aussi plusieurs déformations, δαίμων (l. 1) = δαῖμον, σεβετα (l. 3) = σεβητη, φανταστε (l. 6) = φανταστη, ἀνανκανφορβαιε (l. 7) = ἀνανκανφορβαία, peut-être πολιοτριοδε (l. 6) = πολιοτριοδη. L'assimilation est négligée dans ἀνανκάστειρα (l. 6),

(1) Voir *Bulletin archéologique*, 1908, p. 15, surtout n. 4.

(2) Je pense en particulier à celles qui sont mentionnées dans le *Catalogue du Musée Alaoui* supplément, 1908, section E, p. 111, nᵒˢ 4-6. On peut en rapprocher les amulettes dont il est question dans *Defixionum tabellae*, pp. xxxiv-xxxvi.

(3) Ph. Berger, *La trinité carthaginoise.* (*Gazette archéologique*, 1879, pp. 133-140, 222-229 ; 1880, pp. 18-31). Un autre frontal, formé d'une lame estampée, sur laquelle se détachent des attributs et images divines relatifs à la triade punique, est conservé au Musée du Bardo ; il a été découvert à Aïn Khamouda, près de Thala, Tunisie. Voir *Catalogue du Musée Alaoui*, loc. cit., p. 120, nᵒ 78.

(4) Wünsch, *Antikes Zaubergerät aus Pergamon*, pp. 23-24 ; Roscher, *Selene und Werwandtes*, p. 17 ; id., *Ausführliches Lexikon*, I, pp. 1888, 1891, 1896, 1897 ; P. Paris, *Dictionnaire des Antiquités*, de Daremberg et Saglio, s. v., p. 47, col. 2.

(5) Je ne fais pas entrer en ligne de compte Οὐιιταλιάνῳ (l. 2-4), car dans la transcription grecque, des mots latins commençant par Vi (Vibius, Vipstanus, Vitalis, etc.), la graphie Cυιι, sans être aussi fréquente que Oυι, n'est cependant pas rare : cf. Kaibel, *Inscriptiones graecae Siciliae et Italiae*, p. 723 ; Cagnat et Lafaye, *Inscriptiones graecae ad res romanas pertinentes*, III, pp. 563, 678.

ἀναγκανφορϐαιε (l. 7), de même dans κατ'ὕπνους (l. 3) et dans πανφόρϐη (l. 7). Il y a
suppression du κ dans ὁριωδεί(κ)τη (l. 5), redoublement probable du ν dans Σατουργνιννα
(l. 2), du ϱ dans μυρρίσω (l. 9), et substitution du ϑ au τ dans θεληθεα (l. 3) = θελητεα
(cf. θελητής). Enfin le vocabulaire s'augmente des mots ὀνείρεσον (l. 1), σασσεικον (l. 2),
σεϐετα θεληθεα (l. 3), δραμετα (l. 5 et 10). On voit que les anomalies de ce morceau
procèdent plutôt d'une méconnaissance des habitudes ordinaires de la langue que
d'un système nettement conçu et appliqué.

- L'écriture au contraire est homogène : α à la forme ᴧ; partout ε et σ sont lunaires
(Є, C) ; ει sont presque toujours liés (ℭ) sauf dans ὀνείρεσον (l. 1), Οὐειταλιάνιϙ ; (l.2) φ se
compose d'une sorte de Δ traversé par un trait vertical (ⵁ, l. 6, 7, 9) ; les deux
hastes droites de ν se terminent souvent par une petite barre horizontale, une fois
celle droite est surmontée d'un point δορκηℕιωνη (l. 8), une fois aussi celle de gauche
ἐάℕ (l. 9). Mais ce qu'il faut surtout noter c'est la forme de η (ℍ) qui se rapproche
du π majuscule, et l'existence des points de séparation (l. 2-5, 8, 11). D'un usage
courant dans les inscriptions sur pierre, les signes diacritiques n'apparaissent presque
jamais sur les *tabellae defixionum* (1).

On ne saurait s'étonner de ce que la requête de Vitalianus soit rédigée en grec.
Cet idiome ne devait assurément pas être d'un usage courant à Ammaedara, loin de la
côte ; mais l'efficacité particulière qu'on lui attribuait dans les opérations magiques (2)
engageait les sorciers à l'employer de préférence au latin, même lorsqu'ils étaient
de race latine (3). Celui qui a gravé notre texte était assurément d'origine hellé-
nique ; il est peu lettré, il écrit comme il parle et son parler est celui du peuple.
Cependant il manie avec trop d'aisance la phrase grecque pour que cette langue n'ait
pas été la sienne. Aussi bien ce grec maltraité n'était pas pour choquer son crédule
client. Lui non plus n'appartenait pas à un niveau social bien relevé, à en juger par
son nom ; pourvu qu'il recouvrât ce qu'on lui avait dérobé, il tenait facilement quitte
le magicien de ses erreurs de langage, si tant est qu'il les soupçonnât.

En m'efforçant de déterminer le sens de ce bandeau d'Haïdra, je n'ai pas eu la
prétention d'épuiser la question. Il suggérera certainement à ceux qui l'étudieront
par la suite de nouvelles réflexions, complément attendu de celles que je viens de
présenter. Plus ils trouveront à glaner dans ce texte, plus je me féliciterai d'avoir
rappelé l'attention des savants sur un document jusqu'ici à peine entrevu et que l'on
aurait pu croire inutilisable.

(1) *Defixionum tabellae*, p. 550. Il y a neuf points de séparation dans le texte publié par M. Wünsch,
Antikes Zaubergerät aus Pergamon, p. 13. Voir aussi *Mélanges de l'École de Rome*, XXV, 1905, p. 55-56.
(2) *Defixionum tabellae*, pp. xLVI-xLVII ; voir aussi Wünsch, *op. cit.*, p. 20.
(3) Aussi les inscriptions imprécatoires sont-elles en très grande majorité rédigées en grec ; ibid.,
pp. cIX-cX. A celles qui sont énumérées en cet endroit il faut ajouter les 220 qu'a publiées
M. Wünsch dans ses *Defixionum tabellae in attica regione repertae*, 1897.

RENÉ DURAND

L'ÉLECTION DE C. SCRIBONIUS CURIO

AU TRIBUNAT DE LA PLÈBE

Gurion fut tribun de la plèbe l'an 50 avant J.-C. Son attitude politique, au cours de cette année, est bien connue : dévoué d'abord, en apparence, à la cause de l'aristocratie, on le vit peu à peu évoluer, jouer au démocrate, défendre César. En janvier 49, lorsque le Sénat eut déclaré celui-ci ennemi public, Gurion aussitôt le rejoignit au camp de Ravenne : il allait être un de ses lieutenants.

Il est entré en fonctions, suivant la règle, le 10 décembre 51. Mais à quel moment fut-il élu? Aucun texte ne nous le dit expressément. Toutefois d'une lettre de Célius (*Fam.* VIII, 4) M. Schicbe a cru pouvoir inférer que l'élection s'était faite en juillet (1). Telle était déjà l'opinion de Drumann (2). Cicéron est alors loin de Rome. Il est parti, bien malgré lui, vers la fin d'avril, pour la Cilicie, dont le Sénat, aux termes d'une *lex Pompeia* de 52, lui a remis pour un an le gouvernement. Sa correspondance nous permet de le suivre, d'étape en étape, de Rome à Laodicée, où il arriva le 31 juillet 51. Il avait laissé à Rome le jeune M. Cælius Rufus, dont il appréciait, en politique, le jugement, l'esprit avisé, la clairvoyance (3), et qui devait le tenir au courant de tout. Or Célius, le 1er août (4), lui fait connaître le résultat de certaines élections : les consuls, les édiles de la plèbe sont désignés; pour la préture, pour l'édilité curule, à laquelle Célius lui-même est candidat, les comices ont été retardés, mais semblent proches. Quant aux tribuns, il écrit : *Illud te non arbitror miratum, Servæum, designatum tr. pl., condemnatum; cujus locum C. Curio*

---

(1) Theodor Schicbe, *Zu Ciceros Briefwechsel im Iahre 51.* Progr. Berlin 1893, p. 23 sq.
(2) W. Drumann, *Geschichte Roms,* 2te Auflage herausgg. von P. Groebe, III, p. 337.
(3) *Fam.* II, 8, 1 : πολιτικώτερον enim te adhuc neminem cognovi.
(4) *Fam.* VIII, 4 : lettre datée. Voir §3 : *Ad K. Sext. usque exspectavi* ; §. 3 : *K. Sext.*

petiit (1). *Sane quam incutit multis… magnum metum ; sed ut spero et volo et ut se fert ipse, bonos et senatum malet, totus, ut nunc est, hoc scaturrit. Hujus autem voluntatis initium et causa est quod eum non mediocriter Cæsar… valde contempsit. Qua in re mihi videtur illud perquam venuste cecidisse, quod a reliquis quoque usque eo est animadversum, ut Curio, qui nihil consilio facit, ratione et insidiis usus videretur in evitandis iis consiliis, qui se intenderant adversarios in ejus tribunatum, Lælios et Antonios et id genus valentes dico* (§ 2).

Ce texte, quelque peu énigmatique, a servi de point d'appui à M. Schiche. Servæus, dit-il, tribun désigné, a été condamné pour corruption électorale, et invalidé ; Gurion a brigué la place vacante. Il ne la brigue plus ; il l'a briguée (*petiit*). Il a déjoué les manœuvres de ceux qui s'étaient efforcés d'empêcher qu'il ne fût tribun (*intenderant*). Qu'est-ce à dire, sinon qu'il est élu ? *Petiit* n'est même qu'une faute de copiste : on ne dit pas de quelqu'un qu'il a été candidat pour faire entendre qu'il a réussi ; Célius a sûrement écrit *optinet*.

Mais ici M. Schiche se heurte à une autre lettre de Célius, *Fam.* VIII, 5, que l'on rapporte généralement au mois d'août : Tyrrell la croit écrite en août ; Gruber et O. E. Schmidt, entre le 1ᵉʳ et le 13 ; Moll, entre le 13 et le 2 septembre (2). On y lit : *hoc si* (3) *præterito anno Curio tribunus erit* (4), *eadem actio de provinciis introibit* (§ 3). Il s'agit là de la grosse question du règlement des provinces, liée à celle du rappel de César, et qui traîne en longueur depuis des mois. Curion la trouvera entière, dit Célius, si, cette année écoulée, il est tribun. Il n'est donc pas sûr qu'il le sera ; il n'est donc pas encore désigné. Comment dès lors aurait-il été élu avant le 1ᵉʳ août ? M. Schiche écarte cette difficulté en assignant à *Fam.* VIII, 5 une date nouvelle. Il s'efforce d'établir, dans une argumentation très serrée, que cette lettre a été écrite avant *Fam.* VIII, 4 ; au plus tard, au commencement de juillet ; probablement, fin de juin.

Candidat en juin, élu en juillet, Gurion aurait donc été le 1ᵉʳ août tribun désigné (5).

(1) *petiit* mss. ; *petit* Wesenberg, Baiter.

(2) Tyrrell, *The correspondence of M. Tullius Cicero*, éd. en collaboration avec Purser, vol. III (1890), lettre CCX, p. 65 ; Gruber, *Quæstio de tempore atque serie epistolarum Ciceronis*, 1836, p. 11; O.-E. Schmidt, *der Briefwechsel des M. Tullius Cicero von seinem Prokonsulat in Cilicien bis zu Cæsars Ermordung*, 1893, p. 79 ; Moll, *de temporibus epistolarum Tullianarum quæstt. selectæ*, 1883, p. 5. — C. F. W. Müller, éd. des *Epp. ad Fam.* (Bibliotheca Teubneriana), 1896, et Purser, éd. des *Epp. ad Fam.* (Bibliotheca Oxoniensis), 1901, ont suivi O.-E. Schmidt.

(3) *si* mss. ; *sic* Cratander, Wesenberg, Baiter. Cette correction, qui ne pourrait que servir la thèse de M. Schiche, a été combattue par lui (*loc. cit.*, p. 26 sq.) et par W. Sternkopf (*Woch. für Kl. Philol.*, 1895, col. 1226 sq.). Voir plus loin. Les éditeurs les plus récents, Tyrrell, Mendelssohn, Müller, Purser, conservent la leçon des mss.

(4) *et* mss., *erit* Mendelssohn, Müller, Purser.

(5) Th. Schiche, *loc. cit.* p. 22-31. — L. Gurlitt (*Bursians Iahresb.*, t. XCVII, 1898) n'ose pas se prononcer : « Ich wage keine Entscheidung » (p. 25, note). W. Sternkopf (*Woch. f. Kl. Philol.*,

***

Mais de quand est *Fam.* VIII, 5 ? Célius ayant négligé de nous le dire, le champ est ouvert aux hypothèses. M. Schiche a critiqué très justement celles de ses devanciers; mais la sienne ne nous semble pas mieux fondée. Nous montrerons par où elle pèche; puis, confrontant une fois de plus la lettre en question avec d'autres témoins de la même époque, l'éclairant par ce qu'ils nous révèlent des faits et des circonstances, nous essaierons, à notre tour, de la dater (1).

Elle contient deux parties. Célius exprime d'abord ses inquiétudes au sujet d'une

1895, col. 1226 sqq.), malgré quelques réserves, estime que les raisons positives alléguées par Schiche pour placer *Fam.* VIII, 5 avant *Fam.* VIII, 4 sont très fortes, et incline à croire, lui aussi que de *Fam.* VIII, 4 §. 2, particulièrement de la phrase *qui se intenderant adversarios in ejus tribunatum,* il doit résulter « dass Curio sich nicht mehr bewirbt, sondern bereits Tribun ist ».

(1) On ne saurait tirer argument de ce que, dans le recueil, F. VIII, 5 vient après F. VIII, 4. Pas plus, en effet, dans le recueil des *Ep. ad. Fam.* que dans celui des *Ep. ad Att.,* les lettres du même ou au même correspondant ne se suivent rigoureusement dans l'ordre chronologique. Ainsi celles de Célius (F. VIII) : 4 est du 1er août 51; 6 et 7 sont de 50; 8 est d'octobre 51; 9 du 2 septembre; 10 du 17 novembre; avec 11 on passe, de nouveau, à l'année 50. — On a souvent regretté et incriminé ce désordre qui règne dans les deux recueils. Soyons indulgents, toutefois, à Tiron et à Atticus, à qui nous les devons. En matière de correspondance, l'éditeur le plus consciencieux n'est pas à l'abri des erreurs. Qu'on nous permette d'en citer un exemple récent. On a publié, il y a quelques années, après la mort de Renan, les *Lettres du Séminaire.* Cette publication, inspirée par une pensée pieuse, a été évidemment préparée et surveillée avec un soin diligent. Il n'est guère contestable cependant que, pour la lettre « du 2 juillet 1839 » (p. 55), l'éditeur s'est trompé d'un an. Elle est de 1840 et devrait se trouver à la page 105, après la lettre d'Henriette à Mme Renan, du 1er juillet 1840, dont elle est comme la suite et qui, comme elle, se rapporte à la distribution des prix de Saint-Nicolas en 1840. C'est la deuxième année de Renan à Saint-Nicolas qui vient de finir, non la première. Il a *redoublé* sa Seconde (lignes 5 sqq.) : or cf. p. 72 (octobre 1839), p. 77 sq. Il va passer ses vacances à Gentilly (p. 58) : en effet, en 1840, il n'est pas allé en Bretagne (cf. lettre d'Henriette, p. 103 ; lettre d'Ernest, p. 105, etc.). Il parle de Guyomard « qui va venir avec nous à Gentilly » et il « envie le bonheur du cher Liart, qui va bientôt vous voir ainsi que sa chère Bretagne » : or Guyomard et Liart, en 1838-1839, première année de Renan à Paris, étaient encore à Tréguier, et ils ne sont venus à Saint-Nicolas qu'en septembre 1839 (cf. lettres d'Ernest, du 20 septembre 1839, p. 66 ; du 1er octobre 1839, p. 71, etc.). La distribution des prix a été honorée de la présence de « Monseigneur l'archevêque nommé de Paris » : or Mgr de Quélen, malade en novembre 1839 (cf. lettre du 10, p. 77) n'était pas mort ni remplacé le 2 juillet; Renan, qui entendit son oraison funèbre à Notre-Dame, en rend compte à sa mère seulement le 2 mars 1840, et, le 7 juin 1840, il parle de Mgr Affre « nommé archevêque de Paris », mais « pas encore sacré ». Enfin Renan a obtenu cinq prix (p. 56 sq.) : or, Henriette écrit le 1er juillet 1840 qu'Ernest a été « cinq fois couronné et applaudi ». Il n'y a pas un mot dans toute la lettre qui ne dénonce l'anachronisme. L'éditeur, constatant que le 20 septembre 1839 Renan raconte à sa mère son retour de Bretagne, tandis que la lettre précédente, du 2 juillet, placée par lui en 1839, annonçait le départ pour Gentilly, affirme (p. 61, note 1) qu' « Ernest Renan avait passé la fin de ses vacances en Bretagne » ! Ce n'est pas la fin, mais les vacances entières qu'il a passées en Bretagne en 1839 (cf. p. 45, p. 54). — Une fois seulement dans tout le volume (p. 152, lettre XX) le millésime est mis entre crochets : 9 mai [1841], et on lit en note : « Cette lettre n'est malheureusement pas datée ». Serait-ce donc Renan lui-même qui, écrivant à sa mère le 2 juillet 1840, aurait daté sa lettre de 1839 ?

guerre avec les Parthes (§ 1) ; puis il juge la situation politique : aucune chance, pour Cicéron, de se voir désigner un successeur ; la question des Gaules arrête tout ; on atteindra la fin de l'année sans qu'une décision soit prise ; c'est la stagnation complète : *tanquam in quodam incili jam omnia adhæserunt* (§§ 2-3).

Avec M. Schicbe, nous croyons qu'une telle lettre n'a pu être écrite en août. Célius, cette année-là, fut candidat à l'édilité curule. En juin, il informe Cicéron qu'il a pour concurrents M. Octavius et C. Hirrus (F. VIII, 2, 2). Il revient, quelques jours plus tard, sur ses chances de succès (F. VIII, 3, 1). Le 1er août, l'élection est imminente : *spero te celeriter auditurum* (F. VIII, 4, 3). Le 2 septembre, il a décidément battu Hirrus ; l'élection, du reste, n'est pas d'hier, car, depuis sa défaite, Hirrus est tout changé : *post repulsam risus facit... ; totus hac repulsa se mutavit.* Il parle dans le Sénat contre César, il se montre au Forum, etc. ; bref, il a eu le temps de se faire remarquer par ce changement d'attitude (F. VIII, 9, 1). Ainsi l'élection s'est faite en août, et probablement plus près du 1er que de la fin du mois. D'autre part, le 1er août, Célius raconte ce qui s'est passé au Sénat le 22 juillet : la question des provinces y a été posée, mais, Pompée devant se rendre à Ariminum, elle a été ajournée jusqu'à son retour. Célius pense qu'elle sera reprise et discutée aux Ides d'août : *puto Idibus Sext. de ea re actum iri* (F. VIII, 4, 4). Le 2 septembre, rien n'est encore terminé : aux Ides d'août, l'affaire a été renvoyée au 1er septembre pour subir ce jour-là, le Sénat n'étant pas en nombre, un nouvel ajournement : *de provinciis quod tibi scripseram Idibus Sext. actum iri, interpellat judicium Marcelli, cos. designati. In Kal. res rejecta est ; ne frequentiam quidem efficere potuerant. Has litteras a. d. IV Non. Septembres dedi, cum ad eam diem ne profligatum quidem quicquam erat* (F. VIII, 9, 2). Dans ces conditions, la lettre F. VIII, 5 ne peut guère se placer entre VIII, 4 et VIII, 9. Après le 1er août, et avant le 13, Célius n'a pu écrire à Cicéron que pour lui apprendre son succès. On ne comprend point, en tout cas, qu'une lettre de lui, expédiée peu de jours après qu'il avait annoncé l'élection comme très prochaine, soit muette à cet égard. On comprend encore moins que, avant le 13, il parle d'un marasme politique dont on ne serait pas près de sortir. Le sénat s'est réuni le 22 juillet ; il doit délibérer le 13 août : d'ici là, il n'y a qu'à attendre ; peut-être, ce jour-là, un vote interviendra-t-il ; Célius n'a point le droit de préjuger le résultat de cette délibération. Enfin on ne comprend pas du tout que, après le 13, il ait pu écrire à Cicéron sans lui dire ce qu'a été cette séance du Sénat dont le proconsul devait attendre des nouvelles avec impatience. Ces nouvelles, il les envoie le 2 septembre : c'est donc qu'il n'a pas écrit dans l'intervalle. La lettre F. VIII, 5 ne peut donc se placer à aucun moment du mois d'août.

Mais si M. Schicbe nous paraît avoir raison contre l'opinion courante (Gruber, O.-E. Schmidt, Moll), la date à laquelle lui-même est conduit ne résiste pas davantage à l'examen, malgré la solidité apparente d'une discussion où les arguments se croisent et se soutiennent avec un grand art de combinaison.

Ces arguments se ramènent à trois principaux.

1. *Le marasme politique.* — Cette expression se comprend mal entre le 22 juillet, où la question des provinces et du rappel de César a été agitée dans le Sénat, et le 13 août, où elle doit revenir devant lui. Elle convient fort bien, au contraire, à la période qui a précédé le 22 juillet, période de calme plat, que la séance du Sénat, ce jour-là, est venue interrompre de façon presque inespérée : *de re p. jam novi quicquam expectare desieramus; sed cum senatus habitus esset ad Apollinis a. d. XI K. Sext.,... de provinciis placitum est ut...* (F. VIII, 4, 4). Célius d'ailleurs, le 1er août, n'avait pas écrit depuis un temps assez long, il était tout à sa brigue : *has ego tibi litteras majore misi intervallo* (§ 3). Ceci nous reporte aux premiers jours de juillet ou aux derniers de juin.

2. *Témoignage de Cicéron, F. II, 10.* — Cicéron écrit à Célius le 14 novembre (1). Il le sait, depuis quelque temps, édile désigné; il l'a même déjà félicité (F. II, 9) (2). Aussi s'étoune-t-il de n'avoir rien reçu de lui : il suppose que des lettres s'égarent : *Tu vide, quam ad me litteræ non perferantur ; non enim possum adduci, ut abs te, posteaquam ædilis es factus, nullas putem datas, præsertim cum esset tanta res tantæ gratulationis... Atqui sic habeto, nullam me epistolam accepisse tuam post comitia ista præclara, quæ me lætitia extulerunt.* (F. II, 10, 1). M. Schiche traduit : « Sachez que je n'ai reçu aucune lettre de vous depuis les comices ». Ces comices, nous l'avons vu, se sont tenus en août. La dernière lettre que Cicéron eût reçue de Célius lui était donc parvenue avant le mois d'août, du moins avant le jour de ce mois où se fit l'élection, que M. Schiche place entre le 3 et le 13 (3). Cette lettre n'est autre que F. VIII, 5, à laquelle Cicéron, le 14 novembre, se réfère par-

---

(1) Cette date ressort du §. 3 : *Ibi quintum et vicesimum jam diem... oppugnabam oppidum munitissimum Pindenissum.* Cicéron assiège Pindenissus depuis 25 jours. Or Pindenissus a été prise le 17 décembre après 57 jours de siège (*ad Att.* V. 20. 1). Le blocus a donc commencé le 21 octobre, et le 25e jour correspond au 14 novembre.

(2) La date de ce billet de félicitations est incertaine. Mais c'est à tort que O.-E. Schmidt (*der Briefwechsel...,* p. 83), revenant à l'opinion de Gruber, le considère comme la réponse à F. VIII, 9, du 2 septembre. Cicéron n'avait pas encore reçu F. VIII, 9 quand il écrivit F. II, 10 (cf. §. 1), et F. II, 10 est postérieur à F. II, 9. Avec Moll, M. Schiche croit que Cicéron a écrit F. II, 9 (à Célius) en même temps que F. III, 8 (à Appius), le 8 octobre (cf. III, 8 §. 10). Il avait reçu ce jour-là une lettre d'Appius, son prédécesseur, rentrant en Italie, lui transmettait, en cours de route, des nouvelles reçues de Rome (III, 8 §. 9 : *de rebus urbanis quod me certiorem fecisti... mihi gratum fuit*). L'élection de Célius était du nombre probablement. Cicéron, d'autre part, a félicité son ami sans tarder (F. II, 9 § 1 : *Primum tibi, ut debeo, gratulor... serius non neglegentia mea*). La transmission, de Rome à Appius, puis d'Appius à Cicéron, qui se trouve alors en Cilicie, au camp de Mopsuhestia, a demandé environ deux mois. Ces nouvelles remontaient donc aux alentours du 8 août. — L'hypothèse est très vraisemblable. Nous croyons, en tous cas, la lettre antérieure au 13 octobre. Autrement, Cicéron, si pressé qu'il fût, aurait pris le temps de faire connaître à son correspondant que, depuis ce jour, il portait le titre d'*imperator*. Cf. *ad Att.* V. 20, 3; *Fam.* II, 10, 3.

(3). V. la note ci-dessus.

71

ticulièrement. Par conséquent, Cicéron avait en mains F. VIII, 5 dès le 3-13 août. A ce moment, il était en Phrygie : la lettre avait dû partir de Rome au plus tard fin de juin.

3. *Témoignage de Cicéron, ad Att. V, 17.* — Cicéron écrit à Atticus le 11 août. Il a reçu ce jour même, entre Synnada et Philomélium, un paquet de lettres de Rome, entre autres une de Sestius, qui le trouble : Hortensius aurait parlé de faire proroger d'une année son gouvernement (1). La lettre de Célius F. VIII, 5 n'aurait-elle pas été apportée par le même courrier ? On est d'autant plus fondé à le croire que Célius, lui aussi, parle du risque que court Cicéron de n'avoir pas de successeur (§ 2). Pour avoir rejoint Cicéron sur la route de Philomélium le 11 août, il faut que ce courrier ait quitté Rome avant juillet.

Aucun de ces arguments ne nous paraît probant.

1. *Le marasme politique.* — L'expression serait de mise peut-être avant le 22 juillet : elle l'est beaucoup plus, nous espérons le démontrer, après le 2 septembre.

2. *Lettre à Célius, F. II, 10.* — M. Schicbe voit dans ce texte ce que Cicéron n'y a point mis. La phrase : *Atqui sic habeto nullam me epistolam accepisse tuam post comitia*, est inséparable de la précédente. Cicéron ne peut croire que Célius, après son élection, ne lui ait pas écrit : pourtant lui, Cicéron, n'a rien reçu. Telle est la pensée, très simple, très naturelle. Veut-il dire qu'aucune lettre de Célius, même écrite avant le scrutin, ne lui est parvenue depuis ? Évidemment non : il s'étonne seulement que Célius ne lui ait pas fait part de son succès : *præsertim cum esset tanta res tantæ gratulationis!* *Post comitia* doit se joindre, non à *accepisse*, mais à *tuam*, comme plus haut *posteaquam ædilis es factus* est subordonné à *datas* (2). Rien ne nous oblige, en vérité, à supposer que Cicéron ait reçu F. VIII, 5 dès avant le 3-13 août.

3. *Lettre à Atticus, A. V, 17.* — Nous ignorons ce que contenait la liasse reçue par Cicéron le 11 août. Mais la mention succincte de la lettre de Sestius n'appuie nullement la thèse de M. Schicbe. Sestius fait allusion à une proposition d'Hortensius tendant à proroger d'un an le proconsulat de Cicéron : Célius, lui, ne dit rien de semblable. Il ne dit rien, directement ni indirectement, ouvertement ni à mots couverts, d'un tel projet. C'est pour d'autres raisons qu'il craint qu'on ne donne pas de successeur à Cicéron : *successionem futuram propter Galliarum controversiam non video* (§ 2).

---

(1) *ad Att.* V. 17, § 1 : *accepi Roma sine epistula tua fasciculum litterarum.* — § 4 : *Sestius ad me scripsit... Hortensium de proroganda nostra provincia dixisse nescio quid.* — Cf. *Fam.* III, 8 (à Appius), § 9.

(2) La correction *tuam* < *datam* > ou *ista* < *datam* > serait facile ; elle n'est pas nécessaire.

***

Si M. Schicbe, malgré toute son ingéniosité, a manqué sa preuve, c'est, croyons-nous, qu'il tentait l'impossible. Ni Cicéron n'a reçu en août F. VIII, 5, ni Célius ne l'a écrite fin juin.

Cette lettre traduit, on l'a vu, les inquiétudes de Célius : 1° sur le danger que ferait courir à son ami une guerre avec les Parthes ; 2° sur la stagnation politique. Cicéron, il le craint, ne sera pas remplacé ; les efforts de Marcellus pour aboutir sont vains ; si Gurion, à la fin de l'année, est tribun, la même question des provinces reviendra sur le tapis. Quant aux Parthes, Célius s'exprime ainsi :... *si hoc modo rem moderari possemus, ut pro viribus copiarum tuarum belli quoque exsisteret magnitudo et quantum gloriæ triumphoque opus esset adsequeremur, periculosam et gravem illam dimicationem evitaremus, nihil tam esset optandum ; nunc si Parthus movet aliquid, scio non mediocrem fore contentionem* (§ 1). S'il dépendait de lui et de Cicéron que l'importance de la guerre fût proportionnée aux forces dont celui-ci dispose, de manière qu'il pût récolter un peu de gloire sans trop risquer, tout serait pour le mieux. Mais si le Parthe bouge, ce ne sera point une petite affaire.

Or Cicéron, dans sa lettre du 14 novembre (F. II, 10), après avoir marqué à Célius sa surprise de n'avoir rien reçu de lui *post comitia*, poursuit ainsi :... *Sed ad rem redeamus. Ut optasti, ita est. Velles enim, ais, tantum modo ut haberem negotii, quod esset ad laureolam satis, Parthos times, quia diffidis copiis nostris. Ergo ita accidit*; *nam...* (§ 2). Et il lui raconte brièvement ses faits et gestes : sa marche vers l'Amanus, sa victoire sur les Amaniens, qui lui a valu le titre d'*imperator*, l'investissement de Pindenissus, dont il compte bien s'emparer. Il écrit le vingt-cinquième jour du siège. Et il ajoute : *quod si, ut spero, cepero, tum vero litteras publice mittam*; *hæc ad te in præsenti scripsi, ut sperares te adsequi id, quod optasses* (§§ 3-4). Ainsi le vœu de Célius a été exaucé : Cicéron a eu à combattre juste assez, pas trop, de quoi cueillir un brin de laurier.

M. Schicbe n'a pu nier le rapport entre cette lettre de Cicéron et *Fam.* VIII, 5. Cc serait nier l'évidence. Mais il prévoit l'objection : comment Cicéron, s'il avait *Fam.* VIII, 5 en Août, a-t-il attendu trois mois pour y répondre ? Il ne se peut pas, pour lui, que ceci soit la réponse à la lettre de Célius. Cicéron, dit-il, avait répondu en temps et lieu à son ami. Seulement, comme il n'a rien reçu de lui depuis, c'est encore à cette lettre qu'il se réfère lorsqu'il lui raconte sa campagne. Hypothèse compliquée, et que dément le billet même de Cicéron.

D'abord ce billet répond à une lettre de Célius. Cicéron, sans doute, aurait pu écrire spontanément à un ami pour lui narrer ses faits de guerre, à Célius lui-même pour l'informer que ses souhaits, vieux de trois ou quatre mois déjà, sont enfin accomplis. Mais pourquoi le 14 novembre ? Cette lettre spontanée, on la concevrait un mois plus tôt, après la défaite des Amaniens, *victoria justa*, comme dit pompeusement Cicéron, après qu'il a été salué *imperator* (13 octobre) (1), — ou un mois plus tard, Pindenissus prise (17 décembre) (2), et la campagne terminée. Il écrit : « votre vœu est exaucé ». Mais ce vœu l'a été, ou il le sera : il ne l'est pas, quand depuis vingt-cinq jours se poursuit le siège de Pindenissus. Ce jour-là, Cicéron n'avait d'autre raison d'écrire que le besoin de rassurer un ami inquiet, et dont il vient d'apprendre l'inquiétude. Il répond à une lettre qui vient d'arriver : *ut optasti, ita est; velles enim, ais,.... ; Parthos times, quia diffidis copiis nostris.* Ces présents, *ais, times, diffidis,* ne laissent place à aucun doute.

Mais la lettre à laquelle il répond n'est autre que *Fam.* VIII. 5. Il y répond, en effet, point par point. D'abord, et surtout, aux craintes de Célius à propos des Parthes ; mais aussi à ses confidences sur la politique : *quare, mi Rufe, vigila primum ut mihi succedatur ; sin id erit, ut scribis, et ut ego arbitror, spissius, illud, quod facile est, ne quid mihi temporis prorogetur* (F. II, 10, 4) (3). Il est plus bref, à la vérité, sur ce sujet : mais que dirait-il ? Il n'a rien à apprendre à Célius. Il ne nomme ni Marcellus ni Gurion : mais la mention rapide que Célius leur a consacrée n'appelait pas de réponse. Au surplus, Cicéron écrit en hâte. Il ne veut, pour l'instant, que tranquilliser son jeune ami : *hæc ad te in præsenti scripsi, ut sperares....* (§ 4). Faut-il ajouter que *ut scribis* se comprend mal d'une lettre reçue depuis trois mois ?

Nous croyons donc que la lettre de Célius, *Fam.* VIII, 5, est arrivée à Cicéron, non point en août, mais le 13 ou 14 novembre.

Elle n'est pas davantage partie de Rome fin juin, et pour plusieurs raisons.

1º Elle aurait mis quatre mois et demi pour parvenir à destination. Ceci n'est point, en soi, impossible ; mais Cicéron n'eût-il pas lui-même souligné la lenteur exceptionnelle de cette transmission (4) ?

2º Elle n'est pas une réponse à une lettre antérieure de Cicéron. Célius écrit parce qu'il craint une attaque des Parthes. D'où lui est venue cette crainte ? Pas de Cicéron lui-même : *qua tu cura sis, quod ad pacem provinciæ tuæ.... attinet, nescio ; ego quidem vehementer animi pendeo* (§ 1). Il s'agit apparemment de quelque rumeur qui a circulé à Rome. Fin juin ? Aucun texte, que nous sachions, n'autorise à le supposer. Les lettres de Cicéron, du moins, n'y prêtent aucunement. Le 6 juillet,

---

(1) *Fam.* II, 10, 3 ; *ad Att.* V, 20, 3.
(2) *ad Att.* V, 20 § 1 : *Saturnalibus* (= 17 décembre) *mane se mihi Pindenissitæ dediderunt.*
(3) Allusion à la proposition d'Hortensius dont il a été question plus haut. Célius n'en a point parlé à Cicéron. Mais Cicéron la connaissait par une lettre de Sestius (*ad Att.* V, 17, 5) : il en touche un mot à Appius le 8 octobre (F. III, 8, 9). Il en était hanté ; écrivant à Célius, il le prie, comme il a prié Atticus et Appius, d'aviser à ce sujet.
(4) Voir, par exemple, *ad Att.* V, 21, 4 : *Læni pueris te dedisse sæpe ad me scripseras. Eas Laodiceæ denique, cum eo venissem, III Idus Februar. Lænius mihi reddidit datas a. d. X Kal. Octobres... Eæ litteræ cetera vetera habebant.*

d'Athènes, il écrit à Atticus qu'on n'entend rien dire des Parthes (1). Le 27, de Tralles, il lui répète que, d'après les dépêches qu'il reçoit, les Parthes sont tranquilles (2). C'est en août seulement, vers la mi-août, que des bruits d'invasion, de danger imminent, lui parviennent (3). Ces bruits évidemment ne s'arrêtaient pas à la frontière d'Asie : l'écho en vint jusqu'à Rome ; Célius a pu le recueillir en septembre. On s'explique moins bien ses inquiétudes avant cette époque. Du reste, lui-même n'y fait allusion ni le 1er août (F. VIII, 4), ni le 2 septembre (F. VIII, 9). Il est si peu préoccupé en juin à cet égard que, vers le 10, il demande à Cicéron de composer pour lui et de lui dédier un livre qui témoigne de leur amitié devant la postérité. Il se flatte que Cicéron en aura le loisir : *illud nunc a te peto, si eris, ut spero, otiosus, aliquid ad nos..... σύνταγμα conscribas ; .... opto aliquid.... exstare, quod nostræ amicitiæ memoriam posteris quoque prodat* (F. VIII, 3, 3). Il ne suppose point, à cette date, que Cicéron puisse avoir des soucis plus pressants.

3º Célius, dans F. VIII, 5, ne dit rien de sa candidature. Au début de juin (F. VIII, 2), il nommait ses concurrents ; le 8 ou le 9 (VIII, 3), il se flatte de battre Hirrus ; le 1er août (VIII, 4), l'élection semble imminente ; le 2 septembre (VIII, 9), il est élu. Se peut-il qu'une lettre de lui à Cicéron, écrite à la fin de juin, ait été muette sur le sujet qui, dans le moment, lui tenait à cœur plus que tout et qui, au surplus, — du moins il se plaisait à le croire (VIII, 3 : *quem optas* ; VIII, 4 : *quod sperasti*) — intéressait presque autant Cicéron lui-même ? C'est d'autant moins vraisemblable qu'il fait allusion à la candidature de Gurion au tribunat : *si Curio tribunus erit*. Il parle de Gurion, dont jusque-là il n'a même point prononcé le nom, dont ni VIII, 2 ni VIII, 3 ne nous ont appris, non plus qu'à Cicéron, qu'il eût abordé la lutte électorale, et de sa propre candidature il ne soufflerait mot ? Ce silence n'est explicable, nous semble-t-il, qu'après l'élection faite et le résultat déjà transmis à Cicéron, après le 2 septembre.

4º Célius pouvait-il, fin juin, dire de Gurion que peut-être il serait tribun ? D'après F. VIII, 4, on le sait, Gurion a brigué (*petiit*), a obtenu, prétend M. Schicbe (*optinet*), la place devenue vacante en juillet par la déchéance de Servæus. Avait-il été candidat aux élections générales ? M. Schicbe l'affirme, mais sans preuve, et, selon nous, à tort. Si Gurion s'était représenté à la suite d'un premier échec, Célius, croyons-nous, s'exprimerait différemment. D'autre part, Cicéron est parti pour la Cilicie sans rien savoir d'une candidature de Gurion, et il lui a écrit maintes fois depuis sans penser qu'il pût ou dût devenir tribun (4). Voici en effet ce qu'il lui dit en décembre, lorsqu'il le félicite de son élection ; il lui adresse la requête qu'il ne cesse de présenter

(1) *Ad Att.* V, 11, 4 : *de Parthis erat silentium.*
(2) *Ad Att.* V, 14. 1 : *hæc mihi, quæ vellem, adferebantur, primum otium Parthicum.*
(3) *Fam.* XV, 1, 1 ; 2, 2. Cf. Schicbe, *loc. cit.,* p. 16 sq.
(4) V. Sternkopf, *Woch. f. kl. Philol.,* 1895, col. 1229.

alors à tous ses amis, à quiconque dispose à Rome d'une parcelle d'influence : qu'on
ne prolonge pas son exil au-delà d'une année! *Præsens tecum egi, cum te tr. pl. isto
anno fore non putarem, itemque petivi sæpe per litteras, sed tum quasi a senatore* (1),
*nobilissimo tamen adulescente et gratiosissimo, nunc a tr. pl. et a Curione tribuno,
ut...* (F. II, 7, 4) : il l'a sollicité de vive voix, puis par lettres, ne supposant pas qu'il
serait tribun, s'adressant seulement au sénateur, à l'homme influent ; aujourd'hui,
c'est le magistrat qu'il implore. A un nouvel élu, qu'on a su être candidat et qu'on
tient à ménager, fait-on ce compliment : « je ne m'attendais pas à votre succès » ?
Cicéron évidemment ignorait en mai, en juin — lorsqu'il prit congé de Gurion, et
longtemps encore après, quand il lui adressait lettres sur lettres *(sæpe)* — que celui-ci
fût candidat, et, s'il l'ignorait, c'est que Gurion ne l'était point. Il connaissait, au contraire, la candidature de Furnius : *confirmavi ad eam causam etiam Furnium nostrum,
quem ad annum tribunum pl. videbam fore (ad Att.* V, 2, 1, du 10 mai). Et Furnius, de
fait, fut élu *(ad Att.* V, 18, 3). Donc Gurion ne fut point candidat aux élections ordinaires. Sa candidature a été une surprise : il l'a posée en juillet, de façon tout à fait
imprévue, après la condamnation de Servæus. C'est un accident, un hasard qui,
cette année-là, a fait de lui un tribun.

5° « Tout est stagnant, dit Célius, et croupit comme dans une mare (*in quodam
incili*). » — Fin mai, le consul Marcellus lui avait annoncé son intention de mettre la
question des provinces à l'ordre du jour du Sénat le 1ᵉʳ juin (F. VIII, 1, 2). En juin,
cette ardeur s'est assoupie : *Marcelli impetus resederunt,* mais, ajoute Célius, *non
inertia, sed, ut mihi videbantur, consilio* (F. VIII, 2, 2). Marcellus ajourne l'affaire
par calcul, par politique. Le 22 juillet seulement, le Sénat la reprend (F. VIII, 4). Il
est donc bien vrai que jusque-là aucune décision n'a été prise. Mais c'est le consul,
semble-t-il, qui délibérément (*consilio*) s'est abstenu de provoquer aucun débat : il
avait ses raisons, qu'on peut voir dans Drumann (2), et qui se rattachent à l'attitude
de Pompée. Aussi bien tout le monde est-il, en juin-juillet, plus ou moins occupé
par la préparation des élections. Or notre lettre (F. VIII, 5) présente les choses sous
un jour très différent. *Marcellus idem illud de provinciis urget neque adhuc frequentiam senatus efficere potuit* (§ 3). Marcellus ne cesse de revenir à la charge *(idem,
urget)* ; mais il se heurte à l'indifférence, à la mauvaise volonté du Sénat, dont il n'a
pas réussi à obtenir jusqu'ici qu'il fût en nombre. Les lettres de juin et du 1ᵉʳ août
ne donnent à entendre rien de pareil. Combien ceci se comprend mieux deux mois
plus tard! Le 22 juillet, l'affaire est remise au 13 août (F. VIII, 4, 4). Le 13 août,
nouvel ajournement, renvoi au 1ᵉʳ septembre. Le 1ᵉʳ septembre, nouveau renvoi : le
2, jour où Célius écrit, rien n'est fait encore. Pourquoi ? Parce que le Sénat n'était
pas en nombre : *in Kal. res rejecta est; ne frequentiam quidem efficere potuerant.*

---

(1) Texte douteux : *senatuore* mss.
(2) Drumann-Groebe, *Geschichte Roms,* III, p. 337 sq.

Has litteras a. d. IV Non. Sept. dedi, cum ad eam diem ne profligatum quidem quic-quam erat (F. VIII, 9, 2). Et Célius ajoute : *ut video, causa hæc integra in proximum annum transferetur...* ; *non expeditur successio, quoniam Galliæ, quæ habent inter-cessorem, in eandem condicionem quam ceteræ provinciæ vocantur. Hoc mihi non est dubium* ; *quo tibi magis scripsi ut ad hunc eventum te parares* (ibid.). Il entrevoit que rien ne sera terminé avant la fin de l'année. On ne désignera pas de successeur à Cicéron. Tout est subordonné au règlement de la question des Gaules et toute décision au sujet des Gaules est infailliblement frappée d'opposition. Voilà ce que Célius écrit à Cicéron le 2 septembre, afin que celui-ci, prévenu, puisse aviser. N'est-ce pas pré-cisément ce qu'il répète *Fam.* VIII, 5 ? Marcellus, avons-nous vu, presse, insiste ; mais le Sénat n'est jamais en nombre ; *successionem futuram propter Galliarum con-troversiam non video. Tametsi hac de re puto te constitutum, quid facturus esses, habere, tamen, quo maturius constitueres, cum hunc eventum providebam, visum est ut te facerem certiorem. Nosti enim hæc tralaticia : de Galliis constituetur* ; *erit qui intercedat ; deinde alius exsistet qui, nisi libere liceat de omnibus provinciis decer-nere senatui, reliquas impediat. Sic multum ac diu ludetur, atque ita diu ut plus biennium in his tricis moretur...* (F. VIII, 5, 2). Qui ne voit l'étroite similitude de pensée, et presque d'expression, entre les deux passages ? Manifestement ils ont été écrits à peu d'intervalle. Le premier est du 2 septembre : de quand est le second ? Postérieur, à coup sûr : ce qu'écrit Célius le 2 septembre, et qu'il répète VIII, 5, il ne pouvait l'écrire avant la séance du 1er, puisque c'est ce jour-là que l'affaire a subi un ajournement indéfini. D'ailleurs, nous avons constaté plus haut, avec M. Schiche, que VIII, 5 ne pouvait raisonnablement se placer en août. Enfin la comparaison des deux textes nous paraît décisive. Là (VIII, 9), Célius motivait ses prévisions : l'affaire a été remise une fois, deux fois ; ici (VIII, 5), plus de dates, plus de chiffres : une situation qui se prolonge, un état de choses, déjà signalé, qui dure. Là, Célius prévoit que rien ne sera terminé avant la fin de l'année ; ici, il renchérit : on en a pour deux ans et plus ! Là, il prévient Cicéron, pour que ce dernier se tienne prêt à tout évène-ment ; ici, tout en le prévenant encore, il le croit déjà préparé et sur ses gardes. Là, il explique comment le désaccord sur les Gaules arrête tout ; ici, il reprend l'expli-cation, même il la développe, mais comme une chose devenue banale. *Nosti enim hæc tralaticia* : Cicéron, dirions-nous, connaît l'antienne. Enfin, c'est la « stagna-tion » complète : voilà où, d'ajournement en ajournement, après les remises succes-sives du 22 juillet au 13 août, du 13 août au 1er septembre, du 1er septembre à une date indéterminée, on en est arrivé. De ce marasme, on ne sortira que le 29 sep-tembre (1). Ainsi, postérieure à VIII, 9 et au 2 septembre, notre lettre l'est, et elle

(1) Voir *Fam.* VIII, 8, des premiers jours d'octobre, où Célius envoie à Cicéron le texte des décisions votées par le Sénat le 29 septembre : *quod ad rem p. pertinet, omnino multis diebus exspectatione Galliarum actum nihil est* ; *aliquando tamen sæpe re dilata et graviter acta et plane*

l'est d'assez peu. A ce moment, Célius peut dire qu'au train dont vont les choses Gurion, s'il est tribun à la fin de l'année, trouvera la question des Gaules entière. Comment eût-il porté ce jugement dès la fin de juin ?

La lettre de Célius VIII, 5 n'est donc ni partie de Rome en juin ni parvenue à Cicéron en août. C'est en septembre qu'a pu courir à Rome le bruit d'une incursion des Parthes. Célius aussitôt expédia un courrier qui arriva le 13 ou 14 novembre devant Pindenissus. De Rome en Cilicie, sauf accident, le voyage demandait environ deux mois, tantôt plus, tantôt moins (1). Parvenu à destination le 13 novembre, le courrier de Célius a dû partir entre le 3 et le 13 septembre, probablement plus près du 3. Célius, ayant déjà écrit le 2, était à court de nouvelles. Il avait, le 2, fait connaître sa victoire sur Hirrus : il n'y revient pas. Il s'était expliqué sur les dernières séances du sénat : il n'en parle plus. Il se contente d'exprimer à Cicéron son inquiétude et de lui offrir ses vœux, en lui confirmant son impression générale sur la situation telle qu'elle ressortait de sa lettre du 2. Ainsi s'explique cette lettre F. VIII, 5 : c'est un billet de circonstance, qui fait suite à VIII, 9, une sorte de post-scriptum à VIII, 9, envoyé après coup, quelques jours plus tard.

Mais comment cette solution peut-elle se concilier avec le texte de Cicéron (F. II, 10, 1) cité plus haut ? Répondant, le 14 novembre, au billet de Célius, il affirme n'avoir reçu de lui aucun message *post comitia*. Ainsi n'a-t-il pas encore F. VIII, 9, du 2 septembre, où Célius raconte comment il a « si joliment arrangé Hirrus ». Est-il possible, dès lors, qu'il ait reçu VIII, 5 ? Évidemment cette lettre, quoique expédiée de Rome après VIII, 9, a pu arriver à destination avant : le porteur de VIII, 9, s'est attardé ou trompé de route, le second courrier a eu plus de chance et a fait diligence. Mais, abstraction faite de VIII, 9, comment Cicéron peut-il se plaindre que rien *post comitia* ne lui soit parvenu, s'il répond à une lettre écrite justement depuis les comices ? N'y a-t-il pas là contradiction ?

Peut-être Cicéron s'est-il trompé. Peut-être, VIII, 5, n'étant pas datée, l'a-t-il crue, à tort, antérieure à l'élection. — Point n'est besoin de recourir à cette échap-

---

perspecta Cn. Pompei voluntate in eam partem ut eum decedere post K. Martias placeret, senatus consultum, quod tibi misi, factum est auctoritatesque perscriptæ. (§ 4).

(1) De Rome à Athènes une lettre pouvait être portée en 21 jours (*Fam.* XIV, 5, 1) ; de Rome en Cilicie, en deux mois. Une lettre d'Atticus est remise à Cicéron, au camp de Cybistra (Cappadoce), le 20 septembre 51, après 47 jours ; mais le courrier avait fait diligence et c'est là un exemple de transmission exceptionnellement rapide que Cicéron souligne (*Att.* V, 19, 1). Ce même jour, 20 septembre 51, Cicéron avait en mains (depuis quand ?) une lettre expédiée de Rome par Atticus le 19 juillet (*Att.* V, 18, 1). — Mais des retards étaient naturellement possibles, et même fréquents. Il arrivait aussi à des lettres de se perdre.

patoire. Après tout, à défaut d'indication dans le corps de la lettre ou dans la
suscription, le courrier était là pour le renseigner : il savait, lui, quand il avait
quitté Rome. Il y a, croyons-nous, mieux à répondre.

Le témoignage de Cicéron non seulement ne s'oppose point à la date admise par
nous pour VIII, 5, date postérieure au 2 septembre et, *a fortiori*, à l'élection, mais,
à le bien prendre, il la postule. Ceci n'est point un paradoxe. Qu'on veuille bien
relire ce témoignage : *Tu vide, quam ad me litterœ non perferantur ; non enim possum
adduci, ut abs te, posteaquam œdilis es factus, nullas putem datas, prœsertim cum
esset tanta res tantœ gratulationis....* (F. II. 10, 1). Il ne peut croire, lui qui connaît
depuis quelque temps l'élection de Célius, que Célius personnellement ne l'en ait
point informé. Sûrement, pense-t-il, des lettres n'arrivent pas. Mais si celle qu'il
vient de recevoir et à laquelle il répond est encore d'avant l'élection, quelle raison
a-t-il de supposer que telle autre, écrite après l'élection, s'est égarée ? Elle est en
route ; elle arrivera à son heure ; il n'a qu'à prendre patience. Les courriers de Célius
sont moins diligents ou moins expéditifs que ceux d'Appius, voilà tout. Mais les
lettres lui parviennent, puisqu'il en reçoit une ce jour même. Tout ce qu'il peut
alléguer est qu'elles lui parviennent tardivement : *tu vide,* devrait-il dire, *quam ad
me litterœ* TARDE *perferantur,* mais non pas : *quam.... NON perferantur* (1). S'il se
plaint, non d'un retard, mais d'une suppression de lettre, c'est que la dépêche que
Célius n'a pas pu ne pas lui adresser après son élection devrait déjà être arrivée.
Pourquoi le devrait-elle ? Précisément parce que VIII, 5, qu'il vient de recevoir, est
postérieure, sensiblement postérieure aux comices. Voilà ce qui lui donne le droit
de craindre que des lettres ne se perdent. L'élection, il le sait par d'autres, a eu
lieu entre le 2 et le 13 août ; il reçoit de Célius un billet, qui est du 3-13 septembre,
et, dans ce billet, pas un mot sur cette élection, pas même une allusion. On conçoit
sa surprise, sa stupéfaction. C'est elle qu'il exprime d'abord : *tu vide....,* avant d'en
« venir au fait » et de tranquilliser son correspondant (*sed... ad rem redeamus*).
Rien n'est plus naturel. Il reste, à la vérité, cette déclaration : *sic habeto, nullam
me epistolam accepisse tuam post comitia.* Mais la contradiction n'est qu'apparente.
Ce que Cicéron attendait de Célius, et n'a point reçu, c'est un faire-part de son
succès. Célius a dû écrire *après* les comices (il a, en fait, envoyé VIII, 9) ; il a, *depuis*,
écrit VIII, 5. La seconde lettre arrive à Cicéron le 14 novembre, avant la première.
Il en conclut judicieusement que des lettres s'égarent. Deux mois, trois mois plus
tard, aussi longtemps que VIII, 9 ne l'aura point touché, quelques messages que,
depuis l'élection, Célius ait pu lui adresser, il pourra se plaindre « de n'avoir rien
reçu de lui *après* l'élection ». *Post, posteaquam = après, après que,* non point *depuis,
depuis que.*

(1) Cf. *Fam.* II, 9, 1 (à Célius) : *tibi, ut debeo, gratulor... serius ;... tardissime omnia perferuntur.*

Revenons à Gurion.

Il semble assuré maintenant que *Fam.* VIII, 5 est, non de juin ou juillet, mais de septembre. Gurion, d'après cette lettre, n'est encore que candidat : *hoc si præterito anna Curio tribunus erit* (§ 3). Candidat en septembre, il n'était pas élu le 1er août.

Ou Gurion était tribun désigné le 1er août, et alors le texte de VIII, 5 est altéré. Ou ce texte est sain, et c'est alors le passage de VIII, 4, du 1er août, qui n'a pas la signification que M. Schicbe lui attribue. Comment sortir de ce dilemme ?

On a suspecté, dès longtemps, pour diverses raisons (1), la leçon des manuscrits VIII, 5, 3. Au lieu de *si*, notamment, on a proposé de lire *sic* : « l'année se passera ainsi, et Gurion sera tribun ». M. Schicbe lui-même repousse cette conjecture. L'argument par lequel il la combat, et qu'il tire du contexte, ne serait peut-être pas, à lui seul, décisif (2). Mais M. Sternkopf en a indiqué un autre, qui est péremptoire (3). Cicéron a félicité Gurion de son élection par la lettre F. II, 7. Elle n'est pas datée, mais se date aisément. Cicéron, en effet, s'excuse ainsi d'être bref : *scribam ad te plura alias ; paucis enim diebus eram missurus domesticos tabellarios, ut, quoniam sane feliciter et ex mea sententia rem p. gessimus, unis litteris totius æstatis res gestas ad senatum perscriberem* (§ 3). Ceci n'a pu être écrit qu'après la prise de Pindenissus, le 17 décembre (4) : la campagne est heureusement terminée ; Cicéron doit adresser, sous

---

(1) Surtout à cause de la place insolite de *si* entre *hoc* et *præterito.* Mais la langue de Célius présente bien d'autres particularités. La critique, du reste, ne vaudrait rien même pour Cicéron : v. Lehmann, *Quæstt. Tull.,* p. 38 sq. ; cf. W. Müller, *Adnotatio critica,* ad h. loc.

(2) D'après M. Schiche (*loc. cit.,* p. 26 sq.), *sic* introduirait dans la lettre une contradiction. La phrase *hoc si præterito...* vient après : *Marcellus idem illud de provinciis urget neque adhuc frequentiam senatus efficere potuit.* Avec *sic,* Célius exprimerait donc l'avis que le reste de l'année se passera sans que Marcellus puisse obtenir que le sénat soit en nombre. Plus haut (§ 2) il a dit qu'un an, deux ans s'écouleront avant que la question des Gaules ait été résolue : mais pourquoi ? est-ce faute du *quorum* au Sénat ? Point du tout ; au contraire, il dit expressément : *de Galliis constituetur.* Seulement, quelque décision qu'on prenne, elle sera frappée d'opposition ; il se trouvera toujours un tribun pour « intercéder » (*erit qui intercedat*). « Das handschriftliche *si* ist also sicher richtig ». — Si les manuscrits donnaient *sic* et qu'il n'y eût contre *sic* que cette légère contradiction, serait-ou fondé à le suspecter ?

(3) W. Sternkopf, *Woch. f. Kl. Philol.,* 1893, col. 1228 sq.

(4) Cf. *ad Att.* V. 20 : *Saturnalibus* (17 déc.) *mane se mihi Pindenissitæ... dediderunt* (§. 1). Cicéron écrit à Atticus le surlendemain, 19 déc. : *Mancipia venibant Saturnalibus tertiis. Cum hæc scribebam, n tribunali res erat* (§. 5). Il s'apprête à envoyer à Rome un rapport officiel : *habes omnia. Nunc publice litteras Romam mittere parabam* (§. 7). — La lettre à Curion est évidemment contemporaine de cette lettre à Atticus. Celle-ci, d'après §. 5, est du 19 décembre ; mais, au §. 8, Cicéron écrit : *Redeo ad urbana, quæ ego diu ignorans ex tuis jucundissimis litteris a. d. V Kal. Januarias denique cognovi.* Il vient donc de recevoir une lettre d'Atticus, et cela le 26 décembre. Comment expliquer que, dans une lettre du 19, il parle d'un message d'Atticus reçu le 26 ? M. Schiche, dans un second mémoire (*Zu Ciceros Briefwechsel während seiner Statthalterschaft von Cilicien,*

peu de jours, son rapport au Sénat. Au surplus, Gurion semble n'être déjà plus tribun désigné, mais tribun en charge : *te hortor, ut omnia gubernes et moderere prudentia tua* (§ 1) ; *nunc a tr. pl. et a Curione tribuno (peto) ut...* (§ 4). Donc Cicéron, après le 17 décembre, écrit à Curion : il ne veut que le féliciter (*scribam ad te plura alias*) ; il vient seulement d'apprendre l'élection (*sera gratulatio reprehendi non solet, præsertim si nulla neglegentia prætermissa est*) ; s'il est en retard, c'est qu'il est loin (*longe absum, audio sero*). Or, depuis le 14 novembre, il avait en mains la lettre de Célius, F. VIII, 5 : cette lettre ne lui a donc pas appris le succès de Gurion. Il n'y a donc pas lu *sic præterito*, mais *si.... erit*.

Il faut donc que, le 1er août, Gurion n'ait pas encore été élu.

Aussi bien, comment l'eût-il été ? Cicéron, en ce cas, n'aurait connu que le 17 décembre une élection faite en juillet. Est-ce vraisemblable ? Admettons que la lettre où M. Schicbe veut trouver la preuve de cette élection, la lettre envoyée par Célius le 1er août, se soit égarée et n'ait touché Cicéron qu'en décembre. N'a-t-il reçu aucune nouvelle de Rome depuis la fin de juillet ? Le 21 septembre, il a une lettre d'Atticus, du 3 août (*Att.* V, 19, 1). Le 8 octobre, il en a une d'Appius, qui lui transmet des informations remontant, semble-t-il, au 2-13 août (F. III, 8, 9). Il en a reçu, n'en doutons point, beaucoup d'autres. Personne n'a-t-il donc songé à lui faire part d'un évènement qui l'intéressait au plus haut point ? Au surplus, si l'élection était de juillet, Cicéron lui-même, en félicitant son jeune ami, n'exprimerait-il pas plus de regrets de le faire si tardivement ? Il s'excuse, sans doute (*sera gratulatio*) ; il est loin (*longe absum*) : mais il n'y insiste ni si longuement, ni si fort. Plus explicite est la lettre où il complimente Célius élu édile : *tibi gratulor... serius : in iis enim sum locis, quo et propter longinquitatem et propter latrocinia tardissime omnia perferuntur* (F. II, 9, 1). Pourtant il lui écrit deux mois à peine après son élection. Il y a apparence que, pour un retard de quatre mois et demi, il s'excuserait avec plus de vivacité.

Mais il y a plus. Il est infiniment probable que, dès le 14 novembre, il avait reçu la lettre de Célius du 1er août. M. Schicbe le nie, parce que, d'après lui, elle eût appris à Cicéron le succès de Gurion et que, ce succès, Cicéron ne peut pas l'avoir connu en novembre. Mais il n'a pas d'autre raison à invoquer que sa propre hypothèse. Cicéron, le 14 novembre, s'étonne, avons-nous dit, que Célius ne l'ait pas

Progr. Berlin, 1897, p. 21-27) a soutenu que la lettre ad *Att.* V, 20 était faite de trois parties : §§. 1-7, du 19 ; §§. 8-9, du 26 ; §. 10, du 27. Le courrier d'Atticus, arrivé le 26, serait reparti le 27, emportant le tout — et, en même temps, la lettre à Curion. — M. Schicbe, en ce qui concerne ad *Att.* V, 20, paraît avoir convaincu CFW. Müller (éd. Lpz. 1898) et Purser (*Proceed. of the royal Irish Academy,* Dublin VI, 1901, et éd. des *Ep. ad Att.,* Oxford, 1903), mais non W. Sternkopf, qui estime qu'au §. 8 il faut, avec Gruber, Schütz, O. E. Schmidt, corriger le chiffre *V* des manuscrits et écrire *XV* : le message d'Atticus serait arrivé le 16 décembre (*Bursians Iahresbericht,* 1908, p. 66). Nous n'avons pas à prendre parti dans ce débat. Il nous suffit que la lettre à Curion n'ait pas été écrite avant le 17 décembre.

informé de son élection à l'édilité : *præsertim cum esset tanta res tantæ gratulationis,
de te, quia, quod sperabam, de Hillo* (1) *(balbus enim sum), quod non putaram* (F. II,
10, 1). Or Célius, le 1ᵉʳ août, lui avait écrit : *spero te celeriter et de nobis, quod sperasti, et de illo* (= Hirrus), *quod vix sperare ausus es, auditurum* (F. VIII, 4, 3). On
a généralement admis que Cicéron, se souvenant de la phrase de Célius, l'avait reprise
en y introduisant une plaisanterie (2). Hirrus, sans doute, était bègue et prononçait
R comme L : Cicéron, dont il avait été en 53 le compétiteur à l'augurat, et qui lui
garde rancune de cette outrecuidance, le raille et dit, comme lui, *Hillo* pour *Hirro*.
M. Schicbe, lui, ne veut pas, ne peut pas vouloir que Cicéron ici reprenne le mot de
Célius : autrement, Cicéron aurait déjà reçu F. VIII, 4. C'est au contraire Célius qui,
selon M. Schicbe, citerait Cicéron : celui-ci, dans une lettre antérieure, perdue pour
nous, exprimait, croit-il, ses espoirs, ses craintes, ses doutes ; *quod sperasti, quod
vix sperare ausus es,* ferait allusion à ces confidences (3). Que Cicéron, dans une lettre
hypothétique, ait comparé les chances des candidats et se soit livré au petit jeu des pro-
nostics, il se peut : nous l'ignorons. *Quod sperasti,* à vrai dire, ne nous semble point
exiger cette supposition : ce pourrait être une négligence de Célius, qui en a d'autres,
le parfait devant s'entendre par rapport, non au temps où il écrit, mais au futur *auditurum* : Cicéron apprendra ce qu'il a (aura) souhaité, ce qu'il a (aura) osé à peine
espérer. Espoir ou doute, Célius a bien pu le lui prêter (4). Mais supposons qu'une
lettre de Cicéron nous manque, où il aurait exprimé la pensée reprise par Célius. Y
avait-il déjà mis la plaisanterie ? Si oui, la glose aussi : *balbus sum* ; s'il la juge nécessaire, quand il se répète, elle l'était encore plus la première fois ; il semblerait même
qu'elle ne l'ait plus été ensuite. Mais, chez Célius, du jeu de mots rien ne transpa-
raît (5) : n'a-t-il donc pas compris ? Plus probablement, Cicéron s'en était abstenu.
Mais alors, dans II, 10, il s'est cité lui-même pour se corriger ? Comme on comprend
mieux qu'ayant trouvé dans la lettre de Célius l'antithèse *et de nobis.... et de illo*, il
la lui retourne en y piquant une facétie ! Répondre à *illo* par *Hillo,* voilà qui est

---

(1) *nihilo* mss. ; la correction *Hillo,* due à Manuce, paraît certaine.
(2) V. Bruno Nake, *Neue Iahrbb. für Philol.,* tome 89 (1864), p. 64.
(3) Schiche, Progr. 1893, p. 20 ; p. 29.
(4) Cf. *Fam.* VIII, 3 (de Célius) §. 1 : *de quo* (la compétition entre Hirrus et Célius) *ut, quem
optas, quam primum nuntium accipias...* cupio. La lettre est de juin ; Cicéron ne sait pas, ne peut
pas savoir encore qu'Hirrus est candidat. A fortiori Célius n'a-t-il encore reçu de lui aucune
confidence à ce sujet. Ce souhait *(quem optas),* il le lui prête. Rien de plus naturel.
(5) Tyrrell (note sur F. II, 9, 1 = lettre CCXXIV, tome III, p. 105) insinue que dans *illo,* chez
Célius, le calembour pourrait bien être latent : « Hirrus, who had a lisp, was nicknamed Hillus,
The vocative *Hille* in a city where there was a certain amount of cockneydom became *ille.* This
appears to have stuck as a nick-name to Hirrus, at least among his enemies : cp. *Fam.* VIII, 4,
3 ». — Supposition ingénieuse, mais tout à fait invraisemblable. Célius vient de nommer deux
fois Hirrus : *quod ad Hirrum attinet... ; Hirrum cuncti jam non faciendum flagitare ;* après *Hirrum...
Hirrum...,* *illo* ne peut avoir d'autre sens que celui du pronom et rien, dans le passage, n'autorise
à lire entre les lignes *Hillo.*

comique, — plus que la réédition d'un jeu de mots défraîchi, avec sa glose, ou la correction après coup d'un calembour manqué. Pour nous *de Hillo*, chez Cicéron, fait
écho à *de illo* chez Célius. Par conséquent, Cicéron avait en mains VIII, 4 avant le
14 novembre. Ce jour-là il reçoit VIII, 5 et y répond ; mais il n'a pas oublié ce
que Célius lui écrivait naguère, et il fait à son ami la politesse de le lui prouver (1).

Il ressort de cette discussion que le passage de F. VIII, 4 (du 1ᵉʳ août), d'où est
parti M. Schiebe, n'a pas la signification qu'il lui attribue. Il ne saurait y
être question de l'élection de Gurion. Comment donc faut-il l'entendre ?
« .... Servæus, tribun désigné, a été condamné. Gurion *s'est porté candidat* (2) pour
le remplacer. Beaucoup de gens, qui ne le connaissent pas, le craignent *(appréhen-
dent qu'il ne soit élu)*. Mais, à la façon dont il se comporte, il défendra *(s'il est élu)* la bonne
cause et le Sénat. Pour l'instant *(comme candidat)* il déborde de bonne volonté (3).
C'est que César a repoussé avec dédain ses avances. Le plus joli, à mon sens, dans
cette histoire, est que Gurion (et tout le monde l'a remarqué comme moi) (4), Gurion,
qui est la légèreté même, s'est donné l'apparence d'un politique profond et rusé, en
déjouant les desseins de ceux qui avaient prétendu se mettre en travers *de sa
candidature* (5), les Lælii, les Antonii et autres fortes têtes du parti. »

Il subsiste là, pour nous, beaucoup d'obscurités. Qui sont ces Antonii, ces Lælii ?
des Césariens ? ou les intransigeants de la faction aristocratique qui, se défiant de
Gurion, avaient manœuvré pour qu'il ne fût pas candidat ? En quoi Gurion a-t-il paru
si habile ? Que vise le mot *insidiis* ? A quoi se rapporte le dédain de César ? Autant
d'énigmes. Mais, si la pensée de Célius reste sur tous ces points mystérieuse, du

---

(1) Pourquoi la phrase, avec le calembour, n'est-elle pas déjà dans la lettre qu'il adressait un
mois auparavant à Célius pour le féliciter (F. II, 9), lettre où, mis en verve par l'échec d'Hirrus,
il tourne le personnage en ridicule et s'amuse à le contrefaire ? N'est-ce pas justement parce
qu'alors il n'avait pas reçu F. VIII, 4 ? Il n'avait encore que VIII, 3 : aussi est-ce un mot de
VIII, 3 que, ce jour-là, il retourne à Célius : *quibus verbis tibi gratias agam, non reperio, quod ita
factus sis, ut dederis nobis, quemadmodum scripseras ad me, quem semper ridere possemus* (II, 9, 1).
Célius, en effet, lui avait écrit : *si fio..., hoc usque eo suave est ut, si acciderit, tota vita risus nobis
deesse non possit* (VIII, 3, 1).

(2) *petiit* mss. On a corrigé *petit* (Weseoberg, Baiter). Mais n'est-ce pas corriger Célius ?
Petere, qui signifie proprement *être candidat*, ne peut-il sous la plume de Célius signifier *se
porter candidat* ? La correction est facile, mais non pas nécessaire.

(3) Curion ne déploie un tel zèle que parce qu'il est encore candidat. Il n'a pas les démocrates
avec lui (*Cæsar eum valde contempsit*). Il s'efforce d'autant plus de rassurer les *boni*.

(4) *Illud... ut Curio videretur.* Nous considérons *quod... est animadversum* comme une parenthèse ;
usque eo = ita, et reprend l'idée de *quod*. Pour le pléonasme *quod... ita, id... ita*, voir la note de
Madvig sur Cicéron, *de Fin.* II, 6, 17.

(5) *Qui se intenderant adversarios in ejus tribunatum.* Le plus-que-parfait *intenderant* est en cor-
rélation avec le passé *cecidit ut videretur = visus est. Tribunatum =* l'éventualité, la possibilité
pour lui d'être tribun ; sa candidature. Curion a déjoué les plans de ses adversaires en la posant
en dépit d'eux.

moins n'est-on pas fondé à prétendre qu'il annonce ici l'élection de Gurion. Il ne
s'agit que de sa candidature.

⁎

Il ne nous reste plus qu'à conclure brièvement.

Gurion n'a pas été candidat au tribunat, en 51, lors des élections générales. Mais
l'élection d'un des nouveaux tribuns, en juillet, ayant été annulée, il posa sa candidature à l'élection complémentaire. Célius en informe Cicéron le 1ᵉʳ août (F.VIII, 4). Le
2 septembre (F. VIII, 9), Célius écrit que Hirrus, qui vient d'échouer à l'édilité, et
qui, depuis, fulmine contre César, malmène fortement Gurion *(Curionem non mediocriter objurgat)* : c'est le candidat malheureux qui, exaspéré par son échec, accuse
tout le monde de tiédeur et prend à partie le candidat qu'est encore Gurion, malgré
le zèle dont celui-ci fait étalage; Cicéron, qui doit se rappeler le mot de Célius disant
de Gurion, le 1ᵉʳ août, que la bonne volonté lui sort par tous les pores *(totus, ut nunc
est, hoc scaturrit)*, comprendra à quel point Hirrus prête à rire *(post repulsam risus
facit)*. Quelques jours plus tard (F. VIII, 5), Gurion est toujours candidat *(si... Curio
tribunus erit)*. Enfin, au commencement d'octobre (F. VIII, 8), Célius, envoyant à
Cicéron le sénatus-consulte du 29 septembre, et pressentant ce à quoi vise César,
ajoute : *Curio se contra eum totum parat* (§ 10). Cette fois, Gurion est élu : c'est le
tribun désigné qui s'apprête à la lutte et, d'avance, prépare ses « actiones » (1).

L'élection complémentaire qui porta Gurion au tribunat de la plèbe eut donc lieu
en septembre 51, postérieurement à l'envoi de F. VIII, 5. La nouvelle en parvint à
Cicéron devant Pindenissus, vers le 17 décembre. Ne serait-ce pas la lettre d'Atticus
partie de Rome au lendemain de la séance du Sénat du 29 septembre (2), et arrivée
à Pindenissus dans la seconde moitié de décembre, qui la lui aurait apportée ?

_____

(1) Peut-être s'étonnera-t-ou que Célius se soit contenté d'une allusion aussi brève, aussi vague,
glissée incidemment. Mais la nouvelle était vieille déjà de quinze ou vingt jours, et il a pu croire
que Cicéron, lorsqu'il lirait sa lettre, serait déjà informé. Il en parle donc comme d'un fait connu.

(2) *ad Att.* V, 20, 8 : *redeo ad urbana, quæ ego diu ignorans ex tuis jucundissimis a. d. V (XV?)
Kal. Januarias denique cognovi... Jucunda de Cæsare, et quæ senatus decrevit, et quæ tu speras.* Pour
la date, voir plus haut.

LARGVMENT DE LA TRAGOEDIE DES TRO ADES DEVRIPIDE.

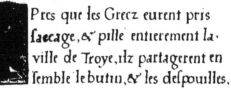

Pres que les Grecz eurent pris saccage, & pille entierement la ville de Troye, ilz partagerent en semble le butin, & les defpouilles, mefmement les filles. & femmes prifonnieres defquelles les roturieres, & celles qui eftoient de bas eftat, furent delelfees aux fouldards, qui les partirent au fort entre eulx · mais les princeffes, & nobles dames furent mifes a part dedans les tentes du Roy Agamemnon, chef de toute lar mee, & referures aux Roys, & princes de loft des Grecz, qui les diuiferent auffy puis apres au fort entre eulx. Ainfy doncques comme ces da mes Troienes font toutes enfemble es fentes dAga memnon, en lamentant leur captiuite, & atten. dant d'heure, en heure que les feigneurs a qui elles feroient aduenues les vinfent prendre, pour les

RENÉ STUREL

A PROPOS D'UN MANUSCRIT DU MUSÉE CONDÉ

Le Musée Condé possède, sous la cote 1688, un volume in-4° dont la reliure, exécutée au xviie siècle, porte les armes de Foucault. C'est un manuscrit sur vélin de 74 feuillets, orné de quatre fort jolis dessins en pleine page. Au recto du premier feuillet on lit le titre : *La Tragoedie des Troades d'Euripide ;* et au recto du feuillet 2 commence l'*Argument de la Tragoedie des Troades d'Euripide,* qui est suivi immédiatement, fol. 6 r°, de la liste des personnages, et fol. 7 r°, de la traduction en vers français de cette tragédie ; celle-ci se termine avec le volume lui-même, fol. 75 v°. On voit donc que, dans l'état du moins où il nous est parvenu, ce volume ne présente aucune préface, épître dédicatoire, poésie liminaire, ou explicit, qui puisse nous renseigner sur la date ou sur l'auteur de cette traduction.

Mais, lorsque le savant et obligeant conservateur du Musée Condé, M. Gustave Macon nous a montré ce manuscrit, nous avons été frappé tout d'abord de la ressemblance qu'en présente l'écriture avec celle des premières traductions de Plutarque qu'Amyot avait dédiées à François Ier, et dont nous avons publié ailleurs des fac-similés (1). Le lecteur pourra en juger lui-même en les comparant à la reproduction que nous donnons ici. Quant à nous, cette analogie nous semble telle, que nous croyons pouvoir attribuer au même copiste les traductions de Plutarque et la traduction d'Euripide. Ce copiste est Adam Charles, qui porta plus tard le titre de « maistre escripvain et notaire royal juré en l'Université de Paris », et qui vivait encore en l'année 1579. Nous avions remarqué en outre, en étudiant les manuscrits copiés pour Amyot, que certaines graphies tout à fait insolites à cette époque, comme celle de *il* au pluriel, se trouvaient dans les plus anciens d'entre eux, écrits en 1542 ou 1543 environ, mais avaient à peu près complètement disparu du dernier, dont la rédaction se place vers 1545-1546. Or, dans le manuscrit du Musée Condé, on ne rencontre plus cette graphie *il* : on peut donc en conclure qu'il est postérieur à

(1) *Jacques Amyot traducteur des Vies parallèles de Plutarque,* Paris, Champion, 1909, 8°.

1545 (1). Mais ces renseignements sont encore peu intéressants et peu précis, puisqu'ils nous donnent le nom seulement du copiste, et que, pour la date du manuscrit, ils ne peuvent la déterminer exactement.

Si nous cherchons dans les *Bibliothèques* de la Croix du Maine et de Du Verdier quels ont été au XVIᵉ siècle les traducteurs français d'Euripide, nous y trouvons mentionnés Lazare de Baïf et Thomas Sebillet dont les œuvres sont imprimées; Hugues Salel qui, au témoignage de Pontus de Tyard, composa une traduction d'*Hélène*; et enfin Guillaume Bochetel ou Bouchetel. Cette dernière assertion est confirmée par les vers suivants que François Habert adresse à Mellin de St-Gelais :

> Bouchetel, le royal secrétaire,
> Qui sçait si bien Euripide torner
> En vers françois (2).

Or précisément cette attribution convient fort bien au manuscrit que nous étudions: en effet, comme nous l'avons montré, Amyot, lorsqu'il présenta au roi ses premières traductions de Plutarque, était précepteur des fils de Bochetel de Sacy près de Bourges, (il entra, semble-t-il, dans cette maison vers 1543.) Dans ces conditions, il est tout naturel que le père et le précepteur aient confié leurs manuscrits au même écrivain; et l'attribution des *Troades* à Guillaume Bochetel, est, par suite, assez vraisemblable.

Nous lisons en outre dans la *Bibliothèque* de Du Verdier (3) que Guillaume Bochetel publia une traduction de l'*Hécube* d'Euripide en vers français, chez R. Estienne en 1550 ; mais cette édition, dont le bibliographe donne une description détaillée n'est autre que la réimpression de celle de 1544, que tout le monde s'accorde à attribuer à Lazare de Baïf (4). Depuis Du Verdier les critiques et les érudits qui ont eu à parler de cette œuvre peuvent se répartir en deux groupes : les uns repoussent ou ignorent l'attribution à Bochetel : les autres donnent à Baïf la traduction de 1544 (5), et en « signalent » une autre de Bochetel (d'après Du Verdier et l'abbé Goujet) sous la date de 1550. Il convient, croyons-nous, d'adopter une troisième so-

---

(1) M. Vaganay nous signale quelques livres, composés et imprimés aux environs de l'an 1500, qui contiennent des exemples de cette graphie *il*. Cette curieuse constatation modifie l'opinion courante que la forme *ils* ou *ilz* avait définitivement prévalu dès la fin du XIVᵉ siècle ; mais la graphie *il* n'en reste pas moins, en 1544, tout à fait insolite.

(2) Cf. aussi du même François Habert, une pièce de vers adressée à Guillaume Bochetel à la suite du *Temple de Chasteté*, 1549.

(3) Édition Rigoley de Juvigny, t. II, p. 70.

(4) Sauf Guill. Colletet, qui, comme l'a remarqué M. Gaiffe (édit. de l'*Art poétique* de Sebillet), l'attribue sans aucune preuve à Thomas Sebillet.

(5) Sur Lazare de Baïf, cf. surtout L. Pinvert, *Lazare de Baïf*, 1900, Paris, 8°.

lution, en examinant plus attentivement le témoignage de Du Verdier, qui, nous allons le voir, ne contient en somme qu'une erreur de date.

Pour Du Verdier, en effet, Lazare de Baïf n'a jamais traduit l'*Hécube*, et il ne mentionne pas cette tragédie dans l'article qu'il lui consacre. Si, à propos de Bochetel, il indique seulement l'édition de 1550, c'est évidemment parce qu'il ne connaissait pas la première ; celle-ci paraît, en effet, avoir été assez rare dès cette époque, (1) puisque, fait à noter, La Croix du Maine qui attribue l'*Hécube* au seul Baïf, ne cite lui aussi que le volume de 1550. Il faut donc, nous semble-t-il, envisager la question autrement qu'on n'a fait jusqu'ici, et rechercher si la *traduction imprimée d'Hécube, sans distinction d'éditon*, est l'œuvre de l'un ou de l'autre de ces humanistes.

L'affirmation de Du Verdier en cette matière a une grande valeur, car nous savons qu'il était l'ami intime de Jean Antoine de Baïf ; nous pouvons y ajouter encore le témoignage fort autorisé de Joachim du Bellay qui, en 1549, faisant dans sa *Deffence*, l'éloge de Guillaume Budé et de Lazare de Baïf, « ces deux lumières françaises », ne signale. du second que la traduction en vers français de l'*Electre* de Sophocle, publiée chez Estienne Roffet en 1537. Pour cette dernière tragédie, en effet, le doute n'est pas possible, car, si elle ne contient pas de préface ni d'épître (2), le nom du traducteur se trouve du moins en acrostiche dans une poésie liminaire.

La traduction d'*Hécube*, au contraire, ne nous offre aucun indice de ce genre. Déjà en 1555, Jacques Peletier, dans son *Art poétique* (3), l'attribuait sans aucune preuve à Lazare de Baïf. La Croix du Maine reprend cette opinion, et après avoir noté ailleurs (4) que Guillaume Bochetel avait traduit de grec en français quelques tragédies d'Euripide, il donne sans hésiter l'*Hécube* à Baïf, en se fondant uniquement sur la présence, à la fin du volume, de la devise *Rerum vices*. Examinons donc la valeur de cet argument.

Les autres œuvres de Lazare de Baïf, soit latines, soit françaises, ne portent pas, du moins à notre connaissance, la devise *Rerum vices* ; mais le Dr Guignard, qui a consacré dans la *Revue de la Renaissance* plusieurs articles à l'étude de la famille des de Baïf, nous fournit les indications suivantes (4) : « C'est par le mariage d'Isabeau de Mangé avec Antoine de Baïf dans la première moitié du xv° siècle, —

(1) Elle est fort rare aujourd'hui, et ne se trouve même pas à la Bibl. Nat. ; mais la collection du baron J. de Rothschild en possède un exemplaire. (Cf. *Catalogue* pp. E. Picot, t. II, p.2, n° 1060).

(2) Du moins dans l'édition imprimée. Mais l'examen d'un manuscrit de la Bibliothèque de Venise qu'a bien voulu nous signaler M. Emile Picot, et qui contient une épître dédicatoire, apportera, croyons-nous, quelques indications intéressantes à ce sujet. Nous comptons en tirer parti dans une édition critique, que nous préparons, des traductions en vers français de tragédies grecques avant 1550.

(3) Cf. p. 72. Nous devons ce renseignement à l'obligeance de M. J. Madeleine.

(4) A l'article Guillaume Bochetel. — Ajoutons qu'à l'article Bernardin Bochetel, il déclare aussi que ce gentilhomme a traduit Euripide en français ; mais il est bien possible que ce soit là une erreur causée par la similitude de nom.

(5) 1901, pp. 194 sq. et 1903, passim.

M. Pinvert dit, en précisant davantage, avant 1434 (1), —que Mangé devint l'apanage des Huet de Baïf originaires de l'Anjou, où la famille était depuis longtemps... De ce fait et à partir de ce mariage on la divise en deux branches, les de Baïf d'Anjou et les de Baïf du Maine. Les premiers ont pour armes : de gueules (ou de sable) à deux lions léopardés d'or posés l'un sur l'autre, au chef d'argent, devise *Rerum vices*. — Les seconds portent de gueules à deux lions passants d'argent au chef de même (Note manuscrite de M. l'abbé Uzureau) » (2).

Remarquons tout d'abord, vérité par trop évidente, que pour l'attribution d'un ouvrage, on ne saurait accorder la même valeur à la présence d'une devise et à celle d'un nom d'auteur ; en effet plusieurs écrivains au XVI° siècle ont usé simultanément de la même devise ; et d'ailleurs, pour le cas précis qui nous occupe, cette idée de la vicissitude des choses n'est pas si étrange ni si complexe qu'elle n'ait pu être exprimée de la même façon par deux personnages différents ; — on rencontre également à cette époque la formule analogue *Rerum vicissitudo*.

Ajoutons qu'il ne faut pas assimiler absolument les devises littéraires et les devises héraldiques, et que, si certains auteurs ont signé leurs œuvres de la maxime qui illustrait leur blason, le rapprochement de l'une et de l'autre est moins probant que ne serait celui de deux devises identiques inscrites sur des volumes contemporains.

Enfin, argument plus important, si nous nous reportons à un article antérieur du Dr Guignard (3) il nous semble qu'il ressort que Lazare de Baïf, malgré sa seigneurie des Pins, située en Anjou, appartenait à la branche du Maine, c'est-à-dire à celle qui n'avait jamais porté sur ses armes la devise *Rerum vices*. — Pour toutes ces raisons, nous croyons, non pas devoir rejeter à priori l'attribution de l'*Hécube* à Baïf, mais du moins pouvoir laisser de côté un instant cette considération, et demander à un examen attentif de ce volume d'autres arguments pour résoudre le problème.

Si la traduction d'*Hécube* ne porte pas de nom d'auteur, elle est précédée en revanche d'une épître dédicatoire à François Ier, et elle est suivie de quelques poésies, traduites ou originales. Au lieu de tirer de ces pièces, comme on l'a fait jusqu'ici, des indications pour la biographie de Baïf, essayons de les étudier en elles-mêmes, en nous demandant si les détails qu'elles renferment peuvent se rapporter à ce personnage.

Comme toujours, les dernières lignes de l'épître dédicatoire sont les seules qui présentent quelque intérêt, tout le reste n'étant qu'un centon de souvenirs et de citations antiques à la mode des érudits du temps. Voici le passage important : « Or, est-il, Syre, que quelques jours passez me retrouvant en ma petite maison, mes

(1) *Op. cit.*, p. 2.
(2) *Ibid.*, 1903, p. 289.
(3) *Revue de la Renaissance*, 1901, pp. 196-199. Cf. aussi un article de P. Calendini dans les *Annales fléchoises*, 1903, pp. 101-107.

enfans tant pour me faire apparoir du labeur de leur estude, que pour me donner plaisir et recreation m'apportoyent chascun jour la lecture qui leur estoit faicte par leur precepteur de la tragedie d'Euripide, denommée Hecuba : me la rendant de mot à mot de Grec en Latin. Laquelle pour la sublimité du style, et gravité des sentences que je y trouvai, il me prinst envie, Syre, de la mettre en nostre langue Françoise, seulement pour occuper ce peu de temps de repos à quelque honneste exercice. Et depuis vous voyant, Syre, travaillé de maladie, pour vous donner quelque recreation, je prins la hardiesse de vous lire le commencement que j'en avoye tourné : que benignement vous ouistes, et me commandastes l'achever. Ce que j'ay faict, non tant pour l'assurance que j'ay eue de le sçavoir bien faire, congnoissant ma faible puissance, que pour le désir de vous obeir. Car trop plus m'a aidé l'efficace de vostre commandement que m'a empesché la congnoissance de mon infirmité au parachevement de cette tragedie... »

Bien des assertions dans cette page sont assez difficilement explicables si l'on veut les rapporter à Lazare de Baïf. Tout d'abord on sait que c'est en 1544 que Lazare de Baïf retira son fils des mains de Jacques Toussaint, et lui donna pour précepteur un autre helléniste, plus célèbre aujourd'hui, Jean Daurat ; on sait aussi que c'est vers la même époque que la mort du père de Ronsard, survenue le 6 juin 1544, permit à celui-ci de se livrer en toute liberté à l'étude des lettres, et de suivre avec son ami Jean-Antoine de Baïf les leçons du nouveau maître (1).

. Ce n'est donc que vers le milieu de cette année 1544 que Lazare aurait pu entreprendre de traduire l'*Hécube* en vers français d'après la version latine qu'en faisaient « ses enfans ». Mais précisément au mois de juillet il était envoyé par le roi en Poitou, et cette mission, avec une autre en Languedoc, semble avoir occupé les derniers mois de cette année (2). Il est donc bien malaisé de placer à ce moment le « temps de repos » et de « loisir » que notre auteur dit avoir consacré, dans « sa petite maison » à mener à bien l'œuvre qu'il dédie au roi : et il est encore plus difficile d'admettre qu'avant la fin de cette année 1544 il ait pu commencer sa traduction, en donner lecture au roi durant une de ses indispositions, l'achever sur son conseil, et la faire imprimer.

A côté de cette invraisemblance de date, nous rencontrons une difficulté plus grave dans les termes. Lazare de Baïf nous parle de « ses enfans », et l'on s'est empressé,

---

(1) On consultera avec grand profit sur cette période de la vie de Ronsard, outre le témoignage souvent peu clair et peu précis de Binet (édit. Hélène M. Evers, Philadelphie 1905, Bryn Mawr College Monographs,), les articles de M. Laumonier dans la *Revue de la Renaissance*, en particulier en 1902. Voici ce qu'il dit sur les relations de J. A. de Baïf et de Ronsard entre 1540 et 1544 (p. 46, note) : « Lazare de Baïf mit son fils en pension durant son absence (le voyage de Lazare en Allemagne en compagnie de Ronsard) chez l'helléniste Toussaint, et Antoine de Baïf acheva là ses études secondaires de mars 1540 à mars 1544 environ, sans que ses relations avec Ronsard à Paris (s'il en existe) offrent le moindre intérêt ».

(2) Toutes ces pièces ont été publiées en appendice dans l'ouvrage de M. Pinvert.

sur ces mots, d'admirer la tendresse de cet homme qui unissait ainsi dans son affection paternelle son propre fils et le jeune Ronsard. Mais cette expression était-elle
bien à sa place dans une épître adressée à François Ier, qui sans doute ne soupçonnait
pas ces tendres sentiments chez son « maistre des requêtes », et qui, ne lui connaissant qu'un fils, a dû être étonné d'une telle assertion.

Ajoutons enfin que l'absence de toute allusion à la traduction antérieure de l'*Electre*
de Sophocle, dédiée par lui, semble-t-il, au Roi, est assez surprenante, si on attribue
les deux œuvres au même translateur. Ainsi bien des détails de cette Epître au roi
sont difficilement applicables à Lazare de Baïf. Recherchons maintenant s'ils conviennent mieux à Guillaume Bochetel.

Ce dernier avait acheté avant 1541 à Jean Courtois la seigneurie de Breuilhamenon,
située dans la commune de Plou, près de Bourges, et connue depuis le xviie siècle
sous le nom de Castelnau (1). C'est sans doute dans cette maison qu'il fit venir vers
1543 Jacques Amyot comme précepteur de ses enfants. Il avait en effet quatre fils,
dont l'un composa à l'âge de treize ans deux poésies latines qui figurent dans l'édition de 1537 des *Odes* de Salmon Macrin (2). Des deux difficultés que nous rencon-
trions dans l'épitre de Baïf — celle de l'année, et celle du nombre des enfants —
aucune, on le voit; ne subsiste, si nous attribuons l'*Hécube* à Bochetel (3).

Cette hypothèse deviendra, croyons-nous, une certitude, lorsque nous aurons cousi-
déré l'une des poésies qui se trouvent à la fin de l'édition de 1544, comme de celle
de 1550 ; c'est celle qui a pour titre *Ballade présentée à la Royne en Espaigne* (4).
Ce titre lui-même peut malaisément s'appliquer à une œuvre de Lazare de Baïf, car

(1) Cf. entre autres ouvrages, Buhot de Kersers. *Histoire et statistique monumentale du département
du Cher*, t. III, p. 154-155.

(2) Cf. Fauvelet du Toc. *Histoire des Secretaires d'Estat* 1668, 4o, pp. 68, sq. et surtout l'*Histoire
généalogique de la maison des Bochetels*,dans les *Additions* de Le Laboureur aux *Mémoires* de Castelnau, édit. in-fol. de 1659, t. II, (fin). On trouve également des tableaux généalogiques de la
famille Bochetel dans les papiers conservés à la Bibl. Nat. (Dossiers bleus, 104 et d'Hozier, 49).

(3) Il est difficile de préciser avec certitude la date à laquelle l'ébauche de cette traduction fut
lue au Roi durant une de ses maladies ; celles-ci en effet étaient fréquentes dès cette époque ;
pourtant la Cour étant restée, semble-t-il, à Fontainebleau à la fin de 1543 et au début de 1544,
on pourrait placer à cette époque la lecture dont parle notre traducteur. (Pour les déplacements
du Roi, ou de la Chancellerie, cf. le *Catalogue des actes de François Ier*, tome VIII, pp. 546, sq.) —
Bochetel fit précisément partie du Conseil privé de François Ier durant l'année 1543. (Cf. Decrue,
De Consilio Regis Francisci I, Paris, 1885, p. 43).

(4) Parmi les autres poésies, soit traduites ou inspirées de l'antiquité, soit originales, deux seulement pourraient, par leur matière fournir quelque indice : C'est : l'*Epitaphe de Messyre Hierome
Fondule*, qui peut aussi bien être attribuée à Baïf qu'à Bochetel et l'*Epitaphe de Ma Dame Laure :
apres celuy que feist le Roy* ; il s'agit là de la prétendue découverte du tombeau de Laure par
Maurice Scève en 1533 (Cf. A. Baur, *Maurice Sceve et la Renaissance Lyonnaise*, Paris, Champion
1906 ,8e). Remarquons, sans attacher d'ailleurs trop d'importance à cet argument, que cette
dernière poésie, comme la *Ballade présentée à la Reine*, a dû être composée avant 1537, et qu'il
serait surprenant, si toutes deux étaient l'œuvre de Baïf, que celui-ci ne les eût pas publiées à la
suite de sa traduction d'*Electre*.

celui-ci n'a jamais, à notre connaissance, franchi les Pyrénées. Mais le texte va nous fournir des indications plus précises.

Or est le temps et la joyeuse année
Princesse illustre, et de bonne heure née,
Qu'il est permis de divine ordonnance
Qu'avecques vous paix nous soit amenée :
Et quant et quant nostre noble lignée
Les deux fleurons ou gist nostre esperance,
O quel plaisir, o quelle esjouissance,
France, qui n'a premiere ne seconde,
Aura de veoir en sa terre feconde
Royne et enfans ! bien doibt crier montjoye,
Vous appelant d'affection profonde,
Tant que la voix jusqu'au ciel en redonde
Rabat de dueil et ressource de joye.

D'infiniz biens serez environnée,
Et obtiendrez couronne fleuronnée
Du hault blason qui du ciel prind naissance :
Chascun dira, Dieu la nous a donnée
Et bonne, et belle : ainsi l'a ordonnée
A nostre Roy d'invincible puissance.
Ses mere et sœur vous feront assistance,
Esquelles deux tout le thresor se fonde
D'honneur , et sens qui en ce siecle abonde :
Dont louerez Dieu qui vous guide et convoye
En compagnie à vous qui corresponde ;
Ou vous vivrez en amour pure et monde,
Rabat de dueil et ressource de joye.

De bons prelats l'eglise accompaignée
Et dignement de reliques ornée,
Vous recevra en doulce resonnance
De devoz chans, la face à Dieu tournée.
Noblesse après à vous tant addonnée
Commence ja fourbir harnois et lance,
Pour devant vous tournoyer à plaisance.
Puis franc Gontier qui de plaisir debonde,
Laissant brebis, sa panetiere et fonde,
S'en veult aller danser soubz la saulsaye,
Et par la main tient Helene la blonde,
En luy disant, Nous aurons qui qu'en gronde
Rabat de dueil et ressource de joye.

Royne sans per, doulce, humaine, et faconde,

Ung frere avez qui tient la pomme ronde,
Et vous serez (il faut bien qu'on le croye)
Femme a ung Roy le plus grand de ce monde.
Dieu vous forma soubz planette seconde,
Rabat de dueil et ressource de joye.

Il suffit de se rappeler l'histoire de cette époque pour reconnaître qu'il s'agit ici de la sœur de Charles-Quint, Eléonore d'Autriche, qui, d'après le traité de Cambrai ou *paix des dames*, vint en France en 1530 pour y épouser François I⁰ʳ. Elle ramenait avec elle « les deux fleurons » de la maison de France, le Dauphin et le duc d'Orléans qui, retenus depuis quatre ans en otage à la place de leur père, lui étaient enfin rendus moyennant deux millions d'écus d'or (1). Or si le père du grand poète, Loys de Ronsart, accompagna les deux princes durant leur captivité et revint avec eux (2), celui qui fut chargé avec le vicomte de Turenne de les ramener en France est précisément Guillaume Bochetel, comme l'atteste la pièce suivante que nous lisons dans le *Catalogue des actes de François Iᵉʳ* (3). « Mandement au trésorier de l'épargne de payer à Guillaume Bochetel, secrétaire du Roi, 410 livres pour le voyage qu'il va faire en Espagne avec François de la Tour, vicomte de Turenne, auprès du Dauphin et du duc d'Orléans. Fontainebleau, 16 décembre 1529. »

De retour en France c'est encore Bochetel qui fut chargé par le roi de composer l'*Entrée en sa ville et cité de Paris*, et *le Sacre et Couronnement* de la princesse Eleonore (Tory, 1530, in-4°, réimprimé au XIXᵉ siècle). La seconde de ces deux plaquettes commence ainsi : « C'est l'ordre et forme qui a este faicte et tenue par le commandement du Roy nostre Sire au Sacre et Coronnement de la Royne Ma Dame Leonore Daustriche seur aisnée de l'Empereur, le cinquiesme jour de mars MDXXX. Lequel par ordonnance dudict seigneur apres avoir assisté a tous les actes et ceremonies d'iceulx sacre et coronnement, a esté mis et redigé par escript au vray, par moy Guillaume Bochetel son notaire et secretaire signant en ses finances : en la maniere qui s'ensuit.... (4). »

Il serait superflu, croyons-nous d'alléguer encore d'autres arguments ; et ceux-ci nous paraissent triompher aisément de la simple devise *Rerum vices*, sur laquelle reposait l'attribution d'*Hécube* à Lazare de Baïf (5). Celui-ci d'ailleurs n'y perd guère

---

(1) Cf. à ce sujet les *Négociations diplomatiques entre la France et l'Autriche durant les trente premières années du XVIᵉ siècle*, publiées par Le Glay, 1845, 2 vol. 4° (Coll. des Documents inédits).

(2) Cf. Binet, et *Revue de la Renaissance*, art. de Laumonier, t. I, p. 100.

(3) T. I, p. 682.

(4) Brunet (*Manuel et Supplément*) signale un très grand nombre de ces *Entrées* de la Reine et des deux princes soit à Paris, soit dans d'autres villes du Royaume. Peut-être Bochetel est-il l'auteur de quelqu'une de ces pièces, qui prendrait ainsi un caractère officiel.

(5) La devise citée d'ordinaire pour Guillaume Bochetel, ou pour mieux dire, pour les Bochetel, est *De cœur et de bouche tel* ; mais, outre que cette devise semble avoir été surtout héraldique, (cf. J. B. Rïetstap, *Armorial général*, 2ᵉ édit., 1884, t. I, p. 223), c'est une sorte de calembour qui n'excluait pas l'emploi d'une devise littéraire moins transparente.

et reste l'auteur incontesté de l'*Electre*, qu'une étude plus approfondie nous permettra de comparer pour la méthode même de la traduction, et pour les sources, aux deux tragédies d'Euripide. Une comparaison analogue de ces dernières entre elles nous aidera également à résoudre un problème que nous n'avons pas encore posé, pour ne pas compliquer cette étude, mais qu'il est nécessaire d'indiquer ici. La part d'Amyot dans la traduction d'*Hécube* se réduit si l'on en croit Bochetel, à l'intelligence du grec ; (un examen rapide de ce texte nous a montré que la traduction latine d'Erasme, qui fut souvent alors réimprimée, — n'était en général pas suivie par le translateur français). Pour *les Troades* nous ne possédons aucun témoignage de ce genre, et tout, interprétation et style, pourrait appartenir au traducteur de Plutarque : nous savons en effet par ses biographes que, durant son séjour à Bourges, il tournait en vers français quelques tragédies grecques. De toute façon — et nous sommes actuellement plutôt porté à attribuer cette traduction à Bochetel — le manuscrit du Musée Condé doit être antérieur à l'année 1548, car, comme nous l'avons montré ailleurs, c'est au plus tard à cette date qu'Amyot est parti pour rejoindre à Venise le beaufrère de Bochetel, l'ambassadeur Jean de Morvillier (1). D'autre part nous avons vu au début de cette étude que ce manuscrit semblait être postérieur à 1545 : c'est donc entre 1545 et 1548 qu'il a dû être exécuté ; c'est-à-dire après la publication de l'*Hécube*, dont l'épître dédicatoire ne contient du reste aucune allusion à cette traduction (2).

(1) *Op. cit.*, pp. 54-60.

(2) Durant l'impression de cet article a paru une excellente thèse de M. Augé Chiquet sur *La vie, les idées et l'œuvre de Jean-Antoine de Baïf*. L'auteur, pas plus que ses devanciers, n'émet de doutes sur l'attribution à Lazare de Baïf de la traduction d'*Hécube*. Une seule fois il mentionne Guillaume Bochetel (p. 209), à propos des traductions en vers français de morceaux tirés des *Métamorphoses* d'Ovide. « La fable de Biblis et Caunus (6ᵉ livre) est traduite, dit-il, par Bochetel, disciple de Marot (dans *Le livre de plusieurs pièces, c'est-à-dire faict et recueilly de divers autheurs, comme de Clément Marot et autres*, Lyon, Nicolas Bacquenois, 1548, in-8°, fol. 74 r°), puis par Lazare de Baïf (à la suite d'*Hécuba*, p. 77). — Cette assertion serait de nature à infirmer notre hypothèse ; il est invraisemblable en effet que Bochetel ait donné deux traductions différentes d'un même passage d'Ovide, l'une à la suite de l'*Hécube*, l'autre dans la publication collective de Lyon. Mais, vérification faite, rien ne prouve qu'il soit l'auteur de cette dernière, qui dans ce recueil ne porte aucun nom d'auteur. Si M. Augé-Chiquet la lui attribue, c'est, croyons-nous, d'après le témoignage de Du Verdier ; mais nous avons vu que le bibliographe faisait allusion à la traduction qui fait suite à l'*Hécube*. — Le disciple anonyme de Marot est en réalité Loys des Mazures. Celui-ci, en effet, a publié dans ses *Œuvres poétiques* (Lyon, Jean de Tournes et Guillaume Gazeau, 1557, p. 67, citées par M. Augé-Chiquet), une traduction de *Biblis amoureuse de son frère Caunus*, qui, malgré des variantes assez nombreuses, n'est qu'une reproduction de celle qu'avait publiée Bacquenois en 1548.

Nous n'avons pu, en revanche, prendre connaissance d'un travail qu'a bien voulu nous signaler M. Vaganay et qui a trait au manuscrit du Musée Condé. En voici le titre d'après la *Revue d'Histoire littéraire de la France* (dernier fascicule de 1909, p. 846) : Carl Kuntz, *Untersuchungen über la Tragœdie des Troades d'Euripide, anonyme Uebersetzung in französischen Versen aus dem XVI Jahrhundert*, (*Handschrift nr. 1688 des Musée Condé in Chantilly*). Dissertation de Greifswald, 84 pp.

HENRI LEBÈGUE

LE WALTHARIUS DU PARISINUS 8488ᵃ

Le Waltharius d'Ekkehard, indépendamment de son intérêt historique, mérite d'appeler l'attention des philologues à cause des centons de Virgile, de Prudence et de la Vulgate dont il abonde. Le dernier éditeur Karl Strecker dit qu'une collation complète du Parisinus 8488ᵃ répond à un pressant besoin. J'offre la présente collation à mon vénéré maître M. Emile Chatelain comme un faible hommage de ma profonde gratitude.

Il est à désirer que le manuscrit de Bruxelles 5383, malgré les nombreuses collations dont il a été l'objet, soit soumis à une entière révision. Ce travail permettrait de déterminer avec précision la dépendance où il est à l'égard du manuscrit de Paris.

La présente collation a été faite à l'aide de l'édition de K. Strecker, Weidmann, Berlin 1897.

[Prologue]

v. 2 pari]pa||| (*vestige de l'i final*)　　6 erckambaldum　　12 cor-
de estque] cordeque (ē [= est] *m¹*)　　17 tironis　　18 praelia
22 ad　elfus
[Titre] Versus　de　ualtā]　uersu||　||e　|||||ā　1 Tercia　　5 solen|||
　　　　　　　　　trans
16 gundharium　　17　peruerberat　(trans　*m²*)　　27 tyro
28 aegregiae　　29 gundharius　(*Cf.* 16)　36　hildeund　　46　ether
48 equora　56　quod *avec le ms T*)　　58　similare　(*de* simulare
par grattage)　　　60　dulcē (　⁻ [= m]　de 2ᵉ main)
62 regione (*de* religione　*Correction de m¹*) 63　firmant 68 praelia (*Cf.* 18 prol.)
79 uualtarium　.　primeuo　　85　spes]pes　　　　sei||is　(*peut-être de*
seuis *par grattage*)　　89　fo　dusque　95　uualtario　　97
exibuit　106　miliciae　　107 haud　(*de* haut *m¹*)　　121 (*et*
142) uualtarius　123　coniunx　125　sollercia　132　seruicio
　uel im ˙*m¹*

144 compleuerat   152 seruicio   (*Cf.* 132)   164 coniunx (*Cf.* 123)
retrahentque]   retrahent (*avec le ms* T)   167 tedas   169 (*et*
173) uualtarium   174 miliciam   189 seuas   191 mucronem
(dc muor [ou mum] cronem   *correction de deuxième main*)   196 (*et* 201)
uualtarius   200 quemcūque   204 seuior   cedemque
211 caetera   214 uualtarius   224 praeciosum
238 persuade||s (*de* persuadens. Corr. *m¹*)   242 nichilum
loquutum   243 falsi (*de* false. Corr. *m¹*)   247 misteria
252 sepe   258 Precipiat   260 uualtarius   270 conplen-
tur   274 ebdomedam   277 remeauerat   283 mensam (*de*
mensum *corr. m¹*)   289 uualtarius   aescas   298 aedendae
303 Waltarius   aescam (*Cf.* 289)   305 Eros letanter   306 inquid
(*il semble toutefois que le copiste ait voulu corriger le* d *en* t, *le* d *étant
surmonté d'une barre horizontale*) letificetis   309 sculturae   316 balbutit
319 uualtarius   324 Tandem] andem   adsemet   325 precipiens
(*Cf.* 258)   330 later|| (*probablement* latere)   334 inposuit   336
leuum   346 cuncto] cunctæ   355 spetiosa   358 Ast]st (*Cf.* 324)
361 festa] fæçta (*par correction de* a *en* c Cf. 306 *de* facta) Corr. *m¹*.)   361
salutænt (*Cf.* 346)   363 uualthariumque) *de* uualtharioque. Corr. *m¹* à
ce qu'il semble) 369 Ospirin] spirin   372 inmensis satrape   378 discesserat
(*de* dissesserat Corr. *m¹*)   379 mi (*et non* mihi)   380 lam] am (*Cf.* 324)
381 laeticiam   merentia   384 uelud eolicis   390 menbris
395 caput (*de* capud Corr. *m¹*)   400 At]t (*Cf.* 324)   404 licyscam
405 sepe (*Cf.* 252)   416 incolomis   424 inmitens (*Cf.* 372)   428 circumflexerat
(*de* circumfulserat. Corr. *m.* 1.)   436 Orta]rta   437 P || rtitor
exurgens   438 coquo (*avec* TV)   441 gundario   444
*Ce vers est en effet après 445 toutefois le copiste a rétabli la transposition au
moyen des lettres b, a, mises à la marge*   447 quesitus
449 littore   455 bonus   464 His]is   466 queso   468 Guntharius]undharius   473
H aec]aéc   480 Rex]ex   483 gaze   boris   486 imbelem   489 Interea]
nterea   500 Nam]am   502 clypeo   506 attacto *m.* 1. (ʳ *m.* 2)
507 ingentem] in gentem   508 Kara   511 hec   513 cundharius   514 seuis   524 aquilonales   529 clypeum (*Cf.*
502)   530 cundharius malesana   537 glau-
comae   546 quem   552 sepe   555 ad sunt   557 gnoscens
563 Presumet   568 praelia (*Cf. prol.* 18)   569 sallidus   570 inter coepero
571 ex pugna]expugna   572 Ast] st (*Cf.* 358)   578 tesaurum
581 Praecipet] recipit (*Cf.* 572)   582 quam
583 Prefectum   589 Heros] eros   592 cundharium   593

74

quesitum 596 *au dessus* de trepidamus]uel trepidamus (*m. 1.*)
597 uualtarius 612 praelia (*Cf.* 568) 617 Tunc] unc
623 conluctarier 625 ploplite (*le 1ᵉʳ l exponctué de 1ʳᵉ main*)
626 Et] vt *corr. en* et *par la 1ʳᵉ main* 628 His] is 629 inmittaris
hagalthien 632 Tunc] unc 633 iracier 636 cominus
inpedit 640 hec cundharius calamoni 641 tesaurum
(*Cf.* 578) 655 cundhario 660 exibet 664 per coepit
672 Waltarius 674 leuum 681 Complexus leua 696 uualtarium 702 praelia
703 quo talia (*avec* T) 716 uualtarius 718 *au dessus de*
attollens]orantis (*m. 1.*) 720 cundtarius 722 neo]ne
725 Tercius uuirinhardus 732 Waltarium 734 Sepius
742 uualtarius 743 expecto 755 Cundharium 756 a] aˢ
759 equs 760 uualtarium 770 eriurid 773 uualtarius 781 cundhario
788 uualtarius 792 gyrum 800 ledas 802 Ad sunt
804 inmunem pacientur 806 Dereliquis 808 sepe
817 spacia 826 praelia 827 *En face de ce vers à la marge de*
gauche, de 1ʳᵉ main compr (= compressa) *variante ou correction de* percussa
829 lasesceret 830 Waltarius spaciumue
831 vuormaciensis 835 Intercoepit 841 otius 846 Sextus]
extus 857 insaciatus 859 gluttires 867 Celigenas
869 oseua 870 Encecus 878 Waltarius mestum
885 supprema 886 tiranne 895 tum] um
901 tecmine 904 refixis *de* reflixis *corr. mⁱ* 905 orbe *de* ore
corr. mⁱ 909 bastam 913 fere 914 Hunc] unc aiuit
919 fuerunt (*au dessus* uel re [= uel fuere] *m.* ⁱ) 920 obiecit *de*
obgecit *corr. m* ⁱ 926 cesos 932 caballum *de* cabellum
corr. mⁱ 935 Wualtartarius Keruuiti 936 inguine
de ingrine *corr. m* ⁱ 938 Exiuitque 944 sepe 946 si
Vosagò] siuos ago 950 actenus (*pas d'espace blanc devant* a) 959
Vir]ir 962 Ecce] cce cauallo 965 girls *de* gyris *corr. mⁱ*
975 chalibem 980 de me]deme 982 At] t 985 cuspes
1000 esculus 1002 inmota 1011 supleuit 1012 Quatuor
1017 eleutrhin (*de* eletrhin *corr. mⁱ*) 1018 celebrum 1021
Inde]nde bereutem 1003⁴ clypeum 1038 si non
quiruit]si nisi (*ce dernier mot au dessus de la ligne*) quit *mⁱ. En marge à gauche,*
également de 1ʳᵉ main non quiuit 1043 nostram 1051
Waltarius 1055 conuitiisque 1060 cesi 1062 His]
is 1063 caualli 1064 mestum 1069 tæla (= tela *corr. m*ⁱ] 1070 praelia
1073 nihilhominus (h. *mⁱ au dessus de* o) 1074 ad uersum
1078 Inpensis 1079 sotiis perhemptis 1081 mouere *L'*e

final a disparu dans la reliure)   1082 seuum   1084 damnum
cede   1085 at tantum] adtantum (d *fait de* t *à ce* qı'*il semble*)   1088
dolor *au dessus de ce mot* pudor m^1 inpune   1089 Cunctabatur] unctabatur
1091 geste   1099 Que   1108 cedis damno   1109 succumbit
de succumbet *corr.* m^1 1117 cauallis   1119 abisse   1120 et]
at *exponctué par* m^1 1123 Tunc]tum *de* tunc *corr.* m^1 1126
Laudat] audat   1130 phaebus   1131 tyben
1135 caepit   1138 Estuat inmensis   1142 Ambierat]A ||ı || erat
1151 res pergant]respergant   1153 patrie   1155 artam *de* artem
corr. m^1 1156 paliuris de paciuris (?) *Corr.* m^1 1160 Ac]Au
1168 Qui] ui   1169 recortis   1171 cundhere   1174 mestam
1185 cauallos   1188 olimpo   1195 Quatuor   1206 cauallum
1208 Mille] ille   1216 suppraemis (*Cf.* 885)   ad sit
1217pulchram   1228 Hunc] unc   1230 Hostie]h |||| tis
1234 equi perari   1237 Alpharides] Ipharides   1243 Iesus
1247 hospicii   1252 Obsecro] bsecro   1258 sepissime   1264
Contra] outra   1267 memet adesse]metad (a *de* e *corr.* m^1) esse   1271
abituque   1273 praetiosum   1275 qua] quia   1276 Idcircoque
     1278 cedem   1281 cundharius   1284 Prestruxit
1296 cundharius   adhesit   1299 mesti   1302 strenuus   1304 cundharius   1306 diuulsa (*de* diuulsu *corr.* m^1)   1307 sustolleret
(*de* sustullerat *corr.* m^1 1315 furto (*de* furtu *corr.*
m^1) ac tutum   1318 Fortune   1320 Preter   1324 re-
temptat   1329 hosti (*de* hoste *corr* m^1)   1330 seui   1331
resurgit (*de* resurget *corr.* m^1)   1338 adstat   1339 Et]
E   1340 umbros (*de* umbras *corr* m^1)   1341 molosi
1344 laeti   1346 Interea] nterea   caepit   1348 uiam
(*de* ueniam *corr.* m^1)   1349 fallent (*de* fallant *corr* m^1 à ce qu'il semble)
1362 reuulso (*et non* depulso) 1364 poplite 1365 concidit (*de* concidet *corr.* m^1) 1369
Immenor] mmemor   1376 murcate
1385 tropheism (?)   (*m barré en dessous* m^1)   1386 leuis
1390 Incolomique   1396 Tali negotio]alinego   praelia
1399 equi   1402 cundharii   1405 consedere] onsedere   1411
reseruet (*de* reseruæt *corr.* m^1)   1413 cundharius
1421 Hic]ic   1434 Leua   uualthere   1443 His]is   1451 sepe
1452 Coeperit   1453 Hec   1456 IHS]iesus

A. RATTI

MANOSCRITTI DI PROVENIENZA FRANCESE

NELLA BIBLIOTECA AMBROSIANA DI MILANO

Intendo parlare sottanto dei codici acquistati in Francia per la nascente Ambrosiana dal suo primo e valoroso prefetto Antonio Olgiato (1).

Quando un Comitato ricco dei piu bei nomi, a cominciare da quello del suo on. Presidente l'illustre Amministratore onorario della Biblioteca Nazionale di Parigi L. Delisle, anche a me estendeva l'onorevole invito a collaborare alla preparazione di un volume dal titolo *Mélanges E. Chatelain* che il Comitato stesso si proponeva di presentare a questo onore delle *Écoles des Hautes Études* nel trentesimo anniversario del suo tanto fecondo ed ammirato Corso di Paleografia, io accettavo con trasporto e con riconoscenza quell' invito. Mi si presentava un' occasione quant' altra mai propizia per esprimere anche publicamente e la mia umile ammirazione, oso dire di discepolo, al Maestro insigne e la mia gratitudine all' antico e costante amico dell'Ambrosiana nonchè geniale illustratore dei suoi cimeli paleografici : mi sentivo poi ben sicuro di bene interpretare la mente ed il cuore del mio compianto antecessore e quasi padre Mons. Antonio Ceriani, che affinità di studi e corrispondenza di affet-

---

(1) Parlarono di Antonio Olgiato : Gio. Pietro Puricelli, *Ambrosianae Mediolani Basilicae ac Monasterii hodie Cisterciensis monumenta* ecc. Mediolani, MDCXLV, n. 267 ; Pietro Paolo Boscha, *De origine et statu Bibliothecae Ambrosianae Hemidecas* ecc. Mediolani MDCLXXII, pp. 20-29 ; Gian Alfonso Oldelli, *Dizionario storico-ragionato degli uomini illustri del Canton Ticino*. Lugano, 1807, p. 124 seqq, ; A. Ceruti, *La Biblioteca Ambrosiana* in *Gli Istituti scientifici, letterari ed artistici di Milano*, memorie, publicate per cura della Società storica Lombarda in occasione del secondo Congresso Storico Italiano... Milano 1880. pp. 164 seg. ; altri ancora citati dai sudetti ; ma anche da tutti insieme poco si raccoglie. Sia perché, concordi nell' elogio dell' Olgiato, quasi nulla di nuovo l'uno all' altro aggiunge ; sia ancora ancora per la scarsità dei documenti ai quali attingono, scarsità divenuta assai più grande e più dannosa per noi : l'Olgiato, ritiratosi ad onorato e meritato riposo, moriva nella sua patria Lugano e pochissime sue carte rimasero all' Ambrosiana ; nè mi fu dato di trovarne altrove.

tuosa stima legavano di tanta amicizia all' illustre festeggiato. E mi parve che non isconvenisse all' uopo un lavoro che rispondesse, anche solo nei limiti dichiarati, al titolo soprascritto. Un tale contributo mi dovette poi sembrare e più opportuno e più doveroso, quando il signor E. Chatelain nella visita, ond'egli ancor pochi mesi or sono onorava l'Ambrosiana e lo scrivente, esprimeva il gentile proposito di dedicare al terzo centenario di questa Biblioteca uno studio sopra uno de' suoi più pregevoli e difficili manoscritti, proposito ch'egli, col ch. suo collaboratore il signor prof. P. Legendre, puntualmente manteneva e da pari suo con la publicazione di uno splendido e dotto volume (1), di che l'Ambrosiana e quanti le appartengono gli serberanno eterna memoria e riconoscenza.

Se non che quanto l'impegno mi si veniva facendo più doveroso cd impellente, altrettanto me ne diveniva ogni di più difficile l'adempimento. Già le ordinarie occupazioni e responsabilità dell' ufficio mi avevano reso malagevole il fare prossima e completa quella preparazione remota che mi aveva incoraggiato cd all' accettazione dell' invito cd alla scelta e promessa del tema; negli ultimi mesi mi sopravvennero gravi cd indeclinabili occupazioni e responsabilità affatto straordinarie. Stringendo poi sempre più da vicino la mia materia me la vidi crescere talmente e moltiplicarsi tra le mani, che a trattarla tutta quanta in modo convenevole mi ci sarebbe voluto e tempo e spazio troppo maggiore di quello consentito dalle circostanze, non ostante tutta la cortesia e la indulgenza veramente grandi dei signori del Comitato. Mi si imponeva inesorabilmente la scelta fra tre partiti : o lasciar tutto, o trattare con qualche larghezza soltanto una parte, o dare soltanto una qualche idea schematica del tutto. Il terzo partito mi è sembrato il più pratico ed il meno sconveniente, ed a questo mi sono attenuto. A malincuore sacrifico molto lavoro già fatto e molto materiale già raccolto; pur confido di far cosa non del tutto inutile agli studiosi.

Il signor E. Chatelain aveva ragione di osservare (2) che alla distanza di tre secoli dalla fondazione dell'Ambrosiana il valore di Antonio Olgiato appare in piena luce al pari della perspicacia sua nella scelta dci codici ad essa destinati.

È infatti maraviglioso il numero dei codici appartenenti alla originaria raccolta

---

(1) EMILE CHATELAIN — PAUL LEGENDRE, *Hygini Astronomica Texte du manuscrit tironien de Milan avec 8 planches en héliogravure*. Paris, H. Champion, 1909. Il volume è consacrato al terzo centenario dell' Ambrosiana con questa nobile dedica : *Bibliothecae Ambrosianae — tria saecula — feliciter peracta — gratulantur — editores*; con accenti di stima e di simpatia per l'Ambrosiana e per il suo compianto prefetto Ceriani si chiude la magistrale introduzione del Signor Chatelain (p. XVIII seg.). È molto probabile che il manoscritto illustrato dal Sig. Chatelain col sullodato volume sia frutto di quello stesso viaggio del prefetto Olgiato, al quale l'Ambrosiana deve i manoscritti francesi dei quali sono per dire. Il manoscritto sembra per certi indizi (E. Chatelain, B. c. p. Il) essere appartenuto all' abbazia di *Corbeia nova*, Corvey (Paderborn), e in quelle parti fu di certo l'Olgiato, passando da Francoforte a Bruxelles.

(2) *Op. cit.*, p. XVIII.

Ambrosiana (che soltanto in quessi ultimi tempi ebbe notevoli aumenti dei quali qui
non ci vogliamo occupare) che portano le tracce dell' esame che pel primo in questa
Biblioteca ne faceva l'Olgiato cd è pur giusto aggiungere che al suo intuito, alla sua
vasta erudizione ed alla sua soda dottrina ne dobbiamo in gran parte l'acquisto. Oltre
al dirigere e sorvegliare, insieme col Cardinale Fondatore, l'opera dei numerosi dotti
uomini che in qualità di suoi agenti e procaccia questi mandò per lungo corso di anni
non soltanto nelle varie parti d'Italia, ma e nella Spagna e nell' Oriente in cerca di libri e
specialmente di manoscritti; toccò a lui in proprio di fare la stessa ricerca in Germania, nel Belgio cd in Francia. Fu un lungo viaggio da Milano per Trento, Innsbruck,
Augsburg, Francoforte, Lovanio, Bruxelles, Anversa, Parigi, Lione, Avignone, Torino,
Milano (1); e fu un vero viaggio di conquista, della quale erano segni e trofei le
balle di libri stampati e di manoscritti che di tempo in tempo vi spediva.

Tornato a Milano l'Olgiato rivedeva ad uno ad uno i suoi codici, ne curava il rias-
setto, a quali occorreva, riparandone le legature e aggiungendovi uno o due fogli di
guardia : su questi o sull' interno, ossia sul verso, del cartone o dell' assiccella che
serviva da copertina annotava la provenienza di ciascun codice, spesso anche il contenuto. Le note sul contenuto non sono costanti, anzi mancano spesso, e sono molto
sommarie e parziali ; sono invece per buona ventura costanti le note di provenienza,
per quanto anch'esse si presentino in due forme, l'una più breve e più semplice

---

(1) Il Bosca descrive bensì (op. cit., l. c.) il viaggio dell' Olgiato, ma con una grande scarsità
di elementi cronologici, così che rimane affatto incerto quando esso sia incominciato e quando
finito; e il confronto di quello che il Bosca dice con i pochi documenti che restano con le
note che occorrono nei manoscritti venuti di Francia, non è punto fatto per togliere le incertezze,
anzi le aumenta. Infatti quelle note dicono che detti manoscritti vennero spediti o fatti
spedire nel 1606, anzi nel 1606 si dicono scritte le note stesse, *Antonius Olgiatus scripsit anno 1606*;
e, tutto fa pensare, come dico più avanti, che siano state scritte dopo il ritorno dell' Olgiato
a Milano. D'altra parte nel codice G. 197 inf. (uno dei molti che contengono la corrispondenza del
Cardinale Federico Borromeo) si trovano due lettere (ff. 52 e 71) dell' Olgiato datate da Lione
rispettivamente alli 11 ed a' 21 di luglio del 1707 : e sono le sole lettere dell' Olgiato che io
trovo riferirsi al viaggio del quale ci occupiamo..., se pure è quel desso, perché un dubbio mi
si insinua che l'Olgiato facesse due viaggi : il primo nel 1606 ad Avignone, il secondo nel 1607,
cioè quello descritto dal Bosca e dagli altri comunemente. Il dubbio mi nasce dal vedere che nel
luglio del 1607 l'Olgiato è a Lione e dice espressamente che un' andata ad Avignone non era nel
suo programma, mentre chiaramente accenna al suo passaggio a Parigi, Anversa, Francoforte,
Augusta (v. Appendice II) come accenna al suo prossimo ritorno a Milano. Mi nasce anche il
dubbio che il viaggio del 1607 fosse per l'acquisto di libri stampati piuttosto che di manoscritti.
Infatti all' Olgiato si accompagna quel Pietro Martire (Locarno) che le lettere nominano, luganese
come l'Olgiato e libraio qui in Milano, e nelle lettere stesse si parla di librai e di trattative con
essi, e soltanto di libri stampati si possono intendere quelle « balle di libri », che l'Olgiato dice
d'aver spedite a otto, a dieci e dodici alla volta. È poi evidente (Appendice III. A.) che nel viaggio
del 1607 il quartiere generale ed il convegno dei libri non è ad Avignone, ma a Lione. È anche
possibile che, senza fare il viaggio di Avignone nel 1606, l'Olgiato sia riuscito a farsene spedire
codici manoscritti da qualche abile intermediario. Questa ipotesi non è punto esclusa dalla
formola : *Avenione vehentum curavimus*, od anche *Avenione transmissus*, che l'Olgiato, come vedremo appose ai codici di quella provenienza.

l'altra più larga e solenne, come vedremo. E fu pure buona ventura e meritoria diligenza che queste note venissero conservate nella riforma e rinnovazione apportata nel secolo XVIII della legatura di moltissimi fra i manoscritti Ambrosiani (1). Nella già lamentata (2) scarsità di documenti riguardanti i viaggi dell' Olgiato è soltanto da queste note che è possibile di raccogliere le provenienze dei nostri manoscritti.

Dalle note accennate appare chiaramente che l'Olgiato fece di Avignone il suo quartiere generale e come il fondaco al quale dalle diverse parti dirigeva quasi tutti i codici che veniva raccogliendo e che di là dovevano essere spediti secondo le sue istruzioni a Milano.

Sono 51 i codici (v. Append. I, Elenco A), che le note autografe dell' Olgiato danno senz'altro (2) come provenienti da Avignone nelle forme seguenti : *Hunc codicem una cum multis aliis Avenione vehendum curavimus* (3); oppure : *Codicem una cum multis aliis Avenione vehendum curavimus felicibus auspiciis Illustrissimi Card. Federici Borromaei Archiep. Medoliani B. Caroli patruelis Bibliothecae nec non Scholäe Ambrosianae fundatoris. Antonius Olgiatus scripsit anno 1606.*

La perfetta uguaglianza del carattere non lascia dubbio che le note, in qual delle due forme si presentino, furono scritte in un solo intervallo di tempo, ossia tutte nell' anno 1606. La natura stessa del tranquillo lavoro di revisione ch'esse suppongono ed il loro trovarsi spesso in fogli di guardia sovraggiunti sembrano non lasciare neanche dubbio, che esse furono scritte dopo il ritorno dell' Olgiato a Milano. Come tutto questo possa conciliarsi con le date generalmente assegnate al viaggio dell' Olgiato, ho già notato sopra (4). Soltanto due dei 51 codici accennati portano il nome del primitivo possessore : B. 71 sup. cd M. 17 sup. (v. Elenco A); nessuno presenta indicazione di altro luogo, dal quale sia pervenuto ad Avignone; o tali indicazioni mancassero, o l'Olgiato le abbia tolte per buone ragioni che credesse d'avere di cosi fare.

Tali indicazioni si trovano accanto a quella di Avignone nei 5 codici dati dall'elenco B. Per i tre codici di Bonlieu (5) l'Olgiato stesso ha cura di indicare, di seguito alla provenienza Avignonese : *fuit domus boni loci*, oppure (H. 146 inf.) *fuit domus pii loci.*

---

(1) Della diligenza per noi così benefica sembra certa prova il fatto che in alcuni codici (per. es. H. 146, inf.) dei quali fu rinnovata la legatura, furono incollate sulle nuove guardie le parti delle antiche che portavano le note dell' Olgiato.

(2) V. sopra, nota (1) e nota (4).

(3) Una nolta nel cod. H. 104, inf. la nota è : *Hic codex una cum multis aliis fuit missus Avenione.*

(4) V. Sopra, nota (4).

(5) Sono parecchi i luoghi di questo nome in Francia ; più probabilmente si tratta dell'abbazia cisterciense presso Monverdun (diocesi di Lione). Cf. U. CHEVALIER, *Répertoire des sources historiques du Moyen Age. Topo-bibliographie.* Montbéliard MCM-III, col. 1379.

La provenienza da Salin (1) non è data dall' Olgiato, ma si trova nei codici stessi e di mano di poco posteriore alla loro trascrizione. Di particolare interesse è la nota del codice. C. 281 inf. (f. 70ᵛ), perché ci da il nome del monaco di Salin che lo com-prava, e l'anno della compera e il luogo, Dijon : *Iste liber est ad usum fratris philipi bomhonberti* (non escluderei la lettura *bonihonberti*) *de conventu Salinensi. Et emit in conuentu divionensi* (2) *dum erat studens ibidem anno domini mile° cccc°. XIIII°.*

Soggiungo 5 codici (v. Elenco C) che non portano la nota avignonese, ma ven-gono certamente di Francia e sono con tutta probabilità da ascriversi al viaggio del-l'Olgiato. Sono quattro bei codici che una noticina in caratteri assai somiglianti a quelli dell' Olgiato molto impiccoliti dice comperati a Lione. Il codice D. 540 inf. è interamente cartaceo, di mano francese, ma di autore italiano e non poco illustre : Signorino *de Homodeis* col suo magno trattato o « titolo » de *aquirenda haereditate*, e forse in contemplazione di questo fu acquistato. Il codice C. 27. inf. è pure cartaceo, ma ha membranacei i fogli estremi e mediani di ogni quinterno, cosi che il filo della cucitura si appoggia sempre a pergamena ; è datato, *completus anno Domini Mᵒ.CC CCᵒ.LXXVIᵒ.XIIᵃ novembris*, e contiene tradotto in latino il trattato *de angelis* di Francesco Ximenes (+ 1409) che non si aveva a stampa se non in spagnuolo (Burgos 1516, Ginevra 1576). Gli altri due lionesi, C. 196. inf. (Commentario sui Salmi) e C. 84 sup. (Egidio Colonna, de *regimine regum et principum*) si raccomandano anche per belle iniziali e figure. Il codice H. 135. inf. (un bel Terenzio del secolo xv con non ispregevoli ornati di tipo prettamente francese agli inizi delle comedie) porta anche il nome del possessore : *Anthonius Borenet iuris utriusque licentiatus possidet.*

Se ai codici comperati a Lione faccio seguire un gruppo di sette codici provenienti dalla Savoia (v. Elenco C.), non è solo per la vicinanza di questa regione a quelle visitate dall' Olgiato. Il primo (A. 123. inf.: Guido Colonna, *Historia Medee et Iasonis item et Troie*) accenna chiaramente a Chambery, col vantaggio di dirci la data della sua trascrizione, e il nome dello scrittore e la carica, se non il nome d'altronde facilmente reperibile dello spettabile committente : *Presens historia extitit finita die XXIIII mensis junii scripta per me Johannem de Picardia pro spectabili viro ac honorandissimo domino presidente Chamberij residente. Anno Domini millesimo quatercentesimo tertio* (3). Gli altri sei codici portano nota esplicita, di mano più o meno antica, della loro appartenenza alla casa o convento di Saint-Hugon o

---

(1) Cf. U. CHEVALIER, *op. cit.*, col. 2912.
(2) Cf. U. CHEVALIER. *op. cit.*. col. 892.
(3) I ff. 1 e 194, membranacei, stavano forse incollati sulle assicelle dell' antica legatura : contengono (frammentariamente) la concessione in feudo del castello e torrione di Bornate di fresco conquistato dal duca Amedeo di Savoia nella guerra contro Filippo Maria, a preghiera del nobile uomo Pietro del fu Guglielmo supplicante a nome proprio e dei fratelli Manfredino, Giovanni, Lanfranchino, Giovanni, Guiraldo e Pietro.

Val-saint-Hugon (*conventus seu domus vallis S^{ti} Hugonis*) in Savoia (1); nè vi compaiono le solite note dell' Olgiato. Senonche uno di essi, (I, 154. inf., un bel membranaceo di ff. 116, del sec. xiii, *Glossa in Job*) nel margine superiore del primo foglio, in carattere minutissimo tanto da essere a mala pena visibile, ma indubitabile ed in tutto simile a quella dei codici comperati a Lione, porta la nota : « in lione ». Questa circostanza mi induce a credere che anche questi codici savoiardi siano passati a Lione per arrivare all' Ambrosiana durante il fecondo viaggio del suo primo prefetto (2).

Da Lione ci richiama a Parigi il codice segnato C. 193 inf. al quale, certamente in tempo diverso che ai codici trasmessi da Avignone, l'Olgiato apponeva la nota : *Munus Domini Lescot Abbatis Claromontani Consiliarii Regis in Supremo parlamento parisiensi.* Certo il dono venne fatto qualche anno dopo il viaggio dell' Olgiato in Francia e probabilmente subito dopo la canonizzazione di S. Carlo Borromeo ed in occasione di essa. Il codice non è infatti che un solo foglio membranaceo di gran formato le di cui quattro pagine sono riempite (in una elegantissima minuuscula imitante la stampa) da tre inni latini « *De S. Carolo Mediolanensi seu Milanensi,* » dedicati rispettivamente alla vita ed ai miracoli, alla canonizzazione, alle reliquie del Santo. Questi cenni non hanno bisogno di essere scusati, trovandosi esser scritti in principio dell' anno trecentenario della canonizzazione del grande arcivescovo di Milano. Da essi si conclude con certezza che il dono, e forse l'opera poetica, dell' Abbate Lescot non sono anteriori al 1610.

È però non improbabile che anche la presenza di questo codice all' Ambrosiana dipenda almeno remotamente dal viaggio dell' Olgiato. A Parigi (come in tutte le grandi tappe del suo cammino) fu egli in ottimi rapporti con uomini dotti che potevano aiutarlo nelle ricerche che del suo viaggio erano la scopo, e nominatamente con Frontone Le Duc, con Gio.-Augusto De Thou e col P. Carlo Labbe. È ben probabile che il P. Labbe l'abbia presentato e fatto conoscere all' abbate Lescot e che a queste circostanze si riallacci il dono più tardi mandato all' Olgiato stesso. Dico all' Olgiato, perchè infatti il dono non porta dedica dell' autore e mittente

---

(1) Saint-Hugon o Val-Saint-Hugon in Savoia, certosa fondata nel 1172 ; cf. U. Chevalier, *op. cit.*, col. 3212.

(2) I codici provenienti da Lione me ne richiamano un' altro (T. 42, sup.) che fu acquistato per l'Ambrosiana non prima del 1824 e (come suggerisce il nome del venditore, Conte Pertusati) a Milano; ma che fu certamente nelle mani e nella proprietà di un illustre Lionese, Giovanni Grolier; egli stesso nella faccia interna della seconda delle assiccelle che coprono il codice scriveva di sua mano : *Est mei Io. Grolier Lugdunensis et amicorum*. Stato già di un Gerolamo Varadeo, come dice una nota al f. 145, il codice venue probabilmente acquistato dal Grolier quando Francesco I di Francia lo mandava « Intendente generale dell' esercito regio nel milanese. » Milanese è l'autore e di storia milanese è l'argomento del libro : *Fratris Andreae Billii Gesta Joannis M. ac Philippi M. Vicecomitum ducum Mediolani sive historia mediolanensis* (12) nitida ed elegante la scrittura, bella iniziale col ritratto di Filippo M. Visconti al f. 2.

75*

(probabilmente l'uno e l'altro insieme, come ho già insinuato) al Card. Federico, dal rivolgersi direttamente al quale forse trattenne l'esiguità stessa della cosa.

Mi restano ad accennare due codici, che non portano alcuna nota di mano del predetto Olgiato, ma che molto probabilmente provengono dal suo viaggio in Francia. Il primo porta la segnatura C. 72. infer. ben nota ai cultori di cose storiche : è il codice di cui parla il Waitz (1), al quale non a torto esso sembrava essere già stato dell' abbazia di S. Martino di Mauziac (2). Francese dicono il codice la scrittura e l'ornamentazione : non lo accompagnano esplicite note di provenienza ; ma è ben possibile che esse (se mai ve ne furono) per disgraziata eccezione siano andate perdute nel rinnovarsi della legatura ; e d'altronde il codice ha l'aria d'essere entrato nell' Ambrosiana fino dai suoi inizi, sebbene ne manchi la testinomianza positiva. Una tale testimonianza esiste invece per il secondo codice, O. 24 sup. : un ricco (ff. 378 in-16) repertorio di materie predicabili, (più una divota esposizione del *Miserere*) discretamente ornato e bene scritto, in buona parte da un Giovanni Corvec nel 1304 nel rimanente da mano coeva o quasi. Una mano di poco posteriore apponeva tre volte (f. 1, 108ᵛ, 378ᵛ) la nota : *Iste liber est fontis nostre domine in valesio ordinis cartusiani suessionensis diocesis;* solo nel f. 108ᵛ si aggiunge la parola abbreviata *nouû* per me di incerta interpretazione, come incerta rimase ad altri la voce *valesio,* scambiata con *valesia* nelle seriori annotazioni che si trovano nel codice. Senonchè nel medesimo foglio 108ᵛ un'altra mano, anche più vicina di tempo a quella del codice, scriveva : *Iste liber pertinet fontis nostre domine in valesio cartusiensis ordinis ;* omettendo bensì *domui* o *conventui,* ma dando senza alcun' abbreviazione *in valesio,* nel Valois (3), e togliendo così ogni dubbio sulla patria de codice, se pure già ne lasciava il chiaro cenno alla diocesi di Soissons. E poi significante il fatto che l'antica segnatura attesta che il codice si trovò primanente collocato con altri spediti dall' Olgiato.

Sono adumque una settantina circa i codici che l'Olgiato dalla Francia procurava all' Ambrosiana.

Vero è che i codici, molto più che i voti, vogliono essere pesati anzichè contati, epperò, pur dovendo rinnunciare alla descrizione dei singoli codici, aggiungerò qualche cenno che valga a dare une idea del loro valore intrinseco.

E' un dato puramente materiale, ma dice pur qualche cosa, l'essere quasi tutti i nostri codici membranacei ; dico quasi tutti, non facendo eccezione se non il codice D. 540 inf. interamente cartaceo e A. 123 inf. con C. 27 inf. misti. Assai più importante è la cronologia dei codici stessi.

(1) G. WAITZ in *Monumenta Germaniae historica. Scriptor. Rer. Langob. et Italic. saec. VI-IX*, Hannoverae MDCCCLXXVIII, p. 31.

(2) Cf. U. CHEVALIER, *op. cit.*, col. 1879.

(3) Cf. PHILIP. FERRARIUS — MICH. ANT. BAUDRAND. *Novum lexicon geographicum* ecc., t. I, Venetiis MDCCXXXVIII, p. 248.

Pochissimi sono i datati o quasi : C 193 inf. è del 1610 circa, P. 25 sup. forse del 1286; H. 110. inf. del 1425, O. 24. sup. del 1304. A. Gli altri si distendono del sec. IX al sec. XV. Al IX appartengono : D. 23. inf., B. 71. sup. Al IX-X; H. 146, inf. Al X: O. 136. sup. (1) allo XI: C. 72. inf., I. 72. inf., Q. 66. sup. Al XII : R. 18. sup., S. 43. sup. Al XII-XIII : F. 97. inf., H. 125. inf., I. 184. inf. Al XIII : C. 281. inf., E. 6. inf., I. 8. inf., I. 154. inf., H. 94. sup., N. 67. sup., N. 178. sup., N. 178. sup., N. 266. sup., O. 33. sup., P. 25. sup., P. 46. sup., P. 62. sup., P. 77. sup. Al XIII-XIV : H. 141. inf., N. 118. sup., O. 3. sup., O. 56. sup.. Al XIV : C. 97., 162, 196, 219, 302. inf.; D. 24, 66 (2), 540 inf.; E. 24. inf; G. 98. inf.; H. 15, 74, 104. inf.; I. 189, 216. inf.; I. 50. sup. ; L. 75 e 81. sup., M. 7 e 8. sup., N. 144, 148, 254. sup.; O. 24 e 137. sup.; P. 41 e 70. sup.; Q. 16 e 18. sup.; S. 11. sup.. Al XV : A. 123. inf., C. 17. inf., H. 110 e 135. inf.; C. 84. sup. e D. 61. sup.

Per quello che riguarda la materia i nostri codici sono in prevalenza biblici, letterari, morali (ascetici) ; in minor numero d'altro pur notevole contenuto.

Sono biblici A. 174. inf., C. 97, 162, 196. inf.; D. 23 e 24. inf.; E. 6. inf.; H. 15. inf.; I. 154. inf.; F. 96 e 97. sup.; H. 94. sup.; F. 50. sup.; L. 75 e 81. sup.; M. 7, sup.; N. 118 e 144. sup.; O. 24. sup.; P. 41 e 46. sup.; R. 18. sup.; S. 11 e 42. sup.

Letterari : D. 66. inf.; H. 104. inf.; I. 8 e 72. inf.; B. 71. sup. ; F. 97 sup.; H. 94. sup.; N. 67, 178 e 254. sup.; O. 3, 33, 136. sup. Q. 16. sup.

Morali (ascetici) : C. 219. inf.; D. 66. inf.; I. 216. inf.; F. 97. sup. ; M. 8. sup ; N. 41 e 143 sup. ; O. 3 sup.; p. 26, 62, 70, 77. sup.; Q. 66. sup.

Patristici : H. 47, 110, 125, 146. inf.; I. 184. sup.; L. 81. sup.; Q. 81. sup.

Teologici : C. 27 e 302. inf. ; G. 98, inf.; F. 189. inf.; D. 61. sup.; P. 25 e 26. sup.

Filosofici : C. 281. inf.; H. 141. inf.; B. 71. sup., N. 206. sup.; O. 56. sup.

Storici : A. 123. inf., C. 72. inf.

Trattano di diritto D. 450. inf. e O. 137. sup.; di musica M. 17. sup., adorno anche di belle e interessanti figure (3).

Come si vede, o per dir meglio, si intravede da questi rapidi ed avari cenni, il contributo di manoscritti che la Francia apportava alla nascente Biblioteca Ambrosiana fu veramente ragguardevole non solamente per il numero, ma anche per l'età e per il contenuto dei manoscritti stessi.

---

(1) Noto manoscritto, in parte palimpsesto ; cf. A. MAI, *Scriptor. Vet. N. C.* III. 2, pp. 240 sqq.

(2) Al f. 109ʳ : *Explicit Ovidius metamorphoseos moralizatus a fratre Petro Berthoris priore sancti Eligij. Quem scripsit Johannes de Manerio.*

(3) Che ai codici letterari sopraindicati per il testo ed a quest'ultimo per la notazione musicale sia da aggiungere il notissimo R. 71. Super. non oso negarlo, nonostante quello che anche recentemente ne fu scritto (J. B. BECK, *Die Melodien der Troubadours* ecc. Strassburg, 1908, p. 14, segg.); ne dovrò riparlare quando potrò trattare degli altri codici Ambrosiani di provenienza francese esorbitanti dai confini imposti a questo articolo.

APPENDICE I

DA AVIGNONE			

Elenco A

A. 174. inf.	N. 67. sup.	H. 125. inf.	
C. 97. inf.	N. 118. sup.	H. 146. inf.	
C. 162. inf.	N. 144. sup.		
C. 302. inf.	N. 148. sup.	DA SALIN PER AVIGNONE	
D. 24. inf.	N. 178. sup.	C. 162. inf.	
D. 66. inf.	N. 254. sup.	C. 282. inf.	
E. 6. inf.	N. 266. sup.		
G. 98. inf.	O. 3. sup.	DA LIONE	
H. 15. inf.	O. 33. sup.		
H. 47. inf.	O. 56. sup.	*Elenco C*	
H. 104. inf.	O. 136. sup.		
H. 110. inf	O. 137. sup.	C. 27. inf.	
H. 141. inf.	P. 25. sup.	C. 196. inf.	
I. 8. inf.	P. 26. sup.	D. 540. inf.	
I. 72. inf.	P. 41. sup.	H. 135. inf.	
I. 184. inf.	P. 46. sup.	C. 84. sup.	
I. 189. inf.	P. 62. sup.		
I. 216. inf.	P. 70. sup.	DALLA SAVOIA PER LIONE	
B. 71. sup.	P. 77. sup.		
D. 61. sup.	Q. 16. sup.	A. 123. inf.	
L. 75. sup.	Q. 66. sup.	B. 32. inf.	
L. 81. sup.	Q. 81. sup.	C. 219. inf.	
M. 7. sup.	R. 18. sup.	I. 154. inf.	
M. 8. sup.	S. 11. sup.	F. 97. sup.	
M. 17. sup.	S. 43. sup.	H. 94. sup.	
N. 41. sup.		I. 50. sup.	
	DA BONLIEU PER AVIGNONE		
	Elenco B	DA PARIGI	
	D. 23. inf.	C. 193. inf.	

APPENDICE II A.

Bibl. Ambr. G. 197. inf. f. 52.

Molto tardi cioè alli otto di Luglio ho ricevuto in Leone la lettera di V. S. Illma delli otto di Giugno; et di già n'era seguito co'l Causabono (*sic*) quello che haverà inteso d'un' altra mia scritta, alcuni giorni sono (1). Quanto alla paucità de libri, assicuro V. S. Illma che et di accuratezza in cercarli et di prontezza in pagarli non si è mancoto; ma perché di già nella vecchia libraria molti d'essi habbiamo, molti, conforme il concertato d'haver non curiamo, et molti in Venetia, Roma et altre città d'Italia ci restano di comprare, perciò pare che la somma resti al basso, la quale pero pianpiano s'inalzerà et *vires acquiret eundo*. In questa città probabilmente si fermaremo auche diece giorni et faremo otto balle de libri; di poi verremo per diritto a V. S. Illma nè divertiremo in Avignone, perché mi vien detto che quel tal mercante è in Venetia. Per sicurezza non di meno si è scritto in quella città, et si

(1) Si tratta del famoso Isaac Casaubon; la lettera, alla quale accenna l'Olgiato, non si trova.

crede ch'havendo qualche cosa la portaranno in Leone. Messer Pietro Martire rin-
gratia V. S. Illma della memoria che tiene d'esso, et tutti duoi a quella facciamo
humilmente riverenza.

> Di Leone alli XI luglio 1607.
> Di V. S. Illma et Red^ma.
>
> > Oblig^mo et humiliss^mo Se.
> > Antonio Olgiato.

A tergo : All' Illmo et Rev^mo.
Padron mio colendiss^mo il signor Cardinale Borromeo Arcivescovo
di Milano.

APPENDICE II B.

Bibl. Ambr. G. 197. inf. f. 71 :

Quasi nella partenza mia da questa città verso Avignone, dove son chiamato da
quel libraro, ho ricevuto la lettera di V. S. Illma del 13 Luglio. non mancherò di
usare cautela nel viaggio, et far quel tanto che V. S. Illma mi comette. Diece balle
fatte qua si mandano insieme con le 12 fatte in Parigi, che sono arrivate ben con-
ditionato et tutte da Lione sono al presente inviate a Milano. Non sono mai statto
avisato dell' arrivo delle altre mandate d'Agosta, Francoforto, et Anversa, si che
questo silentio mi fa temere che non habbiano ricevuto qualche detrimento dalle molte
pioggie che son regnate ; et quando questo fusse seguito, si doveva adoperar el rime-
dio che di già scrissi al Maestro di Casa et Ferrario. Spero presto far riverenza a V. S.
Illma presentialmente, si che adesso sarò brieve, et dimando la sua santa benedit-
tione, alla quale humilmente m'inchino.

> In Lione alli 21 Luglio 1607.
> Di V. S. Illma et Rev^ma.
>
> > Humiliss^mo et Oblig^mo et Se.
> > Antonio Olgiato.

M. Pietro Martire fa riverenza a
S. V. Illma. l'ordinario passato
ho accusato la lettera scrit-
tami per Parigi in materia del
Causabono.

A tergo : come sopra.
Postilla in arrivo : « Antonio Olgiato. Avvisa del suo
andare in Avignone ».

FRANCESCO NOVATI

DAGOBERTO I RE D'AUSTRASIA

E LA VAL BREGAGLIA

PER LA STORIA D'UNA FALSIFICAZIONE

Alquant' anni or sono, mentre ricercavo gli avanzi d'un vecchio archivio privato, dove m'era avvenuto di fare un' assai ragguardevole scoperta (quella, cioè, dell' unico esemplare sin allora ritornato alla luce del *Flos duellatorum* di Fiore de' Liberi da Premariacco) (1), l'attenzion mia fu cattivata da due diplomatici cimelii che pe' loro caratteri estrinseci discostavansi singolarmente dal tipo consueto de' documenti congeneri. Trattavasi di due diplomi i quali, sebbene per indole e per età l' uno dall' altro essenzialmente differissero, questo avevano ed hanno tuttavia di comune; che, eseguiti per conto d'un personaggio medesimo, ci offrono un saggio veramente conspicuo d'abilità calligrafica e pittorica in un periodo esiziale tanto per qualsivoglia antica tradizione in materia di scrittura e d' arte del minio, quale fu la seconda metà del sedicesimo secolo. Scritte difatti con somma accuratezza sopra ampli fogli di ben levigata pergamena, entrambe le carte di cui discorriamo, si presentano incorniciate da vaghissimi fregi, messi ad oro e colori, in cui abili pennelli, non paghi di ritrarci al vivo i personaggi che nel testo figurano quali attori, hanno rappresentato altresì i luoghi stessi dove gli avvenimenti, consacrati dallo strumento ufficiale, ebbero svolgimento e sanzione.

---

(1) Pubblicato per mia cura in facsimile, come primo numero della *Collezione Novati* (*Codici mss. e stampati in miniatura o disegno riprodotti a facsimile*), Bergamo, Istituto Italiano d'Arti Grafiche, MCMIiI. Il codice, al pari dei diplomi, di cui qui si ragiona, appartiene al comm. nob. Alberto PISANI-DOSSI, letterato e bibliofilo di chiara fama, al quale ci torna grato riaffermare la nostra riconoscenza per le sue liberali communicazioni.

598

Del primo documento, il più rilevante per artistici pregi, ci sbrigheremo con poche parole. Esso è l' « editto cesareo », con il quale Carlo V, trovandosi in Innsbruck il 5 febbraio 1552, confermò la dignità di cavaliere aureato al capitano Schier de' Prevosti di Valbregaglia, « quem manu et verbo nostro creavimus. » L'atto reca insieme con le sottoscrizioni de' cancellieri imperiali, la firma autografa di Cesare (1). E nella testata del diploma noi vediamo costui, seduto in trono, la corona in capo, la spada in pugno, conferire al cavaliere novello, che gli sta inginocchiato dinanzi, le insegne della dignità sua : assistono alla cerimonia Massimiliano, re di Boemia, Antonio, vescovo ed imperial consigliere, altri due magnati ed un manipolo di commilitoni del Prevosti (2). Da lungi Fabio Massimo, laureato ed armato, ritto in piedi accanto ad un trofeo che reca il cimiero della famiglia, assiste commosso alla glorificazione del suo tardo nipote. I fregi laterali, oltrechè dalle colonne erculee col motto *Plus ultra*, gradita insegna del gran Carlo, sono costituiti dagli stemmi di tutti gli stati (sessantasei), sui quali egli distese la sua signoria. In basso, nel *locus sigilli*, l'artista ha delineato Innsbruck, adagiata sulla riva del fiume, onde ha tolto il nome : le alte cime dell' alpi tirolesi le fanno da sfondo. Questa raffigurazione della città cara a Massimiliano I, a mezzo il Cinquecento, se non è forse la più antica che ce ne rimanga (3), è certamente di quante io ne abbia vedute (4), la più bella.

Il secondo diploma, quello che ci ha dato argomento a dettare coteste pagine, ci trasporta ben lontani da Carlo V e da Innsbruck. Anche qui, però, è un principe che esprime i propri voleri, e li esprime a favore d'un Prevosti. Ma il principe è nientemeno che Dagoberto I, il quale dalla turrita dimora d'Isenburgo, correndo l'anno 630, settimo del suo regno in Austrasia, annuendo alle preci della madre Berctrude, consorte dell' ancor vivente Clotario II, impone che sia reso al nobile e valoroso suo milite Ottone de' Prevosti il castello avito, sorgente in Valbregaglia, accanto a Vicosoprano, toltogli ingiustamente da Ariovaldo, re de' Langobardi, ed incarica Sigeberto, suo cugino, duca di Germania, di curare che la restituzione si compia. E qui pure un artista valente, meno squisito però di quello che illustrò il primo documento, ha tutt' intorno raggruppati i personaggi ricordati nell' atto : si avanzano così in armi, tra i meandri di un rabescato fregio, Dagoberto, Sigeberto, Ariovaldo ; Otto de' Prevosti, armato di tutto punto, il capo chiuso nella celata, adorna di piumato cimiero, sta in ginocchio , la spada in pugno, dinanzi al suo protettore.

(1) L'abbiamo riprodotto integralmente nell' Appendice.

(2) Questa parte della testata fu riprodotta già in fronte all' Introduzione premessa al *Flos Duellatorum* nell' ediz. sopra cit., p. 9.

(3) Fra i disegni del Durer conservati a Vienna, vi ha una veduta d'Innsbruck, assai notevole, che sarà certo anteriore alla nostra, ma che dal lato artistico non ci sembra superiore.

(4) Ne' *Commentaria Rerum Germanicarum* del 1575, lib. III, p. 450; in MERIAN, *Topographia Austriae*, 1630, ecc.

La regina Beretrude, il papa Onorio sono pure presenti, seduti sopra il lor trono; caracolla invece dinanzi al vicario di Cristo, Eraclio imperatore (1). In basso poi, con disinvolto pennello, è tratteggiato un ampio panorama di cui uno de' punti estremi (a sinistra) è la rocca d'Isenburgo, dimora del re merovingio; l'altro (a destra) le giogaje incombenti a Vicosoprano, con Castell' alto, l'ereditario maniero de' Prevosti. Di qui la Valbregaglia digrada dolcemente fino a raggiungere (con un piccolo strappo alla realtà topografica) (2) le sponde del Lario, sulle quali si

(1) I personaggi sono tutti abbigliati con vesti e con armi che, lungi dal riprodurre fogge di tempi più o meno remoti, non fanno che rispecchiare, modificate un po' a capriccio, quelle in uso ai giorni dell' artista. Ne rechiamo qui una rapida descrizione :

Lotharius Rex. Barbuto, con chioma prolissa c canuta. Vestito d'una liscia armatura : catena al collo, corona in capo. Nella destra stringe la spada. Il cavallo è bianco, coperto d'una reticella aurea : le briglie ed i finimenti son anch' essi d'oro.

Dagubertus Magnus. Giovane d'aspetto, barba e chiome nere. Armato di tutto punto, con corona in capo, lo scettro nella sinistra; colla destra regge le redini del cavallo bajo scuro, coperto anch' esso d'un' armatura che gli protegge il petto, i fianchi, il collo, la fronte. Anche il cavallo porta una corona in capo, piumata. Sullo scudo, che Dagoberto reca infilato nel braccio destro, sono dipinte tre ranocchie verdi in campo azzurro.

Otto Eques. Ottone è completamente armato; al collo gli brilla una catena con ricca croce (?); in capo ha l'elmo con visiera abbassata; il cimiero è formato da due svolazzi di penne rosse ed azzurre, tenute ferme dalla corona, onde sorge l'aquila, anch'essa coronata e sormontata da stella. Sullo scudo, rosso ed azzurro, spicca la stella d'oro, che si vede pure sullo scudo di Fabio Massimo nel già ricordato diploma di Carlo V. Accanto al barone sta il suo destriero, nero (o per lo meno di tinta oscurissima), con finimenti dorati.

Berentruda Regina. Seduta dentro una specie di abside marmorea, a semicupola, sormontata da tre palle d'oro, sopra un trono, pure marmoreo, con bracciali anch'essi terminati da palle auree. Una stoffa è tesa dietro il suo dorso. Essa è coronata; vestita d'un abito verde, contornato d'oro. Ha le braccia incrociate nel grembo.

Sigubertus Dux. Figura relativamente giovanile, sbarbata. E' pure armato di tutto punto. In capo ha un berretto rosso cinto da corona. Colla destra regge una lunga lancia, coll' altra le briglie del cavallo, bianco, coperto di reticella e finimenti purpurei.

Heracleus Imperator. Uomo d'età matura con lunghi capelli e barba prolissa di colore biondo chiaro; armato tutto, ad eccezione del capo, fregiato del diadema imperiale. Nella destra ha il globo, nella sinistra una spada assai grande. Il cavallo è bianco con reticella rossa; i finimenti pur rossi con borchie d'oro.

Honorius Pontifex. Seduto in un trono con relativo baldacchino, che pare di legno, con ornamenti verdi, e coperto d'una tonaca verde a cui si sovrappone un gran piviale purpureo, riccamente adorno d'oro sui risvolti. Tiene nella destra un libro, nella sinistra il pastorale. In capo una rossa calotta, su cui è imposto il triregno.

Arionaldus (sic) *Rex.* Uomo giovane, con barba e capelli castagni. Tutto coperto d'armatura con collana d'oro. Nella destra ha lo scettro; colla sinistra stringe le redini del suo destriero di pelo fulvo. Anche il cavallo è armato e nel frontale ha una lunga punta. Il re cinge la spada : nel braccio sinistro ha infilato lo scudo, ov' è dipinto un drago verde in campo rosso.

(2) Com' è noto, da Chiavenna in giù la Val Bregaglia costituisce un piano che si protende fino al suo sbocco, occupato in parte dal laghetto di Mezzola, il quale forma bensì una continuazione del Lario, ma ne è separato da un lungo e stretto canale, reso navigabile solo ai nostri giorni. Non è da tacere però che, in tempi remoti, il lago di Mezzola dovette essere tutt' una cosa col Lario ed estendersi fors' anche in Val Bregaglia fino a Chiavenna : i depositi della Mera da una parte, dell' Adda dall' altra, hanno profondamente alterate le antiche condizioni de' luoghi.

stende Oscella, la vetusta terricciuola, sulla quale i discendenti de' Fabi s'arrogavano non sappiam bene quali feudali e forse immaginari diritti (1).

Nel margine inferiore del diploma Ulderico de Scannech, podestà di Tirano e de' contorni per gli illustrissimi Signori delle Tre Leghe, ha per mano del proprio cancelliere attestato addi 7 febbraio 1548 che il documento è stato fedelmente trascritto da un privilegio più antico. E a dare maggior vigore alla dichiarazione del pretore, aggiungono, dietro invito suo, due autorevoli magistrati tiranesi le loro sottoscrizioni; due egregi cittadini, chiamati quali testimoni, i loro sigilli (2).

II

Mia prima cura, non appena il bizzarro documento ebbe a cadermi sotto gli occhi, fu, naturalmente, quella di ricercare se altri studiosi ne avessero già fatto argomento di trattazione. Non già che mi lusingassi, (com' è troppo agevole il comprendere) che dal mio rinvenimento potesse derivare qualche incremento alla serie

(1) Che cos' è « Oscella oppidum » ? Ecco una domanda assai imbarazzante, giacché se gli antichi ci parlano d'una *Oscela*, città subalpina, non vanno punto d'accordo nel determinarne il sito. Tolomeo (CL. PTOLEMAEI *Geographiae* lib. III, cap. I, 34) la pone nell' Alpi Cozie : secondo altri, essa ebbe sorgere nel luogo dove trovasi attualmente Domodossola. Qui, per verità, non sembra possibile ammettere altra spiegazione che non sia questa : *Oscella* stà ad indicare *Metiola*, Mezzola, il piccolo villaggio posto all' estremità boreale del lago omonimo. Cfr. P. IOVU *Descriptio Larii lacus*, Venetiis, MDLIX, c. XVв ; HANS JACOB LEU, *Allgemeines Helvetisch. Eydgenóssisch. od. Schweizerisch. Lexicon*, Zürick, MDCCLVIII, XIV Theil, N-R, p. 660 sg.

(2) Ecco la trascrizione di queste curiose autenticazioni :

« In Dei nomine Amen. Anno Christianae Salutis Mˢ D'XLViii Die Veneris decimo septimo
« mensis februarij Nos Olderichus de Scannech Tirani et pertinentiarum Praetor pro Illustris-
« simis Dominis Trium Ligarum Uniuersis attestamur exemplum huius priuilegii hodie coram
« Nobis fuisse transumptum ex uno antiquo et simili priuilegio in simili charta scripta et
« depicta, prout supra continetur. Et adstante sp. D. Joanne Gularto ipsum Transumptum fieri
« petente, nomine et Vice capitanei Scher a Prepositis de Valle preualia, et in presentia Sp. Domi-
« norum Jacobi Cattanei J. U. D. et Ludouici Quadrii Consulum Iustitiae Jurisdictionis nostrae,
« qui pariter pro fide hic se subscribere debeant. Praesentibus ad haec pro testibus specialiter
« rogatis Magnificis Dominis Antonio Maria Quadrio Aequite et Nicolao Alberto Aequite, qui suis
« sigillis Transumptum hoc munire debeant. In quorum fidem etc. Et sigillo nostro muniri
« iussimus et per infrascriptum Canzellarium nostrum subscribi mandauimus. Dat. Tirani, die
« praedicta.

        « Ego Jacobus Cattaneus J. U. D. habitator Tirani consul Justitiae ut sˢ. ad signum
    « Aquilae predictis interfui et pro fide me subscripsi.

        « Ego Ludouicus Quadrius habitator Tirani suprascripti Consul Iustitiae, prout supra,
    « ad signum Librae predicto Transumpto interfui et pro fide me hic subscripsi.

        « Ego Jo. Petrus Canobius Publicus Apostolica et Imperiali auctoritate Notarius et
    « praefati Domini Praetoris Canzellarius predicto Transumpto ut supra facto interfui
    « et de mandato praefati D. Praetoris me subscripsi ».

tanto esigua de' diplomi merovingi del secolo settimo (1) ! M'era bastato dare un'
occhiata al testo per essere più che convinto che quella prosa mai e poi mai aveva
fiorito sotto la penna d'un cancelliere franco del seicento. Ma quando la falsificazione fosse rimasta fin allora del tutto sconosciuta, sarebbe forse riuscito non inùtile
rivelarne l'esistenza. Sin dalle prime indagini, però, m'avvidi che le cose andavano
assai diversamente. Ben lungi dall' essere restato occulto, il preteso diploma di re
Dagoberto aveva già conseguita una notorietà non scarsa, e vantava addirittura una
storia. Questa sua storia appunto io mi propongo di riandare brevemente uel presente lavoro.

Chi fece da padrino al documento, destinato a glorificare in un col fantastico proavo
tutta la casata de' Prevosti, nel mondo austero de' paleografi e de' diplomatisti, fu il
p. Filippo Labbe (1607-1667), che, giovandosi di certe memorie manoscritte, sul
conto delle quali non dà veruna dilucidazione, lo pose alla stampa in un voluminoso zibaldone, incaricato nel 1651 di rappresentare il secondo tomo dèll' *Abrégé
royal de l'Alliance chronologique de l'Histoire sacrée et profane* (2). Il laborioso
gesuita non s'era però lasciato ingannare sull' importanza dell' atto che pubblicava,
da lui definito, senza cerimonie, come una « pièce supposée par quelques Allemans » (3); talchè non può non recar meraviglia il sentire più tardi J. M. Pardessus lanciare una bordata d'improperi al buon Labbe, perché avesse ospitato nella
sua raccolta un falso cosi smaccato, che l'avrebbe riconosciuto persino un cieco (4).
Il più bello viene però in seguito, giacché, dopo avere così fieramente bistrattato il
p. Labbe, l'editore de' *Diplomata* ristampa tranquillamente il documento incrimi-
nato! Delle due l'una ; o il Pardessus doveva ancor egli espellere la vituperosa
falsificazione dalla sua silloge, o non coprire d'insolenze il compilatore dell' *Abrégé*,
di cui ricalcava i vestigi.

Dal Pardessus la carta di Dagoberto passò per ultimo anche nel tomo primo dei
Diplomata Imperii, curata da G. H. Pertz (5). Il quale stette contento ad inserirla

(1) Cfr. A. Giry, *Manuel de Diplomatique*, Paris, 1894, lib. V, ch. II, § 1, p. 705 sgg.

(2) Il vero titolo del volume è : *Éloges historiques des Rois de France depuis Pharamond jusqu'au
roi très chrestien Louis XIV*, etc.; ved. PP. Aug. et Al. de Backer, *Bibliothèque de la Compaignie de
Jésus*, I⁻ partie, *Bibliographie*, nouv. éd., Bruxelles-Paris, 1893, t. IV, c. 1312, n⁰ 40.

(3) *Op. cit.*, p. 407 : « Pièce supposée par quelques Allemans touchant la restitution d'un
chasteau situé dans les Alpes des Grisons à un nommé Othon, adressée à Sigebert premier Duc
d'Allemagne, cousin germain du Roy Clotaire ». E al dissotto : « Je l'ay trouvée dans quelques
mémoires mss. et peut estre qu'elle a esté désjà imprimée, mais je ne scay l'endroit ».

(4) J.-M. Pardessus, *Diplomata, chartae, epistolae, leges aliaque instrum. ad res Gallo-Franciscas
spectantia, prius collecta a VV. CC. de Bréquigny et La Porte du Theil*, Paris, 1843-1849, vol. II, p. 7,
n⁰ CCL : « Editum a Labbaeo, in Miscell. curiosis, t. II. pag. 407, ex schedis manuscriptis,quarum
fidem suspectam quidem sibi fuisse monet. Sed miramur quod vir ille, qui in antiquis chartis
contrectandis et describendis totus fuit, in collectione sua locum dederit instrumento tam putidae
falsitatis, ut caecutientium etiam oculos offendere queat. Puderet nos aliquid consumere temporis in expendendo hoc portento audaciae, ne dixerimus inscitiae ».

(5) *Diplomatum Imperii tomus primus*, Hannoverae, MDCCCLXXII, pp. 141-142, n. 24.

tra gli « spuria », senza aggiunger parola. L'illustre Tedesco s'attenne, anzi, con tale fedeltà al testo del Pardessus, suo immediato predecessore, da ripeterne, oltrechè i non pochi errori di lettura, anche l'asserto che il documento era stato primamente edito dal p. Labbe nel secondo tomo del suo *Meslange curieux*; asserto inesatto, perché del famoso *Meslange curieux*, annunziato con gran strepito di parole fin dal 1650, non comparve in luce mai altro che il frontispizio ; e quella piccola porzione che, più tardi, il Labbe ne mise a stampa, si trova in calce al secondo tomo dell' *Abrégé royal* già ricordato (1).

III

Se oltre i confini della Rezia, il preteso diploma di Dagoberto I incontrò fin dal suo primo apparire una diffidenza mutatasi bentosto in aperta condanna, tra le montagne di essa rinvenne invece più benigna la fortuna. Ulrico Campello, l'amorevole ed intelligente illustratore della storia retica (2), mentre tra il 1570 ed il 1572 stava lavorando a quel veramente pregevole libro che è la *Raetiae alpestris topografica descriptio* (3), ebbe tra mani la pergamena stessa che noi stiamo studiando, posseduta allora da un Prevosti, Paolo Fabio, consignore di Castell'alto (4). Il Campello non ignorava che sul conto del prezioso documento, già fatto riconoscere solennemente a Tirano più di vent' anni innanzi dal capitano Schier, correvano voci sfavorevoli ; tuttavia, dopo avere, con lealtà (5), accennati questi sospetti, egli non seppe resistere all' attrattiva che esercitava su di lui la peregrina scrittura.

---

(1) Cf. De Backer, *op. cit.*, *loc. cit.*, c. 1311, n. 37.

(2) Ulrico Campell, nato a Süs, nella bassa Engadina, verso il 1509-1510, morto dopo il 1582, dopo una vita assai tempestosa, ha dettato la narrazione delle vicende della Rezia in un' opera monumentale, che consta di due parti. La prima è la *Raetiae alpestris topographica descriptio*, uscita alla luce a Basilea nel 1884, per le cure di C J. Kind ; l'altra è il *De Raetia ac Raetis liber posterior, quae ad eorum communem historiam pertinent continens tractansque*, che, divisa in due tomi, sotto il titolo di *Historia Raetica*, è comparsa tra il 1887 ed il 1890, editore Plac. Plattner. I tre volumi costituiscono rispettivamente i tomi VII, VIII e IX delle *Quellen zur Schweizer Geschichte*, edite dalla Allgemeinen Geschichtforschenden Gesellschaft der Schweiz.

(3) Queste indicazioni cronologiche emergono da quanto il Campell stesso scrive nell' *op. cit.*, p. 243 e p. 249.

(4) Campell, *op. cit.*, p. 249. Paolo Fabio, come lo scrittor medesimo ci attesta, era figlio di un Rodolfo Fabio, il quale nel 1517 si era addottorato in legge a Pavia, dove poi tenne l'ufficio di vicario del podestà, e fu altresì più volte in Valtellina pretore per i signori delle Tre Leghe. Costui aveva trasferito il suo domicilio in Pasqual di Val Domigliasca, patria della moglie, e v' era morto circa il 1560. Suo figlio continuava a vivere colà, quando Ulrico scriveva : *op. cit.*, p. 245 sg.

(5) « De hac arce [Castell Aut] extant... si quidem verae, non fictae adulterinaeve, *ut quidam suspicantur*, fuerint tabulae, quarum mihi copiam fecit Paulus Fabius a Praepositis supra memoratus ». *Op. cit.*, p. 249.

Occorreva veramente un sangue freddo difficile a rinvenirsi in uno storico del Cinquecento, per rinunziare a valersi d'un documento che sulle vicende sin allora sepolte
nella più fitta oscurità dell' antico territorio retico, spargeva raggi vivissimi di
luce. Quanti particolari importanti uscivano fuori da quelle poche righe ! Se ne rica-
vava che nel primo trentennio del secolo VII la Rezia, già venuta in possesso de'
Franchi, aveva mutato in parte il nome per assumere quello di Bregallia ; che sin
d'allora era fiorente la città di Coira ; che nella valle, dove scorrono spumanti la
Mera e l'Albigna, già era rigoglioso quel Vicosoprano, a cui il buon Campello dà
tante lodi ; che esso, anzi, (chi l'avrebbe creduto ?) si chiamava fin d'allora teutonica-
mente *Viciprevanum = Vespran* (1) ; che accanto ad esso sorgeva Castell' Alto, dove
aveva sede gloriosa, ben degna del suo nobilissimo sangue, la gente Fabia, la schiatta
de' Prevosti (2). Tutte queste belle cose riempivano di giubilo l'animo di Ulrico ;
di lui che intitolava così melanconicamente lunghi capitoli della sua storia : *Raetia
serva et obscura silet... Raetia obscura et ignobilis silet...* Qui essa parlava, invece,
e chiaro e bene !

Il Campello però, mentre così avidamente si disseta al torbido fonte dischiusogli,
reca intorno alla storia, misteriosa per noi, dell' apocrifo documento merovingio,
notizie non prive d'interesse. Noi impariamo da lui che la pergamena originale,
donde fu tratta nel 1548 la copia che abbiamo sotto gli occhi, esisteva ancora parecchi anni più tardi, giacchè egli stesso ebbe occasione di vederla a Coira, in casa
d'un amico, del quale riferisce il nome. Cotesto archetipo era, naturalmente, assai
malconcio (« squalidior » dice Ulrico) ; ma, oltre che il testo del diploma, vi si
scorgevano anche figurati i personaggi stessi che si veggono nell' apografo, tanto

---

(1) « Ex hiis plura peti excerpique possunt ad communem Raetorum historiam exoruandam.
Nunc autem hoc peculiariter libet hic annotare, quod ea, quae a nobis sic habetur, pro antiqua
illa et vera Raetia agnoscatur, ad quam Praegalia peculiariter cum Lario lacu hinc, et Juliis
Alpibus illisque adhaerente Ingadina illinc, imprimis pertineat. Deinde quod urbs Curiae tempore illo Dagoberti non extructa modo, verum etiam clara fuerit, ut nihil iam de Vicosuprano
dicamus, in istis tabulis Viciprevano dicto, deque Oscella id temporis ad Larium lacum
oppido... etc. ». *Op. cit.*, p. 250 sg. Per le lodi a Vicosoprano, ved. poi pag. 245, ove lo dice : « loci
plani pagus, eius regionis Omnium celeberrimus... locus magnifica aedificiorum praestantia ple-
rumque Tutio etiam Ingadinae aequandus, imo multis etiam oppidis non cedens ».
(2) Dopo aver detto che in Vicosoprano, « antiquis inde a temporibus multi et opibus non
vulgaribus pollentes et natalibus praeclari ad nostra usque habitant tempora », aggiunge : « In
quibus non postremi censendi veniunt, antiquitate prae aliis insignes (quantum quidem sciri
certo potest), Praepositi, prisca Romanorum Fabia nobilissima gente, uti non sine locuplete,
postmodum utique sequente testimonio creditur) sati homines ». E alquanto dopo, toccando del
monte che sta sopra Vicosoprano, così continua : « Extat denique in monte illo locus quidam,
nomine simul et monumentis sive vestigiis antiquissimae et olim celeberrimae arcis insignis,
quae gentis Praepositorum pariter praeclarissimae fuit, appellatus nempe popularibus a priscis
inde temporibus *Castell Aut*, idest Castrum Altum ». *Op. cit.*, p. 249. Il « Castel di sopra », come
oggi si chiama, soggiorno delle antiche famiglie Prevosti, è tuttora in piedi : ved. AMATI, *Dizion.
corogr.*, v. VIII, p. 1306.

solennemente autenticato in Tirano. Lo storico aggiunge dell' altro : che il documento era stato portato in Coira da un' altra città della Germania («Argentina »), dove era stato cavato quasi miracolosamente di mano a certi fanciulli che stavano trastullandosi con esso e l'avrebbero fatto a brani. Avevano, anzi, staccato già il sigillo (il sigillo di Dagoberto, che s'intende !), il quale andò perduto (1).

Cotesti ragguagli, dati con tutt' ingenuità dallo scrittore cinquecentista, che non aveva, se non andiamo errati, interesse di sorta a vendere lucciole per lanterne ai suoi leggitori, ci costringono a rinunziare ad una supposizione la quale ci si era dapprima affacciata come la più naturale : quella cioè che il diploma di re Dagoberto fosse stato fabbricato di sana pianta da colui che lo fece autenticare dal signore di Lannech, il capitano Schier de' Preposti. Costui, aspirando ad ottenere, come ottenne, un' alta dignità cavalleresca da Carlo V, doveva essersi affaccendato a metter insieme quanti più titoli nobiliari gli tornasse possibile ; qual meraviglia dunque che, fondandosi sopra una tradizione, forse assai antica nella sua casa (2), avesse incaricato un letterato compiacente di far propalare da re Dagoberto in persona la nobiltà vetusta de' Prevosti, nipoti del grande generale romano che *cunctando restituit rem*? Ma se, realmente, la pergamena originale fu rinvenuta per caso in Argentina, e di là portata a Coira e fatta soltanto ricopiare con tutta fedeltà e diligenza nel 1548, non tornerà più così agevole ascriverne la fabbricazione al valoroso seguace dell' armi cesaree. Bisognerà per necessità rimontar alquanto più in su.

Rimontare in su... ma di quanto? Prima di tentare di rispondere a codesta domanda, decidiamoci a rileggere in un testo più corretto di quello tramandatoci dal Labbe, il privilegio dato dal re d'Austrasia al nobile Ottone Prevosti, correndo l'anno seicentotrenta di Cristo (3) :

---

(1) « Archetypum autem et ipse tandem una cum Tobia Iconio *hic Curiaé* in aedibus Christiani Gredi squalidiorem quidem, vidi, mire supradicto exemplari *per omnia* respondentem, qui dicitur, nescio quot ante annis jam, Argentinae fortuito inter colludentium puerorum manus offensus repertusque atque ita interceptus, Sigillo tamen direpto ». *Op. cit.*, p. 250.

(2) La smania di farsi credere discendenti da schiatta romana, par fosse assai diffusa tra le nobili famiglie della Rezia. Il Campello serba ricordo delle pretensioni di altre due casate della Val Bregaglia, i Planta e i Salis. I primi si dicevano venuti dallo stesso ceppo degli Orsini ; i secondi si gloriavano di essere già stati ricordati da Tito Livio ! Cf. *op. cit.*, p. 253.

(3) Indichiamo con *C* il testo del Campello, con *P* quello del Pertz. Siccome costui non fa che trascrivere la lezione del Pardessus, il quale, a sua volta, copia il Labbe, così ci sembra superfluo riferire le lievi varianti delle edizioni più antiche.

Il Campello, *op. cit.*, p. 249, dice di esemplare fedelmente il testo che aveva dinanzi: « Hae[tabulae] non ad verbum, sed ad literam quoque, ita sonant » ; e difatti è trascrittor esattissimo. Vale la pena di riferire altresì la descrizione sommaria, ma veramente pregevole, che egli fa del documento nostro : « Haec ita in media amplissima pergamenica membrana perscripta extant atque supra scriptis personis, plerisque equestribus, circa elegantissime depictis, una cum familiae a Praepositis dictae armis vel insigniis aliisque scitissime additis parergis ornata. Quae omnia

Anno Salutiș. D.C.XXX. Regnante Lothario Secundo Galliarum Rege Octauo genitore nostro : — deffectionis Imperii Occidentalis Centesimo quinquagesimo nono Heracleo Orientali Imperatore decimo — nono Honorioque Romano pontifice Sexagesimo nono. Quarto mensis maij nos Dagubertus Magnus austrasię bergundio — numque Rex ex precibus matris nostrę Berentrudę Francorum Reginę. Uisis tamen prius tabulis antiquissimis a Roma — nis Imperatoribus conuectis Fidelitateque semper conseruata Necnon nobilissimi Sanguinis Patricii Fabia gente orti perspecta o — rigine Restituimus Damus et Confirmamus arcem in alpibus Curiensibus Rhettię sitam in pręualia Quę apella — Castutrum altum Uicipreuani cum omnibus censibus et iuribus ad eam pertinentibus etiam cum decimis a — Iulio monte usque ad Oscelam oppidum lacus larij dictę preualię Strenuo Equestris Ordinis Ottoni a pre—positis nostro militam pręfecto : contra Arionaldum Longabardorum Regem decimum sextum Ita tibi-Siguberto dilecto patrueli nostro Alemanię primo Duci iubemus mandamus et sic uolumus. vt restituas—dictam arcem supranominato Ottoni nostro a prępositis cum omnibus rebus quę pertinebant ad ipsam — Cum fuerit ei direpta. et eum constitues. Uasallum omnium rerum ante a maioribus suis retentarum — in quorum Sigilla et cetera. Datum et cetera in arce nostra Isenburg (1).

Non c' è proprio che fare; aveva ragione il Pardessus di scrivere che da questa roba emana un puzzo ammorbante di falsità ! S' è dato e si dà alle volte il caso che taluni documenti, sentenziati apocrifi, suppositizi, e come tali messi al bando da critici giustamente sospettosi, sottoposti di bel nuovo ad accurata e sagace disamina, rivelino un nucleo originale, antico, ravviluppato e nascosto da posteriori alterazioni, levate le quali, rimane acquisito alla storia qualche inatteso e pregevole dato (2). Tale, per allegare un esempio recente, è il caso per la pretesa carta merovingia del monastero di San Pietro di Lione, spacciata già come una donazione risalente all' anno ventesimosesto di re Gontrano (luglio 586) e stimata suppositizia, mentre, dopo le perspicaci indagini di A. Coville, si è rivelata un documento autentico, per quanto in certe parti alterato, di re Corrado (965-968) (3); tale, per addurre un secondo esempio ancor più recente, quello del diploma inedito di Rodolfo II (925),

ex ipso archetypo sic esse transsumpta, Antonius Maria Quadrius, eques Tiranensis, suo appenso sigillo testatur ». E' questa la sola inesattezza che il C. commette; i sigilli sono tre, e non il solo Quadrio autenticò il documento.

(1) La data in tutte lettere presso P. 2. defect. CP. Heraclio P 3. C omette que dopo Honorio 4. P aggiunge die e scrive Dagubertus Australiae C Burgund. CP 6. C conuectis; ma la nota: « ego credam forte confectis stare debere : confectis P P omette que dopo fidelitate prospecta P 8. Raetiae C appell. P. 9. vici Pręuani P ad omette P 10. le due lettere finali di larij sono riscritte d'altra mano nel documento 11. profectori P Ariovaldum P Longob. CP 12. Sigeberto P patruele P Alemanniae C 13. restitues C Othoni P 14. quum C 15. Dopo quorum P dà et cetera, omettendo sigilla 16. Dopo datum P omette et cetera.

(2) Cf. GIRY, op. cit., lib. VII, Les documents faux, pp. 863 sgg.; BRESSLAU, Handbuch der Urkundenlehrer für Deutschland und Italien, Leipzig, 1889, v. I, cap. II, p. 11 sgg.; e ved. anche le notevoli riflessioni dello Schiaparelli nello scritto sotto citato (pp. 9 sg.).

(3) A. COVILLE, La prétendue charte mérovingienne de Saint-Pierre de Lyon in Le Moyen Age, t. XVI (2o série, t. VII), 1903, pp. 169 sgg.

per la chiesa di Pavia, il quale, considerato siccome un falso grossolano sino a questi ultimi giorni, è stato adesso dal prof. L. Schiaparelli dimostrato essere invece autentico in buona parte, ma in altra interpolato, onde servisse all' appagagamento di borie ed interessi d'una famiglia pavese, quella de' Gonfalonieri (1). Ma qui invece tutto è inventato di sana pianta; ed il malaccorto falsario ad un contenuto assurdo e grottesco ha dato una forma non meno grottesca ed assurda. Il diploma di Dagoberto I in favore d'Ottone de' Prevosti merita di essere appajato dunque con quello in cui Augusto conferma a Malregolato, conte di Verona, capostipite più o meno immaginario della famiglia de' San Bonifacio, il diploma di Giulio Cesare, che autenticava, a sua volta, le « litterae per progenitores tuos olim ob- « tentae a Priamo troianorum rege... et illae quirinalis patris nostri Romuli pre- « cipue » (2) !

IV

Se il falsificatore del diploma di Dagoberto fu dunque uomo del tutto digiuno di ogni nozione di diplomatica medievale, sicché neppur seppe, come tant' altri pari suoi, andare in traccia d'un documento realmente emanato dalla cancelleria dei re franchi, sia pure in tempi di molto posteriori a quelli del figliuolo di Clotario II, per ricopiarne le formole ed imitarne in qualche modo la disposizione estrinseca (3);

(1) L. Schiaparelli, *I diplomi dei Re d'Italia: ricerche stor. diplomatiche*, P. IV (*Un diploma ined. di Rodolfo II per la Chiesa di Pavia*) in *Bullettino dell' Istit. stor. Ital.*, Roma, 1909, n° 30, pp. 7 sgg. Questo diploma ha un interesse più speciale per noi, perché la pergamena che lo conteneva (di cui il Puricelli, che l'ha conservato in una sua copia, non vide che un apografo) presentava « la stessa solennità di caratteri estrinseci » che si nota nel diploma nostro. Il Puricelli scrive difatti : « In ora veri (*sic*) marginali huius exemplaris pergameni extant quadragintasex reges « Italiae pigmentis et auro expressi, ab Ibero usque ad Rodulfum ». Si trattava dunque d'una decorazione artistica sul tipo di quella che si osserva nella carta de' Prevosti.

(2) Ved. C. Cipolla, *Diplomi in favore dei Sambonifacio* in *Nuovo Arch. Veneto*, t. XX, 1900, pp. 131 sgg. Il diploma d'Augusto è conservato in una copia notarile, eseguita a Ferrara il 19 dicembre 1413, anno in cui i conti di San Bonifacio ricevettero a Feltre il 19 giugno un privilegio indiscutibilmente autentico dall' imperatore Sigismondo, allora sceso tra noi. Il Cipolla ammette giustamente che la quasi contemporaneità dei due documenti non sia da credere casuale. Della stessa farina dovevano essere i diplomi di Giulio Cesare e di Nerone in favore della ducal casa d'Austria, che Carlo IV sottopose nel 1355, come pensa il Fracassetti, *Lett. Senili di F. Petrarca volgarizzate*, Firenze, 1870, v. II, p. 490 sgg., al giudizio di F. Petrarca, il quale li trattò come meritavano d'esser trattati ; ved. *Senil.* lib. XVI, ep. V ; ed anche L. Geiger, *Petrarka*, Leipzig, 1884, p. 77.

(3) Sono ben note le raffinatezze a cui giunsero nel falsificare diplomi dell' età merovingia, e, per l'appunto, di Dagoberto I, loro precipuo benefattore, i monaci dell' abbazia di S. Dionigi : cf. Giry, *op. cit.*, p. 874. Essi arrivarono perfino a servirsi di papiro autentico per le loro manipolazioni ! Certo sarebbe stata ardua impresa e quasi inattuabile per un falsario medievale ricercare, per fabbricare un diploma del sec. VII, le formole cancelleresche del tempo ; ma se non a queste, egli avrebbe potuto far almeno ricorso a quelle carolingie del secolo seguente : cf. Coville, *op. cit.*, p. 171.

tuttavia egli non mancò di una certa erudizione storica e di nozioni abbastanze precise sopra le condizioni della Val Bregaglia nella remota età alla quale volle far risalire i suoi Prevosti. Si potrebbe dire anzi, ch' egli ebbe ad essere un erudito di professione, ove si tenga calcolo della cura minuziosa con cui si affaticò a coordinare i vari dati cronologici, in guisa che non si azzuffassero tra loro, e della ingenua pedanteria della quale dette prova additando con stranissima trovata il luogo che ad ognuno de' principi nominati spetta nella serie dinastica a cui appartennero; sicchè Clotario II è spacciato come ottavo re delle Gallie, Eraclio come diciannovesimo tra i Cesari d'Oriente; Onorio quale sessantesimonono tra i pontefici romani; Ariovaldo sedicesimo tra i re Longobardi; Sigeberto primo tra i duchi di Germania, e via dicendo (1). Ma, insomma, le ragioni della cronologia sono salve; ed è persino bizzarro il vedere in questa apocrifa scrittura fatto Clotario II ancor vivo nel 630, come era davvero, secondo che dimostrarono ricerche recenti, mentre invece la data tradizionale della sua morte è stata sempre quella de 628-29 (2).

Anche la scelta di Dagoberto I, quale patrono del leggendario Ottone de' Prevosti, dimostra, come dicevo, ch' egli dovette avere qualche contezza delle vicende della Rezia nel più alto medio evo. Questa provincia, com' è noto, ebbe a cadere in possesso dei Franchi nel periodo in cui arse la guerra de' Greci contro i Goti, che segnò la fine della dominazione di costoro nella penisola (3). Ora il primo tra i sovrani merovingi che, per quanto oggi ci è noto, occupossi di stabilire i confini della « Raetia Curiensis », separandola dalla Borgogna, è stato per l'appunto Dagoberto, una disposizione del quale, spettante all' anno 633 o 634, si rinviene riprodotta in un documento riflettente il medesimo soggetto, uscito, alquanti secoli

---

(1) Il fonte più opportuno a cui il falsario poteva attingere, eran le Gesta Dagoberti (Gesta Dagoberti I regis Francorum scripta a monacho quodam S. Dionysii anonymo (621-622), ed. B. Krusch, in MGH, Script. rer. Merovingicar., II, 1888, pp. 399 sgg.); e difatti su quattordici o quindici diplomi di Dagoberto fabbricati a S. Dionigi, i più sono dedotti da quella scrittura (cf. GIRY, op. cit., p. 874). Ma il Nostro o non le conobbe o non volle giovarsene: mentre le Gesta chiamano Clotario « quartus ab Chlodoveo, qui primus regum Francorum... regnum sortitus est » (op. cit., p. 401), egli lo dice « Galliarum rege octavo »; dov'è pur da notare lo sproposito massiccio di usar la espressione « Rex Galliarum », che non ha esempio nell' alto medio evo, e tanto meno poi nel sec. VIII! Inoltre dal diploma si arguirebbe che Dagoberto fosse stato in discordia con Ariovaldo, mentre nelle Gesta si assicura che il re franco mantenne coi Longobardi relazioni amichevoli (op. cit., p. 410). — Nemmeno di Fredegario s'è valso il galantuomo, giacchè se l'avesse seguito, non troveremmo dato ad Onorio I (625-638) il sessantanovesimo posto nella serie dei papi; mentre esso tenne il sessantasettesimo, secondo i calcoli di Fredegario (cf. Chronicarum quae dic. Fredegarii scholastici lib.) I in Script. rer. Mer. cit., p. 37.

(2) Tale è la data enunziata da FREDEGARIO, op. cit., p. 148. Moltissimi storici anticipano d'un anno la morte di Clotario, assegnata dal GIRY, op. cit., p. 711, sulla fede del Krusch e d'altri studiosi, al periodo corso tra ottobre 629 e aprile 630.

(3) P. C. PLANTA, Das Alte Raetien staatlich und Kulturhistorisch dargestellt... Berlin, 1872, IV Abschrift, Curraetien unter den Merovingern (537-752), pp. 255 sgg.

più tardi (1155), dalla cancelleria di Federigo I di Svevia (1). Di qui è agevole dedurre che la memoria del principe franco abbia trovato maniera di mantenersi durevolmente tra gli abitatori della Rezia.

Quello che ci colpisce invece come una stonatura nell' abbastanza ben architettato raggruppamento di ragguagli storici e cronologici, onde esce fuori l'apocrifo diploma di Dagoberto, è il trovar questo dato da Isenburgo. Siffatto nome non comparisce per verità mai fra quelli de' luoghi dai quali sono datati i pochissimi documenti autentici che possediamo del figliuolo di Clotario II (2). Nè esso appare nemmeno nell' elenco ben più numeroso degli altri, dove sarebber state dettate le troppe carte spurie dagobertiane. Di queste talune, fedeli alla storia almeno in questo, figurano concesse a Clichy, favorita dimora del principe, « Clipiaco », « Clipiaco palatio » (3); altre a Compiègne, « Compendio palatio (4) »; a Parigi (5), ad Orléans, a Cambrai, a Metz (6); ad Haselac in Alsazia, a Magonza, a Treviri, a Bleidenfeld presso Weissenburg (7); ad Isenburg mai.

Onde esce fuori dunque codesto nome? Occorre qui avvertire che fra i diplomi apocrifi di Dagoberto II, re d'Austrasia (674-679), uno se ne ritrova sotto la data del 2 aprile 662, in cui il principe dona in segno di affezione devota al « monasterium « Argentinensis Ecclesie », cioè a dire alla chiesa di S. Maria di Strasburgo, « tres « curtes... optimas et electas », una delle quali « in pago qui vocatur Rubiacha, et « in comitatu Ilchicha (8) ». Orbene, questa donazione è datata da Isenburgo: « Acta sunt hec in Isenburg... » Ed Isenburg è il nome del palazzo, il quale venne edificato dai vescovi di Strasburgo in cima al monte che sta sopra Rufach, la « Rubia-« cha » della carta; piccola città, giacente ai piedi de' Vosgi, sulla Lauch, a breve distanza da Kolmar e da Gebweilen. E la leggenda asserisce che Dagoberto II donasse Rufach ad Arbogaste, vescovo di Strasburgo, perchè il sant' uomo restituì prodigiosamente la vita a Sigeberto, il principe ereditario, caduto vittima d'un accidente di caccia (9).

Non ci si accuserà, dopo tutto ciò, di avventataggine se esprimeremo il sospetto che colui il quale fabbricò il documento, destinato ad illustrare la casa de' Prevosti, abbia confuso il primo Dagoberto con il secondo, e credendo che quello, non questo, fosse stato il benefattore della chiesa di Strasburgo, siasi ritenuto in diritto di

---

(1) PLANTA, op. cit., p. 269.
(2) Essi non son che sei; cf. PERTZ, op. cit., nn. 12-17, pp. 14-19. Quelli che nella « datatio » fanno menzione del luogo (nn. 14, 15, 16) sono emanati da Clichy.
(3) PERTZ, op. cit., nn. 26, 34, 36, 37, 38, 41, 46.
(4) PERTZ, op. cit., nn. 23, 40, 43.
(5) PERTZ, op. cit, nn. 25, 27, 35, 42.
(6) PERTZ, op. cit., nn. 44, 50, 51, 18.
(7) PERTZ, op. cit., nn. 30, 31; 21, 29; 52, 53.
(8) PERTZ, op. cit., n. 70, p. 186.
(9) Per tutto ciò ved. Acta Sanctorum, Iul. V, pp. 177 sgg.

assegnargli come reggia quel « palatium », di cui i prelati « argentinensi » andavano invece debitori alla liberalità del suo nipote e successore.

Ma v'ha di più. Il documento dell' a. 662 è stato (non può correrne dubbio) manipolato a Strasburgo da monaci della chiesa di S. Maria. Ora, come i lettori nostri rammenteranno, Ulrico Campello ci attesta che il diploma di Dagoberto I in pro d'Ottone Prevosti, era stato rinvenuto, in maniera molto curiosa, a Strasburgo. Come rinunziare dopo di ciò, a riconnettere le vicende dell' uno con quelle dell' altro documento? Non saranno entrambi usciti da una medesima officina? E quest' officina non si dovrà identificare con S. Maria di Strasburgo?

A consolidare cotest'ipotesi soccorre un ultimo indizio. Il diploma di Dagoberto I non è stato fabbricato in territorio latino. Già il Campello difatti rilevava la singolarità che in esso Vicosoprano, *Vicum supranum*, il *Vysovraun* dei ladini abitatori di Valbregaglia, figuri come *Viciprevanum*, malaccorta sì, ma evidente latinizzazione del *Vespran* germanico (1). Or non risulta di qui apertissimo che chi compose la falsificazione ebbe ad essere un tedesco, avvezzo a designare il retico borgo non come *Visovraun*, ma bensì, come *Vespran*? (2)

Così ogni interesse storico viene ad esulare definitivamente dal bizzarro documento, su cui i Prevosti di Valbregaglia avevano eretto il barcollante edifizio della loro boriosa genealogia. È un risultato del tutto negativo quello a cui siamo pervenuti; ma la scienza non disprezza neppure i risultati negativi.

Francesco NOVATI.

(1) « [Pagus] qui inde antiquitus Raetis vocatur *Vysavraun*, quod Latine loquentes fere interpretantur, conjectura ex Latinae linguae vestigiis facta, Vicum supranum, vel eadem dictione Vicosupranum, licet superius memorati Dagoberti Franciae regis literae... anno salutis 630 datae, habeant *Viciprevanum* : germanice loquentes appellant *Vespran* ». *Op. cit.*, p. 245.

(2) Non tacerò che un altr' indizio' per considerare di germanica origine il falsario rinvengo anche nell' apparizione di quel Sigeberto, primo duca di Germania, che nel diploma è spacciato quale primo cugino di Dagoberto (e non già, secondo scrisse il Labbe, di Clotario II). Si tratta d'una spudorata invenzione, giacchè nessun documento storico parla di lui. Cf. tuttavia F. SPRECHER, *Pallas Rhaetica*, armato et *tugata*, a. MDCXVII, Lib, III, p. 55.

APPENDICE (1)

Innsbruck, 5 febbraio 1552.

Carlo V imperator de' Romani crea milite e cavaliere aureato il nobile capitano Schier de' Prevosti di Valbregaglia, abilitandolo a godere tutti gli onori, privilegi e vantaggi annessi alla dignità concedutagli.

CAROLVS QVINTVS Diuina fauente ;Clementia Romanorum Imperator Augustus ac Rex Germaniae Hispaniarum utriusque Siciliae Hierusalem Hungariae Dalmatiae Croatiae Insularum Balearium Sardiniae Fortunatarum et Indiarum ac Terrae firmae maris Oceani &c. Archidux Austriae Dux Burgundiae Lothrici Brabantiae Lymburgiae Lucemburgiae Gheldriae Wiertembergae etc. Comes Habspurgi Flandriae Tyrolis Arthesiae et Burgundiae Palatinus Hannoniae Hollandiae Zeclandiae, Ferreti Kiburgi Namurci et Zutphaniae Landtgrauius Alsatiae Marchio Burgouiae et Sacri Romani Imperii etc. Princeps Sueuiae etc. Dominus Frisiae Molinae Salmarum Tripolis et Mechliniae etc. Spectabili nostro et

(1) Il diploma che qui si pubblica di sulla membrana originale, non può a rigore di termini dirsi del tutto inedito, perché sulla fine del secolo XVI venue dato già alle stampe, forse dai Prevosti stessi, in foglio volante, di cui un esemplare assai guasto additatoci dal collega E. Motta, abbiamo trovato in certo volume miscellaneo della biblioteca Ambrosiana (S. B. O. VII. 2). Sono quattro carte n. n., che mis. m. 155 per 247, impresse in caratteri corsivi; il privilegio di Dagoberto vi precede, senza intitolazione veruna, l'atto di Carlo V; i due testi non offrono varianti d'alcun pregio. Nel margine superiore, di mano del Seicento, sta scritto : Privilegio de' sig. Prevosti dell' Isola S. Giulio.

Riassumiamo qui brevemente il poco che ci è noto intorno all' avventurosa carriera di Schier (Sgier = Georgius : Skirret = Svicardus) de' Prevosti. Il Campell lo menziona due volte nella Raletiae ...descriptio; la prima a p. 246, dove sta pago a ricordarlo tra i membri della famiglia ; la seconda a p. 247, e qui gli dedica questo brano : « Praepositorum familiae fuit etiam Svicardus, alias Schkiret dictus... qui et ipse olim anno salutis 1541 cuiusdam mirae in Raetiae non sine turbis excitatae tragoediae orditor autorque fuit habitus, Bartholomaeo Iohanne Stampa, textore eius, cum quibusdam aliis subornato, unde plerisque Raetiae optimatum exosus factus, nonnihil etiam passus est. Quapropter indignatione motus, in Triumpilinos, Mediolanensium finium, migravit, ubi, superioribus annis, a latronibus vel sicariis iam senex invasus, subito trucidatus fuit ; vir alioqui, ut corpore formosus, ita et ingeniosissimus, filio haerede relicto. De tragoedia vero illa in historia Raetorum communi exactiora dicentur ». Op. cit., p. 247.

Ma nella Historia Raetica, poi, de' fatti del 1541, onde il Prevosti sarebbe stato costretto ad esulare, non si trova cenno veruno ! Comunque sia di ciò, Schier passò forse allora o ritornò ai servigi imperiali. Più tardi, però, ebbe occasione di riapparire in Rezia, dove prese attiva parte nel 1565 alle lotte per l'elezione del nuovo vescovo di Coira. (Campell, Hist. Raet., v. II, p. 453 sgg.) Tre anni prima, egli era stato costretto a recarsi a Roma per scagionarsi da gravi accuse, lanciategli dal Tribunale dell' Inquisizione. Tanto ci apprende una lettera di Azarias Büntiner al cardinal Borromeo, in data di Milano, 5 marzo 1562, edita da Camenisch, C. Borromeo und die Gegenreformation im Veltlin, ecc., Chur, 1901, pp. 28, 236.

La morte di Schier dovette seguire tra il 1565 ed il 1570.

Imperii sacri fideli dilecto Capitaneo Schier a Praepositis de Pregallia Ditionis Rhetiorum Militi et Equiti aurato Gratiam nostram Caesaream et omne bonum. QVVM satis constet Maiores nostros Romanorum Imperatores et Reges augustae memoriae illis quorum uirtus in Republica fortiter gerenda praecellere uisa esset Quique praeter caeteras strenuam illi operam nauassent uaria uirtutis et meritorum proposuisse praemia et alios quidem Murali alios Nauali aut Castrensi Corona caeterisque id genus, ornamentis pro singulis cuiusque meritis honestasse non quod nescirent quam esset praeclarum suo non alieno splendore inclarescere sed quod dignam sua etiam laude atque praeconio uirtutem judicarent. Nos quoque quibus curae semper fuit laudata maiorum uestigia sequi hanc quoque partem ab illis quasi per manus traditam minime negligendam duximus. Atque ideo memoria repetentes tuas praeclaras uirtutes et tam Armorum quam literarum singularem experientiam non tantum tuo studio partam uerum etiam ab antecessoribus tuis acceptam, ad haec perspecta Nobilissima origine a Praepositis sanguinis patritii Fabiaque gente Romana id quod ex literarum monumentis a te productis apparet, atque insuper syncera fidelitate a te et antecessoribus tuis Sacro Romano Imperio semper conseruata tum etiam considerantes tua insignia benemerita et obsequia cum personae tuae iactura et bonorum amissione nobis hactenus ab incunte aetate non solum in tuitione Status Mediolani a Gallis sed etiam in aliis rebus Sacri Romani Imperij tranquillitatem et incrementum attinentibus praestita, quaeque in dies praestare deinceps te praestiturum esse plane nobis pollicemur. Horum inquam et aliorum meritorum tuorum intuitu te Schier de Praepositis, quem Militem et Equitem auratum manu et uerbo nostro creauimus, Praesenti quoque Caesareo edicto ex certa scientia et Imperiali autoritate nostra Militem et Equitem auratum creamus facimus erigimus et ad statum militarem assumimus ; militarique... quolibet decore fascibus et titulis atque stemmate armatae Militiae insignimus Accingentes te gladio fortitudinis ac omnia ad hunc ordinem pertinentia ornamenta tibi conferentes hoc nostro Caesareo edicto, statuentes ut deinceps ubique, locorum [pro] uero Milite et Equite aurato habearis honoreris et admitaris possisque et debeas pro susceptae eius dignitatis Equestris torquibus gladiis calcaribus uestibus phaleris siue equorum ornamentis aureis ac omnibus et singulis priuilegiis gratiis honoribus dignitatibus praeeminentiis franchisiis iuribus immunitatibus libertatibus insignibus exemptionibus praerogativis et gratiis tam realibus quam personalibus atque mixtis ac aliis quibuscumque militaribus actibus et officiis quibus caeteri Milites et Equites aurati stricto ense a Nobis creati et eiusmodi ornamentis insigniti gaudent et potiuntur, uti frui et gaudere et ad ea admitti ad quae illi admittuntur quomodolibet et qualibet consuetudine uel de Jure absque alicuius contradictione et impedimento. MANDANTES propterea uniuersis et singulis Principibus tum ecclesiasticis quam saecularibus Archiepiscopis Episcopis Ducibus Marchionibus Comitibus Baronibus Nobilibus Militibus Clientibus Capitaneis Vicedominis Aduocatis Praefectis Procuratoribus Officialibus Questoribus Magistratibus Judicibus Consulibus Armorum Regibus Heraldis Caduceatoribus Ciuibus Communitatibus et terris et denique omnibus et singulis nostris et Imperii sacri subditis et fidelibus dilectis aliisque cuiuscumque dignitatis praeeminentiae status gradus ordinis et conditionis exsistant ut te praefatum Schier de Praepositis in hoc ordine et Equestri dignitate et omnibus huic ordini spectantibus et pertinentibus Juribus praerogatiuis et libertatibus eorum in aliquo non turbent nec impediant; uerum illis pacifice et quiete uti frui et gaudere sinant et permittant et contrarium non faciant nec quouis modo Quatenus gratiam nostram charam habeant et poenam uiginti marcharum auri puri pro medictate imperiali fisco seu Aerarrio nostro reliquæ uero parte ipso Capitaneo Schier a Praepositis quotiescunque contrafactum fuerit irremissibiliter applicandam incurrere formident. Harum testimonio literarum Sigilli nostri Caesarei appensione munitarum. Datum in Oppido Oenipoute Comitatus Tyrolensis, die quinta mensis Februarij Anno Domini Millesimo Quingentesimo Quinquagesimo secundo Imperii nostri Trigesimosecundo et Regnorum Nostrorum trigesimo septimo.

CAROLUS

V^t. Seld (1).

L. S. Ad mandatum Caesareae
et Catholicae Maiestatis proprium
J. Obernburger ss.

(1) Militiae pro Capitaneo Schier a Praepositis.
Al disopra altra firma illeggibile.

MAURICE PROU

SUPPLIQUE ET BULLE DU XIIᵉ SIÈCLE

Dès le vᵉ siècle c'était souvent par requêtes écrites que les fidèles sollicitaient les grâces du Saint-Siège (1). Ces lettres (*petitio*) adressées au Souverain Pontife sont ce que les modernes ont appelé supplique. Le mode de rédaction des suppliques et la procédure suivie pour la remise de ces requêtes au pape ne nous sont connus qu'à partir du xiiiᵉ siècle.

D'une part, une constitution pontificale du premier quart du xiiiᵉ siècle, insérée dans les additions du *Liber censuum*, donne quelques règles relatives à la présentation des suppliques à la chancellerie (2). D'autre part, un petit formulaire (3), attribué au cardinal Guala Bichieri, nous fait connaître la forme qu'on donnait, au même temps, à ces sortes de requêtes avant de les présenter au Souverain Pontife.

Mais pour les époques plus anciennes les renseignements sur les suppliques font défaut. Nous ne savons pas à quelle époque on a cessé de remettre au pape les suppliques telles qu'elles étaient apportées ou envoyées à Rome par les solliciteurs, et commencé à les transposer dans des formules arrêtées. Comme l'a fait remarquer Dom Berlière (4), on ne pourra déterminer la date à laquelle la rédaction a été assujettie à des règles fixes qu'après avoir formé un recueil chronologique des suppliques antérieures au xiiiᵉ siècle.

Nous devons à M. Robert Anchel la connaissance d'une supplique (5) du second

---

(1) H. Bresslau, *Handbuch der Urkundenlehre*, p. 680.

(2) Publ. par: Muratori, *Antiquitates*, t. I, p. 708 ; J. Merkel, *Documenta aliquot*, IX, dans *Archivio storico italiano, appendice*, t. V (1847), p. 146 ; Paul Fabre et L. Duchesne, *Le Liber censuum*, p. 461, nᵒ CCIX. Cf. H. Bresslau, *Handbuch*, p. 258.

(3) Ce formulaire a été signalé pour la première fois et étudié par M. Auvray, *Note sur un traité des requêtes*, dans *Ecole fr. de Rome, Mélanges*, t. X, p. 112, et *Notes additionnelles, ibid.*, p. 231. Le texte en a été publié par Rudolf von Heckel, dans *Archiv für Urkundenforschung*, t. I, p. 500.

(4) Dom Ursmer Berlière, *Suppliques de Clément VI*, p. XII.

(5) M. Robert Anchel, actuellement archiviste du département de l'Eure, a signalé ce document dans la thèse sur *Barthélemy de Joux*, qu'il soutint en 1904 à l'Ecole des Chartes pour l'obtention

quart du xii° siècle qui présente cet intérêt particulier de pouvoir être rapprochée du privilège pontifical dont elle a provoqué la délivrance.

Cette supplique ne nous est connue que par une copie du xiii° siècle dans le Cartulaire de Saint-Michel-en-Thiérache. Elle se présente sous forme de lettre de B[arthélemy de Joux] (1), évêque de Laon au pape I[nnocent II]. L'évêque rapporte que Léon, abbé de Saint-Michel-en-Thiérache, s'est plaint à lui d'avoir trouvé le monastère dont il a le gouvernement dépourvu de tout privilège apostolique ; c'est pourquoi, voulant remédier à ce défaut et assurer le dit monastère contre toute entreprise extérieure, il a envoyé ledit abbé auprès du Souverain Pontife, priant ce dernier de vouloir bien dans sa miséricorde prendre l'abbé et son monastère sous sa protection et confirmer au monastère les biens dont il a eu jusqu'ici la paisible possession ; puis il énumère tous ces biens.

Or cette énumération se retrouve, à quelques lacunes près, dans une bulle d'Innocent II (2) datée du Latran et du 7 décembre 1138, et dont le même Cartulaire de Saint-Michel nous a conservé le texte. Les biens se présentent suivant le même ordre dans la lettre épiscopale et dans les lettres apostoliques. Et s'il est vrai que quelques biens mentionnés dans la supplique ont été omis dans le privilège pontifical, en revanche, aucune possession du monastère n'est indiquée dans le privilège qui ne se trouve déjà dans la supplique. Nous n'avons plus l'original de la bulle ; il est donc impossible de décider si ces lacunes sont imputables à la chancellerie romaine ou bien au copiste du cartulaire ; mais, comme elles portent sur la fin de la liste des biens, on peut croire qu'elles sont le résultat de la négligence d'un scribe fatigué. Il semble même que deux de ces lacunes ne soient autre chose que des bourdons, déterminés le premier par la répétition du mot *alodium*, le second par celle du mot *molendinum*. Les privilèges apostoliques postérieurs à celui d'Innocent II ne sauraient nous permettre d'en restituer l'original, parce qu'ils n'en sont pas la confirmation.

Mais voici une autre preuve que la bulle de l'année 1138 répond bien à la lettre écrite par l'évêque de Laon, Barthélemy, en faveur de Léon, abbé de Saint-Michel. Le pape déclare, en effet, acquiescer aux demandes dudit abbé à cause de l'intervention dudit évêque.

Il est périlleux de tirer d'un seul exemple une conclusion générale. Au moins peut-on faire remarquer que la présentation de la supplique de l'évêque de Laon à la curie

du diplôme d'archiviste-paléographe. Cf. *Ecole nationale des Chartes. Positions des thèses soutenues par les élèves de la promotion de 1904*, p. 3, l. 19. M. Auchel avait rapproché la lettre de l'évêque Barthélemy de la bulle d'Innocent II. Nous remercions vivement notre confrère d'avoir bien voulu nous laisser le plaisir de publier ces documents. Lettre et bulle ont été analysées dans Am. Piette, *Cartulaire de Saint-Michel-en-Thiérache*, p. 4 et 160, mais sans que l'auteur ait indiqué le lien qui unit ces deux pièces.

(1) Il s'agit de l'évêque à qui une erreur paléographique a fait donner le nom de Barthélemy de *Vir* jusqu'au jour où M. Robert Auchel lui a restitué son vrai nom.

(2) Jaffé-Lœwenfeld, *Regesta,* n° 7920.

romaine est d'accord avec une des prescriptions de la constitution du xiii° siècle citée
plus haut, et qui porte que tout suppliant doit venir présenter sa requête lui-même à
moins que ce ne soit une personne d'un rang élevé, *sublimis persona* (1). Au nombre
des *sublimes personae* on mettait les évêques et les abbés (2). Dans l'espèce, quoique
le pape déclare qu'il acquiesce aux demandes de Léon, abbé de Saint-Michel, et qu'il
ne considère l'évêque de Laon que comme un protecteur qui intervient pour recom-
mander l'abbé, le véritable suppliant est l'évêque; c'est lui qui veut pourvoir à la
sécurité d'un monastère de son diocèse, lui qui implore pour ce monastère la protection du Saint-Siège; son rang lui permet de ne pas se rendre à Rome en personne
et d'y déléguer un procureur; car l'abbé de Saint-Michel apparaît, dans la lettre de
Barthélemy, comme son envoyé : « prefatum Leonem ad sanctitatis vestre misericordiam direximus. » Mais si au xii° siècle les usages consignés dans la Constitution
du xiii° siècle étaient déjà en vigueur, Léon s'il avait cru pouvoir, sans l'appui de
l'Ordinaire, obtenir la grâce qu'il sollicitait, eût pu ne pas aller à Rome et y envoyer
un procureur, étant *sublimis persona*. Ici il est solliciteur sans doute, mais tout
d'abord procureur de l'évêque.

Simple lettre de recommandation, la lettre de l'évêque n'eût pas contenu la liste des
biens de l'abbaye. Nous devons donc la considérer comme une supplique.

Mais c'est une supplique dont la rédaction est libre. Il ne paraît pas que la lettre
de l'évêque ait été rédigée d'après un formulaire « secundum cursum Romanae
curiae ». Les expressions par lesquelles l'évêque Barthélemy annonce l'énumération
des possessions de Saint-Michel sont, il est vrai, celles que la chancellerie romaine
employait dans le même cas : « propriis nominibus adnotare », mais le rédacteur de
la lettre épiscopale n'était pas sans avoir lu des privilèges apostoliques confirmatifs
des biens d'une église, et, d'autre part, les noms propres et communs qui composent
la liste des biens sont au nominatif, dans la supplique, ce qui n'est pas conforme à
l'usage de la chancellerie romaine qui les mettait à l'accusatif, comme cela est dans la
bulle. Ajouterons-nous que pour exprimer sa prière l'évêque a employé le verbe
obsecrare, qui n'est pas un de ceux dont on se servit plus tard dans les suppliques
mises en forme à Rome (3). Pour conclure, il nous paraît probable que la supplique
de l'évêque Barthélemy a été rédigée par quelque clerc de la suite de l'évêque de

---

(1) « Nemo per alium petitiones offerat vel procuret nec quisquam petitiones alterius offerendas
vel promovendas assumat, sed quilibet hoc faciat per seipsum, nisi forte sit sublimis persona
que per certum et idoneum nuntium id decenter et honeste procuret. » Merkel, dans *Archivio
storico italiano*, append., t. V, p. 147, et *Liber censuum*, éd Fabre et Duchesne. T. I, p. 462.
(2) « Nullus petitiones sublimium personarum, ut regum, ducum, marchionum, comitum vel
baronum, archiepiscoporum, abbatum, decanorum, archidiaconorum aut hujusmodi personarum
que proprium consueverunt habere sigillum... » Merkel, *ibid.*, p. 146, et *Liber censuum*, p. 462.
(3) On lit dans le formulaire de Guala Bichieri : « In peticionibus igitur recte formandis hiis
quinque principalibus utimur verbis : supplicat, insinuat, petit, significat et conqueritur. » éd.
R. von Heckel, dans *Archiv für Urkundenforschung*, t. I, p. 500.

Laon sans modèle de formulaire romain, mais avec la connaissance des privilèges pontificaux.

SUPPLIQUE DE BARTHÉLEMY, ÉVÊQUE DE LAON, REQUÉRANT DU PAPE INNOCENT II, EN FAVEUR DE LÉON, ABBÉ, LA CONFIRMATION DES BIENS DU MONASTÈRE DE SAINT-MICHEL-EN-THIÉRACHE.

Copie du xiiⁱᵉ siècle, dans le Cartulaire de Saint-Michel-en-Thiérache, Bibliothèque nationale, à Paris, manuscrit latin, 18375, p. 21.

Impetratio confirmationis quarumdam possessionum et altarium

Reverendo patri I., Dei gratia summo pontifici, B., ejusdem patientia Laudunensis dictus episcopus, debite subjectionis obsequium Dilectus filius noster, Leo, cum monasterium Sancti Michaelis de Therassia (1) regendum suscepisset, que ad ipsius monasterii regimen pertinebant diligenter inquirens, presentiam nostram [adiit] adhuc conquerens quod nullum in monasterio suo Romane auctoritatis privilegium invenisset. Nos vero, ne loci illius religio rerum exteriorum inquietatione vel ablatione aliquatenus vacillaret in posterum providentes, prefatum Leonem ad sanctitatis vestre misericordiam direximus, obsecrantes ut ipsum et locum sibi commissum sub beati Petri et vestra suscipiatis protectione, bona et possessiones que idem monasterium hactenus quiete possedit et possidet ad usus monachorum Deo ibidem servientium apostolica firmantes auctoritate, unde et ea propriis nominibus discretioni vestre hoc modo dignum duximus adnotare : 'redecimatio de frugibus et feno Laudunensis

(1) Saint-Michel-en-Thiérache, Aisne, cant. d'Hirson.
(2) *Ms.* : Quod. *Corriges* Quotiens; *correction proposée par Jaffé-Loewenfeld.*

1138, 7 DÉCEMBRE, AU LATRAN. — PRIVILÈGE D'INNOCENT II, CONFIRMATIF DES BIENS DU MONASTÈRE DE SAINT-MICHEL-EN-THIÉRACHE ACCORDÉ A LÉON, ABBÉ, SUR LA DEMANDE DE BARTHÉLEMY, ÉVÊQUE DE LAON.

Copie du xiiⁱᵉ siècle, dans le Cartulaire de Saint-Michel-en-Thiérache, Bibliothèque nationale, à Paris, manuscrit latin 18375, p. 237. Jaffé-Lœwenfeld, *Regesta*, n° 7920.

Innocentii pape secundi.

Innocentius, episcopus servus servorum Dei, dilecto filio Leoni, abbati monasterii Sancti Michaelis de Therassia (1), ejusque successoribus canonice promovendis, in perpetuum. Quotiens (2) illud a nobis queritur quod rationi et honestati convenire cognoscitar, animo nos decet libenti concedere et petentium desideriis congruum impertiri suffragium. Hoc nimirum caritatis intuitu, dilecte in Domino fili, Leo abbas, interventu venerabilis fratris nostri Bartholomei, Laudunensis episcopi, tuis postulationibus clementer annuimus et Beati Michaelis monasterium, cui, Deo auctore, preesse dinosceris, presentis scripti pagina communimus, statuentes ut quascumque possessiones, quecumque bona in presentiarum idem locus juste et canonice possidet aut in futurum concessione pontificum, largitione regum vel principum, oblatione fidelium seu aliis justis modis, Deo propitio, poterit adipisci, firma tibi tuisque successoribus illibata permaneant, in quibus hec propriis nominibus duximus (3) annotanda : 'redecima-

(3) *Corriges probablement* : hec propriis duximus nominibus annotanda.

78

episcopi ; decima de vino quod ci ex capitum censu persolvitur; per duas ipsius decanias de Roseto scilicet et Therassia (1), de unaquaque domo panis unus cum oblata cere ; tres fertones (2) argenti ab ecclesia Sancti

Martini Laudunensis quotannis persolvendi ; sexdecim solidi ab ecclesia Sancti Nicholai de Claro Fonte (3) annuatim reddendi ; duodecim nummi apud Hyreçon (4) ; quinque solidi apud Wimi (5); theloneum in festo sancti Michaelis ; altaria de Aignies (6), de Lousa (7), de Chovesnes (8), de Planeto, de Marfuntanis (9), de Tubies (10), de Chooignies, de Monte Sancti Martini (11), de Leherziaco (12), de Sanctis (13), de Rogeries (14), de Sancto Algiso (15), de Sessonia (16), de Bouncurte (17), de Luegnies (18), de Ohe-

tionem scilicet de frugibus et feno Laudunensis episcopi ; decima[m] quoque de vino quod eidem episcopo ex capitum censu persolvitur ; per duas insuper decanias ejus, videlicet de Roseto et Therassia (1), de unaquaque domo panem unum cum obolata cere ; tres fertones (2) argenti ab ecclesia Sancti Martini Laudunensis vobis annuatim persolvendos ; sexdecim solidos quoque qui ab ecclesia Sancti Nicholai de Claro Fonte (3) annuatim monasterio vestro debentur ; duodecim nummos apud Hyreçon (4) ; quinque solidos apud Wimi (5); theloneum in festo sancti Michaelis ; altaria de Aignies (6), de Lousa (7), de Chevesnes (8), de Planeto, de Marfontanis (9), de Tyubies (10), de Choignies, de Monte Sancti Martini (11), de Leherziaco (12), de Sanctis (13), de Rogeries (14), de Sancto Algiso (15), de Sessona (16), de Boncurte (17), de Luegnies (18), de Ohe-

---

(1) « Les deux doyennés laonnois de Rozoy-[sur-Serre] et de Thiérache mentionnés ici ne figurent plus sous ces noms dans les pouillés de la fin du moyen âge : compte de décimes de 1362 et pouillé du xv⁰ siècle. Les deux documents que je viens d'énoncer, et dont je reproduis le texte en mes pouillés de la province de Reims, désignent le premier de ces doyennés sous le nom de doyenné de Vervins, le second sous celui de doyenné d'Aubenton (on les appelle ainsi jusqu'à la Révolution). C'est en effet du doyenné de Vervins que dépendait alors la paroisse de Rozoy-sur-Serre; et c'est au doyenné d'Aubenton qu'appartenait non seulement Saint-Michel-en-Thiérache, mais encore une importante partie de ses possessions : Leuze, Wimy, Etréaupont, Luzoir. » Nous devons à l'obligeance de notre confrère, M. Aug. Longnon, la note qui précède, nous l'en remercions très vivement.

(2) Fierton, le quart d'un marc. Voir Prou, *De l'emploi abusif du mot* fierton *pour désigner les poids monétaires*, dans *Revue numismatique*, 1894, p. 49.

(3) Clairfontaine, Aisne, cant. de la Capelle.

L'abbaye de Saint-Nicolas, de l'ordre de Prémontré, fondée vers 1131. (A. Matton, *Dictionn. topogr. du départ. de l'Aisne*, p. 70).

(4) Hirson, Aisne, arr. de Vervins.

(5) Wimy, Aisne, cant. d'Hirson.

(6) Dagny, Aisne, cant. de Rozoy, comm. de Dagny-Lambercy (A. Matton, *Dictionn. topogr. du départ. de l'Aisne*, p. 91).

(7) Leuze, Aisne, cant. d'Aubenton.

(8) Chevennes, Aisne, cant. de Sains.

(9) Marfontaine, Aisne, cant. de Sains.

(10) Tuby, Aisne, cant. de Sains, territoire de la comm. d'Housset. (A. Matton, *Dictionn. topogr. du départ. de l'Aisne*, p. 276).

(11) Mont-Saint-Martin, Aisne, cant. du Câtelet, hameau de la comm. de Gouy.

(12) Lerzy, Aisne, cant. de la Capelle.

(13) Sains, Aisne, arr. de Vervins.

(14) Rougeries, Aisne, cant. de Sains.

(15) Saint-Algis, Aisne, cant. de Vervins.

(16) Sissonne, Aisne, arr. de Laon.

(17) Boncourt, Aisne, cant. de Sissonne.

(18) Lugny, Aisne, cant. de Vervins.

ries (1), de Janta (2) ; altare quoque de (3) Cumbis (4) Superioribus cum casa sua ; altare de Bliciaco (5) cum casa sua ; altare de Fontanis (6) cum casa sua ; altare de Strata (7) cum casa sua ; altare de Geriniaco (8) cum casa et alodio ipsius ville ; casa de Cumbis (9) Inferioribus ; due partes case in villa que dicitur Ogies (10) ; capella de Hyreçon (11) ; casa ecclesie Sancti Clementis (12) ; in alodio ville que dicitur Strata (13), medietas alodii sicut domina Rasendis de Fara (14) tenuit ; pars illa quam domina Agnes de Peronia (15) possedit ; quicquid Robertus Mucellus ex parte Elizabeth uxoris sue in eodem alodio habuit, nisi quod idem Robertus partis sue advocariam, piscarie et venationis partem suam, pratum vero unum et mansuram unam heredi suo retinuit, ministro quoque suo mansuram unam ; in alodio Flaveniaci (16) partes due ; in molendino ipsius ville partes due, et de parte illius ᐧ (17) molendini quam Robertus tenuit, modius unus frumenti (18) a monasterio Hummolariensi (19) persolvendus ; alodium Milonis de Hyreçon quod habuit apud Gyrecies (20) et Fonteneles (21) et Ogies ; alodium quod Gerardus de Wospais (22) et Wido de Marla (23), frater ejus, apud Luegnies (24) habuerunt ; in eadem vil-

ries (1), de Jamta (2) ; altare quoque de Cumbis (4) Superioribus cum casa sua ; altare de Bliciaco (5) cum casa ; altare de Fontanis (6) cum casa ; altare de Strata (7) cum casa ; altare de Gerigniaco (8) cum casa et allodio ipsius ville ; casam de Cumbis (9) Inferioribus ; duas partes case in villa que dicitur Ogies (10) ; capellam de Hyreçon (11) ; casam ecclesie Sancti Clementis (12) ; in allodio ville que Strata (13) dicitur, medietatem allodii sicut nobilis femina Rascendis de Fara (14) noscitur tenuisse ; partem etiam quam illustris mulier Agnes de Perona (15) possedit, et quicquid Robertus Mucellus ex parte Helyzabeth uxoris sue in eodem allodio habuit, excepto quod idem Robertus partis sue advocariam, piscariam et venationem, pratum vero unum et mansuram unam heredi suo retinuit, ministro quoque suo mansuram unam ; in allodio Flavigniaci (16) partes duas ; in molendino ipsius ville partes duas, et de tercia parte modium unum frumenti a monasterio Hummolaricusi (19) persolvendum ; allodium quod

Gerardus de Wospais (22) et Wido de Marla (23), frater ejus, apud Luegnies (24) habuerunt ;

(1) Houry, Aisne, cant. de Vervins.

(2) Jeantes, Aisne, cant. d'Aubenton.

(3) *La préposition* de *ajoutée en marge.*

(4) Coimes, Aisne, cant. de Vervins, comm. de Braye-en-Thiérache.

(5) Blissy, Aisne, cant. d'Hirson, hameau de la comm. de Saint-Michel.

(6) Fontaine, Aisne, ham. de la comm. d'Hirson.

(7) Etréaupont, Aisne, cant. de la Capelle.

(8) Gergny, Aisne, cant. de la Capelle.

(9) Coimes, Aisne, cant. de Vervins, comm. de Braye-en-Thiérache.

(10) Auge, Ardennes, cant. de Signy-le-Petit.

(11) Hirson, Aisne, arr. de Vervins.

(12) Saint-Clément, Aisne, cant. d'Aubenton.

(13) Etréaupont, Aisne, cant. de la Capelle.

(14) La Fère, Aisne, arr. de Laon.

(15) Péronne, Somme.

(16) Flavigny-le-Petit, Aisne, cant. de Guise.

(17) *Ms. : le pronom* illius *répété.*

(18) *Ms. :* furmenti, *Corrigez* frumenti.

(19) Homblières, Aisne, cant. de Saint-Quentin.

(20) Gercy, Aisne, cant. de Vervins.

(21) Peut-être Fontenelle, Aisne, cant. de la Capelle.

(22) Voulpaix, Aisne, cant. de Vervins.

(23) Marle, Aisne, arr. de Laon.

(24) Lugny, Aisne, cant. de Vervins.

la, molendinum tam in alodio quam extra
alodium; alodium quod Gerardus de Wospais,
Gebuinus de Marla, Elizabeth de Guisia (1),
Tescia soror Rainnelmi de Sancto Gober-
to (2) apud Chevesnes (3) tenuerunt; alodium predicti Rainnelmi apud Marfonta-
nas (4) ; alodium de Moregnies (5) ;
alodium de Roignies (6) ; alodium de
Cumbis Superioribus et de Cumbis Inferioribus (7), quantum ad partem sepefati monasterii pertinere cognoscitur; molendinum
de Hyreçon (8); villa que dicitur Crupilia-
cus (9) cum silva et molendino ejusdem
ville ; apud villam que Jamta (10) dicitur,
terra illa que duabus aquis cingitur Jamte
(11) et Magno Rivo (12); nemus quoque cum
repertura apium ; in monte Launni (13) vinea que dicitur Clausum Sancti Michaelis ;
sub monte ipso, in valle, vinca que dicitur
Namtiers, vinea que dicitur Campus Roboldi
et vinea quam dicunt Notor, et vinca que
appellatur Valcele ; in Longa Villa super vineam modium unum vinagii cum
decima ejusdem vince ; in Ungivalle, decima de Clauso Regis ad altare de Boncurte pertinens. Hec supradicta et si qua
alia prenominato monasterio rationabiliter
collata vel conferenda sunt, privilegii vestri
auctoritate a benivolentia vestra sum[m]o-
pere deposcimus esse confirmanda. Provi-
deat Deus prosperitatem et incolumitatem
vestram.

molendinum
de Hyreçon (8) ;

apud villam
que Jamta (10) dicitur, terram illam que duabus aquis cingitur, Jamta (11) et Magno Rivo (12); nemus quoque cum repertura apium

Que nimirum
omnia a supradicto fratre nostro Bartholo-
meo episcopo et predecessoribus suis vobis
concessa sunt et scriptis pariter confirmata.
Decernimus ergo ut nulli omnino hominum liceat vestrum monasterium temere,
perturbare aut ejus possessiones auferre vel
ablatas retinere, minuere seu quibuslibet

(1) Guise, Aisne, arr. de Vervins.
(2) Saint-Gobert, Aisne, cant. de Sains.
(3) Chevennes, Aisne, cant. de Sains.
(4) Marfontaine, Aisne, cant. de Sains.
(5) Morgny-en-Thiérache, Aisne, cant. de
Rosoy-sur-Serre.
(6) Rogny, Aisne, cant. de Vervins.
(7) Coimes, Aisne, cant. de Vervins, comm.
de Braye-en-Thiérache.
(8) Hirson, Aisne, arr. de Vervins.

(9) Crupilly, Aisne, cant. de La Capelle.
(10) Jeantes, Aisne, cant. d'Aubenton.
(11) La rivière du Hutteau qui passe à
Jeantes et s'appelait autrefois la Jeantelle.
(12) Le Grand Rieu, ruisseau, affluent du Hutteau. Il a donné son nom à la ferme de Grand-
rieux, en la commune de Gronard, Aisne, cant.
de Vervins.
(13) Laon, Aisne.

molestiis fatigare, sed omnia integra con-
serventur eorum pro quorum gubernatione
et sustentatione concessa sunt usibus profu-
tura.

Si quis autem huic nostre constitutioni
ausu temerario contraire temptaverit, secundo terciove commonitus, si non satisfactione congrua suam presumptionem emeu-
dare curaverit potestatis et honoris sui peri-
culum patiatur et a sacratissimo corpore ac
sanguine Dei et Domini redemptoris nostri
Jhesu xpisti alienus fiat atque in extremo
examine districte subjaceat ultioni; conser-
vantes autem hec omnipotentis Dei et beatorum Petri et Pauli, apostolorum ejus,
gratiam consequantur. Amen. Datum Late-
rani per man. Luce, presbyteri cardinalis,
agentis vices domni Aimerici, · sancte Romane ecclesie diaconi cardinalis et cancel-
larii, VII idus decembris indictione IIᵃ, in-
carnationis dominice anno Mᵒ Cᵒ XXXᵒ VIIIᵒ.
pontificatus vero domni Innocentii II pape
anno VIIIIᵒ.

EDMOND HAULER

FRONTO

ÜBER KLASSISCHE AUSGABEN LATEINISCHER SCHRIFTSTELLER

Zu Ihrer Gedenkfeier möchte auch ich nicht fehlen, nicht nur als Bewunderer Ihrer paläographischen Meisterschaft, sondern auch als Ihr ehemaliger Gastfreund und als Mitarbeiter an Ihrer vielgelesenen *Revue de la philologie*. Denn als es mir im Jahre 1885 auf der Pariser Nationalbibliothek glückte, aus dem wertvollen Orleaner Palimpseste die neuen Fragmente zu Sallusts Historien zu entziffern, haben Sie, hochverehrter Herr, mir für einen grösseren Teil des bis dahin gelesenen Textes samt dessen Erklärung die Spalten Ihrer Zeitschrift mit der grössten Liebenswürdigkeit geöffnet.

Gestatten Sie mir nun, Ihnen heute aus einem Palimpsest, dessen Lesung ich wegen seiner auch Ihnen wohlbekannten zumeist schlechten Erhaltung, seines grossen Umfanges (etwa 400 Seiten) und meiner geringen Musse schon seit einer Reihe von Jahren betreibe, dessen Entzifferung ich aber jetzt hald abzuschliessen hoffe, ein Stückchen neugewonnenen Textes vorzulegen, der Sie wohl auch wegen seines Inhaltes interessieren dürfte. Ich meine die wichtige, aber bisher sehr schlecht überlieferte Stelle bei Fronto (S. 62 des Ambrosianischen Teiles, Seite 20 bei Naber), welche über die ältesten und wertvollsten Abschriften mehrerer lateinischer Klassiker handelt. Ich habe darüber nur kurz und andeutungsweise auf der soeben abgehaltenen 50. Versammlung deutscher Philologen und Schulmänner in Graz gesprochen; eine eingehendere Erörterung will ich hier versuchen.

In dem betreffenden Briefe (*Ad M. Caesarem* I 7) äussert sich Fronto enthusiastisch darüber, dass der Prinz selbst aus einer seiner Reden eine besonders wirksame Partie dem Kaiser *Antoninus Pius* vorgetragen, dafür Beifall geerntet und diese ganze Stelle noch eigens (in dem vorhergehenden Briefe an Fronto) abgeschrieben batte; er schreibt darüber S. 20, Z. 2 ff. (nach Nabers Text) :

FRONTO ÜBER KLASSISCHE AUSGABEN LATEINISCHER SCHRIFTSTELLER   623

Quot litterae istae sunt, totidem consulatus mihi, totidem laureas, triumphos, togas pictas arbitror. Contigisse quid tale M. Porcio aut Quinto Ennio aut C. Graccho aut Titio poetae? quid Scipioni aut Numidico? quid M. Tullio tale usuvenit? quorum libri pretiosiores habentur et summam gloriam retinent, si sunt a Lampadione aut Staberio aut.... vi aut [Tirone] aut Aelio....... aut Attico aut Nepote. Mea oratio extabit M. Caesaris manu scripta.

Zunächst haben schon die drei Berliner Herausgeber, wie übrigens Naber selbst in der Anmerkung zugibt, *contigisse* richtig zum ersten Satz gezogen und den zweiten mit Quid? *tale...* beginnen lassen; ich füge hinzu, dass statt *istae* mit der Handschrift *istic* (d. h. in Deinem Briefe) zu lesen ist. Die schlechte Erhaltung der folgenden für die Geschichte des antiken Buchwesens so wichtigen Stelle hat übrigens zu verschiedenen Vermutungen Anlass gegeben. So wollte Niebuhr statt *Titio* vielmehr *L. Accio* und L. Müller *Titinio* schreiben. Ich sehe keinen Grund, sei es jene kühne oder diese leichte Änderung der sicheren Überlieferung *Titio* vorzuziehen. Ebenso wie die ungefähren Zeitgenossen *M. Porcius Cato* und Q(*uintus*)*Ennius*, so werden *C. Gracchus* und der Dichter sowie Redner *Titius* enger zu einem Paare verbunden; das zwischen *Ennio* und *C. Graccho* in unseren Texten stehende *aut*, das die Gliederung stört, ist ja nur eine unzutreffende Vermutung der bisherigen Herausgeber : es fehlt völlig passend im Palimpseste. Übrigens hätte Fronto zu dem Namen des berühmten Tragikers *Accius* sicher nicht *poeta* hinzugefügt, während dies beim Namen des weit minder bekannten *C. Titius,* den wir nur noch aus Cicero Brut. 167 und Macrob. Sat. III 16, 14 als witzigen Kopf und Künstler in der Charakteristik kennen, durchaus nicht müssig ist. Inwieweit Nabers Vermutung zu *aut [Tirone] aut Aelio,* wofür er *aut Servio Claudio aut Aelio* vorschlägt, sich bewahrheitet, wollen wir weiter unten sehen.

Mir selbst erscheint nach häufiger und genauer Überprüfung der teils durch Risse und Lücken, teils durch schon alte Verbesserungen sehr beschädigten Stelle zunächst der Wortlaut bis *pretiosiores* völlig sicherstehend. Aber die mit der Schlussilbe *res* dieses Wortes beginnende zweite Spalte der Palimpsestseite weist an mehreren Stellen stärkere Durchlöcherung auf (1). So hat ein grösserer klaffender Riss in der 3. Zeile den unteren Teil von *Lampadionis* (so, nicht *Lampadione*) beschädigt, aber kein Zeichen wirklich unsicher gemacht. Von den folgenden Zeilen ist noch die sechste durch einen Querriss stark beschädigt. Indem ich auf die Transkription des Textes in Unzialen verzichte, gebe ich im Folgenden die ersten vier feststehenden Zeilen nach ihrer Abteilung in der Handschrift wieder, wobei ich die minder deutlichen

---

(1) Wie gleich die Mitte des Wortes *habentur* in Zeile 1. Doch stimmen die noch vorhandenen Reste vollkommen zu dieser Verbalform. In der zweiten Zeile sind die drei letzten Buchstaben des Substantivs *gloriam* in der untern Hälfte ausgefallen, doch noch an den Köpfen erkenntlich ; vom folgenden *retinent* ist *r* und *e* halbiert. Die Endbuchstaben *nt* desselben Wortes sind abgeschürft

Zeichen durch einen daruntergesetzten Punkt, die ganz ausgefallenen durch Spitzklammern bezeichne : *pretiosio.*

> *Res habentur et sum.*
> *mam gloriam retinent,*
> *si sunt Lampadionis*
> *aut Staberii*

Darauf hat die erste Hand (*m.*[1]) sicher *aut* geschrieben ; weiter *adurse* oder *thurse.* Daran hat die zweite Hand (*m.*[2]) Verbesserungen angebracht, zuerst über *aut* die Buchstaben *i. a.* *Plautii* gesetzt, ferner im Texte wahrscheinlich *a* (oder *t*) und *s* gestrichen und den dritten Buchstaben in *au* verwandelt. Nimmt man die Anfangssilbe der folgenden Zeile *lii* hinzu, so wird *m*[1] : *aut Adurselii* oder *aut Thurselii* gesetzt, *m*[2]. aber dies in *Plautii aut D.* (oder *S. ?*) *Aurelii* verwandelt haben. Auf *lii* der fünften Zeile folgt von erster Hand *aut Tironis* (oder *Tiranis*, vielleicht auch *Tidanis*), was die zweite (*m*[2].) m. E. in *Autriconis* verbessert hat. Darüber hat sie in Kursive die offenbar zur Erklärung bestimmte Note: *ex Baecola* (so wohl eher als *Belicola* oder *Bebrola*) hinzugefügt. Darauf folgt im Texte sicher *aut Aelii.* Schwieriger gestaltet sich die Entzifferung der nächsten (6). Zeile. Zuerst ist *manu* mir ziemlich sicher; hierauf hat der oben schon erwähnte Riss die nächsten Buchstaben bis auf die Köpfchen verschlungen. Doch machen mir die Überbleibsel und der Gedankenzusammenhang *scripta* sehr glaublich; nur *ri* ist davon unsicher. Vom nächsten Worte ersehe ich den Anfangsbuchstaben *e*, dann nach drei bis vier ausgefallenen Zeichen die Silbe *pla*, also höchst wahrscheinlich *e<xem>pla* «Kopien ». Den abgeschürften Ausgang dieser Zeile dürften die Zeichen *autati* gebildet haben. Darauf weist auch *rone* zu Beginn der klareren nächsten Zeile hin; zusammen also *aut a Tirone.* Daran schliesst sich mir sicher *emendata a Domitio.* In diesem Eigennamen ist *omi* von *m.*[2] mit etwas kleinerer Schrift in den ursprünglichen kaum mehr erkennbaren Text hineinverbessert. Vor *a Domitio* hat dieselbe Hand oberhalb der Zeile noch *aut* verzeichnet. Auch der Anfang der nächsten Zeile ist sehr abgescheuert. Ich erkenne aber *Barbi* als Schreibung der ersten, *Balbo* als Verbesserung der zweiten Hand. Ein von *m.*[2] darnach gesetztes Häkchen über der Zeile beweist, dass hier ein Gedankenabschnitt war. Nun folgt wieder eine stark ausradierte Stelle. Hier batte *m.*[1] vielleicht *ab ipsis* geschrieben, *m.*[2] veränderte dies, wie es scheint, in *discripta* oder *describta.* Das Weitere batte schon Mai gut gelesen : *aut Attico aut Nepote;* nachtragen möchte ich nur, dass *m.*[2] zwischen *aut* und *Attico* über der Zeile *ab* hinzugefügt hat. Nehmen wir die Verbesserungen der zweiten Hand an, so lauten die auf *Staberii* folgenden Zeilen wahrscheinlich so :

i. a. Plautii

aut D. Aure-

ex Baecola

lii Autriconis aut Aelii

manu scripta e<xem>pla aut a Ti-

aut

rone emendata a Domitio

ab

Balbo describta aut Attico

aut Nepote.

Nach dieser Fassung herrscht, wie dies für Fronto anzunehmen ist, Symmetrie zwischen den Gliedern des Vorder-und Nachsatzes: dem Schriftstellerpaare *M. Porcius aut Quintus Ennius* entsprechen die zwei Gelehrten *Lampadio aut Staberius*, dem *C. Gracchus aut Titius poeta* die Zeit-und Gesinnungsgenossen *Plautus* (d. h. wohl *L. Plotius Gallus*) und *D.* (?) *Aurelius*; den redegewandten Feldherren *Scipio (Minor)* und *(Metellus) Numidicus* werden die Namen des uns unbekannten Spaniers *Autrico* und des berühmten *Aelius (Stilo)* gegenübergestellt. Dem selbständigeren Schlussgliede des ersten Teiles *quid M. Tullio tale usu venit?* hält der weiter ausgeführte, für uns sehr wichtige Schlusssatz das Gegengewicht.

Da wir aus Gellius Noct. Att. XVIII 5, 11 *librum (Annales Ennii) summae atque reverendae vetustatis, quem fere constabat Lampadionis manu emendatum, studio pretioque multo unius versus inspiciendi gratia conduxi* wissen, dass *C. Octavius Lampadio* eine hochgeschätzte Ausgabe von Ennius' Annalen (nach unserer Stelle vielleicht von allen seinen Dichtungen) veranstaltet hatte, so wird *Staberius Eros*, der Lehrer des Brutus und Cassius, zugleich der Verfasser der auf Analogie der Sprache bezüglichen Schrift *De proportione*, hier als philologischer Bearbeiter von Catos Werken angeführt und gerühmt sein. Unter *Plautius* verstehe ich, wie bemerkt, das Haupt der lateinischen Rhetoren, den Demokraten *L. Plotius Gallus*, dessen der Nobilität verhasste Schultätigkeit aus seiner uns nun bezeugten Rezension der Schriften von Parteifreunden (vor allem von C. Gracchus' Reden) helleres Licht empfängt. Mit *D.* (?) *Aurelius* ist *Aurelius Opilius (Opillius)* gemeint, der u. a. auch bei Varro (L. L. VII 45, 70, 106) bloss *Aurelius* heisst; als Lehrer der Rhetorik und Grammatik beschäftigte er sich also nicht nur mit Plautus, sondern auch mit den Tragödien des Ritters *C. Titius*, der sich zugleich schon als junger Mann als überaus wirksamer Redner für das Luxusgesetz des Fannius (161) hervorgetan hatte, auch nach Cicero Brut. 167 soweit gekommen war als ein *Latinus orator sine Graecis litteris et sine multo usu* gelangen konnte. Mit *Scipio* wird ferner natürlich der als Redner gefeierte *Scipio Minor* zu verstehen sein, der sinngemäss mit dem gleichfalls als Redner bekannten *Metellus Numidicus* zusammen genannt wird. Die Rezenzionstä-

79

tigkeit an den hinterlassenen Reden Scipios, die auch später noch eifrig gelesen wurden, wird hier einem uns unbekannten Manne, zugeschrieben, dessen Name leider nicht völlig feststeht : es war vielleicht ursprünglich *aut Tironis* geschrieben gewesen, das dann *m.²* in *Autriconis* (1) änderte ; zur näheren Bezeichnung des offenbar schon zur Zeit des Korrektors kaum bekannten Grammatikers hat jener über der Zeile wohl *ex Baecola* beigeschrieben. Danach war *Autrico* aus *Baecula* in Spanien, wohl *Hispania Tarraconensis* gebürtig (vgl. Βαικούλα bei ᶠ Ptolem. II 6, 69 und die *Baeculonenses* bei Plin. N. H. III 23). Vielleicht hatte die Kriegsführung Scipios in Spanien seine Bekanntschaft mit diesem Philologen vermittelt. Dass ferner der berühmte Plautusforscher *L. Aelius Stilo Praeconinus*, der im Jahre 100 den uns aus dem Jugurthinischen Kriege u. sonst bekannten Feldherrn *Q. Caecilius Metellus Numidicus* in die Verbannung begleitete, dessen Reden abgeschrieben und wohl auch, nach Art der Griechen mit kritischen Zeichen versehen, veröffentlicht hat, ist schon an und für sich wahrscheinlich und wird nunmehr durch unsere Lesung erhärtet. Aus dem letzten Teile des Satzes lernen wir, dass der uns schon aus Subscriptionen von Cicero-Handschriften bekannte *Domitius* samt *Nepos* und *Atticus* wirklich Reden Ciceros abgeschrieben hat. Durch das Cognomen, das in der *gens Domitia* häufig ist, wird er als Angehöriger der Familie der *Balbi* näher bestimmt (2). Ob er mit dem bei Gellius XVIII 7 genannten Gelehrten und berühmten Philologen in Rom identisch ist, der wegen seiner Unzugänglichkeit und Grobheit *Insanus* genannt wurde, ist mir zweifelhaft ; denn aus der Gelliusstelle § 3 geht hervor, dass er als Gegner des damals in Rom geübten Schulbetriebes kaum Ausgaben rezensiert hat. Auch dürfte nach dem Zusammenhang am ehesten an einen Zeitgenossen des *Atticus* und *Nepos* zu denken sein. Daher wird auch der Tacitus Ann. XIV 40 erwähnte reiche und kinderlose *Domitius Balbus*, dem im Jahre 61 n. Chr. als hochbetagtem Manne, ein Verwandter ein falsches Testament unterschieben wollte, hiefür kaum in Betracht kommen. Wir werden vielmehr auch nach der Fassung der Subscriptio, die sich in einigen Handschriften der Laurentiana noch vor Beginn der zweiten Rede *De lege agraria* findet : *In exemplari vetustissimo hoc erat in margine : Emendavi ad Tyronem et Lactanianum* (*Laecanianum* Hildebrandt). *Acta ipso Cicerone et Antonio conss. oratio XXIIII.* und darauf *In exemplo sic fuit : Statilius Maximus rursum emendavi ad Tyronem et Lactanianum et Dom(itium) et alios veteres III. Oratio eximia.* Aus dieser von Otto Jahn, A. Kiessling, P. Hildebrandt und L. Gurlitt behandelten Stelle geht hervor, dass der vor *Iulius Romanus* lebende

---

(1) Offenbar nach der Völkerschaft *Autricones* in *Hispania Tarraconensis* benannt (vgl. Livius im Bruchstück zum XCI. Buche) ; einen ähnlichen Beinamen führen *Publilius Syrus, Terentius Afer* u. a.

(2) Wäre statt *Balbo* die auch mögliche Lesung *barbo* richtig, so könnte man an *Ahenobarbo* denken, wofür allerdings nach *Domitio* nur äusserst geringe Spuren sprechen. Auch ist der verfügbare Raum dieser Annahme nicht günstig.

Statilius Maximus eine ganze Sammlung der Ciceroreden, die von *Tiro* und neben *alii veteres* von *Domitius* herausgegeben und emendiert waren, neuerdings rezensiert hat. Es ist daher am wahrscheinlichsten, dass *Domitius Balbus* als Zeitgenosse des uns auch aus Gellius Noct. Att. I 7, 1 bekannten Herausgebers der Schriften seines Herrn, des Freigelassenen *Tiro*, anzusehen ist.

Wir finden aber auch hier bestätigt, wie wichtig die Tätigkeit Tiros und der Freunde Ciceros, des Atticus und Nepos, um die Verbesserung und genaue Abschrift seines schriftlichen Nachlasses gewesen ist.

Sie sehen, hochgeehrter Herr Jubilar, dass auch nach der mühevollen Entzifferung dieser Stelle noch Zweifel und Schwierigkeiten für den Erklärer übrig bleiben. Gewiss verhilft Ihre grosse Belesenheit und bewährte Fachkenntnis dazu, die noch restlichen Dunkelheiten zu erhellen.

Wien.

JEAN PSICHARI

L'ARBRE CHANTANT

Les manuscrits de la Bibliothèque du Métoque du Saint-Sépulcre au Phanar, à Constantinople, sont peu connus et mériteraient de l'être davantage (1). Il y a là quelques manuscrits importants, entre autre le n° 462, qui contient une Chronique ou Histoire populaire des empereurs byzantins. J'en ai jadis donné un extrait avec notes critiques et commentaire, dans un recueil généralement ignoré du public (2) et qui pourtant lui offrait des morceaux de première main, rédigés par des maîtres tels que H. Derenbourg, E. Renan, J. Oppert, G. Maspero, A. Bergaigne, James Darmesteter, B. Haussoullier, E. Tournier, Pavet de Courteille, E. Chatelain. A ce dernier, mon collègue aimé et fidèle ami, je veux présenter aujourd'hui un autre passage de la même Chronique, copié jadis par moi sur le manuscrit 462, au folio 166ª. Le manuscrit est incontestablement d'une écriture du xvɪᵉ siècle; il est en papier de fil et mesure 21 cm. 4 mm. de longueur, sur 16 cm. 5 mm. de largeur. Quant au fait qui s'y trouve rapporté et qui se place sous le règne, en partie, de l'empereur Théophile (829-842), en partie, de Michel III (842-867), ce fait n'est mentionné qu'incidemment et sans beaucoup de détails par ceux qu'on peut appeler les écrivains officiels, ceux du moins qui écrivent dans la langue officielle ou savante et qui se sont occupés des deux règnes ci-dessus (Sym. Mag., Bonn, 627, 12-15, à Théophile, 659, 17-20, à Michel; Theoph. contin., Bonn, 173, 6-10, 11-14, à Michel, absent à Théophile, 84, 15-148, 3, ce qui surprend surtout à cause de 139, 15-148, 3, où sont énumérés tous les embellissements dûs à Théophile; Leon. Gramm., Bonn, 215, 16-17, à Théoph., absent à Michel, 228, 10-252, 22; G. Monachos, Bonn, 793, 10-12,

---

(1) Voir C. Sathas, Μεσαιωνικὴ Βιβλιοθήκη, I, 1872, 285-312; III, 1872, p. ι'—ια'; J. P., *Rapport d'une mission en Grèce et en Orient*, Arch. des Miss. sc. et litt., 1890, p. 29 ; A. Kirpitschnikow, *Byz. Zeitschr.*, I (1892), 303 s.; Papadopoulos-Kérameus, Ἱεροσολυμιτικὴ Βιβλιοθήκη, 1899, p. 1 s., cf. p. 439, N. 36, notre ms; *Annuaire de l'École des Hautes Études*, 1910-1911, Cassia (à paraître).

(2) *Recueil de textes étrangers*, A. Lanier, Paris, 1888, p. 57-59, *Le Miroir importun*.

à Théoph. (= ed. Muralt, G. Hamartolos, Saint Pétersbourg, 1859, p. 702, 24-26), absent à Michel, 810, 20-838, 22 (= ed. Muralt, 717, 12-752, 2); Zonaras, cd. L. Dindorf, dans la B. T., absent à Théoph., t. III (1870), 400, 25-418, 20, v. t. IV (1871), 8, 28-9, 2, à Michel ; G. Gedr., Bonn, II, 160, 4-12, à Michel, absent à Théophile, 99, 17-139, 10 ; Const. Manasses, Bonn, 205, v. 4794-4804, à Théoph., 216, v. 5070-5079, à Michel; M. Glykas, Bonn, 537, 4-6, à Théoph., 543, 10-15 à Michel ; enfin, Theod. Melit. Chronogr., ed. Tafel, 1859, p. 148, [19-24] (cf. D. Serruys, Byz. Zeitschr., XVI (1907), p. 15, où comparaison avec les Parisini 854 et 1712), à Théophile; absent à Michel, p. 159-176, ibid., c'est-à-dire même lacune que chez Leon. Gramm., ci-dessus).

On verra, croyons-nous, par la Chronique populaire, par certains détails qu'elle ajoute et par l'insistance surtout qu'elle y met, l'impression profonde qu'a dû faire l'arbre chantant et le sort qu'il a subi. Je donne plus loin le texte original que je fais suivre d'une traduction française. Ce sera une légère contribution à cette mécanique décorative, si on peut dire, dont on voit tant d'exemples à Byzance, en même temps qu'une contribution philologique à l'histoire de l'art byzantin. C'est peut-être, en effet, ici le lieu de faire une remarque. Les textes ci-dessus, qui représentent des citations de première main — d'ailleurs fort peu malaisées à recueillir — ne sont pas du tout ceux que l'on cite d'ordinaire, quand on parle de l'Arbre d'or. La plupart de ces auteurs semblent même entièrement inconnus des archéologues tels que Labarte (v. ci-dessous). Le passage auquel on ne se lasse pas de renvoyer ou de faire allusion, est un passage du de Cerimoniis, de Constantin Porphyrogénète (Const. Porph., Cerim., I, 569, 1-20). Mais il faut ici bien distinguer et surtout prévenir une erreur fréquente. Chez Constantin Porphyrogénète, les oiseaux mécaniques sont sur le trône (τὰ ὄρνεα τὰ ἐν τῷ σέντζῳ, op. cit., 569, 2), non loin du trône sont les arbres harmonieux (op. cit., 569, 2-3). Labarte décrit ainsi la cérémonie, et il est visible qu'il se complaît dans cette peinture aux couleurs chatoyantes. Il a toutéfois tort d'ajouter que « C'est l'empereur Théophile qui avait fait exécuter tous ces beaux travaux d'orfèvrerie » (Labarte, Le Palais Impérial de Constantinople, 1861, p. 85, voir dès la p. 84).

Il est par trop évident que notre arbre et que nos lions sont distincts des arbres et des lions du de Cerimoniis. D'abord, rien chez nos auteurs n'indique la place qui leur est assignée dans cette compilation. Ensuite, il est bien spécifié dans nos textes, d'une part, que c'est l'œuvre de Théophile, d'autre part que cette œuvre a été détruite par Michel III. Or, en supposant que la fabrication de ces savants artifices remonte à la première année du règne de Théophile (829), et que la destruction en doive être reculée jusqu'à la dernière année du règne de Michel III (867), l'arbre et les bêtes en question n'auraient jamais duré que trente-huit ans. Mais dans le de Cerimoniis il ne saurait s'agir d'un objet aussi transitoire ; il s'agit de choses stables et qui sont toujours là. Constantin Porphyrogénète parle bien de Théophile, mais c'est pour citer expressément le μέγας θρόνος, œuvre de cet empereur (Const. Porph., Cerim.,

I, 595, 14-15; cf. G. Schlumberger, *Basile II, le Tueur de Bulgares*, 1900, p. 207).
Il y a mieux : Constantin Porphyrogénète nous en parle nommément, de cet arbre de
Théophile, et si l'on n'a pas fait attention à ce passage, c'est peut-être parce qu'il ne
se trouve pas dans le *de Cerimoniis*, mais, au contraire, dans le seul ouvrage vraiment authentique de cet empereur, dans son *Basilius Macedo* (v. *Hist. Byzantinae
scriptores*, ed. Combefis, dans la Byzantine du Louvre, Paris, 1685, p. 160 A, B;
dans la Byzantine de Bonn, le même écrit se dérobe sous le titre courant de *Theoph.
cont.*, 1838, v. p. 257, 3-11, τὴν χρυσῆν ἐκείνην καλουμένην πλάτανον, que fit fondre l'empereur Michel, ὁ προβεβασιλευκώς, l. 2, c'est-à-dire le prédécesseur de Basile I; rappr.
encore, sur ce même platane, Zonaras, Byz. du Louvre, 1687, ed. Du Cange, t. II,
p. 79 des *Notae historicae*). On voit donc, en comparant le passage du *de Cerimoniis*,
avec le passage mentionné du *Basilius Macedo*, que l'on faisait déjà dans ce temps-là
une différence entre les deux pièces (1). On pourrait même inférer de cette divergence
des deux textes, que la description du *de Cerimoniis* n'est pas nécessairement du
Porphyrogénète, puisque, connaissant l'objet, il l'aurait mentionné à cette place,
sans doute comme un objet à part. Au surplus, l'arbre et les oiseaux de notre Chronique chantent au vent qui passe ; ce détail ne se trouve chez aucun des autres
chroniqueurs et il a son importance : il nous prouve que l'arbre et les oiseaux sont
en plein air et non point dans l'intérieur du palais, à moins qu'on ne suppose artificiel
ce vent lui-même (cf. τοῦ πνεύματος διὰ κρυφίων πόρων εἰσπεμπομένου, Sym. Mag., 627, 13-
14, etc., etc., cf. Heron. Alex. Pneum., II, 4, ed. W. Schmidt, I (1899), 216 s.

Que faut-il conclure cependant de ces contradictions apparentes ? Il faut y voir
l'indication d'un fait général. M. le général de Beylié, dans son livre excellent sur
L'habitation byzantine (Paris, 1902), fait cette juste remarque que ces sortes d'arbres
« devaient être à la mode un peu partout », car, au Xe s., un ambassadeur grec en
vit chez le calife de Bagdad (p. 131; v. surtout le savant commentaire de Reiske à
Const. Porph., *Cerim.*, II, 642-645). Nous croyons donc que les produits de cette
industrie quelque peu puérile étaient loin de constituer des morceaux uniques, mais se
reproduisaient à plusieurs exemplaires, et cela de façon continue (2). Labarte (*l. l.*)

(1) Le fameux passage de Liudprand souvent cité (Zonaras, ed. Du Cange, *l. l.*; Labarte, *l. l.* =
Pertz, *Mon. Germ. histor.*, V, *Scriptorum* t. III, folio, 1839, p. 338, 7-10, 12-13, 15-16 ; v. aussi
Ch. Diehl, *Figures byzantines*, 1906, p. 148), ce passage se rapporte à ce qui se voyait au temps
de Romain I Lacapène, et non de Théophile, très antérieur à Liudprand. Que les automates de
Liudprand fussent en bronze doré (*aerea sed deaurata*), en regard des quintaux d'or pur que
pesaient ceux de Théophile (v. ci-dessous), cela prouve précisément ce que nous soutenons plus
bas de l'existence d'une fabrique spéciale : tout n'y était pas, ni du même prix, ni du même modèle.

(2) Ainsi serait levée la difficulté si clairement signalée par Du Cange (Zon., *l. l.*), d'un platane
d'or disparu sous un empereur et pourtant admiré postérieurement sous un autre. — Le général de
Beylié nous a donné deux reproductions de ces arbres artificiels, *op. cit.*, 130 s. Il y aussi un
arbre dans le bel ouvrage que M. G. Millet vient de faire paraître sur les *Monuments byzantins de
Mistra*, 1910, 99, 6. — Enfin, si l'on admet qu'il y avait des répliques de ces espèces de produits —
comme il y en a aujourd'hui pour ce que l'on appelle l'horlogerie de Genève — on voudra bien

apresque l'air de le dire. Mais il n'a certainement pas vu le point essentiel et il n'accorde pas une attention assez grande à un passage que pourtant il cite lui-même et qui nous donne une indication précieuse, c'est à savoir que ces commandes de l'empereur Théophile auraient été exécutées διὰ τοῦ ἄρχοντος (le *directeur*) τοῦ χρυσοχόου (Georg. Mon., *op. cit.*, 793, 7 s.). Dans ce dernier mot il faut voir un simple *neutre*, équivalent de χρυσοχοεῖον (Theod. Melit., *op. cit.*, 148, [18], au gén. sing.) ou de χρυσοχεῖον (Leon. Gramm., *op. cit.*, 215, 13, au gén. sing.; formé directement sur χρυσοχός, avec réduction des deux o en un seul). Or, χρυσοχεῖον etc. ne signifie pas autre chose si ce n'est *atelier d'orfèvrerie*. La conclusion s'impose. Nous ne sommes pas en présence d'artisans de rencontre, pas plus que d'un caprice impérial passager, mais d'une institution. C'est pourquoi la qualité de *directeur* est-elle à mettre en vedette. Que ce directeur ait été « le plus fameux orfèvre de Constantinople » (Labarte, *l. l.*), c'est là un fait secondaire. Peu importe également que cet orfèvre soit « proche parent du patriarche Antoine » (*ibid.*) et qu'il s'appelle Léon M. Glyk. 543, 11, il s'agit de se rendre bien compte de la valeur des mots et des faits. Ce qui est intéressant dans l'espèce, c'est qu'il y ait eu un directeur — un *princeps aurificinae* (G. Mon., *l. l.*; v. plus loin, n. 17) — et que le directeur de l'établissement ait été un personnage considérable, ce qui prouve l'importance de la fonction elle-même. En Perse ou à Byzance, il y avait donc très probablement des fabriques régulières, officielles, tant ces jeux étaient dans le goût byzantin ou oriental — ce qui est souvent tout un.

Voici maintenant notre petit texte.

Ἄξιον λύπης περὶ τοῦ θαυμαστοῦ πλατάνου (1).

Εἰς τὸν καιρὸν ὅταν ἐβασίλευε Θεόφιλος ὁ πατὴρ αὐτοῦ [,] ἐκατασκεύασεν αὐτὸς ὁ Θεόφιλος ἕνα ἔργον ὑπερθαύμαστον [,] εὐμορφότατον (2) καὶ ἄξιον νὰ τὸ ἐβλέπῃ (3) πᾶσα ἄν(θρωπ)ος (4) νὰ ἔχῃ (5) χαρὸν μεγάλην. Ἔκαμεν ἕναν πλάτανον μεγάλον ὁλόχρυσον (6) καὶ ἔκαμε πᾶσα γενεᾶς πουλὶ (7) καὶ τὸ ἔβαλεν ἀπάνω· ἔκαμε δὲ καὶ δυὸ λεοντάρια, καὶ ὄρνεα, καὶ ὄργανα, καὶ ἄλλα διάφορα ἔργα ὁλόχρυσα

considérer que l'arbre du *de Cerimoniis* est qualifié de δίνδρον (*Cerim.*, I, 569, 3 δίνδρισι, remarquer ce *pluriel*; pareillement δίνδρον chez Sym. Mag., 627, 12; G. Mon., 793, 11; Leon. Gramm., 215, 16; M. Glyk., 537, 4-5, où δίνδρα, ainsi que chez C. Man., 205, v. 4798,216, v. 5073); mais le plus souvent, chez ces mêmes auteurs, il est qualifié de πλάτανος (Const. Porph., *Bas. Mac.*, *op. cit.*, où il faut relever καλουμίνην — c'était là son nom; puis Sym. Mag., 639, 17; Zon. IV, 8, 28; G. Cedr., II, 160, 4-5; M. Glyk. 543, 10-11, au pluriel). Or, il n'est pas indifférent de remarquer que les platanes en Orient sont énormes. Le *platane* de Théophile avait donc pu exciter l'admiration par son exceptionnelle grandeur. Cf. πολυθρύλητον πλάτανον G. Gedr. II, 160, 5; Th. Cont., 173, 6-7.

(1) Ces mots en marge, à l'encre rouge.
(2) εὐμορφώτατον (de même plus loin).
(3) εὐλίπη
(4) En l'absence de grec italique, nous mettons entre parenthèses tout ce qui figure en abrégé.
(5) ἔχει
(6) ὁλοχρυσον
(7) πουλῆ

καμωμένα (1) εἰς τὸ σφυρὶ (2) καὶ εἰς τὸ ἀμμόνι (3) [,] γεναμένα μὲ (4) σοφία καὶ τέχνη μεγάλη. Καὶ ὅταν ἤθελε βαρέσει (5) ὁ ἄνεμος [,] ἐσείετον ὁ πλάτανος, καὶ ἐσείοντο καὶ τὰ πουλία (6)· καὶ ὦ τοῦ θαύματος [,] καθένα (7) ἔλεγε τὴ φωνή (8) του· ὅμοι(ον) (9) ἔπαιζαν καὶ || [fol. 166ᵇ)] τὰ ὄργανα μὲ τὸν ἄνεμον, καὶ ὅλα τὰ ἄλλα ἔργα ὁποῦ εἶχε καμωμένα (10)· καὶ ἦτον ὑπερθαύμαστον πρᾶγμα νὰ τὰ ἀκούῃ (11) ὁ ἄν(θρωπ)ος καὶ νὰ τὰ ἐβλέπῃ (12)· καὶ ὅσοι τὰ ἐβλέπαν (13) [,] εἶχαν χαρὰν μεγάλην ἐβλέποντα (14) μὲ πόση σοφίαν καὶ τέχνη ἔγινε. (15) Ὅμως ὥρισεν (16) ὁ ἀνάξιος βασιλεὺς τοὺς χρυσοχοὺς (17) καὶ ἐχάλασαν αὐτὸ τὸ εὐμορφόταστον κάλλος, καὶ ὑστερήθη (18) ἀπὸ τὴν βασιλείαν· καὶ τὸν ἔκοψαν καὶ τὸν ἔβαλαν εἰς τὰ χωνία καθὼς ἦτον ὁ πλάτανος ὅλος ἐστολισμένος μὲ τὰ (19) πουλία, μὲ τὰ (20) ὄρνεα, μὲ τὰ (21) ὄργανα, καὶ μὲ τὰ ἄλλα ἔργα· καὶ ἐχώνευσαν αὐτὰ εἰς τὴν φωτίαν· καὶ ὡσὰν τὰ ἐχώνευσαν [,] τὰ ἐζύγισαν (22) καὶ ἐβγῆκαν (23) || [fol. 167ᵃ] διακόσια κεντηνάρια χρυσάφι (24) καθαρόν [.] Καὶ δὲν ἐχάλασε μόνον (25) ἐτοῦτα [,] νὰ τὰ χωνεύσῃ (26) εἰς τὸ καμίνι (27), ἀμὴ καὶ τὰ βασιλικὰ ὁλόχρυσα φορέματα, καὶ ἐκεῖνα ὁποῦ ἦσαν ὑφαμένα μὲ τὸ χρυσάφι (28), καὶ ἄλλα διάφορα, καὶ ἔκαμε φλωρία καὶ ἐξωδίαζε (29) καὶ ἐχαίρετον (30).

(1) καμομένα
(2) σφυρῆ
(3) ἀμόνη
(4) με
(5) βαρίση (?)
(6) V. ci-dessus, au passage de Syméon le Magistre.
(7) καθ'ένα
(8) τῆ φωνῆ
(9) ὁμοι(ον).
(10) καμομένα
(11) ἀκούη
(12) εὐλίπη
(13) εὐλέπαν
(14) εὐλέποντα
(15) ἔγινε·
(16) ὥρισεν
(17) χρυσοχοῦς (sans doute à l'atelier d'orfèvrerie ci-dessus. Voir G. Schlumberger, Sigillographie de l'empire byzantin, 1884, 739, deux archontes ou directeurs des soieries).
(18) ὑστερηθὴ (Cf. G. Cedr., II, 160, 7-8 δι ' ὧν ἡ Ῥωμαίων ἐθαυμάζετο βασιλ.ία).
(19) με τὰ
(20) μετὰ
(21) με τὰ
(22) ἐζύγησαν
(23) ἰυγῆκαν
(24) χρυσάφη (même chiffre de quintaux chez S. Mag., 659, 20; Th. cont., 173, 10; G. Cedr., II, 160, 8).
(25) μονον
(26) χωνεύση
(27) καμίνη
(28) χρυσάφη
(29) ἰξοδίαζε
(30) C'est à la suite de ce passage que vient immédiatement le *Miroir importun*, v. ci-dessus.

TRADUCTION FRANÇAISE

Triste chose au sujet du platane admirable.

Dans le temps où régnait Théophile son père [le père de Michel III], ce Théophile construisit un ouvrage tout à fait admirable, très beau et capable, quand on le voyait, de procurer à tout homme une grande joie. Il fit un grand platane tout en or. Et il fit un oiseau de chaque espèce et il le mit dessus. Il fit aussi deux lions, et des oiseaux et des instruments de musique et plusieurs autres ouvrages tout en or, faits au marteau et à l'enclume, fabriqués avec science et un grand art. Et lorsque le vent venait à le frapper, le platane s'agitait et les oiseaux s'agitaient aussi. Et, voyez le miracle, chaque oiseau chantait avec sa voix. Pareillement, les instruments de musique jouaient avec le vent, ainsi que tous les autres ouvrages qu'il avait faits. Et c'était une tout à fait admirable chose que d'entendre et que de voir cela, et tous ceux qui voyaient cela avaient une grande joie, voyant avec combien de science et d'art c'était fait. Et cependant cet empereur indigne (1) ordonna aux orfèvres de détruire cette beauté si jolie et l'empire en fut privé. Et ils le coupèrent et ils le mirent dans les creusets, tel qu'il était, le platane, tout orné avec les oiseaux (2), avec les instruments de musique et avec les autres ouvrages. Et ils les fondirent dans le feu. Et lorsqu'ils les eurent fondus, ils les pesèrent et cela donna deux cents quintaux d'or pur. Et il ne détruisit pas seulement ces choses pour les faire fondre dans le fourneau, mais aussi les vêtements royaux tout en or et ceux-là aussi qui étaient brodés avec de l'or (3) et d'autres choses aussi, et il en fit de la monnaie d'or et il dépensait et se réjouissait.

(1) Il était, comme on sait, iconoclaste. L'indignation contre les dilapidations de cet empereur, qui battit monnaie avec le « merveilleux arbre d'or », vibre, toute chaude encore, chez Maimbourg, *Hist. de l'hérésie des Iconocl.*, éd. IV, 1683, p. 371. (Je cite d'après la 4ᵉ édition, parce qu'elle se trouve à la Sorbonne; mais il y en a une meilleure et plus belle, qui est encore assez rare, celle de 1686, en un volume petit in-4', avec une intéressante gravure sur cuivre en frontispice de Chauveau (cf. Lacombe, *Dict. portatif des Beaux-Arts*, 1753, p. 156), un cul de lampe, un en-tête et une lettre en cartouche. Il est vrai que la 4ᵉ éd. possède une « Table des matières » qui est plutôt un *Index nominum et rerum notabilium*, que la 5ᵉ édition ne présente pas). — Const. Porph., au contraire (*Bas. Mac.*, Paris, 160 B ; Bonn, 257, 11), justifie le procédé : γίγονε χρήσιμος τῷ βασιλεῖ. δεῖ γάρ, φησί, χρημάτων, καὶ ἄνευ τούτων οὐδὲν ἐστι γινέσθαι τῶν δεόντων. C'est ce qu'exprime en d'autres termes le pentamètre célèbre : *Deficiente pecu—deficit omne—nia*, — pentamètre que je rappelle ici, pour que dans ce mémoire il y ait au moins quatre ou cinq mots latins — ceux-là — et aussi parce que le destinataire de ce volume m'apprend que ce pentamètre, que l'on cite toujours sans renvoi, se lit dans Rabelais, où, en effet, on peut le trouver (v. Rabelais, *Pantagruel*, l. III, ch. XLI, *in fine*, éd. Marty-Laveaux, t. II, 1870, p. 197). Mais il faut bien aussi se garder de le chercher dans Ennius, comme on le croit *ibid.* (t. IV, pp. 258-239), car il n'y est pas (cf. Vahlen, *Ennianae poesis reliquiae*, 1854 ; L. Müller, *Q. Enni carminum reliquiae*, 1884).

(2) Les deux mots ὄρνιον et πουλί, sont exactement synonymes. Mais l'auteur, ainsi qu'il arrive souvent entre le xiᵉ et le xviᵉ siècle, emploie côte à côte le mot populaire et le mot savant.

(3) V. Du Cange dans Zonaras, *op. cit.*, l. l.; il fait une différence entre ces deux espèces d'or.

R. ALFRED HOLDER .

DER ISIDORUS-CODEX AUGIENSIS LVII

DER GR. HOF-UND LANDESBIBLIOTHEK IN KARLSRUHE.

Unter den handschriften der im jare 724 von Pirminius gestifteten Benedictiner-
abtei Reichenau im Bodensee, die iure saecularisationis 1805 der Karlsruher
Hofbibliothek überwiesen wurden, zeichnet sich durch hohes alter und seltenheit
der schriftzüge der codex LVII aus.

Von den 90 blättern verteilen sich die ersten 88 auf eilf lagen V bis XV, die also
bezeichnet sind : fol. 8ʳ unter der zweiten columne q V in einem quadrat, 16ᵛ2 q VI
in quadrat und mit strichen umgeben ; f. 17, 18, 19, 20 | 21, x, 22, 23, 23ʳ, 2

mit q VII im □ (zwischen 21 und 22 ist ein blatt ausgeschnitten, one lücke im
text) ; f. 31ᵛ2 steht unten in der ecke q VIII; daran schliessen sich die blätter
32, x, 33, 34, 35 | 36, 37, 38, 39, 40, also ursprünglich (one textverlust nach 32)

ein quinio, der 40ᵛ2 unten VIIII heisst ; die drei quaternionen X (miniiert
auf 48ᵛ2), XI. (56ᵛ2), XII. (64ᵛ2) füllen die blätter 41 — 64. Die nächste lage
65, 66, 67, x, x | 68, 69, 70, 71, 72 (XIII auf 72ᵛ2) war ursprünglich ein quinio ;

die vor 68 ausgeschnittenen beiden blätter setzen keine lücke voraus. Die 2 quaternionen 73 — 80 und 81 — 88 tragen jeweils auf der zweiten columne von 80ʳ und
88ʳ den vermerk q XIIII und q XV, im quadrat und allerseits mit strichen umgeben ;
als unio bilden die letzten blätter 89 und 90 den schluss.

Jede seite der 343 mm. hohen und 253 mm. breiten pergament-blätter ist auf
2 columnen zu 35 bis 38 zeilen beschriben.

Inhalt des codex ist Isidori etymologiarum lib. XIII 6, 2 — XX extr.

. Anfang f. 1ʳ1 *pspiciunturque... schluss des Isid. f. 90ʳ 1 siccetur* ; nun vom miniator
EXPLICIT: DŌ GRATIAˢ AMEN: . . .

F. 90ʳ enthält kalendarisches mit tabelle.

Der einband stammt aus dem jare 1457.

In Martin II. Gerberts, abtes von St. Blasien, im jare 1760 verfertigtem cataloge wird unsere handschrift unter nr. LIV also beschriben : *Rhabanus Mauris de universo a lib. XII. usqz XX ad Merovingicum characterem audit. Sæc. IX.* Disem ansatze folgt das verzeichnis von 1791 unter 242. LVII. blindlings, nur dass es noch das jarhundert von IX. auf X. herabsetzt ! Schon der wackere Benedictiner bei St. Emmeram in Regensburg Johann Baptist Enhueber (geb. 1736 † 1800), der zum zwecke einer neuen ausgabe des Hraban zehn handschriften von der Reichenau unter dem datum 23. Aug. 1781 entlihen hatte, hat in seiner im cod. Monacensis Lat. 15024, fasc. 95 enthaltenen « Specificatio Mscriptorum membranaceorum Hrabani Mauri Abbatis ex Bibliotheca Augiensi, quæ mihi una cum codicibus ex Augia divite submissa fuit, manu P. R. D. Joannis Ignatii Weltin Decani et Missionis Augiensis Administratoris subscripta » Gerberts, der sich durch den schildtitel hat verfüren lassen, irrtum berichtigt : « *Nʳᵒ. 57. De vocabulorum, seu rerum proprietate, et earum mystica significatione a libro XII. usque ad XX. incl. fol. 1 — 181* (gemeint sind die 182 paginae, die Enhuebers rötelslift aus den 90 folia gemacht hat ; bei 78 und 79 ist die pagination versehentlich ausgeblieben). *Sec. IX fol.... NB. Ita quidem mau ι supradicti Domini Weltin hic codex descriptus fuit. Sed deprehendi, eum non continere librum Hrabani de Uiiverso : Sed librum Originum Isidori; scriptumque esse codicem non seculo nono, sed octavo, quod ex charactere Merovingico satis patet. Venerandæ certe antiquitatis codex ; lectu autem difficilis, et singulari rationε scriptus... »*

Die handschrift ist nicht auf der Reichenau, sondern in Nord-Italien in merowingischer bücherschrift, mittelstufe zwischen halbunciale und minuskel, in der zweiten hälfte des achten jarhunderts geschriben ; von dem miniator abgesehen, der die anfangsbuchstaben der vorlage manchmal fortlässt, durchgängig (mit ausname der von einer Corbie-hand zugesetzten zeilen 22 — 37 von f. 24ʳ = p. 48) von einem schreiber aus spanischer scriptura continua zu gehör (dictando) geschriben. Interpunctionen nur zweierlei (punct. oben oder in der mitte und semicolon ; ¿), citate durch ʃ eingefürt ; die zalwörter meist in ziffern ausgedrückt ; die Graeca teils in schönen griechischen lettern, teils lateinisch transcribiert ; delenda durch übergesetzten punct gezeichnet. Der miniator hat bei den überschriften manchmal bis in die text hinein gemalt ; die schwarzen, roten, auch schwarzroten initialen beschränken sich auf band-ornamentik und verraten byzantinischen einfluss. Die farbe der dinte ist nicht spanisch (obgleich vom heiligen Isidorus selbst, etym. XIX 17, 17 — 18, gute recepte vorlagen), sondern nach Veroneser art olivengrün, wie in der zweiten hälfte des codex Sangallensis 110, p. 275 — 558.

Nimmt man mit mir entstehung des codex nach dictaten an, so werden die monstra horrenda, die dem schreiber oder hörer und dem vorsprecher zur last fallen,

für den, der in und zwischen den buchstaben zu lesen versteht, auf ein minimum
zusammenschrumpfen. Ich babe in unserm codex wort für wort die verschreibungen
zusammengestellt; das λῆμμα stund im original, die graphischen und sprachlichen
aequivalente stehen in alphabetischer reihe zur seite.

A

Dafür steht]ˢ (über der zeile), *ac, ad, æ, ę,*
ā, aˢ, am, an, ant, as, at, au, ca, CC, e,
em, &, i, ia, ic, it, n, o, ſt, t, u, um,
uſ?, x.

ac] *a, an, hanc.*

ad] *a?*

adeo] *adō.*

al] *a, la?*

am] *a, ā, ă, aˢ, ˢm, ã̄, ã̆, ęm, an, ant,*
aˢt, arint, as, ās, at, e, on.

an] *a, aˢ, ā, a¹, am, au, i, n̄.*

ani] *autem.*

ans] *aŕſ.*

ant] *a, aˢ, am, aˢm, aℕ, aℕ, aˢt, ˢℕ, aš,*
at, aut.

ante] *a.*

apud 71 mal, *aput* 25 mal.

aquae] *atque, adque.*

ar] *a, r, ˢr, ra.*

as] *a, am, ℣, aˢ, at, es.*

at] *a, am, ans, ant, ˢt, a¹t.*

ate] *am.*

atis] *uam?*

atque 40 mal, *atq;* 5 mal, *atq¿* 1 mal,
adque 70 mal, *adq;* 7 mal, *aᵈque* 1 mal,
aque 16 mal, *aq;* 3 mal, *amque* 1 mal.
(*āq* findet sich im cod. Ambros. C. 301
inf. saec IX, ir. minuskel, aus Bobbio),
aquam 1 mal.

au] *a, a¹, aˢ, ab, an, ˢu, aut, av, eum.*

aut] *adt, au.*

autem] *autē, autè, autē̆, autĕ̄, autc, ante,*
āuт, aũt, aũℾ, aũt, aut, aũ, aterra.

ΛE, Æ] *Œ, Œ, aˢ, æe, a, am, ans, as, aˢ,*
çce, ę, e, ea?, co-? &, i, is, it, ue, ur?

B

d, f?, h, l, m, p, r, s, u.

ba] *bˢ.*

bant] *bˢℕ.*

bat] *bˢt.*

be] *ƀ (libratus).*

ber] *B̄, ƀ.*

bis] *ƀ (noƀ).*

br] *b.*

bus] *biſ, biᵛs, bi?ſ, bisˢ, biˢs, bi's, bu², bʒ,*
b;, B̄, ƀ, ƀ.

C

ac, ch, d?, e, g, gr, l, n, p?, qu, r?, s, sc,
st, t.

ca] *a.*

ce oft ligiert.

ceter. überall; nur 1 mal *citerorˢm.*

ch] *c, cc, g, k, s, st.*

cha] *a.*

ci] *qui, u.*

cl] *c?, d, gr.*

co] *a, quo.*

com] *cum.*

con] *coˢ, cum, fun, quod.*

cr] *c?*

ct] *c, nt, pt, st, t, tr, x.*

cum] *com, con, cū.*

D

a, b, bd, c?, cl, dd, g, h, r, s, t, u, z.

deus] *d̃ſ, dſ.*

dei] *dī.*

deo] *dō.*

deum] *dm̄*; auch *adō* (= adeo), *dōcalionis*
 für Deuc.
domini] *dnī*.
dominum] *dñm̄*.

E

a, ae, æ, am, c, ce, ę, ē, ĕ, ei, em, en, ent,
 en⁾, eo, es, et, &, eu, ex, f, i, is, n⁾, o, p,
 per, st, t, u, y.
ea] *e.*
eclesia] *ecīa.*
ci] *ie, e.*
eius] & 77 mal; wie in London (Cotton.
 Nero A II sacc. VIII—IX, continental,
 wol aus Verona;) München (Clm. 337,
 aus Florenz), Rom (Vatic. 5845); auch
 au²·.
em] *æ, e, ė, ê, e', ē, ĕ, ė́, ẻ, ē, &, &́, is.*
en] *ē, e', ē, em, ent, en⁾.*
enim] *enī,* auch *nim, emim.*
ens] *em, e'ˢ, ent.*
ent] *em, &, &́.*
entur] *en.*
eo] *e'ˢ, &.*
episcopi] ƐꝎꞈ
er] *lib̄* (= liber), *ſlur* (= fertur; *p = per*).
er] *&, st, ur.*
es] *e, ē, em, ens, ent, 'n⁾, is, us.*
est] *ē, ē̃, ens, es,* s. auch-st.
et] *e, em, ens, ent, en⁾, er, it, ꝑ?*
eu] *au, e', eo.*
ex] *ē, &, ꝑ.*

F

fl, fr, l, p, ss, t, u.
fertur] *ſtur.*
fl] *f, fr.*
fr] *fl, gr.*
frater] *ff̃.*
fratre] *ff.*
fratres] *ff̃.*

ful] *flu.*
fund] *sign.*

G

c, ch, ci, d, h (trahici), i, qu, rg?, s, t? th,
 x?
gl] *gr.*
gloria] *gīa, gīam.*
gr] *g.*
gratia] *grā.*

H

n, ni, u.
h steht parasitisch in *prahe, pholomahis,*
 ptholomahis dem; ferner:
ab] *hab* (habest, habiit, habir&, hablutio-
 nem, habundant), *habrahæ habrahe.*
ac] *hac, hanc.*
ad] *had.*
aër] *haer, here, hereis;* haber& (= aerem).
æris] *heris.*
ambit] *hab&.*
amorem] *humorem.*
ancoris] *hancoris.*
Asiam] *hassiam.*
e] *he* (hemergendum, heruat).
ebori] *haberis.*
ebr.] *inhebriare, hebrietatis.*
Erimanthum] *herimanthum.*
-erm.] *inhermes.*
escam] *hescam.*
adesum] *adhessum.*
Eurum] *heurum.*
ibi] *hihi.*
Icar.] *hicarus, hicaro, hicariä.*
ictibus] *hictibus.*
idcirco] *hidcircum, hidcirco, hircircum.*
idoneam] *hidoneam.*
iis] *his.*
ilex] *hilex.*
illic] *hillic.*
Illyric.] *hilliricus, hillyricum.*
imbre] *hymbre.*

-imere] *adhimerů, inter liment, phimant, phiment, perhimerent.*

inde] *hinde.*

ire] *abhirů, adhirent, inhiebant.*

Iris] *hirus.*

is] *his.*

Ismael] *hismahel.*

-ist.] *exhistimant.*

itineris] *hitineris.*

perizoma] *phyzoma.*

occasu] *hoccansum.*

Ogygi] *hogigi.*

omnis] *homnis.*

oner.] *honerem, honera, honorossa.*

ordine] *hordine.*

orientem] *horientem.*

origo] *horigo.*

oriundus] *horiundus.*

os] *hos.*

ostium] *hostium.*

hostreis, hostrum.

Ouidius] *hoc uidius.*

uber.] *hubera, huberi, huberiů, huberrimam, huberrimarum, huberrime, exhuberantis, hubertatem, hubi, hubique.*

umbilicus] *humbilicus.*

humboniů.

umect.] *hucmecto, humectam, humecto, humectum, humectis, humectationes.*

humeri, humero, humerum, humerorm, humeris (humoris), *sup humerale, supra humera.*

humidus, humida, humidæ. humidum, humidam, humidis.

humor,humur,humoris,humorum, humore. hundarum.

urb.] *hurbi, hurbium.*

ur.] *hurit, adhurit, adhurant, adhustum,* (auch *adastum*), *hurenda.*

uros] *huros.*

us.] *husus, hussum.*

utr.] *hutraque, hutrumque.*

uua] *huua, huue.*

H felt

in *abenas.*

hab.] *abů* und *aber,* $\overset{h}{a}bens, abuit, abendo.*

habil.] *abilis, abilem, abiles, abilia, inabilis.*

habit.] *Abitatio.*

habitu] *abitur.*

hactenus] *adtenus.*

bacc] *ec.*

haedis] *edis.*

haer.] *creant, erent.*

hal.] *exalat, exalant, exalantes, exalata, exalationibʒ.*

halitus] *adlitus.*

halitu] *alitum.*

Halys] *alis.*

hama] *ama.*

Hamnites] *Amnites.*

hanc] *Anc.*

har.] *arena, arene, arenam, arenis, arenaria, arenatius, arenosa, -am.*

harpax] *arpax.*

harum] *arum.*

has] *os.*

hast.] *asta, astiliů, astula.*

haur.] *aurit, auri, auriunt, auserint, auritur, ariuntur, aurienda, auriende.*

haustra] *austra.*

haustus] *austus.*

haustu] *austo.*

heb]. *euitudo, ebites.*

Ebrum.

hedi] *edera, edere, ederam.*

Helio-] *Elio polis, Electropium (-io).*

-beliti.] *an. elitum.*

Elladas, eladis.

Helle] *ille, elle, elli, illi.*

Hellene] *enulle.*

Hellenes] *ellenias.*

Hem.] *Ematites, -is.*

Ermus, eroes, Erpillus, Esiodus.

Hex-] *ex-.*

hiatus] *iatus.*

hib-] *peribitur.*
hilaritatem] *eleritatem.*
Ilas, i*rundinum, odie, odiernum.*
bolcen] *olcen.*
holus] *olus, oleris, olera, oleram, olerum, olerib; o.*
omerus, omero.
hom.] *omines, ominum.*
hor.] *oram, orarum, oras, oris.*
Oratius, Orati.
bord.] *ordeum, ordeciam.*
horr.] *orreo, orrere, orentem, orrendum, orrida, orridum, orrore.*
horreum] *orreum, orrea, orreis.*
hort.] *ortus, ortum, ortorum, ortolani.*
hosp.] *ospitium, ospitiis, ospitali, inospitalis.*
bost.] *ostem, ostes, ostibus, ostili.*
huius] *Uius.*
humum] *Unum.*
hyenae] *Ieme.*
hydriis] *idriis.*

I

a, æ, ę, au?, e, em, er?, &, g, ia, im, in, int, ir, is, it, iu, l, o, or, s, t, u, y.
id est] *idē, ideǫ, id es* und *idem, lē, iǯ, id.*
Ihesus] *iħ/* p. 46, 1, 5.
ii] *is.*
im] *em, i, ī, in, it, m, um.*
in] *a?, i, ī, ʋ, im, iun, m, ni.*
inquid, 10 mal.
inter] *in.*
is] *a, e, em?, ens, er, es? i, in, it, i/, o? os?, p, um?, us.*
Israhel] *iħl* p. 20, 1, 9, *Iħt* p. 47, 2. 16.75, 1, 10. 176, 1 (veronesisch, aber auch beneventisch und irisch; nach griechischem vorbilde *IHΛ*.)
isse] *itse.*
it] *an?, e, er, &, i, int, itur, u.*
item] *idem* 4 mal.

K

in *akalam* (Achaia), *kamini, kappadocia, karybdis.*

L

b, c, d, f, h, i, n, p, r, s.
li] *a, ll.*
lu] *l.*

M

b, g, in, n, ni, �̃, nt, on (aus uncial- ꟽ), *u:* in der initiale ꟽ mit kreuz in der mitte wie im Vaticanus.
misericordia] *m̃a* p. 175, 2, 10. Nach Traube und Lindsay das שׁבלת des Veroneser scriptorium.
— mur] *mᷭ.*
— mus] *mi/.*

N

d, h, i t?, , m, ni, ꝛ, p, r, s, si, t, u.
nam] *nã.*
ni] *in, m.*
nissi.
noƀ.
non] *con, men* (vorlage m̃ aus n̄ !),*nõ,noʼ, s.,*
nostr.] *nr̃a, nonstri,nr̃ĵ, nr̃i, ñi, nr̃o, nr̃js, nr̃is, xʏ/* (aus NSIS ?)
ns] *m, nt, ꝛ.*
nt] *m, ns, ꝛ, nᵀ, /t.*
numquam immer.
nus] *nʏ/.*

O

a, am, au, c, co, e, eˢ, eo, i, ie, io?, is, oa?, oc, om, on, oo, oǫ, os, u, v, ū, um, untˢ, uo?, us, ut.
ob] *&?*
oe] *e, eo, eu, i, o.*
om] *õ, on.*

omnis] *oñſ* (auch *ōniſ*).
omnes] *oñſ*.
omnia] *oñã, oñia*.
on] *i?, oˢ*.
or] *e, o, o~* (ligatur), *oſ, o²~, ŏ, o|rum, os, oˢ, ur, uˢ*.
os] *ba, is, o, on, or, os, oſˢ, oſ, oſ, oſˢ, ōſ, oˢſ, ox, um, ſſ* (= *ůs*).

P

b, c, d, f, fr, g?, l, m?, ph, pl, ͵p, pt?, qu, r, s, sp, st?, t.
par, pe pen] *p.*
per] *p, bre, pos, pre, ͵p* (letzteres setzt spanische vorlage voraus).
ph] *c, d, p, pl, s, sph, u.*
phoe] *͵p.*
po] *pro?*
por] *p.*
post] *͵p, p.*
pr] *p, pt.*
prae, pre] *prahen, p, ͵p, sine.*
pro] *͵p, post, p, pre, pri, cre?, ex?*
pt] *mt, ph, t.*
pu] *post.*
publice in *re iṗ* (= rei publice p. 48, 2).

Q

qu] *c, p, pp, q;*
qᵛin, aqᵛa, aqŭrᵗm, aqᵛis, numqᵛa, quamqᵛã qᵛa|si, qᵛas|si, reliqᵛa, tamqᵛã.
quae] *qᵛe.*
quam] *quã.*
quando] *qm̃* 175,2 statt *qñ.*
que] *q;, ɖ¿, quem, quᴬᴱ.* p. 65, 1.
quem] *qñm̃.*
qui] *qᵛi.*
quia] *qᵛia.*
qui sm] *qñm̃.*
quo] *qᵛo, co.*
quod] *qᵛod* 14 mal, *qůd, cod.*

quondam] *condam.*
quoniam] *quoniã, qñm̄* 12 mal, *qm̃* 2 mal.
quoniam hae] *que humane* p. 55, 2, 6.
quoque] *qᵛoque, qᵛoq;, quo.*

R

b, d, i, l, m, n, p, ri, rt, rum, s, ss, t, u.
ra] *rᵃ* (*Infrᵃa*).
rent] *rñt.*
res] *r.*
ri] *rᵛ?*
rint] *riˢt, ιⁱt.*
ro] *͵p.*
rr] *tr.*
rs] *r, s.*
rt] *n̨, ɹt, st,* cf. *st, est.*
rum] *rẽm, rˢm, ruᵗ, ruˢ, rŭ, ℞.*
runt] *ruɲ, rˢnt, rˢɲ, rnt, rŭ, rˢm.*
rus] *ruˢ.*

S

c, d, e, &, f, i, l, m, n, p, ph, r, si, st, sz, t, x.
s. = scilicet? p. 143, 1.
sanct.] *scā* 5 mal, *scē* 1 mal, *scī* 1 mal, *scm̃* 2 mal, *scō* 1 mal, *Scōrum* 3 mal, *scōrum* 1 mal, *scīora* 2 mal.
sc] *n̨.*
secul.] *scta, sctares.*
sed nur 4 mal, sonst immer *sɖ.*
si] *s.*
sicut] *sic̃.*
sp] *p.*
spiritus] *sp̃s.*
spiritum] *spm̃.*
spiritu] *spŭ, spm̃.*

SS

m, rs, √ß, √c̃.
Gemination in *ancissionem, ancissum, an-*

*tiochussum, aracussia, assia assie assiam
hassiam, Basses, bassiliscus, Brundis-
sium,* caes.] *cessa cessam cessus,* Caes.]
*cessar cassaur cessaris cessarem cessure
cessari cassares cesarea cœssaream cessa-
ream cessariensis,* Cambyses] *conbissent,*
Carpasiae] *par* | *cassum,* cas.] *cassam cas-
sas, Cansia cansie cansiam, Cassidan,
cassu cassum cassib;, caucassus caucas-
sum (-ŭ, ocassum) caucassea caucassiis,
centissimi, cerassum cerassium, chrissa,
chryso-] crisso-, (cirum) cissa concissam
cxcissa excissam, incissio interuissus,
occissus occissam occissio, precissionem
recissionem, Classica classicum, classis,
(con) clussa conclusso, conclussionem in-
clussise,inclussus — um — am, cresscit suc-
cressit, accussatur, damasscum, desside-
rent, Ebossus, adhessum, ephessum, &hes-
sias, &rifu|ssa,* faselis] *fesselis, fussus con-
fussa fussionem confussionem diffussus
diffus|sum diffussam diffussiora Effusse
inter fussum, pfussus pfussa pfussam
supfussa, gimmassium gymnassia, Ias-
sonis Ianossone, Hiccossium, Idasspem, is-
saurie, Inlissa, litussam, (con)lussionem,
lussitaniam, Martissia, melchissedech,
miser.] messororum, minsiam, missi,
missit, moss, mussicum, Nissam, occas-
sum ocassum ocassv̄ hoccassum occassu,
ossirem,-ossus (angulossam, annossa, arc-
no|ssum-ssam, citrossam, copiossus-ssa-
ssam cupiossam, copiossisimus, fabulossa,
-ssam,-ssis, famossisimam famussisime,
flexuossus,-ssi, fluctuo|ssum, flu·uos-
sam, fluuiossus, formossus formossa for-
mossum, glutinossa,-um, infructuossam,
Ingeniossa, Inportuossam, laboriossus,
lapidossus, maculossam, monstruossa,
ssam, montuossa,-ssis, nodosso, nume-
rossis,* oner-] *honorossa, periculosso peri-
culossuos, ponderossus,-ossum,-ssam, po-
pulossis, portuossam, potentuosse, pre-*

*tiossus pretiossa pretiossi pretios|sam,
pretiossum, pretiossarum, pretiossos, pre-
tiossis. sime pretiossissimi, pretiossimi,
pretiossisimum,* pumic.] *municossa, ra-
mossam romossus, rugossa, sinuossam,
spatiossa, -ssum, -ssam, -sem, spinossa-
ssum, turtuossam, uellossum, Ventuossa,
uesticossum, uirgossus, uitiossi, Uligi-
nossus ulinos|sis, umbrossi,-sse), paradis-
si paradissum, pararadisso, (chriso)pas-
sum,* Phasidem] *passident, possuit dis-
possuer·nt possitus -ta,-tum,-te, tam-tas,
possitionis, pos|sitionem, conpossitus,-ta,
-tum, compossitum, in-poss* || *itus im-
possitio, oppossita,-tam oppossitionė, re
possitum, prassini, pressagera, pressidia,
quas|si qua* | *ssi, quassillum,* ras.] *ras-
silis, adrassam, ressummunt., rosse, te-
ressie, thessaurus, -rum,* Thesseus, us.]
*ussus, ussi, ussum hussum, ussiƀ uinsi-
bus, Abussiue, uassa, uassam, uassum,
uasso, uasse, uassorum uassis, Inuassit,
diuissus, diuissi, diuissum, diuissam,
diuissura, diuissores, diuisione] diuissio-
nem, decissionem demcissionem, uissen-
tibus, ƀ., uissicula, uissio, uissus uissum,*

Die verdoppelung *ſſ* in der gestalt *rſ* (erster ansatz von *ſ* mit nachfolgendem *r* än-
lich *rs*), welche mir bisher nur aus der altita-
liänischen cursive des Mailänder codex Ambros. L. 99 parte superiore aus Bobbio, saec.
VIII (übrigens mit insularen abkürzungen)
und aus dem diplom Aistulfs a. 755 in der Biblioteca capitolare zu Bergamo bekannt war,
erinnert mich an die verschreibung der stadt-
römischen inschrift CIL VI 33032 ATECTO
RIGIA*R*SE, verhauen aus — IANE oder-
an die inschriften von Rom, dép. Deu x
Sèvres mit TI*FF*IЄ und TI*FF*Є bei Camille
Jullian, Rev. celtique XIX 168-176. Besonders hünfig ist dis *rſ* in *sunt* mit voraus-
gehendem *s, aqueſſunt, arcessunt, carna-*

lessunt, Collessunt, duessunt, Faucessunt, hodissunt, locassunt, sordessunt, subsiciuassunt, Uallessunt, uaporessunt, ueclassint, aber auch am anfang eines wortes zur bezeichnung des scharfen s-lautes; *captissacrilegio;* z.b. poetae semper] *po ta effe p, ſſicano,* Subrata]*ſſa.* breta.

ST] *c, d, ff, l?, x, o, n|t, rt, ſſ, ſt.*
st meistens in den formen *ſt, ſt, xr, xr.*
xr, z. b. in *Nax ur cium, ex*; vgl. ∈ʀ in der späten halbunciale des Veroneser cod. XLII von Gregorii pastoralis cura.
sta] *si.*
sunt] *sun), 'ter* (p. 41, 1, 29 aus *s͞t* der vorlage), *s&* (p. 80, 2, 22).

T

c, d, f, g?, i, l, m?, n, p, qu, r, s, st, str, th, tr, tur, u, x; Tmanchmal auch hoch wie in der Wolfenbüttler hs.
ta] *ĉ, ĉu.*
te] *m?, ĉt.*
ter] *t͞.*
th] *c, r, t, tr.*
ti] *ꝗ*(für ti und tj-, assibiliert und nicht assibiliert), z. b.
tr] *ꝺ, t.*
ts] *λ?*
tu] *a, ĉ, ĉu, u?*

tur] *ꝺur, ꝺuʀ, t', tuʀ, ꞇʀ, tur, t'r, tr, t',*
tū, *tus.*
tus] *ꝺ', ꝺuſ, ꝺſ, ꝺſ, t.*

U

a, b, c, ca, ci, cu, e, i, it, li, m, o, s, t, uc, ui, ŭ, ū, um, un, uo, us, ut, v, y.
ue] *u, u͘.*
uel] *u, ŭ, ꞇ.*
ui] *u, iui.*
Virgilius] uirgl., uirg͡ꞇ (nur 2 mal *uergilius*).
ul] *in.*
um] *ā, am, ant, ᵬ, i, io, is, o, t, u, ŭ, ŭ,* (spanisch), *ŭ, ŭ, ŭ', ŭ, v͘, v̆, unt, us.*
un] *u, ŭ, u', u'.*
unt] *ŭ.*
uo] *itur?*
up] *u.*
ur] *ab, ú, u͘, us.*
us] *as, bus, i, is, it, o, um, uʀ, u', ꞇꞏlꞏſ, tſ,* (ligaturen von u und ſ), *uſ, uſ', iſ2, u2ᵛ.*
ut] *q,* und *u* mit *t ligiert.*
uu] *u', u.*

X

ex, s, sc, ss.
χαρωνεῖα] *paroneam.*
X͞P͞I] *x͞pi* p. 45, 2, 30, *x͞piane* 141, 1, 142, 2, 143, 2, *X͞pianum* 143, 2.
Y] *e, i, is, u.*

Aus also ermittelter vorlage lässt sich ein sehr guter Isidorus-text herstellen, der zur nicht interpolierten nord-italiänischen groupe in cursiv-schrift gehört, am engsten verwandt mit dem im jare 1878 von mir genau untersuchten

2) Codex in WOLFENBÜTTEL 4148 (= Weissenburg 64) saec. VIII, einem zwillingsbruder (nemlich aus dem selben original, in der selben zeit und in demselben scriptorium geschriben) des

3) Codex VATICANUS LATINUS 5763, der nur die 5 ersten bücher enthält. Nach Niebuhrs, Schoenes und Traubes vermutung sollen die beiden codices in Bobbio geschriben sein. Allein der Vaticanus ward erst im eilften jarhundert dem kloster s. Columbani de Bohio von einem Lombarden Boniprandus zum geschenke gemacht

nach ausweis einer aufzeichnung auf fol. 1, die auch in dem Mailänder cod. Ambrosian. L 22 sup. und dem codex G. VII 16 der Turiner Biblioteca Nazionale sich findet.
Die verse haben folgenden übereinstimmenden wortlaut :

> Obtulit hunc librum Boniprandus neite libenti
> Columbę exinio patri, qui legeris ergo
> Dic : ueniam largire deis meritumque repende.

Vgl. A. Reifferscheid, Bibliotheca patrum Latinorum Italica I (1870) p. 547 [3],
O. Seebass, im Neuen Archiv der Gesellschaft für ältere deutsche Geschichtskunde
XVII (1892) s. 250 und im Centralblatt für Bibliothekswesen XIII (1896) s. 75.
Remigio Sabbadini, Spogli Ambrosiani latini. Estratto dagli Studi italiani di Filo-
logia classica, Vol. XI (Firenze, 1903), p. 166.

Dem unermüdlichen forscher W. M. Lindsay es gelungen diser familie der
Isidorushandschriften nachstehende codices zuzugesellen :

4) Codex Mettensis s. Vincentii = Claromontanus collegii Paris. Isidorus societatis Jesu no. 632[T] = Meerman 717 = Phillipps 1831, jetzt in der kön. bibliothek BERLIN 128, saec. VIII bis IX, (spätestens 818), ursprünglich aus Verona, mit
auszügen aus Isidorus (etym. III 24-70. XIII i.ii).

5) Cod. CAVENSIS (SS. Trinità della Cava dei Tirreni) 23, nach E. A. Loew in
Monte Cassino oder Benevent zwischen 778 und 797 geschrieben.

Wenn nicht so manche anzeichen trügen, dürfte unser Augiensis LVII Veroneser
provenienz sein. Verker von Reichenau mit Verona ist historisch bezeugt. So hat
der Alamanne Egino, der um 780 bischof von Verona war, 799 abdankte, in Reichenau Niderzell gründete und am 27. februar 802 daselbst starb, dem kloster bücher
geschenkt (Monumenta Germ. SS. IV p. 450. Mone, Quellensammlung der badischen Landesgeschichte, I (1898) s. 63), darunter wol auch den aus Reichenau stammen-
den codex zu St. Paul in Kärnten n. XXV. a. 3 (d. 67), der unter einem Hieronymi
commentarius in Ecclesiasten saec. VIII den berümten Plinius-palimpsest saec. V
(schönes fac-similé von pp. 53, 54 in Emile Chatelain Paléographie des Classiques latins, planche CXXXVI) birgt. Aus der regierungszeit des achten abtes der Reichenau,
Waldo (786-806) berichtet der chronist Gallus Ohem : *Lampertus, ain bischoff von
welschen landen, kam dero zitt in die Ow, ward da ain gütter brüder, braicht mit im
bücher und andre klainot.* Oder sollte erst bischof Ratold von Verona (der stifter
von Radolfzell, 847) unsern Isidorus mit gebracht haben? Der nach a. 842 redigierte catalog der Reichenauer bibliothek, im codex Lassbergianus 1 = Donau-
eschingen 191 (bei G. Becker, Catalogi bibliothecarum antiqui 15 n. 212) für t. 162',
l. 9-10 *Postera pars ethimologiarum isydori* auf.

JEAN BONNEROT

EN MARGE DU MANUSCRIT FRANCAIS 147 DE LA B. N.

Le manuscrit français 147 de la Bibliothèque Nationale est un in-folio de forme à peu près carrée. Il mesure 420 millimètres sur 360 millimètres. Sa reliure est de maroquin rouge dont l'éclat s'est desséché. Il n'a aucun ornement extérieur ni filet d'or, ni dentelles à petits fers. Seules, au milieu du plat, comme un sceau, se détachent les armes de France aux trois fleurs de lys, qu'enguirlande et resserre le collier de l'ordre du Saint-Esprit, d'où pend la colombe cruciale aux deux ailes étendues.

Il se compose de 21 feuillets de vélin, de grain assez fin, plus 1 feuillet de garde. C'est à peine si la blancheur des pages s'est ridée par endroit, ou se tache, comme d'un reflet, d'un léger jaunissement. Le plat intérieur, qui est formé d'une feuille de vélin, appliquée sur le carton de la reliure, conserve les deux étiquettes anciennes que l'on a découpées et collées pour mémoire

des histoires et livres en français pul^to 3° a la cheminée

c'est l'indication de la place que ce livre occupait, sur le troisième pupitre près de la cheminée.

Au-dessous, le titre de l'ouvrage.

Rithme morale de latin et de françois sont ensemble.

Ecussons garnys de lettres.

Dans un coin à droite, l'inscription à demi effacée donne le nom de « Bloys ». Enfin au premier folio, à droite, tout en haut, à fleur de page, là où le couteau du relieur a tranché, on lit encore cette mention « deux cent soixante deux ». C'est sa cote vieillie de la librairie de Blois.

C'est un recueil de vers mi français mi latins, écrits sur trois colonnes. Les pages sont réglées de traits rouges peu espacés. L'écriture est de belle apparence, assez soignée et très nette : on y sent l'empreinte du xve siècle. L'initiale du premier vers de chaque strophe empiète sur le second vers et l'oblige à reculer. C'est une majuscule gothique alternativement, bleue sur fond rouge, et or sur fond noir. L'intérieur est filigrané et sur les bords des strophes les rinceaux entrecroisent leurs minces filets et déroulent leurs fioritures capricieuses. Tous les autres vers débutent par une petite majuscule noire encadrée de deux traits jaune ocre. Le latin, au milieu de mots français, se détache écrit en lettres rouges.

Les six premiers feuillets sont éclairés de miniatures, qui se resserrant au cadre des colonnes, ouvrent, au milieu du texte, leurs horizons vivants. Dix-neuf seulement ont été peintes. Les autres ont leur place blanche et vide : elles semblent attendre. A partir du folio 11 les espaces déserts deviennent plus fréquents et plus larges : parfois une demi-colonne, même une colonne entière baille, faisant boiter la page, et tirant le regard. Ces dix-neuf miniatures développent un thème connu : les tourments de l'enfer et les joies du paradis. Les vers allignés autour d'elles n'en sont que le commentaire et la paraphrase.

Ici (fol. 1) un moine en chaire prêche sur la fragilité humaine à de belles et honnêtes dames coiffées du haut hennin. Là (fol. 2), c'est un mourant étendu sur son lit drapé de damas rouge ; deux prêtres, dont l'un lui présente un crucifix, récitent les dernières prières des agonisants ; sa famille un peu en arrière, regarde, les mains jointes et murmure des adieux, tandis que la mort, décharnée et vieille, entre, subreptice, et guette sa victime. Ailleurs (fol. 3), c'est un cimetière aux ossements épars dans les fleurs naissantes ; le décor, en arcades de chapelles, évoque celui du Campo Santo de Pise. Plus loin (fol. 3ᵛᵒ, 5ᵛᵒ) ce sont les supplices conventionnels de l'Enfer, avec les damnés nus et amaigris ou les diables, velus et bruns aux doigts en crocs. L'Enfer symbolique ressemble à celui qui figurait sur la scène des anciens mystères : un dragon qui ouvre une gueule immense armée de dents ; imagerie d'épouvantail et de piété, mais dont les teintes sont si claires, si doucement gouachées, dont le paysage d'arrière fond est d'une verdure si joyeuse que l'on s'y arrête avec plaisir. Voici le Paradis (fol. 5ᵛᵒ) le Père, le Fils et la Colombe au milieu des élus resplendissants de béatitude, et voilà une scène de chapelle (je ne sais quel titre exact lui attribuer) : un bénédictin, un capucin, et deux autres personnages, l'un vêtu de rouge et l'autre costumé de bleu, tous portant un livre à la main droite, viennent au-devant d'un autre bénédictin, le prieur peut-être, que l'on aperçoit cheminant par la baie entr'ouverte, dans un sentier de champs et de fleurs roses. Un petit tableau plus familier et plus réaliste s'égare au fol. 2ᵛᵒ. C'est une naissance. La chambre est dallée en mosaïques ; des vitraux en ogive éclairent le fond ; sur son lit à colonnes, l'accouchée repose et sourit faiblement. La sage-femme, étriquée d'une robe vert foncé, et d'un corsage violet, a pris l'enfant vagissant et va le laver dans le baquet d'eau près de sa chaise. En arrière le mari, cause avec un moine.

Dans tous ces tableaux on remarque, hôte de la miniature ou spectateur de la scène, un moine noir bénédictin : il est là partout le même, qu'il regarde l'enfer, qu'il cause avec un seigneur, ou qu'il écoute monter vers le Christ dans toute sa gloire les supplications éternelles des morts. Et ce moine c'est le poète de ces vers.

Je ne veux point décrire, une à une, en détail, ces miniatures : j'ai tenu à les signaler un peu longuement, puisque les inventaires y font à peine allusion. Paulin Paris (1)

(1) *Les manuscrits françois de la Bibliothèque du Roi....* (Paris 1836), tome I, pp. 337-342.

note le manuscrit avec intérêt : il portait alors le n° 6813 (ancien n° 238) : ces deux cotes figurent encore sur la feuille de garde. Et, ne sachant comment l'appeler, il lui invente un titre :

POÉSIES DÉVOTES. — BALLADES A LA SAINTE VIERGE

MIROIR DES DAMES ET DEMOISELLES

Le titre résume bien l'œuvre : il est exact ; mais nous verrons que ce n'est pas le sien propre.

Puis P. Paris s'attache à décrire minutieusement les quatre derniers feuillets ornés en pleine page d'immenses écussons de France, à trois grosses fleurs de lys d'or sur fond bleu (fol. 17, 18, 19 et 20.)

Le haut de l'écu est surmonté d'une couronne ; un portique à colonnes en rose gouaché forme encadrement sur les côtés et se courbe en trois arcs au sommet. Le troisième écusson est écartelé des armes du Dauphiné ; le quatrième traversé de la bande rouge de Bourbon.

« Sur chacune des trois fleurs de lys, dit Paulin Paris, on remarque six, cinq et quatre lettres qui, réunies aux lettres peintes en blanc formant la bordure de l'écu, donnent pour la première feuille...

> Vive le très puissant roi de France —
> Charle — s le sep — tiesme.

Pour la seconde...

> Loys disiesme de ce nom par la grace de —
> Dieu r — oy de F — rance.

Pour la troisième...

> Vive le noble Loys, fils ains né —
> Du b — on roy Charles s — epti — esme
> Et daulphin — de Viennoys.

Pour la quatrième...

> Vive le très noble —
> Jehan —
> Duc d — e Bou — r bon.

Tout cela est bien puéril ; mais le mérite de la difficulté vaincue, qu on ne peut contester à l'auteur, semblera plus grand encore quand on saura que toutes les lettres formant les mots que je viens de transcrire sont elles-mêmes parties intégrantes de longs vers bien rimés, en l'honneur de la Sainte Vierge. »

Ces écus armoriés et ces mystérieuses inscriptions en acrostiches dans tous les sens, ne permettent guère d'affirmer que l'un de ces princes — Jean II de Bourbon, Charles VII, le dauphin Louis, Louis X — ait possédé ce manuscrit. P. Paris croit que : « les quatre figures n'ont été exécutées qu'après l'année 1456. »

Mais il est difficile de concilier la mention de ces quatre noms.

Une note de M. Léopold Delisle (1), signale ce manuscrit avec un point d'interrogation parmi ceux qui faisaient partie de la « librairie » de Jean II de Bourbon à Moulins. Mais je n'en trouve aucune trace, si incertaine ou si vague qu'elle soit, dans les inventaires et catalogues (2) rédigés en 1507, alors que Charles duc de Bourbon se préparait à passer en Italie avec l'armée royale. Une grande partie de la « librairie » de Moulins fut transportée à Blois en 1516. Le reste fut remis entre les mains du commissaire du roi le 19 septembre 1523, lorsque après sa trahison et sa fuite, les biens du connétable de Bourbon furent confisqués.

L'inscription manuscrite au plat intérieur « Bloys », et les cotes d'emplacement qui s'y trouvent jointes, indiquent bien qu'il a fait partie de cette « librairie » royale. Mais je ne le trouve pas dans le *Répertoire alphabétique de la librairie de Blois* [1518], dressé par frère Guilielme Paroy. En 1544, il dut avec les autres livres accompagner François Ier dans sa nouvelle résidence de Fontainebleau. Jehan Grenaisis et Nicollas Dux en firent alors un *Inventaire...*(3), d'où ce manuscrit semble encore être absent. Il est vrai que les indications anciennes sont souvent indécises et confuses ; que ce sont de brèves mentions, plutôt que des descriptions. Un manuscrit peut aussi échapper à l'attention, se confondre avec d'autres : on n'identifie que par à peu près.

Des 21 feuillets dont se compose le manuscrit il n'y a que les quinze premiers qui soient occupés par des vers allignés sur trois colonnes, encore que le folio 15 porte seulement à son recto trois strophes et que le folio 12 verso demeure entièrement vierge. Les folios sont numérotés au milieu de la marge supérieure. Mais une erreur de reliure a transposé au commencement leur ordre normal. Ils se suivent ainsi : 1, 3, 4, 7, 2, 5, 6, 8, 9, 10, puis les chiffres se succèdent régulièrement.

La description « bibliographique » des pièces de vers a été faite par Paulin Paris puis par M. Léopold Delisle (4). Elle donne l'état exact du manuscrit. Le voici sommairement :

1re pièce, fol. 1, ro Cent quatre stances de sept vers. Des mots latins emmêlés aux phrases françaises. C'est une sorte d'instruction pour bien vivre, où s'obstine à revenir le mot de Moïse : « Utinam saperent ».

2e pièce, fol. 4, vo « Balade pour avoir la paix a Dieu et au monde pour contempner toutes richesses et pour amender sa vie. »

3e pièce, fol. 4, vo « Balade contre ceux et principalement gens de court qui ayment ce malheureux monde pour laisser la vie eternelle » (5).

(1) *Cabinet de Manuscrits*, T. I. p. 168, note 2.
(2) Catalogue dressé par le conseiller du roi Pierre Antoine, qui reproduit simplement les deux anciens catalogues établis par le chanoine Mathieu Espinette, bibliothécaire des ducs de Bourbon, publié par Le Roux de Lincy. *Catalogue de la Bibliothèque des ducs de Bourbons...* (Extrait des *Mélanges de la Société des Bibliophiles françois*, année 1850).
(3) *Anciens inventaires et catalogues de la Bibliothèque Nationale*, publiés par M. H. Omont (1909).
(4) *Catalogue des manuscrits francais. Bibliothèque Impériale. Anciens fonds* (1868). Tome Ier, p. 11.
(5) Oubliée par Paulin Paris.

4ᵉ pièce, fol. 4, v⁰ « Balade et exortation à tous prelats d'eglise pour depriser soy et le monde et mener saincte vie. »

5ᵉ pièce, fol. 5, r⁰ « Balade profitable et vitale, contenant les principales joyes de paradis et les peines d'enfer. »

6ᵉ pièce, fol. 5, r⁰ « Balade pour aprendre a bien mourir et renoncer du tout au monde. »

7ᵉ pièce, fol. 5, r⁰ « Balade pour acquerir le trésor des cieulx et desposer toutes richesses terriennes. »

8ᵉ pièce, fol. 5, r⁰ « Cy s'ennuit le miroir des dames et damoiselles, et l'exemple de tout le sexe femenin. »

9ᵉ pièce, fol. 6. Pièce *farcie* à la Vierge, soixante dix strophes de huit vers.

10ᵉ pièce, fol. 9. Pièce à la Vierge, deux cent une strophes de huit vers.

Les sept premières pièces sont d'une ennuyeuse banalité : Le latin et le français « mixtionnés » leur donnent un aspect burlesque et ridicule. La huitième qui est le développement lyrique du vieux thème de la fragilité humaine mérite plus de respect et de considération. Elle avait déjà été signalée par MM. Arthur Piaget et Emile Picot dans une note de leur édition des œuvres de Guillaume Alexis (1). Puis M. Werner Söderjelm (2) la publia comme inédite, avec une étude et l'indication de quelques variantes, tirées de deux autres manuscrits : un ms du Fitz William à Cambridge et le manuscrit 10032 nouv. acq. de la Bibliothèque Nationale où cette pièce figure au fᵒ 131 vᵒ.

Les vers de ce « Miroir des dames et damoiselles » pour être peu connus, n'étaient pas inédits. M. A. Piaget s'en est souvenu plus tard et dans l'introduction (3) qu'il mit en tête de son édition d'un poème semblable, mais vraiment inédit, *Le miroir aux dames*, il indique notre pièce de vers comme publiée au xvᵉ siècle même, à la suite du *Spécule des pêcheurs* de Jean Castel. Le livre est peu fréquent (4). L'Abbé Gouget (5) le signale déjà comme très rare. Brunet (6) en énumère et décrit trois éditions, dont une de 1495, fut imprimée par Antoine Vérard sur vélin avec onze miniatures à la main. Un exemplaire sur vélin se trouve au Bristish Museum (il fut donné par A. Vérard au roi d'Angleterre Henri VII) et un autre à la Bibliothèque Nationale (Vélins 2229). Ce dernier a fait partie de la Bibliothèque Royale. Van Praët (7) le décrit ainsi.

(1) *Œuvres poétiques de Guillaume Alexis...* publiées par A. Piaget et E. Picot. (Société des Anciens Textes français). Tome II. (1899) p. 362, note 1.

(2) Dans les *Neuphilologische Mitteilungen* (Helsingfors, 1904), Nᵒˢ 2, 3-4.

(3) *Le miroir aux dames, poème inédit du* xvᵉ *siècle publié avec une introduction par Arthur Piaget.* (2ᵉ fascicule du Recueil des travaux... de la faculté des Lettres... de Neuchâtel (1908) page 10).

(4) Cf. sur cet incunable. Hain-Copinger, 4577. — *Catalogue général des livres imprimés de la Bibliothèque Nationale*, T. XXIV, colonne 784 — et une description très précise dans M. Pellechet. *Catalogue général des incunables des Bibliothèques publiques de France*, T. II. Nᵒˢ 3351 et 3352.

. (5) *Bibliothèque française*, T. IX, p. 323.

(6) *Manuel du libraire* (5ᵉ éd.) T. I, col. 1622.

(7) *Catalogue des livres imprimés sur vélin...* T. IV. p. 168.

Le mirouer des pécheurs et pécheresses, édition en ancienne batarde, 60 ff. à longues lignes, saûs chiffres ni réclames, avec signatures et figurés en bois...

En voici le titre :

Cy comence le fpecufe des pecḡeurs fait et co || pife po' fe fafut des ames fur pfuf'es diuines escrip ||.tures des faitʒ docte'ɛ p frerε Jeḡan de caftef refigi || euɣ de forbre Sainct Benoiɛt ɋ cronicquer de frace... A || fa reqfte de reuereð || pe en dieu meffire || Jeḡa du Beffap no || 6fe ḡome euéfɋ de || poictiers. Can De || grace ℭif quatre || centʒ. Jɣviii.

Quicherat (1) dans une notice sur Jean Castel juge le *Spécule des pécheurs* un ouvrage « plat, grotesque et ennuyeux qui ne se recommande par aucun genre de mérite. » Il s'est laissé rebuter trop tôt par les longues et fastidieuses complaintes du début. Pour réhabiliter Jean Castel, il suffit de relire cette pièce de vers (2).

Dans le manuscrit 147, une miniature précède ces strophes et les annonce. Une femme, qui fut jadis adorée entre les plus belles, aujourd'hui cadavre décharné, sans sourire et sans charmes, se lève à demi de son cercueil et montre à six dames et demoiselles assises près de là, comment toute beauté passe et se décompose. Sur le suaire pâle dont elle se drape encore, l'artiste par un raffinement macabre a peint tout un grouillement de vermine. Dans le fond, sur le paysage vert d'arbres et de prés, s'allonge et blanchit un décor de ville à tourelles. — Cette miniature se retrouve identique et semblable dans le manuscrit de Cambridge mais il y a huit dames et demoiselles (Cf. W. Söderjelm, *l. c.* p. 76). Dans l'exemplaire imprimé sur vélin de la Bibliothèque Nationale, une morte sort de son cercueil, que l'on aperçoit ouvert à sa gauche, s'enveloppe pudiquement de son linceul, et récite à six dames bien parées, son lamentable thrène.

(1) *Recherches sur le chroniqueur Jean Castel*, dans la *Bibliothèque de l'Ecole de Chartres*. T. I. (1840), pp. 461-467.

(2) La copie est faite d'après le manuscrit fr. 147. Dans l'édition de Vérard (1495) la pièce occupe les sept dernières pages, du feuillet 27 v° à 30 v°. Elle est annoncée en tête du volume par ces mots : « le tiers livre nommé le mirouer des dammes et damoiselles et l'exemple de tout le sexe femenin contient en effect comment toute beaute, richesse, puissance, renou, honneur, noblesse, possession et toute domination tourne et fine en douleur, en poureté et en tristesse par quoy on doit si bien vivre sur terre en soy desprisant devant sa mort qu'on puisse regner sans fin lassus (*sic*) ou est vie perpetuelle. »

Cy fenfuit le miroir des dames et damoifelles
et lexemple de tout le fexe femenin

Mirez vous cy dames et damoifelles
     Mirez vous cy et regardes ma face,
Helas penfez fe vous eftes bien belles
Comment la mort toute beaute efface.

Comment biaulte humaine tourne plus a defplaifir apres mort
          quelle ne pleut en vie (¹)

Je fus iadis tant belle et tant plaifante
Que de beaute ieftope lexemplaire,
Et ores fuis tant laide et defplaifante
Que plus defplais quoncques ie ne peus plaire.

La fin des biaulx cheueulx du chief atourne (¹)

Las et que font maintenant deuenus
Les beaulx cheueulx de mon chef atourne
De lorde terre eftoyent tous venus
Et en terre fen eft tout retourne.

La fin des beaux yeulx

Las comment font mes beaux yeulx vers changez
Et de ma face auffi tout le furplus
Las tellement les ont les vers mangez
Quon ny voit plus que les pertus fans plus.

La fin de la beaute de la face

Las aduifez hors ma face et dedens
Qui iadis fut tant belle et coulouree
Laiffe ny ont les vers fors que les dens
Las bien peu meft ma beaute demouree

La fin du beau col

Las ie foulope auffi droit quune tour
Auoir le col plus blanc que lis et beau
Enuironne dung colier dor autour
Et maintenant plus noir eft quung corbeau.

(1) Ces deux rubriques manquent au ms fr. 147, je les donne d'après le ms. fr. 10032 nouv. acq.

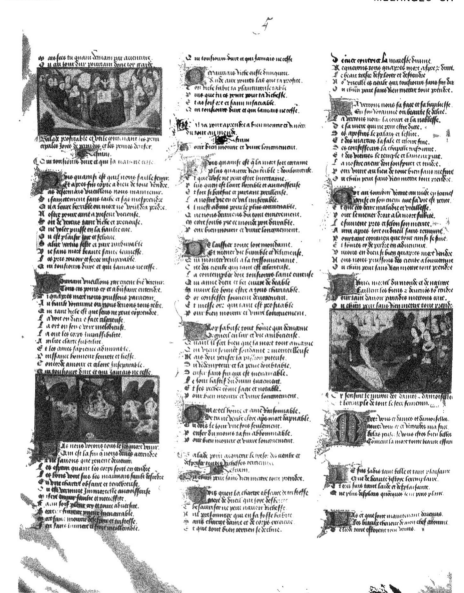

La fin de la beaute de la poictrine

Las maintenant quest aussi deuenue
Ma poictrine tant blanche et tant refaitte
Las qui la voit maintenant toute nue
Horreur en a tant est laide et deffaicte.

La fin de la beaute des mains et des piez

Las et ou est la beaute de mes mains
De dyamens garnies richement
Las et ou sont pour danser soirs et matins
Mes piez polis chauffez mignotement.

La fin de la beaute du corps

Las or souloit mon corps estre tenu
Tant bel et gent et souefment nourry.
Et maintenant qui laduise tout nu
Compte nen fait ne que dung sac pourri.

La fin des precieux vestemens

Las de draps dor de damas et de soye
Jadis souloye estre toute couuerte :
Et maintenant fault que dung serqueul soye
Enuelopee et demy descouuerte.

La fin des riches fourreures.

Las ie souloye estre iadis dermines
Toute fourree et de fins menus vers :
Et maintenant ie porte les vermines
Et me rungent les gros et menus vers.

La fin des somptueux edifices

Las ie souloye auoir mes beaulx logis
En haulx palais, chambres et lits profonds
Et en vng coffre a present desclos gis
Dessoubs la terre ou les vers sont au fons.

La fin du demaine poſſeſſions terres et reuenus

Las ie ſouloye auoir ſi grant demaine,
Poſſeſſions, terres et reuenue.
Et ores ſuis par mort qui tout amaine
Tant miſerable et poure deuenue.

Cy ſenſuit du grant renom et de la dominacion

Las iauoye du temps queſtoye viue
Si grant renon et dominacion
Et maintenant ſi petit neſt qui viue
Qui nait de moi abhominacion.

Des biens de fortune qui ne durent rien

Las fortune iadis tant me priſa
Que des priſez eſtoye en tout priſee
Et par la mort qui tout mon pris pris a
Des deſpriſez ſuis ores deſpriſee.

Comment les plus belles ſont apres mort finees

Las pres de moy iadis on ſe tenoit
Et maintenant chacun de moy ſeſlongne
Ma grant beaute chaſcun veoir venoit
Et on me fuit comme vne orde charongne.

Bon exemple de la mort quon deuendra

Las remirez quapres trepas ſeres
Ne plus ne moins mon fait le vous figure.
Et recordez que vous trepaſſeres
Et porteres comme moy la figure.

Comment beaute deuient horrible apres mort

Las tant belle mauoit faitte nature
Que ma beaute les cuers des beaux perſoit
Et ores neſt ſi laide creature
Qui nait horreur ſi toſt quel mappercoit.

Comment beaute fault a coup

Or eſt toute ceſte beaute paſſee
Plus toſt que vent et en ſi peu deſpace
Et tout a coup ſuis ieune treſpaſſee
Et perdue ſe dieu ne me fait grace.

Comment par beaute on pert ſouuent lame

Las de beaute que nommer iay peu cy
Que perdue ay ne du corps ſoubz la lame
Ne me chault ia ſe dieu me fait mercy
Si que ſans fin ne ſoit perdue lame

Comment par gloire terrienne on pert la gloire eternelle

Mais ceſt pitie quant pour ioye ſi briefue
On pert des cieulx la gloire en vng moment
Pour eſtre en dueil touiours dont plus en griefue
Ung iour que cy deux cens ans de tourment.

Comment honneur plaiſance et eſtat mondain faillent a coup

Que vault honneur doncques qui tant peu dure
Que vault eſtat qui ſi toſt deuient cendre
Que vault plaiſance en corps ſi plain dordure
Que vault monter pour ſi toſt bas deſcendre.

Comment il faut rendre compte de tout apres la mort

Que vault pompe ne bruit qui ſi toſt fault
Las mieulx vauldroit le moyen eſtat prendre
Puiſquon ſcet bien quen la fin il en fault
Treſeſtroit compte au iuſte iuge rendre.

La fin des plus belles du viel teſtament

Las et ou ſont celles qui pieca furent
Dont les beautez raconte mainte hyſtoire.
Iudith Heſter qui tant grant beaute eurent
Dont mencion fait la Bible et memoire.

𝕷a fin de la beaute des plus belles de iadis

𝕷as et ou font de Heleine et 𝕷ucreffe
𝕷es grans beautez et de Sydoine auffi.
𝕱ailles font et mortes en detreffe.
𝕻affe lonctemps et vous mourres ainfi.

Comment dominacion dure peu et eft toft oubliee apres mort

On me fouloit nommer maiftreffe et dame,
Et plaifir faire et feruice iadis.
Et maintenant ie ne fache au monde ame
Qui deift pour moy vng feul de profundis.

Conclufion : Quon doit fi bien viure fur terre quon puiffe acquerir
vie eternelle es cieulx

Helas pourtant vous qui regnez fur terre
Dont apres mort on ne fera plus compte
Viuez fi bien deuant quon vous enterre
Quapres mort vifz Dieu en fa court vous compte.

Mirez-vous cy... est un développement fréquent au xv⁰ siècle. MM. Piaget et Picot, dans la note citée de leur édition de G. Alexis (T. II, p. 262, note 1) en citent d'autres d'exemples.

Mirez vous cy, perturbateurs de paix

est le premier vers d'une *Conplainte de Louis de Luxembourg...* (1475), [B. N. Ms fr. 20794] f⁰ 570.

Le martyrologe des faulses langues de G. Alexis donne aussi :

Mirez vous cy, seigneurs et gens de court...
Mire toy cy, juge ecclesiastique...
Mirez vous cy laboureurs et marchands...
vers 498 et ss.

Et voici une autre apostrophe de *La grande danse nacabre des honnes et des femmes* Paris s. d. (4⁰) (réimpression d'après l'éd. de 1486), p. 25.

L'ACTEUR

Mirez vous icy mirez femmes
Et mectez vostre affection
A penser a vos pouures ames
Qui desirent saluation...

Dans le manuscrit nouv. acq. franç. 10032 (Bibl. Nationale) on trouve encore (fol. 157) une pièce commençant ainsi.

« Le Miroir du monde. — Exhortacio humani generis ad bene vivendum et mundum despiciendum. Incipit speculum bone vite.

> Mirez vous cy, mirez, mirez,
> Tournez vous ça et vous virez...

On pourrait multiplier ces rapprochements. La pièce de Jean Castel vaut par elle-même. La pièce, dira-t-on, n'est qu'un thème poétique, un lieu commun, banal comme tout ce qui est éternel, et bien vieilli parce que d'autres s'y sont essayés. Certes l'idée n'est pas vierge ; certes la sensation n'est pas neuve et fraîchement éclose ; chacun se l'est appropriée, et l'a crue sienne un jour. Elle n'en reste pas moins noble et vivante. C'est un développement lyrique, mais d'une belle venue, d'une langue bien frappée, d'un rythme sans défaillance. Que l'on rétablisse ces vers en orthographe moderne, qu'on les dépouille de leurs y vieillots et de leurs consonnes parasites, et l'on aura un poème dont l'ordonnance ferait bonne figure dans une anthologie, en face de ceux pareils composés par Guillaume Alexis, Villon ou Charles d'Orléans.

Voici quelques comparaisons possibles cueillies au hasard, dans la simple flanerie des lectures.

Balade sur la Vanité des grandeurs humaines.

> Qu'est devenuz....
> Genievre, Yseult et la tresbelle Helaine...?
> Ilz sont tous mors, ce monde est chose vaine.

Eustache Deschamps, *Œuvres complètes*, publiées *par le Mis de Queux de Saint-Hilaire* (Société des Anciens Textes français) T. III, p. 114.

Dans la *Grande danse macabre des hommes et des femmes* (éd. citée plus haut), p. 26.

LE SECOND MENESTREL

> Quoy sont voz corps, je vous demande
> Femmes jolies tant bien parée
> Ilz sont pour certain la viande
> Q'un jour sera aux vers donnée.
> Des vers sera donc dévorée
> Vostre char qui est fresche et tendre
> La il n'en demourra goullée
> Vos vers après deviendront cendre.

Guillaume Alexis dans son *Passe temps de tout homme et de toute femme* (vers 4510 et ss.), éd. citée, T. II, p. 263.

> Qui nagueires estoit seigneur
> En trosne glorieulx paré,
> Gist ore en terre séparé
> Qui estoit noble et cher tenu,
> Est ores cendre devenu.
> Ou monde a eu plusieurs divers
> Ou sepulchre est mengé de vers.

Je n'oublie pas Villon, *Ballade des dames du temps jadis*, avec son refrain qui sonne comme un écho de légende :

> Mais où sont les neiges d'antan!

ni sa *Ballade des seigneurs du temps jadis* et son refrain « suyvant le propos précédent. »

> Mais où est le pieux Charlemaigne.

Et voici la Balade de Charles d'Orléans (*Poésies* éd. Marie Guichard [1842] p. 69) 2⁰ strophe.

> Ou vieil temps grand renom couroit
> De Crescide, Yseult, Eleine,
> Et mainte autres qu'on nommoit
> Parfaites en beaulté haultaine.
> Mais, au derrain, en son demaine
> La Mort les prist piteusement;
> Parquoy puis veoir clerement,
> Ce monde n'est que chose vaine.

Enfin Jean Castel lui-même, dans la longue et mauvaise pièce du début, exprime encore cette idée et quelques vers, en ces deux strophes où se comparent le noble et le vilain, témoignent d'une certaine liberté de pensée.

Aux Eglises regarde et cymetieres
Sans ceulx qui sont autre part entassez
Et aux charniers et autres frontieres.
Les ossemens de tant de trespassez
La en verras dungs et dautres assez [sance
Mais tu nauras daucuns deux congnais-
Qui fut noble homme ou vilain de naissance.

Si descendu tu es du sang royal
Ou dautre lieu que bien noble on renomme.
Pour quoy veulx tu se tu es desloyal
Que vertueux et noble homme on te nomme
Noble et vilain vindrent du premier homme.
Mais tant soit noble il est vilain parfait.
Qui vilain fait a son escient fait.

A rapprocher aussi ces strophes rythmiques attribuées à Saint Bernard, abbé de Clairvaux (cf. Haureau, *Des poésies latines attribuées à S. Bernard*, 1890, p. 25.)

Homo miser, cogita : mors omnes compescit,
Quis est ab initio, qui morti non cessit.
. . . .

Dic ubi Salomon, olim tam nobilis
Vel ubi Samson est, dux invincibilis ?
Vel pulchrior Absalon, vultu mirabilis ?
Vel dulcis Jonathas, multum amabilis ?

Quo Caesar abiit, celsus imperio ?
. . . .

O esca verminum ! o massa pulveris !
O raris vanitas, cur sic extolleris !

Et ce thrène lamentable de Jacopone de Todi le *Pianto de la Chiesa reducta a mal stato*.

O son li patri pieni di fede
O son li propheti pien di speranza
O son li apostoli pien di fervore
O son li martyri pien di fortezza...

Les deux dernières pièces du manuscrit sont des prières à la Vierge, en octaves rimant *ababbcbc*. La première a 70 strophes *farcies* de latin, la seconde en compte 201. Elles n'ont pas été publiées à la suite du *Spécule des Pécheurs* : je ne les ai pas retrouvées dans ces recueils innombrables du xvᵉ siècle parmi tant d'oraisons dévotes « composées en l'honneur de la Reine de Paradis. » — Il est toujours à craindre que du fond ignoré de quelque revue savante ne surgisse la preuve impitoyable que l'inédit est « bel et bien » imprimé, décrit, et catalogué depuis de nombreux ans — Mon amitié pour mon poète est peut-être audacieuse et téméraire. Mais je crois que ces vers à la Vierge sont jusqu'alors demeurés endormis, et sans gloire sur les feuillets de vélin où quelque scribe les copia.

Ce n'est pas ici le lieu, à propos de ce manuscrit, de retracer la vie de Jean Castel (1) mais quelques mots de biographie permettront de mieux voir et de mieux entendre le personnage. Jean Castel était le petit fils de Christine de Pisan (2). S'il ne fut pas chroniqueur des Chroniques de France, du moins, (cf. Quichcrat (3), il travailla pendant quatorze ans à en préparer les matériaux. S'il ne fut pas non plus secrétaire du roi Louis XI, du moins il vécut à la cour et y joua quelque rôle. Il écrivit alors proses et vers ; il fréquentait le monde, et pour satisfaire chacun disait du mal d'autrui avec politesse. Il l'avoue dans sa prière à la Vierge.

Jay fait mains ditz en prose et rime
Ou iay mains honneurs mondains pris

(1) Sur les différentes orthographes de son nom. Voir M. Antoine Thomas, *Romania* 1892, p. 274, note 3.
(2) Gaston Paris, *Romania* 1887, p. 416.
(3) *Recherches... l.c. (Bibl. Ecole des Chartes)*, t, II, p. 467.

et plus loin

> Et se iay aussi ia mesdit
> En mes ditz vers quelque personne. (fol. 9 ʳᵒ)

Comment ne pas le lui pardonner ?
Il n'avait pas encore revêtu l'habit noir des bénédictins ; devenu religieux, par sagesse ou par piété, il ne changea guère ses habitudes. Nullement ascétique au couvent, il songeait plus fréquemment à la bonne chère qu'à la discipline. Et, elle est d'un témoignage amusant, l'épître qu'il adressa à M. de Gaucourt en 1466 pour lui demander un bénéfice, évêché ou abbaye, n'importe lequel, pourvu qu'il fut d'un bon revenu : il n'y est question que de bons vins dont il rêve et de plats exquis qu'il aspire à déguster au lieu de ces « harengs sorets » du carême qui le font amaigrir (publiée par Quicherat, *l. c.*).

Il était entré dans les ordres, il voulait en tirer tout le profit possible : il évitait ainsi l'ennui du monde, l'inquiétude de la vie et pouvait en acquérir des honneurs sinon de la renommée.

> Puisque iay habit seculier
> Deuestu pour vestir labit
> De lordre noir regulier
> Et cuiter le grant lobit
>
> Denfer en ce monde subit
> Fais quen cest habit me depporte
> Si sainctement queynes lobit
> Labit des saincts en gloire porte.
>
> (fᵒ 10 rᵒ)

Enfin le 29 janvier 1472 il devenait abbé de Saint-Maur. Il serait parvenu aux plus hautes dignités dans l'Eglise, si la mort n'était venue le surprendre quatre ans plus tard (février 1476), encore jeune d'espérance et confiant dans sa gloire.

M. A. Thomas a cité une pièce des archives (1) publiée par M. G. Du Fresne de Beaucourt qui se rapporte précisément à une prière à la Vierge, pour laquelle un certain frère Jéan du Castel, de l'ordre de Saint Benoit aurait reçu vingt écus d'or en janvier 1459 : Faut-il reconnaître notre prière ainsi décrite : « Un role de parchemin de plusieurs beaux ditez par lui faiz en rime a la louenge de Nostre Dame. » Tout concorde : l'année, le nom, la qualité de moine. L'identification est complète. C'est bien Jean Castel, l'auteur du *Spécule des Pécheurs*, qui écrivit cette curieuse et belle prière : Elle est trop longue pour la donner en entier et surtout trop inégale. A côté de strophes lyriques dont l'envolée a du rythme et de la force, il y en a beaucoup qui se distinguent à peine, par une expression neuve ou une comparaison vivante, des oraisons par milliers que rimèrent des inconnus en mal de poésie.

(1) Arch. Nationales KK, 51, folio 122 vᵒ, dans *L'histoire de Charles VII*, de Du Fresne de Beaucourt, T. VI, p. 408.

Comme ſur l'herbe la roſee,
Deſcend du ciel et l'erbe arroſe
Dieu ainſi dont feuſtz arroſee
Deſendit en toy blanche roſe
Ne de ta chaſtete deſcloſe
Nen feuſt la chambre aucunement
Et en iſſiſt a porte cloſe
Comme il iſſiſt du monument

Comme on voit le ſoleil paſſer
Et iſſir parmy la vitrine
Sans la domager ne caſſer
Ny faire douuerture ſigne
Vierge ainſi par vertu diuine
Entra en toy ſans te corrumpre
Le ſoleil qui tout enlumine
Et en iſſiſt ſans ton corps rompre

Comme au champ la fleur ſans ſe-
Naiſt de terre non labouree   [mence
Tout ainſi dieu par ſa clemence
Qui eſt fleur du champ odoree
Lys et verite adoree
De toy ſaincte terre fertille
Dedens riche et hors decoree
Naſquiſt ſans ſemence virille.

          fo 7 ro

Royne des cieulx glorieuſe
De douſe eſtoilles couronnee
O femme tresvictorieuſe
Du vray ſoleil enuironnee
O eſtoille predeſtinee
Benoicte ſans comparaiſon
Toute oraille ſoit inclinee
Je te prie a mon oraiſon.

Mere de grace et damitie
Qui de ton laict delicieux
Nourris le ſauueur de pitie,
Qui tant eſt doulz et gracieux,
Vers le repentant vicieux
Tes peulx tourne en ſigne damour
En priant ton fils precieux
Quil vueille eppaulcer ma clamour.

          fo 9, ro

. . . .
. . . .
. . . .

Comme a ſa mere fuit plourant
L'enfant quant deſtre batu ſigne
Doiſt de ſon pere ainſi courant
Menfuy vers toy ia ſoit ce indigne
Comme a ma mere tres benigne
Si que par toy iaye deffenſe
Et grace en lieu de diſcipline
Vers mon pere de mon offenſe

Comme le maufaicteur quon chaſſe
De ſergens pour noyer ou pendre
Et quon quiert partout et pourchaſſe
Et le fuitif ne ſcet ou tendre
Me vien a toy priſonnier rendre
Chaſtelaine de grace et garde
Si vueillez le priſonnier prendre
Qui ſe rend a ta ſauuegarde.

          fo 9, ro

Las qui teuſt peu dame appaiſier
Lors que tu vis la bouche eſtainte
Que la tienne ſouloit baiſier
Mere de toute angoiſſe attainte
Las que pourroit dire la plainte
Que tu feis quant tu veis deffaicte
Toute meurtrie et de ſang taincte
La cher de ta propre cher faicte.

. . . .

Haa doulce mere, quel douleur
Et quel martire tu ſentoyes
Quant mort eſtendu ſans couleur
Ton fils en ton geron tenoyes
Et te ſouuenoit que l'auoyes
Quant il naquiſt tant bel tenu
Et deffait ainſi laduiſoyes
En tes bras pour nous mort tout nu.

          fo 9, vo

Car iai eſte tant mal inſtruit
Que pareil nay de orgueil ne de pre
Pareſſe a tout mon temps deſtruit
De auarice neſt de moy pire

Bloutonnye veuſt mame occire
Luyure me tient iour et nuit
Enuie a foy mauuglc et tire
Safygia mame ainſi nuit

fol. 10 v°

Jacoit ce que iaye pecħe
Crop vers dieu et fait vilcnie
Coutefſois oncques ce pecħe
Ne fais difant ie te regnye
Si te pry mere a dieu vnye
Qua dieu mon maiſtre apres trefpas
Dueiſſez prier quiſ ne nye
Difant que des ſiens ne ſuis pas.

Na iſ pas a mercy faint pierre
Pris qui trois foys nye ſauoit
Et prend encore maint qui erre
Quant de fes mauſy contrict ſe voit
Er faint poſ qui ſes ſiens greuoit
Quant ſappeſa pres de Damas
Et faint matħieu qui maſ viuoit
Et ſincreduſe faint tħomas

Ne feuſt tu pas puceſſe enſainte
Du roy piteuy qui part donna

En ſon royauſme a ſa treſſaincte
Magdaſeine qui pardon a
A ſaqueſſe tout pardonna
Quant ſes ſainctz pies de ſes ſacrimes
Saua dont bien ſen guerdonna
Car de ſon cuer ſaua ſes crimes

Nes tu pas mere du piteuy
Qui ſes iniuſtes iuſtiſye
Le queſ iames neſt defpiteuy
Au pecħeur qui en ſuy ſe ſye
Et qui ſe cuer mort viuiſye
Du repentant mortiſſie
Nes tu pas ceſſe ou ie me ſye
Et ou me ſuis touſiours ſie

Cu es ſe cħemin et ſadreſſe
Cu es ſe conduit et ſa voye
Qui a port de faſut adreſſe
Le pecħeur qui erre en foruoye
Cu es ſa guide qui conuoye
Ceuſz en iope qui ont triſteſſe
Et ceſſe qui confort enuoye
Auy defconfortes et ſyeſſe.

f° 10, v°

Les rapprochements ici seraient plus nombreux encore. C'est un thème pieux qui n'a pas de fin. C'est surtout à cette époque un développement lyrique qui est à la mode. Le concile de Bâle (septembre 1439) vient de rendre un décret érigeant en dogme la doctrine de l'Immaculée Conception. Et chacun, s'il sait un peu rimer, s'empresse de célébrer la fête nouvelle, par des vers, bons ou mauvais.

Dans le seul manuscrit nouv. acq. franç. 10044, on trouve plusieurs prières à la Vierge en vers (fol. 121 v°) :

Glorieuse Vierge royne
En cui par la vertu divine

fol. 126 v°.

Dame resplandissant, royne glorieuse
Porte de paradis, pucelle précieuse

(fol. 133), [en prose]. O glorieuse esperance, deffenderesse et gardienne de tous ceulx qui devotement s'i fient.

(fol. 145).

Doulce dame tresglorieuse
Mere de Dieu, coral espouse

(fol. 152 v°)

Je viens et vous presente
Marie, vierge excellante

Si fatalement, les « louanges de la Mère de Dieu » finissent par se rassembler comme dans ces couvents bénédictins d'Italie, on ne reconnaît pas d'abord les moines les uns des autres parce qu'ils ont chacun et tous la même robe noire ceinturée à la taille et le même sourire accueillant et discret. Les vers, obligés de revêtir les mêmes idées, ont pris les mêmes mots, les mêmes épithètes qui furent si douces, les mêmes expressions jadis jeunes et belles. Hélas c'est toujours un écho de quelque chose, l'on croit déjà l'avoir entendu, et l'on ne l'écoute plus qu'avec distraction.

Guillaume Ier Nyverd, qui fut libraire imprimeur à Paris, de 1507 à 1519, « en la rue de la Iuyfrie a limage Sainct-Pierre », avait pour marque une scène religieuse symbolique — l'arbre de sagesse où apparaît l'image du Christ dans un rayonnement de gloire, tandis qu'assise au pied une femme nimbée regarde un livre sur ses genoux et qu'un ange s'agenouille et montre d'un doigt la banderole déployée dans les arbres : « In te dñe speraui non confundar in eternũ. » Encadrant la marque entre deux traits, se lisent les vers suivants :

Tout ainsi que descend en la fleur la rosee
La face au mirouer et au cueur la pensee
Le soleil en voirriere sans estre entamee
La voix en la maison sans estre defformee
Entra le filz de Dieu en la vierge honoree

Cf. Reproduction réduite dans Silvestre *Marques typographiques* (1re partie), 1867, n° 94. — Coïncidence curieuse ; imitation peut-être. — Je dois ce rapprochement à l'érudite obligeance de M. Beaulieux.

Les vers de Jean Castel sonnent haut et clair. Je ne veux point les abîmer de commentaires savants ou de remarques grammaticales. Ils dormaient d'un sommeil indifférent, sans voix et sans écho. Mon souffle a-t-il pu les réveiller de leur mort lointaine et leur redonner une âme ? — Ils méritaient mieux que la solitude de cette ombre et que la tristesse de cet oubli. La vie était en eux. Le hasard de la gloire leur a manqué.

Que M. Chatelain me pardonne si, après tant de voix érudites et graves, j'ai fait, aux dernières pages de son recueil, tinter doucement quelques uns de ces vers français pour qui j'ai tant d'amour.

Je tiens à remercier mon ami Marcel Lecourt dont la sûre érudition m'a été d'une aide précieuse et parfois a suppléé à mon ignorance philologique.

TABLE DES ARTICLES

84

ORDRE DE CLASSEMENT DES PLANCHES

Acheue dimprimer / a Diion / le seixiefme
iour de mars / de lan mil neuf cens & dix

IESPERE

EN MON TRAVAIL

pour les quatre cens trente & quatre
soufcripteurs / des presens Melanges /
par Maurice Darantiere / maistre-impri-
meur / demourant en lhostel Chabot-
Charny / a lenseigne du laboureur

De Lisle art

Montdoré 486 ... @ Fontainebleau 487
Cujas ... 486 ff ... @ Fontaineblean 488
Goupyl 487

Sturel art

Fontainebleau [1543-1544] 580 n3
[1529] 582
576
Fonbus de Tyard

John Claymore 400
Oseney Abbey! 401

Lightning Source UK Ltd.
Milton Keynes UK
UKHW021003080219
336934UK00009B/529/P

9 780259 219507